Göppinger/Bökelmann · Das Recht des unehelichen Kindes

Das Recht des unehelichen Kindes

(Kommentierung der §§ 1705—1740 BGB unter Berücksichtigung der einschlägigen Nebengesetze)

von

Dr. jur. Horst Göppinger
Oberlandesgerichtsrat in Stuttgart

und

Dr. jur. Erhard Bökelmann
Honorarprofessor an der Universität Heidelberg,
Regierungsdirektor in Stuttgart

Sonderausgabe
aus J. von Staudingers Kommentar zum Bürgerlichen Gesetzbuch,
10./11. Auflage, Band IV, Familienrecht, Teil 3b

1966
J. Schweitzer Verlag · Berlin

Gesamtherstellung:
Graphische Betriebe Dr. F. P. Datterer & Cie. Nachfolger Sellier OHG, Freising

Vorwort

Der vorliegende Sonderdruck gibt den Inhalt der ersten Lieferung zu Band IV, Familienrecht, Teil 3b des von J. von Staudinger begründeten Kommentars zum BGB wieder (Lieferung 42 des Gesamtwerkes der Neuauflage).

Die Erläuterungen berücksichtigen die einschlägigen Vorschriften des Jugendwohlfahrtsgesetzes (JWG), insbesondere über die Amtsvormundschaft, sowie des Personenstandsgesetzes (PStG) und der Verfahrensgesetze (FGG und ZPO).

Die Bearbeitung ist etwa am 1. Juni 1966 abgeschlossen. Zu dem vom Bundesjustizministerium Anfang Juni 1966 herausgegebenen Referentenentwurf eines Gesetzes über die rechtliche Stellung der unehelichen Kinder konnte während der Drucklegung noch ein Hinweis eingearbeitet werden (Vorbemerkung 69 vor § 1705). Im übrigen wurde Wert darauf gelegt, das bis zu diesem Zeitpunkt erschienene umfangreiche Schrifttum weitestgehend zu erfassen. Zum Teil wurden noch spätere Veröffentlichungen eingefügt, soweit es drucktechnisch möglich war.

Ergänzend darf zu dem vorliegenden Sonderdruck noch erwähnt werden, daß in der im Herbst 1964 erschienenen Sonderausgabe aus Band IV, Teil 3a dieses Kommentars „Göppinger, Beschränkungen der elterlichen Gewalt, Art 6 Abs 2 und 3 GG, §§ 1666—1669 BGB, §§ 55ff JWG" Rechte und Pflichten der unehelichen Mutter im Rahmen der Erläuterungen der erwähnten Vorschriften mitbehandelt sind.

Stuttgart, im Juni 1966 Die Verfasser

Inhaltsübersicht

Siebenter Titel:

Legitimation unehelicher Kinder
(erläutert von Dr. Erhard Bökelmann)

Abkürzungsverzeichnis

aaO	am angeführten Ort
ABl	Amtsblatt
Abs	Absatz
AcP	Archiv für die civilistische Praxis
ADB	Archiv Deutscher Berufsvormünder
aE	am Ende
aF	alte(r) Fassung
AFET	Allgemeiner Fürsorgeerziehungstag eV, Hannover
AG	Amtsgericht
AGBGB	Ausführungsgesetz zum BGB
AGJJ	Arbeitsgemeinschaft für Jugendpflege und Jugendfürsorge
ALR	(Preuß) Allgemeines Landrecht
aM	anderer Meinung
Anl	Anlage
Anm	Anmerkung
AnwBl	Anwaltsblatt
AöR	Archiv des öffentlichen Rechts
ArchcivPr	Archiv für die civilistische Praxis
Art	Artikel
Aufl	Auflage
AusfG	Ausführungsgesetz
AVO PStG	Ausführungsverordnung zum PStG

BadRPr	Badische Rechtspraxis
BayObLG	Bayerisches Oberstes Landesgericht
BayObLGZ	Entscheidungen des Bayerischen Obersten Landesgerichts in Zivilsachen
BayZ	Zeitschrift für Rechtspflege in Bayern
BB	Der Betriebs-Berater (Zeitschrift)
Bem	Bemerkung
Betr	Der Betrieb (Zeitschrift)
BGB	Bürgerliches Gesetzbuch
BGBl	Bundesgesetzblatt (I = Teil I; II = Teil II)
BGH	Bundesgerichtshof
BGHSt	Entscheidungen des Bundesgerichtshofs in Strafsachen
BGH Warn	Rechtsprechung des Bundesgerichtshofs in Zivilsachen (Fortsetzung der von Warneyer hrsg Rechtsprechung des Reichsgerichts)
BGHZ	Entscheidungen des Bundesgerichtshofs in Zivilsachen
BKindGG	Bundeskindergeldgesetz
BldWPfl	Blätter der Wohlfahrtspflege
BNotO	Bundesnotarordnung
BR	Bundesrat
BRAGebO	Bundesrechtsanwaltsgebührenordnung
BR-Drucks	Bundesrats-Drucksache
BSHG	Bundessozialhilfegesetz
BSozG	Bundessozialgericht
BSozGE	Entscheidungen des Bundessozialgerichts
BT	Bundestag
BT-Drucks	Bundestags-Drucksache
BVerfG	Bundesverfassungsgericht
BVerfGE	Entscheidungen des BVerfG
BVerwG	Bundesverwaltungsgericht
BVerwGE	Entscheidungen des BVerwG
BWNotZ	Badisch-württembergische Notarzeitschrift

DAR	Deutsches Autorecht (Zeitschrift)
das	daselbst
DAVorm	Der Amtsvormund (Zeitschrift)
ders	derselbe
DFG	Deutsche freiwillige Gerichtsbarkeit
Df-VO	Durchführungs-Verordnung
dgl	dergleichen
DGWR	Deutsches Gemein- und Wirtschaftsrecht (Zeitschrift)

dh	das heißt
Die Justiz	Amtsblatt des Justizministeriums Baden-Württemberg
DJ	Deutsche Justiz (Zeitschrift)
DJugH	Deutsche Jugendhilfe (Zeitschrift)
DJZ	Deutsche Juristenzeitung
DNotZ	Deutsche Notar-Zeitschrift
DÖV	Die öffentliche Verwaltung (Zeitschrift)
DR	Deutsches Recht (Zeitschrift)
DRiZ	Deutsche Richterzeitung
DVBl	Deutsches Verwaltungsblatt
E	Entscheidungen (s BSozGE, BVerfGE, BVerwGE)
EG	Einführungsgesetz
EheG	Ehegesetz
EJF	Entscheidungen aus dem Jugend- und Familienrecht
Einl	Einleitung
f, ff	folgende
FamR	Familienrecht
FamRÄndG	Familienrechtsänderungsgesetz vom 11. 8. 1961, BGBl I, 1221
FamRZ	Zeitschrift für das gesamte Familienrecht, Ehe und Familie im privaten und öffentlichen Recht
FGB	Familiengesetzbuch (SBZ)
FGG	Gesetz über die Angelegenheiten der freiwilligen Gerichtsbarkeit
FVerfO	Verordnung zur Anpassung der Bestimmungen über das gerichtliche Verfahren in Familiensachen an das Familiengesetzbuch (SBZ)
GABl	Gemeinsames Amtsblatt
GBl	Gesetzblatt
GG	Grundgesetz
GleichberG	Gleichberechtigungsgesetz vom 18. 6. 1957
GoltdA	Goltdammers Archiv für Strafrecht (Zeitschrift)
GruchB	Beiträge zur Erläuterung des deutschen Rechts, begr. von Gruchot (Zeitschrift)
GVBl	Gesetz- und Verordnungs-Blatt
GVG	Gerichtsverfassungsgesetz
HansRGZ	Hanseatische Rechts- und Gerichtszeitschrift
HEZ	Höchstrichterliche Entscheidungen in Zivilsachen
Hinw	Hinweise(n)
hM	herrschende Meinung
HRR	Höchstrichterliche Rechtsprechung
idF	in der Fassung
iS	im Sinne
iV	in Verbindung
JBl	Juristische Blätter
JFG	Jahrbuch für Entscheidungen der freiwilligen Gerichtsbarkeit
JherJb	Jherings Jahrbücher der Dogmatik des bürgerlichen Rechts
JMBl	Justizministerialblatt
JMBlNRW	Justizministerialblatt Nordrhein-Westfalen
JR	Juristische Rundschau
JuS	Juristische Schulung (Zeitschrift)
JVBl	Justizverwaltungsblatt
JW	Juristische Wochenschrift
JWG	Jugendwohlfahrtsgesetz
JZ	Juristenzeitung
KG	Kammergericht
KGJ	Jahrbuch für Entscheidungen des Kammergerichts in Sachen der freiwilligen Gerichtsbarkeit
Komm	Kommentar
KonkO	Konkursordnung
KostO	Kostenordnung
Leits	Leitsatz, Leitsätze
LG	Landgericht
lit	litera

LM	Lindenmaier-Möhring, Nachschlagewerk des Bundesgerichtshofs
LR	Landrecht
LSozG	Landessozialgericht
LZ	Leipziger Zeitschrift für Deutsches Recht
maW	mit anderen Worten
MDR	Monatsschrift für Deutsches Recht
MKSchG	Gesetz über den Mutter- und Kinderschutz und die Rechte der Frau vom 27. 9. 1950 (SBZ)
Mot	Motive zu dem Entwurfe eines Bürgerlichen Gesetzbuches
NdsRPfl	Niedersächsische Rechtspflege
NDV	Nachrichtendienst des Deutschen Vereins für öffentliche und private Fürsorge
nF	neue(r) Fassung
NJ	Neue Justiz (Zeitschrift der SBZ)
NJW	Neue Juristische Wochenschrift
Nr	Nummer
ÖJZ	Österreichische Juristenzeitung
OLG	Oberlandesgericht, zugleich Die Rechtsprechung der Oberlandesgerichte auf dem Gebiete des Zivilrechts Band 1, 1900, bis Band 46, 1928
OLGZ	Entscheidungen der Oberlandesgerichte in Zivilsachen (seit 1965)
OVG	Oberverwaltungsgericht
Prot	Protokolle der Kommission für die zweite Lesung des Entwurfs des BGB
PStG	Personenstandsgesetz
RabelsZ	Rabels Zeitschrift für ausländisches und internationales Privatrecht
RdA	Recht der Arbeit
RdJ	Recht der Jugend
Recht	Das Recht, Rundschau für den deutschen Juristenstand (Zeitschrift)
RegBl	Regierungsblatt
RelKEG	Gesetz über die religiöse Kindererziehung vom 15. 7. 1921
RG	Reichsgericht
RGBl	Reichsgesetzblatt
RGR-Komm	BGB, Kommentar, herausgegeben von Reichsgerichtsräten und Bundesrichtern
RGSt	Entscheidungen des Reichsgerichts in Strafsachen
RG Warn	Warneyer, Rechtsprechung des Reichsgerichts
RGZ	Entscheidungen des Reichsgerichts in Zivilsachen
RJA	Entscheidungen in Angelegenheiten der freiwilligen Gerichtsbarkeit, zusammengestellt im Reichsjustizamte
RJWG	Reichsjugendwohlfahrtsgesetz
ROW	Recht in Ost und West (Zeitschrift)
Rpfleger	Der Deutsche Rechtspfleger (Zeitschrift)
RPflG	Rechtspflegergesetz
RTK	Reichtagskommission
s	siehe
S	Seite
SächsArch	Sächsisches Archiv für Rechtspflege, Archiv für Rechtspflege in Sachsen, Thüringen und Anhalt
SBZ	Sowjetische Besatzungszone
SchlHA	Schleswig-Holsteinische Anzeigen
SchlHOLG	Schleswig-Holsteinische Oberlandesgericht
Schweizer JZ	Schweizerische Juristenzeitung
SeuffA	Seufferts Archiv für Entscheidungen oberster Gerichte
SeuffBl	Seufferts Blätter für Rechtsanwendung
SjE	Sammlung jugenrechtlicher Entscheidungen
SozG	Sozialgericht
SozGG	Sozialgerichtsgesetz
Sp	Spalte
StAZ	Das Standesamt, Zeitschrift für Standesamtswesen
StB	Stenographische Berichte
StGB	Strafgesetzbuch
StPO	Strafprozeßordnung
ua	unter anderem, unter anderen, und andere
VerfGH	Verfassungsgerichtshof

VersR	Versicherungsrecht (Zeitschrift)
VerwG	Verwaltungsgericht
VerwRspr	Verwaltungsrechtsprechung
VGH	Verwaltungsgerichtshof
vgl	vergleiche
VO	Verordnung
Vorbem	Vorbemerkung
VRS	Verkehrsrechts-Sammlung
VwGO	Verwaltungsgerichtsordnung
Warn	s RG Warn und BGH Warn
WürttNV	Württembergischer Notarverein (Zeitschrift)
WürttZ	Zeitschrift für die freiwillige Gerichtsbarkeit ... in Württemberg
Z	Zivilsachen, s BGHZ und RGZ
zB	zum Beispiel
ZBlFG	Zentralblatt für die freiwillige Gerichtsbarkeit
ZblJugR, ZBlJR	Zentralblatt für Jugendrecht und Jugendwohlwahrt
ZblVorm	Zentralblatt für Vormundschaftswesen, Jugendgerichte und Fürsorgeerziehung
ZfF	Zeitschrift für das Fürsorgewesen
ZfSH	Zeitschrift für Sozialhilfe
ZG	Zusammenstellung der gutachtlichen Äußerungen zu dem Entwurfe eines BGB
ZGB	(Schweizerisches) Zivilgesetzbuch
ZPO	Zivilprozeßordnung
ZZP	Zeitschrift für Zivilprozeß

Literaturverzeichnis

1. Literatur zum Familienrecht

a) Kommentare zum BGB (in Klammern die Bearbeiter der §§ 1705—1740):
Achilles-Greiff, 21. Aufl 1958, Nachtrag 1963 (Beitzke),
Erman, 3. Aufl 1962, Nachtrag 1964 (Hefermehl),
Opet-von Blume, 1906 (von Blume),
Palandt, 25. Aufl 1966 (Lauterbach),
Planck, 3. Aufl 1906 (Unzner) — die 4. Aufl, 1928, umfaßt nur die §§ 1297—1588 —,
RGR-Komm, 10./11. Aufl 1964 (Scheffler),
Rosenthal-Bohnenberg, 15. Aufl 1965 (Bohnenberg),
Soergel-Siebert, 9. Aufl, Band 4, 1963 (Lade),
Warneyer, 2. Aufl 1930, Neudruck 1932;
ferner s Maßfeller, Das gesamte Familienrecht, Sammlung der familienrechtlichen Vorschriften mit Hinweisen, 2. Aufl, Band I: Das innerstaatliche Recht der Bundesrepublik Deutschland, 1962, Band II: Deutsches internationales und interzonales Recht, 1965;

b) Lehrbücher:
Beitzke (Kurzlehrbuch), 12. Aufl 1964;
Dölle, Band I, 1964, Band II, 1965;
Enneccerus-Kipp-Wolff, Band IV, Familienrecht, 7. Bearbeitung 1931 (Kipp — zitiert „Kipp" —),
Gernhuber, 1964,
Lehmann, 3. Aufl 1960,
Mitteis, 4. Aufl 1949;
ferner s Boehmer, Einführung in das bürgerliche Recht, 2. Aufl 1965;

2. Kommentare zum JWG:

Gräber (2. Aufl 1963), Jans-Happe (1963), Krug (1963 mit Ergänzungslieferungen bis 1966), Riedel (4. Aufl 1965).

3. Literatur zum FGG:

a) Kommentare von Jansen (1959, Ergänzung 1962), Keidel (8. Aufl 1963);

b) Lehrbücher von Lent-Habscheid (4. Aufl 1962), Pikart-Henn (1963), sowie Baur (Band I, 1955: Allgemeines Verfahrensrecht);

4. Kommentare zum PStG von Feneberg-Simader (1958), Pfeiffer-Strickert (1961).

Nachträge

zu Seite **Vorbemerkungen:**

17 Zu Vorbem 27 vor § 1705:
Zum Waisengeldanspruch des unehelichen Kindes eines verstorbenen Beamten (Berufsausbildung nach Vollendung des 18. Lebensjahres) s VerwG Stuttgart, DAVorm XXXIX, 216.

27 Zu Vorbem 57, Fußn:
Die Jugendhilfestatistik 1964 ist in DAVorm XXXIX, 1966, 161, veröffentlicht. Über die Probleme der Jugendhilfestatistik s Carspecken, RdJ 1966, 209.
Im Jahre 1964 wurden in der Bundesrepublik 19945, in West-Berlin 1183 unehelich geborene Kinder durch nachfolgende Ehe der Eltern legitimiert (s DAVorm XXXIX, 161).

28 Zu Vorbem 58: Zur Frage der Geschlechtererziehung s W. Becker, BldWPfl 1966, 252.

30 Zu Vorbem 60: Im Jahre 1964 wurde in der Bundesrepublik Müttern von 15323, in West-Berlin Müttern von 560 unehelichen Kindern gemäß § 1707 Abs 2 die elterliche Gewalt übertragen.

33ff Zu Vorbem 71: Zum dänischen, norwegischen und schwedischen Recht s jetzt Knöpfel, FamRZ 1966, 408; zur österreichischen Reform s noch Hiltscher, Edlbacher, JBl 1965, 361ff.

42f Zu Vorbem 93a: Zum Verfahren bei Feststellung der Vaterschaft s Beschluß des Präsidiums des OG der SBZ vom 18. 5. 1966, NJ 1966, 411.

52 Zu **§ 1705,** Bem 9: Zur Unterhaltspflicht des unehelichen Kindes gegenüber seiner verheirateten Mutter s LG Arnsberg, DAVorm XXXIX, 215.

57 Zu § 1705, Bem 45: Zum Verkehr des Vaters mit seinem unehelichen Kinde (insbesondere de lege ferenda) s Grasnick, NJW 1966, 1298.

67, 71f Zu **§ 1706,** Bem 35, 59: Der BGH hat in einem zur Veröffentlichung in BGHZ und LM bestimmten Beschluß vom 20. 6. 1966 (IV ZB 60/66) ausgesprochen, ein Beamter des Jugendamtes, dem gemäß § 37 Satz 2 JWG die Ausübung der vormundschaftlichen Obliegenheiten übertragen worden sei, könne die Einwilligung namens des Jugendamts als des Amtsvormunds abgeben; diese Erklärung bedürfe nicht der öffentlichen Beglaubigung, sofern sie die sonstigen Erfordernisse der öffentlichen Urkunde erfülle; Voraussetzung sei, daß der betreffende Beamte berechtigt sei, für das Jugendamt zu zeichnen und dessen Dienstsiegel zu benutzen.

92 Zu **§ 1707,** Bem 27: Das LG Hamburg (MDR 1966, 676) hat ebenfalls ausgesprochen, das uneheliche Kind dürfe nicht ohne Einwilligung der Mutter für volljährig erklärt werden.

100 Zu § 1707, Bem 65: Über Hilfen für den Amtsvormund bei der Ermittlung von Ansprüchen auf Renten, Kinderzuschlüsse, Kinderzulagen, Kinderzuschläge, Kindergeld und Ausbildungszulagen s Feil, RdJ 1966, 204; zur Einschränkung der Aufsichtsbefugnisse des Vormundschaftsgerichts in vermögensrechtlicher Hinsicht durch den Landesgesetzgeber, § 39 JWG, s Knudsen, RdJ 1966, 206.

135f Zu **§ 1708,** Bem 25: Das LG Wuppertal (DAVorm XXXIX, 208) nahm ebenfalls an, der Ehemann des unehelichen Kindes hafte vor dem Erzeuger für den Unterhalt.

143 Zu § 1708, Bem 44: LG Karlsruhe, DAVorm XXXIX, 207.

146 Zu § 1708, Bem 55: Das LG Stuttgart (FamRZ 1966, 366) wies darauf hin, Art 6 Abs 5 GG besage nicht, daß eine schematische Gleichstellung von unehelichen und ehelichen Kindern herbeizuführen sei.

148 Zu § 1708, Bem 59 Fußn: Knauer, Mindestunterhaltsrenten für uneheliche Kinder in Baden-Württemberg, Die Justiz 1966, 216; Wirths, Ernährungsbedarf unehelicher Kinder auf der Grundlage der Deckung des Nährstoffbedarfs, NDV 1966, 164.

155 Zu § 1708, Bem 76: Das LG München II und das LG Koblenz (DAVorm XXXIX, 1966, 211, 229) nahmen einen Mindestsatz von DM 95 bzw 105 an.

156 Zu § 1708, Bem 77: LG Saarbrücken, DAVorm XXXIX, 210.

157 Zu § 1708, Bem 78a: LG Nürnberg-Fürth, NJW 1966, 1622.

167 Zu § 1708, Bem 104: Das LG Köln (DAVorm XXXIX, 214) nahm an, Vater und Mutter müßten je die Hälfte der Kosten der Unterbringung des Kindes in einem Heim tragen.

190 Zu § 1708, Bem 225: Eine Erhöhung der Lebenshaltungskosten um 10% forderte auch das LG München II (DAVorm XXXIX, 208).

191 Zu § 1708, Bem 230: Wie im Text auch LG Saarbrücken (DAVorm XXXIX, 210).

192f Zu § 1708, Bem 238f: Arzt, Zur Fehlerberichtigung bei Abänderungsklagen nach § 323 ZPO, FamRZ 1966, 395.

204f Zu **§ 1709**, Bem 17, letzter Abs: LG Köln, DAVorm XXXIX, 214.

206 Zu § 1709, Bem 30: Knorn, Die rechtswirksame Unterhaltsbestimmung nach § 1612 II BGB, FamRZ 1966, 392.

207f Zu § 1709, Bem 42: BGH, FamRZ 1966, 303 = DAVorm XXXIX, 238; der BGH hat hierzu noch ausgesprochen, der Anspruch des unehelichen Kindes auf Waisenrente gehe gemäß § 1542 RVO in Höhe der Versicherungsleistungen auf den Träger der Sozialversicherung über.

224 Zu **§ 1712**, Bem 18: Das Urteil des BGH ist ferner in ZblJugR 1966, 170 abgedruckt; es ist von Johannsen in LM, BGB, § 1712 Nr 2, besprochen.

270 Zu **§ 1717**, Bem 28 aE f OLG München, FamRZ 1966, 380 mit zahlreichen Hinweisen.

276 Zu § 1717, Bem 49: Das LG Münster (JMBlNRW 1966, 130) hat in der Einholung eines Blutgruppengutachtens grundsätzlich keinen unzulässigen Ausforschungsbeweis erblickt.

287 Zu § 1717, Bem 114 f noch LG Tübingen, DAVorm XXXIX, 197.

288 Zu § 1717, Bem 105, Fußn: Prof Dr. Prokop (Institut für gerichtliche Medizin der Humboldt-Universität, Ost-Berlin), Zur Bedeutung der Phosphatasegruppen des Menschen für die Vaterschaftsfeststellung, NJ 1966, 439.

290 Zu § 1717, Bem 118 f BGH, FamRZ 1966, 447 = MDR 1966, 665.

291 Zu § 1717, Bem 120 f Gutachten des Prof Dr. Thélin, Lausanne (Schweiz), DAVorm XXXIX, 226.

293 Zu § 1717, Bem 130: Die Anfechtbarkeit der Beweisanordnung verneinte auch LG Kleve, DAVorm XXXIX, 241; aM LG Koblenz, DAVorm XXXIX, 243.

310 Zu § 1717, Bem 191: Das LG Kaiserslautern (DAVorm XXXIX, 244) hat für die negative Feststellungsklage (vgl § 644 Abs 1 ZPO) deutsches Recht angewandt, nicht das Heimatrecht des angeblichen Vaters (gegen OLG Karlsruhe, NJW 1965, 1537).

Sechster Titel.

Rechtliche Stellung der unehelichen Kinder*).

Erläutert von Dr. Horst Göppinger.

(Abgeschlossen Anfang Juni 1966.)

Vorbemerkungen.

Gliederung.

---

*) **Schrifttum:** Aus der älteren Lit s Opet, Verwandtschaftsrecht, 1899, 361 ff; Spahn, Verwandtschaft und Vormundschaft nach dem BGB, 1900, 128 ff; Knitschky, Das Rechtsverhältnis zwischen Eltern und Kindern nach dem BGB, 1899, 265 ff; C. Bulling, Die Rechte der unehelichen Kinder nach dem Entwurfe eines BGB, 1895; M. Hachenburg, Die Rechtsstellung des unehelichen Kindes, 1895; R. Hirsch, Die Rechtsverhältnisse des unehelichen Kindes nach BGB, 1897; Halewyck, La recherche de la paternité et la condition des enfants naturels en Allemagne, Brüssel, 1906; Ofenstätter, Die rechtliche Stellung des unehelichen Kindes nach dem BGB, BayNotZ 1898, 176 ff.

Dissertationen: M. Bach, Die außereheliche Beiwohnung und die daraus entspringenden Rechtsverhältnisse nach dem BGB (Erlangen, 1899); C. K. Hartrodt, Begriff und Feststellung der unehelichen Vaterschaft (Jena, 1916); K. Kleinberger, Das Recht des unehelichen Kindes und seiner Mutter nach dem BGB (Würzburg, 1899); Philler, Die Rechtsstellung der Kinder aus nichtigen Ehen nach dem BGB [§§ 1699 aF] (Rostock 1906); H. Pötsch, Die rechtliche Stellung der unehelichen Kinder nach BGB, §§ 1705—1718 (Leipzig, 1905); R. Schnetzer, Die rechtliche Stellung der unehelichen Kinder nach dem BGB (Feiburg, 1902).

Spätere Lit: F. Spisla, Die rechtliche Stellung des unehelichen Kindes und die Geltendmachung seiner Ansprüche gegen den Erzeuger, 2. Aufl 1926; H. Roquette, Das Recht des unehelichen Kindes, 1943.

Übersicht (Alphabetisches Stichwortverzeichnis).

Nach dem Zweiten Weltkrieg: Lexikon der Frau, Band 2, Zürich 1954, Art „Uneheliches Kind" (Sp 1507ff); C. Wolff, Das uneheliche Kind in der neueren Rechtsprechung, RdJ 1960, 7; Schnitzerling, Früh- oder Spätadoption, auch ein Unehelichenproblem, RdJ 1960, 9; ders, Die Entwicklung des Unehelichenrechts, Jugendwohl 1964, 33.

Ferner s die Literatur-Nachweise zu den folgenden Paragraphen.

Weitere Hinweise auf die Literatur zu rechtsgeschichtlichen Untersuchungen s Vorbem 4ff, zum Sozialrecht Vorbem 20ff, zu verfassungsrechtlichen Fragen 44ff, zu soziologischen, psychologischen, statistischen Fragen und dgl 57ff, zum Reformschrifttum 17 Fußn, 19 Fußn, 66ff, 70, zum ausländischen Recht 71, zum Recht der sowjetischen Besatzungszone 72ff.

Zu dem Zitat „Bosch, Gutachten" und „Boehmer, Gutachten" s Vorbem 66.

I. Übersicht.

1 Die §§ 1705—1718 behandeln die rechtliche Stellung der unehelichen Kinder. In den §§ 1705—1707 ist das Verhältnis des unehelichen Kindes zur Mutter und deren Verwandten, in den §§ 1708—1714 das Verhältnis des Kindes zum Vater, dh dessen Unterhaltspflicht, geregelt. § 1715 enthält Vorschriften über die der Mutter gegen den unehelichen Vater zustehenden Ansprüche, § 1716 über die Sicherstellung der dem Kinde und der Mutter zustehenden Ansprüche im Wege der einstweiligen Verfügung; § 1717 regelt den Beweis der unehelichen Vaterschaft, § 1718 die rechtliche Bedeutung der Anerkennung der unehelichen Vaterschaft.

2 Die Vorschriften der §§ 1707, 1708, 1710 sind durch das FamRÄndG vom 11. 8. 1961, BGBl I, 1221, teilweise geändert worden.

3 Zum Begriff „uneheliches Kind" s 1ff zu § 1705, zum Wohnsitz des Kindes daselbst 15, zur Staatsangehörigkeit des Kindes 23, zur Rechtsstellung des unehelichen Vaters und des Kindes zum Vater 31ff je zu § 1705.

II. Grundsätzliches über die Regelung des Rechts der unehelichen Kinder in früheren Rechtsordnungen.

1. Germanisches und altes deutsches Recht*).

4 a) Im **germanischen Recht** (bis zur Völkerwanderung) galt ein Kind als unehelich, wenn es nur aus einer vorübergehenden Geschlechtsverbindung des Mannes hervorgegangen war (Conrad, 39; Planitz-Eckardt, 56) — ahd hornung = Winkelkind, im Winkel erzeugt; mhd Banchart = auf der Bank erzeugt, Bankert (s Conrad, aaO) —. War die Mutter eine Freie, so trat das Kind in die Muttersippe ein (Conrad und Planitz-Eckhardt, aaO); doch kam es auf die Anerkennung des Vaters an, ob das Kind zu seiner Familie gehören sollte (Brunner, 110 mit weit Hinw; s auch Conrad, 39). Dagegen war das Kind einer unfreien Mutter von Geburt unfrei und konnte auch nicht Mitglied einer Sippe werden (Conrad, Planitz, aaO); es „gehörte dem Herrn der Mutter" (Brunner, 110; Planitz-Eckhardt, 56) und war „Sache" (Planitz-Eckhardt, aaO).

Bei der Mehrehe waren die Kinder aus den verschiedenen Ehen gleichberechtigt — also nicht unehelich — (Conrad, 39). Lebte eine Freie als Kebse im Haushalt des Mannes (Kebsehe, Friedelehe), so gehörte das Kind zum Hause des Vaters (Brunner, 110; Schröder-v. Künßberg, 77 Fußn 68) und hatte ein mindestens beschränktes Erbrecht (Brunner, 110, s auch 538 Fußn 37).

Für den Adel kamen neben mehreren Ehen auch sonstige freie Geschlechtsverbindungen mit freien Frauen vor; die hieraus hervorgegangenen Kinder konnten durch Aufnahme seitens des Vaters die volle Rechtsstellung ehelicher Kinder erlangen (Planitz-Eckhardt, 56).

5 b) Im **Mittelalter** sank die Stellung der unehelichen Kinder unter dem Einfluß der Kirche immer tiefer (s Conrad, 158; Planitz-Eckhardt, 202; Schröder-v. Künßberg, 504); die Kirche bekämpfte die Mehrehe und die Gleichstellung der Kinder aus einer Nebenehe mit den Kindern aus einer echten Ehe (Conrad, 158). Die aus einer Nebenehe entsprossenen Kinder galten als unehelich und standen den Kindern aus gelegentlichen Geschlechtsverbindungen des Mannes gleich (Conrad, aaO).

Für die Ehelichkeit eines Kindes war die Abstammung aus einer echten Ehe maßgebend geworden (Conrad, aaO).

Im Spätmittelalter zählten zu den unehelichen Kindern alle außerehelich Geborenen, aber auch diejenigen Kinder, die in der Ehe zu früh oder nach Auflösung der Ehe zu spät

*) Lit: H. Brunner, Deutsche Rechtsgeschichte, 1. Band, 2. Aufl 1906, 3. Aufl (Nachdruck der 2. Aufl) 1961; H. Conrad, Deutsche Rechtsgeschichte, Band I, Frühzeit und Mittelalter, 1. Aufl 1954; 2. Aufl 1962 (zitiert nach der 2. Aufl); H. Planitz, K.A. Eckhardt, Deutsche Rechtsgeschichte, 2. Aufl 1961; R. Schröder, E. Frh von Künßberg, Lehrbuch der deutschen Rechtsgeschichte, 7. Aufl 1932; ferner: Bückling, Die Rechtsstellung der unehelichen Kinder im Mittelalter und in der heutigen Reformbewegung, 1920; Geipel, Die Stellung des unehelichen Kindes in den magdeburgischen Rechtsquellen, Diss Jena 1924; Schickenberg, Die Stellung der unechten und unehelichen Kinder in deutschen Rechten des Mittelalters. Ein rechtsgeschichtlicher Beitrag zur Erneuerung des Unehelichenrechts, Diss Frankfurt, 1941; E.G. Kopp, Namensrecht der Unehelichen vor dem Inkrafttreten des BGB in Deutschland, 1959 (s die Besprechungen von Göppinger, ArchcivPr 160, 1961, 182; Paulick, FamRZ 1960, 212; H. Krüger, RdJ 1960, 89; Hagemeyer, NJW 1960, 762); Mitteis-Lieberich, Deutsches Privatrecht, 4. Aufl 1963, 62f.

geboren wurden (Conrad, 408). Kinder aus nichtigen Ehen galten, wenn die Ehegatten bezüglich des Nichtigkeitsgrundes gutgläubig waren, unter dem Einfluß des kanonischen Rechts als ehelich (Conrad, aaO). Unter den unehelichen Kindern waren diejenigen häufig schlechter gestellt, die aus einer anrüchigen Verbindung hervorgegangen waren (Conrad, aaO).

Den unehelichen Kindern wurde das Erbrecht gegenüber dem Vater versagt, zuweilen sogar auch gegenüber der Mutter (Conrad, 409). Durchweg galt der Grundsatz, kein Kind sei seiner Mutter Kebskind (Conrad, aaO).

Regelmäßig wurde aber den unehelichen Kindern ein Unterhaltsanspruch gegen den Vater zuerkannt (s Conrad, 409, und FamRZ 1962, 322, 325; Planitz-Eckhardt, 202).

2. Römisches Recht*). 6

Uneheliche Kinder (spurii, vulgo quaesiti) wurden als Personen sui generis geboren. Mit ihrem Erzeuger galten sie weder als agnatisch (dh zum Familienverband gehörig) noch als kognatisch (dh blutsverwandt) — abgesehen vom Ehehindernis der Verwandtschaft — verwandt. Mit der Mutter waren sie kognatisch verwandt, doch war die Frau nicht in der Lage, eine Familiengewalt innezuhaben oder zu vermitteln, so daß die unehelichen Kinder auch nicht in die Gewalt des mütterlichen Großvaters fielen. Eine gegenseitige Unterhaltspflicht bestand zwischen dem unehelichen Kind einerseits und der Mutter und gegebenenfalls ihren Vorfahren andererseits kraft Kaiserrechts wie bei ehelichen Kindern. Unter den unehelichen Kindern nahmen in der nachklassischen Zeit die Kinder aus einem Konkubinat eine Sonderstellung ein; sie hießen liberi naturales. Ihnen durfte der Erzeuger, ebenso wie der Konkubine selbst, bestimmte Quoten seines Vermögens durch Schenkung oder Testament zuwenden. Justinian gab ihnen — und ihrer Mutter — auch ein Intestaterbrecht nach dem Erzeuger in Höhe eines Sechstels, wenn weder eine Ehefrau noch eheliche Kinder erbberechtigt waren. Außerdem erhielten Konkubinenkinder sogar einen Unterhaltsanspruch gegen die ehelichen Kinder. —

Zur Legitimation s Vorbem 3 vor § 1719.

3. Gemeines Recht).** 7

Die gemeinrechtliche Praxis ließ die Klage auf Feststellung der unehelichen Vaterschaft gegen den Mann zu, der innerhalb der „kritischen Zeit" (vom 300. bis zum 182. Tage vor der Geburt des Kindes) mit der Mutter geschlechtlich verkehrt hatte; ferner wurde dem Vater die Verpflichtung auferlegt, den Unterhalt des Kindes zu bestreiten. Ein allgemeiner Gerichtsbrauch nahm die Bedürftigkeit des Kindes bis zum 14. Lebensjahr ohne weiteres an (s Mot 4, 896). Ob der Anspruch auf Anerkennung der Vaterschaft und der Unterhaltsanspruch durch die Einrede der mehreren Beischläfer (exceptio plurium concubentium) entkräftet werden konnte, war bestritten (s Mot 4, 864, 874; sowie Windscheid-Kipp, 2, § 475). Ferner war umstritten, ob als Rechtsgrund der Alimentationspflicht des unehelichen Kindes das Verwandtschaftsverhältnis oder ein Delikt anzusehen war (s Mot 4, 864f, 874; sowie Dernburg, Pandekten (8. Aufl), 3, § 38, § 85 Ziff 2b, § 135 Ziff 2, § 137 Ziff 2; Windscheid-Kipp, Pandekten, Bd 2, § 475, Bd 3, § 550 Note 9, § 574 Ziff 3; RGZ 40, 180).

Eine Unterhaltspflicht der väterlichen Aszendenten wurde überwiegend verneint (s Mot 4, 874; sowie auch Windscheid-Kipp, 3, § 574 Ziff 3); die Vererblichkeit der Unterhaltsverpflichtung wurde aber (in der Praxis) überwiegend bejaht (s Mot 4, 910). Die gemeinrechtliche Praxis gewährte der Mutter des unehelichen Kindes einen Anspruch auf Ersatz der Entbindungs- und Wochenbettkosten (s Mot 4, 906).

Das Kind stand unter Vormundschaft (s Mot 4, 859), die Mutter hatte aber das Recht, das Kind zu erziehen (s Mot 4, 863). Eine weitverbreitete Praxis räumte der Mutter das Recht ein, gegen den unehelichen Vater auf Leistung der Alimente zu klagen, obwohl der Anspruch dem Kinde zustand und deshalb an sich vom Vormund geltend zu machen (s Mot 4, 875f).

Das Kind führte den Namen (Familiennamen) der Mutter, gegebenenfalls den, den sie vor

---

*) Das Folgende ist aus M. Kaser, Römisches Privatrecht, Studienbuch, 4. Aufl 1965, 241/242, und Das römische Privatrecht, 1. Band, 1955, 298/299, und 2. Band, 1959, 156, entnommen; wegen weiterer Einzelheiten und Nachweise sei auf das letztere Werk verwiesen (auch auf Bd 1, S 57, und Bd 2, S 145 Fußn 38 und 358 Fußn 24); s ferner noch R. Sohm, Institutionen, Geschichte und System des römischen Privatrechts, 15. Aufl 1917, 616 (§ 91), 646 (§ 100); Jörs-Kunkel, Römisches Privatrecht, 3. Aufl 1949.

**) Aus der Lit s E. von Halfern, Die Rechte der unehelichen Kinder nach dem Gemeinen Recht und BGB, Erlanger Diss 1898.

der Verheiratung führte (s RGZ 5, 45; JW 1905, 166; OLG Celle, JW 1911, 166; sowie Gerhardt, StAZ 1929, 298; Mot 4, 859).

Das spätere Partikularrecht wurde durch das gemeine Recht in starkem Maße beeinflußt.

8 **4. Partikular-Recht***).

a) Nach **Preuß ALR****) konnten uneheliche Kinder von dem Vater nur Unterhalt und Erziehung fordern (Tl II Tit 2 § 612), und zwar lediglich bis zur Vollendung des 14. Lebensjahres (§ 633); subsidiär waren die Mutter und die mütterlichen Großeltern dazu verpflichtet (aaO, § 629). Die Pflege und Erziehung des Kindes bis zur Vollendung des 4. Lebensjahres mußte in der Regel der Mutter auf Kosten des Vaters überlassen werden (aaO, § 621); danach hatte der Vater die Wahl, ob er die Verpflegung und Erziehung des Kindes selbst besorgen oder sie der Mutter auf seine Kosten überlassen wollte (§ 622); diese hatte aber das Recht, die Erziehung und Verpflegung des Kindes auf ihre alleinigen Kosten zu übernehmen (s hierzu auch Boehmer, Einführung in das Bürgerliche Recht, 2. Aufl, 109; Conrad, FamRZ 1962, 322, 324). Für Brautkinder galt nach dem (allerdings im Jahre 1854 aufgehobenen) § 597 (Tl II Tit 2) die Regelung, daß sie durch bloße gerichtliche Erklärung des Vaters die volle Rechtsstellung ehelicher Kinder erlangen konnten. Starb der Vater vor vollendeter Erziehung des unehelichen Kindes, so konnte dieses die Aussetzung des dazu noch Fehlenden aus dem Nachlaß fordern (§ 674 aaO; weitere nähere Einzelheiten s §§ 648ff). Das uneheliche Kind trat weder in die Familie des Vaters noch in die der Mutter (§ 639); uneheliche Kinder derselben Mutter galten als Halbgeschwister, auch wenn sie den gleichen Vater hatten (Tl II, Tit 3, § 6); dagegen bestand zwischen unehelichen Kindern des gleichen Vaters, aber verschiedener Mütter sowie zwischen ehelichen und unehelichen Kindern derselben Mutter kein Familienverhältnis (aaO, §§ 7, 8). Die unehelichen Kinder führten den Geschlechtsnamen der Mutter (Tl II Tit 2 § 640), jedoch nicht deren adligen Namen (§ 641). Sie standen nicht unter der Gewalt des Vaters, sondern nur unter der vom Staat für sie verordneten Vormundschaft (§ 644). Die Vorschriften der §§ 613, 618—620 regelten die Haftung mehrerer Männer, die der Mutter beigewohnt hatten, und das jus eligendi und variandi des Kindes bei der Verfolgung seines Unterhaltsanspruchs (s auch Conrad, FamRZ 1962, 322, 326). Diese Bestimmungen wurden durch das Gesetz vom 24. 4. 1854 aufgehoben, das die exceptio plurium einführte (s hierzu auch Mot 4, 887; Josef, DJZ 1929, 307, und Weise, daselbst 438). Gemäß § 13 dieses Gesetzes hatte das Kind einen Anspruch nur, wenn ein Anspruch der Mutter gegen den Schwängerer begründet war oder wenn das Kind ein Anerkenntnis der Vaterschaft beizubringen vermochte. Ein Anspruch der Mutter bestand zB im Falle der Notzucht, Verführung und dgl oder wenn sie mit dem Manne verlobt war, dagegen nicht, wenn sie (als unverheiratete Frau) mit mehreren Männern den Beischlaf vollzogen hatte oder eine in geschlechtlicher Beziehung (zur Zeit der Konzeption) bescholtene Person war (§ 9). Durch die VO vom 5. 7. 1875 wurde der Vater der unehelichen Mutter (auch wenn sie volljährig war) gesetzlicher Vormund, solange das Vormundschaftsgericht nicht einen anderen Vormund bestellte (§ 12 Abs 2). Auch die Mutter konnte zum Vormund bestellt werden (§ 21 Abs 3; s auch Conrad, FamRZ 1962, 322, 324).

9 b) Nach **BayLR** galt als Vater des unehelichen Kindes, wer mit dessen Mutter innerhalb des Zeitraums vom 302. bis 182. Tage vor der Geburt des Kindes geschlechtlich verkehrt hatte (Tl I cap 4 § 9 Ziff 4). Die Vorschrift, daß die Unterhaltspflicht zunächst dem Vater, dann der Mutter, dann den Aszendenten väterlicherseits, dann den Aszendenten mütterlicherseits, hierauf den Kindern und weiteren Deszendenten mit der Beachtung der in successione üblichen Ordnung obliege, fand auch auf die durch uneheliche Zeugung vermittelte Verwandtschaft Anwendung (Tl I cap 4 § 7 Ziff 1—5). Durch die Einrede der mehreren Beihälter wurde die Vaterschaftsklage entkräftet. Dagegen blieb trotz des Beweises dieser Einrede dem Kinde gegenüber jeder unterhaltspflichtig, der mit der Mutter innerhalb der kritischen Zeit geschlechtlich verkehrt hatte (aaO § 9 Ziff 4; vgl hierzu

---

*) Lit: Conrad, Die Stellung der unehelichen Kinder in der neuzeitlichen Privatrechtsentwicklung Deutschlands . . ., FamRZ 1962, 322.

**) Mantey, Die Rechte des unehelichen Kindes und seiner Mutter nach dem preußischen Recht im Gebiet des ALR und dem BGB für das Deutsche Reich, 1897; Bosch, Gutachten [Vorbem 66], 15f; s noch Kopp, Vorbem 4 Fußn aE.

Mot 4, 885). Daneben kannte das BayLR noch das sog Erbrecht quoad alimenta (Tl III cap 12 § 2 Ziff 10, 11, § 3 Ziff 8). Das uneheliche Kind stand wie nach gemeinem Recht nicht unter der väterlichen Gewalt, sondern unter Vormundschaft; dagegen bestand auch zwischen dem unehelichen Kinde und dessen Aszendenten die sog patria potestas naturalis (Tl I cap 5 § 1, cap 4 § 3 Ziff 1—4; vgl hierzu auch Vorbem 8 vor § 1626 BGB). Wegen des vom BayLR noch anerkannten Makels der unehelichen Geburt unterlagen uneheliche Kinder, insbesondere solche ex damnato coitu, weitgehenden Beschränkungen der testamenti factio passiva (Tl III cap 3 § 13) und des Intestaterbrechts (Tl III cap 12 § 2 Ziff 9—11, § 3 Ziff 7—9, § 4 Ziff 9, 10). Zum Namensrecht s Kopp, Vorbem 4, Fußn aE.

c) Das **SächsBGB** vom 2. 1. 1863*) verpflichtete denjenigen, der mit der Mutter eines **10**
unehelichen Kindes im Zeitraum zwischen dem 182. und 302. Tage vor der Geburt des Kindes geschlechtlich verkehrt hatte (§ 1859), zur Bezahlung der Geburts- und Taufkosten (§§ 1858, 1861), sowie zur Leistung eines Beitrags zum Unterhalt des Kindes bis zu dessen vollendetem 14. Lebensjahr (§§ 1858, 1862ff). Der Beitrag war monatlich vorauszuzahlen (§ 1863); die Höhe des Beitrags innerhalb des niedrigsten und höchsten Satzes (12—120 Taler im Jahr gemäß § 1862) war unter gleichmäßiger Berücksichtigung des Standes der Mutter, der etwaigen besonderen Bedürfnisse des Kindes und des Vermögens des Vaters zu bestimmen. Hatte die Mutter innerhalb der Empfängniszeit (§ 1859) mit mehreren Männern den Beischlaf gepflogen, so hafteten sie wegen der außerehelichen Schwängerung als Gesamtschuldner (§ 1872). Die exceptio plurium concumbentium ließ das Gesetz nicht zu (s dazu auch Mot 4, 887 und Weise, DJZ 1929, 438). Der außereheliche Vater konnte, wenn das Kind das 6. Lebensjahr vollendet hatte, sich von der Leistung des Beitrags für die Zukunft dadurch befreien, daß er den Unterhalt des Kindes übernahm, sofern nicht nach dem Ermessen des Vormundschaftsgerichts für das Wohl des Kindes bei der Mutter besser gesorgt war (§ 1870).

Zwischen dem außerehelichen Kinde, seiner Mutter und den Verwandten mütterlicherseits bestanden gemäß § 1874 alle Rechte und Pflichten, wie bei einem ehelichen Kinde, insbesondere auch bezüglich der Unterhaltspflicht (s §§ 1838ff). Doch stand das Kind unter Vormundschaft (§ 1875); zum Vormund konnte auch die Mutter bestellt werden, wenn sie das 25. Lebensjahr vollendet hatte (§ 1885). Der Vormund war gesetzlicher Vertreter des Kindes (§ 1910; s auch § 1866 für die Unterhaltsklage des Vormunds namens des Kindes) und hatte die Vermögenssorge inne (§ 1926).

Die Verbindlichkeiten aus der außerehelichen Schwängerung gingen gemäß § 1873 auf die Erben des Schwängerers über; hinterließ dieser eheliche Kinder, so hörte die Verpflichtung zur Zahlung des Unterhaltsbeitrags für das außereheliche Kind auf, wenn das Kind vom Zeitpunkt des Todes des Erblassers (Vaters) an aus dessen Nachlaß soviel erhalten hat, als der gesetzliche Erbteil eines ehelichen Kindes betrug. Kinder, die von Personen miteinander gezeugt waren, die in einem gültigen Verlöbnis gestanden hatten, hatten die Rechte ehelicher Kinder (§ 1578); die elterliche Gewalt stand dem Vater aber nicht zu (§ 1809). Bezüglich des gesetzlichen Erbrechts waren die außerehelich Geborenen, deren Eltern geheiratet haben, den ehelich Geborenen gleich, ebenso die Abkömmlinge solcher außerehelich Geborenen sowie die nach dem Verlöbnis der Eltern Gezeugten oder Geborenen (§ 2018). Andere außerehelich Geborenen hatten ein Erbrecht nur am Vermögen ihrer Mutter und der entfernteren Voreltern und sämtlicher Seitenverwandten der Mutter (§ 2019).

Hinsichtlich des Erbrechts der Kinder, die durch den Landesherrn „ehelich gesprochen" worden waren (§§ 1783ff), am Vermögen des Vaters s §§ 2021ff.

d) In **Württemberg** wurden durch das Gesetz vom 5. 9. 1839 (RegBl 553), Art 28, ver- **11**
schiedene Regelungen getroffen, die Erwähnung verdienen: Gemäß Nr 1 war der Vater jedem aus einem unerlaubten Beischlaf erzeugten Kinde so lange „natürliche Alimente" zu reichen schuldig, bis sich das Kind selbst ernähren konnte; auch hatte er der Mutter die Entbindungs-, Tauf- und Beerdigungskosten zu ersetzen. Die Klage auf Alimente konnte nur entweder der Vater der „Geschwächten" oder ein für das Kind bestellter Pfleger, in beiden Fällen in Verbindung mit der Mutter, falls diese noch lebte, erheben. Gemäß

---

*) P. Schmidt, Die Vormundschaft über uneheliche Kinder (mit Berücksichtigung des sächsischen BGB), 1899.

Nr 2 ging die Verpflichtung, wenn der Vater unvermögend war, auf die Mutter und, wenn diese ebenfalls unvermögend war, auf deren Eltern über. Die väterlichen Großeltern waren gemäß Nr 3 nur dann, wenn sie als Erben ihres Sohnes (dh des unehelichen Vaters) in dessen Verbindlichkeiten eintraten, zur „Verpflegung der unehelichen Enkel" verpflichtet.

Die exceptio plurium concumbentium hatte die Rechtsprechung schon vor dem Gesetz vom 5. 9. 1839 zugelassen (s Obertribunal Stuttgart, SeuffA 20, 1867, 780 Nr 9); in diesem Gesetz (Art 28 Nr 4) wurde dann die Regelung getroffen, sei die Einrede des Beklagten erwiesen, die Mutter habe um die Zeit seines Beischlafs auch mit anderen Männern „unzüchtigen Umgang gepflogen", so sei der Beklagte freizusprechen (dh sei die Klage abzuweisen). Zu beachten ist hierzu noch, daß das Obertribunal Stuttgart in ständiger Rechtsprechung zugelassen hat, daß die aus dem Beischlaf innerhalb der Empfängniszeit hergeleitete Vermutung der Vaterschaft durch einen aus dem Grad der Reife des neugeborenen Kindes entnommenen Beweis widerlegt wurde (s SeuffA 20, 1867, 779 Nr 1 mit Hinweisen, sowie auch Mot 4, 887).

Das Kind konnte den Namen des Vaters dann führen, wenn dieser seine Einwilligung erklärte und wenn das Kind nicht aus einer ehebrecherischen oder blutschänderischen Verbindung stammte (Art 28 Nr 5). Die Befugnis zur Führung des Namens begründete aber kein weiteres Recht für das Kind (Art 28 letzter Satz).

Das Kind stand, wie nach gemeinem Recht, nicht unter der elterlichen Gewalt der Mutter.

12 e) Das **Badische Landrecht** von 1810*) war weitgehend dem französischen Recht gefolgt (s Mot 4, 865). Die Regelung des französischen Rechts (Code civil, Art 340: „La recherche de la paternité est interdite" — dieser Satz galt jedoch nicht im Falle der Entführung und Notzucht —) wurde vom bad Recht übernommen (Satz 340) mit der Ergänzung, daß die Feststellung („Erklärung") des Mannes als Vater auch zugelassen wurde, wenn der Mann die Mutter des Kindes „kundbarlich bei sich als Beischläferin unterhalten hat oder des Beischlafs .. freiwillig geständig oder zufällig überwiesen" war, sowie wenn er die Mutter .. „außer Stand des freien Sinnengebrauchs zum Behuf des Beischlafs versetzt hat" (Satz 340a). Gemäß Satz 762, 762a hatte das aus ehebrecherischer oder blutschänderischer Verbindung hervorgegangene Kind gegen den Vater das „Recht auf Ernährung", ebenfalls ein nicht anerkanntes Kind, wenn der Vater ohne Nachfrage nach der Vaterschaft oder auf erlaubte Nachfrage bekannt wurde. Ein aus ehebrecherischer oder blutschänderischer Beziehung entsprossenes Kind durfte jedoch nicht anerkannt werden (Satz 335).

Durch das Gesetz vom 21. 2. 1851 wurde die Unterhaltspflicht erweitert: Ein Unterhaltsanspruch wurde den nicht anerkannten Kindern generell eingeräumt (§§ 2, 3; s dazu auch Mot 4, 880f), jedoch nur im Falle der Unvermöglichkeit der Mutter; in Betracht kam nur der notdürftige Unterhalt bis zum vollendeten 14. Lebensjahr des Kindes (§ 3). Im Prozeß war die Einrede der Zeugungsunfähigkeit zugelassen (§ 5 Abs 1 iV mit Landrechtssatz 312); die Einrede einer Mehrheit von Beischläfern war ausgeschlossen (§ 5 Abs 1). Die Mutter konnte dem Prozeß beitreten (§ 4 Abs 1 Satz 3), der für das Kind von einem hierfür besonders zu bestellenden Vormund zu führen war (§ 4 Abs 1 Satz 1).

Die Mutter war Vormund des Kindes (LR-Satz 393a); hatte der Vater das Kind anerkannt, so konnte er einen besonderen Vormundschaftsbeistand zuordnen (393a iV mit 391).

Das Erbrecht des anerkannten Kindes regelten die Vorschriften der Sätze 756—757a; das natürliche Kind hatte ein „Recht auf die ganze Verlassenschaft seines Vaters oder seiner Mutter, die, ohne erbfähige Verwandte zu hinterlassen, verstorben waren" (758). Doch hatte ein in ehebrecherischer oder blutschänderischer Verbindung gezeugtes Kind dieses Erbrecht nicht (762).

---

*) Rehagel, Das Badische bürgerliche Recht und der code Napoléon, 1. Band, 3. Aufl 1891; F. K. Kappler, Das Recht des unehelichen Kindes nach französisch-badischem Recht und nach dem BGB, 1898 (Freiburger Diss); zum französischen Recht etwa um die Jahrhundertwende s noch Ullersberger, Das Rechtsverhältnis der unehelichen Kindschaft nach dem BGB und dem code civil, 1901 (Freiburger Diss); Nagorski, Das Rechtsverhältnis des unehelichen Kindes zu seinem Erzeuger nach deutschem und französischem Recht in geschichtlicher und rechtsvergleichender Darstellung, 1908; Zachariae von Lingenthal-Crome, Handbuch des französischen Zivilrechts, 8. Aufl, 3. Band 1895.

f) Aus dem übrigen Landesrecht ist noch hervorzuheben, daß nur nach dem weimar Gesetz 13
vom 27. 3. 1872 der unehelichen Mutter die volle elterliche Gewalt über das Kind zustand, einschließlich der Verwaltung des Vermögens, der Vertretung und der elterlichen Nutznießung (s Mot 4, 860).

Zum sonstigen Landesrecht s Mot 4, 851, sowie zB zum hessischen Recht: G. Hörle, Die rechtliche Stellung des unehelichen Kindes und die Rechtsfolgen der außerehelichen Geschlechtsgemeinschaft, mit Berücksichtigung des hessischen Rechts (Gießen, 1900).

III. Grundsätzliches zum geltenden Recht, insbesondere zum Abstammungs- und Anerkennungssystem.

Das geltende deutsche Recht beruht entsprechend der oben dargelegten Rechtsentwicklung 14
auf dem Abstammungssystem: Vater des Kindes iS des Gesetzes ist der wirkliche Erzeuger (§§ 1708, 1717; s hierzu Bem 7, 21 zu § 1708, 1ff zu § 1717); das Anerkenntnis der Vaterschaft hat keine konstitutive Wirkung (s 61 zu § 1718).

Das BGB hat hiermit das Anerkennungssystem, das von dem Abstammungssystem zu unterscheiden ist, abgelehnt (s hierzu Mot 4, 852). Auf dem Anerkennungssystem beruhen in erster Linie die romanischen Rechtsordnungen. Es bedeutet, daß das Anerkenntnis bestimmte Rechtswirkungen zur Folge hat; unter dem Anerkenntnis ist die freiwillige, in bestimmter Form abgegebene Erklärung zu verstehen, Vater (oder Mutter) des Kindes zu sein (s Dölle, II, 443; weitere Einzelheiten zum ausländischen Recht und dem Anerkennungssystem s Dölle, II, 353, 442ff; Kegel, Internationales Privatrecht, 2. Aufl 1964, 327f, 331f; Bosch, Gutachten [s Vorbem 66], 18; Raape, Die Rechtsstellung des unehelichen Kindes nach dem neuen italienischen Zivilgesetzbuch, zugleich ein Beitrag zu dem sogenannten Anerkennungssystem, 1948).

Zahlreiche ausländische Rechtsordnungen verbinden die beiden Systeme miteinander (s Dölle, II, 443; vgl auch die deutschen Entwürfe von 1925 und 1929, s Vorbem 17, den „Hildesheimer Entwurf" —1951—, Vorbem 65, den „Heidelberger Entwurf" —1963—, Vorbem 68).

IV. Die Rechtsentwicklung seit Inkrafttreten des BGB und die Reformbewegung bis 1945.

1. Vor dem ersten Weltkriege hatten sich nur engere Kreise mit der Frage der Reformbe- 15
dürftigkeit des Rechts der unehelichen Kinder befaßt, die Sozialstatistiker und diejenigen, die aus ihrer beruflichen Tätigkeit die Not der unehelichen Kinder kennen gelernt hatten, also Personen, die wissenschaftlich und praktisch tiefere Einblicke in die Verhältnisse zu nehmen vermochten (s A. B. Schmidt, AcP 127, 210; F. Wolff, Die Rechtsstellung der unehelichen Kinder im BGB und ihre Reform, Stuttgart-Berlin, 1918).

Durch den Ausbruch des ersten Weltkrieges war dann die Sozialgesetzgebung genötigt, sich der unehelichen Kinder anzunehmen, nachdem schon 1911 die RVO Vorschriften zur Unfallversicherung gebracht hatte (s Vorbem 20). Durch die Erklärung des **Reichstagsausschusses für Bevölkerungspolitik vom 15. 5. 1917** und die darin programmatisch aufgestellten Leitsätze (2. Teilbericht des 16. Ausschusses, Verhandlungen des Reichstags, XIII. Legislaturperiode, II. Session, 1914/1917, Band 322, Anl zu den Stenogr Berichten, Aktenstück Nr 1087, Seite 1821ff, 1831) nahmen die Erörterungen über die Reform einen allgemeineren Charakter an (s Schmidt, aaO, 211). Der Ausschuß beschloß, den Reichskanzler zu ersuchen, sich behufs der besseren Ausgestaltung des Schutzes der unehelichen Kinder mit den verbündeten Regierungen [dh der einzelnen deutschen Staaten] baldigst ins Einvernehmen zu setzen; der Ausschuß erhob dabei bestimmte Reformforderungen, nämlich ua: die exceptio plurium zu beseitigen, die Empfängniszeit des § 1717 in Übereinstimmung mit § 1592 Abs 2 festzusetzen, den Stand des Vaters bei der Bemessung der Höhe der Unterhaltspflicht zu berücksichtigen, die Unterhaltspflicht bis zum vollendeten 18. Lebensjahres des Kindes auszudehnen, das die Beitreibung der Unterhaltsbeträge betreffende Verfahren zu beschleunigen, die Bedingungen der Annahme an Kindesstatt und der Führung des Vaternamens zu erleichtern, die Militärversorgungsgesetze abzuändern (s auch Schmidt, aaO, 211).

Eine Verbesserung der Rechtsstellung des unehelichen Kindes bei der Geltendmachung des 15a
Unterhaltungsanspruches gegen den Vater brachte § 28 der EntlastungsVO vom 9. 9. 1915, RGBl 562, insofern, als das Kind von der Beibringung eines Armutszeugnisses (s § 118 Abs 2 ZPO) befreit wurde. Diese Vorschrift des § 28 EntlVO wurde später anläßlich der Novelle 1924 zur ZPO (VO vom 13. 2. 1924, RGBl I, 135) durch Art II Nr 5 (mit geringfügiger redaktioneller Änderung) als Halbsatz 2 dem § 118 Abs 2 Satz 2 ZPO angefügt.

16 **2. Artikel 121 der Weimarer Reichsverfassung***) bestimmte:

„Den unehelichen Kindern sind durch die Gesetzgebung die gleichen Bedingungen für ihre leibliche, seelische und gesellschaftliche Entwicklung zu schaffen wie den ehelichen Kindern".

Nach wohl einhelliger Meinung war diese Vorschrift nur Richtlinie, nicht aktuelles Recht und besaß deshalb auch keine derogatorische Kraft (s Anschütz, Anm 1; hierzu jetzt Bosch, Gutachten, 46ff); eine Gleichstellung mit ehelichen Kindern war nicht beabsichtigt, da sie auch mit Art 119 Satz 1 nicht vereinbar gewesen wäre (Anschütz, aaO, und Anm 1 zu Art 119; ferner Wieruszowski in „Die Grundrechte ...", 2, 79)**).

17 3. Nachdem sich ua der **32. Deutsche Juristentag** (DJT) in Bamberg im Jahre **1921** mit der Reform des Rechts der unehelichen Kinder befaßt hatte (s dazu Verhandlungen des 32. DJT, 150ff; auch „100 Jahre deutsches Rechtsleben, Festschrift zum Hundertjährigen Bestehen des DJT", 1960, 2, 380), wurde auf Grund des Verfassungsauftrags im Jahre **1925** ein **Gesetzesentwurf** der Reichsregierung veröffentlicht***). Jedoch wurde der Entwurf in der Folgezeit nicht

---

*) Literatur hierzu: Kommentare zur Reichsverfassung, insbesondere Anschütz, 4. Bearbeitung, 14. Aufl, 1933 (Neudruck 1960); Poetzsch-Heffter, Handkommentar, 3. Aufl, 1928; Giese, 8. Aufl, 1931; Klumker in „Die Grundrechte und Grundpflichten der Reichsverfassung", hrsg von H. C. Nipperdey, Band 2, 1930, 107ff; Hedemann, DJZ 1919, 771; ferner s Bückling, Die Rechtsstellung der unehelichen Kinder im Mittelalter und in der heutigen Reformbewegung, 1920; Geiger, Das uneheliche Kind und seine Mutter im Recht des neuen Staates, 1920; Klumker, JW 1925, 310; Rabel, LZ 1921, 539 = Gesammelte Aufsätze, Band I, 1965, 355; Reschreiter, BayZ 1925, 26.

**) Anschütz (Anm 1 zu Art 121) vertrat zur Reform die Auffassung, die Gesetzgebung werde namentlich die Erweiterung des durch § 1708 BGB sehr eng bemessenen Unterhaltsanspruchs, auch wohl die Abänderung der Bestimmungen der §§ 1589 Abs 2, 1707 Satz 1 BGB zu erwägen haben.

***) Reichsratsdrucksache, Tagung 1925 Nr 108; wiedergegeben in Heft 9 der Flugschriften des Archivs Deutscher Berufsvormünder, 1928. Der Text des Entwurfs allein ist veröffentlicht in Reichsarbeitsblatt 1925 Nr 37 (Okt), 459ff; ZblJugR XVII, 175; StAZ 1926, 50; sowie in „Die Probleme der gesetzlichen Regelung der Rechtsstellung des unehelichen Kindes, Führer zu dem vorliegenden Gesetzentwurf", hrsg vom Deutschen Archiv für Jugendwohlfahrt, Berlin 1929.

Literatur zu diesem Entwurf: Th. Kipp, Zur Reform des Rechtes der unehelichen Kinder (Festgabe für Stammler, 359ff, auch als Sonderdruck erschienen), 1926; Vaterschaftsfeststellung und Verwandtschaft im Unehelichenrecht, Heft 3 der Flugschriften des Archivs Deutscher Berufsvormünder, 1926; Brandis, Zum Gesetzentwurf über die unehelichen Kinder, StAZ 1926, 35, 58, 85, 101, 119, 135, 145, 163, 179, 213, 227, 247, 259; Meinzinger, Die Rechtsstellung des unehelichen Kindes nach dem Entwurf eines Gesetzes über die unehelichen Kinder und die Annahme an Kindes statt von 1925, Diss Gießen, 1929; A. B. Schmidt, Die Stellung der unehelichen Kinder und der Gesetzentwurf vom 22. 5. 1925, ArchcivPr 127, 1927, 210; ferner: G. Bäumer, Prinzipienfragen des Unehelichenschutzes, Die Frau, 33. Jg, Heft 6/7, März/April 1926; Behrend, Kritische Betrachtungen zur Entwicklung eines Gesetzes betr die unehelichen Kinder, Soziale Praxis, XXXV, Nr 40, 41 (Okt 1926); ders, Die „Pflegekindschaft" im Entwurf eines Gesetzes betr die unehelichen Kinder, Soziale Praxis, XXXVII, Nr 40 (Okt 1928); Bode, Der Vormundschaftsrichter im Entwurf ..., DRiZ 1927, 380; Bovensiepen, Bessere Rechtsstellung der unehelichen Kinder, Soziale Praxis, XXXV Nr 5 (Febr 1926); Brandis, Der neue Gesetzentwurf über die unehelichen Kinder, JW 1925, 2725; ders, Zur Frage der Vaterschaft und des Mehrverkehrs im neuen Unehelichenrecht, ZblJugR XVII, 245 (1926); Graßhof, Gedanken über den Entwurf ..., LZ 1928, 167; Hasper, Zum Entwurf des Gesetzes ..., Doppelte Moral?, DRiZ 1928, 112; Hertz, Zur Kritik des Gesetzentwurfs ..., Soziale Praxis XXXV Nr 21 (Mai 1926); ders, Schutz der unehelichen Kinder, DJZ 1927, 656 (Bericht über einen Vortrag); Hundinger, Das Rechtsverhältnis der Pflegekinder und der neue Entwurf, ZblJugR XVIII, 205; Klumker, Der Gesetzentwurf ..., ZblJugR XVII, 157; Kübler, Die Feststellung der unehelichen Vaterschaft durch das Vormundschaftsgericht auch nach dem Tode des Vaters als Forderung der Volksgesundheit und Sittlichkeit, JW 1926, 1419; Lammers, Der § 1766 des Entwurfs eines Gesetzes ..., ZblJugR XVIII, 22; Müller, Der Gesetzentwurf ..., ZblJugR XVII, 163; ders, Erweiterte Fürsorgepflicht für uneheliche Kinder oder primäre öffentlich-rechtliche Unterhaltspflicht?, ZblJugR XVII, 234; ders, Annahme an Kindes statt und Pflegekindschaft im künftigen Recht, ZblJugR, XX, 175; Müller, Zum Entwurf eines Gesetzes ..., ZblJugR XVII, 248 und DRiZ 1926, 34; Munk, Der Gesetzentwurf ..., DJZ 1926, 1069; Munk, Die künftige Regelung des Rechts des unehelichen Kindes, Die Frau, 33. Jg, Nr 3; Sauermann, Soll der Vormundschaftsrichter über Alimentenansprüche des unehelichen Kindes entscheiden?, ZblJugR XVII, 289 Schlegel, Die Aufhebung des § 1717 BGB, DRiZ 1926, 37; Schuster, Zum Entwurf des Gesetzes, Ungewißheit der Vaterschaft, DRiZ 1928, 110; Seggelke,

weiter verfolgt, sondern wesentlich umgearbeitet; Ende 1928 wurde die Neufassung im Reichsrat beraten, am 11. 1. 1929 wurde der Entwurf dem Reichstag vorgelegt (sog **Entwurf 1929**)*).

Beide Entwürfe sahen eine Verbesserung der Regelung über den Unterhaltsanspruch des Kindes und der Rechtsstellung der unehelichen Mutter (die Möglichkeit, ihr die elterliche Gewalt zu verleihen), ferner die Möglichkeit vor, dem Vater die Sorge für die Person des Kindes und auch die elterliche Gewalt zu verleihen. Der Entwurf 1925 empfahl auch ein Verkehrsrecht des Vaters. Beide Entwürfe schlugen die Abschaffung der Mehrverkehrseinrede (§ 1717 Abs 1) und eine nähere Regelung bezüglich der Feststellung der Vaterschaft vor, der Entwurf 1925 durch Entscheidung des Vormundschaftsgerichts, der Entwurf 1929 auf entsprechende Klage des Kindes mit Zuständigkeit des Amtsgerichts. Beide Entwürfe verbanden das Abstammungssystem mit dem Anerkennungssystem (s auch Vorbem 14 und Gaul, FamRZ 1963, 208, 209 f).

Der Entwurf 1929 wurde am 4. 2. 1929 dem Rechtsausschuß des Reichstags überwiesen, der im November 1929 mit den Beratungen begann, sie aber nicht abschließen konnte (s dazu auch Liebhold, 23; Zimmermann, ZblJugR 1954, 288; Schwoerer, NJW 1963, 11, 14).

Hiermit war die Reform gescheitert. Die weitere politische Entwicklung, das immer stärkere Anwachsen des Rechts- und Linksradikalismus und die Wirtschaftskrise verhinderten weitere Reformarbeiten.

4. Von großer Wichtigkeit war indessen der Erlaß des **Reichsgesetzes für Jugendwohlfahrt** 18
(RJWG) vom 9. 7. 1922 (s dazu auch Anhang zu § 1666, Bem 1). Im vorliegenden Zusammen-

---

Zur Frage der Unterhaltspflicht nach dem Entwurf . . ., DJZ 1926, 1490; Storck, Der Gesetzentwurf . . ., ZblJugR XVII, 160; ders, Der Gesetzentwurf über das Unehelichenrecht, Kritik und Gegenvorschläge von der Jugendfürsorge aus, Soziale Praxis, XXXV Nr 6 und 7 (Febr 1926); Swoboda, Gesetzentwurf . . ., DRiZ 1926, 343; Tomforde, Bemerkungen zum Gesetzentwurf . . ., DRiZ 1926, 116; Webler, Zur Beseitigung der Mehrverkehrseinrede im Unehelichenrecht, ZblJugR XX, 32; Wedermann, Der Vormundschaftsrichter im Entwurf eines Gesetzes . . ., DRiZ 1928, 40; Winkler, Bemerkungen zum Gesetzentwurf, DRiZ 1926, 111, 241; Zillken, Gedanken zur Abänderung des Rechtes des unehelichen Kindes, Caritas, 32. Jg, Heft 10 (Okt 1927).

Private Entwürfe: Heft 2 der Flugschriften des Archivs Deutscher Berufsvormünder (1926): Entwürfe 1. von Storck und E. Georgi, 2. von Polligkeit und H. Eiserhardt, 3. von Rothschild, 4. Entschließung des Ständigen Ausschusses des ADB; Heft 9 der Flugschriften des ADB: Gegenentwurf, aufgestellt vom ADB und DV (Deutschen Verein für öffentliche und private Fürsorge), 1928 (s auch ZblJugR XIX, 324 [März 1928] und NDV, IX. Jg, Nr 2 und 3, Febr und März 1928), hierzu Thoma, DRiZ 1928, 465.

*) RT-Drucks Nr 733, 4. Wahlperiode; der Text ist veröffentlicht in ZblJugR XX, 273 ff, 304 ff und in „Die Probleme der gesetzlichen Regelung der Rechtsstellung des unehelichen Kindes, Führer zu dem vorliegenden Gesetzentwurf" (1929).

Literatur zum Entwurf 1929: E. Brandis, Der Gesetzentwurf über das Unehelichenrecht und seine Probleme, 1929 (hierzu s Hellwig, JW 1930, 1576); T. Liebhold, Die Reform der Rechtsstellung des unehelichen Kindes als Problem der Rechtsangleichung mit Österreich, Heidelberger Rechtswissenschaftliche Abhandlungen, Heft 11, 1930; Schwarzer, Probleme zur Reform des Unehelichenrechts, 1931; H. Wasser, Uneheliche Vaterschaft und Vaterschaftsanerkenntnis im BGB und in den Entwürfen von 1925 und 1929 unter besonderer Berücksichtigung der historischen Entwicklung und der wichtigsten Auslandsrechte, Diss Freiburg 1933; ferner: Abel, Zur „Pflegekindschaft" im Entwurf eines Gesetzes . . ., ZblJugR XXI, 52 (1929); Arlt, Vormundschaft für mutterlose Kinder, ZblJugR XXI, 314; Eiserhardt, Das Unehelichenrecht im Reichstag, Soziale Praxis, 38. Jg, Heft 9 und 12 (Febr und März 1929); Genzmer, Pater semper incertus est?, DJZ 1929, 616; Josef, Eine Rückerinnerung zur Beseitigung der exceptio plurium, DJZ 1929, 307; Kipp, Der Entwurf eines Gesetzes . . ., DJZ 1929, 461; Klumker, Der Unehelichenentwurf und die Jugendämter, ZblJugR XX, 313 (1929); ders, Die elterliche Gewalt im Entwurf eines Unehelichengesetzes, ZblJugR XXI, 73 (1929); König, Pater semper incertus est?, DJZ 1929, 915; Liebisch, Bemerkungen zum Gesetzentwurf . . ., LZ 1930, 867; Müller, Vaterschaft und Unterhaltspflicht im künftigen Unehelichenrecht, ZblJugR XX, 285 (1929); von Owstien, Die Mehrverkehrseinrede in Geschichte und Gesetzgebung, StAZ 1930, 67; Rothschild, Die Ermittlung des wahrscheinlichen Vaters, ein Recht des unehelichen Kindes, ZblJugR XXI, 15 (1929); ders, § 1709 Abs 2 BGB im künftigen Unehelichenrecht, ZblJugR XXI, 320 (1929); Sprotte, Unterhaltsklagen und Justizreform, ZblJugR XXI, 137; Storck, Die Reichstagsvorlage über die rechtliche Stellung der unehelichen Kinder, ZblJugR XX, 257; ders, Die „anerkannten" unehelichen Kinder, Soziale Praxis, 1929 Heft 7 (Febr); Weise, Zur exceptio plurium, DJZ 1929, 438.

Ferner s „Grundsätzliches zur Reform des Unehelichenrechts, Denkschrift des Deutschen Caritasverbandes", Freiburg/Brsg 1929.

hang ist die Einführung der **Amtsvormundschaft**, die diesbezügliche nähere Regelung der §§ 32ff RJWG [ſ jetzt §§ 37ff JWG] über die Rechtsstellung und Befugnisse des Jugendamtes besonders hervorzuheben.

Dieser Institution der Amtsvormundschaft war die „Berufsvormundschaft"*) vorausgegangen; jedoch war die Regelung in den einzelnen Ländern sehr verschieden. Vor dem Erlaß des BGB schieden sich die Berufsvormundschaften in drei Gruppen: die Anstaltsvormundschaften des französischen Rechts (in der bayerischen Rheinpfalz, in Rheinhessen und Elsaß-Lothringen), die hanseatischen Anstalts- und Armenvormundschaften und die Sammelvormundschaften über die unehelichen Ziehkinder in Sachsen (ſ Friedeberg-Polligkeit, 280f). Große Verdienste um die Einführung der Berufsvormundschaft hatte der Leipziger „Ziehkinderarzt" Dr. Max Taube (gestorben 1915) erworben, der zur Bekämpfung der hohen Sterblichkeit der unehelichen Ziehkinder die Bestellung des Vorstandes des städtischen Armenamtes in Leipzig zum Vormund (Generalvormund) veranlaßt hatte (ſ Conrad, FamRZ 1962, 322, 325; sowie auch Friedeberg-Polligkeit, aaO). Für die Rechtsentwicklung im 19. Jahrhundert erlangte die Preußische Vormundschaftsordnung vom 5. 7. 1875**) Bedeutung (ſ auch Vorbem 8 aE); sie übernahm die aus dem französischen Recht stammende Anstaltsvormundschaft in eingeschränkter Form und stellte das Bindeglied zwischen den französischrechtlichen Bestimmungen und dem BGB dar (Friedeberg-Polligkeit, 281).

Das EGBGB hat in Art 136 den Erlaß landesrechtlicher Vorschriften zugelassen, wonach ua der Vorstand einer unter staatlicher Verwaltung oder Aufsicht stehenden Erziehungs- oder Verpflegungsanstalt oder ein Beamter (vor allem ein Gemeindebeamter, insbesondere der Gemeindearmenverwaltung) alle oder einzelne Rechte und Pflichten eines Vormunds für die unehelichen Kinder hatte, die in der Anstalt oder unter der Aufsicht des Vorstandes oder des Beamten in einer von ihm ausgewählten Familie oder Anstalt oder in der mütterlichen Familie erzogen oder verpflegt wurden (nähere Einzelheiten ſ in Art 136 und in den Erläuterungen dieser Vorschrift durch Gramm in diesem Komm, 10. Aufl 1939). Von den in Art 136 EGBGB enthaltenen Vorbehalten wurde in den Ländern in sehr verschiedener Weise Gebrauch gemacht (ſ hierzu die Nachweise bei Gramm, aaO 6; Friedeberg-Polligkeit, 286ff; sowie zB das württembergische Gesetz über die Berufsvormundschaft vom 8. 10. 1919, RegBl 315).

Durch § 48 RJWG wurde sodann Art 136 EGBGB (samt den darauf beruhenden Landesgesetzen) aufgehoben; nunmehr wurde einheitlich das (jeweils örtlich zuständige) Jugendamt***) kraft Gesetzes Amtsvormund des unehelichen Kindes (§§ 35ff RJWG; ſ jetzt §§ 40ff JWG, hierzu Bem 39ff zu § 1707). Dem Amtsvormund oblag (und obliegt) die Geltendmachung der

---

*) M. Taube, Der Schutz der unehelichen Kinder in Leipzig, 1893; Klumker und Petersen, Berufsvormundschaft (Generalvormundschaft), 2 Bände, 1907; Klumker und Spann, Die Bedeutung der Berufsvormundschaft für den Schutz der unehelichen Kinder, 1905; Klumker, Die Berufsvormundschaft in ihrer Bedeutung für die Jugendfürsorge, 1906; derſ, Vom Werden deutscher Jugendfürsorge, zugleich Geschichte der deutschen Berufsvormundschaft, zum 25jährigen Bestehen des Archivs Deutscher Berufsvormünder, 1931; Petersen, Die hamburgische öffentliche Jugendfürsorge, 1911; Samson, Die gesetzliche Vormundschaft, Leipziger Diſſ 1910; O. Spann, Die Erweiterung der Sozialpolitik durch die Berufsvormundschaft, 1912; Niestroj, Die Berufsvormundschaft und ihre Probleme, 1913; Studders, Das Taubesche System der Ziehkinderüberwachung in Leipzig, 1919; ſ auch O. Spann, Arch f SozWiſſ und SozPolitik 34, 1912, 505; Frese, Die Berufsvormundschaft, ZBlFG 14, 1914, 741; Friedeberg-Polligkeit, Das RJWG, 2. Aufl 1930, 280ff; Kipp in Enneccerus-Kipp-Wolff, 2. Band, 2. Abt, 6. Bearb, 1928, 463f, § 112, I; Potrykus, Die Vormundschaftsformen des Reichsjugendwohlfahrtsgesetzes, Handbuch für den Vormund, 2, 1956; Haff, Zur Entstehung und gegenwärtigen Bedeutung der Behördenvormundschaft in Deutschland und Österreich, ZblJugR 1950, 54; sowie Webler, ZblJugR 1962, 201.

Zum ausländischen Recht ſ die Hinweise von Dölle, II, 649, 686, sowie auch von Kipp, aaO, Fußn 3.

**) Dernburg-Schultzenstein, Das Vormundschaftsrecht der preußischen Monarchie nach der Vormundschaftsordnung vom 5. 7. 1875, 3. Aufl 1886.

***) Jugendämter waren zT schon vor Inkrafttreten des RJWG errichtet worden, zB in Bremen im Jahre 1913 (ſ ZblJugR 1963, 316). Vor dem ersten Weltkrieg war die öffentliche Jugendfürsorge in den einzelnen Ländern stark zersplittert und stellte eine Mischung von Armenpflege und Polizeiverwaltung dar; während des Krieges und dann vor allem nach dem Kriege strebte man an, durch die Schaffung einer Fachbehörde die Jugendfürsorge zusammenzufassen. Auf dem deutschen Fürsorgetag im Jahre 1918 wurde erstmals diese Forderung einheitlich aufgestellt. Württemberg erließ am 8. 10. 1919 ein Gesetz, das die Errichtung von Jugendämtern vorsah (RegBl 305). Zur Geschichte der Jugendämter ſ Klumker im Handwörterbuch der Staatswissenschaften, Band 5, 4. Aufl 1923, Art „Jugendämter".

Unterhaltsansprüche des Kindes (s dazu 8, 65 zu § 1707, 182 zu § 1708), er wurde (und wird) Beistand der Mutter in Angelegenheiten der (tatsächlichen) Personensorge (§ 1707 Satz 3, jetzt § 1707 Abs 1 Satz 3, s dazu 106ff zu § 1707).

Von wesentlicher Bedeutung für die Geschichte und den weiteren Ausbau der Berufsvormundschaft und überhaupt der Fürsorge für uneheliche Kinder war die Gründung des „Archivs Deutscher Berufsvormünder" (ADB) durch Professor Chr. J. Klumker (1868—1942) in Frankfurt/Main im Jahre 1906. Diese Institution begründete 1909 zusammen mit dem Allgemeinen Fürsorgeerziehungstag (AFET) das „Zentralblatt für Vormundschaftswesen, Jugendgerichte und Fürsorgeerziehung" (seit 1924 „Zentralblatt für Jugendrecht und Jugendwohlfahrt"). Vorsitzender des Archivs war Professor Klumker, im Jahre 1923 übernahm die Leitung der Geschäftsstelle Dr. Heinr. Webler — also zu einem Zeitpunkt nach Erlaß des RJWG, vor dessen Inkrafttreten, als auf Grund dieses Gesetzes allenthalben — soweit noch nicht geschehen — Jugendämter zu errichten waren. Von 1925 an veröffentlichte das Archiv „Rundbriefe" für die Amtsvormünder (seit 1951 unter dem Titel „Der Amtsvormund" — DAVorm —); in der damaligen Zeit befaßte sich das Archiv ua auch mit der Reform des Rechts der unehelichen Kinder (s Vorbem 17 Fußn). Im Jahre 1933 nahm das Archiv die Bezeichnung „Deutsches Jugendarchiv", im Jahre 1937 den Namen „Deutsches Institut für Jugendhilfe", im Jahre 1952 die Bezeichnung „Deutsches Institut für Vormundschaftswesen" an (s zur Geschichte dieses Instituts den Bericht in DAVorm XXXVI, 177, mit Lit-Angaben, 181 — anläßlich des 40-jährigen Dienstjubiläums Weblers, der sich als Geschäftsführer des Instituts große Verdienste erworben hat —).

Die Einführung der Amtsvormundschaft hat sich für die unehelichen Kinder als segensreich erwiesen (s Brandis, Der Gesetzentwurf über das Unehelichenrecht und seine Probleme, 1929, 68; Klumker in „Grundrechte und Grundpflichten der Reichsverfassung", Band 2, 124ff; Zillken, Jugendwohl 1964, 388, 393; Lange, JuS 1964, 253, 254; Bosch, Gutachten zum 44. DJT, 1962, 87; vgl auch Dölle, II, 359), vor allem der Umstand, daß die Unterhaltsansprüche des Kindes durch eine sachkundige Behörde geltend gemacht werden. Demgegenüber beachtet Gernhuber (621f) mit der Auffassung, es gelte der Grundsatz der ... Behörden- und Massenvormundschaft, die das Kind zum Objekt staatlicher Sozialverwaltung werden lasse, nicht die (oben skizzierte) Rechtsentwicklung und verkennt die tatsächlichen Gegebenheiten angesichts des Mangels an geeigneten Einzelvormündern und der Notwendigkeit, die vormundschaftlichen Obliegenheiten im Interesse des Kindes sachkundigen Personen zu übertragen (s auch Dölle, II, 649, 685; sowie Vorbem 59f). (ZB ist heutzutage auch die Betreuung von Entmündigten, vor allem in Großstädten, in weitem Umfange nur noch durch beamtete Vormünder aus der Sozialverwaltung möglich.)

5. Während der Zeit des nationalsozialistischen Regimes stellte der Familienrechtsaus- 19
schuß der im Jahre 1933 von dem „Reichsjustizkommissar" Frank gegründeten „Akademie für Deutsches Recht"*) im Jahre 1938 einen (nicht veröffentlichten) Gesetzentwurf fertig**), der

---

*) Hierzu s auch Göppinger, Die Verfolgung der Juristen jüdischer Abstammung durch den Nationalsozialismus, 1963, 58.

**) Einen nichtamtlichen Entwurf stellten Bechert und Cornelius in einem Arbeitsausschuß des Amts „Rechtsabteilung — Reichsleitung der NSDAP" im Jahre 1934 her (s DR 1934, 422, hierzu Begründung 442); der Entwurf sollte dazu dienen, „den unehelichen Kindern die Rechtsstellung zu geben, die ihrem Blute entspricht, und ihre Erziehung zu vollwertigen Volksgenossen zu fördern" (aaO 422).

Die Reform des Rechts der unehelichen Kinder wurde im Jahre 1936 anläßlich einer Tagung des „Bundes Nationalsozialistischer Deutscher Juristen" (BNSDJ) — der sich damals in „Nationalsozialistischer Rechtswahrerbund" (NSRB) umbenannte — erörtert (s DR 1936, 229f; DJ 1936, 802); Mößmer erklärte, dem unehelichen Kinde müsse ein Anspruch auf Feststellung seines blutmäßigen Vaters zustehen, mit dem es dann auch als rechtlich verwandt angesehen werden müsse; die Feststellung der Vaterschaft müsse in einem amtswegigen Verfahren getroffen werden; die Anerkennung der Vaterschaft dürfe nur noch die Bedeutung eines Beweismittels haben.

In der damaligen Zeit wurden folgende private Entwürfe veröffentlicht: Neugestaltung des Unehelichenrechts, Denkschrift des Deutschen **Caritas**verbandes, Freiburg 1935; Denkschrift zur Neugestaltung des Unehelichenrechts der **Inneren Mission,** Die Innere Mission, 1935, Heft 11, 304; Doerner, Das Recht der unehelichen Kinder, Berlin 1935 (s auch Lenz, Das uneheliche Kind, Köln 1951).

Aus dem sonstigen Schrifttum s Fischer, Rechtsstellung des unehelichen Kindes, Darstellung, Kritik und Reform, Diss Köln 1939; Hildebrand, Natürliche Abstammung und vermutete eheliche

offenbar nur teilweise von nationalsozialistischem Gedankengut beeinflußt ist (s Bosch, Gutachten, 92 — der Entwurf ist auszugsweise von Boehmer, aaO, 120ff, wiedergegeben —). Zu einer Reform oder auch nur einer Teilreform des Rechts der unehelichen Kinder ist es indessen nicht gekommen (im Jahre 1938 nahmen Brandis-Maßfeller in ihrem Kommentar des PStG — Seite 449 — offensichtlich auf Grund des erwähnten Entwurfs an, eine Reform stehe bevor; wie Boehmer, aaO, 92, mitteilte, wäre der Entwurf des Familienrechtsausschusses 1943 Gesetz geworden, wenn nicht die damalige „Reichsregierung" ihn abgelehnt hätte).

Für die weitere Rechtsentwicklung ist dann die inzwischen durch das neugefaßte **PStG vom 3. 11. 1937** ((RGBl I, 1146) eingeführte Vorschrift des **§ 30** wichtig geworden: Diese Bestimmung (die 1957 in gleicher Fassung beibehalten wurde — s Vorbem 25 —) lautete (Abs 1):

„Ein Randvermerk [zum Geburtseintrag] ist .. einzutragen, wenn die Abstammung ... eines Kindes mit allgemein bindender Wirkung festgestellt ... wird."

In der amtlichen Begründung hierzu wurde gesagt (s Reichsanzeiger Nr 258 vom 8. 11. 1937, auszugsweise wiedergegeben von Pfeiffer-Strickert, 25f, s auch Brandis-Maßfeller, 449): „Der Entwurf des § 30 [der dem Gesetz entspricht] geht davon aus, daß im künftigen Recht des unehelichen Kindes bestimmt werden wird, daß die Abstammung des Kindes von Amts wegen mit allgemein bindender Wirkung festgestellt wird. Diese Feststellung ist für den Personenstand von so erheblicher Bedeutung, daß sie im Geburtenbuch vermerkt werden muß." Brandis-Maßfeller (aaO) meinten zu dieser Vorschrift, zur Zeit (1938) sei für die Eintragung eines Randvermerks über die Feststellung eines außerehelichen Vaterschaftsverhältnisses im Geburtenbuch noch kein Raum. Allerdings erklärte dann schon im Jahre 1939 das Reichsgericht (RGZ 160, 293; s dazu Bem 147 zu § 1717) in einem von nationalsozialistischem Gedankengut beeinflußten Urteil unter Berufung auf die „rassen- und bevölkerungspolitischen Belange des Volkes" die Abstammungsfeststellungsklage im Statusprozeß (§§ 640, 642 Abs 1, 643 ZPO) für zulässig, womit die erwähnte Vorschrift des § 30 Abs 1 PStG nun praktische Bedeutung gewonnen hat. Eine ausdrückliche „gesetzliche" Anerkennung fand dann die Abstammungsfeststellungsklage durch die VO vom 6. 2. 1943 (RGBl I, 80), allerdings nur für das österreichische Rechtsgebiet (s zu dieser VO auch Bosch, DRZ 1947, 177, 179; Bruns, ZZP 64, 1950/51, 108, 118f).

V. Die Rechtsentwicklung im öffentlichen Recht zum Recht der unehelichen Kinder, Mütter und Väter.

20 1. Eine Verbesserung der Stellung des unehelichen Kindes brachte zuerst die Sozialgesetzgebung*) und auch die Gesetzgebung zum Besoldungsrecht.

Die Reichsversicherungsordnung (RVO) vom 19. 7. 1911, RGBl 509, sah in § 588 eine Waisenrente ua auch für ein uneheliches Kind vor, soweit der Verstorbene dem Kinde nach gesetzlicher Vorschrift Unterhalt gewährt hat, in § 1259 eine Waisenrente nach dem Tode der unehelichen Mutter und in § 1271 „Hausgeld" für Angehörige des Erkrankten während eines Heilverfahrens**).

Verwandtschaft nach dem geltenden und zukünftigen Recht, Diss Frankfurt 1938; Lübben, Das Unehelichenrecht in der europäischen Gesetzgebung und die deutsche Reform, 1934; E. Weber, Die Rechtsstellung des unehelichen Kindes nach geltendem Recht und in der Reform, Diss Marburg, 1936; Wolff, Das Unehelichenrecht unter eugenischen, insbesondere rassenpolitischen Gesichtspunkten, Diss Bonn, 1938.

Bechert, Der Gesetzesentwurf über die Rechtsstellung der unehelichen Kinder und seine Beurteilung, DR 1935, 97; Bechert-Eben-Servaes-zur Nieden-Roquette, Die Akademie und das Unehelichenrecht, DR 1936, 475; Boehmer, Zur erbrechtlichen Stellung des unehelichen Kindes, Jahrbuch der Akademie für Deutsches Recht, 1937, 80; Bovensiepen, Bessere Rechtsstellung des unehelichen Kindes, Rpfleger 1933, 291; Eben-Servaes, Grundgedanken zur Reform des Unehelichenrechts, ZAkDR 1936, 417; Olczewski, Das Unrecht am unehelichen Kinde, Rpfleger 1933, 149; Pyrkosch, Zur Reform des Rechts der unehelichen Kinder, DR 1934, 161; Schmitgen, Gedanken über Verwandtschaft, DR 1934, 158; Webler, Bemerkungen zu einem Gesetzentwurf für das Unehelichenrecht, ZblJugR XXVI, 1934, 188; ferner s Lade, Die Feststellung der außerehelichen Vaterschaft, 1939.

*) Hierzu s Scherpner-Drezel, Rechte unehelicher Kinder aus den Sozialgesetzen, 1926; Scherpner, Das uneheliche Kind in der Sozialgesetzgebung, ZblJugR XVIII, 5 (1926); Klumker, Die Rechtsstellung unehelicher Kinder in den Sozial- und Beamtengesetzen, JW 1926, 1418; A.B. Schmidt, Die Stellung der unehelichen Kinder und der Gesetzentwurf vom 22. 5. 1925, ArchcivPr 127, 210 (1927); sowie zuletzt Bosch, Gutachten (s Vorbem 66), 32ff; Urbach, Stiefkinder und Pflegekinder im Zivilrecht und in den Sozialgesetzen in „Amtsvormundschaft — heute", 1960, 89ff.

**) In einer grundlegenden Entscheidung vom 2. 12. 1925 hat das Reichsversicherungsamt (JW 1926, 2009) ausgesprochen, auch das uneheliche Kind des Erkrankten sei als „Angehöriges"

Am 4. 8. 1914 beschloß der Reichstag die Abänderung des Gesetzes vom 28. 2. 1888 (RGBl 59) betr die Unterstützung in den Dienst getretener Mannschaften (RGBl 1914, 332) dahin gehend, daß auch die unehelichen Kinder eines Eingezogenen die Unterstützung erhalten, wenn die Verpflichtung des Vaters zur Unterhaltsgewährung festgestellt sei (s hierzu Kipp, ZblVorm IX, 1917, 30).

Die VO über die Änderung der VO betr die Erwerbslosenfürsorge vom 15. 4. 1919 (RGBl 399; Bekanntmachung vom 16. 4. 1919, RGBl 416) gewährte dem unehelichen Kinde einen Anspruch auf den gleichen Familienzuschlag, wie ihn das eheliche Kind erhielt (§ 9 Abs 1).

Das Reichsbesoldungsgesetz vom 30. 4. 1920 (RGBl 805) billigte dem Beamten einen Kinderzuschlag auch für uneheliche Kinder zu, wenn er den Unterhalt des Kindes bestritt und seine Vaterschaft festgestellt war (§ 16); auf diese Regelung verwies dann das Pensionsergänzungsgesetz vom 21. 12. 1920 (RGBl 2109), § 4.

Das Gesetz über die Versorgung der Militärpersonen und ihrer Hinterbliebenen (Reichsversorgungsgesetz) vom 12. 5. 1920 (RGBl 989) setzte den Invaliden für eheliche und uneheliche Kinder gleiche Kinderzulagen (§ 30) — abgesehen von geringfügigen Unterschieden bezüglich des unehelichen Kindes, welches das 16. Lebensjahr vollendet hat — und gleiche Waisenrenten (§ 41)*) aus, ebenso das Gesetz über die Versorgung der vor dem 1. 8. 1914 ausgeschiedenen Militärpersonen und ihrer Hinterbliebenen (Altrentnergesetz) vom 18. 7. 1921 (RGBl 953), § 8 Abs 2 und 5, sowie das Gesetz über die Versorgung der Angehörigen des Reichsheeeres und der Reichsmarine und ihrer Hinterbliebenen (Wehrmachtversorgungsgesetz) vom 4. 8. 1921 (RGBl 993), §§ 14, 27 Abs 3. Zu erwähnen sind weiterhin das Reichsgesetz über die Schutzpolizei der Länder vom 17. 7. 1922 (RGBl 597), das Gesetz über den Ersatz der durch den Krieg verursachten Personenschäden (Personenschädengesetz) vom 15. 7. 1922 (RGBl 620) und das Gesetz über den Ersatz der durch die Besetzung deutschen Reichsgebietes verursachten Personenschäden vom 17. 7. 1922 (RGBl 624).

In den Jahren 1923—1926 wurde eine Reform der Sozialversicherung vorgenommen, durch die im Grundsatz für alle Zweige die noch heute bestehenden Leistungen für oder an ein uneheliches Kind eingeführt wurden (s Bosch, Gutachten, 34):

Den ehelichen Kindern gleichgestellt wurden uneheliche Kinder im Reichsknappschaftsgesetz vom 23. 6. 1923 (RGBl I, 431), §§ 24 Abs 2, 32 Abs 2 (Invalidenversicherung) und im Gesetz über Änderung des Versicherungsgesetzes für Angestellte und der RVO vom 13. 7. 1923 (RGBl I, 636) hinsichtlich der Waisenrente und des Kinderzuschusses der Ruhegeldempfänger — Art I Nr 10, 17, Neufassung der §§ 29, 56 des Angestellten-Versicherungsgesetzes vom 20. 12. 1911, RGBl 898 idF des Gesetzes vom 10. 10. 1922, RGBl 849 — und der Waisenrente und des Kinderzuschusses der Empfänger von Invalidenrente — Art III Nr 10 (Neufassung des § 1259 RVO) und Nr 18 (Neufassung des § 1291 RVO), s Bekanntmachung der Neufassung der RVO vom 15. 12. 1924, RGBl I, 779, und Bekanntmachung der Neufassung des Angestellten-Versicherungsgesetzes vom 28. 5. 1924 (RGBl I, 563), mit der die §§ 29, 56 nunmehr §§ 33, 58 wurden —; Voraussetzung war jeweils die Feststellung der Vaterschaft, die im Verfahren der betreffenden Behörden selbst getroffen wurde (Bosch, aaO)**). Ferner sind zu erwähnen das Zweite Gesetz über Änderungen in der Unfallversicherung vom 14. 7. 1925 (RGBl I, 97) — Neufassung der §§ 559b Abs 2, 5591 Abs 2 und 591 Abs 2 RVO — und das Gesetz vom 28. 7. 1925 (RGBl I, 157), durch das in § 1291 RVO und § 58 AngestVG das Wort „eheliche" (Kinder) gestrichen wurde. Durch ein weiteres Gesetz vom 25. 6. 1926 (RGBl I, 311) wurden § 1259 RVO und §§ 33, 58 AngestVG geändert und ergänzt (s Abschnitt A, Art 4, Abschnitt B, Art 12). Weiterhin wurde das Reichsknappschaftsgesetz durch das Gesetz vom 25. 6. 1926 (RGBl I, 291) geändert und ergänzt und dann in der neuen Fassung vom 1. 7. 1926 bekanntgemacht (s § 22 bezüglich des Zuschlags zum Krankengeld, § 34 zum Waisengeld, § 40 Abs 1 hinsichtlich des Kinderzuschusses zur Invalidenpension, § 56 bezüglich

---

iS dieser Vorschrift zu behandeln; der Sozialgesetzgeber sei abweichend von den zivilrechtlichen Grundsätzen nicht gehindert, bei der heute anders beurteilten Stellung des unehelichen Kindes dieses in gewissem Umfange dem ehelichen gleichzustellen.

Zur Feststellung der Vaterschaft s unten Fußn**).

*) Zur Gewährung der Waisenrente hat das Reichsversorgungsgericht in einer grundlegenden Entscheidung vom 24. 10. 1924 (ZblJugR XVII, 1925, 208) ausgesprochen, Voraussetzung sei nur die Glaubhaftmachung, nicht die völlige Beweisführung hinsichtlich der außerehelichen Vaterschaft, die Einrede des Mehrverkehrs sei auf den Anspruch des Kindes auf Waisenrente nach dem RVersG nicht auszudehnen; es genüge, wenn nach der Sachlage glaubhaft sei, daß der Verstorbene der natürliche Vater des Kindes sei.

**) Zu erwähnen ist hierzu die grundlegende Entscheidung des Reichsversicherungsamtes vom 24. 11. 1925 (Rdbf ADB II, 178; Ippensen, ZblJugR 1954, 69), das die Ansicht vertrat, das Wort „feststellen" bedeute nicht, die Vaterschaft könne nur in einem Verfahren außerhalb der Versicherungsbehörden, vor allem durch gerichtliches Urteil oder durch öffentliche Urkunde, festgestellt werden; die Versicherungsbehörden seien berechtigt, den gesamten Prozeßstoff in tatsächlicher und rechtlicher Hinsicht selbständig zu prüfen und auch über die Frage der Vaterschaft zu entscheiden.

der Pflichtleistungen zugunsten der Angestellten, die in knappschaftlich versicherten Betrieben beschäftigt sind).

Das Reichsbesoldungsgesetz vom 16. 12. 1927 (RGBl I, 349) regelte in §§ 14, 31 die Kinderzuschläge, auch für uneheliche Kinder, des Vaters unter der Voraussetzung, daß er für den vollen Unterhalt des Kindes aufkam (§ 14 Abs 2 Nr 4). Gemäß Nr 67 Abs 5 der Ausführungsbestimmungen (VO vom 12. 3. 1928, Reichsbesoldungsblatt 1928, 33, abgedruckt bei Sölch-Ziegelasch, Besoldungsgesetz, Komm, 1928, 16ff) war die Gewährung des vollen Unterhalts für ein uneheliches Kind nur anzunehmen, wenn der Beamte für den Unterhalt des Kindes mindestens 25 RM monatlich tatsächlich aufwandte, gegebenenfalls, wenn die Unterhaltsrente höher festgesetzt wurde, den betreffenden höheren Betrag; Voraussetzung war weiterhin die Feststellung der Vaterschaft durch Urteil oder Anerkenntnis in einer öffentlichen Urkunde (Nr 67 Abs 4).

Durch VO des Reichspräsidenten vom 26. 7. 1930 (RGBl I, 311), 4. Abschn, 2. Titel — Krankenversicherung — Art 1, Nr 19, wurde in die RVO § 205 eingefügt, durch den ua auch eine Regelung bezüglich der unehelichen Kinder getroffen wurde.

Gemäß § 97 Abs 3 des Deutschen Beamtengesetzes (DBG) vom 26. 1. 1937 (RGBl I, 39) konnte den unehelichen Kindern eines verstorbenen männlichen Beamten der diesem bei Lebzeiten gezahlte Kinderzuschlag bis zur Vollendung des 18. Lebensjahres des Kindes weiter gewährt werden; gemäß § 97 Abs 4 konnte den unehelichen Kindern einer Beamtin Weisengeld gewährt werden. Ein Rechtsanspruch bestand also hiernach nicht.

2. **Jetzt geltendes Recht***):

21 a) **Unfallversicherung,** Kinderzulage: RVO § 583 Abs 5 Nr 5 (betr den männlichen Versicherten, wenn die Vaterschaft oder die Unterhaltungspflicht festgestellt ist), Nr 6 (betr das uneheliche Kind einer weiblichen Versicherten), Waisenrente, § 595 Abs 1 RVO;

22 b) **Invalidenversicherung (Rentenversicherung),** Kinderzulage der Empfänger von Rente wegen Berufs- oder Erwerbsunfähigkeit oder von Altersruhegeld (Arbeiter): RVO § 1262 Abs 2 Nr 5 (bezüglich des unehelichen Kindes des männlichen Versicherten, wenn die Vaterschaft oder die Unterhaltspflicht festgestellt ist)**), Nr 6 (betr das uneheliche Kind der weiblichen Versicherten); Waisenrente § 1267 RVO;

Kinderzuschuß zur Rente wegen Berufs- oder Erwerbsunfähigkeit von Angestellten: Angestellten-Versicherungs-Neuregelungs-Gesetz (AnVNG) v 23. 2. und 27. 7. 1957 (BGBl I, 88, 1105) und 9. 6. 1965 (BGBl I, 476) § 39 Abs 1 Nr 5 (bezüglich des unehelichen Kindes des männlichen Versicherten, wenn die Vaterschaft oder Unterhaltspflicht festgestellt ist)**), Nr 6 (betr das uneheliche Kind einer weiblichen Person), Waisenrente § 44.

---

*) Hierzu s Bosch, Gutachten, 38ff; zu den einzelnen im Folgenden genannten Gesetzen „Das Deutsche Bundesrecht"; Brühl, Unterhaltsrecht, 2. Aufl 1963, 65ff; sowie die Hinweise in Vorbem 66; eine „Tabellenübersicht über Kinderzuschläge und Renten aus dem Sozialrecht" veröffentlichte J. D. Niclas, 1966 (zu beziehen von dem Deutschen Institut für Vormundschaftswesen, Heidelberg).

**) Über „Die Feststellung der Vaterschaft im Sozialrecht" s Ippensen, ZblJugR 1954, 69; Jarchow, Zum Begriff der Feststellung der Vaterschaft in der Sozialversicherung, NJW 1956, 977. Das BSozG (FamRZ 1956, 316 mit Anm von Habscheid) hat ausgesprochen, die Feststellung der Vaterschaft sei von den Gerichten der Sozialgerichtsbarkeit selbst zu treffen; jedoch sei zu prüfen, ob und inwieweit auf andere Weise getroffene Feststellungen der Vaterschaft bindend seien. In dem zu entscheidenden Falle hat das BSozG einen Anspruch auf Waisenrenten abgelehnt, da lediglich festgestellt war, daß von zwei inzwischen verstorbenen Versicherten der eine oder der andere der Erzeuger ist — ein Amtsgericht hatte die Feststellungsklage gegen die Witwe des einen auf Grund des Mehrverkehrs abgewiesen —; zu diesem Urteil des BSozG s May und Habscheid, Der Anspruch des Kindes auf Waisenrente bei Mehrverkehr seiner Mutter FamRZ 1957, 113, 114; zur Feststellung der Vaterschaft s ferner LSozG Celle, ZblJugR 1956, 59 = FamRZ 1956, 115 Leits; SozG Regensburg, DAVorm XXVIII, 264 = FamRZ 1956, 115 Leits; SozG Nürnberg, DAVorm XXVIII, 326 = FamRZ 1956, 115 Leits.

Das BSozG hat in einer weiteren grundsätzlichen Entscheidung (vom 23. 10. 1958) ausgesprochen (E 8, 193 = NJW 1959, 838 = MDR 1959, 433), der Anspruch auf Waisenrente setze die natürliche Vaterschaft des verstorbenen Versicherten voraus, bei der Feststellung der blutmäßigen Vaterschaft seien die Gerichte der Sozialgerichtsbarkeit nicht dadurch gebunden, daß ein rechtskräftiges Unterhaltsurteil gemäß § 1717 die „Zahlvaterschaft" jenes Versicherten festgestellt habe. Hinzuzufügen ist, daß die Sozialgerichte jedoch an Statusurteile (§§ 640ff ZPO) gebunden sind (s 188 zu § 1717).

c) **Krankenversicherung** betr das uneheliche Kind: § 205 RVO*); zu § 205a RVO (Mutterschaftshilfe) und zum MuSchG s Bem 2 zu § 1716; zum Hausgeld für Angehörige des Erkrankten während eines Krankenhausaufenthalts und dgl s § 186 RVO (vgl auch Vorbem 20); zum Reichsknappschaftsgesetz s Bosch, aaO, 38; zur Tuberkulosenhilfe s Ges vom 23. 7. 1959, BGBl I, 513. 23

d) Familienzuschläge für uneheliche Kinder arbeitsloser Personen sind in § 89 des Gesetzes über Arbeitsvermittlung und Arbeitslosenversicherung (**AVAVG**) idF vom 3. 4. 1957 (BGBl I, 321), 9. 6. 1965 (BGBl I, 476) und 28. 7. 1965 (BGBl I, 641) geregelt. 24

e) Gemäß § 33b Abs 2 **Bundesversorgungsgesetz** (BVersG)**) idF v 21. 2. 1964 (BGBl I, 102) und v 17. 8. 1964 (BGBl I, 640) werden Kinderzuschläge, gemäß § 45 Waisenrente gewährt. 25

f) Zum **Kindergeld** s §§ 2, 3 BKindGG (hierzu s 27, 34, 112 zu § 1708). 26

g) **Beamtenrechtliche Vorschriften:** 27

Kinderzuschläge: Bundesbesoldungsgesetz (BBesG) idF v 18. 12. 1963 (BGBl I, 917) und 13. 8. 1964 (BGBl I, 617), § 18 Abs 1 Nr 7 (für uneheliche Kinder einer Beamtin), Nr 8 (für uneheliche Kinder eines Beamten, wenn die Vaterschaft festgestellt ist und der Beamte entweder das Kind in seine Wohnung aufgenommen hat oder für den Unterhalt des Kindes nachweislich die festgesetzte Unterhaltsrente, mindestens aber den doppelten Betrag des Kinderzuschlags aufbringt); diese Regelung gilt gemäß §§ 49, 57 BBesG als Rahmenvorschrift auch für Beamte der Länder, Gemeinden, Gemeindeverbände, der übrigen Körperschaften, Anstalten und Stiftungen des öffentlichen Rechts, mit Ausnahme der öffentlich-rechtlichen Religionsgesellschaften. Gemäß Bundesbeamtengesetz (BBG) vom 14. 7. 1953 (BGBl I, 551) idF der Bekanntmachung v 18. 9. 1957 (BGBl I, 1337) und der Gesetze v 20. 8. 1960 (BGBl I, 705), v 21. 8. 1961 (BGBl I, 1361) und 18. 12. 1963 (BGBl I, 901), § 126 Abs 1 erhalten uneheliche Kinder einer verstorbenen Beamtin oder Ruhestandsbeamtin Waisengeld, gemäß § 126 Abs 3 ist den unehelichen Kindern eines verstorbenen männlichen Beamten oder Ruhestandsbeamten ein Unterhaltsbeitrag bis zur Höhe des Waisengeldes zu bewilligen***). Weiterhin werden gemäß § 82 des Beamtenrechtsrahmengesetzes (BRRG) idF v 1. 10. 1961 (BGBl I, 1835) neben dem Ruhegehalt oder Witwengeld Kinderzuschläge gewährt und ist gemäß § 74 Abs 1 Satz 3 BRRG für uneheliche Kinder des verstorbenen Beamten oder Ruhestandsbeamten ein Unterhaltsbeitrag zu bewilligen.

h) **Steuerrecht**†): Gemäß § 32 Abs 2 Nr 3 lit e des Einkommensteuergesetzes (idF v 15. 8. 1961, BGBl I, 1254, 25. 3. 1964, BGBl I, 217, und 14. 5. 1965, BGBl I, 377) werden hinsichtlich der Einkommensteuer Kinderfreibeträge für uneheliche Kinder nur im Verhältnis zur leiblichen Mutter gewährt; die gleiche Regelung gilt gemäß § 38 Abs 1 dieses Gesetzes auch für die Lohnsteuer. Der Vater des unehelichen Kindes kann Unterhaltsleistungen für dieses nur als außergewöhnliche Belastung (§ 33a Abs 1) geltend machen. Indessen sind gegen diese Regelung verfassungsrechtliche Bedenken zu erheben (ebenso Oswald, RdJ 1959, 279; s auch Bosch, Gutachten, 35, 45; aM BFH, BStBl 1956, III, 305 = FamRZ 1956, 354 Leits; DAVorm XXXV, 21 = NJW 1961, 2184; Betr 1963, 1699). 28

Im übrigen ist es kaum begreiflich, daß der Gesetzgeber mit der Neufassung des EinkStG den Vater des unehelichen Kindes schlechter stellt als in der früheren Fassung des EinkStG (1925, § 56 Abs 2; 1939, § 32; s hierzu Bosch, aaO, 35).

---

*) Zu einem Erstattungsanspruch des Sozialhilfeträgers gegen die Krankenkasse des Vaters des unehelichen Kindes (§§ 205, 1539 RVO) s BSozG, NJW 1964, 2130 = FamRZ 1964, 629 Leits.

**) Hierzu s M. Wenzel, Kriegsopferversorgung, 1965; zur früheren Fassung s unten Vorbem 42.

***) Wiggert und Sturm, Zum Anspruch auf den Unterhaltsbeitrag für das uneheliche Kind eines verstorbenen männlichen Beamten oder Ruhestandsbeamten (§ 126 III BBG), FamRZ 1958, 49 und 270; zur Auswirkung der Änderung des § 1708 durch das FamRÄndG vom 11. 8. 1961 auf die Bewilligung von Unterhaltsbeiträgen gemäß § 126 Abs 3 BBG s das von Bosch, Gutachten, 42f, wiedergegebene Rundschreiben des Bundesministers des Innern vom 16. 1. 1962, GMBl 101. BBG jetzt idF v 20. 10. 1965 (BGBl I 1776).

†) Oswald, Die steuerliche Behandlung der Unterhaltsleistung für uneheliche Kinder, RdJ 1959, 237; ders, Das uneheliche Kind im Steuerecht, RdJ 1959, 279.

Weiterhin begegnet die Regelung des § 10 Abs 1 des Erbschaftssteuergesetzes vom 1. 4. 1959 (BGBl I, 188) verfassungsrechtlichen Bedenken: nur das uneheliche Kind, das vom Vater anerkannt ist, fällt als dessen Erbe (Miterbe) in Steuerklasse I (Ziff 2c); es genügt also nicht, wenn die Vaterschaft des Erblassers durch rechtskräftiges Statusurteil festgestellt ist (s zu diesen Fragen auch Bosch, aaO, 36f, 45f).

Zur Vermögenssteuer s VermögenssteuerGes vom 10. 6. 1954, BGBl I, 137, idF des Ges vom 13. 7. 1961, BGBl I, 981, § 5 Abs 1.

29 i) Zum **Lastenausgleichsrecht** s Bosch, Gutachten, 41, sowie Huber, Unterhaltshilfe für das uneheliche Kind im Lastenausgleich, ZblJugR 1954, 266; Perthen, Noch einmal: Kinderzuschläge für das uneheliche Kind im Lastenausgleich, ZblJugR 1955, 133; ferner Bem 40 zu § 1705.

30 j) Gemäß § 13 Abs 5 des **Bundesentschädigungsgesetzes** (BEG) idF des Gesetzes vom 14. 9. 1965 (BGBl I, 1315) sind hinsichtlich eines vererblichen Anspruchs auf Entschädigung die zu Erben eingesetzten unehelichen Kinder des Verfolgten den ehelichen Kindern gleichgestellt, wenn die Vaterschaft des Verfolgten festgestellt ist (s hierzu Brunn-Hebenstreit, BEG, 1965, Anm 9 zu § 13; vgl noch 41 zu § 1705).

31 3. Gemäß Rundschreiben des Bundesministers des Innern vom 9. 2. 1955 an die obersten Bundesbehörden und die zum Geschäftsbereich des BMdI gehörenden Dienststellen (GMBl 1955, 47; abgedruckt in StAZ 1955, 80) steht es jeder unverheirateten weiblichen Person — damit also auch der **unehelichen Mutter** — frei, sich **Frau zu nennen**.

VI. Die Rechtsentwicklung nach dem Zweiten Weltkrieg; Art 6 Abs 5 GG, bürgerliches Recht und Nebengebiete.

32 Nach dem Zusammenbruch der nationalsozialistischen Gewaltherrschaft trug der Verfassungsgeber in **Art 6 Abs 5 GG** dem Gesetzgeber erneut die Reform des Rechts der unehelichen Kinder auf. Diese Vorschrift lautet:

„Den unehelichen Kindern sind durch die Gesetzgebung die gleichen Bedingungen für ihre leibliche und seelische Entwicklung und ihre Stellung in der Gesellschaft zu schaffen wie den ehelichen Kindern."

33 Diesem Auftrag ist indessen der Gesetzgeber bisher nicht nachgekommen. Im **Gleichberechtigungsgesetz vom 18. 6. 1957** war (wie in dessen Entwürfen — E I, BT-Drucks I/3802; E II, BT-Drucks II/224 —) das Recht der unehelichen Kinder ausgeklammert worden. Allerdings hatte der Bundesrat in seiner Stellungnahme zum 1. Entwurf vom 26. 9. 1952 (BR-Drucks Nr 220/52, mit Anlage 1) vorgeschlagen, § 1707 BGB in der Weise zu ergänzen, daß das Vormundschaftsgericht der unehelichen Mutter die elterliche Gewalt übertragen könne (s dazu auch Göppinger, FamRZ 1961, 516, 517 Fußn 10); jedoch wurde dieser Vorschlag zunächst nicht weiter verfolgt. In der Begründung des Entwurfes II des GleichberG (BT-Drucks II/224, S 63) wurde ausgeführt: „Die Vorschriften über das Recht des unehelichen Kindes brauchen im Hinblick auf den Grundsatz des Art 3 Abs 2 GG nicht geändert zu werden; die verschiedene Gestaltung der rechtlichen Beziehungen des Vaters und der Mutter zu dem unehelichen Kinde beruht auf dem Fehlen einer ehelichen Lebensgemeinschaft zwischen den Eltern, ist also durch die Natur der Sache begründet." Der BT-Ausschuß legte in seinem Bericht vom 25. 4. 1957 (zu Drucksache 3409, S 42, II. Wahlperiode) dar: „Der Ausschuß war der Auffassung, daß das Recht der unehelichen Kinder auf Grund des Art 3 Abs 2 des Grundgesetzes nicht zu ändern war. Daß die rechtlichen Beziehungen des Vaters und der Mutter zu dem unehelichen Kind verschieden gestaltet sind, beruht nicht auf einem verschiedenen rechtlichen Rang der Geschlechter. Allerdings sprechen rechtliche und soziologische Gründe, die auch mittelbar mit der veränderten Stellung der Frau in der Gesellschaft zu tun haben, für eine Reform des unehelichen Rechts, die einem späteren Gesetz vorbehalten bleiben mußte."

34 Der erste Entwurf des späteren FamRÄndG (BT-Drucks II/1586) enthielt zu den §§ 1705 — 1718 BGB keine Änderungsvorschläge; erst der zweite Entwurf dieses Gesetzes (BT-Drucks III/530)*) sah eine Teilreform des Rechts der unehelichen Kinder vor, indem er eine Änderung der §§ 1707, 1708 und 1710 BGB vorschlug. Das **FamRÄndG vom 11. 8. 1961** (BGBl I, 1221) änderte dann in dem Bereich der §§ 1705—1718 nur die erwähnten Vorschriften (Einzelheiten hierzu s in den Erläuterungen dieser Paraprahen); das gleichzeitig verabschiedete **Gesetz zur Änderung und Ergänzung des Reichsjugendwohlfahrtsgesetzes vom 11. 8. 1961** (BGBl I,

*) Zu diesem s Finke, FamRZ 1958, 353, 357f; Webler, ZblJugR 1958, 223.

1193; s auch Neufassung des Gesetzes als JWG vom 11. 8. 1961, BGBl I, 1205) brachte zum Recht der unehelichen Kinder nur geringfügige Änderungen (s zur jetzigen Regelung 39ff, 79ff, 109ff zu § 1707). Diese Vorschriften des FamRÄndG und des JWG sind nachkonstitutionelles Recht (s zu diesem Begriff 16 zu § 1708, 14 zu § 1709; dazu, daß die frühere Vorschrift des § 35 RJWG vorkonstitutionelles Recht dargestellt hatte, s BVerfG, Vorbem 39).

Diese mit der Änderung der §§ 1707, 1708, 1710 durchgeführte Teilreform des Rechts der unehelichen Kinder kann nicht als verfassungswidrig beurteilt werden, da Art 6 Abs 5 GG eine Teilreform zuläßt (s dazu auch BVerfG, Vorbem 43; sowie im allgemeinen BVerfG E 7, 257 = NJW 1957, 584).

Zu erwähnen ist noch die in der Zwischenzeit erfolgte **Neufassung des PStG** durch das **Gesetz vom 18. 5. 1957** (BGBl I, 518) mit der Bekanntmachung vom 8. 8. 1957 (BGBl I, 1125); hierdurch wurde die 1937 eingeführte Vorschrift des **§ 30 Abs 1** beibehalten, womit die Abstammungsfeststellungsklage gemäß §§ 640ff ZPO (die der BGH unterdessen mit Recht und mit anderer Begründung wieder zugelassen hatte — s Bem 149 zu § 1717 —) vom Gesetzgeber zumindest implicite anerkannt wurde. Mit der Änderung des § 644 ZPO durch das FamRÄndG vom 11. 8. 1961 (BGBl I, 1221) wurde die Abstammungsfeststellungsklage vom Gesetzgeber ausdrücklich anerkannt, zugleich wurde eine (freilich nur als „Notlösung" gedachte) Regelung des Verhältnisses widersprechender Urteile im Unterhaltsprozeß und Abstammungsfeststellungsprozeß getroffen (s 154 aE, 192ff zu § 1717). 35

VII. Die Rechtsprechung des Bundesverfassungsgerichts zum Recht der unehelichen Kinder; verfassungsrechtliche Fragen (Art 3 Abs 1—3, Art 6 Abs 1 und 5 GG).

Bevor eine Erläuterung verfassungsrechtlicher Normen, soweit diese für das Recht der unehelichen Kinder von Bedeutung sind, gegeben werden kann, soll ein Überblick über die Rechtsprechung des BVerfG zu den hier in Betracht kommenden Fragen geboten werden, da die Rechtsprechung des BVerfG auch für die weitere Rechtsentwicklung von beträchtlicher Bedeutung war und ist. 36

A. Die Rechtsprechung des BVerfG*).

1. Im Beschluß vom **25. 5. 1956****) hat das BVerfG die Vorschrift des § 372a ZPO als verfassungsmäßig beurteilt; die Entscheidung ist auf Verfassungsbeschwerde eines im Unterhaltsprozeß eines unehelichen Kindes vernommenen Zeugen ergangen, der sich geweigert hatte, sich einer Blutgruppenuntersuchung zu unterziehen, und dann gemäß §§ 372a, 387 ZPO verpflichtet wurde, die Blutentnahme zu dulden. 37

2. In dem Beschluß vom **23. 10. 1958*****), der die Anwendung des § 644 ZPO (aF) betraf, hat das BVerfG ausgesprochen: „Die tatsächliche und die rechtliche Lage des unehelichen Kindes im Familienverband unterscheidet sich durch das Fehlen des ehelichen Vaters grundlegend und unabänderlich von der des ehelichen Kindes. Während die Familie, in die das eheliche Kind hineingeboren wird, eine Erweiterung der Ehegemeinschaft seiner — gemeinsam sorge- und erziehungsberechtigten — Eltern ist, besteht eine Familiengemeinschaft für das uneheliche Kind stets nur mit der — allein sorge- und erziehungsberechtigten — Mutter. Die Aufgabe „gleiche Bedingungen" zu schaffen, kann also im Familienrecht nur bedeuten, daß die rechtliche Situation des unehelichen Kindes, soweit sie für seine leibliche und selelische Entwicklung und seine Stellung in der Gesellschaft von Belang ist, der Situation des ehelichen Kindes möglichst gleichwertig gestaltet werden soll. Es besteht kein Zweifel, daß Ungewißheit über die Person des Vaters die leibliche und seelische Entwicklung eines Kindes und seine Stellung in der Gesellschaft beeinträchtigt, zumal unsere Rechtsordnung .. an die Abstammung vielfältige Rechtsfolgen knüpft. Die „gleiche Bedingung", um die es sich in diesem Zusammenhang handelt, ist also die Gewißheit 38

---

*) Siehe auch H. Engler, Die Rechtsprechung des BVerfG zu den Grundrechten in „Das Bundesverfassungsgericht", 1963, 87ff.

**) FamRZ 1956, 215; hierzu s Henrichs, FamRZ 1956, 274, sowie Bosch, FamRZ 1958, 454; Sautter, ArchcivPr 161, 215, 216 Fußn 6, 219.

***) E 8, 210 = FamRZ 1958, 451 mit Anm von Bosch = Rpfleger 1959, 182 = NJW 1958, 2059 = MDR 1959, 20 = JZ 1959, 88; s hierzu auch Bosch, Gutachten [s Vorbem 66] 27, 51.
Diese Entscheidung hat auch noch insofern grundlegende Bedeutung, als das BVerfG hier ausgesprochen hat, die ZPO in der Fassung des Gesetzes zur Wiederherstellung der Rechtseinheit ... vom 12. 9. 1950, BGBl I, 455, sei nicht vorkonstitutionelles Recht iS der Entscheidung vom 24. 2. 1953 (BVerfG E 2, 124, 128; s hierzu auch 16 zu § 1708, 14 zu § 1709).

über einen Status: die Abstammung von einem bestimmten Mann ... die Möglichkeit, über die Person des Vaters im Wege der Feststellungsklage Gewißheit zu schaffen, (ist) ein der tatsächlichen Lage des unehelichen Kindes angepaßter Ausgleich für die beim ehelichen Kinde von vornherein, kraft Gesetzes bestehende Gewißheit ... Art 6 Abs 5 GG ist durch die Formulierung „sind durch die Gesetzgebung ... zu schaffen" unzweideutig eine Anweisung an den Gesetzgeber; der Bestimmung fehlt also — trotz Art 1 Abs 1 GG — zunächst derogatorische Kraft gegenüber bisherigem entgegenstehendem Recht. So ist sie auch von den Schöpfern des Grundgesetzes gedacht und in Rechtsprechung und Literatur verstanden worden. Das Ob und Wann der Erfüllung des Gesetzgebungsauftrages liegt jedoch nicht im freien Belieben des Gesetzgebers. Ist die Verheißung einer bestimmten Gesetzgebung zum Verfassungsrechtssatz erhoben, so ist er vielmehr gebunden, die Verheißung zu erfüllen, und er verletzt die Verfassung, wenn er es unterläßt, den Verfassungsauftrag in angemessener Frist auszuführen (BVerfG E 6, 257, 265/266). Das Grundgesetz will auch in Art 6 Abs 5 ernster genommen werden, als die inhaltsgleiche Bestimmung des Art 121 der WeimVerf von der Gesetzgebungspraxis genommen worden ist ... Es mag dahinstehen, ob dem Art 6 Abs 5 GG ein zum unmittelbaren Vollzug geeigneter präziser Rechtsgehalt innewohnt, so daß dieser Artikel eine ähnliche Funktion übernehmen könnte wie Art 3 Abs 2 GG. Im vorliegenden Falle bedarf es keiner endgültigen Entscheidung, ob und in welchen Grenzen das Ausbleiben des Anpassungsgesetzes zu Art 6 Abs 5 GG einen solchen Funktionswechsel der Norm vom Gesetzgebungsauftrag zur aktuellen Rechtsnorm mit derogatorischer Kraft und der Bedeutung einer Generalklausel für das gesamte Unehelichenrecht zur Folge haben kann. Denn auch wenn man Art 6 Abs 5 GG lediglich als Gesetzgebungsauftrag versteht, ist er Ausdruck einer verfassungsrechtlichen Wertentscheidung, die Gerichte und Verwaltung im Rahmen der geltenden Gesetze bei der Ausübung des Ermessens bindet. Die praktische Bedeutung dieser Bindung für die Gerichte liegt darin, daß die in der Verfassungsnorm ausgeprägte Wertauffassung bei der den Gerichten anvertrauten Interessenabwägung und vor allem bei der Interpretation der einfachen Gesetze zugrunde zu legen ist." Das BVerfG hat sodann ausgeführt, daß die Wertauffassung des Art 6 Abs 5 GG auch bei der Entscheidung über die Auslegung des **§ 644 ZPO** zu berücksichtigen sei, und hat die (einschränkende) Interpretation des § 644 ZPO gebilligt, wonach die Durchführung der Klage auf Feststellung der unehelichen Vaterschaft im Statusverfahren für zulässig zu erachten sei (s 149 zu § 1717).

39 Im Beschluß vom **6. 10. 1959***) hat das BVerfG zum Verfahren des Art 100 Abs 1 GG und § 80 BVerfGG zum Ausdruck gebracht, § 1707 BGB und § 35 RJWG stellten vorkonstitutionelles Recht dar und unterlägen daher in diesem Verfahren nicht der Prüfung der Verfassungsmäßigkeit durch das BVerfG (s auch zur Neufassung des § 1707 und des JWG Vorbem 34 und Bem 5 zu § 1707); der Bundesgesetzgeber habe die Regelung des Unehelichenrechts nicht durch das GleichberG in seinen Willen aufgenommen (vgl dazu auch Bem 16 zu § 1708).

40 **4.** In einer weiteren Entscheidung (Beschluß vom **21. 7. 1960**) hat das BVerfG**) die Verfassungsmäßigkeit des § 1709 Abs 1 bejaht: „... Die Bestimmung des § 1708 BGB, daß die Höhe des Unterhalts ausschließlich nach der Lebensstellung der Mutter zu bemessen ist, kann zwar unter Umständen zu einer Verpflichtung des Erzeugers führen, die seiner Leistungsfähigkeit nicht entspricht. Es bedarf jedoch hier keiner Prüfung ob die Bestimmung mit dem Grundgesetz nicht vereinbar ist; denn der Beschwerdeführer [der zur Unterhaltszahlung verurteilt worden war] ist durch § 1708 BGB keinesfalls beschwert: die Mutter gehört ebenso wie er einfachen Verhältnissen an, und das Gericht hat infolgedessen nur den Mindestunterhalt zuerkannt ... Art 6 Abs 5 GG scheidet ... als Prüfungsmaßstab aus, weil er einer Verbesserung der Lebensbedingungen für uneheliche Kinder mit den Mitteln des Rechts dienen soll, während der Beschwerdeführer eine Verschlechterung ihres Unterhaltsanspruchs gegen den Vater anstrebt ... Beim unehelichen Kinde nimmt das gegenwärtige bürgerliche Recht von vornherein eine Aufteilung der Unterhaltspflichten vor: Die Sorge für die Person des Kindes obliegt allein der Mutter (§ 1707 BGB). Der Vater ist insoweit jeder Pflicht ledig; er

---

*) E 10, 129 = JZ 1959, 766 = NJW 1959, 2107 = DVBl 1959, 851 = ZblJugR 1960, 98 = FamRZ 1960, 19, Leits mit Anm von Bosch = EJF, A Ig Nr 7 = Rpfleger 1960, 10 = MDR 1959, 989 = DAVorm XXXII, 239 = RdJ 1960, 206 mit Anm von H. Krüger.

**) E 11, 277 = FamRZ 1960, 391 mit Anm von Bosch = ZblJugR 1960, 301 = MDR 1960, 817 = NJW 1960, 1711 = DAVorm XXXIII, 260 = RdA 1961, 42 Leits = SjE, B 7, 621. Die Entscheidung erging auf Verfassungsbeschwerde gegen das Urteil des LG Koblenz, FamRZ 1960, 408; sie betraf den typischen Fall, daß das Kind von der unehelichen Mutter versorgt wurde (§ 1707 BGB); s hierzu auch Bem 6, 8, 12 zu § 1709.

ist insbesondere nicht gehalten, den baren Unterhaltsbedarf der Mutter zu tragen, um dieser die — in der ehelichen Haushaltsführung mit beschlossenen — Leistungen der persönlichen Sorge für das Kind zu ermöglichen. Seine Unterhaltslast beschränkt sich nach allgemeiner.. Rechtsprechung auf die schuldrechtliche Verpflichtung zur Zahlung einer nach der Lebensstellung der Mutter pauschalierten und typisierten Rente. Diese Rente deckt zudem bei ihrer herkömmlichen Berechnungsweise nicht den gesamten baren Lebensaufwand, sondern im wesentlichen nur den Aufwand für Nahrung, Bekleidung und Ankauf einer Schlafgelegenheit. Die Unterhaltspflicht des unehelichen Vaters ist im Vergleich zu der des ehelichen Vaters enger begrenzt ... Das BVerfG hat bereits — incidenter — ausgesprochen, daß im Familienrecht im Hinblick auf die funktionalen Unterschiede nach der Natur des jeweiligen Lebensverhältnisses auch eine besondere rechtliche Regelung für Mann und Frau erlaubt oder sogar notwendig sei; es hat dabei besonders auf „Differenzierungen der Art der Leistung für die Familiengemeinschaft" (BVerfG E 3, 225, 242) abgehoben. Gleiches gilt sinngemäß für die Differenzierung der Art der Leistung für das uneheliche Kind. Diese Differenzierung erfolgt nicht wegen des verschiedenen Geschlechts von Vater und Mutter, sondern wegen ihrer durch das Fehlen einer Familiengemeinschaft bedingten verschiedenen Funktion dem Kinde gegenüber".

5. Durch Beschluß vom **18. 12. 1962** hat das BVerfG*) eine Vorlage des AG Aurich für 41
unzulässig erklärt; das AG hatte den Vorlegungsbeschluß vor Zustellung der (Abänderungs-)Klage (!) erlassen, mit welcher das uneheliche Kind, das bereits einen Unterhaltstitel gemäß § 1708 Abs 1 aF erwirkt hatte, Unterhalt für das 17. und 18. Lebensjahr begehrte (s dazu 31 zu § 1708). Das BVerfG hat hier (zutreffend) darauf hingewiesen, daß sich das vorlegende Gericht nach dem Stand seines Verfahrens noch kein Urteil über die Entscheidungserheblichkeit des § 1708 Abs 1 nF — dessen Verfassungsmäßigkeit das AG bezweifelte — habe bilden können.

6. Durch Beschluß vom **29. 10. 1963****) hat das BVerfG ausgesprochen, daß § 32 Abs 4 42
Nr 6 des Gesetzes über die Versorgung der Opfer des Krieges (Bundesversorgungsgesetz) in der Fassung vom 6. 6. 1956 (BGBl I, 469) und § 32 Abs 5 Nr 6 des Bundesversorgungsgesetzes idF des 6. Ges z Änd u Erg des BVersG vom 1. 7. 1957 (BGBl I, 661) nichtig waren, soweit sie die die Erhöhung der Ausgleichsrente Schwerbeschädigter für uneheliche Kinder davon abhängig machten, daß diese nicht später als 302 Tage nach Anerkennung der Folgen der Schädigung geboren waren. In der Begründung der Entscheidung hat das BVerfG ausgeführt: „Die zur Prüfung gestellte Regelung [die inzwischen durch Ges vom 27. 6. 1960 (BGBl I, 453) geändert wurde] benachteiligte eine Gruppe Schwerbeschädigter gegenüber denjenigen Beschädigten, die vor Anerkennung der Schädigungsfolgen gezeugte uneheliche Kinder unterhalten müssen, und zugleich gegenüber denjenigen, die nach Anerkennung der Beschädigung eheliche Kinder gezeugt haben. Diese Benachteiligung widersprach der in Art 6 Abs 5 GG enthaltenen Wertentscheidung, die der Gesetzgeber auch im Rahmen des allgemeinen Gleichheitssatzes zu beachten hatte (vgl BVerfGE 8, 210, 217 ...). Art 6 Abs 5 GG ist ... nur eine Schutznorm zugunsten des unehelichen Kindes. Der Anspruch auf den Kinderzuschlag stand ... nach der hier zu prüfenden Regelung dem Schwerbeschädigten zu ... (Es darf indessen) nicht übersehen (werden), daß der Kinderzuschlag für ein uneheliches Kind dazu bestimmt ist, zur Leistung von Unterhalt für dieses Kind, also zu seinen Gunsten verwendet zu werden ... Die Versagung der Rentenerhöhung traf also nicht nur den — durch Art 6 Abs 5 GG nicht geschützten — unehelichen Vater selbst, sondern mittelbar auch das uneheliche Kind. Ob eine mittelbare Benachteiligung unehelicher Kinder allgemein gegen Art 6 Abs 5 GG verstößt, bedarf hier nicht der Entscheidung. Jedenfalls enthält diese Verfassungsvorschrift aber die Wertentscheidung, daß ein Kind nicht wegen seiner unehelichen Geburt benachteiligt werden darf. Es bedarf hier keiner Stellungnahme dazu, ob es gerechtfertigt ist, das Verhalten des Erzeugers sittlich verschieden zu bewerten, je nachdem, ob er das uneheliche Kind vor oder nach der Anerkennung der Schädigung gezeugt hat. Sellbst wenn aus der Zeugung nach Anerkennung der Schädigung dem Erzeuger ein besonderer sittlicher Vorwurf zu machen wäre, dürfte dieser dem Verhalten des Vaters anhaftende sittliche Makel angesichts der Wertentscheidung des Art 6 Abs 5 GG weder unmittelbar noch mittelbar zu einer rechtlichen Schlechterstellung des unehelichen Kindes führen ... Ist es dem Gesetzgeber untersagt, bei der Regelung des Kinderzuschlags die unehelichen Kinder als solche wegen eines Makels ihrer Geburt schlechter

---

*) NJW 1963, 198; s auch FamRZ 1963, 102, Anm von Bosch. Das AG Aurich hat dann später in der gleichen Rechtssache erneut einen Vorlegungsbeschluß erlassen (s unten Vorbem 43).

**) E 17, 148 = FamRZ 1964, 74 = NJW 1964, 291 = DVBl 1964, 26 = MDR 1964, 200 = JZ 1964, 365 = NDV 1964, 259 = ZblJugR 1964, 117; s auch Diller, JR 1964, 161, 163, Ziff 8.

zu stellen als die ehelichen Kinder, so darf er diesen Gesichtspunkten auch nicht zum Anlaß nehmen, innerhalb der unehelichen Kinder einzelne Gruppen zu benachteiligen."

43 7. Im Beschluß vom **11. 3. 1964***) hat das BVerfG ausgesprochen, § 1708 Abs 1 Satz 1 idF des FamRÄndG vom 11. 8. 1961 sei, soweit er dem unehelichen Kind einen Unterhaltsanspruch auch für das 17. und 18. Lebensjahr gewähre, mit dem Grundgesetz vereinbar: „Der Gesetzgeber hat den Unterhaltsanspruch der unehelichen Kinder für das 17. und 18. Lebensjahr an leichtere Voraussetzungen als den der ehelichen Kinder für das gleiche Lebensalter geknüpft. Die Regelung verletzt Art 6 Abs 5 GG nicht. Diesem Verfassungsauftrag liegt die Erkenntnis zugrunde, daß die unehelichen Kinder insgesamt ungünstigere Lebensbedingungen vorfinden als die ehelichen Kinder. Art 6 Abs 5 GG, der eine Ausprägung des allgemeinen Gleichheitssatzes des Art 3 Abs 1 GG ist (BVerfGE 3, 225, 240), gebietet daher dem Gesetzgeber, den unehelichen Kindern für ihre leibliche und seelische Entwicklung und ihre Stellung in der Gesellschaft die gleichen Bedingungen zu schaffen wie den ehelichen Kindern. Die Regelung im FamRÄndG stellt eine Annäherung an dieses Ziel auf einem Teilgebiet des Unehelichenrechts dar, indem sie die Lebensbedingungen des unehelichen Kindes verbessert. ... „Starr" ist der Verfassungsauftrag lediglich im Hinblick auf das Ziel; aber gerade um dieses Zieles willen gibt er dem Gesetzgeber einen gewissen Spielraum bei der Auswahl der Mittel. Das Ziel .. kann den Gesetzgeber geradezu veranlassen, Sachverhalte ungleich zu regeln, die auf den ersten Blick gleich erscheinen. Der gesetzgeberische Spielraum endet erst dort, wo für eine abweichende Regelung zugunsten des unehelichen Kindes ein — am Verfassungsauftrag gemessen — einleuchtender Grund fehlt. Dabei muß die gesamte Rechtsstellung des unehelichen Kindes in die Betrachtung einbezogen werden. Nicht jede dem Recht des ehelichen Kindes gleiche Vorschrift gewährt dem unehelichen Kinde die gleichen Lebensbedingungen im ganzen. Die erleichterten Voraussetzungen, die der Unterhaltungsanspruch der unehelichen Kinder gegen ihren Vater für das 17. und 18. Lebensjahr gegenüber dem gleichaltriger ehelicher Kinder hat, lassen sich aus sachlichen Gründen rechtfertigen. In jedem Lebensalter würden die unehelichen Kinder unter ungünstigeren Lebensbedingungen als die ehelichen leben, wenn der Unterhaltsanspruch von ihrer Bedürftigkeit und der Leistungsfähigkeit des Vaters abhängig gemacht wäre, wie es bei den ehelichen Kindern der Fall ist (§§ 1602 Abs 1, 1603 Abs 1 BGB). Diese leben regelmäßig in Familiengemeinschaft mit ihrem Vater; hingegen besteht eine solche für die unehelichen Kinder nur mit der — allein sorge- und erziehungsberechtigten — Mutter. Die Verpflichtung eines Vaters einem unehelichen Kinde gegenüber beschränkt sich bisher auf die Erfüllung des (schuldrechtlichen) Zahlungsanspruchs (§ 1708 BGB)."

B. Verfassungsrechtliche Fragen (Art 3 Abs 1—3, Art 6 Abs 1 und 5 GG).

44 1. Nach zwar hM hat der **Gleichberechtigungsgrundsatz** (Art 3 Abs 2) das Recht der unehelichen Kinder nicht berührt (s dazu Vorbem 33, sowie Bem 10 zu § 1709). Indessen kann dieser Auffassung hinsichtlich der Regelung der Unterhaltsverpflichtung des Vaters (s § 1709 Abs 1) nicht beigetreten werden (nähere Einzelheiten hierzu s 10ff zu § 1709).

45 2.a) Art 6 Abs 5 GG**) bedeutet nach seinem eindeutigen Wortlaut (s Vorbem 32) nur eine Anweisung an den Gesetzgeber (s BVerfG, Vorbem 38; sowie zB OLG Hamm,

---

*) E 17, 280 = FamRZ 1964, 186 = NJW 1964, 763 = Rpfleger 1964, 109 = JZ 1964, 364 = MDR 1964, 477 = DVBl 1964, 315 = JuS 1964, 247 = ZblJugR 1964, 144 = DAVorm XXXVII, 78 = SjE B 7, 623.

Die Entscheidung ist auf den Vorlagebeschluß des AG Aurich NJW 1963, 1176, ergangen.

**) Schrifttum: Komm zum GG (Art 6): Giese-Schunck, 6. Aufl, 1962; Hamann, 2. Aufl, 1961; v. Mangoldt-Klein, 2. Aufl, I, 1957; ferner: Arndt, „Makel" der unehelichen Mutterschaft trotz Art 6 Abs 5 GG? NJW 1962, 2000, 2001; Bosch, Gutachten, 46ff; H. Krüger, Uneheliche Kinder in „Die Grundrechte", IV, Teil 1, 1960, 325ff, und Die Rechtsstellung des unehelichen Kindes nach dem Grundgesetz, 1960 (s dazu Göppinger, FamRZ 1961, 230; Webler, ZblJugR 1961, 102; Fuß, JZ 1963, 39); Schlosser, Der Einfluß des Grundgesetzes auf die privatrechtliche Stellung des unehelichen Kindes, FamRZ 1963, 601; J. Seiwerth, Zur Zulässigkeit der Verfassungsbeschwerde gegenüber Grundrechtsverletzungen des Gesetzgebers durch Unterlassen, 1962, 76ff (s hierzu Perschel, FamRZ 1964, 222; Schumann, JZ 1964, 392); H. O. Seydel, Unehelichenprobleme und das Grundgesetz, Diss Tübingen, 1955; Wägenbaur, Zur Aktualisierung des Art 6 Abs V GG durch die Rechtsprechung, FamRZ 1962, 129, mit kritischer Anmerkung von Bosch, 134; s auch im allgemeinen Rud. Schneider, Rechtsschutz gegen verfassungswidriges Unterlassen des Gesetzgebers, AöR 89, 1964, 24; zur Entstehungsgeschichte des Art 6 Abs 5 GG s Schwoerer, Jugendwohl 1949, 90; Roth-Stielow, JR 1964, 445; aus der Komm-Lit s noch Leibholz-Rinck, GG, 1966, Anm 8ff.

FamRZ 1962, 437 = JMBlNRW 1962, 244 = ZblJugR 1963, 139; Bosch, Gutachten, aaO, und FamRZ 1962, 292; Dölle, II, 357); Roth-Stielow, aaO).

Daraus, daß der Gesetzgeber diesem Auftrag nicht nachgekommen ist (sondern nur eine Teilreform mit der Änderung der §§ 1707, 1708, 1710 BGB und des § 644 ZPO eingeführt hat), kann nicht die Schlußfolgerung hergeleitet werden, Art 6 Abs 5 GG habe nun (wann?!) das geltende Recht außer Kraft gesetzt, Art 6 Abs 5 GG müsse „aktualisiert" werden, wie zT — vor allem in Anknüpfung an eine Andeutung des BVerfG in dem erwähnten Beschluß — angenommen wurde (s zB Krüger, DÖV 1957, 356; Die Rechtsstellung ..., 18ff; Zweigert, ZblJugR 1962, 233, 234; Wägenbaur, aaO; Schlosser, aaO, 614; s auch Gernhuber, 40ff; H. Lange, JZ 1965, 425, 428, 779).

Diese Auffassung übersieht verschiedene wesentliche Punkte:

46 Die Regelung der §§ 1705—1718 ist zwar zT (und überwiegend) vorkonstitutionelles Recht, aber zT auch nachkonstitutionelles Recht (§§ 1707, 1708, 1710, s ferner §§ 40ff JWG). Zwischen den einzelnen Bestimmungen besteht ein gewisser innerer Zusammenhang (s auch 4 zu § 1708, sowie BVerfG, Vorbem 38, 40, 43), zB hängt die Unterhaltsregelung der §§ 1708, 1712 damit zusammen, daß dem unehelichen Kinde kein Erbrecht und kein Pflichtteilsrecht nach dem Tode seines Vaters zusteht. Gerade da § 1708 nachkonstitutionelles Recht ist, steht der eindeutige Wortlaut dieser Vorschrift (Abs 1) etwaigen Versuchen oder Bestrebungen entgegen, die Unterhaltspflicht des Vaters über das 18. Lebensjahr des Kindes hinaus auszudehnen, zB zur Deckung der Kosten der Berufsausbildung, oder die Lebensstellung des Vaters (mit) zu berücksichtigen. Ebenso widerspräche die Annahme, die volljährige Mutter erwerbe mit der Geburt des Kindes die elterliche Gewalt, dem eindeutigen Wortlaut der (nachkonstitutionelles Recht darstellenden) Vorschriften des § 1707 Abs 1 und des § 40 Abs 1 JWG.

47 Art 6 Abs 5 besagt, den unehelichen Kindern seien die gleichen Bedingungen für ihre leibliche und seelische Entwicklung und ihre Stellung in der Gesellschaft wie den ehelichen Kindern zu schaffen. Diese Formulierung ist so unbestimmt, daß es den Gerichten unmöglich ist, aus ihr präzise Richtlinien zur Entscheidung einzelner Fälle zu entnehmen. Die Bedeutung des Grundsatzes der Gleichberechtigung hatte sich damals — in der Zeit vom 1. 4. 1953 bis 30. 6. 1958 — noch etwas klarer umreißen lassen: in manchen Fragen (zB Vertretung des ehelichen Kindes durch beide Eltern — wie sie jetzt seit dem Urteil des BVerfG vom 29. 7. 1959 über die Nichtigkeit des § 1629 Abs 1 (s Bem 1, 10 zu § 1628) wieder vertreten wird (s Bem 8 zu § 1629) —, Verwaltung des Vermögens des Kindes durch beide Eltern, Schlüsselgewalt) ließ sich eine eindeutige Lösung herbeiführen. Indessen gingen die Gerichte in manchen Entscheidungen, insbesondere in der Anfangszeit, also im Jahre 1953, in erheblicher Weise in die Irre. Auch war zB die Schlußfolgerung, die überwiegend gezogen wurde, der Gleichberechtigung entspreche am ehesten der Güterstand der Gütertrennung (vgl dazu Einl zu § 1363, Bem 23ff), durchaus fragwürdig.

Im vorliegenden Problemkreis wäre zB jede Entscheidung über ein etwaiges Pflichtteils- oder Erbrecht des unehelichen Kindes nach dem Tode des Vaters willkürlich, ebenso eine Entscheidung über ein etwaiges Sorgerecht oder Verkehrsrecht des Vaters (sofern nicht hinsichtlich der letzteren Frage ausnahmsweise die Voraussetzungen des § 1666 Abs 1 Satz 1 vorliegen — s dazu Bem 45 zu § 1705). Auch wäre zweifelhaft, ob zB die Beweislastregelung des § 1717 Abs 1 mit der Vorschrift und Wertentscheidung des Art 6 Abs 5 GG unvereinbar ist (vgl Bosch, FamRZ 1962, 134). Hinzuzufügen ist, daß zB das BVerfG auf Verfassungsbeschwerde oder auf einen Vorlegungsbeschluß eines Gerichts (Art 100 GG) nicht in der Lage wäre, in dem betreffenden Einzelfall eine generelle mit Gesetzeskraft ausgestattete Entscheidung zu erlassen, in der sämtliche Bestimmungen des BGB und des JWG auf ihre Vereinbarkeit mit Art 6 Abs 5 GG und der in dieser Vorschrift enthaltenen Wertentscheidung überprüft würden; auch könnte das BVerfG keine konkreten Richtlinien erlassen, unter welchen Voraussetzungen und in welcher Höhe dem unehelichen Kinde ein Erbrecht nach dem Tode des Vaters zustehen soll.

48 Ferner wäre jeder Zeitpunkt, von dem an Art 6 Abs 5 GG „aktualisiert" werden soll, willkürlich gewählt, wie sich auch darin zeigt, daß von den Vertretern der Auffassung, Art 6 Abs 5 GG habe derogative Bedeutung erlangt, verschiedene Zeitpunkte angenommen wurden. Zunächst hatte H. Krüger (DÖV 1957, 356, 358) gemeint, seit „Herbst" 1954 (!) gelte neues Recht; später ging sie wohl von dem Jahre 1960 aus (s Rechtsstellung des un-

ehelichen Kindes, 18). Zweigert (ZblJugR 1962, 233, 234) setzte dem Gesetzgeber eine Frist bis 1. 10. 1963 (!); im Jahre 1962 nahm Wägenbaur (FamRZ 1962, 129) an, die „Aktualisierung" des Art 6 Abs 5 scheitere nicht an der Untätigkeit des Gesetzgebers. Im Dezember 1963 schrieb Schlosser (FamRZ 1963, 614), es lasse sich nunmehr endgültig feststellen, das geltende Recht sei an Art 6 Abs 5 GG zu messen. Art 117 Abs 1 GG hatte hinsichtlich des Zeitpunktes, an dem die in Art 3 Abs 2 GG vorgesehene Gleichberechtigung von Mann und Frau in Kraft treten sollte, eine eindeutige Regelung getroffen; eine solche Vorschrift fehlt hier. Für die gerichtliche Praxis wäre aber die Festsetzung eines genauen Zeitpunktes, dh eines bestimmten Tages, unumgänglich notwendig. Es wäre unerträglich, wenn das eine Gericht den einen Zeitpunkt, ein anderes Gericht einen anderen Zeitpunkt,ein drittes Gericht wieder einen anderen Zeitpunkt zugrundelegen würde. Der Richter, der über eine Unterhaltsklage des Kindes zu entscheiden hätte, müßte also bis einem bestimmten Zeitpunkt „altes Recht", von dann ab „neues, gewandeltes Recht" anwenden (falls er sich dazu überhaupt für befugt hielte, da § 1708 nachkonstitutionelles Recht darstellt!).

49 Zwar ist richtig, daß seit Inkrafttreten des GG, also seit dem in Art 6 Abs 5 enthaltenen Verfassungsbefehl, sehr lange Zeit verstrichen ist. Doch ist es müßig, davon zu sprechen, der Gesetzgeber habe die Verfassung verletzt; denn im Hinblick auf die unklare Formulierung des Art 6 Abs 5 GG ist kein Gericht in der Lage, hier selbst Recht (Richterrecht) zu schaffen, die Rolle des Gesetzgebers zu übernehmen, hinsichtlich eines bestimmten einzelnen Punktes, der Gegenstand des Rechtsstreits ist, aber dann nicht isoliert betrachtet und „geregelt" werden könnte. Andererseits muß auch darauf hingewiesen werden, daß die Reform des Rechts der unehelichen Kinder außergewöhnliche Schwierigkeiten bereitet, die sich auf Regelungen des materiellen Rechts und des Verfahrensrechts beziehen; hinzukommen übrigens infolge der verfehlten Regelung des § 644 nF ZPO jetzt überaus schwierige verfahrensrechtliche und übergangsrechtliche Probleme. Es ist kein Zufall, daß zu keinem anderen Rechtsgebiet so viele Entwürfe, auch private Entwürfe und Thesen zur Neuregelung vorhanden sind. Schließlich darf auch nicht übersehen werden, daß viele einzelne Reformfragen infolge weltanschaulicher Gegensätze stark umstritten sind und daß daher die notwendigen Kompromißlösungen nicht einfach sind.

50 Nach alledem können die Gerichte nicht eindringlich genug davor gewarnt werden, etwa selbst neues Recht (Richterrecht) setzen zu wollen (vgl auch Bosch, FamRZ 1962, 134; Gutachten, 49; Bernhardt, Das Recht des unehelichen Kindes und dessen Neuregelung in beiden Teilen Deutschlands, 1962, 15f, Fußn 17; Göppinger, FamRZ 1962, 449, 450; Hedwig Maier in Verhandlungen des 44. DJT, Sitzungsberichte der 1. Abt, E 87; H. Lange, JuS 1964, 253). Die Folge wäre eine mit rechtsstaatlichen Grundsätzen unvereinbare Rechtsverwirrung in einem unvorstellbaren und unübersehbaren Ausmaß. Sollte es dem Gesetzgeber nicht gelingen, in der jetzigen bis Sommer 1969 währenden Legislaturperiode das vorgesehene Gesetz zur Reform des Rechts der unehelichen Kinder zu verabschieden, so haben die Gerichte nur die Möglichkeit, das alte Recht weiterhin wie bisher anzuwenden, unter Berücksichtigung der Wertentscheidung des Art 6 Abs 5 bei der Auslegung des geltenden Rechts (s dazu 56).

Hierzu sei zB darauf hingewiesen, daß die Rechtsprechung bis zum Inkrafttreten des FamRÄndG vom 11. 8. 1961 (1. 1. 1962) die Frage des „Zwiespalts zwischen Unterhalts- und Abstammungsurteil", dh des Konflikts zwischen einander widersprechenden Urteilen, die einerseits im Unterhaltsprozeß, andererseits im Abstammungsfeststellungsprozeß ergangen waren, nicht zu lösen vermochte (s dazu 154 zu § 1717) sowie daß die Rechtsprechung bisher keine befriedigende Lösung des Problems des anzuwendenden Rechts in dem Falle fand, daß das uneheliche Kind deutscher Staatsangehörigkeit gegen einen Ausländer Abstammungsfeststellungsklage erhebt, um das im Unterhaltsprozeß ergangene die Klage abweisende Urteil zu „beseitigen" (s 191 zu § 1717).

51 b) Art 6 Abs 5 GG gibt eine allgemeine Richtlinie für die Reform des Rechts der unehelichen Kinder und gewährt damit dem Gesetzgeber einen weiten Spielraum (s auch Vorbem 47).

Art 6 Abs 5 spricht nicht davon, dem unehelichen Kinde solle die gleiche Rechtsstellung wie dem ehelichen Kinde eingeräumt werden; dies wäre im Hinblick auf die tatsächlichen Gegebenheiten, auf die Lebenswirklichkeit auch gar nicht möglich (s Dölle, II, 358; Bosch, Gutachten [s Vorbem 66] 57, 87; Beitzke, 192; Lange, JuS 1964, 253;

Neuhaus, FamRZ 1963, 326; Klein, Jugendwohl, 1963, 127, 130f) und verstieße überdies gegen Art 6 Abs 1 (s Vorbem 54).

Wie Klein (aaO, 131) zutreffend hervorgehoben hat, steht der Gesetzesauftrag gemäß Art 6 Abs 5 GG unter den allgemeinen Rechtsprinzipien der Rechtsstaatlichkeit und der Sozialstaatlichkeit des Art 20 GG. Dem unehelichen Kinde sollen vom Recht her alle Möglichkeiten eröffnet werden, daß es „seine" menschlichen Grundbedürfnisse für die bestmögliche Entfaltung „seiner" Persönlichkeit sichert; die natürlichen Beziehungen des Kindes zu seinen leiblichen Eltern bedürfen der gesetzlichen Konkretisierung auf der Grundlage der Gerechtigkeitsordnung (Klein, aaO). Der Gesetzgeber muß die verschiedene Betrachtung der sozialen Lage des ehelichen und des unehelichen Kindes zugrundelegen, hierin kann nicht einmal im Ansatzpunkt der Anschein einer Diskriminierung des unehelichen Kindes liegen; Art 6 Abs 5 kann daher nur bedeuten, daß dem unehelichen Kinde durch das Recht nach Maßgabe seiner eigengesetzlichen Sozialsituation Lebensmöglichkeiten gesichert werden, wie sie dem ehelichen Kinde in seiner anders gearteten Sozialbezogenheit in vergleichbarer Weise eröffnet sind (Klein, aaO; s auch BVerfG, Vorbem 43).

Art 6 Abs 5 GG gibt dem Gesetzgeber somit auf, eine Verbesserung der Rechtsstellung und eine **soziale Gleichstellung** des unehelichen Kindes herbeizuführen (vgl zum letzteren auch Giese-Schunck, Anm 5 zu Art 6; Bernhardt [s Vorbem 70], 16 Fußn 17). Dieses Gebot bedeutet damit indirekt auch, die Rechtsstellung der Mutter und des Vaters des Kindes zu verbessern, soweit es mit dem Wohl des Kindes, mit der Notwendigkeit, dem Kinde im Hinblick auf seine besondere Lage Schutz zu gewähren, vereinbar ist. Andererseits schließt Art 6 Abs 5 GG nicht aus, daß das uneheliche Kind in einzelnen Punkten gegenüber dem jetzigen Recht ungünstiger gestellt wird, wenn nur seine Rechtsstellung im ganzen verbessert wird. ZB ist es de lege ferenda notwendig und wünschenswert, die wirtschaftliche Lage und Leistungsfähigkeit des Vaters auch zu ungunsten des Kindes zu berücksichtigen, wenn es die Gerechtigkeit gebietet im Hinblick auf weitere Unterhaltspflichten des Vaters gegenüber vor allem ehelichen Kindern.

Art 6 Abs 5 ist eine besondere Ausprägung des allgemeinen **Gleichheitssatzes (Art 3 Abs 1 GG)**, was das Verhältnis der ehelichen und unehelichen Kinder zueinander betrifft (vgl BVerfG, Vorbem 43; Bosch, Gutachten, 53; Schlosser, FamRZ 1963, 601, 605). Art 3 Abs 1 GG kann aber dann Bedeutung erlangen, wenn uneheliche Kinder in unangemessener Weise gegenüber ehelichen Kindern bevorzugt oder auch benachteiligt würden (zB als Angestellte in Betrieben oder staatlichen Behörden oder als Beamte hinsichtlich der Entlohnung oder Besoldung oder Beförderung usw). 52

Art 3 Abs 3 GG ist auf uneheliche Kinder nicht anzuwenden, dh mit anderen Worten: die uneheliche Geburt fällt nicht unter den Begriff „Abstammung" oder „Herkunft" iS des Art 3 Abs 3 GG (ebenso Bosch, Gutachten, 53; von Mangoldt-Klein, 2. Aufl, Anm II, 4, b, B, 2, a zu Art 3 GG; Schlosser, FamRZ 1963, 601, 605 mit Hinw in Fußn 69; s auch BVerfG E 9, 124, 128 = NJW 1959, 715 = DÖV 1959, 384 = DVBl 1959, 324; BVerwG E 7, 267, 270 = FamRZ 1959, 215; BGH, FamRZ 1960, 62; BArbG, DÖV 1957, 377). 53

c) Schwierigkeiten bereitet die besonders wichtige Frage der Abgrenzung der Vorschriften des **Art 6 Abs 1** und Abs 5 GG. Man wird annehmen müssen, daß zwischen diesen Vorschriften ein echtes Spannungsverhältnis besteht (s Bosch, Gutachten, 53ff; Klein, Jugendwohl 1963, 127, 132ff; Schlosser, FamRZ 1963, 601, 606f). Zur Klärung dieser Frage ist aber zunächst eine kurze Betrachtung der Bedeutung des Art 6 Abs 1 GG unerläßlich. Art 6 Abs 1 GG stellt eine **wertentscheidende Grundsatznorm** dar, welche die Ehe und Familie als Keimzelle jeder menschlichen Gemeinschaft und ihre Sonderstellung gegenüber anderen menschlichen Gemeinschaften bestätigt; daher sieht die herrschende Lehre und Rechtsprechung in Art 6 Abs 1 GG das verfassungsrechtliche Bekenntnis zur Ehe und Familie und deren Garantie als Institution*). Art 6 Abs 1 ist eine verbindliche Wertentscheidung für den gesamten Bereich des privaten und öffentlichen Rechts 54

*) BVerfG E 6, 55 = FamRZ 1957, 82 = JZ 1957, 268 = MDR 1957, 276 = NJW 1957, 417 = DÖV 1957, 180; FamRZ 1962, 355, 356 = NJW 1962, 1243; Bosch, Gutachten 54; Dölle, FamR I, 1964, 33f, § 3, III, 2; Gernhuber, FamR 1964, 30ff, § 5; Klein, Jugendwohl 1963, 127, 133; Schlosser, FamRZ 1963, 601, 606; Hamann, 2. Aufl 1961, Anm A, 2; Giese-Schunck, 6. Aufl, 1962, Anm 1; Leibholz-Rinck, 1966, Anm. 1.

(BVerfGE, 6, 55; Bosch, aaO, Klein, aaO, je mit weiteren Hinweisen). Art 6 Abs 1 GG schützt aber auch die einzelne Ehe, statuiert mit anderen Worten also ein echtes **Grundrecht** zugunsten jeder einzelnen Ehe (s BVerfGE 6, 386 = JZ 1957, 623 = NJW 1957, 1065 = FamRZ 1957, 416 Leits; BGHZ 6, 360 = JR 1952, 322 = JZ 1952, 688 = MDR 1952, 511 = NJW 1952, 975; LM GG Art 6 Nr 3 = FamRZ 1956, 50; BVerwGE 15, 26 = FamRZ 1962, 471 [s Bem 92 zu § 1706]; Bosch, Gutachten, 54; Maunz, FamRZ 1956, 1; Ennerceus-Nipperdey, Allgemeiner Teil des Bürgerlichen Rechts, 15. Aufl, I, 1959, 106, § 15, II, 5, g; Bachof, FamRZ 1956, 398, 399; sowie zuletzt BVerfG, FamRZ 1966, 181 = NJW 1966, 771).

Hieraus ergibt sich, daß eine völlige Gleichstellung des unehelichen Kindes mit dem ehelichen Kinde gegen Art 6 Abs 1 verstieße; so ist aus Art 6 Abs 1 herzuleiten, daß Vater und Mutter des unehelichen Kindes niemals so gestellt werden dürfen, wie wenn sie eheliche Eltern wären; eine gemeinsame elterliche Gewalt oder ein gemeinsames Sorgerecht scheidet aus, letzteres auch in dem Sinne, daß nicht der eine Elternteil die Personensorge, der andere die Vermögenssorge innehaben kann (vgl dagegen für Kinder aus geschiedenen Ehen § 1671 Abs 4 Satz 2). Dies gilt dann ebenfalls, wenn die Eltern im Konkubinat miteinander leben; das — von der Rechts- und Sittenordnung mißbilligte — Konkubinat darf nicht die gleichen Rechtswirkungen hervorrufen wie eine legale Ehe (ebenso Bosch, aaO, 55). Ferner stünde auch eine völlige Gleichstellung unehelicher Kinder mit ehelichen Kindern des Vaters in erbrechtlicher Hinsicht mit Art 6 Abs 1 GG nicht im Einklang (ebenso zB H. Lange, JuS 1964, 253, 259ff).

55 Die Antinomie von Art 6 Abs 1 und Abs 5 GG erfordert somit eine Abwägung der Interessen und des Schutzbedürfnisses einerseits der Ehe und Familie, andererseits des unehelichen Kindes, wobei es darauf ankommt, auf welcher Seite in einzelnen Punkten Beeinträchtigungen schwerer wiegen; es ist darauf zu achten, daß Konflikte, die nicht auf der Grundlage eines Kompromisses schon innerhalb der jeweiligen Einzelproblematik gelöst werden können, wenigstens im Gesamtergebnis so gelöst werden, daß nicht immer die Institution Ehe und Familie oder immer das uneheliche Kind den Sieg davonträgt (Schlosser, FamRZ 1963, 601, 607; ähnlich Bosch, Gutachten, 51f, 54ff). Den unehelichen Kindern gebührt, zusammengefaßt, jedweder Schutz der Rechts- und Sozialordnung, der mit der Stellung der legitimen Familie noch vereinbar ist (Bosch, aaO, 58).

Aus diesen Erwägungen wird schließlich deutlich, welche schwierigen Probleme mit der Reform des Rechts der unehelichen Kinder zu lösen sind.

56 d) Art 6 Abs 5 GG enthält indessen nicht nur einen Programmsatz und allgemeine Richtlinien für die Reform des Rechts der unehelichen Kinder, sondern auch eine **Wertentscheidung** hinsichtlich der Verbesserung der sozialen Stellung der unehelichen Kinder und damit eine dem Kinde günstige Regel und Richtlinie zur Auslegung des geltenden Rechts (s dazu BVerfG, Vorbem 38, 42; Dölle, II, 357; Giese-Schunck, Anm 5 zu Art 6; Bosch, FamRZ 1962, 256; Bernhardt, Das Recht des unehelichen Kindes .., 18ff). In der erstgenannten Entscheidung hat das BVerfG gerade im Hinblick auf die dem Art 6 Abs 5 GG zu entnehmende Auslegungsrichtlinie die einschränkende Interpretation des § 644 aF ZPO, dh die Zulassung der Abstammungsfeststellungsklage des unehelichen Kindes durch den BGH (Z 5, 385; s dazu Bem 149 zu § 1717), gebilligt; zu weiteren Beispielen ist auf Bem 24, 91 zu § 1706, 88 zu § 1707, 29 aE, 223 aE zu § 1708, 18 zu § 1712; 18, 151, 191 zu § 1717 zu verweisen; s ferner auch Bem 38 zu § 1705 mit Fußn, sowie Leisner, FamRZ 1966, 123, 131ff.

Die Rechtsprechung ist somit an diese Wertentscheidung des Verfassungsgebers insoweit gebunden, als sie sich bei der Auslegung des Gesetzes von dem Grundgedanken der Verfassungsgarantie leiten lassen muß (Dölle, aaO).

VIII. Grundsätzliches zur Situation des unehelichen Kindes und der Mutter; die Reformbedürftigkeit des geltenden Rechts*).

*) Die große praktische Bedeutung des Unehelichenrechts ergibt sich daraus, daß etwa 5% aller Lebendgeburten in der Bundesrepublik uneheliche Geburten sind. Der Prozentsatz weicht in den einzelnen Ländern ab; in den letzten Jahren war er erheblich zurückgegangen. Viele Jahrzehnte hatte er bis etwa 1933 10% und darüber betragen (s die Angaben bei H. Krüger, Die Rechtsstellung des unehelichen Kindes, 43).

1.a) *) „Unehelichkeit ist Vaterlosigkeit" (Groth, 161; Bosch, Gutachten [s Vorbem 66], 91; Eisermann, FamRZ 1962, 399; Neises, BldWPfl 1966, 45, 47): das unehelich geborene Kind kann nicht in der durch die eheliche Gemeinschaft seiner Eltern begründeten Familie aufwachsen (s auch die Ausführungen des BVerfG, Vorbem 38); es kann nicht von seinem Vater mitbetreut und mitversorgt werden — von den Fällen abgesehen, in denen die Eltern des unehelichen Kindes in einem Konkubinat zusammenleben, das freilich nicht den Schutz des Art 6 Abs 1 GG genießt (s Vorbem 54 und Bem 92 zu § 1706) 57

Die Statistik der Nachkriegszeit zeigt folgendes Bild (s Statistisches Jahrbuch für die Bundesrepublik Deutschland, 1965, 60):

	Gesamtzahl der Lebendgeburten	Uneheliche Geburten
1950	812835	79075
1951	795608	76703
1955	820128	64427
1960	968629	61330
1961	1012687	60269
1962	1018552	56648
1963	1054123	55120
1964†)	1065379	53122

†) vorläufiges Ergebnis

Nach der Jugendhilfestatistik gab es in der Bundesrepublik einschließlich West-Berlin am 31.12.1963 insgesammt 886646 uneheliche Mündel, davon standen 599228 + 33169 (West-Berlin) unter Amtsvormundschaft (s DAVorm XXXVIII, 1965, 130ff, sowie Rüdiger, Unsere Jugend 1965, 61, 64f). Bei der Mutter befanden sich am 31. 12. 1963 insgesamt 544405 + (West-Berlin) 31218 uneheliche Kinder (s noch Fußn zu Vorbem 60); hiervon waren 42710 + (West-Berlin) 28 von der Aufsicht (§ 31 JWG) widerruflich befreit. In Familienpflege befanden sich 75356 + (West-Berlin) 4293 uneheliche Pflegekinder (iS der §§ 27ff JWG), die unter der Aufsicht des Jugendamts standen; ferner waren weitere 3822 + (West-Berlin) 5 uneheliche Pflegekinder von der Aufsicht des Jugendamts widerruflich befreit. Insgesamt betrug also am 31. 12. 1963 die Zahl der in Familienpflege befindlichen unehelichen Pflegekinder 79178 + (West-Berlin) 4298, das sind 77% bzw (West-Berlin) 57,5% der Gesamtzahl der Pflegekinder (s DAVorm XXXVIII, 131f).

Die Gesamtzahl der in Deutschland lebenden unehelich geborenen Personen dürfte wohl nicht feststellbar sein; die Zahl verringert sich jeweils im Laufe der Zeit durch Legitimation, Adoption, Tod und Ehelichkeitserklärung. Im Jahre 1963 wurden zB 20301 + (in West-Berlin) 1153 uneheliche Kinder durch nachfolgende Eheschließung der Eltern legitimiert, ferner wurden in der Bundesrepublik 5128 und in West-Berlin 303 uneheliche Kinder adoptiert.

*) Barner, Eine Schätzung der Unehelichen, ZblJugR XXV, 1933, 181; Becker, Väter in der Anonymität, Jugendwohl 1965, 456; Binder, Die uneheliche Mutterschaft. Ihre psychologischen, psychiatrischen, sozialen und rechtlichen Probleme, Bern 1941; Dornburg, Die sozialen Verhältnisse der in Bonn von 1924—1933 unehelich entbundenen Mütter, Diss Bonn, 1940; Eckstein, Entwicklung des nicht gewünschten Kindes [allgemein, nicht speziell bezüglich des unehelichen Kindes], BldWPfl 1965, 238; v. Friedeburg (s Vorbem 66); Göing, Wie steht es um die gesundheitliche Entwicklung der unehelichen Kinder? ZblJugR 1953, 199; Göllner, Die unehelichen Geburten als bevölkerungspolitisches Problem. Eine statistische Untersuchung, Diss Leipzig, 1936; S. Groth, Kinder ohne Familie, 1961 (s die Besprechung von Eisermann, FamRZ 1962, 399; H. Krüger, RdJ 1962, 208); F. Has, Das Verhältnis der unehelichen Eltern zu ihrem Kinde, 1962 (s die Besprechung von Eißer, FamRZ 1963, 200; Krakau, RdJ 1963, 61); G. Hoppe, Soziologische Verhältnisse der Mütter unehelicher Kinder in Frankfurt/Main, unter besonderer Berücksichtigung ihrer Heiratsaussichten (1945 bis 1954), Diss Münster, 1962; Isbary, Die Situation des unehelichen Kindes, ZblJugR 1959, 40; H. Kipp, Die Unehelichkeit, ihre psychologische Situation und Problematik, 1933; Klumker, Das Schicksal der Unehelichen, ZblVorm I, 1908/1909, 197; Kubale, Möglichkeiten und Wege, die Verantwortlichkeit der außerehelichen Mutter zu wecken und zu stärken, Unsere Jugend 1965, 299 (hierzu Pelle, aaO, 469; Rehn, 1966, 87); Lander, Lage schwangerer Berufsschülerinnen, Jugendwohl 1964, 48; U. Lange, Das alleinstehende Kind und seine Versorgung, Basel 1965; Lenné, Das Lebens- und Erziehungsrecht der unehelichen Kinder in „Vertiefung der Jugendhilfe", Caritas-Verlag 1926; Lexikon der Frau, Band 2, Zürich 1954, Art „Unehelichkeit" (Sp 1510f); J. Pawlak geb Thiele, Das Schicksal der nichtehelichen Kinder der Jahrgänge 1949 und 1950 im [Ost-]Berliner Stadtbezirk Köpenick, Diss Berlin (Humboldt-Universität), 1961; Pelle, „Die gleichen Bedingungen", ZblJugR 1962, 106; Pfaff, Ist das uneheliche Kind minderwertig? ZblJugR 1951, 67; E. Rentrop, Die unehelichen Kinder, 1931; Reuther, Strukturen einer Amtsvormundschaft [Heidelberg], ZblJugR 1962, 314; Schadendorf, Unehe-

und das von der Rechts- und Sittenordnung mißbilligt wird —. Keine staatliche Maßnahme, keine gesetzliche Regelung kann dem unehelichen Kinde — wenn es nicht gemäß § 1719 legitimiert wird — den Vater geben, den das eheliche Kind hat (im Falle der Ehelichkeitserklärung gemäß §§ 1723ff hat der Vater die elterliche Gewalt allein inne, die Mutter verliert sie).

Auf Grund dieser tatsächlichen Lage ist das Kind in seiner körperlichen und geistig-seelischen Entwicklung und ist auch die Mutter Gefahren ausgesetzt, wie sie bei dem ehelichen Kind und der ehelichen Mutter nicht bestehen. Dem unehelichen Kinde drohen in größerem Umfange menschliche Verkümmerung und materielle Benachteiligungen, ihm drohen auch heute noch in gewissem Umfange gesellschaftliche Vorurteile (worauf zB die Familienrechtskommission der Evangelischen Kirche, ZblJugR 1966, 40, zuletzt hingewiesen hat; s auch Lüschen-König, Jugend in der Familie, 1965, 43).

Von wesentlicher Bedeutung für die Entwicklung des Kindes ist die Art und Weise, wie die Mutter mit der Unehelichkeit des Kindes „fertig wird" (Schadendorf, zitiert nach Kietz, Unsere Jugend 1965, 477).

58 Die im BGB enthaltene Regelung beruhte weitgehend auf einem sittlichen Vorurteil und Unwerturteil bezüglich der außerehelichen Mutterschaft und Geburt (s 2 zu § 1707, 1 zu § 1709), es brachte den „Makel" zum Ausdruck, der zur Zeit der Schaffung des Gesetzes und überhaupt vor dem Ersten Weltkrieg mit der unehelichen Abkunft verbunden war (s zB auch Sturm, FamRZ 1958, 270). Nach dem Ersten Weltkrieg trat schon eine gewisse Abschwächung dieser Beurteilung ein, wie sie in Art 121 WeimRV, in der Verbesserung der rechtlichen und sozialen Stellung des unehelichen Kindes durch die Gesetzgebung (s Vorbem 20) und wie sie auch zT in der Rechtsprechung (s zB Fußn**) zu Vorbem 20) zum Ausdruck gebracht wurde.

In der heutigen Zeit ist die ablehnende Haltung der Gesellschaft gegenüber dem unehelichen Kinde und der Mutter zwar sehr stark abgeschwächt, aber noch nicht völlig verschwunden (wie sich zB auch in der Rechtsprechung zur Volljährigkeitserklärung und zur Befreiung vom Erfordernis der Ehemündigkeit zeigt — s dazu die Übersicht über Rechtsprechung und Literatur von Göppinger, FamRZ 1965, 8, 9f —). Dem Art 6 Abs 5 GG liegt der Gedanke zugrunde, daß in der heutigen freiheitlich-demokratischen Ordnung uneheliche Mutterschaft und Geburt keine diskriminierende Wirkung haben dürfen. Die heutige Rechtsordnung, die Verfassung und das einfache Recht billigen zwar nicht die außereheliche Geschlechtsgemeinschaft, wie überhaupt den außerehelichen Verkehr. Indessen muß die Rechtsordnung den tatsächlichen Gegebenheiten, der menschlichen Schwäche Rechnung tragen. Auch wenn der außereheliche Verkehr und die außereheliche Zeugung an sich nicht zu billigen sind, darf die uneheliche Geburt nicht mehr mit dem Beigeschmack des Unmoralischen bedacht werden (s zB schon Klauß, JR 1950, 277).

---

liche Kinder, Untersuchungen zu ihrer Entwicklung und Situation in der Grundschule, 1964; Scholl, Probleme der Jugendfürsorge in einer einheitlichen Jugendhilfe, BldWPfl 1965, 238; H. Schröder, Das Problem der Unehelichen, 1924; O. Spann, Die Stiefvaterfamilie unehelichen Ursprungs, zugleich eine Studie zur Methodologie der Unehelichkeitsstatistik, 1904; Walter, Uneheliche Kinder in der Vaterfamilie, 1929; Webler, Einige Zahlen zur Unehelichenstatistik [Bericht über Untersuchungen von H. Aretz über die Verhältnisse der 1926 in Königsberg geborenen unehelichen Kinder bis zum Dezember 1932], ZblJugR XXV, 1933, 17; ders, Daseinsformen der unehelichen Kinder [Besprechung des Buches von Groth], ZblJugR 1962, 201 (s auch ZblJugR 1960, 228); A. Wulff, Die uneheliche Mutter und ihr Kind, Aufbau und Ausbau der Fürsorge (Heft 21 der Veröffentlichungen des Deutschen Vereins für öffentliche und private Fürsorge), 1935; ferner s noch Kolkmann-Schlißke, Mütter allein, 1955 (s die Besprechung von Dilschneider, FamRZ 1957, 14), sowie zur Statistik E. Prinzing, Uneheliche Geburten, uneheliche Kinder, Handwörterbuch der Staatswissenschaften, 8. Band, 1928, 388ff; zur Psychologie der unehelichen Mutter im Unterhaltsprozeß des Kindes s Bem 36 mit Fußn zu § 1717; zum Jugendbericht der Bundesregierung (vom 14. 6. 1965), insbesondere bezüglich der Situation des unehelichen Kindes, s Sengling, Unsere Jugend 1966, 145, 151.

Hinsichtlich der Prostituierten s Andriessens, Prostituiertenkinder, Unsere Jugend 1964, 316; Becker, Kinder von Prostituierten, ZblJugR 1964, 312; Mues, Mädchen in Gebieten mit ausländischen Truppenansammlungen, Jugendwohl 1963, 369; L. Pongratz, Prostituiertenkinder, Umwelt und Entwicklung in den ersten acht Lebensjahren, 1964 (s hierzu Pelle, Unsere Jugend 1965, 469, 470); ferner s zum Problem der farbigen Kinder Eyferth-Brandt-Hawel, Farbige Kinder in Deutschland, die Situation der Mischlingskinder und die Aufgaben ihrer Eingliederung, 1960 (s hierzu die Besprechung in ZblJugR 1961, 279).

Gegenüber dem Problem der Unehelichkeit ist heutzutage eine moralisierende Einstellung nicht angebracht, wenn man auch danach streben muß, die Zahl der unehelichen Geburten zurückzudrängen (vgl Krakau, RdJ 1963, 61). In jeder modernen Gesellschaft ist ein fester Bestandteil unvollständiger Familien verschiedener Typen, zu denen auch die uneheliche Mutterschaft gehört, als normal, weil strukturell bedingt, anzusehen (Krakau, aaO). Das Problem der Unehelichkeit ist ein Problem der gesamten Menschheit, ein Problem aller Zeiten und aller Völker.

b) Die Rechtsordnung muß — gerade auch bei der Reform des Rechts der unehelichen 59
Kinder — mancherlei tatsächliche Umstände berücksichtigen:

Nicht ganz selten ist die (werdende) uneheliche Mutter noch verhältnismäßig jung und unreif*) und bedarf daher in besonderem Maße der Hilfe und des Schutzes durch die staatliche Gemeinschaft, vor allem das Jugendamt. Oftmals geraten die Mutter und ihre Eltern in seelische Nöte, manche werdende uneheliche Mutter verläßt das Elternhaus oder die ihr vertraute Umgebung (s zu den Nöten der unehelichen Mutter zB Pelle, ZblJugR 1962, 106).

Wichtig ist vor allem aber, daß die uneheliche Mutter in aller Regel der fachkundigen Beratung des Jugendamtes zur Geltendmachung des Unterhaltsanspruchs des Kindes und zur gerichtlichen Klärung der Vaterschaft bedarf. Ohne die Vertretung des Kindes durch das Jugendamt (§ 40 JWG) hierbei wären die Interessen des Kindes in aller Regel in hohem Maße gefährdet. (Hieraus ergibt sich übrigens auch, daß das Urteil Gernhubers (623) keinesfalls zutreffend ist: § 1707 Abs 2 BGB (idF des FamRÄndG) sei ein erster Erfolg gegen [!] die Amtsvormundschaft, deren Prämissen in der Gegenwart weithin entfallen oder fragwürdig geworden seien. Zwar ist die Einführung dieser Vorschrift sehr zu begrüßen, andererseits ist aber die Einrichtung der Amtsvormundschaft (oder eine dieser ähnliche Institution) zum Wohle und Schutze der unehelichen Kinder

---

*) Dazu s zB Zillken, Jugendwohl 1964, 369; E. Scheuner in „Neues Unehelichenrecht in Sicht", 1961, 9, 11f; Pelle, ZblJugR 1962, 106; sowie Berichte von Jugendämtern, ZblJugR 1962, 321; 1965, 73.

Aufschlußreich sind hierzu folgende statistische Feststellungen:

Unehelich Geborene nach dem Alter der Mütter (s Statistisches Jahrbuch, 1965, 64):

	1959	1961	1963
	(ohne Berlin)		(mit Berlin)
bis 14 Jahre	45	75	80
15	239	267	313
16	775	928	1222
17	2131	2577	2791
18	4498	4189	3492
19	6601	4791	5039
20	7412	6424	5196
21	6614	6319	4684
22	5266	5226	4765
23	4258	4227	4292
24	3530	3322	3541
25	2855	2712	2902

Im Jahre 1963 wurden also rund 22000 uneheliche Kinder von minderjährigen Müttern geboren. Wie zB das Jugendamt Bad Tölz berichtete (ZblJugR 1963, 81, 82), waren 12% der Mütter der in seinem Bezirk im Jahre 1962 geborenen Kinder noch nicht 18 Jahre alt.

Andererseits sind auch die statistischen Feststellungen über das Alter der Frau im Zeitpunkt der Eheschließung bemerkenswert, da bei sehr jugendlichem Alter der Frau regelmäßig der Grund zur Eheschließung in der Schwangerschaft liegt. Die folgenden Zahlen beziehen sich auf das Jahr 1963 (entnommen dem Statistischen Jahrbuch, 1965, 62):

Alter	Eheschließungen	Alter	Eheschließungen
bis 16 Jahre	127	21—22	61898
16—17	4244	22—23	57837
17—18	10940	23—24	53458
18—19	26366	24—25	41051
19—20	43132	25—26	30061
20—21	46695	26—27	22055

Über die Frühehen s noch die Berichte von Jugendämtern zuletzt ZblJugR 1964, 12, 13; 1965, 73, 104, 164, 165, 199, 222; sowie die Hinweise von Göppinger, FamRZ 1965, 8, 9f.

und Mütter unentbehrlich (s auch Vorbem 18 aE). Ob de lege ferenda die Amtsvormundschaft in eine Amtspflegschaft oder eine Amtsbeistandschaft (s Heidelberger Entwurf, Vorbem 68) umgewandelt werden soll, ist eine andere Frage, die indessen fast nur eine Formulierungsfrage ist. Der Referentenentwurf 1966 (s Vorbem 69) sieht für die Kinder volljähriger Mütter ebenfalls eine Amtsbeistandschaft vor.

60 Die seit Januar 1962 — nach Inkrafttreten der Neuregelung des § 1707 Abs 2 — gemachten Erfahrungen*) zeigen, daß viele uneheliche Mütter weiterhin nicht der Hilfe des Jugendamts als Vormund entbehren wollen, daß sie sich den ihnen obliegenden Pflichten und Aufgaben nicht allein gewachsen fühlen; andererseits kam es aber auch vor, daß manchen Müttern die Aufsicht des Amtsvormunds und dessen Rechtsstellung lästig war, daß sie die Übertragung der elterlichen Gewalt nur deshalb beantragt haben, um wegen ihrer Beziehungen zum Kindesvater Konfliktsituationen aus dem Wege zu gehen (s auch 132 zu § 1707). Manche Mütter verhalten sich hinsichtlich der ihr durch § 1707 Abs 2 gegebenen Möglichkeiten gleichgültig. Andererseits haben zT die Gerichte in außerordentlich großzügiger Weise die neue Vorschrift des § 1707 Abs 2 angewandt.

61 Erfahrungsgemäß kümmern sich die Väter**) nicht oder kaum um ihr uneheliches Kind; sehr häufig besteht die einzige Beziehung in der Erfüllung der Unterhaltspflicht, die aber als mehr oder weniger lästig empfunden wird. Nur eine kleine Minderheit der Väter ist nach den Erfahrungen der Jugendämter und im Hinblick auf die Gestaltung des geltenden Rechts geneigt, sich persönlich des unehelichen Kindes anzunehmen.

62 Von wesentlicher Bedeutung ist für die heutige Situation der unehelichen Kinder und Mütter, daß in den letzten Jahrzehnten, insbesondere aber den letzten 10—12 Jahren durch die allgemeine wirtschaftliche Entwicklung der Bundesrepublik, eine starke soziale Nivellierung eingetreten ist (s zB Kaufmann, JuS 1961, 55; Becker, MDR 1962, 613; sowie auch 41 Fußn, 63 Fußn je zu § 1708 hinsichtlich der Entwicklung der Löhn- und Lebenshaltungskosten). Es ist heutzutage keinesfalls mehr gerechtfertigt, von den unehelichen Kindern als „Kindern einfachster Herkunft" zu sprechen, wenn diese Kennzeichnung überhaupt jemals richtig war (s Webler, ZblJugR 1962, 282, 283; Bosch, FamRZ 1955, 147).

63 Erfahrungsgemäß ist die Zahl der in Erziehungsheimen untergebrachten unehelichen Kinder relativ höher als die der ehelichen Kinder (s Ellen Scheuner [Vorbem 59 Fußn], 13; Zillken, Jugendwohl 1964, 388, 393); die unehelichen Kinder machen auch „das große Heer der Pflegekinder" aus (Pelle, ZblJugR 1962, 106, 108). Dies zeigt deutlich, daß es eine nicht unerhebliche Zahl von unehelichen Müttern gibt, die nicht in der Lage oder nicht willens und bereit sind, sich persönlich um das uneheliche Kind zu kümmern. Nach den Erfahrungen der Mütter- und Säuglingsheime kommt es immer wieder vor, daß Mütter das Heim plötzlich und unbemerkt verlassen und sich jeder Verpflichtung ihrem Kinde gegenüber entziehen (s zB Schell in „Verhandlungen des 44. DJT", Sitzungsberichte der 1. Abt, C 144). Weiterhin ist unter der Zahl der Adoptivkinder die der unehelichen Kinder sehr erheblich; gerade um zu verhindern, daß uneheliche Mütter unter dem ersten Eindruck der unehelichen Geburt überstürzt das Kind weggeben, hat der Gesetzgeber im Jahre 1961 die Vorschrift des § 1747 Abs 2 geschaffen (s dazu OLG Stuttgart, FamRZ 1963, 303, 305; sowie ZblJugR 1964, 272 und über „Die psychologische Problematik der Adoption" Flosdorf, Jugendwohl 1965, 353).

---

*) Hierzu s Webler, Zur elterlichen Gewalt der unehelichen Mutter nach dem FamRÄndG, ZblJugR 1962, 251; sowie Berichte von Jugendämtern in ZblJugR 1963, 81, 82; 1964, 110; 1965, 104, 163.

Eingehendere Erhebungen hierzu wären freilich wünschenswert.

Nach der Jugendhilfestatistik wurde im Jahre 1963 von den Gerichten Müttern von insgesamt 13930 unehelichen Kindern die elterliche Gewalt übertragen (s Rüdiger, Unsere Jugend 1965, 61, 64, sowie die Zusammenstellung in DAVorm XXXVIII, 1965, 131), hinzukommen 176 in West-Berlin ansässige uneheliche Kinder. Ferner ist noch zu erwähnen, daß im Jahre 1963 für 7934 + (West-Berlin) 642 unter gesetzlicher Amtsvormundschaft stehende Kinder Einzelvormünder bestellt wurden (§§ 45, 50 JWG) — die Zahlen sind der erwähnten Zusammenstellung in DAVorm entnommen —.

**) H.-M. Cassel, Studien über Verhältnis und Stellung von Kindesvätern zu ihren unehelichen Kindern, Diss Heidelberg, 1961; Pelle, Das uneheliche Kind und sein Vater, ZblJugR 1961, 285; Webler, Zur personalen Rolle des Vaters im Leben des unehelichen Kindes, ZblJugR 1961, 195, und in „Neues Unehelichenrecht in Sicht", 1961, 55.

Zu erwähnen ist noch, daß — wie Webler annimmt (s ZblJugR 1962, 239; 1965, 111) — die Zahl der unehelichen Kinder Prostituierter verhältnismäßig gering ist, diese Kinder aber nicht selten gewollte Kinder sind (s auch 42, 135 zu § 1717).

Da die unehelichen Kinder in ihrer Entwicklung mehr gefährdet sind als eheliche Kinder, besteht bei ihnen auch in höherem Maße die Gefahr der Kriminalität*).

2. Die Reformbedürftigkeit des geltenden Rechts ist heute allgemein anerkannt 64
(Bedenken äußerte, soweit ersichtlich, nur Guggumos, NJW 1964, 21, 23 Fußn 13, der meinte, die Zeit für eine umfassende Reform des Rechts des unehelichen Kindes sei noch nicht gekommen). Der Gesetzgeber ist an den von der Verfassung vor nunmehr nahezu 17 Jahren erteilten Auftrag zur Reform gebunden; fast allgemein wird auch — und mit Recht — beklagt, daß der Gesetzgeber dem Auftrag bisher nicht nachgekommen ist. Denn die Regelung des geltenden Rechts entspricht weder dem Gebot der Gerechtigkeit noch den heutigen Anschauungen und sozialen Verhältnissen (s auch Vorbem 58, 62) noch den Forderungen staatlicher Zweckmäßigkeit (vgl Dölle, II, 355; zu Reformfragen im einzelnen s Dölle, aaO; Bosch, Gutachten; H. Lange, JuS 1964, 253; Boehmer, Gutachten, 92ff).

IX. Die Reformbewegung nach dem Zweiten Weltkrieg.

1. Infolge des in Art 6 Abs 5 GG enthaltenen Auftrags des Verfassungsgebers an den 65
Gesetzgeber, das Recht der unehelichen Kinder neu zu regeln, sowie auf Grund der schon seit Jahrzehnten weit verbreiteten und nun wohl zum Allgemeingut gewordenen Erkenntnis, daß dieses Rechtsgebiet reformbedürftig ist, kam die Diskussion über die Reform wieder in Gang, neben der Erörterung der Notwendigkeit, das Familienrecht auf Grund des in Art 3 Abs 2, 117 Abs 1 GG enthaltenen Gleichberechtigungsgrundsatzes zu reformieren.

Im Jahre 1951 veröffentlichte das (damals in Hildesheim ansässige) Deutsche Institut für Jugendhilfe — das sich seit Ende 1952 „Deutsches Institut für Vormundschaftswesen" nannte (später in Heidelberg ansässig) — den 1928 vom ADV und DV gemeinsam als „Gegenentwurf" (s Vorbem 17 Fußn) hergestellten, nunmehr vom Rechtsausschuß des Instituts überarbeiteten Entwurf erneut („Hildesheimer Entwurf", ZblJugR 1951, 110; s zu diesem den Bericht über eine Arbeitstagung des Instituts, ZblJugR 1951, 152).

Mit Reformfragen befaßten sich in selbständigen Schriften K. E. Meyer, Zur Reform des Unehelichenrechts (Drittes Beiheft zu „Unsere Jugend"), 1952 — s auch die einzelnen Beiträge in Unsere Jugend 1951, 406, 445; 1952, 84, 130 —), sowie K. Hübner, Die künftige Rechtsstellung des unehelichen Kindes, 1954 (hierzu die Besprechung von Beitzke, ArchZivPr 154, 1955, 53); H. Lenz, Das uneheliche Kind, 1951; ferner in Aufsätzen: W. Becker, Zur Frage der Neuordnung des Unehelichenrechts, NJW 1950, 413; ders, Zur Reform des Unehelichenrechts, RdJ 1959, 17; ders, Zur Rechtsstellung der unehelichen Mutter, RdJ 1960, 1; ders, Reform des Nichtehelichenrechts, NDV 1961, 118; Bosch, Unehelichenrecht, Rpfleger 1954, 73; Goerke, Zur Reform des Rechts der unehelichen Kinder, NDV 1955, 258; Hauck, Das Recht des unehelichen Kindes, Unsere Jugend 1949, Heft 8, Seite 11; Hedemann, Die künftige Rechtsstellung der unehelichen Kinder, MDR 1952, 454; ders, Die Nichtehelichen, zur Reform des Unehelichenrechts, FamRZ 1955, 226; H. Krüger, Die gesetzliche Regelung der Empfängniszeit des unehelichen Kindes ist überholt, SchlHAnz 1952, 201; Meier, Zur Reform des Unehelichenrechts, Unsere Jugend 1959, 68; Pelle, Die Neuordnung des Unehelichenrechts aus der Sicht des Amtsvormunds, ZblJugR 1951, 128; Podleschka, Zum Recht des unehelichen Kindes vom Standpunkt des Geburtshelfers, JR 1951, 8; Schreiber, Gleiches Recht für alle unehelichen Kinder, Soziale Arbeit 1957, 221; Urbach, Zum künftigen Unterhaltsrecht der Unehelichen, ZblJugR 1958, 290; ders, Die Amtsvormundschaft in der Jugendhilferechtsreform, ZblJugR 1960, 36; Zillken, Zur Abänderung des Unehelichenrechts, Unsere Jugend 1951, 88; ferner s noch Brüggemann, Einwirkungen des Gleichberechtigungsgrundsatzes auf das Unehelichenrecht, ZblJugR 1958, 181.

2. Wesentliche Impulse und Anregungen erhielt die Diskussion über die Reform des Rechts 66
der unehelichen Kinder — nachdem im Jahre 1961 das FamRÄndG verabschiedet worden war

* Umfassende statistische Erhebungen vor allem aus jüngerer Zeit fehlen. Aus der Literatur s Brandt, Zur Kriminalität der Unehelichen, RdJ 1963, 42; Elster, in Handwörterbuch der Kriminologie, hrsg von Elster und Lingemann, 2. Band, 1936, Art „Uneheliche", 836ff; Nährich, Die Kriminalität der unehelich Geborenen, 1951; F. Tönnies, Uneheliche und verwaiste Verbrecher, Studien über Verbrechertum in Schleswig-Holstein, 1930; Ullrich, Beiträge zur Kriminalität der Unehelichen, RdJ 1960, 5; Webler, Zur Kriminalität der Unehelichen, ZblJugR 1951, 69; ferner s noch H. Krüger, Die Rechtsstellung des unehelichen Kindes nach dem Grundgesetz, 1960, 33ff; sowie Hagemann, DJZ 1931, 1313, 1314f.

(s Vorbem 34) — durch die Erörterungen anläßlich des **44. Deutschen Juristentages** (DJT) in Hannover im Jahre **1962**. Zu dem Thema „Welche Anforderungen sind an eine Reform des Rechts der unehelichen Kinder zu stellen?" erstatteten G. Boehmer und F. W. Bosch Gutachten (Verhandlungen des 44. DJT, I, 1. Teil, Heft A und B, 1962; s hierzu Schlosser, FamRZ 1963, 14). In der Sitzung der ersten Abteilung des DJT hielten nach kurzen einführenden Worten der Vorsitzenden von Brünneck (Sitzungsberichte der 1. Abt, C, 1—6) Referate: Zweigert (C, 7—42) und Edlbacher, Wien (C, 47—71), jeweils mit zusammenfassenden Thesen (S 40—42 und 69—71; auch veröffentlicht in ZblJugR 1962, 231, 233). Unter den Diskussionsbeiträgen sind zu erwähnen: von Friedeburg (über die soziologische Betrachtung des Problems, 80—85), Ellen Scheuner (über die Reform vom Standpunkt der Praxis der Jugendämter, 94—98), Peters (über die Stellung des unehelichen Kindes in der Sozialversicherung, im Versorgungsrecht und im Beamtenrecht, 180—189, mit zusammenfassenden Thesen, 188 f) — ergänzt von Isernhagen (190 f) und Bosch (191 f) — (s zur Veröffentlichung der Sitzungsberichte Schlosser, FamRZ 1965, 123, sowie zu der Sitzung auch die Berichte von Schwoerer, JR 1962, 455, Mittelstein, MDR 1962, 872 und Borchers, JZ 1963, 571).

Der **44. DJT** beschloß zahlreiche ins einzelne gehende **Thesen** (Sitzungsberichte, C, S 196—220, zusammengefaßt 221—223; auch veröffentlicht in FamRZ 1962, 401 [mit Hinweisen von Bosch], ZblJugR 1962, 257, JR 1962, 455, MDR 1962, 873, NJW 1962, 1854, DRiZ 1962, 362).

Diese Thesen erwecken jedoch zT Bedenken, zT sind sie unklar (vgl Göppinger, FamRZ 1962, 450 f); auch gehen sie für den Regelfall über das hinaus, was der Lebenswirklichkeit und der Volksauffassung entspricht (ebenso H. Lange, JuS 1964, 263; s auch Boehmer, Einführung in das Bürgerl Recht, 2. Aufl, 104, Fußn 21 a).

67 In der Folgezeit befaßten sich private Organisationen weiterhin mit der Reform des Rechts der unehelichen Kinder und arbeiteten beachtliche Entwürfe oder Thesen aus.

Im November 1962 stellte der Fachausschuß Jugendwohlfahrt der Arbeiterwohlfahrt Hauptausschuß eV einen Entwurf fertig, der ua das Abstammungs- und Anerkennungssystem miteinander verband, für die volljährige Mutter die elterliche Gewalt, aber für die Geltendmachung des Unterhaltsanspruchs des Kindes und das Begehren des Kindes auf Feststellung der Vaterschaft eine Amtspflegschaft des Jugendamts vorsah (s zu dem Entwurf Schumann, Die elterliche Gewalt der außerehelichen Mutter, Reischl, Zum Stand der Reform des Unehelichenrechts, Neues Beginnen, Zeitschrift der Arbeiterwohlfahrt, 1963, 105; 1964, 180).

68 Im Jahre 1963 veröffentlichte das Deutsche Institut für Vormundschaftswesen einen Entwurf — den sog Heidelberger Entwurf — (ZblJugR 1963, 199; s zu diesem Beitzke — der damals Vorsitzender des Instituts war —, Zur Neuordnung des Unehelichenrechts, ZblJugR 1963, 174; und Die Unehelichenreform im neuen Gesetzentwurf des Deutschen Instituts für Vormundschaftswesen in „Gegenwartsfragen des Unehelichenschutzes", 1964, S 9; sowie Schlosser, Anmerkungen zum „Heidelberger Entwurf 1963" ..., FamRZ 1964, 273; und die Stellungnahme des Kreisjugendamts Uelzen, ZblJugR 1964, 243). Der Entwurf verband ebenfalls das Abstammungssystem mit dem Anerkennungssystem, sah für die volljährige uneheliche Mutter die elterliche Gewalt und zur Unterstützung der Mutter bei der Ausübung der elterlichen Gewalt sowie zur Feststellung der Vaterschaft und Geltendmachung des Unterhaltsanspruchs des Kindes die Einrichtung eines Amtsbeistandes vor und schlug eine Neuregelung, hierbei auch eine Erweiterung der Unterhaltsansprüche des Kindes, andererseits die Berücksichtigung der Leistungsfähigkeit des Vaters, vor, wenn ein grobes Mißverhältnis zwischen den Lebensverhältnissen der Mutter und des Vaters besteht.

Ein Unterausschuß (eine Arbeitsgruppe) der Arbeitsgemeinschaft für Jugendpflege und Jugendfürsorge beschloß am 3. 3. 1964 anläßlich des Deutschen Jugendhilfetages in München „Thesen zur Reform des Unehelichenrechts (Münchner Entwurf)" — veröffentlicht in Mitteilungen der AGJJ, Heft 39, Mai 1964, 14 ff —; s hierzu Klaus Rauschert, Bemerkungen zum „Münchner Entwurf" ..., Mitteilungen der AGJJ, Heft 40, Oktober 1964, S 23; Schell, Die Reform des Unehelichenrechts, Unsere Jugend 1964, 396; Reischl, Neues Beginnen 1964, 180.

Zu Anfang des Jahres 1966 wurde zur Reform des Unehelichenrechts eine „Stellungnahme der Familienrechtskommission der Evangelischen Kirche in Deutschland" bekannt (ZblJugR 1966, 40), die sehr beachtenswerte Gedankengänge enthält und auch hervorhob, daß dem unehelichen Kinde der notwendige Schutz gegeben werden müsse.

Das Bundesjustizministerium hat in den letzten Jahren einen umfangreichen Gesetzesentwurf ausgearbeitet (s Thiesmeyer, DRiZ 1965, 3; 1966, 3; sowie die Notiz in den Mitteilungen der AGJJ, 1965, Dezember, S 36). 69

Der Entwurf wurde in den ersten Juni-Tagen 1966 (im Gieseking-Verlag, Bielefeld) veröffentlicht; er ist, worauf im Vorwort (S 3) hingewiesen wird, als Referenten-Entwurf bezeichnet, um zum Ausdruck zu bringen, daß es sich um Vorschläge handelt, die vom Familienrechtsreferat des Bundesjustizministeriums ausgearbeitet worden sind. Eine Einführung zu dem Entwurf gibt Knöpfel (FamRZ 1966, 273).

Der Referenten-Entwurf enthält Vorschläge zur Änderung des BGB, des GVG, der ZPO und des FGG nebst Begründung (insgesamt 148 Seiten). Wie dem Vorwort zu entnehmen ist, ist beabsichtigt, ua auch das JWG, das PStG, das RPflG und das EGBGB zu ändern; ferner sollen noch Überleitungsvorschriften ausgearbeitet werden.

Zu dem Entwurf werden im Sommer und Herbst 1966 zahlreiche Abhandlungen in der FamRZ veröffentlicht.

Aus der Literatur der letzten Jahre (seit etwa Sommer 1961, der Verabschiedung des FamRÄndG) sei noch hingewiesen auf: Becker, Uneheliche Kinder — ein kurzer Überblick über die Reformarbeiten, StAZ 1964, 17; ders, Reform des Unehelichenrechts unter Berücksichtigung des anonymen Vaters, RdJ 1964, 61, 72; Beitzke, Die Reform des Rechts der Vaterschaftsfeststellung in „Neues Unehelichenrecht in Sicht", 1961, 39; Bernhardt, Das Recht des unehelichen Kindes und dessen Neuregelung in beiden Teilen Deutschlands, 1962 (s hierzu die Besprechung von Eißer, FamRZ 1962, 543); Boehmer, Das Problem der Brautkinder im deutschen und schweizerischen Recht, NJW 1963, 1945; Bosch, Probleme einer Reform des Unehelichenrechts, FamRZ 1961, 457; ders, Fehlender Reformeifer im Bereiche des Unehelichenrechts? FamRZ 1962, 292; ders, Die geplante Neuordnung der Rechtsstellung des unehelichen Kindes, FamRZ 1963, 398; Dunz, Zur Reform des Unehelichenrechts, NJW 1962, 1472; Feil, Angleichung des Rechts der Ehescheidungswaisen und der unehelichen Kinder, BldWPfl 1965, 341; Göppinger, Irrungen und Wirrungen im Unehelichenrecht, FamRZ 1962, 449; Klein, Neues Recht für das uneheliche Kind, Jugendwohl 1963, 127; H. Lange, Gesetzgebungswunsch und Lebenswirklichkeit beim Rechte der unehelichen Kinder, JuS 1964, 253; H. Maier, Reform des Unehelichenrechts, BldWPfl 1962, 244; Maßfeller, Überlegungen zur Reform der Rechtsstellung des unehelichen Kindes in „Juristen-Jahrbuch", 3, 1962/1963, 149; E. Meier, Zur Reform des Unehelichenrechts, Einheitlicher Warenkorb und Mindestunterhaltsatz für das uneheliche Kind im Bundesgebiet, Unsere Jugend 1965, 158; Mösonef, Randbemerkungen zur Reform des Unehelichenrechts, ZblJugR 1964, 38, 77, 201, 234; Neuhaus, Drei Thesen zur Reform des Unehelichenrechts, FamRZ 1963, 326; ders, Das Unehelichenrecht der Volksdemokratien und die deutsche Reform, FamRZ 1964, 276; Pelle, „Die gleichen Bedingungen", ZblJugR 1962, 106; H. Riedel, Zur Reform des Unehelichenrechts, ZfSH 1962, 175; Schell, Die Reform des Unehelichenrechts unter besonderer Berücksichtigung der Verhandlungen des 44. DJT, NDV 1963, 132, 218; E. Scheuner, Der primäre Status des unehelichen Kindes und seiner Mutter im künftigen Recht in „Neues Unehelichenrecht in Sicht", 1961, 9; Schultz, Blick in die Zeit, MDR 1962, 710 [Zur Reform des Unehelichenrechts]; Schwoerer, Ehrenrettung der exceptio plurium, NJW 1963, 11; Zillken, Zur Reform des Rechts des unehelichen Kindes, Jugendwohl 1964, 388; s ferner Boehmer, Einführung in das Bürgerliche Recht, 2. Aufl 1965, 104ff; Grasnick, NJW 1966, 1196. 70

X. Literatur-Hinweise zum ausländischen Recht. 71

Darstellungen des ausländischen Rechts gaben Liefermann, Die Unterhaltspflicht des außerehelichen Vaters nach kontinentalen Rechten, Diss Frankfurt 1918; Rothschild, Rechtsstellung der unehelichen Kinder und deren Unterhaltsansprüche nach den hauptsächlichsten Auslandsrechten, BlfintPrR (Beil zu LZ), 1926, 1; Kauschansky, Rechtsvergleichende Darstellung des Rechts des natürlichen Kindes nach modernen Rechten, NiemeyersZ 35, 1927, 211; Rexroth, Uneheliche Kinder in „Rechtsvergleichendes Handwörterbuch für das Zivil- und Handelsrecht des In- und Auslandes", VI, 1938, 633ff; A. F. Schnitzer, Vergleichende Rechtslehre, 2. Aufl, Basel 1961, II, 543ff; Boschan, Europäisches Familienrecht [nach Staaten geordnet], 3. Aufl 1963 (s hierzu die Besprechung von Göppinger, JR 1965, 277).

Weitere rechtsvergleichende Darstellungen: Decoppet, L'enfant naturel et son père. Reconnaissance et action en paternité en droits autrichien, allemand, français et suisse, Lausanne, 1917; sowie zu dem in kommunistischen Ländern bestehenden Rechtszustand: Bernhardt, Überblick über die Gestaltung des Unehelichenrechts in den osteuropäischen Ländern, FamRZ 1962, 225; Borchers, Das Recht der Unehelichen in Ost- und Südosteuropa, WGO 1964, 2; Neuhaus, Das Unehelichenrecht der Volksdemokratien und die deutsche Reform, FamRZ 1964, 276.

Zum Erbrecht und Pflichtteilsrecht s Bem 3 Fußn zu § 1712.

Texte des ausländischen Rechts in deutscher Sprache geben wieder: Bergmann, Internationales Ehe- und Kindschaftsrecht, 3. Aufl 1952ff, fortgeführt von Ferid und Gläßing, 1965, sowie Tomforde-Diefenbach-Webler, Das Recht des unehelichen Kindes und seiner Mutter im In- und Ausland, 5. Aufl 1952ff.

Eine umfassende Literaturübersicht zum ausländischen Recht findet sich bei Dölle, Familienrecht, I, 1964, XXIVff (Allgemeines), II, 1965, 350f (zum Recht des unehelichen Kindes); zahlreiche rechtsvergleichende Hinweise sind in diesem Band II, 351—515, enthalten.

Zu dem Recht einzelner Länder sei auf folgende (deutschsprachige) Literatur hingewiesen*):

Albanien: Boehmer, Gutachten, 35; Bernhardt, FamRZ 1962, 225, 226; zu dem neuen albanischen Familienkodex vom 23. 6. 1965 — in Kraft seit 1. 1. 1966 — s den Bericht in WGO 1965, 331ff (Heft 6) mit dem übersetzten Gesetzestext;

Argentinien: Goldschmidt, FamRZ 1956, 208, 209;

Belgien: Renauld, FamRZ 1962, 336;

Bulgarien: Boehmer, Gutachten, 44; Bernhardt, FamRZ 1962, 225, 226; Hubmann, StAZ 1955, 68, 69;

Dänemark: Boehmer, Gutachten, 68; Marcus, Das neue dänische Kindergesetz, RabelsZ 1961, 51; Urbach, Die vorschußweise Auszahlung von staatlichen Unterhaltsbeiträgen zugunsten unehelicher Kinder nach dänischem Recht, ZblJugR 1957, 137; ders, Die staatliche Unterhaltsgarantie im dänischen Alimentenrecht in „Neues Unehelichenrecht in Sicht", Heidelberg, 1961, 65; Webler, Das uneheliche Kind im neuen dänischen Kindergesetz, ZblJugR 1961, 322; ferner s noch Haff, Die öffentliche Fürsorgegesetzgebung nach dem dänischen Gesetze vom 31. 8. 1946 und die privatrechtlichen Unterhaltsansprüche der Kinder, ZblJugR 1953, 154; Hamdorf, Die Feststellung der Vaterschaft nach dänischem ... Recht, Diss Hamburg, 1956;

England: Boehmer, Gutachten, 76; Stone, Zur neuesten Entwicklung des englischen Familienrechts, ArchZivPr 160, 1961, 526, 531f; Walner von Deuten, Das Recht des unehelichen Kindes in England, Unsere Jugend 1953, 280.

Frankreich: Bilger, Die Geborgenheit des unehelichen Kindes in der Praxis des französischen Unehelichenrechts, ZblJugR 1962, 18; Boehmer, Gutachten, 47; Boschan, Die Rechtsstellung unehelicher Kinder in Frankreich, StAZ 1958, 17; Conrad, Die Stellung der unehelichen Kinder in der neuzeitlichen Privatrechtsentwicklung ... Frankreichs ..., FamRZ 1962, 322; Fischer-Dieskau, Französische Rechtsprechung zur Erbeinsetzung des unehelichen Kindes, RabelsZ 1962/63, 690; Klein, Die Legitimation der unehelichen und insbesondere der im Ehebruch erzeugten Kinder im französischen Recht, FamRZ 1957, 8; ders, Rechtsprechung des Kassationshofs in Paris zu dem Gesetz vom 15. 7. 1955 betreffend Neuregelung der Ansprüche aus unehelicher Vaterschaft, FamRZ 1959, 350; Makarov, Das französische Gesetz vom 15. 7. 1955 über die Rechtsstellung unehelicher Kinder, RabelsZ 1955, 702 [mit Gesetzestext 707]; Mezger, Reform des Rechts der unehelichen Kinder in Frankreich durch das Gesetz vom 15. 7. 1955, FamRZ 1955, 273; ders, Die jüngste Entwicklung auf den Gebieten ... der Unterhaltsklagen deutscher unehelicher Kinder gegen ihre französischen Erzeuger, JZ 1960, 660, 661; ders, Der gegenwärtige Stand des Rechts der unehelichen Kinder in Frankreich, FamRZ 1962, 329; Schwoerer, Die Rechtsstellung des in Deutschland geborenen unehelichen Kindes einer deutschen Mutter und eines französischen Vaters, 1947; ders, ArchcivPr 155, 1956, 457, Besprechung des Werkes: Das internationale Familienrecht Deutschlands und Frankreichs (459ff zum Unehelichenrecht); ders, Grundlegender Wandel im französischen Unehelichenrecht?, FamRZ 1957, 145; ders, Anm FamRZ 1959, 377 (Unterhaltsklage eines in Frankreich geborenen unehelichen Kindes einer französischen Mutter gegen den deutschen Vater); Webler, Neues Unehelichenrecht in Frankreich, ZblJugR 1956, 126;

Griechenland**): Markianos, Die Rechtsstellung der unehelichen Kinder, RabelsZ 1960, 100; Rammos, Die rechtliche Stellung der unehelichen Kinder nach griechischem Recht, FamRZ 1959, 347; Stefanopoulos, Die rechtliche Stellung der unehelichen Kinder in Griechenland, ÖJZ 1960, 57;

Island: Baade, Das internationale uneheliche Kindschaftsrecht Islands, FamRZ 1960, 341;

---

*) Bezüglich der Hinweise auf „Boehmer, Gutachten" und „Bosch, Gutachten" s oben Vorbem 66.

Die Abkürzung „WGO" bedeutet „Die wichtigsten Gesetzgebungsakte in den Ländern Ost-, Südosteuropas und in den ostasiatischen Volksdemokratien", hrsg von Geilke, Abt für Ostrechtsforschung im Seminar für deutsches und nordisches Recht der Universität Hamburg.

**) Hierzu s „Das Zivilgesetzbuch von Griechenland" (1940) — Übersetzung und Einleitung von D. Gogos, 1951.

Italien*): Briguglio, Zum Recht des unehelichen Kindes in Italien, FamRZ 1962, 342; Raape, Die Rechtsstellung des unehelichen Kindes nach dem neuen italienischen Zivilgesetzbuch, zugleich ein Beitrag zu dem sogenannten Anerkennungssystem im allgemeinen (mit Anhang: Gesetzestext im Auszug), 1948;

Jugoslawien: Boehmer, Gutachten, 35ff; Bernhardt, FamRZ 1962, 225, 226ff; Cigoj, Die Gleichstellung der ehelichen und unehelichen Kinder im jugoslawischen Recht, RabelsZ 1958, 139; Sajovic, Parteiänderung oder Klagenmehrheit in Rechtsstreitigkeiten zur Feststellung der unehelichen Vaterschaft nach jugoslawischem Recht, ZZP 66, 1953, 124;

Niederlande: Sterk, Die rechtliche Stellung des unehelichen Kindes im niederländischen Recht, FamRZ 1962, 289; Czapski, RabelsZ 1965, 726, 736;

Norwegen: Haff, Die „negotiorum gestio" der Mutter für ihr außereheliches Kind nach norwegischem Rechte, ZblJugR 1953, 25; Hamdorf, Die Feststellung der Vaterschaft nach ... norwegischem Recht, Diss Hamburg, 1956; Webler, Das neue Recht der außer der Ehe geborenen Kinder in Norwegen [zu dem am 1. 10. 1957 in Kraft getretenen Gesetz vom 21. 12. 1956], ZblJugR 1958, 72;

Österreich: Klang-Gschnitzer, ABGB, Komm, 2. Aufl, 1. Band, 2. Halbband, 1962, §§ 163ff, bearb von Wentzel und Pleßl; Kapfer, ABGB, 27. Aufl 1963; Gschnitzer, Familienrecht, 1963 (98ff); Krafft in Bosch, Gutachten, Anhang, 120ff; Bamberger, Reform des Rechts der unehelichen Kinder in österreichischer Sicht, RdJ 1959, 120; Conrad, Die Stellung der unehelichen Kinder in der neuzeitlichen Privatrechtsentwicklung ... Österreichs ..., FamRZ 1962, 322; Edlbacher, Das Für und Wider der sog „österreichischen Lösung" im Unehelichenrecht, in „Neues Unehelichenrecht in Sicht", 1961, 24ff; Fasching, Läßt das österreichische Unehelichenrecht eine mehrfache Vaterschaft zu?, FamRZ 1962, 134; Piegler, Ehe und Familie in der Rechtsprechung des österreichischen Obersten Gerichtshofs im Jahre 1961, FamRZ 1962, 177 (180f zum Unehelichenrecht); Rittner, Der Gleichheitsgrundsatz im österreichischen Privatrecht, FamRZ 1962, 287 (288f zum Unehelichenrecht); Steininger, Rechtsfragen der außerhelichen Vaterschaft, Graz 1961; R. Ostheim, Kennt das österreichische Adoptionsrecht eine „Kindesenteignung"?, JBl 1966, 113, 184;
zur österreichischen Reform — s Entwurf über die Neuordnung der Rechtsstellung des unehelichen Kindes vom 16. 6. 1965 (Nr 763 der Beilagen zu den stenographischen Protokollen des Nationalrats — X. GP.) — Edlbacher, ÖJZ 1965, 148; Kralik, ÖJZ 1965, 460; Herm. Bamberger, RdJ 1965, 246.

Polen: Boehmer, Gutachten, 23ff; Bachmann, StAZ 1961, 295; Hubmann, StAZ 1951, 234, 235; zu dem neuen polnischen Gesetz vom 12. 11. 1965 über das internationale Privatrecht — das auch das Unehelichenrecht betrifft und am 1. 7. 1966 in Kraft tritt — s WGO 1965, 378 (Heft 6/1965).

Rumänien: Boehmer, Gutachten, 40ff; Bernhardt, FamRZ 1962, 225, 226ff;

Schweden: Baburger, Das uneheliche Kind im internationalen Privatrecht Schwedens, ZblJugR 1963, 163; Haff, Die Gleichberechtigung im ehelichen und außerehelichen Elternrechte nach dem neuen schwedischen Elterngesetze vom 1. 1. 1950, ZblJugR 1951, 41; Hamdorf, Die Feststellung der Vaterschaft nach ... schwedischem ... Recht, Diss Hamburg 1956; Kunz, Das schwedische Kindesrecht verglichen mit dem deutschen, Diss Heidelberg, 1961; ders, Das uneheliche Kind im schwedischen Recht, RdJ 1962, 118; Malmström, Die Rechtsstellung des unehelichen Kindes im schwedischen Recht, ZfRvgl 1963, 142;

Schweiz: Oser-Schönenberger, ZGB, II. Band, 2. Abt, 2. Aufl 1943, bearb von Egger (Art 302ff); Hoerni, Die persönlichen Rechtsbeziehungen zwischen dem außerehelichen Kind und seinen Eltern [rechtsvergleichend], Diss Zürich, 1942; Tuor-Schnyder-Jäggi, Das Schweizerische ZGB, 7. Aufl 1965, 231ff; C. Hegnauer, Die Reform der Gesetzgebung über das außereheliche Kindesverhältnis [in der Schweiz], Basel 1965; Conrad, Die Stellung der unehelichen Kinder in der neuzeitlichen Privatrechtsentwicklung ... der Schweiz, FamRZ 1962, 322; Horstmann in Bosch, Gutachten, Anlage, 147ff; s ferner Scheiwiler, Die religiöse Erziehung des außerehelichen Kindes nach schweizerischem Privatrecht, Diss Freiburg, 1959; Schröder, Abstammung und Ausforschung in der höchstrichterlichen Praxis der Schweiz und der Bundesrepublik, FamRZ 1965, 178; Nehrwein, Revision des Rechts des außerehelichen Kindes, Schweizer JZ 1957, 177; Pfenninger, Die Vaterschaftsklage im internationalen Privatrecht, Schweizer JZ 1957, 319; Müller und Padrutt, Kann ein als ehelich anerkanntes Kind Alimentenansprüche gegenüber dem außerehelichen Vater haben?, Schweizer JZ 1958, 284.

Tschechoslowakei: Boehmer, Gutachten, 25ff; Bernhardt, FamRZ 1962, 225, 226ff;

Türkei: Demiraslan, Die Rechtsstellung der unehelichen Kinder — ein Rechtsvergleich zwischen deutschem, schweizerischem und türkischem Recht, Diss Kiel, 1952;

---

*) „Italienisches Zivilgesetzbuch" (Codice civile, 1942), eingeleitet von G. Luther, Übersetzung des Gesetzestextes nach Vorarb von M. San Nicolo, bearb von H. J. Becher, 1965.

UdSSR: Boehmer, Gutachten, 18ff; Bernhardt, FamRZ 1962, 225ff;
Ungarn: Boehmer, Gutachten, 30ff; Bernhardt, FamRZ 1962, 225, 226ff; Ferid, StAZ 1952, 110;
USA: Boehmer, Gutachten, 85ff; Friedlaender, JR 1955, 13.

XI. Das Recht der sowjetischen Besatzungszone*).

72 1. Die „Verfassung" der SBZ vom 7. 10. 1949 führte die ersten wesentlichen Änderungen des Kindschaftsrechts, und auch des Rechts der unehelichen Kinder, herbei:

Art 30 Abs 2:

„Gesetze und Bestimmungen, die die Gleichbehandlung von Mann und Frau in der Familie beeinträchtigen, sind aufgehoben."

Art 33:

„Außereheliche Geburt darf weder dem Kinde noch seinen Eltern zum Nachteil gereichen. Entgegenstehende Gesetze und Bestimmungen sind aufgehoben."

Art 144 Abs 1:

„Alle Bestimmungen dieser Verfassung sind unmittelbar geltendes Recht. Entgegenstehende Bestimmungen sind aufgehoben. Die an ihre Stelle tretenden, zur Durchführung der Verfassung erforderlichen Bestimmungen werden gleichzeitig mit der Verfassung in Kraft gesetzt. Weitergeltende Gesetze sind im Sinne dieser Verfassung auszulegen."

73 Diese Vorschriften der „Verfassung" hatten im Recht der unehelichen Kinder in weitem Umfange ein gesetzliches Vakuum zur Folge (s Bernhardt, 24f; Wassermeyer, 22f; ferner Boehmer, 7ff; D. Müller, FamRZ 1966, 55, 56), da entgegenstehende Bestimmungen für aufgehoben erklärt wurden, eine Neuregelung aber — abgesehen von dem sogleich zu behandelnden „Gesetz über den Mutter- und Kinderschutz und die Rechte der Frau" vom 27. 9. 1950 (MKSchG), Gesetzblatt 1950 Nr 111 S 1037 — erst mit Wirkung vom 1. 4. 1966 getroffen wurde (s unten 85ff).

Die „Verfassung "spricht also nicht von einer Gleichstellung ehelicher und unehelicher Kinder; die weitere Rechtsentwicklung hat dann auch (zunächst) nicht zu einer vollen Gleichstellung geführt, die nach wie vor bestehenden Unterschiede wurden von der Lehre und Rechtsprechung mit dem Hinweis auf die Verschiedenheit der tatsächlichen Lebensverhältnisse begründet, in denen eheliche und uneheliche Kinder aufwachsen (s Boehmer, 7; Wassermeyer, 99). Allerdings brachte zuletzt das am 1. 4. 1966 in Kraft getretene Familiengesetzbuch (FGB) wesentliche Änderungen (s unten 85ff, insbes 94ff).

74 2. § 17 des **MKSchG** (s Vorbem 73) bestimmte:

„Die nichteheliche Geburt ist kein Makel. Der Mutter eines nichtehelichen Kindes stehen die vollen elterlichen Rechte zu, die nicht durch Einsetzung eines Vormundes für das Kind geschmälert werden dürfen. Zur Regelung der Ansprüche gegen den Vater sollen die unteren Verwaltungsbehörden nur noch als Beistand der Mutter tätig werden.

Der Unterhalt, den die Mutter für das nichteheliche Kind zu beanspruchen hat, soll sich nach der wirtschaftlichen Lage beider Eltern richten."

---

*) Schrifttum: Müller-Römer, Die Rechtsnatur der Grundrechte in der SBZ, ROW 1965, 107; ders, Die Grundrechte in Mitteldeutschland, Köln 1965; Die Lage des Rechts in Mitteldeutschland, Ringvorlesung der Rechts- und Staatswissenschaftlichen Fakultät der Albert-Ludwigs-Universität Freiburg/Brsg, 1965 (ua Ramm: Marxismus und Recht; Simitis: Die Entwicklung des Familienrechts in der SBZ) — s die Besprechung von Pleyer, FamRZ 1966, 160.

Granzow, Familienrechtsreform in der „Deutschen Demokratischen Republik", FamRZ 1960, 85; Hagemeyer, Zum Familienrecht in der Sowjetzone, 3. Aufl 1958 (s die Besprechung von Paulick, FamRZ 1959, 297).

W. Bernhardt, Das Recht des unehelichen Kindes und dessen Neuregelung in beiden Teilen Deutschlands, 1962 (hierzu s die Besprechung von Eißer, FamRZ 1962, 543); G. Boehmer, Gutachten (s Vorbem 66), 7ff; Hintze, Vormundschaft und Pflegschaft, NJ 1954, 375; K. Hofmann, Der neue Inhalt der Unterhaltsverpflichtungen im Familienrecht der DDR (Diss, Potsdam-Babelsberg 1957); Niclas, Entwicklung und Praxis auf dem Gebiet des Unehelichenrechts in der sowjetischen Besatzungszone in „Amtsvormundschaft — heute, Schriften des Deutschen Instituts für Vormundschaftswesen", 1960, 41; H. Pohl, Das Recht des unehelichen Kindes in der Sowjetzone und seine Anwendung in der Bundesrepublik (Diss, Köln 1955); Wassermeyer, Die Entwicklung des Kindschaftsrechts in Mitteldeutschland, 1965 (hierzu s die Besprechung von Dierk Müller, FamRZ 1966, 55); ferner s Kegel, Internationales Privatrecht, 2. Aufl 1964, 332f.

Weitere Lit zu Einzelfragen ist an Ort und Stelle angeführt.

Die Vorschrift des Abs 1 ist an die Stelle des § 1707 BGB und des § 35 RJWG getreten und hat damit die insoweit infolge des Art 33 entstandene Gesetzeslücke ausgefüllt (s dazu Bernhardt, 59; Wassermeyer, 110f).

3. Von den übrigen Fragen des Rechts der unehelichen Kinder ist bezüglich des bis 31. 3. 75
1966 bestehenden Rechtszustandes noch folgendes hervorzuheben:

a) Zum **Namensrecht des Kindes** hat sich die Auffassung durchgesetzt, daß das Kind den 76
Familiennamen erhalte, den die Mutter zur Zeit der Geburt des Kindes trage; § 1706 Abs 2 Satz 1 BGB wurde also für nicht mehr anwendbar gehalten (s Dölle, II, 375; Granzow, FamRZ 1965, 465, 470; Bernhardt, 73; Boehmer, 11; Wassermeyer, 113f); dagegen fand § 1706 Abs 2 Satz 2 weiterhin Anwendung (s Wassermeyer, 114f).

b) Die Weitergeltung des **§ 1589 Abs 2 BGB** war längere Zeit umstritten (s Bernhardt, 77
47ff; Wassermeyer, 100ff; zB wurde sie von Nathan, NJ 1954, 499; 1957, 170; Jansen, NJ 1957, 235 verneint); doch wird man annehmen müssen, daß zuletzt die überwiegende Meinung die Weitergeltung ablehnte (s Granzow, FamRZ 1965, 465, 470; Kegel, 333).

c) Hinsichtlich des **Unterhaltsanspruchs des Kindes***) bestand Einigkeit darin, daß die 78
§§ 1708, 1709 BGB nicht mehr anzuwenden seien; andererseits wurde aber auf Grund des Urteils des Obersten Gerichts vom 19. 6. 1956 (OGZ 4, 216 = NJ 1956, Rechtsprechungsbeilage Nr 4 S 50) auch eine (analoge) Anwendung der §§ 1601 ff abgelehnt; die Praxis füllte die Lücke dadurch aus, daß § 17 Abs 2 MKSchG als Anspruchsgrundlage genannt wurde (s Wassermeyer, 117), wobei freilich die in §§ 1601ff enthaltenen Rechtsgedanken mitberücksichtigt wurden (s Wassermeyer, aaO; Boehmer, 12; Dölle, II, 402; vgl auch Kegel, 333). Beide Eltern waren also gleichrangig verpflichtet, dem Kinde Unterhalt zu gewähren, nach Maßgabe der Bedürftigkeit beider Eltern, dh nach ihrer wirtschaftlichen Lage (s § 17 Abs 2 MKSchG). Das Oberste Gericht hat eine Unterhaltsklage des unehelichen Kindes deshalb als unschlüssig beurteilt, weil die Klageschrift keine Ausführungen über die wirtschaftliche Lage beider Elternteile enthielt, und ein auf die Klage ergangenes Versäumnisurteil im Kassationsverfahren aufgehoben (NJ 1954, 179; 1960, 444 mit Anm von Nathan; s zum Kassationsverfahren Hildebrand, ROW 1960, 22; Bull, Prozeßhilfen, 2. Aufl 1960, 200; Granzow, FamRZ 1960, 85, 87).

Daraus, daß § 1708 als nicht mehr anwendbar beurteilt wurde, ergab sich, daß der Unterhaltsanspruch des unehelichen Kindes an sich ohne zeitliche Beschränkung bis zum Ende der Bedürftigkeit bestand.

§ 1709 Abs 2 wurde ebenfalls als nicht mehr anwendbar angesehen (OG, ROW 1960, 128; Dölle, II, 402; Bernhardt, 119; Kegel, 333).

Eine Haftung der Großeltern väterlicherseits für den Unterhalt des Kindes hat das Oberste Gericht in dem erwähnten Urteil vom 19. 6. 1956 abgelehnt; allerdings wurde dieses Urteil von Nathan, NJ 1957, 170, und Jansen, NJ 1957, 235, heftig angegriffen.

Zu beachten ist noch, daß § 3 MKSchG iV mit § 7 der Durchführungsbestimmung zu §§ 2, 3 MKSchG (ebenso wie verwitweten und geschiedenen Müttern) unehelichen Müttern die Befugnis einräumt, ihr Kind zur Erziehung in ein staatliches Kinderheim zu

*) Aus der sowjetzonalen Literatur s Jansen, Einige Fragen des Unterhaltsrechts des nichtehelichen Kindes, NJ 1957, 235; Kellner, Grundsätze und Maßstäbe für die Unterhaltsfestsetzung, NJ 1964, 405; Nathan, Die „Abfindung" des nichtehelichen Kindes, NJ 1954, 499; ders, Über die Feststellung der nichtehelichen Vaterschaft, NJ 1954, 567; ders, Der Unterhaltsanspruch des nichtehelichen Kindes, NJ 1957, 170; Such, Gesichtspunkte für die Berechnung der Höhe des Unterhalts, NJ 1955, 276, 294; Waldmann, Der Unterhaltsanspruch des nichtehelichen Kindes nach § 17 des Gesetzes vom 27. 9. 1950, NJ 1951, 320.

Hinzuweisen ist noch auf die „Richtlinie des Plenums des Obersten Gerichts über die Bemessung des Unterhalts für minderjährige Kinder", Richtlinie Nr 18 vom 14. 4. 1965, Gesetzblatt II, 331 = NJ 1965, 305 — s auch den kurzen Hinweis in ROW 1965, 181 —; die „Richtlinie" enthält am Schluß eine Tabelle über „Richtsätze" für Kinder unter und über 12 Jahre mit Berücksichtigung der Kinderzahl und der Höhe des Einkommens des Verpflichteten. Hierzu s auch Thoms, Die Einbeziehung gesellschaftlicher Kräfte in Unterhaltsverfahren, NJ 1965, 324, und Latka, Zur Abänderung von Unterhaltsurteilen, NJ 1965, 327 [zu der Frage, ob die Richtlinie für sich allein eine Abänderungsklage (§ 323 ZPO) begründen kann]; zur Durchsetzung der Richtlinie Nr 18 des OG s den Bericht in NJ 1966, 232.

geben, in dem es auf Staatskosten erzogen und versorgt wird; die Mütter selbst werden dadurch für die Dauer des Aufenthalts des Kindes in dem Heim von allen Unterhaltsverpflichtungen befreit (Boehmer, 12).

Die Vorschriften der §§ 1711, 1712, 1714 wurden weiterhin angewandt (s zu § 1711 Wassermeyer, 118; Kegel, 333; zu § 1712 Jansen, NJ 1957, 235, 238; zu § 1714 Boehmer, 13; Kegel, aaO; Bernhardt, 142; Wassermeyer, 119; Nathan, NJ 1954, 499, und Penndorf, NJ 1954, 514, vertraten die Auffassung, die „Abfindung" könne keine endgültige sein).

79 d) Die **Vaterschaft** wurde regelmäßig im Rahmen des Unterhaltungsprozesses als Voraussetzung der Unterhaltspflicht **festgestellt** (s Boehmer, 9; Bernhardt, 91ff; Wassermeyer, 105). Im Unterhaltsprozeß wurde die Vorschrift des § 1717 weiterhin angewandt (s Wassermeyer, 106; Bernhardt, 96; Kegel, 333).

Die Vorschrift des **§ 644 ZPO** (idF des Ges vom 17. 5. 1898) wurde allgemein als nicht mehr anwendbar angesehen (Wassermeyer, 105; Bernhardt, 91ff; Boehmer, 8f).

Bezüglich der Feststellungsklage verneinte Nathan (Das Zivilprozeßrecht der Deutschen Demokratischen Republik, 1958, 2, 161) regelmäßig das Feststellungsinteresse; zT wurde die Feststellung der „Gilt-Vaterschaft" für zulässig erachtet (s Bezirksgerichte Rostock, DAVorm XXXI, 283, Karl-Marx-Stadt [Chemnitz], DAVorm XXXII, 166, Erfurt, DAVorm XXXIV, 78).

Im Jahre 1960 hat Nathan (NJ 1960, 445) die Auffassung vertreten, lasse man die Vaterschaftsfeststellungsklage in Verbindung mit der Unterhaltsklage zu, so werde das Verfahren zu einem Statusprozeß, für den die besonderen Vorschriften der §§ 640ff ZPO gelten.

80 Die Vorschrift des § 1718 über das Vaterschaftsanerkenntnis wurde weiterhin für anwendbar gehalten (s Boehmer, 9f; Kegel, 333; Wassermeyer, 103f); das Vaterschaftsanerkenntnis hatte keine konstitutive Wirkung.

81 e) Hinsichtlich eines **Erbrechts** des Kindes nach dem Tode des Vaters waren zunächst die Meinungen geteilt, zuletzt wurde die Ansicht vertreten, dem nichtehelichen Kinde stehe zwar seit Inkrafttreten ein latentes Erbrecht zu, die Höhe lasse sich aber nicht aus Art 33 der „Verfassung" ableiten (s Wassermeyer, 123; Bernhardt, 148; sowie Dölle, II, 354 mit Fußn 19).

82 f) Die Rechtsprechung der Gerichte der SBZ wandte das in der SBZ geltende Recht auch dann an, wenn das Kind in der Bundesrepublik, der Vater dagegen in der SBZ lebte (s Dölle, II, 402; BezirksG Magdeburg, DAVorm XXVIII, 62 = IzRspr 1954 — 1957 Nr 30; BezirksG Potsdam, DAVorm XXXIV, 166; vgl aber auch Vorbem 84).

83 g) **Entscheidungen** der sowjetzonalen Gerichte, die auf dem dargelegten Recht beruhten, waren in der Bundesrepublik grundsätzlich **anzuerkennen**, es sei denn, daß die Anwendung einer sowjetzonalen Norm im Einzelfall dem ordre public (Art 30 EGBGB) widersprach (s Dölle, II, 402 mit Hinweisen; Kegel, 323; sowie zur freiwilligen Gerichtsbarkeit Bem 418 zu § 1666; zur sowjetzonalen Rechtsprechung zur „Republikflucht" s unten Vorbem 84).

Ein in der SBZ erlassener, auf DM-Ost lautender Unterhaltstitel kann im Gebiet der Bundesrepublik nur nach dem **Wechselstubenkurs** vollstreckt werden, dh also nicht im Verhältnis 1 DM-Ost = 1 DM-West; § 244 BGB ist entsprechend anzuwenden (hM; s Erman, 3. Aufl, 8, a, Palandt-Danckelmann, 25. Aufl, 4, b je zu § 244; Palandt-Lauterbach, Vorbem 14, n „Unterhalt" vor Art 7 EGBGB; Beitzke, ZblJugR 1954, 324; KG, Rpfleger 1962, 172; OLG Karlsruhe, Die Justiz 1963, 320 = Rpfleger 1964, 347; OLG Stuttgart, Die Justiz 1963, 158; LG Bremen, Rpfleger 1963, 83; Berner, Rpfleger 1962, 86, 174, 409; 1963, 84 [je mit Hinweisen auf die abweichende Ansicht]; vgl auch BGHZ 36, 11 = FamRZ 1962, 17 = Rpfleger 1962, 93 = JZ 1962, 678 = MDR 1962, 615 = NJW 1962, 109); aM zuletzt OLG Schleswig, DAVorm XXXVII, 299; zur Abänderungsklage infolge Wechsels des Wohnsitzes des Kindes s Bem 237 zu § 1708). Zu der Frage, wie sich ein Jugendamt verhalten muß, um sich vor etwaigen Schadensersatzansprüchen zu schützen, die in diesem Zusammenhang geltend gemacht werden könnten, s Ehrke, ZblJugR 1966, 12.

84 4. Im Rahmen der Darstellung der Rechtsentwicklung der SBZ bedarf es noch einiger Hinweise auf die Rechtsprechung der Gerichte der SBZ über die „Verwirkung des Unterhalts-

anspruchs" infolge „**Republikflucht**"*). Das Oberste Gericht hat in dem Urteil vom 21. 8. 1958 (OGZ 6, 210 = NJ 1958, 683 = DAVorm XXXI, 229 = ROW 1959, 176 Leits; auszugsweise wiedergegeben von Berg, aaO, 456) mit rein politischen Argumenten, die keiner Kommentierung bedürfen, die Verwirkung des Unterhaltsanspruchs jeder Person begründet, die das Gebiet der SBZ (nach dem Oktober 1949 — s Vorbem 72 —) „illegal" verlassen hat (s ferner Bezirksgerichte Rostock, DAVorm XXXI, 283, Karl-Marx-Stadt [Chemnitz], DAVorm XXXII, 166).

Die Verwirkung des Unterhaltsanspruchs des unehelichen Kindes wegen „Republikflucht" der Mutter wurde sogar dann angenommen, wenn das Kind in der SBZ gezeugt und nach der Flucht der schwangeren Mutter im Gebiet der Bundesrepublik geboren wurde (Kreisgericht Wittstock/Dosse, DAVorm XXXI, 198; Stadtbezirksgericht Berlin-Prenzlauer-Berg, DAVorm XXXI, 283; Bezirksgericht Neubrandenburg, DAVorm XXXVII, 102; Bezirksgericht Halle, DAVorm XXXIX, 1966, 60), ohne Rücksicht darauf, ob die Mutter „die gesellschaftliche Tragweite ihres Handelns" übersehen konnte (BezG Halle, aaO). Das Bezirksgericht Potsdam (DAVorm XXXIV, 78) hat dann eine Ausnahme gemacht, wenn die Mutter die Schwangerschaft erst nach der „illegalen Abwanderung "entdeckt hat, das Bezirksgericht Gera (DAVorm XXXII, 167) in dem Falle, daß die Mutter die SBZ ohne ihr Kind zwar „illegal" verlassen hatte, das Kind aber später nach Erlangung der erforderlichen sowjetzonalen Genehmigung nachgeholt hatte, die Bezirksgerichte Cottbus (DAVorm XXXVI, 254) und Halle/Saale (DA Vorm XXXII, 199), dann, wenn das Kind erst nach der „Republikflucht" der Mutter gezeugt worden war, das Kreisgericht Hettstedt (DAVorm XXXV, 25) in dem Falle, daß die Mutter sich in ihrer vertrauten Umgebung ihrer unehelichen Schwangerschaft geschämt hatte.

Zuletzt hat jedoch das Bezirksgericht Karl-Marx-Stadt (Chemnitz), DAVorm XXXVIII, 288, die Verwirkung des Unterhaltsanspruchs des Kindes auch in dem Falle bejaht, daß das Kind ohne Dazutun und ohne Willen der schon in der Bundesrepublik lebenden Mutter in das Bundesgebiet nachgebracht und dann von der Mutter aufgenommen wurde.

Weiterhin hat das Kreisgericht Wurzen (DAVorm XXXVII, 302) die Vollstreckung aus einem sowjetzonalen Titel zugunsten des unehelichen Kindes gegen den in der SBZ ansässigen Vater nach der „Republikflucht" des Kindes für unzulässig erklärt (§ 767 ZPO).

Doch haben die Bezirksgerichte Rostock (DAVorm XXXI, 283), Karl-Marx-Stadt (DAVorm XXXII, 166) und Erfurt (DAVorm XXXIV, 78) ausgesprochen, die Verwirkung des Unterhaltsanspruchs des Kindes infolge „Republikflucht" schließe die Klage auf Feststellung der „Gilt-Vaterschaft" nicht aus.

Die dargelegte „Rechtsprechung" der sowjetzonalen Gerichte über die Folgen einer „Republikflucht" kann im Bundesgebiet wegen Verstoßes gegen Art 30 EGBGB nicht anerkannt werden, was keiner weiteren Begründung bedarf.

5. Nachdem zunächst im Jahre 1954 der Entwurf eines **Familiengesetzbuches** bekannt gegeben worden war**), wurde im April 1965 ein neuer Entwurf des FGB veröffentlicht (NJ 1965, 259; s zu diesem Granzow, FamRZ 1965, 465; Wassermann, JR 1965, 460 und den Bericht in ROW 1965, 179). 85

Anläßlich der Veröffentlichung des Entwurfs legte Hilde Benjamin in einem Aufsatz „Die gesellschaftlichen Grundlagen und der Charakter des FGB-Entwurfs" (NJ 1965, 225ff)***) die

*) J. F. Berg, Die Behandlung der Unterhaltsansprüche „republikflüchtiger" Kinder durch die sowjetzonalen Gerichte, FamRZ 1962, 455.

**) Der Entwurf ist 1954 in Berlin (Ost) als Broschüre veröffentlicht unter dem Titel „Entwurf des Familiengesetzbuchs der Deutschen Demokratischen Republik" und von Hagemeyer (s Fußn zu Vorbem 72) und Maßfeller, Das gesamte Familienrecht 1958, 1199ff, wiedergegeben.

Zu dem Entwurf s Boehmer, Gutachten, 13ff; Bernhardt und Wassermeyer, aaO (s Fußn zu Vorbem 72); Granzow, FamRZ 1960, 85, 93; Stellungnahme der Kirchlichen Ostkonferenz der Evangelischen Kirche zu dem Entwurf ..., FamRZ 1954, 181; Stellungnahme des Katholischen Episkopats zu dem Entwurf ..., FamRZ 1954, 231.

***) Aus der sowjetzonalen Literatur zu diesem Entwurf s Ansorg, Weitere Probleme der Rechtsbeziehungen zwischen Eltern und Kindern, NJ 1965, 246 [auch zum Unehelichenrecht]; Eberhardt, Die Bestimmungen über den Unterhalt, NJ 1965, 250; Grandke, Kuhrig und Weise, Zur Situation und zur Entwicklung der Familien in der DDR, NJ 1965, 231; Rohde, Die Familiengemeinschaft in der sozialistischen Gesellschaft, NJ 1965, 235; Walther und Funke, Probleme der Familienerziehung und ihre Widerspiegelung im FGB-Entwurf, NJ 1965, 241.

Entwicklung des Familienrechts in der SBZ seit 1945; den Zusammenhang zwischen der gesellschaftlichen Entwicklung und dem Familienrecht und den Charakter des Entwurfs dar. Sie ging von der „Erkenntnis der Gesetzmäßigkeiten der Entwicklung der Familie unter den Bedingungen des Sozialismus" aus und wies darauf hin, die letzten zehn Jahre hätten „den Sieg der sozialistischen Produktionsverhältnisse und mit der Gestaltung der sozialistischen Wirklichkeit die ersten Erkenntnisse über die objektiven Gesetzmäßigkeiten" gebracht, „nach denen sich die neue Familie entwickeln" werde. „Wir haben jetzt als Basis die sozialistischen Produktionsverhältnisse, wir kennen die Zielsetzung unserer Perspektivpläne. Wir wissen, welche Anforderungen wir an die Menschen der Jahre 1970, 1980, 2000 stellen müssen ... Die Erkenntnis, welche neuen Familienverhältnisse nach der Umgestaltung der Eigentumsverhältnisse zu wachsen beginnen, führte zu einer völlig neuen Konzeption eines Familiengesetzbuches" (aaO, 228*).

In der Folgezeit wurde der Entwurf noch in vielen Einzelheiten geändert und überarbeitet; am 26. 11. 1965 wurde er von dem „Staatsrat" beraten und sodann der „Volkskammer" vorgelegt (s Wassermann, JR 1965, 462). In der Sitzung der „Volkskammer" vom 20. 12. 1965 begründete Hilde Benjamin den Entwurf (s NJ 1966, 1); am gleichen Tage „beschloß" die „Volkskammer" das FGB und das Einführungsgesetz, am gleichen Tage unterzeichnete der Vorsitzende des „Staatsrats" beide Gesetze, die sodann in dem Gesetzblatt vom 3. 1. 1966, Teil I, Nr 1, bekannt gemacht wurden, das FGB vom 20. 12. 1965, Seite 1 ff, das Einführungsgesetz zum FGB vom 20. 12. 1965, Seite 19 ff.

86 In der Sitzung der „Volkskammer" vom 20. 12. 1965 führte Hilde Benjamin zum Recht der unehelichen Kinder aus (NJ 1966, 6): „Die im Entwurf gewählte Lösung des Problems der Rechtsstellung von Kindern, deren Eltern nicht miteinander verheiratet sind**), geht davon aus, daß bei der Rechtsgestaltung den unterschiedlichen Lebensverhältnissen Rechnung getragen werden muß. In aller Regel wächst ein außerhalb der Ehe geborenes Kind im Hause und in der Familie seiner Mutter auf, wird hier erzogen und hat mit dem Vater und seiner Familie keinen Umgang, ja es kennt häufig den Vater in seiner frühen Jugend nicht einmal. Um die gesellschaftliche Gleichstellung des außerehelich geborenen Kindes mit dem ehelichen zu betonen und die Grundlinie der rechtlichen Regelung erkennen zu lassen, löst sich der Entwurf vom Begriff des nichtehelichen Kindes und spricht je nach Notwendigkeit von Kindern, deren Eltern miteinander verheiratet sind und zusammenleben, und von Kindern, deren Eltern niemals miteinander verheiratet waren***) ... Es ist bemerkenswert, daß in unserer Republik die Beseitigung jeder Diskriminierung der außerehelichen Geburt so tief in das Bewußtsein der Menschen Eingang gefunden hat†), daß die Bestimmungen über die Gleichberechtigung des „nichtehelichen" Kindes hinsichtlich ihres Ausgangspunktes nicht mehr diskutiert wurden. Die Diskussion konzentrierte sich statt dessen auf Fragen der materiellen Sicherstellung des Lebensbedarfs der alleinstehenden Mutter und ihrer Kinder ...".

Um den „Geist" dieses Gesetzes zu erkennen, ist es geboten, einige Formulierungen aus der sehr umfangreichen Präambel des Gesetzes, aus dem Ersten Teil „Grundsätze" (§§ 1—4) und aus dem Dritten Teil, Erstes Kapitel „Elterliche Erziehung" (§§ 42 ff) wiederzugeben. In der „Präambel" heißt es ua (Abs 2): „Mit dem Aufbau des Sozialismus entstanden gesellschaftliche Bedingungen, die dazu führen, die Familienbeziehungen von den Entstellungen und Verzerrungen zu befreien, die durch die Ausbeutung des Menschen, die gesellschaftliche und rechtliche Herabsetzung der Frau, durch materielle Unsicherheit und andere Erscheinungen der bürgerlichen Gesellschaft bedingt waren." (Abs 5): „Es ist die Aufgabe des Familiengesetzbuches, die Entwicklung der Familienbeziehungen in der sozialistischen Gesellschaft zu fördern. Das Familiengesetzbuch soll allen Bürgern besonders auch den jungen Menschen, helfen, ihr Familienleben bewußt zu gestalten. ." § 3 Abs 1 Satz 2: „Es ist die vornehmste Aufgabe der Eltern, ihre Kinder in vertrauensvollem Zusammenwirken mit staatlichen und gesellschaftlichen Einrichtungen zu gesunden und lebensfrohen, tüchtigen und allseitig gebildeten Menschen, zu aktiven Erbauern des Sozialismus zu erziehen". § 3 Abs 2 Satz 1: „Die Erziehung der Kinder ist zugleich Aufgabe und Anliegen

---

*) Hervorhebung nicht im Original.

**) Im Original kursiv.

***) Sperrung nicht im Original.

†) H. Benjamin wies (aaO, 3) darauf hin, daß „bis zum 30. 9. 1965 insgesamt 752671 Bürger an 33973 Veranstaltungen über den Entwurf teilgenommen" hätten (!); diese Zahlen würden aber keine Auskunft geben über die vielen weiteren Aussprachen zum Entwurf, zB in Hausversammlungen (!) oder Veranstaltungen der Elternbeiräte sowie andere ähnlicher Art, die nicht im „Berichtssystem der Nationalen Front erfaßt" worden seien (!).

der gesamten Gesellschaft." § 42 Abs 2: „Das Ziel der Erziehung der Kinder ist, sie zu geistig und moralisch hochstehenden und körperlich gesunden Persönlichkeiten heranzubilden, die die gesellschaftliche Entwicklung bewußt mitgestalten. Durch verantwortungsbewußte Erfüllung ihrer Erziehungspflichten ... erziehen die Eltern ihre Kinder zur sozialistischen Einstellung zum Lernen und zur Arbeit, zur Achtung vor den arbeitenden Menschen, zur Einhaltung der Regeln des sozialistischen Zusammenlebens, zur Solidarität, zum sozialistischen Patriotismus und Internationalismus." Zur Jugendhilfe s Vorbem 106.

Das FGB ist gemäß § 1 des Einführungsgesetzes **am 1. 4. 1966 in Kraft getreten**, das 87
Einführungsgesetz gemäß § 29 ebenfalls am 1. 4. 1966 (s Vorbem 85 aE)*).

a) Das FGB enthält die Begriffe „elterliche Gewalt" und „elterliche Rechte" sowie „Per- 88
sonensorge" und „Vermögenssorge" nicht mehr. Vielmehr spricht das Gesetz von der elterlichen Erziehung und vom elterlichen Erziehungsrecht. In § **43** ist davon die Rede, zu den Rechten und Pflichten der Eltern gehören auch die Befriedigung der Bedürfnisse des Kindes, seine Betreuung, seine Beaufsichtigung, seine rechtliche Vertretung, das Recht, seinen Aufenthalt zu bestimmen, die Pflicht, für seinen Unterhalt zu sorgen und erforderlichenfalls Vermögensangelegenheiten des Kindes in seinem Interesse zu regeln.

Hinsichtlich der **Rechtsstellung der unehelichen Mutter** — diesen Ausdruck enthält das Gesetz freilich nicht — behält das FGB die Regelung des MKSchG § 17 Abs 1 Satz 2 in **§ 46 Abs 1 Satz 1** in folgender Formulierung bei: „Sind die Eltern des Kindes bei seiner Geburt nicht miteinander verheiratet, hat die Mutter das Erziehungsrecht". In § **46 Abs 2 Satz 1** ist bestimmt, sterbe die Mutter oder verliere sie das Erziehungsrecht (s hierzu §§ 50, 51), so könne dieses durch das Organ der Jugendhilfe dem Vater, den Großeltern oder einem Großelternteil übertragen werden, und zwar auch dann, wenn die Mutter ihre Einwilligung zur Annahme an Kindes Statt gegeben habe.

Die Formulierung des § 46 Abs 1 Satz 1 ist wohl so zu verstehen, daß das Erziehungsrecht auch der minderjährigen Mutter (wenn sie das 18. Lebensjahr noch nicht vollendet hat) zusteht. (Bezüglich der ehelichen Mutter taucht diese Frage nicht auf, da gemäß § 5 Abs 4 die Eheschließung nur zulässig ist, wenn Mann und Frau das 18. Lebensjahr vollendet haben.)

Ist die Mutter verheiratet und steht ihr das Erziehungsrecht zu (§ 46 Abs 1 Satz 1), 89
so soll gemäß § 47 Abs 1 der Ehemann sich für die Erziehung und Pflege auch des minderjährigen Kindes der Frau verantwortlich fühlen, das nicht von ihm abstammt, aber im gemeinsamen Haushalt der Ehegatten lebt; dasselbe gilt, wenn das Kind sich im Haushalt des mit einer anderen Frau verheirateten Vaters befindet (s § 46 Abs 2; oben Vorbem 88).

Gemäß § 47 Abs 2 Satz 1 hat der Ehegatte den anderen Ehegatten, Elternteil des unehelichen Kindes, bei der Wahrnehmung des Erziehungsrechts zu unterstützen. Stirbt der erziehungsberechtigte Elternteil, so kann auf Antrag durch das Organ der Jugendhilfe das Erziehungsrecht dem Ehegatten des Verstorbenen übertragen werden (§ 47 Abs 3 Satz 1).

b) Das **Namensrecht** des Kindes, „dessen Eltern bei seiner Geburt nicht miteinander ver- 90
heiratet sind", regelt § 64 Abs 2 Satz 1 — entsprechend dem bisher geltenden ungeschriebenen Recht — in der Weise, daß das Kind den Familiennamen erhält, den die Mutter führt. Dies gilt also auch dann, wenn das Kind während der Ehe der Mutter geboren war und die Ehelichkeit (durch den Ehemann, die Mutter oder den Staatsanwalt) mit Erfolg angefochten wurde (s zum letzteren §§ 61 ff).

Die Möglichkeit einer Änderung des Familiennamens des Kindes sieht § 65 Abs 1 vor: Hiernach kann das Kind auf Erklärung seines Erziehungsberechtigten gegenüber dem Leiter des Standesamts, wenn der Erziehungsberechtigte einen anderen Familiennamen trägt als das Kind, den Namen des Erziehungsberechtigten annehmen. Hierzu ist die Einwilligung des Kindes erforderlich, wenn dieses das 14. Lebensjahr vollendet hat (§ 65 Abs 2).

---

*) Eine Textausgabe des FGB und des EinfG mit Einleitung ist vom Bundesministerium für gesamtdeutsche Fragen veröffentlicht; ein Auszug findet sich in DAVorm XXXIX, 66, und StAZ 1966, 138, 141.

Schrifttum: Granzow, FamRZ 1966, 217; Schlicht, ROW 1966, 59; Wassermann, JR 1966, 96, Th. Raiser, JZ 1966, 423.

91 c) Die **Feststellung der Vaterschaft** wurde gegenüber dem seitherigen Recht neu geregelt: Gemäß § 54 Abs 1 wird der Vater (des unehelichen Kindes) durch Anerkennung der Vaterschaft oder durch gerichtliche Entscheidung festgestellt. Als Vater kann nach § 54 Abs 2 Satz 1 festgestellt werden, wer mit der Mutter innerhalb der Empfängniszeit geschlechtlich verkehrt hat. Dies gilt gemäß Abs 2 Satz 2 nicht, wenn der Verkehr nicht zur Empfängnis geführt haben kann oder die Vaterschaft eines anderen Mannes wahrscheinlicher ist. Ist die Vaterschaft eines anderen Mannes wahrscheinlicher, so kann dieser als Vater festgestellt werden (Abs 2 Satz 3). Als Empfängniszeit gilt gemäß § 54 Abs 3 Satz 1 die Zeit vom 181. bis zum 302. Tage vor der Geburt des Kindes mit Einschluß der beiden genannten Tage; doch läßt Satz 2 den Nachweis zu, daß die Empfängnis außerhalb dieser Zeit stattgefunden haben kann.

Die gerichtliche Feststellung der Vaterschaft erfolgt gemäß § 56 Abs 1 Satz 1 auf Klage der Mutter oder des Vormundes des Kindes; ist das Kind volljährig, so kann es nach Satz 2 selbst klagen. In diesem Rechtsstreit hat das Gericht von Amts wegen alle für die Festsetzung der Vaterschaft notwendigen Maßnahmen zu treffen (§ 56 Abs 3).

92 Gemäß § 55 Abs 1 Satz 1 wird die Vaterschaft auch durch die nach der Geburt des Kindes mit Zustimmung der Mutter erklärte Anerkennung des Vaters festgestellt. Ist die Mutter erklärte nicht voll geschäftsfähig, so ist auch die Zustimmung ihres gesetzlichen Vertreters erforderlich (§ 55 Abs 1 Satz 2). Hat das Kind einen Vormund, so bedarf es zur Wirksamkeit der Anerkennung auch dessen Zustimmung (Abs 1 Satz 3).

Die Anerkennung der Vaterschaft und die Zustimmungserklärungen sind gemäß § 55 Abs 3 Satz 1 zu beurkunden; für die Beurkundung zuständig sind das Organ der Jugendhilfe (s Vorbem 106) und das Staatliche Notariat (Abs 3 Satz 2).

Gemäß § 55 Abs 2 Satz 1 soll sich der Vater entsprechend seiner Unterhaltspflicht gegenüber dem Kind (s § 46) zugleich mit der Vaterschaftsanerkennung in vollstreckbarer Form zu bestimmten monatlichen Unterhaltszahlungen verpflichten.

93 Die Feststellung der Vaterschaft durch Anerkennung oder durch gerichtliche Entscheidung hat gemäß § 58 die Wirkung, daß kein anderer Mann als Vater festgestellt werden kann, solange die Feststellung nicht gemäß §§ 59, 60 für unwirksam erklärt worden ist. Nach § 59 Abs 1 und Abs 3 kann auf Klage der Mutter, des Vormundes des Kindes oder des bisher als Vater festgestellten Mannes oder des Staatsanwalts die Unwirksamkeit des Vaterschaftsanerkenntnisses festgestellt werden, wenn nach Anerkennung der Vaterschaft Tatsachen bekannt werden, die gegen die Vaterschaft sprechen, und wenn die Vaterschaft des bisher festgestellten Mannes auszuschließen oder die Vaterschaft eines anderen Mannes wahrscheinlicher ist.

Ist die Vaterschaft durch Urteil festgestellt worden, so kann der Staatsanwalt die Aufhebung des Urteils beantragen, wenn nach der Rechtskraft Tatsachen bekannt werden, die gegen die festgestellte Vaterschaft sprechen (§ 60).

Ist die Vaterschaft festgestellt, so findet § 79 Satz 1 Anwendung, wonach Personen, deren eine von der anderen abstammt, in gerader Linie miteinander verwandt sind.

93a Zur **Feststellung der Vaterschaft***) ergingen ergänzende verfahrensrechtliche Vorschriften in der „Verordnung zur Anpassung der Bestimmungen über das gerichtliche Verfahren in Familiensachen an das Familiengesetzbuch der Deutschen Demokratischen Republik" **(FVerfO)** vom 17. 2. 1966 (GesBl II, Nr 31 S 171; auszugsweise wiedergegeben in DAVorm XXXIX, 118).

Gemäß **§ 27 Abs 1** der VO ist die Klage auf Unterhaltszahlung gegen einen Verklagten, dessen Vaterschaft gemäß § 54 Abs 1 FGB erst festgestellt werden muß, nur in Verbindung mit der Klage auf Feststellung der Vaterschaft zulässig; im Falle der Anerkennung der Vaterschaft ist das Verfahren insoweit einzustellen.

Der Verklagte ist gemäß **§ 28 Abs 1** auch dann als Vater festzustellen, wenn sich nach dem Ergebnis einer Beweisaufnahme ergibt, daß die Vaterschaft eines anderen Mannes gleichermaßen wahrscheinlich ist (!). Ergibt dagegen die Beweisaufnahme

*) Lit: Krüger, Das gerichtliche Verfahren in Familiensachen, NJ 1966, 132; Eberhardt, Daute und Duft, Antwort auf erste Fragen zur Anwendung des Familiengesetzbuchs, NJ 1966, 289 (291f zur Vaterschaftsfeststellung).

begründete Anhaltspunkte dafür, daß die Vaterschaft eines anderen wahrscheinlicher ist, so kann der Kläger gemäß **§ 28 Abs 2** die Einbeziehung dieses Mannes in das Verfahren beantragen. Über diesen Antrag entscheidet das Gericht durch Beschluß (§ 28 Abs 3 Satz 1). Der Beschluß ist dem in das Verfahren einbezogenen Manne zuzustellen (§ 28 Abs 4 Satz 1); er erlangt damit die Stellung eines weiteren Verklagten (Abs 4 Satz 2). Dieser ist gemäß **§ 29 Abs 1** als Vater festzustellen, wenn seine Vaterschaft wahrscheinlicher ist; ist dagegen nach dem gesamten Beweisergebnis einschließlich einer weiteren Beweisaufnahme die Vaterschaft der beiden Verklagten gleichermaßen wahrscheinlich, so ist gemäß **§ 29 Abs 2** der erste Verklagte als Vater festzustellen (!). Die Regelung des § 29 Abs 2 unterscheidet sich von der — ebenso bedenklichen — Vorschrift des § 28 Abs 1 dadurch, daß in diesem letzteren Falle der andere Mann nicht Verfahrensbeteiligter ist.

Den dargelegten Bestimmungen ist zu entnehmen, daß die Klage auf Feststellung der Vaterschaft und auf Verurteilung zur Unterhaltszahlung nicht von vornherein gegen mehrere Männer erhoben werden kann, sondern daß erst nach der Beweisaufnahme ein anderer Mann in das Verfahren einbezogen werden kann.

Gemäß **§ 30 Abs 1** der VO ist die Klage der Mutter oder des Vormundes des Kindes auf Feststellung der Unwirksamkeit der Anerkennung der Vaterschaft (§ 59 FGB) gegen den als Vater festgestellten Mann, die Klage des Mannes gegen die Mutter des Kindes oder dessen Vormund zu richten; die Klage des Staatsanwalts richtet sich gemäß **§ 30 Abs 2** gegen den als Vater festgestellten Mann *und* gegen die Mutter des Kindes oder dessen Vormund.

Beantragt der Staatsanwalt gemäß § 60 FGB die Aufhebung des Urteils, durch das die Vaterschaft festgestellt worden ist, so sind nach **§ 30 Abs 3** Satz 1 der VO die Mutter des Kindes oder dessen Vormund *und* der als Vater festgestellte Mann Beteiligte des Verfahrens.

§ 32 der VO enthält eine dem § 372a ZPO ähnliche Regelung über die Pflicht, Untersuchungen zur Feststellung der Vaterschaft zu dulden: Gemäß § 32 Abs 1 haben sich die Parteien und sonstigen Beteiligten den vom Gericht angeordneten Untersuchungen und den dazu erforderlichen Maßnahmen zu unterziehen. Nach Abs 2 Satz 1 kann das Gericht einer Partei oder einem sonstigen Beteiligten, wenn die Partei oder der Beteiligte unentschuldigt nicht zur Untersuchung erscheint oder die Untersuchung ohne triftigen Grund verweigert, die dadurch verursachten Kosten sowie eine Ordnungsstrafe auferlegen; gemäß Abs 2 Satz 3 kann auch die Vorführung der betreffenden Person angeordnet werden.

d) Die Vorschriften über die Feststellung der Vaterschaft haben wichtige Auswirkungen auf 94
das **Unterhaltsrecht** des unehelichen Kindes, das dem des ehelichen Kindes angeglichen ist.

Im einzelnen enthält das FGB folgende Regelungen:

Gemäß § 46 Abs 1 Satz 2 erfolgt die Sicherung der materiellen und kulturellen 95
Lebensbedürfnisse des Kindes im Rahmen der Aufwendungen der Familie der Mutter (§ 12) und durch Unterhaltszahlung des Vaters entsprechend seinen Kräften, seinem Einkommen und seinen sonstigen Mitteln (also an sich zeitlich unbeschränkt bis zum Ende der Bedürftigkeit). § 46 Abs 1 Satz 3 verweist im übrigen auf §§ 19, 20 Abs 1 und §§ 21, 22. Aus diesen Verweisungen ergibt sich folgendes:

Gemäß § 12 Abs 1 Satz 1 hat die Mutter entsprechend ihren Kräften, ihrem Einkommen und ihren sonstigen Mitteln durch Geld, Sach- und Arbeitsleistungen zum Unterhalt des Kindes beizutragen. Hat die Mutter keine eigenen Einkünfte oder Mittel, so leistet sie gemäß § 12 Abs 2 Satz 1 ihren Beitrag allein durch Arbeit im Haushalt und Betreuung des Kindes. Nach § 19 Abs 1 hat der Vater, wenn sich das Kind im Haushalt der Mutter befindet, den auf ihn entfallenden Anteil zur Deckung der Bedürfnisse des Kindes als Unterhalt zu gewähren.

Befindet sich das Kind im Haushalt des Vaters, weil die Mutter das Erziehungs- 96
recht verloren hat (§ 46 Abs 2), so hat die Mutter gemäß § 19 Abs 1 zum Unterhalt des Kindes entsprechend ihrem Einkommen und ihren sonstigen Mitteln beizutragen (vgl § 12 Abs 1).

Lebt das Kind weder im Haushalt der Mutter noch beim Vater, so haben beide Eltern Unterhalt zu leisten (§ 19 Abs 2 Satz 1); die Gesamthöhe des Unterhalts bestimmt sich nach den Verhältnissen beider Elternteile (§ 19 Abs 2 Satz 2).

97 Der Unterhaltsanspruch des Kindes entsteht mit seiner Bedürftigkeit und der Leistungsfähigkeit des Verpflichteten (§ 20 Abs 1 Satz 1). Geldzahlungen sind monatlich im Voraus zu leisten (§ 20 Abs 1 Satz 2). Doch kann unter Berücksichtigung der Einkommensverhältnisse des Verpflichteten ein anderer Zeitraum vereinbart oder vom Gericht festgelegt werden (§ 20 Abs 1 Satz 3).

Der Unterhaltsanspruch des Kindes endet also mit dem Wegfall der Bedürftigkeit.

Zur Durchsetzung des Unterhaltsanspruchs wird das Kind jeweils durch den Elternteil vertreten, bei dem es lebt (§ 19 Abs 1 Satz 2).

Auf den Unterhalt kann für die Zukunft nicht verzichtet werden (§ 21 Abs 1). Kommt der Verpflichtete seiner Zahlungspflicht nicht nach und treten deshalb andere unterhaltspflichtige Verwandte, staatliche Organe oder andere Personen für den Zahlungspflichtigen ein, so geht insoweit der Anspruch auf sie über (§ 21 Abs 2).

Kann der Unterhalt des minderjährigen Kindes weder durch die Eltern noch aus dem Arbeitseinkommen oder Vermögen des Kindes gedeckt werden, so haben die Großeltern dem Kinde Unterhalt zu gewähren (§ 81 Abs 2).

98 Ist das Kind volljährig und unterhaltsbedürftig, so kann es von beiden Elternteilen und von den Großeltern Unterhalt verlangen (§ 81 Abs 1 Satz 1).

Umgekehrt hat das volljährige Kind seinen unterhaltsbedürftigen Eltern und Großeltern Unterhalt zu gewähren (§ 81 Abs 1).

99 Hinsichtlich der Bemessung des Unterhalts schreibt § 82 Abs 1 Satz 1 vor, daß er sich nach den Lebensverhältnissen der Beteiligten und der Leistungsfähigkeit des Unterhaltsverpflichteten richte. Gemäß § 82 Abs 1 Satz 2 bestimmt sich die Leistungsfähigkeit des Verpflichteten nach seinem Einkommen, seinen Unterhaltsverpflichtungen gegenüber Minderjährigen, seinen im Zusammenhang mit der Erfüllung besonderer gesellschaftlicher und beruflicher Aufgaben und der beruflichen Weiterbildung stehenden notwendigen Aufwendungen und sonstigen besonderen Belastungen.

Hat der Unterhaltsberechtigte seine Bedürftigkeit selbst verschuldet, eine frühere Unterhaltspflicht gegenüber dem jetzigen Unterhaltsverpflichteten nicht oder nur teilweise erfüllt oder sich einer schweren Verfehlung gegen den jetzigen Unterhaltsverpflichteten schuldig gemacht, so kann der Unterhalt geringer bemessen oder in besonderen Fällen versagt werden (§ 82 Abs 2).

Der Unterhalt kann durch Geldzahlungen oder dadurch, daß der Unterhaltsbedürftige in den Haushalt des Verpflichteten (zB der Großeltern) im Einverständnis des Erziehungsberechtigten aufgenommen wird, gewährt werden (vgl § 82 Abs 3 Satz 1).

Gemäß § 83 beschränken sich die Aufwendungen der Eltern für die materiellen und kulturellen Bedürfnisse des volljährigen Kindes, das infolge körperlicher oder geistiger Gebrechen für dauernd oder für eine nicht absehbare Zeit wirtschaftlich nicht selbständig ist, auf die Unterhaltspflicht gemäß §§ 81, 82.

100 Die Möglichkeit einer **Abänderung** des Unterhalts des minderjährigen unehelichen Kindes regelt § 22, der gemäß § 46 Abs 1 Satz 3 entsprechend anzuwenden ist. Nach § 22 Abs 1 Satz 1 kann ein rechtskräftiges Urteil, ein Vergleich, ein Vertrag oder eine sonstige Verpflichtung über die Leistung von Unterhalt abgeändert oder aufgehoben werden, wenn sich die für die Bemessung der Höhe und Dauer des Unterhalts maßgeblichen Verhältnisse wesentlich und nicht nur für kurze Zeit geändert haben. § 22 Abs 1 Satz 2 — der übrigens in dem im April 1965 veröffentlichten Entwurf nicht enthalten war — läßt eine Erhöhung des Unterhalts ausnahmsweise dann für kurze Zeitabschnitte zu, wenn ein Kind bis zur Vollendung des 8. Lebensjahres bei Erkrankung der Pflege durch den erziehungsberechtigten Elternteil bedarf.

101 Der Anspruch auf Erhöhung des Unterhalts besteht gemäß § 22 Abs 2 von dem Zeitpunkt an, in dem die Änderung der Verhältnisse dem Unterhaltsverpflichteten zur Kenntnis gelangt ist. Umgekehrt besteht nach § 22 Abs 3 Satz 1 der Anspruch auf Herabsetzung des Unterhalts ebenfalls von dem Zeitpunkt an, in dem die Änderung der Verhältnisse dem Unterhaltsberechtigten zur Kenntnis gelangt ist. Gemäß § 22 Abs 3 Satz 2 ist eine Rückerstattung bereits geleisteter Unterhaltsbeträge ausgeschlossen.

102 Die Unterhaltsansprüche **verjähren** gemäß § 108 Satz 1 in vier Jahren. Die Verjährung beginnt nach § 108 Satz 2 mit dem Ende des Jahres, in dem der Anspruch ent-

standen ist. Diese Verjährungsvorschriften gelten auch für Unterhaltsansprüche minderjähriger Kinder (§ 109 Abs 2), dh mit anderen Worten: die Verjährung ist nicht gehemmt (vgl dagegen § 204 BGB).

e) Die Frage des **Erbrechts** des Kindes, „das außerhalb der Ehe geboren wurde", ist in § 9 103
des Einführungsgesetzes geregelt*). Gemäß § 9 Abs 1 erbt das Kind beim Tode seines Vaters oder seiner Großeltern väterlicherseits, solange es minderjährig ist, wie ein während der Ehe geborenes Kind. Nach § 9 Abs 2 erbt auch das im Zeitpunkt des Erbfalles volljährige Kind, 1. wenn es noch unterhaltsbedürftig ist, 2. wenn der Vater bis zur Volljährigkeit das Erziehungsrecht hatte, 3. wenn es während der Minderjährigkeit überwiegend im Haushalt des Vaters gelebt hat oder mit ihm im Zeitpunkt des Erbfalles in einem gemeinsamen Haushalt lebt. Nach § 9 Abs 3 erbt das volljährige Kind auch, wenn beim Tode des Vaters dessen Ehefrau, Eltern, während der Ehe geborene Kinder und deren Abkömmlinge nicht mehr leben oder das Erbrecht verloren haben. Lebt nur ein Elternteil des Vaters, so erbt das Kind gemäß Satz 2 neben diesem.

Der Vater und seine Verwandten werden gemäß § 9 Abs 4 nur dann gesetzliche Erben des Kindes, wenn der Vater das Erziehungsrecht für das Kind bis zur Volljährigkeit hatte, wenn es während der Minderjährigkeit überwiegend im Haushalt des Vaters gelebt hat oder zum Zeitpunkt des Erbfalles mit dem Vater in einem gemeinsamen Haushalt lebte.

Nach § 9 Abs 5 wird die Befugnis des Erblassers, nach den Bestimmungen des Erbrechts letztwillige Verfügungen zu errichten, nicht berührt.

f) Das Einführungsgesetz**) hat auch neue Vorschriften zum **internationalen Kindschaftsrecht** gebracht: In § 18 ist angeordnet, daß sich die Abstammung eines Kindes sowie die Feststellung und Anfechtung der Vaterschaft nach den Gesetzen des Staates bestimmen, dessen Staatsbürgerschaft das Kind mit der Geburt erworben habe. Gemäß § 19 bestimmt sich das Rechtsverhältnis zwischen Eltern und einem Kinde nach den Gesetzen des Staates, dem das Kind angehört. 104

g) Schließlich ist noch darauf hinzuweisen, daß durch § 27 Nr 1 des Einführungsgesetzes das 105
4. Buch des BGB, durch Nr 2 ua § 11 BGB, durch Nr 3 ua die §§ 1931—1934 BGB, durch Nr 5 das Gesetz für Jugendwohlfahrt vom 9. 7. 1922, durch Nr 17 ua § 3 Abs 2 KonkO aufgehoben wurden.

Zur Durchführung der Aufgaben, die sich aus dem FGB ergaben, und zur Durchführung des Gesetzes vom 25. 2. 1965 über das einheitliche sozialistische Bildungssystem (GBl I, 83) hat der „Ministerrat der DDR" am 3. 3. 1966 die Verordnung über die Aufgaben und die Arbeitsweise der Organe der **Jugendhilfe** erlassen (GBl II, 215). In der Präambel der VO — Jugendhilfe-VO — heißt es: „Die Aufgaben der Jugendhilfe werden von den Grundsätzen des einheitlichen sozialistischen Bildungssystems, des sozialistischen Familienrechts und der Jugendpolitik des Arbeiter-und-Bauern-Staates bestimmt." ***) 106

Gemäß § 18 Abs 1 dieser VO sind die Organe der Jugendhife des Rates des Kreises (Stadtkreises, Stadtbezirks) zuständig für 1. Erziehungshilfe, 2. Vormundschaftswesen, 3. Rechtsschutz für Minderjährige, a) Beurkundung der Anerkennung der Vaterschaft, der Verpflichtung zur Unterhaltszahlung und der Zustimmungserklärungen gemäß § 55 FGB (s Vorbem 92), Beurkundung der Abänderung einer Verpflichtung zur Unterhaltszahlung für ein außerhalb der Ehe geborenes Kind gemäß § 22 FGB, c) Mitwirkung bei der Feststellung der Vaterschaft . . .

*) Hauschildt und Schmidt, Die Bedeutung des Einführungsgesetzes zum Familiengesetzbuch, NJ 1966, 12 [13 zum Erbrecht]; Schrodt, Das Erbrecht des außerhalb der Ehe geborenen Kindes, NJ 1966, 299; Krone und Ullrich, Das neue Familienrecht und die Tätigkeit der Staatlichen Notariate [auch zum Erbrecht des außerhalb der Ehe geborenen Kindes], NJ 1966, 303; s ferner Pernutz, Die erbrechtlichen Bestimmungen im neuen FGB der DDR, NJW 1966, 530.

**) Lübchen, Neuregelung des Internationalen Familienrechts, NJ 1966, 14 [16 über die Rechtsverhältnisse zwischen Eltern und Kindern].

***) Über die „Ehe- und Familienberatungsstellen" s Krutzsch, NJ 1966, 213 [zur 1. Durchführungs-VO zum FGB vom 17. 2. 1966, GesBl II Nr 31, S 180].

107 XII. Anhang: Gesetz für Jugendwohlfahrt (JWG).

— idF des Gesetzes zur Änderung und Ergänzung des Reichsjugendwohlfahrtsgesetzes vom 11. 8. 1961, BGBl I, 1193, und der gemäß Art XIV dieses Gesetzes erfolgten Bekanntmachung der Neufassung BGBl I, 1205 — (auszugsweise)*)

Abschnitt IV. Schutz der Pflegekinder.

1. Erlaubnis zur Annahme.

§ 27 s Teil 3a, Anhang zu § 1666, Seite 589.

§ 28.

Wer ein Pflegekind aufnimmt (Pflegeperson), bedarf dazu der vorherigen Erlaubnis des Jugendamts. Kann in Eilfällen die Erlaubnis nicht vorher erwirkt werden, so ist sie unverzüglich nachträglich zu beantragen. Wer mit einem Pflegekind in den Bezirk eines Jugendamts zuzieht, hat die Erlaubnis zur Fortsetzung der Pflege unverzüglich einzuholen. Die Erlaubnis kann befristet oder unter einer Bedingung erteilt oder mit Auflagen versehen werden.

§ 29.

Die Erlaubnis darf nur erteilt werden, wenn in der Pflegestelle das leibliche, geistige und seelische Wohl des Pflegekindes gewährleistet ist.

Die Pflegeerlaubnis kann widerrufen werden, wenn das Wohl des Pflegekindes es erfordert.

§ 30.

Zuständig für die Erteilung und den Widerruf der Erlaubnis ist das Jugendamt, in dessen Bezirk die Pflegeperson ihren gewöhnlichen Aufenthalt hat.

2. Aufsicht.

§ 31.

(1) Pflegekinder unterstehen der Aufsicht des Jugendamts. Das gleiche gilt für uneheliche Kinder, die sich bei der Mutter befinden, wenn ihr nicht die elterliche Gewalt übertragen ist. Die Aufsicht erstreckt sich darauf, daß das leibliche, geistige und seelische Wohl des Pflegekindes gewährleistet ist.

(2) Das Jugendamt hat die Pflegeperson zu beraten und bei ihrer Tätigkeit zu unterstützen.

(3) Das Jugendamt kann Pflegekinder widerruflich von der Beaufsichtigung befreien. Uneheliche Kinder sollen, solange sie sich bei der Mutter befinden, von der Beaufsichtigung widerruflich befreit werden, wenn das Wohl des Kindes gesichert ist.

§ 32.

Wer ein nach § 31 Abs 1 der Aufsicht unterstehendes Kind in Pflege hat, ist verpflichtet, dessen Aufnahme, Abgabe, Wohnungswechsel und Tod dem Jugendamt unverzüglich anzuzeigen.

3. Vorläufige Unterbringung.

§ 33.

(1) Bei Gefahr im Verzuge kann das Jugendamt das Pflegekind sofort aus der Pflegestelle entfernen und vorläufig anderweit unterbringen. Das Grundrecht der Unverletzlichkeit der Wohnung (Artikel 13 Abs 1 des Grundgesetzes) wird insoweit eingeschränkt.

(2) Das Jugendamt ist verpflichtet, die Personensorgeberechtigten, die Pflegeperson und das zuständige Vormundschaftsgericht von der getroffenen Maßnahme unverzüglich zu benachrichtigen.

---

*) Ferner s die Wiedergabe des Gesetzestextes auszugsweise in Band IV, Teil 3a, Anhang zu § 1666, S 587ff.

Abschnitt V.

Stellung des Jugendamts im Vormundschaftswesen; Vereinsvormundschaft

1. Amtsvormundschaft.

a) Allgemeine Bestimmungen.

§ 37.

Das Jugendamt wird Vormund in den durch die folgenden Bestimmungen vorgesehenen Fällen (Amtsvormundschaft). Es überträgt die Ausübung der vormundschaftlichen Obliegenheiten einzelnen seiner Beamten oder Angestellten. Im Umfang der Übertragung sind die Beamten und Angestellten zur gesetzlichen Vertretung der Mündel befugt. Die Übertragung gehört nicht zu den laufenden Geschäften iS des § 16*).

§ 38.

(1) Auf die Amtsvormundschaft finden die Bestimmungen des Bürgerlichen Gesetzbuchs mit folgender Maßgabe Anwendung. Ein Gegenvormund wird nicht bestellt; dem Amtsvormund stehen die nach §§ 1852 bis 1854 des Bürgerlichen Gesetzbuchs zulässigen Befreiungen zu. Von der Anwendung ausgeschlossen sind die §§ 1788, 1801, 1835, 1836 Abs 1 Satz 2 bis 4 und Abs 2, § 1837 Abs 2, §§ 1838, 1844 und 1886.

(2) § 1805 des Bürgerlichen Gesetzbuchs findet mit der Maßgabe Anwendung, daß die Anlegung von Mündelgeld gemäß § 1807 des Bürgerlichen Gesetzbuchs auch bei der das Jugendamt errichtenden Körperschaft zulässig ist. Hat das Jugendamt Aufwendungen zum Zwecke der Führung der Vormundschaft gemacht, so sind ihm diese aus dem Vermögen des Mündels zu ersetzen. Allgemeine Verwaltungskosten werden nicht ersetzt.

(3) Der Amtsvormund hat auf das religiöse Bekenntnis oder die Weltanschauung des Mündels oder seiner Familie bei der Unterbringung Rücksicht zu nehmen.

b) Gesetzliche Amtsvormundschaft.

§ 40.

(1) Mit der Geburt eines unehelichen Kindes wird das Jugendamt des Geburtsorts Amtsvormund, wenn die Mutter Deutsche im Sinne des Grundgesetzes ist; das gleiche gilt, wenn die Mutter staatenlos oder Flüchtling im Sinne des Abkommens vom 28. Juli 1951 über die Rechtsstellung der Flüchtlinge (Bundesgesetzbl 1953 II S 559) ist und ihren gewöhnlichen Aufenthalt im Geltungsbereich dieses Gesetzes hat. Wird die Unehelichkeit des Kindes erst später festgestellt oder ergibt sich seine Unehelichkeit daraus, daß der Ehemann seiner Mutter für tot erklärt oder dessen Todeszeit gerichtlich festgestellt wird, so erlangt das Jugendamt die Vormundschaft, in dessen Bezirk das Kind in dem Zeitpunkt, in dem die gerichtliche Entscheidung rechtskräftig wird, seinen gewöhnlichen Aufenthalt hat.

(2) Bis zum Eingreifen des zuständigen Vormundschaftsgerichts hat das Amtsgericht des Geburtsorts die erforderlichen vormundschaftsgerichtlichen Maßnahmen zu treffen.

(3) Auf uneheliche deutsche Kinder, die im Ausland geboren sind und im Geltungsbereich dieses Gesetzes ihren Aufenthalt nehmen, finden, falls eine deutsche Vormundschaft noch nicht eingeleitet ist, die Bestimmungen des Abs 1 mit der Maßgabe Anwendung, daß das nach § 11 dieses Gesetzes zuständige Jugendamt die Vormundschaft erlangt**).

§ 41.

Der Standesbeamte hat die nach § 48 des Reichsgesetzes über die Angelegenheiten der freiwilligen Gerichtsbarkeit vom 17./20. Mai 1898 (Reichsgesetzbl S 189/771) dem Vormund-

*) § 16 ist in Teil 3a, Anhang zu § 1666, S 588f, wiedergegeben.

**) § 11 ist in Teil 3a, Anhang zu § 1666, S 588, abgedruckt.

schaftsgericht zu erstattende Anzeige über die Geburt eines unehelichen Kindes dem Jugendamt zu übersenden. Dieser Anzeige ist eine Mitteilung über das religiöse Bekenntnis anzufügen. Das Jugendamt hat unter Weiterreichung der Geburtsanzeige den Eintritt der Vormundschaft (§ 40) dem Vormundschaftsgericht unverzüglich anzuzeigen.

§ 42.

Das Vormundschaftsgericht hat dem Jugendamt unverzüglich eine Bescheinigung übe den Eintritt der Vormundschaft zu erteilen, die bei der Beendigung der Vormundschaft zurückzugeben ist.

§ 43.

Auf Antrag des Jugendamts oder einer unverehelichten Mutter kann für eine Leibesfrucht ein Pfleger bestellt werden, auch wenn die Voraussetzung des § 1912 Satz 1 des Bürgerlichen Gesetzbuchs nicht gegeben ist. Der Pfleger wird mit der Geburt des Kindes im Einverständnis mit dem Jugendamt Vormund. In diesem Falle findet § 40 keine Anwendung. Die Vormundschaft wird bei dem Vormundschaftsgericht geführt, bei dem die Pflegeschaft anhängig war.

§ 44.

(1) Sobald es das Wohl des Mündels erfordert, soll das die Vormundschaft führende Jugendamt bei dem Jugendamt eines anderen Bezirks die Weiterführung der Vormundschaft beantragen. Der Antrag kann auch von dem Jugendamt eines anderen Bezirks sowie von der Mutter und von einem jeden, der ein berechtigtes Interesse des Mündels geltend macht, gestellt werden. Das die Vormundschaft abgebende Jugendamt hat den Übergang dem Vormundschaftsgericht unverzüglich anzuzeigen.

(2) Gegen die Ablehnung des Antrags kann das Vormundschaftsgericht angerufen werden.

§ 45.

Das Vormundschaftsgericht hat das Jugendamt auf seinen Antrag als Amtsvormund zu entlassen und einen Einzelvormund zu bestellen, soweit dies dem Wohle des Mündels nicht entgegensteht.

c) Bestellte Amtsvormundschaft

§ 46.

(1) Das Jugendamt kann unter den Voraussetzungen des § 1773 des Bürgerlichen Gesetzbuchs mit seinem Einverständnis vor den in § 1776 des Bürgerlichen Gesetzbuchs als Vormünder berufenen Personen zum Vormund für einen Minderjährigen bestellt werden, soweit nicht ein geeigneter anderer Vormund vorhanden ist.

(2) Auf die bestellte Amtsvormundschaft finden die §§ 1789 und 1791 des Bürgerlichen Gesetzbuchs keine Anwendung. Die Bestellung erfolgt durch schriftliche Verfügung des Vormundschaftsgerichts.

2. Stellung des Jugendamts zum Vormundschaftsgericht und zur Einzelvormundschaft.

§ 47.

(1) Das Jugendamt ist Gemeindewaisenrat. § 18 gilt entsprechend*).

§ 48.

(1) Das Jugendamt hat über seine Verpflichtungen nach § 1694 des Bürgerlichen Gesetzbuchs hinaus das Vormundschaftsgericht bei allen Maßnahmen zu unterstützen, welche die

*) § 18 ist in Teil 3a, Anhang zu § 1666, S 589, abgedruckt.

Sorge für die Person Minderjähriger betreffen. In den Fällen ... der §§ 1721, 1735a ...der §§ ... 1666, ... des § 1707 Abs 2, des § 1727, des § 1728 Abs 2, des § 1729 Abs 2 ... des Bürgerlichen Gesetzbuchs ... hat das Vormundschaftsgericht vor der Entscheidung das zuständige Jugendamt zu hören. ...

(3) Wirkt das Vormundschaftsgericht bei der Sicherung des Unterhalts eines Minderjährigen mit, so hat sich das Jugendamt auf Verlangen über die Höhe des Unterhalts gutachtlich zu äußern.

§ 49.

(1) Das Landjugendamt*) kann auf Antrag des Jugendamts Beamte und Angestellte des Jugendamts ermächtigen, Verpflichtungserklärungen nach §§ 1708, 1715 des Bürgerlichen Gesetzbuchs und Erklärungen nach §§ 1718, 1720 Abs 2 des Bürgerlichen Gesetzbuchs zu beurkunden und die in § 1706 Abs 2 des Bürgerlichen Gesetzbuchs bezeichneten Erklärungen zu beglaubigen.

(2) Aus Urkunden, welche die Verpflichtung zur Erfüllung von Ansprüchen nach §§ 1708, 1715 des Bürgerlichen Gesetzbuchs zum Gegenstand haben und die von einem Beamten oder Angestellten des Jugendamts innerhalb der Grenzen seiner Amtsbefugnisse in der vorgeschriebenen Form aufgenommen sind, findet die Zwangsvollstreckung statt, wenn die Erklärung die Zahlung einer bestimmten Geldsumme betrifft und der Schuldner sich in der Urkunde der sofortigen Zwangsvollstreckung unterworfen hat. Auf die Zwangsvollstreckung sind die Vorschriften, welche für die Zwangsvollstreckung aus gerichtlichen Urkunden nach § 794 Abs 1 Nr 5 der Zivilprozeßordnung gelten, mit folgenden Maßgaben entsprechend anzuwenden:

1. Die vollstreckbare Ausfertigung wird von dem Beamten oder Angestellten des Jugendamts erteilt, der für die Beurkundung der Verpflichtungserklärung zuständig ist;

2. über Einwendungen, welche die Zulässigkeit der Vollstreckungsklausel betreffen, und über die Erteilung einer weiteren vollstreckbaren Ausfertigung entscheidet das für das Jugendamt zuständige Amtsgericht.

(3) Auf die Beurkundung sind die §§ 168 bis 180 des Gesetzes über die Angelegenheiten der freiwilligen Gerichtsbarkeit entsprechend anzuwenden. Sie ist gebührenfrei.

§ 50.

(1) Das Jugendamt soll die Bestellung einer Einzelperson als Vormund beantragen, wenn dies dem Interesse des Mündels förderlich erscheint. Es kann auch die Bestellung eines Mitvormundes für einen bestimmten Wirkungskreis beantragen.

(2) Die Bestellung kann von einem jeden, der ein berechtigtes Interesse des Mündels geltend macht, und von diesem selbst, wenn es das 14. Lebensjahr vollendet hat, beantragt werden. Sie kann auch von Amts wegen erfolgen. Vor der Entscheidung soll das Vormundschaftsgericht das Jugendamt und tunlichst die Mutter des Mündels hören.

§ 51.

Das Jugendamt hat die Vormünder, Beistände und Pfleger seines Bezirks planmäßig zu beraten und bei der Ausübung ihres Amts zu unterstützen. ..

3. Mitvormundschaft, Gegenvormundschaft, Pflegschaft und Beistandschaft des Jugendamts.

§ 52.

Die vorstehenden Bestimmungen gelten entsprechend für die Bestellung des Jugendamts zum Mitvormund, Gegenvormund, Pfleger oder Beistand und für die Übertragung einzelner Rechte und Pflichten eines Vormunds auf das Jugendamt.

---

*) Hierzu s § 19, abgedruckt aaO.

§ 1705.

Das uneheliche Kind hat im Verhältnisse zu der Mutter und zu den Verwandten der Mutter die rechtliche Stellung eines ehelichen Kindes.

E I, 1568; II, 1593; III, 1681; Mot 4, 851; Prot 4, 670.

Gliederung.

I. Begriff des unehelichen Kindes.

1 1. Das BGB enthält keine Bestimmung des Begriffs des unehelichen Kindes; vielmehr muß der Begriff dem Inhalt der §§ 1591 ff entnommen werden (vgl auch schon Kuttner, JherJ 50, 1906, 416 sowie jetzt: Ahrens, Die Voraussetzungen ehelicher Abstammung [Bonner Rechtswissenschaftliche Abhandlungen, Band 68), 1965 [s die Besprechung von Dierk Müller, FamRZ 1966, 271]).

2 **Unehelich** ist hiernach ein Kind,

a) das von einer ledigen Frau oder von einer verheiratet gewesenen Frau mehr als 302 Tage*) nach der Auflösung oder Nichtigerklärung der Ehe oder nach dem Zeitpunkt geboren wird, der im Verfahren der §§ 13 ff, 39 ff VerschG als Zeitpunkt des Todes festgestellt wird (vgl auch §§ 9, 23, 44 VerschG),

*) Im Berichtigungsverfahren (**§ 47 PStG**) kann aber gegebenenfalls die Eintragung der Ehelichkeit eines später als 302 Tage nach Auflösung der Ehe der Eltern geborenen Kindes verlangt werden (s OLG Hamm, StAZ 1965, 155 = DAVorm XXXVIII, 148); jedoch hat diese Eintragung (Berichtigung) keine bindende Wirkung (§ 60 Abs 2 PStG, s auch §§ 640, 643 ZPO).

b) das zwar während der Ehe der Mutter oder innerhalb von 302 Tagen nach Auflösung oder Nichtigerklärung der Ehe (s zur letzteren §§ 16ff, 23 EheG, §§ 631ff ZPO) geboren ist, dessen Unehelichkeit aber durch rechtskräftiges Urteil festgestellt ist (§ 1593 BGB, §§ 640, 643 ZPO; s auch § 1600 Abs 3 BGB),

c) das zwar als legitimiertes Kind (§ 1719) oder für ehelich erklärtes Kind (§ 1723) galt, dessen Ehelichkeit bzw Ehelichkeitserklärung aber mit Erfolg angefochten ist (§§ 1721, 1735a).

d) Unehelich ist weiterhin ein Kind, das einer „Nichtehe" entstammt (s § 11 EheG), wenn die Eheschließung nicht vor einem Standesbeamten stattgefunden hat (s Göppinger, FamRZ 1965, 14f), zB etwa vor einem Geistlichen (s die Fälle BSozG, FamRZ 1959, 278; KG, FamRZ 1961, 483 = StAZ 1962, 41; LG Kleve, FamRZ 1964, 365 = MDR 1964, 846 — das LG Kleve hat zu Unrecht die Ehe als nichtige Ehe und nicht als absolute „Nichtehe" beurteilt —) oder vor einem Unbefugten (zB einem nicht zum Standesbeamten bestellten Gemeindebediensteten), wenn dieser die Ehe nicht in das Familienbuch eingetragen hat (s dazu Näheres § 11 Abs 2 EheG).

In dem vom OLG Nürnberg (FamRZ 1965, 380) entschiedenen Falle einer „postmortalen Eheschließung" — der Mann war nicht im Kriege gefallen, vielmehr lebte er nach seiner Rückkehr aus der Gefangenschaft Jahre lang mit der Frau in ehelicher Gemeinschaft — hat das Gericht Nichtehe angenommen und das aus der Verbindung hervorgegangene Kind als unehelich beurteilt (s hierzu Bosch, FamRZ 1966, 57, 70 re Sp; zu einem Falle, in dem ein scheinehelich geborenes Kind irrigerweise als uneheliches Kind behandelt wurde, s Schnitzerling, StAZ 1966, 148).

e) Dagegen ist ein Kind ehelich, das einer für nichtig erklärten Ehe (§ 23 EheG, § 636a ZPO) entstammt (s § 1591 Abs 1 Satz 1 Halbsatz 2).

Nach früherem Recht war ein Kind aus einer nichtigen Ehe unehelich, wenn beide Ehegatten die Nichtigkeit der Ehe bei der Eheschließung gekannt haben (§ 1699 Abs 1, aufgehoben durch EheG 1938; s dann § 30 Abs 1 EheG 1938, § 25 Abs 1 EheG 1946 — letztere Vorschrift ist durch FamRÄndG vom 11. 8. 1961, Art 9 Abs 1, außer Wirksamkeit gesetzt worden —).

2. **Besondere Arten von unehelichen Kindern** erkennt das BGB nicht an. 3

a) Kinder, die aus einer ehebrecherischen oder blutschänderischen Verbindung stammen, sind nicht schlechter gestellt als andere uneheliche Kinder (s Mot 4, 857; Bosch, Gutachten, 67; über den abweichenden Standpunkt früherer Rechte s Vorbem 5, 8 vor § 1705, Mot 4, 856ff, rechtsvergleichend s Dölle, II, 403; sowie zum französischen Recht Mezger, FamRZ 1962, 329, 331). 4

b) Andererseits hat das BGB keine besonderen Bestimmungen zugunsten von **Brautkindern** getroffen (s Mot 4, 858; zur Reform s vor allem Boehmer, Gutachten, 44. DJT, 1962, 117; NJW 1963, 1945; Einführung in das Bürgerliche Recht, 2. Aufl 1965, 109ff) oder von anerkannten Kindern (s Bosch, Gutachten, 67f). Eine Ehelichkeitserklärung des Kindes auf Antrag der Mutter im Verhältnis zu ihr ist nach geltendem Recht nicht möglich (s aber auch Bosch, Rpfleger 1954, 74; zur Namensänderung s 87, 91 zu § 1706). 5

II. Rechtsstellung des unehelichen Kindes zu der Mutter und zu den mütterlichen Verwandten.

1. a) Das uneheliche Kind und seine Mutter und deren Eltern sind miteinander in gerader Linie verwandt (s **§ 1589 Abs 1 Satz 1**); mit den Geschwistern der Mutter sowie den Abkömmlingen der Geschwister ist es in der Seitenlinie verwandt **(§ 1589 Abs 1 Satz 2).** 6

Das uneheliche Kind und weitere eheliche oder uneheliche Kinder der Mutter sind halbbürtige Geschwister; dies gilt auch dann, wenn die mehreren unehelichen Kinder von dem gleichen Manne erzeugt sind.

Das uneheliche Kind und der Ehemann der Mutter sind verschwägert **(§ 1590 Abs 1)**, ebenso die Mutter und der Ehegatte des unehelichen Kindes. 7

b) Diese Vorschriften der §§ 1589 Abs 1, 1590 sind gemäß **Art 33 EGBGB** auch für die verfahrensrechtlichen Bestimmungen maßgebend (§§ 41 Abs 1 Nr 3 ZPO, 22 Nr 3, 31, 49 StPO, 155 Abs 1 Nr 3, Abs 2 Nr 3 GVG, ferner §§ 6 Abs 1 Nr 3, 170 Nr 3 FGG, 9 RPflG, 16 Abs 1 Nr 3 BNotO, sowie bezüglich des Zeugnisverweigerungsrechts §§ 383 Abs 1 Nr 3 ZPO, 52 Abs 1 Nr 3 StPO, schließlich §§ 31 Nr 2, 40 Abs 2 Nr 2 KonkO, 3 Abs 1 Nr 2 AnfG). 7a

2. Die Vorschrift des **§ 204 Satz 2** gilt auch für Ansprüche zwischen der Mutter und dem unehelichen Kinde (s Bem 4 zu § 204). 8

9 **3.** Zwischen der unehelichen Mutter und ihren Aszendenten (Verwandten in aufsteigender Linie) einerseits, dem Kinde und dessen Deszendenten (Abkömmlingen) andererseits bestehen gegenseitige **Unterhaltsansprüche** nach Maßgabe der **§§ 1601 ff** (s auch § 1709 Abs 1; sowie dort Bem 27 ff).

10 Ebenso sind zwischen der Mutter und deren Verwandten einerseits, dem Kinde und dessen Abkömmlingen andererseits **Erbrechte und Pflichtteilsrechte** gegeben, wie wenn das Kind ehelich wäre **(§§ 1924 ff, 2303 Abs 1 und Abs 2 Satz 1).**

11 Gewährt die Mutter dem Kinde mit Rücksicht auf dessen Verheiratung oder auf die Erlangung einer selbständigen Lebensstellung eine Ausstattung, so findet **§ 1624** Anwendung; hierbei ist es ohne Bedeutung, ob das Kind volljährig oder minderjährig ist. **§ 1625** ist nur anzuwenden, wenn der Mutter die Sorge für das Vermögen des minderjährigen Kindes zusteht (§ 1707 Abs 2) oder wenn sie zum Einzelvormund bestellt ist (§§ 45, 50 JWG, § 1793 BGB) oder wenn sie Vormund des entmündigten volljährigen unehelichen Kindes ist (§§ 1896 ff) oder wenn sie Pfleger des volljährigen unehelichen Kindes ist (§ 1910).

12 **4.** Die Mutter bildet zusammen mit ihrem Kinde eine Familie (Kleinfamilie) iS des **Art 6 Abs 1 GG;** diese Gemeinschaft steht „unter dem besonderen Schutz der staatlichen Ordnung" (Art 6 Abs 1, s BVerwG E 15, 26 = FamRZ 1962, 471 = MDR 1962, 1016 = JR 1963, 237 = DÖV 1963, 225 = ZblJugR 1963, 136 = DAVorm XXXVI, 4 = NJW 1963, 362). Ebenso steht der unehelichen Mutter das in **Art 6 Abs 2 und 3 GG** garantierte Elternrecht zu (s Vorbem 11 vor § 1666 sowie Dölle, II, 384; Gernhuber, 38).

13 **5.** Gemäß der auch auf das Rechtsverhältnis zwischen der unehelichen Mutter und dem Kinde anzuwendenden Vorschrift des **§ 1617** ist das Kind, solange es dem Hausstand der Mutter angehört und von dieser erzogen oder unterhalten wird, verpflichtet, in einer seinen Kräften und seiner Lebensstellung entsprechenden Weise der Mutter in ihrem Hauswesen und Geschäfte Dienste zu leisten (ebenso Gotthardt in diesem Komm, 80 zu § 1617); dies gilt auch, wenn das volljährige uneheliche Kind (das nicht mehr erzogen wird) dem Hauswesen der Mutter angehört und von dieser unterhalten wird.

14 **6.** Die Vorschrift des **§ 1618** ist ebenfalls auf das volljährige uneheliche Kind anzuwenden, das dem Hausstand der Mutter angehört (so auch Gotthardt in diesem Komm, 24 zu § 1618). Voraussetzung ist, daß das Kind voll geschäftsfähig ist und nicht etwa gemäß § 114 beschränkt geschäftsfähig ist. Als Vermögen iS des § 1618 kommt vor allem das Arbeitseinkommen des Kindes in Betracht sowie etwa eine ihm gemäß §§ 1712, 1714 zugewendete Abfindungssumme. § 1618 ist nur auf die Beiträge anzuwenden, die das Kind zur Bestreitung der Kosten des Haushalts der Mutter (zB Miete, Strom- und Gaskosten sowie Lebensmittel usw) leistet.

15 **7. a)** Das uneheliche Kind teilt gemäß **§ 11 Abs 1 Satz 2** BGB den **Wohnsitz** der Mutter. Es behält diesen Wohnsitz, bis es ihn rechtsgültig, dh nach Eintritt der Volljährigkeit, aufhebt (§ 11 Abs 1 Satz 3), nämlich dadurch, daß es einen neuen Wohnsitz begründet. Der Wohnsitz des Kindes ist also von dem seiner Mutter abgeleitet. Vor Eintritt der Volljährigkeit kann das Kind ohne den Willen des gesetzlichen Vertreters einen Wohnsitz weder begründen noch aufheben (§ 8 Abs 1).

Aus diesen Gründen nimmt das Kind auch am Wohnsitzwechsel der Mutter teil.

Hat die Mutter bei der Geburt des Kindes keinen Wohnsitz, so hat auch das Kind keinen Wohnsitz; daher tritt für die Maßnahmen nach § 36 FGG der Aufenthalt des Kindes an die Stelle des Wohnsitzes (OLG Köln, JMBlNRW 1960, 188 — zur Erteilung der vormundschaftsgerichtlichen Bescheinigung über den Eintritt der Amtsvormundschaft gemäß § 37 RJWG = § 42 JWG 1961 —; Dölle, II, 383; zu beachten sind aber noch die Vorschriften der §§ 40, 41 JWG, 48 FGG; hierzu s 39 f zu § 1707).

16 **b)** Der gesetzliche Vertreter des Kindes kann für dieses einen **gewillkürten Wohnsitz** begründen; diese Befugnis des gesetzlichen Vertreters ist nicht mit dem aus dem tatsächlichen Personensorgerecht fließenden, der Mutter zustehenden Aufenthaltsbestimmungsrecht zu verwechseln (s Dölle, II, 383; Brüggemann, ZblJugR 1952, 89, 93; zu Meinungsverschiedenheiten zwischen Vormund und Mutter über den Aufenthalt des Kindes s 18 zu § 1707). Die Bestimmung des Wohnsitzes des Kindes durch den gesetzlichen Vertreter kommt zB in Betracht, wenn das Kind in einem Heim oder bei Pflegeeltern untergebracht wird, nachdem der Mutter die Ausübung des Aufenthaltsbestimmungsrechts oder des Personensorgerechts gemäß § 1666 Abs 1 entzogen worden war. Allerdings bedeutet noch nicht jede Unterbringung des Kindes durch den Vormund oder mit dessen Zustimmung die Begründung eines neuen Wohnsitzes, sondern nur dann, wenn der Wille des gesetzlichen Vertreters darauf gerichtet ist, daß das Kind sich nunmehr an diesem

Ort ständig niederlassen und dort das Zentrum seiner Lebensbeziehungen haben soll (ebenso Dölle, II, 383; BayObLGZ 9, 541 = Recht 1908, Beilage Nr 3383; Recht 1911, Beilage Nr 1089).

8. a) Obwohl das Kind im Verhältnis zu seiner Mutter die Rechtsstellung eines ehelichen Kindes hat, steht der Mutter die elterliche Gewalt über das Kind nicht kraft Gesetzes zu **(§ 1707 Abs 1)**, sondern nur durch vormundschaftsgerichtliche Anordnung **(§ 1707 Abs 2;** Einzelheiten s hierzu in den Erläuterungen des § 1707). 17

Über die Rechte und Pflichten der Mutter, wenn ihr nur die tatsächliche Sorge für die Person des Kindes zusteht, s 8ff zu § 1707, über ihre Rechte und Pflichten, wenn ihr die elterliche Gewalt übertragen ist, s 97, 165ff zu § 1707.

b) Wenn auch das uneheliche Kind im Verhältnis zur Mutter die rechtliche Stellung eines ehelichen Kindes hat mit der in Bem 9f, 17 näher dargelegten Bedeutung, so ist es doch kein ehelicher Abkömmling der Mutter und kann daher von dieser **adoptiert** werden*) (so auch die wohl fast einhellige Meinung, s 123 zu § 1707, Dölle, II, 570; Schnitzerling, ZblJugR 1960, 17; LG Hildesheim, NdsRpfl 1965, 174; LG Köln, FamRZ 1963, 55; aM Urbach, ZblJugR 1962, 291, mit der Begründung, nach der Einführung der Regelung des § 1707 Abs 2 sei für die Zulassung der Adoption kein Raum mehr, hiergegen Bosch, FamRZ 1963, 56 Anm). Dagegen kann, wie dem Wortlaut des § 1741 zu entnehmen ist, ein Elternteil nicht sein eigenes eheliches Kind adoptieren (s Dölle, aaO; LG Hildesheim, aaO = ZblJugR 1965, 226 = NJW 1965, 2063 = FamRZ 1965, 580 Leits = DAVorm XXXVIII, 276). 18

Hinzuzufügen ist indessen, daß die Adoption des Kindes durch die Mutter auf Grund der durch das FamRÄndG vom 11. 8. 1961 eingefügten Vorschrift des **§ 1766 Abs 1 Satz 2** die Folge hat, daß die Mutter dem Kinde gegenüber die Unterhaltsverpflichtung vor dessen Vater hat, während die Übertragung der elterlichen Gewalt auf die Mutter (§ 1707 Abs 2) die Unterhaltsverpflichtung des Vaters nicht berührt. Zwar war der Sinn und Zweck dieser Neuregelung des § 1766 Abs 1 Satz 2, eine in der Rechtsprechung aufgetretene Streitfrage (s hierzu Pitzer, FamRZ 1961, 333; Finke, FamRZ 1958, 405, 406) zu klären, und hatte der Gesetzgeber die hier dargelegte Folge nicht bedacht (s BT-Drucks III/530, Seite 22); indessen läßt der klare Wortlaut des Gesetzes hier keine andere Lösung zu. Daher muß nunmehr den unehelichen Müttern dringend davon abgeraten werden, ihre unehelichen Kinder zu adoptieren; ebenso sollte der Amtsvormund in der Regel solche Adoptionsverträge (vgl § 1751 Abs 1) nicht mehr schließen oder sollte der Vormund die Zustimmung (§ 1751 Abs 2) verweigern und sollten die Vormundschaftsgerichte die Genehmigung des Vertrags (§ 1751 Abs 1 und 2) versagen (vgl auch SchlHOLG, SchlHAnz 1965, 213; s hierzu noch 8 zu § 1723).

Zweifelhaft ist die Beantwortung der Frage, ob die Mutter ihr uneheliches Kind auch dann noch adoptieren kann, wenn ihr gemäß § 1707 Abs 2 die elterliche Gewalt übertragen ist**). Dölle (II, 570 Fußn 71), Schnitzerling (StAZ 1963, 254, aber auch Unsere Jugend 1963, 409, 410) und LG Hildesheim (NdsRpfl 1965, 291) verneinen die Frage mit der Begründung, durch die Übertragung der elterlichen Gewalt sei die Mutter einer alleinstehenden ehelichen (zB verwitweten oder geschiedenen) Mutter gleichgestellt. Indes ist zu beachten, daß die Übertragung der elterlichen Gewalt auf die Mutter nichts daran ändert, daß das Kind unehelich bleibt, während das Kind durch die Adoption nicht mehr uneheliches Kind, sondern „Wahlkind" ist (vgl § 1757 Abs 1)***). Ferner kann das Kind in dem Falle, daß die Mutter geschieden oder verwitwet ist, eventuell den jetzigen Familiennamen (dh den Ehenamen) der Mutter erhalten

---

*) Kuttner, Die Adoption des unehelichen Kindes durch den eigenen Vater und die eigene Mutter, JherJ 47, 1903, 46; Schnitzerling, Das Sorgerecht der unehelichen Mutter nach der Kindesadoption und nach der Adoptionsaufhebung, ZblJugR 1960, 17; Arnold (zur Frage: Adoption des unehelichen Kindes durch seine Mutter), FamRZ 1966, 341.

Zu erwähnen ist noch, daß Webler (ZblJugR XXVII, 1935/1936, 277) dargelegt hat, der Grund, der eine uneheliche Mutter zur Adoption ihres eigenen unehelichen Kindes bewege, sei meist der Wunsch, nicht als leibliche Mutter in Erscheinung zu treten und eine gesellschaftliche Achtung zu vermeiden.

**) Schnitzerling, Darf die uneheliche Mutter, der die elterliche Gewalt übertragen ist, ihr Kind noch adoptieren?, StAZ 1963, 254; ders, Aktuelle Rechtsprobleme zur Adoption, Unsere Jugend 1963, 409; Arnold, FamRZ 1966, 341 (bejahend).

***) Zu § 1757 Abs 2 s Bem 8 aE zu § 1707 und 43 zu § 1718.

(§§ 1758 Abs 2, 1758 a Abs 1, 2)*) und hat die Adoption des Kindes durch die Mutter die oben erwähnte Folge bezüglich des Unterhaltsanspruchs des Kindes (§ 1766 Abs 1 Satz 2). Richtig ist wohl, daß hinsichtlich des Inhalts der elterlichen Gewalt im Falle der Adoption und der Übertragung gemäß § 1707 Abs 2 kein Unterschied besteht. Auch kann in beiden Fällen die Ausübung der elterlichen Gewalt gemäß §§ 1666—1669 BGB beschränkt oder entzogen werden. Im Falle der Adoption besteht an sich noch die Möglichkeit der Aufhebung gemäß § 1770 a, doch dürfte dies hier schwerlich von praktischer Bedeutung sein, da Maßregeln nach §§ 1666—1669 wohl kaum je als nicht ausreichend anzusehen sein werden.

19 Hat die Mutter mehrere uneheliche Kinder, so kann sie alle adoptieren (§§ 1741, 1743).

20 Dagegen kann die uneheliche Mutter — gleichgültig ob sie ihr eigenes uneheliches Kind adoptiert hat oder nur die Personensorge (§ 1707 Abs 1) oder die elterliche Gewalt über das Kind ausübt (§ 1707 Abs 2) — ein anderes (nicht von ihr abstammendes) Kind nur mit gerichtlicher Befreiung von der Vorschrift des § 1741 Satz 1 adoptieren (vgl dazu §§ 1745, 1745 a); dies ergibt sich aus der ratio legis (ebenso Dölle, II, 570; Gläßing, Voraussetzungen der Adoption, 1957, 58; Beitzke, 180, § 32, II, 1; Gernhuber, 671; aM RGR-Komm, 4, Erman-Hefermehl, 1, a je zu § 1741; s auch OLG Koblenz, FamRZ 1956, 390).

21 9. Unabhängig davon, ob der Mutter die Personensorge (§ 1707 Abs 1) oder die elterliche Gewalt (§ 1707 Abs 2) zusteht, ist ihre **Einwilligung** erforderlich:

zur Einbenennung des Kindes **(§ 1706 Abs 2 Satz 2;** s dort Bem 28),

zur Einwilligung in die Ehelichkeitserklärung des minderjährigen Kindes **(§ 1726 Abs 1 Satz 1,** s dort Bem 4 ff),

zur Einwilligung in die Adoption des minderjährigen Kindes **(§ 1747 Abs 1).**

Das Erfordernis dieser Einwilligungserklärungen beruht auf dem natürlichen Mutter-Kind-Verhältnis und besteht daher auch dann, wenn die Mutter die Personensorge (§ 1707 Abs 1) oder die elterliche Gewalt (§ 1707 Abs 2) nicht ausübt.

22 **10.** Ein uneheliches Kind gehört zu den Familienangehörigen iS des **§ 19 MSchG** (soweit diese Vorschrift noch anzuwenden ist**), jedenfalls dann, wenn die Mutter des unehelichen Kindes selbst Mieterin ist und das Kind bei sich hat oder wenn ein Ehemann als alleiniger Mietvertragspartner ein uneheliches Kind seiner Ehefrau in seinen Haushalt aufgenommen hat (LG Kassel, JR 1961, 221; Dölle, II, 371; s ferner Bettermann, Anm 9, Roquette, Anm 14 je zu § 19 MSchG).

Ebenso ist das uneheliche Kind Familienangehöriges iS der (auf dem Gesetz vom 14. 7. 1964 beruhenden, dem § 19 MSchG ähnlichen) Vorschrift des **§ 569 a Abs 2** (so auch Palandt-Gramm, 25. Aufl 1965, Anm 3 zu § 569 a BGB).

III. Staatsangehörigkeit des unehelichen Kindes***).

23 **1.** Das uneheliche Kind einer Mutter deutscher Staatsangehörigkeit erwirbt gemäß § 4 Abs 1 Satz 1 RuStAngG die Staatsangehörigkeit der Mutter, dh also die deutsche Staatsangehörigkeit. Hierzu ist noch die Vorschrift des Art 116 Abs 1 GG von Bedeutung, wonach Deutscher iS des GG vorbehaltlich anderweitiger gesetzlicher Regelung ist, wer die deutsche Staatsangehörigkeit besitzt oder als Flüchtling oder Vertriebener deutscher Volkszugehörigkeit oder als dessen . . Abkömmling in dem Gebiete des Deutschen Reiches nach dem Stand vom 31. 12. 1937 Aufnahme gefunden hat.

24 **2.** War das Kind durch erfolgreiche Ehelichkeitsanfechtung unehelich geworden, so richtet sich die Staatsangehörigkeit des Kindes nach dem nationalen Recht der Mutter (s Schätzel, Komm, 2. Aufl 1958, Seite 139, Anm 4 zu § 4 RuStAngG).

25 **3.** Ein uneheliches Kind einer Staatenlosen oder Ausländerin erwirbt die deutsche Staatsangehörigkeit nicht dadurch, daß der deutsche Erzeuger die Vaterschaft anerkennt (Dölle, II, 383; BayObLGZ 1953, 323 = MDR 1954, 107 = NJW 1954, 350).

---

*) Zu § 1758 a Abs 2 ist darauf hinzuweisen, daß das BVerfG (E 19, 177 = FamRZ 1966, 19 = JZ 1966, 184 = MDR 1966, 301 = NJW 1966, 340 = Rpfleger 1966, 140 = DAVorm XXXIX, 3 = BWNotZ 1966, 115 Leits; s auch Diller, JR 1966, 161, 162) in dieser Vorschrift den Satzteil „wenn das Kind noch nicht achtzehn Jahre alt ist" für nichtig erklärt hat.

**) Dazu s das Zweite Gesetz zur Änderung mietrechtlicher Vorschriften vom 14. 7. 1964, BGBl I, 457, Art IV, § 7.

***) Reichard, Vermerke über die Staatsangehörigkeit im Geburtenbuch, StAZ 1960, 131. Vgl auch zum ausländischen Recht Makarov, Allgemeine Lehren des Staatsangehörigkeitsrechts, 2. Aufl 1962, 243 ff (vor allem zum französischen Recht), sowie zum französischen Recht Schwoerer, RabelsZ 1951, 44; Mezger, FamRZ 1962, 329.

4. Die deutsche Staatsangehörigkeit des unehelichen Kindes geht gemäß § 17 Nr 5 RuStAngG durch eine von einem Ausländer bewirkte und nach den deutschen Gesetzen wirksame Legitimation verloren; doch darf das Kind hierdurch nicht staatenlos werden (Art 16 Abs 1 Satz 2 GG). 26

IV. Verfahrensfragen, Anerkennung der Mutterschaft.

1. Ist die **Mutterschaft streitig,** zB wegen Kindesvertauschung in einer Entbindungsanstalt oder Klinik, oder bei Findelkindern, so finden auf einen solchen Rechtsstreit die Vorschriften der §§ 640ff ZPO Anwendung, da es sich hierbei um die Feststellung des Bestehens oder Nichtbestehens eines Eltern- oder Kindesverhältnisses iS des § 640 Abs 1 ZPO handelt (ebenso Dölle, II, 372). 27

2. Ein als ehelich geltendes Kind **(§ 1593)** kann nicht auf Feststellung der Unehelichkeit gegen die Mutter klagen (s OLG Bremen, NJW 1956, 512; aM für früheres Recht OLG Hamburg, JW 1936, 3063), oder überhaupt auf die Feststellung der blutmäßigen Abstammung (s dazu 14 zu § 1593), vielmehr kann es nur unter den Voraussetzungen der **§§ 1596ff** auf Anfechtung der Ehelichkeit klagen. 28

3. Unzulässig ist auch eine Klage auf Feststellung der Unwirksamkeit der Ehelichkeitserklärung (s **§ 1735 a**), vielmehr kommt nur die Anfechtung der Ehelichkeitserklärung unter den Voraussetzungen dieser Vorschrift in Betracht (anders für früheres Recht: RGZ 122, 24 = JW 1928, 3043; 1929, 105 mit Anm von Landsberg). 29

4. Die **Anerkennung der Mutterschaft** durch die Mutter ist nur als Beweismittel für die Mutterschaft von Bedeutung, auf die rechtliche Stellung des Kindes dagegen ohne Einfluß (ebenso Dölle, II, 372). Jedoch kann in kollisionsrechtlichen Fällen auch die Anerkennung des unehelichen Kindes durch die Mutter deutscher Staatsangehörigkeit Bedeutung erlangen und erforderlich werden, nämlich wenn nach ausländischem Recht das Anerkenntnis der Mutterschaft die Grundlage für das zwischen Mutter und Kind bestehende Familienverhältnis bildet (s Dölle, II, 372 und 443)*). Dem hat § 29a PStG idF des Gesetzes vom 18. 5. 1957, BGBl I, 518, Rechnung getragen (s zu dieser Vorschrift die Kommentare von Feneberg-Simader, 1958, und Pfeiffer-Strickert, 1961). Hiernach kann der Standesbeamte das Mutterschaftsanerkenntnis beurkunden, wenn es nach dem Heimatrecht des ausländischen Elternteils des unehelichen Kindes rechtswirksam vor dem deutschen Standesbeamten abgegeben werden kann. 30

V. Rechtsstellung des unehelichen Vaters und des Kindes zum Vater.

1. a) Nach der Regelung des **§ 1589 Abs 2,** die heute wohl — infolge der Änderung der Anschauungen über das uneheliche Kind und infolge der jetzt bestehenden Möglichkeiten der Vaterschaftsfeststellung — als etwas anstößig beurteilt werden muß, gelten ein uneheliches Kind und dessen Vater als nicht verwandt (s hierzu Lauterbach in diesem Komm, 16ff zu § 1589)**). 31

Das Gesetz spricht in den §§ 1708ff gleichwohl — wie es auch der Volksanschauung entspricht, heute wohl mehr als ehedem — vom Vater, nicht vom Erzeuger. So enthält das BGB also im Grunde zwei Vater-Begriffe: den ehelichen Vater, der mit dem Kinde im Rechtssinne verwandt ist (§ 1589 Abs 1), und den unehelichen Vater, der als mit dem Kinde nicht verwandt „gilt" (§ 1589 Abs 2).

Hervorzuheben ist aber noch, daß das Gesetz mit dem Begriff (unehelicher) Vater stets den wirklichen, den natürlichen Vater des Kindes meint (s Mot 4, 874, 883; Bosch, Gutachten, 61; hierzu s 7, 21 zu § 1708).

aa) § 1589 Abs 2 sollte heutzutage nur als rechtstechnische Vorschrift verstanden werden, die klarstellt, daß die Bestimmungen, die sich auf das eheliche Kind beziehen, auf das Verhältnis des unehelichen Kindes zu seinem Vater nicht anwendbar sind, also insbesondere die §§ 1601ff, 1616ff, 1626ff, 1924ff, 2303 (s auch Bosch, Gutachten, 61f); zT ergibt sich dies freilich auch daraus, daß die Vorschriften der §§ 1708ff als leges speciales anzusehen sind (s die Bem zu §§ 1708—1714). Zur Unterhaltspflicht des unehelichen Vaters ist noch auf die (auf dem FamRÄndG vom 11. 8. 1961 32

---

*) Braga, Muß die deutsche Frau ihr uneheliches Kind anerkennen, wenn sie den Vater französischer Staatsangehörigkeit heiratet?, StAZ 1952, 149; Peters, Mutterschaftsanerkenntnis für das von einem Italiener gezeugte uneheliche Kind einer Deutschen, StAZ 1964, 281; Schwoerer, Die französische Mutterschaftsanerkennung und ihre Abgabe durch deutsche Mütter, RabelsZ 16, 1951, 44; s ferner noch Beitzke, ZblJugR 1962, 177, 183.

**) Zu der Frage, ob das Kind einen Rechtsanspruch gegen seine Mutter auf Angabe des Vaters hat, s 12a zu § 1707.

beruhende) Vorschrift des § 1766 Abs 1 Satz 2 hinzuweisen, wonach der Annehmende (§§ 1741 ff) vor dem unehelichen Vater dem unehelichen Kinde gegenüber unterhaltspflichtig ist.

33 bb) Dagegen gelten gemäß **§ 4 Abs 1 EheG** — wie schon gemäß § 1310 BGB aF — unehelicher Vater und Tochter als verwandt sowie uneheliche Kinder und eheliche Kinder des gleichen Vaters als halbbürtige Geschwister jeweils mit der Folge, daß zwischen ihnen eine Ehe nicht geschlossen werden darf.

34 cc) Ferner ist das uneheliche Kind eventuell als Familienangehöriges des unehelichen Vaters iS des **§ 1969** anzusehen (s Bem 43).

35 dd) Schließlich fällt das uneheliche Kind unter den Begriff „Familienangehörige" iS des **§ 19 MSchG** (soweit diese Vorschrift noch anzuwenden ist — s Bem 22 mit Fußnote —), wenn das Kind von seinem Vater in dessen Haushalt aufgenommen worden ist (LG Kassel, JR 1961, 221), und iS des **§ 569 a Abs 2** BGB (s Bem 22).

36 b) Die Vorschriften der §§ 1589, 1590, damit also auch § 1589 Abs 2, finden gemäß **Art 33 EGBGB** Anwendung, soweit in dem GVG, der ZPO, der StPO, der KonkO und in dem AnfG an die Verwandtschaft und Schwägerschaft rechtliche Folgen geknüpft sind (s dazu auch Bosch, Gutachten, 46, 61 f; Gaul, FamRZ 1961, 500, 503).

37 aa) Hieraus geht an sich hervor, daß der Richter (§§ 41 Abs 1 Nr 3 ZPO, 22 Nr 3 StPO — auch § 6 Abs 1 Nr 3 FGG —), der Rechtspfleger (§ 9 RPflG), der Urkundsbeamte (§§ 49 ZPO, 31 StPO), der Schöffe und Geschworene (§ 31 StPO), der Notar (§ 16 Abs 1 Nr 3 BNotO) und der Gerichtsvollzieher (§ 155 Abs 1 Nr 3, Abs 2 Nr 3 GVG) ferner die Urkundsperson (§ 170 Nr 3 FGG) in Angelegenheiten des eigenen unehelichen Kindes nicht kraft Gesetzes ausgeschlossen ist*). Allerdings sind diese Konsequenzen mit dem Rechtsempfinden der Gegenwart, der Wertentscheidung des **Art 6 Abs 5 GG** und auch rechtsstaatlichen Verfahrensgrundsätzen so unvereinbar, daß sie als unerträglich und unannehmbar bezeichnet werden müssen**).

38 bb) Ebenso erscheint es für das heutige Rechtsempfinden untragbar, daß ein uneheliches Kind soll gezwungen werden können, im Strafverfahren gegen seinen Vater auszusagen (s Reinicke, MDR 1957, 193, 195 f; Webler, ZblJugR 1957, 41; Löwe-Rosenberg-Kohlhaas, 21. Aufl 1963, Anm 2, c zu § 52 StPO; Dölle, II, 373 Fußn 14; **aM** BGH, LM StPO § 52 Nr 10 = FamRZ 1956, 218 = MDR 1956, 372 = NJW 1956, 1286 mit Anm von Bruns; Dallinger, MDR 1956, 394, 397; hM)***).

So sollten die Vorschriften der §§ 383 Abs 1 Nr 3 ZPO, 52 Abs 1 Nr 3 StPO über das Zeugnisverweigerungsrecht eines Verwandten auch auf das Verhältnis des unehelichen Kindes zu seinem Vater und umgekehrt angewendet werden. Hinzuzufügen ist, daß, wenn in den Fällen der §§ 41 Abs 1 Nr 3 ZPO, 22 Nr 3 StPO das uneheliche Kind als mit seinem Vater verwandt beurteilt wird, es als inkonsequent erscheinen müßte, wenn andererseits in den §§ 383 Abs 1 Nr 3 ZPO, 52 Abs 1 Nr 3 StPO das uneheliche Kind als mit seinem Vater nicht verwandt angesehen würde.

Aus der Neufassung des § 644 ZPO ist ersichtlich, daß zwischen dem unehelichen Kinde und seinem Vater ein Eltern- und Kindesverhältnis iS des § 640 ZPO besteht. Dagegen muß angenommen werden, daß zwischen dem unehelichen Kinde und seinem Vater **kein** Eltern- und Kindesverhältnis iS des § 154 Abs 2 ZPO besteht (andernfalls müßte nämlich jeder Unterhaltsrechtsstreit, in dem die Vaterschaft streitig ist, gemäß dieser Vorschrift auf Antrag ausgesetzt werden, bis im Statusprozeß die Vaterschaft geklärt wäre!).

---

*) Vgl auch § 2234 Nr 2 BGB; ferner s zB zu § 41 ZPO Stein-Jonas-Schönke-Pohle, 19. Aufl 1964, Anm III, 3, a; zu § 22 StPO Löwe-Rosenberg-Dünnebier, 21. Aufl 1963, Anm I, 1, b, 2; zu § 16 BNotO Seybold-Hornig-Weber-Reithmann-Schippel, 4. Aufl 1962, Anm 9.

**) Wie z.B. auch die Vorschrift des § 6 Abs 2 Satz 2 FGG als mit rechtsstaatlichen Verfahrensgrundsätzen unvereinbar zu beurteilen ist (s Anhang zu § 1666, Bem 277).

***) Schorn, Zur Frage des Zeugnisverweigerungsrechts des unehelichen Kindes gegenüber seinem Erzeuger, DRiZ 1965, 20; Schorn wendet sich gegen die erwähnte Entscheidung des BGH, ua auch unter Berufung auf Art 6 Abs 5 GG.

c) Im **materiellen Strafrecht** gelten dagegen unehelicher Vater und Kind als Angehörige iS der §§ 52, 157 Abs 1, 247 Abs 1, 257 Abs 2, 3, 263 Abs 5, 266 Abs 3 StGB, als verwandt iS der §§ 173 Abs 1, 247 Abs 2, 370 Abs 1 Nr 5 StGB; das uneheliche Kind steht ferner unter dem Strafschutz der §§ 143 Abs 2, 170b und d, 221 StGB. 39

d) Im Lastenausgleichsrecht wurde der uneheliche Vater als nicht zu den Verwandten iS des **§ 267 Abs 2 Nr 1 LAG** gehörig beurteilt; die von ihm erbrachten Unterhaltsleistungen wurden nicht als Unterhaltsleistungen von Verwandten behandelt (BVerwGE 7, 267 = FamRZ 1959, 215 = DÖV 1959, 830; DAVorm XXXIV, 1961, 139 = NJW 1961, 696 = FamRZ 1961, 259 Leits); doch sind hiergegen Bedenken zu erheben (s auch Lit-Angaben in Vorbem 29 vor § 1705). 40

e) Ein uneheliches Kind ist iS des **§ 46 Abs 2** des Bundesentschädigungsgesetzes **(BEG)** dann als erbberechtigt anzusehen, wenn es als testamentarischer Erbe eingesetzt ist (ebenso Bosch, FamRZ 1962, 256 gegen BGH, LM BEG 1956 § 46 Nr 9 = FamRZ 1962, 256 = [stark gekürzt] MDR 1962, 643; in dem vom BGH entschiedenen Falle kam es allerdings hierauf nicht an, da das Kind [Erbe] zufolge des § 1593 BGB als eheliches Kind eines anderen Mannes galt; s auch Schultz, MDR 1962, 711 Fußn 15). 41

f) Soweit im übrigen in Vorschriften des öffentlichen Rechts von Verwandten die Rede ist, dürfte im Hinblick auf Art 6 Abs 5 GG bei der Beurteilung der Frage, ob ein uneheliches Kind als mit seinem Vater nicht verwandt angesehen werden kann, jeweils große Zurückhaltung und Vorsicht geboten sein. 42

Der uneheliche Vater ist zB als Elternteil iS des § 2 BKindGG und der §§ 81 Abs 1, 85 Abs 1 JWG anzusehen (zum letzteren ebenso wohl Jans-Happe, 1B zu § 81; anders Riedel, 4. Aufl, 2 zu § 81, 4 zu § 85 JWG). Das im Haushalt des Vaters lebende uneheliche Kind ist auch als Angehöriges iS des § 25 Abs 1 des Wohnungsbauänderungsgesetzes vom 24. 8. 1965 (BGBl I, 945) zu beurteilen (s Glaser, MDR 1966, 373).

2. a) Aus den obigen Darlegungen (Bem 32) ergibt sich, daß der uneheliche Vater **weder ein Recht noch eine Pflicht** hat, die **Sorge für die Person und das Vermögen des Kindes** auszuüben (vgl ferner OLG Karlsruhe, Die Justiz 1965, 141 = DAVorm XXXVIII, 214), und zwar auch dann nicht, wenn er mit der Mutter des Kindes im Konkubinat lebt; denn diese von der Rechtsordnung mißbilligte Verbindung (s auch Art 6 Abs 1 GG und unten Bem 48) kann keine solchen Rechte und Rechtspflichten begründen, wenn sich hier aus dem faktischen Zusammenleben auch die sittliche Pflicht des Vaters zur Sorge für das Kind ergeben mag und die Mutter die Ausübung gewisser Rechte und Pflichten (zB die Beaufsichtigung des Kindes) dem Vater überlassen kann. 43

Lebt das Kind im Haushalt seines Vaters, so findet nach dessen Tod die Vorschrift des § 1969 Anwendung, da der Begriff „Familienangehörige" weit auszulegen ist (zum letzteren ebenso Lehmann in diesem Komm, 4 zu § 1969).

Ferner können im Falle der Hausgemeinschaft des Vaters mit dem Kinde die Vorschriften der §§ 143 Abs 2, 170d, 221, 370 Abs 1 Nr 5 StGB in Betracht kommen (s auch Bem 39).

Nach geltendem Recht kann dem Vater auch nicht die Sorge für die Person oder das Vermögen des Kindes oder die gesamte elterliche Gewalt übertragen werden. Vielmehr kann der Vater unter den jeweiligen gesetzlichen Voraussetzungen lediglich dann die elterliche Gewalt gewinnen, wenn er mit der Mutter des Kindes die Ehe eingeht (§ 1719), wenn auf seinen Antrag das Kind für ehelich erklärt wird (§§ 1723, 1736) oder wenn er das Kind an Kindes Statt annimmt (§§ 1741, 1757). Ferner kann er die Personen- oder Vermögenssorge für das Kind erlangen, wenn er zum Vormund oder Pfleger bestellt wird (§§ 1773, 1793, JWG §§ 45, 50, BGB § 1909), zB wenn der Mutter die Ausübung der Personensorge entzogen wurde (§ 1666 Abs 1). 44

Der uneheliche Vater hat auch kein **Verkehrsrecht** iS des § 1634 gegenüber dem Kinde (s zB OLG Saarbrücken, FamRZ 1965, 162 = DAVorm XXXVIII, 165 = ZblJugR 1965, 136); allerdings kann in besonderen Fällen die Verhinderung oder Beschränkung des Verkehrs des Vaters mit dem Kinde durch die Mutter einen Mißbrauch des Sorgerechts der Mutter darstellen, zB bei Brautkindern, wenn ein herzliches Vater-Kind-Verhältnis entstanden ist (s 74 zu § 1666; Boehmer, NJW 1963, 1945; sowie auch Haff, ZblJugR 1950, 54, 57). 45

Ist der Vater Ausländer und hat er das Kind anerkannt, so kann eventuell nach ausländischem Recht ein Verkehrsrecht des Vaters in Betracht kommen (s zum griechischen Recht OLG Bremen, FamRZ 1964, 219 = NJW 1964, 555).

46 b) In vormundschaftsgerichtlichen Verfahren, die das uneheliche Kind betreffen und von besonderer Tragweite sind, insbesondere zB wenn die Entscheidung Auswirkungen auf den Umfang der Unterhaltsverpflichtung des Vaters haben kann, sollte der **Vater** möglichst **gehört** werden (s auch 331 zu § 1666). Versorgt er das Kind in seinem Haushalt, so wird seine Anhörung regelmäßig unentbehrlich sein, und zwar wohl schon gemäß § 12 FGG. ZB sollte der Vater im Verfahren des § 1751 gehört werden.

Ein **Auskunftsrecht** des Vaters gegen die uneheliche Mutter, welche die Personensorge ausübt, kann nach geltendem Recht nicht bejaht werden, auch wenn es sich um wichtige Angelegenheiten, zB die Berufsausbildung, handelt, die Auswirkungen auf die Höhe der Unterhaltsleistung haben; zu gegenseitigen Auskunftspflichten des Vaters und des Kindes s 12a zu § 1708.

47 c) Ein **Beschwerderecht** des unehelichen Vaters wurde gemäß § 57 Abs 1 Nr 9 FGG bejaht im Falle der Versagung der vormundschaftsgerichtlichen Genehmigung des von ihm geschlossenen Adoptionsvertrags (OLG Celle, NdsRpfl 1961, 86; LG Verden, Rpfleger 1953, 581; Keidel, Anm 38 zu § 57 FGG [S 742]), im Falle der Ablehnung des Antrags auf Entlassung des Vormunds, da dieser die vom Vater erstrebte Ehelichkeitserklärung des Kindes ablehnte (BayObLGZ 18, A 105; Keidel, aaO); dagegen versagte das SchlHOLG (SchlHA 1958, 176; s auch Keidel, Anm 39 zu § 57 FGG, S 744) — wohl zu Unrecht — dem Vater in dem Falle das Beschwerderecht, in dem das Vormundschaftsgericht die Genehmigung zur Einwilligung des gesetzlichen Vertreters in die Ehelichkeitserklärung des Kindes (§ 1728 Abs 2) abgelehnt hatte (s auch Bem 12 zu § 1728).

Ein Beschwerderecht steht dem Vater nicht zu, wenn das Vormundschaftsgericht die Genehmigung eines Unterhaltsvergleichs oder eines Abfindungsvertrags (§ 1714 Abs 1) abgelehnt hatte (KG, KGJ 20, A 136 = RJA 1, 43; Jansen, Anm B, b; Keidel, Anm 39 je zu § 57 FGG).

48 3. Das Elternrecht iS des Art 6 Abs 2 GG steht dem unehelichen Vater nicht zu (s dazu Vorbem 14 vor § 1666 sowie OLG Karlsruhe, Die Justiz 1965, 141; aM Gernhuber, 38); er ist und kann nicht berechtigt sein, zugleich mit der Mutter die Pflege und Erziehung des Kindes wahrzunehmen, auch nicht, wenn er mit dieser im Konkubinat lebt (s Bem 43 und BVerwGE 15, 26; s Bem 12).

Zu erwägen ist freilich, ob dem unehelichen Vater hinsichtlich des Elternrechts iS des Art 6 Abs 2 GG eine Art Anwartschaftsrecht zuzugestehen ist, insbesondere im Hinblick auf die Möglichkeit der Legitimation (§ 1719) und Ehelichkeitserklärung des Kindes (§ 1723), sowie der Adoption (§ 1741 — dazu, daß dem Annehmenden das Elternrecht zusteht, s Vorbem 13 vor § 1666 —). Diese Frage dürfte wohl zu bejahen sein, hiermit wäre wohl für die Fälle des Beschwerderechts (Bem 47) eine weitere Grundlage geschaffen, ebenso für die Anhörung in wichtigen vormundschaftsgerichtlichen Verfahren. Im übrigen dürfte allerdings das Problem eines Anwartschaftsrechts von keiner praktischen Bedeutung sein.

§ 1706*).

Das uneheliche Kind erhält den Familiennamen der Mutter.

Führt die Mutter infolge ihrer Verheiratung einen anderen Namen, so erhält das Kind den Familiennamen, den die Mutter vor der Verheiratung geführt hat. Der Ehemann der Mutter kann durch Erklärung gegenüber der zuständigen Behörde dem Kinde mit Einwilligung des

---

*) Schrifttum: Dölle, FamR, II, 1965, 374, § 102, II; Gernhuber, FamR, 1964, 619, § 57, I; Beitzke, FamR, 12. Aufl 1964, 191, § 33, I, 2; Stölzel, Namensrecht, 1939; Ficker, Das Recht des bürgerlichen Namens, 1950; Roquette, Das Recht des unehelichen Kindes, 1943; Pfeiffer-Strickert, PStG, Komm, 1961; Stölzel, PStG, 4. Aufl 1936; Feneberg-Simader, PStG, 1958; Kopp (s Vorbem 4 Fußn vor § 1705).

Giffhorn, Namensführung unehelicher Kinder von Kriegsbräuten, StAZ 1954, 280; Kopp, Namensrecht der Unehelichen vor dem Inkrafttreten des BGB in Deutschland, 1959; Ramdohr, Das Recht zum Gebrauch eines Namens nach den Vorschriften des BGB, GruchB 43, 1899, 1, 40; Strunck, Der eine oder der andere Familienname des unehelichen Kindes, StAZ 1960, 77; Winkler, Zur Namensführung unehelicher und angenommener Kinder, ZBlFG 11, 1911, 320.

Lit zu Abs 2 s bei Bem 17.

Kindes und der Mutter seinen Namen erteilen; die Erklärung des Ehemannes sowie die Einwilligungserklärungen des Kindes und der Mutter sind in öffentlich beglaubigter Form abzugeben.

E I, 1569; II, 1594; III, 1682; Mot 4, 859; Prot 4, 671.

Gliederung.

Übersicht.
(Alphabetisches Stichwortverzeichnis).

I. Allgemeines.

Die Vorschrift des § 1706 regelt den Familiennamen des unehelichen Kindes; sie steht in Zusammenhang mit § 1705 und auch mit § 1589 Abs 2 (zur letzteren Bestimmung s 31 zu § 1705). Sie beruht auf der Erwägung, daß das uneheliche Kind nur zur Mutter, nicht auch zum Vater in einem Familienverhältnis steht (Mot 4, 859). 1

§ 1706 Abs 2 Satz 2 sieht die Möglichkeit einer Änderung des Familiennamens des Kindes im Falle der Verheiratung der Mutter vor.

§ 1706 ist nicht verfassungswidrig, weder Abs 1, zB wenn der Erzeuger seine Vaterschaft anerkannt hat oder wenn die „Zahlvaterschaft" (s 160 zu § 1717) oder die blutsmäßige Vaterschaft (§§ 640ff ZPO; s 188 zu § 1717) rechtskräftig festgestellt worden ist, noch Abs 2 Satz 1, wenn die Mutter verheiratet ist oder war (s dazu im einzelnen unten 14f). 2

Über den Begriff des Familiennamens s 2ff zu § 12, über das frühere Recht bezüglich des Familiennamens unehelicher Kinder s 25 zu § 12. 3

Über den Vornamen des Kindes s 26 zu § 1707.

II. Abs 1 und Abs 2 Satz 1.

1. a) Das uneheliche Kind erhält den **Familiennamen, dh Mädchennamen der Mutter,** den sie zZ der Geburt des Kindes führt, regelmäßig also den Namen, den die Mutter zZ ihrer Geburt führte; hatte die Mutter aber später, vor der Geburt des unehelichen Kindes, ihren Mädchennamen, auf andere Weise als durch Verheiratung, verloren, nämlich durch Einbenennung (§ 1706 Abs 2 Satz 2) oder Legitimation (§§ 1719, 1722) oder Ehelichkeitserklärung (§§ 1723, 1737) — wenn die Mutter selbst unehelich geboren war — oder durch Adoption (§§ 1758, 1762) oder infolge Änderung des Familiennamens gemäß Gesetz über die Änderung von Familiennamen und Vornamen vom 5. 1. 1938 (s zu diesem unten 87), so ist dieser neue Name der Familienname der Mutter iS des Abs 1. 4

Eine Adelsbezeichnung der Mutter ist Teil des Namens; gemäß Art 123 GG gilt Art 109 Abs 3 Satz 2 WeimRV als einfaches Bundesrecht weiter (s 5 zu § 12, sowie Enneccerus-Nipperdey, Allgem Teil, 15. Aufl, Band I, 1959, 573, § 100, IV; BVerwGE 8, 317, 321 und Graf von Bernstorff, DÖV 1964, 78). Somit erhält das uneheliche Kind die Adelsbezeichnung seiner Mutter (RGZ 103, 190, 194; allgM). 5

b) Zur Führung des Familiennamens der Mutter ist das uneheliche Kind nicht nur berechtigt, sondern auch verpflichtet (s 22 zu § 12 und 8 zu § 1616 sowie in strafrechtlicher Hinsicht § 360 Abs 1 Nr 8 StGB). 6

Die uneheliche Mutter darf das Kind also nicht mit dem Namen des Erzeugers ausgeben; hiermit würde sie dessen Namensrecht (§ 12) verletzen, so daß dieser gegen sie gemäß § 12 vorgehen könnte (s Enneccerus-Nipperdey, Allgemeiner Teil, 15. Aufl, Band I, 1959, 566, § 100, Fußn 13). Falls der Erzeuger mit der Führung seines Namens durch das Kind einverstanden wäre — was jedoch keine rechtliche Wirkung hat —, so können andere Träger des Namens auf Unterlassung klagen (Planck-Unzner, I, 3, i).

Den Namen des Erzeugers kann das Kind — abgesehen von der Genehmigung der Namensführung durch Verwaltungsakt (s unten 87ff) — nur durch Legitimation (§ 1719), Ehelichkeitserklärung (§ 1723) oder Adoption (§ 1741) erlangen (s auch 19). Zu der Frage, ob das uneheliche Kind als Doppelnamen den Ehenamen der verwitweten Mutter und den des Erzeugers erlangen kann, s Schnitzerling, StAZ 1965, 282.

2. **Ändert sich der Familienname der Mutter** nach der Geburt des Kindes, ohne daß sie die Ehe eingeht, so unterliegt der Familienname des Kindes in folgenden Fällen dieser Änderung (s dazu auch BayObLGZ 1951, 604, 607 = MDR 1952, 164 = StAZ 1952, 40): 7

a) Die uneheliche Mutter war selbst ein uneheliches Kind, ihre Eltern, also die Großeltern des Kindes, schließen die Ehe (§§ 1719, 1722); der Familienname des Kindes ändert sich auch dann, wenn die Mutter des Kindes vor der Eheschließung ihrer Eltern gestorben ist (§ 1722). Diese Änderung tritt kraft Gesetzes ein, ohne daß es einer Mitwirkung, etwa einer Zustimmung des Kindes bedarf. 8

b) Die uneheliche Mutter, die selbst unehelich geboren war, wird für ehelich erklärt (§§ 1723, 1737); einer Zustimmung des Kindes bedarf es hier ebenfalls nicht (s auch 2 zu § 1737). 9

c) Der unehelichen Mutter, die selbst unehelich geboren war, wird gemäß § 1706 Abs 2 Satz 2 von ihrem Stiefvater der Name erteilt (s dazu näher unten 45). 10

11 d) Die uneheliche Mutter wird an Kindes Statt angenommen, der Adoptionsvertrag wird auch mit dem unehelichen Kinde abgeschlossen (§ 1762 Satz 2); das Kind wird dadurch Enkel der Adoptiveltern der Mutter (s hierzu BayObLGZ 1962, 224, 227 = FamRZ 1962, 438 = Rpfleger 1962, 341 = NJW 1962, 2060 = MDR 1962, 905 = StAZ 1962, 310 = ZfSH 1962, 121 = BWNotZ 1962, 260 = RdJ 1963, 202); zu dem Falle, daß die Mutter später den Erzeuger des Kindes heiratet, s 7 zu § 1719.

12 e) Der unehelichen Mutter wird auf ihren Antrag von der Verwaltungsbehörde ein anderer Name verliehen (s dazu 4 aE und unten 87), zB der Name ihres verstorbenen Verlobten; diesen Namen erhält das uneheliche Kind auch dann, wenn es nicht von dem Verlobten erzeugt war (BayObLGZ 1951, 604 = MDR 1952, 164 = StAZ 1952, 40; Dölle, II, 375).

13 3. Dagegen behält das uneheliche Kind den Familiennamen, wenn die Mutter mit einem anderen Manne als dem Erzeuger des Kindes die Ehe eingeht, während die Mutter den Familiennamen ihres Ehemannes erwirbt (§ 1355; zur Namensänderung des Kindes im Falle der Eheschließung der Mutter mit dem Erzeuger des Kindes (§ 1719) s 18 zu § 1719; zu dem Falle, daß der Ehemann der Mutter unrichtigerweise sich als Erzeuger des Kindes bekannt hatte s 37, 39 zu § 1719). Zur Möglichkeit der Namenserteilung gemäß Abs 2 Satz 2 s unten 17ff. Im Hinblick auf diese Regelung kann § 1706 Abs 2 Satz 1 nicht als verfassungswidrig beurteilt werden; Art 6 Abs 5 GG hat nur den Charakter eines Programmsatzes und stellt nicht aktuelles Recht dar (s Dölle, II, 375 mit 356f; sowie im allgemeinen Vorbem 51 vor § 1705; aM Schlosser, FamRZ 1963, 601, 625). § 1706 Abs 2 Satz 1 widerspricht auch nicht Art 3 Abs 2 GG, da ja der Name des Kindes, nicht der der Mutter zur Debatte steht (Schlosser, aaO, Fußn 267).

14 4. Wird ein nach der Eheschließung der Mutter (s § 1591 Abs 1) oder ein innerhalb von 302 Tagen nach der Auflösung der Ehe geborenes Kind (s § 1593) oder ein legitimiertes (§§ 1719, 1721) oder für ehelich erklärtes Kind (§§ 1723, 1735a) rechtskräftig für unehelich erklärt **(§§ 1593, 1721, 1735a iV mit § 643 ZPO)**, so erhält es den **Familiennamen**, den die **Mutter vor ihrer Verheiratung**, gegebenenfalls vor ihrer ersten Verheiratung, geführt hat, also den Mädchennamen (s 4, 7ff, 13). Das Kind bekommt hiernach stets den Geburts-(Mädchen-) Namen der Mutter, und zwar in der Form, wie er der Mutter im Zeitpunkt der Geburt des Kindes (nicht — wie das Gesetz ungenau sagt — im Zeitpunkt der Verheiratung der Mutter) zusteht, wie sie ihn also führen würde, wenn sie nicht geheiratet hätte (BayObLGZ 1951, 604, 607 = MDR 1952, 164).

Unter Auflösung der Ehe ist zu verstehen die rechtskräftige Aufhebung (§ 29 EheG) oder Scheidung (§ 41 EheG) oder Feststellung der Nichtigkeit der Ehe (§ 23 EheG, § 1591 Abs 1) oder der Tod oder die Todeserklärung (§§ 9, 23, 29 VerschG) oder die Feststellung des Todes und des Zeitpunktes des Todes des Ehemannes (§§ 1 Abs 2, 40, 44 VerschG).

15 War die Mutter **mehrmals verheiratet**, so erhält das Kind den Familiennamen (Mädchennamen), den die Mutter vor der ersten Verheiratung geführt hat, also nicht den Familiennamen des ersten Ehemannes, dh den Familiennamen, den die Mutter während der früheren Ehe geführt hat (§ 1355); diese Auffassung entspricht der wohl einhelligen Meinung (s Planck-Unzner, I, 1; Opet-v Blume, 2).

16 Wurde die Mutter während der Ehe legitimiert (§ 1719) oder für ehelich erklärt (§ 1723) oder adoptiert (s §§ 1744, 1745c, 1746, 1762), so erhält das Kind den diesbezüglichen Namen (s §§ 1719, 1722; 1736; 1758, 1762); zum Falle der Adoption s ergänzend oben 4.

Zu der Frage, ob der Ehemann der Mutter nach rechtskräftiger Feststellung der Unehelichkeit des Kindes (§ 1593) diesem seinen Namen gemäß Abs 2 Satz 2 erteilen kann, s unten 51.

III. Abs 2 Satz 2*).

17 1. a) Diese Vorschrift war in den Entwürfen des BGB (s zu diesen im allgemeinen Einleitung, 82f, Band I dieses Kommentars, Seite 49f) noch nicht enthalten, sie beruht vielmehr auf den Beschlüssen des Reichstags (s StB 687ff; hierzu 26 zu § 12 mit Fußn).

---

*) Schrifttum: Ahlborn, Einbenennung oder Namenserteilung, Leitfaden für die Standesbeamten, Folge 51, 1963, hrsg von Johann Wagner und Hermann Henne; Becker, Die Namenserteilung gemäß § 1706 Abs 2 BGB, Rpfleger 1948/49, 447; Brettner, Der unehelichen Kinder Namensänderung, ZBlFG 2, 1902, 477; Ficker, Einbenennung eines unehelichen, von der Kindesmutter adoptierten Kindes, StAZ 1951, 266; Fraeb, Die sogenannte Einbenennung der Unehelichen, StAZ 1932, 309; Frese, Die Namenserteilung nach BGB § 1706 Abs 2 Satz 2, ZBlFG 5, 1905, 134; Giffhorn, Namensführung des unehelichen Kindes und die Anwendung des § 1706 Abs 2 BGB, StAZ 1954, 255; Hülskath, Namenserteilung

b) **Zweck** der Vorschrift ist es zu vermeiden, daß die Herkunft des in der Familiengemeinschaft der Mutter mit ihrem Ehemann aufwachsenden Kindes dadurch jedem ohne weiteres erkennbar wird, daß es einen anderen Namen führt als seine Mutter und deren Ehemann und gegebenenfalls seine halbbürtigen aus der Ehe der Mutter stammenden Geschwister, dh mit anderen Worten die Unehelichkeit des Kindes zu verdecken (s OLG Karlsruhe, JFG 1, 129; Ficker, 56, 59f; Krassnig, FamRZ 1956, 268; RGR-Komm, 6; Brettner, ZBlJFG 2, 477; ua). Doch sollte man nicht davon sprechen, der Makel der unehelichen Geburt solle verdeckt werden (vgl auch Gernhuber, 621, § 57, I 5, der sich gegen den [zB von Palandt-Lauterbach, Bem 2, gebrauchten] Ausdruck der „Beseitigung des ‚Makels der unehelichen Geburt' " wendet — von einer „Beseitigung" dieses Makels kann nicht gesprochen werden, da der Status der Unehelichkeit nur durch Legitimation, Ehelichkeitserklärung oder Adoption „beseitigt" wird —). 18

Insgesamt kann gesagt werden, daß sich das Institut der Einbenennung bewährt hat (s Bosch, Gutachten, 95; Dunz, NJW 1962, 1472, 1474).

c) Die Namenserteilung (Einbenennung)*) ist zu **unterscheiden** von der Legitimation (§ 1719), Ehelichkeitserklärung (§ 1723) und Adoption des Kindes (§ 1741, s zur Bedeutung und zu den Rechtswirkungen der Namenserteilung unten 80, 85). Während die Namenserteilung voraussetzt, daß der Ehemann der Mutter nicht der Erzeuger des Kindes ist (s Bem 23f), erfordert das Vaterschaftsanerkenntnis (§ 1718) und die Legitimation, daß der betreffende Mann der Vater des Kindes ist (s auch 29, 61, 95 zu § 1718), ebenso die Ehelichkeitserklärung (§§ 1723, 1725). Im Falle der Ehelichkeitserklärung und Adoption erlangt das Kind die rechtliche Stellung eines ehelichen Kindes (§§ 1736, 1757 BGB; s zum Unterschied zwischen Vaterschaftsanerkenntnis/Legitimation und Einbenennung auch Müller, StAZ 1952, 89). 19

2. Die Namenserteilung (Einbenennung) erfordert folgende **Voraussetzungen:**

a) Die Mutter des Kindes muß in **rechtsgültiger Ehe** mit dem Namensgeber leben. Wird die **Ehe später für nichtig erklärt,** so ist die Einbenennung mit der Rechtskraft des Urteils unwirksam (wohl allgM, s aus der Literatur: Ficker, 57; Ahlborn, 24; Gernhuber, 621; Kipp, 407, Fußn 3; Achilles-Greiff-Beitzke, 11; Stölzel, 291; Thias, StAZ 1928, 262; Pfeiffer-Strickert, 3 zu § 31a PStG; Hänig, StAZ 1933, 214; Krassnig, FamRZ 1956, 268; Schultheis, StAZ 1964, 142; Peters, StAZ 1962, 226; KG, JFG 12, 190 = JW 1935, 1880 = StAZ 1935, 198). Diese Auffassung ist sachlich deshalb gerechtfertigt, weil die Mutter mit der Rechtskraft des Urteils, durch das die Nichtigkeit der Ehe festgestellt wird (§ 23 EheG, § 636a ZPO), den Ehenamen (§ 1355) verliert. Aus dem Umstand, daß Kinder aus der nichtigen Ehe ehelich bleiben (§ 1591 Abs 1 Satz 1 Halbsatz 2; früher § 25 EheG 1946, § 30 EheG 1938), können hier keine Schlüsse hergeleitet werden, da die erwähnte Vorschrift eine Schutzvorschrift für diese Kinder ist und der Namensgeber gerade nicht der Erzeuger des unehelichen Kindes ist. 20

Nach der Auflösung der Ehe der Mutter, nach der Scheidung oder Aufhebung der Ehe, kann das Kind nicht vom Ehemann der Mutter einbenannt werden; jedoch ist in dem Falle, daß die Ehe durch den Tod der Mutter aufgelöst worden ist, zugunsten des Kindes eine Ausnahme zu machen (ebenso Pfeiffer-Strikkert, 3 zu § 31a PStG; Ficker, 58; s ferner unten 29 zum Wegfall des Erfordernisses der Einwilligung der Mutter nach ihrem Tode). Wie Ficker (aaO) zutreffend darlegt, liegt darin keine Inkonsequenz, daß die Einbenennung nach dem Tode der Mutter, nicht aber nach Auflösung der Ehe durch gerichtliches Urteil zuge- 21

---

gemäß § 1706 des BGB, StAZ 1927, 259; Köhler, Namenserteilung gemäß § 1706 Abs 2 BGB, BayZ 1933, 389; Krassnig, Zur Problematik der Namenserteilung („Einbenennung") gemäß § 1706 II 2 BGB, FamRZ 1956, 268 und 339; Müller, Der Unterschied zwischen dem Vaterschaftsanerkenntnis/Legitimation und der Einbenennung, StAZ 1952, 89; Ramdohr, Die Erteilung des Familiennamens durch den Ehemann der Mutter eines unehelichen Kindes gemäß § 1706 BGB, DJZ 1902, 146; von Valta, Namenserteilung gemäß § 1706 Abs 2 BGB, BayZ 1933, 233; Weidemann, Die Erteilung des Familiennamens durch den Ehemann der Mutter eines unehelichen Kindes gemäß § 1706 BGB, DJZ 1904, 165.

Weitere Literatur zu Einzelfragen ist an der betreffenden Stelle angeführt, s auch die Lit-Angaben zum Gesetzestext.

*) Der Begriff „Einbenennung" geht auf Boschan zurück (Hinschius-Boschan, PStG, 4. Aufl 1909, Seite 502; s Stölzel, 288, Fußn 1) und hat sich inzwischen eingebürgert.

lassen wird. Ist die Mutter verstorben, so wird das Kind weiterhin beim Stiefvater aufwachsen, die Namensverschiedenheit wird als störendes Element bestehen bleiben; wird dagegen die Ehe aufgehoben oder geschieden, so kann die Mutter ihren Mädchennamen wieder annehmen (§ 55 Abs 1 EheG) und damit die Namensgleichheit mit dem Kinde herbeiführen. Weiterhin ist auch die psychologische Situation einerseits nach dem Tode der Mutter und andererseits nach der Aufhebung oder Scheidung der Ehe völlig verschieden (s Ficker, aaO).

Zur Abgabe der Erklärung der Namenserteilung durch den Ehemann der Mutter s unten 47 ff.

22 aa) Das **Kind muß noch am Leben** sein; nach seinem Tode ist eine Namenserteilung nicht mehr möglich (ebenso RGRKomm, 7; Achilles-Greiff-Beitzke, 12; Soergel-Siebert-Lade, 9; Kipp, 408; Pfeiffer-Strickert, 3 zu § 31a PStG); maßgebend ist der Zeitpunkt, in dem die Namenserteilung wirksam wird (zum letzteren s unten 66).

23 bb) Das Kind muß **unehelich** sein. War das Kind während der Ehe seiner Mutter oder innerhalb von 302 Tagen nach Auflösung der Ehe (vgl § 1591 Abs 1) geboren, so muß das Urteil im Zeitpunkt der Abgabe der Erklärung der Namenserteilung rechtskräftig sein (§ 1593; ebenso Ficker, 58 f; Kipp, 407, Fußn 3; RGR-Komm, 8).

War das Kind zunächst fälschlicherweise als unehelich behandelt worden, weil der Ehemann zu Unrecht für tot erklärt worden war, kehrte dann der Ehemann zurück und wurde die Todeserklärung aufgehoben (§§ 30, 32 VerschG), so ist die Namenserteilung durch den späteren Ehemann der Mutter unwirksam. Wird aber danach die Ehelichkeit des Kindes erfolgreich angefochten, so wird — vorausgesetzt, daß die zweite Ehe der Mutter noch besteht — anzunehmen sein, daß die Einbenennung wirksam geblieben ist, da das Urteil, durch das die Unehelichkeit des Kindes festgestellt worden ist, rückwirkende Kraft hat (s hierzu Ficker, 59; Peters, StAZ 1949, 98; 1957, 169; Ahlborn, 24; Schultheis, StAZ 1964, 142; Peters und Ahlborn halten es für erforderlich, die Einbenennung zu wiederholen; in dem von Schultheis berichteten Falle war die erste Ehe der Mutter in der Zwischenzeit geschieden worden, der zweite Ehemann war nach der Rechtskraft des Urteils, durch das die erste Ehe der Mutter geschieden worden war, verstorben; eine Nichtigkeitsklage gegen die zweite Ehe war nicht erhoben worden).

24 Das Kind darf **nicht** durch die Eheschließung der Mutter **legitimiert** (§ 1719)*) und darf auch nicht vom Ehemann der Mutter **adoptiert** worden sein (s dazu 43 zu § 1718). Indessen kann eine Adoption des unehelichen Kindes durch die Mutter der Einbenennung nicht entgegenstehen (ebenso Dölle, II, 378; RGR-Komm, 9; Giffhorn, StAZ 1954, 255; Ficker, 61 und StAZ 1951, 260; 1952, 94; **anders** die hM, Pfeiffer-Strickert, 3, Feneberg-Simader, 1b, je zu § 31a PStG; Ahlborn, 5; Palandt-Lauterbach, 2, Soergel-Siebert-Lade, 6 je zu § 1706). Zwar bedeutet die Adoption, daß das Kind den Status eines ehelichen Kindes seiner alleinstehenden Mutter erlangt hat; indessen weist die Grundtendenz des § 1706 Abs 2 Satz 2 in eine andere Richtung (Ficker, aaO), nach dem Sinn und Zweck dieser Vorschrift ist anzunehmen, daß dieser Fall von ihr miterfaßt wird, da das Kind keinen ehelichen Vater hat und in der Familiengemeinschaft der Mutter und ihres Ehemannes, die einen anderen Namen führen, aufwächst. Diese weite Auslegung des § 1706 Abs 2 Satz 2 ergibt sich auch aus der in Art 6 Abs 5 GG getroffenen Wertentscheidung (s dazu Vorbem 56 vor § 1705).

Indessen ist die Rechtslage in dem Falle anders zu beurteilen, daß die Mutter infolge früherer Verheiratung einen anderen Namen führte und das Kind durch die Adoption diesen Namen erhalten hat (§§ 1758 Abs 2, 1758a).

25 Wurde das Kind **von einem Dritten adoptiert**, so kann es grundsätzlich nicht mehr einbenannt werden, da das Kind nicht mehr unehelich ist (hM, s Soergel-Siebert-Lade, 6; vgl auch Dölle, II, 378). Das hiergegen von Giffhorn (StAZ 1954, 255 — der § 1706 Abs 2 Satz 2 hier stets analog anwenden will —) vorgebrachte Argument, die Adoption könne wieder aufgehoben werden, ist nicht stichhaltig. Denn abgesehen davon, daß die Fälle der Aufhebung einer Kindesannahme (§§ 1768, 1770a, 1770b) sehr selten sind, ist nach der Aufhebung der Adoption noch die Möglichkeit zur Ein-

*) Vgl auch zu dem Falle, daß zuerst ein unrichtiges Vaterschaftsanerkenntnis (§ 1718) beigeschrieben und dann nach der Heirat des betreffenden Mannes die Einbenennung erteilt und beigeschrieben wurde, Laschet, StAZ 1960, 243.

benennung gegeben (vgl § 1772 Satz 1). Jedoch kann in dem — allerdings wohl auch seltenen — Falle, daß das Kind dem neuen Namen (vgl § 1758 Abs 1) seinen früheren Familiennamen, dh den Familiennamen der Mutter (s Bem 4 f, 7 ff, 13), gemäß § 1758 Abs 4 hinzugefügt hat, § 1706 Abs 2 Satz 2 analog angewendet werden, da aus der Gleichheit des hinzugefügten Namens mit dem Geburtsnamen der Mutter die uneheliche Geburt offenbar wird (ebenso Dölle, II, 378). Eine Einbenennung kommt dagegen nicht in Betracht, wenn das Kind den Adoptivnamen (§ 1758 Abs 3) gemäß § 1772 Satz 2 behält, nachdem es von einem Ehepaar als gemeinschaftliches Kind angenommen war und nachdem nach dem Tode des einen Adoptivelternteils das Adoptionsverhältnis mit dem anderen Adoptivelternteil aufgehoben worden war (ebenso Ficker, StAZ 1952, 94). Doch ist hier eine erneute Adoption möglich (Ficker, aaO; s ferner BayObLGZ 1960, 78 = FamRZ 1960, 168 = JR 1960, 339 = DNotZ 1960, 253 = StAZ 1960, 173 = NJW 1960, 1060).

Das Kind ist auch dann unehelich geblieben und eine Einbenennung deshalb zulässig, wenn der Mutter und dem Kinde infolge Erlaubnis der zuständigen Verwaltungsbehörde (s 87 ff) der Name des Erzeugers (zB des verstorbenen oder im Kriege gefallenen Verlobten der Mutter) verliehen worden war (vgl OLG Karlsruhe, JFG 1, 129 = OLG 42, 102 = StAZ 1922, 190; s auch Ahlborn, 6). Durch die Verheiratung der Mutter tritt eine Verschiedenheit des Namens ein, der Name des Kindes hatte sich nicht aus einer früheren Ehe der Mutter ergeben (vgl § 1616), sondern beruhte auf einem Verwaltungsakt, der den Status des Kindes nicht veränderte (vgl auch Bem 27 aE). 26

c) Die Einbenennung setzt **Gleichheit des Namens der Mutter** (vor ihrer Eheschließung mit dem Einbenennenden) **und des Kindes** voraus (Dölle, II, 377). Dies folgt aus dem Zweck der Einbenennung (s 18). Daher darf dem Kinde nicht schon von dem **früheren Ehemann der Mutter** der Name erteilt worden sein; verheiratet sich die Mutter nach Auflösung ihrer ersten Ehe wieder, während der ihr damaliger Ehemann dem Kinde seinen Namen erteilt hatte, so kann nicht der jetzige Ehemann dem Kinde seinen Namen erteilen (fast einhellige Meinung, s Dölle, II, 378; Kipp, 408 mit Nachw in Fußn 8; Ficker, 60; Ahlborn, 6 f; Roquette, 115; Planck-Unzner, I, 3, k; Pfeiffer-Strickert, 3 zu § 31a PStG; Stölzel, 288; Soergel-Siebert-Lade, 6; RGR-Komm, 9; vgl ferner OLG Karlsruhe, JFG 1, 129, 131 = OLG 42, 102 = StAZ 1922, 190; **anders**, soweit ersichtlich, nur Gernhuber, 621, der meint, bei jeder weiteren Ehe der Mutter bestehe das Interesse des Kindes an der Namensgleichheit mit der Mutter — diese Auffassung ist auch aus praktischen Erwägungen abzulehnen). 27

Etwas anderes gilt jedoch dann, wenn die frühere Ehe der Mutter für nichtig erklärt worden und die frühere Einbenennung damit rechtsunwirksam geworden ist (s auch 20).

Hat der erste Ehemann der Mutter dagegen von dem Rechte, dem Kinde seinen Namen zu erteilen, keinen Gebrauch gemacht, so kann es der zweite Ehemann tun (s Ficker, 60).

Dem Falle, daß ein Kind vom früheren Ehemanne der Mutter einbenannt wurde, ist der Fall gleichzustellen: das von einer verwitweten Frau unehelich geborene Kind hatte gemäß Gesetz vom 5. 1. 1938 (s zu diesem 87 ff) den Namen der Mutter, dh den Namen ihres verstorbenen Ehemannes erhalten. Hier kann, wenn die Mutter wiederheiratet, deren zweiter Ehemann dem Kinde nicht seinen Namen (dh den jetzigen Familiennamen der Mutter) erteilen (Mühlbauer, StAZ 1953, 191; vgl auch Bem 26).

d) Die Namenserteilung bedarf der **Einwilligung**, dh der vorherigen Zustimmung (§ 183) **der Mutter.** 28

Die Einwilligung ist erforderlich, auch wenn das Kind schon volljährig ist oder wenn der Mutter die Ausübung des Personensorgerechts gemäß § 1666 Abs 1 entzogen ist oder auch, wenn die Mutter die Ausübung des Sorgerechts verwirkt hat (§ 1676, s hierzu Vorbem 37 vor § 1666). Dagegen bedarf das volljährige Kind bei der Ehelichkeitserklärung nicht der Einwilligung seiner Mutter (§ 1726 Abs 1 Satz 1), ebenso nicht bei der Adoption der Einwilligung der leiblichen Eltern oder der unehelichen Mutter (§ 1747 Abs 1). Die Regelung des § 1706 Abs 2 Satz 2 ist daher insofern inkonsequent, zumal die Einbenennung eine weniger weitgehende Wirkung hat als die Ehelichkeitserklärung und die Adoption. Der Umstand, daß das uneheliche Kind zum Ehemann der Mutter keine rechtlichen Beziehungen hat, auch durch die Einbenennung keine solchen Beziehungen entstanden sind und daß das Kind durch die Einbenennung den Familiennamen der Mutter verliert, kann an der Inkonsequenz der Regelung des § 1706 Abs 2 Satz 2 nichts ändern. Diese aber durch eine analoge Anwendung der §§ 1726 Abs 2 Satz 1, 1747 Abs 1 zu korrigieren, erscheint nicht zulässig, da § 1706 Abs 2 Satz 2 nicht so aufgefaßt und ausgelegt werden kann, als ob er eine Gesetzeslücke enthielte.

29 Ist die **Mutter verstorben***), so steht dies der Namenserteilung nicht entgegen; in diesem Falle entfällt das Erfordernis ihrer Einwilligung (ganz hM: Kipp, 408; Dölle, II, 380; Ficker, 58, 65; Wagner, StAZ 1953, 234; Roquette, 114; Ahlborn, 13; Gernhuber, 621 Fußn 1; Planck-Unzner, I, 3, b; Opet-v. Blume, 4, h, β; Erman-Hefermehl, 5; RGR-Komm, 12; Soergel-Siebert-Lade, 10; Achilles-Greiff-Beitzke, 10 je zu § 1706; Pfeiffer-Strickert, 3 zu § 31a PStG; Kraus, aaO; **aM** Stölzel, 290, der in diesem Falle eine Einbenennung für ausgeschlossen hält; ebenso Brettner, ZBlJG 2, 477).

Das gleiche gilt, wenn die Mutter für tot erklärt worden ist.

Eine Einwilligung der Erben der Mutter kommt nicht in Betracht, da das Recht zur Einwilligung ein höchstpersönliches Recht ist, das nicht vererblich ist (vgl § 1922 Abs 1 BGB).

30 Ist die **Mutter** (zB infolge **Geschäftsunfähigkeit**) **dauernd außerstande, die Einwilligung zu erteilen,** oder ist ihr Aufenthalt dauernd unbekannt, so entfällt jedoch das Erfordernis ihrer Einwilligung nicht, dh mit anderen Worten: in diesen Fällen ist eine Namenserteilung nicht möglich (ebenso Dölle, II, 380; Roquette, 114f; Ficker, 65; Erman-Hefermehl, 5; Planck-Unzner, I, 3, b; wohl auch Gernhuber, 621, Fußn 1; aM: RGR-Komm, 12, Kipp, 408), da diese Einwilligung ein höchstpersönliches Rechtsgeschäft ist (Erman-Hefermehl, Ficker, aaO; aM RGR-Komm, aaO). Als unmittelbarer Ausfluß des Namensrechtes ist die Einwilligung höchstpersönlich (Ficker, 64, 65; Roquette, 114); dies zeigt sich auch daran, daß die Einwilligung nicht an das Bestehen des Personensorgerechts geknüpft ist. Daher sind auch die Bestimmungen über das Ruhen der elterlichen Gewalt (bzw des Personensorgerechts) hier nicht entsprechend anzuwenden (aM Opet-v. Blume, 4, h, β).

Das Gesetz hat hier keine den §§ 1726 Abs 3, 1746 Abs 2, 1747 Abs 1 Satz 2 entsprechende Regelung getroffen; eine analoge Anwendung dieser Vorschriften erscheint auch im Hinblick auf die Wertentscheidung des Art 6 Abs 5 GG als zu weitgehend. Zu beachten ist hierbei, daß dem Standesbeamten in dem Falle, daß behauptet wird, der Aufenthalt der Mutter sei dauernd unbekannt, eine unzumutbare Prüfungspflicht (s zu dieser unten 72) auferlegt würde und daß in diesem Falle auch eine erhebliche Rechtsunsicherheit die Folge wäre (s ferner unten 69; vgl dagegen §§ 1721 BGB, 31 PStG, § 1770b Abs 1 BGB).

Für die geschäftsunfähige Mutter kann nicht ihr gesetzlicher Vertreter die Einwilligung erklären (Ficker, 64, 65; aM RGR-Komm, 12; Kipp, 408).

31 Ist die Mutter beschränkt geschäftsfähig, so bedarf sie nicht der Zustimmung ihres gesetzlichen Vertreters (Ficker, 64, 65; Roquette, 115**); aM: Vorausl, 4, a, β; Planck-Unzner, I, 3, b; Kipp, 408; RGR-Komm, 12); dies ist auf Grund eines argumentum a maiore ad minus dem Rechtsgedanken des § 1729 Abs 3 zu entnehmen, da die in der Geschäftsfähigkeit beschränkte (also vor allem die minderjährige) uneheliche Mutter zur Ehelichkeitserklärung des Kindes, die über die Änderung des Familiennamens des Kindes hinaus wesentlich weitergehende Wirkungen hat, nicht der Zustimmung ihres gesetzlichen Vertreters bedarf (s auch unten 83). § 111 ist hier nicht anzuwenden.

32 Weigert sich die Mutter, die Einwilligung in die Namenserteilung zu geben, so kann das Vormundschaftsgericht mangels einer den §§ 1727, 1747 Abs 3, 1758a Abs 2 entsprechenden Regelung die verweigerte Einwilligung nicht ersetzen***) und zwar auch dann nicht, wenn die Mutter die Einwilligung aus Eigensinn oder böswillig verweigert. Eine Entziehung der Ausübung des Personensorgerechts — selbst wenn sie hier gemäß § 1666 Abs 1 zulässig wäre — würde nichts nützen. Ein Pfleger könnte nicht an Stelle der Mutter die Einwilligungserklärung abgeben, die höchstpersönlich ist (s dazu 81).

Zur Form der Einwilligung der Mutter s unten 55.

---

*) Kraus, Hindert der Tod der Mutter die Namenserteilung gemäß § 1706 Abs 2 Satz 2 BGB?, ZBlJG 9, 1909, 175.

**) Ebenso Müller, JR 1961, 121, 126.

***) Ganz hM; s Dölle, II, 380; Planck-Unzner, I, 3, b; RGR-Komm, 12; Erman-Hefermehl, 5; Soergel-Siebert-Lade, 10; Palandt-Lauterbach, 2; Warneyer, II; Ficker, 65; **aM** Opet-v. Blume, 4, h, β.

e) Die Namenserteilung bedarf weiterhin der **Einwilligung**, dh der vorherigen Zustimmung (§ 183) **des Kindes** (s dazu auch unten 65). 33

aa) Ist das Kind — wie in der Praxis wohl am häufigsten — **geschäftsunfähig** (§ 104 Nr 1), so obliegt die Erklärung der Einwilligung dem **Vormund** (s KG, JFG 23, 247 = DFG 1942, 75 = DRW 1942, 1187 = HRR 1942 Nr 749; Ahlborn, 14ff; Roquette, 115; Ficker, 64f), dh dem gesetzlichen Vertreter des Kindes in Angelegenheiten der Personensorge. 34

Der gesetzliche Vertreter des Kindes bedarf keiner vormundschaftsgerichtlichen Genehmigung.

Steht das Kind unter **Amtsvormundschaft***), ist also kein Einzelvormund bestellt (§§ 45, 50 JWG) und der Mutter auch nicht gemäß § 1707 Abs 2 die elterliche Gewalt, insbesondere das Vertretungsrecht in Angelegenheiten der Personensorge (s 167 zu § 1707) übertragen worden, so obliegt die Entscheidung, ob die Einwilligung erteilt wird, dem vom Jugendamt dh vom Jugendwohlfahrtsausschuß gemäß § 37 JWG bestellten, mit der Ausübung der vormundschaftlichen Obliegenheiten betrauten Beamten oder Angestellten der Verwaltung des Jugendamtes (s zur letzteren § 13 Abs 2 und 3 JWG; sowie 54ff zu § 1707). Der Leiter der Verwaltung des Jugendamtes ist nicht befugt, seinerseits die Einwilligung zu erklären; ebenso ist dazu das Jugendamt als Amtsvormund, dh das Jugendamt als Behörde, nicht mehr berechtigt (Ahlborn, 14; OLG Celle, StAZ 1961, 311; OLG Stuttgart, DAVorm XXXIII, 166; Die Justiz 1965, 144 = DAVorm XXXVIII, 203). 35

Hervorzuheben ist noch, daß die Einwilligungserklärung so formuliert werden muß, daß der gemäß § 37 JWG beauftragte Beamte oder Angestellte des Jugendamtes sie abgibt, nicht das Jugendamt (Ahlborn, aaO; Göppinger, Die Justiz 1965, 146).

Von den Jugendämtern wird nicht ganz selten eine **Wartezeit** eingehalten, zT bis zu einem Jahr (s Dölle, II, 379; Beitzke, 191; Braeger, StAZ 1935, 280; Schumacher, StAZ 1957, 160), um festzustellen, ob die Ehe der Kindesmutter von Bestand bleibt und das Kind von dem Stiefvater gut behandelt wird (s dazu auch die von Hobbing-Pfaff, Unsere Jugend 1952, 411f, erwähnten Fälle; sowie Ahlborn 7, und Bem 84 zu § 1707). Diese im Gesetz nicht vorgesehene Praxis ist freilich, wenn sie auch zuweilen nicht als pflichtwidrig iS des § 1837 BGB beurteilt werden kann, mit dem Zweck des Gesetzes schwerlich vereinbar und kann dem Wohle des Kindes widersprechen, da in der Zwischenzeit die Tatsache der Unehelichkeit bereits in der Öffentlichkeit bekannt geworden sein kann (ebenso Dölle, aaO; Giffhorn, StAZ 1954, 256; Ficker, 64; Schumacher, aaO).

Zur Form der Erklärung des Beamten oder Angestellten des Jugendamtes s unten 59f.

Ist ein **Einzelvormund** bestellt worden (§§ 45, 50 JWG), so obliegt diesem die Erklärung der Einwilligung. Ist die uneheliche Mutter Vormund (s 86ff zu § 1707), so kann sie als solche und zugleich als Vormund, dh gesetzlicher Vertreter des Kindes die Einwilligung erklären. § 181 ist hier nicht anzuwenden, weil Vormund und Kind kein Rechtsgeschäft „miteinander" abschließen, sondern Willenserklärungen gegenüber einer Behörde abgeben (s Ficker, 65; Stölzel, 289; sowie BayObLGZ 33, 329; zur Abgabe der Erklärung s unten 46). 36

Ist der Ehemann der Mutter Einzelvormund, so kann er als gesetzlicher Vertreter des Kindes die Einwilligung erklären; § 181 steht dem nicht entgegen (BayObLGZ 6, 435 = RJA 6, 90 = KGJ XXX, A 291 = SeuffA 61, 19 Nr 12; Ficker, 65; Stölzel, 289).

Ist ein Gegenvormund bestellt, so bedarf es dessen Einwilligung nicht (KG, RJA 13, 11, 14 = ZBlFG 14, 701).

Verweigert der Vormund die Einwilligung, so kann die Mutter oder ihr Ehemann das Vormundschaftsgericht anrufen (§ 1837). Dieses kann jedoch nur dann den Vormund anweisen, die Einwilligung zu erklären, wenn dessen 37

---

*) Beitzke, Personenstandsrechtliche Erklärungen des Jugendamts für Amtsmündel, StAZ 1963, 257; ders, Zur Form personenstandsrechtlicher Erklärungen für Amtsmündel, ZblJugR 1963, 89; Haas, Jugendamt und Einwilligung zum Namensrecht, StAZ 1957, 162; Huber, Bedarf die durch den Amtsvormund abgegebene Einwilligungserklärung des Kindes zur Namenserteilung nach § 1706 BGB der öffentlichen Beglaubigung?, StAZ 1965, 161; s auch Wagner, Namenserteilung und Einwilligungen, StAZ 1953, 234 und Einwilligungserklärung zur Namenserteilung, StAZ 1954, 214.

Text des JWG (auszugsweise) s Vorbem 107 vor § 1705.

Weigerung pflichtwidrig war, was zB nicht der Fall ist, wenn der Ehemann erheblich vorbestraft ist (s LG Berlin, DAVorm XXIX, 1956/1957, 142) oder wenn begründete Bedenken gegen den Bestand der Ehe vorhanden sind, da diese zerrüttet ist und die Ehegatten getrennt leben.

Lehnt das Vormundschaftsgericht ein Eingreifen ab, so steht dem Stiefvater hiergegen das Recht der Beschwerde gemäß § 20 FGG zu (LG Berlin, aaO); ebenso ist auch die Mutter (§ 57 Abs 1 Nr 9 FGG) und das über 14 Jahre alte Kind (§ 59 FGG) beschwerdeberechtigt.

38 Ist der Mutter gemäß **§ 1707 Abs 2** die elterliche Gewalt, insbesondere das Vertretungsrecht in Angelegenheiten der Personensorge (s 167 zu § 1707) übertragen worden, so kann sie namens des Kindes und zugleich im eigenen Namen die Einwilligung erteilen (ebenso Breig, StAZ 1962, 233, s ferner Ahlborn, 18).

39 bb) Ist das **Kind beschränkt geschäftsfähig**, so kann der gesetzliche Vertreter die Einwilligung erteilen oder auch das Kind selbst unter Einwilligung des gesetzlichen Vertreters (s KG, RJA 13, 11; JFG 23, 147 — s oben 34 —; Ficker, 64f; Kipp, 408; Ahlborn, 19; Opet-v. Blume, 4, h, α; ferner Planck-Unzner, I, 3, b).

Eine vormundschaftsgerichtliche Genehmigung ist nicht erforderlich.

40 Hat das Kind schon das 14. Lebensjahr vollendet, so sollte die Zustimmung entsprechend den Vorschriften der §§ 1728 Abs 2, 1751 Abs 2 nur von ihm selbst, mit Einwilligung des gesetzlichen Vertreters in Angelegenheiten der Personensorge erklärt werden (ebenso Beitzke, 12. Aufl, 191, § 33, I, 2; Roquette, 115; s auch Krassnig, FamRZ 1956, 339), also nicht vom gesetzlichen Vertreter allein. Gibt jedoch der gesetzliche Vertreter die Erklärung ab, so muß diese freilich als wirksam beurteilt werden.

Das Kind, welches das 14. Lebensjahr vollendet hat, sollte aber vor der Einbenennung stets angehört werden (so mit Recht Ahlborn, 19), sofern es nicht selbst die Einwilligungserklärung abgegeben hat. Bei Meinungsverschiedenheiten zwischen dem Kinde und dem Vormunde kann das Vormundschaftsgericht angerufen werden (§ 1837).

Ist das Kind weiblichen Geschlechts bereits verheiratet, so steht dies der Einbenennung nicht entgegen (s dazu im einzelnen unten 43).

41 cc) Ist das **Kind volljährig**, so obliegt ihm die Entscheidung, ob es einwilligen will. Neben der Einwilligung des Kindes ist auch die seiner Mutter erforderlich.

42 Ist das Kind geschäftsunfähig (§ 104 Nr 2 und 3), so dürfte die Einwilligung des gesetzlichen Vertreters (Vormunds) erforderlich sein, dieser sollte sich aber zuvor mit dem Kinde in Verbindung setzen, sofern nicht eine Verständigung mit dem Kinde ausgeschlossen ist.

Die Namenserteilung ist also auch in diesem Falle für zulässig zu erachten.

43 Ist das Kind bereits verheiratet, so steht dies der Einbenennung nicht entgegen (Ficker, 60, 62f; Soergel-Siebert-Lade, 6; Gerhardt, StAZ 1928, 362; Stölzel, 288; s auch einen von Brüls, StAZ 1933, 60, berichteten Erlaß des Preuß Ministers des Innern), auch nicht, wenn es sich um ein Kind weiblichen Geschlechts handelt. Der Gesichtspunkt, daß die uneheliche Geburt durch den Ehenamen verdeckt ist, ist nicht ausschlaggebend; denn der Mädchenname ist eben nur verdeckt, er kann bei so zahlreichen Gelegenheiten wieder zum Vorschein kommen, daß die Einbenennung zugelassen werden muß (so auch Ficker, 60); die Änderung bezieht sich indes nur auf den Mädchennamen, nicht auf den Ehenamen. Hat das verheiratete uneheliche Kind weiblichen Geschlechts gemäß § 1355 Satz 2 dem Familiennamen den Mädchennamen hinzugefügt, so ändert sich dieser mit dem Wirksamwerden der Einbenennung; hier wird man annehmen müssen, daß es keiner besonderen Erklärung gegenüber dem Standesbeamten iS des § 1355 Satz 2 bedarf, ebenso wie im Falle der Legitimation, der Ehelichkeitserklärung oder der Adoption der Ehefrau. Im Falle der Einbenennung der Ehefrau wird es einer Einwilligungserklärung des Ehemannes nicht bedürfen, da die Einbenennung lediglich den Mädchennamen der Ehefrau betrifft und keine weitergehenden Wirkungen hat. Zu beachten ist auch, daß die Ehefrau die Erklärung, sie wolle dem Ehenamen den Mädchennamen hinzufügen (§ 1355 Satz 2), ohne Zustimmung des Ehemannes abgeben kann und zwar zeitlich unbeschränkt (s zum letzteren 11 zu § 1355 sowie Bökelmann in „Leitfaden für die württembergischen Standesbeamten", Sonderausgabe der Zeitschrift „Das Standesamt", 1958, 36, 37; Pfeiffer-Strickert, 4 zu § 15c PStG).

Ist das einzubenennende **verheiratete Kind** männlichen Geschlechts*), so muß eine Einwilligung des Ehegatten gefordert werden (ebenso Pfeiffer-Strickert, 5 zu § 31a PStG), da sich mit der Einbenennung des Ehemannes der Familienname auch der Ehefrau (§ 1355) ändert. Ist die Ehefrau minderjährig, so bedarf sie zu der Einwilligungserklärung nicht ihrerseits der Einwilligung ihres gesetzlichen Vertreters in Angelegenheiten der Personensorge (vgl § 1633, s auch oben 31). § 111 Satz 1 ist hier nicht anzuwenden. 44

Hat das einzubenennende Kind seinerseits **Abkömmlinge**, so erstreckt sich die Einbenennung auf diese nur, wenn die Erstreckung der Namenserteilung in der Erklärung des Stiefvaters ausdrücklich enthalten ist und die Abkömmlinge der Namenserteilung zustimmen (s Dölle, II, 379; Stölzel, 288 mit Fußn 2; Ficker, 62f; Pfeiffer-Strickert, 5 zu § 31a PStG; Bingel, StAZ 1931, 271; sowie den von Brüls, StAZ 1933, 60, berichteten Fall und Erlaß des PreußMindInn, die Bemerkung der Schriftleitung StAZ 1927, 307 und David, StAZ 1932, 337). Auf die später geborenen Abkömmlinge erstreckt sich die Namensänderung ohne weiteres. 45

f) Die **Einwilligungserklärungen** der Mutter und des Kindes können **gegenüber dem Ehemanne** wie auch gegenüber der **Behörde abgegeben** werden (§ 182; s Stölzel, 289; Ficker, 66; BayObLGZ 1964, 213 = FamRZ 1964, 457 = StAZ 1964, 216 = MDR 1964, 765 Leits = JR 1965, 62 = DAVorm XXXVII, 305; Planck-Unzner, I, 3, c). Sie können bis zu dem Zeitpunkt oder spätestens in dem Zeitpunkt, in dem sie dem zuständigen Standesbeamten zugehen (s 65), **widerrufen** werden (§ 183; s Ficker, 68; Dölle, II, 379). Als Vornahme des Rechtsgeschäfts iS dieser Vorschrift ist die Abgabe der Einbenennungserklärung gegenüber dem Standesbeamten anzusehen. 46

Die Einwilligungserklärungen dürfen **nicht bedingt oder befristet** sein (s auch Bem 49).

g) Der Ehemann muß in der vorgeschriebenen Form (s 61) gegenüber der zuständigen Behörde (s 63) die **Erklärung** abgeben, **daß er dem Kinde seiner Ehefrau seinen Namen erteile**; doch kann auch die Erklärung genügen, er sei damit einverstanden, daß das Kind seinen Namen führe, wenn aus den Umständen sich ergibt, daß der Ehemann damit eine Namenserteilung iS des § 1706 Abs 2 Satz 2 bezwecken will (s aber auch Stölzel, 289). 47

Hat sich der Ehemann unklar ausgedrückt, so daß die Erklärung als Anerkenntnis der Vaterschaft (§ 1718) mißverstanden**) und ein Vermerk des Anerkenntnisses im Geburtsregister eingetragen wurde, haben dann der Ehemann und die Ehefrau (Mutter) gegenüber dem Standesbeamten übereinstimmend erklärt, die Vaterschaftsanerkennung sei falsch, der Ehemann habe dem Kinde nur seinen Namen geben wollen und hat später der Ehemann mit Einwilligung der Frau und des Kindes bzw des gesetzlichen Vertreters des Kindes diesem seinen Namen erteilt, so war die Beurkundung der Anerkennung im Heirats- und Geburtsregister unrichtig und die später erklärte Namenserteilung zulässig und wirksam (s KG, OLG 42, 101; StAZ 1932, 303; sowie auch Bem 98 zu § 1718). 48

Das nichtige Vaterschaftsanerkenntnis kann, vor allem wegen der fehlenden Einwilligungserklärungen, nicht in eine Einbenennungserklärung umgedeutet werden (vgl dazu KG, StAZ 1930, 290; OLG Celle, StAZ 1929, 364; sowie Soergel-Siebert-Lade, 12).

Die Einbenennungserklärung kann **nicht** unter einer **Bedingung oder Zeitbestimmung** abgegeben werden (ganz hM zB Planck-Unzner, I, 3, c; BayObLGZ 1964, 213 = FamRZ 1964, 457 = StAZ 1964, 216 = DAVorm 1964, 305 = JR 1965, 62; aM Opet-v. Blume, 4c), da hier ein Schwebezustand oder eine auf einer Bedingung oder Zeitbestimmung beruhende Ungewißheit unerträglich wäre. ZB kann es nicht für zulässig erachtet werden, die Einbenennung auf die Dauer des Bestandes der Ehe der Kindesmutter mit dem Namensgeber zu beschränken. 49

---

*) Hierzu s auch Hobbing-Pfaff, Zur Frage der Namenserteilung, Unsere Jugend 1952, 411.

**) Vgl auch den von Schorr, StAZ 1958, 23, berichteten Fall: Der Ehemann der Mutter hatte bei der Eheschließung die Erklärung abgegeben, daß er das von der ledigen ..., seiner nunmehrigen Ehefrau, ... geborene Kind ... insofern als das seinige anerkenne, daß er dem Kinde seinen Namen gebe. Da jedoch die Einwilligung des Kindes fehlte, war die Einbenennung unwirksam. Dieser Mangel wurde erst nach dem Tode des Mannes bemerkt; so war nur noch eine Namensänderung gemäß Gesetz vom 5. 1. 1938 möglich (s zu diesem unten 87ff).

Entgegen der Auffassung des BayObLG (aaO, s ferner MDR 1964, 765 Leits; gegen dieses Gernhuber, 620, Fußn 6) kann es auch nicht als zulässig beurteilt werden, daß der Ehemann der Mutter in der Einbenennungserklärung selbst oder in einer zusätzlichen Erklärung ausdrücklich und eindeutig den Willen kundgibt, die Einbenennungserklärung solle erst als abgegeben gelten, wenn die noch fehlenden Einwilligungserklärungen vorliegen. Diese Auffassung ist mit dem Sinn des § 183 und auch des § 1706 Abs 2 Satz 2 nicht vereinbar und führt zu einem unerträglichen Schwebezustand, der auch zeitlich nicht begrenzt wäre, zB wenn der Amtsvormund des Kindes nach der Eheschließung der Mutter noch einige Zeit zuwarten will (s oben 35). So würde mit dieser Ansicht des BayObLG eine erhebliche Rechtsunsicherheit herbeigeführt, die hier im Namensrecht, in dem klare Verhältnisse bestehen müssen, unannehmbar ist.

Andererseits ist die Einbenennung an keine Frist gebunden, sie braucht also nicht unmittelbar nach der Eheschließung erklärt zu werden, vielmehr kann der Stiefvater noch Jahre zuwarten. Das Kind kann noch einbenannt werden, wenn es erwachsen oder schon verheiratet ist (s 41, 43 f) oder selbst schon Abkömmlinge hat (s 45). Allerdings sind diese letzteren Fälle selten.

50 Die Erklärung der Namenserteilung kann erst **nach der Eheschließung** abgegeben werden; eine vorher abgegebene Erklärung ist unwirksam (AG und LG Lübeck, StAZ 1954, 182). Wird die Erklärung aber unmittelbar, dh — wie in dem vom AG und LG Lübeck (aaO) entschiedenen Falle — nur wenige Minuten vor der Eheschließung (§ 13 Abs 1 EheG) von dem Standesbeamten aufgenommen, so wird angenommen werden müssen, daß die Erklärungen so zu verstehen sind, daß sie als erst unmittelbar nach der Trauung abgegeben behandelt werden sollen. Dies ist für zulässig zu erachten (BayObLGZ 1964, 213 = FamRZ 1964, 457 = StAZ 1964, 216 = JR 1965, 62 = DAVorm 1964, 305).

51 Der Ehemann kann auch einem Kinde seinen Namen erteilen, nachdem er dessen Ehelichkeit mit Erfolg angefochten hatte (Ficker, 58; Stölzel, 288; ein Beispiel ist in StAZ 1949, 177 von Danner behandelt; s auch Hermes, StAZ 1927, 61).

52 Da die Erklärung der Einbenennung als unmittelbarer Ausfluß des Namensrechts **höchstpersönlich** ist (Ficker, 64; s ferner Gernhuber, 621 Fußn 2), kann sie bei Geschäftsunfähigkeit des Ehemannes (§ 104 Nr 2 und 3) nicht durch dessen gesetzlichen Vertreter abgegeben werden (Ficker, aaO; Lehmann, 204, § 35, II; Soergel-Siebert-Lade, 8; Erman-Hefermehl, 4; Achilles-Greiff-Beitzke, 5; Planck-Unzner, I, 3, e; aM RGR-Komm, 10; Kipp, 408).

53 Ist der Ehemann beschränkt geschäftsfähig, so bedarf er nicht der Zustimmung des gesetzlichen Vertreters (Ficker, aaO; Lehmann, aaO; Soergel-Siebert-Lade, aaO; Gernhuber, 621, Fußn 2; s auch unten Bem 83; aM RGR-Komm, aaO; Erman-Hefermehl, aaO; Kipp, aaO; Achilles-Greiff-Beitzke, 5).

54 Nur der Ehemann der Mutter kann dem Kinde seinen Namen erteilen, nicht der uneheliche Vater; dessen Namen kann das Kind lediglich im Wege der öffentlich-rechtlichen Namensänderung erlangen (s unten 88 ff) — abgesehen von den Fällen der §§ 1719, 1723, 1741 —. Wie sich aus Mot 4, 859 ergibt, wurde es bei der Schaffung des BGB nicht für empfehlenswert gehalten vorzusehen, daß das Kind mit Einwilligung des Vaters dessen Namen führen könne, da das der familienrechtlichen Stellung des unehelichen Kindes widerspreche und diese verdunkele.

55 h) Die Einwilligungserklärungen und die Einbenennungserklärung müssen **öffentlich beglaubigt***) werden; dies bedeutet, daß die Erklärung schriftlich abgefaßt und die Unterschrift des Erklärenden von der zuständigen Behörde oder einem zuständigen Beamten oder Notar beglaubigt werden muß (§ 129 Abs 1 Satz 1 BGB). Für den Fall, daß die Erklärung von dem Aussteller mittels Handzeichens unterzeichnet wird, ist die Beglaubigung des Handzeichens (s § 126 Abs 1) erforderlich und genügend (§ 129 Abs 1 Satz 2). Die öffentliche Beglaubigung wird gemäß § 129

*) Stölzel, Zur Form der Einbenennung, StAZ 1930, 293; ferner s von Valta, BayZ 1933, 233 und im allgemeinen zur öffentlichen Beglaubigung Pikart-Henn, Lehrbuch der freiwilligen Gerichtsbarkeit, 1963, 413, sowie die Kommentare zum FGG von Jansen (1959) und Keidel (8. Aufl 1963), und bezüglich der Standesbeamten: Neuffer-Menikheim, Standesamtsführung, Musterbeispiele und Anleitung für den Standesbeamten, 2. Aufl 1958. Über „Zweifelsfragen bei der Beglaubigung von Unterschriften und Handzeichen" s W. Weimar, MDR 1966, 475.

Abs 2 durch die gerichtliche oder notarielle Beurkundung der Erklärung ersetzt, da die Beurkundung gegenüber der Unterschriftsbeglaubigung die stärkere Form ist.

Dagegen ist bei der Ehelichkeitserklärung, die weitergehende Wirkung hat (s 19), die gerichtliche oder notarielle Beurkundung des Antrags des Vaters (§§ 1723, 1730) und der Einwilligungserklärungen der Mutter und des Kindes und seiner, des Vaters, Ehefrau (§§ 1726, 1730) erforderlich, ebenso bei der Adoption die Beurkundung der Einwilligungserklärungen des Ehegatten des zu Adoptierenden, der Eltern oder der unehelichen Mutter (§§ 1746 Abs 1, 1747 Abs 1, 1748 Abs 3) sowie des Annahmevertrags (§ 1750).

56 Die **Beglaubigung der Unterschrift** geschieht **in der Weise**, daß der Erklärende die Unterschrift vor der betreffenden Behörde oder dem Beamten oder Notar vollzieht oder vor diesen die Unterzeichnung als von ihm stammend anerkennt und daß der betreffende Beamte oder Notar usw die Identität der Person, welche die Unterschrift geleistet hat, mit der bezeichneten Person feststellt und bestätigt (s § 183 Abs 1 FGG, sowie auch § 32 BNotO), dh persönlich feststellt und bestätigt. Ein Notar ist gemäß § 32 iV mit § 27 BNotO verpflichtet, die Person des Erklärenden mit besonderer Sorgfalt festzustellen (zB durch Vorlage von Ausweisen, s im einzelnen § 27 Abs 2 Satz 2—4 BNotO). Die Vorschrift des § 183 Abs 1 FGG gilt freilich nur für die gerichtliche oder notarielle Beglaubigung — § 26 HambFGG, Art 69 Abs 4 HessFGG, Art 51 NdsFGG, Art 118 WürttAGBGB verweisen auf § 183 FGG; Art 60 Abs 4 PreußFGG, in dem vom Urkundsbeamten die Rede ist, entspricht im übrigen dem § 183 Abs 1 FGG; § 49 Abs 3 JWG enthält dagegen keine Bezugnahme auf § 183 Abs 1 FGG —. Doch sollten die erwähnten Vorschriften der §§ 183 Abs 1 FGG, 32 Abs 1 iV mit § 27 Abs 2 BNotO bei der Beglaubigung von Unterschriften durch alle Urkundspersonen angewendet werden.

57 **Zuständig zur öffentlichen Beglaubigung der Unterschrift der Mutter** unter deren Einwilligungserklärung sind: der Standesbeamte (s auch 55, Fußn aE), der die Geburt des Kindes beurkundet hat (§ 31a Abs 2 Satz 1 PStG), dh der das Geburtenbuch führende Standesbeamte, in dessen Bezirk das Kind geboren ist (§ 16 PStG), ferner jeder andere Standesbeamte, z.B. der Standesbeamte, in dessen Bezirk die Mutter wohnhaft ist, die gemäß § 49 Abs 1 JWG ermächtigten Beamten oder Angestellten des Jugendamtes*), die Notare (§ 20 BNotO), im Landesteil Württemberg (ohne Hohenzollern) auch die Bezirksnotare als „öffentliche Notare", die Ratschreiber und Ortsvorsteher**), im Landesteil (Rechtsgebiet) Baden die beamteten Notare und die Bürgermeister, in Hohenzollern auch die Ortsgerichte, weiterhin die Amtsgerichte (§§ 167, 191 FGG, abgesehen von Bayern, Hamburg, Bremen und dem Landesteil Baden), ferner in Hessen und im Landesteil Rheinland des Landes Rheinland-Pfalz die Ortsgerichte, schließlich die vom Auswärtigen Amt ermächtigten deutschen Konsulatsbeamten.

58 Zur Beglaubigung der Unterschrift des volljährigen oder beschränkt geschäftsfähigen **Kindes** (s 39ff) und des für das Kind bestellten Einzelvormundes (s Bem 36) sind die gleichen Stellen zuständig.

59 Der öffentlichen Beglaubigung bedarf auch die **Unterschrift des** gemäß **§ 37 JWG** (s Bem 35) mit der Wahrnehmung der vormundschaftlichen Obliegenheiten betrauten **Beamten oder Angestellten des Jugendamtes** (OLG Stuttgart, DAVorm XXXIII, 1960, 166; Die Justiz 1965, 144 = DAVorm XXXVIII, 203***); Lukes, StAZ 1962, 57, 59 lk Sp; Ahlborn, 14ff mit Mustern; Arbeitsgemeinschaft der Innenminister der Bundesländer, StAZ 1958, 258; Erlasse des Innenministeriums Baden-Württemberg, GABl 1959, 126; 1964, 101; Runderlaß des Niedersächsischen Ministeriums des Innern, StAZ 1961, 24; Erlaß des Innen-Ministeriums des Landes Nordrhein-Westfalen, StAZ 1960, 78; **aM** Bayer Staatsministerium des Innern, DAVorm XXXVII, 1964, 210; Huber, StAZ 1965, 161). Die öffentliche Beglaubigung wäre entbehrlich, wenn die von dem Beamten oder Angestellten des Jugendamtes erklärte Einwilligung eine öffentliche Urkunde wäre, da öffentliche Urkunden keiner Beglaubigung bedürfen (zum letzteren s § 1 des Ges vom 1. 5. 1878, RGBl 89 = BGBl III 318—1; RG, DR 1942, 1330). Öffentliche Urkunden sind Urkunden, die von einer öffent-

*) Hierzu s auch Feil, Beurkundung und Beglaubigung im Jugendamt, Handbuch für den Vormund, Heft 12, 1959; Pant, Die Urkundstätigkeit der Jugendämter nach § 49 JWG, 1966.

**) Haegele, Merkbuch für Bürgermeister und Ratschreiber über Angelegenheiten der freiwilligen Gerichtsbarkeit, 3. Aufl (Loseblattausgabe).

***) = StAZ 1966, 51.

lichen Behörde innerhalb der Grenzen ihrer Amtsbefugnisse oder von einer mit öffentlichem Glauben versehenen Person innerhalb des ihr zugewiesenen Geschäftskreises in der vorgeschriebenen Form aufgenommen sind (§ 415 ZPO). Die Einwilligungserklärung des Beamten oder Angestellten des Jugendamtes als Amtsvormund ist jedoch keine öffentliche Urkunde (OLG Stuttgart, aaO, und die weiteren oben erwähnten Äußerungen; Lukes, StAZ 1962, 57, 59 lk Sp; **aM** Huber, StAZ 1965, 161; Bayer Staatsmin, aaO; s auch LG Augsburg, DAVorm XXXVI, 1963, 69; AG Memmingen, DAVorm XXXVII, 1964, 247), auch dann nicht, wenn der Beamte oder Angestellte des Jugendamtes befugt ist, das Dienstsiegel des Jugendamtes zu benützen (so aber Beitzke, ZblJugR 1963, 89, 94, der zugleich empfiehlt, die diesbezügliche Befugnis mit dem Hinweis auf die Bestellung gemäß § 37 JWG ausdrücklich zu erwähnen, s ferner Beitzke, StAZ 1963, 259). Denn der betreffende Beamte oder Angestellte gibt die Einwilligungserklärung als gesetzlicher Vertreter des Mündels, nicht als Vertreter des Jugendamtes ab (OLG Stuttgart, aaO; Ahlborn, 14), und zwar auch dann nicht, wenn (bei einem kleinen Jugendamt) der Betreffende zugleich Leiter der Verwaltung des Jugendamtes ist und die laufenden Geschäfte des Jugendamtes führt (s zum letzteren § 16 Abs 1 JWG).

60 Hat ein Beamter oder Angestellter des Jugendamtes gleichzeitig die Befugnis erhalten, die in § 1706 Abs 2 bezeichneten Erklärungen zu beglaubigen (§ 49 Abs 1 JWG — richtigerweise müßte es heißen: die Unterschriften der Personen zu beglaubigen, welche die in § 1706 Abs 2 bezeichneten Erklärungen abgeben —), so kann er nicht seine eigene Unterschrift beglaubigen, wenn ihm gemäß § 37 JWG die betreffenden vormundschaftlichen Obliegenheiten übertragen sind; denn niemand kann seine eigene Unterschrift beglaubigen (Beitzke, ZblJugR 1963, 90; StAZ 1963, 259; Keidel, 20 zu § 183 FGG). Ist der Beamte oder Angestellte gemäß § 37 JWG mit der Wahrnehmung der vormundschaftlichen Obliegenheiten beauftragt und zugleich gemäß § 49 Abs 1 JWG zu der Unterschriftsbeglaubigung ermächtigt, so darf er nicht die Unterschrift der Mutter zur Einwilligungserklärung und die Unterschrift des Ehemannes zur Einbenennungserklärung beglaubigen (in entsprechender Anwendung des § 16 Abs 1 Nr 1 BNotO; s hierzu auch Beitzke, ZblJugR 1963, 91; aM Riedel, Jugendwohlfahrtsrecht, 6. Aufl, 108*); Jans-Happe, 7, A zu § 49 JWG [die aber gleichzeitig raten, der betr Beamte oder Angestellte sollte sich dieser Tätigkeit enthalten]; der Inhalt der Urkunde ist dabei mitzuberücksichtigen, s Seybold-Hornig-Weber-Reithmann-Schippel, BNotO, 4. Aufl, 1962, 20 zu § 16 sowie zum Beurkundungsbegriff des Art 7 Abs 3 des NotarmaßnahmenG — der freilich hier nicht anzuwenden ist, da das Jugendamt als solches nicht beteiligt ist — Weber, DNotZ 1962, 22; OLG Stuttgart, Die Justiz 1962, 179).

Doch kann ein Beamter oder Angestellter des Jugendamtes gemäß § 49 Abs 1 JWG die Unterschrift eines anderen Beamten oder Angestellten des Jugendamtes beglaubigen, dem gemäß § 37 JWG die vormundschaftlichen Obliegenheiten übertragen sind und der die Einwilligungserklärung als Amtsvormund abgibt (s Beitzke, StAZ 1963, 259; ZblJugR 1963, 90ff; Muster s bei Ahlborn, 15f, 42).

Ein Beamter oder Angestellter des Jugendamtes, der gemäß § 49 Abs 1 JWG ermächtigt ist, kann die Einwilligungserklärungen nicht beurkunden, sondern nur die Unterschriften der betreffenden Personen beglaubigen. Allerdings ist eine Beurkundung der Erklärungen auch nicht erforderlich (worauf Gräber, 11 aE zu § 49 JWG, mit Recht hinweist). Der Standesbeamte kann aber die Erklärungen beurkunden oder die Unterschriften beglaubigen (s § 31a Abs 1 PStG).

Außerdem sind die weiteren oben 57 genannten Stellen zur Beglaubigung der Unterschriften des Amtsvormundes zuständig.

61 Die **Unterschrift des Ehemannes der Mutter** unter die Einbenennungserklärung kann jeder Standesbeamte, zB auch der für den Wohnsitz des Ehemannes zuständige Beamte, sowie jede der in Bem 57 genannten Stellen beglaubigen**); der Standesbeamte hat hierbei den Ehemann über die Voraussetzungen und die Bedeutung der Einbenennung zu **belehren** (Ahlborn, 12); ebenso muß eine Amtspflicht der betreffenden gemäß § 49 Abs 1 JWG ermächtigten Beamten oder Angestellten des Jugendamtes zur Belehrung angenommen werden. Dagegen sind Notare nur auf Verlangen zur Belehrung verpflichtet (s § 32 Abs 2 BNotO;

---

*) JWG, 4. Aufl 1965, 542 Anm 12 zu § 49.

**) Zu der Frage, ob die von einem österreichischen Notar vorgenommene Unterschriftsbeglaubigung in der Bundesrepublik anerkannt werden kann, s Peters, StAZ 1960, 299.

hierzu Seybold-Hornig-Weber-Reithmann-Schippel, 7 zu § 26, 4 zu § 32 BNotO). Beurkundet der Notar jedoch die Einbenennungserklärung, so ist er gemäß § 26 BNotO verpflichtet, den Ehemann der Kindesmutter über die Voraussetzungen und die Bedeutung der Einbenennung zu belehren.

Ist der Erklärende offensichtlich geschäftsunfähig, die Erklärung also offensichtlich nichtig (s §§ 104, 105 BGB), so ist die Beglaubigung der Unterschrift abzulehnen (vgl § 32 Abs 2 iV mit § 14 Abs 2 BNotO, Art 51 Abs 2 Nr 1 NdsFGG, Art 69 Abs 2 Nr 1 HessFGG); dies muß jedoch für sämtliche Urkundspersonen gelten, die eine Unterschriftsbeglaubigung vornehmen.

Die Beurkundung der Erklärungen durch den Standesbeamten oder die 62
Beglaubigung der Unterschriften der Beteiligten durch diesen ist **gebührenfrei** (s §§ 67, 68 der VO z Ausf des PStG), ebenso die Beglaubigung der Unterschriften durch den gemäß § 49 Abs 1 JWG ermächtigten Beamten oder Angestellten des Jugendamtes, da die (unvollständig und unklar formulierte) Vorschrift des § 49 Abs 3 Satz 2 JWG sinnvollerweise so verstanden werden muß, daß sie auch die Beglaubigung mitumfaßt (ebenso Jans-Happe, 8 zu § 49).

Dagegen entsteht bei gerichtlicher oder notarieller Beurkundung der Erklärung eine Gebühr gemäß § 36 Abs 1 KostO, im Falle der Beglaubigung der Unterschrift eine Gebühr in Höhe eines Viertels der vollen Gebühr (§ 45 Abs 1 KostO) — wobei die Urkundsperson auf diese Gebührenunterschiede hinzuweisen hat —. Der Geschäftswert bestimmt sich jeweils gemäß § 30 Abs 3 KostO.

i) Die **zur Entgegennahme der Einbenennungserklärung** des Ehemannes der 63
Kindesmutter **zuständige Behörde** ist der **Standesbeamte**, der die Geburt des Kindes beurkundet hat **(§ 31 a Abs 2 Satz 1 Halbsatz 1 PStG** — s dazu oben 57). Ist die Geburt des Kindes nicht im Geltungsbereich des PStG, dh im Gebiet der Bundesrepublik und in Westberlin, beurkundet, so ist auch der Standesbeamte des Standesamtes I in Berlin (West) zuständig (§ 31a Abs 2 Satz 2 PStG, s hierzu Dippel, StAZ 1949, 117; Laschet, StAZ 1960, 266), zB, wenn das uneheliche Kind in der sowjetischen Besatzungszone geboren ist (s dazu Schütte, StAZ 1958, 277).

aa) Die Zuständigkeit des Standesbeamten, der das Geburtenbuch führt, ist insofern 64
eine „ausschließliche", als zur Wirksamkeit der Einbenennungserklärung der Zugang bei diesem Standesamt erforderlich ist (vgl § 130 Abs 1 und 3).

Der Ehemann der Mutter gibt die Einbenennungserklärung gegenüber der Behörde, nicht notwendig vor der Behörde ab; er kann die Namenserteilung also mündlich vor dem Standesbeamten abgeben; es genügt aber auch eine schriftliche der vorgeschriebenen Form entsprechende Erklärung gegenüber dem Standesamt (allgemeine Meinung, s zB Achilles-Greiff-Beitzke, 7 zu § 1706; Pfeiffer-Strickert, 8 zu § 31a PStG).

Gibt der Ehemann der Mutter die Erklärung mündlich vor dem Standesbeamten ab, so hat dieser ihn über die rechtliche Bedeutung der Einbenennung und ihre Voraussetzungen zu belehren (Ahlborn, 12f).

bb) Sind die Einwilligungserklärungen der Mutter und des Kindes bzw des für 65
dieses handelnden gesetzlichen Vertreters gegenüber dem Ehemann der Mutter abgegeben worden, so hat dieser sie mit seiner Erklärung dem Standesbeamten vorzulegen.

Die Einwilligungserklärungen der Mutter und des Kindes bzw. des gesetzlichen Vertreters des Kindes müssen zwar vor der Erklärung der Einbenennung durch den Ehemann abgegeben werden **(§ 183)**; indes genügt es, wenn alle diese Erklärungen gleichzeitig dem Standesbeamten zugehen (Stölzel, 289; Ficker, 68; Ahlborn, 19; Wagner, StAZ 1953, 234, 235; jetzt wohl allgemeine Meinung). Erscheinen alle Beteiligten (Ehemann, Mutter des Kindes und gesetzlicher Vertreter des Kindes, gegebenenfalls auch das beschränkt geschäftsfähige Kind) gleichzeitig vor dem Standsbeamten, so gelten ihre Erklärungen als gleichzeitig abgegeben (Ahlborn, 19); jedoch empfiehlt es sich, daß zuerst die Einwilligungserklärungen und dann die Einbenennungserklärung aufgenommen werden (Ahlborn, 19).

Wurden die Einwilligungserklärung und die Einbenennungserklärung vor verschiedenen Stellen abgegeben, so müssen die Einwilligungserklärungen also spätestens gleichzeitig mit der Einbenennungserklärung beim zuständigen Standesbeamten eingehen (ein Beispiel für eine unzulässige nachträgliche Zustimmung des Vormunds s in BayObLGZ 33, 329 = HRR 1934, Nr 427).

Wird die Erklärung des Ehemannes, er erteile dem unehelichen Kinde seiner Ehefrau seinen Namen (mit der Einwilligungserklärung der letzteren), von dem Standesbeamten beurkundet oder beglaubigt, so hat er die Einbenennungserklärung dem zuständigen Standesbeamten, der das Geburtenbuch führt (mit der Einwilligung des Vormundes — sofern nicht der unehelichen Mutter die elterliche Gewalt gemäß § 1707 Abs 2 übertragen ist —), zu übersenden.

66 cc) Die **Einbenennungserklärung** wird — wenn die sonstigen gesetzlichen Voraussetzungen erfüllt sind (s 20ff) — in dem Zeitpunkt **wirksam**, in dem sie dem für die Entgegennahme zuständigen Standesbeamten (s Bem 63) zugeht (§ 130 Abs 1 Satz 1, Abs 3). Die Erklärung ist zugegangen, wenn sie in den Einflußbereich des Empfängers (Standesbeamten) gelangt und bei Annahme gewöhnlicher Verhältnisse damit zu rechnen ist, daß er von ihr Kenntnis nehmen kann (s 3 zu § 130; Ahlborn, 20). Daher bedarf es keines rechtsgeschäftlichen, gerade auf die Entgegennahme der Erklärung gerichteten Willens des Standesbeamten, um die Erklärung wirksam werden zu lassen (BayObLGZ 1964, 213 = FamRZ 1964, 457 = StAZ 1964, 216 = DAVorm 1964, 305 = MDR 1964, 765 Leits = JR 1965, 62 = ZblJugR 1965, 78; Ahlborn, 20; Beitzke, StAZ 1965, 59 gegen Schnitzerling, Jugendrechtliche Fälle, I, 1963, 131); eine Kenntnisnahme des Standesbeamten von der Einbenennungserklärung ist also nicht erforderlich. Die schriftliche, dem Standesbeamten zugesandte Erklärung wird wirksam mit dem Einlegen der Sendung in das Postfach des Standesamtes, mit dem Einwerfen der Post in den Briefkasten oder der Abgabe der Post bei der Registratur des Standesamtes usw. Mit diesem Zeitpunkt des Zugangs erhält die Einbenennungserklärung rechtsgestaltende Wirkung, nicht erst mit der Beischreibung des Randvermerks zum Geburtseintrag (s zum letzteren Bem 72); die **Beischreibung** hat also **nur deklaratorische Bedeutung** (BayObLG, aaO; Ahlborn, aaO; LG Frankfurt, StAZ 1962, 126 = ZblJugR 1962, 270; RGR-Komm, 16, 17; Erman-Hefermehl, Nachtrag zu 6).

67 Ist der Ehemann nach formgerechter Abgabe der Einbenennungserklärung vor deren Zugang bei dem zuständigen Standesbeamten verstorben oder geschäftsunfähig geworden, so steht dies der Wirksamkeit der Einbenennung nicht entgegen (§ 130 Abs 2; s hierzu LG Frankfurt, StAZ 1962, 126 = ZblJugR 1962, 270).

68 Wird die Einbenennungserklärung von dem zuständigen Standesbeamten aufgenommen und beurkundet oder wird die Unterschrift des Ehemannes der Kindesmutter unter der Einbenennungserklärung beglaubigt, so ist die Erklärung hiermit zugleich dem Standesbeamten zugegangen. Liegen die Einwilligungserklärungen der Mutter und des (gesetzlichen Vertreters des) Kindes vor oder werden diese gleichzeitig in der vorgeschriebenen Form aufgenommen (s auch 65), so ist damit die Einbenennung wirksam zustandegekommen (s Ahlborn, 20).

69 dd) Fehlt in dem Zeitpunkt, in dem die Einbenennungserklärung dem zuständigen Standesbeamten zugeht, eine Einwilligungserklärung, so ist die Einbenennungserklärung **unwirksam**, nicht lediglich schwebend unwirksam (hM*); das gleiche gilt, wenn eine Einwilligungserklärung (zB wegen Formmangels) unwirksam ist oder wenn das Kind im Zeitpunkt des Zugangs der Einbenennungserklärung beim Standesbeamten gestorben ist oder wenn der Ehemann der Kindesmutter im Zeitpunkt der Abgabe der Einbenennungserklärung geschäftsunfähig war**).

Dies ergibt sich aus der Rechtsnatur der Einbenennungserklärung (s 80); die Wirksamkeit der Einbenennung hängt von der Wirksamkeit der diesbezüglichen Erklärung des Ehemanns der Kindesmutter ab. Die Beschreibung eines Randvermerks im Geburtsregister durch den Standesbeamten (s 72) hat keine konstitutive, sondern nur deklaratorische Bedeutung (s 66, 72). Lediglich dann,

---

*) Dölle, II, 379; Planck-Unzner, I, 3, f; RGR-Komm, 17; Ficker, 68; Beitzke, StAZ 1963, 257, 258; Schorr, StAZ 1958, 23; Wagner, StAZ 1953, 234, 235; Feneberg-Simader, 2 zu § 31a PStG; BayObLGZ 1964, 213 (s Bem 66); AG Lübeck, StAZ 1954, 182; im allgemeinen Coing, 7 zu § 180; **aM** Erman-Hefermehl, 6 zu § 1706 — wo gesagt wird, die Einbenennung sei grundsätzlich wirksam, womit offenbleibt, in welchen Ausnahmefällen bei Fehlen der formgerechten Einwilligungserklärungen der Mutter und des Kindes die Einbenennung unwirksam sein soll —; Brand-Hensel, 158; Krassnig, FamRZ 1956, 268; Gernhuber, 620, Fußn 6; Schnitzerling, StAZ 1964, 110; LG Verden, StAZ 1961, 47 m Anm von Ahlborn; wohl auch Pfeiffer-Strickert, 8, 9 zu § 31a PStG; Soergel-Siebert-Lade, 10 zu § 1706.

**) Ist dagegen die Mutter verstorben, so steht ihr Tod der Wirksamkeit der Einbenennung nicht entgegen (s auch 29).

wenn die Einbenennung durch einen Staatsakt, zB einen Verwaltungsakt (vgl zur Ehelichkeitserklärung nach früherem Recht §§ 1723, 1735 aF — s 16f zu § 1723 —) oder durch eine gerichtliche Verfügung (vgl jetzt zur Ehelichkeitserklärung §§ 1723, 1735 nF; § 56a Abs 1 FGG; zur Adoption § 1754 Abs 1 Satz 1; § 67 FGG) wirksam würde, wäre die Rechtslage anders.

Die Unwirksamkeit der Einbenennung kann in jedem Verfahren, zB im Strafverfahren wegen angeblichen Verstoßes gegen § 360 Abs 1 Nr 8 StGB, geltend gemacht werden.

Ein unrichtiger **Randvermerk** im Geburtenbuch kann gemäß § 47 PStG **berichtigt** werden (s KG, StAZ 1932, 303, und oben Bem 48, unten Bem 79 aE).

ee) Der Ehemann der Mutter kann die Einbenennungserklärung nur bis zum Zugang bei dem zuständigen Standesbeamten (s 63, 66) **widerrufen** (§ 130 Abs 1 Satz 2, Abs 3). Nach diesem Zeitpunkt, dh nachdem die Einbenennung wirksam geworden ist (s 66), kann die Erklärung nicht mehr widerrufen oder zurückgenommen werden. Wird die Ehe der Mutter geschieden oder aufgehoben, so kann die Einbenennung nicht rückgängig gemacht werden, es sei denn, die Voraussetzungen des Gesetzes vom 5. 1. 1938 (s unten 87) lägen vor. Die Namenserteilung kann auch nicht im Einverständnis der Beteiligten rückgängig gemacht werden, da über die Namensführung von den Beteiligten nur dann disponiert werden kann, wenn das Gesetz dies ausdrücklich vorschreibt (so mit Recht Ficker, 63)*). Machen also die geschiedene Ehefrau und ihr von dem geschiedenen Ehemann einbenanntes Kind dem Manne durch leichtsinnigen Lebenswandel Unehre, so kann das Vormundschaftsgericht auf Antrag des Mannes zwar der Frau die Weiterführung des Namens des Mannes untersagen, jedoch nicht dem Kinde (Ficker, aaO). 70

ff) Die Einbenennung wird dann unwirksam, wenn die Ehe für nichtig erklärt wird (s oben 20). 71

Zwar können die Einbenennungserklärung und die Einwilligungserklärungen an sich **angefochten** werden (§§ 119, 121, 123, 124); doch dürfte dies praktisch kaum in Betracht kommen (zum Motivirrtum s 52 zu § 119).

Verheiratet sich die Mutter wieder, so führt das Kind weiterhin den Namen des früheren Ehemannes (s dazu auch Haase, MDR 1948, 200); eine erneute Einbenennung ist nicht möglich (s oben 27).

Dagegen wird die Einbenennung dann gegenstandslos, wenn die Mutter später den Erzeuger des Kindes heiratet und das Kind dadurch legitimiert wird (§ 1719; s Roquette, 115; Stadler, DR 1941, 1590) oder wenn das Kind für ehelich erklärt (§§ 1723, 1736) oder adoptiert wird (§ 1758). Doch kann im Falle der Adoption der frühere Familienname hinzugefügt werden (§ 1758 Abs 4).

3. Ist dem Standesbeamten, bei dem die Geburt des Kindes beurkundet ist, die Einbenennungserklärung zugegangen, so hat er deren Wirksamkeit zu prüfen (s dazu Ahlborn, 24ff) und sodann, wenn er die Wirksamkeit bejaht, in das Geburtenbuch zum Geburtseintrag einen **Randvermerk einzutragen** (§§ 30 Abs 1, 31a Abs 2 Satz 1 Halbsatz 2 PStG)**). Diese Eintragung hat nur deklaratorische, keine konstitutive Bedeutung (s oben 66, 69). 72

Dagegen kann das einbenannte Kind nicht im Familienbuch und im Stammbuch der Familie des Stiefvaters eingetragen werden, da es eben kein eheliches Kind ist (Danner, StAZ 1963, 80; s zur Bedeutung der Einbenennung auch Bem 83).

Lehnt der Standesbeamte die Eintragung des Randvermerks ab, weil er der Auffassung ist, die Einbenennungserklärung sei unwirksam, so können die Beteiligten gemäß **§ 45 Abs 1 PStG** das zuständige Amtsgericht anrufen mit dem Begehren, den Standesbeamten anzuhalten, den Randvermerk einzutragen. Beteiligte sind der Ehemann der Mutter, die Mutter und das Kind. 73

Der Standesbeamte kann in Zweifelsfällen gemäß **§ 45 Abs 2 PStG** auch von sich aus die Entscheidung des Amtsgerichts darüber herbeiführen, ob der Randvermerk einzutragen ist.

*) Ein Adoptionsvertrag kann dagegen von den Beteiligten wieder aufgehoben werden (§ 1770); damit verliert das Kind das Recht, den Familiennamen des Annehmenden zu führen (§ 1772); s auch Fendt, Wirkung der Aufhebung des Kindesannahmeverhältnisses auf ein vom Angenommenen einbenanntes Kind, StAZ 1958, 222.

**) Zur Ausstellung der Geburtsurkunde beim Zusammentreffen von Vaterschaftsanerkenntnis, Einbenennung und Adoption s Thias, StAZ 1954, 236.

74 Lehnt das Amtsgericht es ab, den Standesbeamten zur Eintragung des Randvermerks anzuweisen, so findet hiergegen die **einfache Beschwerde** statt **(§ 49 Abs 1 PStG).**

75 Beschwerdeberechtigt sind der Ehemann der Mutter (§ 20 FGG), aber auch das Kind und die Mutter; diesen muß das Beschwerderecht des § 20 FGG ebenfalls zugebilligt werden. Ein Beschwerderecht der Mutter und des Vormunds gemäß § 57 Abs 1 Nr 9 FGG kommt hier nicht in Betracht, da es sich um keine vormundschaftsgerichtliche Sache handelt. Doch wird man eine analoge Anwendung des § 59 FGG bejahen, das Kind also als persönlich beschwerdeberechtigt ansehen müssen, wenn es das 14. Lebensjahr vollendet hat, da § 59 hiermit einen allgemeineren Rechtsgedanken enthält. Dagegen hat das Vormundschaftsgericht kein Recht zur Einlegung der Beschwerde gegen den Beschluß des Amtsgerichts, durch den sein Antrag abgelehnt wurde, das Standesamt zur Eintragung des Randvermerks anzuweisen (BayObLGZ 1933, 329 = HRR 1934 Nr 427), es sei denn, es lägen ausnahmsweise die Voraussetzungen des § 1846 vor. Abgesehen von diesem Ausnahmefall kann das Vormundschaftsgericht nicht den Vormund vertreten; es kann lediglich im Wege der Belehrung darauf hinwirken, daß der Vormund gegebenenfalls Beschwerde einlegt (s BayObLG aaO).

76 Wird der Standesbeamte zur Eintragung angewiesen, so findet hiergegen die **sofortige Beschwerde** statt (§ 49 Abs 1 PStG). Beschwerdeberechtigt ist die Aufsichtsbehörde des Standesbeamten, dagegen nicht der Standesbeamte selbst (BGH, FamRZ 1959, 354 = NJW 1959, 1581 — in BGHZ 30, 132 und MDR 1959, 738 ist diese Stelle nicht wiedergegeben —; OLG Stuttgart, Die Justiz 1965, 276; Keidel, 63 zu § 20 FGG; Jansen, FGG, Seite 234, 5 zu § 49 PStG, Anhang zum aufgehobenen § 70 FGG). Aufsichtsbehörde ist die Behörde, in deren Bezirk eine Eintragung vom Standesbeamten vorgenommen (oder nicht vorgenommen) werden soll, also die für das betroffene Standesamt zuständige Behörde, nur diese.

77 Hebt das Landgericht die Entscheidung des Amtsgerichts auf, durch die der Standesbeamte zur Eintragung des Randvermerks angehalten worden war, so findet gegen den Beschluß des Landgerichts die **sofortige weitere Beschwerde** statt (§ 29 Abs 2 FGG).

78 Diese steht dem Ehemann der Mutter sowie auch dem Kinde (gegebenenfalls vertreten durch den gesetzlichen Vertreter, § 59 FGG) zu. Die Aufsichtsbehörde des Standesbeamten kann das Rechtsmittel in jedem Falle einlegen (§ 49 Abs 2 PStG), auch dann, wenn sie durch die angefochtene Entscheidung nicht beschwert ist, sondern im öffentlichen Interesse die höhere Instanz anrufen will, um eine bestimmte Rechtsfrage zu klären (BayObLG, StAZ 1961, 28; KG, FamRZ 1961, 483, 484; OLG Hamm, FamRZ 1965, 79; BGH, FamRZ 1965, 311, 312; OLG Stuttgart, Die Justiz 1965, 145 = FamRZ 1965, 393; Pfeiffer-Strickert, 9 zu § 49 PStG; Jansen, aaO, 235, Bem 8).

79 Der gerichtlichen Entscheidung, durch die einem Antrag, den Standesbeamten zur Vornahme einer Amtshandlung anzuhalten, stattgegeben oder ein solcher Antrag zurückgewiesen wird, kommt **keine materielle Rechtskraft** zu (arg § 60 Abs 2 PStG, s hierzu Pfeiffer-Strickert, 10 zu § 60; Keidel, 11 zum aufgehobenen § 70 FGG; Jansen, FGG, Seite 234, Bem 6 zu § 49 PStG; OLG Frankfurt, StAZ 1960, 257 je mit weiteren Hinweisen).

Wird eine Eintragung auf Anordnung des Gerichts berichtigt (§§ 47, 48 PStG), so ist diese gerichtliche Entscheidung ebenso wenig der materiellen Rechtskraft fähig (OLG Frankfurt, aaO).

80 4. a) Die Einwilligungserklärungen der Mutter und des Kindes sowie die Einbenennungserklärung des Ehemannes der Mutter sind **einseitige Rechtsgeschäfte mit empfangsbedürftigen Willenserklärungen** (s auch zur Ehelichkeitserklärung und zu den zu dieser erforderlichen Einwilligungserklärungen 4, 12 zu § 1725, 10 zu § 1726). Meist wird unscharf von einseitigen empfangsbedürftigen Willenserklärungen gesprochen (so Vorauſl, 4, a, δ und b; Ficker, 66; BayObLGZ 213, 215 = FamRZ 1964, 457, 458 = StAZ 1964, 216 = DAVorm 1964, 305 = JR 1965, 62), zT von einseitigen empfangsbedürftigen Rechtsgeschäften (Planck-Unzner, I, 3, c) oder von Privatwillenserklärungen (Opet-v. Blume, 4, c). Indessen ist zwischen einseitigen und zweiseitigen Rechtsgeschäften zu unterscheiden (Einleitung 52 vor § 104, Band I, S 516) sowie zwischen empfangsbedürftigen Willenserklärungen, die gegenüber einer bestimmten Person abgegeben werden müssen, und anderen Willenserklärungen, bei denen ein bestimmter Erklärungsgegner fehlt (s Vorbem 11 vor § 116, Band I, S 591), wobei jedoch darauf hinzuweisen ist, daß streng genommen die empfangsbedürftige Willenserklärung nicht „empfangen" zu werden, sondern nur zuzugehen brauche (Vorbem 11 aaO; Bem 2ff zu § 130). Unrichtig wäre es auch, das einseitige Rechtsgeschäft und die Willenserklärung gleichzusetzen; denn diese Begriffe decken sich nicht. Die Willenserklärung ist jede Handlung, die bestimmt und geeignet ist,

den auf einen bestimmten Rechtserfolg gerichteten Willen (Geschäftswillen) nach außen zu bekunden (s dazu im einzelnen Einl 5 vor § 104, Band I, S 501); das Rechtsgeschäft erfordert zwar als wesentlichen Teil eine Willenserklärung, indessen bezeichnet die moderne Dogmatik als Rechtsgeschäft nicht die Willenserklärung als solche, sondern den die Rechtswirkung begründenden, eine Willenserklärung als wesentliches Element enthaltenden Tatbestand in seiner Gesamtheit (Einl 8, aaO, S 503). Ein Rechtsgeschäft, dh ein gültiges (zB der vorgeschriebenen Form entsprechendes) Rechtsgeschäft, liegt also nur vor, wenn die Rechtsfolgen, auf deren Begründung die Willenserklärung gerichtet ist, auch herbeigeführt werden (Enneccerus-Nipperdey, Allgem Teil, Band II, 1960, 906f, § 145, II, c; zu terminologischen Fragen s ferner Lehmann-Hübner, Allgemeiner Teil des Bürgerlichen Gesetzbuches, 15. Aufl 1966, 140ff, 151ff).

Aus diesen Darlegungen geht hervor, daß nur die oben erwähnte Begriffsbestimmung als zutreffend beurteilt werden kann (die Formulierung „einseitiges Rechtsgeschäft mit empfangsbedürftiger Willenserklärung" wird auch in Vorbem 11 vor § 116 verwendet).

b) Die Einwilligungserklärung der Mutter und die Einbenennungserklärung des Ehemannes der Mutter sind **höchstpersönliche Erklärungen** (so auch Stölzel, PStG, 5. Aufl, 1939, 419; s ferner Bem 32 und 52), ebenso wie die Ehelichkeitserklärung (§ 1728 Abs 1), die Einwilligung der Mutter zu dieser (§§ 1726 Abs 1 Satz 1, 1728 Abs 1), und die Einwilligung der Ehefrau des Vaters (§§ 1726 Abs 1 Satz 2, 1728 Abs 1), sowie die Erklärungen des Annehmenden beim Abschluß des Adoptionsvertrags (§§ 1741, 1744 Satz 2, 1750), die Einwilligung des Ehegatten der zu adoptierenden Person (§§ 1746 Abs 1, 1748 Abs 2), die Einwilligung der leiblichen Eltern und der unehelichen Mutter (§§ 1747 Abs 1 Satz 1, 1748 Abs 2). Wenn auch die Wirkungen der Einbenennung wesentlich weniger weitgehend sind als die Ehelichkeitserklärung und die Adoption (s auch 55 aE), so sind sie doch insofern die gleichen, als sie das Namensrecht betreffen. Dieses ist ein absolutes subjektives Personenrecht, ein Persönlichkeitsrecht, das seiner Natur nach unveräußerlich ist (s 18a, b zu § 12; Enneccerus-Nipperdey, Allgem Teil, 15. Aufl, Band I, 1959, 565f, § 100 I). Daher ist es auch gerechtfertigt, die Einwilligungserklärung der Mutter und die Einbenennungserklärung des Ehemannes der Mutter als höchstpersönlich zu beurteilen. Das Kind hatte mit der Geburt, gegebenenfalls mit der Rechtskraft der gerichtlichen Feststellung der Unehelichkeit (§ 1593 BGB, § 643 ZPO), auf Grund der verwandtschaftlichen Beziehung mit der Mutter deren Namen erlangt. Das Erfordernis der Einwilligung der Mutter zur Namenserteilung hängt also mit der Verwandtschaft zusammen (nicht aber damit, wie v. Blume in Opet-v. Blume, 4, gemeint hat, daß der unehelichen Mutter das Sorgerecht zustehe). Auf Grund der wirksamen Einbenennung und entsprechender Erklärungen des Ehemannes der Mutter erlangt das Kind dann dessen Namen und damit das höchstpersönliche Recht, diesen Namen zu führen. 81

Da die erwähnten Erklärungen höchstpersönlich sind, können sie bei Geschäftsunfähigkeit der Mutter oder des Ehemannes der Mutter nicht wirksam von dem gesetzlichen Vertreter abgegeben werden; die Erklärungen des Geschäftsunfähigen selbst sind unwirksam, ebenso wie zB eine Erklärung der geschäftsunfähigen Ehefrau bezüglich der Beifügung ihres Mädchennamens zum Ehenamen (§ 1355 Satz 2) sowie die Erklärung der geschiedenen geschäftsunfähigen Frau über die Wiederannahme ihres früheren Namens (§ 55 EheG) unwirksam ist (im Falle des § 55 EheG bestr — zT wird hier in [unrichtiger] Anwendung des § 612 Abs 2 ZPO die Erklärung durch den gesetzlichen Vertreter für zulässig gehalten —). Dagegen sind die Erklärungen der Mutter und des Ehemannes der Mutter bei beschränkter Geschäftsfähigkeit als wirksam zu beurteilen (s oben 31, 53 — wie auch zB der Vorschlag der beschränkt geschäftsfähigen Mutter bezüglich der Ausübung der elterlichen Gewalt iS des § 1671 Abs 2 —).

An sich ist auch die Einwilligungserklärung des Kindes höchstpersönlich; indessen muß hier die Abgabe der Erklärung durch den gesetzlichen Vertreter für zulässig erachtet werden, da andernfalls das Institut der Einbenennung gegenstandslos würde (vgl aber auch Opet, Verwandtschaftsrecht, 403, Fußn 9). Die Einbenennung soll nach ihrem Sinn und Zweck gerade schon den Kleinkindern zugute kommen können. Weiterhin ist darauf hinzuweisen, daß bei der Ehelichkeitserklärung und bei der Adoption das noch nicht 14jährige Kind durch seinen gesetzlichen Vertreter (§§ 1728 Abs 2, 1751 Abs 1) vertreten wird, obwohl auch hier die Erklärungen des Kindes höchstpersönlich sind. 82

c) Die Einwilligungserklärungen und die Einbennenungserklärung sind familienrechtliche Rechtsgeschäfte, die nicht ohne weiteres und nicht ohne Einschränkung 83 in die Kategorien des Allgemeinen Teils eingeordnet werden können. Sie betreffen nur ein ideelles Recht, das Namensrecht, nicht auch die Änderung des Status, wie in den Fällen der §§ 1723, 1726, 1741, 1746, 1747 Abs 1, 1751, 1770. Das in § 107 enthaltene Kriterium, ob der Minderjährige lediglich einen rechtlichen Vorteil erlange, paßt hier nicht (vgl auch Bem 8 zu § 107 und Enneccerus-Nipperdey, Allgemeiner Teil, II, § 151, II, 1, d — Kipp (408, Fußn 5) meinte, keinem der Beteiligten bringe die Erklärung lediglich rechtlichen Vorteil; s noch Opet-v. Blume, 4, b, α —). Daher sollte man sich dazu entschließen, den § 107 im vorliegenden Falle ebenso wenig anzuwenden, wie er in den Bereichen der Vorschriften der §§ 1723 ff, 1741 ff angewendet werden kann, wenn auch dort freilich Sondernormen gelten (§§ 1728, 1729, 1748, 1751). Die Anwendung der in diesen Vorschriften enthaltenen Rechtsgedanken ist angebrachter als die Anwendung des § 107, unter gebührender Berücksichtigung des Umstandes, daß die Namenserteilung eine wesentlich weniger weit reichende Bedeutung hat als die Ehelichkeitserklärung und die Adoption. Ferner erscheint es auch nicht angebracht, die Vorschriften des § 111 hinsichtlich der Erklärungen des Ehemannes der Mutter und der Mutter selbst anzuwenden, wenn diese in der Geschäftsfähigkeit beschränkt sind (s oben 31, 53, auch 44; aM Dölle, II, 379 f). Hinsichtlich der Einwilligungserklärung des in der Geschäftsfähigkeit beschränkten Kindes sollte man, wenn dieses das 14. Lebensjahr vollendet hat, die persönliche Abgabe der Erklärung mit der Einwilligung des gesetzlichen Vertreters verlangen (s 40).

84 5. a) Mit dem **Wirksamwerden der Einbennenungserklärung** (s 66) erlangt das **Kind** das **Recht, den Namen des Ehemannes der Mutter zu führen;** es ist hierzu auch verpflichtet. Das Kind erlangt (nur) den Namen des Ehemannes der Mutter, nicht etwa einen aus dessen Namen und dem Mädchennamen der Mutter zusammengesetzten Doppelnamen (s Henne, StAZ 1957, 107), den Namen, den die Mutter gemäß § 1355 Satz 2 zu führen berechtigt ist (vgl dagegen § 1758 Abs 4).

Die Mutter darf das Kind nur mit dem Namen ihres Ehemannes ausgeben, auch nach der Auflösung der Ehe (s dazu auch oben 6, 27, 71).

Das Kind erhält mit der Einbenennung auch die Adelsbezeichnung des Ehemannes der Mutter, gegebenenfalls also zB „Freiherr von ..." oder „Freiin von ..." nicht lediglich „von ..." (Peters, StAZ 1963, 255).

85 b) Die rechtliche Wirkung der Namenserteilung ist auf die Führung des Namens beschränkt. Zwischen dem Ehemanne der Mutter und dem Kinde sind durch die Einbenennung keine rechtlichen Beziehungen geschaffen; der Ehemann erlangt nicht das Recht und die Pflicht der Personen- und Vermögenssorge für das Kind, es entstehen weder gegenseitige Unterhaltsverpflichtungen (s hierzu auch 8 zu § 1707) noch ein Erbrecht (vgl dagegen für die Ehelichkeitserklärung §§ 1736—1740 und für die Adoption §§ 1757, 1759—1767). Das Kind bleibt unehelich, die Unehelichkeit wird durch die Namensgleichheit mit dem Ehemann der Mutter lediglich verdeckt. Die Einbenennung bedeutet keine Änderung gegenüber der durch die Eheschließung der Mutter geschaffenen rechtlichen Situation (s auch 8, 165 zu § 1707). Der Ehemann ist jetzt freilich in stärkerem Maße moralisch verpflichtet, sich um das Kind zu kümmern, das seinen Namen trägt. Regelmäßig wird nunmehr auch eher die Voraussetzung des § 31 Abs 3 Satz 2 JWG (s 116 zu § 1707) gegeben sein, wenn sie unmittelbar nach der Eheschließung noch nicht gegeben war und wenn das Kind erst später den Namen des Ehemannes der Mutter erlangt hat.

Auf die Staatsangehörigkeit des Kindes hat die Einbenennung keinen Einfluß (s Ahlborn, 23).

IV. Internationales Privatrecht.

86 Nach hM ist im internationalen Privatrecht gemäß Art 20 EGBGB das Heimatrecht der Mutter anzuwenden, da die Einbenennung im Interesse von Mutter und Kind die uneheliche Geburt verdecken soll (s Bem 18), also das Rechtsverhältnis Mutter — Kind und damit das Personalstatut der Mutter maßgebend ist (s Kegel, Internationales Privatrecht, 2. Aufl 1964, 330; Soergel-Siebert-Kegel, 16 zu Art 20 EGBGB; Raape, Internationales Privatrecht, 5. Aufl 1961, 360 f; RGZ 119, 44 = JW 1928, 905 mit ablehnender Anm von Frankenstein, 1446 mit ablehnender Anm von Friedrichs; s hierzu auch Dölle, II, 381; **aM** KG, JFG 3, 130; Nußbaum, Deutsches Internationales Privatrecht, 1932, 175; Mart. Wolff, Internationales Privatrecht, 3. Aufl 1954, 112, der die Entscheidung des RG als unhaltbar und offensichtliche Fehlentscheidung bezeichnete). Das KG und M. Wolff legten das Heimatrecht des

Kindes zugrunde; Friedrichs betonte dagegen das Rechtsverhältnis zwischen Stiefvater und Stiefkind (hierzu Ficker, ArchcivPr 151, 1950/51, 236).

Ist die Mutter durch die Eheschließung Deutsche geworden, so ist also deutsches Recht anzuwenden, auch wenn das Kind ausländischer Staatsangehörigkeit ist (RG, aaO; RGR-Komm, 18 zu § 1706; s ferner Dölle, aaO).

Ein deutscher Standesbeamter kann somit die Einbenennung beurkunden, wenn die Mutter Deutsche ist, auch wenn das Kind oder der Ehegatte der Mutter die deutsche Staatsangehörigkeit nicht besitzt, und ohne Rücksicht darauf, ob der Heimatstaat des Kindes die Möglichkeit der Einbenennung überhaupt vorsieht (s Dölle, aaO). Dies kann allerdings zu einer sogenannten hinkenden Einbenennung führen, wenn der ausländische Staat das Institut der Namenserteilung iS des § 1706 Abs 2 Satz 2 nicht kennt oder die deutsche Einbenennung nicht anerkennt (Dölle, aaO).

Ausnahmsweise ist deutsches Recht als Personalstatut des Kindes anzuwenden, wenn das Kind deutscher Staatsangehöriger geblieben ist (Art 20 Satz 2 EGBGB, s Kegel, Internationales Privatrecht, 330).

Die Einbenennung hat das AG München (StAZ 1963, 303) in dem Falle für zulässig erklärt, daß der Ehemann der Mutter Vater des Kindes ist, die Legitimation aber nach Internationalem Privatrecht nicht eingetreten ist.

Zu der Frage, ob zB ein deutsches uneheliches Kind durch den Stiefvater spanischer Staatsangehörigkeit einbenannt werden kann, s Bachmann, StAZ 1963, 224 (verneinend).

Zu weiteren Einzelheiten*) s die Erläuterungen des Art 20 EGBGB, zum ausländischen Recht s Dölle, aaO, zur Frage der Aufnahme eines Vermerks über den Familiennamen des Kindes in die deutschen Personenstandsurkunden zum Nachweis der Identität bei hinkender Einbenennnng s Petersen, StAZ 1958, 275.

V. Anhang: Namensänderung nach öffentlichem Recht.

1. Der Name der unehelichen Mutter oder des Kindes kann auf Antrag nach dem **Gesetz über die Änderung von Familiennamen und Vornamen vom 5. 1. 1938** (RGBl I, 9) idF des 2. Gesetzes zur Änderung und Ergänzung des PStG vom 18. 5. 1957 (BGBl I, 518), Art III, Nr 4, und des Gesetzes zur Ergänzung des Gesetzes über die Änderung von Familiennamen ... vom 29. 8. 1961 (BGBl I, 1621) geändert werden**) (hierzu s die Allgemeine Verwaltungsvor- 87

*) Aus der Literatur sei noch hingewiesen auf: Dippel, Namenserteilung gemäß § 1706 BGB für Kinder, die im Ausland geboren sind, StAZ 1949, 117; Ellgaard, Einbenennung von Ausländern, StAZ 1950, 87; Ficker, Zum Statut der Einbenennung, ArchcivPr 151, 1950/51, 236; Laschet, Namenserteilung (Einbenennung) für ein deutsches Kind, dessen Geburt im Ausland beurkundet wurde (§ 263 DA), StAZ 1960, 266; Peters, Darf die von einem österreichischen Notar beglaubigte Einbenennungserklärung in der BRD anerkannt werden?, StAZ 1960, 299; ders, Einbenennung oder Adoption eines deutschen Kindes durch einen Österreicher, StAZ 1953, 238; Winkler, Namenserteilung nach § 1706 Abs 2 BGB durch einen nichtdeutschen Ehemann, ZBlFG 11, 1911, 432.

**) Die hier interessierenden Vorschriften des Gesetzes lauten:

§ 2:

(I) Für eine beschränkt geschäftsfähige oder geschäftsunfähige Person stellt der gesetzliche Vertreter den Antrag; ein Vormund oder Pfleger bedarf hierzu der Genehmigung des Vormundschaftsgerichts.

(II) Hat der beschränkt Geschäftsfähige das 16. Lebensjahr vollendet, so hat ihn das Vormundschaftsgericht über den Antrag zu hören.

§ 3:

(I) Ein Familienname darf nur geändert werden, wenn ein wichtiger Grund die Änderung rechtfertigt.

(II) Die für die Entscheidung erheblichen Umstände sind von Amts wegen festzustellen; dabei sollen insbesondere außer den unmittelbar Beteiligten die zuständige Ortspolizeibehörde und solche Personen gehört werden, deren Rechte durch die Namensänderung berührt werden.

§ 4:

Die Änderung des Familiennamens erstreckt sich, soweit nicht bei der Entscheidung etwas anderes bestimmt wird, auf die unter elterlicher Gewalt stehenden Kinder der Person, deren Name geändert wird, und wenn diese eine Frau ist, auf ihre unehelichen minderjährigen Kinder.

§ 10:

Die §§ 1355, ... 1706, 1719, 1736, 1758 und 1772 des BGB bleiben unberührt.

Zu diesem Gesetz s auch 33—45 zu § 12 BGB.

schrift der Bundesregierung über die Änderung und Feststellung von Familiennamen sowie über die Änderung von Vornamen, Bekanntmachung des BMdJ vom 14. 12. 1960, GMBl 1961, 11 = StAZ 1961, 67 — mit Anlage A: Richtlinien —)*).

Bei der Mutter kommt eine Änderung des Namens eventuell nach dem Tode des Verlobten, vor allem wenn aus der Verbindung ein uneheliches Kind hervorgegangen ist, in Betracht (s dazu die erwähnten Richtlinien).

88 2. Von einer gewissen praktischen Bedeutung ist die Möglichkeit der Änderung des Namens des unehelichen Kindes**) dann, wenn weder eine Einbenennung noch seine Legitimation, Ehelichkeitserklärung oder Adoption möglich ist.

89 a) Das Kind bedarf zur Stellung des Antrags auf Namensänderung, wenn es nicht unter der elterlichen Gewalt der Mutter steht (§ 1707 Abs 2), der **vormundschaftsgerichtlichen Genehmigung.** Für die Erteilung der Genehmigung ist ausschließlich das Wohl, das Interesse des Kindes, maßgebend (OLG Hamm, Rpfleger 1961, 244 mit Anm von Peters; FamRZ 1963, 586 = Rpfleger 1963, 347 = JMBlNRW 1963, 204 = DAVorm XXXVI, 282 = SjEB 14, 121; LG Essen, FamRZ 1961, 38; Schmidt-Futterer, MDR 1961, 192). Die sachlichen Voraussetzungen der Namensänderung (§ 3 I des Gesetzes) hat das Vormundschaftsgericht nicht zu prüfen, also die Frage, ob der Antrag Aussicht auf Erfolg hat; vielmehr obliegt diese Prüfung ausschließlich der Verwaltungsbehörde, gegebenenfalls dem Verwaltungsgericht.

Fehlt die vormundschaftsgerichtliche Genehmigung des vom Vormund gestellten Antrags auf Änderung des Namens des Kindes, so ist der dem Antrag trotzdem stattgebende Verwaltungsakt der Verwaltungsbehörde nicht nichtig, sondern lediglich anfechtbar (LG Frankenthal, FamRZ 1965, 142).

90 b) Die Entscheidung der Verwaltungsbehörde darüber, ob ein **wichtiger Grund** für die Namensänderung vorliegt, ist keine Ermessensentscheidung; vielmehr enthält das Tat-

---

*) Aus diesen **„Richtlinien für die Bearbeitung der Anträge auf Änderung des Familiennamens"** — die nach ständiger Rechtsprechung des BVerwG (s FamRZ 1961, 118, FamRZ 1962, 471) als Maßstäbe bei der Prüfung der Frage nach dem Vorliegen eines wichtigen Grundes mit in Betracht zu ziehen sind — sind folgende Punkte zu erwähnen: III. **Familienrechtliche Gesichtspunkte,**

5. b) uneheliche Kinder:

(1) Den Gesuchen unehelicher Kinder, die bezwecken, die uneheliche Geburt nicht kenntlich werden zu lassen, ist, wenn ein ausreichender Grund sie rechtfertigt, tunlichst entgegenzukommen.

(2) Wird mit Zustimmung des Erzeugers dessen Name erbeten, so ist bei einem solchen Antrag zunächst die Ehelichkeitserklärung nach §§ 1723 ff BGB anzuregen. Kann eine Ehelichkeitserklärung nicht erfolgen und bestehen keine Zweifel über die Vaterschaft, so kann dem Kinde im Wege der Namensänderung der Name des Erzeugers auch gegen den Widerspruch seiner Angehörigen verliehen werden. Ist der Erzeuger verheiratet und widerspricht seine Ehefrau, so darf über den Widerspruch jedoch nur dann hinweggegangen werden, wenn die Ehefrau keine beachtlichen Gründe für ihr Verhalten angeben kann, sondern aus Schikane handelt.

(3) War der verstorbene Ehemann der Kindesmutter durch den Tod nachweislich verhindert seine Absicht der Namensgebung an das Kind nach § 1706 auszuführen, so wird ebenfalls dem Antrage auf Namensänderung zu entsprechen sein.

(4) Wird für ein nach Auflösung der Ehe geborenes uneheliches Kind einer Witwe der Name des verstorbenen Ehemannes der Mutter erbeten, so ist die Bewilligung der Namensänderung, falls sie im Interesse des Kindes liegt, in der Regel nur mit dem Einverständnis der nächsten Angehörigen des verstorbenen Ehemannes, insbesondere der ehelichen Halbgeschwister des Kindes, zulässig.

(5) Anträgen unehelicher Kinder auf Änderung des durch Einbenennung (§ 1706 BGB) erworbenen Namens, die nach Auflösung der Ehe gestellt werden, ist tunlichst zu entsprechen.

e) Bräute und Brautkinder

Ist ein Bräutigam unerwartet gestorben oder als Soldat gefallen und die ernstliche Absicht der Eheschließung nachgewiesen, so kann die Bewilligung seines Namens für die Braut und etwaige von dem Bräutigam abstammende Brautkinder in Betracht kommen. Dies gilt auch dann, wenn die Angehörigen des Bräutigams widersprechen. Ein Widerspruch der Angehörigen des Bräutigams ist nur zu beachten, wenn wichtige Gründe vorgebracht werden.

**) Schmidt-Futterer, Darf das uneheliche Kind im Namensänderungsverfahren den Familiennamen seines Erzeugers erhalten?, MDR 1961, 192; Leisner, Zur Verleihung des Erzeugernamens (Vaternamens an das uneheliche Kind im Wege der Namensänderung, FamRZ 1966, 123.

bestandsmerkmal des wichtigen Grundes einen unbestimmten Rechtsbegriff (s BVerwG, Sammel- und Nachschlagewerk, 402, 10, § 3, Nr 4; Nr 5 = DÖV 1958, 706 = DVBl 1958, 831; Nr 7; Nr 10 = FamRZ 1961, 118 = DÖV 1961, 186 = NJW 1961, 1039).

Bei der Prüfung der Frage, ob ein wichtiger Grund vorliegt, ist auch das öffentliche Interesse zu berücksichtigen (BVerwG, FamRZ 1961, 118); der Antragsteller muß selbst ein schutzwürdiges Interesse an der erstrebten Namensänderung haben; dieses ist zu bejahen, wenn die Gründe des Antragstellers, anstelle seines Namens künftig einen anderen Namen zu führen, so wesentlich sind, daß die Bedenken der Allgemeinheit demgegenüber zurücktreten müssen, die vor allem in der sozialen Ordnungsfunktion des Namens und in dem sicherheitspolizeilichen Interesse an der Führung seines bisherigen Namens augenscheinlich werden (BVerwG, DÖV 1958, 706 = DVBl 1958, 831; FamRZ 1961, 118).

c) Zur Namensänderung eines unehelichen Kindes hat der HessVGH (DÖV 1962, 33) 91
folgende bedeutsame — und zu billigende — Entscheidung erlassen, in einem Falle, in dem der Erzeuger die Vaterschaft anerkannt, eine hohe Unterhaltsrente an das Kind bezahlt und mit diesem ständige persönliche Beziehungen aufrechterhalten hatte — bis zu seinem Tode —: „Da die uneheliche Geburt in vielen Kreisen noch weiterhin als Makel empfunden wird, so ist ein ausreichender Grund für eine Namensänderung auch deswegen zu bejahen, um zu erreichen, daß ein junger Mensch unter den sich aus seiner Herkunft ergebenden Peinlichkeiten nicht zu leiden hat. Diese Erwägungen entsprechen dem Grundgedanken von Art 6 Abs 5 GG."

In dem Falle, daß die Eltern des unehelichen Kindes mit diesem zusammen in einer 92
faktischen Lebensgemeinschaft leben, der verheiratete Vater von seiner Familie getrennt lebt, und dessen Ehefrau, auch im Interesse der ehelichen Kinder, der Namensänderung des unehelichen Kindes widerspricht, hat das BVerwG (E 15, 26 = Sammel- und Nachschlagewerk, 402, 10, § 3, Nr 11 = FamRZ 1962, 471 = JR 1963, 237 = MDR 1962, 1016 = NJW 1963, 362 = ZblJugR 1963, 136 = DÖV 1963, 225 = DAVorm XXXVI, 1963, 4) in einer grundlegenden Entscheidung mit Recht ausgesprochen, daß hier ein wichtiger Grund zur Änderung des Namens des unehelichen Kindes in den Namen des Erzeugers nicht vorliege (ebenso BVerwG, FamRZ 1965, 327 = StAZ 1965, 186 = ZblJugR 1965, 202*), der von der Rechtsordnung anerkannte Verband der ehelichen Familie genieße — ebenso wie die Ehe — den Schutz des Art 6 Abs 1 GG, nicht aber jegliche freie Lebensgemeinschaft (zustimmend Bosch, FamRZ 1962, 473; Schlosser, FamRZ 1963, 601, 625). Das BVerwG (E 15, 26) hat hinzugefügt, auch die Gemeinschaft der unehelichen Mutter mit ihrem Kinde unterstehe dem Schutz des Art 6 Abs 1 GG, dagegen gehöre der uneheliche Vater diesem rechtlichen Verbande nicht an, selbst wenn er tatsächlich mit der Mutter zusammenlebe (s hierzu Leisner, aaO).

Jedoch kann über den Widerspruch der kinderlosen Ehefrau des Erzeugers, die keine beachtlichen Gründe angegeben hat, eventuell hinweggegangen und das Vorliegen eines wichtigen Grundes zur Namensänderung bejaht werden (VGH Bad-Württ, ESVGH 15, 1965, 33 = StAZ 1966, 17).

d) Zu der Frage, welchen Namen ein uneheliches Kind nach der Legitimation zu führen hat, 93
wenn sein Name vorher durch behördliche Verfügung geändert worden war, s Peters, Neuffer, Peters, StAZ 1959, 82, 298, 299.

§ 1707**).

Der Mutter steht nicht die elterliche Gewalt über das uneheliche Kind zu. Sie hat das Recht und die Pflicht, für die Person des Kindes zu sorgen; zur Vertretung des Kindes ist sie nicht berechtigt. Der Vormund des

*) = JR 1966, 154.

**) Dölle, FamR, II, 1965, 383, § 102, V; 685, § 123; Gernhuber, FamR, 1964, 621, § 57, II; 742, § 67, II; Beitzke, FamR, 12. Aufl 1964, 197, § 33, IV, 3; Boehmer und Bosch, Gutachten (Verhandlungen des 44. Deutschen Juristentages, 1962, Band I, 1. Teil, Heft A und B: Welche Anforderungen sind an eine Reform des Rechts des unehelichen Kindes zu stellen?); Brand-Hensel, Die Vormundschafts-, Familienrechts- und Fürsorgeerziehungs-

Kindes hat, soweit der Mutter die Sorge zusteht, die rechtliche Stellung eines Beistandes.

Das Vormundschaftsgericht kann einer volljährigen Mutter auf Antrag die elterliche Gewalt über das Kind übertragen. Das Gericht kann einzelne Angelegenheiten oder einen bestimmten Kreis von Angelegenheiten von der Übertragung ausnehmen.

Abs 1: E I, 1570; II, 1595; III, 1683; Mot 4, 859ff; Prot 4, 671.
Abs 2: FamRÄndG vom 11. 8. 1961, Art I Nr 8.

Gliederung.

---

sachen in der gerichtlichen Praxis, 2. Aufl 1963; Firsching, Familienrecht (Handbuch der amtsgerichtlichen Praxis, Band V, 2. Aufl 1962; Hildeg. Krüger, Die Rechtsstellung des unehelichen Kindes nach dem Grundgesetz, 1960; dieselbe, Uneheliche Kinder, „Die Grundrechte" Band IV, 1960, 325; Pikart-Henn, Lehrbuch der freiwilligen Gerichtsbarkeit, 1963; Roquette, Das Recht des unehelichen Kindes, 1943 (zT überholt).

Eißer, Der Unterhalt unehelicher Kinder, Bemerkungen zu den §§ 1707—1710 BGB anläßlich des Beschlusses des BVerfG vom 21. 7. 1960, FamRZ 1963, 473.

Speziell zu Abs 1: Frese, Recht und Pflicht der unehelichen Mutter, für die Person ihres Kindes zu sorgen, Recht 1907, 547; Hettmann, Zu §§ 1705, 1707, 1631, 1793 BGB, Recht 1905, 41; Schaefer, Kollision zwischen den Rechten des Vormunds und der Mutter eines unehelichen Kindes, Recht 1903, 302; Schwiete, Zu §§ 1705, 1707, 1631, 1793 BGB, Recht 1904, 526.

Lit zu Einzelfragen s an der betreffenden Stelle, Lit zu Abs 2 s zu Bem 120.

Übersicht (Alphabetisches Stichwortverzeichnis).

I. Allgemeines.

1. § 1707 regelt die Frage, inwieweit der unehelichen Mutter die elterliche Gewalt zusteht. 1
Abs 2 wurde durch das FamRÄndG v 11. 8. 1961 eingefügt (s dazu unten 120).

Wenn auch das uneheliche Kind im Verhältnis zur Mutter die rechtliche Stellung eines ehelichen Kindes hat (§ 1705), so versagt ihr § 1707 Abs 1 doch die elterliche Gewalt im ganzen und teilt ihr nur den einen, allerdings wichtigsten Bestandteil der elterlichen Gewalt, die tatsächliche Sorge zu.

Dieser Regelung lagen folgende Erwägungen zugrunde (s Mot 4, 860ff): Die Erfahrung 2
lehre, daß uneheliche Kinder in körperlicher wie in geistiger Hinsicht nur zu oft verwahrlosen würden; das Interesse dieser zahlreichen Kinder und mittelbar der Gesellschaft erheische es dringend, möglichst sichere Garantien zu schaffen, daß sie in körperlicher und geistiger Beziehung eine gute Ausbildung erhalten und zu nützlichen Gliedern der menschlichen Gesellschaft erzogen würden. Diese Garantien würden regelmäßig fehlen, wenn man der unehelichen Mutter die elterliche Gewalt über ihr uneheliches Kind einräumen wollte. Habe die uneheliche Mutter an sich auch die Fähigkeit, die mit der elterlichen Gewalt verbundenen Pflichten und Rechte zu erfüllen bzw auszuüben, so mangele es ihr doch zu oft an dem guten Willen und dem genügendem Ernste. In vielen Fällen ... verhalte sie sich gleichgültig gegen das uneheliche Kind und betrachte dieses wohl gar als eine drückende Last. Dazu komme, daß die uneheliche Mutter selten einen festen Hausstand habe, daß sie, um ihrem Erwerbe nachzugehen, häufig von dem Kinde getrennt sei. ... Ein weiteres Bedenken gegen die Übertragung der elterlichen Gewalt auf die uneheliche Mutter ergebe sich daraus, daß mit der elterlichen Gewalt die Sorge für das Vermögen einschließlich der gesetzlichen Vertretung verbunden sei. Es liege die Gefahr nahe, daß in vielen Fällen leichtsinnige Mütter das etwa vorhandene Vermögen des Kindes, namentlich die vom Vater geleisteten Unterhaltsgelder oder eine von ihm gezahlte Abfindungssumme, nicht im Interesse des Kindes, sondern im eigenen Interesse verwenden würden und auf diese Weise der Zweck des dem Kinde gegen den unehelichen Vater zustehenden Unterhaltsanspruchs vereitelt werden könnte. ... Durch die Ausschließung des Vertretungsrechts werde insbesondere auch der Gefahr vorgebeugt, daß liederliche oder leichtsinnige Mütter das Recht der gesetzlichen Vertretung des Kindes dazu mißbrauchen, von verschiedenen Personen, die mit ihr innerhalb der Empfängniszeit den Beischlaf vollzogen haben, betrüglicherweise auf den Namen des Kindes Alimente zu fordern. Diese

Bedenken sprächen im wesentlichen auch dagegen, der Mutter die Stellung eines gesetzlichen Vormundes zu geben. ... Die Überschüsse des Kindesvermögens der unehelichen Mutter zu überlassen, sei um so bedenklicher, als in vielen Fällen die unehelichen Mütter leichtsinnige und verschwenderische Personen seien. Zudem liege es im Interesse der Sittlichkeit, wenn der unehelichen Mutter jeder aus ihrer Unsittlichkeit hervorgehende, auch nur indirekte, Vermögensvorteil entzogen werde. ... Doch sei es im Anschluß an das überwiegend geltende Recht als unbedenklich zu erachten, der Mutter die tatsächliche Sorge für die Person des Kindes ... unter der Aufsicht des Vormundes zu überlassen. ...*)

In den Protokollen der zweiten Kommission heißt es (Prot 4, 671): Die Frage, ob der unehelichen Mutter die elterliche Gewalt über das Kind abgesprochen werden solle, sei nach der Erörterung der Gründe und Gegengründe bejaht worden. Man habe für die Verleihung erwogen, daß, abgesehen von Rücksichten der Folgerichtigkeit, der Vorteil einer sogleich vorhandenen gesetzlichen Vertretung dazu führen könnte, der unehelichen Mutter die elterliche Gewalt zu verleihen, und habe für die Mehrzahl der Fälle es nicht für zutreffend gehalten, daß die Mutter dieses Recht wegen sittlicher Unwürdigkeit nicht verdiene. Man habe jedoch diese Gründe nicht für schwerwiegend genug erachtet und sich gegen die Verleihung der elterlichen Gewalt entschieden, weil man angenommen habe, es sei bedenklich, der Mutter die rechtliche Verfügung über die Ansprüche des Kindes gegen dessen Erzeuger anzuvertrauen, da die Mutter und deren Eltern, wie statistische Ergebnisse lehrten, vielfach nicht im Stande oder doch nicht hinreichend darauf bedacht seien, die Rechte des Kindes wahrzunehmen, da ferner die Mutter, auch wenn sie die elterliche Gewalt habe, doch aus natürlichen Gründen gerade in der ersten Zeit nach der Geburt nicht in der Lage sein werde, von der elterlichen Gewalt zum Nutzen des Kindes Gebrauch zu machen.

3 Zur heutigen Situation der unehelichen Mütter und Kinder s Vorbem 57 ff und zu rechtspolitischen Fragen Vorbem 18 aE, 59 vor § 1705).

4 2. § 1707 Abs 1 Satz 1 und 2 ist insofern unscharf formuliert, als es richtig heißen müßte, der Mutter stehe von den einzelnen Bestandteilen der elterlichen Gewalt nur die tatsächliche Sorge zu, dagegen nicht die gesetzliche Vertretung in Angelegenheiten der Personensorge und die (gesamte) Vermögenssorge. Indessen ist zu beachten — was Scheffler in RGR-Komm, 2, übersehen hat —, daß die Formulierung offensichtlich deshalb gebraucht ist, um klarzustellen, daß das Kind einen Vormund (§ 1773 Abs 1) erhalten muß — die Amtsvormundschaft wurde erst 1922 eingeführt (s Vorbem 18 vor § 1705) —.

5 3. § 1707 (Abs 1) Satz 1 und 2 der ursprünglichen Fassung stellten vorkonstitutionelles Recht dar (s Vorbem 39 vor § 1705); jedoch sind diese Vorschriften durch die Hinzufügung des Abs 2 durch das FamRÄndG vom 11. 8. 1961 nachkonstitutionelles Recht geworden, da die Einfügung des Abs 2 bedeutet, daß der Gesetzgeber die Regelung des Abs 1 Satz 1 und 2 gebilligt hat; diese Regelung steht auch im Zusammenhang mit § 35 RJWG, § 40 JWG vom 11. 8. 1961 — letztere Bestimmung (s Vorbem 34 vor § 1705) ist nachkonstitutionelles Recht —.

6 Die Regelung über die gesetzliche Vertretung des Kindes kann **nicht** als **verfassungswidrig** beurteilt werden (OLG Hamm, JMBlNRW 1962, 244 = FamRZ 1962, 437 = ZblJugR 1963, 139; LG Itzehoe, SchlHA 1960, 237; Schlosser, FamRZ 1963, 601, 623; Zweifel äußert Wägenbaur, FamRZ 1962, 129).

Der Ausschluß der unehelichen Mutter von der gesetzlichen Vertretung des Kindes wird von dem **Gleichberechtigungsgrundsatz** (Art 3 Abs 2 GG) nicht berührt (Dölle, II, 691; LG Itzehoe, aaO; LG Verden, SjE, E 14, 109).

7 4. Zu der Frage, ob der unehelichen Mutter das Elternrecht iS des Art 6 Abs 2 zusteht, s 12 zu § 1705, ob es dem Vater zusteht, s 48 zu § 1705.

II. Absatz 1 und Vormundschaft.

8 1. a) Der Mutter steht gemäß Abs 1 nur die **tatsächliche Sorge** zu; dies bedeutet, daß sie das Recht und die Pflicht hat, für die Person des Kindes zu sorgen, **ohne** daß ihr die **gesetzliche Vertretung** des Kindes zusteht (vgl § 1626 Abs 2, Halbsatz 1); sie hat die ihr zukommenden Rechte in eigener Verantwortung zum Wohle des Kindes auszuüben (vgl § 1627 Satz 1).

Die Mutter kann auf das Personensorgerecht **nicht verzichten** (s dazu im allgemeinen 9 zu § 1626); allerdings ist in den Fällen eine Ausnahme gemacht,

*) Dernburg (Deutsches Familienrecht, 2. unveränderte Aufl, 1903, 279, Fußn 5) und Opet-v. Blume, 1, wiesen auf die Inkonsequenz dieser Begründung hin.

in denen die Mutter ihre Einwilligung zur Ehelichkeitserklärung (§ 1726 Abs 1) oder zur Adoption des Kindes (§ 1747 Abs 1) erklärt (s auch Vorbem 10, 13, 14 vor § 1666).

Die Mutter kann nicht das Personensorgerecht als solches vertraglich übertragen, zulässig ist lediglich eine Vereinbarung über die Übertragung der Ausübung der Personensorge (BayObLG Z 22, A 252), indessen nicht mit der Klausel, diese Vereinbarung sei unwiderruflich oder unkündbar (BayObLG, aaO).

Verheiratet sich die Mutter, so werden hierdurch ihre Rechte und Pflichten hinsichtlich der Ausübung des Sorgerechts nicht berührt. Der Stiefvater des Kindes wird nicht Mit-Sorgeberechtigter, daher können gegen ihn auch zB keine Maßregeln nach § 1666 Abs 1 Satz 1 angeordnet werden (s dort Bem 11). Er kann aber und wird regelmäßig als „Beauftragter" der Mutter die Versorgung, Betreuung und Beaufsichtigung des Kindes mitübernehmen. Weiterhin ist der Stiefvater nicht rechtlich verpflichtet, dem Stiefkinde **Unterhalt** zu leisten. Allerdings muß er als verpflichtet angesehen werden, seiner nicht berufstätigen Ehefrau, Mutter des unehelichen Kindes, die Mittel zukommen zu lassen, die notwendig sind, damit sie das Kind ordnungsgemäß versorgen kann.

Lebt die Mutter von ihrem Ehemanne getrennt, so muß dieser den Unterhalt der Mutter so bemessen, daß diese ihre Verpflichtungen gegenüber ihrem vorehelichen Kinde zu erfüllen vermag (s OLG Düsseldorf, FamRZ 1958, 106 = NJW 1958, 715; LG Berlin, FamRZ 1955, 267; Boehmer, FamRZ 1955, 125, 127, 268; Bosch, FamRZ 1958, 106 Anm; aber auch OLG Nürnberg, MDR 1965, 664).

Adoptiert der Ehemann der Mutter deren uneheliches Kind, so erwirbt auch diese die volle elterliche Gewalt (§ 1757 Abs 2, s 43 zu § 1718).

Die gesetzliche Vertretung des Kindes in Angelegenheiten der Personensorge 9
sowie die Vermögenssorge hat der Vormund inne. Über den Eintritt der Amtsvormundschaft s Bem 39ff.

Über die Aufgaben des Vormundes als Beistand s Bem 106ff, über die Aufsicht des Jugendamtes (§ 31 JWG) s Bem 109ff.

Die tatsächliche Personensorge steht der unehelichen Mutter auch dann zu, 10
wenn sie **minderjährig** ist (vgl auch § 1673 Abs 2 Satz 2, s BayObLG Z 28, A 238); im Falle der Minderjährigkeit ist die uneheliche Mutter also der ehelichen Mutter gleichgestellt.

Die Eltern oder der Elternteil der minderjährigen unehelichen Mutter sind an sich weder berechtigt noch verpflichtet, unmittelbar (ohne entsprechende, zumindest stillschweigende Beauftragung durch die Kindesmutter) die Sorge für die Person des Kindes auszuüben; sie können auch nicht bestimmen, wie das Kind von ihrer Tochter erzogen werden soll. Jedoch muß ihnen das Recht zugestanden werden, die Mutter dazu anzuhalten, ihre Pflichten gegenüber dem Kinde zu erfüllen, sowie aber auch etwa notwendige Maßnahmen zu treffen, wenn die Mutter das Kind vernachlässigt (s 70 zu § 1626).

Die Mutter kann die Personensorge persönlich erfüllen, sie kann aber auch Dritte heranziehen; in entsprechender Anwendung des § 1612 Abs 2 ist die Mutter berechtigt, darüber zu bestimmen, ob und welche Personensorgehandlungen sie selbst vornimmt und welche sie durch Dritte vornehmen läßt (Eißer, FamRZ 1963, 473, 478; s auch 30 zu § 1709).

Ist die Mutter **wegen Geistesschwäche entmündigt** (§ 114), steht sie damit also einem beschränkt Geschäftsfähigen gleich, so hat sie dennoch das Recht der tatsächlichen Sorge für das Kind (vgl § 1673 Abs 2 Satz 2) — s dazu auch OLG Oldenburg, RdJRpfl 1960, 250 = ZblJugR 1961, 305, sowie unten Bem 33, 36 —.

b) Das Recht der **tatsächlichen Sorge** bedeutet **im einzelnen** folgendes:

aa) α) Die Mutter hat das Recht und die Pflicht, das Kind zu **pflegen** und zu 11
betreuen (s BayObLG Z 1, 452), also zB den Säugling und das Kleinkind zu füttern, zu waschen, zu baden, an- und auszukleiden usw, oder wenigstens zu veranlassen, daß diese Versorgung des Kindes in ihrem Auftrage etwa durch Angehörige usw erledigt wird.

β) Sie hat das Recht und die Pflicht, das Kind zu **erziehen** (s hierzu 10ff zu 12
§ 1631, 235 zu § 1666, Anhang zu § 1666, Bem 18); sie darf auch (angemessene) Zuchtmittel anwenden (s hierzu 31—33 zu § 1631, sowie 42, 44—47 zu § 1666).

Die Mutter hat als Erziehungsberechtigte das Recht, die **Grundrichtung der Erziehung** zu bestimmen (vgl § 3 Abs 1 Satz 2 JWG, s zu dieser Vorschrift Anhang zu § 1666, Bem 457), auch wenn sie minderjährig ist (s hierzu noch Bem 10).

12a Auf Grund ihres Sorge- und Erziehungsrechts hat die Mutter jedoch **nicht die Rechtspflicht, den Namen des Erzeugers zu offenbaren***). Verschweigt sie den Namen, so begeht sie damit keine Personenstandsunterdrückung iS des § 169 StGB (Schönke-Schröder, 12. Aufl 1965, 11, Schwarz-Dreher, 27. Aufl 1965, 3 je zu § 169 StGB; Maurach, Deutsches Strafrecht, Besonderer Teil, 4. Aufl 1964, 387, je mit weiteren Hinweisen); auch die wahrheitswidrige Angabe der Mutter, den Erzeuger nicht zu kennen, wird nicht als Personenstandsunterdrückung anzusehen sein (Schönke-Schröder, Maurach, aaO). Dagegen ist die bewußt wahrheitswidrige Angabe über die Vaterschaft eines Mannes strafbar (s hierzu Schönke-Schröder, Schwarz-Dreher, Maurach, aaO; zur Personenstandsfälschung durch ein bewußt wahrheitswidriges Vaterschaftsanerkenntnis s 95 zu § 1718).

Der Mutter steht auch im Unterhalts- und Abstammungsprozeß des Kindes ein Zeugnisverweigerungsrecht zu (§ 383 Abs 1 Nr 3 ZPO; s ferner 32, 171 zu § 1717 und 11 zu § 1708).

Weigert sich die Mutter, den Namen des Erzeugers des Kindes anzugeben, so darf ihr nicht aus diesem Grunde die Ausübung der Personensorge entzogen werden (s 70 zu § 1666).

Schweigt die Mutter über den Namen des Erzeugers des Kindes, so kann sie hierzu eventuell durchaus beachtenswerte Gründe haben, zB, weil sie Beziehungen zu einem verheirateten Manne nicht eingestehen will, etwa wenn sie sich dieser Beziehungen schämt oder dessen Ehe nicht zerstören will oder sich nicht der Gefahr der Strafverfolgung wegen Ehebruchs nach der Scheidung der Ehe des Mannes (§ 172 StGB) aussetzen will, oder weil das Kind von einem Asozialen oder Kriminellen oder auch von einem Verwandten gezeugt wurde (s hierzu zB Mast, ZblJugR 1950, 126; Brüggemann in „Gegenwartsfragen des Unehelichenschutzes", 27f).

So ist zwar ein Rechtsanspruch des Kindes gegen seine Mutter auf Angabe des Erzeugers zu verneinen**), kann also das Kind auch kein Urteil gegen die Mutter auf Nennung seines Vaters erwirken; indes entspricht es regelmäßig der sittlichen Pflicht einer verantwortungsbewußten Mutter, alsbald dafür zu sorgen, daß das Kind — jedenfalls zu gegebener Zeit — Klarheit über seine Abstammung erhält und daß der Unterhaltsanspruch des Kindes gegen seinen Vater geltend gemacht werden kann (s zB BayObLG Z 1964, 267, 269 = FamRZ 1964, 530 = NJW 1964, 2111 = ZblJugR 1965, 19 = DAVorm XXXVIII, 75 = MDR 1964, 922; Becker, RdJ 1960, 2; 1964, 55, 72, sowie auch Gernhuber, 624).

Zu der Frage, ob die Mutter zum Einzelvormund bestellt und ob ihr die elterliche Gewalt übertragen werden kann, wenn sie den Namen des Erzeugers verschweigt, s unten Bem 92, 133ff.

13 γ) Versorgt die Mutter das Kind oder läßt sie es, wenn sie zB im Haushalt ihrer Eltern lebt, von diesen (mit-)versorgen, so hat sie Anspruch darauf, daß ihr der Vormund von der laufenden Unterhaltsrente des Kindes

---

*) Brüggemann, Intimsphäre und außereheliche Elternschaft, über das Recht und die Pflicht der Mutter, den Erzeuger ihres außerehelichen Kindes zu nennen (Bonner Diss, 1964); ders, Intimsphäre und außereheliche Elternschaft in Gegenwartsfragen des Unehelichenschutzes, Schriften des Deutschen Instituts für Vormundschaftswesen, Band 3, 1964; Mast, Offenbarungspflicht der unehelichen Mutter, ZblJugR 1950, 126; s ferner (insbesondere rechtspolitisch) Becker, Vaterschaftsfeststellung, hat das Kind Anspruch auf Nennung des Namens des Vaters?, RdJ 1964, 51; ders, Väter in der Anonymität, Jugendwohl 1965, 456; Bosch, Gutachten (s Vorbem 66 vor § 1705), 85f.

Aus der älteren Literatur s Kupfer, Kann die Mutter eines unehelichen Kindes gezwungen werden, den Namen des natürlichen Vaters anzugeben?, ZBlFG 11, 1911, 77; Paetow, Ist die uneheliche Mutter verpflichtet, den Namen des Vaters ihres Kindes zu nennen?, ZblVorm III, 1912, 277; Seifarth, Hat das uneheliche Kind einen klagbaren Anspruch gegen seine Mutter auf Namhaftmachung seines Erzeugers?, Recht 1904, 571; von Warnstedt, Nochmals die Zeugnispflicht der außerehelichen Mutter, § 385 Ziff 3 ZPO, Recht 1908, 536.

**) hM, s zB OLG Stuttgart, FamRZ 1963, 525; OLG Frankfurt, FamRZ 1961, 539; BayObLG Z 1963, 119, 122; OLG Karlsruhe, MDR 1961, 505; BldWPfl 1962, 58; Dölle, II, 392; RGR-Komm, 3, Soergel-Siebert-Lade, 14; aber auch Brüggemann in Gegenwartsfragen, 38ff m weiteren Hinweisen.

(§§ 1708, 1710) den angemessenen Betrag überläßt*). Bei **Meinungsverschiedenheiten** zwischen der Mutter und dem Vormund über die Höhe der zur Versorgung des Kindes erforderlichen Aufwendungen, dh ob die Mutter den ganzen Monatsbetrag der Rente zu beanspruchen hat (s auch zur Berechnung dieser Unterhaltsrente 59 ff zu § 1708), kann das Vormundschaftsgericht angerufen werden (s Dölle, II, 391; Achilles-Greiff-Beitzke, 6, und unten Bem 32, 73).

Macht die Mutter bei der Sorge für die Person des Kindes Aufwendungen, die sie den Umständen nach für erforderlich halten darf, so kann sie von dem Kinde Ersatz verlangen, sofern nicht die Aufwendungen ihr selbst zur Last fallen **(§ 1648).** Diese Vorschrift ist auch anzuwenden, wenn die Mutter nur die tatsächliche Sorge innehat (s 10 zu § 1648). Der Anspruch ist im Prozeßwege geltend zu machen (s 11 zu § 1648). Handelte es sich um Aufwendungen, die dem Vater zur Last fallen, und gewährte hiermit die Mutter dem Kinde einen Teil des vom Vater zu tragenden Unterhalts (§ 1708), so geht der Unterhaltsanspruch des Kindes insoweit auf sie über (§ 1709 Abs 2, s dort Bem 54 ff).

δ) Das Erziehungsrecht der Mutter umfaßt weiterhin die Befugnis, den **Umgang des Kindes mit Dritten,** zB auch mit Spielkameraden, zu regeln und gegen einen ihr unerwünschten Verkehr des Kindes mit einem Dritten einzuschreiten (vgl dazu OLG Nürnberg, FamRZ 1959, 71 = BayJMBl 1959, 50; Soergel-Siebert-Lade, 7; sowie allgemein BayObLG Z 1962, 277 = FamRZ 1963, 143 = NJW 1962, 2204 = MDR 1963, 52; auch OLG Schleswig, FamRZ 1965, 224 mit Anm von Gernhuber; ferner zu der Frage, unter welchen Voraussetzungen in der Regelung ein Mißbrauch des Sorgerechts iS des § 1666 Abs 1 Satz 1 liegen kann, s 6 zu § 1626, 20 zu § 1631, 67 zu § 1666); zB kann die uneheliche Mutter Beziehungen ihres 18 Jahre alten Sohnes mit einer 25jährigen geschiedenen Frau verbieten (OLG Nürnberg, aaO). 14

ε) Die Mutter kann auch gemäß § 1631 Abs 2 die Unterstützung des Vormundschaftsgerichts beantragen, zB zum Zwecke der zwangsweisen Zurückführung des Kindes zu ihr, wobei die Mutter auch ermächtigt werden kann, polizeiliche Hilfe in Anspruch zu nehmen (vgl dazu im allgemeinen KG, FamRZ 1965, 390, und den vom LG Bad Kreuznach, Rpfleger 1965, 57 = FamRZ 1965, 446 Leits, und OLG Neustadt, FamRZ 1964, 575, entschiedenen Fall). 15

ζ) Über eine **ärztliche Behandlung** oder die Vornahme einer **Operation** des Kindes hat die Mutter zu entscheiden (s auch 68 zu § 1666), dh über die Notwendigkeit einer ärztlichen Behandlung, über die Auswahl des Arztes, darüber, in welchem Krankenhaus das Kind operiert werden soll, usw. Jedoch obliegen die rechtsgeschäftlichen Erklärungen dem Vormund: die Einwilligung zur Operation gegenüber dem Arzt (s 68, 254 zu § 1666; Dölle, II, 391; Gernhuber, 622), der Abschluß des Vertrags mit dem Arzt bezüglich einer Behandlung des Kindes; hierbei handelt es sich um die Vertretung des Kindes in persönlichen Angelegenheiten (s bezüglich der Operation 46 Ziff 20 und Bem 76 zu § 1626). 16

Doch muß es als zulässig beurteilt werden, daß der Vormund die Mutter generell bevollmächtigt, für das Kind die erforderliche ärztliche Betreuung zu veranlassen. Hat der Vormund die Mutter nicht bevollmächtigt, für das Kind einen Arzt zu beauftragen, oder hat der Vormund — zB in dringenden Fällen — der Beauftragung eines Arztes nicht zustimmen können, so ist anzunehmen, daß die Mutter als Geschäftsführerin ohne Auftrag handelt (§ 677).

Ist das Kind, wie praktisch wohl häufig, im Einverständnis des Vormunds von der Mutter in ihrer Krankenversicherung (Sozialversicherung oder Privatversicherung) mitversichert**), so wird man regelmäßig annehmen können, daß die

*) Ebenso Dernburg, Deutsches Familienrecht, 2. Aufl 1903, 281 Fußn 14; s auch unten Bem 23, 32, 73; **aM** Kipp, 408 Fußn 9; OLG Hamburg, OLG 24, 41.

**) Hierzu s § 205 Abs 1, Abs 2 Nr 5 RVO und zur (privaten) Familienversicherung Prölß, VVG, 15. Aufl 1965, 812 ff, 817, Anm 3 zu § 3 der Allg Bedingungen der privaten Krankenversicherung.

Schon im Jahre 1925 äußerte Lammers (ZblJugR XVII, 42, 43), uneheliche Mütter gehörten durchweg einer Krankenkasse an, der Vormund solle darauf drängen, daß auch das Kind angemeldet werde.

Mutter als vom Vormund bevollmächtigt gilt, wenn notwendig, für das Kind und in dessen Namen einen Arzt zu beauftragen, vor allem dann, wenn der Vormund die diesbezüglichen Versicherungsbeiträge der Mutter aus der laufenden Unterhaltsrente überläßt (s auch zu der Frage, ob die Kosten der Krankenversicherung vom Vater zu tragen sind, 65 zu § 1708).

Die Mutter ist aber auch für befugt zu erachten, mit dem Arzt im eigenen Namen einen Vertrag über die Behandlung des Kindes zu schließen (§ 328), durch den sie selbst zur Bezahlung des Arzthonorars verpflichtet wird.

17 **bb)** *α)* Die uneheliche Mutter ist berechtigt und verpflichtet, den **Aufenthalt** des Kindes zu **bestimmen** (vgl § 1631 Abs 1, s zB Bundesamt für Heimatwesen, DJZ 1913, 1324; OLG München, OLG 30, 141) und das Kind bei sich in Pflege und Erziehung zu haben (BayObLG Z 1, 452); sie ist — auch wenn sie minderjährig ist — nicht verpflichtet, das Kind bei den Großeltern zu belassen (BayObLG, aaO). Die Träger der Sozialhilfe sind nicht berechtigt zu verlangen, daß die Mutter das Kind in eine unentgeltliche Pflegestelle gibt, und können nicht die Sozialhilfe einstellen, weil die Mutter sich weigert, das Kind wegzugeben (BAH, aaO, für die frühere Fürsorgeunterstützung). Das Recht, den Aufenthalt des Kindes zu bestimmen, kann der Mutter nur unter den Voraussetzungen des § 1666 Abs 1 Satz 1 durch das Vormundschaftsgericht entzogen werden. Das Jugendamt (oder der gemäß § 37 Satz 2 JWG bestellte Beamte oder Angestellte) ist nicht befugt, der Mutter das Kind ohne gerichtliche Anordnung wegzunehmen.

18 Über den Aufenthalt des Kindes hat die Mutter allein zu bestimmen, bei **Meinungsverschiedenheiten zwischen** der **Mutter und** dem **Vormund** geht die Meinung der Mutter vor (OLG Oldenburg, FamRZ 1964, 643 = NdsRpfl 1964, 274 = ZblJugR 1965, 51 mit Anm v Roth-Stielow = NJW 1965, 401 = ZfF 1965, 41, s auch unten Bem 30).

So ist die Mutter berechtigt, das Kind in eine Pflegestelle zu geben; doch ist zu beachten, daß die Pflegeperson der Erlaubnis des zuständigen Jugendamtes bedarf (s dazu §§ 27—30 JWG, sowie auch 120 zu § 1666). Will die Mutter das Kind in eine Pflegestelle in die sowjetische Besatzungszone oder in das Ausland geben, etwa mit der Absicht, daß die Pflegeeltern später das Kind adoptieren sollen — wie in dem vom OLG Oldenburg (aaO) entschiedenen Falle schwedische Pflegeeltern —, so ist zwar die Vorschrift des § 28 JWG nicht unmittelbar anwendbar; doch wird sie analog angewendet werden müssen (s auch Bosch, FamRZ 1964, 644) und wird das Jugendamt zur Erteilung der Erlaubnis (§ 28) als zuständig beurteilt werden müssen, in dessen Bezirk das Kind seinen gewöhnlichen Aufenthalt hat (s § 11 Satz 1 JWG, hierzu Anhang zu § 1666, Bem 41), da § 30 JWG hier keine Anwendung finden kann. Das OLG Oldenburg hat diese Fragen nicht erkannt; Roth-Stielow hat zu der Entscheidung zutreffend darauf hingewiesen, daß die Vorschriften der §§ 28, 29 JWG nicht auf eine solche Weise, wie es in dem Falle geschehen war, praktisch umgangen werden dürfen und mit der Verbringung des Kindes in das Ausland die (Amts-)Vormundschaft praktisch gegenstandslos gemacht werden darf (s auch Schnitzerling, Unsere Jugend, 1965, 511).

Zur Verbringung des Kindes in eine ausländische Pflegestelle ist ein Kinderausweis erforderlich (s § 32 der Allg Verwaltungsvorschriften zur Ausführung des Gesetzes über das Paßwesen vom 28. 8. 1961, Bundesanzeiger Nr 168 vom 1. 9. 1961); den Antrag auf Ausstellung dieses Ausweises kann nur der Vormund, als gesetzlicher Vertreter des Kindes in Angelegenheiten der Personensorge, nicht die uneheliche Mutter stellen. Bestehen aber gegen die ausländische Pflegestelle, in welche die Mutter das Kind verbringen will, keine Bedenken, so ist der Vormund verpflichtet, die Ausstellung des Passes zu beantragen; liegt in der Weigerung des Vormundes eine Pflichtverletzung, so kann er vom Vormundschaftsgericht gemäß § 1837 dazu angehalten werden, den Antrag zu stellen.

19 *β)* Aus dem Recht der Mutter, den Aufenthalt des Kindes zu bestimmen, ergibt sich zugleich die Befugnis der Mutter, die **Herausgabe des Kindes** von jedem Dritten zu verlangen (vgl **§ 1632**; s Kipp, 409; Soergel-

Siebert-Lade, 7, Erman-Hefermehl, 3, RGR-Komm, 3)*), und zwar auch vom Vormund (s außer den eben erwähnten RG, OLG 16, 20; sowie auch BayObLG Z 32, 394). Sie kann das Kind auch dem Vormund wegnehmen (ebenso Kipp, aaO; RG, Recht 1906, 813).

Die Mutter kann die Herausgabe des Kindes auch dann noch verlangen, wenn schon ein Adoptionsvertrag geschlossen, aber noch nicht bestätigt worden ist (s BGH, LM § 1707 Nr 1 = NJW 1951, 309 = MDR 1951, 222; RGR-Komm, 3; ferner s OLG Stuttgart, FamRZ 1963, 303 = ZblJugR 1964, 17; vgl auch OLG Karlsruhe, DAVorm XXX, 279), es sei denn, das Vormundschaftsgericht hätte eine Anordnung gemäß § 1666 über die Entziehung der Ausübung des Aufenthaltsbestimmungsrechts getroffen (s 127 zu § 1666, sowie auch zur Einrede des Rechtsmißbrauchs gegen die Herausgabeklage 12 zu § 1632 und OLG München, ZblJugR 1960, 124).

Die Herausgabe des Kindes ist gegen Dritte, zB Pflegeeltern, im Wege der Klage geltend zu machen (§ 1632 Abs 1); dagegen ist anzunehmen, daß das Verlangen auf Herausgabe des Kindes gegen den Vormund beim Vormundschaftsgericht geltend gemacht werden kann (s § 1837), das dann auch gemäß § 33 FGG Zwangsmaßnahmen gegen den Vormund anordnen kann. Ebenso ist das Vormundschaftsgericht als zuständig zu beurteilen (in entsprechender Anwendung des § 1632 Abs 2), wenn die Mutter die Herausgabe des Kindes von dem unehelichen Vater verlangt (vgl zu dem umgekehrten Fall, daß der Vater nach der Ehelichkeitserklärung des Kindes dessen Herausgabe von der Mutter verlangt, BGHZ 40, 1 = FamRZ 1963, 560 = NJW 1963, 2219 = MDR 1964, 37 = ZblJugR 1964, 217, sowie unten Bem 68). Das OLG Nürnberg (FamRZ 1966, 158) hat dagegen die Ansicht vertreten, § 1632 Abs 2 sei nicht entsprechend anwendbar, wenn der uneheliche Vater das Kind der Mutter vorenthalte. 20

cc) Die Mutter hat auch das Recht zu bestimmen, welchen **Beruf** das Kind ergreifen soll, zB ob es in ein Lehrverhältnis oder in welches Arbeitsverhältnis es treten soll (s zu der Frage, ob die Berufswahl und die Wahl der Ausbildungsart und der Ausbildungsstätte zur Personensorge gehören, 52 zu § 1626). Die Mutter kann diese Bestimmung auch gegen den Willen des Vormundes treffen (Kipp, 409; Gernhuber, 622; s auch RGR-Komm, 3 zu § 1707, und BayObLG, ZblFG 8, 253). 21

Der Abschluß des **Dienst-** oder **Lehrvertrags** obliegt dem Vormund als gesetzlichem Vertreter des Kindes; durch diesen Vertragsabschluß wird indes die Mutter nicht gebunden, wenn sie ihm nicht zugestimmt hatte (s BayObLG, aaO; Opet-v. Blume, 4; RGR-Komm, 3; Palandt-Lauterbach, 2). Daher muß sich der Vormund vor Abschluß des Vertrags vergewissern, ob die Mutter einverstanden ist (ebenso RGR-Komm, aaO; LG Stade, ZBlFG 14, 526). 22

Bei **Meinungsverschiedenheiten zwischen Vormund und Mutter** geht die Meinung der Mutter vor, es sei denn, sie wäre wegen Geistesschwäche entmündigt (§ 114) und beschränkt geschäftsfähig (arg § 1673 Abs 2 Satz 3). Über die Meinungsverschiedenheit hat dann gegebenenfalls das Vormundschaftsgericht zu entscheiden (s auch 10, 13, 30). 23

Handelt der Vormund pflichtwidrig, so kann das Vormundschaftsgericht gemäß § 1837 entsprechende Gebote oder Verbote erlassen, die es für geeignet erachtet. Stellt umgekehrt die Handlungsweise der Mutter einen Mißbrauch des Sorgerechts dar (§ 1666, s auch dort Bem 88ff), so kann das Vormundschaftsgericht die erforderlichen Maßnahmen treffen, zB ihre Einwilligung ersetzen, gegebenenfalls ihr die Ausübung des Sorgerechts hinsichtlich der Berufswahl entziehen (s 269 zu § 1666).

Erfordert die Wahl des Berufs des Kindes durch die Mutter Mittel, die der Vormund nicht bereit stellen will, so kann die Mutter oder der Vormund das Vormundschaftsgericht entsprechend den Vorschriften der §§ 1630 Abs 2, 1789 anrufen (ebenso Gernhuber, 622; Soergel-

*) Die Entscheidung des RG (Z 122, 24 = JW 1928, 3043; 1929, 105 mit Anm v Landsberg), das ausgesprochen hatte, der Anspruch auf Herausgabe sei nicht von einer vorherigen Feststellung des Kindesverhältnisses abhängig, hatte sich auf die Frage der Wirksamkeit einer Ehelichkeitserklärung bezogen und ist insoweit infolge der zwischenzeitlichen Änderung der Vorschriften über die Ehelichkeitserklärung (§§ 1735, 1735a) als überholt zu betrachten.

Siebert-Lade, 7; KG, RJA 8, 7 unter Aufgabe der früher abweichenden Auffassung KGJ XXIX, A 18 = RJA 5, 136; s auch unten 32).

24 dd) Die Mutter kann auf Grund ihres Rechts zur tatsächlichen Sorge für die Person des Kindes dessen **religiöse Erziehung** bestimmen (vgl. § 3 Abs 1 RelKEG, s hierzu 1, 3 zu § 3). Die Taufe des Kindes (auf Veranlassung der Mutter) bringt deren Bestimmung zum Ausdruck, daß das Kind in dem betreffenden Bekenntnis erzogen werden soll (BayObLG Z 28, A 210, 212; 31, 306, 308; JFG 12, 149; vgl auch OLG Stuttgart, FamRZ 1960, 406).

Die Mutter ist auch zur Änderung der religiösen oder konfessionellen Erziehung des Kindes berechtigt (BayObLG Z 27, A 26; JFG 12, 149); sie kann ihre ursprüngliche Bestimmung über die religiöse Erziehung dadurch stillschweigend ändern, daß sie das Kind (nach der Taufe) ihrer einem anderen Bekenntnis angehörenden Mutter zur Erziehung überläßt, sofern es sich dabei nicht um eine bloße, keine Bestimmung enthaltende Duldung gehandelt hat und das Kind nicht lediglich vorübergehend der Großmutter zur Erziehung und Betreuung überlassen wurde und werden sollte (BayObLG Z 28, A 210, 212; JFG 12, 149). Hat das Kind das 12. Lebensjahr vollendet, so darf es jedoch nicht gegen seinen Willen in einem anderen Bekenntnis als bisher erzogen werden (§ 5 Satz 2 RelKEG).

25 Bei **Meinungsverschiedenheiten zwischen** der **Mutter und** dem **Vormund** über die religiöse Erziehung des Kindes ist der Wille der Mutter maßgebend (s § 3 Abs 1 RelKEG, hierzu BayObLG Z 27, A 26; Z 31, 306), auch wenn sie minderjährig ist (§ 1673 Abs 2 Satz 3). Dies ergibt sich daraus, daß der Vormund nur die rechtliche Stellung eines Beistandes hat (§ 1707 Abs 1 Satz 3), soweit der Mutter das Sorgerecht zusteht. Ist die Mutter infolge Entmündigung wegen Geistesschwäche beschränkt geschäftsfähig (§ 114), so geht ebenfalls ihre Meinung vor (§ 1 Abs 1 RelKEG).

26 ee) Die Mutter ist auf Grund des Sorgerechts auch berechtigt und verpflichtet, dem Kinde einen **Vornamen** zu erteilen (ebenso zB Bosch, FamRZ 1962, 476 Anm; Roquette, 110, s ferner zu diesem Recht der Personensorgeberechtigten im allgemeinen Dölle, II, 113, § 90, I, 1, c; Gernhuber, 485 f, § 46, I, 7), auch wenn sie minderjährig ist (Bosch, aaO).

27 ff) Da der **Mutter** die tatsächliche Personensorge zusteht, bedarf das Kind ihrer **Einwilligung** zur Volljährigkeitserklärung (§ 4 Abs 2, s Pikart-Henn, Lehrbuch der freiwilligen Gerichtsbarkeit, 234; aM Coing in diesem Komm, 4 zu § 4), sowie zur Eheschließung (§ 3 Abs 2 EheG). Ferner ist zur Bestellung eines Erziehungsbeistandes (§§ 55, 56 Abs 1 JWG, s hierzu Anhang zu § 1666, Bem 43) und zur Gewährung der Freiwilligen Erziehungshilfe für das Kind (§§ 62, 63 Satz 1 JWG, s hierzu Anhang zu § 1666, Bem 136) auch die Antragstellung der unehelichen Mutter erforderlich.

Hinsichtlich der Einwilligung der Mutter zur Einbenennung (§ 1706 Abs 2 Satz 2), zur Ehelichkeitserklärung (§ 1726 Abs 1 Satz 1) und zur Adoption (§ 1747 Abs 1) s 21 zu § 1705.

Zur Notwendigkeit der Mitwirkung des Vormunds als gesetzlicher Vertreter des Kindes in verschiedenen Fällen s unten Bem 65 f.

28 gg) Bei der Ausübung des Sorgerechts hat die Mutter dem Kinde gegenüber nur für die Sorgfalt einzustehen, die sie in eigenen Angelegenheiten anzuwenden pflegt (entsprechend **§ 1664 Abs 1**).

29 hh) Als Inhaberin der tatsächlichen Personensorge ist die Mutter berechtigt, gemäß § 57 Abs 1 Nr 9 FGG (s zur Bedeutung dieser Vorschrift Bem 373 zu § 1666) im Interesse des Kindes in allen Fällen Beschwerde einzulegen, welche die Personensorge betreffen, s zB die Fälle in Bem 13, 15, 18, 25, 30, 74 zu § 1707, 37, 75 zu § 1706, 37 zu § 1714, vgl auch 37, 102, 104 f zu § 1707.

Die Mutter kann auch gegen die Ablehnung der Volljährigkeitserklärung des Kindes (vgl § 3 BGB) und der Befreiung vom Erfordernis der Ehemündigkeit (vgl § 1 EheG) Beschwerde einlegen (§ 57 Abs 1 Nr 9 FGG); weiterhin kann sie aus eigenem Recht (§ 20 FGG) gegen die Volljährigkeitserklärung des Kindes sofortige Beschwerde (§ 60 Abs 1 Nr 3 iV mit § 56 Abs 2 FGG) erheben*).

30 c) Bei **Meinungsverschiedenheiten zwischen Mutter und Vormund,** welche die tatsächliche Personensorge betreffen, geht die Meinung der Mutter vor (s OLG

*) Über die Beschwerdeberechtigung nach § 20 FGG (im allgemeinen) s Furtner, DNotZ 1966, 7.

Oldenburg, NdsRpfl 1964, 274 = FamRZ 1964, 643 = ZblJugR 1965, 51 = NJW 1965, 401 = ZfF 1965, 41; Dölle, II, 391; Gernhuber, 622; Erman-Hefermehl, 3; Palandt-Lauterbach, 2; vgl auch Bem 13, 18, 23, 25), auch wenn sie minderjährig ist. Denn der Vormund hat hier nur die Rechte des Beistandes (§ 1707 Abs 1 Satz 3 iV mit § 1686; s hierzu Bem 106 ff), also die Befugnis, die Mutter bei der Ausübung der tatsächlichen Personensorge zu unterstützen. Das der Mutter zustehende Recht kann nur gemäß § 1666 Abs 1 Satz 1 beschränkt werden (s BayObLG, ZBlFG 8, 253; BayObLG Z 28, A 238; OLG Oldenburg, aaO; RGR-Komm, 3). Ist die Mutter jedoch wegen Geistesschwäche entmündigt (§ 114), so geht bei Meinungsverschiedenheiten die Meinung des Vormunds vor (s § 1673 Abs 2 Satz 2; hierzu OLG Oldenburg, NdsRpfl 1960, 250 = ZblJugR 1961, 305).

Der Vormund hat lediglich in Fragen, die ausschließlich das Vertretungsrecht in Angelegenheiten der Personensorge oder die Vermögenssorge betreffen, das Recht, allein zu entscheiden. 31

Bei Meinungsverschiedenheiten zwischen Vormund und Mutter in Angelegenheiten, die sich sowohl auf die Personensorge wie auf die Vermögenssorge beziehen (vgl § 1630 Abs 2), hat auf Antrag das Vormundschaftsgericht eine Entscheidung zu treffen (Dölle, II, 391; Gernhuber, 622; BayObLG, SeuffBl 72, 742; LG Stade, ZBlFG 14, 526; s auch Bem 13 und 23 sowie 22 zu § 1630). 32

d) Das **Personensorgerecht** der Mutter **ruht**, wenn sie geschäftsunfähig ist (vgl § 1673 Abs 1) oder wenn das Vormundschaftsgericht feststellt, daß sie auf längere Zeit das Sorgerecht tatsächlich nicht ausüben kann (vgl § 1674 Abs 1); in entsprechender Anwendung des § 1693 hat das Vormundschaftsgericht die notwendigen Maßregeln zu treffen, wenn die Mutter verhindert ist, die Personensorge auszuüben. 33

e) Gemäß **§ 1666 Abs 1 Satz 1***) kann das Vormundschaftsgericht die Ausübung der Personensorge durch die Mutter beschränken oder entziehen (s 7 zu § 1666; Dölle, II, 393; Gernhuber, 622) oder ihr gegebenenfalls die erforderlich erscheinenden Gebote oder Verbote auferlegen; hingewiesen sei hierzu auf folgende Fragen zur mißbräuchlichen Ausübung des Sorgerechts und folgende Bem zu § 1666: 42 ff: Überschreitung des Züchtigungsrechts, 62: religiöse Erziehung, 68: Verweigerung der erforderlichen ärztlichen Behandlung des Kindes, 69: Weigerung, das Kind dem Vormund oder dessen Vertreter vorzuzeigen, 74: Verweigerung des Verkehrs des Kindes mit dem unehelichen Vater in besonderen Fällen (s auch Bem 45 zu § 1705), 114: Einwilligung zur Eheschließung der Tochter, 120: Unterbringung oder Belassung des Kindes in einer nicht genehmigten Pflegestelle, 127 ff: Verlangen der Herausgabe des Kindes, sowie zur Vernachlässigung des Kindes: 149 ff: ungenügende Ernährung, Bekleidung und Betreuung, 171: Unterbringung des Kindes in einem Heim, Nichtabholung, schließlich zu unsittlichem Lebenswandel der Mutter: Bem 222. 34

Zur Frage des Verschuldens s 194 ff zu § 1666.

Liegen die Voraussetzungen des **§ 1676** vor, so verwirkt die uneheliche Mutter die Ausübung des Sorgerechts (s dazu auch Vorbem 37, 44 vor § 1666, sowie als Beispiel: KG, DR 1943, 88). 35

f) Ist die Mutter verstorben**) (s zB OLG München, JW 1936, 2482 = JFG 14, 37) oder an der Ausübung des Sorgerechts verhindert oder ruht das Sorgerecht oder ist der Mutter die Ausübung des Sorgerechts gemäß § 1666 Abs 1 Satz 1 entzogen (Potrykus, RdJ 1962, 133, 134) oder hat sie diese verwirkt (§ 1676), so fällt das **Sorgerecht** ohne weiteres dem **Vormund** zu, einer Pflegerbestellung bedarf es nicht (s 269 zu § 1666, sowie Dölle, II, 394; Gernhuber, 622 f; OLG Karlsruhe, Die Justiz 1965, 141; aM Voraufl, 2, e). 36

Zu der Frage, inwieweit der Mutter in den Fällen, in denen ihr die Ausübung der Personensorge entzogen wurde, noch ein **Beschwerderecht** gemäß § 57 Abs 1 Nr 9 FGG gegen weitere die Personensorge betreffende vormundschaftsgerichtliche Entscheidungen hat, s 311 zu § 1666; vgl ferner BayObLG Z 1965, 50 = FamRZ 1965, 283. 37

---

*) Zu § 1666 BGB s jetzt noch die Monographie von Michael Hirsch, Entzug und Beschränkung des elterlichen Sorgerechts, Praxis und Reformbedürftigkeit des Sorgerechtsentzugs, Reformvorschläge, 1965 (besprochen von Göppinger, FamRZ 1965, 463).

**) Potrykus, Das Personensorgerecht nach dem Tode der unehelichen Mutter, Unsere Jugend 1959, 276.

38 g) Ist der Mutter die Ausübung des Sorgerechts entzogen (§ 1666 Abs 1 Satz 1) oder hat sie diese verwirkt (§ 1676), so hat sie jedoch das **Recht zum Verkehr mit dem Kinde** (§ 1634), wie nach der jetzigen Fassung dieser Vorschrift wohl allgemein anerkannt ist (s 25 zu § 1634; Dölle, II, 394; Gernhuber, 622; anders und überholt: RGZ 153, 238; auf dieses sich zu Unrecht stützend: LG Frankenthal, DAVorm XXXIII, 1960, 189).

39 2. Gemäß **§§ 37 Satz 1, 40 Abs 1 JWG***) wird das **Jugendamt** des Geburtsorts mit der Geburt des unehelichen Kindes **Amtsvormund**; im Falle der späteren Feststellung der Unehelichkeit (§§ 1593, 1721, 1735 a) wird das für den gewöhnlichen Aufenthalt des Kindes zuständige Jugendamt Amtsvormund.

40 a) Die Geburt des unehelichen Kindes ist gemäß **§ 16 PStG** dem Standesbamten anzuzeigen, in dessen Bezirk das Kind geboren ist. Dieser seinerseits hat an das Jugendamt seines Bezirks die gemäß **§ 48 FGG** dem Vormundschaftsgericht über die Geburt des unehelichen Kindes zu erstattende Anzeige zu übersenden **(§ 41 Satz 1 JWG).** Der Anzeige ist eine Mitteilung über das religiöse Bekenntnis anzufügen **(§ 41 Satz 2 JWG).** Das Jugendamt hat sodann unter Weiterreichung der Geburtsanzeige den Eintritt der (Amts-)Vormundschaft (§ 40) dem Vormundschaftsgericht unverzüglich anzuzeigen (§ 41 Satz 3 JWG). Danach hat das letztere — und zwar unverzüglich — dem Jugendamt eine Bescheinigung über den Eintritt der (Amts-)Vormundschaft zu erteilen **(§ 42 JWG;** s auch 15 zu § 1705). Die Bescheinigung hat nur deklaratorische Bedeutung (s zB BayObLG Z 1964, 267, 270 = FamRZ 1964, 530, 531). Sie ist zurückzugeben bei Beendigung der Vormundschaft (§§ 1707 Abs 2, 1719, 1736, 1757 sowie 1882—1884 iV mit § 38 JWG, ferner §§ 45, 50 JWG).

41 Auf uneheliche deutsche Kinder, die im Ausland geboren sind und im Geltungsbereich des JWG ihren Aufenthalt nehmen, finden, falls eine deutsche Vormundschaft noch nicht eingeleitet ist, die Bestimmungen des § 40 Abs 1 mit der Maßgabe Anwendung, daß das nach § 11 JWG zuständige Jugendamt die Vormundschaft erlangt **(§ 40 Abs 3 JWG).** Zu der Frage, ob § 40 Abs 3 auf die in der sowjetischen Besatzungszone geborenen unehelichen Kinder entsprechend anzuwenden ist, s Bem 49.

42 aa) Die **Amtsvormundschaft** (§ 40 JWG) **beginnt** automatisch mit der Geburt des unehelichen Kindes, in dem Falle, daß das Kind als eheliches (scheineheliches) Kind geboren war, mit der Rechtskraft des Urteils, das die Unehelichkeit feststellt (§ 643 ZPO). Für die „Einleitung" einer Vormundschaft ist daher kein Raum (so auch Gräber, 5 zu § 40 JWG). Ist vor Rechtskraft des auf die Ehelichkeitsanfechtungsklage ergangenen, die Unehelichkeit des Kindes feststellenden Urteils gemäß § 1671 BGB nach der Scheidung der Ehe der Mutter und ihres Ehemanns eine Anordnung über die Ausübung der elterlichen Gewalt ergangen, so ist diese Anordnung mit der Rechtskraft des Urteils

---

*) Lit zum JWG: s Anhang zu § 1666, Band IV, Teil 3 a, S 604, sowie Riedel, Jugendwohlfahrtsrecht, 6. Aufl 1965; Palandt-Lauterbach, BGB, jetzt 25. Aufl 1966; ferner s Harrer, Jugendwohlfahrtskunde, Ein Grundriß für die sozialpädagogische Ausbildung und Praxis, 4. Aufl, 1963; Heinz Schneider, Die öffentliche Jugendhilfe zwischen Eingriff und Leistung, Eine juristisch-sozialpädagogische Analyse der Aufgaben des Jugendamts und ihrer gesetzlichen Regelung, 1964.

Abhandlungen zur Amtsvormundschaft: Bartels, Amtsvormund und Vormundschaftsgericht, ZblJugR 1950, 115; Beitzke, Fehlerhafte Vertretung von Mündeln, ZblJugR 1960, 221; ders, Zur Form personenstandsrechtlicher Erklärungen für Amtsmündel, ZblJugR 1963, 89; Haarmann, Die rechtliche Stellung der Amtsvormundschaft im Jugendamt in „Amtsvormundschaft — heute" (Schriften des Deutschen Instituts für Vormundschaftswesen), 1960, 9; ders, Die Außenvertretung des Jugendamtes in „Neues Unehelichenrecht in Sicht" (Schriften des Deutschen Instituts für Vormundschaftswesen), 1961, 84; ders, Die Bedeutung des neuen Jugendwohlfahrtsgesetzes für das Vormundschaftswesen, ZblJugR 1962, 185; Lühr, Eingriffe der Verwaltung in den autonomen Vormundschaftsbereich des Amtsvormundes in „Amtsvormundschaft — heute", 35; Reuther, Strukturen einer Amtsvormundschaft [betr Heidelberg], ZblJugR 1962, 314; Steinebrunner, Grenzen der Rechnungsprüfung bei der Amtsvormundschaft [zu § 18 Abs 2 des bad-württ AusfGes zum JWG], ZblJugR 1964, 325; Urbach, Die Amtsvormundschaft in der Jugendhilferechtsreform, ZblJugR 1960, 36; s auch Claussen, Stellung und Pflichten des Amtsvormundes, NDV 1964, Heft 4.

Ferner s noch die Lit-Angaben zu Bem 54.

Zur Geschichte der Amtsvormundschaft s Vorbem 18 vor § 1705. Text des JWG (auszugsweise) s Vorbem 107 vor § 1705.

(§ 1593) wirkungslos, da die Feststellung der Unehelichkeit ex tunc wirkt und die Amtsvormundschaft kraft Gesetzes eingetreten ist (vgl OLG Stuttgart, Die Justiz 1965, 276).

Dagegen tritt dann, wenn ein Kind durch Legitimation die deutsche Staatsangehörigkeit erwirbt, in der Zeit bis zur Rechtskraft des die Legitimation feststellenden Beschlusses (§ 31 PStG, s dazu 34f zu § 1719) keine Amtsvormundschaft mehr ein (BayObLG Z 1959, 47 = FamRZ 1959, 375 = SjE, E 14, 110a). 43

In dem Falle, daß auf Antrag des Jugendamts oder der werdenden unehelichen Mutter für die Leibesfrucht ein Pfleger bestellt worden war, wobei die Voraussetzungen des § 1912 nicht vorzuliegen brauchen, wird der Pfleger mit der Geburt des Kindes im Einverständnis mit dem Jugendamt Vormund (**§ 43 Satz 1 und 2 JWG**). § 40 JWG findet in diesem Falle keine Anwendung (§ 43 Satz 3 JWG). Jedoch haben die Vorschriften des § 43 kaum praktische Bedeutung (Riedel, JWG, 3. Aufl, 1 zu § 43; Jugenwohlfahrtsrecht, 6. Aufl, Bem zu § 43; Einzelheiten s in den Kommentaren zu § 43 JWG sowie auch in den Erläuterungen des § 1912 BGB). 44

Zu den unehelichen Kindern gehören nicht die **Findelkinder**, da deren Familienstand, dh die Unehelichkeit nicht feststeht (allgM); für diese kann aber das Jugendamt zum Amtsvormund bestellt werden (§ 1773 iV mit § 46 JWG). 45

bb) Die Amtsvormundschaft tritt ein, wenn die uneheliche Mutter **Deutsche iS des Grundgesetzes** ist (dh iS des Art 116 GG: wer die deutsche Staatsangehörigkeit besitzt oder als Flüchtling oder Vertriebener deutscher Volkszugehörigkeit oder als dessen Ehegatte oder Abkömmling in dem Gebiete des Deutschen Reiches nach dem Stande vom 31. Dezember 1937 Aufnahme gefunden hat (Abs 1); Abs 2 betrifft frühere deutsche Staatsangehörige, denen zwischen dem 30. 1. 1933 und dem 8. 5. 1945 die deutsche Staatsangehörigkeit aus politischen, rassischen oder religiösen Gründen entzogen worden war); die Amtsvormundschaft tritt ferner ein, wenn die Mutter staatenlos oder Flüchtling iS des Abkommens vom 28. 7. 1951 über die Rechtsstellung der Flüchtlinge (BGBl 1953, II, 559) ist und ihren gewöhnlichen Aufenthalt im Geltungsbereich dieses Gesetzes (dh in der Bundesrepublik oder in Berlin-West) hat*). Zu der Frage, ob auch heimatlose Ausländer iS des Gesetzes über die Rechtsstellung heimatloser Ausländer im Bundesgebiet vom 25. 4. 1951 (BGBl I, 269) deutschen Kindern hinsichtlich des Eintritts der gesetzlichen Amtsvormundschaft gleichgestellt sind, s Riedel, Jugendwohlfahrtsrecht, 6. Aufl 1965, Seite 95, und JWG, 4. Aufl, 4 zu § 40; Gräber, 4 aE zu § 40 JWG. 46

cc) In **interzonalrechtlichen Konflikten** ist **Art 20 EGBGB** entsprechend anzuwenden**); Anknüpfungspunkt ist grundsätzlich der jeweilige gewöhnliche Aufenthalt der Mutter (hM, s Dölle, II, 385; Soergel-Siebert-Kegel, 30 zu Art 20 EGBGB; Beitzke, JR 1952, 141; Cüny, Prey, aaO; OLG Hamm, ZblJugR 1954, 144 = DAVorm XXVII, 66). Doch findet auch Art 20 Satz 2 EGBGB entsprechende Anwendung (s Bem 48). 47

α) Die Amtsvormundschaft bleibt bestehen, wenn zwar die Mutter in die sowjetische Besatzungszone übersiedelt, das Kind aber im Gebiet der Bundesrepublik verbleibt (ebenso Dölle, aaO; Schwedendieck, JR 1952, 463; Prey, JR 1960, 249, 250 (II, 4); KG, FamRZ 1963, 308; LG Duisburg, DAVorm XXIX, 1956, 12 = FamRZ 1956, 389 Leits; **aM** Soergel-Siebert-Kegel, 9. Aufl, 31 zu Art 20 EGBGB). Die Mutter erwirbt also nicht die elterliche Gewalt (KG, StAZ 1963, 124 = FamRZ 1963, 311, Leits mit Anm, = SjE, B 9, 787k). 48

---

*) Zur Rechtsstellung ausländischer unehelicher Mütter und ihrer Kinder in der Bundesrepublik Deutschland s Niclas in „Gegenwartsfragen des Unehelichenschutzes", Schriften des Deutschen Instituts für Vormundschaftswesen, 1964, 136; s auch DAVorm XXXVIII, 1965, 130.

Zu der Frage, ob die gesetzliche Amtsvormundschaft auch für uneheliche Kinder heimatloser Ausländer gilt, s Rüdiger, Unsere Jugend 1954, 404.

**) Hierzu s Dölle, II, 385, § 102, V, 1, c; Gräber, 16, Riedel, 4 je zu § 40 JWG; ferner: Beitzke, Hauptprobleme des interzonalen Privatrechts, JR 1952, 1, 141; Cüny, Neues Kindesrecht in der Sowjetzone und seine Anwendung in der Rechtsprechung der westdeutschen Gerichte, ZblJugR 1957, 141, 170; Gräber, Amtsvormundschaft über aus der SBZ stammende Jugendliche?, ZblJugR 1958, 160; Prey, Vormundschaft über uneheliche Kinder nach interzonalem Recht, JR 1960, 249; zum neuen sowjetzonalen Recht s Vorbem 87ff vor § 1705.

Hinzuzufügen ist, daß hier jetzt regelmäßig anzunehmen ist, daß die Mutter an der weiteren Ausübung der Personensorge verhindert ist, so daß diese auf den Vormund übergeht (s Bem 36).

49 β) Siedeln Mutter und Kind von der Bundesrepublik in die sowjetische Besatzungszone über, so erlischt die Amtsvormundschaft; die Mutter erlangt nach sowjetzonalem Recht (s Vorbem 74, 88 vor § 1705) die elterliche Gewalt (Dölle, aaO; LG Detmold, DAVorm XXVIII, 90).

Eine mit ihrem Kinde in der sowjetischen Besatzungszone lebende uneheliche Mutter kann dieses in der Bundesrepublik wirksam vertreten (Dölle, II, 385), zB beim Abschluß eines Unterhaltsvergleichs mit dem in der Bundesrepublik ansässigen Vater (s LG Darmstadt, ZblJugR 1960, 340).

50 γ) Siedelt die Mutter mit dem Kinde von der sowjetischen Besatzungszone in das Gebiet der Bundesrepublik über, so tritt Amtsvormundschaft ein; die Mutter verliert die elterliche Gewalt (Dölle, aaO; Beitzke, JR 1952, 141; Gräber, 16, A 2; Riedel, 4; Brand-Hensel, 156; OLG Stuttgart, JZ 1953, 572 = ZblJugR 1953, 218 = EJF 1954, 5; OLG Karlsruhe, ZblJugR 1955, 141 = FamRZ 1955, 303 Leits; OLG Hamm, JMBlNRW 1959, 18 = StAZ 1959, 294 = ZblJugR 1958, 329 = SjE, E 14, 111; dagegen nimmt Prey, JR 1960, 249, 250 f, an, daß ein Vormund zu bestellen sei, in Anwendung des § 46 JWG). An dieser Rechtslage hat die Neuregelung des § 1707 Abs 2 BGB nichts geändert; denn die Rechtsbeziehungen des Kindes zur Mutter sind nicht unwandelbar. Damit, daß der Mutter in der sowjetischen Besatzungszone die elterliche Gewalt zugestanden hatte, hat sie nach internationalem und interzonalem Recht nicht eine unwandelbare Rechtsstellung erworben — anders als ein Minderjähriger, der nach seinem Heimatrecht volljährig geworden ist (s hierzu Bem 50) —; die elterliche Gewalt ist kein wohlerworbenes unverlierbares Recht (OLG Hamm, aaO; Prey, aaO). Sie betrifft Rechtsbeziehungen zu einer bestimmten Person (im Innenverhältnis) und eine Rechtsstellung als gesetzlicher Vertreter eben dieser Person (im Außenverhältnis), während mit der Volljährigkeit eine Rechtsstellung im gesamten Rechtsverkehr entsteht.

Im Ergebnis ist damit also **§ 40 Abs 3 JWG** analog anzuwenden; die örtliche Zuständigkeit des Jugendamtes bestimmt sich nach § 11 JWG (s zu dieser Vorschrift Anhang zu § 1666, Bem 41).

50a Hat das Kind im Zeitpunkt der Übersiedlung schon das 18. Lebensjahr vollendet, war es also in der sowjetischen Besatzungszone volljährig geworden (s dazu auch Anhang zu § 1666, Bem 15), so kommt eine Vormundschaft in der Bundesrepublik nicht in Betracht (soweit nicht die Voraussetzungen des § 1896 BGB vorliegen).

51 δ) Siedelt das Kind allein in die Bundesrepublik über und verbleibt die Mutter in der sowjetischen Besatzungszone, so behält die Mutter die elterliche Gewalt, Amtsvormundschaft tritt nicht ein (ebenso Dölle, II, 385; Beitzke, JR 1952, 141; Prey, JR 1960, 249, 250, II, 1; Schütte, StAZ 1958, 277, 278; Brand-Hensel, 156; Gräber, 16, A, 1; Riedel, 4; Meyer, FamRZ 1957, 429; LG Berlin-Charlottenburg, DAVorm XXVII, 218; OLG Hamm, ZblJugR 1954, 144; KG, FamRZ 1957, 383; **aM** OLG Hamm, ZblJugR 1955, 295 = FamRZ 1956, 114 Nr 144, Leits).

Der Mutter kann auf ihren Antrag gemäß §§ 1685, 1690 BGB ein Beistand, insbesondere zur Geltendmachung der Unterhaltsansprüche des Kindes, bestellt werden (KG, aaO; hierzu Meyer, aaO; Brand-Hensel, aaO).

Ist die Mutter an der Ausübung der elterlichen Gewalt verhindert, so kann ein Ergänzungspfleger (§ 1909) oder gegebenenfalls gemäß §§ 1674, 1693, 1773 ein Vormund bestellt werden (s Prey, JR 1960, 249, 250).

Die örtliche Zuständigkeit des Vormundschaftsgerichts richtet sich nach dem Aufenthaltsort des Kindes (s dazu 416, 417 zu § 1666).

52 Hat das Kind vor Vollendung seines 18. Lebensjahres seinen Aufenthalt in der Bundesrepublik genommen, so wird es nicht nach sowjetzonalem Recht mit der Vollendung des 18. Lebensjahres volljährig; in entsprechender Anwendung des Art 7 Abs 1 EGBGB, der auch in der sowjetischen Besatzungszone gilt, ist anzunehmen, daß die elterliche Gewalt der Mutter,

soweit sie im Gebiet der Bundesrepublik ausgeübt werden kann, nicht erloschen ist (vgl Gräber, 16, A, 1 und ZblJugR 1958, 160, gegen Meyer, FamRZ 1957, 429).

ε) Ist lediglich die Mutter in das Gebiet der Bundesrepublik übergesiedelt, das Kind aber in der sowjetischen Besatzungszone verblieben, so hat die Mutter die elterliche Gewalt verloren. Das innerhalb der Bundesrepublik zuständige Vormundschaftsgericht (vgl Art 23 EGBGB, § 37 Abs 2 FGG) kann die Vormundschaft anordnen, wenn hierfür ein Bedürfnis besteht (Prev, JR 1960, 249, 250, II, 2; s auch KG, NJW 1957, 1198, 1199 aE). 53

b) Gemäß **§ 37 Satz 2 JWG***) überträgt das Jugendamt die Ausübung der vormundschaftlichen Obliegenheiten einem seiner Beamten oder Angestellten. Diese Übertragung ist jetzt durch die Neufassung des JWG vom 11. 8. 1961 Pflicht des Jugendamts, steht also nicht mehr, wie nach der früheren Regelung des § 32 Satz 2 RJWG, in seinem Ermessen (s dazu Göppinger, FamRZ 1963, 21, 24; Jans-Happe, 4 zu § 37). Der Grund dieser Regelung liegt darin, daß eine persönliche Beziehung zwischen dem Vormund einerseits und der Mutter und dem Kinde andererseits hergestellt werden soll (s dazu Jans-Happe, 4; auch Anhang zu § 1666, Bem 9 mit Fußn)**). Die Auswahl des Beamten oder Angestellten obliegt dem Jugendamt (s 57), die Mutter kann nicht verlangen, daß ein bestimmter Beamter oder Angestellter beauftragt wird (ebenso Riedel, 3 zu § 37). Über eine etwaige Beschwerde der Mutter gegen die Auswahl des Beamten oder Angestellten entscheidet nicht das Vormundschaftsgericht, sondern das Jugendamt, gegebenenfalls dessen Dienstaufsichtsbehörde (Riedel, aaO). 54

Übertragen wird nur die Ausübung der vormundschaftlichen Obliegenheiten. 55
Die Amtsvormundschaft als solche bleibt bestehen, das Jugendamt bleibt an sich Amtsvormund (vgl OLG Düsseldorf, FamRZ 1965, 289 = ZblJugR

*) Lit zu §§ 15ff, 37 JWG: Haarmann, Nochmals: Amtsvormundschaft und Übertragung vormundschaftlicher Obliegenheiten nach § 32 Satz 2 RJWG [jetzt § 37 Satz 2 JWG], ZblJugR 1960, 203; ders, Die Stellung des Leiters des Jugendamtes, ZblJugR 1961, 281; Happe, Das Beschlußrecht des Jugendwohlfahrtsausschusses — umstrittene Befugnis in seinem Wirkungskreis, RdJ 1964, 7; Potrykus, Einzelfragen zur Übertragung der Ausübung vormundschaftlicher Obliegenheiten, ZblJugR 1961, 97; ders, Die Delegation nach dem Jugendwohlfahrtsgesetz, ZblJugR 1964, 189; Webler, Zur Übertragung der vormundschaftlichen Obliegenheiten …, ZblJugR 1962, 226; Weiland und Rüdiger, Der Jugendwohlfahrtsausschuß im praktischen Zusammenwirken mit der Verwaltung des Jugendamtes in „Neues Unehelichenrecht in Sicht" (Schriften des Deutschen Instituts für Vormundschaftswesen), 1961, 99, 106; Weiler, Formgerechte Übertragung vormundschaftlicher Obliegenheiten nach § 32 Satz 2 RJWG [jetzt § 37 Satz 2 JWG], ZblJugR 1960, 40; s ferner Potrykus, Zur Übertragung der vormundschaftlichen Obliegenheiten, ZblJugR 1966, 95.

**) Von größter Bedeutung ist es allerdings, daß das Jugendamt zur Erledigung der vielfältigen Aufgaben der Amtsvormundschaft eine ausreichende Zahl geeigneter Fachkräfte besitzt. Leider besteht indes an solchen Kräften ein nicht unerheblicher Mangel (vgl auch Anhang zu § 1666, Bem 8, 509, sowie Pelle, ZblJugR 1963, 269, und einen in ZblJugR 1965, 72 abgedruckten Bericht eines Jugendamtes). Pelle (Jugendamtsleiter iR) erklärte ua (aaO): … es gibt „heute noch sogenannte Jugendämter, die unter ihren Beamten und Angestellten überhaupt nicht einmal einen Amtsvormund haben. Mitunter sind diese „Geschäfte" einem ortsansässigen Rechtsanwalt übertragen, der sie nebenbei wahrnimmt. Wie kann er dabei noch der Kindesmutter in andern Fragen menschlicher Not und Sorge um das Kind Beistand sein? … Die Träger der Jugendämter haben viel gesündigt, indem sie ihren Jugendämtern das notwendigste Personal vorenthielten, und sie tun es heute oft noch. Es gibt noch Jugendämter, die keine einzige Fürsorgerin für den Außendienst zur Verfügung haben, andere, in denen der Amtsvormund nur „Innendienst" zu machen hat, gar nicht zu reden davon, daß manche Amtsvormünder, viele Hunderte, wenn nicht Tausende von Mündeln zu bevormunden haben. Die Fürsorgekräfte des Gesundheitsamtes, wenn sie da sind, sehen die nicht rein gesundheitsfürsorgerische Betreuung der Amtsmündel und der Pflegekinder als Nebenaufgabe an, die die Überfülle ihrer sonstigen Aufträge noch vermehrt."

Hingewiesen sei auch noch auf die Ausführungen von Pelle, ZblJugR 1963, 125, 129, die Berichte von Jugendämtern, ZblJugR 1965, 72f, 105 und den vom OLG Stuttgart (FamRZ 1966, 322) behandelten Fall, in dem sich ergeben hatte, daß das betr Jugendamt nicht in der Lage gewesen war, einen Erziehungsbeistand für eine gefährdete Minderjährige zu finden (s auch den Bericht des Kreisjugendamtes Bad Tölz, ZblJugR 1965, 163, 164).

Zur Schadensersatzpflicht des Amtsvormunds (dh der Trägerkörperschaft) gemäß § 1833, wenn die rechtzeitige Antragstellung auf Gewährung einer Rente für ein Mündel infolge unzulänglicher Personalausstattung des Jugendamtes versäumt wurde, s OLG Stuttgart, DAVorm XXXIX, 1966, 115.

1965, 172 = StAZ 1965, 184*). Der gemäß § 37 Satz 2 JWG beauftragte Beamte oder Angestellte des Jugendamts wird nicht Einzelvormund iS der §§ 45, 50 JWG (s zu diesen Vorschriften Bem 78ff); vielmehr wird er gemeinhin gewissermaßen als „Amtsvormund" angesehen.

56 Im Umfang der Übertragung der vormundschaftlichen Obliegenheiten sind diese Beamten oder Angestellten des Jugendamtes zur gesetzlichen Vertretung des Mündels befugt **(§ 37 Satz 3).** Sie sind dazu allein berechtigt. Die vormundschaftlichen Obliegenheiten können nicht vom Leiter der Verwaltung des Jugendamtes ausgeübt werden, es sei denn, daß sie diesem (zB bei einem kleinen Jugendamt) übertragen worden waren (vgl OLG Celle, StAZ 1964, 219 = FamRZ 1965, 291; Beitzke, ZblJugR 1963, 89f; StAZ 1963, 257). Der betreffende Beamte oder Angestellte des Jugendamts handelt in eigener Verantwortung und — abgesehen von allgemeinen Maßnahmen der Dienstaufsicht — ohne Weisungsgebundenheit (s OLG Stuttgart, DAVorm XXXIII, 1960, 165; Die Justiz 1965, 145, DAVorm XXXVIII, 203; auch Deutsches Institut für Vormundschaftswesen, DAVorm XXXII, 267; Jans-Happe, 4; s auch 59 aE zu § 1706).

Wenn auch der betreffende Beamte oder Angestellte infolge der Übertragung der vormundschaftlichen Obliegenheiten diese allein ausübt, so können doch **Zustellungen** an das Jugendamt als solches gerichtet werden (so auch BSozG, FamRZ 1960, 490 mit zustimmender Anm von Beitzke = NJW 1960, 2071 = SjE, E 14, 102 u; Jans-Happe, 4) oder überhaupt alle Erklärungen, durch die das Mündel berechtigt oder verpflichtet werden soll (Jans-Happe, aaO).

57 Die Übertragung der vormundschaftlichen Obliegenheiten steht dem Jugendwohlfahrtsausschuß zu **(§ 37 Satz 4),** nicht dem Leiter der Verwaltung, auch nicht der Vertretungskörperschaft (Stadt, Kreis). Die Übertragung gehört nicht zu den laufenden Angelegenheiten der Verwaltung (§ 37 Satz 4 iV mit § 16, s hierzu LG Berlin, ZblJugR 1965, 22 = FamRZ 1965, 291 Leits). Diese Vorschrift des § 37 Satz 4 JWG ist nicht verfassungswidrig, der Bundesgesetzgeber war zum Erlaß dieser Bestimmung gemäß Art 74 Nr 7 GG zuständig (LG Berlin, aaO; s auch allgemein zum JWG v. Mangoldt-Klein, Band II, 1964, Anm XV, 2g zu Art 74 GG; aM das Land Hessen in der beim BVerfG eingereichten Normenkontrollklage, s die Hinweise im Anhang zu § 1666, Bem 4 aE und Krug, JWG, 1. Ergänzungslieferung, 1963, Anlage 2 zu § 5).

Der Jugendwohlfahrtsausschuß kann die Übertragung nicht in der Satzung treffen, da diese von der Vertretungskörperschaft, nicht vom Jugendwohlfahrtsausschuß erlassen wird (§ 15 Satz 2, s hierzu Jans-Happe, 5 A aE zu § 37 gegen Riedel, 9 zu § 37).

Der Jugendwohlfahrtsausschuß kann nur Beamte oder Angestellte des Jugendamts, also Fachkräfte iS des § 16 Abs 3 JWG (Gräber, 10), beauftragen, dagegen nicht Mitglieder des Ausschusses (s Haarmann, ZblJugR 1962, 185, 189).

Für zulässig ist es zu halten, daß der Jugendwohlfahrtsausschuß mehrere Beamte oder Angestellte bestellt, jeweils mit genau abgegrenzter Zuständigkeit, zB für die Führung von Rechtsstreitigkeiten (s Jans-Happe, 5 A).

Die Übertragung der vormundschaftlichen Obliegenheiten kann auch durch schlüssiges Handeln der Mitglieder des Jugendwohlfahrtsausschusses erfolgen (OLG Hamm, FamRZ 1965, 287 = StAZ 1965, 98 = JMBlNRW 1964, 172).

Zweckmäßigerweise wird dem betreffenden Beamten oder Angestellten des Jugendamtes eine Bescheinigung über die Übertragung der vormundschaftlichen Obliegenheiten ausgestellt.

58 Der Jugendwohlfahrtsausschuß ist befugt, die Übertragung der vormundschaftlichen Obliegenheiten später zu **widerrufen oder zu beschränken** (Jans-Happe, 5 D; Riedel, 12), zB wenn der Beamte oder Angestellte die ihm übertragenen Aufgaben nicht sachgemäß erfüllt hat. Zum Widerruf der Übertragung ist aber nicht die Verwaltung des Jugendamtes zuständig; indes kann sie bzw die Vertretungskörperschaft in vielen Fällen das Erlöschen der Übertragung bewirken, zB durch Entlassung des betreffenden Angestellten oder Versetzung des Beamten in den Warte- oder Ruhestand oder durch Versetzung des Angestellten oder Beamten in ein anderes Amt (Jans-Happe, 5 D). In allen diesen Fällen hat die Verwaltung jedoch rechtzeitig mit dem Jugendwohlfahrtsausschuß zusammenzuwirken, um die rechtzeitige Übertragung der vormundschaftlichen Obliegenheiten an einen anderen Beamten oder Angestellten des Jugendamtes sicherzustellen (Jans-Happe, aaO).

---

*) = OLGZ 1965, 355.

c) Gemäß **§ 44 Abs 1 Satz 1 JWG** soll das die Vormundschaft führende Jugendamt bei dem Jugendamt eines anderen Bezirks die Weiterführung der Vormundschaft beantragen, sobald es das Wohl des Kindes erfordert*). 59

aa) § 44 betrifft nur die gesetzliche Amtsvormundschaft iS der §§ 40 ff JWG. 60

bb) Die Abgabe der Vormundschaft ist nur zulässig, sobald, dh wenn sie zum **Wohle des Kindes** erforderlich ist. Richtschnur ist hierbei die Vorschrift des § 1 Abs 1 JWG, wonach jedes deutsche Kind ein Recht auf Erziehung zur leiblichen, seelischen und gesellschaftlichen Tüchtigkeit hat. Die Abgabe der Vormundschaft dient somit dann dem Wohle des Kindes, wenn der durch sie erstrebte Zustand in erzieherischer Hinsicht oder aus sonstigen Gründen vorteilhafter ist als der bisherige Zustand (so die wohl einhellige Ansicht, s Jans-Happe, 3A; Gräber, 2; Riedel, 3a; Krug, 3, je mit weiteren Hinweisen). Dazu sind alle Umstände des Einzelfalles zu berücksichtigen und sind die Vorteile und die Nachteile der Abgabe gegeneinander abzuwägen. 61

Eine Abgabe der Amtsvormundschaft kommt vor allem bei **Aufenthaltsänderungen** des Kindes oder der Mutter in Betracht.

Ein für nicht nur vorübergehende Zeit vorgenommener Wohnsitzwechsel der Mutter und des in ihrem Haushalt befindlichen Kindes rechtfertigt regelmäßig die Abgabe (OLG Stuttgart, DAVorm XXXIV, 184; Riedel, 3b).

Wird das Kind in einem auswärtigen Heim untergebracht, zB gemäß § 1666 BGB, 62, 64, 69 JWG, so wird die Abgabe regelmäßig nicht erforderlich sein, da die Erziehung des Kindes durch andere Fachkräfte durchgeführt und beaufsichtigt wird (s hierzu Jans-Happe, 3B; Riedel, 3b; Dölle, II, 385; OLG Oldenburg, NdsRpfl 1965, 173 = DAVorm XXXVIII, 219 = ZblJugR 1965, 175; OLG Celle, ZblJugR 1965, 175). In solchen Fällen ist die Beratung der Mutter und die Einwirkung auf sie durch den Amtsvormund oft besonders wichtig (s Jans-Happe, aaO), um die Zusammenarbeit mit der Mutter zu gewährleisten (vgl § 3 Abs 3 JWG, s hierzu auch Anhang zu § 1666, Bem 456, 474; sowie BayObLG, DAVorm XXXIX, 146 = FamRZ 1966, 115).

Bei auswärtiger Unterbringung des Kindes zur Berufsausbildung wird die Abgabe der Vormundschaft in der Regel nur dann geboten sein, wenn es sich um eine Unterbringung für längere Zeit handelt oder eine verhältnismäßig intensive Betreuung oder Überwachung des Kindes durch das Jugendamt erforderlich erscheint.

Im Falle des Wohnsitzwechsels der Mutter, während das Kind in einem Heim untergebracht ist, kann ebenfalls Anlaß zur Abgabe der Amtsvormundschaft gegeben sein (so auch Jans-Happe, 3B; LG Dortmund, DAVorm XXXV, 1962, 92).

cc) **Antragsberechtigt** ist neben dem die Vormundschaft führenden Jugendamt (§ 44 Abs 1 Satz 1) auch das Jugendamt eines anderen Bezirks, die Mutter sowie jeder, der ein berechtigtes Interesse des Mündels geltendmacht (§ 44 Abs 1 Satz 2). Für das abgebende Jugendamt ist der gemäß § 37 Satz 2 JWG mit der Wahrnehmung der vormundschaftlichen Obliegenheiten beauftragte Beamte oder Angestellte des Jugendamtes antragsberechtigt (s Jans-Happe, 4). Im übrigen gehört die Antragstellung als laufendes Geschäft iS des § 16 JWG zu den Obliegenheiten des Leiters der Verwaltung des Jugendamtes (ebenso Gräber, 6 zu § 44 JWG, s auch Bem 11A). 62

Gemäß § 44 Abs 1 Satz 2 JWG können auch Verwandte des Mündels sowie Vereinigungen der freien und privaten Jugendhilfe antragsberechtigt sein (Riedel, 8); ferner ist der Mündel, wenn er das 14. Lebensjahr vollendet hat, auch selbst als antragsberechtigt anzusehen (ebenso Jans-Happe, 4; Riedel, 8; Gräber, 10).

dd) Das die Vormundschaft abgebende Jugendamt hat gemäß **§ 44 Abs 1 Satz 3 JWG** den Übergang unverzüglich dem Vormundschaftsgericht anzuzeigen. Der Übergang der Amtsvormundschaft vollzieht sich mit der Einigung der Jugendämter (Gräber, 11A); die Anzeige an das Gericht hat nur deklaratorische Bedeutung und ist ein laufendes Geschäft iS des § 16 JWG. Das abgebende Jugendamt hat die ihm gemäß § 42 JWG erteilte Bescheinigung zurückzugeben; dem übernehmenden Jugendamt hat das zuständige Vormundschaftsgericht eine neue Bescheinigung zu erteilen. 63

---

*) Hiervon zu unterscheiden ist die Abgabe der Vormundschaft durch das Vormundschaftsgericht (§ 46 FGG).

64 ee) Wird die Abgabe oder Übernahme der Amtsvormundschaft abgelehnt, so kann das Vormundschaftsgericht angerufen werden (**§ 44 Abs 2**). Sind sich die beteiligten Jugendämter nicht einig, so können sie zwar nicht gezwungen werden, sich an das Vormundschaftsgericht zu wenden; wünschen sie aber eine Entscheidung, so ist nur der Rechtsweg an das Vormundschaftsgericht gegeben (s Gräber, 16; Jans-Happe, 6 A).

Örtlich zuständig ist das Vormundschaftsgericht, bei dem die Vormundschaft geführt wird (s hierzu Riedel, 12 mit weiteren Hinweisen).

Das Vormundschaftsgericht kann in diesem Verfahren auch darüber befinden, ob überhaupt noch eine Amtsvormundschaft gerechtfertigt ist oder ob nunmehr gemäß § 50 JWG ein Einzelvormund zu bestellen ist (s Gräber, 17).

Für die Entscheidung des Gerichts über die Abgabe der Vormundschaft ist ausschließlich das Wohl des Kindes maßgebend (arg Abs 1 Satz 1, s hierzu oben Bem 61).

Gegen die Entscheidung des Vormundschaftsgerichts findet die einfache **Beschwerde** statt (§ 19 FGG). Die Beschwerdeberechtigung richtet sich nach §§ 20, 57 Abs 1 Nr 9, 59 FGG. In dem Falle, daß das Gericht die Übernahme der Vormundschaft gegen den Willen des diese führenden Jugendamtes auf Antrag eines anderen Antragsberechtigten anordnet, ist ausnahmsweise gemäß § 60 Abs 1 Nr 3 FGG das Rechtsmittel die sofortige (befristete) Beschwerde (Gräber, 18B).

Die Amtsvormundschaft geht mit der Bekanntmachung der Entscheidung (§ 16 FGG) auf das andere Jugendamt über.

65 d) Der Vormund ist **gesetzlicher Vertreter des Kindes** in Angelegenheiten der Personensorge und hat die **Vermögenssorge** inne*).

Er hat das Kind im rechtsgeschäftlichen Verkehr zu vertreten, zB bei Verträgen mit Ärzten oder Krankenhäusern über die Behandlung des Kindes (s auch Bem 16), beim Abschluß eines Lehr- oder Arbeitsvertrags für das Kind (s auch Bem 22) usw.

66 Da der Vormund gesetzlicher Vertreter des Kindes in Angelegenheiten der Personensorge ist, ist seine Einwilligung erforderlich: zur Eheschließung des Kindes (§ 3 Abs 1 EheG), zum Vaterschaftsanerkenntnis (§ 1718, s auch 19 zu § 1718 — dagegen ist die Einwilligung der Mutter, entgegen der Auffassung von Dölle, II, 474, nur erforderlich, wenn ihr als Vormund oder gemäß § 1707 Abs 2 oder § 1757 Abs 1 die gesetzliche Vertretung des Kindes zusteht —), zur Einbenennung (§ 1706 Abs 2 Satz 2, s dort Bem 34ff), zur Ehelichkeitserklärung (§ 1726 Abs 1, s dort Bem 3), zum Abschluß eines Adoptionsvertrags (§ 1751 Abs 2), wenn das Kind das 14. Lebensjahr vollendet hat (s auch § 1747 Abs 1 zum Erfordernis der Einwilligung der Mutter, hierzu Bem 21 zu § 1705, sowie die Erläuterungen des § 1747). Namens des noch nicht 14 Jahre alten Kindes schließt der Vormund den Adoptionsvertrag (§ 1751 Abs 1). Dagegen ist zur Volljährigkeitserklärung des Kindes die Einwilligung des Vormundes nicht erforderlich, vgl § 4 Abs 2 BGB. Jedoch hat der Vormund das Recht, die Volljährigkeitserklärung des Mündels zu beantragen (s § 56 Abs 1 FGG, hierzu Keidel, 5, 8; Jansen, 3 je zu § 56).

Bei der Beantragung der Bestellung eines Erziehungsbeistandes oder der Gewährung Freiwilliger Erziehungshilfe ist die Mitwirkung des Vormunds erforderlich (s Anhang zu § 1666, Bem 43, 136)**).

67 Ist das Personensorgerecht der Mutter auf Grund einer Anordnung des Vormundschaftsgerichts gemäß **§ 1666 Abs 1 Satz 1** ganz oder zT (zB das Aufenthaltsbestimmungs- oder das Erziehungsrecht) auf den Amtsvormund übergegan-

---

*) Zur Anlegung von Mündelgeldern s „Bachofer, Mündelgelder — Einzel- oder Sammelanlegung? in Gegenwartsfragen des Unehelichenschutzes", Schriften des Deutschen Instituts für Vormundschaftswesen, Band 3, 1964, 73ff; Beitzke, Zur Anlegung von Mündelgeldern auf Sammelkonten, ZblJugR 1964, 29; Feil, Neue Wege in der Mündelbuchhaltung des Jugendamtes — Anlegung von Mündelgeldern auf Sammelkonten — Textlose Buchung, RdJ 1964, 1; Müller, Die wirtschaftliche Verwaltung von Mündelvermögen, ZblJugR 1960, 85; Stöber, Anlegung von Mündelgeld bei öffentlichen Sparkassen und privaten Bankinstituten, Rpfleger 1965, 100; Sprengel und Jürgens, Anlage von Mündelgeld bei Großbanken, Betr 1965, 1205, 1241.

**) Zur Stellung des Amtsmündels im FEH- und FE-Verfahren s Roestel, RdJ 1966, 77.

gen (s oben Bem 36), so stellen die dann vom Amtsvormund getroffenen Anordnungen, zB über den Aufenthalt oder die Unterbringung des Kindes in einem Heim, bei Verwandten des Kindes oder beim unehelichen Vater usw, keine Verwaltungsakte dar (vgl OVG Münster, SjE, E 14, 104k; Riedel, Jugendwohlfahrtsrecht, 6. Aufl 1965, Anm zu § 38 JWG).

Verlangt der Vormund die **Herausgabe des Kindes** von der unehelichen Mutter, so ist das Vormundschaftsgericht als zuständig zu beurteilen (§§ 1632 Abs 2, 1793 BGB). Dasselbe muß aber auch gelten, wenn der Vormund die Herausgabe des (zB nach dem Tode der Mutter) beim Vater befindlichen Kindes von diesem verlangt (aM OLG Karlsruhe, Die Justiz 1965, 141 = FamRZ 1965, 452, Leits = DAVorm XXXVIII, 214). 68

Zur Vollziehung der nach § 1666 Abs 1 vom Vormundschaftsgericht angeordneten Maßregeln s 363 zu § 1666.

Bei der Unterbringung des Mündels hat der Vormund auf das religiöse Bekenntnis oder die Weltanschauung des Mündels oder der Familie des Mündels Rücksicht zu nehmen **(§ 38 Abs 3 JWG)**; dies kommt zB in Betracht, wenn der unehelichen Mutter die Ausübung des Sorgerechts oder des Erziehungs- und Aufenthaltsbestimmungsrechts entzogen ist (s 269 zu § 1666). Zur Unterbringung des unehelichen Kindes in einem Heim zu Erziehungszwecken bedarf der Vormund keiner vormundschaftsgerichtlichen Genehmigung (s 273 zu § 1666; Anhang zu § 1666, Bem 156ff), wohl aber zur Unterbringung des geistes- oder gemütskranken Kindes in einer psychiatrischen Anstalt (§ 1800 Abs 2)*). 69

Der Vormund als gesetzlicher Vertreter, und nur er, nicht die uneheliche Mutter — soweit ihr nicht die elterliche Gewalt übertragen ist —, ist berechtigt, namens des Kindes Strafantrag zu stellen (§ 65 StGB) oder Privatklage zu erheben (§ 374 Abs 3 StPO) oder sich einem Verfahren als Nebenkläger anzuschließen (§ 395 StPO). 70

Dem Vormund (vor allem dem Amtsvormund) obliegt die Aufgabe, zur Feststellung der Vaterschaft des Kindes Ermittlungen anzustellen (ebenso RGR-Komm, 4; Erman-Hefermehl, 5; s ferner Feil in „Amtsvormundschaft — heute" [Schriften des Deutschen Instituts für Vormundschaftswesen, Heidelberg], 1960, 112ff], wobei insbesondere die Mutter (in geeigneter Weise) zu befragen ist (s auch 12a, sowie Lux, Schulung für die juristische Praxis, 5. Aufl, 3. Abt bearb von Jansen, 1961, 489, und 8a zu § 1714). 71

Nur der Vormund kann die Unterhaltsansprüche des Kindes gegen den unehelichen Vater geltend machen oder auf Feststellung der Abstammung des Kindes klagen (s zu dieser Klage 162ff zu § 1717) oder dieses auf Vollstreckungsabwehrklage (§ 767 ZPO) oder Abänderungsklage des unehelichen Vaters (§ 323 ZPO) vertreten (§ 51 ZPO); zu der Sonderregelung des § 1716 hinsichtlich des Unterhaltsanspruchs des Kindes für die ersten drei Monate nach der Geburt s dort Bem 4ff. 72

Der Vormund ist ferner berechtigt und verpflichtet, die dem Kinde zustehenden monatlichen Unterhaltsrenten einzuziehen und gegebenenfalls beizutreiben. Er hat den angemessenen Betrag sodann laufend der Mutter zur Bestreitung der für die Pflege und Erziehung des Kindes in ihrem Haushalt entstehenden Aufwendungen auszuhändigen, gegebenenfalls an sonstige Dritte, die das Kind versorgen, sowie restliche Beträge anzulegen, überhaupt das Vermögen des Kindes zu verwalten, zB die dem Kinde bezahlte Abfindungssumme (§§ 1712 Abs 2, 1714 Abs 1). 73

Entstehen zwischen der personensorgeberechtigten Mutter und dem Vormund über die Höhe der an diese zur Bestreitung der Aufwendungen für das Kind auszuzahlenden Beträge, dh überhaupt über die Verwendung der Unterhaltsrente des Kindes Meinungsverschiedenheiten, so hat hierüber das Vormundschaftsgericht zu entscheiden (analog § 1630 Abs 2, vgl KG, RJA 8, 7 — s oben Bem 13 —). Das Vormundschaftsgericht kann den Vormund anweisen, an die Mutter monatlich einen höheren Betrag auszuzahlen, als der Vormund gewollt hatte (aM früher KG, KGJ XXIX, 18 = RJA 5, 136; jedoch durch KG, RJA 8, 7 überholt). 74

*) Hierzu s auch Fröhlich, Neue Aufgaben des Vormundschaftsrichters bei Unterbringung von Mündeln in Anstalten (Mängel der jetzigen Regelung und Reformvorschläge), DRiZ 1965, 52.

75 e) Hinsichtlich der **Haftung** s § 839 BGB iV mit Art 34 GG, sowie § 1833 BGB*). In Betracht kommt eine Haftung für Handlungen des gemäß § 37 bestellten Beamten oder Angestellten des Jugendamtes wie auch des Jugendwohlfahrtsausschusses, zB wenn dieser die Übertragungen gemäß § 37 Satz 2 JWG nicht vorgenommen oder die Unterhaltssätze für die Mündel (s 69 zu § 1708) schuldhaft zu niedrig festgesetzt hat; da freilich ein solcher Beschluß die Beauftragten nicht bindet, kann daneben ein Mitverschulden dieser Personen in Betracht kommen (ebenso Jans-Happe, 6).

Zur Haftung des Amtsvormunds s noch Fußn **) aE zu Bem 54 sowie Vorbem 83 aE vor § 1705.

76 Das Jugendamt, als Amtsvormund, dh der einzelne Beamte oder Angestellte der die vormundschaftlichen Obliegenheiten wahrnimmt, untersteht der **Aufsicht des Vormundschaftsgerichts** (§ 38 JWG iV mit § 1837 Abs 1; jedoch ist die Anwendung der Vorschrift des § 1837 Abs 2 (Androhung und Verhängung von Ordnungsstrafen) ausgeschlossen (§ 38 Abs 1 Satz 2 JWG).

77 Das Vormundschaftsgericht kann den Amtsvormund nicht, wie den Einzelvormund **(§ 1886)**, entlassen **(§ 38 JWG)**; jedoch kann es beim Jugendwohlfahrtsausschuß anregen, den betreffenden Beamten oder Angestellten von der ihm gemäß § 37 Satz 2 JWG übertragenen Tätigkeit abzulösen, wenn diese nicht sachgemäß ausgeübt wurde. Weiterhin ist das Vormundschaftsgericht befugt, gemäß § 50 Abs 2 Satz 2 JWG von Amts wegen einen Einzelvormund zu bestellen, um damit den Amtsvormund abzulösen (s Bem 79, 84), auch gegen den Willen des Jugendamts.

78 3. Gemäß **§§ 45, 50 JWG** kann das Vormundschaftsgericht eine **Einzelperson** zum **Vormund** bestellen, soweit dies dem Wohle des Mündels nicht entgegensteht (§ 45) oder wenn dies dem **Interesse des Mündels** förderlich erscheint (§ 50). Diese Formulierungen sind in ihrer Bedeutung und ihrem Sinngehalt identisch (ebenso Jans-Happe, 5, A; Riedel, 2; Gräber, 1 je zu § 45).

§ 45 gilt nur für die gesetzliche Amtsvormundschaft und bezweckt, eine Entlastung der Jugendämter herbeizuführen; auf die bestellte Amtsvormundschaft (§§ 46ff) ist die Vorschrift nicht anwendbar. Andererseits findet § 50 auch bei der gesetzlichen Amtsvormundschaft Anwendung. Im Grunde ist also § 45 überflüssig (s Jans-Happe, 1; Gräber, 1, je zu § 45; Riedel, 2 zu § 45, 1 zu § 50).

79 a) Den Antrag auf Bestellung eines Einzelvormunds kann das Jugendamt (§§ 45, 50 Abs 1) und jeder, der ein berechtigtes Interesse des Mündels geltend macht, stellen, auch die Mutter, sowie das Kind selbst, wenn es das 14 Lebensjahr vollendet hat (§ 50 Abs 2 Satz 1). Das Vormundschaftsgericht kann auch von Amts wegen — was allerdings kaum von praktischer Bedeutung ist — ein diesbezügliches Verfahren einleiten und einen Einzelvormund bestellen, wenn dies dem Interesse des Mündels förderlich erscheint (§ 50 Abs 2 Satz 2 JWG). Vor der Entscheidung ist in jedem Falle das Jugendamt und die Mutter zu hören (§ 50 Abs 2 Satz 3 JWG), aber auch — was das Gesetz nicht ausdrücklich sagt — das Kind, wenn es das 14. Lebensjahr vollendet hat.

80 b) Das Vormundschaftsgericht hat einen Einzelvormund zu bestellen, wenn die erwähnten Voraussetzungen (Bem 79) vorliegen. Gemeint ist hiermit, daß ein geeigneter Einzelvormund vorhanden sein muß, der den Anforderungen nach Lage des Falles gewachsen ist und das Wohl des Kindes in jeder Hinsicht wahrzunehmen vermag (Riedel, 2; Gräber, 10, je zu § 45; KG, JFG 8, 85 = DJZ 1930, 1397 = HRR 1930 Nr 2169; ZblJugR XXIV, 31; JFG 18, 274 = JW 1938, 3242 = HRR 1939 Nr 25; OLG Hamm, ZblJugR XLI, 1954, 329 = DAVorm XXVII, 116; JMBlNRW 1962, 222; BayObLG Z 1960, 366 = ZblJugR 1961, 183 = MDR 1961, 154 = NJW 1961, 1117 = FamRZ 1961, 130, Leits; NJW 1960, 245 = ZblJugR 1961, 128; OLG Frankfurt, ZblJugR 1962, 23).

81 Das Gesetz gibt der Einzelvormundschaft grundsätzlich den Vorzug gegenüber anderen Formen der Vormundschaft (s Anhang zu § 1666, Fußn zu Bem 9; Jans-Happe, 1B; Riedel, 1; Gräber, 10; Krug, 2, je zu § 45 JWG), und zwar aus dem Grunde, weil die gewünschte persönliche Bindung zum Mündel vom Einzelvormund eher verwirklicht werden kann, als vom Amtsvormund und

---

*) Brüggemann, Die Haftung des Amtsvormunds in „Neues Unehelichenrecht in Sicht" (Schriften des Deutschen Instituts für Vormundschaftswesen), 1961, 116; Niclas, Die Haftungsklausel für den gesetzlichen Vertreter und den elterlichen Gewalthaber in Lehrverträgen der Amtsmündel, ZblJugR 1961, 14; Schnitzerling, Die Haftung des Vormunds, RdJ 1959, 163.

Vereinsvormund. Allerdings ist zu beachten, daß ein erheblicher Mangel an geeigneten Einzelvormündern besteht (s Webler, NJW 1960, 245; ZblJugR 1962, 25; 1963, 255, sowie auch oben Bem 54 Fußnote).

Wichtig ist indessen, daß an die Geeignetheit der gegebenenfalls in Aussicht genommenen Person des Einzelvormunds keine zu geringe Anforderungen gestellt werden dürfen (Jans-Happe, aaO; Webler, aaO). Gefordert werden muß jedenfalls, daß der Vormund die Zuverlässigkeit besitzt, die für das Amt des Vormunds als notwendig erachtet werden muß (vgl BayObLGZ 1963, 119, 122; RG, JW 1937, 1792; OLG Hamm JMBlNRW 1962, 222). 82

Trotz dieser grundsätzlichen Bevorzugung des Einzelvormunds darf nicht unbeachtet bleiben, daß das Interesse, das **Wohl des Mündels** der ausschlaggebende Gesichtspunkt für die Entscheidung ist (so mit Recht Jans-Happe, 5A zu § 50; Muthesius, 4 zu § 44 aF). Darüber ob das Wohl des Kindes der Bestellung eines Einzelvormunds entgegensteht bzw ob diese dem Interesse des Mündels förderlich erscheint, hat das Gericht nicht nach seinem (pflichtgemäßen) Ermessen zu entscheiden (aM Riedel, 2; KG, DAVorm XXX, 182); vielmehr enthält die Voraussetzung „Wohl des Mündels" bzw „Interesse des Mündels" einen unbestimmten Rechtsbegriff (s Bem 126).

Bei der Beurteilung der Frage, ob das Wohl des Mündels der Bestellung eines Einzelvormunds nicht entgegensteht, bzw ob diese Bestellung dem Interesse des Mündels förderlich erscheint, hat das Vormundschaftsgericht alle Umstände des Einzelfalles zu berücksichtigen.

So wird es in der Regel angezeigt sein, einen Einzelvormund zu bestellen, wenn die Unterhaltsansprüche des Kindes geregelt sind (vgl KG, JFG 18, 274) und das Kind ordnungsmäßig untergebracht ist. Können Rechte des Mündels nur mit Schwierigkeiten wahrgenommen werden, zB wenn der Vater Ausländer oder in das Ausland ausgewandert ist, oder wenn der Vater zahlungsunwillig und die Durchführung der Zwangsvollstreckung schwierig ist, so kann mit diesem Wirkungskreis, zB der Beitreibung der Unterhaltsansprüche des Kindes, ein Mitvormund (§ 50 Abs 1 Satz 2) bestellt werden (s hierzu auch Jans-Happe, 5, B zu § 45); ferner kann für bestimmte Angelegenheiten, zB die Geltendmachung und Durchsetzung der Unterhaltsansprüche des Kindes, auch ein Pfleger bestellt werden (arg „soweit" in § 45; ebenso Gräber, 8, 9 zu § 45, 9 zu § 50; Jans-Happe, 5, A zu § 45 — das Wort „soweit" ist nicht dem Wort „wenn" gleichzusetzen (ebenso Gräber, 9; Jans-Happe, 5, A; aM Riedel, 4, je zu § 45 JWG), wenn es freilich zugleich auch „wenn" bedeuten kann —). Der Vormund ist, wenn hinsichtlich seiner „normalen" Befugnisse die Wahrnehmung bestimmter einzelner Angelegenheiten oder eines bestimmten Kreises von Angelegenheiten ausgenommen wird, damit insofern an der Besorgung dieser Angelegenheiten rechtlich verhindert iS des § 1909, weshalb die Bestellung eines Pflegers gerechtfertigt ist. Zum Pfleger kann das Jugendamt (mit seinem Einverständnis gemäß §§ 52, 46 JWG) bestellt werden. 83

Die Bestellung eines Einzelvormunds kann zB als dem Interesse des Kindes förderlich beurteilt werden, wenn der Amtsvormund, dh der gemäß § 37 Satz 2 JWG beauftragte Beamte oder Angestellte des Jugendamtes (s Bem 54ff), die vormundschaftlichen Obliegenheiten nicht sachgemäß wahrnimmt oder wahrgenommen hat (vgl KG, JFG 18, 274), etwa wenn er sich jahrelang um den Mündel nicht gekümmert und die ihm gemäß § 1707 Abs 1 Satz 3 iV mit § 1686 obliegenden Verpflichtungen verletzt hat oder wenn er über den Mündel leichtfertig unwahre Behauptungen über dessen Verhalten aufgestellt hat (vgl KG, JFG 8, 85) oder die Einwilligung zur Einbenennung ohne vernünftige Gründe verweigert oder mit der Erteilung dieser Einwilligung ohne ersichtlichen Grund zuwarten will (s dazu Bem 35 zu § 1706) oder wenn er die Einwilligung zur Ehelichkeitserklärung des Kindes wegen eines damit verbundenen Bekenntniswechsels des Kindes verweigert und hierdurch dessen Interessen gefährdet (vgl BayObLGZ 31, 404; s auch 7 zu § 1728) oder wenn er die Anordnung der Fürsorgeerziehung für das Kind beantragt oder deren Beantragung veranlaßt, statt den Antrag zu stellen, dem Kinde Freiwillige Erziehungshilfe zu gewähren (vgl dazu Anhang zu § 1666, Bem 258f; s auch Fußn zu 66). 84

Die Eignung des Einzelvormunds kann nicht allein deshalb verneint werden, weil er im Gegensatz zum Amtsvormund zur Mitwirkung beim Abschluß eines Kindes-Annahme-Vertrags zwischen dem unehelichen Kinde und dem Vater bereit ist, der mit der Mutter in einem eheähnlichen Verhältnis lebt (vgl OLG Hamm, JMBlNRW 1962, 222), es sei denn, daß aus den hierbei zutage getretenen Anschauungen im allgemeinen Bedenken gegen die Person des in Aussicht 85 genommenen Vormunds bestehen. Zu beachten ist hierzu noch, daß der Vertrag der vormundschaftsgerichtlichen Genehmigung bedarf (§ 1751 Abs 1). Entsprechendes gilt für die Einwilligung des Vormunds zur Ehelichkeitserklärung (vgl § 1728).

86 c) Zum **Einzelvormund** kann ua die **uneheliche Mutter** bestellt werden (s BayObLG, BayZ 1932, 278; ZblJugR 1961, 128 = NJW 1960, 245; Z 1960, 366; Z 1963, 119 = FamRZ 1963, 527 = ZblJugR 1963, 256 = DAVorm XXXVI, 1963, 327 = MDR 1963, 929 = Rpfleger 1964, 21; Z 1964, 267 = FamRZ 1964, 530 = ZblJugR 1965, 19 = NJW 1964, 2111 = MDR 1964, 922 = DAVorm 1965, 76; OLG Frankfurt, FamRZ 1961, 539 = NJW 1961, 2314 = ZblJugR 1962, 23; OLG Karlsruhe, ZblJugR 1963, 254 = DAVorm XXXVI, 325).

Hieran hat die Einfügung des Abs 2 in § 1707, die Möglichkeit, der unehelichen Mutter die elterliche Gewalt zu übertragen, nichts geändert (s 123).

Die Mutter kann auch dann zum Vormund des Kindes bestellt werden, wenn das Kind auf Antrag des Vaters für ehelich erklärt worden war (§ 1723) und der Vater später gestorben ist (vgl § 1773); zu beachten ist hierzu aber, daß das Kind nun kein uneheliches Kind mehr ist (s auch unten Bem 123).

87 Ein Antrag der Mutter, ihr die elterliche Gewalt zu übertragen, kann nicht in den Antrag umgedeutet werden, sie zum Einzelvormund zu bestellen (vgl zum umgekehrten Fall BayObLGZ 1963, 119); doch ist es für zulässig zu halten, daß die Mutter neben ihrem Antrag, ihr die elterliche Gewalt zu übertragen, den Hilfsantrag stellt, sie zum Einzelvormund zu bestellen, da für letztere Anordnung geringere Anforderungen erforderlich sind (s Bem 127).

88 Nach heutiger Rechtsanschauung und unter Berücksichtigung der Wertentscheidung des Art 6 Abs 5 GG (s Vorbem 56 vor § 1705) ist anzunehmen, daß die Mutter einen R e c h t s a n s p r u c h darauf hat, zum Einzelvormund bestellt zu werden, ebenso wie sie einen Rechtsanspruch darauf hat, daß ihr die elterliche Gewalt übertragen wird, wenn jeweils die Voraussetzungen dazu gegeben sind (s zu Abs 2 Bem 143). Dies ist wichtig wegen des Beschwerderechts der Mutter bei Ablehnung ihres Antrags (s 101, 104 f und zu Abs 2 Bem 162).

Dieser Antrag der Mutter, ihr die Stellung des Vormunds zu übertragen, ist nicht nur ein Verfahrensantrag, sondern hat auch materiellrechtliche Bedeutung; er enthält die materiellrechtliche Einwilligung dazu, die Rechte und die P f l i c h t e n des Vormunds zu übernehmen (s hierzu 94 sowie zum Unterschied ihrer Rechtsstellung als Vormund zur Übertragung der elterlichen Gewalt 95 ff).

89 In sachlicher Hinsicht ist bezüglich der Bestellung der unehelichen Mutter zum Vormund noch auf folgendes hinzuweisen:

Die Mutter muß in der Lage sein, die Personensorge selbst wahrzunehmen, jedenfalls auf diese maßgebenden Einfluß auszuüben, so daß zwischen Kind und Mutter eine echte Bindung besteht (W e b l e r, ZblJugR 1963, 255, der mit Recht gegen OLG Karlsruhe, daselbst 254, Bedenken geltend macht). Dies ist vor allem wichtig, wenn das Kind sich bei Pflegeeltern befindet. Liegt die Pflegestelle in erheblicher Entfernung von dem Wohnsitz der Mutter, so daß dieser Besuche des Kindes sehr erschwert sind, so wird eine Bestellung der Mutter zum Vormund nicht in Betracht kommen (so auch W e b l e r, aaO). Allerdings ist die Aussicht auf eine Erweiterung oder Vertiefung der schon zwischen der Mutter und dem Kinde bestehenden persönlichen Beziehungen nicht erforderlich (ebenso D ö l l e, II, 386).

90 Weiterhin bestehen Bedenken gegen die Bestellung der Mutter zum Vormund, wenn ihr bisheriges Verhalten Zweifel an ihrer Zuverlässigkeit als Vormund rechtfertigt (s Bem 80), zB wenn sie in gerichtlichen Verfahren widersprechende Angaben darüber gemacht hat, wer der Vater des Kindes ist (s BayObLGZ 1963, 119, 122), oder wenn sie gegenüber dem Jugendamt wiederholt wahrheitswidrig angegeben hat, das Kind befinde sich in ihrem Haushalt, sie selbst sorge für dessen Pflege und Erziehung (W e b l e r, ZblJugR 1963, 255) oder wenn ungeklärt bleibt, welche Ziele die Mutter mit ihrem Antrag auf Bestellung zum Vormund für das in einem Heim oder bei Pflegeeltern untergebrachte Kind verfolgt, und wenn die Mutter nicht in der Lage und nicht bereit und willens ist, sich um das Kind in angemessener Weise zu kümmern (W e b l e r, aaO), oder wenn aus dem bisherigen Verhalten der unehelichen Mutter begründete Zweifel daran gerechtfertigt sind, daß sie ihrer Auskunftspflicht (§ 1839) nachkommen wird.

91 Lebt die Mutter im **Konkubinat** mit dem Erzeuger, so können hieraus gegen ihre Bestellung zum Einzelvormund Bedenken hergeleitet werden (vgl auch BayObLG, NJW 1960, 245 = SJE, E 14, 119; sowie zur Übertragung der elter-

lichen Gewalt in einem solchen Falle Bem 136), insbesondere auch, wenn die Mutter die Absicht verfolgt, eine Adoption des Kindes durch den Erzeuger durchzusetzen, die der Amtsvormund abgelehnt hatte (Webler in der Anm NJW 1960, 245; vgl auch zur Ehelichkeitserklärung im Falle des Konkubinats der natürlichen Eltern des Kindes 9—11, 19f zu § 1734).

Verschweigt die Mutter den Namen des Erzeugers*) und verletzt sie damit die Interessen des Kindes, so ist sie als Einzelvormund ungeeignet (Webler, ZblJugR 1962, 25, gegen die zu weitgehende Auffassung des OLG Frankfurt, daselbst 23). Das BayObLG (Z 1964, 267) hat mit Recht darauf hingewiesen, daß es Pflicht des Vormunds sei, die Interessen des Kindes zu wahren; dieser Pflicht könne möglicherweise die Mutter, die den Namen des Erzeugers verschweige, nicht genügen, wenn sie auf eigene oder fremde Belange Rücksicht nehmen müsse; dieses Verhalten lasse befürchten, daß sie in einem Widerstreit von Interessen und Gefühlen befangen sei, die mit der Stellung des Vormunds nicht vereinbart werden könnten (s ferner BayObLGZ 1963, 119, 122; OLG Hamm, ZblJugR 1954, 329 = DAVorm XXVII, 116; Beitzke, 12. Aufl, 192f, § 33, I, 4, e; Dölle, II, 386; Würfflein, aaO; Erman-Hefermehl, Nachtrag zu 5 zu § 1707; anders Gernhuber, 624f [der die erwähnten Zusammenhänge offenbar nicht erkannte]; Riedel, 2 zu § 45 JWG, der fordert, es müßten besondere Umstände hinzutreten, damit aus dem Schweigen Folgerungen für die Ungeeignetheit der unehelichen Mutter als Vormund gezogen werden könnten; s auch LG Köln, FamRZ 1963, 55 [zur Adoption des Kindes durch die Mutter]). Hat die Mutter den Namen des Erzeugers ihrem Verfahrensbevollmächtigten (einem Rechtsanwalt) anvertraut und hat auch der Erzeuger sich diesem gegenüber zu dem Kinde bekannt und kommt der Erzeuger der Unterhaltspflicht nach, so genügt dies auch dann nicht, wenn die Mutter eine gesicherte Lebensstellung einnimmt (Webler, ZblJugR 1962, 25 gegen OLG Frankfurt, aaO); Webler weist zutreffend darauf hin, daß zumindest gefordert werden müsse, daß der Erzeuger die Vaterschaft in einer notariellen Urkunde anerkenne, und daß die Weigerung der Beteiligten, dem Verlangen des Amtsvormunds Folge zu leisten, als Indiz für Abreden der Mutter und des Kindesvaters beurteilt werden müßte, die für das Kind nachteilige Folgen haben könnten. Hinzuzufügen ist, daß der Rechtsanwalt wegen seiner Schweigepflicht (§ 383 Abs 1 Nr 5 ZPO, § 53 Abs 1 Nr 3 StPO) zu keinen Angaben über die Äußerungen der Mutter und des Vaters ihm gegenüber gezwungen werden kann. 92

d) Zum **Vormund** kann auch der **uneheliche Vater** bestellt werden (Bosch, Gutachten, 84; Achilles-Greiff-Beitzke, 3), zB wenn das Kind sich in seinem Haushalt befindet. 93

e) Bezüglich der Rechtsstellung des Vormunds ist auf **§§ 1793ff** zu verweisen**); zu erwähnen sind in strafrechtlicher Hinsicht noch die Vorschriften der §§ 174, 181 Abs 1 Satz 2, 235, 237, 247, 263 Abs 5 StGB. 94

Zur Rechtsstellung der unehelichen Mutter als Vormund ist im Vergleich zu ihrer Rechtsstellung nach Übertragung der elterlichen Gewalt (§ 1707 Abs 2) auf folgendes hinzuweisen: 95

Die Rechtsstellung der Mutter ist in den Fällen ihrer Bestellung zum Vormund (§§ 45, 50 JWG) und der Übertragung der elterlichen Gewalt auf sie (§ 1707 Abs 2) nicht die gleiche (s zum folgenden auch OLG Stuttgart, FamRZ 1963, 525, 526; BayObLGZ 1963, 116, 117f; Huvale, Unsere Jugend 1964, 122).

Der Vormund unterliegt hinsichtlich der Ausübung der vormundschaftlichen Obliegenheiten (dh hier der gesetzlichen Vertretung des Kindes in Angelegenheiten der Personensorge und der Vermögenssorge) der Aufsicht des Vormundschaftsgerichts (§ 1837 Abs 1). Dieses kann den Vormund jederzeit auffordern, über die Führung der Vormundschaft und die persönlichen Verhältnisse des Mündels Auskunft zu erteilen (§ 1839); der Vormund hat über die Verwaltung des Vermögens des Mündels dem Vormundschaftsgericht regelmäßig jährlich Rechnung zu legen (s §§ 1840, 1841, 1843). Auch kann das Vormundschaftsgericht den Vormund zur Befolgung seiner Anordnungen durch Ordnungsstrafen anhalten (§ 1837 Abs 2). Gemäß §§ 1821—1825 bedarf der Vormund zur Vornahme bestimmter Rechtsgeschäfte der vormundschaftsgerichtlichen Genehmigung, und zwar in weiterem Umfange als die Eltern oder ein Elternteil (§§ 1643—1645); 96

*) Würfflein, Nichteignung der Mutter zur Vormundschaftsführung bei Verschweigen des unehelichen Vaters, ZblJugR 1959, 76; s auch oben Bem 12a.

**) Hierzu s auch die Bem 65ff mit Angabe der Lit zur Anlegung von Mündelgeldern.

darüber hinaus kann das Vormundschaftsgericht im Interesse des Mündels weitere Anordnungen treffen (§§ 1818—1820), zB Wertpapiere und Kostbarkeiten zu hinterlegen (§ 1818). Gemäß § 1844 kann das Vormundschaftsgericht den Vormund anhalten, für das seiner Verwaltung unterliegende Vermögen des Mündels Sicherheit zu leisten. Entgegen der hM (Dölle, II, 753; RGRKomm, 2; Soergel-Siebert-Germer, 3; Erman-Hefermehl, 1; Achilles-Greiff-Beitzke, 2) ist in dem Falle, daß die Mutter Einzelvormund ist und die Ehe eingeht, § 1845 analog anzuwenden, da die Schutzwürdigkeit des Kindes und die Interessenlage die gleiche ist, wie wenn die Mutter die elterliche Gewalt innehat (s auch unten 97). Ebenso findet § 9 EheG Anwendung.

Das Jugendamt hat gemäß §§ 1850 BGB, 47 JWG die Vormünder zu überwachen, sowie gemäß § 51 JWG planmäßig zu beraten und bei der Ausübung ihres Amtes zu unterstützen. Der Vormund haftet gemäß § 1833 für den aus einer Pflichtverletzung entstehenden Schaden, wenn ihm ein Verschulden zur Last fällt. Gemäß § 1886 ist der Vormund zu entlassen, wenn die Fortführung des Amtes insbesondere wegen pflichtwidrigen Verhaltens des Vormunds, das Interesse des Mündels gefährden würde.

Hervorzuheben ist ferner, daß das uneheliche Kind auch dann, wenn die uneheliche Mutter zum Vormund bestellt ist, der Aufsicht des Jugendamts hinsichtlich der Ausübung der tatsächlichen Sorge durch die Mutter untersteht (§ 31 Abs 1 JWG; s dazu auch Bem 109 f). Die Vorschrift des § 1707 Abs 1 Satz 3 iV mit § 1686 ist gegenstandslos (s Bem 106), jedoch kommt noch die Beratungstätigkeit des Jugendamtes gemäß § 31 Abs 2 JWG in Betracht (s Bem 112), ferner unterliegt die Mutter als Vormund auch der Anzeigepflicht des § 32 JWG (s zu dieser Bem 113).

97 Dagegen untersteht die uneheliche Mutter, der die elterliche Gewalt übertragen ist, der „Aufsicht" des Vormundschaftsgerichts nur im Rahmen der allgemeinen Bestimmungen der §§ 1666—1669; nur unter den Voraussetzungen dieser Vorschriften kann die Ausübung der elterlichen Gewalt durch das Vormundschaftsgericht beschränkt oder entzogen werden (s auch Bem 178). In Betracht kommt ferner noch die allgemeine „Aufsicht" des Jugendamts iS des § 1694 sowie die Möglichkeit einer Beratung durch das Jugendamt in Fragen der Erziehung (§ 5 Abs 1 Nr 1 JWG). Die Mutter hat bei der Ausübung der elterlichen Gewalt dem Kinde gegenüber nur für die Sorgfalt einzustehen, die sie in eigenen Angelegenheiten anzuwenden pflegt (§ 1664). Gemäß § 1649 Abs 2 kann sie unter bestimmten Voraussetzungen Einkünfte des Vermögens des Kindes für ihren eigenen Unterhalt verwenden (s Bem 168).

Die uneheliche Mutter, der die elterliche Gewalt übertragen ist, kann namens des Kindes den Antrag stellen, den Namen des Kindes zu ändern (s hierzu 89 zu § 1706), ohne daß sie der vormundschaftsgerichtlichen Genehmigung bedarf. Dagegen ist diese Genehmigung erforderlich, wenn die Mutter Einzelvormund des Kindes ist.

Geht die uneheliche Mutter die Ehe ein, so bedarf sie, wenn ihr die elterliche Gewalt übertragen ist, des Auseinandersetzungszeugnisses iS des § 9 EheG (s auch Bem 96 und 171).

Zur gesetzlichen Vertretung des Kindes durch die Mutter als Vormund und als Inhaberin der elterlichen Gewalt bei der Einbenennung (§ 1706 Abs 2 Satz 2) s dort 36 und 38.

98 Im Falle des Todes der Mutter, der die elterliche Gewalt übertragen war, ist ein Vormund zu bestellen (§ 1773). Ist die Mutter, die zum Einzelvormund bestellt worden war, verstorben oder wurde sie entmündigt (vgl § 1885), so hat das Vormundschaftsgericht einen anderen Vormund zu bestellen; die gesetzliche Amtsvormundschaft lebt nicht wieder auf. Sie hatte mit der Bestellung eines Einzelvormundes ihr Ende gefunden (vgl KG, JFG 13, 442 = DFG 1936, 149 = JW 1936, 2759 = HRR 1936 Nr 1237). Dies gilt sowohl in dem Falle, in dem das Jugendamt mit seinem Einverständnis (s § 45 JWG — vgl KG, aaO; Palandt-Lauterbach, 3 zu § 45) als Amtsvormund entlassen worden war, wie in dem Falle, daß die Mutter zum Einzelvormund gemäß § 50 Abs 2 JWG bestellt worden war, zB gegen des Willen des Jugendamtes.

f) **Verfahrensfragen:**

99 aa) Die **örtliche Zuständigkeit** des Vormundschaftsgerichts ergibt sich aus § 43 Abs 2 FGG.

Vor der Entscheidung soll das Vormundschaftsgericht das Jugendamt und tunlichst die Mutter anhören (§ 50 Abs 2 Satz 3 JWG). Die erforderlichen Ermittlungen sind von Amts wegen anzustellen (§ 12 FGG).

bb) Die **Entlassung des Vormunds,** auch des Amtsvormunds, wird mit der Bekanntmachung der diesbezüglichen Verfügung des Vormundschaftsgerichts (s § 16 FGG) **wirksam** (KG, JFG 12, 122 = JW 1935, 2157; LG Koblenz, DAVorm XXXVIII, 1965, 92); die Wirksamkeit ist nicht von der Bestellung einer Einzelperson zum Vormund abhängig (LG Koblenz, aaO). Allerdings ist das Vormundschaftsgericht verpflichtet, sofort einen Vormund zu bestellen (s KG, JFG 12, 122 = JW 1935, 2157) — andernfalls ist eventuell § 1846 BGB anzuwenden —. 100

cc) Wird der Antrag des Jugendamts abgelehnt, als Amtsvormund entlassen zu werden (§ 45 JWG), so findet hiergegen die einfache **Beschwerde** statt; beschwerdeberechtigt ist (nur) das Jugendamt (§ 20 FGG; s hierzu Gräber, 7, Riedel, 5 je zu § 45 JWG; OLG München, JFG 15, 283). 101

Wird der Antrag der Mutter abgelehnt, den Vormund, insbesondere den Amtsvormund (s § 50 JWG), zu entlassen, so findet hiergegen die einfache Beschwerde statt (OLG München, JFG 14, 61); beschwerdeberechtigt ist die Mutter (s BayObLGZ 14, 160 = SeuffA 69, 88 Nr 46 = Recht 1913, Nr 1513; KG, RJA 11, 164 [1911]; Keidel, 38, Jansen, 28, A, k je zu § 57 FGG).

Zum Beschwerderecht des unehelichen Vaters nach Ablehnung seines Antrags auf Entlassung des Vormunds (nach dem Tode der Kindesmutter) s BayObLGZ 18A, 105 (s auch Bem 47 zu § 1705).

Wird ein Vormund mit seiner Zustimmung entlassen, so ist die einfache Beschwerde gegeben (KG, JFG 7, 101 = HRR 1930, 877), ebenso wenn dem Antrag des Jugendamts (§ 45 JWG), als Amtsvormund entlassen zu werden, stattgegeben wird. Beschwerdeberechtigt ist die Mutter (§ 57 Abs 1 Nr 9 FGG), jeder, der iS dieser Vorschrift ein berechtigtes Interesse hat, diese Angelegenheit wahrzunehmen (zB die Großeltern, der Stiefvater des Kindes) — s zur Anwendung des § 57 Abs 1 Nr 9 FGG Bem 373 zu § 1666 —, sowie das Kind selbst, wenn es das 14. Lebensjahr vollendet hat (§ 59 FGG). 102

Wird das zum Vormund oder Pfleger bestellte Jugendamt mit seiner Zustimmung entlassen, so steht hiergegen dritten Personen ein Beschwerderecht nicht zu, da das Jugendamt gemäß §§ 46, 52 JWG nur mit seinem Einverständnis bestellt werden kann (KG, JFG 7, 101 = HRR 1930, 877). Gegen die gleichzeitige Bestellung einer Einzelperson zum Vormund, hat die Mutter ein Beschwerderecht (s aber auch Gräber, 7 zu § 45 JWG, der sich hier zu Unrecht auf KG, JFG 7, 101 beruft; s ferner Bem 101, 104).

Wird der Vormund, auch der Amtsvormund (s § 50 JWG, hierzu oben Bem 78ff), gegen seinen Willen entlassen, so findet hiergegen die sofortige Beschwerde statt (§ 60 Abs 1 Nr 3 FGG; s aber auch zum Falle des § 1707 Abs 2 unten Bem 159). Beschwerdeberechtigt ist zB das Kind, welches das 14. Lebensjahr vollendet hat (§ 59 FGG), sowie gegebenenfalls das betroffene Jugendamt (s hierzu Keidel, 10 zu § 60 FGG; Riedel, 7, Palandt-Lauterbach, 4 je zu § 50 JWG; OLG Hamm, ZblJugR 1954, 329 = DAVorm XXVII, 116). Hier steht dem Jugendamt das Beschwerderecht gemäß § 20 JWG zu. Ferner ist der gemäß § 1886 BGB entlassene Vormund beschwerdeberechtigt, da er durch eine solche Anordnung iS des § 20 FGG beeinträchtigt ist (s Keidel, 14 zu § 20 FGG). 103

Dagegen findet gegen die bloße Androhung des Vormundschaftsgerichts, den Vormund zu entlassen, die einfache Beschwerde statt (KG, KGJ 51, 36 = OLG 40, 8 = RJA 16, 163; Jansen, 7, Keidel, 11 je zu § 60 FGG), die dem Vormund zusteht (KG, Jansen, Keidel, aaO).

Gegen die Aufhebung der gesamten Vormundschaft oder Pflegschaft ist die einfache, nicht die sofortige Beschwerde gegeben, da diese Anordnung nicht unter § 60 Abs 1 Nr 3 FGG fällt (Jansen, 6, Keidel, 14 je zu § 60 FGG), ebenso gegen die Beschränkung des Vertretungsrechts.

Weiterhin findet gegen die Auswahl des Vormunds oder Pflegers durch das Vormundschaftsgericht die einfache, nicht die sofortige Beschwerde statt, da § 60 Abs 1 Nr 3 FGG hier nicht anzuwenden ist. 104

Gegen die Auswahl des Vormunds steht der unehelichen Mutter ein Beschwerderecht zu (OLG Celle, JR 1948, 293; RGR-Komm, 3 zu § 1707), insbesondere dagegen, daß nicht sie selbst zum Vormund bestellt worden ist (BayObLG, BayZ 1932, 278; aM RGZ 64, 288, für den Fall, daß die Mutter ausschließlich ein eigenes Recht geltend machte; doch ist diese Rechtsauffassung heute als überholt zu betrachten, s Bem 88).

105 Hat das Vormundschaftsgericht auf Antrag der Mutter den Amtsvormund gegen seinen Willen entlassen (§ 50 JWG) und sie selbst zum Einzelvormund bestellt, hebt sodann das Landgericht auf sofortige Beschwerde des Jugendamts den Beschluß des Amtsgerichts auf, so findet hiergegen die sofortige weitere Beschwerde statt (§§ 63, 60 Abs 1 Nr 3, 29 Abs 2 FGG), die der Mutter zusteht (§ 20 FGG, s Bem 88, ebenso wohl BayObLGZ 1964, 267 = FamRZ 1964, 530 = NJW 1964, 2111 = ZblJugR 1965, 19 [in MDR 1964, 922 nicht mit abgedruckt]; s aber auch BayObLGZ 7, 42; KG, JFG 12, 122 = JW 1935, 2157), sowie dem Kinde (§ 59 FGG). In diesem Falle tritt mit der Rechtskraft der Entscheidung des Landgerichts ohne weiteres wieder die Amtsvormundschaft ein (BayObLG, aaO; vgl dagegen auch Bem 98).

Ebenso steht der Mutter gemäß § 20 FGG das Recht zur Einlegung der sofortigen weiteren Beschwerde zu, wenn das Amtsgericht den Vormund gemäß § 1886 entlassen hat, das Landgericht diesen Beschluß auf sofortige Beschwerde des Vormunds aufhebt (aM BayObLGZ 27, A 42; KG, JFG 12, 122 = JW 1935, 2157); ferner ist das Kind gemäß § 59 FGG beschwerdeberechtigt.

Gibt das Landgericht auf Beschwerde dem Amtsgericht auf, den Vormund (gegen dessen Willen) zu entlassen, so findet hiergegen die sofortige weitere Beschwerde statt (s Jansen, 6, Keidel, 13 je zu § 60 FGG; vgl ferner KG, JFG 12, 122, 126; OLG München, 14, 42). Soweit das Landgericht hierbei das Amtsgericht anweist, eine andere namentlich bezeichnete Person zum Vormund zu bestellen, ist die einfache weitere Beschwerde gegeben (Jansen, Keidel, KG, OLG München, aaO; BayObLGZ 1958, 244 = FamRZ 1959, 32).

Hat das Vormundschaftsgericht einen Vormund gegen seinen Willen entlassen und das Jugendamt (mit dessen Einverständnis) zum Vormund bestellt, hebt das Landgericht aber diese Anordnung auf, so steht dem Jugendamt das Recht zur Einlegung der sofortigen weiteren Beschwerde nicht zu (OLG Oldenburg, NdsRpfl 1962, 152; vgl auch OLG München, JFG 15, 283; Keidel, 13 zu § 60 FGG), da hier der Beschluß nicht in zwei selbständige Anordnungen „zerlegt" werden kann. Das Jugendamt hat auch kein Recht auf Bestellung zum Vormund, iS des § 20 FGG (vgl auch Bem 103).

106 4. Der **Vormund** hat, soweit der Mutter die Sorge für das Kind (dh die tatsächliche Sorge) zusteht, die rechtliche **Stellung eines Beistands (§ 1707 Abs 1 Satz 3)***). Von besonderer Bedeutung in der Praxis ist hier die Tätigkeit des Amtsvormunds, dh des gemäß § 37 Satz 2 JWG bestellten Beamten oder Angestellten des Jugendamtes (s auch Bem 108).

Die Tätigkeit des Vormunds als Beistand ist hier beschränkt auf die Unterstützung der unehelichen Mutter bei der Ausübung der tatsächlichen Sorge **(§§ 1685 Abs 2, 1686).** Gemäß § 1686 Halbsatz 2 hat der Beistand jeden Fall, in dem das Vormundschaftsgericht zum Einschreiten berufen ist, diesem unverzüglich (dh ohne schuldhaftes Zögern — s § 121 Abs 1 Satz 1 —) anzuzeigen. Die übrigen Vorschriften der §§ 1685—1692 kommen hier nicht in Betracht. Die Beistandschaft erlischt mit dem Ende der Vormundschaft, zB mit Volljährigkeit des Kindes oder vor allem mit der Übertragung der elterlichen Gewalt auf die Mutter. Diese Tätigkeit des Vormunds findet also nicht schon mit der Vollendung des 16. Lebensjahres des Kindes ihr Ende, wie die Aufsicht und Beratungstätigkeit des Jugendamtes (§ 31 Abs 1, 2 JWG). Der Beistand hat gemäß § 3 Abs 1 Satz 2 JWG die von der personensorgeberechtigten Mutter bestimmte Grundrichtung der Erziehung (s hierzu Anhang zu § 1666, Bem 457) zu beachten, sofern hierdurch das Wohl des Kindes nicht gefährdet wird (s auch oben Bem 12).

Wird die Mutter zum Einzelvormund bestellt (§§ 45, 50 JWG, s dazu Bem 86 ff), so ist die Vorschrift des § 1707 Abs 1 Satz 3 gegenstandslos, da die Mutter nicht zugleich ihr eigener Beistand sein kann.

Der Beistand hat nicht das Recht und die Pflicht, den Aufenthalt des Kindes zu bestimmen, das Kind zu züchtigen oder selbst in die Erziehung einzugreifen oder das Kind zu beaufsichtigen (vgl § 832, s 4 zu § 1686); er ist auch nicht Vertreter der Mutter in der Ausübung des dieser zustehenden Personensorgerechts.

---

*) Pelle, Der Amtsvormund als Beistand, ZblJugR 1963, 269; Feil, Möglichkeiten und Grenzen der Zusammenarbeit des Amtsvormundes mit der Mündelmutter in „Amtsvormundschaft — heute", Schriften des Deutschen Instituts für Vormundschaftswesen, Heidelberg, 1960, 112 ff; Buckel, Die persönliche Hilfe des Amtsvormundes für sein Mündel und seine Unterstützung durch den Außendienst, daselbst, 134 ff.

Die Tätigkeit des Vormunds, die uneheliche Mutter bei der Ausübung der tatsächlichen Sorge für das Kind zu unterstützen, ist vor allem von großer Bedeutung, wenn die Mutter, wie nicht selten, noch minderjährig ist (s auch Vorbem 59 vor § 1705), keine ausreichende Lebenserfahrung besitzt, charakterlich noch nicht genügend gefestigt und in der Pflege und Erziehung von Säuglingen und Kleinkindern unerfahren und unbeholfen ist oder wenn sie in der eigenen Umgebung, der Familie und Verwandtschaft, nicht den nötigen seelischen oder materiellen Halt und Beistand findet oder finden kann (s Pelle, ZblJugR 1963, 269). Der Vormund hat die Mutter auch bei der Unterbringung des Kindes zu beraten und zu unterstützen. 107

Erforderlich ist es freilich, daß der Vormund für diese seine Obliegenheiten entsprechende menschliche und fürsorgerische Qualitäten, auch den Willen zu helfen und die Fähigkeit besitzt, Kontakt zu Menschen zu finden, die in Bedrängnis sind und die einen Rat oder eine Hilfe suchen oder in einer Aussprache einmal auch nur einen geduldigen Zuhörer oder eine Zuhörerin brauchen (Pelle, aaO). Hierzu bedürfen allerdings die Jugendämter einer genügend großen Zahl von Fachkräften (s auch Bem 54, Fußn **). 108

5. a) Das uneheliche Kind, das sich bei der Mutter befindet, untersteht bis zur Vollendung seines 16. Lebensjahres (arg § 27 Abs 1 JWG) der **Aufsicht des Jugendamtes (§ 31 Abs 1 Satz 2 JWG)**, wenn der Mutter nicht die elterliche Gewalt übertragen ist*). Ist bei der Übertragung der elterlichen Gewalt die Wahrnehmung einzelner Angelegenheiten oder eines bestimmten Kreises von Angelegenheiten ausgenommen worden, so entfällt die Aufsicht des Jugendamtes ebenso, dagegen nicht, wenn die Mutter Vormund ist (s Bem 96 aE). 109

Die Aufsicht des Jugendamtes erstreckt sich darauf, daß das leibliche, geistige und seelische Wohl des Kindes gewährleistet ist (§ 31 Abs 1 Satz 3 JWG); die Formulierung dieser Vorschrift, in der vom Pflegekind die Rede ist, beruht insofern auf einem Redaktionsversehen, das darauf zurückgeht, daß der Satz 2 vom BT-Ausschuß (s BT-Drucks III/2854, S 8) eingefügt wurde (worauf Krug, 5, zutreffend hinweist)**). Diese Aufsicht bezweckt die Verwirklichung des Erziehungsanspruchs des Kindes, wie er in § 1 Abs 1 JWG unter Berücksichtigung des § 3 JWG festgelegt ist (vgl Jans-Happe, 2B, zu § 31; Pelle, ZblJugR 1963, 125, 128; zu §§ 1, 3 JWG s ferner Anhang zu § 1666, Bem 18, 456 f). Auf Grund dieser Aufsichtsbefugnisse hat das Jugendamt jedoch kein Recht, in das Erziehungsrecht der Mutter einzugreifen und den Aufenthalt des Kindes zu bestimmen; dieses Recht steht ebenfalls der Mutter zu (s Bem 12, 17). Ist das Jugendamt der Ansicht, auf Grund bestimmter Vorgänge sei das Vormundschaftsgericht zum Eingreifen berufen, so hat das Jugendamt dem Gericht Anzeige zu machen (§ 1694). 110

Die Aufsicht wird von der Verwaltung des Jugendamts ausgeübt, welche die Aufsichtsführung gemäß **§ 18 JWG** auf einzelne in der Jugendwohlfahrt bewährte und erfahrene Personen oder auf freie Vereinigungen widerruflich übertragen kann (Jans-Happe, 3; aM Gräber, 3B, der nur die Übertragung der Aufsicht hinsichtlich einzelner Maßnahmen an andere Personen oder Stellen für zulässig erachtet). **Auch bestehen keine Bedenken dagegen, den mit der Wahrnehmung der vormundschaftlichen Obliegenheiten beauftragten Beamten oder Angestellten des Jugendamtes (§ 37 Satz 2 JWG) — der gemäß § 1707 Abs 1 Satz 3 auch die Rechte und Pflichten eines Beistandes hat (s Bem 106 ff) — zugleich mit der Aufsicht iS des § 31 JWG zu betrauen.** 111

---

*) Über den Grund dieser Regelung, der Beibehaltung der Aufsicht des Jugendamtes über die unehelichen Kinder, finden sich in dem Bericht des Bundestagsausschusses für Familien- und Jugendfragen vom 23. 6. 1961 (zu BT-Drucks 2854 [3. Wahlperiode] S 4, lit g) folgende Ausführungen, die wegen ihrer Wichtigkeit auch für die künftige Reform hier wiedergegeben werden sollen: „Die Mehrheit [des Ausschusses] hielt das Argument, die weitere Unterstellung der unehelichen Minderjährigen unter die Aufsicht des Jugendamtes bedinge eine Diskriminierung der unehelichen Mutter, für unzutreffend. Auf Grund überzeugender gutachtlicher Äußerungen aus den Fachkreisen und Fachverbänden wurde deutlich, daß uneheliche Kinder zur Entwicklung ihrer Anlagen, insbesondere auch zu ihrem gesundheitlichen Schutz, besonderer Hilfen bedürfen, die das gültige Jugendwohlfahrtsrecht im Rahmen des Pflegekinderschutzes gewährt. Ein Wegfall dieser Bestimmungen würde eine Schlechterstellung dieses Personenkreises bedeuten. Die Überwachung der Durchführung von Schutzbestimmungen im Interesse der unehelichen Kinder tangiere in keiner Weise die rechtliche oder tatsächliche Stellung der unehelichen Mutter."

**) Im Regierungsentwurf (BT-Drucks III/2226) war ein besonderer Unterabschnitt (§§ 31 a, b) über den Schutz von Minderjährigen unter 16 Jahren vorgesehen, die unehelich sind (oder deren Eltern nicht nur vorübergehend getrennt leben). Der BT-Ausschuß strich diesen Unterabschnitt und fügte die Aufsicht über uneheliche Kinder in § 24 Abs 1 des Entwurfs (= § 31 Abs 1 des Gesetzes) ein.

Hat das Jugendamt die Aufsicht einer einzelnen Person oder Stelle gemäß § 18 übertragen, so behält es jedoch die Oberaufsicht.

112 Das Jugendamt hat gemäß **§ 31 Abs 2** die uneheliche Mutter auch zu beraten und bei ihrer Tätigkeit zu unterstützen. Diese Vorschrift ist nicht lediglich auf Pflegepersonen, wie sie an sich lautet, anzuwenden (aM Riedel, 7)*); ebenso wie der Begriff des Pflegekindes in Abs 1 Satz 3 auf das uneheliche Kind mitzubeziehen ist (s Bem 110), ist der Begriff der Pflegeperson in Abs 2 auch auf die uneheliche Mutter auszudehnen; dies ergibt sich also aus dem Aufbau und Zusammenhang des § 31, wenn auch der Begriff „Pflegeperson" in § 28 Satz 1 erläutert ist. Indessen ist der Begriff „Pflegekind" zwar ebenfalls im Gesetz erläutert (§ 27 Abs 1), dennoch ist er in § 31 Abs 1 Satz 3 unrichtig verwendet. Dies liegt daran, daß das Gesetz nicht genügend durchdacht und mangelhaft durchgearbeitet und redigiert ist. Der erwähnten Auslegung des § 31 Abs 2 steht auch der Umstand nicht entgegen, daß der Vormund — auch der Amtsvormund (der nach § 37 Satz 2 bestellte Beamte oder Angestellte des Jugendamtes) — gemäß § 1707 Abs 1 Satz 3 zugleich die Rechtsstellung eines Beistandes in Angelegenheiten der tatsächlichen Personensorge hat. Irgendwelche praktische Schwierigkeiten sind hieraus nicht zu befürchten. Ist übrigens die Mutter zum Einzelvormund bestellt und damit die Vorschrift des § 1707 Abs 1 Satz 3 gegenstandslos (s Bem 106), so gewinnt die Bestimmung des § 31 Abs 2 sogar besondere Bedeutung.

Gemäß **§ 18 JWG** kann die Beratungstätigkeit iS des § 31 Abs 2 auf andere Personen oder Stellen übertragen werden, also auch auf den Beamten oder Angestellten, der gemäß § 37 Satz 2 beauftragt wurde.

Das Jugendamt kann auch gemäß § 31 Abs 2 nicht in die Erziehung des Kindes und überhaupt die Ausübung der tatsächlichen Personensorge durch die Mutter eingreifen.

113 Die Mutter ist gemäß **§ 32 JWG** verpflichtet, die Aufnahme des Kindes (in ihren Haushalt), die Abgabe des Kindes (zB in den Haushalt Verwandter — jedoch nicht lediglich zu Besuchszwecken —), einen Wohnungswechsel sowie den Tod des Kindes dem Jugendamt unverzüglich anzuzeigen. Ist der Mutter die elterliche Gewalt übertragen worden, so ist sie von diesen Pflichten befreit, ebenso wenn ihr gemäß § 31 Abs 3 Befreiung erteilt wurde (s Bem 114).

Die Verletzung der Anzeigepflicht iS des § 32 JWG ist eine Ordnungswidrigkeit (§ 88 Abs 1 Nr 2 JWG).

Die Vorschrift des § 33, wonach das Jugendamt bei Gefahr im Verzuge ein Pflegekind sofort aus der Pflegestelle entfernen und vorläufig anderweit unterbringen kann, ist auf uneheliche Kinder nicht anzuwenden, da die Mutter den Schutz des Art 6 Abs 2 GG genießt. Ist das Wohl des Kindes bei der Mutter gefährdet, so hat das Jugendamt, wenn es hiervon Kenntnis erlangt, gemäß § 1694 das Vormundschaftsgericht zu benachrichtigen. Bei Gefahr im Verzuge kann das Vormundschaftsgericht eine einstweilige Anordnung erlassen (s 356ff zu § 1666).

114 Ist das Wohl des bei der Mutter befindlichen Kindes gesichert, so soll das Jugendamt gemäß **§ 31 Abs 3 Satz 2 JWG** widerruflich Befreiung von der Aufsicht iS des § 31 Abs 1 erteilen. Auf die Befreiung von der Aufsicht hat die Mutter einen Rechtsanspruch, wenn die Voraussetzungen dazu vorliegen. Das Wort „soll" bedeutet eine bindende Verpflichtung des Jugendamtes, eine Amtspflicht (ebenso Krug, 8; Gräber, 14; Riedel, 10; aM offenbar Jans-Happe, 5). Die Befreiung kann auch teilweise erteilt werden, stets aber nur widerruflich.

Von der Anzeigepflicht iS des § 32 JWG kann keine Befreiung gewährt werden.

115 **Zuständig** für die widerrufliche Befreiung (§ 31 Abs 3) ist die Verwaltung des Jugendamtes; die Entscheidung ist ein Verwaltungsakt; stets empfiehlt es sich, die Befreiung nur schriftlich zu erteilen. Die Entscheidung über die Befreiung von der Aufsicht kann nicht gemäß § 18 an andere Personen oder Stellen delegiert werden.

116 Der Begriff des **„Wohles des Kindes"** ist iS des Abs 1 Satz 3 und des § 29 Abs 1 zu verstehen. Das Wohl des Kindes wird zumeist als gesichert angesehen werden können, wenn die Mutter verheiratet ist, insbesondere wenn der Ehemann

---

*) Die Beratung der unehelichen Mütter durch das Jugendamt hatte auch der Entwurf der Bundesregierung (BT-Drucks III/2226) in § 31a Abs 2 lit b vorgesehen. Daß der BT-Ausschuß diesen Vorschlag abgelehnt hätte, kann dem Ausschuß-Bericht nicht entnommen werden. Allerdings litt die Bearbeitung des (ohnedies erhebliche Mängel aufweisenden) Entwurfs unter Zeitdruck wegen der zu Ende gehenden Legislaturperiode (s zur Entstehungsgeschichte der Novelle Anhang zu § 1666, Bem 4).

der Mutter dem Kinde gemäß § 1706 Abs 2 Satz 2 seinen Namen erteilt hat (s auch 85 zu § 1706; die frühere Vorschrift des § 25 Abs 3 aF, die dies ausdrücklich vorsah, ist durch das Gesetz vom 11. 8. 1961 gestrichen worden).

b) Wird das uneheliche Kind in einer **Pflegestelle** untergebracht **(§§ 27ff JWG)**, so bedarf die Pflegeperson der Erlaubnis des Jugendamtes (§§ 28, 29 JWG). Zuständig für die Erteilung der Erlaubnis ist das Jugendamt, in dessen Bezirk die Pflegeperson ihren gewöhnlichen Aufenthalt hat (§ 30 JWG). Zur Bedeutung des Begriffs des gewöhnlichen Aufenthalts s Anhang zu § 1666, Bem 41. 117

Die Erlaubnis zur Aufnahme eines Pflegekindes darf nur erteilt werden, wenn in der Pflegestelle das leibliche, geistige und seelische Wohl des Pflegekindes gewährleistet ist (§ 29 Abs 1 JWG). Gemäß § 29 Abs 2 kann die Pflegeerlaubnis widerrufen werden, wenn das Wohl des Pflegekindes es erfordert.

Aus dieser Befugnis des Jugendamtes, die Erlaubnis zur Aufnahme eines Pflegekindes zu erteilen, und zu widerrufen, kann aber nicht das Recht des Jugendamtes hergeleitet werden, den Aufenthalt des Pflegekindes zu bestimmen (vgl KG, JFG 6, 50).

Gemäß **§ 31 Abs 1 JWG** unterstehen die Pflegekinder der **Aufsicht der Jugendämter**; die Aufsicht erstreckt sich darauf, daß das leibliche, geistige und seelische Wohl des Pflegekindes gewährleistet ist. Dies bedeutet, daß das Jugendamt für das Wohl der Kinder *verantwortlich* ist; es genügt nicht, daß die Fürsorgerin des Jugendamtes gelegentlich einmal bei der Pflegestelle „vorbeigeht" (vgl *Pelle*, ZblJugR 1963, 125, 128). 118

Der Pflegeperson obliegen gemäß § 32 JWG bestimmte Anzeigepflichten (s Bem 113).

Gemäß **§ 33 Abs 1 JWG** kann das Jugendamt bei Gefahr im Verzuge das Pflegekind sofort aus der Pflegestelle entfernen und vorläufig anderweit unterbringen.

Nach § 35 JWG können durch Landesrecht zu bestimmten Punkten ergänzende Vorschriften getroffen werden (s dazu bad-württ AusfG §§ 14f, bremAG-JWG §§ 6ff, niedersächsAGJWG § 16, saarländAGJWG §§ 30ff, ferner BerlinerAGJWG §§ 36ff).

Ist das Kind in einem Heim untergebracht, so gelten die Vorschriften der §§ 78, 79 JWG (aus der Literatur s — außer den Kommentaren — *Becker*, RdJ 1961, 163; *Carspecken*, Unsere Jugend 1961, 498; *Haarmann*, ZblJugR 1962, 8; *Happe*, ZblJugR 1962, 248; *Jans*, ZblJugR 1962, 121; *Kiehn*, Jugendwohl 1962, 131; *Krug*, ZfSH 1963, 8; *Pant*, ZblJugR 1962, 195).

c) Ergänzend ist noch auf § 5 Abs 1 JWG hinzuweisen, wonach das Jugendamt ua die Aufgabe hat, die für die Wohlfahrt der Jugend erforderlichen Einrichtungen und Veranstaltungen anzuregen und zu fördern sowie gegebenenfalls zu schaffen, insbesondere für 119
1. Beratung in Fragen der Erziehung*),
2. Hilfen für Mutter und Kind vor und nach der Geburt,
3. Pflege und Erziehung von Säuglingen, Kleinkindern und von Kindern im schulpflichtigen Alter außerhalb der Schule,
4. erzieherische Betreuung von Säuglingen, Kleinkindern, Kindern und Jugendlichen im Rahmen der Gesundheitshilfe.

III. Abs 2).**

1. a) Zum Entwurf des neuen Absatzes 2 des § 1707***) (der dieser Vorschrift des FamRÄndG vom 11. 8. 1961 entspricht) sagte die Begründung des Entwurfs (BT-Drucks III/530, 120

*) Lit zur Erziehungsberatung s Anhang zu § 1666, Band IV, Teil 3 a, S 604f, ferner sei hingewiesen auf *Carspecken*, Die augenblickliche Situation der öffentlichen Erziehungshilfe und Möglichkeiten ihrer Verbesserung, RdJ 1964, 253; *ders*, Die „Hilfen zur Erziehung" — Mittelpunkt der zukünftigen Jugendamtstätigkeit, ZblJugR 1964, 253; *v Mann*, Das Fachgebiet der Erziehungsberatung, Unsere Jugend 1965, 405.

**) *Schrifttum*: *Göppinger*, Die Übertragung der elterlichen Gewalt auf die uneheliche Mutter, zu § 1707 II BGB nF, FamRZ 1961, 516; *Lindacher*, Übertragung der elterlichen Gewalt auf die Kindesmutter (§ 1707 II BGB nF), FamRZ 1964, 277; *Webler*, Zur elterlichen Gewalt der unehelichen Mutter nach dem Familienrechtsänderungsgesetz, ZblJugR 1962, 251; ferner s die Darstellungen des FamRÄndG vom 11. 8. 1961 von *Deisenhofer*, Unsere Jugend 1962, 73; *Dunz*, NJW 1961, 2137, 2139; *Maßfeller*, StAZ 1961, 241, 249; *Schwarzhaupt*, FamRZ 1961, 329, 330. Zuletzt s noch *Schnitzerling*, Unsere Jugend 1965, 512; StAZ 1966, 90.

***) Hierzu s auch *Finke*, Zum neuen Entwurf eines Gesetzes zur Vereinheitlichung und Änderung familienrechtlicher Vorschriften (Familienrechtsänderungsgesetz), FamRZ 1958, 353,

S 18): „Die Mutter eines unehelichen Kindes hat nach geltendem Recht nicht die elterliche Gewalt über das Kind, das Kind erhält einen Vormund. Die Mutter hat lediglich die tatsächliche Personensorge über das Kind. Diese Regelung wird nicht mit Unrecht als ungerechtfertigte Diskriminierung der Mutter empfunden. Es würde aber zu weit gehen, der unehelichen Mutter ganz allgemein kraft Gesetzes die volle elterliche Gewalt über ihr Kind zu geben, denn nicht alle unehelichen Mütter besitzen die hierzu erforderlichen Eigenschaften. Dem Kind wäre mit einer solchen Regelung schlecht gedient. Deshalb sieht der Entwurf eine Einschaltung des Vormundschaftsgerichts vor; dieses kann einer volljährigen Mutter auf ihren Antrag die elterliche Gewalt über das Kind übertragen. Im Einzelfall wird aber eine Mutter, der unbedenklich die elterliche Gewalt übertragen werden kann, nicht geeignet sein, bestimmte Angelegenheiten oder einen bestimmten Kreis von Angelegenheiten des Kindes ordnungsmäßig zu besorgen. Dabei wird es sich in der Regel um die Verfolgung von Unterhaltsansprüchen des Kindes oder um die Verwaltung des Kindesvermögens handeln. Deshalb sieht der Entwurf vor, daß das Vormundschaftsgericht bestimmte Angelegenheiten oder einen bestimmten Kreis von Angelegenheiten von der Übertragung ausnehmen kann. Dem Kind ist dann für diese Angelegenheiten ein Pfleger zu bestellen."

Der Unterausschuß des Rechtsausschusses des Bundetages und dann der Rechtsausschuß selbst nahmen die Formulierung des § 1707 Abs 2 unverändert an (BT-Druck Nr 2812 vom 9. 6. 1961). Die Begründung hierzu (Bericht der Angeordneten Dr. Schwarzhaupt, zu Druck 2812) führte zu dieser Vorschrift aus (S 5): „Durch § 1707 Abs 2 wird dem Vormundschaftsgericht die Möglichkeit gegeben, der unehelichen Mutter auf ihren Antrag die elterliche Gewalt zu übertragen. Unter Berücksichtigung der Beratungen im Ausschuß für Familien- und Jugendfragen und der vorhandenen Unterlagen kam der Rechtsausschuß zu der Ansicht, daß es zum Schutze der unehelichen Kinder im gegenwärtigen Zeitpunkt noch nicht vertretbar sei, einer unehelichen Mutter kraft Gesetzes die elterliche Gewalt zuzusprechen und die nach § 35 des Reichsgesetzes für Jugendwohlfahrt eintretende Amtsvormundschaft generell fortfallen zu lassen. Die Rechtsstellung der unehelichen Mutter gegenüber ihrem Kinde wird bei der künftigen Reform des Rechts der unehelichen Kinder erneut geprüft werden. Dem Rechtsausschuß erschien die Regierungsvorlage als der zur Zeit am besten geeignete Weg zur Verbesserung der Rechtsstellung der unehelichen Mutter."

Im Plenum des Bundestags fand dann bei der 2. und 3. Lesung (am 28. 6. 1961) keine Debatte zu der Einfügung des Abs 2 des § 1707 statt (Prot 9460 A, 9497 D—9504 A).

121 b) Die Vorschrift des § 1707 Abs 2 ist **nicht** deshalb **verfassungswidrig,** weil sie die volle Ausübung der elterlichen Gewalt von einer gerichtlichen Entscheidung abhängig macht (s Rüfner, FamRZ 1963, 153, 155; Schlosser, FamRZ 1963, 601, 623; Bosch, Gutachten, 88; Boehmer, Gutachten, 104, und Einführung in das Bürgerliche Recht, 2. Aufl 1965, 106; Bedenken erhebt Wägenbaur, FamRZ 1962, 129; s auch Gernhuber, 623). Art 6 Abs 5 GG steht auch nicht einer Teilreform des Rechts der unehelichen Kinder entgegen (vgl Vorbem 34, 43 vor § 1705).

Über die Erfahrungen, die mit dieser Neuregelung des § 1707 Abs 2 in der Praxis gemacht wurden, s Vorbem 60 vor § 1705.

122 c) Durch die Neuregelung des § 1707 Abs 2 ist die Möglichkeit, daß die Mutter das Kind adoptiert, nicht ausgeschlossen (s 18 zu 1705; Bosch, FamRZ 1963, 56; Hefermehl, Nachtrag zu Bem 1 a zu § 1741; LG Tübingen, DAVorm 1963, 332; aM Urbach, ZblJugR 1962, 291.

123 Ebenso wenig ist nun die Möglichkeit ausgeschlossen, die uneheliche Mutter zum Einzelvormund zu bestellen (s auch 86).

Zu der Frage, ob der Mutter die elterliche Gewalt (in entsprechender Anwendung des § 1707 Abs 2) — ev erneut — übertragen werden kann, wenn das Kind für ehelich erklärt worden war (§ 1723), der Vater später stirbt und die Mutter das Kind wieder versorgt, s Bökelmann, FamRZ 1964, 529, Anm zu AG Bremen, sowie unten 14 zu § 1738 und Arnold, FamRZ 1966, 341.

357; rechtspolitisch Niclas, Die elterliche Gewalt für die uneheliche Mutter und das Grundgesetz, ZblJugR 1960, 207; Webler, Elterliche Gewalt für die außereheliche Mutter?, ZblJugR 1956, 351; ders, Diskriminierte Mütter?, ZblJugR 1958, 223; s ferner Hildeg. Krüger, RdJ 1960, 207.

2. Voraussetzungen der Übertragung der elterlichen Gewalt.

a) Zur Klarstellung ist zunächst vorauszuschicken, daß die Formulierung des Gesetzes insofern ungenau ist, als dieses nur die Übertragung der Bestandteile der elterlichen Gewalt betreffen kann, welche der Mutter noch nicht zustehen (s Abs 1), also die gesetzliche Vertretung in Angelegenheiten der Personensorge sowie die gesamte Vermögenssorge. 124

Der unehelichen Mutter kann die elterliche Gewalt auch dann übertragen werden, wenn sie zum Einzelvormund des Kindes bestellt ist (s zum letzteren Bem 86, sowie zum Unterschied der Rechtsstellung der Mutter als Einzelvormund und als Inhaberin der elterlichen Gewalt Bem 95ff). Doch muß gleichzeitig die Vormundschaft aufgehoben werden. Mit der Übertragung der elterlichen Gewalt wird die Mutter von der Aufsicht des Vormundschaftsgerichts (§ 1837; s Bem 96) befreit.

Jedoch kann § 1707 Abs 2 nicht mehr angewendet werden, wenn die Mutter das Kind adoptiert hat (s auch zum umgekehrten Falle Bem 18 zu § 1705) oder wenn das Kind durch eine dritte Person adoptiert wurde (s OLG Stuttgart, FamRZ 1963, 303 = ZblJugR 1964, 17 = DAVorm XXXVI, 225; BayObLG Z 1965, 333 = FamRZ 1965, 645 = MDR 1966, 148 = NJW 1966, 354); ebenso kann der Mutter die elterliche Gewalt nicht übertragen werden, wenn das Kind für ehelich erklärt wurde (s auch 14 zu § 1738). Dh mit anderen Worten: die Mutter muß in der Lage sein, auf Grund der Anordnung des Vormundschaftsgerichts die weiteren Rechte auch im Rechtssinne auszuüben.

b) aa) § 1707 Abs 2 setzt **Volljährigkeit** der Mutter voraus, also die Vollendung des 21. Lebensjahres (§ 2), gegebenenfalls Volljährigkeitserklärung (§ 3). 125

Als volljährig zu behandeln ist auch die uneheliche Mutter, die das 18. Lebensjahr in der sowjetischen Besatzungszone vollendet, damit die Volljährigkeit erlangt hatte (s 7a zu § 2 sowie auch Anhang zu § 1666, Bem 15) und danach (vor Vollendung des 21. Lebensjahres) in das Gebiet der Bundesrepublik übergesiedelt ist. In einem solchen Falle wird aber hinsichtlich einer Übertragung der elterlichen Gewalt Zurückhaltung geboten sein (s 128 sowie dazu, daß die in der sowjetischen Besatzungszone volljährig gewordene Mutter die elterliche Gewalt, die sie dort kraft Gesetzes erlangt hatte, nicht behält, wenn sie danach in die Bundesrepublik übersiedelt, oben 50, 53).

bb) Das Gesetz schreibt zwar direkt keine weitere materiellrechtliche Voraussetzung vor, unter der das Vormundschaftsgericht der Mutter die elterliche Gewalt übertragen kann (zur Bedeutung des Wortes „kann" s 142); indessen muß als maßgebendes Kriterium das **Wohl des Kindes** angesehen werden*), das der tragende Grundsatz des gesamten Kindschaftsrechts ist (s Vorbem 8 vor § 1666). Diese Voraussetzung ist deshalb hier als ungeschriebenes Tatbestandsmerkmal hinzuzudenken, wobei noch auf folgendes hinzuweisen ist: In dem Falle, daß die uneheliche Mutter gemäß § 50 JWG beantragt, zum Einzelvormund bestellt zu werden — s hierzu Bem 86, 95ff —, ist Voraussetzung, daß dies dem Interesse des Mündels förderlich erscheint (s hierzu Bem 79ff, und dazu, daß bei der Entscheidung gemäß § 1707 Abs 2 ein strengerer Maßstab anzulegen ist, Bem 127). 126

---

*) Wohl allgemeine Meinung (wenn auch mit verschiedenen Nuancen — s die folgenden Darlegungen —), s Göppinger, FamRZ 1961, 516; Lindacher, FamRZ 1964, 277; Maßfeller, StAZ 1961, 249; Dölle, II, 387; Gernhuber, 623f; Brand-Hensel, 155; Boehmer, Teilreform des Familienrechts, 1962, 60; Pikart-Henn, Lehrbuch der freiwilligen Gerichtsbarkeit, 187; Wägenbaur, FamRZ 1962, 129; ferner aus der Rechtsprechung: OLG Stuttgart, FamRZ 1963, 303 = DAVorm XXXVI, 225 = ZblJugR 1964, 17 = Die Justiz 1963, 282 Leits; FamRZ 1963, 525 = RdJ 1963, 267 = Die Justiz 1963, 324 Leits; Die Justiz 1965, 276; BayObLG Z 1963, 116 = FamRZ 1963, 306 = ZblJugR 1963, 259, 289 = MDR 1963, 681 = NJW 1963, 1359 = DAVorm XXXVI, 261; Z 1963, 315 = FamRZ 1964, 157 = ZblJugR 1964, 145 = DAVorm XXXVII, 29 = MDR 1964, 327 = ZfSH 1964, 54; OLG Hamm, FamRZ 1963, 302 = ZblJugR 1963, 209 mit Anm von Webler = DAVorm XXXVI, 223; OLG Celle, ZblJugR 1962, 325; LG Wiesbaden, DAVorm XXXVI, 323; LG Augsburg, ZblJugR 1963, 28 = DAVorm XXXVI, 3; LG Hof, ZblJugR 1962, 269 = DAVorm XXXVI, 126 (bestätigt durch BayObLG Z 1963, 116); LG Hof, DAVorm XXXV, 291; AG Neumünster, DAVorm XXXV, 261; AG Peine, FamRZ 1963, 305; LG Ravensburg, DAVorm XXXVIII, 1965, 6; AG Brackenheim, DAVorm XXXVI, 192.

Der Begriff des Wohles des Kindes ist ein unbestimmter Rechtsbegriff (s Fußn zu Vorbem 8 vor § 1666).

Im vorliegenden Zusammenhang kommt es darauf an, ob die Übertragung der elterlichen Gewalt auf die Mutter dem Wohle des Kindes entspricht, ihm dient*). Es genügt nicht, daß Gründe des Kindeswohles, Interessen des Kindes nicht entgegenstehen**) oder daß das Kindeswohl durch die Übertragung der elterlichen Gewalt auf die Mutter nicht gefährdet wird***) (s auch Bem 144).

127 Bei der Prüfung dieser allgemeinen Voraussetzung, ob und gegebenenfalls inwieweit die Übertragung der elterlichen Gewalt dem Wohle des Kindes entspricht, ist ein strengerer Maßstab anzulegen als in dem Falle, daß die uneheliche Mutter beantragt, sie gemäß § 50 JWG zum Einzelvormund zu bestellen (OLG Stuttgart, FamRZ 1963, 525; Erman-Hefermehl, Nachtrag zu 7; s auch BayObLGZ 1963, 116) und es darum geht, zu prüfen, ob sie die ihr damit zufallenden Obliegenheiten, unter der Aufsicht des Vormundschaftsgerichts (§ 1837), erfüllen kann (s dazu 89ff und zum Unterschied der Bedeutung und Tragweite der Übertragung der elterlichen Gewalt von der Stellung des Vormunds 95ff).

Andererseits darf nicht übersehen werden, daß das Gesetz mit der neuen Regelung des § 1707 Abs 2 versucht hat, die Stellung der unehelichen Mutter jener der ehelichen Mutter anzugleichen (Gernhuber, 624; Göppinger, FamRZ 1961, 516; BayObLGZ 1963, 315). Daher dürfen die Anforderungen, die an die Übertragung der elterlichen Gewalt zu stellen sind, nicht durch die Rücksichtnahme auf Gefahren überspannt werden, die zwar an und für sich in Betracht kommen können, aber nach der Sachlage aller Voraussicht nach nicht eintreten werden (BayObLG, aaO), für die also keine konkreten Anhaltspunkte gegeben sind.

128 Hat die Mutter beantragt, ihr die elterliche Gewalt zu übertragen (zum Antrag s 145ff), so hat das Vormundschaftsgericht zu prüfen, ob die Mutter nach ihren (derzeitigen) allgemeinen Verhältnissen und ihrer geistigen und charakterlichen Entwicklung, ihrer menschlichen Reife den ihr nun zufallenden Rechten und Pflichten gewachsen erscheint, dh als geeignet zu beurteilen ist, die elterliche Gewalt auszuüben (Göppinger, FamRZ 1961, 516; OLG Stuttgart, FamRZ 1963, 525; BayObLGZ 1963, 116, 315), gegebenenfalls insoweit, als sie der Mutter übertragen wird (s hierzu unten 132, 134, 137).

129 Hierzu ergeben sich wichtige Anhaltspunkte aus der Beantwortung der Frage, ob die Mutter sich bisher bei der Pflege und Erziehung des Kindes bewährt hat. Die Mutter muß in der Lage sein, die tatsächliche Personensorge und die ihr zu übertragenden Rechte auszuüben (OLG Stuttgart, FamRZ 1963, 303; LG Ravensburg, DAVorm XXXVIII, 1965, 6; LG Augsburg, ZblJugR 1963, 28), zumindest auf die Erziehung und Betreuung des Kindes maßgebenden Einfluß zu nehmen (s auch LG Wiesbaden, DAVorm XXXVI, 323, sowie zur Vormundschaft Bem 89). War die Mutter ihrer Erziehungsaufgabe nicht gewachsen, so daß das Kind zu verwahrlosen drohte und der Fürsorgeerziehung überwiesen werden mußte, so kommt eine Übertragung der elterlichen Gewalt nicht in Betracht (LG Wiesbaden, aaO), ebenso wenn das Kind beim unehelichen Vater in geordneten Verhältnissen aufwächst, während dies bei der Mutter nicht der Fall wäre (LG Wiesbaden, aaO), oder wenn das Kind zB bei Pflegeeltern oder in einem Heim untergebracht ist, es sei denn im letzteren Falle, die Mutter wäre jetzt in der Lage, das Kind in den eigenen Haushalt zu nehmen, zB infolge ihrer Verheiratung; hierbei ist aber auch Voraussetzung, daß zwischen Kind und Mutter keine Entfremdung eingetreten war (s dazu auch Bem 129, 130 zu § 1666). In solchen Fällen wird das Vormundschaftsgericht mit der Entscheidung zuzuwarten haben, bis die Mutter die Ehe geschlossen hat, und sollte die elterliche Gewalt nicht schon zuvor, im Hinblick auf die bevorstehende Eheschließung, übertragen. Es genügt sodann, daß unter verständiger Würdigung der gesamten Verhältnisse der Mutter, und unter Berücksichtigung der Persönlichkeit des Ehemannes der Mutter, erwartet

---

*) Göppinger, Lindacher, OLG Stuttgart, BayObLG, OLG Celle, LG Hof, Augsburg, Ravensburg, aaO.

**) So aber OLG Hamm, aaO (hiergegen Webler, ZblJugR 1963, 210); RGR-Komm, 5.

***) Gernhuber, aaO; wohl auch AG Peine, aaO; RGR-Komm, aaO.

werden kann, die Mutter werde sich bewähren (OLG Stuttgart, FamRZ 1963, 303; s ferner Schlosser, FamRZ 1963, 623). Hatte zB die uneheliche Mutter, als sie nach der Geburt des Kindes in mißlichen Verhältnissen gelebt hatte, das Kind zum Zwecke der späteren Incognito-Adoption unter Vermittlung des Jugendamtes zu Pflegeeltern weggegeben — s dazu auch § 1747 Abs 2 — und ist der Adoptionsvertrag inzwischen noch nicht zustande gekommen, so steht diese Sachlage der Übertragung der elterlichen Gewalt über das Kleinkind auf die Mutter nicht ohne weiteres entgegen (OLG Stuttgart, aaO); s auch Bem 124 aE).

Erstrebt dagegen die Mutter die elterliche Gewalt zu dem Zwecke, hiermit leichter die (Weg-) Adoption des Kindes, zB durch ausländische Pflegeeltern, herbeiführen zu können, so darf dem Antrage der Mutter nicht stattgegeben werden (ebenso Roth-Stielow, ZblJugR 1965, 52). 130

Ist der Mutter die Ausübung der tatsächlichen Personensorge oder des Aufenthaltsbestimmungsrechts gemäß § 1666 Abs 1 entzogen, so kommt eine Übertragung weiterer Rechte (also der gesetzlichen Vertretung in Angelegenheiten der Personensorge und der Vermögenssorge) nicht in Betracht (ebenso LG Ravensburg, DAVorm XXXVIII, 1965, 6; s auch BayObLGZ 1963, 315 = FamRZ 1964, 157 = ZblJugR 1964, 145 = DAVorm XXXVII, 30). 131

Die Übertragung der elterlichen Gewalt auf die Mutter liegt nicht im Interesse des Kindes, wenn die Mutter nur bestrebt ist, einer Konfliktsituation auszuweichen (LG Hof, DAVorm XXXV, 1962, 291; s auch BayObLGZ 1963, 119, 120), zB wegen ihrer Beziehungen zum Kindesvater im Hinblick auf die Unterhaltsansprüche des Kindes gegen diesen, oder wenn feststeht, daß die Mutter die Unterhaltsansprüche des Kindes nicht beitreiben würde (AG Brackenheim, DAVorm XXXVI, 192). Im letzteren Falle kann freilich, je nachdem welche Schlüsse aus dem Verhalten der Mutter im übrigen zu ziehen sind, ihr die elterliche Gewalt ohne die gesetzliche Vertretung des Kindes hinsichtlich des Unterhaltsanspruches übertragen werden (s auch unten 135). 132

Verschweigt die Mutter gegenüber dem Jugendamt (Amtsvormund, dh dem betreffenden Beamten oder Angestellten — s § 37 JWG und dazu Bem 54ff —) den **Namen des Erzeugers**, so wird dieser Umstand in der Regel der Übertragung der elterlichen Gewalt auf die Mutter entgegenstehen (s hierzu OLG Stuttgart, FamRZ 1963, 525; LG Hof, DAVorm XXXV, 1962, 291; und BayObLGZ 1963, 119 [s auch Bem 126 Fußn]; AG Brackenheim, DAVorm XXXVI, 1963, 192; Becker, RdJ 1964, 51, 55; **anders** RGRKomm, 5; Gernhuber, 624f; zur Bestellung der Mutter zum Einzelvormund s Bem 92), auch wenn die Mutter nicht gezwungen werden kann, den Namen des Erzeugers anzugeben oder dafür zu sorgen, daß das Kind zu gegebener Zeit den Namen erfahren kann (s hierzu Bem 12a). Indessen besteht eine sittliche Pflicht der Mutter ihrem Kinde gegenüber, dafür Sorge zu tragen, daß dieses zu gegebener Zeit Klarheit über seine Abstammung erhält. Weiterhin ist in der Regel auch der Unterhalt des Kindes gefährdet, wenn die Mutter den Namen des Erzeugers verschweigt. Dagegen kann nicht eingewandt werden, solange die Mutter Angaben gegenüber dem Vormund verweigere, könne dieser keine Schritte unternehmen, um Unterhaltsforderungen des Kindes geltend zu machen (so Gernhuber, 625). Denn es besteht die Möglichkeit, daß der Vormund Anhaltspunkte über die Abstammung des Kindes auf Grund sonstiger Ermittlungen zu gewinnen vermag oder daß die Mutter später ihre Haltung ändert. 133

Es kann sich auch nicht darum handeln, daß durch die Versagung der Übertragung der elterlichen Gewalt auf die Mutter ein unerlaubter moralischer Zwang ausgeübt würde (so aber Gernhuber, 625); denn maßgebend ist das Wohl des Kindes. Art 6 Abs 5 GG darf nicht so verstanden werden, als ob der notwendige Schutz des unehelichen Kindes hinter den Interessen der unehelichen Mutter zurückgestellt werden sollte.

Eventuell kann in Betracht kommen, der Mutter die elterliche Gewalt mit Ausnahme der gesetzlichen Vertretung des Kindes hinsichtlich der Geltendmachung der Unterhaltsforderung sowie für Abstammungsfeststellungsprozesse zu übertragen, wenn im übrigen aus der Haltung der Mutter keine Bedenken herzuleiten sind (OLG Stuttgart, Die Justiz 1965, 276; s auch Bem 138). 134

Ausnahmsweise kann der Mutter die volle elterliche Gewalt übertragen werden, wenn ihre wirtschaftliche Lage so günstig ist, daß sie, gegebenenfalls mit einem nur geringen Zuschuß des Erzeugers, den Lebensbedarf des Kindes zu bestreiten imstande ist, und wenn der Erzeuger die Vaterschaft in „geheimer" 135 notarieller Urkunde anerkannt hat (s hierzu 63, 67 zu § 1718), nahe Angehörige der Kindsmutter den Namen des Erzeugers kennen und Vorsorge dafür getroffen ist, daß das Kind diesen zu gegebener Zeit erfahren kann, sowie wenn die Haltung der Mutter auf sittlich nicht zu mißbilligenden Motiven beruht (s OLG Stuttgart, FamRZ 1963, 525 = DAVorm XXXVI, 225 = RdJ 1963, 267 = Die Justiz 1963, 324 Leits; LG Hof, DAVorm XXXV, 291; RGR-Komm, 5).

Verschweigt die Mutter den Namen des Erzeugers und hat dieser die Vaterschaft auch nicht anerkannt, so wird eine Übertragung der elterlichen Gewalt auf die Mutter wohl kaum in Betracht kommen. Das gleiche wird anzunehmen sein, wenn die Mutter infolge unsittlichen Lebenswandels den Namen des Erzeugers selbst nicht kennt, außer wenn sie inzwischen diesen Lebenswandel aufgegeben hat und in geordneten Verhältnissen lebt.

136 Lebt die Mutter mit dem Vater des Kindes im **Konkubinat**, so schließt dies häufig, aber nicht grundsätzlich die Übertragung der elterlichen Gewalt aus (BayObLGZ 1963, 315 = FamRZ 1964, 157 [s oben Fußn zu 126]; s auch OLG Hamm, FamRZ 1963, 302, sowie bezüglich der Bestellung der Mutter zum Vormund Bem 91). Vielmehr kommt es auf die jeweiligen Umstände des Einzelfalles an. Nicht selten wird ein Konkubinat Maßnahmen des Vormundschaftsgerichts gegen die Mutter gemäß § 1666 Abs 1 erforderlich machen (BayObLG, aaO; Bem 220—222 zu § 1666). Kommen solche Maßnahmen aber nicht in Betracht, so ist zu erwägen, welche Änderungen sich für das Kind aus der Übertragung der elterlichen Gewalt auf die Mutter ergeben würden und welche Bedeutung der Umstand hat, daß die Aufsicht des Jugendamtes (§ 31 Abs 1 Satz 2 JWG — s hierzu Bem 109 ff —) entfallen wird (BayObLG, aaO). Zu beachten ist, daß die Entscheidung gemäß § 1707 Abs 2 nicht das Verhältnis der Eltern zueinander, sondern lediglich die Beziehungen des Kindes zu seiner Mutter betrifft; durch die Übertragung der elterlichen Gewalt wird das Konkubinat weder begünstigt noch „legitimiert" (so BayObLG, aaO). Zu berücksichtigen ist auch, ob der Unterhalt des Kindes gewährleistet ist, ob mit einem plötzlichen Ende des Konkubinats gerechnet werden muß und dadurch die Mutter in eine schwierige Lage geriete, der sie nicht gewachsen wäre (BayObLG, aaO; LG Nürnberg-Fürth, DAVorm XXXVIII, 1965, 167).

137 Das Vormundschaftsgericht kann bei der Übertragung der elterlichen Gewalt gemäß **Abs 2 Satz 2** von den über die tatsächliche Sorge hinausgehenden Angelegenheiten einzelne ausnehmen; zu denken ist insbesondere an die **Vertretung des Kindes bei der Geltendmachung von Unterhaltsforderungen**, die Vertretung des Kindes im Unterhaltsrechtsstreit (vgl OLG Celle, ZblJugR 1962, 325; BayObLGZ 1963, 116, 117; OLG Stuttgart, Die Justiz 1965, 276; LG Nürnberg-Fürth, DAVorm XXXVIII, 167; Göppinger, FamRZ 1961, 516; Schwarzhaupt, FamRZ 1961, 329, 330), einschließlich der Rechtsstreite gemäß §§ 323, 767 ZPO, auch auf Klage des Erzeugers, sowie an die Prozesse, die sich auf die positive oder negative Feststellung der Vaterschaft beziehen, und schließlich auf die Vermögenssorge, auch einzelne hierzu gehörige Angelegenheiten.

Von der Übertragung der elterlichen Gewalt darf die Verwaltung des Vermögens des Kindes nicht ausgenommen werden, wenn die (schon über 40 Jahre alte) Mutter einen eigenen (handwerklichen) Betrieb innehat und nach ihren Verhältnissen angenommen werden kann, daß sie das Vermögen des Kindes (das aus der von den Erben des verstorbenen Vaters gemäß § 1712 Abs 2 geleisteten Abfindung besteht) ordnungsgemäß verwaltet (LG Hagen, ZblJugR 1965, 137).

138 Ist die Unterhaltsfrage noch nicht geregelt, so sollte sie regelmäßig von der Übertragung der elterlichen Gewalt ausgenommen werden (vgl Göppinger, FamRZ 1961, 516; s auch oben Bem 134), auch wenn offen bleibt, ob die Klärung der Vaterschaft und die Regelung der Unterhaltsangelegenheit überhaupt möglich ist und gegebenenfalls wann, wenn die Mutter gegenüber dem Jugendamt den Namen des Erzeugers verschweigt (OLG Stuttgart, Die Justiz 1965, 276 = ZblJugR 1965, 250 = DAVorm XXXVIII, 291).

Ebenso sollte die Vertretung des Kindes hinsichtlich des Unterhaltsanspruches dann von der Übertragung der elterlichen Gewalt ausgenommen werden, wenn nach den bisherigen Erfahrungen die regelmäßige Zahlung des Unterhalts nicht gewährleistet ist und Vollstreckungsmaßnahmen erforderlich sind, oder wenn der Vater Ausländer ist und sich nunmehr im Ausland aufhält, auch wenn zB keine Aussicht auf eine erfolgreiche Beitreibung der Unterhaltsansprüche besteht.

Ist zwar die Unterhaltsfrage geregelt, ist es aber nach der Sachlage wahrscheinlich, daß die Mutter das Kind, zB infolge ihrer beruflichen Tätigkeit, außerhalb ihres Haushalts bei Dritten unterbringen muß oder will, so daß erhöhte Kosten entstehen, wird es sich empfehlen — gerade auch im Hinblick auf mögliche Interessenkollisionen der Mutter — die den Unterhalt des Kindes und die diesbezügliche gesetzliche Vertretung des Kindes bei der Übertragung der elterlichen Gewalt auszunehmen (s auch bezüglich der Kosten der Heimunterbringung des Kindes 96f, 103ff zu § 1708).

Zu beachten ist, daß die Mutter mit der Übertragung der vollen elterlichen Gewalt auf sie gesetzliche Vertreterin des Kindes auch in Unterhaltsangelegenheiten wird, also im Prozeß nicht mehr als Zeugin vernommen werden kann (s Göppinger, FamRZ 1961, 516; hierzu s auch den vom AG München, FamRZ 1965, 230, behandelten Fall, in dem die volle elterliche Gewalt trotz fehlender Regelung der Unterhaltsfrage übertragen worden war, s ferner unten 179).

Werden bei der Übertragung bestimmte einzelne Angelegenheiten ausgenommen, so bleibt insoweit nicht etwa die Vormundschaft bestehen; diese kann angesichts der Regelung des § 1773 nicht aufrecht erhalten bleiben. Vielmehr ist ein **Pfleger** zu bestellen (§ 1909 Satz 1; s OLG Celle, ZblJugR 1962, 325; OLG Stuttgart, FamRZ 1963, 525, 527; aber auch Beitzke, 192), regelmäßig wird die Pflegschaft das Jugendamt übernehmen (vgl OLG Celle, aaO); doch kann das Jugendamt nur mit seinem Einverständnis zum Pfleger bestellt werden (§ 52 iV mit § 46 JWG). 139

Hervorzuheben ist noch, daß die **Befugnisse des Pflegers genau bezeichnet** und abgegrenzt werden müssen (ebenso RGR-Komm, 6; s ferner zu den Fällen des § 1666 Bem 271 daselbst). Ist die Zuständigkeit des Pflegers nicht genau genug abgegrenzt, so berührt dies die Wirksamkeit der Übertragung der elterlichen Gewalt nicht. Bestehen Zweifel, die im Wege der Auslegung nicht genügend behoben werden können, so sollte das Vormundschaftsgericht angerufen werden, um eine entsprechende Klärung herbeizuführen und um zu vermeiden, daß die betreffende Handlung des Vertreters etwa als unwirksam oder schwebend unwirksam angesehen werden könnte. 140

Die Mutter kann gleichzeitig mit dem Antrag, ihr die elterliche Gewalt zu übertragen, beantragen, ihr einen **Beistand** zu bestellen **(§ 1685)**, insbesondere auch für die Geltendmachung der Unterhaltsansprüche und für die Verwaltung des Vermögens des Kindes **(§ 1690)**. So kann gegebenenfalls der Mutter mit dieser Maßgabe die volle elterliche Gewalt übertragen werden. 141

c) Das Vormundschaftsgericht **kann** der unehelichen Mutter die elterliche Gewalt übertragen. Der Begriff bedeutet hier, daß das Gericht die **Befugnis** hat, eine solche Entscheidung zu erlassen (vor dem Inkrafttreten des FamRÄndG vom 11. 8. 1961 hatte das Vormundschaftsgericht diese Befugnis nicht!), dagegen **nicht** (zugleich), daß das Gericht ermächtigt sei, nach seinem **Ermessen** zu entscheiden (Göppinger, FamRZ 1961, 516; Lindacher, FamRZ 1964, 277; Schlosser, FamRZ 1963, 601, 623, Fußn 251; LG Hof, ZblJugR 1962, 269; wohl auch Maßfeller, StAZ 1961, 249; anders die hM*). Ermessen bedeutet, daß das Gericht einen Spielraum bei der Entscheidung hat (s dazu Göppinger, Die Erledigung des Rechtsstreits in der Hauptsache, 1958, 178ff; Lindacher, aaO). 142

Hier ist die Entscheidung — wenn dies im Gesetz auch nicht ausdrücklich vorgeschrieben ist (s Bem 126) — davon abhängig, daß sie dem Wohle des Kindes entspricht (dazu, daß diese Voraussetzung einen unbestimmten Rechtsbegriff enthält, s Bem 126). Dem Wohle des Kindes kann jedoch nur eine Entscheidung entsprechen; so kann es sich schon begrifflich nicht um eine Ermessensnorm handeln, wenn von vornherein feststeht, daß bei Konkretisierung einer Norm immer nur eine Anordnung richtig iS von rechtmäßig ist (ebenso Lindacher, aaO; s auch zur Nachprüfung der Entscheidung durch das Rechtsbeschwerdegericht unten Bem 163a).

Liegt die Voraussetzung vor, daß die Übertragung der elterlichen Gewalt auf die Mutter dem Wohle des Kindes entspricht, so muß das Gericht dem Antrage der 143

*) Dölle, II, 387; RGR-Komm, 8; Erman-Hefermehl, Nachtrag zu 7; Palandt-Lauterbach, 3; Wägenbaur, FamRZ 1962, 129; BayObLG Z 1963, 116, 118; OLG Hamm, FamRZ 1963, 302; nicht auch OLG Stuttgart, FamRZ 1963, 303, das RGR-Komm, aaO, irrigerweise zitiert; wie hier auch Herm. Lange, JZ 1965, 425, 433.

Mutter stattgeben (Göppinger, FamRZ 1961, 516; Maßfeller, aaO; LG Hagen, ZblJugR 1965, 137; s auch Rüfner, FamRZ 1963, 153, 155; Gernhuber, 623). Die Mutter hat also einen **Rechtsanspruch** auf die Übertragung der elterlichen Gewalt (anders die hM s Bem 142), den sie gegebenenfalls mit der Beschwerde und der weiteren Beschwerde verfolgen kann (Bosch, Gutachten, 88; Rüfner, aaO), ebenso, wie sie einen Rechtsanspruch darauf hat, zum Vormund bestellt zu werden, wenn die Voraussetzungen dafür vorliegen (§ 50 JWG, s oben Bem 88).

144 Bleibt ungeklärt (s auch unten 150f), ob die Übertragung der elterlichen Gewalt auf die Mutter dem Wohle des Kindes entspricht, so ist der Antrag der Mutter zurückzuweisen; im Zweifel ist also die Vormundschaft (Amtsvormundschaft) aufrechtzuerhalten (ebenso LG Hof, DAVorm XXXV, 291; XXXVI, 126; **aM** Erman-Hefermehl, Nachtrag zu 7; RGR-Komm, 5). Die objektive Beweislast für das Vorliegen der Voraussetzungen fällt der Mutter zu (Schlosser, FamRZ 1963, 601, 623; Lindacher, FamRZ 1964, 277, 279; **aM** Wägenbaur, FamRZ 1962, 129; Erman-Hefermehl, RGR-Komm, aaO; BayObLGZ 1963, 116, 117).

Nach richtiger Ansicht ist auch im Verfahren der freiwilligen Gerichtsbarkeit — in dem das Prinzip der Amtsermittlung besteht (§ 12 FGG), s dazu Vorbem 39 mit Fußn vor § 1666; 328 zu § 1666 — ein Antrag abzuweisen, wenn die Voraussetzungen nicht gegeben sind, dh mit anderen Worten: das Risiko, daß beweisbedürftige tatsächliche Umstände im Verfahren nicht bewiesen werden können, trägt der Beteiligte, der aus den betreffenden Umständen Rechte herleiten will. Hier gilt das gleiche, wie in den vom Grundsatz der Amtsermittlung beherrschten Verfahren des Zivilprozesses (s §§ 622 Abs 1, 641, 653, 670, 679 Abs 4, 680 Abs 3, 685, 686 Abs 4 ZPO*).

Das Argument, die elterliche Gewalt der unehelichen Mutter müsse den Vorrang vor der staatlichen Verwaltung — dh richtiger formuliert: vor der durch Beamte oder Angestellte des Jugendamtes ausgeübten Vormundschaft — haben (Gernhuber, 624, s auch Bem 127), ist in dieser Allgemeinheit nicht zutreffend; mit der dargelegten Ansicht wird die Notwendigkeit, das Kind zu schützen (und die Mutter zu unterstützen!), übersehen. Gernhuber erkennt auch die Situation der alleinstehenden Mutter und des Kindes nicht genügend; die Lage und Stellung der unehelichen Mutter ist eine andere als die der verwitweten oder getrennt lebenden oder geschiedenen Mutter.

Indes ist hervorzuheben, daß bloße Verdachtsgründe, die gegen eine Übertragung der elterlichen Gewalt auf die Mutter sprechen könnten, nicht ausreichen, um den Antrag der Mutter abzulehnen (vgl auch RGR-Komm, 5). Ebenso genügen auch nicht lediglich Erwägungen allgemeiner Art, vielmehr kommt es immer auf den konkreten Einzelfall an.

145 d) Die elterliche Gewalt darf der unehelichen Mutter nur auf ihren **Antrag** übertragen werden. Dieser Antrag hat neben seiner verfahrensrechtlichen Bedeutung (s 147) auch materiellrechtliche Bedeutung; er stellt die materiellrechtliche Einwilligung der Mutter dar, die ihr gemäß Abs 2 gebotene Rechtsstellung, die vollen Rechte und Pflichten der elterlichen Gewalt zu übernehmen (wozu vergleichend noch darauf hinzuweisen ist, daß zur Adoption des eigenen Kindes durch die uneheliche Mutter ebenfalls eine rechtsgeschäftliche Erklärung — s § 1741 — erforderlich ist; ferner s zur Ehelichkeitserklärung des Kindes durch den Vater hinsichtlich der Rechtsnatur des diesbezüglichen Antrags des Vaters 2ff zu § 1725).

Die Mutter kann auf dieses Antragsrecht des Abs 2 nicht (endgültig) verzichten, wie auch auf das Sorgerecht nicht verzichtet werden kann (s oben Bem 8). Zur Möglichkeit der Rücknahme des Antrags im Verfahren s Bem 147.

3. Verfahren:

146 a) Die Übertragung der elterlichen Gewalt setzt einen **Antrag der Mutter** voraus; das Kind oder der Vormund (Amtsvormund — der vom Jugendamt gemäß § 37 Satz 2 JWG bestellte Beamte oder Angestellte, s Bem 54 — oder Einzelvormund) oder das Jugendamt als Behörde ist nicht antragsberechtigt (während das Jugendamt gemäß §§ 45, 50 JWG berechtigt ist, die Bestellung eines Einzelvormundes zu beantragen).

---

*) Hierzu s Rosenberg, Lehrbuch des Deutschen Zivilprozeßrechts, 9. Aufl 1961, 555f, § 114, I, 3, und Beweislast, 5. Aufl 1965, 28ff; Blomeyer, Zivilprozeßrecht, Erkenntnisverfahren, 1963, 341; Habscheid, NJW 1966, 769; s auch 170 zu § 1717.

Der Antrag ist Verfahrensantrag; ohne diesen Antrag der Mutter kann das Verfahren des Abs 2 nicht eingeleitet und durchgeführt werden. Der Antrag hat freilich auch materiellrechtliche Bedeutung (s 145). Der Antrag kann erst nach der Geburt des Kindes gestellt werden. 147

Die Mutter kann den Antrag wieder zurücknehmen; mit der Rücknahme des Antrags ist das Verfahren in der Hauptsache beendet; das Gericht kann der Mutter nicht mehr die elterliche Gewalt übertragen. In der Rücknahme des Antrags liegt kein Verzicht auf das Antragsrecht als solches (s auch Bem 145).

Ein Antrag der Mutter, sie zum Einzelvormund zu bestellen, kann nicht in einen Antrag, ihr die elterliche Gewalt zu übertragen, umgedeutet werden (BayObLGZ 1963, 119 = FamRZ 1963, 527 = ZblJugR 1963, 256 = DAVorm XXXVI, 1963, 327 = MDR 1963, 929 = Rpfleger 1964, 21); sollte das Begehren der Mutter unklar sein, so ist das Gericht verpflichtet, die Mutter über die Bedeutung und die Wirkungen der Bestellung zum Einzelvormund und der Übertragung der elterlichen Gewalt (s Bem 95ff) zu belehren und auf Klarstellung hinzuwirken. 148

b) Sachlich ausschließlich **zuständig** ist das Vormundschaftsgericht; hieraus ergibt sich zugleich, daß für das Verfahren die Vorschriften des FGG maßgebend sind (§§ 35ff). 149

Örtlich zuständig ist das Vormundschaftsgericht (Amtsgericht), bei dem die Vormundschaft anhängig ist (§ 43 Abs 2 FGG).

Funktionell zuständig ist der Richter, nicht der Rechtspfleger (§ 12 Nr 10a RPflG), in Württemberg nicht der Bezirksnotar (Art 68 Nr 17a Württ AGBGB idF des Gesetzes vom 19. 12. 1961, GBl 371).

c) Die notwendigen **Ermittlungen** hat das Vormundschaftsgericht von Amts wegen durchzuführen (§ 12 FGG); diese müssen sich vor allem auf die Persönlichkeit der Mutter beziehen (s 128ff), sowie darauf, wie das Kind seither betreut und versorgt wurde, ob die Unterhaltsfrage geregelt ist; zweckmäßigerweise wird das Vormundschaftsgericht die diesbezüglichen Akten beiziehen. 150

Regelmäßig wird die **Mutter** durch den Richter (nicht den Rechtspfleger oder die Geschäftsstelle) **mündlich zu hören** sein, wobei der Bericht des Jugendamts (s 152) zu erörtern ist. 151

In dem Verfahren ist das **Jugendamt** zu hören (**§ 48 Abs 1 Satz 2 JWG**), dh das Jugendamt als Behörde. Die Stellungnahme hat die Verwaltung des Jugendamts abzugeben (§ 16 Abs 1 JWG); in diesem Bericht sollte sich das Jugendamt auch über die Erfahrungen äußern, die der mit der Wahrnehmung der vormundschaftlichen Obliegenheiten beauftragte Beamte oder Angestellte des Jugendamts bei seiner Tätigkeit gemacht hat. Gegebenenfalls sollte das Vormundschaftsgericht diesen persönlich hören, insbesondere über wichtigere Vorgänge, wobei der Mutter die Anwesenheit zu gestatten ist (s auch zur sog Parteiöffentlichkeit Bem 348 zu § 1666, sowie Jansen, Wandlungen im Verfahren der freiwilligen Gerichtsbarkeit, 1964, 34ff). Der Bericht des Jugendamts darf sich nicht in allgemeinen Werturteilen erschöpfen (s dazu 329 zu § 1666). 152

Die Unterlassung der Anhörung des Jugendamts (§ 48 Abs 1 Satz 2 JWG) stellt eine Gesetzesverletzung iS des § 27 FGG dar.

War ein Einzelvormund bestellt, so ist auch dieser zu hören.

Zu der Stellungnahme des Jugendamts und den gegebenenfalls durchgeführten Ermittlungen muß die **Mutter gehört** werden (s zum rechtlichen Gehör 336ff zu § 1666, sowie zuletzt im allgemeinen Henckel, ZZP 77, 1964, 321; Lerche, ZZP 78, 1965, 1; Zeuner in Festschrift für Nipperdey, 1965, I, 1013; zum rechtlichen Gehör in der freiwilligen Gerichtsbarkeit s ferner noch BVerfG, E 19, 49 = NJW 1965, 1267 = MDR 1965, 635; H. Keidel, Der Grundsatz des rechtlichen Gehörs im Verfahren der freiwilligen Gerichtsbarkeit, Diss München 1964 [hierzu Haegele, Rpfleger 1966, 63]). 153

d) **Der Beschluß des Vormundschaftsgerichts** muß, wenn dem Antrag der Mutter stattgegeben wird, klar erkennen lassen, ob ihr die gesamte elterliche Gewalt (die gesetzliche Vertretung des Kindes in Angelegenheiten der Personensorge und die Vermögenssorge) übertragen wird oder gegebenenfalls welche Bestandteile von diesen ausgenommen werden oder ob die Wahrnehmung einzelner Angelegenheiten ausgenommen und einem Pfleger übertragen wird. In diesen Fällen muß der von der Übertragung der elterlichen Gewalt ausgenommene Bereich genau abgegrenzt und muß insbesondere die Zuständigkeit eines Pflegers bestimmt bezeichnet werden (s 140). Dies ist zB wichtig, wenn die Führung von Prozessen einem Pfleger übertragen wird (s § 579 Abs 1 Nr 4 ZPO!). 154

155 Der Beschluß des Vormundschaftsgerichts bedarf angesichts seiner Bedeutung grundsätzlich der **Begründung** (vgl aber auch Firsching, 199), gleichgültig, ob dem Antrag entsprochen oder ob er zurückgewiesen wird. Wird dem Antrage jedoch im Einverständnis des Jugendamtes (und des Vormundes) stattgegeben, so ist eine Begründung des Beschlusses entbehrlich.

156 Der Beschluß ist der Mutter und dem Jugendamt sowie gegebenenfalls dem Einzelvormund **bekanntzugeben (§ 16 FGG).** Die Bekanntgabe an das Jugendamt ist erforderlich, da es im Verfahren gehört werden mußte (§ 48 Abs 1 Satz 2 JWG) und gegebenenfalls wenn Amtsvormundschaft besteht. In diesen Fällen genügt eine Bekanntgabe; dh mit anderen Worten: eine spezielle Bekanntgabe des Beschlusses an den mit der Wahrnehmung der vormundschaftlichen Obliegenheiten beauftragten Beamten oder Angestellten des Jugendamtes ist nicht erforderlich (s auch oben 56).

157 Wird dem Antrage der Mutter entsprochen, so empfiehlt es sich, den Beschluß der Mutter formell zuzustellen **(§ 16 Abs 2 FGG,** s hierzu Göppinger, FamRZ 1961, 516, sowie auch 354 zu § 1666); dies gilt auch dann, wenn dem Antrage der **Mutter nur teilweise entsprochen wird und ihr Vertretungsrechte** übertragen werden. Hiermit kann der Zeitpunkt der Bekanntgabe, dh der Wirksamkeit des Beschlusses (s unten 158), genau festgestellt werden. Dies ist im Rechtsverkehr von wesentlicher Bedeutung, wenn es zB um die Frage der Wirksamkeit von Handlungen geht, welche die Mutter als gesetzliche Vertreterin des Kindes vorgenommen hat (s Göppinger, FamRZ 1961, 516, sowie auch allgemein Jansen, 11, Keidel 9 je zu § 16 FGG). Landesrechtliche Regelungen entsprechend der Ermächtigung des § 16 Abs 2 Satz 2 Halbsatz 2 FGG ergingen im früheren Lande Preußen (AV vom 15. 12. 1930 — abgedruckt bei Jansen, 434 —), in Bayern (Bekanntmachung vom 10. 5. 1957 — abgedruckt bei Jansen, 534, und Keidel, Anhang 35, S 1384 —) und in Hamburg (Bekanntmachung vom 1. 1. 1900, s Keidel, 21 zu § 16, Fußn 1).

158 Der dem Antrag der Mutter stattgebende Beschluß wird mit der Bekanntgabe an die Mutter **wirksam;** mangels einer ausdrücklichen Vorschrift wird der Beschluß nicht mit der formellen Rechtskraft wirksam (vgl dagegen § 60 Abs 1 FGG) — was als ein Mangel des Gesetzes angesen werden muß (s Göppinger, FamRZ 1961, 516f, sowie auch schon Finke, FamRZ 1958, 353, 357; bezüglich der Beschwerde s unten 160). — Mit dem Wirksamwerden des Beschlusses erlischt die Vormundschaft (Amtsvormundschaft oder Einzelvormundschaft, s §§ 1773, 1882; hierzu OLG Stuttgart, FamRZ 1963, 303; BayObLG Z 1963, 116, 118 [s Fußn zu 126]). Bestand Amtsvormundschaft, so ist das Jugendamt bzw der von ihm beauftragte Beamte oder Angestellte nicht mehr berechtigt, das Kind gesetzlich zu vertreten, also zB namens des Kindes einen Adoptionsvertrag (s § 1751 Abs 1) abzuschließen (OLG Stuttgart, aaO).

159 e) Gegen den Beschluß findet in allen Fällen — wenn dem Antrage der Mutter ganz oder teilweise stattgegeben oder wenn der Antrag zurückgewiesen wurde — die **einfache Beschwerde** statt (wohl einhellige Meinung, s Göppinger, FamRZ 1961, 516; OLG Stuttgart, FamRZ 1963, 303, 525; OLG Hamm, FamRZ 1963, 302; s auch Bem 103 aE).

Wird der unehelichen Mutter die elterliche Gewalt übertragen, damit also zugleich die (Amts-)Vormundschaft aufgehoben, so ist § 60 Abs 1 Nr 3 FGG nicht anzuwenden, da Gegenstand des Verfahrens nicht die Entlassung des Vormunds gegen seinen Willen ist; hier ist vielmehr die Aufhebung der bisher bestehenden Vormundschaft nur die notwendige Folge der Übertragung der elterlichen Gewalt auf die Mutter (OLG Hamm, aaO; OLG Stuttgart, FamRZ 1963, 525).

160 Wird der Mutter die elterliche Gewalt übertragen, so ist, da diese Entscheidung der einfachen Beschwerde unterliegt, möglicherweise eine wochen- oder monatelange Rechtsunsicherheit die Folge, nämlich ob Beschwerde eingelegt und der Beschluß des Vormundschaftsgerichts aufgehoben wird, wenn auch Vertretungshandlungen der Mutter wirksam bleiben (§ 32 FGG). Vor allem ist auch unklar, bis zu welchem Zeitpunkt nach Bekanntmachung der Anordnung des Vormundschaftsgerichts noch Beschwerde und von welchem Zeitpunkt an nur ein Abänderungsantrag (§ 1696 BGB, s zu diesem Bem 178, 181) zugelassen und eine Beschwerde als Abänderungsantrag behandelt werden soll, maW, ob man gestatten will, daß das Jugendamt noch nach zB 6, 9 oder 12 Monaten oder später Beschwerde erhebt, wenn es etwa nachträglich zu der Auffassung gelangt, daß die Mutter den ihr gemäß § 1707 Abs 2 übertragenen Obliegenheiten nicht gewachsen ist, aber Zweifel hegt, ob eine Gefährdung des Wohls des Kindes auf Grund eines Mißbrauchs des Sorgerechts oder einer Vernachlässigung des Kindes (§ 1666) bejaht werden kann und wenn

andererseits die Mutter nicht bereit ist, die Bestellung eines Beistandes zu beantragen (§ 1685, s auch zum Änderungsverfahren Bem 181).

Hat das Vormundschaftsgericht dem Antrag der Mutter stattgegeben, so ist das Jugendamt gemäß **§ 57 Abs 1 Nr 9 FGG** beschwerdeberechtigt (ebenso Göppinger, FamRZ 1961, 516; OLG Stuttgart, FamRZ 1963, 303, 525; OLG Hamm, FamRZ 1963, 302; BayObLG Z 1963, 315 [s Fußn zu Bem 126]); das Jugendamt übt das Beschwerderecht als Organ der öffentlichen Jugendhilfe im eigenen Namen, aber im Interesse des Kindes aus (s zur Anwendung des § 57 Abs 1 Nr 9 FGG Bem 373 zu § 1666). Dagegen ist der bisherige Vormund (Amtsvormund — der vom Jugendamt beauftragte Beamte oder Angestellte (§ 37 Satz 2 JWG) — oder Einzelvormund) nach Aufhebung der Vormundschaft (s Bem 100) nicht befugt, Beschwerde einzulegen, da er kein berechtigtes Interesse iS des § 57 Abs 1 Nr 9 FGG mehr hat, „diese Angelegenheit wahrzunehmen". Andererseits steht dem Kinde, wenn es das 14. Lebensjahr vollendet hat, ein Beschwerderecht zu (§ 59 Abs 2 FGG). 161

Wurde der Antrag der Mutter abgelehnt, so ist diese beschwerdeberechtigt (§ 20 Abs 1 FGG, s Rüfner, FamRZ 1963, 155, sowie oben Bem 143). Da der Mutter die elterliche Gewalt nur auf ihren Antrag übertragen werden kann, steht die Beschwerde auch nur ihr zu (§ 20 Abs 2 FGG); daher ist das (mindestens 14 Jahre alte) Kind und das Jugendamt sowie der Vormund nicht beschwerdeberechtigt. 162

Hebt das Beschwerdegericht die vom Amtsgericht angeordnete Übertragung der elterlichen Gewalt auf die Mutter (mit der damit verbundenen Aufhebung der Amtsvormundschaft) wieder auf, so tritt die Amtsvormundschaft wieder ein (vgl BayObLG Z 1964, 267 = FamRZ 1964, 530; s auch Bem 159, 160; vgl ferner 103). 163

Im Verfahren der weiteren Beschwerde (**Rechtsbeschwerde**) hat das Oberlandesgericht zu prüfen, ob die Entscheidung des Landgerichts auf einem Verstoß gegen materiellrechtliche oder verfahrensrechtliche Vorschriften beruht (**§ 27 FGG** — zur Zulässigkeit und Begründetheit der weiteren Beschwerde im allgemeinen, sowie dazu, daß § 27 FGG unrichtig formuliert ist, s 388 zu § 1666 —), in sachlicher Hinsicht, ob die Entscheidung dem Wohle des Kindes entspricht (s dazu 126ff), ob das LG alle hierbei in Betracht kommenden Umstände berücksichtigt und rechtlich zutreffend gewürdigt hat. 163a

Das Verfahren ist in erster Instanz mangels einer diesbezüglichen Vorschrift (s § 1 **KostO**) in allen Fällen **gerichtsgebührenfrei** (Hofrichter, JVBl 1963, 3; Korintenberg-Wenz-Ackermann, 6. Aufl 1965, Anm II, 4 zu § 94 KostO; BayObLG Z 1963, 71 = Rpfleger 1963, 208 = JVBl 1963, 118 = MDR 1963, 689 = FamRZ 1963, 306, 307 Anm). § 94 Abs 1 Nr 4 KostO ist hier nicht anzuwenden, da diese Vorschrift die Fälle der Übertragung der elterlichen Gewalt gemäß §§ 1671, 1672, 1678, 1679, 1680 und 1670 betrifft. 164

Die **Beschwerde** ist gemäß § 131 Abs 3 KostO ebenfalls gerichtsgebührenfrei.

Der **Geschäftswert** bestimmt sich in erster Instanz gemäß § 30 Abs 3 KostO, in der Beschwerdeinstanz gemäß § 131 Abs 2 iV mit § 30 Abs 3 KostO; in der Regel dürfte ein Wert von DM 1000—1500 in Betracht kommen.

Für die **Anwaltsgebühren** ist § 118 BRAGebO idF des Gesetzes vom 30. 6. 1965 (BGBl I, 577) anzuwenden; die Gebühr beträgt in allen Instanzen je 5/10—10/10 (s ferner 398 zu § 1666).

4. Wirkungen der Übertragung der elterlichen Gewalt.

a) Die uneheliche Mutter erlangt mit der Bekanntgabe der Entscheidung (s Bem 158) die **gesetzliche Vertretung des Kindes in Angelegenheiten der Personensorge und die Vermögenssorge*)** (soweit nicht einzelne Angelegenheiten oder ein bestimmter Kreis von Angelegenheiten ausgenommen ist, s 137, 139). Sie hat die elterliche Gewalt zum Wohle des Kindes auszuüben (vgl § 1627 Satz 1). Die Aufsicht des Jugendamtes ist nunmehr entfallen (§ 31 Abs 1 Satz 2 JWG). Die Mutter kann auf die elterliche Gewalt nicht verzichten (s auch 8, 145). 165

Verheiratet sich die Mutter, so werden hierdurch ihre Rechte und Pflichten bezüglich der Ausübung der elterlichen Gewalt nicht berührt. Der Stiefvater wird nicht „Mit-Inhaber" der elterlichen Gewalt (s hierzu oben Bem 8), es sei denn durch Adoption des Kindes (§ 1757 Abs 2, 3 auch 18 zu § 1705).

---

*) Zum Unterschied der Rechtsstellung der Mutter als Einzelvormund und als Inhaberin der elterlichen Gewalt s oben 95ff.

166 Durch die Übertragung der elterlichen Gewalt auf die Mutter ändert sich der Status des Kindes als eines unehelichen Kindes nicht; die Übertragung der elterlichen Gewalt bedeutet also keine „Ehelichkeitserklärung" des Kindes auf Antrag der Mutter und im Verhältnis des Kindes zur Mutter (s auch 4 aE zu § 1705).

167 b) Als gesetzliche Vertreterin des Kindes in Angelegenheiten der **Personensorge** ist die Mutter zB in der Lage, das Kind zur Schule anzumelden, für dieses einen Lehr- oder Arbeitsvertrag oder einen Vertrag über die Krankenhaus- oder sonstige Heilbehandlung des Kindes abzuschließen, zur Vornahme einer Operation des Kindes zuzustimmen (s hierzu auch Bem 76 ff zu § 1626), ferner namens des Kindes die Einwilligung zur Einbenennung zu erteilen (s 38 zu § 1706) sowie gegebenenfalls den Antrag auf Bestellung eines Erziehungsbeistandes oder auf Gewährung Freiwilliger Erziehungshilfe zu stellen (s Anhang zu § 1666, Bem 43, 136).

168 c) Für die **Vermögenssorge** gelten die Vorschriften der §§ 1638, 1639, 1641—1646, 1648, 1649*) entsprechend. Zu § 1649 Abs 2 ist noch darauf hinzuweisen, daß unter Eltern und Geschwister iS dieser Vorschrift hier zu verstehen sind die Mutter und deren weitere Kinder, etwa uneheliche Kinder des gleichen Vaters (vgl dazu auch 19 zu § 1589) oder auch anderer Väter, sowie eheliche Kinder der verheirateten Mutter, also halbbürtige Geschwister, dagegen nicht der Stiefvater und Stiefgeschwister (s 13 zu § 1649; Jäger, aaO, 87 ff, 89).

169 d) Die Mutter hat dem Kinde gegenüber nur für die Sorgfalt einzustehen, die sie in eigenen Angelegenheiten anzuwenden pflegt (entsprechend **§ 1664 Abs 1**).

170 e) Die Mutter kann das **Kind nicht vertreten** insoweit, als ein Vormund von der Vertretung des Kindes gemäß **§ 1795** ausgeschlossen ist (entsprechend **§ 1629 Abs 2 Satz 1 Halbsatz 1**), dh mit anderen Worten:

aa) bei einem Rechtsgeschäft zwischen dem Ehegatten der Kindesmutter oder ihren Eltern (also den Großeltern des Kindes) oder den halbbürtigen Geschwistern des Kindes einerseits und dem unehelichen Kinde andererseits, es sei denn, daß das Rechtsgeschäft ausschließlich in der Erfüllung einer Verbindlichkeit besteht (s § 1795 Abs 1 Nr 1),

bb) bei einem Rechtsgeschäft, das die Übertragung oder Belastung einer durch Pfandrecht, Hypothek, Schiffshypothek oder Bürgschaft gesicherten Forderung des Kindes gegen die Mutter oder die Aufhebung oder Minderung dieser Sicherheit zum Gegenstand hat oder die Verpflichtung des Kindes zu einer solchen Übertragung, Belastung, Aufhebung oder Minderung begründet (s § 1795 Abs 1 Nr 2),

cc) bei einem Rechtsstreit zwischen dem Ehegatten der Mutter, den Großeltern oder halbbürtigen Geschwistern des Kindes einerseits und dem Kinde andererseits, sowie bei einem Rechtsstreit über eine Angelegenheit der in bb) bezeichneten Art.

171 f) Will die uneheliche Mutter die **Ehe eingehen****), so hat sie ein Zeugnis des Vormundschaftsgerichts darüber beizubringen, daß sie dem Kinde gegenüber die ihr aus Anlaß der Verheiratung obliegenden Pflichten **(§ 1683)** erfüllt hat oder daß ihr solche Pflichten nicht obliegen (entsprechend **§ 9 EheG**, s dazu LG Stade, Rpfleger 1964, 345 m zustimmender Anm von Stöber = FamRZ 1964, 629 Leits = DAVorm XXXVIII, 38 = StAZ 1965, 131; Maßfeller-Hoffmann, PStG [1. Lief 1963], vor § 3, Anm 6 zu § 9 EheG; Schnitzerling, StAZ 1966, 90; Heimerl, Epple, aaO).

172 g) Hinsichtlich der Beschränkungen oder des Ruhens der elterlichen Gewalt, ferner der Verwirkung der Ausübung der elterlichen Gewalt und der Beendigung der elterlichen Gewalt sind die Vorschriften der **§§ 1666—1670, 1673—1677, 1698 bis 1698b** entsprechend anzuwenden. Dies bedeutet folgendes:

Wird der unehelichen Mutter die Ausübung der Personen- oder Vermögenssorge entzogen (§§ 1666, 1669) oder endet die (Ausübung der) Vermögensverwaltung infolge Eröffnung des Konkursverfahrens über das Vermögen der Mutter (§ 1670), so ist jeweils ein Pfleger zu bestellen (§ 1909 Abs 1).

---

*) Roland Jäger, Die Einkünfte des minderjährigen ehelichen Kindes und ihre Verwendung, Diss Tübingen 1965.

**) Epple, Auseinandersetzungszeugnis des Vormundschaftsrichters bei Heirat der Mutter eines unehelichen Kindes, BWNotZ 1965, 235; Heimerl, Auseinandersetzungszeugnis der unverheirateten Mutter, StAZ 1964, 223.

Wird der unehelichen Mutter die Ausübung der gesamten elterlichen Gewalt entzogen (**§§ 1666, 1669**; s dazu auch Bem 300 zu § 1666) oder hat die Mutter die Ausübung der elterlichen Gewalt verwirkt (vgl § 1676, s dazu auch Vorbem 37, 44 vor § 1666) oder ist die Mutter verstorben oder wird sie für tot erklärt, so ist für das Kind ein Vormund zu bestellen (§ 1773 Abs 1). Die Amtsvormundschaft lebt nicht wieder auf.

Das gleiche gilt, wenn die Mutter geschäftsunfähig oder beschränkt geschäftsfähig ist. Im letzteren Falle steht die tatsächliche Sorge für das Kind der Mutter zu, die gesetzliche Vertretung des Kindes in Angelegenheiten der Personensorge obliegt dem Vormund (§ 1673 Abs 2 Satz 2); bei einer Meinungsverschiedenheit geht die Meinung des Vormundes vor (§ 1673 Abs 2 Satz 3).

Ebenso ist für das Kind ein Vormund zu bestellen, wenn das Vormundschaftsgericht feststellt, daß die Mutter auf längere Zeit die elterliche Gewalt tatsächlich nicht ausüben kann (§ 1674 Abs 1).

Ist die Mutter verhindert, die elterliche Gewalt auszuüben, so hat das Vormundschaftsgericht die im Interesse des Kindes erforderlichen Maßregeln zu treffen (vgl § 1693), zB einen Pfleger zu bestellen, die Unterbringung des Kindes anzuordnen (s zu diesen Fragen etwa KG, FamRZ 1962, 200; Näheres s in den Erläuterungen des § 1693).

Fallen die für die Anordnung der Vormundschaft in § 1773 bestimmten Voraussetzungen weg, so endigt damit die Vormundschaft; die elterliche Gewalt der Mutter „lebt wieder auf"; dh die Mutter ist wieder berechtigt, die elterliche Gewalt auszuüben (vgl § 1674 Abs 2).

War ein Pfleger bestellt worden, so ist die Pflegschaft aufzuheben, wenn der Grund für die Anordnung weggefallen ist (§ 1919).

War der Mutter die elterliche Gewalt übertragen worden, heiratete sie dann den angeblichen Erzeuger und war hierdurch das Kind legitimiert worden, wurde aber danach die Ehelichkeit mit Erfolg angefochten (§ 1721), so tritt die elterliche Gewalt (§ 1707 Abs 2) wohl wieder ein, da das die Unehelichkeit des Kindes feststellende Urteil auf den Zeitpunkt der Eheschließung zurückwirkt.

h) Auf Grund der Übertragung der elterlichen Gewalt kann die Mutter für das 173
minderjährige Kind einen Vormund benennen, bestimmte Personen von der Vormundschaft ausschließen, sowie die Bestellung eines Gegenvormundes ausschließen und anordnen, daß der von ihr benannte Vormund von bestimmten Verpflichtungen befreit sein soll **(§§ 1776 Abs 1, 1777 Abs 1, 3, 1782, 1852—1855, 1856 Satz 1).**

Der Mutter steht weiterhin das Recht zu, die Einsetzung eines **Familienrates** 174
anzuordnen oder zu untersagen, die Aufhebung des Familienrates für den Fall des Eintrittes oder Nichteintrittes eines künftigen Ereignisses anzuordnen, Mitglieder und Ersatzmitglieder zu benennen und bestimmte Personen von der Mitgliedschaft auszuschließen (§§ 1858, 1859 Abs 2, 1861 Satz 1, 1863 Abs 3, 1866 Nr 3, 1868, 1880 Abs 1). Diese Rechte fließen aus der elterlichen Gewalt (so auch Dölle, II, 846, § 133, II); daher können sie der unehelichen Mutter, der die elterliche Gewalt übertragen ist, nicht vorenthalten werden (anders anscheinend Dölle, aaO). Allerdings hat die Einsetzung eines Familienrates heute so gut wie keine Bedeutung mehr (so auch Gernhuber, 448f; Dölle, II, 845; ein Beispiel s OLG Hamm, NJW 1961, 1727).

Für das volljährige Kind ist die uneheliche **Mutter** als **Vormund** berufen, 175
wenn ihr die elterliche Gewalt übertragen war; die Vorschrift des **§ 1899 Abs 1** ist auch in diesem Falle anzuwenden (s ferner Dölle, II, 901f, § 138, IV, 2 und Achilles-Greiff-Beitzke, 12 zu § 1899, die die uneheliche Mutter auch dann für berufen ansehen, wenn sie nur die Personensorge ausgeübt hat). Ferner sind gemäß § 1899 Abs 1 iV mit § 1779 Abs 2 Satz 3 zB die Großeltern des Kindes (mütterlicherseits) und der Stiefvater als Vormund berufen. Neben der unehelichen Mutter ist nur auf ihren Antrag ein Gegenvormund zu bestellen (§§ 1903 Abs 1 Satz 1, 1904 Abs 1 Satz 1). Der Mutter stehen, wenn kein Gegenvormund bestellt ist, die Befreiungen des § 1852 zu (§§ 1903 Abs 1 Satz 2, 1904 Abs 1 Satz 2), sowie, auch wenn ein Gegenvormund bestellt ist, die Befreiungen der §§ 1853, 1854 zu. Zur Bestellung eines Familienrats s § 1905 Abs 1 iV mit § 1859 Abs 1.

5. Änderung der Anordnung (§ 1696)

a) Waren bei der Übertragung der elterlichen Gewalt auf die Mutter **einzelne An-** 176
gelegenheiten oder ein bestimmter Kreis von Angelegenheiten ausgenommen worden und sind nachträglich die Voraussetzungen hierzu weggefallen, so kann

(und muß) der Mutter auf ihren Antrag (arg § 1707 Abs 2) die Wahrnehmung jener Angelegenheiten unter Aufhebung der Pflegschaft (§ 1919) übertragen werden (§ 1696).

177 b) War der unehelichen Mutter die Ausübung der tatsächlichen Sorge gemäß **§ 1666 Abs 1 Satz 1** entzogen worden und sind später die Voraussetzungen dieser Maßnahme entfallen, so kann an sich mit der Aufhebung der Anordnung (§ 1696, s Bem 312ff zu § 1666) auf Antrag der Mutter die elterliche Gewalt übertragen werden, gegebenenfalls auch in beschränktem Umfang (§ 1707 Abs 2 Satz 2). Indessen werden hier die Verhältnisse der Mutter besonders sorgfältig geprüft werden müssen.

178 c) Die Übertragung der elterlichen Gewalt auf die Mutter kann nur unter den Voraussetzungen der **§§ 1666—1669 beschränkt oder aufgehoben werden** (wohl jetzt hM, s 8 zu § 1666; Göppinger, FamRZ 1961, 516; Bosch, Gutachten [Verhandlungen des 44. DJT, Bd I, 1. Teil, Heft B], 89; Schlosser, FamRZ 1964, 273, 274; Huvale, Unsere Jugend 1964, 122, 124; Schnitzerling, Unsere Jugend 1963, 409f; Achilles-Greiff-Beitzke, Nachtrag, Bem 6; Palandt-Lauterbach, 3; Erman-Hefermehl, Nachtrag, zu Bem 7; Beitzke, 12. Aufl, 192; Gernhuber, 624; OLG Stuttgart, FamRZ 1963, 525; offengelassen von BayObLGZ 1963, 119, 121 = FamRZ 1963, 527, 528; **aM** Regierungsentwurf [BT-Drucks 530, 3. Wahlperiode], S 18; Soergel-Siebert-Lade, 16; RGR-Komm, 9; Pikart-Henn, Lehrbuch der freiwilligen Gerichtsbarkeit, 188; Firsching, Familienrecht, 199; AG München, FamRZ 1965, 230 = DAVorm XXXVIII, 1965, 75 — gegen AG München Schnitzerling, StAZ 1966, 90 —).

Hierzu ist noch darauf hinzuweisen, daß die Tatbestandsmerkmale des **§ 1666 Abs 1 Satz 1** „Mißbrauch des Sorgerechts" und „Vernachlässigung des Kindes" **kein Verschulden** erfordern (s 194ff zu § 1666).

Dölle (II, 388) spricht sich für die Anwendung des § 1696 aus, jedoch mit der Maßgabe, daß die gesetzliche Vertretung des Kindes in Angelegenheiten der Personensorge und die Vermögenssorge nur unter den analog heranzuziehenden Voraussetzungen des § 1671 Abs 5 BGB beschränkt oder entzogen werden könnten. Im praktischen Ergebnis besteht daher zu der hier vertretenen Auffassung kein Unterschied (übrigens tritt Dölle in anderem Zusammenhang — II, 571 — der hier dargelegten Ansicht bei, freilich mit dem Unterschied, daß er bei der Anwendung des § 1666 Abs 1 Satz 1 stets die Voraussetzung des Verschuldens fordert — II, 259 —).

179 War der Mutter die elterliche Gewalt in vollem Umfange übertragen worden, obwohl die Unterhaltsansprüche des Kindes gegen den Vater nicht geregelt waren, so kann nicht — wie das AG München, FamRZ 1965, 230, meinte — der Beschluß gemäß § 1696 wieder aufgehoben werden, damit die Mutter in dem jetzt notwendig (und möglich) gewordenen Unterhaltsprozeß gegen den Vater (§ 1708) als Zeugin auftreten kann (s auch oben 138 aE). Vielmehr genügt es, der Mutter auf ihren Antrag gemäß §§ 1685, 1690 zum Zwecke der gerichtlichen Geltendmachung der Unterhaltsansprüche des Kindes einen Beistand zu bestellen, der insoweit die Stellung eines Pflegers hat (§ 1690 Abs 2). Damit ist die Mutter im Prozeß von der Vertretung des Kindes ausgeschlossen (vgl § 1630 Abs 1, s hierzu 11 zu § 1690); der Beistand (Pfleger) ist gesetzlicher Vertreter des Kindes in dem Unterhaltsprozeß. Damit kann die Mutter Zeugin sein.

180 d) § 1696 kann nicht angewendet werden, wenn ein Antrag der Mutter, ihr die elterliche Gewalt zu übertragen, zurückgewiesen worden war und die Mutter später den Antrag erneuert.

181 e) Das Verfahren betr Abänderung der früheren Entscheidung ist ein **selbständiges Verfahren**; jedoch ist in den Fällen, in denen noch eine Pflegschaft bestand, das Amtsgericht (Vormundschaftsgericht) örtlich zuständig, bei dem diese anhängig ist (§ 43 Abs 2 FGG); im Falle, daß die Mutter die volle elterliche Gewalt ausübte (s Bem 165ff), richtet sich die örtliche Zuständigkeit des Amtsgerichts nach dem Wohnsitz oder in Ermangelung eines inländischen Wohnsitzes nach dem Aufenthalt (§ 43 Abs 1 iV mit § 36 Abs 1 FGG); maßgebend ist der Zeitpunkt, in dem das Gericht mit der Sache befaßt wird (§ 43 Abs 1 FGG).

Das Verfahren kann von Amts wegen oder auf Antrag eingeleitet werden; die Einleitung des Verfahrens ist an keine Frist gebunden (s auch Bem 160).

Hinsichtlich der Anhörung des Jugendamtes und der Mutter sowie der Durchführung der erforderlichen Ermittlungen (§ 12 FGG) gelten die gleichen Grundsätze wie im Verfahren des § 1707 Abs 2 (s Bem 150ff).

§ 1708*).

Der Vater des unehelichen Kindes ist verpflichtet, dem Kinde bis zur Vollendung des achtzehnten Lebensjahrs den der Lebensstellung der Mutter entsprechenden Unterhalt zu gewähren. Der Unterhalt umfaßt den gesamten Lebensbedarf sowie die Kosten der Erziehung und der Vorbildung zu einem Berufe. Hat das Kind das sechzehnte Lebensjahr vollendet, so ist auf Verlangen des Vaters eigenes Einkommen des Kindes zu berücksichtigen, soweit dies der Billigkeit entspricht.

Ist das Kind zur Zeit der Vollendung des achtzehnten Lebensjahrs infolge körperlicher oder geistiger Gebrechen außerstande, sich selbst zu unterhalten, so hat ihm der Vater auch über diese Zeit hinaus Unterhalt zu gewähren; die Vorschrift des § 1603 Abs. 1 findet Anwendung.

FamRÄndG vom 11. 8. 1961, Art I Nr 9. E I, 1571, 1573, 1574; II, 1596 Abs 1; III, 1684; Mot 4, 864ff, 893ff; Prot 4, 671, 680ff.

Gliederung.

---

*) Schrifttum: Dölle, FamR, II, 1965, 397ff, § 103, I—III (auch mit rechtsvergleichenden Ausführungen); Gernhuber, FamR, 1964, 638ff, § 59; Beitzke, FamR, 12. Aufl 1964, 193f, § 33, III, 1, 2; Lehmann, FamR, 3. Aufl 1960, 209f, § 36, II, 2; Kipp in Enneccerus-Kipp-Wolff, Lehrbuch des Bürgerlichen Rechts, IV. Band, 7. Bearb 1931, 417f, § 95, IV; Brühl, Unterhaltsrecht, 2. Aufl 1963; Köhler, Handbuch des Unterhaltsrechts, 1963.

Becker, Der Unterhaltsanspruch des unehelichen Kindes, MDR 1962, 613; Eißer, Der Unterhalt unehelicher Kinder, Bemerkungen zu den §§ 1707—1710 BGB anläßlich des Beschlusses des BVerfG vom 21. 7. 1960, FamRZ 1963, 473; v. Köhler, Gedanken zu § 1708 BGB, JR 1951, 265; Stehle, Geändertes Unterhaltsrecht, NJW 1963, 1812; Urbach, Zum künftigen Unterhaltsrecht der Unehelichen, ZblJugR 1958, 290; de lege ferenda s ferner vor allem Boehmer und Bosch, Gutachten (Verhandlungen des 44. DJT, 1962, I, 1. Teil, Heft A und B).

Lit zu Einzelfragen ist an der betreffenden Stelle angeführt.

Aus dem älteren Schrifttum s Blasig, Erörterungen aus der Praxis zu §§ 1708, 1714 BGB, Recht 1906, 1365; Blumenthal, Umfang der regelmäßigen Unterhaltspflicht nach § 1708 BGB, DJZ 1925, 580; Brettner, Der gegen den natürlichen Vater gerichtete Anspruch im Lichte der Praxis, Recht 1904, 493; Crasemann, Ist die Unterhaltspflicht des unehelichen Vaters im BGB zweckmäßig geregelt? JW 1912, 771; ders, Von der Not der Väter von unehelichen Kindern, ZBlFG 13, 1913, 760; Eberhard, Von der Not der Väter von unehelichen Kindern, ZBlFG 13, 1913, 381 (zugleich zu § 1717); Kreß, Juristisch-Soziales über § 1708, DJZ 1924, 725; Mosler, Ist die Unterhaltspflicht des unehelichen Vaters im BGB zweckmäßig geregelt? JW 1912, 328; Müller, Erörterungen aus der Praxis zu §§ 1708, 1714 BGB, Recht 1907, 302; Pfeiffer, Zur Frage der Verbesserung der Rechtsstellung unehelicher Kinder, ZBlFG 13, 1913, 687; Reinsch, Zum Unterhaltsanspruch des unehelichen Kindes gegenüber seinem Vater, DJZ 1906, 586; Saage, Der Unterhaltsanspruch des unehelichen Kindes gegenüber seinem Vater, DJZ 1905, 356; Seipel, Umfang der Unterhaltspflicht des Vaters eines unehelichen Kindes, ... SeuffBl 69, 1904, 429; Simon, Zum Unterhaltsanspruch des unehelichen Kindes gegenüber seinem Vater, DJZ 1906, 255; ferner s die Lit-Angaben zu Bem 5 zu § 1717, sowie F. K. Neubecker, Die Rechtsstellung der unehelichen Kinder, Berlin 1918; Stephany, Die Unterhaltspflicht des außerehelichen Vaters, Diss Heidelberg, 1908.

Übersicht (Alphabetisches Stichwortverzeichnis).

I. Allgemeines.

1. a) § 1708 regelt die Unterhaltspflicht des Vaters. Diese Vorschrift ist lex specialis gegenüber den Bestimmungen der §§ 1601ff; eine besondere Regelung war erforderlich, da das uneheliche Kind gemäß § 1589 Abs 2 als mit seinem Vater nicht verwandt gilt (s dazu auch 31 zu § 1705) und — von seltenen Ausnahmefällen abgesehen — nicht im Haushalt des Vaters aufwächst*). 1

§ 1708 ordnet iV mit den ergänzenden Vorschriften der folgenden Paragraphen die Unterhaltspflicht des unehelichen Vaters abschließend und damit überhaupt die mit der Unterhaltspflicht zusammenhängenden vermögensrechtlichen Beziehungen. Das Kind hat nach dem Tode des Vaters weder ein Erbrecht noch ein Pflichtteilsrecht (s dazu 2 zu § 1712). Ferner hat umgekehrt der uneheliche Vater im Falle seiner späteren Bedürftigkeit keinen Unterhaltsanspruch gegen das uneheliche Kind; die Unterhaltsverpflichtung des Vaters ist also eine einseitige (vgl dagegen § 1601).

§ 1708 gilt für sämtliche unehelichen Kinder, dh für Brautkinder gleichermaßen wie für Kinder, die aus blutschänderischer oder ehebrecherischer Verbindung hervorgegangen sind (s auch 4 zu § 1705).

Die Regelung des § 1708 unterscheidet sich von der der §§ 1601ff wesentlich (s dazu auch RGRKomm 4; OLG Stuttgart, MDR 1962, 55 = NJW 1962, 495 = ZblJugR 1962, 116 = RdJ 1962, 15 = DAVorm XXXV, 5): Die Unterhaltspflicht des 2

*) Zur Geschichte des § 1708 BGB (auch zur Entstehungsgeschichte) s E. Kaufmann, JuS 1961, 53, sowie Bem 1 zu § 1709.

Vaters gemäß § 1708 Abs 1 Satz 1 und 2 ist unabhängig von seiner Leistungsfähigkeit und von der Bedürftigkeit des Kindes (Einzelheiten zur Frage der Bedeutung der Leistungsfähigkeit des Vaters s unten 35ff). Im Zusammenhang hiermit steht die Vorschrift des § 1711, wonach der Unterhalt auch für die Vergangenheit verlangt werden kann (s dazu 1 zu § 1711).

Ferner ist für die Bemessung der Höhe des Unterhalts nur die Lebensstellung der Mutter maßgebend, auf die Stellung des Vaters kommt es nicht an (s im einzelnen unten 37, 55ff).

3 Der Unterhaltsanspruch des unehelichen Kindes ist zeitlich begrenzt: nach Vollendung des 18. Lebensjahres hat das Kind — von dem Sonderfall des Abs 2 abgesehen — keinen Unterhaltsanspruch mehr, zB zur Bestreitung der weiteren Kosten der Berufsausbildung, etwa eines Studiums usw.

4 Besonderheiten ergeben sich schließlich auch daraus, daß der Unterhaltsanspruch des unehelichen Kindes auf den Erben des verstorbenen Vaters übergeht (§ 1712 Abs 1) und gemäß §§ 1712 Abs 2 und 1714 Abs 1 abgefunden werden kann.

5 Der Unterhaltsanspruch des unehelichen Kindes ist damit zT beschränkter als der eines ehelichen Kindes, zT aber auch weitergehend als der Unterhaltsanspruch zwischen Verwandten und Ehegatten; das uneheliche Kind kann uU zeitweise mehr fordern als ein eheliches Kind, worauf zB Beitzke (193) zutreffend hinweist.

6 b) Der **Rechtsgrund der Unterhaltspflicht,** der Grund der Haftung des Vaters und die **Rechtsnatur des Anspruchs** sind umstritten:

7 aa) In den **Mot zum BGB** war gesagt worden*): „Über den **Rechtsgrund** des dem unehelichen Kinde gegen den unehelichen Vater zustehenden Unterhaltsanspruchs gehen in Doktrin und Praxis die Ansichten auseinander. Nach der einen namentlich in der bayr Praxis zur Anerkennung gelangten Ansicht hat der Anspruch den Charakter eines Deliktsanspruchs (Seuffert XXX, 222)**). Dieser Ansicht kommt am nächsten diejenige Ansicht, welche den Anspruch auf die durch den Beischlaf mit der Mutter begründete Möglichkeit der Vaterschaft stützt und diese Gleichstellung der möglichen Vaterschaft mit der wirklichen Vaterschaft damit rechtfertigt, daß der Konkumbent, wenn auch kein Delikt, doch eine unsittliche Handlung begangen habe (vgl dagegen Seuffert XXXV, 27)***). Eine dritte, in der Theorie und Praxis vorwiegend vertretene, insbesondere auch von der preuß und sächs Praxis befolgte Ansicht führt die Unterhaltspflicht des unehelichen Vaters auf das durch die natürliche Verwandtschaft zwischen dem unehelichen Kinde und seinem Vater hervorgerufene Verhältnis zurück (vgl Seuffert, III, 254 [Obertribunal Berlin, 1849]; IV, 255 [OAG Lübeck, 1845]; XII, 333 [Obertribunal Berlin, 1858]; XVI, 117 [Obertribunal Berlin, 1861]; XX, 99 [OAG Dresden, 1865]; XXXI, 196 [Obertribunal Berlin, 1875]; XXXV, 27 [OG Wolfenbüttel, 1879]; XXXVII, 314 [OG Darmstadt, 1881];... RG VII Nr 102 S 340 ...)..." (4, 864f). An anderen Stellen heißt es: „Das durch die Zeugung zwischen dem unehelichen Vater und dem unehelichen Kinde geknüpfte natürliche Band der Verwandtschaft bringt ... die natürliche und sittliche Pflicht für den unehelichen Vater mit sich, für den Unterhalt des Kindes zu sorgen. Der Anerkennung dieser Unterhaltspflicht kann das Gesetz sich nicht entziehen, ohne mit den Gesetzen der Natur und dem Sittengesetze in Widerspruch zu geraten ..." (4, 868). Die vorgeschlagene Vorschrift „bringt ... zum klaren Ausdruck, daß der Entwurf ... die ... Unterhaltspflicht auf die wirkliche Vaterschaft stützt und daher als eine familienrechtliche, aus dem Status des Kindes sich ergebende Verbindlichkeit behandelt, welche jedoch ... den allgemeinen Grundsätzen des Obligationenrechts untersteht ..." (4, 874). „Obwohl das uneheliche Kind durch die natürlichen Bande des Blutes auch mit den väterlichen Aszendenten verbunden ist, so würde es doch zu weit gehen, in Ansehung der Unterhaltspflicht ein Verwandtschaftsverhältnis zwischen dem unehelichen Kinde und den väterlichen Aszendenten anzuerkennen. Das durch die Zeugung begründete natürliche Verhältnis zwischen

*) Hierzu s auch BGHZ 5, 385, 390ff; Kempf, 71ff.

**) Gemeint ist eine Entscheidung des Obersten Gerichtshofs für Bayern von 1874; diese und die folgenden Fundstellenangaben bedeuten SeuffA, Band und Nr der Entscheidung.

***) OG Wolfenbüttel, 1879.

dem unehelichen Kinde und dessen Vater läßt es zwar als eine natürliche und sittliche Pflicht des Letzteren erscheinen, dem Kinde den Unterhalt zu gewähren. Dagegen kann für die Aszendenten des Vaters ... eine solche sittliche Pflicht lediglich auf Grund der natürlichen Verwandtschaft nicht anerkannt werden" (4, 875). An einer weiteren Stelle ist von dem „familienrechtlichen Charakter des ... Unterhaltsanspruchs" die Rede (4, 882); besonders deutlich ist noch die folgende Formulierung (4, 885): „... der innere Grund der Unterhaltspflicht des unehelichen Vaters (kann) nur in dem durch die Zeugung zwischen dem Kinde und dem Erzeuger geknüpften Band der Blutsverwandtschaft gefunden werden".

In der älteren Literatur vertrat zB Dernburg (FamR, 4. Aufl 1908, 318) die Auffassung, der Vater sei auf Grund seiner natürlichen Verwandtschaft entsprechend der geschichtlichen Entwicklung in Deutschland unterhaltspflichtig (ähnlich Opet-von Blume, I, IV, 1, 3); dieser Ansicht ist Warneyer (2. Aufl 1930, I) beigetreten.

Das RG hat im Jahre 1923 ausgeführt (Z 106, 396, 400), das BGB gehe grundsätzlich von der Annahme eines familienrechtlichen Charakters der Unterhaltspflicht des Vaters eines unehelichen Kindes aus; es habe aber (zB) in der Vorschrift des § 1714 Abs 1 hieran nicht streng festgehalten. In einer späteren Entscheidung (JW 1938, 245) hat das RG unter Berufung auf Kuttner (JheringsJ 50, 1906, 412ff) dargelegt, das Bestehen der wirklichen Vaterschaft sei die einheitliche, sich überall gleichbleibende Grundlage für sämtliche Rechtsbeziehungen, die das BGB an die uneheliche Vaterschaft geknüpft habe, wobei das RG auf die blutsmäßige Abstammung abgehoben hat.

Der BGH (Z 5, 385, 390ff = JZ 1952, 477 = MDR 1952, 484 = NJW 1952, 780 = ZblJugR 1952, 206 sowie Z 17, 252, 260 = NJW 1955, 1107; ZblJugR 1956, 293) legte dar, Rechtsgrund für die Verpflichtung zur Unterhaltszahlung sei die Vaterschaft, die blutsmäßige Abstammung; ebenso äußerten sich dem Sinne nach Gernhuber (639), RGRKomm (3), Soergel-Siebert-Lade (2), Erman-Hefermehl (2), wobei Erman-Hefermehl und RGRKomm von der natürlichen Vaterschaft, Soergel-Siebert-Lade von der natürlichen Verwandtschaft sprachen. Dölle (II, 397) meinte, der Unterhaltsanspruch finde seine Rechtfertigung nicht so sehr in verwandtschaftlichen Beziehungen als vielmehr in der Verantwortung, die ein Mann durch die Erzeugung dem Kinde gegenüber auf sich nehme.

Richtiger Ansicht nach kann auf Grund der heutigen Rechtslage, wie sie sich seit Inkrafttreten des § 644 ZPO nF (1. 1. 1962) darstellt, nur maßgebend sein die blutmäßige Abstammung, die wirkliche Vaterschaft.

Hieran kann die Vorschrift des § 1717 Abs 1 BGB nichts ändern (ebenso auch zB RGRKomm, 3; Erman-Hefermehl, 2); denn es gibt nur eine (natürliche) Vaterschaft, keine „doppelte Vaterschaft" (vgl zB Ziegler, FamRZ 1959, 342). Die Vorschrift des § 1717 Abs 1 erleichtert im Interesse des Kindes den Beweis der Vaterschaft und stellt Vermutungen auf; sie ist nur eine Regelung der Beweislast, hat aber keine materiellrechtliche Bedeutung, keinen Fiktionscharakter (s hierzu Näheres Bem 1ff zu § 1717).

bb) Hinsichtlich der **Rechtsnatur des Unterhaltsanspruchs** führte Gernhuber aus (639), es handle sich um einen familienrechtlichen Anspruch. Dagegen meinten Soergel-Siebert-Lade (3 aE) und das LG Stuttgart (NJW 1958, 1730, 1731), es liege ein rein schuldrechtlicher Anspruch vor; nach der Auffassung Beitzkes (193) besteht der Anspruch schlechthin wie ein schuldrechtlicher Anspruch (s auch Maier, BldWPfl 1962, 244, 246), nach Ansicht Schefflers (in RGRKomm, 4) ist er im wesentlichen schuldrechtlicher Natur. Das BVerfG (s Vorbem 30, 33 aE vor § 1705) sprach von einer schuldrechtlichen Verpflichtung zur Unterhaltszahlung, während Lehmann (209), Eißer (FamRZ 1963, 473, 475) und Dunz (NJW 1962, 1472, 1476ff) von einer schuldrechtlichen Ausgestaltung des (auf dem Tatbestand der Erzeugung beruhenden) Anspruchs sprachen. Kempf (5) legte dar, das BGB habe die uneheliche Vaterschaft als reines Haftungsproblem kodifiziert. 8

Die Auffassung Gernhubers geht nach geltendem Recht fraglos zu weit; andererseits wies Dölle (397) zutreffend darauf hin, man werde dem komplexen Phänomen kaum gerecht, wenn man den Unterhaltsanspruch des unehelichen Kindes als einen rein schuldrechtlichen Anspruch bezeichne; zweifellos begründe die Tatsache der Erzeugung die Verpflichtung, für das erzeugte Kind zu sorgen, das BGB habe dieser Verpflichtung überwiegend obligatorische Züge verliehen, es könne aber nicht außer Acht gelassen werden, daß die Erzeugung zugleich zwischen dem Kinde und seinem Erzeuger ein Abstammungsverhältnis schaffe, das einer gerichtlichen Feststellung gemäß §§ 640ff ZPO zugänglich sei (Dölle, II, 397f). In der Tat kann für die heutige Betrachtungsweise, dh für die seit dem Inkrafttreten des § 644 ZPO nF (1. 1. 1962) bestehende Rechtslage nicht unberücksichtigt bleiben, daß mit dieser Vorschrift der Gesetzgeber den Unterhaltsanspruch ausdrücklich als auf der Abstammung des Kindes von einem bestimmten Manne beruhend anerkannt hat.

9 Übereinstimmung besteht darüber, daß der Unterhaltsanspruch des Kindes kein deliktischer Anspruch, **kein Schadensersatzanspruch** ist (s zB Dölle, II, 397; Soergel-Siebert-Lade, 14; Warneyer, I), wie die Zulassung der Mehrverkehrseinrede beweist (s Dölle, II, 450). Daher ist der Unterhaltsanspruch unabhängig davon, ob der Erzeuger in dem Zeitpunkt, in dem er mit der Kindesmutter Geschlechtsverkehr gepflogen hatte, schuldfähig war (Dölle, II, 397; Warneyer, Soergel-Siebert-Lade, aaO; RGRKomm, 3; Opet-von Blume, IV, 3a); ebenso kommt es auf die Geschäftsfähigkeit des Vaters nicht an (einhellige Meinung, s zB Dölle, aaO; Erman-Hefermehl, 2; RGRKomm, aaO). Der Unterhaltsanspruch des unehelichen Kindes besteht hiernach zB auch dann, wenn ein noch nicht 14-jähriger verführt worden und aus dieser Geschlechtsverbindung das Kind hervorgegangen war; eine andere Frage ist, ob dem Minderjährigen gegen die Kindesmutter ein Schadensersatzanspruch gemäß § 826 BGB zusteht.

10 Zu beachten ist noch, daß der Unterhaltsanspruch des Kindes **nach der Vollendung des 16. Lebensjahres** (s Abs 1 Satz 3) einem familienrechtlichen Unterhaltsanspruch angenähert ist und daß der außerordentliche Unterhaltsanspruch (Abs 2) fast ganz als familienrechtlicher Unterhaltsanspruch ausgestaltet ist, jeweils mit den Ausnahmen, daß nur eine (monatliche) Rente, keine Naturalleistung geschuldet wird, gemäß § 1714 Abs 1 eine Vereinbarung über die Unterhaltspflicht getroffen werden kann, die Unterhaltsverpflichtung auf den Erben übergeht (§ 1712 Abs 1) und daß gemäß §§ 1714 Abs 1, 1712 Abs 2 der Anspruch abgefunden werden kann (vgl Opet-von Blume, IV, 4; aber auch RGRKomm, 13).

11 Der Unterhaltsanspruch des unehelichen Kindes ist ein **gesetzlicher Unterhaltsanspruch** iS der §§ 197, 519 Abs 1, 529 Abs 2, 679, 829, 844 Abs 2 BGB, 13 Abs 1 GKG, des § 12 Abs 2 BKindGG und des § 170b StGB und eine auf gesetzlicher Vorschrift beruhende Unterhaltsrente iS des § 850b Abs 1 Nr 2 ZPO, sowie ein Anspruch aus einem familienrechtlichen Verhältnis iS des § 194 Abs 2 (s unten Bem 171).

Andererseits ist der Unterhaltsanspruch des unehelichen Kindes eine sonstige Verpflichtung iS des § 1603 Abs 1 (s dazu auch unten Bem 55f sowie 29ff zu § 1603) und des § 59 Abs 1 Satz 1 EheG (s 50 zu § 1709).

Dagegen ist der Unterhaltsanspruch des Kindes keine durch das Familienverhältnis bedingte Vermögensangelegenheit iS des § 385 Abs 1 Nr 3 ZPO (Stein-Jonas-Schönke-Pohle, 18. Aufl, Anm I, 3; Baumbach-Lauterbach, 28. Aufl, 1C je zu § 385 ZPO; **aM** Voraufl, 2d).

Der Vater des unehelichen Kindes ist auch nicht Elternteil iS des § 685 Abs 2.

12 Aus alledem ergibt sich, daß der Unterhaltsanspruch des unehelichen Kindes weder ein rein familienrechtlicher Unterhaltsanspruch ist noch ein rein schuldrechtlicher Anspruch, wenn er auch gewisse obligatorische Züge aufweist (vgl Dölle, II, 397f), sondern ein eigenartig gestalteter Anspruch, der mit keinem anderen Unterhaltsanspruch des geltenden Rechts vergleichbar ist (vgl auch — zur Reform — FamRZ 1962, 401, 402, Fußn 30 [Bosch]).

Diese Sonderregelung beruht auf der Erwägung, daß der Unterhaltsanspruch die Funktion erfüllen soll, dem unehelichen Kinde einen Ausgleich dafür zu gewähren, daß der Anspruch mit der Vollendung des 18. Lebensjahres endet und dem Kinde außer diesem Unterhaltsanspruch keine weitere vermögensrechtlichen Ansprüche — abgesehen von dem Ausnahmefall des § 1708 Abs 2 — zustehen (s Bem 1) und dem

Vater auch keine weiteren Pflichten, zB für das Kind tatsächlich zu sorgen, obliegen (vgl hierzu auch Dölle, II, 398; Beitzke, 193).

Gerade da der Unterhaltsanspruch des unehelichen Kindes kein familienrechtlicher Unterhaltsanspruch, kein Unterhaltsanspruch iS der §§ 1601 ff ist (s auch Bem 31 f zu § 1705), findet die Vorschrift des § **204** BGB keine Anwendung (s auch unten Bem 177).

Der Unterhaltsanspruch des Kindes ist ein **Wertanspruch**; er lautet nicht von vornherein auf eine bestimmte Währung (s hierzu Einzelheiten Bem 78 a).

Aus dem zwischen dem Unterhaltsberechtigten (dem Kinde) und dem Unterhaltspflichtigen (dem Vater) bestehenden Rechtsverhältnis, das mit einem „Dauerschuldverhältnis" vergleichbar ist, sind nach Treu und Glauben (§ 242) gegebenenfalls gewisse **Nebenpflichten** herzuleiten: 12a

Ist es dem Unterhaltsberechtigten nicht möglich, sich Klarheit über die Einkommens- und Vermögensverhältnisse, die Leistungsfähigkeit des Unterhaltspflichtigen zu verschaffen — was hier für den Unterhaltsanspruch des Kindes nach Vollendung des 16. Lebensjahres (s Bem 120, 123) und für den außerordentlichen Unterhaltsanspruch (Abs 2, s Bem 157) von Bedeutung sein kann —, und ist dem Unterhaltsberechtigten nicht zuzumuten, mit der Geltendmachung eines eventuell zu hohen Betrags ein Kostenrisiko einzugehen, so muß dem Unterhaltsberechtigten nach Treu und Glauben (§ 242) ein **Auskunftsanspruch** hinsichtlich der Einkommens- und Vermögensverhältnisse des Unterhaltspflichtigen gewährt werden (ebenso LG Berlin, JR 1959, 61; LG Kassel, MDR 1957, 478 — bezüglich des freiberuflich tätigen Unterhaltspflichtigen*) —; Brühl, 322; Soergel-Siebert, 89 zu § 242; Soergel-Siebert-Lange, 2 zu § 1603; **aM** LG Braunschweig, NdsRpfl 1953, 164). Allerdings wird ein solcher Auskunftsanspruch des unehelichen Kindes kaum praktische Bedeutung erlangen, da regelmäßig im Armenrechtsverfahren gewisse Ermittlungen von Amts wegen vorgenommen werden (§ 118 a Abs 1 Satz 2 und 3 ZPO).

Umgekehrt muß aber auch — konsequenterweise — dem Unterhaltsberechtigten eine gewisse Auskunftspflicht auferlegt werden hinsichtlich erkennbar wesentlicher Umstände, die für die Höhe oder das weitere Bestehen der Unterhaltspflicht von Bedeutung sind, insbesondere wenn es sich um Umstände handelt, von denen der Unterhaltspflichtige keine Kenntnis oder nur unter Schwierigkeiten Kenntnis erlangen kann.

Dies kommt in Betracht bei schwerer Erkrankung des Kindes (zB Krankenhausbehandlung), dh also bei zu erwartenden hohen Kosten ärztlicher Behandlung (s Bem 93), sowie im Falle der Verheiratung der unehelichen Tochter (s Bem 25) oder der Adoption des Kindes (s auch Bem 24 aE — in dem vormundschaftsgerichtlichen Verfahren (§ 1751) sollte der Vater gehört werden, s 46 zu § 1705 —) oder des Beginns der beruflichen Tätigkeit des Kindes, wenn es das 16. Lebensjahr vollendet hat (s Bem 144 ff).

c) Die Regelung des geltenden Rechts ist fraglos **reformbedürftig** (vgl zB Dölle, II, 365 f; Bosch, Gutachten, 97 ff), und zwar auch im Hinblick auf die umfangreichen Streitfragen, die über die Bemessung der Höhe des Unterhalts bestehen (s 69 ff), sowie auf die unbefriedigenden Konsequenzen, welche die Regelung des geltenden Rechts hat (s 33 aE, 55, 56 ff). Indessen ist diese Frage der Reform des § 1708 wegen der Zusammenhänge mit weiteren Problemen (zB des Erb- und Pflichtteilsrechts und verfahrensrechtlichen Fragen) mit die schwierigste und gewichtigste. Die Regelung des geltenden Rechts ist mit der in **Art 6 Abs 5 GG** festgelegten Wertentscheidung nicht vereinbar; daran kann die Tatsache nichts ändern, daß durch das FamRÄndG vom 11. 8. 1961 die Unterhaltspflicht des Vaters auf die Vollendung des 18. Lebensjahres des Kindes ausgedehnt wurde. 13

Diese **Erweiterung der Unterhaltspflicht des Vaters** durch die Änderung des Abs 1 Satz 1 ist **mit dem Grundgesetz vereinbar** (BVerfGE 17, 280 [s Vorbem 33 vor § 1705] sowie Erman-Hefermehl, Nachtrag zu Bem 1). Sie ist auch nicht etwa deshalb verfassungswidrig, weil eheliche Kinder in Einzelfällen unter Umständen schlechter 14

---

*) Ebenso LG Wiesbaden, FamRZ 1964, 369.

gestellt sein können als das uneheliche Kind, wenn der Vater in kärglichen wirtschaftlichen Verhältnissen lebt (vgl LG Trier, DAVorm XXXVII, 1964, 114, sowie auch unten 55ff, 96). Der **Gleichheitssatz (Art 3 Abs 1 GG)** wird hierdurch nicht berührt; er ist nur verletzt, wenn gleich liegende Fälle ohne sachliche Gründe verschieden behandelt werden (s BVerfGE 9, 201 = NJW 1959, 1027 = MDR 1959, 458; E 9, 334 = NJW 1959, 1627 = DÖV 1959, 717; Hamann, 2. Aufl, 1961, B, 4 zu Art 3 GG; Maunz, Deutsches Staatsrecht, 13. Aufl 1964, 111ff, § 14, V). Vielmehr ist hier die gesamte Rechtsstellung des unehelichen Kindes zu berücksichtigen (BVerfGE 11, 277; 17, 280; s Vorbem 30, 33 vor § 1705).

Zu Abs 1 Satz 3 s unten Bem 113ff.

15 Durch den **Gleichberechtigungsgrundsatz** (Art 3 Abs 2 GG) wurde die Regelung des § 1708 nicht berührt (s Eißer, FamRZ 1963, 473, 474; Dölle, II, 398; Erman-Hefermehl, 1; zu § 1709 Abs 1 s dort Bem 2ff).

16 d) § 1708 ist infolge der Änderung durch das FamRÄndG vom 11. 8. 1961 **nachkonstitutionelles Recht** (vgl Art 100 GG) geworden (ebenso RGRKomm 2). Dieses Gesetz brachte zwar nur eine Teilreform (s Bem 14 und unten 27ff, 113ff); doch muß auf Grund dieser Änderungen angenommen werden, daß der Gesetzgeber der Bundesrepublik die seitherige Regelung des Abs 1, insbesondere die, daß die Lebensstellung der Mutter für die Bemessung des Unterhalts maßgebend sein soll, bis zur endgültigen Reform des Rechts der unehelichen Kinder akzeptiert, dh in seinen Willen aufgenommen hat (s dazu im allgemeinen BVerfGE 6, 55, 64ff = NJW 1957, 417 = JZ 1957, 268 = DÖV 1957, 180 = MDR 1957, 276 Leits; E 11, 126 = NJW 1960, 1563 = JZ 1960, 602 = MDR 1960, 996; sowie auch E 10, 129 — s Vorbem 29 vor § 1705 —; E 13, 153, 157; E 18, 216, 219f; Maunz, Deutsches Staatsrecht, 13. Aufl 1964, 251, § 26, II, 3baa).

17 **2. Übergangsrecht.**

Art 9, II, Nr 2 des FamRÄndG vom 11. 8. 1961 bestimmte:

„Die Vorschrift des § 1708 des Bürgerlichen Gesetzbuches ist in der bisherigen Fassung anzuwenden, wenn das Kind bei Inkrafttreten dieses Gesetzes das sechzehnte Lebensjahr vollendet hat."

Gemäß Art 9, IV ist das Gesetz am 1. 1. 1962 in Kraft getreten.

Aus diesen Vorschriften ergibt sich, daß der Unterhaltsanspruch des unehelichen Kindes, das am 1. 1. 1946 oder vor diesem Zeitpunkt geboren ist und daher am 31. 12. 1961 oder früher das 16. Lebensjahr vollendet hat (s §§ 187 Abs 2 Satz 2, 188 Abs 2, hierzu Coing in diesem Komm, 4 zu § 187, sowie auch Seibert, MDR 1964, 110, 209), erloschen ist. War dagegen das Kind am 2. 1. 1946 oder später geboren, so ist § 1708 Abs 1 in der neuen Fassung anzuwenden, dh mit anderen Worten: das Kind kann oder konnte nun den Unterhalt bis zur Vollendung des 18. Lebensjahres verlangen. Allerdings mag man bedauern, daß nicht ein früherer Stichtag nach Verkündung des Gesetzes (18. 8. 1961) gewählt wurde (s Chr. Böhmer, DRiZ 1961, 375, 377f).

Der außerordentliche Unterhaltsanspruch des Kindes (§ 1708 Abs 2), das vor dem 1. 1. 1962 das 16. Lebensjahr vollendet hat, besteht (nur) so lange weiter, als die Voraussetzungen des Abs 2 vorliegen (ebenso Erman-Hefermehl, 9 zu § 1708); sie müssen also bei Vollendung des 16. Lebensjahres vor dem 1. 1. 1962 gegeben sein (s zum letzteren — hinsichtlich der neuen Regelung — unten Bem 150ff.

18 Die Vorschrift des Art 9, II Nr 2 des FamRÄndG kann nicht insofern als verfassungswidrig beurteilt werden, als der Unterhaltsanspruch des Kindes, das am 1. 1. 1962 das 16. Lebensjahr noch nicht vollendet hat, bis zur Vollendung des 18. Lebensjahres erweitert wurde (so aber Roth-Stielow, NJW 1963, 571; wohl auch Soergel-Siebert-Lade, 19 zu § 1708 — ohne Begründung —; hiergegen Dohmen, NJW 1963, 1341; Gaul, FamRZ 1963, 535 Ziff 5; wie hier auch Palandt-Lauterbach, Vorbem A zu § 1708; LG Stuttgart, DAVorm XXXVI, 103 = MDR 1963, 136; AG Frankfurt, FamRZ 1963, 372; Rosenthal-Bohnenberg, 1 zu § 1708, Rdnr 4556). Es handelt sich hier um keine echte Rückwirkung*); eine solche läge zB vor, wenn der Gesetzgeber rückwirkend eine Unterhaltserhöhung angeordnet hätte. Roth-Stielow beachtet auch nicht, daß die Erweiterung des Unterhaltsanspruchs auf die Vollendung des 18. Lebensjahres in Ausführung des Verfassungsgebots des Art 6 Art 5 GG eingeführt worden ist (s BVerfGE 17, 280 — oben Bem 14 —).

---

*) Zu dem Problem der Verfassungsmäßigkeit oder Verfassungswidrigkeit rückwirkender Gesetze s zuletzt Habscheid, ZZP 78, 1965, 401, 423ff, sowie auch Kimminich, JZ 1962, 518.

II. Die Regelung des Abs 1 im einzelnen.

1. Voraussetzungen des Unterhaltsanspruchs.

a) aa) **Verpflichtet** zur Unterhaltsleistung ist der **uneheliche Vater**; nicht, auch nicht subsidiär verpflichtet (vgl dagegen für das eheliche Kind § 1606 Abs 2) sind die Eltern des Vaters. Ist der Vater verstorben, so haftet dessen Erbe (§ 1712, s dort Bem 4). 19

Zur Haftung dessen, der den Tod des Vaters verursacht hat, s 19ff zu § 1712. 20

Hat ein Dritter das Vermögen des Vaters übernommen, so haftet dieser gemäß § 419 BGB (s dazu 23 zu § 1712).

bb) Als Vater ist **der wirkliche Erzeuger des Kindes** gemeint (s oben 7 sowie auch zum Vaterbegriff 31 zu § 1705). Da freilich die Feststellung der Vaterschaft nicht immer einfach war und ist (s hierzu 3 zu § 1717), hatte der Gesetzgeber des Jahres 1896 die Regelung des § 1717 Abs 1 Satz 1 Halbsatz 1 geschaffen, wonach als Vater gilt, wer der Mutter innerhalb der Empfängniszeit beigewohnt hat (s hierzu 12ff, 21 zu § 1717). 21

b) **Berechtigt**, den Unterhalt zu fordern, ist (nur) **das uneheliche Kind** (zum Begriff des unehelichen Kindes s 1, 2 zu § 1705), nicht die Mutter (im eigenen Namen — zum Sonderfall des § 1716 s dort Bem 4 —, zu ihrer Stellung als gesetzlicher Vertreter des Kindes, wenn sie zum Vormund bestellt oder wenn ihr gemäß § 1707 Abs 2 die elterliche Gewalt übertragen wurde, s Bem 72, 95 und 137, 165 zu § 1707; zu den eigenen Ansprüchen der Mutter s § 1715); unterhaltsberechtigt ist auch nicht der Abkömmling des unehelichen Kindes gegen dessen Vater (s schon Mot 4, 879). 22

Der **Unterhaltsanspruch entsteht** mit der Geburt des Kindes (s auch 8 zu § 1710 und 1 zu § 1716). Er **erlischt** mit dem Tode des Kindes (§ 1713) sowie mit der Vollendung des 18. Lebensjahres. Ist das Kind verstorben, so geht der etwaige Anspruch auf Unterhaltsrückstände auf den Erben des Kindes über (s 2 zu § 1713). 23

Die Unterhaltsverpflichtung des Vaters wird aber nicht dadurch beendet, daß dem gesetzlichen Vertreter des Kindes dessen Aufenthalt unbekannt ist (LG Wuppertal, NJW 1963, 958 = MDR 1963, 594 = FamRZ 1963, 456 Leits).

Wird das Kind durch nachfolgende Ehe der Eltern **legitimiert (§ 1719)** oder wird es auf Antrag des Vaters **für ehelich erklärt (§ 1723)** oder wird es von diesem **adoptiert (§ 1741)**, so „verwandelt" sich der Unterhaltsanspruch des Kindes (§ 1708) in den der §§ 1601ff, bzw des § 1739 bzw des § 1766 Abs 1 Satz 1. Hinsichtlich der Unterhaltsrückstände ist § 204 zu beachten. 24

Wird das Kind von einer anderen Person adoptiert, so haftet der Annehmende für den Unterhalt des Kindes vor dem unehelichen Vater **(§ 1766 Abs 1 Satz 2)** Dies gilt auch, wenn die uneheliche Mutter ihr eigenes Kind adoptiert (s 18 zu § 1705).

Hatte das Kind zuvor einen Unterhaltstitel erwirkt, so kann der Vater mit der Vollstreckungsabwehrklage (§ 767 ZPO) den Wegfall seiner vorrangigen Haftung geltend machen (s zB den Fall Bem 138 aE).

War der Adoptionsvertrag vor dem 1. 1. 1962 — dem Inkrafttreten des § 1766 Abs 1 Satz 2 — bestätigt worden (§ 1754 BGB, § 67 FGG), so kann der Vater die Vollstreckungsabwehrklage gegen den früheren Unterhaltstitel auf die Gesetzesänderung stützen.

Geht die uneheliche Tochter die Ehe ein — gleichgültig, ob ausnahmsweise vor Vollendung des 16. Lebensjahres (s § 1 EheG) oder danach, aber vor Vollendung des 18. Lebensjahres —, so haftet der Ehemann vor dem unehelichen Vater analog § 1608 Satz 1 (vgl Erman-Hefermehl, 2; RGRKomm 2 je zu § 1709; Dölle, II, 426 — bezüglich des außerordentlichen Unterhaltsanspruchs des Abs 2 (s auch unten Bem 156) mit der unzutreffenden Annahme, der Fall der Eheschließung des unterhaltsberechtigten unehelichen Kindes werde nur für den außerordentlichen Unterhaltsanspruch praktisch (s noch RGRKomm und Erman-Hefermehl, aaO) —; s ferner Voraufl 2, Planck-Unzner, 5 je zu § 1709; aM Knauth ZblJugR 1965, 66, 67 — bezüglich der 17- und 18-jährigen Tochter (s noch Bem 119), Deutsches Institut für Vormundschaftswesen, DAVorm XXXVII, 241, das freilich die Frage der analogen Anwendung des § 1608 nicht erkannte und sich bezüglich der noch nicht 16 Jahre alten Tochter darauf berief, der Unterhaltsanspruch sei von der Bedürftigkeit nicht abhängig; vgl auch Brühl, 147)*). Diese Analogie 25

*) Zur Frage der Geltendmachung dieser Auswirkungen der Eheschließung (durch Vollstreckungsabwehrklage, § 767 ZPO, oder Abänderungsklage, § 323 ZPO) s unten Bem 248 sowie zur Frage der Auskunftspflicht des gesetzlichen Vertreters des unehelichen Kindes s Bem 12a.

ist geboten, da sich die Sachverhalte in ihren wesentlichen Merkmalen gleichen. Gemäß § 1360 Satz 2 erfüllt die Ehefrau ihre Verpflichtung, durch Arbeit zum Unterhalt der Familie beizutragen, in der Regel durch die Führung des Haushalts; gemäß § 1360 a Abs 2 ist der Unterhalt in der Weise zu leisten, wie er durch die eheliche Lebensgemeinschaft geboten ist, und ist der Mann verpflichtet, der Frau seinen Beitrag zum gemeinsamen Unterhalt der Familie . . . zur Verfügung zu stellen. Hierbei ist es unerheblich, ob die Ehefrau ein eheliches oder uneheliches Kind war.

Soweit der Ehemann jedoch bei Berücksichtigung seiner sonstigen Verpflichtungen außerstande ist, ohne Gefährdung seines angemessenen Unterhalts seiner Ehefrau Unterhalt zu gewähren, haftet der uneheliche Vater der Frau (wie auch ihre Mutter gemäß §§ 1705, 1606 Abs 2 und 3) vor dem Ehemann (§ 1608 Satz 2; s auch unten Bem 119, 156). Das gleiche gilt, wenn die Rechtsverfolgung gegen den Ehemann erheblich erschwert oder ausgeschlossen ist (§ 1608 Satz 3 iV mit § 1607 Abs 2).

Ist die Ehe der unehelichen Tochter vor deren vollendetem 18. Lebensjahr geschieden, so haftet der unterhaltspflichtige geschiedene Ehemann vor dem unehelichen Vater (analog § 63 Abs 1 EheG; zu weiteren Einzelheiten s § 63 EheG).

26 Hat die Mutter oder ein unterhaltspflichtiger mütterlicher Verwandter (s § 1601) dem Kinde Unterhalt gewährt, so geht der Unterhaltsanspruch des Kindes gegen den Vater insoweit über, als Unterhalt gewährt worden war (**§ 1709 Abs 2**, s dort 55ff sowie dazu, daß der gesetzliche Vertreter des Kindes ermächtigt werden kann, den Unterhaltsanspruch trotzdem weiter geltend zu machen, 63 zu § 1709).

27 c) Der Unterhaltsanspruch stand dem Kinde nach bisherigem (bis 31. 12. 1961 geltendem) Recht bis zur Vollendung des 16. Lebensjahres zu. Durch das FamRÄndG vom 11. 8. 1961 (§ 1708 Abs 1 Satz 1) wurde die Unterhaltspflicht mit Wirkung vom 1. 1. 1962 **bis zur Vollendung des 18. Lebensjahres des Kindes** ausgedehnt (bezüglich der Übergangsvorschriften s Bem 17f)*).

Damit ist die Dauer des Unterhaltsanspruchs zugleich auch der der Rentenansprüche in der Sozialversicherung und der Dauer der (grundsätzlichen) Gewährung des Kindergeldes (s § 2 BKindGG) angeglichen (vgl Beitzke, 194).

28 aa) In der Begründung des Regierungsentwurfs (BT-Drucks III/530 vom 7. 8. 1958) wurde zu dieser Änderung des Abs 1 Satz 1 — die später Gesetz gewordene Regelung des Satzes 3 hatte der Entwurf noch nicht enthalten — darauf hingewiesen, daß sie besonders dringlich sei (S 11, 18); sie könne durchgeführt werden, ohne daß gleichzeitig andere Probleme des Unehelichenrechts aufgeworfen werden müßten. Dann heißt es (S 18 — s hierzu auch Bosch, FamRZ 1962, 137, 138 —): „Der Vater des unehelichen Kindes soll verpflichtet sein, dem Kinde nicht nur — wie bisher — bis zum 16. Lebensjahr, sondern bis zu seinem 18. Lebensjahr Unterhalt zu gewähren, weil das Kind mit 16 Jahren seine Ausbildung in der Regel noch nicht abgeschlossen hat. Da die familienrechtliche Ausgestaltung des Unterhalts des unehelichen Kindes der späteren Reform des Unehelichenrechts vorbehalten bleiben muß, sieht der Entwurf davon ab, die Fortdauer der Unterhaltspflicht über das 16. Lebensjahr hinaus davon abhängig zu machen, daß das Kind noch kein eigenes Einkommen hat."

Der Unterausschuß des Rechtsausschusses des Bundestages „Familienrechtsänderungsgesetz" schlug sodann die Einfügung des Satzes 3 vor, wie er später Gesetz geworden ist; der Rechtsausschuß billigte diesen Vorschlag (BT-Drucks III/2812 vom 9. 6. 1961). In der Begründung hierzu (zu Drucksache 2812, Seite 5) ist gesagt: „Volle Einmütigkeit herrscht im Rechtsausschuß darüber, daß es wegen der Veränderungen im gesellschaftlichen Leben angebracht sei, die Unterhaltspflicht des Vaters des unehelichen Kindes bis zum 18. Lebensjahr des Kindes zu verlängern (§ 1708). Jedoch teilten sich die Meinungen zunächst bei der Frage, ob vom 16. Lebensjahr an eigenes Einkommen des Kindes bei der Bemessung der Unterhaltspflicht des Vaters

---

*) Bosch, Zur erweiterten Unterhaltspflicht des außerehelichen Vaters (§ 1708 I BGB nF), FamRZ 1962, 137; Meier, Das FamRÄndG aus der Sicht der Jugendämter, RdJ 1962, 52; Niclas, Der verlängerte Unterhaltsanspruch des unehelichen Kindes gem § 1708 nF BGB, ZblJugR 1962, 68; s auch die Lit-Angaben in Fußn zu Bem 29 und 113. Zum Entwurf des FamRÄndG s Finke, FamRZ 1958, 353, und Meier, ZblJugR 1960, 288.

Im Jahre 1957 hat übrigens die Arbeitsgemeinschaft der Verbände der Sozialarbeiterinnen in einer Eingabe an den Bundesjustizminister vorgeschlagen, § 1708 schon jetzt dahin abzuändern, daß die Unterhaltspflicht des Kindesvaters bis zum vollendeten 18. Lebensjahr verlängert werde (s DAVorm XXX, 25; Meier, Unsere Jugend 1960, 222).

berücksichtigt werden soll. Der Ausschuß für Familien- und Jugendfragen*) hat sich dafür ausgesprochen**). Die Vertreter der Gegenmeinung begründeten ihre Ansicht damit, daß der Vater die uneheliche Mutter in manchen Fällen drängen werde, das Kind möglichst bald selbst einen Teil seines Unterhalts verdienen zu lassen. Außerdem werde sich dem ersten Unterhaltsprozeß oft ein zweiter anschließen, sobald das Kind das 16. Lebensjahr vollendet hat. Nach eingehender Erörterung einigte sich der Ausschuß auf die in dem neuen § 1708 Abs 1 Satz 3 idF der Ausschußbeschlüsse enthaltene Regelung in der Erwägung, daß die durch die Verlängerung der Unterhaltspflicht möglicherweise auftretenden unbilligen Ergebnisse vermieden werden müssen und die erhobenen Bedenken dahinter zurückzustellen sind." (Hierzu s auch Bem 35, 113.)

In den Beratungen des Plenums des Bundestags am 28. 6. 1961 hat der Abg Dr. Weber (Koblenz) darauf hingewiesen (Prot S 9497C), der Ausschuß des BT habe die Erweiterung der Unterhaltspflicht bis zum vollendeten 18. Lebensjahr des Kindes deshalb als vordringlich angesehen, weil das neunte Schuljahr vor der Tür stehe und der Unterhaltsberechtigte infolgedessen in aller Regel erst mit dem 18. Lebensjahr seine Lehrzeit beendet habe.

bb) Die **Unterhaltspflicht** des unehelichen Vaters besteht **grundsätzlich bis zur Vollendung des 18. Lebensjahres des Kindes.** Dies ergibt sich aus dem dargelegten Sinn und Zweck der Vorschrift des Abs 1 Satz 1 eindeutig, sowie aus dem Gesetzeswortlaut und dem Satzzusammenhang in Abs 1. Eigenes Einkommen des Kindes nach der Vollendung seines 16. Lebensjahres ist auf Verlangen des Vaters zu berücksichtigen, dh nur in diesem Falle (Satz 3). Satz 1 stellt die Grundregel auf; Satz 3 bedeutet eine Modifizierung und besondere Regelung für die Zeit nach der Vollendung des 16. Lebensjahres des Kindes und greift nur ein, wenn der Vater sich auf die betreffenden Voraussetzungen beruft (näheres s hierzu 113 ff). 29

Daraus ergibt sich, daß das Kind den Unterhaltsanspruch von vornherein bis zur Vollendung des 18. Lebensjahres geltend machen kann***). Diese Auffassung ist — nach anfänglichen Unklarheiten — jetzt die ganz hM (s aus der Lit: Bosch, FamRZ 1962, 137; 185; 292, 293; Baur, FamRZ 1962, 508, 512; Schwerdtfeger, RdJ 1962, 292f; Becker, MDR 1962, 613, 614; Brühl, 319; Perschel, RdJ 1963, 58; Erting, FamRZ 1965, 67; Urbach, ZblJugR 1962, 72; Niclas, ZblJugR 1962, 68; Nixdorf, FamRZ 1964, 554; Dölle, II, 400; Gernhuber, 639; Beitzke, 194; Erman-Hefermehl, Nachtrag 1964 zu Bem 2; Rosenthal-Bohnenberg, 1 [Rand-Nr 4555]; Soergel-Siebert-Lade, 3; Achilles-Greiff-Beitzke, Nachtrag 1964, 1; RGRKomm, 12; Palandt-Lauterbach, 1; aus der Rechtsprechung: OLG Stuttgart, FamRZ 1963, 307 = DAVorm XXXVI, 233 = Die Justiz 1963, 243 Leits; LG Mönchen-Gladbach, FamRZ 1962, 314; LG Flensburg, SchlHA 1962, 197; LG Stade, FamRZ 1962, 486; LG Amberg, MDR 1962, 824; LG Bonn, ZblJugR 1962, 237; DAVorm XXXVI, 137; LG Hagen, FamRZ 1962, 313 = DAVorm XXXV, 154 = NJW 1962, 1204; LG München II, DAVorm XXXV, 251; LG Augsburg, RdJ 1962, 303; LG Braunschweig, DAVorm XXXV, 284; XXXVIII, 8; AG Achern, FamRZ 1962, 393; LG Aachen, 5. ZK, NJW 1962, 1965; LG Osnabrück, DAVorm XXXV, 221; LG Regensburg, DAVorm XXXV, 221; LG Saarbrücken, DAVorm XXXV, 222; LG Münster, MDR 1962, 904; LG Kiel, MDR 1962, 988; LG Verden, FamRZ 1962, 528; LG Stuttgart, DAVorm XXXVI, 103 = MDR 1963, 136; FamRZ 1964, 315 = DAVorm XXXVII, 181; LG Frankfurt/Main, DAVorm XXXVI, 7; AG Frankfurt/Main, FamRZ 1963, 372; LG Schweinfurt, DAVorm XXXVI, 236; LG Trier, DAVorm XXXVII, 114; LG Kleve, DAVorm XXXVII, 143; LG Düsseldorf, DAVorm XXXVII, 116 — unter Aufgabe der früheren gegenteiligen Auffassung: FamRZ 1962, 162 = NJW 1962, 921; NJW 1962, 2208; DAVorm XXXV, 119 —; **aM** Köhler, FamRZ 1962, 185; Handbuch des Unterhaltsrechts, 116f; Walner-von Deuten, NJW 1962, 900; LG Bremen, FamRZ

*) Der Entwurf war diesem Ausschuß (der die Novelle zum JWG beriet — s Anhang zu § 1666, Bem 4 —) „mitberatend überwiesen" worden (s zu Drucksache 2812, S 1, Ziff 2).

**) Ferner s Finke, FamRZ 1958, 353, 357; Meier, Unsere Jugend 1960, 222.

***) Köhler, Die frühzeitige Leistungsklage bei der erweiterten Unterhaltspflicht des außerehelichen Vaters (§ 1708 I BGB nF), FamRZ 1962, 185; Schwerdtfeger, Frühzeitige Unterhaltsforderungen des unehelichen Kindes für das 17. und 18. Lebensjahr, RdJ 1962, 292; s auch die Lit-Angaben in Fußn zu Bem 27 und 113.

1962, 487; LG Aachen, 6. ZK, NJW 1962, 1965; DAVorm XXXVI, 135; XXXVII, 80 = MDR 1964, 327; LG Arnsberg, DAVorm XXXV, 312; LG Trier, NJW 1963, 592).

Nur die dargelegte Auffassung ist mit der Wertentscheidung des Art 6 Abs 5 GG (s Vorbem 56 vor § 1705) vereinbar.

30 Die Leistungsklage kann also erhoben werden, auch wenn das Kind noch ganz klein ist und wenn noch nicht übersehen werden kann, ob der Vater später eine Herabsetzung des Unterhaltsbetrags geltend macht und geltend machen kann. § 258 ZPO steht der Klage auf künftige Leistung auf Grund der klaren gesetzlichen Regelung des § 1708 Abs 1 Satz 1 BGB nicht entgegen (anders: Köhler, FamRZ 1962, 185; Walner-von Deuten, NJW 1962, 900; LG Bremen, FamRZ 1962, 487). Das Kind ist auch nicht etwa darauf beschränkt, auf Feststellung der Unterhaltspflicht des Vaters in dem 17. und 18. Lebensjahr zu klagen (so aber LG Aachen, aaO); vielmehr wäre eine solche Feststellungsklage unzulässig, weil auf Leistung geklagt werden kann.

Hat das Kind schon vor dem 1. 1. 1962 einen Unterhaltstitel erwirkt, so kann es nachträglich einen weiteren Unterhaltstitel für das 17. und 18. Lebensjahr erwirken — es sei denn, daß es bei Inkrafttreten des FamRÄndG vom 11. 8. 1961 (1. 1. 1962) das 16. Lebensjahr bereits vollendet hatte (s dazu 17) —; für eine solche Klage fehlt nicht etwa das Rechtsschutzinteresse (LG Stade, FamRZ 1962, 486; LG Bonn, DAVorm XXXVI, 137; LG Bochum, DAVorm XXXVI, 335; LG Mönchen-Gladbach, FamRZ 1962, 314; LG Schweinfurt, DAVorm XXXVI, 236; LG Trier, DAVorm XXXVII, 114; LG Augsburg, RdJ 1962, 303). Dagegen hat das LG Braunschweig (DAVorm XXXV, 284) angenommen, für die Klage des Kindes lediglich wegen der ihm im 17. und 18. Lebensjahr zustehenden Unterhaltsansprüche bestehe in der Regel kein Rechtsschutzinteresse, jedoch könne das Kind diese Ansprüche jederzeit gelegentlich einer Klage auf Erhöhung des Unterhalts (§ 323 ZPO) mit geltend machen.

31 Diese Klage auf Zuerkennung des Unterhalts für das 17. und 18. Lebensjahr kann als sog **Zusatzklage** erhoben werden (LGe Stade, Bonn, Mönchen-Gladbach, Schweinfurt, Trier, Bochum, aaO; AG Frankfurt/Main, FamRZ 1963, 372, 454 mit Anm von Schlosser; Bosch, FamRZ 1962, 137, 138; Dölle, II, 400f; Erman-Hefermehl, Nachtrag 1964 zu 2; Brühl, 327; Niclas, ZblJugR 1962, 68, 70ff; Deutsches Institut für Vormundschaftswesen, DAVorm XXXIV, 291), ist also keine Abänderungsklage (§ 323 ZPO; so aber LG Karlsruhe, FamRZ 1962, 269; LG Augsburg, RdJ 1962, 303; Baur, FamRZ 1962, 512; Achilles-Greiff-Beitzke, Nachtrag zu 1).

Zu der Frage, ob das Gericht den Unterhalt für das 17. und 18. Lebensjahr des Kindes gesondert festzusetzen, ob es den Unterhaltssatz nach Altersstufen gestaffelt zu bestimmen hat oder ob der Unterhalt pauschaliert für die ganze Zeit vom 1.—18. Lebensjahr des Kindes mit einem Durchschnittsbetrag festzusetzen ist, s 81ff; ferner s zu der Frage, von welchem Zeitpunkt an die „Billigkeitseinrede" des Abs 1 Satz 3 erhoben werden kann, unten Bem 129, 132.

32 cc) Auf Grund der Neuregelung des FamRÄndG bestehen **zwischen dem Unterhaltsanspruch bis zum vollendeten 16. Lebensjahr des Kindes und dem für das 17. und 18. Lebensjahr Unterschiede** (zu Abs 1 Satz 3 s unten 113ff).

33 α) Ob das Kind bis zur Vollendung des 16. Lebensjahres **bedürftig** ist, ist unerheblich (s Mot 4, 896); das Gesetz geht vielmehr davon aus, daß dies generell der Fall sei (s auch Bem 63 zur Pauschalierung). So kommt es nicht darauf an, ob das Kind eigenes Vermögen hat oder (nach Vollendung des 14. Lebensjahres bis zur Vollendung des 16. Lebensjahres) eigenes Einkommen — zB eine Lehrlingsvergütung (s Anhang zu § 1666, Bem 87) — bezieht, ob es etwa Zinseinkünfte hat, ob es von mütterlichen Verwandten, die nicht unterhaltspflichtig sind, zB von Geschwistern der Kindesmutter oder Geschwistern der Eltern der Kindesmutter, oder von sonstigen Dritten unterhalten wird (s LG Hildesheim, DAVorm XXX, 97; LG Nürnberg-Fürth, DAVorm XXXIII, 250).

Während ein minderjähriges eheliches Kind von seinen Eltern, auch wenn es Vermögen besitzt, die Gewährung des Unterhalts insoweit verlangen kann, als die Einkünfte seines Vermögens und der Ertrag seiner Arbeit nicht ausreichen (§ 1602 Abs 2), dh mit anderen Worten während das minderjährige eheliche Kind — abgesehen eventuell von der tatsächlichen

Sorge, den notwendigen Handreichungen und Dienstleistungen vor allem für das Kleinkind (vgl § 1360 Satz 2) — keinen Unterhaltsanspruch gegen seine Eltern hat, wenn die Einkünfte seines Vermögens zum Unterhalt, dh zur Bestreitung des laufenden Lebensbedarfs, voll ausreichen, kommt dies — was allerdings kaum von praktischer Bedeutung ist — für das uneheliche Kind gegenüber seinem Vater nicht in Betracht (wohl aber gegenüber der unehelichen Mutter).

Unerheblich für die Unterhaltspflicht des Vaters und ihre Bemessung sind auch die (etwa günstigen) Einkommensverhältnisse der Mutter: der Vater wird hierdurch nicht etwa entlastet, vielmehr ist das Einkommen der Mutter für die Beurteilung ihrer Lebensstellung von Bedeutung, da hiervon die Höhe des Unterhaltsbetrags abhängt (s 45f). Ob mit anderen Worten, je günstiger die Einkommensverhältnisse der Mutter sind, je gehobener dementsprechend ihre Lebensstellung ist, desto höher ist der Betrag, den das Kind als Unterhalt von dem unehelichen Vater verlangen kann (vgl zB LG Bamberg, FamRZ 1965, 338), während umgekehrt die Lebensstellung des Vaters und seine Einkommensverhältnisse außer Betracht bleiben.

Erfüllt die Mutter die Voraussetzungen für den Anspruch auf **Kindergeld***) und steht ihr die Sorge für die Person des Kindes zu (§ 1707 Abs 1), so ist der uneheliche Vater ausgeschlossen (§ 3 Abs 3 BKindGG), auch wenn er an sich die Voraussetzungen erfüllen würde (§§ 1, 2 Abs 1 Nr 4 BKindGG; s hierzu Müller, aaO; Kleinheyer, FamRZ 1964, 398; Wolff, FamRZ 1964, 646; LG Verden, 4. ZK, NdsRpfl 1965, 226**). Das der Mutter für das uneheliche Kind zustehende Kindergeld kann nicht auf den vom Vater zu leistenden Unterhaltsbetrag angerechnet werden (LG Verden, aaO; LG Ravensburg, DAVorm XXXVI, 104; FamRZ 1964, 158), etwa aus Billigkeitserwägungen in Anwendung des § 242 BGB und zwar auch dann nicht, wenn der uneheliche Vater an sich die Voraussetzungen der §§ 1, 2 Abs 1 Nr 4 erfüllen würde (vgl LG Fulda, DAVorm XXXVIII, 346 und schon zum früheren Recht BayObLG Z 1963, 105 = DAVorm XXXVI, 298 = MDR 1963, 682 = NJW 1963, 1359 = ZfSH 1963, 186; Wolff, aaO gegen LG Verden, 3. ZK, FamRZ 1964, 378). 34

Erhält die Mutter nach besoldungsrechtlichen Vorschriften **Kinderzuschlag**, so hat der Vater ebenfalls keinen Anspruch auf Kindergeld für das uneheliche Kind (§ 7 BKindGG) und auf Anrechnung des Kinderzuschlags. Dasselbe gilt, wenn der Stiefvater für das in seinem Haushalt befindliche Kind Kindergeld (vgl § 2 Abs 1 Nr 5, § 3 Abs 2 Nr 3 BKindGG; hier aM LG Oldenburg, DAVorm XXXVIII, 284, unter Berufung auf § 242) oder nach besoldungsrechtlichen Vorschriften einen Kinderzuschlag erhält (§ 7, sowie zu früherem Recht LG Stade, FamRZ 1964, 160; LG Kassel, DAVorm XXXIII, 113) oder wenn das Kind bei Pflegeeltern untergebracht ist und der Pflegevater für das Kind Kindergeld erhält***) (LG Fulda, DAVorm XXXVIII, 346; s aber auch Bem 112 aE).

Erhalten der Vater als Beamter und die Mutter als Angestellte des öffentlichen Dienstes oder umgekehrt die Mutter als Beamtin und der Vater als Angestellter je einen halben Kinderzuschlag, so ist der auf die Mutter entfallende Betrag nicht auf die vom Vater gemäß § 1708 Abs 1 zu zahlende Rente anzurechnen (LG Aurich, DAVorm XXXVI, 159).

Ist der Mutter die Ausübung der Personensorge entzogen (§ 1666 Abs 1) und sind für die Gewährung des Kindergeldes die Voraussetzungen an sich seitens der Mutter und des Vaters gegeben, so kommt es darauf an, ob der Vater oder die Mutter das Kind überwiegend unterhält (§ 3 Abs 3 BKindGG). Gegebenenfalls kann das Vormundschaftsgericht zur Entscheidung hierüber angerufen werden (§ 3 Abs 4; s zum Verfahren Kleinheyer, FamRZ 1964, 398).

Zur Pfändung und Überleitung des Kindergeldanspruchs des Vaters s unten Bem 256.

---

*) Pezely, Kindergeld für die uneheliche Mutter nach BKGG?, ZblJugR 1965, 190; Müller, Kindergeld für die uneheliche Mutter nach BKGG?, ZblJugR 1966, 15.

Zum früheren Recht s noch: Lindinger, Darf der uneheliche Vater das Kindergeld auf die Unterhaltsrente anrechnen?, ZblJugR 1957, 293.

**) = DAVorm XXXIX, 1966, 58.

***) Zum Begriff des Pflegekindes nach dem KindGG s BSozG, ZblJugR 1965, 279; LSozG Essen, DAVorm XXXVIII, 22; s auch Fußn zu Bem 256.

Zur Waisenrente des Kindes nach dem Tod der Mutter s Bem 111a, zur Waisenrente des Kindes nach dem Tode des Vaters s 18 zu § 1712.

34a Erhält die Mutter wegen Berufs- oder Erwerbsunfähigkeit für das uneheliche Kind einen **Kinderzuschuß** (§ 1262) RVO) oder eine **Kinderzulage** (§ 583 RVO), so ist diese Leistung nicht auf den Unterhaltsanspruch des unehelichen Kindes gegen den Vater anzurechnen.

Die Regelung des geltenden Rechts ist gerade im Hinblick auf die Auswirkungen des Einkommens der Mutter, der Berücksichtigung eines etwaigen hohen Einkommens der Mutter nur zu Lasten, nicht auch zugunsten des Vaters unbefriedigend und ungerecht (vgl dazu noch Dölle, II, 365; Bosch, Gutachten, 98f; FamRZ 1962, 457, 461; sowie die Beschlüsse des 44. DJT, These XII [s FamRZ 1962, 401, 402 und Vorbem 66 vor § 1705]); dies hat auch der Rechtsausschuß des Bundestags empfunden, wie sich aus dem Bericht v 9. 6. 1961 (BT-Drucks III/zu 2812) ergibt: Dort ist (S 2 in den allgemeinen Bemerkungen) gesagt: „Im Rechtsausschuß wurde im Hinblick auf die Gleichberechtigung von Mann und Frau und den Grundsatz der weitestmöglichen Gleichbehandlung von ehelichen und unehelichen Kindern in zwei Sitzungen auch die Frage besprochen, ob man die Bestimmungen des Unterhaltsrechts des unehelichen Kindes nicht dahin ergänzen und ändern sollte, daß bei der Bemessung der Unterhaltspflicht des Vaters Einkommen der Mutter zu berücksichtigen ist, und daß der Unterhalt eines unehelichen Kindes den eines ehelichen Kindes des gleichen Vaters nicht übersteigen darf. Nach eingehender Erörterung des Problems hat der Rechtsausschuß davon abgesehen, Bestimmungen darüber in den vorliegenden Entwurf aufzunehmen. Die Gründe dafür waren, daß eine befriedigende Lösung in der Kürze der Zeit nicht gefunden werden konnte und man in einer derart wichtigen und schwierigen Frage der künftigen Reform des Rechts der unehelichen Kinder nicht vorgreifen wollte." Weiterhin ist zur Änderung des § 1708 (Seite 5) dargelegt: „Der Rechtsausschuß befaßte sich des weiteren mit der Frage, ob die Vorschriften über den Unterhaltsanspruch eines unehelichen Kindes dahin geändert werden sollten, daß das uneheliche Kind gegenüber dem Vater keinen höheren Anspruch geltend machen könne als dessen eheliches Kind, und daß eigenes Einkommen der Mutter zu berücksichtigen sei. Man kam überein, diese rechtlich äußerst schwierige und sehr folgenreiche Frage wegen der Kürze der zur Verfügung stehenden Zeit in dem vorliegenden Gesetzentwurf nicht zu behandeln. Es erschien auch nicht zweckmäßig, die Regelung dieses Teilgebiets der späteren allgemeinen Reform des Rechts der unehelichen Kinder vorwegzunehmen."

36 β) Dagegen ist, wenn das Kind das 16. Lebensjahr vollendet hat, gemäß § 1708 Abs 1 Satz 3 eigenes Einkommen des Kindes auf Verlangen des Vaters zu berücksichtigen, soweit dies der Billigkeit entspricht (Näheres hierzu s unten 113ff).

37 d) Bis zur Vollendung des 16. Lebensjahres des Kindes ist die Unterhaltspflicht des Vaters unabhängig von dessen Leistungsfähigkeit (s schon Mot 4, 896f; sowie Dölle, II, 398)*).

---

*) Die Frage, ob die Regelung des § 1708 Abs 1, wonach die Leistungsfähigkeit des Vaters unerheblich ist, verfassungsgemäß ist, ist Gegenstand der Vorlagebeschlüsse des AG Marbach (vom 6. 12. 1962, FamRZ 1963, 100) und des AG Osnabrück (vom 2. 7. 1964, DAVorm XXXVII, 248). Das AG Marbach ist der Auffassung, § 1708 Abs 1 Satz 1 nF verstoße jedenfalls insoweit gegen Art, 3, 6 Abs 1 GG, als die Bemessung des Unterhaltsanspruchs des unehelichen Kindes gegen seinen Vater ausschließlich nach der Lebensstellung der Kindesmutter zu einer Benachteiligung ehelicher Kinder des Verpflichteten führe. Das AG Osnabrück meint, die Regelung des § 1708 Abs 1 sei mit den sozialstaatlichen Grundsätzen des GG nicht vereinbar, da sie die Leistungsfähigkeit des Vaters nicht berücksichtige.

Eine Entscheidung des BVerfG ist bisher nicht ergangen. In dem Beschluß vom 11. 3. 1964, der auf den Vorlagebeschluß des AG Aurich (NJW 1963, 1176) ergangen ist, hat das BVerfG (s Vorbem 33 vor § 1705) den vorliegenden Fragenkomplex ausgeklammert, da es hierauf nicht ankam.

Hinzugefügt sei noch folgendes: Daß solche von unteren Gerichten erlassenen Aussetzungs- und Vorlagebeschlüsse (Art 100 GG) unanfechtbar sind (vgl dagegen auch § 252 ZPO für sonstige Aussetzungsbeschlüsse), ist als ein Mangel des geltenden Rechts zu bezeichnen. Auf jeden Fall sollte gegen Aussetzungsbeschlüsse der Amtsgerichte, wie auch der Landgerichte in erster Instanz, die (befristete) Beschwerde gegeben werden, sowie — wenn bei der Reform des Unehelichenrechts

Die Unterhaltspflicht besteht auch, wenn der Vater erwerbslos oder infolge körperlicher oder psychischer Leiden erwerbsunfähig ist (s auch unten 55ff, sowie 3 zu § 1711) oder wenn er noch so jung ist, daß er noch kein eigenes Einkommen besitzt (zB ein Schüler, s auch Bem 9).

Ebenso kommt es nicht darauf an, welche weiteren Unterhaltspflichten dem Vater obliegen, insbesondere gegenüber seiner Ehefrau und seinen ehelichen Kindern.

Allerdings muß es in besonderen Fällen für zulässig erachtet werden, die übliche Höhe des Unterhalts (s Bem 69ff) gemäß § 242 herabzusetzen (s dazu Bem 56).

Nach der Vollendung des 16. Lebensjahres des Kindes kann die Leistungsfähigkeit des Vaters dann zu berücksichtigen sein, wenn das Kind eigenes Einkommen hat (Abs 1 Satz 3, s dazu Bem 120ff).

2. Inhalt und Bemessung des Unterhalts.

a) Maßgebend für die Bemessung der Höhe des Unterhalts ist nach geltendem Recht die **Lebensstellung der Mutter***), dh ausschließlich sie**), nicht die Stellung oder der Stand des Vaters (s hierzu auch die Ausführungen des Rechtsausschusses des Bundestags Bem 35). Als innerer Grund dieser Regelung dürfte die Erwägung anzusehen sein, daß das Kind in die soziale Stellung der Mutter, in diese Lebensverhältnisse hineinwachsen soll, da es regelmäßig in diesem Milieu aufwächst oder aufwachsen soll (vgl auch Bosch, Gutachten, 98f). 38

aa) Der Begriff „Lebensstellung" ist im Gesetz nicht definiert; er war auch in §§ 1360 Abs 1, 1578, 1610 Abs 1 aF und ist jetzt ebenfalls in § 1610 Abs 1nF verwendet, während in §§ 1360 aE, 1360a Abs 1 BGB und in § 58 Abs 1 EheG von den Verhältnissen bzw Lebensverhältnissen (der Ehegatten) die Rede ist. 39

In allen diesen Vorschriften sind die Begriffe Verhältnisse, Lebensverhältnisse und Lebensstellung im wesentlichen in finanziellem, wirtschaftlichem Sinne aufzufassen (so auch zu § 1708 Dunz, NJW 1962, 1472, 1478), dh also iS von Einkommens- und Vermögensverhältnissen (vgl auch § 1361 Abs 1). Brühl (51) vertrat die Auffassung, der in § 1610 Abs 1, § 1708 Abs 1 Satz 1 gebrauchte Ausdruck „Lebensstellung" hebe mehr auf die soziale Position, der in den Vorschriften über den Ehegattenunterhalt verwendete Begriff („Lebens-)verhältnisse" mehr auf die wirtschaftliche Lage (Einkommen und Vermögen) ab, dennoch liege kaum ein begrifflicher Unterschied vor, zumal die Höhe des Einkommens meist die allgemeine Einschätzung der beruflichen Tätigkeit widerspiegele und das Vorhandensein erworbenen oder ererbten Vermögens die soziale Stellung hebe.

bb) In § 1708 Abs 1 ist der Begriff „Lebensstellung" der Mutter dahin zu verstehen, daß er die gesamten sozialen und wirtschaftlichen Verhältnisse der Mutter betrifft: ihre Herkunft, die soziale und wirtschaftliche Stellung und die Verhältnisse ihrer Eltern, gegebenenfalls ihrer unehelichen Mutter, auch die Schul- und Berufsausbildung, vor allem aber ihre eigenen Einkommens- und Vermögensverhältnisse, wobei stets auf den Einzelfall abzustellen ist (vgl Dölle, II, 418; Rosenthal-Bohnenberg, 3; Webler, ZblJugR 1952, 156; LG Bamberg, FamRZ 1965, 338; LG Stuttgart, NJW 1952, 547; LG Wiesbaden, FamRZ 1963, 587; LG Frankenthal, MDR 1955, 360; LG Heilbronn, DAVorm XXXVI, 230; s auch Brühl, 52ff; Eißer, FamRZ 1963, 473, 476; LG Hamburg, DAVorm XXX, 65; XXXI, 306; LG Stuttgart, DAVorm XXXIX, 1966, 39, 42; und unten Bem 42ff). 40

Zu beachten ist, daß der Begriff „Lebensstellung" nicht mit dem des „Standes" gleichzusetzen ist und daß sich der Lebensstandard heutzutage meist nach den tatsächlichen Einkommens- (und Vermögens-) Verhältnissen 41

---

der dringend notwendige Revisionsrechtszug (s Fußn zu Bem 74) eingeführt wird — die weitere Beschwerde (Rechtsbeschwerde) an das Revisionsgericht, um eine Prüfung der betreffenden Rechtsfrage durch die letzte Instanz zu ermöglichen und damit überflüssige Vorlagebeschlüsse zu vermeiden und das BVerfG zu entlasten.

*) Webler, Zum Begriff der Lebensstellung der Mutter in § 1708 BGB, ZblJugR 1952, 156.

**) Hierzu s auch die Ausführungen des BVerfG in dem Beschluß vom 21. 7. 1960 (s Vorbem 30 vor § 1705).

richtet, insbesondere in einfachen Bevölkerungskreisen (s Becker, MDR 1962, 613; Gernhuber, 640; Rosseburg, DRiZ 1951, 224; Webler, ZblJugR 1952, 156; LG Stuttgart, Die Justiz 1963, 209, 321; vgl auch LG Düsseldorf, NJW 1962, 921, das von der „Verbrauchergruppe" spricht).

Weiterhin darf nicht außer Acht gelassen werden, daß infolge der allgemeinen sozialen und wirtschaftlichen Entwicklung in der Bundesrepublik und Westberlin seit der Währungsreform, durch die Verbesserung der Einkommensverhältnisse, das starke Ansteigen der Löhne eine erhebliche Angleichung, eine **soziale Nivellierung** eingetreten ist (vgl Becker, MDR 1962, 613; Knöll, ZblJugR 1964, 104). Dies wirkt sich gerade auch zB bei Kindesmüttern aus, die als Hausangestellte, Hilfsarbeiterinnen, Arbeiterinnen und Büroangestellte usw tätig sind*).

42 Zwar kommt es auf die **jeweilige Lebensstellung** der Mutter an — was für die Entscheidung über Abänderungsklagen (§ 323 ZPO) von Bedeutung ist (s auch Bem 233 f, 247) —, indessen muß es sich um einen **Zustand von einer gewissen Dauer** handeln (Dölle, II, 418; Eißer, FamRZ 1963, 473, 476; Rosseburg, DRiZ 1951, 224; Brühl, 52 f je mit weiteren Nachweisen; LG Aachen, JMBlNRW 1953, 126; vgl auch LG Stuttgart, NJW 1952, 547; LG Tübingen, NJW 1953, 1476; NJW 1954, 75 mit Anm von Birk; LG Bielefeld, DAVorm XXXV, 64; LG Frankenthal, MDR 1955, 360; LG Hannover, DAVorm XXXV, 249; LG Hildesheim, DAVorm XXV, 84; LG Hamburg, DAVorm XXXI 306; Köhler, 113). Ein vorübergehender Verlust einer einmal erreichten Stellung bleibt außer Betracht (ebenso Dölle, II, 418; LG Aachen, und LG Hannover, DAVorm XXVII, 108; Gernhuber, 640 Fußn 3; s auch unten Bem 44 und Köhler, 114). Dies kann bei Flüchtlingen von Bedeutung sein (vgl Birk, aaO; LG Hamburg, DAVorm XXXI, 306; s auch Bem 50). Das LG Aachen (JMBlNRW 1953, 126) hat zutreffend darauf hingewiesen, betreibe die Kindesmutter ein selbständiges Gewerbe, so könne sich die Lebensstellung nicht mit der jeweiligen jährlichen Gewinn- und Verlustrechnung ändern; erst wenn einschneidende Veränderungen hinsichtlich der Größe des Gewerbebetriebs eintreten, zB wenn sich der Kleinbetrieb zum größeren Betrieb entwickelt habe oder der größere Betrieb zum Kleinbetrieb zurückgegangen sei, sei eine andere Beurteilung gerechtfertigt.

---

*) Zur Verdeutlichung der Erhöhung der Löhne mögen hier folgende aus den Statistischen Jahrbüchern des Statistischen Bundesamts entnommenen Zahlen genannt werden (ohne Angabe aller Zeitpunkte der Lohnerhöhungen):

Ledige Angestellte des öffentlichen Dienstes bezogen folgende Brutto-Einkünfte (in DM):

	TOA	Sonderklasse Anfangs- Vergütung	Sonderklasse End- Vergütung	Ortsklasse A Anfangs- Vergütung	Ortsklasse A End- Vergütung	Ortsklasse B Anfangs- Vergütung	Ortsklasse B End- Vergütung
ab 1. 4. 1953	X	206,9	361	197,9	349	189,9	337,5
	IX	216,9	380,2	207,9	368,2	199,9	356,7
	XIII	236,2	408,6	227,2	390,7	219,2	385,2
ab 1. 1. 1956	X	223,50	396	214,5	384	206,5	373
	IX	239	418	230	406	222	395
	XIII	260	448	251	436	243	425
ab 1. 1. 1960	X	283,7	492,2	270,2	476,6	256,7	461
	IX	303,2	519,2	289,7	503,6	276,2	488
	VIII	326,7	561,2	313,2	545,6	299,7	530
ab 1. 7. 1962	X	352,5	578	335,5	558	318,5	538
	IX	376,5	610	359,5	590	342,5	570
	VIII	405,5	657	388,5	637	371,5	617
ab 1. 1. 1965	X	509	687	486	660		
	IX	546	724	523	697		
	VIII	589	778	566	751		

Lebt die **Mutter** (zB als Minderjährige) noch **im Haushalt ihrer Eltern** oder des verwitweten oder geschiedenen Elternteils oder ihrer unehelichen Mutter, oder ist sie von diesen ihren Angehörigen wirtschaftlich ganz oder nahezu ganz abhängig, so kommt es im wesentlichen auf deren Lebensverhältnisse an (vgl dazu LG Wiesbaden, FamRZ 1963, 587; LG Heilbronn, DAVorm XXXVI, 230; LG Bamberg, FamRZ 1965, 338; Rosseburg, DRiZ 1951, 224). 43

Stammt die Mutter zwar aus einfachen Verhältnissen und lebt sie im Elternhaus, hat sie sich aber auf Grund ihrer Berufsausbildung emporgearbeitet, so daß sie ein sozial höheres Niveau als ihre Eltern erreicht hat, so sind in erster Linie die Einkommensverhältnisse der unehelichen Mutter maßgebend (ebenso LG Hagen, DAVorm XXIV, 70; s ferner LG Wiesbaden, FamRZ 1963, 587; LG Bamberg, FamRZ 1965, 338).

Kehrt die Mutter nach vorübergehender Berufstätigkeit (zB an einem anderen Ort) in das Elternhaus zurück, so behält sie die von der Lebensstellung der Eltern oder des betreffenden Elternteils abgeleitete Lebensstellung (Brühl, 53; LG Aachen, DAVorm XXVII, 108: Tochter eines Fachschullehrers, die vorübergehend als Fabrikarbeiterin tätig war).

Hat sich die **Mutter verheiratet**, so kommt es im wesentlichen auf die von ihr dadurch erlangte Lebensstellung an (s Dölle, II, 418f; Brühl, 54; Soergel-Siebert-Lade, 4; LGe Dortmund und Hildesheim, DAVorm XXV, 84; LG Wiesbaden, FamRZ 1958, 71; LG Berlin, DAVorm XXXII, 275 [Verheiratung der Mutter mit einem Akademiker]; s auch LG Hamburg, DAVorm XXXI, 306); ihre etwaige eigene berufliche Tätigkeit und ihr Einkommen werden nur dann von maßgebender Bedeutung sein, wenn dieses höher ist als das ihres Ehemannes, so daß hierdurch der Lebenszuschnitt der Familie ein höheres Niveau erlangt hat (s auch zur Abänderungsklage unten Bem 233). 44

Ist die Mutter durch sittliches Verschulden, infolge ihres Lebenswandels abgeglitten, so wird sie in der Regel in die unterste Stufe, in die sozial einfachste Stellung (s dazu Bem 45) einzureihen sein (s LG Wiesbaden, FamRZ 1957, 384; Brühl, 53; sowie LG Dortmund, DAVorm XXX, 281); ebenso kann eine „Herabstufung" der Kindesmutter, die das Abitur abgelegt hatte, gerechtfertigt sein, wenn sie jahrelang ein eheähnliches Verhältnis mit einem Fabrikarbeiter gepflogen hat (LG Wiesbaden, FamRZ 1958, 71). 44 a

Übt die Mutter längere Zeit eine einfachere berufliche Tätigkeit aus, als ihrer Ausbildung entspricht, mit geringem Einkommen, so ist dies zu berücksicht.gen (LG Dortmund, DAVorm XXX, 281).

Die Bruttomonatsverdienste weiblicher kaufmännischer und technischer Angestellter in Industrie und Handel betrugen (im Durchschnitt des ganzen Bundesgebiets) in DM:

	Untere Gruppe		gehobene Gruppen	insgef in % †)
1958	282	339	499	100
1960	332	381	552	111,7
1962	399	462	651	133,7
1963	435	497	693	143,4
1964	457	524	731	153,2

†) Hier sind die Angestellten im Bank- und Versicherungswesen mitberücksichtigt.

Die Bruttostunden- und -Wochenverdienste der Arbeiterinnen in der Industrie betrugen im Durchschnitt des Bundesgebiets (in DM):

	Hilfsarbeiterinnen		(angelernte) Arbeiterinnen		Facharbeiterinnen	
	Stunde	Woche	Stunde	Woche	Stunde	Woche
1950	0,81	37,14	0,93	41,68		
1955	1,14	53,32	1,29	58,93		
1958	1,51	65,84	1,64	70,34	1,71	72,2
1960	1,81	78,5	1,95	84	2,06	87,6
1962	2,28	97	2,47	105	2,60	109
1963	2,47	104	2,68	112	2,86	118
1964	2,70	111	2,88	117	3,07	125

Zur Steigerung der Lebenshaltungskosten s Fußn zu Bem 63.

45 Hinsichtlich der Lebensstellung der Mutter hat sich in der Rechtsprechung fast allgemein eine **Gruppierung** durchgesetzt (hiergegen wohl Gernhuber, 640f), wobei meist (auf Grund von Vorschlägen des Deutschen Instituts für Vormundschaftswesen — s DAVorm XXII, 41 [1949]; XXIX, 241, 246 [1956/1957]; sowie Brühl, 206 —) 5 Gruppen zugrundegelegt werden, die sich auf die berufliche Stellung beziehen. Doch ist zu beachten, daß diese Gruppierung nur allgemeine Anhaltspunkte gibt und nicht schematisch angewendet werden darf. Wichtiger als die Berufsbezeichnung ist die tatsächlich ausgeübte berufliche Stellung und das Einkommen (s auch oben Bem 41); so kann es zB vorkommen, daß sich eine Mutter Kontoristin nennt, aber eine untergeordnete Tätigkeit ausübt, die dann auch in ihrem Lohn ihren Ausdruck findet (vgl noch Bem 39f, 46).

Im allgemeinen wird man — mit den erwähnten Vorbehalten — von folgender Gruppierung ausgehen können*):

1. Mütter einfachster Lebensstellung, un- und angelernte Arbeitskräfte: Hilfsarbeiterinnen, Fabrikarbeiterinnen, Landarbeiterinnen, Hausangestellte, Putzfrauen, Packerinnen, Näherinnen und dgl;

2. Mütter mit einfacher Berufsausbildung (insbesondere abgeschlossener Lehre): Kontoristinnen, Stenotypistinnen, Verkäuferinnen, Handwerkerinnen, Schneiderinnen, Modistinnen, Friseusen, Wirtschafterinnen, Apothekenhelferinnen, untere Beamtinnen und dgl;

3. Mütter mit besonderer Berufsausbildung, qualifizierte Facharbeiterinnen: zB kaufmännische Angestellte mit mittlerer Reife oder Handelsschule, Sekretärinnen, Verkaufsleiterinnen, Buchhalterinnen, Technikerinnen, Erzieherinnen Krankenschwestern, Säuglingsschwestern, Kindergärtnerinnen, Fürsorgerinnen, Operationsschwestern, mittlere Beamte und Angestellte (in städtischen oder staatlichen Behörden usw), Modezeichnerinnen, Kunstgewerblerinnen und dgl;

4. Mütter in verantwortlichen (selbständigen oder leitenden) Stellungen: Geschäftsinhaberinnen, selbständige Handwerker oder Gewerbetreibende, leitende Angestellte, Prokuristinnen, Bäuerinnen mit mittleren Betrieben, Beamtinnen des mittleren gehobenen Dienstes, Lehrerinnen, medizinische und wissenschaftliche Assistentinnen, Zahnärztinnen (frühere Dentistinnen) und dgl;

5. Mütter in gehobenen Stellungen: Akademikerinnen, Künstlerinnen, Redakteurinnen usw.

Das LG Düsseldorf (MDR 1965, 745 = JMBlNRW 1965, 173; s auch Lipschitz, DRiZ 1965, 212, sowie DAVorm XXXVIII, 161) hat 7 Gruppen aufgestellt, wobei es die oben genannte Gruppe 5 aufgegliedert hat, in der Weise, daß es Direktorinnen mittlerer Industrien, Akademikerinnen in gehobenen Stellungen, Professorinnen in Gruppe 6 und Führungskräfte der Wirtschaft und des Staates, sowie Stars in Gruppe 7 eingestuft hat. Köhler (115) unterscheidet sogar 9 Gruppen, wobei er einfachste und einfache Verhältnisse (dh die irgendwie ausgebildeter Arbeiterinnen) trennt und die oben erwähnte Gruppe 5 ebenfalls weiter aufgliedert. Hierzu ist indessen zu bemerken, daß dieser letzteren Aufgliederung für die Gerichtspraxis keine Bedeutung zukommt und daß die Unterscheidung zwischen einfachster und einfacher Lebensstellung abzulehnen ist (vgl auch Becker, MDR 1962, 613, 615f; Brühl, 206; LG Bückeburg, NJW 1958, 952; ferner LG Hamburg, DAVorm XXXI, 306).

Der Senator für Jugend und Sport **Berlin** hat die Aufstellung von 4 Gruppen vorgeschlagen (DAVorm XXXII, 1959, 6, s ferner für Baden-Württemberg Mayer, BldWPfl 1958, 23), wobei im wesentlichen nur der Unterschied besteht, daß die oben aufgeführten Gruppen 4 und 5 zusammengelegt sind (vgl auch LG Heilbronn, DAVorm XXXIV, 328, das sich ebenfalls dafür ausspricht, möglichst wenig Gruppen zu bilden).

Ebenso gehen die Jugendämter des Stadtstaates **Hamburg** und der Großstadt **Frankfurt am Main** von 4 Gruppen aus; dagegen legen die Jugendämter in **Bayern** und **Schleswig-Holstein** jeweils landeseinheitlich 3 Gruppen zugrunde, ebenso einige Jugendämter im Rhein-Main-Gebiet (s Knöll, ZblJugR 1964, 102, 104) sowie das LG Flensburg (SchlHA 1962, 197: Mütter einfacher Lebensstellung, Mütter, die durch ihre Position und Erwerbstätigkeit über den einfachen Stand herausgehoben sind, Mütter gehobenen Standes).

46 Hinsichtlich des **Einkommens der unehelichen Mutter** wird man nach dem Stande vom Frühjahr 1965 wohl von folgenden Gruppen (entsprechend

*) Hierzu s Brühl, 206.

der oa Berufsgliederung) ausgehen können (s LG Düsseldorf, JMBlNRW 1965, 173 = MDR 1965, 745; DAVorm XXXVIII, 161; Lipschitz, DRiZ 1965, 212 — zum Vergleich bezüglich des Jahres 1962 s Lipschitz, DRiZ 1962, 251; MDR 1962, 709 —):

1. bis DM 700,
2. DM 600—900,
3. DM 800—1200,
4. DM 1000—1500,
5. über DM 1400.

Hinzuzufügen ist, daß es sich auch hier nur um allgemeine Anhaltspunkte handeln kann; zu berücksichtigen sind, wie dargelegt (s Bem 40), stets die sozialen und wirtschaftlichen Verhältnisse der Mutter insgesamt.

Ergänzend ist noch auf folgende Entscheidungen hinzuweisen:

Das LG Hamburg (DAVorm XXXI, 306) hat eine zahnärztliche Helferin in Gruppe 2 eingestuft. Es hat ferner zum Ausdruck gebracht, gehe die Kindesmutter nur deshalb einer an sich gehobeneren ihrer Ausbildung entsprechenden Tätigkeit nicht nach, weil diese Tätigkeit zu schlecht bezahlt würde und weil die Mutter in einem anderen minder gehobenen Beruf ein höheres Einkommen erzielen kann, so dürfe dies der Mutter und dem Kinde nicht zum Nachteile gereichen, kann die Mutter also nicht in eine niedere Gruppe eingestuft werden (s ferner LG Hamburg, DAVorm XXX, 65). Gruppe 2 hat das LG Duisburg (DAVorm XXXVIII, 178) für eine selbständige Kunstgewerblerin zugrundegelegt. 47

Für die Tochter eines Landwirts, die eine Landwirtschaftsschule besucht hatte und in dem landwirtschaftlichen Anwesen, einem „beachtlichen" — aber nicht größeren — Betrieb lebt, hat das LG Heilbronn (DAVorm XXXVI, 230 = MDR 1963, 682) ebenfalls Gruppe 2 angenommen (s ferner LG Bochum, DAVorm XXXI, 93). 48

Hinsichtlich gelernter Verkäuferinnen (Gruppe 2) s LG Hannover, DAVorm XXXV, 249, und LG München II, DAVorm XXXV, 251. Ebenso hat das LG Frankenthal (MDR 1955, 360) Gruppe 2 für eine Mutter angenommen, die eine Landwirtschaftsschule besucht, dann die Kaufmannsgehilfenprüfung abgelegt hatte und danach eine Verteilungsstelle einer Konsumgenossenschaft leitete, obwohl sie diese Beschäftigung nach der Entbindung aufgeben mußte und erwerbslos war. Dieser Entscheidung ist zuzustimmen. Der Lebensstellung einer Verkäuferin gleichgeachtet hat das AG Hamburg (DAVorm XXXVIII, 141) die einer Hundepflegerin. Ebenso hat das LG Detmold (DAVorm XXXVIII, 261) die Lebensstellung einer Friseuse als gehoben beurteilt (wohl in Gruppe 2 — s oben Bem 45 — eingestuft). 49

Eine Mutter (Flüchtling), die vor der Flucht eine Ausbildung als Kindergärtnerin begonnen hatte, aber nicht hatte beenden können, danach als Arzthelferin ohne vollendete Ausbildung tätig und nach ihrer Entbindung als Hilfsarbeiterin beschäftig war, hat das LG Bielefeld (DAVorm XXXV, 64) in Gruppe 1 eingestuft. 50

Zur Lebensstellung einer mittleren Beamtin s zB LG Heilbronn, DAVorm XXXIV, 328; bezüglich einer Lehrerin s LG Berlin, JR, 1951, 603; LG Wuppertal, DAVorm XXXVI, 1963, 134. 51

Das LG Frankenthal (MDR 1955, 360) hat zutreffend dargelegt, habe die Mutter nach abgeschlossener Hochschulbildung mit bestandenem Staatsexamen nicht sofort eine Beschäftigung in ihrem Fachberuf finden können und stattdessen aus Gründen der wirtschaftlichen Sicherstellung vorübergehend eine ganz untergeordnete Beschäftigung mit geringfügiger Bezahlung übernommen, so dürfe sie niemals in die unterste Gruppe der „ungelernten Arbeiter etc" eingestuft werden. 52

Die „Tochter aus reichem Hause", eine uneheliche Mutter aus sehr begüterter Familie, die selbst ein Reitpferd und einen Personenkraftwagen besitzt, in der Villa ihrer Eltern wohnt und keinen Beruf ausübt, hat das LG Wiesbaden (FamRZ 1963, 587) in die Gruppe 5 eingestuft. 53

cc) α) Die **Lebensstellung** und der **Stand des Vaters** bleiben dagegen bei der Bemessung der Höhe des Unterhalts außer Betracht (so die fast einhellige Meinung, s Brühl, 53; Soergel-Siebert-Lade, 4; OLG Hamburg, OLG 7, 119 [1903]; aM Reichel, DJZ 1931, 1129, 1132 Fußn 1, der meinte, habe die Mutter eine höhere Lebensstellung inne — er erwähnte 54 als Beispiel eine Prinzessin —, so habe der in einfachen Verhältnissen lebende Vater des unehelichen Kindes dieses nach Maßgabe seiner, nicht der mütterlichen Lebensstellung zu alimentieren, da das uneheliche Kind nicht besser gestellt werden dürfe, als das eheliche; doch ist diese Auffassung mit dem Gesetz nicht vereinbar).

β) Ebenso ist für die Bemessung der Höhe des Unterhalts bis zur Vollendung des 16. Lebensjahres des Kindes die **wirtschaftliche Lage des Vaters**, dessen Leistungsfähigkeit ohne Bedeutung (s schon oben Bem 2, 37f sowie Erman-Hefermehl, 2; Soergel-Siebert-Lade, 4; OLG Hamburg, OLG 7, 119; OLG 21, 275 Fußn 2 aE [1909]; LG Regensburg, DAVorm XXVIII, 195 = FamRZ 1956, 113 Leits).

Aus der Vorschrift des **§ 1603 Abs 1***) kann nichts anderes hergeleitet werden. Der Auffassung kann nicht beigetreten werden, gemäß § 1603 Abs 1 sei zwar der Unterhaltsanspruch des unehelichen Kindes zu berücksichtigen (s auch Bem 11), aber nicht vor dem der ehelichen Kinder, sondern mit ihnen gleichberechtigt (so aber Gotthardt in diesem Komm, 29ff zu § 1603; Künkel, NJW 1961, 642; Brühl, 164; Dölle, II, 8, § 8C, III, 2; 429, § 103, IV, 3; LG Lüneburg, MDR 1953, 104; sowie Palandt-Lauterbach, 25. Aufl 1966, 3 zu § 1603 unter [unrichtiger] Berufung auf Gernhuber, 428f, § 41, III, 5; Beitzke, 12. Aufl, 132, § 22, 2b; RGRKomm, 13 zu § 1603; vgl auch schon von Köhler, JR 1951, 265; wie hier: Eißer, FamRZ 1963, 473, 474, 482; Lange, JZ 1965, 425, 432; Soergel-Siebert-Lange, 10 zu § 1603; BayObLG (StrS), FamRZ 1963, 149 = NJW 1963, 360 = ZblJugR 1963, 58)**). Gernhuber (aaO) wendet sich vielmehr gerade — und mit Recht — dagegen, den Verfassungsauftrag des Art 6 Abs 5 GG dadurch zu vollziehen, daß die Nachteile unehelicher Geburt aufrechterhalten und die Vorteile beseitigt werden sollen (ähnlich auch RGRKomm, aaO). Beitzke (aaO) kritisiert die Regelung des geltenden Rechts und befürwortet de lege ferenda eine Änderung. Zu beachten ist weiterhin, daß § 1609 Abs 1 im vorliegenden Zusammenhang nicht anwendbar ist.

Wenn Dölle (aaO) meint, der Unterhaltsanspruch des unehelichen Kindes könne im Rahmen des § 1603 nur in dem Maße berücksichtigt werden, als ehelichen Kindern und dem Ehegatten ein mindestens ebenso hoher Betrag zum Unterhalt verbleibe, so übersieht er, außer den von Gernhuber dargelegten Erwägungen, daß der Bedarf eines Kindes in den verschiedenen Altersstufen verschieden ist (s Bem 83) und daß man nicht von dem Bedarf des ehelichen Kindes an sich sprechen kann (s Eißer, FamRZ 1963, 473, 482, der mit Recht darauf hinweist, „das" eheliche Kind gebe es nicht, einmal habe nicht jeder uneheliche Vater auch eheliche Kinder, ferner richte sich der Wert des Unterhalts, den das eheliche Kind im Rahmen der Familiengemeinschaft erhalte, nach der Zahl der ehelichen unterhaltsberechtigten Kinder; seien zahlreiche Kinder vorhanden, so sei der Anspruch (und Bedarf) des einzelnen Kindes erheblich geringer, als wenn nur ein oder zwei Kinder vorhanden seien).

Zwar geht in der Zwangsvollstreckung der Unterhaltsanspruch des ehelichen Kindes dem des unehelichen Kindes vor (§ 850d Abs 2 lit a und b ZPO); jedoch ist dieser Vorrang der ehelichen Kinder für das materielle Recht, das Unterhaltsrecht, gleichgültig (so mit Recht Gernhuber, aaO; Eißer, aaO). Die Vorschrift des § 850d Abs 2 lit a und b ZPO kann zB zur Folge haben, daß, wenn der Lohn des Vaters für die Unterhaltsansprüche ehelicher Kinder bis auf das Existenzminimum gepfändet ist, das uneheliche Kind in der Zwangsvollstreckung nicht mehr befriedigt werden

---

*) Künkel, Zur Interpretation des § 1603 Abs 1 BGB, NJW 1961, 642; Roth-Stielow, Die Konkurrenz zwischen Ansprüchen ehelicher und unehelicher Kinder gegen denselben Vater, FamRZ 1954, 103; de lege ferenda s Bosch, Gutachten, 98ff; Knöpfel, FamRZ 1966, 273, 277f.

Aus der älteren Literatur s Francke, Über das Verhältnis des Unterhaltsanspruchs der ehelichen Kinder zu dem der unehelichen Kinder ihres Vaters, Recht 1913, 629; Starck, Über das Verhältnis des Unterhaltsanspruchs der ehelichen Kinder zu dem der unehelichen Kinder gegenüber ihrem Vater nach dem BGB, Recht 1913, 461; ferner s noch Eberhard, Pfeiffer und Crasemann, ZBlFG 13, 1913, 381, 687, 760.

**) Ferner ist hierzu auf den Beschluß des BVerfG vom 21. 7. 1960 (s Vorbem 40 vor § 1705) hinzuweisen.

kann (vgl BGHSt 19, 389 = NJW 1964, 2118 = MDR 1964, 935 = JR 1964, 466; OLG Celle, FamRZ 1962, 315 = MDR 1962, 921; auch OLG Frankfurt, FamRZ 1964, 372).

§ 1603 Abs 1 ist auch dann anzuwenden, wenn der Vater des unehelichen Kindes von seiner Ehefrau getrennt lebt oder die Ehe geschieden ist und der Vater an eheliche Kinder und das uneheliche Kind eine Unterhaltsrente zu bezahlen hat. Bosch (FamRZ 1962, 292, 294) hat für diesen Fall die Sorge ausgesprochen, der dem unehelichen Kinde zuerkannte Unterhaltssatz könnte in vielen Fällen höher liegen als die Sätze, die für eheliche Kinder als angemessen erachtet werden. Indessen zeigt sich auch hier, wie wichtig und notwendig es ist, den Unterhalt nach Altersstufen festzusetzen (s zB die vom LG Düsseldorf, MDR 1965, 745f; DRiZ 1965, 212, für eheliche Kinder ausgearbeitete Tabelle; bezüglich des unehelichen Kindes s unten Bem 83f). 55a

Andererseits muß in extremen Fällen in Anwendung des § 242 eine Herabsetzung des normalen Unterhaltssatzes zugelassen werden, wenn feststeht, daß der Vater des unehelichen Kindes im Hinblick auf seine wirtschaftliche Lage, insbesondere die Unterhaltsverpflichtungen gegenüber ehelichen Kindern und der Ehefrau, niemals wird leisten können und dadurch eine ständig wachsende Verschuldung des Vaters herbeigeführt wird, die seinen Unterhalt und den seiner Familie in unerträglicher Weise gefährdet und belastet (vgl auch de lege ferenda Bosch, Gutachten, 98f). Der Grundsatz von Treu und Glauben (§ 242) ist an den Grundsatzentscheidungen der Verfassung, insbesondere Art 6 Abs 1 GG, auszurichten (vgl AG Celle, FamRZ 1963, 374). 56

So kann eine Anwendung des § 242 auch zB in Betracht kommen, wenn das Kind in einer Heil- oder Pflegeanstalt oder einem Heim untergebracht ist (s AG Celle, aaO; vgl auch Eißer, FamRZ 1963, 473, 483). Wären somit bis zur Vollendung des 18. Lebensjahres des Kindes hohe Rückstände aufgelaufen, so würden diese, wenn dem Kinde der außerordentliche Unterhaltsanspruch des Abs 2 zusteht, die Leistungsfähigkeit des Vaters beeinträchtigen.

Sind die Unterhaltsrückstände nicht beitreibbar, so würden sie nach 4 Jahren verjähren (§ 218 Abs 2, s dazu Bem 172), falls die Verjährung nicht durch Vollstreckungshandlungen unterbrochen wird (§ 209 Abs 2 Nr 5) oder eventuell durch eine Feststellungsklage (s Bem 193). Im letzteren Falle kann indessen das erforderliche Feststellungsinteresse (§ 256 ZPO) uU zu verneinen sein, wenn mit an Sicherheit grenzender Wahrscheinlichkeit anzunehmen ist, daß die Rückstände niemals realisierbar sind (s Bem 195)*). Könnte die Verjährung immer wieder durch Vollstreckungshandlungen unterbrochen werden oder waren hinsichtlich der Rückstände Feststellungsurteile ergangen, so würden die Rückstände erst in 30 Jahren verjähren (s § 218 Abs 1). Hiermit wäre aber dem Kinde nicht gedient (zB wenn der Vater inzwischen alt geworden, das Kind längst verheiratet ist, in guten oder durchschnittlichen Verhältnissen lebt und auf die Zahlung der Unterhaltsrückstände nach dieser langen Zeit nicht mehr angewiesen ist — s dazu einen instruktiven, von Stehle, NJW 1956, 167, 170 lit g, berichteten Fall —).

Nach dem Tode des Vaters könnte dessen Erbe, wenn der Nachlaß überschuldet oder wertlos ist, von der Möglichkeit des § 1712 Abs 2 Gebrauch machen (s dort Bem 51) oder sich auf die beschränkte Erbenhaftung berufen (§§ 1975ff, s dazu 8 zu § 1712). Ist inzwischen das Kind verstorben, so gehen die betreffenden rückständigen Forderungen auf den Erben des Kindes über (§§ 1922, 1705), dh auf die Mutter oder die mütterlichen Verwandten (s Bem 2 zu § 1713).

Diese Erwägungen zeigen, welch' unbefriedigende Konsequenzen in den dargelegten Fällen herbeigeführt werden können, dh mit anderen Worten, daß in derartigen extremen Fällen das Begehren des unehelichen Kindes hinsichtlich einer bestimmten Höhe des Unterhalts als Verstoß gegen Treu und Glauben, als Rechtsmißbrauch beurteilt werden kann. Eventuell

*) Ergänzend ist hier darauf hinzuweisen, daß nach Inkrafttreten des Vollstreckungsmißbrauchsgesetzes vom 13. 12. 1934 (RGBl I, 1234) die Gerichte vereinzelt die Vollstreckung wegen der Unterhaltsrückstände, die vor allem in der Zeit der Erwerbslosigkeit des Vaters entstanden waren, für unzulässig erklärt haben (s AG Hamburg, JW 1937, 126; LG Berlin, JW 1937, 2830; vgl hierzu Klauß, JR 1950, 277).

kann für das Kind und den Vater dann eine Erleichterung erzielt werden, wenn dieser für das Kind Anspruch auf Kindergeld hat (§ 2 Abs 1 Nr 4 BKindGG) und der auf das Kind entfallende Anteil des Anspruchs des Vaters gemäß §§ 12, 24 BKindGG übergeleitet werden kann (s Bem 256).

In den Fällen, in denen der Vater zur Zahlung des „normalen" Unterhaltssatzes nicht in der Lage ist, die Mutter auch in dürftigen Verhältnissen lebt und daher Sozialhilfe in Anspruch genommen werden kann, ist zu beachten, daß der Träger der Sozialhilfe die Ansprüche des Kindes nur unter den Voraussetzungen des § 84 Abs 1 BSHG auf sich überleiten kann (§§ 90, 91 BSHG; s Bem 106).

57 γ) Hat (ausnahmsweise) die **Mutter** eine **sozial höhere Stellung** als der Vater inne, so schuldet dieser einen höheren Unterhaltssatz als etwa seinen eigenen ehelichen Kindern (s auch Bem 55 ff). Umgekehrt hat der in sehr guten wirtschaftlichen Verhältnissen lebende Vater des unehelichen Kindes einer in kärglichen Verhältnissen lebenden Mutter nur den dementsprechenden Unterhalt, also den Mindestsatz zu leisten. Hat eine Mutter mehrere uneheliche Kinder, deren Väter in teils günstigen teils ungünstigen wirtschaftlichen Verhältnissen sich befinden, so hat jedes Kind den gleichen Unterhaltssatz zu beanspruchen; daß diese Regelung des Gesetzes sehr reformbedürftig ist, liegt auf der Hand (s auch Dunz, NJW 1961, 2137, 2139 f; 1962, 1472, 1478; Becker, MDR 1962, 613, 615; Bosch, Gutachten, 98 f).

58 δ) Ist ein Mann **Vater mehrerer unehelicher Kinder von verschiedenen Müttern** verschiedener Lebensstellung, so finden unterschiedliche Unterhaltssätze Anwendung, eben deshalb, weil die Lebensstellung und die Leistungsfähigkeit des Vaters ohne Bedeutung sind — ein Ergebnis, das gewiß nicht befriedigen kann.

59 b) Der Unterhalt umfaßt den **gesamten Lebensbedarf des Kindes** (§ 1708 Abs 1 Satz 2)*). Der Vater schuldet also **nicht nur** den dem Existenzminimum entsprechenden oder den **notdürftigen Unterhalt** (s auch Fußn zu Bem 1 zu § 1709), und zwar auch dann nicht, wenn das Kind durch sittliches Verschulden bedürftig geworden sein sollte (ebenso Opet-von Blume, II, 2a); § 1611 ist hier nicht entsprechend anwendbar.

60 aa) Der Begriff „gesamter Lebensbedarf" findet sich auch in § 1610 Abs 2; in § 1360a Abs 1 ist von dem „Lebensbedarf der gemeinsamen unterhaltsberechtigten Kinder" der Ehegatten die Rede.

Hinsichtlich der ehelichen Kinder ergibt sich aus §§ 1360 Satz 1 und 2 Halbsatz 1 und 1360a Abs 1, daß der „gesamte Lebensbedarf" des ehelichen Kindes, den die Eltern zu erfüllen haben, sämtliche Aufwendungen für den Unterhalt und die Erziehung des Kindes betrifft, insbesondere auch die Versorgung, Pflege, Betreuung und Beaufsichtigung des Kindes usw mitumfaßt. Zur Unterhaltspflicht der Eltern gegenüber dem (ehelichen) Kinde gehört also auch die Dienstleistungspflicht, regelmäßig in gewissem Umfange auch des Vaters, zB bezüglich einer Beaufsichtigung, Begleitung des Kindes bei Spaziergängen usw.

Dagegen hat der Begriff „gesamter Lebensbedarf" in § 1708 nicht die gleiche Bedeutung (ebenso Haehling von Lanzenauer, Die Justiz 1965, 284, 285; vgl auch Gernhuber, 625 f; LG Braunschweig, NJW 1965, 351 = FamRZ 1965, 230 Leits; s ferner schon Blumenthal, DJZ 1925, 580; anders die hM, s von Hülsen, FamRZ 1965, 589, 590 ff;

*) Aus der neueren **Literatur** s Haehling von Lanzenauer, Zum neuen Bedarfssatz für Mindestunterhaltsrenten in Baden-Württemberg, Die Justiz 1965, 284; Knöll, Richtsätze für den Unterhalt unehelicher Kinder im Rhein-Main-Gebiet, ZblJugR 1964, 102; Mayer, Mindestunterhaltsrenten für uneheliche Kinder, BldWPfl 1965, 28; Meier, Zur Reform des Unehelichenrechts, Einheitlicher Warenkorb und Mindestunterhaltssatz für das uneheliche Kind im Bundesgebiet, Unsere Jugend 1965, 158; Rosseburg, Die Höhe des Unterhalts unehelicher Kinder, DRiZ 1951, 224; Schweitzer, Die Bemessung des Lebensbedarfs des unehelichen Kindes, Unsere Jugend 1958, 177; Stehle, Die heutigen Unterhaltssätze unehelicher Kinder in Baden-Württemberg — eine Fehlentwicklung, Die Justiz 1960, 57; Würfflein, Der Unterhalt für ein Kind in Bayern, ZblJugR 1963, 104; s auch Ihme, Kann man mit dem Richtsatz auskommen?, BldWPfl 1957, 106; Haehling von Lanzenauer, Nochmals: Mindestunterhaltsrenten in Baden-Württemberg, Die Justiz 1966, 80; Koebel, Zur Bemessung der Unterhaltsrente für das uneheliche Kind, NJW 1966, 636; Knauer, Wohnbedarf eines unehelichen Kindes, Übernahme der Kosten durch den Erzeuger, NDV 1965, 331; ders ZblJugR 1966, 141.
Weitere Literatur-Angaben s in Fußnoten zum Folgenden.

vgl auch Eißer, FamRZ 1963, 473, 476). Der vom Vater zu leistende Unterhalt soll den **gesamten baren Bedarf des Kindes** an Nahrung, Kleidung, Wohnung mit den Kosten der Erziehung und der Berufsausbildung decken (s Dölle, II, 417f; Eißer, FamRZ 1963, 473, 476; Einzelheiten s unten Bem 64ff). Den Wert der Dienstleistungen der Mutter hat der Vater nicht zu ersetzen; sie gehören daher nicht zu dem gesamten Lebensbedarf iS des § 1708 Abs 1 Satz 2 und sind auch nicht Kosten der Erziehung iS dieser Vorschrift. Sie beruhen auf dem Recht und der Pflicht der Mutter, die tatsächliche Personensorge auszuüben (§ 1707 Abs 1 Satz 2); hiermit erfüllt sie zugleich ihre Unterhaltspflicht (s dazu 8ff zu § 1709). Die Mutter kann für diese Dienstleistungen vom Vater auch nicht etwa gemäß § 1709 Abs 2 Ersatz verlangen (s auch dort Bem 56).

Kommt die Mutter infolge Verschuldens eines Dritten oder infolge 61
einer eine Gefährdungshaftung begründenden Handlung eines Dritten ums Leben, so hat das Kind gegen den Dritten einen Ersatzanspruch, eben wegen des Wegfalls der von der Mutter erbrachten und zu erbringenden Dienstleistungen (s 42 zu § 1709).

Der dargelegte Unterschied des Begriffs „gesamter Lebensbedarf" in 62
§ 1610 Abs 1 und § 1708 Abs 1 Satz 2 beruht auf dem verschiedenen Unterhaltsbegriff (s 9 zu § 1709).

Zu beachten ist jedoch, daß der oben Bem 60 zur Erläuterung des Begriffs „gesamter Lebensbedarf" in § 1708 Abs 1 Satz 2 verwendete terminus „gesamter barer Bedarf" insofern keine feste Größe ist, als der Bedarf dann steigen kann, wenn die Mutter stirbt (s auch Bem 110ff und zu einem Sonderfall Bem 42 zu § 1709) oder wenn das Kind in einem Heim oder in einer Anstalt untergebracht ist (s Bem 96ff sowie 26 zu § 1709).

Die von dem unehelichen Vater zu leistende Unterhaltsrente (§§ 1708, 63
1710) ist ihrem Wesen nach als **pauschalierte und typisierte Rente** zu bezeichnen (s zB BVerfGE 11, 277 — s Vorbem 40 vor § 1705 —); zu berücksichtigen sind dabei die — übrigens in den einzelnen Ländern der Bundesrepublik unterschiedlichen*) — allgemeinen Lebenshaltungskosten und Preisindices**) (s zB Deutsches Institut für Vormundschaftswesen,

---

*) Hiermit dürfte es wohl auch zusammenhängen, daß sich die von den Ländern auf Grund der Ermächtigung des § 22 Abs 3 BSHG festgelegten Regelsätze hinsichtlich der Mindesthöhe unterscheiden (s zB zuletzt die Anordnungen in Baden-Württbg — GABl 1965, 637 = BldWPfl 1966, 28 — und in Niedersachsen — BldWPfl 1966, 29 —).

**) Die Preisindexziffern für die Lebenshaltung einer vierköpfigen Arbeiterfamilie mit alleinverdienendem Haushaltsvorstand stiegen von 1938 (= 100) folgendermaßen:

1950	156,0	1962		198,0
1955	171,5	1963		204,0
1959	185,2	1964		208,7
1960	187,9	1965	Jan	211,9
1961	192,3	1965	März	212,9

Legt man den Preisindex für die gesamte Lebenshaltung von 1962 = 100 zugrunde, so ergeben sich für 4-Personen-Arbeitnehmer-Haushalte mit mittlerem Einkommen des alleinverdienenden Haushaltsvorstandes folgende Zahlen:

1950	78,8	1959		93,6
1951	84,8	1960		94,9
1952	86,7	1961		97,1
1953	85,1	1962		100
1954	85,3	1963		103,0
1955	86,7	1964		105,4
1956	88,9	1965	Jan	107,0
1957	90,7	1965	Febr	107,1
1958	92,7	1965	Sept	109,5

Die einfache Lebenshaltung eines Kindes (eines schulpflichtigen Kindes im 7. Lebensjahr in einem kleineren privaten Haushalt bei Betreuung durch die Mutter oder unentgeltlich durch eine andere Person) betrug — legt man den Index von 1958 = 100 zugrunde —:

1957	97,5	1962		111,2
1958	100	1963		114,6
1959	101,3	1964		117,4
1960	103,1	1965	Jan	120,6
1961	105,4	1965	Febr	120,9

DAVorm XXXV, 1962, 242, sowie zur Abänderungsklage gemäß § 323 ZPO wegen Erhöhung der Lebenshaltungskosten, Bem 222ff), ferner die Einkommensverhältnisse (vgl auch Köhler, FamRZ 1962, 184; Rosseburg, DRiZ 1951, 224; LG Bückeburg, NJW 1958, 952; zB sind nach den Statistiken die durchschnittlichen Brutto-Monats-Verdienste der Angestellten in Industrie und Handel sowie die durchschnittlichen Lohneinkommen der Arbeiter in den einzelnen Ländern der Bundesrepublik verschieden: die Einkommen zB der Angestellten liegen in Baden-Württemberg, Hamburg, Hessen, Nordrhein-Westfallen über, die in Bayern, Bremen, Rheinland-Pfalz, Schleswig-Holstein unter dem Bundesdurchschnitt).

64 bb) *α*) *) Im einzelnen umfaßt der Begriff „gesamter Lebensbedarf" in § 1708 Abs 1 Satz 2 den **Ersatz für die baren Aufwendungen zum Unterhalt des Kindes:** Nahrung, Kleidung, Wäsche, einschließlich Säuglingsausstattung, Hausrat, Körper- und Gesundheitspflege, ärztliche Betreuung, Wohnung, Heizung, Beleuchtung.

Die Aufwendungen für die Anschaffung der Baby-Ausstattung sind keine Kosten der Entbindung iS des § 1715 Abs 1 Satz 1 (s dort 13, 24); der Geldersatz für den Bedarf an dieser Ausstattung wie überhaupt an Bekleidung und Wäsche kann nicht deshalb entfallen oder ermäßigt werden, weil üblicherweise oder in der Regel die Kindesmutter einen Teil der Baby-Ausstattung und Bekleidungsstücke von Verwandten und Paten des Kindes geschenkt erhält (Haehling von Lanzenauer, Die Justiz 1965, 284, 286, gegen LG Hechingen, DAVorm XXXVIII, 137).

Das BVerfG hatte in seinem Beschluß vom 21. 7. 1960 (s Vorbem 40 vor § 1705) dargelegt, die Unterhaltsrente des Vaters decke bei ihrer herkömmlichen Berechnungsweise im wesentlichen nur den baren Aufwand für Nahrung, Bekleidung und Ankauf einer Schlafgelegenheit (so auch LG Münster, DAVorm XXXVIII, 1965, 237). Ebenso wird zuweilen angenommen, ein Anteil am Mietwert der Wohnung, sowie an den Kosten für Heizung und Beleuchtung komme für das Kind nicht in Betracht (so LG Münster, MDR 1962, 481; LG Nürnberg-Fürth, NJW 1962, 1966; DAVorm XXXIX, 1966, 22; LG Mainz, zitiert von Becker, MDR 1962, 613, 616 mit Fußn 28; LG Hechingen, DAVorm XXXVIII, 137; LG Baden-Baden, DAVorm XXXII, 78; Haehling von Lanzenauer, Die Justiz 1965, 284; hinsichtlich des Raumbedarfs LG Mainz, DAVorm XXXVIII, 266; zur Heizung und Beleuchtung LG Fulda, DAVorm XXXVIII, 345, 347). Diese Ansicht kann jedoch nicht gebilligt werden (Dölle, II, 418; Brühl, 48ff; Becker, MDR 1962, 613; Eißer, FamRZ 1963, 473, 476, 482; Mayer, BldWPfl 1965, 28, 32; Frank, ZblJugR 1965, 38, 42; LG Ulm, DAVorm XXXVIII, 238); daher ist auch die erwähnte Auffassung des BVerfG zu eng.

Richtig ist zwar, daß der Raumbedarf des Kleinkindes gering ist, da es regelmäßig im gleichen Zimmer wie seine Mutter schläft, was schon wegen der erforderlichen Betreuung zweckmäßig sein wird; meist wird aber die Mutter genötigt sein, mit Rücksicht auf das Kind ein größeres Zimmer zu nehmen, als sie es für sich allein benötigen würde. Ist das Kind älter, so wird ein gemeinsames Zimmer in der Regel nicht mehr ausreichen, insbesondere bei Knaben, worauf Mayer (aaO) mit Recht hinweist. Haehling von Lanzenauer (aaO) kann auch nicht zugegeben werden, das größere Kind schlafe in einfachen Verhältnissen häufig im Tagesaufenthaltsraum; ist dies der Fall, so ist ein solcher Zustand kaum erträglich (s auch Brühl, 207; Frank, ZblJugR 1965, 38, 42).

Ferner darf der zusätzliche Bedarf des Kindes hinsichtlich der Heizung sowie an Wasser, da der Säugling und das Kleinkind sehr häufig gewaschen und gebadet werden muß, nicht außer Acht gelassen werden.

65 Zum Unterhalt des Kindes gehört auch die **Krankenversicherung** (s Dölle, II, 418, 424; Brühl, 63; Soergel-Siebert-Lade, 5;

Die Zahlen sind den vom Statistischen Bundesamt, Wiesbaden, herausgegebenen Statistischen Jahrbüchern für die Bundesrepublik Deutschland entnommen, zuletzt 1965, S 496, 497.
Aus der Lit s noch: Guckes, Der neue Preisindex für die einfache Lebenshaltung eines Kindes, ZblJugR 1963, 1.

*) Unterhalts-Berechnungs-Tabellen hat Kreisamtmann A. Zacher, Lindau/Bodensee, 1965 veröffentlicht (s dazu die Angaben in DAVorm XXXVIII, 328).

RGRKomm, 14; OLG Hamm, NJW 1960, 2191 = ZblJugR 1961, 28 = DAVorm XXXIV, 53; AG Neu-Ulm, DAVorm XXXVII, 142; s ferner den Hinweis in DAVorm XXXVI, 257, und Bem 16 aE zu § 1707); allerdings ist diese Verpflichtung nicht aktuell, wenn das Kind in der (sozialen) Krankenversicherung der Mutter mitversichert ist. Der Vater kann das Kind (im Einverständnis des gesetzlichen Vertreters des Kindes) auch mit seiner eigenen Krankenversicherung mitversichern lassen; dieser Beitrag ist dann auf die Unterhaltsrente anzurechnen (vgl aber auch den vom LG Fulda, DAVorm XXXVIII, 345, 347, entschiedenen Fall).

Zum **Sonderbedarf** des Kindes s Bem 87ff, zur Frage der Prozeßkostenvorschußpflicht des Vaters s Bem 95, zu den von der Praxis ausgearbeiteten Bedarfsschemata s Bem 69ff.

β) Das Gesetz nennt noch ausdrücklich die Kosten der Erziehung und der Be- 66
rufsausbildung*).

Zu den **Kosten der Erziehung** gehört alles, was für das Kind an 67
Bildungsmitteln benötigt wird (Brühl, 74), auch zB Spielzeug und Bilderbücher, dagegen nicht der Aufwand für den Besuch des Kindergartens durch das Kind (ebenso Haehling von Lanzenauer, Die Justiz 1965, 284; Eitzer, FamRZ 1963, 473, 478; aM Mayer, BldWPfl 1965, 28, 33: Berücksichtigung des Kindergartenbeitrages zur Hälfte).

Darüber, welche Erziehungsmaßnahmen geboten sind, entscheidet die Mutter (s Bem 12 zu § 1707); im Rahmen der ihr vom Vormund zur Verfügung gestellten Mittel (s 13 zu § 1707), in denen ein diesbezüglicher Pauschalbetrag enthalten ist, hat die Mutter zu bestimmen, was für die Erziehung des Kindes ausgegeben werden soll, zB welches Taschengeld das Kind erhält (s auch Mayer, aaO).

Zu den Kosten der Erziehung iS des § 1708 Abs 1 Satz 2 gehören nicht die von der Mutter im Rahmen der Personensorge zu vollbringenden Dienstleistungen (ebenso LG Ravensburg, DAVorm XXXVII, 211), sowie Aufwendungen für eine Hausgehilfin, mag diese auch das Kind mitbetreuen und miterziehen (s noch Bem 60 aE).

Die **Kosten der Berufsausbildung** hat der Vater bis zum vollendeten 68
18. Lebensjahr des Kindes zu tragen, auch wenn die Berufsausbildung bis zu diesem Zeitpunkt noch nicht beendet ist; es ist also nicht erforderlich, daß das Kind einen Beruf wählt, zu dem die Ausbildung (in der Regel) bis zum 18. Lebensjahr beendet ist (Brühl, 205; Brüggemann, ZblJugR 1952, 184, 187). Den unehelichen Kindern kann und darf keinesfalls eine bessere Schulausbildung als die Volksschulbildung abgeschnitten werden, die Wahl der Schule sollte sich vor allem nach der Begabung und den Fähigkeiten des Kindes richten (so zutreffend Brühl, 205). Allerdings kann das Kind die nach Vollendung des 18. Lebensjahres entstehenden weiteren Kosten der Berufsausbildung nicht mehr gegen den Vater geltend machen.

Die Kosten der Berufsausbildung lassen sich nicht von vornherein übersehen (so auch zB Dölle, II, 413; Gernhuber, 642; Deutsches Institut für Vormundschaftswesen, DAVorm XXIX, 241, 246; Mayer, BldWPfl 1965, 33; LG Hamburg, DAVorm XXV, 1952, 85), weil die Verhältnisse in den einzelnen Fällen zu verschieden sind. Die Kosten der Berufsausbildung können daher auch nicht von vornherein in den Unterhaltssatz mit einbezogen werden, da sie erst bestimmbar sind, wenn feststeht, welche Berufsausbildung in Betracht kommt und wie hoch diese Kosten sind (Dölle, aaO; s auch LG Bad Kreuznach, DAVorm XXXI, 269; LG Köln, DAVorm XXVIII, 299 = FamRZ 1956, 113). Deshalb empfiehlt es sich, in der Klage darauf hinzuweisen, daß die Geltendmachung dieser Kosten vorbehalten bleibt, oder gegebenenfalls in einer vollstreckbaren Urkunde (s 4 aE zu § 1714, 82a zu § 1718) einen entsprechenden Vorbehalt aufzunehmen.

Dagegen geht das LG Stuttgart (FamRZ 1964, 315 = DAVorm XXXVII, 181) von dem „Normalfall" eines in einfachen Verhältnissen lebenden Kindes aus, daß es nach dem Volksschulbesuch eine Lehrzeit durchmacht und Lehrlingsvergütung erhält (vgl auch LG Mainz, DAVorm XXXI, 184).

---

*) Vgl auch zu § 1610 Abs 2 BGB; Knorn, Die Kosten der Erziehung und Vorbildung zu einem Beruf, FamRZ 1964, 618.

Hinsichtlich der Schulausbildung ist die heute bestehende Lernmittelfreiheit zu beachten, so daß der Schulbedarf verhältnismäßig gering ist.

Zur späteren Geltendmachung der Kosten der Berufsausbildungskosten s Bem 94.

69 γ) Da das Gesetz keine Regelung darüber enthält, nach welchen Gesichtspunkten der Lebensbedarf iS des § 1708 Abs 1 Satz 2 im einzelnen festgestellt, dh wie die pauschalierte und typisierte Rente (s auch § 1710) berechnet werden soll, haben insbesondere die **Jugendämter** im Rahmen der Gutachtertätigkeit iS des § 48 Abs 3 JWG **Richtsätze** für den Mindestunterhalt aufgestellt. Allerdings sind diese nicht einheitlich, sie sind auch für die Gerichte nicht bindend, geben aber andererseits für die Rechtsprechung wertvolle Anhaltspunkte und werden nicht selten der Urteilsfindung zugrundegelegt (s Dölle, II. 419; Brühl, 202; Gernhuber, 641; sowie zB LGe Augsburg, Aachen, Rottweil, Karlsruhe, DAVorm XXXIV, 86, 207, XXXV, 8, 67). Die Richtsätze werden meist (von Zeit zu Zeit) an die Steigerung der Lebenshaltungskosten und der Einkommensverhältnisse angeglichen (s zB Dölle, II, 420; sowie zur Abänderungsklage, § 323 ZPO, Bem 228, 230f).

In der Praxis hat sich noch keine einheitliche und überzeugende Methode der Berechnung des Bedarfs herausgebildet, wobei freilich nicht zu verkennen ist, daß diese Berechnung eines durchschnittlichen Mindestsatzes außerordentliche Schwierigkeiten bereitet.

70 ZT wurde der Berechnung des Lebensbedarfs ein sog „**Warenkorb**"*) zugrundegelegt; eine solche Zusammenstellung hatte zuerst das Deutsche Institut für Vormundschaftswesen im Jahre 1932 und dann erneut im Jahre 1949 veröffentlicht (DAVorm XXII, 41); 1957 wurde sie überarbeitet und erweitert (DAVorm XXIX, 241, s auch Struve, aaO).

Berechnungen über den Lebensbedarf des unehelichen Kindes wurden im Jahre 1952 in Bayern angestellt (s Lindinger, ZblJugR 1954, 45); in Nordrhein-Westfalen wurde durch einen Runderlaß des Arbeits- und Sozialministeriums vom 23. 3. 1961 eine Bedarfsberechnung bekannt gemacht (s MinBl NRW 539; DAVorm XXXV, 1962, 25). In Anlehnung an diese Bedarfsberechnung hat das Bayer Statistische Landesamt im Auftrage des Bayer Staatsministeriums des Innern eine Berechnungsgrundlage festgestellt, das MindI hat in der Entschließung vom 5. 2. 1963 (s DAVorm XXXVI, 121) den Jugendämtern empfohlen, sich bei der Geltendmachung von Unterhaltsansprüchen auf die Ergebnisse der Untersuchung zu stützen (s hierzu den Bericht von Würfflein, Der Unterhalt für ein Kind in Bayern, ZblJugR 1963, 104).

In der Zwischenzeit wurde im Jahre 1957 von dem Landkreistag Baden-Württemberg und dem Städteverband Baden-Württemberg in Zusammenarbeit mit der Stadt Stuttgart und dem Statistischen Landesamt unter Zuziehung weiterer Sachverständiger (Städt Gesundheitsamt und Leiter einer städt Kinderklinik Stuttgart) aus dem Bedarfsschema des Deutschen Instituts (s oben) der „Stuttgarter Warenkorb" unter Berücksichtigung moderner wissenschaftlicher Erkenntnisse auf dem Gebiete der Ernährung zusammengestellt und berechnet (s Die Justiz, 1957, 459, sowie vor allem Mayer, BldWPfl 1958, 10; Roth-Stielow, Bettinger, Die Justiz 1958, 42, 322). Der Arbeitskreis überprüfte den „Warenkorb" im Jahre 1964**) und veröffentlichte sodann einen neuen Bericht (s Mayer, BldWPfl 1965, 28; Die Justiz 1965, 185; sowie die Stellungnahme der kommunalen Landesverbände zum neuen Bedarfssatz für

*) Hierzu s Struve (Nürnberg), Der „Warenkorb" des unehelichen Kindes und der allgemeine Unterhaltsmindestsatz in „Amtsvormundschaft — heute", Schriften des Deutschen Instituts für Vormundschaftswesen, Heidelberg, 1960, S 101ff.

**) Der Arbeitskreis hat hierbei berücksichtigt, daß der Deutsche Verein für öffentliche und private Fürsorge (Frankfurt/Main) im Jahre 1961 in Zusammenarbeit mit dem Max-Planck-Institut für Ernährungsphysiologie auf Anfordern des Bundesministers des Innern einen „Warenkorb" für die Ernährung erarbeitet hat, der die Grundlage für die Rechtsverordnung vom 20. 7. 1962 (BGBl I, 515) über Inhalt und Aufbau der Regelsätze des § 22 BSHG vom 30. 6. 1961 (BGBl I, 815) gebildet hat (s NDV 1962, Heft 3, sowie auch Die Justiz 1965, 212 linke Sp, und BldWPfl 1965, 35; ferner LG Stade, DAVorm XXXVI, 159).

Über die Zusammensetzung des bad-württ-Arbeitskreises s Haehling von Lanzenauer, Die Justiz 1965, 284, 287 mit Fußn 36.

Mindestunterhaltsrenten in Baden-Württemberg, Die Justiz 1965, 211)*). Die kommunalen Landesverbände und das InnMin (Erlaß vom 26. 2. 1965, Nr IX 1175/11; s auch AV des JustMin, Die Justiz 1965, 185) haben den Jugendämtern empfohlen, die Mindestunterhaltsrenten (Richtsätze) unter Beachtung der Untersuchung des Arbeitskreises neu festzusetzen.

Buchholz (JR 1951, 14) hatte vorgeschlagen, den Unterhaltsmindest- 71
satz höher als den Richtsatz der öffentlichen Fürsorge (jetzt Sozialhilfe) festzusetzen, unter Berücksichtigung des Lebenshaltungsindexes und der Steigerung desselben.

Eine geeignete Grundlage für die Berechnung des Unterhaltsmindestsatzes erblickte das LG Stade (DAVorm XXXVI, 159) in den auf Grund des § 22 BSHG und der RegelsatzVO vom 20. 7. 1962 (s Fußn zu Bem 70) festgelegten Regelsätzen (s ferner auch Schweitzer, Unsere Jugend 1958, 177, zu den damaligen Fürsorgerichtsätzen mit dem Hinweis auf die vom Deutschen Verein für öffentliche und private Fürsorge veröffentlichte Schrift „Öffentliche Einkommenshilfe und Richtsatzpolitik").

Die Rechtsprechung legte und legt häufig für die Berechnung des 72
Mindestsatzes als Bedarfsschema die Bewertung des Warenkorbs zugrunde (vgl zB OLG Stuttgart, NJW 1962, 495 = ZblJugR 1962, 116 = RdJ 1962, 15 = DAVorm XXXV, 5 = MDR 1962, 55 = Die Justiz 1962, 80 Leits; LG Nürnberg-Fürth, NJW 1962, 1966; LG Konstanz, DAVorm XXXVIII, 138; LG Ellwangen, DAVorm XXXIX, 1966, 80, ständ Rspr).

Das LG Wiesbaden geht von der bad-württ „Warenkorb"-Berechnung aus (s Beschl vom 12. 4. 1965, 1 T 3/65), sieht jedoch dabei einerseits die dort eingesetzten Aufwendungen für Brot und Unterwäsche als zu gering, andererseits die Aufwendungen für Wohnung, Heizung und Beleuchtung als zu hoch bewertet an und nimmt dann an, daß sich damit die Berechnung im Ergebnis wieder ausgleicht.

Gegen die Berechnung des Mindestunterhalts nach „Warenkörben" haben sich das LG Stuttgart (NJW 1958, 1730; MDR 1958, 427; FamRZ 1962, 201 = Die Justiz 1962, 157; Die Justiz 1963, 209; FamRZ 1964, 315 = DAVorm XXXVII, 181; DAVorm XXXVII, 1964, 113; DAVorm XXXVIII, 264 — s auch Bem 73) und das LG Tübingen (DAVorm XXXVIII, 262) gewandt (s auch LG Mainz, MDR 1959, 574). Ferner hat in der Lit Haebling von Lanzenauer (Die Justiz 1965, 284) den Ergebnissen und auch einzelnen Punkten des Berichts des Arbeitskreises widersprochen. In der Rechtsprechung haben Kritik geübt und demzufolge Abstriche gemacht die LGe Hechingen (DAVorm XXXVIII, 135), Heilbronn (DAVorm XXXVIII, 205) sowie Ravensburg und Karlsruhe (zitiert vom LG Tübingen, DAVorm XXXVIII, 262) und AG Bruchsal (DAVorm XXXVIII, 265), sowie das LG Düsseldorf (JMBl NRW 1965, 173 = DAVorm XXXVIII, 169 = MDR 1965, 745) und das LG Freiburg (DAVorm XXXIX, 78).

Das LG Stuttgart (s Bem 72), das LG Münster (DAVorm 73
XXXV, 1962, 249) und das LG Koblenz (DAVorm XXXV, 285) legten eine Berechnung zugrunde, die von der Ermittlung der Unterhaltsbeträge ausgeht, die im allgemeinen in einer „Normalfamilie", dh einer „durchschnittlichen Arbeitnehmerfamilie einfachen Standes" in entsprechenden Lebensverhältnissen für die ehelichen Kinder zur Verfügung stehen**), lehnen also die Berechnung nach „Warenkörben" ab (hiergegen LG Mannheim, DAVorm XXXVIII, 296). In ganz ähnlicher Weise ging das LG Tübingen (DAVorm XXXVIII, 262) davon aus, es komme aus-

---

*) Zu dem Bericht s ferner: Frank, Der neue Bedarfssatz für Mindestunterhaltsrenten in Baden-Württemberg im Vergleich zum bisherigen Warenkorb und zu anderen Ländern, ZblJugR 1965, 38; vgl auch Mayer, NDV 1965, 17.

**) Das LG Stuttgart hat hierbei den ursprünglich bei der Lohnpfändung angewendeten sog Zwickauer Schlüssel berücksichtigt, nach welchem das Nettoeinkommen des Mannes (Haushaltsvorstandes) durch 6 + Kinderzahl geteilt wird: der so errechnete Betrag kommt dem Kinde zu (s Brühl, 207f; Köhler, 13f; sowie auch OLG Celle, NdsRPfl 1963, 203), wobei es sich aber nur um eine Faustregel handelt.

Die erwähnte von den oa Gerichten angewandte Berechnungsmethode fand sich im wesentlichen auch schon im PreußALR (Tl II Tit 2 § 626); dort hieß es, der Vater müsse an Geldbeträgen nur das aufbringen, „was Leuten vom Bauernstand oder gemeinen Bürgerstande die Erziehung des ehelichen Kindes nebst Schul- und Lehrgeld kostet".

schließlich darauf an, was für den Lebensbedarf des Kindes in dem Bevölkerungskreis, dem die Mutter angehöre, tatsächlich aufgewendet werde. Ähnlich hat das LG Dortmund (DAVorm XXXVII, 112) die allgemeinen Einkommens-, Preis- und Lebensverhältnisse berücksichtigt.

Das LG Tübingen (DAVorm XXXVIII, 262, 263) hat zur Berechnung der Höhe des Unterhaltssatzes auch auf die sog dynamische Rentenberechnung nach den Rentenanpassungsgesetzen hingewiesen (s ferner Fußn zu Bem 70).

74 Hinsichtlich der Berechnung der Unterhaltsrente — der Höhe des Unterhaltssatzes, der Frage, ob ein Durchschnittssatz für 16 oder für 18 Jahre angenommen oder ob der Unterhalt nach Altersgruppen gestaffelt werden soll, wie der Unterhaltssatz entsprechend der Lebensstellung der Mutter (s die Gruppierung Bem 45) abzustufen ist, ferner ob für die Berechnung der Aufenthaltsort des Kindes maßgebend sein soll, ob der Unterhalt für in der Großstadt und in kleinen Landgemeinden lebende Kinder gleich hoch festgesetzt werden soll, ob ein einzelnes Bundesland als einheitliches Wirtschaftsgebiet beurteilt werden soll, in dem Sinne, daß auf das Durchschnittseinkommen der Arbeitnehmer „einfachen Standes" abzustellen ist — hinsichtlich aller dieser Fragen besteht heute eine **Rechtsungleichheit** und **Rechtsunsicherheit**, die nicht anders denn als erschreckend bezeichnet werden muß*); s auch für das Rhein-Main-Gebiet Knöll, ZblJugR 1964, 102).

75 In jüngster Zeit, insbesondere im Jahre **1965**, schwanken die **Unterhaltsmindestsätze** folgendermaßen**):

Der „Stuttgarter Warenkorb" ergibt einen Mindestunterhalt von DM 112, 03 (unter Berücksichtigung des Lebenshaltungsinderes vom

---

*) Hieraus ergibt sich auch, daß das Fehlen einer Revisionsinstanz über den in zweiter Instanz entscheidenden Landgerichten als geradezu verhängnisvoll bezeichnet werden muß (worauf auch Bosch wiederholt hingewiesen hat, s FamRZ 1956, 26; 1962, 186, 294 Fußn 18; Gutachten, 28, sowie de lege ferenda Gutachten, 116 — zur Vaterschaftsfeststellung —).

Zu erwähnen ist noch, daß im Saargebiet im Jahre 1953 ein Gesetz über den Mindestbetrag für Unterhaltsansprüche unehelicher Kinder erlassen worden war (s dazu Braga, FamRZ 1957, 37, 38), daß zB Stehle im Jahre 1958 „Bundeseinheitliche Unterhaltsformeln" gefordert (NJW 1958, 619) und daß der 44. DJT im Jahre 1962 vorgeschlagen hat, den Mindestsatz durch RechtsVO festzulegen (s FamRZ 1962, 401, 402, XII. 3 und C).

**) Die Unterhaltssätze stiegen nach der Währungsreform bis zum Jahre 1965 erheblich an:

Vor dem 2. Weltkriege (s zur Zeit vor dem 1. Weltkrieg Fußn zu 83) hatten die Unterhaltssätze lange Jahre im allgemeinen etwa RM 30—35 betragen, zT auch weniger (s bezüglich Bayerns Lindinger, ZblJugR 1954, 45); seit 1949 wurden zunächst DM 35 als Mindestsatz angenommen (s Struve in „Amtsvormundschaft — heute", 102; Buchholz, JR 1951, 14; Rohwer-Kahlmann, NJW 1951, 173; Rosseburg, DRiZ 1951, 224; vgl auch LG Frankfurt, NJW 1951, 606). In den folgenden Jahren stiegen die Unterhaltssätze stark an (s schon zum Jahre 1951 zB LG Berlin, JR 1951, 603). Doch schwankten die Sätze von LG-Bezirk zu LG-Bezirk. Etwa Ende 1958/Anfang 1959 legten die Jugendämter den Mindestsatz (Richtsatz) auf den monatlichen Betrag von DM 50—70 fest (s DAVorm XXXII, 6). Das OLG Stuttgart (ZblJugR 1962, 116 = NJW 1962, 495 = DAVorm XXXV, 5 = RdJ 1962, 15 = MDR 1962, 55 = Die Justiz 1962, 80 Leits) setzte den Anspruch des in ländlichen Verhältnissen Südwürttembergs lebenden unehelichen Kindes (gemäß § 844 Abs 2 BGB) vom Frühjahr 1958 an auf DM 70 fest. Das LG Stuttgart (NJW 1958, 1730 = MDR 1958, 427) wies ua darauf hin, das uneheliche Kind habe einen Anspruch darauf, an der allgemeinen Erhöhung des Lebensstandards teilzunehmen, und setzte den Unterhalt (für den Großraum Stuttgart) auf ebenfalls DM 70 fest. Nach einem Überblick von Köhler (FamRZ 1962, 184) über die Rechtsprechung der Berufungskammern von 25 Landgerichten der Bundesrepublik einschließlich West-Berlin schwankte damals der Unterhaltsmindestsatz von DM 60—87 (s auch DAVorm XXXV, 25, und Becker, MDR 1962, 613, 614f). Das LG Stuttgart (FamRZ 1962, 201 = Die Justiz 1962, 157 Leits) nahm vom Sept 1961 an DM 80 als Mindestsatz an; das LG Düsseldorf (FamRZ 1962, 213; s auch Lipschitz, DRiZ 1962, 251, MDR 1962, 709) legte den Unterhaltsmindestsatz vom März 1962 an auf DM 85 fest.

Eine umfassende Zusammenstellung der vom September 1961 bis Januar 1964 ergangenen Entscheidungen sämtlicher Landgerichte der Bundesrepublik einschließlich West-Berlin veröffentlichte das Deutsche Institut für Vormundschaftswesen (DAVorm XXXVII, 26 mit Ergänzung Sp 139): in dieser Aufstellung schwanken die Mindestsätze von DM 70—91; weiterhin ergab sich, daß manche Landgerichte den Unterhaltssatz nach Altersgruppen staffeln (s dazu Bem 84, 85).

Zur Steigerung der Lebenshaltungskosten im allgemeinen s Fußn zu Bem 63, zur Erhöhung der Einkommen der Angestellten im öffentlichen Dienst, der weiblichen Angestellten in Industrie und Handel und der Arbeiterinnen s Fußn zu Bem 41.

Februar 1964), als Durchschnittssatz für 18 Jahre; unter Berücksichtigung des Bedarfs in den verschiedenen Altersgruppen kam der Arbeitskreis zu folgendem Ergebnis:

für das 1. Lebensjahr	monatlich	DM 103,—
für das 2.—6. Lebensjahr	monatlich	DM 86,45
für das 7.—14. Lebensjahr	monatlich	DM 116,14
für das 15.—18. Lebensjahr	monatlich	DM 138,21

Der Senator für Jugend und Sport, Berlin, hat in einer Bekanntmachung vom 30. 11. 1964 mit Wirkung vom 1. 1. 1965 einen Unterhaltsmindestsatz von DM 93,— als Richtsatz angegeben (DAVorm XXXVIII, 65); diesen Satz hat das LG Bochum (DAVorm XXXVIII, 241) für ein in Berlin ansässiges Kind auch zugebilligt.

Das Stadtjugendamt Darmstadt verlangt einen Mindestsatz von DM 85,—, das Mannheimer einen Mindestsatz von DM 112,— (s DAVorm XXXVIII, 97).

In der Rechtsprechung sind zuletzt (1965 und 1966) folgende Entscheidungen mit folgenden Mindestsätzen bekannt geworden*): 76

LG Stuttgart (DAVorm XXXVIII, 264)	DM 105,—,
LG Ulm (DAVorm XXXVIII, 238)	DM 105,—,
LG Tübingen (DAVorm XXXVIII, 77, 262)	DM 85,—,
LG Hechingen (DAVorm XXXVIII, 135)	DM 90,—,
LG Ellwangen (DAVorm XXXVIII, 81)	DM 75,—,
(zuletzt DAVorm XXXIX, 80)	DM 95,—,
LG Heilbronn (DAVorm XXXVIII, 205)	DM 90,—,
LG Ravensburg	DM 90,—,
LG Heidelberg (zitiert vom LG Aschaffenburg, DAVorm XXXVIII, 300) für das Stadtgebiet Heidelberg	DM 110,—,
LG Mannheim (DAVorm XXXVIII, 296)	DM 110,—,
LG Konstanz (DAVorm XXXVIII, 138)	DM 105,—,
LGe Freiburg und Karlsruhe . je	DM 95,—,
LG Mosbach (zitiert von LG Tübingen, DAVorm XXXVIII, 263),	DM 85,—,
LG Nürnberg-Fürth (DAVorm XXXVIII, 138) (wenn das Kind in einer kleineren Gemeinde lebt),	DM 80,—,
LG Weiden/Oberpfalz (DAVorm XXXIX, 17)	DM 95,—,
LG Passau (DAVorm XXXVIII, 303)	DM 95,—,
LG Mainz (DAVorm XXXVIII, 266)	DM 85,—,
LG Düsseldorf (DRiZ 1965, 212; JMBl NRW 1965, 173 = MDR 1965, 745; DAVorm XXXVIII, 161)	DM 95,—,
LG Detmold (DAVorm XXXVIII, 261; s aber auch Bem 84)	DM 95,—,
LG Bochum (DAVorm XXXVIII, 241)	DM 90,—,
LG Wuppertal (DAVorm XXXVIII, 140)	DM 90,—,
AG Hamburg (DAVorm XXXVIII, 141) (für das Kind einer Hundepflegerin = Lebensstellung einer Verkäuferin),	DM 97,—,
LG Braunschweig (DAVorm XXXVIII, 303) bis zur Vollendung des 16. Lebensjahres des Kindes	DM 95,—,
LG Osnabrück (DAVorm XXXVIII, 303)	DM 85,—,
LG Verden (DAVorm XXXVIII, 304) bis zur Vollendung des 16. Lebensjahres des Kindes	DM 80,—.

Aus der vom Deutschen Institut für Vormundschaftswesen veröffentlichten Zusammenstellung (DAVorm XXXVIII, 1965, 97) ergeben sich ferner folgende Mindestsätze:

LG Essen	DM 85,—,	LG Hagen	DM 95,—,
LG Dortmund	DM 90,—.	LG Köln	DM 90,—,
LG Bremen	DM 85,—,		

Nach den allgemeinen Lebenshaltungskosten, dem Preisniveau und den Einkommensverhältnissen dürfte im Sommer des Jahres 1966 ein **Mindestsatz von etwa DM 95—105**, in Groß-

*) Zu den aus der folgenden Zusammenstellung sich ergebenden Unterschieden ist freilich zu berücksichtigen, daß die Gerichte die infolge der steigenden Lebenshaltungskosten erforderlich gewordene Erhöhung jeweils zu verschiedenen Zeitpunkten und in unterschiedlichen Zeitabständen vorgenommen haben und vornehmen. Eine Zusammenstellung der Mindestsätze aller LGe von Bad-Württ gibt Haehling-von Lanzenauer, Die Justiz 1966, 80, 81.

städten und Gebieten relativ hoher Lebenshaltungskosten uU DM 110,— angemessen sein, sofern man eine bis zum 16. Lebensjahr pauschalierte durchschnittliche Monatsrente annimmt (wogegen freilich Bedenken bestehen, s 81ff).

77 δ) Maßgebend für die Frage, welcher Unterhaltssatz zugrundezulegen ist, ist der **Aufenthaltsort des Kindes***) (s Brühl, 50; LG München I, FamRZ 1962, 269; LG Kleve, DAVorm XXXI, 333; DAVorm XXXVII, 143; LG Stuttgart, DAVorm XXXVII, 113; auch DAVorm XXXVII, 264; LG Bochum, DAVorm XXXVIII, 241; LG Ellwangen, Beschl vom 26. 10. 1965, IV T 111/65 [ständ Rspr]; LG Osnabrück, DAVorm XXXIX, 16; LG Aschaffenburg, DAVorm XXXVIII, 300; anders LG Frankfurt, DAVorm XXXIII, 246, 248**). Dies beruht auf der Erwägung, daß alle in einem Gerichtsbezirk ansässigen unehelichen Kinder insbesondere von Müttern einfacher Lebensstellung den gleichen Mindestsatz erhalten sollten, gleichgültig, ob der Vater im gleichen Bezirk oder in einem anderen Gebiet wohnhaft ist (s zur gerichtlichen Zuständigkeit unten Bem 200).

Zu der Frage, ob eine Übersiedlung des Kindes an einen anderen Ort, an dem die Lebenshaltungskosten höher sind, eine Abänderungsklage (§ 323 ZPO) rechtfertigt, s Bem 233 aE.

Auf den Wohnsitz der Mutter kommt es nicht an, wenn das Kind nicht in ihrem Haushalt aufwächst (LG Mannheim, NJW 1962, 1160).

Das Gericht hat daher seiner Entscheidung den Unterhaltsatz zugrundezulegen, der von dem für den Aufenthaltsort des Kindes zuständigen Gericht (insbesondere dem Landgericht) angewendet wird, also nicht den im eigenen Gerichtsbezirk üblichen Satz (wobei freilich der am Aufenthaltsort des Kindes übliche Satz nicht völlig schematisch und kritiklos übernommen werden sollte [s auch Bem 69] — ebenso die ganz überwiegende Meinung der Landgerichte, s die Zusammenstellungen des Deutschen Instituts für Vormundschaftswesen, DAVorm XXXVII, 26, XXXVIII, 97)***). Dies hat freilich zur Folge, daß verschiedene Unterhaltsrichtsätze in Betracht kommen, wenn ein Vater mehrere uneheliche Kinder hat, die in verschiedenen Bezirken ansässig sind, oder wenn eine Mutter mehrere uneheliche Kinder mit verschiedenen Aufenthaltsorten hat. Auch können gewisse Schwierigkeiten entstehen, wenn das eine Gericht (zB das erkennende) einen monatlichen Durchschnittssatz für 16 Jahre zugrundelegt, während das andere Gericht (zB dasjenige, in dessen Bezirk das Kind ansässig ist) den Unterhaltsatz nach Altersgruppen staffelt oder umgekehrt (s auch Bem 83f, 235).

78 Allerdings kann heutzutage zwischen dem Lebensbedarf in Großstädten, mittleren und kleinen Städten und in Landgemeinden kein erheblicher Unterschied mehr gemacht werden (s Dölle, II, 419; Köhler, 115; Becker, MDR 1962, 613; Brühl, 202; Struve in „Amtsvormundschaft — heute", 101, 110; Gernhuber, 641; LG Bückeburg, NJW 1958, 952; LG Düsseldorf, FamRZ 1962, 213 = NJW 1962, 921; LG Heilbronn, MDR 1963, 682 = DAVorm XXXVI, 230; LG Kreuznach, DAVorm XXIX, 172; LG Hildesheim, DAVorm XXXI, 43; LG Tübingen, DAVorm XXXVIII, 262; LG Kleve, DAVorm XXXVII, 143; LG Offenburg, DAVorm XXXVII, 212; LG Bochum, DAVorm XXXVIII, 241; LG Darmstadt, DAVorm XXXVII, 145; s auch LG Stuttgart, MDR 1958, 427)†).

---

*) Dieser Gedanke fand sich auch schon in der freilich nicht ganz klar formulierten Vorschrift des PreußALR, Tl II Tit 2, § 627, in dem es hieß, es müsse „auf die jeden Orts üblichen Preise Rücksicht genommen" werden.

**) Sowie LG Verden, DAVorm XXXIX, 1966, 104.

***) Allerdings ist dieser Gedanke praktisch kaum konsequent und einheitlich durchzuführen; zB spricht zZ das LG Stuttgart einem in Ellwangen ansässigen Kind DM 105, das LG Ellwangen dagegen einem in seinem Bezirk ansässigen Kind nur DM 95 zu (s Bem 76 und 78).

†) Doch sei darauf hingewiesen, daß in den von den zuständigen Stellen der Länder erlassenen Verordnungen zur Höhe des Regelsatzes nach dem BSHG (s § 22 Abs 3, hierzu Bem 63, Fußn) zT nach der Größe von Gemeinden bzw Städten oder Großstädten Unterschiede gemacht werden (zB in Baden-Württemberg — s GABl 1965, 637 = BldWPfl 1966, 28 — und Niedersachsen — s BldWPfl 1966, 29).

Das LG Stuttgart hat im Jahre 1963 einen einheitlichen Mindestsatz für den ganzen LG-Bezirk, dh für alle 9 AG-Bezirke und damit alle auch kleinen Gemeinden, angenommen (Die Justiz 1963, 321) — was schon als ziemlich weitgehend zu beurteilen ist — und darauf hingewiesen, durch die allgemeine wirtschaftliche und soziale Entwicklung in Baden-Württemberg habe sich eine Angleichung der Einkommensverhältnisse in den Städten und auf dem Lande vollzogen. Zuletzt haben das LG Stuttgart (s DAVorm XXXVIII, 264) und das LG Tübingen (DAVorm XXXVIII, 262) ausgesprochen, für alle in Baden-Württemberg ansässigen unehelichen Kinder gelte der gleiche Unterhaltssatz (allerdings gingen das LG Stuttgart und das LG Tübingen von einem unterschiedlichen Mindestsatz aus — s Bem 76 —; wieder einen anderen Mindestsatz — nämlich DM 90 — nahm das LG Nürnberg-Fürth (DAVorm XXXIX, 22) für ein in Baden-Württemberg ansässiges Kind im Jahre 1964 an); indessen können hiergegen Bedenken nicht unterdrückt werden, da die allgemeinen Lebenshaltungskosten in rein oder fast rein ländlichen Gegenden mit wenig Industrie etwas geringer sein werden als in Großstädten, zB im Großraum Stuttgart, Mannheim-Heidelberg usw. Ebenso geht das LG Bochum (DAVorm XXXVIII, 241) viel zu weit, wenn es für das Bundesgebiet einen einheitlichen Mindestsatz von (nur) DM 90 annimmt (vgl ferner LG Darmstadt, DAVorm XXXVII, 145; Köhler, 115); dieser Satz ist schon für das nordrhein-westfälische Industriegebiet als zu nieder zu beurteilen (vgl auch Bem 76, wobei zu beachten ist, daß die Preisinderziffern in Nordrhein-Westfalen über dem Bundesdurchschnitt liegen, s LG Wuppertal, DAVorm XXXVIII, 140). Auch kann zB für Bayern kein einheitlicher Mindestsatz für den Großraum München, Nürnberg-Fürth und Augsburg einerseits und das Gebiet des Bayerischen Waldes andererseits angenommen werden.

Das LG Fulda hat in einem Urteil vom 6. 10. 1965 (DAVorm XXXVIII, 346) ausgesprochen, der Mindestunterhaltssatz betrage, für Kinder, die nicht in Großstädten leben, DM 90 monatlich.

Ist das Kind im Ausland ansässig, so sind die dortigen Lebenshaltungs- 78a
kosten zu berücksichtigen (LG Kleve, DAVorm XXXI, 333). Leben also das Kind und der Vater nicht in dem gleichen Währungsgebiet, so ist der Unterhalt in der für den ständigen Aufenthaltsort des Kindes maßgebenden Währung zu bemessen (ebenso Beitzke, 196, 134). Denn der Unterhaltsanspruch ist ein Wertanspruch, bei dessen Bemessung es auf die Lebensverhältnisse der Beteiligten ankommt. Zur Leistung der Zahlung und zu Umrechnungsfragen s § 244 und die Erläuterungen hierzu.

ε) Da hinsichtlich der Gruppierung nach der Lebensstellung der 79
Mutter erhebliche Meinungsverschiedenheiten bestehen (s Bem 45), wirken sich diese bei der Beurteilung der Frage aus, welche **Steigerung des Unterhaltssatzes von Stufe zu Stufe** angemessen ist. Das Deutsche Institut für Vormundschaftswesen hatte im Jahre 1957 eine Steigerung von Gruppe zu Gruppe in Höhe von je DM 5 (DAVorm XXIX, 246), im Jahre 1958 sodann von je DM 7 angenommen (DAVorm XXXI, 2), dh also DM 60, 67, 74, 81, 88 (s hierzu auch Brühl, 207). Der Senator für Jugend und Sport, Berlin, legte mit Wirkung vom 1. 1. 1965 für die einzelnen Gruppen (s Bem 45 aE) folgende Richtsätze fest: 93, 102, 111, 120 DM, in Sonderfällen über 120 DM (s DAVorm XXXVIII, 65). In Bayern nehmen die Jugendämter (unter Zugrundelegung von 3 Gruppen — s Bem 45 aE —) eine Steigerung von 10% und 20% an, jeweils vom Mindestsatz berechnet (s Würfflein, ZblJugR 1963, 104, 106). Die Stadtjugendämter Darmstadt und Mannheim legen folgende Sätze zugrunde (s DAVorm XXXVIII, 1965, 97): Darmstadt DM 85 (1.—16. Lebensjahr), 100 (17.—18. Lebensjahr); sodann 95 bzw 100; 105 bzw 120; 115 bzw 130; 125 bzw 140; Mannheim DM 112 (für die 1. und 2. Gruppe — s Bem 45 —), dann 120, 130, 140.

Nicht weniger uneinheitlich war und ist die Rechtsprechung: 80

Das LG Berlin (JR 1951, 603) erhöhte den Unterhaltssatz für das uneheliche Kind einer Lehrerin gegenüber dem Unterhalt für ein in einfachen Verhältnissen lebendes Kind um DM 15 von 40 auf 55 DM, das LG Wuppertal (DAVorm XXXVI, 1963, 134) um DM 30 von 70 auf 100 DM. Das LG Heilbronn (DAVorm XXXIV, 1961, 328) nahm für das uneheliche Kind einer mittleren Beamtin eine Erhöhung des Unterhaltssatzes um 25% gegenüber dem Mindestsatz an, das LG **Stade** erhöhte im Jahre 1963 (DAVorm XXXVI, 159) den Unterhaltssatz für das Kind einer Mutter der zweiten Gruppe um 10%, das LG **Hannover** (DAVorm XXXV, 1962, 249) von Stufe zu Stufe um je 10%. das LG **Wiesbaden** (zitiert nach Brühl, 207) um je 20 DM (hiergegen **Knöll**, ZblJugR 1964, 102, 105), das LG **Flensburg** (SchlHA 1962, 197) um je 8 DM (s auch oben Bem 45 aE).

Indessen darf nicht unbeachtet bleiben, daß die Steigerung des Unterhaltssatzes nicht zu sehr schematisiert werden sollte (so mit Recht **Brühl**, 207; s auch **Gernhuber**, 640f; LG **Berlin**, JR 1951, 603; LG **Heilbronn**, DAVorm XXXIV, 328, sowie im allgemeinen noch Bem 45). Andererseits geht **Gernhuber** (aaO) zu weit, wenn er sich dagegen wendet, daß alle feineren Nuancen verloren gingen; ohne eine gewisse Schematisierung vermag die Rechtsprechung nicht auszukommen.

81 ζ) Von großer praktischer Bedeutung ist die — freilich sehr umstrittene und uneinheitlich beantwortete — Frage, ob die **monatliche Unterhaltsrente** in der Weise festgesetzt werden soll, daß der **Durchschnitt des Lebensbedarfs des Kindes für 16 bzw 18 Jahre** zugrundegelegt wird. Diese Methode entsprach zwar hinsichtlich des Unterhaltsanspruchs bis zur Vollendung des 16. Lebensjahres in der Rechtsprechung bis zum Inkrafttreten der Neufassung des § 1708 Abs 1 (1. 1. 1962) der weit überwiegenden Meinung*); doch bestehen gegen diese Auffassung erhebliche Bedenken (so auch **Dölle**, II, 419; **Brühl**, 203f; de lege ferenda s **Dunz**, NJW 1962, 1472, 1478).

Seit Inkrafttreten des FamRÄndG (1. 1. 1962) ist streitig geworden, ob der Durchschnittsatz für 18 Jahre **oder** für 16 Jahre berechnet und der Unterhalt für das 17. und 18. Lebensjahr getrennt festgelegt werden soll: Die erstere Auffassung vertreten die LGe **Kiel** (MDR 1962, 988) **Münster** (MDR 1962, 904),, **Stuttgart** (Die Justiz 1963, 209; FamRZ 1964, 315 = DAVorm XXXVII, 181), **Düsseldorf** (JMBlNRW 1965, 173 = DAVorm XXXVIII, 169 = MDR 1965, 745; s ferner **Lipschitz**, DRiZ 1965, 212), **Mannheim** (DAVorm XXXVIII, 39); **Mayer**, BldWPfl 1965, 28; zur Frage der Höhe des Unterhaltssatzes für das 17. und 18. Lebensjahr s 84f, 125.

82 Dagegen treten für eine **getrennte Festsetzung des Unterhalts für das 17. und 18. Lebensjahr****) ein: **Dölle**, II, 413; **Gernhuber**, 641; **Köhler**, 114ff (mit anderem Ausgangspunkt — s Bem 29 —); die LGe **Mönchen-Gladbach**, FamRZ 1962, 314; **Verden** (FamRZ 1962, 528); **Stade** (DAVorm XXXVI, 159); **Braunschweig** (DAVorm XXXVIII, 8); wohl auch **Hagen** (MDR 1962, 55 = DAVorm XXXIV, 326), **Nürnberg-Fürth** (NJW 1962, 1966), **Detmold** (NJW 1962, 923); s ferner **Schräder**, DRiZ 1962, 238 (s noch Bem 85).

83 Wie allgemein anerkannt, bestehen hinsichtlich der **Höhe des Lebensbedarfs** eines Kindes **in den verschiedenen Altersstufen beträchtliche Unterschiede** (s zB **Mayer**, BldWPfl 1958, 10, 13, 19; 1965, 28, 32, 36; LG **Detmold**, NJW 1962, 923; DAVorm XXXVIII, 261)***); **Mayer** hatte im Jahre 1958 einen Durchschnittsbedarf für die ersten 6 Lebensjahre des Kindes in Höhe von monatlich DM 76,30, für das 7.—13. Lebensjahr in Höhe von monatlich DM 84,97, für das 14.—16. Lebensjahr in Höhe von monatlich DM 89,40 ermittelt, im **Jahre 1964** für das 1. Lebensjahr DM 103,—, für das 2.—6. Lebensjahr DM 86,45, für das 7.—14. Lebensjahr DM 116,14, für das 15.—18. Lebensjahr DM 138,21. Mögen auch gegen einzelne Posten, auf denen die Berechnung beruht, zT Bedenken

*) Hierzu s zB die Zusammenstellung der Unterhaltssätze durch das Deutsche Institut für Vormundschaftswesen, DAVorm XXXVII, 26, 139; sowie **Becker**, MDR 1962, 613; **Gernhuber**, 641.

) **Schräder, Der Unterhaltsanspruch der unehelichen Kinder im Alter von sechzehn bis achtzehn Jahren, DRiZ 1962, 238; s auch Fußn zu Bem 113.

***) Dies war schon vor dem ersten Weltkrieg erkannt worden; so hatte zB das Jugendamt Lübeck in Unterhaltsverträgen (§ 1714) mit vormundschaftsgerichtlicher Genehmigung für das 1. und 2. Lebensjahr des Kindes jährlich 240 Mark, für das 3. und 4. Lebensjahr jährlich 204 Mark und für das 5.—16. Lebensjahr jährlich mindestens je 180 Mark vereinbart (s **Link**, Unterhaltssätze für uneheliche Kinder, DJZ 1912, 273); eine Zusammenstellung der Unterhaltssätze hat **Frese** (Die Höhe der Geldrenten zum Unterhalt, DJZ 1908, 1009) veröffentlicht.

bestehen (s Bem 70ff), so macht die Aufstellung doch die erheblichen Unterschiede deutlich. Auch ist es nach der Lebenserfahrung evident, daß zB der Bedarf eines 15-jährigen Kindes höher ist als der eines zweijährigen (für ersteres nahm das LG Hagen im Jahre 1961 einen Monatsbedarf von durchschnittlich DM 103,94, für das 2-jährige dagegen von DM 62,60 an, s MDR 1962, 55 = DAVorm XXXIV, 326; den Unterschied des Lebensbedarfs zwischen einem 5- und einem 10-jährigen Kind hob das LG Köln, NJW 1961, 2022, hervor; hinsichtlich des ehelichen Kindes s bezüglich des Lebensbedarfs in verschiedenen Altersstufen LG Düsseldorf, JMBlNRW 1965, 173 = MDR 1965, 745; Lipschitz, DRiZ 1965, 212). Weiterhin werden zB in den von Mayer veröffentlichten Ermittlungen auch nach dem Geschlecht des Kindes gewisse Unterschiede gemacht.

Wie Brühl (203) zutreffend dargelegt hat, erhält das uneheliche Kind als Kleinkind bei Festsetzung eines für alle Lebensalter berechneten Durchschnittsbetrags zu viel und als Jugendlicher zu wenig (s auch die oben wiedergegebenen, von Mayer und zB dem LG Hagen erwähnten Zahlen, sowie LG Mannheim, DAVorm XXXVIII, 39; LG Köln, DAVorm XXXVII, 213, 214) und ist eine danach erforderliche sparsame Einteilung der Unterhaltszahlungen, die entsprechende Rücklage zB auf ein Sparkonto nicht gewährleistet. Sodann wird der Unterhaltspflichtige benachteiligt, wenn das Kind in einem früheren Lebensalter stirbt (Brühl, aaO; Gernhuber, 641) oder wenn das Kind adoptiert wird (s dazu § 1766 Abs 1 Satz 2). Der altersmäßig nicht gegliederte Mindestsatz führt bei der Konkurrenz von Unterhaltsansprüchen (insbesondere zwischen ehelichen und unehelichen Kindern des Vaters) zu schiefen Ergebnissen (Brühl, aaO). Ferner darf die laufende Steigerung der Lebenshaltungskosten und eine gewisse Minderung des Geldwerts (s auch Fußn zu Bem 63), dh die Unsicherheit der weiteren Entwicklung nicht unberücksichtigt bleiben. Im Hinblick auch hierauf ist die Berechnung des monatlichen Durchschnitts auf einen so langen Zeitraum wie 16 bzw 18 Jahre zu unsicher (s auch unten Bem 240). Weiterhin bereitet die Frage der korrekten Berechnung einer Erhöhung des Unterhaltssatzes wegen einer Steigerung der Lebenshaltungskosten Schwierigkeiten, da nach dem Lebensalter des Kindes im Zeitpunkt der Neuberechnung wohl Unterschiede gemacht werden müßten und die schematische Erhöhung des Unterhaltssatzes ohne Rücksicht auf das Alter des Kindes zu Ungerechtigkeiten führen muß (vgl auch LG Mannheim, DAVorm XXXVIII, 39). Die von Becker (MDR 1962, 613, 615) gegen die Staffelung der Unterhaltssätze nach Altersstufen erhobenen Bedenken vermögen nicht zu überzeugen: der Gesichtspunkt, für die Jugendämter würde ein erheblicher zusätzlicher Verwaltungsaufwand entstehen, kann, selbst wenn er zuträfe, nicht maßgebend sein. Ebenso ist der Hinweis darauf nicht stichhaltig, der uneheliche Vater, der freiwillig die Unterhaltsverpflichtung anerkenne, werde sich bei eindeutig übersehbaren Verpflichtungen leichter zu einer Anerkennung entschließen können, im Hinblick auf die Möglichkeit der Erhöhung des Unterhaltssatzes im Falle der Steigerung der Lebenshaltungskosten und auch die Möglichkeit zusätzlicher Unterhaltsverpflichtungen (s Bem 87ff) kann ohnedies nicht davon die Rede sein, die Unterhaltsverpflichtung sei (auf einen längeren Zeitraum) eindeutig übersehbar.

In der Rechtsprechung sind zu einer **Staffelung der Unterhaltssätze nach Altersgruppen***) übergegangen: die LGe Detmold (NJW 1962, 923; DAVorm XXXVIII, 261), Hagen (MDR 1962, 55 = DAVorm XXXIV, 326), Kassel, Limburg und Siegen (s DAVorm XXXVII, 28), Waldshut (Die Justiz 1965, 274 = FamRZ 1965, 579 Leits**) und Wiesbaden (s DAVorm XXXVII, 28 und Brühl, 203), sowie AG Hilchenbach (zitiert von Bosch, FamRZ 1962, 215). Allerdings bestehen 84

---

*) Zum Vergleich sei darauf hingewiesen, daß in der auf Grund der Ermächtigung des § 22 Abs 2 BSHG ergangenen Regelsatz-VO vom 20. 7. 1962 (BGBl I, 515), § 2 Abs 3, für die Festlegung der Regelsätze zum Zwecke der Unterhaltshilfe zugunsten der Haushaltsangehörigen verschiedene Altersgruppen unterschieden werden: bis zum 6. Lebensjahr, dann vom 7. bis einschließlich 13., weiterhin vom 14. bis einschließlich 18. Lebensjahr und schließlich über 18 Jahre.

**) = DAVorm XXXIX, 1966, 137; s ferner LGe Arnsberg und Paderborn, DAVorm XXXV, 312; XXXVII, 314.

hierbei beträchtliche Unterschiede; im einzelnen wurden folgende Altersstufen festgelegt (die Zahlen bedeuten Lebensalter):

Arnsberg: 1, 2—6, 7—14, 15—16;

Detmold: 1—6, 7—11, 12—18 (s auch Rosenthal-Bohnenberg, 4, Rdnr 4561);

Hagen: 1—6, 7—11, 12—16, 17—18;

Kassel und Limburg: 1—6, 7—12, 13—18;

Paderborn: 1, 2—6, 7—14, 15—18;

Siegen: 1—6, 7—18;

Waldshut: 1—6, 7—14, 15—18;

Wiesbaden (ebenso Brühl, 203, und Mayer, BldWPfl 1965, 28, 32, 36): 1, 2—6, 7—10, 11—14, 15—18;

AG Hilchenbach: 1—6, 7—11, 12—16.

Gegen eine Staffelung des Unterhaltssatzes nach Altersgruppen haben sich ausdrücklich das LG Stuttgart (FamRZ 1962, 201), das LG Düsseldorf (FamRZ 1962, 213 = NJW 1962, 921) und das LG Münster (DAVorm XXXVIII, 301 = MDR 1966, 52) ausgesprochen.

Das LG Detmold hat in einem Beschluß vom 11. 8. 1965 (DAVorm XXXVIII, 261) hinsichtlich der erwähnten Altersgruppen folgende monatlichen Mindestsätze angenommen: 1.—6. Lebensjahr DM 73; 7.—11. Lebensjahr DM 96,20; 12.—18. Lebensjahr DM 113; in dem Falle, daß das Kind auf Grund der gehobenen Lebensstellung der Mutter einen höheren Unterhaltssatz beanspruchen kann, hat das LG Detmold folgende Beträge für die erwähnten Altersgruppen zugrundegelegt: DM 79, 106,20, 125.

Das LG Wiesbaden hat in einem Beschluß vom 12. 4. 1965 (1 T 3/65) folgende Mindestsätze festgelegt: für das 1. Lebensjahr DM 90; für das 2.—6. Lebensjahr DM 75; für das 7.—14. Lebensjahr DM 95; für das 15.—18. Lebensjahr DM 115, sowie für das 15. und 16. Lebensjahr eine Ausbildungszulage von monatlich DM 37, also einen Mindestsatz von zusammen DM 152; freilich sind gegen die Höhe der Ausbildungszulage Bedenken zu erheben.

85 Für eine getrennte Festsetzung des Unterhalts für das **17. und 18. Lebensjahr** und eine **Erhöhung** des Satzes für diese Zeit gegenüber dem Durchschnitt für die ersten 16 Lebensjahre bzw für das 16. Lebensjahr haben sich ausgesprochen: die LGe Braunschweig (DAVorm XXXVIII, 1965, 8, 303), Darmstadt (DAVorm XXXVII, 145), Heidelberg (DAVorm XXXVI, 38), Köln (DAVorm XXXVIII, 40), Mönchen-Gladbach (FamRZ 1962, 314), Nürnberg-Fürth (NJW 1962, 1966; DAVorm XXXVIII, 138), Stade (DAVorm XXXVI, 159; XXXVII, 28), Verden (FamRZ 1962, 528; DAVorm XXXVII, 28; NdsRPfl 1965, 226; DAVorm XXXVIII, 304), ferner Dölle (II, 413); Gernhuber (641); Bosch (FamRZ 1962, 293 Fußn 17); s auch Köhler (115ff); Theinert (ZblJugR 1963, 275, 276); Stadtjugendamt Darmstadt (DAVorm XXXVIII, 97); **anders** LG Stuttgart (Die Justiz 1963, 209; FamRZ 1964, 315 = DAVorm XXXVII, 181); LG Münster (MDR 1962, 904).

Das LG Verden (DAVorm XXXVIII, 304; NdsRPfl 1965, 226) hat im Jahre 1965 für das 17. und 18. Lebensjahr des Kindes einen monatlichen Unterhaltsanspruch von DM 100, das LG Braunschweig (DAVorm XXXVIII, 303) von DM 110, das LG Nürnberg-Fürth (DAVorm XXXVIII, 138) für ein in einer kleineren Gemeinde lebendes Kind einen Anspruch von DM 88 (10% über dem Durchschnittssatz für die ersten 16 Lebensjahre) jeweils als Mindestsatz angenommen (s auch Bem 76 sowie unten Bem 125 zu § 1708 Abs 1 Satz 3). Köhler (115) hat jedoch schon im Jahre 1963 einen Mindestsatz von DM 125—135 für diese Altersgruppe zugrundegelegt.

86 Nach alledem kann als gerechte, die Belange des Kindes und des Vaters in gleicher Weise berücksichtigende Lösung nur die Staffelung des Unterhaltssatzes nach Altersgruppen beurteilt werden, wobei jedoch das 17. und 18. Lebensjahr getrennt zu berücksichtigen ist. Dies ist vor allem auch wegen der Regelung des § 1708 Abs 1 Satz 3 unumgänglich notwendig. Wird der Bedarf des Kindes für diese beiden Lebensjahre in eine Durchschnitts-

berechnung mehrerer Jahre — und sei es nur vom beginnenden 15. Lebensjahr an — mit einbezogen, so leistet der Vater einen zu hohen Unterhaltssatz und kommt die Vorschrift des Abs 1 Satz 3 nicht in der Weise zum Zuge, wie es das Gesetz gewollt hat (s LG Braunschweig, DAVorm XXXVIII, 8; vgl auch Gernhuber, 641). Daher ist nach der jetzigen Situation eine Staffelung in mehrere Altersstufen angebracht, und zwar wohl für das 1., dann 2.—6., 7.—11., 12.—16. und schließlich 17.—18. Lebensjahr, also eine Lösung, welche die vom LG Hagen und LG Wiesbaden entwickelten Staffelungen miteinander verbindet (s Bem 84).

Der dargelegten Lösung einer Staffelung der Unterhaltssätze nach Altersgruppen steht der Wortlaut, wie auch der Sinn und Zweck der Regelung des § 1708 nicht entgegen; daraus, daß das BGB die Regelung des PreußALR (Tl II, Tit 2, § 627 — bei der Bestimmung der Verpflegungs- und Erziehungskosten solle auf die mit zunehmenden Jahren wachsenden Bedürfnisse des Kindes Rücksicht genommen werden —) nicht übernommen hat (s Mot 4, 900), können keine abweichenden Schlüsse gezogen werden (vgl aber auch LG Stuttgart, FamRZ 1962, 201).

cc) Die gemäß § 1708 Abs 1 Satz 1 und 2 festzusetzende **Unterhaltsrente** umfaßt nur den **„normalen" Bedarf** (s auch 6 zu § 1710), dh die gewöhnlichen und üblichen Lebenshaltungskosten, sowie die Aufwendungen für die Erziehung und Berufsausbildung (s auch Bem 63 zur Pauschalierung), dagegen nicht **besondere Aufwendungen***), die indessen auch zum „gesamten Lebensbedarf" des Kindes gehören (s Dölle, II, 423; Gernhuber, 642; Brühl. 216; Eißer, FamRZ 1963, 473, 477; s ferner Bem 92, 96ff zur Frage der Beteiligung der Mutter an den Kosten). 87

Diese besonderen Aufwendungen können im Wege der **Zusatzklage** geltend gemacht werden (Dölle, aaO; Brühl, 216f; LG Göttingen, NJW 1955, 224; LG Stuttgart, FamRZ 1965, 518 = Die Justiz 1965, 334 Leits; LG Köln, DAVorm XXVIII, 299; LG Bad Kreuznach, DAVorm XXXI, 269; LG Hamburg, DAVorm XXVII, 81; s auch Bem 95 aE); eine Abänderungsklage kommt hier nicht in Betracht (aM LG Lübeck, DAVorm XXVII, 83).

Diese Aufwendungen können in einen Gesamtbetrag zusammengefaßt geltend gemacht werden; meist wird dies ohnehin nicht anders möglich sein (vgl zB bezüglich Zahnarztkosten LG Stuttgart, aaO).

α) Als solche besonderen Aufwendungen kommen in Frage: Kosten, die durch eine schwere langwierige **Krankheit** des Kindes, durch Krankenhausaufenthalt entstanden sind (s hierzu LG Göttingen, DAVorm XXIV, 1952, 71; NJW 1955, 224; LG Hamburg, FamRZ 1961, 35; LG Memmingen, DAVorm XXXVI, 8; LG Bremen, NJW 1954, 74; DAVorm XXXIV, 122; LG Kempten, NJW 1964, 551 = RdJ 1964, 200 Leits; LG Braunschweig, NJW 1965, 351 = FamRZ 1965, 230 Leits; aM LG Gießen, DAVorm XXVII, 81, hiergegen Ippensen, aaO). 88

Aufwendungen, die durch einen Krankenhausaufenthalt nach einem Unfall (in casu: Sturz vom Fahrrad) erwachsen waren (LG Hamburg, DAVorm XXVII, 81), Kosten eines Kuraufenthalts (LG Arnsberg, FamRZ 1962, 270).

Die durch eine Krankheit (zB eine Kinderkrankheit) üblicherweise entstehenden Kosten, dh überhaupt alle Aufwendungen für die Ausheilung einer nur vorübergehenden Erkrankung, die keine erheblichen Kosten verursacht, können über die Zahlung der laufenden Unterhaltsrente hinaus keine Mehrforderung rechtfertigen (Brühl, 217; Brüggemann, aaO; LG Hannover, RdJ 1964, 154 Leits); vielmehr muß es sich um Aufwendungen in einer solchen Höhe handeln, daß sie „den Etat des Kindes zum Einsturz bringen" (Brüggemann, aaO).

Beruhen die Aufwendungen jedoch auf einer schuldhaften Verletzung der Aufsichtspflicht durch die Mutter (§§ 1664, 1707 iV mit § 1631), so können sie nicht dem Vater zur Last fallen. 88a

---

*) Brüggemann, Außerordentlicher Unterhaltsbedarf des unehelichen Kindes, ZblJugR 1952, 184; Ippensen, Die Krankenkosten des unehelichen Kindes, ZblJugR 1954, 314; Roth-Stielow, Der einmalige Sonderbedarf des unehelichen Kindes, FamRZ 1955, 231; Urbach, Berufsausbildungskosten im Unterhaltsrecht des unehelichen Kindes in „Neues Unehelichenrecht in Sicht", Schriften des Deutschen Instituts für Vormundschaftswesen, 2, 1961, 135ff.

89 Weiterhin kommen Aufwendungen für eine besonders umfangreiche **Zahnbehandlung** in Frage, Kosten, die durch die Notwendigkeit einer kieferorthopädischen Behandlung (Zahnregulierung) infolge einer Kiefermißbildung oder Kieferverbildung oder falschen Zahnstellung oder die Notwendigkeit der Einfügung einer Brückenprothese und Überkronung von Zähnen entstehen oder entstanden sind (s zum letzteren Fall LG Stuttgart, FamRZ 1965, 518 = Die Justiz 1965, 334 Leits). Das Kind hat Anspruch auf eine dauerhafte Sanierung seiner Zähne, auch wenn die Kosten einer solchen Behandlung üblicherweise von der Sozialversicherung nicht getragen werden (LG Stuttgart, aaO). Sind jedoch dadurch Mehrkosten entstanden, daß die Mutter es schuldhafterweise unterlassen hatte, rechtzeitig eine Behandlung der Zähne des Kindes zu veranlassen, so hat die Mutter für diese Mehrkosten aufzukommen (§ 1664); sie können also nicht dem Vater auferlegt werden (LG Stuttgart, aaO).

90 Kosten, die von der Krankenkasse ersetzt werden, können nicht vom Vater gefordert werden (vgl LG Stuttgart, FamRZ 1965, 518; aM LG Hamburg, FamRZ 1961, 35); das Kind kann nur Ersatz der tatsächlich entstandenen Aufwendungen verlangen.

91 Werden Kosten eines längeren Krankenhaus- oder Kuraufenthalts geltend gemacht, so ist die Mutter in der Regel in dem Maße an den Kosten zu beteiligen, wie sie während dieser Zeit ihren Unterhaltsbeitrag nicht durch Erfüllung der Sorgepflicht leistet und zu leisten vermag (ebenso Dölle, II, 423; Roth-Stielow, FamRZ 1955, 231; s ferner Schlicht, NJW 1954, 74 in der Anm zu LG Bremen), dh also insoweit, als sie vor allem laufende Aufwendungen für die Versorgung und Verpflegung des Kindes erspart.

92 Handelt es sich um außergewöhnlich hohe Kosten, so werden auch die Vorschriften des § 1606 Abs 2 und 3 analog angewendet werden müssen, da eine einseitige alleinige Haftung des Vaters mit dem Gleichberechtigungsgrundsatz (**Art 3 Abs 2 GG**) nicht vereinbar wäre (s auch 15f, 23 zu § 1709). In diesen besonderen Fällen müssen die Leistungsfähigkeit des Vaters, dh überhaupt die Einkommens- und Vermögensverhältnisse des Vaters und der Mutter berücksichtigt werden. Je nachdem kann es angemessen sein, dem einen oder anderen Elternteil einen höheren Anteil der Kosten aufzuerlegen. Eine Haftung beider Eltern als Gesamtschuldner kann dagegen nicht in Betracht gezogen werden (vgl aber auch Beitzke, 195).

93 In der Regel wird auch angenommen werden müssen, daß der gesetzliche Vertreter des Kindes verpflichtet ist, den Vater rechtzeitig davon zu informieren, daß und gegebenenfalls warum mit höheren Aufwendungen zu rechnen ist, damit dieser in der Lage ist, entsprechend zu disponieren oder eventuell seine eigene Pflichtversicherung zu unterrichten (vgl aber auch LG Stuttgart, FamRZ 1965, 518, sowie oben Bem 12a).

94 Ferner kann das Kind besondere Kosten der **Berufsausbildung** geltend machen, wenn sie in der laufenden Unterhaltsrente nicht mitenthalten und offen gelassen waren (s Bem 68) oder wenn höhere zusätzliche Kosten der Berufsausbildung entstehen (s dazu Urbach, aaO; LG Wiesbaden, FamRZ 1957, 384; LG Duisburg, DAVorm XXVII, 239; anders LG Verden, DAVorm XXXI, 211; LG Wuppertal, ZblJugR 1962, 211 mit ablehnender Anm von Urbach). Jedoch dürfte hier eine etwa vom Lehrherrn des Kindes gewährte Ausbildungsbeihilfe anzurechnen sein (s aber auch LG Kreuznach, DAVorm XXXI, 269; LG Köln, DAVorm XXVIII, 299, welche die Ansicht vertreten, der Anspruch sei ohne Nachweis der Bedürftigkeit gegeben). Das Kind kann hier nur den tatsächlichen zusätzlichen Bedarf verlangen, auch wenn es das 16. Lebensjahr noch nicht vollendet hat.

Die Aufwendungen für die Anschaffung notwendiger Berufskleidung sind nur dann Kosten der Berufsausbildung, wenn sie nicht durch den Lohn des (noch nicht 16-jährigen) Kindes gedeckt werden können (LG Düsseldorf, DAVorm XXVIII, 198).

95 Der dem Kinde gegen den Vater zustehende Unterhaltsanspruch umfaßt auch den Anspruch auf Gewährung eines **Prozeßkostenvor-**

schusses*) als zusätzlichen Bedarf; diese Pflicht des Vaters ist daraus herzuleiten, daß § 1708 Abs 1 und § 1610 Abs 2 die gleiche Formulierung „gesamter Lebensbedarf" enthalten**), die Vorschrift des § 1610 Abs 2 nach überwiegender und zutreffender Auffassung die Pflicht, einen Prozeßkostenvorschuß zu leisten, mitumfaßt (s Gotthardt in diesem Komm, 20ff zu § 1610; Palandt-Lauterbach, 25. Aufl 1966, 3 zu § 1610 je mit Nachweisen) und nach der Wertentscheidung des Art 6 Abs 5 GG hier eine Gleichstellung des unehelichen Kindes geboten und angemessen ist (ebenso im Ergebnis Dölle, II, 418; Gernhuber, 641; Brühl, FamRZ 1958, 197, 201 [C]; Arnold, FamRZ 1960, 222, 223; LG Wiesbaden, DAVorm XXXVII, 164; OLG Karlsruhe, DAVorm XXXVI, 301; OLG Düsseldorf, JMBlNRW 1964, 15; s ferner BGH, FamRZ 1964, 558 = NJW 1964, 2151 = MDR 1964, 910; wohl auch Beitzke, FamRZ 1959, 44; **aM** Roth-Stielow, NJW 1965, 2046).

Voraussetzung ist jedoch, daß der **Vater leistungsfähig** ist — andernfalls muß das Kind die Mutter in Anspruch nehmen (s 36 zu § 1709) oder das Armenrecht beantragen —, sowie daß es sich um einen **lebenswichtigen Prozeß** des Kindes handelt. Dies wird zB zu verneinen sein, wenn das Kind einen Unterhaltstitel gegen den Vater erlangt hat und nun noch auf Feststellung der Vaterschaft (§ 640 ZPO) klagen will (OLG Karlsruhe, DAVorm XXXVI, 301), es sei denn, daß das Kind ein besonders dringendes Interesse an dieser Feststellung hat. Ist das Kind in einem Rechtsstreit Beklagter, so kommt es darauf an, ob die Rechtsverteidigung Aussicht auf Erfolg bietet (ebenso OLG Düsseldorf, aaO; sowie — bezüglich des ehelichen Kindes — OLG Nürnberg, FamRZ 1965, 517 = DAVorm XXXVIII, 306 = MDR 1966, 147***); dies gilt auch für die gegen das Kind gerichtete negative Abstammungsfeststellungsklage des Mannes, gegen den das Kind ein Unterhaltsurteil erwirkt hatte (OLG Düsseldorf, aaO). Zu der Frage, ob der Mann, wenn die Klage erfolgreich ist, gegen den wirklichen Vater des Kindes Ersatzansprüche bezüglich der Leistung des Prozeßkostenvorschusses geltend machen kann, s Bem 210 aE zu § 1717.

Der Prozeßkostenvorschuß kann im Wege der einstweiligen Verfügung (§ 940 ZPO) geltend gemacht werden (LG Wiesbaden, DAVorm XXXVII, 164).

β) Große Schwierigkeiten bereitet die Beantwortung der Frage, wer die Mehrkosten zu tragen hat und wie und unter welchen Voraussetzungen diese eventuell zu verteilen sind, wenn das Kind in einem **Heim oder** in einer **Krankenanstalt** (zB insbesondere in einer Heil- und Pflegeanstalt oder einer psychiatrischen Klinik) untergebracht ist†). Im letzteren Falle entstehen für ein älteres Kind zZ monatlich ungefähr DM 360; im Falle einer Unterbringung in einem Kinderheim werden Aufwendungen in Höhe von ungefähr DM 250—280 anzunehmen sein (vgl etwa LG Heilbronn, DAVorm XXXVIII, 176 — im Frühjahr 1965: DM 240), also Kosten, die erheblich über dem normalen Unterhaltsatz liegen. 96

*) W. L. Pastor, Prozeßkostenvorschuß und Prozeßkostentragung, Bonner Diss 1962 (64ff); Roth-Stielow, Elterliche Prozeßkostenvorschußpflicht für eheliche und außereheliche Kinder? NJW 1965, 2046; sowie allgemein Künkel, Der Prozeßkostenvorschuß, zur Begriffsbestimmung, Rückerstattungspflicht und Gerichtszuständigkeit, FamRZ 1964, 550; s auch 36 zu § 1709 zur Prozeßkostenvorschußpflicht der unehelichen Mutter; sowie zuletzt Niclas, Prozeßkostenvorschuß als Unterhalt, ZblJugR 1966, 61.

**) Der Umstand, daß der Begriff „gesamter Lebensbedarf" in §§ 1610 und 1708 Abs 1 nicht die gleiche Bedeutung haben (s Bem 60), hat für den vorliegenden Zusammenhang keine Bedeutung, da es sich hier um zusätzliche bare Aufwendungen handelt.

***) = OLGZ 1965, 162.

†) v. Hülsen, Unterhalt des unehelichen Kindes bei Heim- oder Anstaltsunterbringung, FamRZ 1965, 589; E. Bosch, Die Personensorge der Mutter für ihr uneheliches Kind als ihr Unterhaltsbeitrag, Tübinger Diss, 1965, 102ff, 127ff; Roth-Stielow, Der Sonderbedarf des unehelichen Kindes beim Ausbleiben der mütterlichen Betreuung, ZblJugR 1964, 309; Zeitlmann, Erhöhter Unterhalt für ein geisteskrankes uneheliches Kind, StAZ 1960, 183; ders, Erhöhter Unterhaltsbedarf für ein im Heim untergebrachtes uneheliches Kind, StAZ 1962, 224; s auch Eißer, FamRZ 1963, 473, 478ff; Brüggemann, ZblJugR 1958, 181, 185; Hill, Die Kosten der Heimunterbringung des unehelichen Kindes, ZblJugR 1960, 48; Schnitzerling, RdJ 1962, 137.

Die alleinige Haftung des Vaters für die Mehrkosten ist — abgesehen von dem Falle, daß die Mutter verstorben ist — grundsätzlich mit Art 3 Abs 2 GG nicht vereinbar (s 10 zu § 1709). Ebenso bestehen angesichts der Regelung des **Art 3 Abs 2 GG** schwerwiegende Bedenken dagegen, hier lediglich die mangelnde Leistungsfähigkeit der Mutter (die zB nur einen relativ geringfügigen Beitrag zu den Gesamtkosten leistet und zu leisten vermag) zu berücksichtigen, die mangelnde Leistungsfähigkeit des Vaters dagegen außer Acht zu lassen und diesem damit etwa eine hohe Schuldenlast aufzubürden, die er in langen Jahren nicht oder überhaupt nicht mehr abzutragen vermag (s AG Celle, FamRZ 1963, 374 und oben Bem 55 f, unten Bem 105 und 107). Die in Art 6 Abs 5 GG enthaltene Wertentscheidung kann zu keinem anderen Ergebnis führen. Die hier dargelegte Auffassung ist wohl im Vordringen; bezüglich der einzelnen Fragen und Fallgestaltungen bestehen jedoch meist erhebliche Meinungsverschiedenheiten. Häufig wird unterschieden, ob die Unterbringung des Kindes auf Gründen beruht, die in der Person der Mutter oder in der Person des Kindes ihren Ursprung haben (vgl dazu Dölle, II, 420 f; v. Hülsen, FamRZ 1965, 589; Eißer FamRZ 1963, 478 ff; LG Stuttgart, MDR 1961, 414 = DAVorm XXXIV, 271; LG Flensburg, DAVorm XXXVII, 251; LG Tübingen, DAVorm XXXVIII, 270, ua; gegen die „Sphärentheorie" mit Recht Brühl, FamRZ 1964, 645) sowie ob die Mutter den Ausfall der eigenen Personensorgeleistung zu vertreten hat oder nicht (s Dölle, aaO).

aa) Befindet sich das Kind in einem Heim oder einer Pflegestelle, da die
97 **Mutter infolge ihrer beruflichen Tätigkeit** nicht in der Lage oder nicht willens ist, das Kind selbst zu betreuen, so können die durch die Unterbringung entstehenden Mehrkosten gerechterweise nicht dem Vater zur Last fallen; diese Ansicht entspricht wohl jetzt der hM (s Dölle, II, 421; Gernhuber, 626; Eißer, FamRZ 1963, 473, 479 f; Roth-Stielow, ZblJugR 1964, 309; von Hülsen, FamRZ 1965, 589, 592 f; Brühl, 189 f; LG Itzehoe, MDR 1956, 610; LGe Ravensburg und Ulm, DAVorm XXX, 150, 151; s auch LG Köln, DAVorm XXXVII, 139 — Klage des Sozialhilfeträgers gem § 90 BSHG gegen die berufstätige Mutter auf Leistung eines Unterhaltsbeitrags —). Die Mutter hat es zB zu vertreten, wenn sie ihre Arbeitszeit nicht so weit wie möglich ihren Sorgepflichten anpaßt (Dölle, II, 421; Eißer, FamRZ 1963, 479; Brühl, 190; LGe Ravensburg und Ulm, aaO). Dies muß grundsätzlich auch gelten, wenn sie eine Stellung als Hausgehilfin annimmt, wodurch sie verhindert ist, das Kind selbst zu versorgen (aM AG Tettnang, DAVorm XXIX, 70); angesichts der heutigen Situation des Arbeitsmarktes ist es der Mutter möglich und zuzumuten, eine Arbeitsstelle zu suchen, durch sie an der Ausübung der tatsächlichen Sorge für das Kind nicht in dem Maße gehindert ist, daß das Kind in einem Heim oder einer Pflegestelle untergebracht werden muß. Wie das AG Tettnang (aaO) mit Recht hervorgehoben hat, muß bei der Prüfung der Notwendigkeit einer Heimunterbringung des Kindes infolge der Berufstätigkeit der Mutter ein strenger Maßstab angelegt werden. Das LG Frankfurt (DAVorm XXIV, 1951, 86) hat den Wunsch der Mutter, dem Kinde die Erziehung in einem Heim zu ermöglichen, nicht genügen lassen, um dem Vater die Mehrkosten aufzuerlegen.

In diesen Fällen ist der Vater andererseits nicht berechtigt, seine Unterhaltsleistung zu kürzen, mit der Begründung, die Mutter versorge das Kind nicht mehr (s Roth-Stielow, ZblJugR 1964, 309, 311).

98 Das LG Mönchen-Gladbach (DAVorm XXXVIII, 177) hat angenommen, der Vater habe die Kosten der Unterbringung des Kindes in einem Heim zu tragen, wenn die Mutter gezwungen sei, einer Erwerbstätigkeit nachzugehen, um ihren eigenen Unterhalt zu bestreiten, und wenn sie keine Angehörigen habe, die das Kind an ihrer Stelle betreuen könnten, sowie wenn das Jugendamt keine geeignete Pflegestelle habe finden können; da hier die Mutter kein Verschulden treffe, müsse der Vater für den ungedeckten Teil der Pflegekosten — die insgesamt DM 371 monatlich betrugen — aufkommen, nämlich DM 189, die Mutter leiste monatlich DM 58 und könne nicht mehr aufbringen, da sie noch für zwei andere Kinder mo-

natlich einen Beitrag zu den Pflegekosten von ebenfalls je DM 58 bezahlen müsse; das LG hat noch ausdrücklich hervorgehoben, auf die Leistungsfähigkeit des Vaters komme es hier nicht an. Gegen die letztere Auffassung bestehen jedoch große Bedenken (s auch Bem 96, 102, 105). Der Entscheidung des LG kann im Ergebnis nur dann zugestimmt werden, wenn der Vater hinsichtlich des von ihm aufzubringenden Betrags von DM 189 monatlich leistungsfähig ist.

Das LG Offenburg (DAVorm XXX, 282) hat die Auffassung vertreten, könne die Mutter das Kind nicht versorgen, weil sie sich in Fürsorgeerziehung (§ 64 JWG) befinde, so sei sie von dieser Pflicht befreit (ebenso Brühl, 189, der dies ferner dann annimmt, wenn die Mutter sich in Strafhaft befindet); dagegen fordert Eißer (FamRZ 1963, 479), es müsse untersucht werden, aus welchen Gründen die Fürsorgeerziehung angeordnet bzw die Mutter bestraft worden sei; Zweifel an der Auffassung des LG Offenburg und Brühl's äußert auch Dölle (II, 421). Das LG Tübingen (DAVorm XXXVIII, 270) hat angenommen, die Mutter müsse alle Mehrkosten tragen, die dadurch entstanden waren, daß sie sich bei der Geburt des Kindes in einem Fürsorgeheim befand und dann als Hausgehilfin in einem Kinderheim tätig war, das Kind aber nicht selbst versorgen konnte. Hinzuzufügen ist, daß die Erziehungsbehörde sich stets darum bemühen sollte, dafür zu sorgen, daß die in Fürsorgeerziehung befindliche Mutter ihr Kind selbst betreut und versorgt (vgl auch Baensch, FamRZ 1965, 364, 366). 99

ββ) Hat die **Mutter bei der Erziehung und Versorgung des Kindes versagt**, so daß es gemäß §§ 1666 Abs 1, 1909 durch den Sorgerechtspfleger in einem Heim untergebracht werden mußte, so können hier die Mehrkosten ebenfalls nicht dem Vater auferlegt werden; diese Auffassung entspricht der wohl jetzt hM (s Dölle, II, 421; Brühl, 189; Eißer, FamRZ 1963, 473, 479; von Hülsen, FamRZ 1965, 589, 592ff; Roth-Stielow, ZblJugR 1964, 309; LG Stuttgart, MDR 1961, 414 = DAVorm XXXIV, 271; LG Lüneburg, DAVorm XXXIV, 272). Das LG Stuttgart (aaO) hat dargelegt, wegen einer gewissen krankhaften Veranlagung des schwer erziehbaren Kindes und im Hinblick auf die von der Pflegemutter gemachten Erziehungsfehler sei es angemessen, die Kosten der Heimunterbringung zu teilen (hiergegen Brühl, 190: die Mutter hätte mit den ganzen Kosten — dh Mehrkosten — belastet werden müssen, da ohne ihr Versagen bzw das Versagen der von ihr herangezogenen Pflegemutter das Kind gar keiner Heimunterbringung bedurft hätte). 100

Ein Versagen der Mutter in dem erwähnten Sinne ist auch gegeben, wenn sie heimlich unter Zurücklassung des Kindes das Krankenhaus, in dem sie sich befunden hatte, — zB eine Frauenklinik oder ein Entbindungsheim — verließ (s den vom OLG Hamm, JZ 1962, 547, entschiedenen Fall und die in der Anm von Schröder hierzu erwähnten Einzelheiten des Sachverhalts).

In diesen Fällen, in denen die Heimunterbringung infolge des Versagens der Mutter erforderlich geworden ist, fragt es sich, ob die Mutter für den gesamten Mehrbedarf oder nur für den Teil haftet, der dem Wert ihrer Personensorgeleistung entspricht. Das letztere nehmen Dölle (aaO), Eißer (aaO, 479f), von Hülsen (aaO) an — wobei der Wert der Personensorgeleistung als etwa dem üblichen vom Vater zu leistenden Unterhaltsatz entsprechend anzusehen ist (s von Hülsen, aaO, sowie Bem 17 zu § 1709) —, das erstere wohl LG Stuttgart (aaO) und Gernhuber (626; s ferner OLG Hamm, StrS, FamRZ 1962, 318 = JZ 1962, 547 = RdJ 1963, 30). Von Hülsen (aaO) vertritt weiterhin die Auffassung, der Mutter fielen dann alle Mehrkosten zur Last, wenn die Voraussetzungen des § 823 Abs 2 BGB iV mit § 170b StGB vorlägen. Doch fragt es sich noch, ob es nicht etwa dann, wenn der Vater in (sehr) günstigen, die Mutter dagegen in kärglichen wirtschaftlichen Verhältnissen lebt, angemessen ist, den Unterhaltsbeitrag des Vaters zu erhöhen, dh mit anderen Worten, ob in solchen Fällen, in denen die Mutter keinen oder nur einen geringen nicht ausreichenden Beitrag zu leisten vermag, die Vorschrift des § 1606 Abs 3 entsprechend anzuwenden ist. Diese Frage dürfte zu bejahen sein. 101

Im dem Falle, daß für das Kind Fürsorgeerziehung angeordnet worden war (§ 64 JWG), hat das LG Münster (DAVorm XXXVI, 1963, 198) mit Recht angenommen, daß das Kind die besonderen Kosten dieser Erziehungsmaßnahme nicht von dem Erzeuger verlangen könne, da es von dem Träger der öffentlichen Jugendhilfe selbst nicht in Anspruch genommen worden sei (§ 85 Abs 1 JWG); das LG hat dahingestellt gelassen, ob der uneheliche Vater als Elternteil iS des § 85 Abs 1 JWG anzusehen ist (s dazu Bem 42 zu § 1705).

102 γγ) Ist die **Mutter** deshalb außerstande, das Kind zu versorgen, weil sie für längere Zeit **erkrankt** ist oder an **körperlichen oder geistigen Gebrechen** leidet, so rechtfertigt dieser Umstand nicht, alle Kosten der Unterbringung des Kindes in einem Heim oder in einer Pflegestelle dem Vater aufzuerlegen, ohne Rücksicht auf dessen Leistungsfähigkeit (ebenso von Hülsen, FamRZ 1965, 589; vgl hierzu auch Dölle, II, 421; Eißer, FamRZ 1963, 473, 479; aM Brühl, 189). Das LG München I (FamRZ 1964, 644 = DAVorm XXXVII, 250) meint dagegen, an den Kosten der Heimunterbringung sei in diesem Falle der Vater nicht zu beteiligen (hiergegen mit Recht Brühl in der sehr beachtenswerten Anm). Gernhuber (626) ist der Auffassung, jede Betreuung des Kindes durch Dritte verpflichte die Mutter zu finanziellen Leistungen, die dem Wert der entfallenden mütterlichen Fürsorge entsprächen (vgl ferner Bosch, FamRZ 1963, 375 f). Dieser Ansicht ist im wesentlichen beizutreten, mit dem Zusatz, daß die Leistungsfähigkeit des Vaters — soweit es sich um Zahlungen über den normalen Unterhaltssatz hinaus handelt — und die Leistungsfähigkeit der Mutter analog § 1606 Abs 3 mitzuberücksichtigen sind, dh also daß den Vater eventuell dann alle Kosten treffen können, wenn er in sehr günstigen wirtschaftlichen Verhältnissen lebt, die Mutter aber kein Vermögen besitzt und kein Einkommen bezieht oder so geringe Einkünfte, daß sie gerade für ihren eigenen Unterhalt ausreichen.

Der vorliegende Fall kann nicht so beurteilt werden, wie wenn die Mutter gestorben wäre (so aber Brühl, 189; LG München I, FamRZ 1964, 644 mit Anm von Brühl = DAVorm XXXVII, 250; zum letzteren Falle s unten Bem 110 ff).

103 δδ) Der praktisch wichtigste und besonders umstrittene Fall ist der, daß das **Kind infolge körperlicher oder geistiger Gebrechen** der Pflege **in einem Heim oder in einer** psychiatrischen **Anstalt** oder dgl bedarf. Nach der früher — soweit ersichtlich — einhelligen, zT aber noch bis in die jüngste Zeit vertretenen Auffassung hatte der Vater gemäß §§ 1708 Abs 1 Satz 2, 1709 Abs 1 die gesamten Kosten (ohne Beteiligung der Mutter) zu tragen (s Brühl, 190; LG Hamburg, DAVorm XXVII, 240; FamRZ 1961, 35 = DAVorm XXXIV, 58; LG Osnabrück, DAVorm XXVII, 241; AGe Überlingen und Düren, DAVorm XXVII, 242; LG Hildesheim, DAVorm XXVIII, 254; AG Recklinghausen, DAVorm XXXI, 210; LG Hagen, DAVorm XXXII, 135; LG Essen, DAVorm XXXII, 174; LG Augsburg, DAVorm XXXIII, 56; RdJ 1962, 303, hierzu Zeitlmann, StAZ 1962, 224; LG Stuttgart, MDR 1961, 414 = DAVorm XXXIV, 271; LG Lüneburg, DAVorm XXXIV, 272 [mit gewissen Einschränkungen im letzten Abs, 274 f, in welchem dem Vormund nahegelegt wird zu prüfen, inwieweit die Mutter zu Leistungen herangezogen werden könne]; LG Flensburg, DAVorm XXXVII, 251; LG Mainz, DAVorm XXXIX, 1966, 16 — „Contergankind" —; AG Friedberg, NJW 1963, 1424 [Vorlagebeschl gem Art 100 GG])*). Das LG Heilbronn (DAVorm XXXVIII, 1965, 176) hat ausgesprochen, der Vater habe die gesamten Kosten zu tragen, solange die Personensorgepflicht der Mutter nicht entfallen sei; indessen kann es nicht hierauf ankommen, sondern nur darauf, ob die Mutter die Personensorge tatsächlich ausübt und auszuüben ver-

---

*) Das AG Friedberg hat in diesem Beschluß vom 4. 6. 1963 angenommen, die Regelung des § 1708 Abs 1 verstoße insoweit gegen Art 3 Abs 2 GG, da die Leistungsfähigkeit des Vaters und die der Mutter hier nicht berücksichtigt würden.

Eine Entscheidung des BVerfG ist inzwischen noch nicht ergangen (s auch Fußn zu Bem 37, letzter Abs).

mag. Das Gericht hat weiterhin gemeint, unerheblich sei, daß das Kind auf Kosten der Sozialhilfe untergebracht sei; auch diese Auffassung ist unzutreffend (s hierzu unten Bem 106).

Das LG Augsburg (DAVorm XXXVII, 252) hat in dem Falle, daß das Kind nach einem Unfall wegen Geistesschwäche und Beinamputation untergebracht worden war, zwar ausgesprochen, an sich sei der Vater für die Unterbringungskosten voll haftbar, hat aber andererseits die an das Kind gemäß § 843 Abs 1 BGB geleistete — freilich nicht vormundschaftsgerichtlich genehmigte — Kapitalabfindung von DM 10000 berücksichtigt und daher den Vater nur zur Zahlung des Unterhaltsmindestsatzes (von — damals — monatlich DM 85) verurteilt.

Schon im Jahre 1954 hat das LG Lüneburg (MDR 1954, 295) ausgesprochen, die durch eine anderweitige Unterbringung des Kindes entstehenden höheren Kosten könnten nicht dem Erzeuger aufgebürdet werden. 104

Die Auffassung, die Kosten der Unterbringung seien von dem Vater und der Mutter grundsätzlich je zur Hälfte zu tragen, haben vertreten: AG Oberndorf, FamRZ 1957, 428; LG Münster, MDR 1963, 595 = FamRZ 1963, 456 Leits; Schlicht, NJW 1954, 74.

Das LG Berlin (DAVorm XXXVII, 140) hat angenommen, die Mutter müsse je nach den Einkommensverhältnissen einen Beitrag zu den Unterbringungskosten leisten.

Verschiedentlich wurde die Meinung vertreten, Vater und Mutter müßten die Kosten, welche die normale Unterhaltsrente übersteigen, je zur Hälfte tragen, so von Dölle, II, 421f; von Hülsen, FamRZ 1965, 589, 593f; Schlosser, FamRZ 1963, 601, 616; Roth-Stielow ZblJugR 1964, 309; AG Schongau, DAVorm XXXVII, 141. Das LG Braunschweig (NJW 1965, 351*) = FamRZ 1965, 230 Leits) hat ausgeführt, den Vater müßten die speziellen anstaltsbedingten ärztlichen und schulischen Kosten, dieser Sonderbedarf, treffen, während die sonstigen Mehrkosten, soweit sie an die Stelle der regelmäßigen mütterlichen Betreuung, Bewahrung, Sorge und Verpflegung treten, von der Mutter aufzubringen seien (ebenso LG Lüneburg, DAVorm XXXVIII, 1965, 142; AG Hamm, DAVorm XXXI, 123; sowie wohl auch Gernhuber, 626; anders LG Bückeburg, DAVorm XXXIX, 105).

Das LG Oldenburg (7. ZK, FamRZ 1965, 339) ist der Auffassung, der Wert der normalen Fürsorge- (Pflege-) Leistung sei von der Mutter zu tragen, die darüber hinausgehenden Kosten der Heimunterbringung seien nach den wirtschaftlichen Verhältnissen der Mutter und des Vaters aufzuteilen; der Aufteilung stehe nicht im Wege, daß die Mutter nicht leistungsfähig sei; dann müsse insoweit die Sozialhilfe eintreten (s auch schon das Urteil der gleichen Kammer vom 24. 4. 1963, DAVorm XXXVI, 266). Die 5. ZK des LG Oldenburg (DAVorm XXXVII, 11) hat angenommen, der Vater müsse nur dann für den vollen Unterhaltsbedarf des Kindes haften, wenn die Mutter vermögenslos sei und kein eigenes Einkommen habe. Von Hülsen hat zutreffend noch darauf hingewiesen, bei allen Ansprüchen, welche die gewöhnliche Unterhaltsrente übersteigen, sei zu prüfen, ob bereits nach geltendem Recht die Leistungsfähigkeit des Vaters in angemessenem Rahmen berücksichtigt werden müsse (s ferner AG Celle, FamRZ 1963, 374; LG Hannover, DAVorm XXXIX, 144**)).

Nach dem heutigen Rechtszustand ist nur die Meinung vertretbar, 105
daß die Kosten, die durch die Heimunterbringung entstehen und über die normale, vom Vater zu leistende Unterhaltsrente hinausgehen, grundsätzlich von dem Vater und der Mutter getragen werden müssen, und zwar entsprechend ihren Einkommens- und Vermögensverhältnissen (analog § 1606 Abs 3); zu berücksichtigen ist also hinsichtlich dieser Mehrkosten die Leistungsfähigkeit beider Elternteile (s schon Bem 96). Sorgfältig zu prüfen ist stets auch die Frage, ob das Kind wirklich der Heim- oder Anstaltspflege bedarf oder ob es etwa der Mutter möglich wäre und zugemutet werden könnte, das Kind selbst zu pflegen.

---

*) = DAVorm XXXIX, 46. **) = FamRZ 1966, 367.

Eine gesamtschuldnerische Haftung des Vaters und der Mutter kann — entgegen der Auffassung von E. Bosch (137 f) und Schnitzerling (RdJ 1962, 137, 138), s auch Beitzke (195) — nicht in Betracht kommen, da sie keine gesetzliche Grundlage hat und systemwidrig wäre, wie § 1606 Abs 3 zeigt. Im übrigen wäre diese Lösung auch praktisch nicht durchführbar, da es nicht anginge, den Vater oder die Mutter bezüglich des den normalen Unterhaltssatz übersteigenden Aufwandes als Gesamtschuldner ohne Rücksicht auf die Leistungsfähigkeit in Anspruch zu nehmen und es dann dem Vater oder der Mutter zu überlassen, von dem anderen Teil den Ausgleich zu verlangen (§ 426). § 421 ist hier gerade nicht anzuwenden; E. Bosch übersieht, daß es auf die Leistungsfähigkeit des Vaters und der Mutter ankommen muß; die Unterhaltspflicht besteht daher nur, soweit der betreffende Elternteil leistungsfähig ist.

106 Zu prüfen ist weiterhin, worauf Brühl (FamRZ 1964, 645 f) mit Recht hingewiesen hat, ob und inwieweit der Träger der **Sozialhilfe** die Kosten der Heimunterbringung trägt und inwieweit er sie endgültig tragen muß, wenn er den Übergang des Unterhaltsanspruchs (§ 90 BSHG)*) nur in geringem Umfange gegen den Vater und — wie zu ergänzen ist — auch gegen die Mutter bewirken kann (§ 91 BSHG), nämlich in dem Umfange, in dem der Vater und die Mutter je ihr Einkommen und Vermögen einsetzen müßten; eine Inanspruchnahme des die Einkommensgrenze übersteigenden Betrags ist nur nach Maßgabe des § 84 Abs 1 BSHG zulässig; von dem Vater (und der Mutter) kann daher nach dem BSHG der Einsatz des Einkommens unter der Einkommensgrenze nicht verlangt werden (Brühl, aaO, 646; s auch Bem 104 aE sowie Baensch, FamRZ 1965, 364).

Unter diesen Umständen geht es nicht an, daß das Kind als Gläubiger den Teil der ihm an sich gemäß § 1708 Abs 1 gegen den Vater zustehenden Unterhaltsrente einzieht, der nach § 91 Abs 1 BSHG nicht übergeleitet werden könnte (ebenso Brühl, aaO; s aber auch LG Braunschweig, NJW 1965, 351).

107 Aus den dargelegten Erwägungen ist der Schluß zu ziehen, daß, wenn das (vom Vormund vertretene) Kind von dem Vater einen höheren Unterhaltssatz zur Bestreitung der Kosten der Heimunterbringung verlangt, als der Vater leisten könnte und nach dem BSHG zu leisten verpflichtet wäre, einem solchen Begehren die „Einrede" der Arglist (exceptio doli generalis), des rechtsmißbräuchlichen Handelns, des **Verstoßes gegen Treu und Glauben (§ 242 BGB)** entgegensteht (s Brühl, aaO, 646; Unterhaltsrecht, 172; Weinbrenner, FamRZ 1963, 269, 271 f [lit f]; auch LG Oldenburg, DAVorm XXXVI, 266; FamRZ 1965, 339; vgl ferner AG Hamm, DAVorm XXXI, 123; AG Celle, FamRZ 1963, 374; s ferner LG Braunschweig, NJW 1965, 351, 353, das gegebenenfalls die Vollstreckungsabwehrklage [§ 767 ZPO] oder die Klage gegen die Erteilung der Vollstreckungsklausel [§ 768 ZPO] unter Hinweis auf § 826 BGB erwog, wenn die Kosten der Unterbringung vom Träger der Sozialhilfe getragen werden, dieser nicht den Weg des § 91 BSHG beschreitet, sondern den gegen den Vater erstrittenen Unterhaltstitel nach Abtretung des Anspruchs [§§ 399, 134] auf sich umschreiben läßt [§ 727 ZPO]). Zwar ist die Gewährung der Sozialhilfe gemäß § 2 Abs 1 BSHG subsidiär und werden gemäß § 2 Abs 2 Verpflichtungen anderer Personen, insbesondere Unterhaltspflichtiger durch das BSHG nicht berührt. Jedoch ist der Sinn des BSHG, vor allem der Vorschriften über die „Hilfe in besonderen Lebenslagen" (§§ 27 ff), die sich im allgemeinen als schwere Schicksalsschläge darstellen, den Betroffenen und den Angehörigen zu helfen (vgl § 28; s Brühl und Weinbrenner, aaO). Die Anwendung dieser Schutzvorschriften darf nicht durch ein Vorgehen des Kindes im Unterhaltsrechtsstreit gegen den Vater illusorisch gemacht

*) Literatur zum BSHG s Fußn zu Bem 11 zu § 1711; zum vorliegenden Zusammenhang s noch hingewiesen auf die „Empfehlungen für die Heranziehung Unterhaltsverpflichteter" mit einer Einführung von Dr. Käthe Petersen und Erläuterungen zu den Empfehlungen von Dr. Dieter Giese, Kleinere Schriften des Deutschen Vereins für öffentliche und private Fürsorge, Frankfurt/Main, 1965.

werden (vgl dazu auch den in den Erläuterungen der „Empfehlungen" — f Fußnote zu 106 — S 67ff erörterten Fall).

Diese „Einrede" des Verstoßes gegen Treu und Glauben, die jedoch in Wahrheit eine rechtsvernichtende Einwendung ist*), ist im Prozeß von Amts wegen zu berücksichtigen (Staudinger-Weber, Soergel-Siebert, aaO; RGRKomm, 129 zu § 242; Enneccerus-Nipperdey, 1443); erforderlich ist nur, daß die betreffenden tatsächlichen Umstände vorgetragen werden, welche die Schlußfolgerung auf die mißbräuchliche Rechtsausübung, den Verstoß gegen Treu und Glauben rechtfertigen (Soergel-Siebert, aaO; RGRKomm, aaO). 108

Zur Klärung der Frage, welche Kosten der Träger der Sozialhilfe übernimmt, kann das Gericht bei dieser Stelle eine entsprechende Auskunft einholen (§ 272b Abf 2 Nr 2 ZPO).

Für die tatsächlichen Umstände, aus denen sich der Tatbestand des Verstoßes gegen Treu und Glauben ergibt, trägt im Prozeß der Beklagte — dh hier der Vater des unehelichen Kindes — die **Beweislast** (Soergel-Siebert, aaO, 123; RGRKomm, aaO, 132). 109

γ) Ist die **Mutter verstorben** und hatte sie nicht die elterliche Gewalt inne (§ 1707 Abf 2), so geht die Personensorge auf den Vormund über (f 36 zu § 1707); war der Mutter die elterliche Gewalt übertragen worden (§ 1707 Abf 2), so ist nach dem Tode der Mutter für das Kind ein Vormund zu bestellen (f 98, 172 zu § 1707). Die Personensorge geht nicht auf die mütterlichen Verwandten, also etwa die Großeltern des Kindes, über. Vielmehr hat der Vormund das Recht und die Pflicht, für die Person des Kindes zu sorgen (§§ 1793, 1800 Abf 1). Hiermit erfüllt er nicht auch eine Unterhaltspflicht, denn ein Vormund ist dem Mündel gegenüber nicht unterhaltspflichtig. Vielmehr haben für den gesamten Unterhaltsbedarf des Kinde der Vater und gegebenenfalls die mütterlichen Großeltern aufzukommen (§§ 1708, 1709 Abf 1), wobei der Vater vor diesen haftet (§ 1709 Abf 1; f dazu Eißer, FamRZ 1963, 473, 481; Dölle, II, 426; Gernhuber, 626; von Hülsen, FamRZ 1965, 589, 591; Roth-Stielow, ZblJugR 1964, 309; LG Hof, DAVorm XXV, 1952, 33; f auch 19 zu § 1709). Hierzu ist noch darauf hinzuweisen, daß nach dem Tode eines Elternteils des ehelichen Kindes ebenfalls der überlebende Elternteil für den Unterhalt des Kindes vor den Großeltern haftet (§ 1606 Abf 2). 110

Der Vater hat also für den gesamten Bedarf des Kindes aufzukommen; den entstehenden Mehrbedarf haben nicht etwa, wie das LG München I (FamRZ 1964, 644; hiergegen Brühl in der Anmerkung = DAVorm XXXVII, 250) unter unrichtiger Berufung auf §§ 1705, 1601, 1606 gemeint hat, die mütterlichen Großeltern zu decken. Deren Haftung tritt vielmehr erst ein, wenn und soweit der Vater nicht in der Lage ist, die zusätzlichen Kosten zu tragen (§ 1709 Abf 1); hierbei dürfte die Vorschrift des § 1606 Abf 2 analog anzuwenden sein (ebenso Eißer, FamRZ 1963, 481; Dölle, II, 426), dh daß die Großeltern zu gleichen Teilen haften (f auch 41 zu § 1709). 111

Erhält das Kind (Halb-)**Waisenrente****) gemäß §§ 595 Abf 2 oder 1267, 1269 RVO (vgl BSozG E 10, 189 = DAVorm XXXII, 220 = NJW 1959, 2037 = FamRZ 1960, 117 Leitf; NJW 1959, 1055; FamRZ 1960, 443; RdJ 1961, 127; Dersch-Knoll-Brockhoff-Schieckel, Anm 2 zu § 1269 RVO), so wird diese nur anzurechnen sein, soweit der Unterhaltsbedarf des Kindes über die „normale" Unterhaltsrente hinausgeht. 111a

---

*) Hierzu f Weber in diesem Komm, 11. Aufl, D 59ff; Soergel-Siebert, 9. Aufl, 121 je zu § 242; Enneccerus-Nipperdey, Allgemeiner Teil des Bürgerlichen Rechts, 15. Aufl, 2. Halbband 1960, 1384ff, § 226, II, III, 1443, § 239, III, 7; sowie zum Begriff der Einrede und Einwendung Jahr, JuS 1964, 125, 128f.

**) Vollwaisenrente erhält das uneheliche Kind nur, wenn der Vater und die Mutter nicht mehr leben, oder wenn die Mutter verstorben ist und der Vater unbekannt ist oder zwar bekannt ist, aber nicht festgestellt werden kann, ob er noch lebt (BSozG, aaO; Dersch-Knoll-Brockhoff-Schieckel, aaO; SozG Oldenburg, DAVorm XXXIX, 26; sowie zu BVersG §§ 45, 46, 47; BSozG, NJW 1959, 1798 = FamRZ 1960, 117 Leitf).

Aus der Lit f noch Schnitzerling, Die Waisenrente des unehelichen Kindes — Rechtsprechungsübersicht, Unsere Jugend 1961, 31.

112 Ein **erhöhter Bedarf** des Kindes kann in Betracht kommen, wenn es in einem Internat, einem Heim oder bei Pflegeeltern untergebracht ist (s LG Hof, DAVorm XXV, 33). Bezieht der Pflegevater oder die Pflegemutter für das Kind Kindergeld (§ 2 Abs 1 BKindGG) oder einen Kinderzuschlag, so wird es in diesem Falle als angemessen zu beurteilen sein, den Betrag auf den gesamten Bedarf des Kindes anzurechnen, so daß das Kindergeld oder die Kinderzulage hier per saldo dem Vater zugute kommt, und zwar dann, wenn die Unterhaltsverpflichtung des Vaters auch unter Berücksichtigung des erwähnten Betrags höher ist als der sonst übliche Unterhaltssatz (vgl auch oben Bem 34, 111 a). Ferner ist im gleichen Umfang eine dem Kinde zustehende Waisenrente zu berücksichtigen.

Trägt die Kosten der Unterbringung der Träger der Sozialhilfe, so ist zu berücksichtigen, inwieweit dieser gegen den Vater Ansprüche geltend machen, dh die Unterhaltsansprüche des Kindes auf sich überleiten kann (§ 90 BSHG) oder inwieweit er Kosten der Unterbringung endgültig tragen muß (s auch Bem 106).

113 c) Gemäß **Abs 1 Satz 3***) ist auf Verlangen des Vaters eigenes Einkommen des Kindes, welches das 16. Lebensjahr vollendet hat, zu berücksichtigen, soweit dies der Billigkeit entspricht. Die Vorschrift, die der Rechtsausschuß des BT in den Entwurf des FamRÄndG eingefügt hat (s oben Bem 28), beruht auf folgenden Erwägungen (s Schwarzhaupt, FamRZ 1961, 329, 330, sowie auch Bem 28): viele uneheliche Kinder hätten im 17. oder 18. Lebensjahr bereits einen Arbeitsverdienst; andererseits sei nach der Statistik die Mehrzahl der unehelichen Väter verheiratet, viele von ihnen seien Arbeiter, deren eheliche Kinder vom 16. Lebensjahr an verdienen müßten. Diese Überlegungen führten zu der dann Gesetz gewordenen Billigkeitsklausel, die freilich manche schwierigen Probleme aufwirft und als gesetzgeberische Lösung nicht völlig geglückt erscheint.

Zu erwähnen ist noch, daß bei den Beratungen des Unterausschusses des Rechtsausschusses des Bundestags (in der 3. Sitzung vom 23. 9. 1960, Prot S 8) die Anregung, in Abs 1 Satz 3 die Vorschrift des § 1603 Abs 1 für entsprechend anwendbar zu erklären, ausdrücklich abgelehnt wurde und daß beschlossen wurde, auf die Billigkeit abzustellen, um eine dem Einzelfall gerecht werdende Lösung zu ermöglichen, sowie daß das ursprünglich vorgesehene Wort „Antrag" in „Verlangen" abgeändert wurde.

114 **Abs 1 Satz 3 setzt voraus,**

aa) daß das Kind nach Vollendung des 16. Lebensjahres eigenes Einkommen hat,

bb) daß die Berücksichtigung des Einkommens des Kindes bei der Bemessung der Höhe des Unterhalts der Billigkeit entspricht,

cc) daß der Vater die Berücksichtigung des eigenen Einkommens des Kindes „verlangt".

115 **zu aa)** Nur **eigenes Einkommen** des Kindes nach Vollendung des 16. Lebensjahres kann zu einer Herabsetzung der Unterhaltsrente führen, nicht etwa verminderte Leistungsfähigkeit des Vaters allein (s auch 123).

Eigenes Einkommen des Kindes ist Lohneinkommen, sowie — was praktisch selten ist — Zinseinkommen und dgl aus Kapitalvermögen, Mieteinnahmen, wenn das Kind Eigentümer eines Grundstücks ist.

116 Unter „Einkommen" iS dieser Vorschrift fällt nach wohl einhelliger Meinung auch die **Lehrlingsvergütung** oder Ausbildungsbeihilfe (s dazu LG Köln, DAVorm XXXV, 253; XXXVIII, 40; LG Braunschweig, DAVorm XXXVI. 337; XXXVIII, 8; LG Essen, FamRZ 1962, 489 = DAVorm XXXV, 314; LG Kiel, DAVorm XXXVI, 76, 200; LG München I, DAVorm XXXVI, 161; LG Oldenburg, DAVorm XXXV, 223;

*) Endres, Die Billigkeitsregelung für den Unterhaltsanspruch des unehelichen Jugendlichen, BldWPfl 1964, 197; Knauth, Die Billigkeitsregelung des § 1708 I 3 BGB nach der Heirat der unehelichen Tochter, ZblJugR 1965, 66; Nixdorf, Zur Problematik des § 1708 Abs 1 Satz 3 BGB, FamRZ 1964, 554; Schräder, Der Unterhaltsanspruch der unehelichen Kinder im Alter von sechzehn bis achtzehn Jahren, DRiZ 1962, 238; Theinert, Billigkeitsregelungen im Unterhaltsrecht des unehelichen Kindes (§ 1708 Abs 1 Satz 3 BGB), ZblJugR 1963, 275; Urbach, Die neue Billigkeitsklausel im Unehelichen-Unterhaltsrecht, ZblJugR 1962, 72; ders, Nochmals: Billigkeitsregelungen im Unterhaltsrecht des unehelichen Kindes, ZblJugR 1964, 7; s noch Chr. Böhmer, DRiZ 1961, 375, 377f (der diese Vorschrift „Mopedbestimmung" nennt); zu Verfahrensfragen s unten Fußn zu 135.

LG Regensburg, DAVorm XXXVI, 161; LG Osnabrück, DAVorm XXXVI, 38; LG Zweibrücken, DAVorm XXXIX, 52).

Ebenso ist als Einkommen zu beurteilen die dem unehelichen Kinde als Lehrling von seinem Lehrherrn gewährte Kost und Unterkunft*) (LG Köln, DAVorm XXXV, 253), während das noch zusätzlich gegebene Taschengeld außer Betracht bleiben kann (LG Köln, aaO).

Könnte das Kind einem Beruf nachgehen, pflegt und beaufsichtigt es aber andere Familienangehörige, zB um der Mutter eine ganztägige berufliche Tätigkeit zu ermöglichen, so ist ein geschätzter Betrag für die Tätigkeit des unehelichen Kindds im Haushalt zugrundezulegen (LG Hof, DAVorm XXXVII, 54); das Kind kann sich in diesem Falle nicht darauf berufen, es habe kein eigenes Einkommen. Das gleiche gilt, wenn es etwa auf dem landwirtschaftlichen Anwesen des Stiefvaters unentgeltlich arbeitet und nur ein „Taschengeld" erhält. 117

Ist das Kind jedoch in einem (Erziehungs-) Heim untergebracht und dadurch gehindert, eigenes Einkommen zu erzielen, so ist § 1708 Abs 1 Satz 3 nicht anzuwenden; darauf, aus welchem Grunde das Kind in dem Heim untergebracht ist, kommt es nicht an (LG Köln, DAVorm XXXVII, 255).

Zu beachten ist indessen, daß das Kind nicht verpflichtet ist, nach Vollendung des 16. Lebensjahres einer beruflichen Tätigkeit nachzugehen und die Schul- oder Berufsausbildung abzubrechen (vgl Brühl, 205; LG Trier, DAVorm XXXVII, 114, 116; s auch oben Bem 68).

Als Einkommen des Kindes ist auch eine ihm zustehende Waisenrente zu berücksichtigen (AG Duisburg-Ruhrort, DAVorm XXXVI, 336), dagegen nicht das der Mutter gewährte Kindergeld, die das Kind versorgt (LG Trier, DAVorm XXXVII, 114) oder ein Kinderzuschlag. 118

Ist das Kind (weiblichen Geschlechts) bereits **verheiratet**, so haftet der Ehemann vor dem unehelichen Vater für den Unterhalt (s oben Bem 25; sowie bezüglich der unehelich geborenen Frau, die das 16. Lebensjahr vollendet hat, LG Berlin, FamRZ 1966, 44, das § 1708 Abs 1 Satz 3 analog anwendet). Die Vorschrift des § 1708 Abs 1 Satz 3 kommt erst im Falle der subsidiären Haftung des Vaters in Betracht (anders Knauth, ZblJugR 1965, 66; Deutsches Institut für Vormundschaftswesen, DAVorm XXXVII, 241, welche die vom Ehemann gewährte Unterhaltsleistung stets als Einkommen iS des Abs 1 Satz 3 beurteilen). 119

zu bb) Bei der Prüfung der Frage, ob die Berücksichtigung des eigenen Einkommens des Kindes der **Billigkeit** entspricht, sind die wirtschaftliche Lage des Vaters, die Höhe seines Einkommens und seine Vermögensverhältnisse mit zu berücksichtigen; dies ist wohl einhellige Auffassung (s zB Dölle, II, 400, 412; Brühl, 149; Endres, BldWPfl 1964, 197; LG Essen, FamRZ 1962, 489 = DAVorm XXXV, 314; LG Kiel, DAVorm XXXVI, 76, 200). 120

Zu beachten ist zunächst, daß das Gesetz sagt, das eigene Einkommen des Kindes sei zu **berücksichtigen**, und nicht, es sei voll anzurechnen. Diese Formulierung „berücksichtigen" wurde vom Unterausschuß des Rechtsausschusses des Bundestags mit Bedacht gewählt (s auch Bosch, FamRZ 1962, 137 Fußn 2 mit Hinweis auf das Prot des Unterausschusses vom 23. 9. 1960, S 6ff, 9ff); aus diesem Prot geht hervor, daß bei der Erörterung der Formulierung des Satzes 3 das zunächst vorgesehen gewesene Wort „anrechnen" gerade durch „berücksichtigen" ersetzt wurde. 121

Die Regelung des Abs 1 Satz 3 stellt auf die Anwendung von **Billigkeitsgesichtspunkten** ab, will also damit eine elastische Lösung der Einzelfälle ermöglichen (s auch oben Bem 28 sowie Dölle, II, 412; LG Kiel, DAVorm XXXVII, 12; ferner im allgemeinen Göppinger, Die Erledigung des Rechtsstreits in der Hauptsache, 1958, 189ff, 198f). Die Billigkeit ist ein unbestimmter Rechtsbegriff, ein Wertbegriff, der auf außerrechtliche Wertungen verweist; die Bedeutung des Begriffs liegt darin, daß die diesen Begriff enthaltende Regelung eine Korrektur der etwa durch die Abstraktion der gesetzlichen Tatbestände entstehenden Härten ermöglichen will (Göppinger, aaO, 191, 198). Im Familienrecht, insbesondere im Unterhaltsrecht, findet sich der Begriff „Billigkeit" (oder des „billigen Ermessens") in zahlreichen moderneren Vorschriften, gerade um dem Richter eine gerechte, billige 122

*) Hierzu s § 26 Abs 2 Handwerksordnung idF vom 28. 12. 1965, BGBl 1966, I, 2, sowie auch § 27 Abs 2 Nr 4 JWG.

Entscheidung des Einzelfalles zu ermöglichen (s §§ 1361 Abs 1, 1361a Abs 2, 1381 Abs 1 BGB, §§ 59 Abs 1, 60, 61, 69 Abs 2, 70 Abs 2 EheG, §§ 2, 8 Abs 3 HausratsVO).

123 Gesteigerter Bedarf des Kindes spricht zu seinen Gunsten (Dölle, LG Kiel, aaO); zB ist ein durch das Lehrverhältnis des Kindes entstehender besonderer Bedarf zu berücksichtigen (LG Heidelberg, DAVorm XXXVI, 38). Umgekehrt sind hohe Unterhaltsverpflichtungen des Vaters (zB gegenüber mehreren anderen Kindern) zu seinen Gunsten zu berücksichtigen (LG Essen, FamRZ 1962, 489 = DAVorm XXXV, 314), ebenso besondere Aufwendungen infolge eines schlechten Gesundheitszustandes des Vaters (vgl AG Castrop-Rauxel, DAVorm XXXVI, 77). Sind die sonstigen Unterhaltsverpflichtungen des Vaters besonders drückend, so kann es gerechtfertigt sein, schon geringe Einkünfte des Kindes anzurechnen (LG Essen, aaO; Brühl, 149). Es wäre mit dem Gesetz nicht zu vereinbaren, eine zahlenmäßige Grenze des Kindeseinkommens festzulegen, unterhalb der eine Berücksichtigung desselben ausscheidet (Brühl, 149; AG Ulm, DAVorm XXXV, 186). Schließlich darf auch ein Nachholbedarf des Kindes nicht unbeachtet bleiben (LG Hof, DAVorm XXXIX, 1966, 145).

124 Hinsichtlich des Unterhaltsanspruchs des Kindes ist auch hier die **Lebensstellung der Mutter** zugrundezulegen.

125 Als **monatlicher Bedarf** eines in einem Arbeits- oder Lehrverhältnis stehenden 16- und 17-jährigen Kindes (s auch oben Bem 84f) einschließlich etwaiger Kosten der Berufsausbildung wurden im Jahre 1962 und 1963 in der Literatur (s vor allem Theinert, ZblJugR 1963, 275) und der Rechtsprechung (LG Bochum, zitiert von Theinert; LG Kiel, DAVorm XXXVI, 76; XXXVII, 12; LG Heidelberg, DAVorm XXXVI, 38) DM 140—150, zT DM 165—180 angenommen. Das LG München I (DAVorm XXXVI, 161), das LG Nürnberg-Fürth (NJW 1962, 1966) und das LG Köln (DAVorm XXXVIII, 1965, 40) haben darauf hingewiesen, dem Kinde solle ungefähr der Betrag insgesamt belassen werden, der unpfändbar wäre, wenn das Kind nicht Gläubiger, sondern alleinstehender Schuldner wäre (vgl § 850c ZPO). Das LG Stade (DAVorm XXXVI, 159) hat als Anhaltspunkt die gemäß § 22 BSHG und der RegelsatzVO vom 20. 7. 1962 (BGBl I, 515)*) in Betracht kommenden Regelsätze zugrundegelegt. Das LG Braunschweig (DAVorm XXXVIII, 8) hat ausgesprochen, der Bedarf des Kindes im 17. und 18. Lebensjahr sei in Anlehnung an die Pfändungsfreigrenzen (§ 850c ZPO) oder die Regelsätze des § 22 BSHG (s oben) zu bestimmen. Beispiele für Berechnungen des Unterhalts, des Kindes im 17. und 18. Lebensjahr gibt Theinert, ZblJugR 1963, 275, 278ff. Das LG Köln (DAVorm XXXVII, 213; XXXVIII, 40) hat angenommen, das eigene Einkommen des Kindes solle solange nicht angerechnet werden, als es mit der Unterhaltsrente zusammen DM 150 nicht übersteige; lebe die Mutter nicht in einfachen Verhältnissen (Gruppe 1, s oben Bem 45), sondern in etwas gehobeneren (Gruppe 2), so erhöhe sich der Satz von DM 150 dementsprechend.

126 **zu cc**) Das eigene Einkommen des Kindes ist nur auf **Verlangen des Vaters** zu berücksichtigen, dh nicht von Amts wegen; es ist also dem Vater überlassen, ob er sich darauf berufen will oder nicht.

127 *a*) Die **Rechtsnatur** dieses „Verlangens" ist unklar und umstritten; da sie aber für die weitere Behandlung des „Verlangens" von Bedeutung ist, ist die nähere Klärung der Rechtsnatur geboten.

Von einer „Einwendung" sprechen Lauterbach in Palandt-Komm (25. Aufl, 1966, Anm 1) und Bosch, FamRZ 1962, 137, 138 Fußn 11, womit wohl die Einwendung iS des Prozeßrechts gemeint ist**); eine Einrede***) nennen das Verlangen Dölle, II, 412; Gernhuber, 641; Erman-Hefermehl, Nachtrag zu 3 zu § 1708; Soergel-Siebert-Lade, 3; Rosenthal-Bohnenberg, 1 [Randnote 4555]; LG Trier, DAVorm XXXVII, 114; NJW 1963, 592; AG Achern, FamRZ 1962,

*) Hierzu s Fußn zu Bem 63.

**) Hierzu s zuletzt eingehend Jahr, JuS 1964, 125, 128, der empfiehlt, im Prozeßrecht den Ausdruck „Einwand" zu verwenden.

***) Dazu s im allgemeinen die grundlegenden Untersuchungen von Jahr, Die Einrede des bürgerlichen Rechts, JuS 1964, 125, 218, 293.

393; LG Kleve, DAVorm XXXVII, 143; ein Gestaltungs- oder Kann-Recht dagegen (auch) Bosch, aaO, und Erting, FamRZ 1965, 67, 68.

Indessen ist zu beachten, daß die Einrede (iS des bürgerlichen Rechts) notwendig Gestaltungsrecht ist (s dazu Jahr, JuS 1964, 293ff mit Hinweisen).

Hervorzuheben ist aber noch, daß das „Verlangen" eine **rechtsgeschäftliche Erklärung** (s auch RGRKomm 11) ein einseitiges Rechtsgeschäft mit empfangsbedürftiger Willenserklärung ist (s zur Bedeutung dieser Begriffe 80 zu § 1706); es ist an keine Form gebunden; es kann außergerichtlich und gerichtlich geltend gemacht, im ersteren Falle gegenüber dem gesetzlichen Vertreter des Kindes, im letzteren Falle auf die Unterhaltsklage des Kindes oder mit einer vom Vater erhobenen Klage (s dazu 135ff). 128

Das „Verlangen" wird wirksam außergerichtlich mit dem Zugang beim gesetzlichen Vertreter (vgl § 130), im Prozeß mit der rechtswirksamen Abgabe der betreffenden Prozeßhandlung. Es hat zur Folge, daß mit der wirksamen Abgabe der Erklärung der Unterhaltsanspruch des Kindes ohne weiteres (automatisch) auf die der Billigkeit entsprechende, dh angemessene (wenn uU — bei Streit — auch erst durch Urteil festzustellende) Höhe herabgesetzt wird oder ganz erlischt; dh mit anderen Worten: Die Erklärung wirkt insofern **rechtsgestaltend**, als sie — ihre Begründetheit vorausgesetzt — unmittelbar die Herabsetzung des Unterhaltsanspruchs herbeiführt (ebenso RGRKomm, 11). Nach dem Sinn und Zweck des Gesetzes handelt es sich um die einseitige Geltendmachung eines Gegenrechts, das bestimmte Wirkungen hervorrufen soll, der Art, daß der Vater „berechtigt ist (dementsprechend) die Leistung zu verweigern" (vgl auch die Formulierung in § 222 Abs 1, sowie in § 202 Abs 1).

Eine gewisse Parallele hat das „Verlangen" iSd § 1708 Abs 1 Satz 3 in folgenden Regelungen:

Gemäß § 343 Abs 1 ist auf Antrag des Schuldners (freilich nur durch Urteil) eine Vertragsstrafe auf den angemessenen Betrag herabzusetzen, dh mit anderen Worten, der Schuldner kann diese Herabsetzung unter bestimmten Voraussetzungen „verlangen".

Der allein oder überwiegend für schuldig geschiedene Ehegatte braucht gemäß § 59 Abs 1 EheG unter bestimmten Voraussetzungen nur soviel zu leisten, als es mit Rücksicht auf die Bedürfnisse und die Vermögens- und Erwerbsverhältnisse der geschiedenen Ehegatten der Billigkeit entspricht; dh mit anderen Worten der unterhaltspflichtige Ehegatte kann die Herabsetzung des Unterhaltsbetrags „verlangen".

Aus alledem ergibt sich, daß das „Verlangen" des Vaters eine **Einrede** iS des materiellen Rechts ist. Sie kann erst erhoben werden, wenn das Kind das 16. Lebensjahr vollendet hat oder wenn es zwar noch nicht 16 Jahre alt ist, aber bereits über eigenes Einkommen verfügt oder zu erwarten ist, daß es nach Vollendung des 16. Lebensjahres eigenes Einkommen haben wird (s auch Bem 132 und zur Frage der Auskunftspflicht des gesetzlichen Vertreters Bem 12a und 144f, zur Beweislast Bem 143). Die Einrede kann also im Unterhaltsprozeß des Kleinkindes noch nicht erhoben werden, da zu dieser Zeit die betreffenden Verhältnisse noch nicht übersehbar sind (vgl auch Bem 68 und 94 bezüglich der Kosten der Berufsausbildung). 129

Die Geltendmachung der Einrede hat die Wirkung, daß der Unterhaltsanspruch des Kindes ipso iure ganz oder teilweise oder für eine bestimmte Zeit erlischt (zum letzteren denke man an den Fall, daß das Kind eine gewisse Zeit berufstätig ist, ein sog Praktikum absolviert, um sodann die theoretische Ausbildung fortzusetzen).

β) Dem Gesetzeswortlaut kann nicht entnommen werden, ob die Erklärung des Vaters nur **für die Zukunft** wirkt **oder** ob sie **rückwirkende Kraft** auf den Zeitpunkt hat, von dem an das Kind eigenes Einkommen hatte (s hierzu RGRKomm 11). Nach dem Sinn der Regelung des § 1708 Abs 1 Satz 3 kann jedoch eine Rückwirkung nicht generell als ausgeschlossen angesehen werden, gerade da diese Vorschrift eine der Billigkeit entsprechende Regelung des Einzelfalles ermöglichen will (s auch Bem 122). Grundsätzlich entspricht es aber der Billigkeit, daß das Einkommen des Kindes von dem Zeitpunkt an, in dem es dieses bezieht, berücksichtigt werden kann; denn von diesem Zeitpunkt an ist die Bedürftigkeit des Kin- 130 des, die insoweit auf Grund der Neuregelung des § 1708 nach Vollendung des 16. Lebensjahres des Kindes für die Bemessung der Höhe des Unterhalts mit von Bedeutung ist, anders zu beurteilen.

Eine solche Rückwirkung ist an sich nicht ungewöhnlich; zB wirkt auch die Aufrechnung (§ 389) und die Verjährung (§ 222 Abs 1; s Bem 174) zurück. Ferner sei zum Unterhaltsrecht von Verwandten auf folgendes hingewiesen: Hat sich der Umfang der Bedürftigkeit des Unterhaltsberechtigten ermäßigt, so kann sich der Unterhaltspflichtige hierauf — soweit der Unterhalt nicht geleistet ist — berufen, auch rückwirkend, und gegebenenfalls Vollstreckungsabwehrklage erheben (§ 767 ZPO).

131 Eine Rückwirkung kann zB in Betracht kommen, wenn der Vater erst nach Vollendung des 16. oder 18. Lebensjahres des Kindes auf Zahlung des Unterhalts (vgl § 1711) verklagt wird. Ebenso ist eine Rückwirkung dann nicht ausgeschlossen, wenn der Vater die an sich entsprechend dem Unterhaltstitel bestehende Unterhaltsverpflichtung nach Vollendung des 16. Lebensjahres des Kindes nicht voll erfüllt hat oder wenn er sie zwar erfüllt hat, gewisse Teilbeträge aber vom Vormund im Hinblick auf das eigene Einkommen des Kindes auf ein Sparkonto angelegt wurden (s auch Bem 149 zur Frage der Geltendmachung der ungerechtfertigten Bereicherung).

132 Andererseits ist es aber auch als zulässig zu erachten, daß der Vater die Einrede im voraus für die Unterhaltsverpflichtung nach Vollendung des 16. Lebensjahres des Kindes geltend macht, zB wenn die Unterhaltsklage des Kindes noch anhängig ist, das Kind das 15. Lebensjahr vollendet hat und bereits ein Einkommen bezieht oder feststeht, daß es zu einem nahe bevorstehenden Zeitpunkt eine Arbeits- oder Lehrstelle übernehmen wird, oder wenn das Kind, das bereits einen bis zur Vollendung des 16. Lebensjahres geltenden Unterhaltstitel besitzt, für das 17. und 18. Lebensjahr Zusatzklage erhebt (s Bosch, FamRZ 1962, 137, 139 sowie auch oben Bem 31).

133 γ) Erforderlich zur Geltendmachung ist die Geschäftsfähigkeit des Vaters; ist er geschäftsunfähig (§ 104 Nr 2 und 3 BGB), so muß für ihn der gesetzliche Vertreter handeln; ist der Vater wegen Geistesschwäche oder Verschwendung oder Trunksucht entmündigt (§ 114), so bedarf er zu der Erklärung nicht der Einwilligung des gesetzlichen Vertreters, da er durch die Abgabe der Erklärung lediglich einen rechtlichen Vorteil erlangt (§ 107 BGB). Doch kann auch in diesem Falle der gesetzliche Vertreter die Erklärung allein, ohne Mitwirkung des Vaters, abgeben, da die Erklärung keine höchstpersönliche ist.

Auf die Geltendmachung der Einrede kann der Vater vor und nach Vollendung des 16. Lebensjahres des Kindes verzichten.

134 Da die Erklärung mit ihrer Geltendmachung Wirkungen erzeugt, stellt sie kein Vertragsangebot dar; ist der gesetzliche Vertreter mit der Herabsetzung oder Beendigung der Unterhaltsleistungen einverstanden, so ist hiermit kein Vertrag zustandegekommen (aM Theinert, ZblJugR 1963, 275, 278; vgl auch Deutsches Institut für Vormundschaftswesen, DAVorm XXXIV, 291, 292); ebenso wenig kann in der Regel von dem Zustandekommen eines Vergleichs (§ 779) die Rede sein, es sei denn, die Ungewißheit über das den Unterhaltsanspruch begründende Rechtsverhältnis wäre im Wege beiderseitigen Nachgebens beseitigt worden. Somit sind — abgesehen von dem letzteren Falle — auch die Voraussetzungen des § 1822 Nr 12 oder des § 1714 Abs 1 nicht gegeben; ebenso kommt § 1812 Abs 1 nicht in Betracht (ebenso LG Düsseldorf, DAVorm XXXVII, 253, das allerdings die Frage der Anwendbarkeit des § 1714 Abs 1 nicht geprüft hat; in dem zu entscheidenden Falle hatte der Minderjährige ein monatliches Einkommen von brutto DM 315); in dem Einverständnis des Vormunds liegt keine Verfügung über eine Forderung iS des § 1812. Eine **vormundschaftsgerichtliche Genehmigung** des Einverständnisses des Vormunds ist somit grundsätzlich nicht erforderlich (ebenso LG Düsseldorf, aaO). Zu beachten ist aber, daß der Vormund gemäß § 1714 Abs 2 nicht befugt ist, auf den Unterhalt des Kindes für die Zukunft (ganz oder teilweise) zu verzichten (s 10 zu § 1714).

135 δ) Von großer praktischer Bedeutung ist die Frage, ob der Vater, wenn das Kind einen bis zur Vollendung des 18. Lebensjahres geltenden Unterhaltstitel besitzt, das „Verlangen", das eigene Einkommen des Kindes zu berück-

sichtigen, im Wege der **Abänderungsklage (§ 323 ZPO) oder** der **Vollstreckungsabwehrklage (§ 767 ZPO)** geltend machen muß*) oder ob er beide Klagen gleichzeitig erheben, dh miteinander verbinden kann, zB wenn aus dem Unterhaltstitel noch Rückstände aus der Zeit nach Vollendung des 16. Lebensjahres des Kindes vorhanden sind, das Kind aber schon in diesem Zeitraum eigenes Einkommen hatte.

Die Auffassung, es käme nur eine Abänderungsklage in Betracht, vertreten Nixdorf, FamRZ 1964, 554; Brühl, 339; Schwerdtfeger, RdJ 1962, 292; OLG Stuttgart, FamRZ 1963, 307 = DAVorm XXXVI, 233; LG Flensburg, SchlHAnz 1962, 197; LG Verden, FamRZ 1962, 528; LG Braunschweig, DAVorm XXXVIII, 8; dagegen sind der Auffassung, der Vater müsse die Einrede iS des Abs 1 Satz 3 im Wege der Vollstreckungsabwehrklage geltend machen, Erting, FamRZ 1965, 67; Bosch, FamRZ 1962, 137, 138f; Baur, FamRZ 1962, 508, 512; AG Achern/Baden, FamRZ 1962, 393.

Die Erhebung beider Klagen (wahlweise) halten wohl für zulässig Dölle, II, 412f; Rosenthal-Bohnenberg, 1 zu § 1708 (Randnote 4555), sowie im allgemeinen Stein-Jonas-Schönke-Pohle, 18. Aufl, III, 2 zu § 323.

Die Auffassung, es sei nur die Abänderungsklage zulässig, widerspricht 136
dem Sinn und Zweck der Regelung des Abs 1 Satz 3 (s oben Bem 130), dem in ihr enthaltenen Billigkeitsgesichtspunkt und führt zu dem unbilligen Ergebnis (was auch Nixdorf, FamRZ 1964, 554f, einräumen mußte und worauf schon Bosch, FamRZ 1962, 137, 138f, Fußn 11, hingewiesen hatte), daß auf Grund der Vorschriften des § 323 Abs 3 und 4 das frühere Urteil bzw der Schuldtitel (§ 794 Abs 1 Nr 1 und 5 ZPO) erst von der Klagezustellung an — dh in analoger Anwendung des § 261b Abs 3 ZPO rückwirkend von der Klageeinreichung an, wenn die Klage demnächst zugestellt wird (s Wieczorek, C I a 6 zu § 261b; Möller, DRiZ 1953, 221; AG Karlsruhe, DAVorm XXXII, 298; aM Brühl, 325; Weber, FamRZ 1955, 232, 234 Fußn 17) — abgeändert werden könnte, der Vater also für einen bestimmten Zeitraum und in einer bestimmten Höhe objektiv zu Unrecht Unterhalt leisten müßte. So wäre es auch zB ein unerträgliches Ergebnis, wenn in dem Falle, daß der Vater die begründete Einrede des Abs 1 Satz 3 gegenüber dem Vormund erhoben hatte, dieser aber hierauf nicht oder nur teilweise eingegangen war (s auch Bem 134), die Geltendmachung der Einrede nun erst später mit der Klagezustellung (bzw Klageeinreichung) Bedeutung erlangen würde. So wäre es ferner ungereimt, wenn im Falle der außergerichtlichen Regelung — bei Einverständnis des gesetzlichen Vertreters — es stets möglich wäre, das eigene Einkommen des Kindes zu einem früheren Zeitpunkt zu berücksichtigen als bei einer gerichtlichen Regelung auf die Klage gemäß § 323. Hierzu ist noch zu bemerken, daß, wenn der Vater sofort, ohne eine außergerichtliche Regelung zu versuchen, Abänderungsklage erheben würde, ihm im Falle des Anerkenntnisses (§ 307 ZPO) oder des Teilanerkenntnisses Kosten zur Last fallen könnten (§ 93 ZPO).

Richtigerweise muß angenommen werden, daß der Vater sowohl 137
die Vollstreckungsabwehrklage (§ 767 ZPO) als auch die Abänderungsklage (§ 323 ZPO) erheben kann, um bezüglich der „Rückstände" die Entscheidung zu erwirken, daß die Vollstreckung für unzulässig erklärt wird, und im übrigen für die Zukunft, dh ab Klagezustellung (s oben 136), eine Abänderung des Titels zu erwirken. Hervorzuheben ist indessen, daß die Vollstreckungsabwehrklage nur zulässig ist, wenn die Zwangsvollstreckung noch nicht beendet ist, und daß für die Entscheidung über die Vollstreckungsabwehrklage das Gericht erster Instanz örtlich und sachlich zuständig ist, welches im früheren Verfahren entschieden hatte bzw mit der Sache durch den Abschluß eines Prozeßvergleichs befaßt war — in dem letzteren Falle ist § 767 Abs 1 analog anzuwenden — und in den Fällen des § 794 Abs 1 Nr 1, 5 das Gericht, bei dem der Schuldner im Inland seinen allgemeinen Gerichtsstand hat (§ 797 Abs 5), wobei es sich jeweils um einen ausschließ-

*) Erting, Abänderungsklage (§ 323 ZPO) oder Vollstreckungsgegenklage (§ 767 ZPO) zur Geltendmachung eigener Einkünfte des Kindes durch den außerehelichen Vater gemäß § 1708 Abs 1 Satz 3 BGB? FamRZ 1965, 67 (s auch Literaturangaben zu Bem 27, 29 und 113).

lichen Gerichtsstand handelt (§ 802 ZPO). Dagegen ist für die Abänderungsklage das Gericht zuständig, bei dem der Beklagte seinen Wohnsitz, eventuell seinen Aufenthalt hat (§§ 12, 13, 16 ZPO; aber auch §§ 38, 39 ZPO).

Die Auffassung, die Vollstreckungsabwehrklage und die Abänderungsklage schlössen sich gegenseitig aus (s Rosenberg, Lehrbuch des Deutschen Zivilprozeßrechts, 9. Aufl 1961, 766f, § 153, I, 4; Erting, FamRZ 1965, 67; Gotthardt in diesem Komm, Vorbem 55a und b vor § 1601), kann nicht als zutreffend erachtet werden (ebenso Stein-Jonas-Schönke-Pohle, 18. Aufl, III, 2 zu § 323; Baumbach-Lauterbach, 28. Aufl 1965, 1 zu § 323, 1, B, d zu § 767)*).

138 Die **Vollstreckungsabwehrklage** dient, ohne daß eine neue Entscheidung über den Anspruch, den Streitgegenstand des früheren Prozesses, ergehen könnte, der Geltendmachung von Einwendungen gegen den materiellen Anspruch oder einen Teil desselben zu dem Zwecke, daß die Vollstreckung dementsprechend für unzulässig erklärt wird, betrifft also nur die Vollstreckungswirkung des Urteils (vgl zB Gaul, JuS 1962, 1); die Klage kann gemäß § 767 Abs 2 nur auf solche Gründe gestützt werden, die nach dem Schluß der mündlichen Verhandlung entstanden sind. In Betracht kommen ua rechtsvernichtende Einwendungen (s Rosenberg, aaO, 965, § 183, III, 2a; Thomas-Putzo, 2. Aufl 1965, 1 zu § 323 ZPO), zB Tod des Unterhaltsberechtigten, Wegfall der Bedürftigkeit des Berechtigten (s § 1602 Abs 1 und oben Bem 130 aE), Wiederverheiratung des Unterhaltspflichtigen (aM LG Köln, MDR 1958, 522), Adoption des unehelichen Kindes (s § 1766 Abs 1 Satz 2, hierzu LG Bochum, FamRZ 1961, 390).

139 Die **Abänderungsklage** bezweckt eine Änderung der früheren Entscheidung bzw des Vollstreckungstitels iS des § 323 Abs 4 im Falle der Verpflichtung zu künftig fällig werdenden wiederkehrenden Leistungen auf Grund einer Änderung der tatsächlichen Verhältnisse, die für die Bestimmung der Höhe der Leistungen oder der Dauer ihrer Entrichtung maßgebend waren. Die Abänderungsklage setzt eine wesentliche Änderung der Verhältnisse voraus, die zur Zeit der früheren Entscheidung (oder des Abschlusses des gerichtlichen Vergleichs) vorausschauend noch nicht zu übersehen waren und die dem gewöhnlichen Lauf der Dinge, wie er zu jener Zeit erscheinen mußte, nicht entsprechen (s BGH, FamRZ 1960, 60, 62, mit weiteren Hinweisen, sowie Blomeyer, Zivilprozeßrecht, Erkenntnisverfahren, 1963, 437f, § 87, IV, 5b). Gemäß § 323 Abs 2 ist die Klage nur insoweit zulässig, als die Gründe, auf die sie gestützt ist, erst nach dem Schluß der mündlichen Verhandlung des Vorprozesses entstanden sind, in der die Geltendmachung von Einwendungen spätestens hätte erfolgen müssen.

140 Die „Billigkeitseinrede" ist eine Einwendung sowohl iS des § 767 Abs 2 wie auch des § 323 Abs 2. Da das „Verlangen" des Vaters vor allem eine andere Bemessung der Höhe des Unterhalts für die Zukunft bezweckt, kann nicht lediglich die Vollstreckungsabwehrklage in Betracht kommen (aM Erting, FamRZ 1965, 67). Es wäre ein ungereimtes Ergebnis, wenn der rechtkräftige Titel bezüglich der Zahlung eines bestimmten höheren Betrags für die Zukunft unverändert bestehen bliebe, also die rechtskräftige Feststellung der Unterhaltspflicht in bestimmter Höhe, jedoch (nur) die Vollstreckung aus dem Titel ganz oder teilweise unterbunden wäre (s zum Verhältnis der Vollstreckungsabwehrklage zur Abänderungsklage auch LG Darmstadt, NJW 1958, 1540 mit Anm von Lent).

141 Gegen die Zulassung der Abänderungsklage (bezüglich der Herabsetzung oder Beseitigung der Unterhaltsverpflichtung für die Zukunft — dh von der Klagezustellung an [s auch Bem 136] —) und der Vollstreckungsabwehrklage (hinsichtlich der Vollstreckung wegen der titulierten Unterhaltsrückstände) nebeneinander kann im vorliegenden Falle nicht eingewendet werden, die dargelegte Auffassung führe zu einer einseitigen Bevorzugung des Schuldners und bedeute eine ungleiche Behandlung der Parteien (vgl im allgemeinen Gotthardt in diesem Komm, Vorbem

---

*) Über „Das Verhältnis der Abänderungsklage zur Vollstreckungsgegenklage" s auch die Diss von H. Gegenwart, Frankfurt, 1962, sowie Lent, NJW 1958, 1540, Anm zu LG Darmstadt; zur Vollstreckungsabwehrklage s jetzt noch Schlosser, Gestaltungsklagen und Gestaltungsurteile, 1966, 94ff, 264ff.

55b vor § 1601). Denn das uneheliche Kind kann vor allem einen Sonderbedarf im Wege der Zusatzklage (ohne die Beschränkung des § 33 Abs 3) geltend machen (s oben Bem 87ff).

Hat das Kind nach rechtskräftigem Abschluß des Rechtsstreits erhöhte Bedürfnisse oder verringert sich sein Einkommen in unerwarteter Weise, so kann es zur Erhöhung der Unterhaltsrente Abänderungsklage oder zur Geltendmachung besonderer Bedürfnisse (s Bem 87ff) Zusatzklage erheben (s auch Bem 216). 142

ε) Die **Beweislast** für das Vorliegen der Voraussetzungen des § 1708 Abs 1 Satz 3, daß das Kind eigenes Einkommen hat und daß die Berücksichtigung des Einkommens des Kindes bei der Bemessung der Höhe des Unterhalts der Billigkeit entspricht, hat der Vater. 143

Indessen muß angenommen werden, daß der gesetzliche Vertreter des Kindes verpflichtet ist, den Vater gegebenenfalls darüber zu informieren, daß das Kind nunmehr eigene Einkünfte hat (s auch Bem 12a). Da der Vater regelmäßig nicht wissen kann, ob und wann das Kind nach Vollendung des 16. Lebensjahres berufstätig ist, muß der gesetzliche Vertreter des Kindes nach Treu und Glauben als verpflichtet angesehen werden, dem Vater mitzuteilen, daß und in welcher Höhe das Kind eigenes Einkommen hat. Hat der Vater, wie regelmäßig, keine persönlichen Beziehungen zu dem Kinde, so wäre es dem Zufall überlassen, ob der Vater erfährt, von wann an das Kind eigene Einkünfte hat, oder wäre er auf gegebenenfalls mehrmalige Anfragen beim gesetzlichen Vertreter in gewissen Zeitabständen angewiesen. Hat der gesetzliche Vertreter zB dem Vater auf dessen Anfrage mitgeteilt, das Kind besuche zur Zeit noch die Schule, so ist der gesetzliche Vertreter verpflichtet, dem Vater dann auch davon Kenntnis zu geben, wann das Kind aus der Schule entlassen wurde. 144

Auf Anfragen des Vaters hat der gesetzliche Vertreter stets eine wahrheitsgemäße und erschöpfende Auskunft zu geben. 145

Umgekehrt aber ist auch der Vater verpflichtet, dem gesetzlichen Vertreter des Kindes seine Einkommens- und Vermögensverhältnisse (mit Verpflichtungen, insbesondere anderen Unterhaltsverpflichtungen) offenzulegen, damit der gesetzliche Vertreter des Kindes in der Lage ist zu prüfen, ob und inwieweit die Berücksichtigung des Einkommens des Kindes bei der Bemessung der Höhe des etwa noch zu leistenden Unterhalts der Billigkeit entspricht. 146

In den Formularen der Jugendämter bezüglich der Unterhaltsverpflichtung des Vaters ist — soweit ersichtlich — häufig schon ein Hinweis auf die Vorschrift des § 1708 Abs 1 Satz 3 mit einem Vorbehalt zugunsten des Vaters enthalten (s auch Firsching, Familienrecht, 2. Aufl, 201, und Bem 82a zu § 1718). 147

Für die **Voraussetzungen der Vollstreckungsabwehrklage und der Abänderungsklage** trägt der Vater als Kläger ebenfalls die **Beweislast** (s zur Vollstreckungsabwehrklage Rosenberg-Schwab, Die Beweislast, 5. Aufl, 1965, 175 und 393f). 148

ζ) Hat der Vater in Unkenntnis der Tatsache, daß das Kind eigenes Einkommen hat, Unterhaltszahlungen in gleicher Höhe weitergeleistet oder waren die Unterhaltsbeträge im Wege der Zwangsvollstreckung, insbesondere der Lohnpfändung, beigetrieben worden, so kann der Vater, soweit es der Billigkeit entspricht, die betreffenden Beträge oder Mehrbeträge gemäß **§ 812 BGB** zurückverlangen (s Bosch, FamRZ 1962, 489; Erting, FamRZ 1965, 67, 69)*). Es ist allgemein anerkannt, daß nach Durchführung der Zwangsvollstreckung dem Schuldner — hier dem Vater — die Bereicherungsklage zusteht, wenn vorher die Voraussetzungen der Vollstreckungsabwehrklage gegeben waren (Erting, aaO; Gaul, aaO). Der Vollstreckungstitel selbst schließt — soweit nicht die Rechtskraft entgegensteht — materiellrechtliche Ausgleichsansprüche, insbesondere wegen ungerechtfertigter Bereicherung, nicht aus (Erting, Gaul, aaO). 149

Häufig wird es aber das für Kind eine unzumutbare Härte bedeuten, wenn es bereits empfangene und schon verbrauchte Unterhaltsbeträge

*) Vgl im allgemeinen auch Gaul, Materielle Rechtskraft, Vollstreckungsabwehr und zivilrechtliche Ausgleichsansprüche, JuS 1962, 1 (7ff zur Frage: Materielle Rechtskraft und Bereicherung).

zurückerstatten müßte (Bosch, aaO; Erting, aaO), anders wohl jedoch in der Regel, wenn der Vormund infolge des verhältnismäßig hohen Einkommens des Kindes die vom Vater geleisteten Unterhaltsbeträge auf ein Sparkonto anlegen konnte. Stets aber kann nur auf Grund aller Umstände des Einzelfalles, vor allem unter Berücksichtigung der wirtschaftilchen Lage des Kindes und des Vaters, geprüft und entschieden werden, ob und inwieweit eine Rückzahlung der geleisteten oder beigetriebenen Unterhaltsbeträge der Billigkeit entspricht (vgl § 1708 Abs 1 Satz 3).

III. Abs 2*).

150 1. Diese (erst von der Reichstagskommission eingefügte) Vorschrift beruht auf der Erwägung, daß uneheliche Kinder der Gefahr, in körperliches oder geistiges Siechtum zu verfallen und dadurch erwerbsunfähig zu bleiben, in höherem Maße ausgesetzt sind als eheliche Kinder (s Opet-v. Blume, III, 1a).

Der außerordentliche Unterhaltsanspruch beginnt mit der Vollendung des 18. Lebensjahres des Kindes.

151 a) Der Anspruch erfordert neben der Voraussetzung, daß der betreffende Mann der Vater, dh der wirkliche Erzeuger des Kindes ist (s 19ff, sowie auch 204), folgende weitere **Voraussetzungen:**

aa) daß das uneheliche Kind in diesem Zeitpunkt an körperlichen oder geistigen Gebrechen leidet und

bb) infolge dieser Gebrechen außerstande ist, sich selbst zu unterhalten, dh bedürftig ist, und

cc) daß der Vater leistungsfähig ist.

152 Zu aa): Abs 2 erfordert, daß das Kind an **Gebrechen** leidet; es muß sich um ein längere Zeit mit einer nicht übersehbaren Dauer währendes Leiden handeln, nicht lediglich um eine vorübergehende — wenn auch viele Monate dauernde — Erkrankung.

Nicht ausreichend ist es, daß die Gebrechen später, dh nach Vollendung des 18. Lebensjahres, eintreten; doch genügt es, wenn die Symptome der Gebrechen zu diesem Zeitpunkt vorhanden sind, die Gebrechen erst danach (gegebenenfalls verstärkt) zum Ausbruch gelangen.

153 Die Ursachen der Gebrechen sind an sich unerheblich, selbst wenn das Leiden von dem Kinde selbst verschuldet ist, zB auf einem grob fahrlässigen Verhalten beim Spielen oder im Straßenverkehr beruht. Zu der Frage, ob eine Mithaftung der Mutter infolge Verletzung der Aufsichtspflicht (§ 1707 Abs 1 iV mit § 1631 Abs 1) für den Mehrbedarf des Kindes in Betracht kommt, s Bem 88a.

154 Zu bb): Das Kind muß bei Erreichung des 18. Lebensjahres **bedürftig** sein; es reicht nicht aus, daß das Bedürfnis erst später hervortritt (ebenso Planck-Unzner, 5a; Opet-v. Blume, III, 1a). Allerdings muß es als genügend erachtet werden, wenn bei Vollendung des 18. Lebensjahres mit hinreichender Sicherheit erkennbar ist, daß das Kind in absehbarer Zeit auf Grund körperlicher oder geistiger Gebrechen bedürftig sein wird (ebenso Dölle, II, 413).

Das Kind ist nicht unterhaltsbedürftig, wenn es ausreichendes Vermögen besitzt, so daß sein Lebensbedarf hiermit befriedigt werden kann. Ist das Vermögen aufgezehrt oder hat das Kind das Vermögen verloren, so steht dem Kinde von diesem Zeitpunkt an der außerordentliche Unterhaltsanspruch zu (ebenso Planck-Unzner, 5a; Opet-v.Blume, III, 1a).

155 Die Vorschrift des § 1708 Abs 2 ist auch anzuwenden, wenn das Kind infolge der Gebrechen **beschränkt erwerbsfähig** ist; in diesem Falle hat der Vater einen entsprechenden Zuschuß zu dem Lebensbedarf des Kindes zu leisten (s auch Bem 162 sowie zu einem Falle, in dem das Kind eine Teilbeschäftigung ausübte und hierfür ein Einkommen bezog, das auf einem großzügigen Entgegenkommen des Arbeitgebers beruhte, Deutsches Institut für Vormundschaftswesen, DAVorm XXXI, 258). Muß das uneheliche Kind infolge der Gebrechen die Teilbeschäftigung aufgeben, so erhöht sich seine Bedürftigkeit (s AG Karlsruhe, DAVorm XXXVII, 123).

*) Literatur: Korn, Der außerordentliche Unterhaltsanspruch des unehelichen Kindes aus § 1708 Abs 2 BGB, GruchBeitr 55, 1911, 790; Ritter, Die Rechtswohltat des Notbedarfs, GruchBeitr 46, 1902, 43.

Dem Kinde kann auch eine solche — zB eine einfache körperliche Arbeit zugemutet werden, die der Lebensstellung der Mutter nicht entspricht (aM Planck-Unzner, 5a; Opet-v. Blume, III, 1a). Hierbei ist zu beachten, daß nach den Forschungen und Erkenntnissen der modernen Wissenschaft die Beschäftigung der Menschen, die an körperlichen oder geistigen Gebrechen leiden, mit einer wenn auch nur leichten oder einfachen Arbeit als besonders wichtig und nützlich beurteilt wird, soweit eine solche Tätigkeit ausgeübt werden kann.

Der **Unterhaltsanspruch endigt,** wenn das Kind nicht mehr bedürftig ist; er lebt aber wieder auf, wenn das Kind erneut bedürftig wird (ebenso Dölle, II, 413). Doch muß hierbei als Voraussetzung gefordert werden, daß die Ursachen der erneuten Bedürftigkeit mit den bei der Vollendung des 18. Lebensjahres bestehenden Gebrechen zusammenhängen, daß es sich also um deren Nachwirkungen handelt. 156

Ist das uneheliche Kind **verheiratet,** so haftet der Ehegatte vor dem unehelichen Vater (analog § 1608, s oben Bem 25).

Zu cc): Die Voraussetzung der **Leistungsfähigkeit des Vaters** ergibt sich aus der Verweisung auf § 1603 Abs 1 in § 1708 Abs 2 Halbs 2 (s auch Bem 167). 157

Als leistungsfähig ist der Vater zu beurteilen, wenn er bei Berücksichtigung seiner sonstigen Verpflichtigungen imstande ist, ohne Gefährdung seines angemessenen Unterhalts den Unterhalt zu gewähren (s auch Bem 56, 2. Abs). Ist der Vater bei Vollendung des 18. Lebensjahres des Kindes leistungsunfähig, später aber leistungsfähig, so entsteht der Anspruch des Kindes erst mit diesem Zeitpunkt (ebenso Opet-v. Blume, III, 1b). Ist der Vater zeitweilig leistungsunfähig, so erlischt für diese Zeit die Unterhaltsverpflichtung; sie lebt wieder auf, wenn der Vater erneut leistungsfähig ist (ebenso Dölle, II, 413).

Ist der Vater nur teilweise leistungsfähig, so ist er nur zur Leistung eines entsprechenden Unterhaltsbeitrags verpflichtet (s auch Bem 162).

dd) Der **Beweis** des Vorliegens der Gebrechen sowie der Bedürftigkeit obliegt dem Kinde, dagegen hat der Vater seine Leistungsunfähigkeit zu beweisen (ebenso Dölle, II, 412; Planck-Unzner, 5a; Opet-v. Blume, III, 1ab). 158

b) aa) Der außerordentliche Unterhaltsanspruch ist zeitlich unbeschränkt. Bei unheilbaren Leiden und Anstaltsbedürftigkeit des Kindes (s auch Bem 164ff) bleibt der Unterhaltsanspruch des Kindes bis zu dessen Tode bestehen. 159

Der Unterhalt ist ebenso wie der gemäß § 1708 Abs 1 zu leistende Unterhalt durch Zahlung einer **Geldrente** zu leisten **(§ 1710 Satz 1),** die monatlich im voraus zu zahlen ist (§ 1710 Satz 2). Er kann auch für die Vergangenheit verlangt werden (§ 1711 s dort Bem 2). Im übrigen gelten für den außerordentlichen Unterhaltsanspruch auch die Vorschriften der §§ 1710 Satz 3 und 4, 1712—1714. 160

bb) Der Unterhaltsanspruch kann schon vor Vollendung des 18. Lebensjahres geltend gemacht, dh auch eingeklagt werden (vgl LG Osnabrück, DAVorm XXVII, 241 — zu § 1708 aF —). 161

c) aa) Der **Höhe** nach kann das Kind **nicht lediglich** den dem **Existenzminimum** entsprechenden Unterhalt verlangen (so aber Opet, Verwandtschaftsrecht, 386); vielmehr kann es auch hier den der Lebensstellung der Mutter entsprechenden Unterhalt fordern (ebenso AG Karlsruhe, DAVorm XXXVII, 123). Dagegen vertritt Scheffler (RGRKomm, 13) die Auffassung, maßgebend für den Umfang des Unterhalts sei die Lebensstellung des Kindes, die bei einem erwachsenen Kinde nicht immer der der Mutter entsprechen werde. Indessen erscheint es nicht angemessen, wenn das Kind seit langen Jahren an schweren Gebrechen leidet und erwerbsunfähig ist und niemals erwerbsfähig war, von einem bestimmten Alter an einen Unterschied zu machen, wobei die Festlegung einer solchen Altersgrenze auch mehr oder weniger willkürlich wäre. Nicht zu billigen ist ferner die Ansicht Korns (GruchBeitr 55, 796), das Kind könne nur den — Korn verwendete damals den Ausdruck — standesgemäßen, dh angemessenen, der eigenen Lebensstellung entsprechenden Unterhalt verlangen, niemals aber mehr, als den der Lebensstellung der Mutter entsprechenden Unterhalt (hiergegen auch Schwarz, Rechtliche Fürsorge für die von Jugend an körperlich Gebrechlichen, 1915, 58). 162

Ist das Kind infolge seiner Gebrechen in der Erwerbsfähigkeit nur teilweise beschränkt, so braucht der Vater nur einen Beitrag zum Unterhalt des Kindes zu leisten, wobei es hinsichtlich der Bemessung der Höhe dieses Beitrags auf die Lebensstellung der Mutter ankommt.

163 Eine Beschränkung auf den **notdürftigen Unterhalt** kommt auch dann **nicht** in Betracht, wenn die Voraussetzungen des § 1611 vorliegen, dh wenn die Bedürftigkeit des Kindes (auch) auf seinem eigenen sittlichen Verschulden beruht, zB wenn sich das Kind eine Geschlechtskrankheit mit schwerwiegenden Folgen zugezogen hatte (Syphilis) und sich in unzulänglicher Weise hatte behandeln lassen.

Zum Falle des **Todes der Mutter** s Bem 110ff.

164 bb) Schwierigkeiten bereiten die Fälle, in denen infolge einer **Unterbringung** des Kindes **in einer Heil- oder Pflegeanstalt** hohe Aufwendungen entstehen (s Bem 96).

Ist das Kind nicht volljährig, die Mutter also an sich noch berechtigt und verpflichtet, die Sorge für die Person des Kindes auszuüben, aber infolge der Unterbringung des Kindes daran gehindert, so verstieße eine alleinige Haftung des Vaters für die gesamten Kosten gegen **Art 3 Abs 2 GG;** vielmehr ist § 1709 Abs 1 in diesem Falle nicht anzuwenden, sondern § 1606 Abs 3 analog (s Bem 96, 105), dh mit anderen Worten die Haftung der Eltern bestimmt sich nach ihren Erwerbs- und Vermögensverhältnissen. Vater und Mutter haften nicht als Gesamtschuldner (vgl zum letzteren Begriff §§ 421, 426).

165 Ist das Kind volljährig geworden, so daß die Mutter nicht mehr das Recht und die Pflicht hat, für die Person des Kindes zu sorgen (s § 1707 Abs 1), so wäre eine alleinige Haftung des Vaters für die gesamten Aufwendungen ebenfalls nicht mit **Art 3 Abs 2 GG** vereinbar (vgl LG Stuttgart, NJW 1965, 2061 — wobei darauf hinzuweisen ist, daß der erste [nichtamtliche] Leitsatz unklar und mißverständlich formuliert ist — = FamRZ 1966, 261).

In Betracht kann auch hier nur eine analoge Anwendung des § 1606 Abs 3 kommen (s noch Bem 26 zu § 1709); nur auf diese Weise lassen sich gerechte Ergebnisse erzielen. Lebt der Vater in günstigen wirtschaftlichen Verhältnissen, hat die (verheiratete) Mutter dagegen kein Einkommen und kein Vermögen, so haftet in diesem Falle für die Kosten der Vater allein (ebenso im Ergebnis LG Stuttgart, aaO).

166 Zur Bedeutung der Leistungen der **Sozialhilfe** s Bem 106ff.

167 d) Die **§§ 1603 Abs 2 und 1609** sind in § 1708 Abs 2 nicht für entsprechend anwendbar erklärt.

In dem Falle, daß der uneheliche Vater bei Berücksichtigung seiner sonstigen Verpflichtungen außerstande ist, ohne Gefährdung seines angemessenen Unterhalts dem Kinde Unterhalt zu gewähren, ist er nicht verpflichtet, alle verfügbaren Mittel zu seinem eigenen Unterhalt und zu dem aller ehelicher und unehelicher Kinder gleichmäßig zu verteilen, dh also das letzte mit dem unehelichen (über 18 Jahre alten) Kinde zu teilen. Insofern ist also das uneheliche Kind gegenüber dem ehelichen Kind benachteiligt (s Kaufmann, JuS 1961, 53, 55).

168 Ist der Vater gegenüber seinen Eltern unterhaltspflichtig **(§ 1606 Abs 1)**, so geht diese Verpflichtung der Unterhaltspflicht des § 1708 Abs 2 vor (arg § 1603 Abs 1), gerade da § 1609 nicht für entsprechend anwendbar erklärt ist (vgl aber auch Dölle, II, 430).

169 Hat das uneheliche volljährige unterhaltsbedürftige Kind selbst schon Abkömmlinge, so haften diese vor dem unehelichen Vater (analog **§ 1606 Abs 1).**

170 2. Der außerordentliche Unterhaltsanspruch ist seiner **Rechtsnatur** nach kein familienrechtlicher Unterhaltsanspruch (s oben Bem 10).

IV. Verjährung des Unterhaltsanspruchs*).

171 1. a) Die Ansprüche des Kindes auf Rückstände der vom Vater zu leistenden Unterhaltsbeiträge verjähren gemäß **§ 197** in vier Jahren. Der Verjährung unterliegen nur die jeweils monatlich (§ 1710) oder auf Grund einer Vereinbarung gemäß § 1714 Abs 1 in anderer Zeitfolge zu leistenden rückständigen Unterhaltsbeträge, nicht der Unterhaltsanspruch als solcher, dh die laufenden, künftig fällig werdenden Beträge (§ 194 Abs 2).

---

*) Stüben, Verjährung von Unterhaltsansprüchen, DAVorm XXVIII, 1955, 1; Wolff, Verjährung von Alimenten, JW 1907, 67; zur Einrede der Verjährung s Jahr (Fußn zu Bem 127).

Die 4-Jahres-Frist (§§ 197, 198, 201) gilt auch für die Verjährung rückständiger titulierter Unterhaltsforderungen (§ 218 Abs 2), dh der nach Rechtskraft des Urteils oder nach dem Wirksamwerden eines Prozeßvergleichs oder der Errichtung einer vollstreckbaren Urkunde (§ 794 Abs 1 Nr 5 ZPO) fällig gewordenen Raten. Dagegen verjähren die vor diesem Zeitpunkt entstandenen, dh fällig gewordenen Rückstände erst in 30 Jahren (§ 218 Abs 1); die 30-jährige Frist ist gemäß §§ 187 Abs 1, 188 Abs 2 BGB zu berechnen. 172

b) Die Verjährung rückständiger Unterhaltsansprüche darf nicht von Amts wegen, sondern nur auf **Einrede** des Vaters berücksichtigt werden. Die Verjährung muß also vom Vater geltend gemacht werden*). Diese Geltendmachung ist eine einseitige rechtsgeschäftliche Erklärung (empfangsbedürftige Willenserklärung) — s dazu 80 zu § 1706 —. 173

Hat der Vater die Einrede der Verjährung in rechtswirksamer Weise geltend gemacht, so ist er berechtigt, von Zeitpunkt der Vollendng der Verjährung an die Leistung der Unterhaltsrückstände zu verweigern (§ 222 Abs 1); die Geltendmachung der Einrede hat also rückwirkende Kraft. 174

Liegt hinsichtlich dieser Unterhaltsrückstände ein Vollstreckungstitel vor, so muß der Vater — wenn der gesetzliche Vertreter nach der Geltendmachung der Einrede der Verjährung nicht auf die Vollstreckung wegen der Rückstände „verzichtet"**) — Vollstreckungsabwehrklage (§ 767 ZPO) erheben. 175

Auf die Geltendmachung der Einrede der Verjährung kann der Vater verzichten. 176

c) Die Verjährung ist **nicht** gemäß **§ 204 Satz 2** gehemmt; diese Vorschrift ist auf das Verhältnis zwischen dem unehelichen Kinde und dem Vater nicht anzuwenden (s Bem 12 aE, sowie Dölle, II, 432; Brühl, 272; LG Hagen, DAVorm XXXIV, 66; LG Hamburg, DAVorm XXXII, 175 — unter Aufgabe der gegenteiligen Auffassung, DAVorm XXXI, 246 —; wohl allgemeine Meinung). Die ratio des § 204 ist, während des Bestehens der elterlichen Gewalt Prozesse zwischen dem Gewalthaber und dem Kinde zu vermeiden (s Dölle, aaO); dies kommt hier nicht in Betracht (s 43 zu § 1705). Eine analoge Anwendung des § 204 scheidet ebenfalls aus (Dölle, aaO). Die Vorschrift des Art 6 Abs 5 GG, die hierin enthaltene Wertentscheidung des Verfassungsgebers steht dem nicht entgegen; Art 6 Abs 5 GG hat das geltende Recht nicht außer Kraft gesetzt, daran ändert der Umstand nichts, daß das geltende Recht zT hinsichtlich einzelner Fragen in verfassungskonformer Weise ausgelegt werden muß (s Vorbem 56 vor § 1705). 177

2. a) Die Verjährung **beginnt** an sich mit der Entstehung des Anspruchs (§ 198 Satz 1); für Geldrenten, also ua die Unterhaltsforderungen des unehelichen Kindes, gilt jedoch die Besonderheit, daß die im Laufe eines Kalenderjahres (jeweils an dem dem Geburstag des Kindes entsprechenden Tag jedes Kalendermonats — s 8 zu § 1710 —) fällig gewordenen Unterhaltsbeiträge erst am Schluß des auf das Jahresende folgenden vierten Jahres verjähren (§ 201). Dh mit anderen Worten: alle zB im Laufe des Jahres 1966 fällig gewordenen und fällig werdenden Raten verjähren mit dem Ablauf des 31. 12. 1970, es sei denn, daß die Verjährung gemäß §§ 202, 203 gehemmt oder gemäß §§ 208 ff unterbrochen wird (Einzelheiten hierzu s Bem 179 ff). Im Falle der **Hemmung** läuft die Frist mit dem Wegfall des die Hemmung begründenden Ereignisses weiter (§ 205), im Falle der **Unterbrechung** läuft die Verjährungsfrist nach deren Beendigung von neuem (§ 217), und zwar sofort, nicht erst mit dem Beginn des neuen Kalenderjahres (wohl einhellige Meinung, s Coing in diesem Komm, 5 zu § 201 mit Hinweisen; 2 zu § 217; Dölle, II, 432; Brühl, 268). 178

b) War das Kind als **„scheineheliches" Kind** geboren, so beginnt die Verjährungsfrist erst mit der Rechtskraft des der Ehelichkeitsanfechtungsklage stattgebenden Urteils (vgl §§ 200 Satz 2, 202 Abs 1). Denn die Verjährung ist gehemmt, da der Unter- 179

---

*) Im Prozeß darf der Richter den Vater nicht über die Möglichkeit der Einrede der Verjährung belehren (s auch unten Bem 202; andererseits Lindinger, ZblJugR 1957, 197, 199 f).

Nimmt ein Notar oder ein Beamter oder Angestellter des Jugendamtes (§ 49 Abs 3 JWG) eine vollstreckbare Urkunde über die Unterhaltsverpflichtung des Vaters auf (§§ 794 Abs 1 Nr 5, 801 ZPO), so braucht der Vater nicht über die Verjährung von Rückständen belehrt zu werden (s Fußn zu 82 zu § 1718).

**) Zu diesem „Verzicht" bedarf der Vormund keiner vormundschaftsgerichtlichen Genehmigung; eine Verfügung über eine Forderung oder ein Recht des Kindes iS des § 1812 Abs 1 liegt hier nicht vor; ebenso ist § 1714 Abs 2 hier nicht anzuwenden.

haltsanspruch des Kindes zufolge der Vorschrift des § 1593 erst mit der Rechtskraft des Urteils (s § 643 ZPO) geltend gemacht werden kann (s hierzu Dölle, II, 432; Brühl, 269; Berg, JuS 1961, 137, 142; BGHZ 24, 9 = FamRZ 1957, 167; FamRZ 1962, 254; LG Bremen, DAVorm XXVIII, 257; AG Karlsruhe, DAVorm XXVIII, 224; LG Hildesheim, DAVorm XXX, 97; LG Arnsberg, DAVorm XXXI, 46). Dagegen stellte das LG Braunschweig (DAVorm XXXII, 275) auf den Zeitpunkt der Erhebung der Ehelichkeitsanfechtungsklage als Beginn des Laufs der Verjährungsfrist ab; das LG Stuttgart (NJW 1957, 677) behandelte das Problem der Verjährung in diesem Falle nicht (s hierzu Brühl, 269 f; sowie auch Bem 7 zu § 1711).

180 Galt das Kind bis zur Todeserklärung des Ehemannes der Mutter als ehelich, so ist die Verjährung der Unterhaltsansprüche des Kindes bis zur Todeserklärung ebenfalls gehemmt, da das Kind erst dann die Unterhaltsforderungen geltend machen konnte (ebenso Dölle, II, 432; s hierzu Brühl, FamRZ 1966, 365).

181 War das Kind im Geburtenbuch **irrigerweise als eheliches Kind eingetragen** und hatte das Jugendamt erst später vom Eintritt der Amtsvormundschaft Kenntnis erlangt, so daß das Kind tatsächlich keinen gesetzlichen Vertreter hatte, so ist die Verjährung der rückständigen Unterhaltsansprüche des Kindes als gehemmt anzusehen (ebenso Dölle, II, 432; LG Bonn, FamRZ 1960, 242 mit Anm von Bosch = DAVorm XXXIII, 85; aM Brühl, 270); zwar ist nicht, wie das LG Bonn meinte, § 202 anzuwenden, wohl aber § 203 Abs 2 (vgl Bosch, aaO), da das Kind keinen gesetzlichen Vertreter hatte (s auch Bem 182). Unrichtig war auch die Berufung des LG Bonn auf § 60 PStG, da § 60 Abs 2 den Nachweis der Unrichtigkeit der vom Standesamt beurkundeten Tatsache zuläßt (s Bosch, aaO, sowie auch Bem 79 zu § 1706; zu einem Sonderfall der unrichtigen Eintragung im Geburtenbuch s auch OLG Nürnberg, FamRZ 1965, 380, Bem 2 (d) zu § 1705).

182 Hat das Kind **keinen gesetzlichen Vertreter**, so ist die Verjährung gehemmt (LG Bielefeld, DAVorm XXXVI, 32; s auch Bem 181), zB wenn der Vormund verschollen ist (s AG Stuttgart, DAVorm XXXI, 154). Ebenso ist die Verjährung gehemmt (§ 203 Abs 2), wenn der Vormund aus einem außerhalb seiner Sphäre liegenden Grunde an der Geltendmachung des Unterhaltsanspruchs verhindert ist (LG Bielefeld, aaO; s auch Brühl, FamRZ 1966, 365).

182a Hat der Vater die Vaterschaft anerkannt (§ 1718) und sich in vollstreckbarer Urkunde zur Unterhaltszahlung verpflichtet (s dazu 81 ff zu § 1718), so kann er, wenn sich später die Nichtigkeit dieser Erklärungen infolge Geschäftsunfähigkeit herausstellt und das Kind daher auf Unterhalt klagt, nicht die Verjährung geltend machen; vielmehr war die Verjährung gehemmt (LG Aachen, DAVorm XXXV, 258, das § 202 Abs 1 anwandte — wogegen Bedenken bestehen — und hilfsweise die Entscheidung auf § 203 Abs 2 stützte; der letzteren Auffassung ist beizutreten).

183 Hat ein anderer Mann die Vaterschaft anerkannt und geht der gesetzliche Vertreter von der Richtigkeit des Anerkenntnisses aus — da er (zunächst) keinen Anhaltspunkt für die Unrichtigkeit hatte —, so ist die Verjährung des Unterhaltsanspruchs des Kindes gegen den wirklichen Erzeuger gemäß § 203 Abs 2 gehemmt (Dölle, II, 432; LG Darmstadt, DAVorm XXXVI, 272; s auch 59 zu § 1718).

184 Das gleiche wird auch anzunehmen sein, wenn nach Lage des Falles infolge Mehrverkehrs der Mutter innerhalb der gesetzlichen Empfängniszeit mehrere Männer als Erzeuger in Betracht kommen, die Klage gegen einen gerichtet und abgewiesen wird; bis zur Klärung der Vaterschaft eines der betreffenden Männer im Prozeß, zB durch Blut- und erbbiologische Gutachten, andernfalls bis zur Rechtskraft des Urteils wird den anderen Männern ein Leistungsverweigerungsrecht iS des § 202 Abs 1 zuzugestehen sein, da der gesetzliche Vertreter (praktisch) nicht gegen mehrere Männer gleichzeitig Klage erheben kann.

185 Ist der Erzeuger des Kindes unbekannt, da die Mutter den Namen nicht kennt oder verschweigt, so kann die Verjährungsfrist nicht in Lauf gesetzt werden, da hierfür Voraussetzung ist, daß ein Anspruch gegen einen bestimmten anderen besteht (s § 194), dh daß der Anspruch die erforderliche Bestimmtheit, die Beziehung eines Berechtigten zu einem bestimmten Verpflichteten, erlangt hat (s Coing in diesem Komm, 2 zu § 194, 2 zu § 198).

186 Ist der **Aufenthalt des Vaters unbekannt**, so kann eine Hemmung infolge höherer Gewalt*) dann angenommen werden, wenn der Aufenthalt auch bei Anwendung größter Sorgfalt nicht ermittelt werden kann, da Behörden der so-

*) Zum Begriff der höheren Gewalt (§ 203 Abs 2) s Coing in diesem Kommentar 4 zu § 203.

wjetischen Besatzungszone Anfragen nicht beantworten (vgl LG Arnsberg, DAVorm XXXI, 46). Dagegen genügt es in sonstigen Fällen nicht, daß der Aufenthalt des Vaters unbekannt ist (s LG Arnsberg, aaO, LG Braunschweig, DAVorm XXV, 91; Bergmann, DJ 1943, 325 und unten Bem 187 zur Frage des Einwands der Arglist gegen die Verjährungseinrede sowie 193ff zur Feststellungsklage).

Die vom Vater gegen die Geltendmachung von Unterhaltsrückständen erhobene Einrede der Verjährung stellt einen **Verstoß gegen Treu und Glauben (§ 242)**, dh mißbräuchliches Verhalten dar, wenn der Vater sich seiner Unterhaltspflicht entzogen und dadurch gemäß § 170b StGB strafbar gemacht hat (LG Aurich, DAVorm XXXI, 184), zB wenn er in die französische Fremdenlegion*) eingetreten war, um sich der Unterhaltspflicht zu entziehen (LG Bielefeld, DAVorm XXXI 125) oder wenn der Vater durch sein Verhalten die Nachforschungen des gesetzlichen Vertreters des Kindes über seinen Aufenthalt verhindert hat (LG Aurich, DAVorm XXXII, 140) oder wenn er mit der Mutter längere Zeit vor der Geburt des Kindes in intimen Beziehungen gestanden, sich zu dem Kinde bekannt und versprochen hatte, briefliche Verbindung mit der Mutter aufrechtzuerhalten, danach aber keine Nachricht mehr gab (s LG Braunschweig, DAVorm XXVIII, 193; sowie auch LG Oldenburg, DAVorm XXXI, 303). Liegen solche besonderen Umstände nicht vor, hat sich der Vater lediglich untätig verhalten, so kann ein Verstoß gegen Treu und Glauben nicht bejaht werden (LG Aurich, aaO), auch wenn das Kind, dh sein gesetzlicher Vertreter, am Eintritt der Verjährung schuldlos ist (LG Düsseldorf, DAVorm XXIX, 253; s auch LG Hannover, DAVorm XXXIX, 57 — Auswanderung des Vaters —; LG Berlin, DAVorm XXXIX, 114 — Wohnsitzwechsel —). 187

Die Umstände, welche die Einrede der Verjährung begründen, hat gegebenenfalls der Vater, der die Einrede erhebt, zu **beweisen**, zB wann die Verjährung oder nach Unterbrechung der Verjährung die neue Verjährung begonnen hat (s LG Hamburg, DAVorm XXXI, 337). 188

c) Die **Verjährung** wird **unterbrochen****), wenn der Vater dem gesetzlichen Vertreter des Kindes gegenüber den Anspruch anerkennt (§ 208) oder wenn gegen den Vater Unterhaltsklage erhoben wird (§ 209 Abs 1) oder eine Vollstreckungshandlung vorgenommen oder die Pfändung und Überweisung des Lohnes (§§ 829, 835 ZPO) beantragt wird (§ 209 Abs 2 Nr 5). Dagegen wird die Verjährung nicht durch Mahnung unterbrochen; ferner tritt eine Unterbrechung der Verjährung nicht durch Erhebung der positiven Abstammungsfeststellungsklage oder durch das dieser stattgebende Urteil (§§ 640ff ZPO) ein (LG Köln, DAVorm XXXVII, 66; s zur Hemmung der Verjährung Bem 184). 189

Zur Frage der Hemmung der Verjährung durch ein Armenrechtsverfahren s BGHZ 37, 113 = NJW 1962, 1291 = MDR 1962, 638 = BB 1962, 1343.

Ein **Anerkenntnis** des Anspruchs iS des § 208 ist in (Teil-)Zahlungen auf die Rückstände zu erblicken, zB wenn der Vater über den Betrag der laufenden Rente hinaus Zahlungen leistet (LG Mönchen-Gladbach, DAVorm XXXVI, 35; LG Kleve, DAVorm XXXVIII, 308). Durch Teilzahlungen kann die Verjährung hinsichtlich des ganzen Rückstandes unterbrochen werden (aM OLG Hamburg, DRW 1940, 1185, gegen dieses Herschel, in der Anm daselbst; wie hier LG Weiden, DAVorm XXXIX, 82). 190

Leistet der Vater aber nur die laufende Unterhaltsrente, so liegt hierin die stillschweigende Bestimmung, daß die laufend geschuldete Unterhaltsrente getilgt werden soll (§ 366 Abs 1; LG Düsseldorf, DAVorm XXVI, 1953, 9). Der gesetzliche Vertreter darf daher die Zahlungen nicht auf die Rückstände anrechnen. 191

Trifft der Vater keine Bestimmung darüber, wie die Zahlungen angerechnet werden sollen, so gilt die Regelung des § 366 Abs 2.

Ein Anerkenntnis kann ferner liegen in Vorschlägen des Vaters über die Abzahlung der Rückstände (LG Düsseldorf, DAVorm XXXIV, 143), in einem Stundungsgesuch (AG Freising, DAVorm XXXVII, 126), in der Bereit- 192

*) Nach einer Mitteilung des Deutschen Instituts für Vormundschaftswesen (DAVorm XXXVI, 1963, 255) ist es ungeklärt, welches Gericht gegen Angehörige der französischen Fremdenlegion zuständig ist.

**) Niclas, Probleme der Verjährungsunterbrechung, ZblJugR 1961, 290; s auch Ulrich, Zur Frage des Verzugs und der Verjährung bei Unterhaltsrückständen und des Teilanerkenntnisses bei Unterhaltsansprüchen [ehelicher Kinder], ZblJugR 1957, 197, sowie Bergmann, DJ 1943, 325 (Anm).

schaft des Vaters, über die Abzahlung der (titulierten) Rückstände Verhandlungen zu führen oder in wiederholten Verhandlungen hierüber (Herschel, DRW 1940, 1186), in der Einwilligung zur Erhöhung der Unterhaltsrente — infolge der inzwischen gestiegenen Lebenshaltungskosten — (LG Hamburg, DAVorm XXXI, 16), sowie in gelegentlichen Geschenksendungen (AG Köln, DAVorm XXXI, 213 — auch wenn diese mangels einer Vereinbarung gemäß § 1714 nicht auf die Unterhaltsrückstände angerechnet werden können —), überhaupt darin, daß der Vater zu erkennen gegeben hat, daß er sich des Bestehens der Ansprüche des Kindes bewußt ist (LG Hamburg, DAVorm XXXI, 16; LG Kleve, DAVorm XXXVIII, 308; Niclas, aaO).

193 Sind die **Rückstände tituliert** und droht die Verjährung (§ 218 Abs 2, s Bem 172), kann aber zu deren Unterbrechung eine Vollstreckungshandlung nicht vorgenommen werden, zB weil der Aufenthalt des Vaters unbekannt ist, so kann **Klage auf Feststellung der Rückstände** erhoben werden, die sodann als rechtskräftig festgestellter Anspruch erst in 30 Jahren verjähren (§ 218 Abs 1). Dieser Klage steht die Rechtskraft des früheren Urteils nicht entgegen (s hierzu Niclas, aaO; Dölle, II, 432; Brühl, 381; LGe Berlin, Rdbf [DAVorm], XXIII 27 = JR 1950, 283; Kassel, DAVorm XXVI, 228; Aachen, DAVorm XXVIII, 80; Regensburg, Lübeck, DAVorm XXX, 103, 291; Hagen, DAVorm XXXI, 65; München I, DAVorm XXXIV, 60; Berlin, DAVorm XXXVIII, 279; Zweibrücken MDR 1950, 170).

194 Das Feststellungsinteresse ist auf jeden Fall dann zu bejahen, wenn nicht mit Sicherheit feststeht, daß der Einwand des Rechtsmißbrauchs durch das Kind gegen die Einrede der Verjährung durch den Vater durchdringt (vgl LGe Lübeck, Hagen, München I, DAVorm XXX, 291; XXXI, 65; XXXIV, 60) oder auch zB, wenn unsicher ist, ob ein anderes Gericht die gleiche Auffassung, der Einwand des Rechtsmißbrauchs durch das Kind greife durch, vertritt (LG Lübeck, aaO). Indessen sollte das Feststellungsinteresse in solchen Fällen stets bejaht werden (s Brühl, Niclas, aaO; aM LG München I, DAVorm XXX, 292; LG Bremen, DJ 1942, 171; LG Münster, DJ 1943, 325 mit ablehnender Anm von Bergmann).

195 Jedoch wird man das Feststellungsinteresse dann verneinen müssen, wenn mit an Sicherheit grenzender Wahrscheinlichkeit anzunehmen ist, daß die Rückstände niemals realisierbar sind (s LG Stuttgart, DAVorm XXXVI, 16; LG München I, DAVorm XXXV, 260; vgl auch oben Bem 56).

V. Geltendmachung des Unterhaltsanspruchs des unehelichen Kindes; verfahrensrechtliche Fragen.

196 1. Der Unterhaltsanspruch des unehelichen Kindes ist vom **gesetzlichen Vertreter** geltend zu machen, dh regelmäßig vom Vormund (s 72 zu § 1707; zum Eintritt der Amtsvormundschaft s 39 ff zu § 1707, zur Bestellung einer Einzelperson zum Vormund s 78 ff zu § 1707), also nicht von der Mutter — abgesehen von dem Sonderfall des § 1716 bezüglich der ersten 3 Monate, s 4 ff zu § 1716 —, außer wenn die Mutter zum Einzelvormund bestellt ist oder wenn ihr die elterliche Gewalt übertragen worden ist (§ 1707 Abs 2); im letzteren Falle kann aber zur Geltendmachung der Unterhaltsansprüche des Kindes ein Pfleger bestellt werden (s 137 ff zu § 1707).

197 2. Zum **Anerkenntnis** der Vaterschaft und der Unterhaltsverpflichtung in vollstreckbarer Urkunde s 81 ff zu § 1718.

198 3. Weigert sich der vom gesetzlichen Vertreter des Kindes als (angeblicher) Erzeuger des Kindes in Anspruch genommene Mann, die Vaterschaft anzuerkennen und Unterhalt zu leisten oder sich in vollstreckbarer Urkunde zur Unterhaltszahlung zu verpflichten (s Bem 197), so bleibt dem gesetzlichen Vertreter (regelmäßig dem Amtsvormund, s Bem 196) keine andere Wahl, als namens des Kindes **Klage** zu erheben.

Hat sich der Vater schriftlich, aber nicht in vollstreckbarer Urkunde verpflichtet, die geforderten Unterhaltszahlungen zu leisten, so kann der trotzdem erhobenen Unterhaltsklage das Rechtsschutzinteresse in der Regel nicht abgesprochen werden; jedoch können nach sofortigem Anerkenntnis eventuell dem Kinde die Kosten des Rechtsstreits zur Last fallen, wenn der betreffende Mann seine Verpflichtung laufend erfüllt hat und eine Änderung dieses Verhaltens nicht zu erwarten ist (§ 93 ZPO, s LG Kiel, DAVorm XXXVI, 9). Grundsätzlich hat das Kind jedoch Interesse an einem vollstreckbaren Titel; dem Kinde kann nicht zugemutet werden zuzuwarten, bis der Vater die laufenden Zahlungen — aus welchem Grunde auch immer — ganz oder teilweise einstellt, um sich erst dann einen vollstreckbaren Titel zu verschaffen (LG Saarbrücken, DAVorm XXXIX, 1966, 103; LG Essen, DAVorm XXXV, 181; Brühl, 316).

a) **Sachlich zuständig** für den Unterhaltsrechtsstreit ist das Amtsgericht (§ 23 Nr 2 lit f GVG); doch handelt es sich nicht um eine ausschließliche Zuständigkeit, vielmehr ist an sich auch die Klage beim LG im Wege der Prorogation möglich (s § 38 ZPO). Indes scheitert eine solche Klage praktisch daran, daß dem Kinde angesichts des Anwaltszwangs (§ 78 ZPO) das Armenrecht nicht bewilligt würde (s auch Bem 201). Erhebt das Kind vor dem Landgericht eine Klage auf Feststellung der Abstammung (§ 640 ZPO), so kann die Unterhaltsklage hiermit nicht verbunden werden (§ 640 Abs 2 Satz 1 ZPO; s zur Klage auf Feststellung der Abstammung Bem 162ff zu § 1717). 199

Die **örtliche Zuständigkeit** des Gerichts bestimmt sich nach den allgemeinen Vorschriften (s §§ 12, 13, 16, 23 ZPO); für den Fall, daß der Beklagte im Inland keinen Gerichtsstand hat, ist das Gericht zuständig, bei dem der Kläger seinen Gerichtsstand hat (§ 23a ZPO; zur Anwendung dieser auf dem Gesetz vom 18. 7. 1961, BGBl I, 1033 — s Bem 263 — beruhenden Vorschrift s Deutsches Institut für Vormundschaftswesen, DAVorm XXXV, 136; LG Tübingen, DAVorm XXXV, 248; XXXVII, 303; FamRZ 1964, 319; FamRZ 1964, 321). Ist der uneheliche Vater in der sowjetischen Besatzungszone ansässig, so dürfte § 23a ZPO analog anzuwenden sein (LG Dortmund, NJW 1964, 2114 = FamRZ 1964, 638 Leits; aM LG Siegen, NJW 1965, 698). § 32 ZPO ist nicht anwendbar, da der Unterhaltsanspruch kein deliktischer Anspruch ist (s oben Bem 9). 200

b) Zu dem Gesuch um Bewilligung des **Armenrechts** (§§ 114ff ZPO)*) bedarf es keiner Vorlage eines Armutszeugnisses (§ 118 Abs 2 Satz 2 Halbsatz 2 ZPO); eine Verpflichtung der Mutter, dem Kinde einen Prozeßkostenvorschuß zu leisten, kann nur in seltenen Ausnahmefällen in Betracht kommen (s 36 zu § 1709). 201

Das Armenrecht darf dem unehelichen Kinde nicht deshalb zT verweigert werden, weil die betreffenden Rückstände **verjährt** seien, solange der Beklagte nicht die Einrede der Verjährung erhoben hat (LG Tübingen, DAVorm XXXV, 311); ist aber den Umständen nach anzunehmen, die Einrede werde im Rechtsstreit erhoben — wenn der Beklagte sich zB bereits darauf berufen hat —, so ist das Armenrecht insoweit zu verweigern (LG Arnsberg, DAVorm XXXII, 292; s zur Geltendmachung der Einrede der Verjährung Bem 173). Dies gilt indessen dann nicht, wenn der Einrede der Verjährung der Einwand der Arglist entgegensteht (s Bem 187). 202

c) Die von dem Kinde für die Zukunft geltend gemachten Unterhaltsansprüche sind **wiederkehrende Leistungen** iS des **§ 258 ZPO.** Das Kind kann von vornherein den Unterhaltsanspruch auch schon für das 17. und 18. Lebensjahr geltend machen (s Bem 29). Dem Beklagten ist es dann später gegebenenfalls überlassen, die Einrede des Abs 1 Satz 3 zu erheben (s Bem 126ff). 203

Das Kind kann weiterhin die **Feststellung** begehren, der Beklagte sei gemäß § 1708 Abs 1 unterhaltspflichtig in dem Sinne, daß er verpflichtet sei, weitere über den normalen Bedarf des Kindes (s 59ff) hinausgehende Unterhaltsleistungen zu erbringen. Diese Verpflichtung stellt ein Rechtsverhältnis iS des **§ 256 ZPO** dar; für eine solche Feststellung ist das gemäß dieser Vorschrift erforderliche Interesse — abgesehen von dem Falle, daß ein rechtskräftiges Abstammungsfeststellungsurteil (§§ 640, 643 ZPO) vorliegt — stets zu bejahen, da der Beklagte sonst den Grund des Anspruchs, die Vaterschaft, in allen Fällen bestreiten könnte, in denen das Kind später weitere Unterhaltsansprüche im Wege der Zusatzklage**) geltend macht: zB Arzt-, Krankenhaus-Kosten (s 87ff), ferner Kosten der Berufsausbildung (s 94) — die häufig offengelassen werden (s Bem 68) —, sowie einen Prozeßkostenvorschuß (s 95), Kosten einer eventuellen Heimunterbringung (s 96ff). Die Feststellung bedeutet nicht, daß der Vater hinsichtlich der zusätzlichen Ansprüche nicht den Einwand der Leistungsunfähigkeit erheben könnte (s zum letzteren 92, 95, 96, 102, 105ff). 204

Schließlich hat die Feststellung der Unterhaltspflicht die weitere Folge, daß der Beklagte im Falle der Geltendmachung des außerordentlichen Unterhaltsanspruches (Abs 2) den Grund des Anspruchs, daß er der Vater des Kindes ist (s Bem 151), nicht mehr bestreiten kann.

---

*) Rohwer-Kahlmann, Armenrecht und Unterhaltserhöhungsklage des unehelichen Kindes, ZblJugR 1950, 20.

Hinzuweisen ist noch auf den Bericht von Hermes, Elf Jahre erfolgloser Unterhaltsbemühungen im Armenrecht, ZblJugR 1965, 118, sowie auf Lipschitz, RdJ 1955, 223.

**) Für eine etwa später zu erhebende Abänderungsklage (§ 323 ZPO) auf Erhöhung des Unterhaltssatzes (s Bem 217ff) hat die Feststellung keine Bedeutung, da Streitgegenstand dieses Verfahrens nur die Höhe, nicht der Grund des Anspruchs, die Vaterschaft, ist (s dazu Bem 221).

205 Das Kind kann den Feststellungsantrag aber auch nur als **Zwischenfeststellungsantrag** (§ 280 ZPO) stellen (ebenso Bosch, FamRZ 1962, 137 Fußn 4), nämlich wenn im Laufe des Rechtsstreits die Vaterschaft als Grund der Unterhaltspflicht, dh die Unterhaltspflicht als solche streitig geworden ist. Ein solches Zwischenfeststellungsurteil hat praktisch die gleichen Wirkungen wie das erwähnte Feststellungsurteil (§ 256 ZPO).

206 Dagegen kann der (in der Praxis sehr häufig gestellte) Antrag festzustellen, daß der Beklagte als Vater des Kindes gilt, nicht als zulässig beurteilt werden (s hierzu 159 zu § 1717).

206a Ob für eine Widerklage des Kindesvaters auf Feststellung, der Unterhaltsanspruch des Kindes übersteige nicht den eingeklagten Betrag, das erforderliche Interesse (§ 256 ZPO) bejaht werden kann, ist zweifelhaft; regelmäßig wird es zu verneinen sein (aM aber LG Fulda, DAVorm XXXVIII, 1965, 346). Würde es bejaht und würde diese Feststellungswiderklage auch als begründet angesehen — was bedenklich erscheinen müßte —, so wäre hiermit dem Kinde wohl die Geltendmachung zusätzlicher Aufwendungen (s Bem 87 ff) abgeschnitten.

207 d) Der Rechtsstreit ist gemäß § 200 Abs 2 Nr 5 GVG **Feriensache.**

208 e) Für das Verfahren gelten die Vorschriften der **§§ 495 ff, 253 ff ZPO.**

209 Die Mutter kann dem Rechtsstreit als Streitgehilfe (Nebenintervenient) gemäß **§ 66 ZPO***) beitreten (LG Kiel, NJW 1959, 2123; Brühl, 366; Dahmen, aaO), es sei denn, die Mutter wäre als Vormund oder Inhaberin der elterlichen Gewalt (§ 1707 Abs 2) im Prozeß gesetzliche Vertreterin des Kindes.

Erheben die Mutter gemäß § 1715 und das Kind gemäß § 1708 zusammen Klage, so sind sie nicht notwendige Streitgenossen (§ 62 ZPO; s Bem 48 zu § 1715).

Mutter und Kind sind auch dann nicht notwendige Streitgenossen, wenn das Kind gemäß § 1708 auf Unterhalt klagt und die Mutter nach § 1709 Abs 2 den auf sie übergegangenen Unterhaltsanspruch des Kindes geltend macht.

210 Die Verhandlung vor dem Gericht ist an sich öffentlich **(§ 169 Satz 1 GVG)**; indessen wird es stets geboten sein, die Öffentlichkeit auszuschließen, wenn Gegenstand der Verhandlung und Beweisaufnahme die Einrede des Mehrverkehrs der Mutter oder die Behauptung der offenbaren Unmöglichkeit der Vaterschaft des Beklagten ist (§§ 172, 174 Abs 1 GVG)**).

211 Das Gericht hat den Sachverhalt nicht von Amts wegen aufzuklären, vielmehr gilt der Grundsatz der Parteiherrschaft (s hierzu Fußn zu Vorbem 39 vor § 1666); jedoch kann das Gericht gemäß § 144 Abs 1 ZPO von Amts wegen, ohne diesbezüglichen Antrag einer Partei, Sachverständigengutachten einholen.

Zur Behauptungs- und Beweislast s 12, 21, 52 zu § 1717.

Zur Einholung von Blutgruppen-, Blutseren- und erbbiologischen Gutachten s 105 ff, 125 ff zu § 1717.

Ist die Einholung eines erbbiologischen Gutachtens erforderlich, so kann kein Teilurteil über die Unterhaltsansprüche des Kindes bis zur Erstattung des Gutachtens erlassen werden (Lent, NJW 1953, 626; anders und unhaltbar LG Mannheim, daselbst; s auch Bem 212).

Zu einem Falle, in dem das rechtliche Gehör im Berufungsverfahren nicht ordnungsgemäß gewährt worden war, s BVerfG E 18, 380 = FamRZ 1965, 193 = DAVorm XXXVIII, 110 = NJW 1965, 579 = MDR 1965, 453.

Hat das uneheliche Kind ein Unterhaltsurteil erlangt, so wirkt die materielle Rechtskraft dieses Urteils nur zwischen den Parteien und steht daher an sich der Verurteilung eines anderen Mannes zur Unterhaltsleistung nicht entgegen (LG Deggendorf, FamRZ 1963, 145); einer vorgängigen positiven Abstammungsfeststellungsklage (zu § 644 ZPO s die Erläuterungen des § 1717) bedarf es hierzu nicht. Die Rechtskraft des früheren Unterhalts-Urteils kann nicht durch

---

*) Dahmen, Die Kindesmutter als Streithelferin, AnwBl 1955, 26, s im allgemeinen auch Wieser, Das rechtliche Interesse des Nebenintervenienten, Bielefeld 1965.

**) Hierzu s Göppinger, Öffentlichkeit oder Nichtöffentlichkeit des Verfahrens in Kindschafts- und Unterhaltssachen? FamRZ 1962, 507; Gruber, Die uneheliche Mutter im Gerichtssaal, ZblJugR 1960, 49.

Zur Frage der Zeugnispflicht der Mutter s oben Bem 11 sowie aus der älteren Literatur: v. Warnstedt, Nochmals die Zeugnispflicht der außerehelichen Mutter, Recht 1908, 536; Strauß, Die uneheliche Mutter als Zeugin im Alimentenprozesse des Kindes gegen den unehelichen Vater, JW 1909, 646; ferner s zu der Frage, ob die Mutter verpflichtet ist, den Namen des Erzeugers anzugeben, Bem 12a zu § 1707.

Parteivereinbarung beseitigt werden; wohl aber kann das Kind auf das Recht verzichten, aus dem Urteil zu vollstrecken (LG Deggendorf, aaO), wozu vormundschaftsgerichtliche Genehmigung erforderlich ist (s auch 152 zu § 1717). Kommt eine solche Vereinbarung nicht zustande, so kann der betr Mann Vollstreckungsabwehrklage (§ 767 ZPO) oder negative Abstammungsfeststellungsklage erheben (s auch 59 aE zu § 1718).

Der Unterhaltsklage steht auch nicht das Anerkenntnis der Vaterschaft und der Unterhaltsverpflichtung durch einen anderen Mann entgegen (LG Aurich, FamRZ 1956, 247).

Sind gegen zwei Männer Unterhaltstitel erwirkt worden, so haften diese für den Unterhalt nicht als Gesamtschuldner (aM Planck-Unzner, 1 zu § 1708; Thomae, JZ 1962, 623, 624 Fußn 21).

f) Zu der Frage, ob während des Unterhaltsprozesses eine einstweilige Verfügung gemäß **§ 940 ZPO** auf Unterhaltszahlungen erlassen werden kann, s 19 ff zu § 1716. 212

g) Soweit das Gericht der Unterhaltsklage stattgibt, ist das Urteil gemäß **§ 708 Nr 6 ZPO** für **vorläufig vollstreckbar** zu erklären. 213

h) **Der Streitwert** der Klage (s auch § 4 Abs 1 ZPO) ist aus dem Jahresbetrag des geltend gemachten Unterhaltsanspruchs zu berechnen (§ 13 Abs 1 GKG); wird der Unterhalt nach Altersgruppen gestaffelt geltend gemacht (s 86), so ist der höchste Jahresbetrag maßgebend. 214

Rückstände aus der Zeit vor der Rechtshängigkeit (s auch § 1711) sind dem Streitwert hinzuzurechnen (§ 13 Abs 5 GKG).

Wird lediglich wegen des **Unterhalts für das 17. und 18. Lebensjahr***) Klage erhoben (s 30 aE, 31), so ist der Jahresbetrag für die Streitwertberechnung maßgebend (s LG Freiburg, Rpfleger 1962, 417 mit Anm von Lappe; Mielke, GKG, Komm, 1965, Anm 3 zu § 13, S 99).

Wird mit der Abänderungsklage eine Erhöhung des monatlichen Unterhaltssatzes gefordert (§ 323 ZPO; s dazu Bem 217 ff), so ist der einjährige Unterschiedsbetrag zugrundezulegen. Das gleiche gilt für den umgekehrten Fall, daß der uneheliche Vater gemäß § 323 ZPO eine Herabsetzung des Unterhalts begehrt (s Bem 242), es sei denn, daß der Gesamtbetrag geringer ist, zB wenn die Klage nach Vollendung des 17. Lebensjahres des Kindes erhoben wird.

Erhebt der Vater gleichzeitig Vollstreckungsabwehrklage und Abänderungsklage (s 141), so sind die Streitwerte zusammenzurechnen (§ 5 ZPO).

Der Streitwert des Antrags festzustellen, daß der Beklagte gegebenenfalls weitere über den normalen Bedarf hinausgehende Unterhaltsleistungen zu erbringen hat (s Bem 204), ist gemäß § 3 ZPO nach freiem Ermessen festzusetzen; in der Regel dürfte ein Streitwert von DM 500 angemessen sein. 215

Als Streitwert eines Antrags, den Beklagten zur Zahlung einer 3-jährigen Berufsausbildungs-Beihilfe über den laufenden Unterhalt hinaus zu verurteilen, ist deren Jahresbeitrag anzunehmen (§ 13 Abs 1 GKG, s LG Mainz, AnwBl 1965, 182).

Zu der Frage, welcher Streitwert dem (in der Praxis häufig gestellten, aber als unzulässig zu beurteilenden) Antrag beigemessen wird festzustellen, daß der Beklagte als Vater des Kindes gilt, s 161 zu § 1717.

4. a) Zusätzliche Leistungsklage (**Zusatzklage**)**) kann das Kind erheben, wenn es bereits einen Titel bezüglich des bis zur Vollendung des 16. Lebensjahres zu zahlenden Unterhalts erwirkt hat und auf Grund der Neufassung des § 1708 Abs 1 iV mit Art 9, II Nr 2 FamRÄndG Unterhalt bis zur Vollendung des 18. Lebensjahres verlangt (s Bem 31), sowie wenn es besondere Bedürfnisse geltend macht (s Bem 87 ff). 216

Dagegen kann zu dem Zwecke, eine **Erhöhung des Unterhaltssatzes**, insbesondere im Hinblick auf die Steigerung der Lebenshaltungskosten oder auf die Erhöhung der laufenden Bedürfnisse des Kindes, zu erwirken, nicht die Zusatzklage, sondern nur die **Abänderungsklage (§ 323 ZPO)****) erhoben werden. Die 217

---

*) Tschischgale, Wert der Unterhaltsregelung für das 17. und 18. Lebensjahr, Jur Büro 1964, 776.

**) Hierzu s Bereiter-Hahn, Abänderungsklage (§ 323 ZPO) oder Klage auf zusätzliche wiederkehrende Leistungen (§ 258 ZPO)? FamRZ 1955, 94; Brox, Abänderungsklage (§ 323 ZPO) oder Klage auf zusätzliche wiederkehrende Leistungen (§ 258 ZPO)? FamRZ 1954, 237; ders, Nochmals Probleme der Abänderungsklage (§ 323 ZPO) und der „Unterhaltszusatzklage" (§ 258 ZPO), FamRZ 1955, 320; ders, Erhöhung wiederkehrender Leistungen durch Abänderungs- oder Zusatzklage, NJW 1961, 853; Donau, Erhöhung von Unterhaltsrenten und

ist ganz hM*). Die gegenteilige Auffassung verstößt gegen den Sinn und Zweck des § 323 ZPO und würde den Anwendungsbereich des § 323 in einer Weise einschränken, daß diese Vorschrift bezüglich des Begehrens auf Erhöhung der laufenden Unterhaltsrente so gut wie ausgehöhlt wäre (s BGHZ 34, 110, 115; Gotthardt in diesem Komm, Vorbem 54b vor § 1601; Lent, aaO).

218 aa) Die Abänderungsklage (s zu ihrem Wesen auch Bem 139)**) erfordert, daß der Kläger eine wesentliche Änderung der Verhältnisse geltend macht und begründet, die für die Verurteilung des Vaters zur Zahlung der laufenden Unterhaltsrente maßgebend waren***). Die Klage ist unzulässig, wenn nicht dargetan ist, daß eine wesentliche Änderung seit dem Schluß der mündlichen Verhandlung des Vorprozesses eingetreten sei (Rosenberg, aaO, 768; Lent, aaO; LG Hamburg, DAVorm XXXVIII, 268); sie ist als unbegründet abzuweisen, wenn die diesbezüglichen Behauptungen des Klägers sich als unzutreffend herausstellen (Rosenberg, aaO).

War das frühere Urteil im schriftlichen Verfahren ergangen (§§ 128 Abs 2, 310 Abs 2 ZPO), so ist als Schluß der mündlichen Verhandlung iS

Feststellungswiderklage, MDR 1956, 655; Franke, Der Unterhaltsanspruch des unehelichen Kindes im Abänderungsstreit, DRiZ 1957, 304; Grasmeher, Die Lehre von der „Zusatzklage" und § 323 ZPO, FamRZ 1961, 241; Grochtmann, Zur Frage der Erhöhung der Unterhaltsbeiträge durch Abänderungs- und Zusatzklage, ZblJugR 1965, 60; Habscheid, Unterhaltsurteil, Änderung der Gesetzgebung und Wandel der Rechtsprechung, FamRZ 1954, 34; ders, Probleme der Teilklage, Rechtsnatur und Zulässigkeit, Umfang der Rechtskraft, FamRZ 1962, 352; Künkel, Zur Frage der Relation zwischen abzuändernder und neuer Entscheidung im Unterhaltsrechtsstreit nach § 323 ZPO, FamRZ 1961, 245; Lent, Erhöhung von Unterhaltsrenten, NJW 1955, 1865; Pasig, Wie soll es mit der Unterhalts-Abänderungsklage weitergehen? ZblJugR 1965, 156; Pentz, Wann liegt eine Abänderungsklage vor? NJW 1953, 1460; ders, Die rechtlichen Folgen der neuen Auslegung des § 323 ZPO, ZZP 69, 1956, 351; Pohle, Erstreckung der Rechtskraft auf nicht vorbehaltene Nachforderungen des siegreichen Klägers? ZZP 77, 1964, 98; Reimers, Unterhaltsänderungsklagen der Jugendämter, ZblJugR 1959, 105; Roth-Stielow, Verarmungsfaktor und wachsender Wohlstand als Grund zur Unterhaltsabänderung, FamRZ 1957, 405; Schmidt, Ist eine Nachtragsabänderungsklage insbesondere bei Erhöhung der Unterhaltsrenten unehelicher Kinder möglich? MDR 1963, 187; Schnitzerling, Unterhalt des unehelichen Kindes, Vorrang des Vaters, Abänderungsklage, Zusatzklage, Teilklage, veränderte Verhältnisse, RdJ 1962, 137; Weber, Der Umfang der Rechtskraft bei Abänderungs- und Nachforderungsklage, FamRZ 1955, 232.

Ferner s (insbesondere zur damaligen Situation): Breuer, Zur Klage des unehelichen Kindes auf Abänderung seines Unterhalts, ZblJugR 1950, 191; Buchholz, Anpassung der Unterhaltsrechtsprechung an veränderte Lebensbedingungen, JR 1951, 14; Kurtze, Die Abänderungsmöglichkeit von Unterhaltsrenten für uneheliche Kinder wegen gestiegener Lebenshaltungskosten, JR 1951, 171; ders, Abänderungs- oder Unterhaltserhöhungsklage des unehelichen Kindes wegen gestiegener Lebenshaltungskosten, JR 1951, 645; Mellwitz, Die Unterhaltsansprüche unehelicher Kinder und § 323 ZPO, JR 1951, 169; Riedel, Zur Frage der Erhöhung der Unterhaltsrente bei unehelichen Kindern, DRiZ 1951, 124; Rohwer-Kahlmann, Die Unterhaltserhöhungsklage des unehelichen Kindes, NJW 1951, 173; s auch Hamelbeck, JZ 1951, 271 Anm.

Aus der früheren Literatur s Hardeland, Zur Auslegung des § 323 ZPO, JW 1925, 736; Elvers, Die nachträgliche Erhöhung der Unterhaltsrenten für uneheliche Kinder, DRiZ 1912, 407; Philipp, Erhöhung der Unterhaltsrenten unehelicher Kinder unter Anwendung der clausula rebus sic stantibus, BayZ 1921, 81.

Insbesondere zum Schweizer Recht s Knecht, Die Abänderungsklagen, Züricher Beiträge zur Rechtswissenschaft, Heft 194, 1954, (s hierzu die Besprechung von Habscheid, FamRZ 1957, 15).

*) BGHZ 34, 110 = LM ZPO § 323 Nr 8 Leits mit Anm von Johannsen = FamRZ 1961, 263 mit Anm von Grasmeher und Habscheid = JR 1961, 180 = JZ 1961, 546 mit Anm von Pohle = DAVorm XXXIII, 205 = NJW 1961, 871 = MDR 1961, 310 = BB 1961, 305; Gotthardt in diesem Komm, Vorbem 54—54b vor § 1601; Dölle, II, 424; Rosenberg, ZPR, 9. Aufl, 764, § 153, I, 1 aE; Blomeyer, ZPR, 436, § 87, IV; Lent-Jauernig, ZPR, 12. Aufl 1965, 188, § 63, VI; Grasmeher, Künkel, Lent, Pentz, aaO; Pohle, aaO, und ZZP 77, 107; Köhler, 143f; **anders** Brühl, 326f; Brox, Habscheid, Grochtmann, aaO.

**) Zum Streitwert s Bem 214.

***) K. E. Meyer, Der Zeitpunkt der „Erhebung der Abänderungsklage" gemäß § 323 Abs 3 ZPO, FamRZ 1956, 67; Mellwitz, Die Formulierung der gerichtlichen Anträge auf Erhöhung der Unterhaltsrente für uneheliche Kinder, ZblJugR 1951, 28.

des § 323 Abs 2 ZPO der Zeitpunkt der Hinausgabe der Ausfertigung des Tenors aus dem inneren Bereich des Gerichts anzunehmen (Fenn, NJW 1966, 732; s auch BGH, NJW 1966, 52 — obiter, der BGH sagte, jedenfalls komme kein früherer Zeitpunkt in Betracht, als das Datum der Entscheidung, also nicht der Zeitpunkt, in dem die letzte Einverständniserklärung (§ 128 Abs 2 ZPO) bei Gericht eingeht —; ferner s zum Beschlußverfahren der freiwilligen Gerichtsbarkeit Bem 353 zu § 1666).

Nicht erforderlich ist, daß das Urteil des Vorprozesses formell rechtskräftig ist (Blomeyer, 435, § 87, IV; Stein-Jonas-Schönke-Pohle, Anm II, 2, 4; Baumbach-Lauterbach, Anm 2, A je zu § 323; anders: Rosenberg, 767, § 153, II, 1; wohl auch, aber unklar Wieczorek, Anm A zu § 323). 219

Der Erhöhungsklage steht die Vereinbarung des gesetzlichen Vertreters des Kindes mit dem Vater nicht entgegen, daß dieser einen Teil der Unterhaltsrente durch Gewährung des Unterhalts in seiner Familiengemeinschaft abgilt (LG Heilbronn, DAVorm XXXVI, 40). 220

bb) Der Grund des Unterhaltsanspruchs, die Feststellung der Vaterschaft in dem Vorprozeß, kann im Abänderungsprozeß nicht mehr bestritten werden (wohl fast allg Meinung, s zB Brühl, 329; LG Lüneburg, DAVorm XXXVIII, 142)*), auch wenn der Vorprozeß durch Versäumnisurteil entschieden worden war (LG Lübeck, DAVorm XXX, 282). Gegenstand des neuen Rechtsstreits ist nur die Prüfung der Grundlage für die Bemessung der Höhe der Rente (BGHZ 34, 110, 117; Dölle, II, 424). Daher kann der Rechtsstreit auch nicht ausgesetzt werden (§ 148 ZPO), weil der Beklagte eine Klage auf Feststellung, er sei nicht der Vater (§§ 640 ff), erhoben hat (LG Hamburg, DAVorm XXXVII, 42). 221

cc) Die wesentliche Änderung der Verhältnisse iS des § 323 Abs 1 ZPO kann auf Gründen allgemeiner Art, der gesamten witschaftlichen Lage (s Bem 223 ff), oder auf individuellen Gründen, den besonderen Verhältnissen des Kindes (s Bem 232 ff) beruhen. Doch sind bei der Berücksichtigung der allgemeinen wirtschaftlichen Lage stets auch die Umstände des Einzelfalles zu untersuchen und mitzuberücksichtigen (vgl Dölle, II, 425). 222

α) Heute ist wohl allgemein anerkannt, daß die allgemeine **Steigerung der Lebenshaltungskosten** (s dazu Fußn zu Bem 63) **und der Löhne und Gehälter** (s dazu Fußn zu Bem 41) eine Änderung iS des § 323 Abs 1 darstellt (s zB Dölle, II, 425; Brühl, 328 f; Köhler, 144; Rosenberg, 767 f; LG Schweinfurt, NJW 1962, 1518; LG Konstanz, DAVorm XXXV, 10; LG Karlsruhe, FamRZ 1962, 269; LG Aachen, RdJ 1963, 59; LG Hamburg, DAVorm XXXVIII, 268; LG Hechingen DAVorm XXXIV, 208; LG Köln, DAVorm XXXVII, 285; LG Tübingen, NJW 1953, 1476; LG Baden-Baden, FamRZ 1961, 279; LG Braunschweig NdsRpfl 1956, 205 = MDR 1957, 100; MDR 1957, 300; s aber auch die Zusammenstellung von Mellwitz, JR 1951, 169). 223

Hiermit ist zugleich auch den unehelichen Kindern eine Teilnahme an dem erhöhten **Lebensstandard** der Bevölkerung zuzubilligen (ebenso Dölle, II, 425; Brühl, 332; LG Konstanz, DAVorm XXVIII, 312; LG Offenburg, DAVorm XXVIII, 313; LG Heilbronn, DAVorm XXVIII, 311; LG Lübeck, DAVorm XXX, 282; LG Ravensburg, DAVorm XXXI, 121; LG Hannover, MDR 1956, 102 mit ablehnender Anm von Holtfort [gegen diese mit Recht Brühl, aaO]; LG Braunschweig, MDR 1957, 300), jedenfalls soweit es sich um die Bevölkerungsschicht handelt, der die Mutter angehört (LG Braunschweig, NdsRpfl 1956, 205 = MDR 1957, 100; LG Düsseldorf, FamRZ 1962, 213; vgl auch LGe Braunschweig, Detmold, Heidelberg, Duisburg, DAVorm XXXIX, 106, 108, 109, 110).

Diese Auffassung entspricht auch der Wertentscheidung des Art 6 Abs 5 GG (s dazu auch Vorbem 34 vor § 1705).

Veränderungen der wirtschaftlichen Verhältnisse hat der BGH (Z 34 110, 118 = FamRZ 1961, 263, 265) — zu einem eine Rente gemäß § 843 betreffenden Falle — schon dann als wesentlich angesehen, wenn sie bei der Beamtenbesoldung und im Wirtschaftsleben zu einer Änderung der Löhne und Gehälter führen. Dieser Auffassung hat sich das LG Hechingen 224

*) Brox, Welche Einwendungen kann der Beklagte im Abänderungsrechtsstreit gemäß § 323 ZPO geltend machen?, FamRZ 1955, 66.

(DAVorm XXXIV, 208) mit Recht auch für die Abänderungsklage des unehelichen Kindes angeschlossen (aM LG Konstanz, DAVorm XXXVII 321).

Das LG Hof (FamRZ 1961, 279) hat gemeint, die Lebenshaltungs-Indexzahlen für Ernährung und Bekleidung seien ein geeigneter Maßstab für die Veränderung der Lebenshaltungskosten eines Kindes; dagegen hat das LG Baden-Baden (daselbst) zwar die Steigerung der Lebenshaltungskosten im Verein mit dem Ansteigen des allgemeinen Lebensstandards als Umstände anerkannt, die eine Unterhaltserhöhung rechtfertigen könnten, aber hinzugefügt, als maßgebliche Berechnungsgrundlage für die Erhöhung könnten nicht der allgemeine Preis- oder Lebenshaltungsindex, sondern nur solche statistische Werte verwendet werden, die eigens für den Bedarf von Kindern festgestellt worden seien (vgl auch LG Ravensburg, DAVorm XXXI. 121, das auf die Steigerung der Fürsorgerichtsätze für Kinder hinwies).

ZT wurde auch auf die allgemeinen Anschauungen über die Bedürfnisse der unehelichen Kinder abgehoben (LG Baden-Baden, DAVorm XXXII, 78); dieser Gesichtspunkt ist jedoch zu unbestimmt.

225 Häufig wird für erforderlich gehalten, daß sich die Lebenshaltungskosten seit Erlassung des Urteils des Vorprozesses (dh genauer seit der letzten mündlichen Verhandlung des Vorprozesses) um **etwa 10% erhöht** haben (so Brühl, 328f; Köhler, 144; LG Schweinfurt, NJW 1962, 1518; DAVorm XXXVII, 287; LG Konstanz, DAVorm XXXV, 10; XXXVII, 321; LG Hamburg, DAVorm XXXVIII, 268 = MDR 1966, 52 mit kritischer Anm von Busch; s auch LG Karlsruhe, FamRZ 1962, 269; LG Frankfurt, DAVorm XXXIII, 246; anders LG Hechingen, DAVorm XXXIV, 208 [s Bem 224]). Das LG Weiden (DAVorm XXXIX, 17) hat eine Erhöhung um 8% als ausreichend angesehen; das LG Braunschweig (DAVorm XXXI, 207) hat eine Erhöhung um 4,5%, das LG Köln (DAVorm XXXVIII, 243) eine solche von nicht 5% als nicht ausreichend beurteilt. Indessen bestehen, worauf Busch (aaO) mit Recht hingewiesen hat, gegen eine solche Abgrenzung nach Prozentsätzen erhebliche Bedenken und ist das Ergebnis, zu dem eine solche Auffassung führen würde, ungerecht und nicht praktikabel: So müßten Jugendämter und Gerichte ständig überprüfen und nachrechnen, ob ein Einzelfall zur Erhöhung des Unterhaltssatzes bereits ansteht oder nicht. Hinzukommt, daß die Lebenshaltungskosten gewissen saisonbedingten Schwankungen unterworfen sind (s auch 227, 230f).

226 War zwar schon bei Erlassung des früheren Urteils die Tendenz zur Steigerung der Lebenshaltungskosten erkennbar, hatte aber das Gericht angenommen, es handle sich nur um eine vorübergehende Erhöhung, die noch nicht berücksichtigt zu werden brauche, so steht dies der späteren Erhöhung des Unterhaltssatzes nicht entgegen, wenn sich herausgestellt hat, daß die Steigerung der Lebenshaltungskosten anhielt (LG Hagen, DAVorm XXVIII, 1955/56, 310; ähnlich LG Hildesheim und LG Nürnberg-Fürth, daselbst 311, 312; s auch LG Hof, FamRZ 1961, 279).

227 Dagegen stellt eine saisonbedingte Erhöhung der Lebenshaltungskosten keine wesentliche Änderung iS des § 323 Abs 1 dar (LG Braunschweig, DAVorm XXXVI, 1963, 39).

228 Die **Erhöhung der Unterhaltsrichtsätze** durch die Jugendämter (s Bem 69) bedeutet für sich allein keine wesentliche Änderung, die Abänderungsklage kann daher nicht einfach mit einer Erhöhung der Richtsätze begründet werden (Brühl, 333 mit ausführlichen Hinweisen; Dölle, II, 425f; Rosenberg, 768; LG Hof, FamRZ 1961, 279; LG Hechingen, DAVorm XXXII, 177; LG Baden-Baden, DAVorm XXXII, 78; LG Zweibrücken, FamRZ 1960, 74; LG Schweinfurt, NJW 1962, 1518; LG Aachen, RdJ 1963, 59; LG Hagen, DAVorm XXXVIII, 183; LG Hamburg, MDR 1966, 52 mit kritischer An von Busch = DAVorm XXXVIII, 268; LG Köln, DAVorm XXXVII, 285; **aM** Grochtmann, ZblJugR 1965, 60, mit weiteren Hinweisen; LG Hagen, MDR 1954, 553; LG Tübingen, DAVorm XXXIII, 116; LGe Darmstadt, Ravensburg, Landshut, DAVorm XXXII, 15, 82,

243; LG Stuttgart, DAVorm XXXV, 88*); s ferner LG Kleve, DAVorm XXXVII, 143). Indessen ist die Erhöhung der Richtsätze regelmäßig ein gewichtiges Indiz dafür, daß eine Erhöhung der Lebenshaltungskosten eingetreten ist (so Brühl und Dölle, aaO), und kann zur Änderung der Rechtsprechung führen (s auch Bem 69 und 231).

Ebenso kann auch eine Änderung der Berechnungsmethode des Lebensbedarfs des unehelichen Kindes durch die Jugendämter (vgl die Warenkorb-Berechnung Bem 70) die Abänderungsklage allein nicht rechtfertigen.

Weiterhin genügt die Erhöhung der Regelsätze (s die landesrechtlichen VOen zu § 22 BSHG auf Grund der in § 22 Abs 3 aaO enthaltenen Ermächtigung) allein nicht; doch stellen sie Indizien für die Steigerung der Lebenshaltungskosten dar (s auch LG Schweinfurt, NJW 1962, 1518; LG Baden-Baden, DAVorm XXXII, 78; andererseits LG Mainz, MDR 1959, 574). 229

Dagegen wird ein **Wandel der Rechtsprechung, die Erhöhung des Unterhaltssatzes** insbesondere durch das zuständige Landgericht (s hierzu Bem 77 sowie auch Fußn zu Bem 76), regelmäßig als Grundlage der Abänderungsklage dienen können (s aus jüngster Zeit LG Münster, DAVorm XXXII, 295; LG Augsburg, DAVorm XXXIV, 86; LG Aschaffenburg, DAVorm XXXVIII, 300; LG Oldenburg, DAVorm XXXVII, 36; LG Konstanz, DAVorm XXXVI, 307; LG Frankfurt, NJW 1963, 1067; LG Osnabrück, DAVorm XXXIX, 16; aM Brühl, 334, Dölle, II, 426, je mit weiteren Hinweisen; LG Kassel, FamRZ 1954, 87; LG Bückeburg, NJW 1956, 994; LG Schweinfurt, NJW 1962, 1518; LG Hof, FamRZ 1961, 279; Habscheid, FamRZ 1954, 34f, 38). 230

Aus den Erfahrungen der letzten Jahre geht hervor, daß die Gerichte die Unterhaltsmindestsätze von Zeit zu Zeit immer wieder überprüft und erhöht haben, und zwar gerade aus der Erkenntnis heraus, daß die Lebenshaltungskosten und die Löhne und Gehälter gestiegen sind, die Unterhaltssätze also dieser Entwicklung angepaßt werden mußten (s Fußn zu Bem 75), mit anderen Worten, daß die Tendenz zur Steigerung der Lebenshaltungskosten sich als dauerhaft erwiesen hat (s auch Bem 226). Die Erhöhung der Mindestsätze durch die Gerichte ist die Folge der allgemeinen wirtschaftlichen Entwicklung (worauf auch Brühl, aaO, und die LGe Kassel und Bückeburg, aaO, hingewiesen haben; vgl ferner AG Achern, DAVorm XXXVIII, 284), und häufig auch die Folge der Änderung der Richtsätze durch die Jugendämter. So ist es ein Gebot der Gerechtigkeit, die Mindesthöhe des Unterhaltssatzes unehelicher Kinder im gleichen Bezirk möglichst gleichmäßig festzusetzen. Daher kann es nicht darauf ankommen, ob das frühere Urteil erst kurze Zeit vor der Neufestsetzung des Mindestsatzes ergangen war, dem Urteil des Vorprozesses also noch der frühere — vielleicht mehrere Jahre aufrechterhaltene und zur Zeit der Urteilsfällung eigentlich überholte — Unterhaltssatz zugrundegelegt war (s Busch, MDR 1966, 53; anders LG Schweinfurt, DAVorm XXXVII, 287, das als tragendes Prinzip des § 323 ZPO die Rechtssicherheit ansah; s auch LG Köln DAVorm XXXVIII, 243). 231

β) Als **individuelle** Gründe, die eine Erhöhung des Unterhalts rechtfertigen, kommen in Betracht: 232

Verbesserung der Lebensstellung der Mutter zB nach inzwischen abgeschlossener Ausbildung, 233

Erlangung einer sozial höheren Stellung durch die Mutter,

auch die Steigerung des effektiven Lebensstandards der Mutter durch erheblich höheres Einkommen (s LG Braunschweig, DAVorm XXXVII 152; aber auch LG Hof, FamRZ 1961, 279).

Eheschließung der Mutter mit einem Manne (zB Akademiker), der einer gesellschaftlich höheren Schicht angehört (s LG Berlin, DAVorm XXXII, 275),

Erhöhung der Bedürfnisse, nachdem die Mutter mit dem Kinde von einer ländlichen Gegend oder einer Kleinstadt in eine Großstadt umgezogen

---

*) Dieser Entscheidung der 5. ZK des LG Stuttgart ist aber später die 4. ZK nicht beigetreten (s die Beschlüsse vom 24. 9. 1963, 4 T 25/63, und vom 21. 5. 1964, 4 T 46/63 — nicht veröffentlicht —).

ist (s LG Stade, DAVorm XXVIII, 314; LG Limburg, DAVorm XXX, 64; sowie LG Kleve, DAVorm XXXVII, 143).

234 Gegebenenfalls ist, wenn das Gericht wegen höherer Lebensstellung der Mutter (s Bem 38 ff) im früheren Verfahren einen höheren Unterhaltssatz als den Mindestsatz zugrundegelegt hatte, im Abänderungsverfahren — auf entsprechendes Vorbringen des Vaters — zu prüfen, ob die Mutter noch die betreffende Stellung innehat (s LG Berlin-Charlottenburg, DAVorm XXIX, 174; LG Osnabrück, DAVorm XXXIV, 181) und ob die Stellung der Muter nach den heutigen gesellschaftlichen und wirtschaftlichen Verhältnissen noch als gehobene zu beurteilen ist (LG Berlin-Charlottenburg, aaO). So kann es gerechtfertigt sein, im Abänderungsverfahren infolge Absinkens der Lebensstellung der Mutter auf Grund ihres Lebenswandels (s auch Bem 44a) dem Kinde nur den Mindestsatz zuzuerkennen, so daß der Unterhalt trotz gestiegener Lebenshaltungskosten lediglich geringfügig oder gar nicht erhöht werden kann (LG Dortmund, DAVorm XXX, 281; vgl auch LG Tübingen, NJW 1953, 1476). Andererseits darf dem Kinde aber nicht lediglich der (erhöhte) Mindestsatz zugesprochen werden, wenn im früheren Urteil infolge gehobener Lebensstellung der Mutter ein höherer Satz zuerkannt worden war und die Verhältnisse der Mutter sich nicht geändert haben (s LG Osnabrück, DAVorm XXXIV, 181).

235 Das **höhere Alter des Kindes** kann eine Erhöhung der Unterhaltsrente nicht rechtfertigen, wenn die Rente als Durchschnittssatz für die ganze Zeit der Unterhaltspflicht festgesetzt worden war, der Vater also früher im Rahmen der Durchschnittsrente einen relativ zu hohen Satz zu leisten hatte (vgl LG Mannheim, DAVorm XXXVIII, 39; LG Saarbrücken, DAVorm XXXIV, 181; anders Dölle, II, 425; LG Bochum, DAVorm XXXVIII, 39; LG Saarbrücken, DAVorm XXXIV, 181; anders Dölle, II, 425; LG Bochum, DAVorm XXV, 83: nach Vollendung des 6. Lebensjahres). Dies ist zB dann von Bedeutung, wenn die Mutter mit dem Kinde — für das ein auf der Berechnung der Durchschnittsrente beruhender Titel erwirkt worden war — in einen Gerichtsbezirk übersiedelt, in dem die Staffelung des Unterhalts nach Altersgruppen üblich ist (s 81 ff, 86) und der Satz für die Altersgruppe des Kindes höher ist als der Durchschnittssatz, der in dem von dem Kinde erwirkten Urteil angenommen worden war (vgl LG Mannheim, aaO).

236 Andererseits können laufende höhere Bedürfnisse des Kindes, zB infolge einer Heimunterbringung, die Abänderungsklage begründen (LG Detmold, DAVorm XXXIV, 15; s auch Bem 155); allerdings ist hier die Leistungsfähigkeit des Vaters und der Mutter zu berücksichtigen (s Bem 96, 103 ff).

237 Ist der Titel in der sowjetischen Besatzungszone errichtet und befindet sich das Kind nunmehr im Gebiet der Bundesrepublik, so rechtfertigt dies die Abänderung des Titels (LG Arnsberg, DAVorm XXXIV, 257; LG Würzburg, DAVorm XXXVII, 20); ein auf DM-Ost lautender Titel kann also auf die Abänderungsklage des Kindes in einen auf DM-West lautenden Titel geändert werden (aM LG München, DAVorm XXXVII, 301).

Weiterhin ist die Abänderungsklage gerechtfertigt, wenn der Vater seinen Wohnsitz von der sowjetischen Besatzungszone in das Gebiet der Bundesrepublik verlegt hat (LGe Frankenthal und Kassel, MDR 1958, 102, 109).

Zur Frage der „Abänderung von Unterhalts-Urteilen früherer sudetendeutscher und österreichischer Gerichte" s Käfer, FamRZ 1954, 215.

Zu den durch die Eingliederung des Saarlandes (s Gesetz vom 23. 12. 1956, BGBl I, 1011) aufgetretenen Fragen s Braga, FamRZ 1957, 37, 38.

238 dd) Das Gericht hat in der neuen Entscheidung gemäß § 323 ZPO den erhöhten Unterhaltssatz vom Zeitpunkt der Klagezustellung, dh sogar schon der Klageeinreichung an, zuzusprechen, wenn die Klage demnächst zugestellt worden war (§ 261b Abs 3 ZPO analog, s dazu Bem 136).

239 In der neuen Entscheidung ist das Gericht nicht gezwungen, von der bisherigen Unterhaltsrente auszugehen und sie lediglich im Verhältnis der

Änderung zu korrigieren*); vielmehr ist das Gericht in der Lage, die neue Rente entsprechend dem materiellen Recht ebenso festzusetzen, wie wenn die Rente erstmalig eingeklagt worden wäre (ebenso Dölle, II, 424f; Brühl, 330; Maier, FamRZ 1960, 127; Rosenberg, 769f; LG Oldenburg, FamRZ 1958, 336; LG Köln, NJW 1958, 637 = DAVorm XXXI, 98 Leits; LG Rottweil, NJW 1959, 392 mit ablehnender Anm von Lent; DAVorm XXXI, 245; LG Lübeck, DAVorm XXX, 191 = SchlHA 1957, 237; LG Ulm, DAVorm XXXI, 244; LG Baden-Baden, DAVorm XXXII, 78; LG Tübingen, DAVorm XXXIII, 116; LG Berlin, DAVorm XXXVI, 236; LG Bonn, DAVorm XXXVI, 137; FamRZ 1964, 316; **aM**: Köhler, 145f; Künkel, FamRZ 1961, 245; LG Zweibrücken, FamRZ 1960, 74; LG Siegen, DAVorm XXXV, 34; LG Karlsruhe, DAVorm XXXII, 244; offen gelassen von BGH, FamRZ 1960, 60, 62**). Bei der neuen Entscheidung hat also das Gericht alle Umstände, wie sie sich aus der heutigen Sicht für die Bemessung der Höhe des Unterhalts im Hinblick auf die allgemeine wirtschaftliche Lage und die Bedürfnisse eines Kindes unter Berücksichtigung der besonderen Situation ergeben, selbständig zu würdigen (LG Köln, aaO; aM LG Mosbach, DAVorm XXXIX, 81).

240 Im vorliegenden Zusammenhang zeigt es sich auch, daß nur die Festsetzung der Höhe der Unterhaltsrente nach Altersgruppen zu gerechten Ergebnissen führen kann: Ist ein monatlicher Durchschnittssatz für 16 oder 18 Lebensjahre (s Bem 81f) zugrundegelegt, so ist es im Grunde ungereimt, wenn die Erhöhung, wie es freilich nicht anders möglich ist (s Bem 235), weitgehend schematisch vorgenommen wird; das zB 4-jährige Kind erhält die gleiche Erhöhung wie das 10- oder 15-jährige Kind, das einen ungleich höheren Bedarf hat (s zum letzteren Bem 83).

241 c) Gemäß **§ 323 Abs 4** sind die vorstehenden Vorschriften (dh Abs 1—3; zu Abs 2 s unten Bem 246) auf die Schuldtitel des § 794 Abs 1 Nr 1 und 5 ZPO entsprechend anzuwenden, soweit darin Leistungen der im Abs 1 bezeichneten Art übernommen worden sind.

242 Hiernach können Prozeßvergleiche, die auf Unterhaltsleistungen lauten (§ 794 Abs 1 Nr 1) sowie die von einem Notar oder einem Gericht (§ 794 Abs 1 Nr 5) oder einem Beamten oder Angestellten eines Jugendamtes (§ 49 Abs 3 JWG) beurkundeten Unterhaltsverpflichtungen nur wegen wesentlicher Änderung der Verhältnisse abgeändert werden (s zB LG Arnsberg, DAVorm XXXVII, 155), ferner nur in der Weise, daß die Änderung für die Zeit nach Erhebung der Klage (dh nach Einreichung der Klage, wenn die Zustellung der Klage demnächst erfolgt — s Bem 136 —), also nicht auf einen früheren Zeitpunkt zurückbezogen, angeordnet wird. Allerdings ist es für zulässig zu erachten, daß in dem Prozeßvergleich oder in der vollstreckbaren Urkunde eine abweichende Regelung festgelegt wird.

243 Fehlt eine solche zusätzliche Vereinbarung, so ergibt sich aus dem Wortlaut des Abs 4 eindeutig, daß auch die Vorschrift des **Abs 3*****) analog anzuwenden ist. Indessen ist diese Auffassung bestritten: Die hM wendet Abs 3 nicht entsprechend an, bezüglich des Prozeßvergleichs s BGH Warn 1963, 407 Nr 158 = LM RVO § 1542 Nr 42, ZPO § 323 Nr 9 Leits = FamRZ 1963, 558 = JZ 1963, 713 mit ablehnender Anm von Rosenberg = ZZP 77, 1964, 315 mit ablehnender Anm von Grunsky = BB 1963, 995 = MDR 1963, 997 = NJW 1963, 2076;

*) Meier, Die „entsprechende" Abänderung bei Unterhaltsurteilen, FamRZ 1960, 127; s ferner Künkel und Weber (Fußn zu Bem 216, 217).

**) Der BayVerfGH (FamRZ 1960, 446 = EJF, B I Nr 21) hat (auf Verfassungsbeschwerde eines unehelichen Kindes) ausgesprochen, ein gemäß § 323 ZPO ergangenes Urteil, das lediglich auf die Änderung der für die erste Festsetzung der Unterhaltsrente maßgebenden Verhältnisse abstelle, sei nicht verfassungswidrig.

***) Bauer, Gilt die Bestimmung des § 323 Abs 3 ZPO auch für Prozeßvergleiche?, JR 1965, 255; Bull, Rückwirkung der Änderungsklage (ZPO § 323 Abs III und IV)?, FamRZ 1961, 518; Ahlers und Behr, Nochmals: Rückwirkung der Änderungsklage (§ 323 III, IV ZPO)? FamRZ 1962, 186, 187; Lucas, Ein mißlungenes Gesetz (§ 323 Abs 4 ZPO), JW 1925, 737 [auch zur Entstehungsgeschichte]; Pentz, Abänderungsklage oder Zusatzforderungsklage bei vollstreckbaren Urkunden?, FamRZ 1956, 271; s auch die Anmerkungen von Heinsheimer, JW 1921, 1080; Ziege, JR 1960, 102; Rosenberg, JZ 1963, 713; Grunsky, ZZP 77, 1964, 316.

LG Aachen, NJW 1962, 1351; Behr, Lucas, aaO; Stein-Jonas-Schönke-Pohle, IV, 2, Baumbach-Lauterbach, 28. Aufl 1965, 5A, Thomas-Putzo, 5c, Wieczorek, G IIb je zu § 323 ZPO; bezüglich vollstreckbarer Urkunden s noch LG Hamburg, NJW 1961, 1478; LG Fulda, DAVorm XXXIII, 8; LGe Aurich und Kassel, DAVorm XXVIII, 307, 308; LG Kiel, DAVorm XXXIII, 249; LG Heilbronn, DAVorm XXXIX, 21.

244 Der hM kann jedoch nicht beigetreten werden (ebenso Blomeyer, 434, § 87, IV, 2; Brühl, 338; Ahlers, Bauer, Grunsky, Bull, Rosenberg, aaO; sowie speziell für vollstreckbare Urkunden: LGe Braunschweig, DAVorm XXXVII, 152, 154; Rottweil, 154; LG Oldenburg, MDR 1963, 1020; LG Berlin, JR 1960, 102; LG Düsseldorf, NJW 1951, 202; LG Bochum, FamRZ 1961, 390; LG Stuttgart, MDR 1960, 232; LG Braunschweig, DAVorm XXXIX, 46).

Sie verstößt nicht nur gegen den Wortlaut des Gesetzes, sondern auch gegen dessen Sinn und Zweck, nämlich dafür zu sorgen, daß die Parteien in den Fällen, in denen ein Prozeßvergleich geschlossen oder eine vollstreckbare Urkunde errichtet worden war, ebenso gestellt werden — falls keine abweichende Vereinbarung getroffen wurde —, wie wenn ein Urteil ergangen wäre. Es wäre nicht gerechtfertigt, das Kind besser und den Vater schlechter zu stellen, wenn ein Vergleich geschlossen oder eine vollstreckbare Urkunde errichtet worden ist. Solange der gesetzliche Vertreter des Kindes bezüglich einer Erhöhung der Unterhaltsrente nichts unternimmt, besteht für den Vater keine Veranlassung, mit der Erhöhung rechnen und entsprechend disponieren zu müssen (s Bull, Bauer, aaO).

Der (auch) vom BGH erwähnte Gesichtspunkt, gerichtliche Vergleiche dürften nicht ungünstiger gestellt werden als außergerichtliche, ist nicht stichhaltig; denn der gerichtliche Vergleich wird wegen seiner weiter gehenden Wirkung, insbesondere der Vollstreckbarkeit, hier wie ein Urteil behandelt. Dies ist auch durchaus sinnvoll.

245 Weiterhin wäre der Zeitpunkt, in dem die wesentliche Änderung der Verhältnisse eingetreten ist, nicht selten schwer festzustellen, nämlich vor allem in dem praktisch wichtigsten Falle, daß sich die Lebenshaltungskosten erhöht haben. Wenn man davon ausgeht, daß die neue Festlegung des Unterhaltsmindestsatzes durch das zuständige Gericht als wesentliche Änderung iS des § 323 Abs 1 anzusehen ist (s Bem 230), so wäre Voraussetzung, daß sämtliche Amts- und Landgerichte der Bundesrepublik die Erhöhung erfahren müßten, da ja der Aufenthaltsort des Kindes maßgebend ist (s Bem 77). Doch bliebe dann noch offen, ob es auf die Entscheidung des Amtsgerichts oder (nur) des Landgerichts ankäme. Überdies könnte eine Neufestsetzung dem gesetzlichen Vertreter des Kindes und vor allem dem Vater kaum bekannt werden, so daß diese sich auch kaum darauf einrichten könnten.

246 **§ 323 Abs 2** ist gemäß Abs 4 in dem Sinne entsprechend anzuwenden, daß statt der letzten mündlichen Verhandlung des Vorprozesses der Zeitpunkt des Abschlusses des Prozeßvergleichs oder der Errichtung der Urkunde maßgebend sind.

247 d) Eine Herabsetzung des Unterhaltssatzes kann auf **Abänderungsklage des Vaters** in Betracht kommen, wenn die Mutter früher in sehr gehobener Lebensstellung sich befunden hatte und inzwischen auf Grund ihres Lebenswandels so abgeglitten ist, daß nur noch der Mindestsatz angenommen werden kann (s auch Bem 42, 44a, 234), ferner im Falle des § 1708 Abs 1 Satz 3 (s hierzu Bem 139f), sowie hinsichtlich des außerordentlichen Unterhaltsanspruchs (§ 1708 Abs 2) bei verminderter Leistungsfähigkeit des Vaters oder verminderter Bedürftigkeit des Kindes. Dagegen sind die mangelnde oder verminderte Leistungsfähigkeit des Vaters keine die Abänderungsklage auf Herabsetzung des Unterhalts (Abs 1) begründenden Umstände (s AG Koblenz, JR 1950, 277 mit Anm von Klauß), es sei denn, es lägen in extremen Fällen die Voraussetzungen des § 242 vor (s Bem 56). Hatte sich freilich der Vater in einer einseitigen Verpflichtungserklärung (s 82 zu § 1718) auf Grund seiner besonders günstigen wirtschaftlichen Lage zur Zahlung eines hohen Unterhaltssatzes verpflichtet und war er später in Vermögensverfall geraten, so muß die Abänderungsklage auf Herabsetzung des Unterhalts entsprechend der Lebensstellung der Mutter für begründet erachtet werden (§ 242). Sind bereits Rückstände entstanden, so wird auch die Vollstreckungsabwehrklage zuzulassen sein (s dazu noch Bem 135, 138, 141).

248 5. Der Vater kann **Vollstreckungsabwehrklage** (§ 767 ZPO) — s zum Wesen und zur Bedeutung dieser Klage Bem 138 — erheben im Falle des Todes des Kindes (vgl auch den Bem 23 aE erwähnten Fall), im Falle der Adoption (s Bem 24), der Heirat des Kindes (s Bem 25) sowie im Falle des § 1708 Abs 1 Satz 3 (s Bem 135ff); s ferner auch zur Anfechtung der einseitigen Erklärung der Unterhaltsverpflichtung Bem 123 zu § 1718.

6. a) Die **Unterhaltsrente** des Kindes ist grundsätzlich **unpfändbar** (§ 850b Abs 1 Nr 2 ZPO); ausnahmsweise kommt jedoch eine Pfändung unter den besonderen Voraussetzungen des § 850b Abs 2 ZPO in Betracht. Zu einem weiteren Ausnahmefall s 203 zu § 1717. 249

b) Betreibt das Kind **gegen den Vater** die **Vollstreckung**, so ist dessen Arbeitseinkommen nach Maßgabe des **§ 850d Abs 1 ZPO** pfändbar*); bezüglich der Rückstände, die länger als ein Jahr vor dem Antrag auf Erlaß des Pfändungsbeschlusses fällig geworden sind, enthält § 850d Abs 1 Satz 4 ZPO eine besondere Regelung. 250

Zu beachten ist indessen, daß das Pfändungsvorrecht hinsichtlich der Unterhaltsrückstände (§ 850d) dann nicht besteht, wenn der Unterhaltsanspruch des Kindes gemäß § 1709 Abs 2 auf die Mutter oder unterhaltspflichtige mütterliche Verwandte übergegangen war (s dazu Bem 65 zu § 1709). Lautet der Titel aber auf das Kind, gestützt auf §§ 1708, 1711, so kann er sich nicht dadurch allein in einen auf § 1709 Abs 2 beruhenden Titel „verwandeln", daß die Mutter oder ein mütterlicher Verwandter das Kind unterhalten hat; vielmehr wäre eine Umschreibung des Titels auf die Mutter oder den mütterlichen Verwandten (§ 727 ZPO) und dann auf Grund der Rückübertragung des Anspruchs (s 63, 65 zu § 1709) eine Umschreibung des Titels auf das Kind (§ 727 ZPO) erforderlich.

Ist der Vater gegenüber weiteren Personen unterhaltspflichtig, so gehen die minderjährigen unverheirateten ehelichen Kinder, der Ehegatte und der frühere Ehegatte des Vaters dem unehelichen Kinde vor **(§ 850d Abs 2 lit a und b ZPO**; s hierzu auch Bem 55 aE). Das uneheliche Kind steht im gleichen Range mit den übrigen ehelichen Abkömmligen des Vaters, dh volljährigen Kindern, Enkelkindern, der) minderjährigen verheirateten Tochter (aaO lit b); doch gehen diejenigen, die im Falle der gesetzlichen Erbfolge als Erben berufen wären (s § 1924 BGB), den übrigen vor (aaO). Das uneheliche Kind steht also den Abkömmlingen nach, die im Falle der gesetzlichen Erbfolge als Erben berufen wären, hat aber gleichen Rang mit den übrigen Abkömmlingen (s Stöber, Forderungspfändung, 1965, 289). Mehrere uneheliche Kinder stehen im Range gleich (s 44 zu § 1709) und zwar ohne Rücksicht auf ihr Alter (Stöber, aaO; LG Hildesheim, DAVorm XXVIII, 49 = FamRZ 1955, 222 Leits; s auch KG, JW 1938, 757). 251

Trägt die Ehefrau des Kindesvaters durch ihre berufliche Tätigkeit zum Unterhalt des ehelichen Kindes bei, so ist deshalb allein der Freibetrag des Vaters iS des § 850d ZPO nicht zu kürzen (s auch LG Hildesheim, FamRZ 1965, 278; LG Göttingen, NdsRpfl 1965, 180 = FamRZ 1965, 579; andererseits Stöber, Forderungspfändung, 1965, 286 mit weiteren Nachw); er kann aber entfallen, wenn der Vater die Behauptung des (gesetzlichen Vertreters des) Kindes nicht bestreitet (§ 138 Abs 3 ZPO), er brauche wegen des Einkommens seiner Ehefrau keinen Unterhalt für das eheliche Kind zu leisten (LG Berlin, DAVorm XXVIII, 249). 252

Die Unfallrente es unehelichen Vaters hat das LG Mannheim (MDR 1965, 144 = Die Justiz 1965, 200 Leits) zugunsten des Kindes dann für pfändbar erachtet, wenn der Vater grundlos keiner ständigen Arbeit nachgegangen ist und lediglich unkontrollierbare Gelegenheitsarbeiten verrichtet hat**). 253

Das Pfändungsvorrecht des § 850d ZPO steht dem Erben des Kindes nicht zu (OLG München, SeuffA 69, 42 Nr 22 und 382 Nr 208), ebenso nicht dem Rechtsnachfolger, auf den der Titel gemäß § 727 ZPO umgeschrieben worden ist (OLG Breslau, OLG 17, 340; s auch Bem 250 und zu § 1709 Abs 2 dort Bem 65). In dem Falle, daß der Unterhaltsanspruch gemäß § 90 BSHG auf den Träger der Sozialhilfe übergeleitet wurde, hat das LG Waldshut (DAVorm XXXVIII, 248) § 850d ZPO für anwendbar erklärt. 254

Erhält der **Vater** für das uneheliche Kind einen **Kinderzuschlag**, so ist dieser Zuschlag für die Berechnung des von einem rangbesseren Gläubiger gepfändeten Arbeitseinkomens nicht mitzurechnen, dh vom Arbeitseinkommen als unpfändbar auszuklammern (Stöber, aaO; SchlHOLG, SchlHAnz 1955, 363 = FamRZ 255

---

*) Hierzu s Stehle, Lohnpfändung im heutigen Sozialstaat, NJW 1965, 284 (285, II, 3) sowie NJW 1963, 1812; Berner, Zusammentreffen von Unterhaltsansprüchen ehelicher und unehelicher Kinder bei der Lohnpfändung im Lichte höchstrichterlicher Rechtsprechung, Rpfleger 1966, 165; s auch Bem 55 aE.

Zur Frage der Zwangsvollstreckung aus nach § 323 ZPO abgeänderten Schuldtiteln s Furtner, NJW 1961, 1053.

**) Zur Unpfändbarkeit von Sozialrenten (im allgemeinen) s Stehle, NJW 1964, 1405; 1965, 284.

1956, 121 Nr 247 Leitſ; LG Bremen, Rpfleger 1955, 19 mit zuſtimmender Anm von Berner = FamRZ 1955, 190 Nr 228 Leitſ; OLG Frankfurt, MDR 1953, 741 = NJW 1953, 1800 = BB 1953, 678), ſo daß dieſer Kinderzuſchlag alſo dem unehelichen Kinde zugute kommen kann (ſ auch LG Bielefeld, NJW 1956, 516).

256 Erhält der **Vater** für das uneheliche Kind **Kindergeld***) (§ 2 Abſ 1 Nr 4 BKindGG), ſo kann dieſes für das Kind gepfändet werden (§ 12 Abſ 2 BKindGG); ferner kann gemäß § 12 Abſ 3 BKindGG angeordnet werden, daß das Kindergeld, das auf das uneheliche Kind entfällt, an eine andere Perſon oder Stelle als den Berechtigten (hier: den Vater) ausgezahlt wird, wenn dieſe das Kind ganz oder überwiegend unterhält, dh mehr als die Hälfte Aufwendungen für den Unterhalt des Kindes trägt. Gemäß § 12 Abſ 4 gilt als das auf ein Kind entfallende Kindergeld iS der Abſ 2 und 3 der Betrag, dersich bei einer gleichmäßigen Verteilung des Kindergeldes auf alle Kinder ergibt, die bei dem Berechtigten — hier dem Vater — berückſichtigt werden. Zuſtändig für die Entſcheidung über die Auszahlung des Kindergeldes iſt das Arbeitsamt (§ 12 Abſ 3 iV mit § 24 BKindGG); vor der Entſcheidung ſoll das Jugendamt gehört werden.

Der Vater kann den Anſpruch auf Auszahlung des Kindergeldes auch an das Kind abtreten (§ 12 Abſ 2 BKindGG).

In dieſen Fällen iſt das Kindergeld auf die Unterhaltsverpflichtung des Vaters anzurechnen.

257 Der dem Vater etwa gemäß **§ 33b BVerſG** zuſtehende **Kinderzuſchlag** iſt gemäß § 67 Abſ 2 Nr 2 BVerſG pfändbar und übertragbar; dasſelbe gilt für den dem Vater etwa nach **§ 1262 RVO** oder **§ 39** des Angeſtelltenverſicherungs-Neuregelungsgeſetzes **(AnVNG)** vom 23. 2. 1957 BGBl I, 88, zuſtehenden **Kinderzuſchuß** (ſ § 119 Abſ 1 Nr 2 RVO iV mit (jetzt) § 850d ZPO bzw § 76 AnVNG; hierzu Stöber, Forderungspfändung, 1965, 334, 335; SozG Berlin, DA-Vorm XXXIX, 27).

258 c) Der Unterhaltsanſpruch des Kindes gehört nicht zur **Konkursmaſſe des Kindes,** da er der Zwangsvollſtreckung nicht unterliegt (§ 1 Abſ 1 KonkO iV mit § 850b, Abſ 1 Nr 2 ZPO).

259 In dem **das Vermögen des Vaters umfaſſenden Konkursverfahren** können die bis zur Eröffnung des Verfahrens entſtandenen Unterhaltsrückſtände geltend gemacht werden (vgl § 3 Abſ 2 KonkO; ſ dazu Jaeger-Lent, Anm 34, 35; Mentzel-Kuhn, Anm 41 je zu § 3), dagegen nicht die danach entſtehenden Unterhaltsraten. Wegen dieſer ſteht dem Kinde der Zugriff in das konkursfreie Vermögen des Vaters offen; dh das Kind kann gemäß § 850d ZPO die Vollſtreckung gegen den Vater betreiben. Die laufenden Anſprüche bleiben auch von einem Zwangsvergleich (§ 193 KonkO) unberührt.

260 Iſt der Vater verſtorben und wird über den **Nachlaß** das **Konkursverfahren** eröffnet (ſ §§ 1975, 1980 BGB, 214ff KonkO), ſo kann in dieſem Verfahren auch der laufende Unterhaltsanſpruch geltend gemacht werden (§§ 3 Abſ 2, 226 Abſ 1 KonkO; ſ dazu Jaeger-Lent, Anm 37, Mentzel-Kuhn, Anm 42 je zu § 3). Doch kann der Konkursverwalter das Abfindungsrecht (§ 1712 Abſ 2) ausüben (ſ Bem 36 zu § 1712). Durch die Abfindungserklärung erwirbt das Kind nicht die Rechtsſtellung des Pflichtteilsberechtigten, vielmehr bleibt es Nachlaßgläubiger iS des § 226 KonkO (ſ Mentzel-Kuhn, Anm 2 zu § 226; RGZ 90, 202; ferner ſ Bem 47 und 49 zu § 1712).

VI. Internationales und interzonales Privatrecht, internationale Abkommen.

261 **I. a)** Gemäß **Art 21 Halbſatz 1 EGBGB****) wird die Unterhaltspflicht des Vaters gegenüber dem unehelichen Kinde nach den Geſetzen des Staates beurteilt, dem die Mutter zur Zeit der Geburt des Kindes angehört. Dieſe Vorſchrift iſt eine vollſtändige Kolliſionsnorm.

Eine Rückverweiſung des ausländiſchen Rechts (vgl Art 27 EGBGB) iſt auch hier zu beachten, obwohl Art 27 die Vorſchrift des Art 21 nicht erwähnt (ebenſo

*) Zu dem Falle, daß ſich das Kind im Haushalt des Vaters als Pflegekind befindet, ſ BSozG, FamRZ 1960, 469.

**) Neuhaus, Die Verpflichtungen des unehelichen Vaters im deutſchen internationalen Privatrecht, 1953 (ſ hierzu die Beſprechung von Boſch, FamRZ 1957, 436, mit zahlreichen Hinweiſen); Ferid, Zum Stand der Entwicklung im internationalen Unterhaltsrecht, FamRZ 1956, 165, 197; ſowie (vor allem de lege ferenda) Bogdanowſky de Maekelt, Die Herrſchaft des Kindesrechts im internationalen Unehelichenrecht, RabelsZ 1964, 401; ſ auch die Anm von Neuhaus, FamRZ 1957, 387.

Kegel, IPR, 2. Aufl 1964, 325; Palandt-Lauterbach, 25. Aufl 1966, Anm 1 zu Art 21; LG Wiesbaden, FamRZ 1957, 384; bestr).

Gemäß **Art 21 Halbsatz 2 EGBGB** können jedoch nicht weitergehende Ansprüche geltend gemacht werden, als nach den deutschen Gesetzen begründet sind.— Wegen weiterer Einzelheiten s die Erläuterungen des Art 21*).

b) Art 21 Halbsatz 1 EGBGB ist im **interzonalen (interlokalen) Privatrecht** entsprechend anzuwenden (s Kegel, aaO, 333f; Palandt-Lauterbach, aaO, Vorbem 14 vor Art 7 EGBGB, 1709); Voraussetzung ist, daß Mutter und Kind in der sowjetischen Besatzungszone**) ansässig sind (vgl dazu BayObLG, JZ 1966, 364). 262

Übersiedelt die Mutter mit dem Kinde in das Gebiet der Bundesrepublik, so ist das Recht der Bundesrepublik anzuwenden (Kegel, aaO, 334; s auch Bem 237). Ebenso ist das Recht der Bundesrepublik anzuwenden, wenn das Kind und der Vater nicht mehr in der sowjetischen Besatzungszone, sondern im Gebiet der Bundesrepublik leben; Art 21 Halbsatz 1 findet hier keine Anwendung (LG Berlin, DAVorm XXXVI, 236). In diesen Fällen ist also anzunehmen, daß das Unterhaltsstatut wandelbar ist (Kegel, aaO; sowie Siegrist, RabelsZ 1959, 54, 96; s zur Frage der Wandelbarkeit des Unterhaltsstatuts im interlokalen Privatrecht — jeweils bezüglich in Österreich vor dem 27. 4. 1945 der Proklamation der Unabhängigkeit Österreichs geborener unehelicher Kinder — LG Kassel, NJW 1961, 1728; LG Bielefeld, NJW 1957, 1074; LG Freiburg, NJW 1955, 1190).

Das BezG Rostock (DAVorm XXXVIII, 232) hat angenommen, habe die Mutter die sowjetische Besatzungszone mit dem Kinde verlassen, so habe sie nach sowjetzonalem Recht die elterliche Gewalt behalten — s aber Bem 50 zu § 1707 — und könne daher rechtswirksam auf rückständige Unterhaltsansprüche des Kindes (gegen den in der SBZ wohnhaften Vater) verzichten (s auch zur Rechtsprechung sowjetzonaler Gerichte über die Unterhaltsansprüche „republikflüchtiger" Kinder Vorbem 84 vor § 1705).

Das KreisG Karl-Marx-Stadt (Chemnitz), DAVorm XXXVII, 301, hat seine interzonale Zuständigkeit für eine Abänderungsklage bejaht, die der im dortigen Bezirk ansässige Vater gegen das Kind erhoben hat, und hat der Klage auf Ermäßigung des Unterhaltssatzes mit Rücksicht auf die (angebliche) geringe Leistungsfähigkeit des Vaters stattgegeben.

Beruht ein in der sowjetischen Besatzungszone ergangenes Urteil auf einer Verletzung rechtsstaatlicher Verfahrensgrundsätze, so kann es in der Bundesrepublik nicht anerkannt werden und ist die Vollstreckung aus ihm auf Erinnerung (§ 766 ZPO) für unzulässig zu erklären (LG Frankfurt, DAVorm XXXVI, 22; Zorn, NJW 1962, 1730f mit weiteren Hinweisen; s ferner die Kommentare zu Art 30 EGBGB).

Art 21 Halbsatz 2 EGBGB ist nach hM in das interzonale Privatrecht zu übernehmen (aM Kegel, aaO 334; OLG Nürnberg, BayJMBl 1954, 278 = FamRZ 1955, 152 Leits).

---

*) Aus der Literatur sei jedoch noch hingewiesen auf: Czapski, Welchem Recht unterliegt der Unterhaltsanspruch eines unehelichen nicht niederländischen Kindes gegen den niederländischen Erzeuger?, NJW 1956, 1667; Feil, Rechtsverfolgung von Unterhaltsansprüchen deutscher Kinder und Ehefrauen in England, Nordirland und Schottland, RdJ 1957, 237; ders, Verfolgung von Unterhaltsansprüchen in den USA und Kanada, RdJ 1958, 269; Lademann und Marquardt, Unterhaltsansprüche unehelicher Kinder deutscher Mütter gegen — ins Ausland versetzte oder entlassene — Mitglieder der Streitkräfte der Drei Mächte, SchlHAnz 1959, 286; 1960, 248; Mezger, Die jüngste Entwicklung auf dem Gebiete der Scheidung von Franzosen in Deutschland und der Unterhaltsklagen deutscher unehelicher Kinder gegen ihre französischen Erzeuger, JZ 1960, 660; F. Schmidt, Unterhaltsansprüche deutscher unehelicher Kinder in den USA, NJW 1959, 1310; Fischer, Unterhaltsansprüche gegen in Italien ansässige Väter unehelicher Kinder, StAZ 1966, 57.

Zu beachten ist, daß bei Unterhaltsklagen gegen im Inland ansässige Angehörige der Streitkräfte der Nato das Nato-Truppenstatut und das Zusatzabkommen anzuwenden sind (abgedruckt mit Erläuterungen in dem Kommentar von Palandt, BGB, 25. Aufl 1966; s ferner Palandt-Lauterbach, Vorbem 16a vor Art 7 EGBGB; Schwenk, Zustellung und Vollstreckung in nicht-strafrechtlichen Verfahren nach dem Nato-Truppenstatut, NJW 1960, 1000; zu Art 32 des Zusatzabkommens betr Zustellung der Klageschrift über die zuständige Verbindungsstelle s DAVorm XXXIX, 1966, 151.

**) Zu dem in der sowjetischen Besatzungszone am 1. 4. 1966 in Kraft getretenen Familiengesetzbuch (FGB) nebst Einführungsgesetz s Vorbem 85ff vor § 1705.

263 2. Im Unterhaltsrecht unehelicher Kinder sind folgende internationale Übereinkommen*) von Bedeutung:

a) Das (New Yorker UN-) „**Übereinkommen über die Geltendmachung von Unterhaltsansprüchen im Ausland** vom 20. 6. 1956"; hierzu erging das (deutsche Zustimmungs-) Gesetz zu dem Übereinkommen ... vom 26. 2. 1959, BGBl II, 149 mit Anlage (S 150: Text des Übereinkommens in englischer, französischer und spanischer Sprache mit deutscher — nicht authentischer — Übersetzung, abgedruckt auch in DAVorm XXXII, 59 und bei Bülow-Arnold, Internationaler Rechtsverkehr in Zivil- und Handelssachen, A, III, a, mit einer Vorbemerkung); das Übereinkommen ist für die Bundesrepublik Deutschland am 19. 8. 1959 in Kraft getreten (s die Bekanntmachung, BGBl II, 1377; hierzu s auch die Angaben in DAVorm XXXII, 286)**).

b) Das (Haager) „**Übereinkommen über das** auf Unterhaltsverpflichtungen gegenüber Kindern **anzuwendende Recht** vom 24. 10. 1956"; hierzu erging das (deutsche Zustimmungs-) Gesetz zu dem Übereinkommen ... vom 18. 7. 1961, BGBl II, 1012, mit Anlage (S 1013: Text des Übereinkommens in französischer und deutscher Sprache; abgedruckt in DAVorm XXXIV, 228 und 341, s auch die Notiz daselbst 109); das Übereinkommen ist für die Bundesrepublik Deutschland am 1. 1. 1962 in Kraft getreten (s die Bekanntmachung BGBl 1962, II, 16; hierzu s auch die Notiz in DAVorm XXXV, 137 und den Hinweis in Die Justiz 1962, 45***).

c) Das (Haager) „**Übereinkommen über die Anerkennung und Vollstreckung** von Entscheidungen auf dem Gebiet der Unterhaltspflicht gegenüber Kindern vom

---

*) Schack, Internationale Abkommen über die Verfolgung von Unterhaltsansprüchen im Ausland, Bökelmann, Das New Yorker Übereinkommen über die Geltendmachung von Unterhaltsansprüchen im Ausland in seiner praktischen Anwendung; Urbach, Hilfen des Deutschen Instituts in internationalen Vaterschafts- und Unterhaltsfällen in „Gegenwartsfragen des Unehelichenschutzes, Schriften des Deutschen Instituts für Vormundschaftswesen, Band 3, 1964, 86, 109, 119; Lansky, Das Haager Übereinkommen vom 15. 4. 1958 über die Anerkennung und Vollstreckung von Entscheidungen auf dem Gebiet der Unterhaltspflicht gegenüber Kindern, Bonner Diss (Düsseldorf, 1960); ders, Neue Wege zur Geltendmachung von Unterhaltsansprüchen im Ausland, FamRZ 1959, 193; ders, Neue Abkommen zum internationalen Unterhaltsrecht, FamRZ 1962, 347; Ferid, Zum Stand der Entwicklung im internationalen Unterhaltsrecht, FamRZ 1956, 165, 197; Petersen, Die 8. Haager Konferenz, RabelsZ 1959, 1; de Winter, Développements recents dans le droit international en matière d'obligations alimentaires, Nederlands Tijdschrift voor international Recht, 4 (1957), 133ff (s die Besprechung in RabelsZ 1958, 196); Urbach, Neue Aspekte des internationalen Unterhaltsrechts, ZblJugR 1961, 112.

**) Dem UN-Abkommen sind 24 Staaten beigetreten, ua folgende europäische Länder: Dänemark, Finnland, Frankreich, Italien, Jugoslawien, Monaco, Niederlande, Norwegen, Schweden, Tschechoslowakei, Ungarn (s Bökelmann, aaO, 112, sowie Deutsches Institut für Vormundschaftswesen, DAVorm XXXV, 167, XXXIX, 35, 153), ferner Griechenland und Polen.

Die Justizverwaltungen der Länder der Bundesrepublik haben bundeseinheitlich jeweils eine „Bekanntmachung über die Geltendmachung von Unterhaltsansprüchen im Ausland" vom 10. 2. 1960, dh ergänzende Verwaltungsvorschriften zu dem Abkommen, erlassen (s Bökelmann, aaO, 111ff, sowie auch DAVorm XXXVI, 27). Die Bekanntmachung wurde zuletzt in neuer Fassung vom 1. 2. 1965 veröffentlicht (s zB Die Justiz 1965, 51; BayJMBl 1965, 7; JMBl Hessen 1965, 41; SchlHAnz 1965, 55).

Zu dem UN-Abkommen s auch die Ausführungen von Baumbach-Lauterbach, ZPO, 28. Aufl 1965, Anhang zu § 168 GVG, Bem 4.

Der letzte Stand bezüglich der dem Abkommen beigetretenen Staaten findet sich in der jährlich erscheinenden Zusammenstellung „Fundstellen der Bundesgesetzgebung und Fortschreibung der Sammlung des Bundesrechts — BGBl Teil III —"; hier sind auch alle völkerrechtlichen Verträge der Bundesrepublik verzeichnet.

***) Dem Übereinkommen vom 24. 10. 1956 sind ferner beigetreten: Österreich, Italien, Luxemburg, Niederlande, Frankreich, Schweiz (s die Bekanntmachungen in BGBl 1962, II, 16; 1963, II, 42, 911; 1965, II, 40; sowie die Hinweise in Die Justiz 1962, 45; 1963, 87; 1964, 219; 1965, 296; DAVorm XXXV, 167; XXXVI, 23, 255; XXXVIII, 26; XXXIX, 35).

Zur Anwendung des österreichischen Rechts (Verurteilung zur Unterhaltszahlung über das 18. Lebensjahr des Kindes hinaus) s LG Regensburg, DAVorm XXXIX, 1966, 153; zur Armenrechtsbewilligung durch ein Schweizer Gericht s DAVorm XXXIX, 31; ferner s Pichler, Das Haager Unterhaltsstatutabkommen und der ordre public [Ansprüche deutscher unehelicher Kinder gegen einen in Österreich lebenden Vater], ÖJZ 1965, 257.

15. 4. 1958"; hierzu erging das (deutsche Zustimmungs-) Gesetz zu dem Übereinkommen ... vom 18. 7. 1961, BGBl II, 1005, mit Anlage (S 1006: Text des Übereinkommens in französischer und deutscher Sprache: abgedruckt in DAVorm XXXIV. 229), sowie das Gesetz zur Ausführung des Haager Übereinkommens vom 15. 4. 1958 über die Anerkennung und Vollstreckung ... vom 18. 7. 1961, BGBl I, 1033 (auszugsweise abgedruckt in DAVorm XXXIV, 231); das Übereinkommen ist für die Bundesrepublik Deutschland am 1. 1. 1962 in Kraft getreten (s die Bekanntmachung, BGBl 1962, II, 15; hierzu s auch die Notiz in DAVorm XXXV, 138, sowie den Hinweis in Die Justiz 1962, 45*).

VII. Strafrecht. 264

Entzieht sich der uneheliche Vater der gesetzlichen Unterhaltspflicht vorsätzlich, sodaß der Lebensbedarf des Kindes gefährdet ist oder ohne öffentliche Hilfe oder die Hilfe anderer gefährdet wäre, so macht er sich gemäß **§ 170b StGB****) strafbar. Diese Vorschrift bereitet in der Praxis freilich nicht unerhebliche Schwierigkeiten (s die Hinweise in Bem 55 aE, sowie zur Leistungsfähigkeit des Vaters: OLG Frankfurt, FamRZ 1964, 372; OLG Köln, FamRZ 1962, 316; sowie auch OLG Braunschweig, NJW 1965, 877; zur Wiederaufnahme des Verfahrens: OLG Bremen, NJW 1964, 1286 = JuS 1964, 411).

Der Strafrichter ist an Statusurteile (§§ 640, 643 ZPO), durch die das Bestehen oder Nichtbestehen der blutmäßigen Abstammung festgestellt worden ist, gebunden (s ua Schönke-Schröder, II, 1b, β). Nach hM ist der Strafrichter an ein rechtskräftiges Unterhaltsurteil nicht gebunden (Schönke-Schröder, II, 1b, a; Schwarz-Dreher, 2A, a; Dölle, II, 401, je mit weiteren Hinweisen). Ist dagegen die Unterhaltsklage des unehelichen Kindes abgewiesen, so scheidet § 170b StGB aus (Schönke-Schröder, II, 1b; Schwab, NJW 1960, 2169; bestr); dies gilt aber dann nicht (mehr), wenn später ein positives Abstammungsfeststellungsurteil ergeht (s § 644 Abs 2 ZPO), und zwar vom Zeitpunkt der Rechtskraft dieses Urteils an.

§ 1709***).

Der Vater ist vor der Mutter und den mütterlichen Verwandten des Kindes unterhaltspflichtig.

Soweit die Mutter oder ein unterhaltspflichtiger mütterlicher Verwandter dem Kinde den Unterhalt gewährt, geht der Unterhaltsanspruch des Kindes gegen den Vater auf die Mutter oder den Verwandten über. Der Übergang kann nicht zum Nachteile des Kindes geltend gemacht werden.

E I, 1571; II, 1596 Abs 2; III, 1685; Mot 4, 875, 879; Prot 4, 680; 6, 301.

---

*) Dem Abkommen vom 15. 4. 1958 sind ferner beigetreten: Belgien, Italien, Österreich, Niederlande, Ungarn, Schweiz, Norwegen, Dänemark (s die Bekanntmachungen in BGBl 1962, II, 15; 1964, II, 784, 1407; 1965, II, 123, 1164, 1584; 1966, II, 56; sowie die Hinweise in Die Justiz 1963, 87; 1964, 219; 1965, 296; 1966, 63; DAVorm XXXV, 137, 167; XXXVIII, 26).

**) Aus der Literatur s Schönke-Schröder, StGB, 12. Aufl 1965; Schwarz-Dreher, 27. Aufl 1965; Maurach, Besonderer Teil, 4. Aufl 1964, 394ff, § 49, II, F; Kohlhaas, Die Verletzung der Unterhaltspflicht nach § 170b StGB, Unsere Jugend 1958, 69; ders, Zur Verletzung der Unterhaltspflicht nach § 170b StGB, ein Überblick über die Rechtsprechung seit 1958, Unsere Jugend 1962, 168; Schmöe, Alimentenurteil und Unterhaltspflichtverletzung, ZblJugR 1954, 73, 193; ferner Sonnenschein, Zur Verletzung väterlicher Unterhaltspflicht [§ 170b StGB, §§ 1603, 1606 BGB], SchlHAnz 1962, 261.

***) Schrifttum: Dölle, FamR, II, 1965, 426ff, § 103, IV; Gernhuber, FamR, 1964, 625ff, § 57, III; Beitzke, FamR, 12. Aufl 1964, 195, § 33, III, 6; Lehmann, FamR, 3. Aufl 1960, 212, § 36, II, 3.

Edgar Bosch, Die Personensorge der Mutter für ihr uneheliches Kind als ihr Unterhaltsbeitrag, Tübinger Diss, 1965; Eißer, Der Unterhalt unehelicher Kinder, Bemerkungen zu den §§ 1707—1710 BGB anläßlich des Beschlusses des BVerfG vom 21. 7. 1960, FamRZ 1963, 473.

Lit zu Einzelfragen ist an der betreffenden Stelle angeführt; s auch die Lit-Angaben zu § 1708.

Aus der älteren Lit s Riedhammer, § 1709 BGB im Unterhaltsprozesse, BayZ 1921, 122.

Gliederung.

Übersicht (Alphabetisches Stichwortverzeichnis.

I. Absatz 1.

1. Abs 1 regelt den „Haftungsvorrang" des Vaters vor der Mutter. Zur Klärung der heutigen Bedeutung dieser Vorschrift und vor einer Erörterung der Frage der Verfassungsmäßigkeit unter dem Blickpunkt des Art 3 Abs 2 GG ist eine Darstellung der Erwägungen unumgänglich, die der Gesetzgeber bei der Schaffung dieser Regelung des Abs 1 angestellt hat*). Hierzu sagen die Mot (4, 882): „... Die primäre Unterhaltspflicht des unehelichen Vaters entspricht nicht nur dem bestehenden Rechte in weitem Umfange, sondern ist auch innerlich begründet. Der Vater eines unehelichen Kindes muß insoweit dem Vater eines ehelichen Kindes gleichgestellt werden. Zwar ist die Sachlage insofern nicht die gleiche, als die Bestreitung des Unterhalts für die ehelichen Kinder zu den ehelichen Lasten gehört [vgl § 1389 aF BGB] ... und als der eheliche Vater den Genuß des Frauen- und Kindesvermögens und der häuslichen Dienste der Ehefrau, wie des Kindes, bzw gegen die Ehefrau einen Anspruch auf einen angemessenen Beitrag zur Tragung der ehelichen Lasten hat [vgl §§ 1383, 1649 aF BGB] .... Allein bei dem ehelichen, wie bei dem unehelichen Vater ist entscheidend, daß im sozialen, wie im Rechtsleben der Mann vor dem Weibe steht und derselbe zunächst berufen ist, dasjenige zu verdienen und zu beschaffen, was not tut, und zwar gilt dies hier umso mehr, als die Mutter durch die für das Kind unentbehrliche Pflege vielfach an der Entfaltung ihrer Erwerbskraft gehindert wird. Das Bedenken, daß es im Hinblicke auf die hervorgehobene Verschiedenheit der Sachlage unbillig sei, wenn der uneheliche Vater die Kosten des Unterhalts des unehelichen Kindes allein zu tragen habe, und daß es auch im Interesse der Verminderung der Unsittlichkeit nicht ratsam sei, der Mutter die Last des Unterhalts des Kindes ganz abzunehmen, erledigt sich dadurch, daß die Unterhaltspflicht des unehelichen Vaters auf die Gewährung des notdürftigen Unterhalts beschränkt sein soll**). Auch dies entspricht, wenigstens im praktischen Resultate, überwiegend dem in Deutschland geltenden Recht. Der familienrechtliche Charakter des hier in Rede stehenden Unterhaltsanspruchs steht einer solchen Beschränkung nicht entgegen, zumal es keineswegs geboten ist, alle Konsequenzen desselben hier zu ziehen. Die Bedenken, welche vom Standpunkt des Interesses der unehelichen Kinder und der Verbesserung ihrer Lage aus gegen jene Beschränkung an sich erhoben werden könnten, verlieren im wesentlichen ihr Gewicht, wenn der Vater vor der Mutter zum Unterhalt des Kindes verpflichtet ist. Die Mutter ist alsdann in der Lage, das, was sie besitzt oder erwirbt, für sonstige weitere Bedürfnisse des Kindes, insbesondere für eine angemessene Erziehung desselben verwenden zu können." 1

Hinzuzufügen ist, daß gemäß § 1606 Abs 2 Satz 2 aF BGB der Vater für den Unterhalt des ehelichen Kindes vor der Mutter haftete.

2. Nach Inkrafttreten des **Gleichberechtigungsgrundsatzes (Art 3 Abs 2 GG)** am 1. 4. 1953 (Art 117 Abs 1 GG) nahm die überwiegende Meinung an, daß die Vorschrift des § 1606 Abs 2 2

*) Zur Entstehungsgeschichte des § 1709 s auch Roth-Stielow, ZblJugR 1964, 309.

**) Dies war in § 1573 E I vorgesehen, ist aber nicht Gesetz geworden (s hierzu auch Kaufmann, JuS 1961, 53, 54; Haehling von Lanzenauer, Die Justiz 1965, 284, 285).

Satz 2 aF nicht mehr anzuwenden sei (s Gotthardt, in diesem Komm 20 zu § 1606; E. Bosch, 51 f; Arnold, Angewandte Gleichberechtigung, 1954, 74 f; Dölle, JZ 1953, 353, 360; Palandt-Lauterbach, 15. Aufl 1956, Vorbem zu § 1606; s ferner BGHZ 17, 360 = FamRZ 1955, 249 = JZ 1955, 500 = NJW 1955, 1280; Z 22, 51 = LM BGB § 1606 Nr 2 Leits mit Anm von Meyer = FamRZ 1957, 90 = NJW 1957, 177 = MDR 1957, 154). Durch das Gleichberechtigungsgesetz vom 18. 6. 1957 wurde dann § 1606 Abs 2 dahin geändert, daß unter den Verwandten der aufsteigenden Linie mehrere gleich nahe zu gleichen Teilen haften; in Abs 3 wurde ergänzend angeordnet, daß die Haftung der Eltern sich nach ihren Erwerbs- und Vermögensverhältnissen bestimmt und § 1360 sinngemäß anzuwenden ist.

Bei der Schaffung des GleichberG wurde in der Begründung des Entwurfs (E II) und im Bericht des BT-Rechtsausschusses die Auffassung vertreten, das Recht der unehelichen Kinder werde durch den Gleichberechtigungsgrundsatz nicht berührt (s Vorbem 23 vor § 1705). Indessen bestehen gegen diese Auffassung Bedenken (s hierzu auch Bosch, Rpfleger 1954, 57, 75; FamRZ 1960, 392 f; Lehmann, FamR 212; Beitzke, 195; Göppinger, FamRZ 1962, 449; Dunz, NJW 1962, 1472, 1474 (C), 1478 (V.A.); jeweils zu § 1709 Abs 1; s noch unten Bem 10, 13).

3 Bezüglich der **weiteren Rechtsentwicklung**, die zur Auslegung des § 1709 Abs 1 von Bedeutung ist, ist ferner folgendes hervorzuheben:

4 Durch die auf dem GleichberG beruhenden Vorschriften der §§ 1360 ff, 1606 nF wurde der Unterhaltsbegriff dahin erweitert, daß auch die in Erfüllung der Pflicht zur Sorge für die Person des ehelichen Kindes in Form von Pflege, Betreuung und Erziehung erbrachten Leistungen reine Unterhaltsleistungen sind, dh mit anderen Worten, daß die eheliche Mutter (Ehefrau) ihre Unterhaltspflicht gegenüber den Kindern in der Regel „durch die Führung des Haushalts" erfüllt (§ 1360 Satz 2); hierzu s Gotthardt in diesem Komm, Vorbem 20b vor § 1601, Bem 27 ff zu § 1606; Eißer, FamRZ 1963, 473; Dölle, I, 430 f, § 36, A, II, 2; II, 13, § 86, V, 3 mit Fußn 66; E. Bosch, 73; BGH, FamRZ 1965, 437; Habscheid, JuS 1966, 180.

5 Die Rechtsprechung nimmt im Falle des **Todes der Mutter** infolge einer unerlaubten Handlung eines Dritten (§§ 823, 844 Abs 2) an, dem Kind sei das Recht auf den Unterhalt in der Form der persönlichen Dienstleistungen der Mutter entzogen worden; dh mit anderen Worten diese Dienstleistungen wurden als Unterhaltsverpflichtung der Mutter und als Unterhaltsanspruch des Kindes beurteilt. Diese Rechtsprechung kann heute als gefestigt angesehen werden (s dazu Näheres Bem 42).

6 Das **BVerfG** hat in dem Beschluß vom 21. 7. 1960 (s Vorbem 40 vor § 1705; sowie unten 15) ebenfalls zum Ausdruck gebracht, die Mutter erfülle damit, daß sie für das Kind sorge (§ 1707), ihre Unterhaltspflicht (s auch Dölle, II, 418; anders wohl noch BGH, FamRZ 1960, 26 = MDR 1960, 120; s jetzt aber BGH, FamRZ 1966, 303).

7 **In strafrechtlicher Hinsicht** hat das OLG Hamm (FamRZ 1962, 318 mit Anm Bosch = RdJ 1963, 30 mit Anm von Perschel = JZ 1962, 547 mit Anm von Schröder) folgende Konsequenz gezogen: erfülle die Mutter die ihr obliegende Personensorgepflicht — gleich aus welchem Grunde — nicht selbst, so habe sie den erforderlichen Geldaufwand zu tragen; komme sie dieser Verpflichtung nicht nach, obwohl sie dazu in der Lage sei, so mache sie sich nach § 170b StGB strafbar (s hierzu noch Bem 79).

8 **3.** a) Nach dem heutigen Rechtszustand ist somit davon auszugehen, daß die Unterhaltspflicht der Mutter — Erfüllung der Pflicht zur tatsächlichen Sorge für das Kind (§ 1707) — und die Unterhaltspflicht des Vaters — Zahlung der Unterhaltsrente gemäß § 1708 — „von vornherein aufgeteilt" sind (BVerfG, s Bem 6), dh nebeneinander bestehen (s auch Bosch, FamRZ 1960, 392 f; LG Stuttgart, FamRZ 1965, 518; vgl ferner Dölle, II, 418; E. Bosch, 99, 120). Dies bedeutet, daß die Mutter für die Erfüllung der ihr obliegenden Pflicht allein einzustehen hat (s auch 60 aE zu § 1708), dh mit anderen Worten: diese Unterhaltspflicht der Mutter ist eine nicht nur subsidiäre (ebenso Gotthardt in diesem Komm, Vorbem 20b vor § 1601; Eißer, FamRZ 1963, 473, 474; Beitzke 195; RGR-Komm, 2 zu § 1708; Brüggemann, ZblJugR 1958, 181; E. Bosch, 123 ff).

Die erwähnte Pflicht der Mutter zur Sorge für das Kind ist eine „ursprüngliche", eine natürliche Pflicht (auch iS des Art 6 Abs 2 GG — s 12 zu § 1705, Vorbem 11 vor § 1666 —).

Der Einwand von Dölle (II, 399) und v. Hülsen (FamRZ 1965, 589) — dieser Unterhaltsverpflichtung der Mutter stehe kein Rechtsanspruch des Kindes auf Erfüllung der Dienstleistungen der Mutter gegenüber, das Kind könne nicht auf Leistung dieser Dienste klagen — ist nicht stichhaltig. Denn die ehelichen Eltern sind ebenfalls verpflichtet, für das Kind in tatsächlicher Hinsicht zu sorgen und es zu betreuen und zu erziehen, bzw die nötigen Maßnahmen zur Betreuung usw (zB durch Hauspersonal) zu treffen. Das eheliche Kind hat hierauf ebenfalls keinen Rechtsanspruch in dem Sinne, daß es auf Leistung dieser Dienste klagen könnte; es hat übrigens auch kein verfassungsmäßig geschütztes Grundrecht gegen seine Eltern auf die Ausübung der Personensorge (s hierzu Näheres Vorbem 34 vor § 1666). Das Kind hat ferner kein Antragsrecht dahingehend, daß das Vormundschaftsgericht gegen die Eltern etwa gemäß § 1666 Abs 1 einschreite, wenn das Sorgerecht mißbraucht oder das Kind vernachlässigt wird (s 325 zu § 1666; vgl auch Gernhuber, 626; Eißer, FamRZ 1963, 473, 479).

b) Zu beachten ist weiterhin, daß das BGB seit dem Inkrafttreten des GleichberG zwei Unterhaltsbegriffe enthält: den erweiterten Unterhaltsbegriff, wie er sich aus § 1606 III iV mit § 1360 ergibt, und den ursprünglichen, wie er hinsichtlich der Unterhaltsverpflichtung zwischen Verwandten im übrigen (§§ 1601ff) und zwischen getrennt lebenden und geschiedenen Ehegatten (vgl § 1361 BGB, §§ 58ff EheG) sowie bezüglich der Unterhaltsverpflichtung des unehelichen Vaters (§ 1708) festgelegt ist. Somit enthält gerade das **Unehelichenrecht zwei Unterhaltsbegriffe:** hinsichtlich des von der Mutter in der Form der Dienstleistungen zu gewährenden Unterhalts (§ 1705 iV mit § 1606 Abs 3 Satz 2 und § 1360) und des vom Vater in der Form einer Geldrente zu leistenden Unterhalts (§§ 1708, 1710; s hierzu auch E. Bosch, 65ff, 74ff; Gernhuber, 625; Brüggemann, ZblJugR 1958, 181; Schlosser, FamRZ 1963, 601, 615ff; Eißer, FamRZ 1963, 473). Im Zusammenhang hiermit ist darauf hinzuweisen, daß der **Begriff „gesamter Lebensbedarf"** in § 1610 Abs 2 iV mit §§ 1606 Abs 3 und 1360 einerseits und in § 1708 Abs 1 Satz 2 nicht identisch ist (s hierzu 60, 62 zu § 1708). 9

c) Nach der ursprünglichen Konzeption des Gesetzes, wie sie bis zum 31. 3. 1953 galt (Art 117 Abs 1 iV mit Art 3 Abs 2 GG), konnte nicht bezweifelt werden, daß der uneheliche Vater von der Mutter für den gesamten Lebensbedarf des Kindes, insbesondere auch bezüglich der Kosten der Unterbringung eines unehelichen Kindes in einem Heim oder in einer Heilanstalt und dgl (zB in dem Falle, daß das Kind hochgradig schwachsinnig ist), haften mußte (s zB Schlosser, FamRZ 1963, 601, 616; LG Hamburg, FamRZ 1961, 35). Indessen ist diese Rechtsauffassung mit dem **Gleichberechtigungsgrundsatz des Art 3 Abs 2 GG** nicht mehr vereinbar (so auch Dölle, II, 421f — vgl dazu jedoch noch 398 —; Bosch, FamRZ 1960, 392f; v. Hülsen, FamRZ 1965, 589, 593f; E. Bosch, 90ff; Schlicht, NJW 1954, 74; Schlosser, aaO; Lehmann, 212; Beitzke, 195, § 33, III, 6; Göppinger, FamRZ 1961, 108, 111, lit n; 1962, 449; Dunz, NJW 1962, 1472, 1478 [V.A.]; LG Oldenburg, FamRZ 1965, 339 mit Hinw; AG Oberndorf, FamRZ 1957, 428; s auch Gernhuber, 625f; andererseits BGH, LM BesoldG § 14 Nr 7 = FamRZ 1960, 26 = MDR 1960, 120; Einzelheiten zur Kostentragung bei Unterbringung des Kindes in einem Heim s Bem 96ff zu § 1708). 10

Das geltende Recht ist daher in hohem Maße reformbedürftig.

4. Im Hinblick auf den seit 1. 4. 1953 geltenden Gleichberechtigungsgrundsatz, die dargelegte Rechtsentwicklung hinsichtlich des Unterhaltsbegriffs und auf die Bedeutung des Begiffs „gesamter Lebensbedarf" fragt es sich, ob § 1709 Abs 1 generell als verfassungswidrig zu beurteilen ist oder ob eine **verfassungskonforme Auslegung***) möglich ist. Letztere Frage ist zu bejahen. 11

a) Hierzu ist jedoch folgendes vorauszuschicken: 12

Der Richter hat stets zu prüfen, ob neben der Möglichkeit der die Verfassungswidrigkeit einer Norm ergebenden Auslegung (s oben 10 aE) noch eine andere Interpretation möglich ist, bei der das Gesetz nicht gegen das GG verstößt (vgl Eckardt, 69), dh mit anderen Worten, ob eine verfassungskonforme Gesetzesauslegung möglich ist. Dieser Grundsatz der verfassungskonformen Auslegung muß bei der Auslegung und Anwendung jeder gesetzlichen Vorschrift in jedem

*) W.-D. Eckhardt, Die verfassungskonforme Gesetzesauslegung, ihre dogmatische Berechtigung und ihre Grenzen im deutschen Recht, 1964; V. Haak, Normenkontrolle und verfassungskonforme Gesetzesauslegung des Richters, 1963; Bender, Inhalt und Grenzen des Gebots der verfassungskonformen Gesetzesauslegung, MDR 1959, 441; Schack und Michel, Die verfassungskonforme Auslegung, JuW 1961, 269, 274; s ferner H. J. Müller, Subjektive und objektive Auslegungstheorie in der Rechtsprechung des BVerfG, JZ 1962, 471 (474f zur verfassungskonformen Gesetzesauslegung).

Vgl auch zur einschränkenden Auslegung des § 644 ZPO aF Vorbem 38 vor § 1705 und Bem 149 zu § 1717.

Verfahren von jedem Richter beachtet werden (s Eckardt, 12); das BVerfG hat ausdrücklich ausgesprochen, jeder Richter habe bei der Auslegung und Anwendung einfachen Rechts den Einfluß der Grundrechte auf alle Bereiche zu beachten (s Vorbem 4 aE vor § 1666).

Jedoch darf der Richter eine verfassungswidrige, nichtige Norm nicht in eine gültige umdeuten (Eckardt, 65), dh einer nach Wortlaut und Sinn eindeutigen Gesetzesvorschrift durch „verfassungskonforme" Auslegung einen entgegengesetzten Sinn geben (BVerfGE 8, 28 = NJW 1958, 1227 = [gekürzt] MDR 1958, 575; Eckardt, 63; Maunz, Deutsches Staatsrecht, 13. Aufl 1964, 112, § 14, V, 1); der normative Gehalt einer Vorschrift darf nicht durch „verfassungskonforme" Auslegung neu bestimmt werden (BVerfGE 8, 71 = NJW 1958, 1388 = DVBl 1958, 704).

13 Ein Gesetz ist dann nicht verfassungswidrig, wenn eine Auslegung möglich ist, die im Einklang mit dem GG steht, und wenn das Gesetz bei dieser Auslegung sinnvoll bleibt und das gesetzgeberische Ziel nicht in einem wesentlichen Punkte verfehlt oder verfälscht wird (BVerfGE 2, 266 = NJW 1953, 1057 = MDR 1953, 471 = JZ 1953, 459 = DÖV 1953, 575, 604 = DVBl 1953, 501; E 8, 28, Maunz 253, § 26, II, 3baa; Eckardt, 63; Müller, JZ 1962, 471, 475), die Auslegung also nicht Grundgedanken oder der Grundkonzeption des Gesetzes widerspricht. Eine einzelne Gesetzesvorschrift darf durch die verfassungskonforme Gesetzesauslegung nicht einer anderen mit ihr in Zusammenhang stehenden Norm widersprechen; auch darf durch die verfassungskonforme Auslegung einer einzelnen Vorschrift nicht die Systematik und der innere Zusammenhang des Gesetzes gestört werden.

14 Im vorliegenden Falle ist weiterhin zu beachten, daß **§ 1709 Abs 1 vorkonstitutionelles Recht** ist (ebenso E. Bosch, 83; F. W. Bosch, FamRZ 1957, 189, 190; LG Lüneburg, DAVorm XXXIV, 272; s auch Dunz, NJW 1958, 6, 7 re Sp; anders wohl Eißer, FamRZ 1963, 473, Fußn 1 aE); es kann nicht angenommen werden, der Gesetzgeber habe durch das GleichberG und das FamRÄndG (mit der Änderung des § 1708) die Regelung des § 1709 Abs 1 mit in seinen Willen aufgenommen (vgl hierzu im allgemeinen Bem 16 zu § 1708). Bei den das GleichberG betreffenden Reformarbeiten war das Recht der unehelichen Kinder ausdrücklich ausgeklammert worden; die Problematik des § 1709 Abs 1 war nicht erkannt worden (s Bem 2 aE). Die Änderung des § 1708 (die Erweiterung der Unterhaltspflicht des Vaters bis zur Vollendung des 18. Lebensjahres des Kindes) steht mit der Frage des Haftungsvorrangs des Vaters (§ 1709 Abs 1) nicht im Zusammenhang.

15 In dem Beschluß vom 21. 7. 1960 hat das BVerfG (s Vorbem 40 vor § 1705) zu dem vorliegenden Problem nicht Stellung genommen und brauchte es auch nicht, da diese Entscheidung den „Normalfall" betraf, daß die Mutter das Kind versorgte und der Vater zur Zahlung des Unterhaltsmindestsatzes verurteilt worden war*). Diese Entscheidung des BVerfG steht daher den vorliegenden Darlegungen nicht entgegen.

16 Nach alledem ist im Wege der verfassungskonformen Gesetzesauslegung (auf Grund des Gebots des Art 3 Abs 2 GG) **§ 1709 Abs 1 einschränkend zu interpretieren und zwar in dem Sinne, daß diese Vorschrift sich nur auf die „normale"**, dh übliche pauschalierte und typisierte **Unterhaltsrente, den „normalen" Lebensbedarf des Kindes** eventuell einschließlich gewisser zusätzlicher Aufwendungen (s 87ff zu § 1708), insbesondere den **„Normalfall"** bezieht, **in dem die Mutter das Kind versorgt** und damit ihre Unterhaltspflicht erfüllt (s Bem 8). Diese Lösung widerspricht nicht der Wertentscheidung des Art 6 Abs 5 GG und steht mit der oben dargelegten Rechtsentwicklung im Einklang.

Darauf, ob die Mutter nur das Personensorgerecht (§ 1707 Abs 1) oder die elterliche Gewalt (§ 1707 Abs 2) ausübt, kommt es nicht an, dh auf die Erwägung (vgl FamRZ 1962, 449), habe die Mutter nach der Übertragung der elterlichen Gewalt mehr Rechte und Pflichten erhalten, so sei es umso mehr angemessen, daß ihr auch hinsichtlich der Unterhaltsverpflichtung eine im gleichen Rang mit dem Vater stehende Pflicht obliege (s dazu noch RGRKomm, Bem 1 aE zu § 1709).

17 b) Die hier dargelegte Auslegung des § 1709 Abs 1 hat somit folgende Bedeutung:

Die Unterhaltspflicht des Vaters (§ 1708), die Verpflichtung, den gesamten baren Aufwand des Kindes durch eine Unterhaltsrente (§ 1710) zu tragen, und die in der Sorgepflicht (§ 1707 Abs 1) liegende Unterhaltsverpflichtung der Mutter

*) Zu diesem Beschluß des BVerfG s Bosch, FamRZ 1960, 392; Giesler, RdJ 1961, 125; Eißer, FamRZ 1963, 473 mit weiteren Hinweisen; Fuß, JZ 1962, 595, 597.

stehen gleichrangig nebeneinander (s auch Bem 8); **bezüglich** des in der Form **der Geldrente** zu leistenden Unterhalts (s dazu 59ff zu § 1708) **haftet der Vater vor der Mutter** (und den mütterlichen Verwandten).

Diese Leistungen sind grundsätzlich als gleichwertig zu beurteilen (s BVerfG, E 11, 277 — s Vorbem vor § 1705 —; E. Bosch, 100; Schlosser, FamRZ 1963, 615f; Eißer, FamRZ 1963, 473, 478; Gernhuber, 625f; Brüggemann, ZblJugR 1958, 181; LG Köln, DAVorm XXXVII, 139; LG Bremen, NJW 1953, 1107).

Soweit durch die dargelegte Interpretation des § 1709 Abs 1 eine Gesetzeslücke entstanden ist, ist diese durch eine analoge Anwendung des § 1606 Abs 2 und 3 auszufüllen. Diese Lösung fügt sich ohne Schwierigkeiten in das System der §§ 1705ff ein und führt jeweils zu befriedigenden und brauchbaren Lösungen der auftauchenden Einzelfragen: 18

Stirbt die Mutter, leben aber noch ihre Eltern, so haftet gleichwohl der Vater für den gesamten Unterhalt des Kindes vor den mütterlichen Verwandten (s Bem 110ff zu § 1708). 19

Stirbt die Mutter und leben auch ihre Eltern nicht mehr, so haftet der Vater für den Unterhalt des Kindes allein (ebenso Eißer, FamRZ 1963, 473, 481).

Stirbt umgekehrt **der Vater** des unehelichen Kindes, so haftet der Erbe des Vaters (§ 1712, s die dortigen Erläuterungen, insbesondere Bem 4ff). 20

Haftet jedoch der Erbe nicht, da der Wert des Nachlasses gleich Null ist (s 8, 33, 51 zu § 1712), so haftet die Mutter für den Unterhalt des Kindes allein; gegebenenfalls treten die Großeltern des Kindes mütterlicherseits ein (§§ 1601, 1606, 1709 Abs 1; s auch Bem 41).

Ist der **Vater** tatsächlich **nicht in der Lage, Unterhalt zu leisten,** ist er vermögenslos und ist sein Einkommen unpfändbar (vgl §§ 850c, 850d Abs 2 ZPO), so tritt die subsidiäre Haftung der Mutter und gegebenenfalls ihrer Eltern ein (§ 1709 Abs 1). Gewähren diese den Unterhalt, so geht der Unterhaltsanspruch des Kindes auf sie über (§ 1709 Abs 2, s unten Bem 55ff). 21

Ist die **Mutter nicht in der Lage, für das Kind zu sorgen** (§ 1707 Abs 1), sei es, daß sie daran infolge Erkrankung oder einer Geistes- oder Gemütskrankheit verhindert ist, sei es, daß das Kind infolge seines Zustandes (körperlicher Gebrechen oder Schwachsinnes usw) in einem Heim oder in einer Heilanstalt untergebracht ist, so sind auf Grund einer einschränkenden verfassungskonformen Auslegung des § 1709 Abs 1 (s oben 15) die Vorschriften des § 1606 Abs 2 und 3 entsprechend anzuwenden (vgl auch LG Oldenburg, FamRZ 1965, 339; Schlosser, FamRZ 1963, 601, 616; ebenso im Ergebnis AG Schongau, DAVorm XXXVII, 141; LG Münster, MDR 1963, 595; sowie de lege ferenda Bosch, Gutachten, 86; Einzelheiten hierzu s 102, 103ff zu § 1708). 22

Ist die Mutter an der Ausübung der tatsächlichen Sorge deshalb verhindert, weil ihr diese gemäß **§ 1666 Abs 1 Satz 1** entzogen wurde, so fallen der Mutter die Mehrkosten zur Last, soweit sie hierfür gemäß § 1664 einzustehen hat (s dazu Einzelheiten 100f zu § 1708, sowie dazu, daß ein Eingreifen des Vormundschaftsgerichts im Falle des Mißbrauchs des Sorgerechts oder der Vernachlässigung des Kindes — § 1666 Abs 1 — kein Verschulden des Elternteils, hier der unehelichen Mutter, erfordert, Bem 194ff zu § 1666). 23

Für **zusätzliche Aufwendungen** (zB infolge einer Krankenhausbehandlung des Kindes oder einer besonders umfangreichen Zahnbehandlung) haftet der Vater; sind außergewöhnlich hohe Kosten entstanden, so sind die Vorschriften des § 1606 Abs 2 und 3 entsprechend anzuwenden; trifft die Mutter durch Vernachlässigung des Kindes ein Verschulden an der Entstehung der Kosten (zB des Zahnarztes), so haftet die Mutter aus diesem Grunde mit (§ 1664, s hierzu LG Stuttgart, FamRZ 1965, 518; Einzelheiten s 87ff zu § 1708). 24

5. § 1709 Abs 1 gilt an sich auch für den **außerordentlichen Unterhalt des Kindes** (so generell Voraufl, Bem 1 aE). Indessen ergeben sich heute auf Grund des Gleichberechtigungsgrundsatzes (Art 3 Abs 2 GG) gewisse Modifikationen: 25

Versorgt die Mutter das Kind, so hat der Vater für den sonstigen Lebensbedarf einen Unterhaltsbeitrag zu leisten, soweit er hierzu ohne Gefährdung seines angemessenen Unterhalts in der Lage ist (§ 1708 Abs 2 iV mit § 1603 Abs 1) nähere Einzelheiten hierzu s 157ff zu § 1708.

Ist das **Kind in** einem **Heim oder** in einer **Heil- und Pflegeanstalt** untergebracht, so sind die Vorschriften des § 1606 Abs 3 entsprechend anzuwenden (s 164 zu § 1708). 26

Ist das Kind bereits volljährig und in einem Heim oder einer Heil- und Pflegeanstalt oder einem Psychiatrischen Krankenhaus untergebracht, so haften der Vater und die Mutter ebenfalls analog § 1606 Abs 3 für die Kosten der Unterbringung (s Bem 165 zu § 1708).

II. Die Unterhaltspflicht der Mutter (und eventuell der Großeltern).

27 1. In der Regel erfüllt die Mutter ihre Unterhaltspflicht durch die Versorgung und Betreuung des Kindes (s Bem 6, 8, 17, 30). Die Unterhaltspflicht der Mutter wird dadurch nicht berührt, daß der uneheliche Vater für das Kind an Stelle des Unterhalts eine Abfindung (§ 1714 Abs 1)*) gewährt hat.

28 2. Soweit die Mutter nach dem Tode des Vaters (s Bem 17) oder aus dem Grund allein haftet, weil der Vater nicht bekannt oder weil sein Aufenthalt unbekannt ist, oder soweit die Mutter subsidiär haftet (s Bem 21), finden die Vorschriften der §§ 1601 ff Anwendung (s auch § 1705).

Hieraus ergibt sich folgendes:

29 a) Die Unterhaltspflicht der Mutter ist zeitlich unbeschränkt; sie besteht solange, als das Kind unterhaltsbedürftig ist (§ 1602 Abs 1; vgl dagegen § 1708). Durch eine Abfindung (§ 1714) ist die Unterhaltsbedürftigkeit des Kindes nicht etwa weggefallen (ebenso Schefold, aaO).

Die Mutter haftet für den Unterhalt des Kindes vor ihren eigenen Eltern (§ 1606 Abs 2), auch wenn sie minderjährig ist (s noch Bem 33).

30 Gemäß § 1612 Abs 2 ist die Mutter berechtigt, darüber zu bestimmen, ob und welche Personensorgehandlungen sie selbst vornimmt und welche sie durch Dritte vornehmen läßt, zB wenn sie im Haushalt ihrer Eltern wohnt (s zB Eißer FamRZ 1963, 473, 478); tatsächliche Dienstleistungen der Personensorge, die von Angehörigen der Mutter dem Kinde erbracht werden, sind als Leistungen der Mutter anzusehen (Eißer, aaO Bosch, Gutachten, 25, 86; Dunz, NJW 1962, 1472, 1478; OLG Hamm, FamRZ 1962, 318, 319 = JZ 1962, 547 = RdJ 1963, 30; s auch Bem 10 zu § 1707; 60 aE, 67 zu § 1708). Die Mutter ist auf Grund dieser Vorschrift des § 1612 Abs 2 auch befugt zu bestimmen, ob sie ihrem Kinde Naturalleistungen erbringen (oder durch ihre Angehörigen erbringen lassen) will oder ob sie dem Kinde den Geldwert ihrer Naturalleistungen zahlen will (Eißer aaO, 483), wenn sie es etwa in einer Pflegestelle oder einem Heim unterbringt (s dazu 97 zu § 1708).

31 b) Hat das Kind Vermögen, so kann es von seiner Mutter Unterhalt insoweit verlangen, als die Einkünfte des Vermögens zum Unterhalt nicht ausreichen (§ 1602 Abs 2); ist das Kind nach der Entlassung aus der Schule berufstätig, so kann es ebenfalls die Gewährung des Unterhalts nur insoweit verlangen, als der Ertrag der Arbeit zum Unterhalt nicht ausreicht (§ 1602 Abs 2)

32 c) Ist die Mutter bei Berücksichtigung ihrer sonstigen Verpflichtungen außerstande, ohne Gefährdung ihres angemessenen Unterhalts dem Kinde Unterhalt zu gewähren, so ist sie dem minderjährigen unverheirateten unehelichen Kinde gegenüber verpflichtet, alle verfügbaren Mittel zu ihrem und des Kindes Unterhalt gleichmäßig zu verwenden (§ 1603 Abs 1, 2 Satz 1) Doch tritt diese Verpflichtung nicht ein, wenn ein anderer unterhaltspflichtiger Verwandter vorhanden ist (§ 1603 Abs 2 Satz 2 Halbsatz 1), insbesondere die Eltern der Mutter unterhaltspflichtig sind oder wenn der Unterhalt des Kindes aus dem Stamme seines Vermögens bestritten werden kann (aaO, Halbsatz 2).

Ist die Mutter gegenüber mehreren Personen unterhaltspflichtig, so sind die Vorschriften des § 1609 anzuwenden.

33 Ist die Mutter noch minderjährig und hat sie weder Vermögen noch eigenes Einkommen so sind die Großeltern mütterlicherseits unterhaltspflichtig (§§ 1603, 1606 Abs 2, 1607 Abs 1).

34 b) Das Maß des zu gewährenden Unterhalts bestimmt sich nach der Lebensstellung des Bedürftigen, dh also des Kindes (§ 1610 Abs 1); ist dieses jedoch noch minderjährig, so ist seine Lebensstellung von der seiner Mutter abhängig. Ist auch diese noch minderjährig und lebt sie im Haushalt ihrer Eltern, so richtet sich die Lebensstellung der unehelichen Mutter nach der ihrer Eltern (vgl auch Bem 31 zu § 1610 sowie Bem 43 zu § 1708).

---

*) Schefold, Die Unterhaltspflicht der unehelichen Mutter beim Vorhandensein einer Abfindungssumme, WürttZ (BoschersZ) 46, 1904, 1.

Der Unterhalt umfaßt auch hier den gesamten Lebensbedarf; hinzukommen die Kosten der Erziehung und der Berufsausbildung, wenn das Kind noch der Erziehung bedarf (§ 1610 Abs 2; s zum Begriff „Lebensbedarf" auch oben Bem aE sowie Bem 60, 62 zu § 1708). 35

Ferner ist die Mutter — nach dem primär haftenden Vater (s 95 zu § 1708) — verpflichtet, dem Kinde gegebenenfalls **Prozeßkostenvorschuß***) zu leisten, was jedoch nur für lebenswichtige Rechtsstreite des Kindes in Betracht kommt (vgl LG Bielefeld NJW 1965, 1279 = FamRZ 1965, 451 Leits; LG Landshut, FamRZ 1965, 620, mit kritischer Anm von Wittmann**); OLG Düsseldorf, JMBlNRW 1964, 15; OLG Karlsruhe, DAVorm XXXVI 301; LG Berlin, DAVorm XXXIV, 204; s auch Brühl, 83f; sowie Dölle, II, 149 [für das eheliche Kind]; aM Roth-Stielow, NJW 1965, 2046; LG Bonn, DAVorm XXXII, 74). Voraussetzung ist, daß die Mutter entsprechend leistungsfähig ist; andernfalls ist das Kind darauf angewiesen, das Armenrecht zu beantragen. 36

Im **Unterhaltsprozeß** gegen den (angeblichen) unehelichen Vater kommt eine Prozeßkostenvorschußpflicht desselben nicht in Betracht, es sei denn die Vaterschaft wäre rechtskräftig festgestellt (§§ 640, 643 ZPO); im letzteren Falle ist der Vater nur vorschußpflichtig, wenn er in entsprechend günstigen wirtschaftlichen Verhältnissen lebt. Eine **Vorschußpflicht der Mutter** für den Unterhaltsprozeß des Kindes gegen den (angeblichen) Vater sollte indessen nur ganz ausnahmsweise in Erwägung gezogen werden, wenn sich die Mutter in besonders günstigen finanziellen Verhältnissen befindet (vgl auch LG Landshut, aaO); § 118 Abs 2 Satz 2 ZPO gibt im Regelfall keinen Anlaß, ein Armutszeugnis der Mutter zu verlangen (LG Bielefeld, aaO). Wittmann (aaO) hat mit Recht darauf hingewiesen, daß hier große Zurückhaltung seitens der Gerichte geboten ist, das Kind, statt ihm in Anwendung des § 118 Abs 2 Satz 2 ZPO das Armenrecht zu bewilligen, auf eine Prozeßkostenvorschußpflicht der Mutter zu verweisen, und daß die Klärung der Vaterschaftsverhältnisse keinesfalls von dem guten Willen etwa verärgerter oder enttäuschter oder betrogener Kindesmütter abhängig gemacht werden darf.

e) Ist das Kind durch sein sittliches Verschulden bedürftig geworden, so kann es von seiner Mutter (und gegebenenfalls von seinen Großeltern mütterlicherseits s Bem 32f —) nur den notdürftigen Unterhalt verlangen (§ 1611 Abs 1, 3), ebenso wenn das Kind sich einer Verfehlung schuldig macht, die den Unterhaltspflichtigen berechtigt, ihm den Pflichtteil zu entziehen (§ 1611 Abs 2 iV mit § 2333). 37

f) Für die Vergangenheit kann das uneheliche Kind von seiner Mutter oder gegebenenfalls den Großeltern mütterlicherseits Erfüllung des Unterhaltsanspruchs oder Schadenersatz wegen Nichterfüllung nur von der Zeit an fordern, zu welcher die Mutter oder die Großeltern in Verzug gekommen sind oder der Unterhaltsanspruch rechtshängig geworden ist (§ 1613; vgl dagegen bezüglich der Unterhaltspflicht des Vaters die Regelung des § 1711). 38

g) Für die Zukunft kann das Kind (vertreten durch seinen gesetzlichen Vertreter) nicht auf den Unterhalt verzichten (§ 1614). 39

h) Mit dem Tode des Kindes erlischt der Unterhaltsanspruch (§ 1615 Abs 1); bezüglich der Kosten der Beerdigung s § 1615 Abs 2 sowie § 1713 Abs 2 und dort Bem 5ff. 40

Ferner erlischt der Unterhaltsanspruch des Kindes mit dem Tode der Mutter (§ 1615 Abs 1); verpflichtet werden nun die Großeltern des Kindes mütterlicherseits (§ 1606 Abs 2; s auch Bem 20). 41

3. Ist die Mutter des unehelichen Kindes durch eine unerlaubte Handlung (§ 823) oder eine die Gefährdungshaftung begründende Handlung (StVG § 7, HaftPflG § 1, LuftVG idF vom 22. 10. 1965, BGBl I, 1730, § 33) getötet worden***) und hatte die Mutter zuvor das Kind versorgt, so hat das Kind gemäß §§ 844 Abs 2 BGB, 10 Abs 2, StVG, 3 Abs 2 HaftPflG, 35 Abs 2 LuftVG gegen den Schädiger Anspruch auf Schadensersatz auch dann, wenn der Vater dem Kinde Unterhalt gewährt; der Anspruch bezieht sich 42

*) Hierzu s die Lit-Angaben in der Fußn zu Bem 95 zu § 1708 sowie Beitzke, Zur Pflicht der Eltern, Prozeßkosten der [ehelichen] Kinder zu tragen, JR 1954, 128.

**) = DAVorm XXXIX, 1966, 138.

***) Eckelmann, Der Schadensersatzanspruch bei Verletzung oder Tötung der Mutter wegen Beeinträchtigung oder Ausfalls in der Haushaltsführung und Kinderbetreuung im Zeichen der Gleichberechtigung, Bonn 1965; Huvale, Ersatzansprüche gegen den Schädiger wegen Verlusts des Unterhaltsrechts, ZblJugR 1964, 240.

auf den Ersatz des Wertes der Dienstleistungen, welche die Mutter auf dem Gebiet der Personensorge für das Kind verrichtet hat (s dazu, daß die Mutter hiermit ihre Unterhaltspflicht erfüllt hat, oben Bem 6, 8, 17, 30). Dies ist jetzt ganz hM (s BGHZ 8, 374 = NJW 1953, 619 = MDR 1953, 285; OLG Karlsruhe, NJW 1955, 1756; Eißer, FamRZ 1961, 54; 1963, 473; E. Bosch, 139; Féaux de la Croix, NJW 1965, 1710; Eckelmann, 13f; Soergel-Siebert-Lade, 7 zu § 1707; Soergel-Siebert-Schräder, 9 zu § 844). Der Schädiger hat den durch Wegfall der Unterhaltsleistungen der Mutter entstehenden Schaden zu ersetzen, insbesondere die für die Vornahme der mütterlichen Sorgeleistungen durch bezahlte Hilfskräfte entstehenden Kosten (E. Bosch, aaO; Eckelmann, aaO). Der Anspruch des Kindes wird nicht dadurch ausgeschlossen, daß der Vater dem Kinde weiterhin Unterhalt leistet (Eißer, aaO; E. Bosch, aaO).

Hatte die Mutter für das bei Dritten, zB Pflegeeltern, oder in einem Heim untergebrachte Kind (s auch 96ff zu § 1708) Unterhaltsbeiträge geleistet, hat die Mutter damit eine gesetzliche Unterhaltspflicht erfüllt, so hat der Schädiger dementsprechenden Ersatz zu leisten; ebenso wenn die Mutter den gesamten Bedarf des Kindes bestritten hat, weil etwa der Vater unbekannt ist oder vermögenslos gestorben ist oder weil sein Aufenthalt unbekannt ist oder weil der Vater leistungsunfähig ist und gegen ihn die Vollstreckung erfolglos betrieben worden ist oder nicht betrieben werden kann, da er sich im Ausland aufhält.

Zu beachten ist, daß die Mutter dem Kinde gegenüber generell unterhaltspflichtig ist (s E. Bosch, aaO), sowie daß es auch darauf ankommt, ob die Mutter dem Kinde gegenüber unterhaltspflichtig werden konnte, dh in höherem Maße, als zur Zeit ihres Todes; es genügt auch, daß sie zur Unterhaltsleistung in absehbarer Zeit in der Lage gewesen wäre (zB nach bevorstehendem Abschluß der Berufsausbildung), etwa zu einem Beitrag für das in einem Heim befindliche Kind.

III. Konkurrenz mehrerer Unterhaltsansprüche.

43 Vorauszuschicken ist, daß die Regelung des geltenden Rechts in hohem Maße unbefriedigend und daher sehr reformbedürftig ist (vgl auch Dölle, II, 429f).

44 1. a) Trifft der regelmäßige Unterhaltsanspruch (§ 1708 Abs 1) mit dem gleichen Anspruch eines oder mehrerer anderer unehelicher Kinder des gleichen Vaters zusammen, so sind die Ansprüche der anderen Unterhaltsberechtigten erst in der Zwangsvollstreckung zu berücksichtigen, da es im materiellen Recht nicht auf die Leistungsfähigkeit des Vaters ankommt (s 2, 37, 55ff zu § 1708; ebenso Dölle, II, 429). Ist der Vater nicht in der Lage, alle Ansprüche zu erfüllen, so entscheidet in der Zwangsvollstreckung die zeitliche Prävention (§ 804 Abs 3 ZPO s auch Bem 251 aE zu § 1708). Stehen dem Vater für die Kinder gemäß § 2 Abs 1 Nr 4 BKindGG Kindergelder zu, so können diese Ansprüche des Vaters auf die Kinder übergeleitet werden (§§ 12, 24 BKindGG, s dazu Bem 256 zu § 1708).

45 b) Steht einem unehelichen Kinde der regelmäßige Unterhaltsanspruch (§ 1708 Abs 1), einem anderen dagegen der außerordentliche Unterhaltsanspruch (§ 1708 Abs 2) zu, so ist der erstere ohne Rücksicht auf den letzteren zu befriedigen, da der außerordentliche Unterhaltsanspruch (§ 1708 Abs 2) nur im Rahmen der Leistungsfähigkeit des Vaters besteht (s dazu 157 zu § 1708).

46 Treffen die außerordentlichen Unterhaltsansprüche mehrerer unehelicher Kinder (§ 1708 Abs 2) zusammen, so beschränken sie sich gegenseitig, da keiner den Vorrang vor dem anderen hat (zB die Ansprüche von Zwillingen). War der Anspruch des einen Kindes zeitlich vor dem des anderen Kindes entstanden, so wird freilich zunächst uU die Leistungsfähigkeit des Vaters gegenüber dem letzteren Kinde beschränkt sein (§ 1708 Abs 2 iV mit § 1603 Abs 1), bis der Vater durch Erhebung der Abänderungsklage (§ 323 ZPO) eine Herabsetzung des Unterhaltsanspruchs des ersteren Kindes erwirken kann.

47 2. Obliegen dem Vater gegenüber ehelichen Kindern Unterhaltspflichten*), so sind die Vorschriften des § 1603 Abs 1 und im Zwangsvollstreckungsverfahren die Bestimmungen des § 850d Abs 2 ZPO anzuwenden (s dazu Bem 55f und 251 zu § 1708). § 1609 ist hier nicht analog anzuwenden (ebenso Dölle, II, 429).

48 3. Trifft der Unterhaltsanspruch des Ehegatten oder der Eltern des unehelichen Vaters mit dem ordentlichen Unterhaltsanspruch des Kindes (§ 1708 Abs 1) zusammen**), so besteht der Anspruch des Kindes ohne Rücksicht auf die sonstigen

---

*) Lit-Angaben s bei Bem 55 zu § 1708.

**) Aus der älteren Lit s König, Über das Zusammentreffen von Unterhaltsansprüchen eines Verwandten oder der Ehefrau des Verpflichteten mit denen seines unehelichen Kindes, SächsArch 1914, 385.

Verpflichtungen, eben deshalb, weil es auf die Leistungsfähigkeit des Vaters gemäß § 1708 Abs 1 nicht ankommt. Zum Teil wird freilich in neuerer Zeit die Auffassung vertreten, die Ehefrau sowie die geschiedene Ehefrau dürfe nicht gegenüber dem unehelichen Kinde des Mannes benachteiligt werden (Dölle, II, 429; Brühl, 163f je mit weiteren Nachweisen); gerechterweise sei das uneheliche Kind des Mannes der Ehefrau und der geschiedenen Ehefrau gleichzustellen (s auch 56 zu § 1708).

In extremen Fällen ist jedoch eine Korrektur gemäß § 242 geboten, im Falle besonderer Bedürftigkeit der Frau (zB infolge langwieriger Krankheit) auch unter Berücksichtigung des Gebots des Art 6 Abs 1 GG.

§ 1609 ist hier nicht analog anwendbar (ebenso Dölle, aaO).

Im Zwangsvollstreckungsverfahren geht der Unterhaltsanspruch der Ehefrau und der früheren Ehefrau dem Anspruch des unehelichen Kindes vor (§ 850d Abs 2 ZPO).

Lebt der uneheliche Vater von seiner Ehefrau getrennt und macht diese gegen ihn Unterhaltsansprüche geltend*) (§ 1361 Abs 1 Satz 1, Abs 2, 4), so sind die Unterhaltsansprüche des unehelichen Kindes im Rahmen des § 1361 Abs 1 Satz 2 zu berücksichtigen (ebenso Dölle, II, 429; Brühl, aaO; LG Wiesbaden, FamRZ 1965, 570). 49

Ist die Ehe des unehelichen Vaters geschieden und ist er gegenüber der früheren Ehefrau unterhaltspflichtig (§§ 58 Abs 1, 61 Abs 1 EheG), so ist der Unterhaltsanspruch des unehelichen Kindes (§ 1708 Abs 1) eine sonstige Verpflichtung des Vaters iS des § 59 Abs 1 EheG (ebenso Dölle, II, 429). 50

In den sonstigen Fällen (s §§ 60, 61 Abs 2 EheG) ist der Unterhaltsanspruch des unehelichen Kindes im Rahmen der hier zu treffenden Billigkeitsentscheidung, unter Berücksichtigung der Einkommens- und Vermögensverhältnisse des Mannes (Vaters des unehelichen Kindes), zu berücksichtigen.

4. Treffen der außerordentliche Unterhaltsanspruch des Kindes (§ 1708 Abs 2) und Unterhaltsansprüche ehelicher Kinder, der Ehefrau oder der geschiedenen Ehefrau oder der Eltern des unehelichen Vaters zusammen, so gehen alle diese Ansprüche dem Anspruch des Kindes (§ 1708 Abs 2) vor (s auch 167f zu § 1708). 51

5. Ist das Kind bereits verheiratet, so haftet der Ehegatte vor dem unehelichen Vater (s 25, 119, 156 zu § 1708). 52

6. Hat das uneheliche Kind schon selbst Abkömmlinge, so haften diese vor dem unehelichen Vater (analog § 1606 Abs 1; s auch Bem 169 zu § 1708). 53

IV. **Abs 2****).

1. Gewährt ein Dritter dem unehelichen Kinde an Stelle des gemäß § 1708 Abs 1 oder 2 unterhaltspflichtigen Vaters Unterhalt, so kommt es darauf an, ob der Dritte den Unterhalt für den Vater leisten will (vgl § 267 Abs 1). In diesem Falle geht der Unterhaltsanspruch des Kindes, soweit er erfüllt ist, unter. Der Dritte hat sodann gegen den Vater Ersatzansprüche gemäß §§ 677, 679, 683, 812 es sei denn, es lägen die Voraussetzungen der §§ 685 Abs 1, 687 Abs 1 vor. Ein Übergang der Unterhaltsforderung des Kindes auf den Dritten kommt zB unter den Voraussetzungen des § 268 in Betracht. 54

Hat indessen die Mutter oder ein unterhaltspflichtiger mütterlicher Verwandter (s § 1606 Abs 2) dem Kinde Unterhalt gewährt, so geht gemäß **Abs 2 Satz 1** insoweit, als der Unterhalt gewährt worden war, der Unterhaltsanspruch des Kindes — der sich nach § 1711 auch auf rückständige Unterhaltsbeiträge erstreckt — auf die Mutter oder den mütterlichen Verwandten über; im gleichen Umfange erlischt der Unterhaltsanspruch des Kindes gegen den Vater (s Prot 6, 301ff). Es handelt sich hier um eine cessio legis (§ 412). Hierdurch hat die Mutter oder der mütterliche Verwandte eine sichere Anspruchsgrundlage erhalten, was auch innerlich gerechtfertigt ist (Dölle, II, 427; s auch Erman-Hefermehl, 3), da es im Einzelfall sonst immer zweifelhaft sein dürfte, ob Ansprüche aus den Vorschriften der §§ 677ff, 812 gegeben sind, da die Mutter oder der mütterliche Verwandte in Erfüllung eigener oder vermeintlich eigener Unterhaltsverpflichtungen geleistet haben könnte (s Dölle und Erman-Hefermehl, aaO). 55

Die Mutter oder der unterhaltspflichtige mütterliche Verwandte hat also nun einen Anspruch in Geld erworben, auch wenn Naturalien aufgewendet worden waren (s Beitzke, 195).

Auf die Mutter oder den mütterlichen Verwandten geht nur der gegen den Vater bestehende Unterhaltsanspruch des Kindes über, in dem Sinne, wie er in Bem 59ff, 56

---

*) Brühl, Primäre und sekundäre Gesichtspunkte für die Billigkeitsentscheidung nach § 1361 I BGB, FamRZ 1965, 533.

**) Niclas, Der Unterhaltsanspruch des Kindes für die Vergangenheit und sein Übergang auf Dritte, ZblJugR 1960, 267.

64ff zu § 1708 behandelt worden ist, dh also die anstelle des Vaters gewährte Unterhaltsleistung; die Mutter hat gemäß Abs 2 Satz 1 gegen den Vater keinen Anspruch auf Ersatz des Werts der Dienstleistungen, die sie im Rahmen ihres Rechts und ihrer Pflicht, für die Person des Kindes zu sorgen, erbracht hat. Denn insoweit erfüllt sie ihre eigene Unterhaltspflicht. Ebenso geht der Unterhaltsanspruch des Kindes auch insoweit nicht auf die Großmutter über, als diese das Kind anstelle ihrer Tochter, der Kindesmutter, betreut und versorgt (s auch Bem 60 aE, 67 zu § 1708).

Mutter und Großeltern des Kindes mütterlicherseits haben also einen auf sie übergegangenen „Ersatzanspruch" nur insoweit, als der Vater seine Unterhaltspflicht nicht erfüllt hat und sie selbst die baren Aufwendungen für die Ernährung, Bekleidung des Kindes usw getragen haben.

57 Auf die Mutter oder den mütterlichen Verwandten geht auch nicht der dem Kinde gegen den Vormund wegen des Abschlusses eines nachteiligen Abfindungsvertrages zustehende Schadensersatzanspruch (§ 1833) über (BGHZ 22, 72, 77 = NJW 1957, 138 = MDR 1957, 537 = FamRZ 1957, 19 Leits; Erman-Hefermehl, 4).

58 Soweit der Unterhaltsanspruch des Kindes auf die Mutter oder einen mütterlichen Verwandten (§ 1606 Abs 2) übergegangen ist, kann das Kind ihn nicht mehr geltend machen (vgl RG, DRW 1943, 617). Hat das Kind einen Unterhaltstitel erwirkt, so kann der Vater freilich nur mit der Vollstreckungsabwehrklage (§ 767 ZPO) Einwendungen gegen die Aktivlegitimation des Kindes erheben (s auch Bem 65, sowie 250 aE zu § 1708).

59 Ist ein Unterhaltstitel erwirkt worden, so kann er hinsichtlich des auf die Mutter oder den unterhaltspflichtigen mütterlichen Verwandten übergegangenen Anspruchs umgeschrieben werden (§ 727 ZPO; s auch unten Bem 63, 65).

60 Der Übergang des Unterhaltsanspruchs auf die Mutter oder einen unterhaltspflichtigen mütterlichen Verwandten schließt nicht aus, daß der Ersatzanspruch gemäß §§ 677ff und 812ff geltend gemacht wird (RGZ 170, 252, 253; OLG Hamburg, JW 1936, 3066; Fuchs, JW 1913, 1160; s ferner Gotthardt in diesem Komm, 38 zu § 1607; aM Voraufl, 5c; OLG München, OLG 24, 275).

61 2. Der auf die Mutter oder den mütterlichen Verwandten übergegangene Anspruch ist ein Regreßanspruch, ein „abgeleiteter Unterhaltsanspruch" (RGZ 170, 252); mit dem Übergang von dem unehelichen Kinde auf die Mutter oder den mütterlichen Verwandten verliert der Anspruch seine Rechtsnatur als Unterhaltsforderung, ebenso wie der gemäß § 1607 Abs 2 Satz 2 übergegangene Anspruch (s dort Bem 25). Vom Zeitpunkt des Übergangs an dient der Anspruch nicht mehr zur Sicherstellung des Lebensbedarfs des unehelichen Kindes; damit ist der besondere Gesetzeszweck einer Unterhaltsforderung entfallen (s zu § 1607 Bem 26; sowie zu § 1709 Dölle, II, 428; Soergel-Siebert-Lade, 3; Brühl, 279).

62 a) Der auf die Mutter oder einen unterhaltspflichtigen mütterlichen Verwandten übergegangene Anspruch kann abgetreten, gepfändet und verpfändet werden, ferner kann gegen ihn aufgerechnet werden.

63 Der auf die Mutter oder den unterhaltspflichtigen mütterlichen Verwandten übergegangene Unterhaltsanspruch kann auf das Kind **zurückübertragen** werden, was auch stillschweigend geschehen kann (s Niclas, ZblJugR 1960, 267; Dölle, II, 428). Dies wird in der Regel dann anzunehmen sein, wenn das durch den Vormund vertretene Kind Unterhaltsansprüche für die Vergangenheit geltend macht (vgl auch § 1711), obwohl die Mutter oder die Großeltern das Kind unterhalten haben, und wenn die Mutter oder die Großeltern der Geltendmachung durch den Vormund nicht widersprechen (Dölle, Niclas, aaO).

Gibt aber die Mutter zu erkennen, daß sie an der Verfolgung der Unterhaltsansprüche nicht interessiert ist, so kann das Kind rückständige Ansprüche, die auf die Mutter übergegangen sind, nicht geltend machen, wenn keine Anhaltspunkte für eine Rückübertragung ersichtlich sind (LG Duisburg, DAVorm XXXVIII, 178).

64 Die Mutter oder die unterhaltspflichtigen mütterlichen Verwandten können auf die Geltendmachung des Ersatzanspruchs gegen den unehelichen Vater verzichten (LG Konstanz, DAVorm XXXVIII, 42); einer vormundschaftsgerichtlichen Genehmigung bedarf dieser Verzicht nicht (s 26 zu § 1714).

65 b) In der **Vollstreckung** genießt der Anspruch (s Bem 61) nicht mehr das Vorrecht des § 850d ZPO (hM, s Dölle, II, 428; Brühl, 279; Lehmann, 212; Gernhuber, 627; Beitzke, 195f; Erman-Hefermehl, 7; Soergel-Siebert-Lade, 3; OLG Hamburg, JW 1937, 51; s auch Bem 254 zu § 1708; aM KG, OLG 6, 423; OLG Breslau, OLG 17, 340). Dies hat allerdings

nur dann praktische Bedeutung, wenn die Mutter oder der mütterliche Verwandte selbst einen Titel gegen den Vater des Kindes erwirkt hat (§ 1709 Abs 2) oder wenn der von dem Kinde erwirkte Titel auf die Mutter umgeschrieben worden ist (§ 727 ZPO; s Bem 59) oder wenn das Kind in der Klage die auf die Mutter oder den mütterlichen Verwandten übergegangenen Ansprüche (Unterhaltsrückstände) infolge Rückübertragung geltend gemacht hat (s Bem 63; sowie 250 aE zu § 1708).

c) Dagegen ist der Anspruch weiterhin eine wiederkehrende Leistung iS des **§ 197***), er behält also seine Eigenart, die dem Schutze des Schuldners dient, was auch sachlich gerechtfertigt ist (ebenso Gernhuber, 627; Dölle, II, 428; Brühl, 270; Lehmann, 212; RGRKomm 7; Soergel-Siebert-Lade, 3; Erman-Hefermehl, 6 je zu § 1709; Danckelmann, NJW 1955, 1593; Boehmer, FamRZ 1960, 213, 217; Josef, aaO, 220; OLG München, OLG 24, 275; RGZ 170, 252, 253; OLG Hamburg, JW 1936, 3066; OLG Nürnberg, FamRZ 1960, 167; s auch Bem 73). Der Anspruch verjährt daher in 4 Jahren (s hierzu Bem 171, 178 zu § 1708)**). 66

d) Der übergegangene Anspruch ist auch als ein Anspruch aus einem außerehelichen Beischlaf iS des **§ 23 Nr 2 lit** f und des **§ 200 Abs 2 Nr 5 GVG** zu beurteilen (ebenso Brühl, 368; Soergel-Siebert-Lade, 5; s auch hinsichtlich der Vermögensübernahme Bem 24 zu § 1712; anders Voraufl 5e). 67

3. Auf den übergegangenen Anspruch sind gemäß **§ 412** die Vorschriften der §§ 399 bis 404, 406—410 entsprechend anzuwenden. Hiernach ist der gesetzliche Vertreter des Kindes verpflichtet, der Mutter oder dem mütterlichen Verwandten die zur Geltendmachung erforderlichen Auskünfte zu erteilen (§ 402; der Vater kann der Mutter oder dem mütterlichen Verwandten alle Einwendungen entgegensetzen, die zur Zeit des Übergangs des Unterhaltsanspruchs begründet waren (§ 404). 68

4. Die Mutter oder der mütterliche Verwandte kann den übergegangenen Anspruch nicht zum Nachteil des Kindes geltend machen (**Abs 2 Satz 2**; vgl auch § 1607 Abs 2 Satz 3). Dies wäre der Fall, wenn der Vater infolge der Befriedigung dieses Anspruchs außerstande wäre, die Unterhaltsansprüche des Kindes, die rückständigen, soweit sie nicht übergegangen sind, und die laufenden, nicht mehr zu erfüllen (Dölle, II, 428; Gernhuber, 627; Soergel-Siebert-Lade, 4; RGRKomm 6; KG RJA 16, 1916, 13, 15). Dies bedeutet mit anderen Worten, daß der Unterhaltsanspruch des Kindes, auch ein diesem verbliebener rückständiger Anspruch, dem auf die Mutter oder den mütterlichen Verwandten übergegangenen Erstattungsanspruch vorgeht, wenn der Vater nicht beide Ansprüche erfüllen kann (so auch Erman-Hefermehl, aaO; Dölle, aaO). 69

Dazu daß die Mutter oder der mütterliche Verwandte auf den übergegangenen Anspruch verzichten kann, s oben Bem 64.

V. Entsprechende Anwendung des Abs 2.

1. Haben Pflegeeltern oder der Stiefvater oder sonstige Dritte dem Kinde Unterhalt gewährt, so geht auf diese der Unterhaltsanspruch des Kindes nicht über; § 1709 Abs 2 ist hier auch nicht analog anzuwenden. Vielmehr kann der Ersatzanspruch lediglich nach anderen Vorschriften, insbesondere § 683, geltend gemacht werden (vgl RG, DRW 1943 617). 70

Hat das Versorgungsamt eines Landes an das uneheliche Kind eines vermeintlich Kriegsverschollenen eine Rente ausgezahlt, so hat das Versorgungsamt (bzw das betreffende Land) gegen den in Wirklichkeit nicht verschollenen Erzeuger dann keinen Anspruch auf Erstattung seiner Leistungen aus dem Gesichtspunkt der Geschäftsführung ohne Auftrag, wenn sich das Versorgungsamt vorbehalten hatte, die Zahlungen von dem Kinde zurückzufordern und wenn es hiervon auch Gebrauch gemacht hat (BGH, FamRZ 1959, 108 = NJW 1959, 382, 1725 mit Anm von vSchuch = EJF, A I g Nr 8 mit Anm von K. E. Meyer = MDR 1959, 206).

*) Josef, Die Verjährung der auf auftraglose Geschäftsführung, Bereicherung sowie auf Übertragung kraft Gesetzes gegründeten Forderungen und der Erwerb von Erstattungsansprüchen durch auftraglose Zahlung, GruchBeitr 50, 1906, 215.

**) Auf die Ansprüche eines Dritten gegen den Vater aus Geschäftsführung ohne Auftrag (§ 683) ist ebenfalls § 197 anzuwenden (RGZ 170, 252; OLG Nürnberg, FamRZ 1960, 167 = MDR 1960, 495; Danckelmann, NJW 1955, 1593; aM OLG Stuttgart, NJW 1955, 1593; OLG Hamburg, JW 1936, 3066).

Zu der Frage, ob dem Manne, der zunächst und zu Unrecht zur Unterhaltszahlung verurteilt worden war und der dementsprechend Unterhalt gewährt hat oder von dem auf Grund des Urteils Unterhaltsleistungen beigetrieben worden sind, gegen den wirklichen Erzeuger Ersatzansprüche zustehen, s 209f zu § 1717.

71 2. a) Nach jetzt wohl einhelliger Meinung ist § 1709 Abs 2 entsprechend anzuwenden*), wenn der **Ehemann der Mutter** dem während der Ehe geborenen Kinde, dessen Unehelichkeit rechtskräftig festgestellt worden ist (§§ 640, 643 ZPO), bis zur Rechtskraft des Urteils **Unterhalt gewährt** hat; der Unterhaltsanspruch des Kindes ist als auf den Ehemann der Mutter übergegangen anzusehen (RG, DRW 1944, 334; BGHZ 24, 9 = FamRZ 1957, 167 mit Anm von Bosch = NJW 1957, 870 = EJF, A I g Nr 1 mit Anm von Dunz = LM BGB, § 1709 Nr 2 Leits mit Anm von Johannsen; BGH, FamRZ 1960, 483; 1965, 71; OLG Nürnberg, FamRZ 1960, 165; OLG Koblenz, NJW 1955, 1189 = FamRZ 1955, 368 Leits; FamRZ 1960, 365; LG Bielefeld, FamRZ 1960, 242; LG München II, NJW 1959, 1325 = DAVorm XXXII, 209; OLG Düsseldorf, NJW 1966, 355; s auch OLG Nürnberg, BayJMBl 1954 278 = FamRZ 1955, 152 Leits, das § 812 anwandte).

Dies gilt auch, wenn das Kind zwar während der Ehe geboren, aber vor der Eheschließung gezeugt worden war (OLG Nürnberg, FamRZ 1960, 165), sowie wenn das Kind vor der Eheschließung geboren war, durch die Eheschließung als legitimiert behandelt worden ist und der Ehemann der Mutter dem Kinde von der Eheschließung bis zur Rechtskraft des Urteils, durch das die Unehelichkeit festgestellt wurde, Unterhalt gewährt hat; im letzteren Falle geht der Unterhaltsanspruch des Kindes für den erwähnten Zeitraum auf den Ehemann der Mutter über (BGHWarn 1963, 619 Nr 240 = LM BGB § 1709 Nr 4 = FamRZ 1964 41 = JZ 1964, 132 = MDR 1964, 124 = NJW 1964, 295 = JuS 1964, 162).

Ist die Ehe der Mutter geschieden worden und hat die Mutter danach den Erzeuger des Kindes geheiratet, womit das Kind legitimiert worden ist, so kann der frühere Ehemann der Mutter für die Zeit nach der Legitimation keinen Anspruch analog § 1709 Abs 2 mehr geltend machen (OLG Düsseldorf, NJW 1966, 355; hierzu Franz, NJW 1966, 784).

Die Aufwendungen für den Unterhalt des Kindes kann der Ehemann der Mutter des Kindes gegen dessen Erzeuger nur im Rahmen der §§ 1708, 1710 geltend machen (BGHZ 24, 9 = FamRZ 1957, 167 mit Anm von Bosch; Z 26, 217 = FamRZ 1958, 99 mit Anm von Bosch = JR 1958, 178 = MDR 1958, 222 = NJW 1958, 544; FamRZ 1965, 71).

Soweit der Ehemann der Mutter nach Rechtskraft des Urteils, durch das die Unehelichkeit des Kindes festgestellt worden ist, diesem weiterhin Unterhalt gewährt hat, sind die Vorschriften des §§ 683, 812 anzuwenden.

72 Voraussetzung in allen diesen Fällen ist, daß die **Unehelichkeit des Kindes rechtskräftig** festgestellt ist; sonst kann angesichts der Vorschrift des § 1593 ein Ersatzanspruch des Ehemannes der Mutter nicht geltend gemacht werden (BGHZ 14, 358 = FamRZ 1954, 245 = NJW 1954, 1801 = JZ 1954, 750 = LM BGB § 1593 Nr 1 mit Anm von Johannsen; BGH Warn 1962, 69 Nr 39 = FamRZ 1962, 254 = NJW 1962, 1057 = MDR 1962, 465 = JZ 1962, 756 = JR 1962, 300).

73 Der Anspruch **verjährt**, ebenso wie der gemäß § 1709 Abs 2 auf die Mutter oder den mütterlichen Verwandten übergegangene Unterhaltsanspruch (s Bem 66), in 4 Jahren (OLG Nürnberg, FamRZ 1960, 165; OLG Koblenz, FamRZ 1960, 365); die Verjährung beginnt frühestens mit der Rechtskraft des Urteils, durch das die Unehelichkeit des Kindes festgestellt worden ist (vgl OLG Nürnberg, aaO; aM LG München II, NJW 1959, 1325 = DAVorm XXXII, 209) und setzt voraus, daß der Anspruch die erforderliche Bestimmtheit, dh die

---

*) Aus der umfangreichen Literatur s ua Beitzke, Die Kosten der Anfechtung der Ehelichkeit, FamRZ 1959, 44; Berg und D. Schwab, Ehestörungsklage und Schadenersatzansprüche wegen Ehestörung, JuS 1961, 137, 142; Boehmer, Ersatzansprüche des „gesetzlichen" Vaters wegen Unterhaltsleistungen an das nachträglich für unehelich erklärte Kind?, NJW 1955, 210; ders, Die Ehestörungsklage, FamRZ 1955, 7; ders, Die neueste Rechtsprechung zur Frage der „Ehestörungsklage", FamRZ 1957, 196; ders, Fragen der Ehelichkeitsanfechtung, FamRZ 1960, 213; ders, Zum Verhältnis von § 1593 und § 826 BGB, JZ 1962, 731; Brühl, Erstattung von Kosten der Ehelichkeitsanfechtung, FamRZ 1961, 246; E. v. Hippel, Schadensersatz bei Ehestörung, NJW 1965, 664 (mit ausführlichen Nachweisen); Künkel, Kostenerstattungs- und Schadensausgleichsanspruch im Ehelichkeitsanfechtungsrechtsstreit, FamRZ 1966, 176.

Beziehung eines Berechtigten zu einem bestimmten Verpflichteten (s Coing in diesem Komm, 2 zu § 194, 2 zu § 198), erlangt hat (OLG Koblenz, aaO).

b) § 1709 Abs 2 ist ferner entsprechend anzuwenden, wenn der Ehemann der Mutter dem Kinde zur Rechtsverteidigung in dem die Anfechtung der Ehelichkeit betreffenden Rechtsstreit einen **Prozeßkostenvorschuß** geleistet hat (BGH Warn 1964, 471 Nr 199 = LM BGB § 1709 Nr 5 = FamRZ 1964, 558 = MDR 1964, 910 = NJW 1964, 2151; OLG Köln, FamRZ 1963, 584). 74

c) Weiterhin kann der Ehemann der Mutter von dem Erzeuger des Kindes nach rechtskräftiger Feststellung der Unehelichkeit Ersatz der Kosten der Entbindung verlangen; dies ist jetzt wohl einhellige Ansicht (s zB BGHZ 26, 217 = FamRZ 1958, 99 mit Anm von Bosch = NJW 1958, 544 = MDR 1958, 222 = EJF, A I g Nr 6 Leits = JR 1958, 178; FamRZ 1960, 483). Der BGH hat § 812 iV mit § 1715 angewandt; richtigerweise findet aber hier der Rechtsgedanke des § 1709 Abs 2 ebenfalls entsprechende Anwendung (s Bosch, FamRZ 1958, 101). 75

d) Dagegen hat der BGH (Z 26, 217 = FamRZ 1958, 99 = JZ 1958, 247 = MDR 1958, 222 = NJW 1958, 544 = JR 1958, 178; Warn 1964, 471 Nr 199 [s Bem 74]) dem Ehemann der Mutter einen Ersatzanspruch hinsichtlich der **Kosten des Rechtsstreits betr Anfechtung der Ehelichkeit des Kindes versagt** (ebenso OLG Koblenz, FamRZ 1960, 365; **aM** mit Recht OLG Düsseldorf, FamRZ 1958, 104; OLG Celle, FamRZ 1964, 366 mit zustimmender Anm von Bosch; OLG Köln, FamRZ 1963, 584 = NJW 1963, 2028). Die OLGe Köln und Celle (aaO) haben die analoge Anwendung des § 1709 Abs 2 hinsichtlich der gesamten in diesem Rechtsstreit entstehenden Kosten bejaht, also auch bezüglich der eigenen Auslagen, da das Kind dem Ehemann der Mutter wegen seiner Vermögenslosigkeit diese Kosten nicht erstatten könne; dh mit anderen Worten: der Erzeuger des Kindes ist auf Grund seiner Unterhaltspflicht gegenüber diesem für verpflichtet erklärt worden, das Kind von der Kostenlast des Rechtsstreits zu befreien, in dem die Unehelichkeit des Kindes festgestellt worden war (s hierzu auch Dölle, I, 382f; Gernhuber, 143; E. von Hippel, NJW 1965, 664, 668f; D. Schwab, JuS 1961, 142; Brühl, FamRZ 1961, 246, 247; AG Friedberg, FamRZ 1964, 569, sowie in diesem Komm Hübner, Vorbem 61 vor § 1353, Lauterbach, Bem 15 zu § 1593). 76

3. Die entsprechende Anwendung des § 1709 Abs 2 ist auch zu bejahen, wenn der **Haftpflichtversicherer** des Schädigers dem vermeintlich ehelichen Kinde eines bei einem Unfall getöteten Mannes Unterhalt leistet, und zwar für den Zeitraum bis zur Rechtskraft des Urteils, durch das die Unehelichkeit des Kindes festgestellt worden ist (LG Krefeld, VersR 1961, 958). 77

VI. Der Übergang des Unterhaltsanspruchs gemäß §§ 90, 91 BSHG.

Hat der Träger der Sozialhilfe dem Kinde Unterhalt geleistet oder leistet er ihm laufend Unterhalt, so kann er durch schriftliche Anzeige (§ 90 Abs 1 BSHG) bewirken, daß der Unterhaltsanspruch des Kindes bis zur Höhe der Aufwendungen des Trägers der Sozialhilfe auf ihn übergeht (s § 91 BSHG und hierzu Dölle, II, 492ff, sowie 11 zu § 1711, 106 zu § 1708*). 78

Die Überleitung von Unterhaltsansprüchen eines unehelichen Kindes nach §§ 90, 91 BSHG kann in der Weise wieder rückgängig gemacht werden, daß der Träger der Sozialhilfe die Rücknahme der Überleitung dem Unterhaltspflichtigen anzeigt und während der Dauer der Überleitung fällig gewordene Ansprüche an den Unterhaltsberechtigten abtritt (LG Stuttgart, FamRZ 1966, 261, 262 mit weiteren Hinw — in NJW 1965, 2061 nicht mitenthalten —).

VII. Strafrecht**).

Gemäß **§ 170b StGB** macht sich die Mutter strafbar, wenn sie sich vorsätzlich der gesetzlichen Unterhaltspflicht entzieht, so daß der Lebensbedarf des unehelichen Kindes gefährdet ist oder ohne öffentliche Hilfe oder die Hilfe anderer gefährdet wäre. Hierunter fällt sowohl die Verletzung der Pflicht, für das Kind zu sorgen (s Bem 7), wie auch die Pflicht, das Kind zu unterhalten, wenn der Vater keinen Unterhalt leistet und daher die subsidiäre Haftung der Mutter in Betracht kommt (s Bem 21 und hierzu ua BayObLG, FamRZ 1964, 371 = JR 1964, 308 mit Anm von Mittelbach = GoltdA 1964, 126). 79

*) Zu „Fürsorgeziffern über Unterhaltssäumigkeit" s Fritzen, FamRZ 1956, 65.

**) Lit-Angaben s Fußn zu Bem 264 zu § 1708.

§ 1710*).

Der Unterhalt ist durch Zahlung einer Geldrente zu gewähren. Die Rente ist monatlich im voraus zu zahlen. Durch eine Vorauszahlung für mehr als drei Monate wird der Vater nicht befreit. Der Vater schuldet den vollen Monatsbetrag auch dann, wenn das Kind im Laufe des Monats stirbt.

FamRÄndG 1961, Art 1 Nr 10; § 1710 aF: E I, 1574, 1576 Abs 2; II, 1597; III, 1686; Mot 4, 897; Prot 4 677, 683.

Gliederung.

I. Allgemeines.

1 § 1710 regelt die Art der Leistung des Unterhalts, nämlich durch Zahlung einer Geldrente, wie es der Natur der Sache entspricht, da die natürlichen Eltern des Kindes nicht miteinander verheiratet sind.

Die Vorschrift des § 1710 wurde durch das FamRÄndG vom 11. 8. 1961, BGBl I, 1221, geändert und neugefaßt. Nach der ursprünglichen Fassung war vierteljährliche Vorauszahlung der Unterhaltsrente vorgeschrieben (§ 1710 Abs 2 Satz 1), entsprechend der Fassung des § 760 Abs 2. In der Begründung des Regierungsentwurfs (BT-Drucks III/530, S 18 zu Art I Nr 13) war dargelegt: Die Bestimmung [des Entwurfs] „entspricht der Regelung, die das Gleichberechtigungsgesetz für den Unterhalt unter getrennt lebenden Ehegatten getroffen hat (§ 1361 Abs 4 BGB)"; vgl auch § 1612 Abs 3 Satz 1 und § 62 Abs 1 Satz 2 EheG sowie zum früheren Recht §§ 1361 Abs 1 Satz 1, 1580, 1612 Abs 3.

Mit der Neuregelung des § 1710 ist nun für Unterhaltsansprüche unter Verwandten, getrennt lebenden und geschiedenen Ehegatten sowie von unehelichen Kindern einheitlich festgelegt, daß die Unterhaltsrente jeweils monatlich im Voraus zu leisten ist (vgl aber auch Bem 11).

II. Die Regelung im einzelnen.

2 1. a) Der uneheliche Vater kann den Unterhalt nur in Form einer **Geldrente** leisten **(Satz 1)**; er ist weder berechtigt noch verpflichtet, den Unterhalt in Natur zu leisten (s zB LG Kiel, SchlHAnz 1954, 54). Die Vorschriften des § 1612 Abs 1 Satz 2 und Abs 2 sind hier nicht, auch nicht entsprechend, anzuwenden. Lediglich mit Genehmigung des Vormundschaftsgerichts kann gemäß § 1714 Abs 1 eine von der Regelung des § 1710 Satz 1 abweichende Vereinbarung getroffen werden (s 4 zu § 1714). Durch eine solche Vereinbarung wird aber der Charakter des Anspruchs des Kindes als Unterhaltsanspruch nicht berührt (s 46 zu § 1714).

3 Der Grundsatz der **Gleichberechtigung** hat an der Regelung des § 1710 Satz 1 nichts geändert (ebenso Dölle, II, 430; Soergel-Siebert-Lade, 2; LG Kiel, SchlHAnz 1954, 54).

4 Der gesetzliche Vertreter des Kindes kann gemäß § 364 Abs 1 Naturalleistungen an Erfüllungs Statt annehmen (so auch Soergel-Siebert-Lade, 2).

5 Die laufenden Unterhaltsrenten sind an den gesetzlichen Vertreter zu zahlen, nicht an die Mutter, wenn dieser nur die tatsächliche Sorge (§ 1707 Abs 1 Satz 2) zusteht (s hierzu 13, 72 f zu § 1707).

6 b) § 1710 Satz 1 bezieht sich nur auf den normalen von vornherein übersehbaren Unterhalt, auf die **Deckung des gewöhnlichen Lebensbedarfs** des Kindes unter Berücksichtigung der Lebensstellung der Mutter, wie er in den allgemeinen Richt-

---

*) Schrifttum: Dölle, FamR, II, 1965, 430 f, § 103, V, 1; Gernhuber, FamR, 1964, 641 ff, § 59, 6, 7, 9; Beitzke, FamR, 12. Aufl 1964, 194, § 33, III, 3; Kipp in Kipp-Wolff, FamR, 7. Bearb 1931, 419 f, § 95, VI; Brühl, Unterhaltsrecht, 2. Aufl 1963; Köhler, Handbuch des Unterhaltsrechts, 1963.

Bubb, Zu § 1710 BGB, BayZ 1905, 201; Franz, Klageantrag in Alimentenprozessen, SeuffBl 66, 1901, 243; Levinger, Zu § 1710 BGB, BayZ 1905, 300; s ferner: Eißer, Der Unterhalt unehelicher Kinder, Bemerkungen zu den §§ 1707—1710 BGB anläßlich des Beschlusses des BVerfG vom 21. 7. 1960, FamRZ 1963, 473.

sätzen*) festgelegt ist (s BGH, FamRZ 1964, 558 = NJW 1964, 2151 = MDR 1964, 910; Dölle, II, 424; Brühl, 216f; Bosch, FamRZ 1961, 457, 461, IX. d, und Gutachten zum 44. DJT, 103; Lammers, ZblJugR XVII, 1925, 42; Roth-Stielow, FamRZ 1955, 231; Ippensen, ZblJugR 1954, 314, 318; Eißer, FamRZ 1963, 473, 477; Urbach in „Neues Unehelichenrecht in Sicht", 135ff; aus der Rechtsprechung s ferner LG Göttingen, NJW 1955, 224; LG Hamburg, FamRZ 1961, 35; LG Arnsberg, FamRZ 1962, 270; LG Memmingen, DAVorm XXXVI, 1963, 8; LG Kempten, NJW 1964, 551; vgl auch LG Braunschweig, NJW 1965, 351; **aM** Achilles-Greiff-Beitzke, 1; Brüggemann, ZblJugR 1952, 184; LG Wuppertal, ZblJugR 1962, 211 mit ablehnender Anm von Urbach; LG Lübeck, SchlHAnz 1954, 187; LG Bremen, NJW 1954, 74; DAVorm XXXII, 13).

§ 1710 Satz 1 steht daher der Verurteilung des Vaters zur Zahlung eines bestimmten Betrages zur **Deckung vorübergehender besonderer Bedürfnisse** (zB zur Zahlung von — nicht durch eine Krankenkasse gedeckten — Kosten einer Krankenhausbehandlung oder von besonderen Kosten der Berufsausbildung — s hierzu 87ff zu § 1708 —) nicht entgegen (s dazu die oben genannten Zitate; **aM** auch Voraufl, Bem 1). Die Geltendmachung des einmaligen erhöhten Bedarfs gegen den Vater ist keinesfalls nur in Form einer Erhöhung der laufenden Unterhaltsrente möglich (s 87 aE zu § 1708). 7

2. Die Rente ist **monatlich im voraus** zu zahlen (**§ 1710 Satz 2**; s auch Bem 1). Als **Beginn des Monats** ist hier zu verstehen der Tag, der seiner Zahl nach dem Geburtstag des Kindes entspricht, also nicht der erste Tag des Kalendermonats (ebenso RGR-Komm, 3; Erman-Hefermehl, 1; Brühl, 269; sowie für die frühere vierteljährliche Vorauszahlung Voraufl, Bem 2). Der Unterhaltsanspruch wird somit in jedem Monat mit dem Tag fällig, der seiner Zahl nach dem Geburtstag des Kindes entspricht. Wird der Unterhalt an diesem Tag nicht geleistet, so tritt Verzug ein (§ 284 Abs 2). 8

Dies ergibt sich daraus, daß der Unterhaltsanspruch mit dem Tag der Geburt des Kindes beginnt, nicht mit dem vorausgegangenen ersten Tag des Kalendermonats und nicht erst mit dem ersten Tag des folgenden Kalendermonats.

Gegenüber den Ansprüchen von Verwandten, insbesondere ehelicher Kinder, und von getrennt lebenden und geschiedenen Ehegatten besteht insofern ein Unterschied, als die Fälligkeit der Zahlung der diesen gebührenden Rentenansprüche nicht vom Geburtstag abhängig ist, sondern von anderen Umständen, zB etwa bei getrennt lebenden Ehegatten vom Zeitpunkt der Trennung. In der Praxis werden diese Ansprüche auf Zahlung von Unterhaltsrenten jeweils als mit dem ersten Tage des Kalendermonats fällig geworden beurteilt und zu beurteilen sein.

Wenn freilich in der Praxis, insbesondere bei der Betreibung der Unterhaltsansprüche im Wege der Pfändung des Arbeitseinkommens des unehelichen Vaters, die Unterhaltszahlungen wohl meist zum Monatsersten geleistet werden, so sind hiergegen keine Bedenken zu erheben; doch muß man sich des Tages der Fälligkeit (s oben) bewußt bleiben, was von Bedeutung ist, wenn das Kind stirbt oder wenn es das 18. Lebensjahr vollendet.

Wird einer **Abänderungsklage** auf Erhöhung der Unterhaltsrente (§ 323 ZPO) stattgegeben, so ist der betreffende Monats-Teil-Betrag auszurechnen, der sich infolge der Vorschrift des § 323 Abs 3 ZPO ergibt**). 9

Wird dagegen einer Abänderungsklage auf Herabsetzung der monatlichen Unterhaltsrente (§ 323 ZPO) gemäß § 1708 Abs 1 Satz 3 (s auch den in Bem 15 zu § 1712 behandelten Fall) stattgegeben, so hat das Gericht in entsprechender Anwendung des § 1710 Satz 4 die Anordnung über die Herabsetzung der Rente mit dem Tag in Kraft zu setzen, der seiner Zahl nach dem Geburtstag des Kindes entspricht. Das Kind hat also stets Anspruch auf Zahlung des vollen Monatsbeitrags, auch wenn während dieses Monats ein Grund zur Herabsetzung der Unterhaltsrente eintritt (s auch Bem 47 zu § 1612).

Über die Geltendmachung künftig entstehender Unterhaltsansprüche (§ 258 ZPO) s 30, 203 zu § 1708; zu § 3 Abs 2 KonkO s 259f zu § 1708. 10

3. Satz 3 regelt die Wirkung von Vorauszahlungen (vgl auch § 1614 Abs 2). Während § 271 Abs 2 vorschreibt, wenn eine Zeit der Leistung bestimmt ist, so ist im Zweifel anzunehmen, daß der Schuldner sie vor der Fälligkeit bewirken kann, schränkt § 1710 Satz 3 diese Regelung zum Schutze des Kindes in der Weise ein, daß der Vater durch Voraus- 11

*) Hierzu 69ff zu § 1708.

**) Hierzu s Seitter, Die Wirkung der Abänderung des Urteils nach § 323 ZPO auf bereits fällige Unterhaltsleistungen, MDR 1965, 970.

zahlungen für mehr als 3 Monate nicht befreit wird. Diese Vorschrift enthält zwingendes Recht (ebenso Erman-Hefermehl, 1); eine Ausnahme ist jedoch dann zu machen, wenn mit Genehmigung des Vormundschaftsgerichts die Zeit, für welche die Rente im voraus entrichtet werden soll, abweichend von der Vorschrift des Satzes 2 geregelt worden ist, also zB 6 Monate im Voraus. In diesem Falle muß also angenommen werden, daß der Vater durch die betreffenden Zahlungen befreit wird.

Von dem letzteren Fall abgesehen, wird der Vater bei Vorauszahlungen für mehr als 3 Monate nicht befreit, auch wenn das Kind für den das Vierteljahr übersteigenden Zeitraum nicht bedürftig ist. Trotzdem wird nicht nur für den außerordentlichen Unterhaltsanspruch des Kindes (§ 1708 Abs 2), sondern auch für den regelmäßigen Unterhaltsanspruch anzunehmen sein, daß der Vater, wenn die von ihm geleisteten Unterhaltsbeiträge noch vorhanden sind und zum Unterhalt des Kindes verwendet werden können, gegenüber der wiederholten Forderung dieser Beträge mit dem Anspruch aus § 812 aufrechenn kann (s auch Planck-Unzner, 3; Dernburg, 289, § 89, V, e; Kipp, 419f).

12 Durch die Vorschrift dds Satzes 3 wird der gesetzliche Vertreter des Kindes auch nicht daran gehindert, eine Vorauszahlung für einen Zeitraum von mehr als 3 Monaten anzunehmen (so auch RGR-Komm, 4) und den Betrag etwa auf ein Sparkonto anzulegen.

13 Hat der Vater eine Vorauszahlung für 3 Monate geleistet und stirbt das Kind während des ersten oder zweiten Monats, so kann er die Rückzahlung des auf den letzten bzw die zwei letzten Monate entfallenden Betrags verlangen (§ 812, s Dölle, II, 431, Bem 45 zu § 1612).

14 Über die vom Vater gegebenenfalls gemäß **§ 1716** für die ersten 3 Lebensmonate des Kindes geleisteten Unterhaltsbeträge s die Erläuterungen des § 1716.

15 4. **Die Vorschrift des Satzes 4** entspricht den Bestimmungen der §§ 1361 Abs 4 Satz 3, 1612 Abs 3 Satz 2 BGB und § 62 Abs 3 EheG.

Aus § 1710 Satz 4 ergibt sich, daß der für diesen Monat geleistete Unterhalt nicht, auch nicht teilweise zurückgefordert werden kann (etwa unter Berechnung des Teiles, der auf die Tage entfiele, an denen das Kind noch gelebt hat). Ist der Unterhalt für diesen Monat noch nicht geleistet worden, so können die Erbin (die Mutter) oder (nach deren Tod) die Erben des Kindes (zB die Großeltern mütterlicherseits) den Unterhaltsanspruch des Kindes für den ganzen Monat geltend machen; denn insoweit handelt es sich um eine im voraus zu bewirkende Leistung, die zur Zeit des Todes des Kindes fällig geworden ist (§ 1713 Abs 1) und daher vererblich ist (s auch Bem 2 zu § 1713). Eventuell können zur Geltendmachung der rückständigen Monatsrate die Vorschriften des § 1698b (wenn die Mutter gemäß § 1707 Abs 2 gesetzliche Vertreterin des Kindes ist) oder des § 1893 Abs 1 in Betracht kommen.

Zur Bedeutung des § 1710 Satz 4 im Falle der Erhebung einer Abänderungsklage (§ 323 ZPO) auf Herabsetzung der monatlichen Rente s Bem 9.

§ 1711.

Der Unterhalt kann auch für die Vergangenheit verlangt werden.

E I, 1574; II, 1598; III, 1687; Mot 4, 899; Prot 4, 683.

Gliederung.

I. Allgemeines.

1 § 1711 regelt die Nachforderung des Unterhalts für die Vergangenheit, in Abweichung von der für die Unterhaltsansprüche zwischen Verwandten (§§ 1601 ff), Ehegatten (§ 1360a Abs 3) und geschiedenen Ehegatten (§ 64 EheG) geltenden Regelung (s ferner noch §§ 37 Abs 1, 39 Abs 2 Satz 2 EheG; zum früheren Recht s §§ 1360 Abs 3 Satz 2, 1580 Abs 3, 1351). Diese Abweichung

ist im Hinblick auf die besondere Situation und Schutzbedürftigkeit des unehelichen Kindes sowie darauf geboten und wohl begründet, daß erfahrungsgemäß uneheliche Väter sich nicht selten längere Zeit ihrer Unterhaltspflicht erfolgreich entziehen und verhindert werden muß, daß sie sich damit der Unterhaltspflicht endgültig entledigen könnten (s Dölle, II, 431; Gernhuber, 643, sowie zur Entstehungsgeschichte der Vorschrift Mot 4, 899; ZG 4, 638; Prot 4, 683).

Der außereheliche Erzeuger kann sich somit nicht darauf verlassen, daß der Unterhaltsanspruch des Kindes, soweit er für eine vergangene Zeit nicht geltend gemacht ist, dadurch erloschen sei, daß der Berechtigte ihm gegenüber sein Recht nicht ausgeübt hat (BGHZ 43, 1, 6f = FamRZ 1965, 200, 202 = NJW 1965, 581 [in MDR 1965, 276 nicht mitabgedruckt]; s noch Bem 7).

II. Geltungsbereich.

1\. a) § 1711 gilt für den regelmäßigen Unterhaltsanspruch des Kindes **(§ 1708 Abs 1)**, wie auch für den außerordentlichen Unterhaltsanspruch **(§ 1708 Abs 2)**; dies ergibt sich daraus, daß das Gesetz selbst hier keinen Unterschied macht, eine analoge Anwendung des § 1613 daher ausscheiden muß und überdies auch kein Anlaß besteht, eine dem Kinde ungünstige Gesetzesinterpretation zu befürworten (Dölle, II, 431). Diese Auffassung entspricht der jetzt ganz hM (Dölle, aaO; Brühl, 224f; Planck-Unzner, 1; Opet- v. Blume, 1; RGR-Komm, 1; Erman-Hefermehl, 1; Warneyer, Anm; Soergel-Siebert-Lade, 1; Achilles-Greiff-Beitzke, 11; wohl auch Gernhuber, 643; **aM** früher Mantey, Die Rechte des unehelichen Kindes, 1897, 32; Korn, GruchB 55, 1911, 790, 794ff). 2

b) Da der **regelmäßige Unterhaltsanspruch** von der Leistungsfähigkeit des Vaters unabhängig ist (s 37 zu § 1708), kann der Unterhalt auf Grund des § 1708 Abs 1 auch für den Zeitraum nachgefordert werden, während dessen der Vater leistungsunfähig war, zB durch Erwerbslosigkeit (Brühl, 224; s auch RG, JW 1938, 2671). Dagegen kann auf Grund des **§ 1708** Abs 2 — da Voraussetzung des außerordentlichen Unterhaltsanspruchs die Leistungsfähigkeit des Vaters ist (s 157 zu § 1708) — für die Zeit, während der dieser leistungsunfähig war, Nachzahlung auch dann nicht verlangt werden, wenn der Vater später in günstigeren Einkommensverhältnissen sich befindet oder ein bedeutendes Vermögen (zB im Erbgange) erwirbt, da er für jenen Zeitraum überhaupt nicht unterhaltspflichtig war. 3

c) Unberührt bleiben die Vorschriften der **§§ 197, 201 BGB** hinsichtlich der **Verjährung** der Unterhaltsansprüche (s dazu 171f, 178 zu § 1708). 4

d) § 1711 gilt nur für den Unterhaltsanspruch des Kindes gegen den Vater, nicht gegen die Mutter und die mütterlichen Verwandten; auf den Unterhaltsanspruch gegen diese ist **§ 1613** anzuwenden (s 38 zu § 1709). 5

2\. Der rückständige Unterhalt kann **vom Tage der Geburt an** gefordert werden, ohne daß es auf die **Bedürftigkeit** des Kindes ankommt (s auch 33 zu § 1708). 6

a) Dies gilt grundsätzlich auch dann, wenn die blutmäßige Abstammung eines Kindes erst Jahre nach seiner Geburt im Statusprozeß (§§ 640, 642, 643 ZPO — zum Sonderfall des § 644 Abs 2 ZPO s 204ff zu § 1717 —) festgestellt wird (Dölle, II, 431; LG Stuttgart, NJW 1957, 677; RGZ 169, 129, 132), zB wenn zunächst ein anderer Mann erfolglos in Anspruch genommen und die Unterhaltsklage gegen diesen abgewiesen worden war. Allerdings darf das Ergebnis nicht Treu und Glauben und dem Gebot der Billigkeit widersprechen; neben den Einkommens- und Vermögensverhältnissen und der Lage des Kindes ist auch die Frage zu berücksichtigen, ob der Unterhaltsverpflichtete keinen Grund hatte, mit einer Nachforderung zu rechnen, und im Vertrauen hierauf seine Lebensführung eingerichtet hatte (Dölle, aaO; LG Stuttgart, aaO). An diese letzteren Voraussetzungen sind aber zugunsten des Kindes strenge Anforderungen zu stellen (s auch Bem 1 aE). 7

b) Der Unterhaltsanspruch für die Vergangenheit wird auch dadurch nicht berührt, daß ein **Dritter** dem Kinde in Erfüllung einer eigenen Leistungspflicht Unterhalt gewährt hat (Dölle, II, 431; LG Hildesheim, DAVorm XXX, 97); zu dem Falle, daß ein anderer Mann zunächst Unterhalt geleistet hatte, zB auf Grund eines Vaterschaftsanerkenntnisses und einer damit verbundenen vollstreckbaren Urkunde (s 81ff zu § 1718) oder auf Grund eines Urteils, und diese Verpflichtung später beseitigt wurde (s 119ff zu § 1718, 207 zu § 1717), s 209f zu § 1717; ferner s zu dem Falle, daß die Unehelichkeit des Kindes erst später festgestellt (§ 1593) und das Kind von dem Ehemann der Mutter unterhalten worden war, 71 zu § 1709. 8

9 Dagegen wird der Anspruch des Kindes auf Gewährung des Unterhalts für die Vergangenheit als ausgeschlossen zu beurteilen sein, wenn und soweit ein anderer für den unehelichen Vater dem Kinde den Unterhalt gewährt hat (zB ein Verwandter des Vaters), da insoweit die Verbindlichkeit des Vaters dem Kinde gegenüber erfüllt ist. Ob dieser vom Vater Ersatz seiner Aufwendungen verlangen kann, ist eine andere Frage (s etwa §§ 670, 683).

10 c) Hat die **Mutter** oder ein **Großelternteil** mütterlicherseits dem Kinde Unterhalt gewährt, so geht der Unterhaltsanspruch des Kindes gemäß **§ 1709 Abs 2** über (s 54ff zu § 1709). Jedoch kann der Unterhaltsanspruch, soweit er gemäß § 1709 Abs 2 auf einen Dritten übergegangen war, auf das Kind, auch stillschweigend, wieder zurückübertragen werden (ebenso Dölle, II, 431).

11 d) Hat der **Träger der Sozialhilfe** dem Kinde Unterhalt gewährt (s § 90 BSHG), so kann dieser insoweit die Ansprüche des Kindes auf sich überleiten (§§ 90, 91 BSHG)*); für die Vergangenheit kann der uneheliche Vater nur in Anspruch genommen werden, wenn ihm die Gewährung der Sozialhilfe unverzüglich schriftlich mitgeteilt worden ist (§ 91 Abs 2; s dazu Dölle, II, 494). Hat das uneheliche Kind bereits einen Vollstreckungstitel in Händen, so kann dieser gemäß § 727 ZPO hinsichtlich des übergeleiteten Unterhaltsbetrags umgeschrieben werden (s Dölle, II, 493).

III. Der Anspruch auf die Unterhaltsrückstände als Kapitalanspruch.

12 1. Während der Unterhaltsanspruch normalerweise ein Rentenanspruch ist (§ 1710), verwandelt er sich bei Unterhaltsrückständen durch Zeitablauf in einen **Kapitalanspruch** (Dölle, II, 431; RG, DRW 1944, 334; OLG Braunschweig, MDR 1947, 33; s ferner LG Stuttgart, NJW 1957, 677).

13 **Zinsen** für die Unterhaltsrückstände kann das Kind erst von dem Zeitpunkt an verlangen, in dem der Unterhaltspflichtige in Verzug geraten oder der Anspruch rechtshängig geworden war (§§ 284, 288). Hat das Kind durch den Verzug des Vaters Schaden erlitten, so kann es diesen neben den rückständigen Unterhaltsansprüchen geltend machen **(§ 286)**. Die dem Kinde etwa auf Grund der §§ 677ff zustehenden Ansprüche werden durch § 1711 nicht berührt.

14 2. Auch der auf Grund des § 1711 erhobene Anspruch, der „Kapitalanspruch" geworden ist (s Bem 12), ist gleichwohl „Unterhaltsanspruch des unehelichen Kindes" und unterliegt daher den für solche Ansprüche geltenden materiellrechtlichen und prozeßrechtlichen Sondervorschriften (s 8ff zu § 1708; auch 16 zu § 1613). Hinsichtlich der Pfändung des Arbeitseinkommens des Vaters wegen dieser Rückstände s § 850d Abs 1 Satz 4 und Abs 2 lt b ZPO (hierzu s Stöber, Forderungspfändung, 1965, 280f, sowie die Kommentare zur ZPO).

15 3. Von dem Anspruch auf Gewährung des Unterhalts für die Zukunft **unterscheidet sich** der Anspruch auf Leistung der Rückstände (§ 1711) in folgenden Beziehungen:

a) Eine **Vereinbarung** zwischen dem Vater und dem Kinde über den Unterhalt für die Vergangenheit bedarf nicht der Genehmigung des Vormundschaftsgerichts (vgl § 1714 Abs 1; s 25 zu § 1714).

b) **Verzicht** auf die Rückstände kann auch dann wirksam sein, wenn er unentgeltlich ist (vgl § 1714 Abs 2, s 25 zu § 1714).

c) Das dem Erben des Vaters zustehende **Abfindungsrecht** (§ 1712 Abs 2) umfaßt die Unterhaltsrückstände nicht (s 54f zu § 1712).

d) Der Unterhaltsanspruch für die Vergangenheit erlischt nicht mit dem Tode des Kindes (vgl **§ 1713 Abs 1**, s 1 zu § 1713).

e) Die Unterhaltsrückstände können in dem das Vermögen des Vaters betreffenden Konkursverfahren geltend gemacht werden (s **§ 3 Abs 2 KonkO**; hierzu Jaeger-Lent, 8. Aufl, 34, 40, Mentzel-Kuhn, 7. Aufl, 41; Böhle-Stamschräder, 7. Aufl, 9 je zu § 3 KonkO).

---

*) Lit zum BSHG s Anhang zu § 1666 BGB, Bem 555, Fußn sowie Keese-Kursawe-Burucker, jetzt 2. Aufl 1964; zu §§ 90, 91 BSHG s ferner noch Weinbrenner, FamRZ 1963, 269; Göppinger, Die Justiz 1962, 247, 249f; Brühl, FamRZ 1966, 120 (Rezension des Kommentars von Oestreicher); sowie zu dem Thema „Hilfe in besonderen Lebenslagen und Kostenersatz des Minderjährigen nach dem BSHG" Niclas, ZblJugR 1962, 222; weiterhin s Berg-Sawusch, Das Sozialhilferecht des Bundes und der Länder (Loseblattausgabe), 1966f; Schellhorn, Jirasek, Seipp, Der Einsatz des Einkommens nach dem BSHG, 1966; Keese und Kobus, Kostenerstattung zwischen den Trägern der Sozialhilfe und der Jugendhilfe und Fürsorgerechtsvereinbarung, 1966; Baensch, Die Zuständigkeit von Jugend- und Sozialamt bei der Heimunterbringung von Kindern, FamRZ 1965, 364.

§ 1712*).

Der Unterhaltsanspruch erlischt nicht mit dem Tode des Vaters; er steht dem Kinde auch dann zu, wenn der Vater vor der Geburt des Kindes gestorben ist.

Der Erbe des Vaters ist berechtigt, das Kind mit dem Betrag abzufinden, der dem Kinde als Pflichtteil gebühren würde, wenn es ehelich wäre. Sind mehrere uneheliche Kinder vorhanden, so wird die Abfindung so berechnet, wie wenn sie alle ehelich wären.

E I, 1575 Abs 1; II, 1599; III, 1688; Mot 4, 901; Prot 4, 684.

Gliederung.

*) Schrifttum: Dölle, FamR, II, 1965, 413ff, § 103, II, 4; Gernhuber, FamR, 1964, 645ff, § 59, 10—12; Beitzke, FamR, 12. Aufl 1964, 194f, § 33, III, 4; Kipp in Kipp-Wolff, FamR, 7. Bearb 1931, 420f, § 95, VIII; Brühl, Unterhaltsrecht, 2. Aufl 1963; Köhler, Handbuch des Unterhaltsrechts, 1963; Roquette, Das Recht des unehelichen Kindes, 1943, 140ff; Bosch, Gutachten (Verhandlungen des 44. DJT, 1962, Band I, 1. Teil, Heft B).
Minzenmay, Mündelansprüche nach dem Tod des Kindesvaters, ZblJugR 1964, 132. Lit zu Abs 2 s zu Bem 26. Lit zu Einzelfragen ist an der betreffenden Stelle angeführt.

Übersicht.
(Alphabetisches Stichwortverzeichnis).

I. Allgemeines.

1 1. § 1712 regelt die (passive) Vererblichkeit der Unterhaltspflicht. Während die Unterhaltspflicht zwischen Verwandten und Ehegatten durch den Tod des Verpflichteten erlischt (§§ 1615 Abs 1, 1630a Abs 3, 1361 Abs 4 Satz 4), ist hier ausdrücklich vorgeschrieben, daß der Unterhaltsanspruch des unehelichen Kindes durch den Tod des Vaters nicht erlischt (Abs 1), vielmehr geht er auf den Erben in dem Umfang über, in dem er zur Zeit des Todes des Vaters bestand (vgl RG, LZ 1931, 844 = JW 1932, 1352; Bosch, NJW 1950, 791 Anm); dh mit anderen Worten, die Unterhaltspflicht ist nunmehr eine echte, vom Erblasser herrührende **Nachlaßverbindlichkeit,** für die der Erbe unbeschränkt, aber beschränkbar haftet (vgl. auch § 70 EheG hinsichtlich der Unterhaltspflicht nach geschiedener Ehe und Tod des Verpflichteten, s zu § 1712 Dölle, II, 413;

Erman-Hefermehl, 1, Soergel-Siebert-Lade, 1, RGR-Komm, 1). Dies gilt auch dann, wenn der Vater die Geburt des Kindes nicht mehr erlebt hat (s dazu Mot 4, 902ff; ZG 4, 443; Prot 4, 684).

Diese Regelung beruht darauf, daß das uneheliche Kind gegenüber seinem Vater weder erb- noch pflichtteilberechtigt ist und daß im Gegensatz zu den verwandtschaftlichen Unterhaltspflichten (§§ 1601ff) nach dem Tode des unehelichen Vaters kein anderes Mitglied seiner Familie als Unterhaltspflichtiger für ihn eintritt (s dazu zB — auch rechtspolitisch — Boehmer, Gutachten, 44. DJT, 109f, und Einführung in das Bürgerliche Recht, 2.Aufl, 1965, 117; Bosch, Gutachten, 105ff); andererseits aber mußte es als ungerecht erscheinen, das uneheliche Kind beim Tode des Vaters leer ausgehen zu lassen (s RGZ 90, 202, 203 = Auswahlsammlung, FamR, Band 2, S 190f = JW 1917, 850 mit Anm von Herzfelder; Dölle, II, 413). 2

Der durch den Tod des unehelichen Vaters geschaffenen Lage trägt zugunsten des Erben die durch die II. Kommission eingefügte Vorschrift des Abs 2 Rechnung.

Zur Unterhaltspflicht der Mutter und der mütterlichen Verwandten (§§ 1601ff) s 9 zu § 1705 und 27ff zu § 1709.

2. § 1712 widerspricht dem **Art 6 Abs 5 GG** nicht; freilich ist die Vorschrift reformbedürftig (s auch Bem 19 aE)*); zur Frage des Erbrechts und Pflichtteilsrechts des Kindes s auch Vorbem 47, 54 zu § 1705. 3

II. Abs 1:

1. Der Erbe haftet für den Unterhaltsanspruch des Kindes, der eine echte **Nachlaßverbindlichkeit** ist (§ 1967). 4

Die Rechtsnatur des Anspruchs des Kindes als Unterhaltsforderung wird jedoch nicht dadurch verändert, daß die Verpflichtung auf den Erben übergegangen ist (s OLG München, BayJMBl 1952, 266).

Auf die Bedürftigkeit des Kindes und die Leistungsfähigkeit des Erben (s auch Bem 8) kommt es hinsichtlich des Unterhaltsanspruchs gemäß § 1708 Abs 1 Satz 1 und 2 an sich nicht an. Ebenso ist unerheblich, ob der Erbe gesetzlicher Erbe näheren oder entfernteren Grades oder gewillkürter Erbe ist.

a) Voraussetzung der Verpflichtung des Erben ist, daß der Erblasser, wenn er am Leben geblieben wäre, **noch unterhaltspflichtig** wäre, dh also im Regelfalle, daß das uneheliche Kind das 18. Lebensjahr noch nicht vollendet hat (zur Anwendung des § 1708 Abs 1 Satz 3 s Bem 12, zum außerordentlichen Unterhaltsanspruch gemäß § 1708 Abs 2 s Bem 14). 5

Für rückständige Unterhaltsansprüche haftet der Erbe nicht, wenn diese auf die Mutter des Kindes übergegangen waren (§ 1709 Abs 2) und die Mutter auf Ersatz verzichtet hatte (LG Konstanz, DAVorm XXXVIII, 42, s auch 64 zu § 1709).

aa) Das uneheliche Kind hat aber dann keinen Unterhaltsanspruch mehr, wenn es durch **letztwillige Verfügung des Vaters** zum Erben eingesetzt oder wenn ihm zu seiner Sicherstellung ein (ausreichendes) Vermächtnis zugewendet worden ist. Derartige letztwillige Verfügungen sind nicht etwa generell sittenwidrig, auch nicht, wenn der Erblasser verheiratet war (**§ 138**, s dazu OLG Frankfurt, FamRZ 1960, 79 = ZblJugR 1960, 94; LG Lübeck, FamRZ 1962, 312; Bosch, Gutachten, 44. DJT, 108; Dölle, II, 367, 372**). 6

bb) Ein Unterhaltsanspruch des Kindes besteht auch nicht mehr, wenn das Kind gemäß **§ 1714 Abs 1** endgültig abgefunden war (s Bem 15f zu § 1714); dagegen sind die Erben zur weiteren Unterhaltszahlung oder zur Nachzahlung verpflichtet, wenn der vom Vater bezahlte Betrag nur als Kapitalisierung der 7

---

*) Zum ausländischen Recht s Dölle, II, 409ff; sowie Aksoy, Das Erbrecht außerehelicher Kinder in rechtsvergleichender und kritischer Sicht, Zürich 1954.

De lege ferenda s Bem 2 sowie Kipp, DJZ 1931, 271, 274f; Boehmer, Jahrbuch der Akademie für Deutsches Recht, 1937, 80; ders in diesem Komm, 11. Aufl, Einleitung vor § 1922, § 22, Nr 15ff, Erbrecht, 1, 1954, 133ff (hierzu Ferid in diesem Komm, 12 zu § 2303, Erbrecht, 2, 1960); Bernhardt, Das Recht des unehelichen Kindes und dessen Neuregelung in beiden Teilen Deutschlands, 1962, 153; Beitzke, ZblJugR 1963, 174, 184; Dieckmann, FamRZ 1966, 72 (eingehend mit zahlr Hinw); Referentenentwurf 1966 (s Vorbem 69 vor § 1705) mit Begründung (115ff); hierzu Knöpfel, FamRZ 1966, 273, 279.

**) Hierzu eingehend: Siegers, Die Sittenwidrigkeit von letztwilligen Zuwendungen eines Vaters an sein uneheliches Kind, FamRZ 1965, 594; s auch unten Bem 42.

Rente zu beurteilen ist unter Zugrundelegung eines bestimmten Monatsbetrages und inzwischen die Lebenshaltungskosten gestiegen sind (s LG Berlin, DAVorm XXXVI, 1963, 334; sowie auch 15 f zu § 1714).

8 cc) Die Haftung des Erben ist wie gegenüber anderen Nachlaßverbindlichkeiten unbeschränkt, aber beschränkbar*), nach Maßgabe der Regelung der **§§ 1975 ff** (s dazu auch Bosch, NJW 1950, 791, Anm). Der Erbe kann daher, wenn eine Nachlaßpflegschaft zum Zwecke der Befriedigung der Nachlaßgläubiger (Nachlaßverwaltung) angeordnet oder der Nachlaßkonkurs eröffnet ist, die Beschränkung seiner Haftung auf den Nachlaß geltend machen (**§ 1975** iV mit §§ 1980, 1981); dasselbe gilt, wenn die Anordnung der Nachlaßverwaltung oder die Eröffnung des Nachlaßkonkurses wegen Mangels einer den Kosten entsprechenden Masse nicht tunlich ist oder wenn aus diesem Grunde die Nachlaßverwaltung aufgehoben oder das Konkursverfahren eingestellt wird **(§ 1990)** oder wenn das Vergleichsverfahren eröffnet ist **(§ 1980 BGB, § 113 VerglO)**. Der Erbe kann auf diese Weise gegebenenfalls die Leistung der Rückstände, die bis zum Tode des Vaters des Kindes aufgelaufen sind, sowie die weitere Leistung des Unterhalts an das Kind verweigern (s auch Bem 12 aE, 51).

9 **Mehrere Erben** haften als Gesamtschuldner (§§ 2058 ff); bei der Teilung der Erbschaft ist ein Betrag zurückzubehalten, der unter Berücksichtigung der Zwischenzinsen zur Berichtigung der künftigen Unterhaltsrenten ausreicht vgl) § 2046 Abs 1 Satz 2; ebenso Planck-Unzner, Bem 11).

10 Stirbt der Erbe, so haftet der Erbeserbe entsprechend (vgl § 1967).

11 b) Da die Unterhaltsverpflichtung des unehelichen Vaters auf den Erben als Nachlaßverbindlichkeit übergeht, stehen dem Erben auch die **Einreden** zu, die dem Vater **gemäß § 1717** zustehen würden. Der Erbe kann jedoch **nicht** die **Vaterschaft** des Erblassers **anerkennen** (s dazu 17 zu § 1718). Ebenso ist der Erbe auch **nicht** legitimiert, das vom Erblasser gegebene **Vaterschaftsanerkenntnis anzufechten** (aM Boehmer in diesem Komm, 154 zu § 1922; Brühl, 426), da dieses Recht ein höchstpersönliches ist. Jedoch kann der Erbe geltend machen, es sei offenbar unmöglich, daß der Erblasser Erzeuger des Kindes sei (soweit darüber noch nicht rechtskräftig entschieden ist). Darüber, daß der Erbe keine negative Feststellungsklage bezüglich der Abstammung des Kindes vom Erblasser erheben kann, s unten Bem 65.

12 Da die Unterhaltsverpflichtung als Nachlaßverbindlichkeit auf den Erben übergegangen ist, kann er auch verlangen, daß, wenn das Kind das 16. Lebensjahr vollendet hat, dessen eigenes Einkommen zu berücksichtigen ist, soweit dies der Billigkeit entspricht (vgl **§ 1708 Abs 1 Satz 3**). Bei der Beurteilung dieser letzteren Frage wird es aber nun auf die Verhältnisse des Erben ankommen (vgl auch Bosch, Gutachten zum 44. DJT, 1962, S 100, Fußn 354a), wenn er unbeschränkt haftet. Bei der Abwägung der Verhältnisse, also der Prüfung der Frage, was der Billigkeit entspricht, kann es nur auf die wirtschaftliche Lage der Beteiligten ankommen (vgl auch zum Schadensersatzrecht die Vorschrift des § 829 BGB).

Ist die Haftung beschränkt, so wird der Wert des Nachlasses maßgebend sein. Ist der Nachlaß überschuldet oder ist kein Nachlaß vorhanden, so kann der Erbe die Weiterzahlung des Unterhalts verweigern oder den Unterhaltsbetrag ermäßigen, wenn er seine beschränkte Erbenhaftung gemäß §§ 1975 ff geltend macht oder geltend gemacht hat (s auch Bosch, NJW 1950, 791 Anm).

13 c) Hinsichtlich des weiteren Unterhaltsanspruchs des Kindes sind auch die Vorschriften der **§§ 1709—1711** anzuwenden.

14 **2.** Der Erbe haftet auch für den außerordentlichen Unterhaltsanspruch des Kindes gemäß **§ 1708 Abs 2**, da das Gesetz für diesen Fall keine abweichende Regelung getroffen hat und auch keine sachlichen Gründe ersichtlich sind, die eine unterschiedliche Behandlung rechtfertigen würden (ebenso Dölle, II, 413; Planck-Unzner, 1; Opet-v. Blume, 1; RGR-Komm, 1; Soergel-Siebert-Lade, 1; ganz hM). Diese Verpflichtung trifft den Erben in dem gleichen Umfange, wie sie den Vater getroffen hätte, wenn er noch gelebt hätte, als das Kind das 18. Lebensjahr vollendete (ebenso RGR-Komm, 1). Voraussetzung ist daher die Bedürftigkeit des Kindes, zweifelhaft ist dann aber, ob es auf die Leistungsfähigkeit des Vaters oder des Erben ankommt. Die wohl hM (Voraufl, Bem 3; Dölle, II, 413 f; Roquette, 140; Planck-Unzner, 1) stellt auf die Leistungsfähigkeit des Vaters ab, mit der Begründung, der Erbe schulde den Unterhalt nicht auf Grund eines familienrechtlichen Verhältnisses, sondern lediglich auf Grund dieser seiner

*) Clasen, Zur Frage des Vorbehalts der beschränkten Haftung und der Ausübung des dem Erben des Vaters gemäß § 1712 Abs 2 BGB zustehenden Abfindungsrechts, DJ 1941, 888.

Eigenschaft als Erbe. Dieses Argument erscheint jedoch nicht überzeugend (gewisse Zweifel wurden schon in der Voraufl geäußert). Geht die Unterhaltsverpflichtung als Nachlaßverbindlichkeit auf den Erben über, so muß konsequenterweise auch dessen Situation berücksichtigt werden. Bei der Abwägung der Verhältnisse kann es nur auf die wirtschaftliche Lage der Beteiligten ankommen, nicht auf die hypothetischen Verhältnisse eines Verstorbenen (s auch 12). Die hM ist auch insofern unfolgerichtig, als nach ihr maßgebend sein müßte, ob der uneheliche Vater, wenn er am Leben geblieben wäre, nach dem gewöhnlichen Lauf der Dinge im Zeitpunkt der Bedürftigkeit des Kindes leistungsfähig wäre — ein Umstand, der jedoch schwerlich geklärt werden könnte, während die Ermittlung der Leistungsfähigkeit des Erben keine Schwierigkeiten bereitet.

Zur Beschränkung der Haftung auf den Nachlaß s Bem 8.

3. Der Anspruch des Kindes aus § 1712 Abs 1 ist mit den materiell- und prozeßrechtlichen Besonderheiten ausgestattet, die einem gesetzlichen Unterhaltsanspruch anhaften (Dölle, II, 414). Daher kann sowohl das Kind wie der Erbe die **Abänderungsklage (§ 323 ZPO)** erheben (s hierzu auch Dölle, II, 414; RGR-Komm, 2; Erman-Hefermehl, 4; Bötticher, MDR 1950, 490 in der Anm zu LG Hamburg, daselbst 488), der Erbe jedenfalls dann, wenn die Klage auf Umstände gestützt wird, die bereits vor dem Tode des Erzeugers eingetreten waren (Dölle und Erman-Hefermehl, aaO; Palandt-Lauterbach, 1; aM LG Hamburg, aaO; gegen dieses mit Recht Bötticher, aaO), zB wenn der Vater sich zur Zahlung einer höheren als der sich aus § 1708 Abs 1 Satz 1 ergebenden Rente verpflichtet hat und selbst noch wegen Verschlechterung seiner Vermögensverhältnisse eine Herabsetzung der Rente hätte erreichen können (aM LG Hamburg, aaO). Doch sollte man eine Herabsetzung der Rente auf eine Abänderungsklage auch dann für zulässig erachten, wenn das Kind hierdurch noch besser gestellt wird, als durch eine Abfindung mit dem Pflichtteil (§ 1712 Abs 2), zB etwa wenn der Nachlaß nur einen geringfügigen Wert hat oder gar überschuldet ist (vgl zum letzteren Falle auch Bem 33, 51). 15

Eine Abänderungsklage kommt ferner in den Fällen des **§ 1708 Abs 1 Satz 3** sowie uU hinsichtlich des außerordentlichen Unterhaltsanspruchs **(§ 1708 Abs 2)** in Betracht (s auch Bem 14, sowie RGR-Komm, 2 aE zu § 1712).

Sachlich zuständig für diese Klagen ist das Amtsgericht **(§ 23 Nr 2 lit f GVG)**, da die Unterhaltsforderungen des Kindes gegen den Erben des Vaters als „Ansprüche aus einem außerehelichen Beischlaf" beurteilt werden müssen, wenn sie auch Nachlaßverbindlichkeit sind (im Ergebnis wie hier Stein-Jonas-Schönke-Pohle, 19. Aufl, 1964, Bem II, 2f zu § 1 ZPO; Baumbach-Lauterbach, ZPO, 28. Aufl, 1965, Anm 10 zu § 23 GVG; wohl auch Rosenberg, Zivilprozeßrecht, 9. Aufl, 1961, 129, § 31, II, 2f). 16

4. Für zulässig zu halten ist auch eine **Vereinbarung** des gesetzlichen Vertreters des Kindes mit dem Erben **über den Unterhalt** für die Zukunft **(analog § 1714)**, zB bezüglich der Gewährung von Naturalleistungen (s 4 zu § 1714). Eine solche Vereinbarung kommt immer dann in Betracht, wenn das Kind sich durch eine Abfindung gemäß § 1712 Abs 2 schlechter stellen würde; sie bedarf aber analog § 1714 Abs 1 der vormundschaftsgerichtlichen Genehmigung. Dagegen nimmt die wohl einhellige Meinung an, dem Erben stehe sonst nur der Behelf aus § 1712 Abs 2 zu (s Dölle, II, 414; Erman-Hefermehl, 4). 17

5. Erhält das Kind nach dem Tode des Erzeugers auf Grund der Versorgungs- oder Sozialgesetzgebung eine **Waisenrente***), so wird hierdurch nach jetzt hM der Anspruch des Kindes gegen den Erben des Vaters nicht berührt (Dölle, II, 416; Beitzke, 195, § 33, III, 4; NJW 1960, 2228 und in „Amtsvormundschaft — heute", 78ff; Brühl, 149f; Köhler, 111f; Gernhuber, 645; Hüffes, VersR 1961, 397, 398; RGR-Komm, 4; Erman-Hefermehl, 5a; Achilles-Greiff-Beitzke, 12; Palandt-Lauterbach, 1; Soergel-Siebert-Lade, 2; Bosch, Gutachten, 30, 107; Minzenmay, ZblJugR 1964, 132, 134; Göppinger, FamRZ 1960, 378; LG Stuttgart, DAVorm XXVII, 18

---

*) Hierzu s **RVO** §§ 591, 1267; **AngVersG** §§ 39, 44; **BVersG** § 45; **BBeamtenG** § 126 Abs 3; s auch Vorbem 20 ff vor § 1705.

Von den im folgenden genannten Entscheidungen betrafen die **RVO:** OLG Hamm, LGe Aachen, Hannover, Heilbronn, Koblenz (DAVorm XXXI, 76), München II, Münster, Oldenburg, Ravensburg, Stuttgart, Würzburg; das **AngVersG:** LGe Berlin (FamRZ 1961, 83), Flensburg, Koblenz (FamRZ 1956, 322), Köln; das **BVersG:** LGe Berlin (JR 1963, 303), Würzburg; das **BBG:** LG München I; sowie die **freiwillige Sozialversicherung:** LGe Göttingen, Hagen, Itzehoe, Osnabrück.

Lit: Beitzke, Rentenforderungen und Unterhaltsansprüche des unehelichen Kindes in „Amtsvormundschaft — heute", Schriften des Deutschen Instituts für Vormundschaftswesen, Heidelberg, 1960, S 78ff, und NJW 1960, 2228; Schmitz-Pfeiffer, Öffentlich-rechtliche Hinterbliebenenbezüge und Unterhaltsrecht, NJW 1960, 1890; Selb, Der Regreß des Versicherungs- und Versorgungsträgers über § 683 und 812 BGB, NJW 1963, 2056.

145 = MDR 1954, 614; NJW 1962, 2303; LG Frankenthal, ZblJugR 1964, 91 = RdJ 1964, 200; LG Koblenz, FamRZ 1956, 322; DAVorm XXXI, 76; LG Hannover, DAVorm XXIX, 71; LG Flensburg, DAVorm XXXII, 148; LG Ravensburg, DAVorm XXXV, 89 = RdJ 1962, 205; LG Oldenburg, DAVorm XXV, 179; LG Würzburg, DAVorm XXV, 163; LG Berlin, JR 1963, 303 = RdJ 1964, 14 Leits; aM Hill, ZblJugR 1960, 208; Schmitz-Pfeiffer, NJW 1960, 134, 1890; OLG Hamm, MDR 1961, 55; LG Heilbronn, NJW 1962, 2304; LG Aachen, MDR 1962, 133; LG Hagen, MDR 1959, 760; LG Köln, FamRZ 1960, 449 mit ablehnender Anm von Beitzke; LG Berlin, FamRZ 1961, 83 mit Anm von Bosch = JR 1961, 177; LG Göttingen, JZ 1952, 32 mit ablehnender Anm von Beitzke; LG München II, NJW 1953, 304; LG Osnabrück, DAVorm XXVII, 59; LG Itzehoe, SchlHAnz 1960, 142; LG München I, DAVorm XXXI, 74; LG Münster, MDR 1952, 746).

Der hM ist nun auch — bezüglich der Waisenrente nach dem AngVersG — der BGH beigetreten (Z 44, 312 = FamRZ 1966, 97 = DAVorm XXXIX, 140 = Rpfleger 1966, 77 = MDR 1966, 224 = NJW 1966, 450; s ferner LG Karlsruhe, DAVorm XXXIX, 25 und LG Bielefeld, NJW 1966, 553 — je hinsichtlich der Sozialversicherung —, sowie Neumann-Duesberg, JZ 1966, 362).

Die hier vertretene Ansicht ergibt sich daraus, daß § 1712 dem unehelichen Kinde einen Ausgleich dafür geben will, daß dieses nach dem Todes des unehelichen Vaters kein Erbrecht und auch keinen Pflichtteilsanspruch hat, während das eheliche Kind neben der Waisenrente ein Erbrecht hat; die gegenteilige Auffassung verstößt daher, wie Dölle (aaO) zutreffend dargelegt hat, gegen die in Art 6 Abs 5 GG getroffene Wertentscheidung. Eine Vorteilsausgleichung kommt hier nicht in Betracht (ebenso Dölle, Gernhuber, Beitzke, aaO); die Rente hat auch nicht den Zweck, die Unterhaltsforderung des unehelichen Kindes zu tilgen (vgl § 267). Schließlich ist darauf hinzuweisen, daß der Unterhaltsanspruch des unehelichen Kindes nicht dessen Bedürftigkeit voraussetzt.

Eine andere Beurteilung ist nur dann geboten, wenn der uneheliche Vater ausdrücklich zu dem Zweck, daß nach seinem Tode für das Kind gesorgt sein soll, einen Versicherungsvertrag abgeschlossen oder sonstwie die Zahlung einer Rente für das Kind sichergestellt hat (ebenso Dölle, II, 416; Brühl, 150; Beitzke, JZ 1952, 33).

19 **6.** Ist der Vater des unehelichen Kindes durch eine unerlaubte Handlung (§ 823) oder eine die Gefährdungshaftung begründende Handlung (StVG § 7, HaftPflG § 1, LuftVG § 33) getötet worden, so kommen **Ansprüche** gegen den Schädiger **gemäß §§ 844 Abs 2 BGB*), 10 Abs 2 StVG, 3 Abs 2 HaftpflG, 35 Abs 2 LuftVG** nur insoweit in Betracht, als der Nachlaß nicht leistungsfähig ist (hM, s RGZ 74, 375; OLG Düsseldorf, JW 1938, 1251; OLG Stuttgart, FamRZ 1963, 307; Dölle, II, 417; Erman-Drees, 4c; Soergel-Siebert-Schräder, 12, 13 je zu § 844), wenn die Erben nicht oder nicht voll zu leisten vermögen oder die Leistungen mindern können, indem sie dem Kind den Abfindungsanspruch gemäß § 1712 Abs 2 auszahlen (Dölle, aaO; s auch unten Bem 43).

Das uneheliche Kind hat also gegen den Schädiger nur Anspruch auf die ihm entzogene Differenz. Wenn Gernhuber (645f) hiergegen geltend macht, die Wertung des § 843 Abs 4 sei damit verletzt, so übersieht er, daß die hM sich zwingend aus der Regelung des § 1712 Abs 1 ergibt; eine analoge Anwendung des § 843 Abs 4 scheidet daher aus. Richtig ist freilich, daß die Regelung des geltenden Rechts, die den Schädiger begünstigt, reformbedürftig ist. Dieser haftet für den Unterhalt des Kindes in vollem Umfange nur dann, wenn der Nachlaß überschuldet ist oder dessen Wert gleich Null ist.

20 Ist ein Anspruch gegen den Schädiger gegeben, so sind stets die zukünftige Entwicklung des Unterhaltsanspruchs des Kindes gegen den Vater und ein etwaiges Verschulden des Vaters des unehelichen Kindes gemäß §§ 846, 254 BGB zu berücksichtigen (Dölle, II, 417; OLG Düsseldorf, JW 1938, 1251; LG Bochum, DAVorm XXVII, 226 = FamRZ 1955, 147, Leits; sowie bezüglich der voraussichtlich entstehenden Kosten der Berufsausbildung des unehelichen Kindes LG Kassel, MDR 1961, 57).

21 Hat der Schädiger (bzw dessen Haftpflichtversicherer) eine Abfindung bezahlt, so wird hierdurch der Erbe von seiner Verpflichtung nicht befreit, gemäß § 1712 Abs 1 weiterhin Unterhalt zu leisten (Dölle, II, 417; LG Stuttgart, MDR 1954, 614 = DAVorm XXVII, 145 bezüglich einer Abfindungszahlung durch die Besatzungsmacht).

22 Der Schädiger hat dem unehelichen Kinde grundsätzlich **bis zur Vollendung des 18. Lebensjahres** eine Rente zu entrichten; die Billigkeitseinrede iS des § 1708 Abs 1 Satz 3 steht dem Schädiger nicht zu (OLG Stuttgart, FamRZ 1963, 307; Dölle, II, 417).

*) Hüskes, Der Anspruch des unehelichen Kindes gemäß § 844 Abs 2 BGB bei Tötung seines Erzeugers, VersR 1961, 397.

7. Hatte vor dem Tode des Vaters des Kindes ein Dritter dessen **Vermögen übernommen (§ 419),** so haftet dieser ebenfalls für die Unterhaltsforderungen des Kindes (s OLG Celle, OLG 40, 90; OLG Königsberg, HRR 1937 Nr 1076 = StAZ 1938, 132; OLG München, BayJMBl 1952, 266), und zwar als Gesamtschuldner*) mit dem Vater und dann dem Erben; dies gilt auch dann, wenn das Kind zZ der Vermögensübernahme noch nicht geboren war (OLGe Königsberg und München, aaO). Zu beachten ist aber, daß der Vermögensübernehmer nur mit dem übernommenen Vermögen haftet; maßgebend ist der Wert und Bestand des Vermögens im Zeitpunkt der Übernahme. Anzuwenden sind hier die Vorschriften der §§ 421—425. 23

Bei Streitigkeiten zwischen den Parteien ist das Amtsgericht sachlich zuständig **(§ 23 Nr 2 lit f GVG,** s OLG München, aaO; Baumbach-Lauterbach, ZPO, 28. Aufl, 1965, Anm 10 zu § 23 GVG). 24

Hatte der Vermögensübernehmer das Kind entsprechend § 1714 Abs 1 abgefunden, so ist damit die Haftung des Erben erloschen. 25

III. Abs 2**).

Da mit dem Tode des Vaters die Quelle aufgehört hat, aus der bisher der Unterhalt des Kindes geflossen ist, bestimmt Abs 2, daß der Erbe des unehelichen Vaters das Kind mit dem Betrag **abfinden** kann, der dem Kinde im Falle seiner Ehelichkeit oder, wenn mehrere uneheliche Kinder vorhanden sind, im Falle der Ehelichkeit sämtlicher unehelicher Kinder als Pflichtteil gebühren würde (s Prot 4, 684; der in der RT-Kommission und im Reichstagsplenum gestellte Antrag, diese Vorschrift zu streichen, wurde abgelehnt, s RTK 285ff, StB 692). 26

Zweck der Vorschrift ist es, dem Erben bei geringem oder verschuldetem Nachlaß die Möglichkeit zu geben, eine Besserstellung der unehelichen Kinder vor den ehelichen Kindern zu vermeiden (s Dölle, II, 414; Soergel-Siebert-Lade, 3; LG Elbing, JW 1937, 120, 121).

1. Voraussetzungen der Abfindung:

a) Die Abfindung ist nur möglich, wenn **noch** eine **laufende Unterhaltsrente geschuldet** wird, wobei es gleichgültig ist, ob diese Verpflichtung des unehelichen Vaters oder des Erben durch Urteil festgestellt worden ist. 27

aa) Unerheblich ist auch, ob die Verpflichtung zur Zahlung der Unterhaltsrente unmittelbar auf der gesetzlichen Regelung des **§ 1708** oder auf einer gemäß **§ 1714 Abs 1** getroffenen Vereinbarung beruht, wenn diese — wie regelmäßig — nur den Zweck verfolgt, Höhe, Dauer und Art der Unterhaltsgewährung im Rahmen der gesetzlichen Unterhaltspflicht zu regeln (Dölle, II, 415; Planck-Unzner, 14; Erman-Hefermehl, 2; RG, LZ 1931, 844 = JW 1932, 1352) oder wenn ein Unterhaltsprozeß durch Vergleich erledigt worden ist (Dölle, Erman-Hefermehl, aaO; OLG München, OLG 30, 142; AG Hamburg, DRW 1941, 2198). 28

Ist aber die gesetzliche Unterhaltspflicht in eine vertragliche umgewandelt worden (s 6 zu § 1714), so bleibt der Erbe an diese Vereinbarung gebunden (ebenso Dölle, II, 415); die Verpflichtung geht wie andere vertragliche Verbindlichkeiten auf den Erben über (Mot 4, 904). Sie ist Nachlaßverbindlichkeit, bezüglich der der Erbe lediglich seine beschränkte Haftung geltend machen kann (§§ 1975ff). 29

bb) Hatte schon der uneheliche Vater mit dem gesetzlichen Vertreter des Kindes eine Vereinbarung über eine **Abfindung** des Kindes geschlossen **(§ 1714 Abs 1),** so kommt eine weitere Abfindung des Kindes durch die Erben des Vaters nicht in Betracht (Kipp, 420f; Achilles-Greiff-Beitzke, 4; Erman-Hefermehl, 2; Soergel-Siebert-Lade, 4; OLG München, SeuffA 69, 234 Nr 126), es sei denn, daß die Abfindungssumme vom Vater nicht 30

---

*) Hierzu s im allgemeinen zB Larenz, Schuldrecht, Band I, 7. Aufl, 1964, S 366ff, § 31, II; RGR-Komm, 18, 19; Soergel-Siebert-Schmidt, 11, 12 je zu § 419; BGH, LM § 419 Nr 8 = NJW 1957, 420.

Bezüglich des Verhältnisses zwischen Vater und Vermögensübernehmer gelten die Grundsätze der Rechtsmängelhaftung (s §§ 434ff, 523).

**) Clasen, Zur Frage des Vorbehalts der beschränkten Haftung und der Ausübung des dem Erben des Vaters gemäß § 1712 Abs 2 BGB zustehenden Abfindungsrechts, DJ 1941, 888; Hauptvogel, Der unechte Pflichtteilsanspruch des außerhehelichen Kindes am Nachlasse seines Vaters, WürttZ 1919, 201; ders, Der unechte Pflichtteilsanspruch des außerehelichen Kindes am Nachlaß seines Vaters (BGB § 1712 Abs 2), ZBlFG 22, 1922, 382; Schmölders, Rückwirkende Kraft der Abfindung des unehelichen Kindes durch den Erben des Vaters?, JR 1926, 502; Wolf, Zur Auslegung des § 1712 II 1, LZ 1919, 1176.

(vollständig) bezahlt worden war und das Kind daher (wirksam) von dem Vertrag zurücktritt (s dazu 48 zu § 1714).

31 cc) Der uneheliche Vater kann das **Abfindungsrecht** des Erben auch testamentarisch **ausschließen** (Dölle, II, 415), womit die auf den Erben übergehende Verpflichtung zur Unterhaltsleistung bestehen bleibt; dieser kann daher nur die beschränkte Erbenhaftung geltend machen (§§ 1975 ff).

Ebenso kann der Erbe sich nicht auf seine beschränkte Erbenhaftung berufen, wenn der Vater mit dem Kinde einen Ausschluß oder eine Beschränkung des Abfindungsrechts des Erben vereinbart hatte, was als zulässig zu beurteilen ist (ebenso Planck-Unzner, 14; aM Vorauf 2, 1; s auch OLG München, SeuffA 69, 234 Nr 126).

32 Hat der uneheliche Vater das Kind durch **letztwillige Verfügung** bedacht (s auch Bem 6), so kann darin nicht ohne weiteres ein Ausschluß des Abfindungsrechts erblickt werden, jedenfalls dann nicht, wenn die durch die letztwillige Verfügung angeordnete Zuwendung den Wert des Unterhaltsanspruchs nicht erreicht (Dölle, II, 415; OLG München, JZ 1956, 120 = DAVorm XXVIII, 291 = NJW 1956, 267 = FamRZ 1956, 114 Nr 139 Leits; aM Beitzke, 195, § 33, III, 4; Achilles-Greiff-Beitzke, 5). Es ist also nicht etwa im Zweifel anzunehmen (wie Beitzke meint), der Vater habe den Unterhaltsanspruch des Kindes durch die Zuwendung abgelten wollen (ebenso Dölle, aaO; RGR-Komm, 5; Planck-Unzner, 4b). Doch kann der Vater das Kind ausdrücklich als Miterben oder Pflichtteilsberechtigten einsetzen, um hiermit den Unterhaltsanspruch des Kindes nach seinem Tode abzugelten.

33 dd) Die Erklärung des Erben, von dem Abfindungsrecht Gebrauch machen zu wollen, ist nicht dadurch ausgeschlossen, daß der **Nachlaß überschuldet** ist oder daß der **Wert des Nachlasses gleich Null** ist (s Dölle, II, 414; Kipp, 420; Gernhuber, 646; Planck-Unzner, 3; Achilles-Greiff-Beitzke, 3, 5; Erman-Hefermehl, 1a; RGR-Komm, 5; Jaeger, LZ 1916, 1000; Boehmer in Jahrbuch der Akademie für Deutsches Recht, 1937, 80, 85f; RG, JW 1916, 1357; OLG München, OLG 30, 142; LG Hechingen, JW 1921, 420 mit Anm von Herzfelder; LG Flensburg, MDR 1954, 483; LG Stuttgart, DAVorm XXXV, 1962, 257; s ferner unten Bem 51).

34 b) Die Abfindung ist möglich **ohne Rücksicht auf die Höhe des Unterhaltsanspruchs,** also darauf, ob dieser höher oder niederer wäre als die Abfindungssumme, ob das Kind durch die Abfindung besser steht (s Dölle, II, 414; Kipp, 420; Gernhuber, 646; Achilles-Greiff-Beitzke, 2; RGZ 90, 202 = JW 1917, 850 m Anm v. Herzfelder).

Der Erbe braucht nicht darzutun, daß er sonst ungünstiger gestellt wäre als das uneheliche Kind oder daß dieses mehr als den ehelichen Kindern zukommenden Pflichtteil erhalten würde (s auch Bem 49).

Unerheblich ist auch, ob durch die Ausübung des Abfindungsrechts der Pflichtteil anderer Personen beeinträchtigt wird (s auch Bem 49).

35 c) Das Abfindungsrecht steht jedem Erben zu. Besteht eine **Erbengemeinschaft** (§§ 2032 ff), so ist jeder Erbe befugt, nach dem Verhältnis seines Erbteils von dem Abfindungsrecht Gebrauch zu machen (ebenso Dölle, II, 415; Planck-Unzner, 11; RGR-Komm, 6; Soergel-Siebert-Lade, 3; Roquette, 141). Eine Verwaltungsmaßregel iS des § 2038 iV mit § 745 kann in der Ausübung des Abfindungsrechts nicht erblickt werden.

36 Das Abfindungsrecht ist kein **höchstpersönliches Recht** (ebenso Gernhuber, 646 Fußn 4).

Zur Ausübung des Abfindungsrechts ist auch der **Nachlaßverwalter** berechtigt (ganz hM, s Dölle, II, 414f; Kipp, 420 Fußn 58; Gernhuber, 646 Fußn 4; RGR-Komm, 6; Erman-Hefermehl, 1a; Soergel-Siebert-Lade, 3; OLG München, SeuffA 69, 234 Nr 126, und OLG 30, 142), ebenso der **Nachlaßkonkursverwalter** (ganz hM, s Dölle, Kipp, Gernhuber, RGR-Komm, Erman-Hefermehl, Soergel-Siebert-Lade, aaO; Jaeger, LZ 1916, 1000; RG, JW 1916, 1357; LG Flensburg, MDR 1954, 483) und der **Testamentsvollstrecker** (so auch Dölle, Kipp, Gernhuber, RGR-Komm, Erman-Hefermehl, aaO; Palandt-Lauterbach, 1; **aM** Vorauf, 2b; Achilles-Greiff-Beitzke, 1; Soergel-Siebert-Lade, 3; RGZ 90, 202); dies folgt aus seinem Recht und seiner Pflicht, den Nachlaß zu verwalten (§§ 2205 ff) worauf Dölle (aaO) mit Recht hinweist. Dagegen kann es nicht als zutreffend angesehen werden, daß der Testamentsvollstrecker lediglich die Bestimmung des Erben, es solle das Abfindungsrecht ausgeübt werden, auszuführen habe (so aber RG, aaO).

Ist über das Vermögen des **Erben** das Konkursverfahren eröffnet worden, so steht dem **Konkursverwalter** die Abfindungsbefugnis zu; in diesem Verfahren kann der Unterhaltsanspruch des unehelichen Kindes gemäß § 3 Abs 2 KonkO geltend gemacht werden (s Dölle, II, 415).

Das uneheliche Kind selbst hat kein Recht, von dem Erben die Abfindung des Unterhaltsanspruches zu verlangen; dies ergibt sich aus dem Zweck der Vorschrift des Abs 2 (s Bem 26). 37

d) Die Ausübung des Abfindungsrechts ist an keine **Form** und auch an keine **Frist** gebunden. 38

Sie ist aucht nicht nach jahrelanger Erfüllung des Unterhaltsanspruchs des Kindes durch den Erben zulässig (ebenso Achilles-Greiff-Beitzke, 2; Gernhuber, 646; OLG München, JZ 1956, 120 = DAVorm XXVIII, 291 = NJW 1956, 267 = FamRZ 1956, 114 Nr 139 Leits; s auch Clasen, DJ 1941, 888). Anlaß zur Abfindung kann zB ein drohender außerordentlicher, dem Umfang nach noch nicht übersehbarer Unterhaltsanspruch des Kindes (§ 1708 Abs 2) sein (ähnlich Dölle, II, 144; Gernhuber, 646). Die jahrelange Erfüllung des Unterhaltsanspruchs des Kindes kann nicht als Verzicht auf eine Abfindung beurteilt werden; eine Verwirkung des Abfindungsrechts kommt nur unter besonderen Umständen, also auch hier nur unter den allgemeinen Voraussetzungen der Verwirkung, in Betracht (so auch Gernhuber, 646 Fußn 7; Dölle, II, 414; Erman-Hefermehl, 1b); bloßer Zeitablauf genügt daher nicht (Gernhuber, aaO, der sich mit Recht gegen Soergel-Siebert-Lade, 2, wendet; s auch Clasen, DJ 1941, 888).

e) Das Abfindungsrecht bleibt bestehen, auch wenn die Frist zur **Beschränkung der Erbenhaftung** verstrichen ist (ebenso Dölle, II, 414; Kipp, 420 Fußn 56; Clasen, DJ 1941, 888; Soergel-Siebert-Lade, 3). Andererseits wird durch das Abfindungsrecht die Möglichkeit nicht berührt, die Erbenhaftung gemäß §§ 1975 ff zu beschränken (Dölle, aaO); der Erbe des verschuldeten oder wertlosen Nachlasses kann sich gegenüber dem Unterhalt begehrenden Kinde nicht nur auf das Recht, es mit dem Pflichtteil abzufinden (§ 1712 Abs 2), sondern auch auf die Dürftigkeitseinrede des § 1990 berufen (s Bosch, NJW 1950, 792 in der Anm zu LG Nürnberg-Fürth, daselbst). 39

f) Die Abfindung ist **nicht** an die **Zustimmung des unehelichen Kindes** bzw seines gesetzlichen Vertreters gebunden; das Recht zur Abfindung ist ein einseitiges Recht des Erben, das dieser nach seinem Ermessen ausüben kann. Aus diesen Gründen kommt auch eine **vormundschaftsgerichtliche Genehmigung** der Abfindung — anders als im Falle des § 1714 Abs 1 — hier **nicht** in Betracht. Ebenso scheidet eine Genehmigung des Nachlaßgerichts aus. 40

Doch ist eine vormundschaftsgerichtliche Genehmigung dann erforderlich, wenn der Erbe mit dem Kinde eine **Vereinbarung** schließt, durch welche die Abfindung anders als nach der Regelung des Abs 2 festgesetzt wird, zB unter Zugrundelegung der restlichen Unterhaltsforderungen des Kindes, also mit einer Kapitalisierung der Unterhaltsrente (s auch Bem 53 und 59). 41

War das uneheliche **Kind** zusammen mit seiner Mutter, mit welcher der Vater ehebrecherische Beziehungen unterhielt oder im Konkubinat lebte, als **Erbe** eingesetzt worden oder war nur das Kind als Erbe eingesetzt und dessen Mutter ein Vermächtnis zugewendet worden, so erhebt sich die Frage, ob (auch) die **Erbeinsetzung** des Kindes als **sittenwidrig** zu beurteilen ist oder gemäß **§ 2085** unwirksam ist (vgl dazu Bem 6, 32 und Bosch, Gutachten, 30 f, 108, sowie allgemein zur Frage der Sittenwidrigkeit der Erbeinsetzung der Geliebten Coing in diesem Komm, 19h zu § 138; BGH, LM BGB § 138, C, d Nr 14 = FamRZ 1964, 140 = MDR 1964, 307 = NJW 1964, 764 mit weit Hinw; sowie auch BGH, LM aaO Nr 9 = FamRZ 1958, 127). Haben sodann die Beteiligten (uneheliches Kind, vertreten durch den Vormund, eheliche Kinder, Witwe des Mannes und die Geliebte) mit Rücksicht auf sich aus § 138 ergebenden Bedenken einen **Vergleich** geschlossen, so bedarf dieser der **vormundschaftsgerichtlichen Genehmigung** (vgl § 1822 Nr 12). Sind alle Kinder in dem Vergleich gleichgestellt und hatte die Erbeinsetzung des unehelichen Kindes dessen Sicherstellung bezweckt, so dient die vormundschaftsgerichtliche Genehmigung dem Interesse des unehelichen Kindes (s dazu LG Lübeck, FamRZ 1962, 312). 42

g) Ist der Vater des unehelichen Kindes durch eine unerlaubte Handlung **(§ 823)** oder eine die Gefährdungshaftung begründende Handlung **(StVG § 7, HaftPflG § 1, LuftVG § 33)** getötet worden, so wird hierdurch die Abfindung des Kindes durch den Erben (§ 1712 Abs 2) und die Höhe dieser Abfindungssumme nicht 43 berührt. Der Schädiger haftet nur insoweit, als die von dem Erben bezahlte, nach dem hypothetischen Pflichtteilsanspruch berechnete Abfindungssumme geringer ist als die Unterhaltsforderungen des Kindes, die ihm gegen den Vater zugestanden hätten, wenn dieser nicht umgekommen wäre (s hierzu oben Bem 19ff). Ist der Nachlaß überschuldet oder wertlos, so haftet der Schädiger in vollem Umfange.

44 **2. Rechtsnatur der Abfindungserklärung und des Abfindungsrechts.**

a) Die Erklärung, das Kind abzufinden, ist ein einseitiges Rechtsgeschäft mit empfangsbedürftiger Willenserklärung (s zur Definition dieser Begriffe 80 zu § 1706); sie wird (als solche) wirksam mit dem Zugang der Erklärung bei dem gesetzlichen Vertreter des Kindes (§ 130). Sie bedarf nicht dessen Zustimmung. Dagegen setzt die Abfindung gemäß § 1714 eine Vereinbarung zwischen dem Vater (oder dessen Erben — s Bem 41 zu § 1712 —) und dem Kinde bzw dessen gesetzlichem Vertreter voraus.

45 Die Erklärung des Erben, das uneheliche Kind abfinden zu wollen (§ 1712 Abs 2), betrifft **kein höchstpersönliches Recht**, weshalb auch der Nachlaßverwalter, der Nachlaßkonkursverwalter und der Testamentsvollstrecker befugt sind, das Abfindungsrecht auszuüben (s dazu Bem 36).

46 b) Das Abfindungsrecht ist eine echte **facultas alternativa,** also nicht etwa eine Wahlschuld iS des § 262 (Dölle, II, 414; Kipp, 420; Gernhuber, 646; Roquette, 141; Clasen, DJ 1941, 888; Bosch, NJW 1960, 791, Anm; Planck-Unzner, 11; RGR-Komm, 5; Werner in diesem Komm, Vorbem 10 vor § 262). Der Erbe schuldet dem Kinde gemäß § 1712 Abs 1 an sich Unterhaltszahlungen; er hat aber die Befugnis, sich durch eine andere Leistung zu befreien, also das Recht zu einer der Zustimmung des Gläubigers nicht bedürfenden Leistung an Erfüllungs Statt (s hierzu Werner, aaO, Vorbem 9, sowie Larenz, Schuldrecht, Allgemeiner Teil, 7. Aufl 1964, 137, § 12a, IIa; Fikentscher, Schuldrecht, 1965, 121f, § 28, V, 2; Enneccerus-Lehmann, Schuldrecht, 15. Bearb. 1958, 42f; § 10, I) an die Stelle der künftig zu leistenden Unterhaltszahlungen tritt die Leistung eines Kapitalbetrags. Der Schuldner wird erst dann von seiner Verpflichtung befreit, wenn er die Ersatzleistung, hier die Abfindung, tatsächlich erbringt (s zB Larenz, aaO).

47 c) Damit, daß das Kind durch die Annahme der Abfindungserklärung (§ 130) den Anspruch auf Zahlung der Abfindungssumme erwirbt, wird es jedoch nicht Pflichtteilsberechtigter (s auch Bem 49).

48 **3. Die Berechnung der Abfindungssumme.**

a) Maßgebend sind hierfür die Vorschriften der §§ 2303 Abs 1 Satz 2, 2310, 2311, 2313, 2315, 2316, 1924ff, 1371. Es sind also nicht die Vorschriften über den Pflichtteil für anwendbar erklärt, vielmehr finden nur die Vorschriften über die Höhe und die Berechnung des hypothetischen Pflichtteils Anwendung.

§ 2314 greift hier nicht Platz. Der Erbe muß gegebenenfalls beweisen, daß die Abfindungssumme dem Pflichtteil entspricht; daher bedarf das Kind nicht des einem Pflichtteilsberechtigten zustehenden Rechts auf Auskunftserteilung (§ 2314; ebenso Planck-Unzner, 4c; Opet-v. Blume, 3c).

49 b) Die **Abfindungssumme** ist **Nachlaßverbindlichkeit,** sie richtet sich allein nach dem **Wert des Nachlasses, unabhängig von der Höhe des Unterhaltsanspruchs** (RG, LZ 1931, 844 = JW 1932, 1352). Die Abfindung mindert den Pflichtteil der nach § 2303 Pflichtteilsberechtigten (RGZ 90, 202 = JW 1927, 850 mit Anm von Herzfelder = Auswahlsammlung FamR, 2, S 190; Achilles-Greiff-Beitzke, 5); dh mit anderen Worten: der Pflichtteil des wirklichen Pflichtteilsberechtigten ist nach Abzug der Abfindung zu berechnen; insofern besteht für die Befriedigung des unehelichen Kindes eine größere Sicherheit, als wenn es selbst pflichtteilsberechtigt wäre (Dölle, II, 416; Soergel-Siebert-Lade, 6; LG Elbing, JW 1937, 120, 121).

50 c) Sind mehrere uneheliche Kinder vorhanden, so ist die Abfindung so zu berechnen, wie wenn sie alle ehelich wären **(Abs 2 Satz 2).** Bei dieser Berechnung sind nur die noch unterhaltsberechtigten Kinder zu berücksichtigen. Für die Berechnung der Abfindungssumme ist es auch unerheblich, ob allen Kindern gegenüber die Abfindungsbefugnis ausgeübt wird.

51 d) Ist der **Nachlaß überschuldet** oder wertlos oder ist **kein Nachlaß vorhanden** — wobei es auf den Zeitpunkt des Erbfalls ankommt (§ 2311) —, so ist der dem unehelichen Kinde zustehende Pflichtteil gleich Null; hiermit kann sich das Erbe von der auf ihn übergegangenen Unterhaltsverpflichtung befreien (s dazu die Hinweise

Bem 33 sowie Ferid in diesem Komm, 11 zu § 2303, LG Nürnberg-Fürth, NJW 1950, 791 mit Anm von Bosch, und Bem 56).
Hinsichtlich der Unterhaltsrückstände s Bem 55.

e) Bei **Streitigkeiten über die Höhe der Abfindung** ist das Prozeßgericht, je nach dem Streitwert das Amtsgericht oder das Landgericht (§§ 23 Nr 1, 71 Abs 1 GVG), nicht etwa das Vormundschaftsgericht oder das Nachlaßgericht anzurufen. § 23 Nr 2 lit f GVG ist hier nicht anzuwenden. 52

f) Der Erbe kann mit dem Kinde (bzw dessen gesetzlichem Vertreter) eine von der Regelung des § 1712 Abs 2 **abweichende Vereinbarung** über die Höhe der Abfindung treffen; doch bedarf diese Vereinbarung der Genehmigung des Vormundschaftsgerichts (analog § 1714 Abs 1; s auch Bem 17, 59). 53

4. Wirkungen der Abfindung.

a) Der **Unterhaltsanspruch** des unehelichen Kindes **erlischt** erst mit der Zahlung der Abfindungssumme oder, wenn die Voraussetzungen der Hinterlegung wegen Annahmeverzugs vorliegen (§§ 293ff, 372), mit der Hinterlegung oder überhaupt, wenn das Kind bzw dessen gesetzlicher Vertreter nach einem ordnungsgemäßen Angebot der Abfindungssumme in Annahmeverzug gerät (ebenso Dölle, II, 415; Beitzke, 195, § 33, III, 4; Kipp, 420; Gernhuber, 647; Bosch, NJW 1950, 791, Anm; Roquette, 142; Schmölers, JR 1926, 502; RGRKomm 8; Achilles-Greiff-Beitzke, 4; Erman-Hefermehl, 1; Soergel-Siebert-Lade, 5; RG, LZ 1931, 844 = JW 1932, 1352 mit Anm von Herzfelder; OLG München, JZ 1956, 120 = DAVorm XXVIII, 91 = NJW 1956, 267 = FamRZ 1956, 114 Nr 139; AG Hamburg, MDR 1956, 167; LG Hof, DAVorm XXXV, 1962, 255; dh mit anderen Worten: die Leistung der Abfindung betrifft nur die Unterhaltsverpflichtung für die Zukunft (s auch Bem 46). Die laufende Unterhaltsrente wird bis zu diesem Zeitpunkt geschuldet, nicht lediglich bis zu dem Zeitpunkt in dem die Erklärung des Erben, den Unterhaltsanspruch abfinden zu wollen, wirksam geworden ist (so aber Voraufl, 2e; LG Leipzig, LZ 1933, 1164), und entfällt auch nicht rückwirkend mit dem Zeitpunkt des Todes des unehelichen Vaters (so aber Brühl, 254; Clasen, DJ 1941, 888; OLG München, OLG 30, 142; LG Flensburg, MDR 1954, 483; AG Hamburg, DRW 1941, 2198). Deshalb empfiehlt es sich für den Erben, das Kind möglichst bald nach dem Erbfall abzufinden (vgl auch Gernhuber, 646f). **Die nach dem Tode des Vaters geleisteten Unterhaltsraten können also nicht zurückgefordert werden** (§ 812 BGB). 54

Zu der Abfindungssumme kommen also etwaige **Rückstände** bis zum Zeitpunkt der Zahlung der Abfindungssumme hinzu (ebenso Bosch, NJW 1950, 791; Schmölders, JR 1926, 502; Roquette, Das Recht des unehelichen Kindes, 1943, 142; OLG München, JZ 1956, 120 = DAVorm XXVIII, 291 = NJW 1956, 267 = FamRZ 1956, 114 Nr 139); diese sind nicht etwa nach Bereicherungsgrundsätzen auf den Pflichtteil anzurechnen (so aber Brühl, aaO). Ferner kommen etwaige Rückstände hinzu, die vor dem Tode des unehelichen Vaters angefallen waren. Hinsichtlich aller dieser Rückstände kann der Erbe seine beschränkte Erbenhaftung geltend machen (§§ 1975ff). 55

Lediglich in dem Falle, daß der **Nachlaß überschuldet oder wertlos oder daß kein Nachlaß vorhanden ist,** erlischt der Unterhaltsanspruch des unehelichen Kindes mit dem Zugang der Erklärung des Erben (§ 130), das Kind werde mit dem (hypothetischen) Pflichtteil abgefunden (Bosch, NJW 1950, 791; OLG München, SeuffA 69, 234 Nr 126; s auch Bem 33, 51). 56

b) Die **Abfindungssumme** steht dem Kinde zu, sie wird **Vermögen des Kindes,** nicht der Mutter (allg Meinung, s zB Kipp, 420 Fußn 53); sie unterliegt der Verwaltung des gesetzlichen Vertreters des Kindes, zB der Mutter, wenn dieser die elterliche Gewalt übertragen wird (s LG Hagen, ZblJugR 1965, 137). Doch kann die Mutter, wenn ihr die Vermögensverwaltung obliegt, unter den Voraussetzungen des § 1649 Abs 2 für ihren eigenen Unterhalt und für den Unterhalt der minderjährigen unverheirateten (Halb-)Geschwister des Kindes Einkünfte des Kindesvermögens verwenden (s auch 168 zu § 1707). 57

Im übrigen haben die Mutter oder unterhaltspflichtige mütterliche Verwandte (vgl §§ 1601ff) kein Recht an der Abfindungssumme, auch wenn sie dem Kinde Unterhalt in der Vergangenheit gewährt haben, eben deshalb, weil die Abfindung nur die Unterhaltsansprüche des Kindes für die Zukunft betrifft (s Dölle, II, 415; Soergel-Siebert-Lade, 5; OLG Darmstadt, HessRspr 13, 145). Waren vor der Zahlung der Abfindungssumme Rückstände aufgelaufen, so sind die dies- 58 bezüglichen Unterhaltsforderungen des Kindes gemäß **§ 1709 Abs 2** auf die Mutter oder die mütterlichen Verwandten übergegangen, soweit sie dem Kinde Unterhalt gewährt haben.

59 Hat der Erbe das Kind abgefunden, so kann er nicht die Rückzahlung (eines Teils) der Abfindungssumme verlangen, wenn das Kind vor Vollendung des 18. Lebensjahres stirbt, es sei denn, daß eine abweichende Vereinbarung getroffen worden wäre (s auch Bem 53).

60 c) Hat das uneheliche Kind die Abfindungssumme erhalten, so darf nicht etwa deswegen die Zahlung oder Weiterzahlung der dem Kinde zustehenden **Waisenrente** verweigert oder eingestellt werden (s Deutsches Institut für Vormundschaftswesen, DAVorm XXXVI, 36; s auch oben Bem 18 zum Verhältnis des Anspruchs des Kindes gegen den Erben zur Waisenrente).

61 d) Betreibt das uneheliche Kind wegen der Unterhaltsforderungen, deren Erfüllung dem Erben obliegt, gegen diesen die **Vollstreckung im Wege der Lohnpfändung (§§ 850 ff ZPO)**, so stehen dem Kinde die Vorrechte des § 850d Abs 1 ZPO zu, da der Anspruch des Kindes gegen den Erben (§ 1712 Abs 1) als gesetzlicher Unterhaltsanspruch (vgl §§ 1708, 1712 Abs 1) iS des § 850d Abs 1 anzusehen ist (aM Stöber, Forderungspfändung, 278; LG Berlin, JW 1938, 608 zum damaligen § 850 Abs 3, der dem jetzigen § 850d Abs 1 entspricht). § 850c ZPO ist nicht anzuwenden. Dagegen ist auf die Beitreibung der Abfindungssumme gegen den Erben (nur) § 850c ZPO anwendbar.

62 Die dem Kinde zustehende **Unterhaltsrente** ist gemäß § 850b Abs 1 Nr 2 ZPO als **unpfändbar** anzusehen, da sie eine auf gesetzlicher Vorschrift (§§ 1708, 1712 Abs 1) beruhende Rente iS des § 850b Abs 1 Nr 2 ist (s auch oben Bem 15).

Zur Frage der **Pfändbarkeit der Abfindungssumme** s 52 zu § 1714.

IV. Verfahrensrechtliche Fragen, insbesondere der Zulässigkeit der Klage auf Feststellung des Bestehens oder Nichtbestehens der Vaterschaft.

63 1. Hatte das Kind gegen den unehelichen Vater einen Vollstreckungstitel erlangt und würde gegen den Erben als Rechtsnachfolger gemäß **§§ 727, 795** ZPO eine vollstreckbare Ausfertigung erteilt, so kann der Erbe die beschränkte Erbenhaftung sowie die Ausübung des Abfindungsrechts mit der Vollstreckungsabwehrklage **(§§ 767, 795 ZPO)** geltend machen **(§§ 781, 785 ZPO)**.

64 2. a) *)Soweit ein Feststellungsinteresse besteht **(§ 256 ZPO)**, kann auf Feststellung geklagt werden, seitens des Kindes, daß der Erbe unterhaltspflichtig ist, oder seitens des Erben, daß er es nicht ist. Das LG Nürnberg-Fürth (NJW 1950, 791) hat eine Klage auf Feststellung der „Gilt-Vaterschaft" des Erblassers für zulässig erachtet (s hierzu auch Bosch in der Anm daselbst**); bezüglich der gegen die Klage auf Feststellung der „Gilt-Vaterschaft" (vgl § 1717 Abs 1) bestehenden Bedenken s 159 zu § 1717).

65 b) Eine **Klage auf Feststellung der natürlichen (blutmäßigen) Vaterschaft** ist gegen den Erben des Vaters nicht zulässig (Bosch, NJW 1950, 791 Anm; RGZ 163, 100 = DJ 1940, 460; LG Bremen, DAVorm XXVII, 145***) s auch BGHZ 25, 351 = FamRZ 1958, 20) ebenso nicht eine Klage des Erben gegen das Kind auf Feststellung, daß der Erblasser nicht der Erzeuger (natürliche Vater) des Kindes sei (§ 640 ZPO; LG Bayreuth, FamRZ 1955, 150). Hatte der Erblasser eine solche Klage erhoben, so ist mit seinem Tod der Rechtsstreit in der Hauptsache er-

---

*) Dittmann, Vaterschaftsklage gegen die Erben eines Kriegsteilnehmers, BayZ 1917, 114; Salomon, Feststellung der Vaterschaft gegenüber den gesetzlichen Erben des vermögenslos verstorbenen Erzeugers, JW 1917, 91; Schüler, Zur Feststellung der Vaterschaft gegenüber den gesetzlichen Erben des vermögenslos verstorbenen Erzeugers, JW 1917, 278; Tuch, dto, JW 1917, 277.

**) Ebenso DAVorm XXVIII, 289 = FamRZ 1956, 114 Nr 147; LG Mönchen-Gladbach, DAVorm XXXVI, 9.

Das LG Bremen (FamRZ 1955, 148) hat die Klage auf Feststellung der „Gilt-Vaterschaft" gegen den Erben des verstorbenen Erzeugers sogar in dem Falle zugelassen, daß eine Unterhaltsklage des Kindes gegen den Erblasser abgewiesen worden war; das Gericht hat angenommen, ein hinreichendes Interesse an der Klageerhebung bestehe dann, wenn eine mit dem Antrag auf Gewährung der Waisenrente befaßte Behörde oder das Sozialgericht eine zivilgerichtliche Vaterschaftsfeststellung verlange (s zum letzteren auch Vorbem 22 vor § 1705, Fußn; sowie LSozG Stuttgart, DAVorm XXXIX, 86).

***) Ebenso LG Stuttgart, DAVorm XXXIX, 9.

ledigt (§§ 640, 628 ZPO) und kann nicht vom Erben fortgeführt werden (s dazu Göppinger, Die Erledigung des Rechtsstreits in der Hauptsache, 1958, 4, 251 ff; Jauernig, FamRZ 1961, 98).

c) Hatte der Erblasser die Vaterschaft zu dem Kinde anerkannt, so können die Erben — soweit ein Feststellungsinteresse (§ 256 ZPO) gegeben ist — auf **Feststellung** klagen, das **Vaterschaftsanerkenntnis** sei **nichtig** (s 92—96 zu § 1718). Doch können sie nicht das Vaterschaftsanerkenntnis anfechten (s oben Bem 11). 66

§ 1713.

Der Unterhaltsanspruch erlischt mit dem Tode des Kindes, soweit er nicht auf Erfüllung oder Schadensersatz wegen Nichterfüllung für die Vergangenheit oder auf solche im voraus zu bewirkende Leistungen gerichtet ist, die zur Zeit des Todes des Kindes fällig sind.

Die Kosten der Beerdigung hat der Vater zu tragen, soweit ihre Bezahlung nicht von dem Erben des Kindes zu erlangen ist.

E I, 1574, 1575 Abs 2; II, 1600; III, 1689; Mot 4, 904; Prot 4, 684.

I. § 1713 Abs 1 regelt das **Erlöschen des Unterhaltsanspruches** des unehelichen Kindes und die Frage der Vererblichkeit des Unterhaltsanspruchs (s Mot 4, 904; Prot 4, 684). Die Vorschrift entspricht insofern der Regelung des § 1615 hinsichtlich des Unterhaltsanspruchs von Verwandten und der Regelung des § 1360a Abs 3 und des § 69 Abs 1 EheG bezüglich des Unterhaltsanspruchs von Ehegatten und geschiedenen Ehegatten (s auch §§ 37 Abs 1, 39 Abs 2 Satz 2 EheG; sowie zum früheren Recht §§ 1360 Abs 3 Satz 2, 1580 Abs 3, 1351). 1

Gemäß § 1713 Abs 1 fallen in den Nachlaß des Kindes die **rückständigen Unterhaltsforderungen** einschließlich etwaiger Zins- und weiterer Schadensersatzforderungen (Bem 13 zu § 1711) sowie die im voraus zu bewirkende Leistung, die zur Zeit des Todes des Kindes fällig ist (s § 1710 Satz 2 und 4, hierzu Bem 15 zu § 1710); zu dem Falle, daß das Kind 11 Tage nach der Geburt starb, s LG Hagen, DAVorm XXVIII, 255. 2

Hat der Vater gemäß **§ 1714** mit dem Kinde einen Vertrag über eine Abfindung geschlossen, so ist der spätere Tod des Kindes ohne Bedeutung, es sei denn, der Vertrag enthielte eine diesbezügliche Klausel (s 17 zu § 1714). 3

Über die Haftung des Erben für die Unterhaltsverpflichtung des verstorbenen Vaters s § 1712. 4

II. § 1713 Abs 2 regelt die Tragung der **Kosten der Beerdigung des Kindes** (s dazu Mot 4, 897 ff); die Vorschrift entspricht der des § 1615 Abs 2 bezüglich der Verpflichtungen der Verwandten und der des § 1360a Abs 3 und — abgesehen von einer weiteren Voraussetzung — der des § 69 Abs 2 EheG hinsichtlich der Verpflichtungen des Ehegatten bzw des geschiedenen Ehegatten (s ferner noch §§ 37 Abs 1, 39 Abs 2 Satz 2 EheG, sowie zum früheren Recht §§ 1360 Abs 3 Satz 2, 1580, 1351). 5

§ 1713 Abs 2 ist in dem Falle **nicht** anzuwenden, daß das Kind **tot geboren** wird oder während der Geburt stirbt (s 5 zu § 1715). Hier kommen nur Ansprüe der Mutter in Betracht (s 34 zu § 1715).

1. Da das Gesetz die Verpflichtung des unehelichen Vaters zur Tragung der Beerdigungskosten als Bestandteil seiner Unterhaltspflicht betrachtet, ist § 1713 Abs 2 nur anzuwenden, wenn der Vater zur Zeit des Todes des Kindes noch unterhaltspflichtig ist (vgl §§ 1708, 1714; s zB Dölle, II, 417), dh wenn das Kind das 18. Lebensjahr noch nicht vollendet hat oder wenn die Voraussetzungen des § 1708 Abs 2 vorliegen; hatte der Vater mit dem Kinde einen Abfindungsvertrag geschlossen (§ 1714), so wird in der Regel anzunehmen sein, daß die Beerdigungskosten den Vater nicht treffen. Dies entspricht der ganz hM (s Planck-Unzner, 2, RGR-Komm, 2, Achilles-Greiff-Beitzke, 3; Opet, Verwandtschaftsrecht, 398; zum Falle des Abfindungsvertrags nehmen Soergel-Siebert-Lade, 2 zu § 1713, an, ob die Vereinbarung nach § 1714 auch die Beerdigungskosten umfasse, sei Auslegungsfrage). Mit der Zahlung der Abfindung gemäß § 1712 Abs 2 fällt für den Erben des unehelichen Vaters die Verpflichtung zur Tragung der Beerdigungskosten weg (Soergel-Siebert, Lade, 2 zu § 1713; Dölle, II, 417). 6

7 2. Der Vater haftet für die Beerdigungskosten nur **subsidiär**, wenn die Bezahlung der Kosten nicht von dem Erben des Kindes (s § 1968) zu erlangen ist.

Ist das Kind durch **Verschulden eines anderen** (s §§ 823, 844) oder infolge eines **Unfalles** (s §§ 10 Abs 1 Satz 2, StVG, 3 Abs 1 Satz 2 HPflG, 35 Abs 1 Satz 2 LuftVG) umgekommen, so treffen den hiernach Verpflichteten die Beerdigungskosten (s auch 21 zu § 1615). In diesen Fällen haftet der uneheliche Vater neben diesen Verpflichteten als Gesamtschuldner, sobald feststeht, daß die Bezahlung der Kosten nicht von dem Erben des Kindes zu erlangen ist; hat der Vater die Kosten aufgebracht, so sind die gemäß den erwähnten Vorschriften Verpflichteten gegenüber dem Vater ersatzpflichtig (vgl 22 zu § 1615).

8 3. Aus § 1708 Abs 1 Satz 1 folgt, daß der uneheliche Vater die Kosten der **standesgemäßen Beerdigung** des Kindes zu tragen hat, dh die Kosten einer Beerdigung, die der Lebensstellung entspricht, welche die Mutter zur Zeit des Todes des Kindes eingenommen hat (s auch 38ff zu § 1708).

Zu den Beerdigungskosten gehören auch die Kosten einer Feuerbestattung einschließlich der damit verbundenen Kosten der Überführung der Leiche, ferner die Kosten des Trauergottesdienstes, der Anschaffung von Trauerkleidung für die nächsten Angehörigen, regelmäßig die uneheliche Mutter, und der Errichtung eines Grabsteines; maßgebend ist hier das Herkommen (s dazu im allgemeinen und zu näheren Einzelheiten der Kosten Brühl, Unterhaltsrecht, 94f).

9 III. Hinsichtlich des Verhältnisses des unehelichen Kindes zu seiner Mutter und den mütterlichen Verwandten gelten die Vorschriften des § 1615 (s 40f zu § 1709).

Über die Frage, inwieweit eine an Stelle des Unterhalts gewährte Abfindung beim Tode des Kindes zurückgefordert werden kann, s 17 zu § 1714.

§ 1714*).

Eine Vereinbarung zwischen dem Vater und dem Kinde über den Unterhalt für die Zukunft oder über eine an Stelle des Unterhalts zu gewährende Abfindung bedarf der Genehmigung des Vormundschaftsgerichts.

Ein unentgeltlicher Verzicht auf den Unterhalt für die Zukunft ist nichtig.

E I, 1576 Abs 2, 1601; II, 1601; III, 1690; Mot 4, 905; Prot 4, 684.

Gliederung.

*) Schrifttum: Dölle, FamR, Band II, 1965, 432ff, § 103, VI; Gernhuber, FamR, 1964, 643ff, § 59, 9; Beitzke, 195, § 33, III, 5; Brühl, Unterhaltsrecht, 2. Aufl 1963; Kipp in Kipp-Wolff, FamR, 7. Bearb 1931, 421f, § 95, X.

Blasig, Erörterungen aus der Praxis zu §§ 1708, 1714 BGB, Recht 1906, 1365; hierzu Müller, Recht 1907, 302; Türcke, Vertrag über Alimentierung des unehelichen Kindes, DJZ 1905, 451; Weinberg, Vertrag über die Unterhaltung eines unehelichen Kindes, ZBlFG 8, 1908, 28.

Weitere Literatur-Angaben zu Einzelfragen finden sich an der betreffenden Stelle.

Übersicht.
(Alphabetisches Stichwortverzeichnis).

I. Allgemeines.

1 **1. § 1714 regelt die Notwendigkeit vormundschaftsgerichtlicher Genehmigung einer Vereinbarung des Vaters mit dem Kinde (dh dessen gesetzlichem Vertreter) über die künftige Unterhaltsgewährung oder über eine dem Kinde anstelle der laufenden Unterhaltszahlung zu gewährende Abfindung (s dazu Mot 4, 905ff; ZG 4, 443; Prot 4, 684). Die Vorschrift ist eine dem Schutz des unehelichen Kindes dienende, seine besondere Lage berücksichtigende Norm; sie erlaubt einen Verzicht auf die laufende Unterhaltszahlung und schließt lediglich einen unentgeltlichen Verzicht auf den Unterhalt für die Zukunft aus,** während hinsichtlich der Unterhaltsansprüche zwischen Verwandten und Ehegatten auf den Unterhalt für die Zukunft nicht, auch nicht teilweise, verzichtet werden kann (§§ 1614 1360a Abs 3, 1361 Abs 4 — s bezügl der Unterhaltspflicht der Eltern gegenüber einem unverheirateten Kinde noch § 1612 Abs 2 —) und ein Verzicht des schuldlos oder mit gleicher Schuld oder ohne Schuldspruch geschiedenen Ehegatten auf den Unterhaltsanspruch (§§ 58—61 EheG) zulässig ist, abgesehen von dem Falle, daß die Voraussetzungen des § 138 vorliegen (s auch 18 zu § 1614).

2 2. § 1714 ist von **Art 6 Abs 5 GG** unberührt geblieben und widerspricht dieser Vorschrift nicht (ebenso OLG Hamburg, MDR 1950, 614, 615).

II. Anwendungsbereich des § 1714.

3 1. Die Vereinbarung iS des § 1714 Abs 1 ist ein **Vertrag iS der §§ 145ff BGB.**

Ist der **Vater** des Kindes selbst noch **minderjährig***), so muß der gesetzliche Vertreter des Vaters beim Vertragsschluß mitwirken (§ 107); er kann den Vertrag auch allein schließen. Wichtig ist hierzu, daß der gesetzliche Vertreter des Vaters, die Eltern oder der eine Elternteil (§ 1643 Abs 1) und der Vormund (§ 1822 Nr 5) oder gegebenenfalls der Pfleger (§§ 1909, 1915) der vormundschaftsgerichtlichen Genehmigung bedürfen. Soll der Vertrag zugleich ein Anerkenntnis der Vaterschaft enthalten, so muß dieses von dem minderjährigen Vater selbst erklärt werden (s 22 zu § 1718).

Der Vater kann den Vertrag auch durch einen Vertreter schließen lassen; jedoch kann der Vertreter kein Vaterschaftsanerkenntnis abgeben (s 15 zu § 1718).

Die Vereinbarung iS des § 1714 Abs 1 kann sich auf folgende Punkte beziehen:

4 a) Es kann nicht nur die **Höhe der** zu entrichtenden **Unterhaltsrente** (s zB OLG Braunschweig, JFG 4, 51), sondern auch die **Art der Unterhaltsgewährung,** zB im Wege von Naturalleistungen, und eine Abweichung von der Regelung des § 1710 Satz 2 vereinbart werden**). Wird hierbei dem Betrage oder der Zeitdauer nach ein über die gesetzliche Verpflichtung hinausgehender Unterhalt versprochen, so liegt kein Schenkungsversprechen vor (ebenso RGR-Komm, 2; s auch BGHZ 5, 302).

Vorbehalten werden können zB die Kosten der Berufsausbildung (s 68 zu § 1708), sowie zusätzliche Bedürfnisse (s 87ff zu § 1708), die aber dann genau bezeichnet werden sollten.

5 Ferner kann die Vereinbarung eine Regelung des außerordentlichen Unterhaltsanspruchs **(§ 1708 Abs 2)** betreffen oder darauf beschränkt sein; andererseits können diese Ansprüche in dem Vertrag auch vorbehalten werden (s Dölle, II, 435; Soergel-Siebert-Lade, 5; LG Köln, NJW 1949, 548; s auch unten Bem 17 aE).

6 Die Parteien können durch die Vereinbarung ferner die gesetzliche Unterhaltspflicht in eine vertragliche umwandeln, also eine von der gesetzlichen Unter-

---

*) Pfeiffer, Zwei Fragen aus dem Vormundschaftsrecht, ZBlFG 12, 1912, 229; hierzu Josef, Nochmals: Minderjährige Erzeuger, daselbst 340.

**) Da heutzutage zumeist die Form der einseitigen Verpflichtungserklärung zur Regelung der Unterhaltsforderungen gewählt wird (s unten Bem 27 sowie 82 zu § 1718), hat die Vorschrift des § 1714 Abs 1 keine erhebliche praktische Bedeutung mehr.

haltspflicht losgelöste Verpflichtung begründen (s auch Planck-Unzner, 14). In der Regel ist freilich anzunehmen, daß mit dem Vertrag (zB einem Prozeßvergleich) nur eine inhaltliche Festlegung der Unterhaltspflicht bezweckt werden soll (vgl im allgemeinen Brühl, 290). Diese Frage ist von Bedeutung für den Fall des Todes des Vaters vor der Vollendung des 18. Lebensjahres des Kindes (s dazu 28f zu § 1712).

aa) Eine **Form** ist für die Vereinbarung, welche die Zahlung der künftigen Unterhaltsrente betrifft, in § 1714 zwar nicht vorgeschrieben (s dazu Dölle, II, 436; KG, RJA 15, 97 = JW 1916, 609 = OLG 32, 320); doch bedarf sie der Schriftform, wenn sie den Charakter eines Leibrentenvertrags hat (§ 761; s Dölle, aaO). Im übrigen ergibt sich aber die Notwendigkeit der Schriftform aus der Notwendigkeit der vormundschaftsgerichtlichen Genehmigung; läge keine Urkunde vor, welche die Vereinbarung enthält, so müßte die Vereinbarung von den Beteiligten beim Antrag auf Genehmigung zu Protokoll der Geschäftsstelle des Vormundschaftsgerichts erklärt werden. Enthält die Vereinbarung zugleich die Unterwerfung unter die Zwangsvollstreckung*), so ist gerichtliche oder notarielle Beurkundung erforderlich (§ 794 Abs 1 Nr 5 ZPO, s auch § 801 ZPO; sowie Bechmann, BayZ 1905, 234). 7

Zuständig zur Beurkundung solcher Verträge mit der Erklärung der Unterwerfung unter die Zwangsvollstreckung sind die Notare (§ 20 BNotO), die Jugendämter (§ 49 JWG)**) und die Gerichte***), soweit ihre Zuständigkeit nicht landesrechtlich ausgeschlossen ist (Art 141 EGBGB, s hierzu Keidel, 3, 4 zu § 167 FGG, vgl ferner 40 zu § 1718). 8

Zur Herbeiführung einer Vereinbarung über die Unterhaltsleistung kann der Vater auf Ersuchen des Vormundschaftsgerichts durch das zuständige Amtsgericht gehört werden; die Gerichte haben also einander **Rechtshilfe** zu leisten (s RGZ 67, 416; Rausnitz, JW 1916, 429), soweit nicht nach Landesrecht die gerichtliche Zuständigkeit zur Beurkundung von Verträgen (dh auch Vertragsangeboten und Vertragsannahmen) ausgeschlossen ist (s Art 141 EGBGB, hierzu zB Keidel, 3, 4 zu § 167 FGG; RGZ 71, 303 = JW 1909, 466). Doch kann der Vater erklären, er leiste der Vorladung nicht Folge, weil er die Abgabe der betr Vertragserklärungen ablehne; ein Zwang zum Erscheinen vor Gericht kann hier auf den Vater nicht ausgeübt werden (s zur Rechtshilfe im Falle des § 1718 auch dort Bem 40a). Erscheint der Vater, so ist er vom Gericht über die Bedeutung und Wirkungen des Vertrags zu belehren. 8a

Zu beachten ist aber, daß eine solche Rechtshilfe heutzutage kaum mehr praktische Bedeutung haben dürfte, da die Jugendämter verpflichtet sind, als Amtsvormünder die Unterhaltsansprüche des Kindes geltend zu machen (zur Beurkundung einseitiger Verpflichtungserklärungen des Vaters s 82 zu § 1718).

Das Vormundschaftsgericht ist weder berechtigt noch verpflichtet, etwa auf Ersuchen des Jugendamtes förmliche Beweiserhebungen zur Ermittlung des Erzeugers anzustellen (OLG München, HRR 1942 Nr 863 = JFG 23, 315; KG, JFG 22, 37); das Vormundschaftsgericht darf also nicht durch Ermittlungen das Ergebnis eines anzustrebenden Zivilprozesses vorwegnehmen (RG, WarnR 1917, 42 Nr 31 = LZ 1917, 333; s hierzu auch Riedel, JWG, 4. Aufl 1965, 14 zu § 10; Gräber, JWG, 2. Aufl 1963, 8 zu § 10;

---

*) Bechmann, Was bildet bei Vereinbarungen über den Unterhalt unehelicher Kinder den Vollstreckungstitel im Sinne des § 794 Ziff 5 ZPO?, BayZ 1905, 234; ders, Unterhaltsverträge und § 794 Nr 5 ZPO, BayZ 1906, 72; Grüber, Inwieweit muß eine vor Gericht abgegebene Erklärung, inhaltlich deren jemand sich als Vater eines unehelichen Kindes bekennt, sich zur Zahlung bestimmter Unterhaltsgelder verpflichtet und sich der sofortigen Zwangsvollstreckung unterwirft, von dem Vormund angenommen werden und inwieweit bedarf die Vereinbarung der vormundschaftsgerichtlichen Genehmigung?, ZBlFG 7, 1907, 688; Häßler, Vollstreckbare Urkunden über Unterhaltsverträge nach § 1714 BGB zwischen minderjährigen Parteien, die selbst und deren gesetzliche Vertreter sich in verschiedenen Amtsbezirken aufhalten, ZBlFG 8, 1908, 25; Pfäfflin, Zwangsvollstreckung aus gerichtlich beurkundeten Unterhaltsverträgen, BayZ 1910, 14; Ulmann, Zum Verhältnis des Art 167 Nr 1 BayAGBGB zu § 794 Nr 5 ZPO, BayZ 1905, 397.

**) Feil, Beurkundung und Beglaubigung im Jugendamt, Handbuch für den Vormund, Heft 12, 1959; zu § 49 JWG s ferner die Kommentare zu JWG (s Fußn zu Bem 35 zu § 1707).

***) Haberstumpf, Die Stellung des Vormundschaftsrichters zum § 1714 BGB, DRiZ 1913, 425; Reichel und von Sigsfeld, Zur Praxis der vormundschaftsgerichtlichen Alimentenvergleiche, DJZ 1906, 1089 und 1311; s ferner Pfeiffer und Josef, ZBlFG 12, 1912, 229 und 340.

Friedeberg-Polligkeit, RJWG, 2. Aufl 1930 [Nachdruck 1955], 5b zu § 5). Vielmehr ist die Ermittlung des Erzeugers Sache des Vormunds (s dazu 71 zu § 1707).

9 bb) Die Vereinbarung über den künftigen Unterhalt kann auch schon **vor der Geburt des Kindes** geschlossen werden (vgl Dölle, II, 436; RGR-Komm, 1, 6); hierzu ist für das Kind ein Pfleger zu bestellen (§§ 1912 BGB, 43, 52 JWG). Die Vereinbarung, die als Vergleich zu beurteilen ist (§ 779), ist jedoch unwirksam, wenn das Kind tot geboren wird oder wenn Zwillinge geboren werden oder wenn sich herausstellt, daß der betreffende Mann nicht der Vater des Kindes ist (ebenso Dölle, aaO; Erman-Hefermehl, 1; RGR-Komm, 6; Soergel-Siebert-Lade, 2). Dazu, daß ein **Vaterschaftsanerkenntnis nicht vor der Geburt des Kindes** abgegeben werden kann, s 5 zu § 1718.

10 cc) Ein **unentgeltlicher Verzicht** auf den Unterhalt für die Zukunft ist nichtig **(Abs 2)**, selbst wenn die Vereinbarung vormundschaftsgerichtlich genehmigt sein sollte (ebenso Fraeb, JR 1925, 218, 220). Das Gesetz will verhindern, daß sich das Kind seiner Existenzmittel beraubt (s Dölle, II, 346; vgl auch §§ 1614, 1360a und oben Bem 1). Ein unentgeltlicher Verzicht liegt auch vor, wenn die Parteien die Rente absichtlich zu niedrig festsetzen, um damit dem Verpflichteten eine unentgeltliche Zuwendung zu machen (ebenso RGR-Komm, 2). Dies dürfte aber nicht gegeben sein, wenn der Verpflichtete zu einer höheren Leistung nicht in der Lage ist.

Ein entgeltlicher Verzicht auf den Unterhalt für die Zukunft ist dagegen zulässig, jedoch nur mit vormundschaftsgerichtlicher Genehmigung. Ein Verzicht, der dazu dienen soll, daß der Kindesmutter oder deren Ehemann (Stiefvater des Kindes) der Anspruch auf Kindergeld (s zu diesem § 2 Abs 1 Nr 4, § 3 BKindGG)*) erhalten bleibt, ist kein entgeltlicher Verzicht, da der Vater des Kindes keine Gegenleistung erbringt, und daher unwirksam (s Dölle, II, 437; SchlHOLG, SchlHAnz 1957, 270 = DAVorm XXX, 217; LG Düsseldorf, DAVorm XXX, 188; **aM:** LG Kempten, DAVorm XXIX, 220, das freilich auf die sich aus § 1714 ergebende Problematik nicht eingegangen ist; vgl zum Verzicht auch 134 aE zu § 1708).

11 dd) Über die Zulässigkeit einer Vereinbarung des Vormunds mit dem **Erben** s 17 zu § 1712.

Hinzuzufügen ist, daß auch derjenige, der das Vermögen des Vaters übernommen hat und daher mit diesem als Gesamtschuldner, aber beschränkt auf das übernommene Vermögen haftet (**§ 419,** s dazu 23 zu § 1712), als befugt beurteilt werden muß, eine Vereinbarung mit dem Vormund über die Unterhaltszahlung zu schließen.

12 b) Weiterhin kann der gesetzliche Vertreter des Kindes in dessen Namen mit dem Vater eine **Abfindung** anstelle einer laufenden Unterhaltsrente vereinbaren**).

Für zulässig zu halten ist auch eine Vereinbarung des **Erben** oder desjenigen, der das Vermögen des Vaters übernommen hat und daher zusammen mit diesem als Gesamtschuldner haftet (**§ 419,** s dazu 23 zu § 1712), mit dem gesetzlichen Vertreter des Kindes über eine Abfindung (s auch Bem 11 sowie 17 zu § 1712).

Die Abfindung kann weder der Vater als der zur Unterhaltsleistung Verpflichtete oder der Übernehmer des Vermögens oder der Erbe des Vaters noch das Kind gemäß § 1714 einseitig verlangen (vgl bezüglich des Erben auch § 1712 Abs 2).

13 Die Möglichkeit der Abfindung des unehelichen Kindes hat heutzutage nicht mehr die Bedeutung wie früher (so auch zB LG Berlin, DAVorm XXXVI, 334), einmal angesichts der Erfahrungen infolge der Inflation 1923 und der Währungsreform 1948 (s hierzu auch Bem 15f, 42) und der steigenden Lebenshaltungskosten (vgl dazu 217 ff zu § 1708 zur Abänderungsklage, § 323 ZPO), zum anderen wohl auch wegen der Umschichtung der sozialen Verhältnisse und im Hinblick auf die Veränderung der Anschauungen (s Dölle, II, 435, Buchholz, Rpfleger 1952, 51, 53, sowie zum letzteren Punkt Vorbem 58 vor § 1705.)

Doch gewinnen Abfindungsverträge jetzt wieder eine gewisse Bedeutung, wenn Vertragspartner ein Ausländer ist, mit dessen Abreise in seinen Heimatstaat

*) Lit zum BKindGG: Kommentare von Käß (1964), Schieckel (Ergänzungslieferung 1965), Sixtus-Haep (Ergänzungslieferung 1965), Wickenhagen-Krebs (1965).

Hingewiesen sei noch auf: Kleinheyer, Zum neuen Kindergeldrecht, FamRZ 1964, 398; Berner, Zum Bundeskindergeldgesetz, Rpfleger 1964, 165.

**) Draf, Festsetzung der Abfindungssumme aus § 1714 BGB, DJZ 1903, 148; Dunker, Wert und Abfindung der Unterhaltsrente des unehelichen Kindes, §§ 1708, 1710, 1714 BGB, Recht 1908, 412.

in absehbarer Zeit zu rechnen ist, und wenn die Verfolgung oder Beitreibbarkeit der Unterhaltsansprüche des Kindes im Ausland sehr erschwert ist.

Den Abschluß eines Abfindungsvertrags erstrebt der Vater zuweilen, wenn er sich verheiratet und eine Gefährdung des Familienfriedens durch etwaige Nachforderungen des Kindes (§ 1708 Abs 2) oder sonstige zusätzliche Forderungen (zB hohe Krankenhauskosten) oder durch Erhöhung der Unterhaltsraten infolge steigender Lebenshaltungskosten vermeiden will (vgl auch Beitzke, 195). Der Vormund kann eventuell deshalb Wert auf eine Abfindung legen, weil damit zu rechnen ist, daß der Vater in Zukunft seinen Verpflichtungen nicht nachkommt (vgl zB LG Mannheim, DAVorm XXX, 95).

Früher diente die Abfindung häufig dem Zwecke, die uneheliche Vaterschaft zu verdecken, die als sozialer Makel empfunden wurde (Dölle, aaO); zT wurde die Abfindung auch bei zweifelhafter Vaterschaft vereinbart (vgl Gernhuber, 644).

aa) Eine **Form** ist an sich für die Vereinbarung nicht vorgeschrieben (s Bem 7). 14

Ist der Vater des Kindes bereit, sich der sofortigen Zwangsvollstreckung zu unterwerfen (s **§ 794 Abs 1 Nr 5 ZPO**), so ist gerichtliche oder notarielle Beurkundung erforderlich.

Über die hierzu **zuständigen Stellen** s 8; jedoch sind die Beamten oder Angestellten des Jugendamtes zur Beurkundung eines Abfindungsvertrags nicht zuständig, da § 49 JWG keine diesbezügliche Ermächtigung enthält (s aber auch brem AusfG z JWG, § 18).

bb) Die **Tragweite des Vertrags** hängt im Einzelfalle von seiner Auslegung ab, ob er mehr als **Kapitalisierung** der Unterhaltsrente oder als **endgültige Abfindung** gedacht ist (vgl Dölle, II, 434f; Gernhuber, 644; s auch RGR-Komm, 1; Brühl, 254f). Dies ist von Bedeutung für die Beantwortung der Frage, ob das Kind bei steigenden Lebenshaltungskosten oder zunehmender Geldentwertung Nachforderungen stellen kann (s auch Bem 16, 42). Dafür, daß eine Kapitalisierung der Rente gemeint war, spricht zB die Vereinbarung, könne die Unterhaltszahlung aus dem betreffenden Betrag aus irgendwelchen nicht vorausgesehenen Gründen nicht erfolgen, so sei der Unterhalt weiter zu leisten (LG Berlin, DAVorm XXXVI, 1963, 334) und die weitere Vereinbarung, sollte das Kind vorzeitig sterben, so solle eine Rückforderung zulässig sein (LG Berlin, aaO; LG Lüneburg, NJW 1952, 104). 15

α) **Im Zweifel** ist jedoch anzunehmen, daß eine **endgültige Abfindung** gewollt war (hM, s Dölle, II, 434f; Brühl, 255; Soergel-Siebert-Lade, 2; BGHZ 2, 379 = MDR 1951, 608 = NJW 1951, 759 = LM BGB § 1714 Nr 1, Leits mit Anm von Kregel; OLG Hamburg, MDR 1950, 614; LG Düsseldorf, JMBlNRW 1952, 93; s auch LG Kassel, NJW 1953, 1792; LG Köln, NJW 1949, 548; sowie unten Bem 42). Dölle (II, 434) hat hierzu mit Recht darauf hingewiesen, der folgende von der Rechtsprechung und Literatur zT entwickelte Gedanke (s zB RGR-Komm, 1, Soergel-Siebert-Lade, 5) habe keine gesetzliche Grundlage, nämlich: ein Unterhaltsverzicht könne nur die einzelnen Rentenansprüche, nicht aber das Unterhaltsstammrecht erfassen, aus welchem die einzelnen Rentenansprüche fließen, dieses Stammrecht sei als rein familienrechtlicher Anspruch unverzichtbar. 16

β) Ebenso ist im Zweifel davon auszugehen, daß im Falle des Todes des Kindes vor Vollendung des 18. Lebenjahres eine anteilmäßige Rückzahlung der geleisteteten Abfindung nicht in Betracht kommt (vgl auch LG Lüneburg, NJW 1952, 104 — hier war in dem Abfindungsvertrag eine diesbezügliche Klausel enthalten —) sowie daß etwaige zusätzliche Unterhaltsansprüche (§ 1708 Abs 2) mitumfaßt sind (so auch Dölle, II, 435; s ferner Bem 5 aE). 17

γ) Dem gesetzlichen Vertreter des Kindes ist daher dringend zu empfehlen, gegebenenfalls Abfindungsverträge nur unter ausdrücklicher Aufnahme einer Klausel bezüglich einer Steigerung der Lebenshaltungskosten bzw einer Geldentwertung abzuschließen (ebenso Dölle, II, 435) und einen Betrag zu verlangen, der die Summe der Unterhaltsleistungen übersteigt (ebenso Dölle, aaO; LG Göttingen, NJW 1954, 1330; s auch Bem 28 zur vormundschaftsgerichtlichen Genehmigung). 18

cc) Der Abfindungsvertrag kann auch schon **vor der Geburt des Kindes** geschlossen werden, mit der Wirkung, daß ein Anspruch des Kindes auf Rentenzahlung gar nicht entsteht (Brühl, 254; s ferner oben Bem 9 zum Abschluß eines Vertrags über die Unterhaltszahlung). 19

20 dd) Zum Abfindungsrecht des Erben s § 1712; zu der Frage, ob dem Erben noch ein Recht zur Abfindung zusteht, wenn schon der uneheliche Vater einen Abfindungsvertrag geschlossen hatte, s 30 zu § 1712.

21 c) Der gemäß § 1714 Abs 1 geschlossene Vertrag ist rechtlich ein **Vergleich** iS des **§ 779** (Dölle, II, 434; RGR-Komm, 6), durch den der Streit oder die Ungewißheit der Parteien über ein Rechtsverhältnis im Wege gegenseitigen Nachgebens beseitigt wird. Das gegenseitige Nachgeben kann unter Umständen in der Ungewißheit bezüglich der Vaterschaft und einer dieser Rechnung tragenden Regelung der Unterhaltsleistungen liegen, im Falle der Vereinbarung einer Unterhaltsrente in der Abweichung von den Vorschriften des § 1710 Satz 1 und 2 oder in einer Regelung der Unterhaltsleistung für die Zeit nach der Vollendung des 16. Lebensjahres des Kindes (vgl § 1708 Abs 1 Satz 3) oder der Regelung des außerordentlichen Unterhaltsanspruchs (§ 1708 Abs 2) und im Falle der Vereinbarung einer Abfindung in der Abweichung von den Vorschriften der §§ 1708, 1710, also einer Kapitalzahlung zur Abgeltung der künftigen Unerhaltsansprüche des Kindes mit allen hierin für beide Teile liegenden Risiken (s dazu Bem 15ff, 42) oder etwa auch im Hinblick auf die wirtschaftliche Lage des Vaters (vgl RG, WarnR 1923/1924, 146 Nr 120).

2. **Nicht anwendbar** ist § 1714 Abs 1 in folgenden Fällen:

22 a) wenn der uneheliche Vater und die Mutter über die dieser gemäß **§ 1715** zustehenden Ansprüche vor der Niederkunft eine Vereinbarung treffen (vgl KG, JW 1934, 2623),

23 b) wenn der uneheliche Vater mit der Mutter vor deren Niederkunft einen Vertrag schließt, durch den er sich unter gewissen Bedingungen zur Zahlung von Unterhalt verpflichtet; auch § 1822 Nr 12 findet hier keine Anwendung (KG, JW 1934, 2623). Dasselbe gilt für eine nach der Geburt des Kindes zwischen dem Vater und der Mutter getroffene Vereinbarung über Unterhaltszahlungen an das Kind.

Hier liegt ein **Versorgungsvertrag zugunsten eines Dritten,** des Kindes, vor (§ 328); da meist auch die Mutter, die an der Versorgung des Kinder mitinteressiert ist, dem Vater gegenüber Verpflichtungen übernimmt, so in erster Linie die Verpflichtung, die zu empfangenden Beträge auf den Unterhalt des Kindes zu verwenden, bedarf ein solcher Vertrag mangels Unentgeltlichkeit nicht der Form eines Schenkungsversprechens (§ 518, s Dölle, II, 433).

Hat sich die Mutter in dem Vertrag verpflichtet, über die Person des Schwängerers Stillschweigen zu bewahren, so kann darin nicht in jedem Falle ein Verstoß gegen die guten Sitten (§ 138) erblickt werden (vgl dazu KG, JW 1934, 2623; OLG Colmar, Recht 1914 Nr 460), wohl aber dann, wenn die Mutter zu unwahren Angaben gegenüber dem Vormundschaftsgericht verpflichtet wird oder wenn dem Kinde durch die Vereinbarung die notwendigen Mittel zu seinem Unterhalt vorenthalten werden (OLG Colmar, aaO).

Hat die Mutter dagegen als auftragslose Geschäftsführerin des Vormunds gehandelt und genehmigt dieser dann die Vereinbarung, so ist § 1714 Abs 1 anzuwenden (vgl auch RGZ 135, 219 = JW 1932, 1353, 2154 = BayZ 1932, 139); dem Kinde können aber gemäß § 166 Abs 1 Einwendungen aus dem Verhalten der Mutter (zB die Einwendung des Scheingeschäfts, der Vater solle nicht in Anspruch genommen werden) entgegengesetzt werden (RG, aaO).

24 c) Weiterhin ist § 1714 Abs 1 nicht anwendbar auf ein Abkommen, das der mutmaßliche Erzeuger eines von einer verheirateten Frau geborenen Kindes mit dieser und deren Ehemann über die Gewährung von Unterhaltszuschüssen für das Kind schließt (OLG Königsberg, HRR 1937 Nr 80); das OLG Königsberg hat die Vereinbarung als nicht gegen die guten Sitten (§ 138) verstoßend beurteilt, die Eheleute hatten als Gegenleistung auf gerichtliche Schritte verzichtet (s auch LG Köln, DAVorm XXXI, 36; hierzu Dölle, II, 434). Dagegen hat das OLG Celle (NdsRpfl 1962, 188) eine Vereinbarung zwischen dem Ehemann der Mutter und einem Manne gemäß § 138 für nichtig erklärt, der mit der Mutter des Kindes längere Zeit ehebrecherische Beziehungen unterhalten und die Vaterschaft privatschriftlich „anerkannt" hatte.

Ebenso wenig ist § 1714 anzuwenden, wenn der Erzeuger eines von einer — zu diesem Zeitpunkt noch — verheirateten Frau geborenen Kindes dieser gegenüber sich verpflichtete, zum Zwecke der Sicherstellung des Unterhalts des Kindes — dessen Ehelichkeit später mit Erfolg angefochten wurde — einen bestimmten Betrag an sie zu bezahlen; hierin liegt auch kein Schenkungsversprechen (BGHZ 5, 302).

25 d) **Rückständige Unterhaltsforderungen** fallen nicht unter § 1714 Abs 1; Vereinbarungen über diese sind an keine besonderen Voraussetzungen geknüpft, jedoch sind

die Vorschriften der §§ 1804, 1822 Nr 12 zu beachten (s Dölle, II, 433); Der Vormund ist gemäß § 1804 Satz 1 nicht berechtigt, in Vertretung des Mündels Schenkungen zu machen, dh auf rückständige Unterhaltsforderungen unentgeltlich zu verzichten; schließt der Vormund über die Rückstände einen Vergleich (§ 779), so bedarf er der vormundschaftsgerichtlichen Genehmigung, wenn der Gegenstand des Streits, dh die Rückstände den Wert von 300 DM übersteigen (§ 1822 Nr 12). Ist der unehelichen Mutter die elterliche Gewalt übertragen (§ 1707 Abs 2), so darf sie auf die Unterhaltsrückstände ebenfalls nicht unentgeltlich verzichten (§ 1641 Satz 1), hinsichtlich des Abschlusses eines Vergleichs über die Unterhaltsrückstände ist sie dagegen freier gestellt (s § 1643 Abs 1, in dem § 1822 Nr 12 nicht in Bezug genommen ist).

e) Ebenso bedarf eine Vereinbarung über Unterhaltsrückstände nicht der vormundschaftsgerichtlichen Genehmigung, wenn sie zwischen dem unehelichen Vater und den Personen getroffen werden, auf die der Anspruch des Kindes gemäß § 1709 Abs 2 übergegangen ist (s auch 64 zu § 1709). 26

f) Schließlich ist § 1714 Abs 1 nicht auf **einseitige Erklärungen** des unehelichen Vaters anzuwenden, der sich, wie praktisch häufig, in einer von einem Gericht oder Notar oder Jugendamt aufgenommenen Urkunde (§§ 794 Nr 5 ZPO, 49 JWG) zu Unterhaltszahlungen verpflichtet (s dazu 82 zu § 1718). 27

III. Die vormundschaftsgerichtliche Genehmigung*); Wirksamwerden und Rechtswirkungen des Vertrags.

1. a) Die vormundschaftsgerichtliche Genehmigung darf nur erteilt werden, wenn der Vertrag unter Berücksichtigung der Verhältnisse des Vaters, der Mutter und des Kindes (BayObLG Z 27, A 75) mit dem **Wohle des Kindes** vereinbar ist, dh hinsichtlich eines Vertrags über die laufende Rente, wenn diese etwa den üblichen Richtsätzen (s Bem 69 zu § 1708) entspricht und eine Klausel über die Möglichkeit der Erhöhung der Rente und der Geltendmachung eines außerordentlichen Bedarfs (vgl § 1708 Abs 2) enthält (wobei die Leistungsfähigkeit des Vaters berücksichtigt werden darf), sowie bezüglich eines Abfindungsvertrags, wenn die Abfindung der Höhe nach den Bedarf des Kindes für die Zukunft sicherstellt, unter angemessener Berücksichtigung der mit dem Verzicht auf die laufend entstehenden Unterhaltsansprüche verbundenen Gefährdung der Interessen des Kindes (Dölle, II, 435; Erman-Hefermehl, 3; BayObLG Z 27, A 75; LG Göttingen, NJW 1954, 1330). Daher bestehen zB gegen eine Genehmigung Bedenken, wenn die Abfindungssumme den Gesamtbetrag der Unterhaltsleistungen nicht übersteigt (LG Göttingen, aaO: im konkreten Falle war der Vater zur Unterhaltszahlung von DM 120,— vierteljährlich verurteilt, die Abfindung betrug DM 2000,—, die Unterhaltsverpflichtung bestand offenbar noch etwa 4 Jahre). 28

aa) Das Vormundschaftsgericht darf die Genehmigung erst erteilen, wenn der gesetzliche Vertreter des Kindes die Erklärung des unehelichen Vaters, sich zu einer Abfindung zu verpflichten, angenommen hat, dh wenn der **Vertrag an sich zustande gekommen** ist (vgl KG, KGJ 52, A 30 = RJA 16, 198 = JW 1916, 69 = OLG 32, 320; OLG München, BayZ 1932, 329; RGR-Komm, 3 aE). In dem Antrag des Vormunds an das Gericht, eine Ausfertigung der vollstreckbaren Urkunde zu erteilen, liegt keine Annahme eines etwaigen Vertragsangebots des Vaters (vgl § 151, s hierzu KG, aaO). 29

Der vormundschaftsgerichtlichen Genehmigung unterliegt auch ein Prozeßvergleich, soweit er seinem Inhalt nach unter § 1714 fällt (s Dölle, II, 435). Wie allgemein anerkannt, entfällt das Erfordernis der vormundschaftsgerichtlichen Genehmigung nicht etwa deshalb, weil das dieser Genehmigung bedürfende Rechtsgeschäft in einem Prozeßvergleich vorgenommen wird (RGZ 56, 333; 133, 259 = Auswahlsammlung, FamR Bd 2, 173). Denn diese Protokollierung des Vergleichs durch das Prozeßgericht kann die vormundschaftsgerichtliche Genehmigung nicht ersetzen. 30

In dem Falle, daß der Vater beim Abschluß des Vertrags vertreten und sein Name nicht genannt wurde, hat das KG (Recht 1917 Nr 1379) angenommen, hier könne die vormundschaftsgerichtliche Genehmigung nicht allein deshalb versagt werden; indessen kann diese Auffassung nur dann 31

---

*) Barthelmeß, Vormundschaftsgerichtliche Genehmigung zu einem Rechtsgeschäft, BayZ 1905, 488; Crasemann, Die Verpflichtungsurkunde des außerehelichen Vaters und die vormundschaftsgerichtliche Genehmigung, ZBlVorm IV, 1 (1912); Haberstumpf, Die Stellung des Vormundschaftsrichters zum § 1714 BGB, DRiZ 1913, 425; Zohlen, Zum Begriff der vormundschaftsgerichtlichen Genehmigung, KGBl 1912, 13.

gebilligt werden, wenn die Zahlung des Abfindungsbetrags sichergestellt ist, zB bereits unter Vorbehalt der Genehmigung an den Vormund geleistet oder hinterlegt ist oder der Bevollmächtigte die selbstschuldnerische Bürgschaft (s § 773 Abs 1 Nr 1) übernommen hat und zahlungsfähig ist.

32 bb) Die Genehmigung des Vormundschaftsgerichts ist nur erforderlich, wenn das uneheliche Kind **minderjährig** oder zwar volljährig, aber nicht unbeschränkt geschäftsfähig ist (s zum letzteren Falle §§ 104 Nr 2, 3, 114). Der Wortlaut des § 1714 könnte zwar für die gegenteilige Auffassung sprechen, die in der 9. Aufl dieses Komm (Bem 2) sowie von Opet-v. Blume, 1, und Opet, Verwandtschaftsrecht, 389 Fußn 41 vertreten worden war. Indessen bedarf der Wortlaut des § 1714 einer einschränkenden Auslegung, da kein vernünftiger Grund dafür vorhanden ist, die Wirksamkeit eines von einer volljährigen voll geschäftsfähigen Person geschlossenen Vertrags nur deshalb von der Genehmigung des Vormundschaftsgerichts abhängig zu machen, weil die Person unehelich geboren ist (ebenso Dölle, II, 436; sowie im Ergebnis Kipp, 421; Gernhuber, 643 Fußn 3; Planck-Unzner, 2; RGR-Komm, 3; Erman-Hefermehl, 4; Soergel-Siebert-Lade, 3; KG, KGJ 53, A 43). Überdies verstieße die gegenteilige Auffassung gegen Art 6 Abs 5 und Art 2 Abs 1 GG.

33 cc) Stirbt das Kind vor der vormundschaftsgerichtlichen Genehmigung des Vertrags, so ist dieser hinfällig (KG, OLG 4, 416; RGR-Komm, 1 aE). Er kann nicht etwa dadurch rechtswirksam werden, daß die uneheliche Mutter als Erbin des Kindes den Abschluß des Vertrags genehmigt; denn der Vertrag sollte nur unter der Voraussetzung gelten, daß das Vormundschaftsgericht ihn genehmigt; der uneheliche Vater wollte den Vertrag nicht mit der Erbin des Kindes schließen (s KG, aaO).

b) **Verfahrensfragen.**

34 aa) Für die Genehmigung **örtlich zuständig** ist das **Vormundschaftsgericht**, bei dem die Vormundschaft geführt wird (§ 43 Abs 2 FGG), in dem Falle, daß der unehelichen Mutter die elterliche Gewalt übertragen worden war (§ 1707 Abs 2), das Vormundschaftsgericht, in dessen Bezirk das Kind seinen Wohnsitz oder in Ermangelung eines inländischen Wohnsitzes seinen Aufenthalt hat und zwar in dem Zeitpunkt, in dem das Gericht mit der Sache befaßt wird (§ 43 Abs 1 iV mit § 36 FGG).

35 bb) Steht das Kind unter Vormundschaft, so ist die Mutter im Verfahren zu hören **(§§ 1695, 1847 Abs 1)**, weiterhin stets, auch wenn die Mutter die elterliche Gewalt innehat (§ 1707 Abs 2), das Jugendamt (§ 48 Abs 1 JWG).

36 Die erforderlichen Ermittlungen hat das Vormundschaftsgericht von Amts wegen durchzuführen **(§ 12 FGG)**; zB hat es, wenn es sich um einen Abfindungsvertrag handelt, die wirtschaftlichen Verhältnisse des Vaters, der Mutter und des Kindes, durch Anhörung des Vaters und der Mutter, aufzuklären (s BayObLG Z 27, A 75).

37 cc) Gegen die Erteilung oder Versagung der Genehmigung steht der Mutter das Recht der **Beschwerde** (§ 57 Abs 1 Nr 9 FGG) zu (KG, KGJ 38, A 65 = OLG 21, 276; s auch 29 zu § 1707); dagegen hat der Vater kein Beschwerderecht, wenn das Vormundschaftsgericht die Genehmigung versagt (KG, KGJ 20, A 136 = RJA 1, 43; BayObLG Z 23, A 228).

38 2. a) Der Vertrag wird nach der vormundschaftsgerichtlichen Genehmigung mit der Mitteilung dieser Genehmigung durch den gesetzlichen Vertreter des Kindes an den unehelichen Vater **(§§ 1829, Abs 1 Satz 2, 1643 Abs 3) wirksam.**

39 Ohne vormundschaftsgerichtliche Genehmigung ist der Vertrag unwirksam, auch mit der Folge, daß der gerichtlich oder notariell beurkundete Vertrag (§ 794 Abs 1 Nr 5 ZPO) noch kein zur Durchführung der Zwangsvollstreckung geeigneter Titel ist (OLG Braunschweig, JFG 4, 51, 56).

40 b) Da der gemäß § 1714 geschlossene Vertrag einen Vergleich iS des **§ 779** darstellt, ist der Vertrag unwirksam, wenn der nach dessen Inhalt als feststehend zugrunde gelegte Sachverhalt der Wirklichkeit nicht entspricht und der Streit oder die Ungewißheit der Parteien über das Rechtsverhältnis bei Kenntnis der Sachlage nicht entstanden wäre (s dazu 18, 19 zu § 779).

41 aa) Dies kommt zB in Betracht, wenn der Vertrag vor der Niederkunft der Mutter geschlossen wurde und das Kind tot geboren wird oder Zwillinge geboren werden oder wenn später festgestellt wird, daß der Schuldner in Wahrheit nicht der Erzeuger des Kindes ist (s Dölle, II, 436; RGR-Komm, 6; Erman-Hefermehl, 1; Soergel-Siebert-Lade, 2) oder wenn ein Ab-

findungsvertrag abgeschlossen worden war, da der Erzeuger auswandern wollte, zB in ein Gebiet, in dem gegen ihn keine Vollstreckungsmaßnahmen durchgeführt werden können und von dem aus eine Überweisung des Unterhaltsbetrags nicht oder fast nicht möglich ist, und wenn der Erzeuger später die Absicht auszuwandern aufgab (s dazu LG Itzehoe, DAVorm XXV, 155).

bb) Dagegen ist ein Abfindungsvertrag nicht etwa deshalb unwirksam, weil das bezahlte Kapital später entwertet wird; eine Nachforderung kommt hier nicht in Betracht, es sei denn, daß eine solche Klausel in dem Vertrag aufgenommen wurde (s oben Bem 18). Dieser Fragenkomplex spielte infolge der Geldentwertung nach dem ersten Weltkriege*) und dann wiederum nach dem zweiten Weltkriege und der Währungsreform**) eine große Rolle. 42

War vor der Währungsumstellung ein Abfindungsvertrag wirksam zustandegekommen und die Abfindungssumme vollständig bezahlt worden, so war das Rechtsverhältnis endgültig abgewickelt und blieb auch nach der Währungsumstellung erloschen (vgl § 13 UmstG, s Dölle, II, 434). Der Gesichtspunkt des Wegfalls der Geschäftsgrundlage kommt hier nicht in Betracht (s dazu im einzelnen Wilh. Weber in diesem Komm, Bem E 694 zu § 242), da sich das Rechtsverhältnis in der Kapitalabfindung erschöpft hat (s auch oben Bem 15). Es kann auch nicht davon die Rede sein, in dem Abfindungsvertrag liege eine Garantie für die Ertragsfähigkeit des Kapitals (s aber G. Boehmer, JherJ 73, 1923, 204, 259).

Dem Kinde können aber aus einem ihm nachteiligen Abfindungsvertrag Schadensersatzansprüche gegen den Vormund zustehen (§ 1833), auch gegen den Amtsvormund (§ 38 JWG)***), dh gegen die Körperschaft, die über das Jugendamt die Dienstaufsicht führt (vgl § 839 BGB iV mit Art 34 GG), s hierzu RGZ 132, 260; BGHZ 9, 255 = NJW 1953, 1100 = MDR 1953, 473 = DAVorm XXVI, 107 = LM BGB § 839, A. 8, Leitz mit Anm von Lersch; LG Mannheim, DAVorm XXX, 95; OLG Düsseldorf, DAVorm XXVII, 87; Dölle, II, 435; RGR-Komm, 6; Soergel-Siebert-Lade, 4. Dies gilt auch dann, wenn das Vormundschaftsgericht den Vertrag genehmigt hatte oder wenn das Kind Unterhaltsansprüche gegen seine Mutter oder deren Verwandten hat und von diesen auch tatsächlich unterhalten wurde (BGHZ 22, 72 = LM § 1833 Nr 3 mit Anm von Johannsen = NJW 1957, 138 = MDR 1957, 537 = FamRZ 1957, 19, Leits mit Anm). 43

Außerdem kommt hinsichtlich der vormundschaftsgerichtlichen Genehmigung eine Haftung des Staates in Betracht (§§ 1848, 839 BGB iV mit Art 34 GG), s hierzu die Erläuterungen des § 1848 und Fraeb, JR 1925, 218. 44

c) Liegen Anfechtungsgründe (§§ 119ff) vor und wird der Vertrag angefochten, so ist der Vertrag rückwirkend als nichtig anzusehen (§ 142 Abs 1). Eine Anfechtung des Vertrags durch das Kind (dh durch dessen gesetzlichen Vertreter) kann zB in Betracht kommen, wenn der Vater eine arglistige Täuschung über seine wirtschaftliche Lage begangen hat (§ 123) und der gesetzliche Vertreter hierdurch zum Abschluß des Abfindungsvertrags veranlaßt worden ist (vgl RG, WarnR 1923/1924, 146, Nr 120). 45

3. a) Wird eine Vereinbarung über die Art der Erfüllung der Unterhaltspflicht getroffen, so wird hierdurch der **Charakter des Unterhaltsanspruchs** nicht verändert. 46

b) Damit, daß der Vertrag wirksam geworden ist, hat das Kind ein vererbliches Recht erworben (RG, OLG 4, 416). Zu der Frage, ob dem unehelichen Vater nach dem Tode des Kindes ein Recht zur Rückforderung entsprechender Beträge zusteht, s Bem 17. 47

c) Ist ein Abfindungsvertrag geschlossen worden, so erlischt der gesetzliche Unterhaltsanspruch des Kindes — wie im Falle des § 1712 Abs 2 (s dort Bem 54) — erst mit der Zahlung der Abfindungssumme, freilich aus anderen Gründen als im Falle des § 1712 Abs 2. Während die Abfindungsbefugnis iS des § 1712 Abs 2 48

---

*) Hierzu s RGZ 106, 399; Riedel, NJW 1949, 539; die Zusammenstellung von Plum, JW 1924, 1467, ferner ua G. Boehmer, JherJ 73, 1923, 204, die Nachweise in der 9. Aufl dieses Komm, Fußn zu Bem 11 zu § 1714, und in der 11. Aufl, Fußn zu Bem E 686 zu § 242.

**) Dazu s die umfassenden Nachweise in Bem E 694 zu § 242, in Vorbem 13 vor § 779 und in Bem 26 zu § 779, sowie Dölle, II, 434 mit Fußn 250; Riedel, NJW 1949, 539; Brühl, 255; s ferner auch Strucksberg, NJW 1949, 741; Mohrmann, ZblJugR 1950, 30; Buchholz, Rpfleger 1952, 51.

***) Zur Haftung des Amtsvormunds s auch 75 zu § 1707 mit Lit-Angaben.

eine facultas alternativa ist (s dort Bem 46), mit der Folge, daß an die Stelle der künftig geschuldeten Unterhaltszahlungen die Leistung der Abfindung tritt (s dort Bem 46, 54), ist im Falle des § 1714 Abs 1 ein Vertrag über die Abfindung erforderlich. Dieser Vertrag stellt rechtlich einen Vergleich iS des § 779 dar (s Bem 21), der ein gegenseitiger Vertrag iS der §§ 320ff ist. Durch den Abschluß des Vergleichs wird hier eine weitere Verbindlichkeit begründet, die neben den gesetzlichen Unterhaltsanspruch tritt (vgl dazu im allgemeinen auch RGZ 164, 212, 216f; Larenz, Schuldrecht, Allgemeiner Teil, 7. Aufl 1964, 102; § 9, III; Fikentscher, Schuldrecht, 1965, 168f, § 40, III). Wird der Vergleich nicht erfüllt, dh die Abfindungssumme nicht bezahlt, so hat das Kind das Recht zum Rücktritt (§ 326 Abs 1 Satz 2, s hierzu auch Brändl in diesem Komm, 9 zu § 779). Wird dieses Rücktrittsrecht wirksam ausgeübt, so entfällt die Verpflichtung des Vaters zur Zahlung der Abfindungssumme, andererseits ist er nun verpflichtet, die inzwischen etwa angefallenen Rückstände und die laufende Unterhaltsrente zu zahlen. Hatte er Teilzahlungen geleistet, so sind diese auf die etwaigen Rückstände anzurechnen, im übrigen ist der restliche Teilbetrag zurückzuzahlen (§ 327 iV mit § 346); mit den noch nicht fälligen Unterhaltsraten kann dagegen das Kind nicht die Aufrechnung erklären (§§ 387, 389).

Der Abfindungsvertrag bedeutet einen Verzicht auf die laufende, monatlich im voraus zu zahlende Unterhaltsrente und enthält damit zugleich insoweit einen Erlaßvertrag (§ 397 Abs 1). Jedoch wird man hierzu davon ausgehen müssen, daß dieser erst mit der Zahlung der Abfindungssumme wirksam werden soll.

Hier ist also zwischen dem Verpflichtungs- und dem Erfüllungsgeschäft zu unterscheiden*). Der Abfindungsvertrag ist das Verpflichtungsgeschäft, die Leistung der Abfindungssumme durch den Vater und der Erlaß der Verpflichtung zur Zahlung der laufenden künftigen Unterhaltsrente, der Verzicht des Kindes hierauf, das Erfüllungsgeschäft.

Doch ist das Kind auch befugt, wenn der Abfindungsvertrag in einer Urkunde gemäß §§ 794 Abs 1 Nr 5, 801 ZPO niedergelegt ist, aus dieser Urkunde die Vollstreckung zu betreiben, es sei denn, daß nach Fristsetzung der Rücktritt vom Vertrag erklärt war (s dazu im einzelnen § 326 Abs 1). War die Vollstreckung erfolglos, so kann noch der Rücktritt von dem Vertrag erklärt werden; einer Fristsetzung bedarf es dann nicht mehr (§ 326 Abs 2).

49 d) Hat der Vater das Kind gemäß § 1714 Abs 1 abgefunden, so daß der Unterhaltsanspruch des Kindes erloschen ist (s Bem 48), und steht dem Vater der Anspruch auf Kindergeld zu (§ 2 Abs 1 Nr 4, § 3 **BKindGG**)**), so kann das zuständige Arbeitsamt (§ 24 BKindGG) nicht mehr anordnen (§ 12 Abs 3 BKindGG), daß das Kindergeld an eine andere Person oder Stelle, die das Kind ganz oder überwiegend unterhält, zB ein Heim, ausbezahlt wird (ebenso für die frühere Regelung des § 8 Abs 2 KindGG — wonach das Vormundschaftsgericht zuständig war — BayObLGZ 1960, 415 = Rpfleger 1961, 48 = MDR 1961, 329); ferner kann das Kindergeld auch nicht mehr wegen eines Anspruchs des Kindes auf Erfüllung der gesetzlichen Unterhaltspflicht gepfändet werden (vgl § 12 Abs 2 BKindGG); die Überleitung (§ 12 Abs 3) oder Pfändung des Kindergeldes (§ 12 Abs 3) kommt nur in Betracht, wenn trotz der „Abfindung" ausnahmsweise noch ein Unterhaltsanspruch besteht oder wieder besteht (s Bem 15, 40f, 45).

50 **4.** a) Ist über die Zahlung der Unterhaltsrente eine Vereinbarung oder ein Prozeßvergleich geschlossen worden, so ändert dies bei der Zwangsvollstreckung gegen den Vater im Wege der Lohnpfändung (§§ 850ff ZPO) nichts daran, daß es sich um einen gesetzlichen Unterhaltsanspruch iS des **§ 850d Abs 1** handelt, der gegenüber anderen Forderungen gegen den Vater (vgl §§ 850c, e ZPO) **Vorrecht** genießt. Dasselbe wird man auch in dem Falle annehmen müssen, daß der gesetzliche Unterhaltsanspruch durch die Vereinbarung in einen vertraglichen umgewandelt wird.

Nur ausnahmsweise, soweit ein vertraglich anerkannter Anspruch den Umfang des gesetzlichen Unterhaltsanspruchs übersteigt, genießt er das Vorrecht des § 850d Abs 1 nicht (ebenso Stein-Jonas-Schönke-Pohle, 18. Aufl, Anm I, B, 2 zu § 850d).

---

*) hM, s Enneccerus-Lehmann, Schuldrecht, 15. Bearb, 1958, 811, § 198, II; s auch Brändl in diesem Komm, 8 zu § 779; aM Larenz, Schuldrecht, Allg Teil, 7. Aufl, 1964, 102ff, § 9, III; Fikentscher, Schuldrecht, 1965, 168, § 40, III. — Einzelheiten zur Anwendung des § 326 s bei Kaduk in diesem Komm.

**) Schrifttum zum BKindGG s Fußn zu Bem 10.

Wird zur Beitreibung der vereinbarten, dem Kinde zustehenden Abfindungssumme das Arbeitseinkommen des unehelichen Vaters gepfändet (§§ 850ff ZPO), so kommt dem Kinde das Vorrecht des § 850d Abs 1 nicht zu; vielmehr ist § 850c anzuwenden. 51

b) Die dem Kinde auf Grund einer Vereinbarung gemäß Abs 1 geleistete **Unterhaltsrente** ist gemäß § 850b Abs 1 Nr 2 ZPO **unpfändbar;** dies muß auch für den Fall gelten, daß der gesetzliche Unterhaltsanspruch in einen vertraglichen umgewandelt wird (s Bem 6 sowie auch 50). 52

Die dem Kinde bezahlte **Abfindungssumme***) ist **pfändbar,** auch wenn sie auf ein Bankkonto überwiesen ist (hM; s OLG Celle, NdsRpfl 1960, 109 = BB 1960, 955 = FamRZ 1960, 206 = DAVorm XXXIII, 13 = MDR 1960, 603 = NJW 1960, 1015 = Rpfleger 1961, 55 mit Anm von Berner; Dölle, II, 435; Soergel-Siebert-Lade, 7; Stöber, Forderungspfändung, 1965, 263; s auch OLG Bremen, Rpfleger 1954, 48 bezüglich der Kapitalabfindung gemäß § 72 EheG; aM Deumer, ZBlJG 13, 688); allerdings sollte zum Schutze des Kindes die Vorschrift des § 850i Abs 1 ZPO entsprechend angewendet werden (ebenso RGR-Komm, 8).

§ 1715**).

Der Vater ist verpflichtet, der Mutter die Kosten der Entbindung sowie die Kosten des Unterhalts für die ersten sechs Wochen nach der Entbindung und, falls infolge der Schwangerschaft oder der Entbindung weitere Aufwendungen notwendig werden, auch die dadurch entstehenden Kosten zu ersetzen. Den gewöhnlichen Betrag der zu ersetzenden Kosten kann die Mutter ohne Rücksicht auf den wirklichen Aufwand verlangen.

Der Anspruch steht der Mutter auch dann zu, wenn der Vater vor der Geburt des Kindes gestorben oder wenn das Kind tot geboren ist.

Der Anspruch verjährt in vier Jahren. Die Verjährung beginnt mit dem Ablaufe von sechs Wochen nach der Geburt des Kindes.

E I, 1577 Abs 1 Satz 1 und 2, 1578; II, 1602; III, 1691; Mot 4, 906ff; Prot 4, 685; 5, 144; 6, 308.

Gliederung.

*) Deumer, Die rechtliche Natur einer gemäß § 1714 BGB gewährten Abfindungssumme, ZBlJG 13, 1913, 688.

**) Schrifttum: Dölle, FamR, II, 1965, 437ff, § 104, I, II; Gernhuber, FamR, 1964, 647ff, § 60; Brühl, Unterhaltsrecht, 2. Aufl 1963.

Brühl, Ersatzansprüche der Kindesmutter aus § 1715 BGB, FamRZ 1965, 241; Dahm, Die Rechte der unehelichen Mutter nach §§ 1715, 1716 des BGB, Diss Heidelberg, 1911; Hilse, Anspruch der außerehelichen Mutter, SeuffBl 70, 1905, 347; Hoffmann, Der Ersatzanspruch gegen den außerehelichen Schwängerer, JW 1918, 156; Witte, Alimentationspflicht des unehelichen Erzeugers, DJZ 1904, 985; Zieger, Über die rechtliche Natur der Ansprüche aus § 1715 BGB, SächsArch 8, 1913, 16.

Literatur zu Einzelfragen ist an der betreffenden Stelle angeführt.

Übersicht (Alphabetisches Stichwortverzeichnis).

I. Allgemeines.

1 1. § 1715 regelt die der unehelichen Mutter gegen den Vater des Kindes zustehenden Ansprüche.

Im Anschluß an das kanonische Recht (cap. 1, X, 5, 16: „si seduxerit quis virginem nondum desponsatam dormieritque cum ea, dotabit eam et habebit uxorem" — woraus die gemeinrechtliche Praxis die Forderung ableitete: „duc aut dota" [heirate oder dotiere sie] —, s hierzu auch Bosch, Gutachten, 111; Kipp, 422, Dölle, II, 437; Lehmann, 212) gewährte die Praxis einer unbescholtenen verführten Frau Anspruch gegen den Verführer auf Ersatz des

Schadens, der ihr durch die infolge der Verführung eingetretenen Minderung ihrer Heiratsaussichten entstanden war (Deflorationsklage), ferner der Mutter eines unehelichen Kindes gegenüber dessen Vater Anspruch auf Ersatz der ihr durch die Niederkunft und das „Wochenbett" erwachsenen Unkosten (vgl Dernburg, Pandekten, Bd 3, § 15, II c; Windscheid-Kipp, Pandekten, Bd 3, § 493, 3 c; RGZ 40, 179). Im wesentlichen auf dem gleichen Standpunkt standen das Preußische ALR (Tl II, Titel 1 §§ 1027ff), das Bayerische LR (Tl IV, cap 16 § 6, Ziff 6) und das Sächsische BGB (§§ 1551ff, 1858, 1861); über andere Rechte s Mot 4, 906 913ff.

Das BGB anerkennt keinen Anspruch auf Entschädigung wegen Defloration; über die hierfür maßgebenden Erwägungen vgl Mot 4, 914ff (s insbesondere 915: „Der Anspruch ... dient ... nur dazu, die Unsittlichkeit zu befördern"). Einen gewissen Ersatz bilden (außer der Vorschrift des § 1300, die jedoch ein Verlöbnis voraussetzt — s zu deren Entstehungsgeschichte 1 zu § 1300) die Bestimmungen des § 1715. 2

2. Der Grundsatz der **Gleichberechtigung** (Art 3 Abs 2 GG) berührt die Vorschrift des § 1715 nicht (ebenso Dölle, II, 437; LG Gießen, DAVorm XXVIII, 200 = FamRZ 1956, 114 Nr 141 Leits). 3

II. Voraussetzungen.

Der Vater ist unter folgenden Voraussetzungen verpflichtet, der Mutter die Kosten der Entbindung, die Aufwendungen für den Unterhalt während der ersten sechs Wochen nach der Entbindung sowie weitere Aufwendungen zu ersetzen, die infolge der Schwangerschaft und der Entbindung notwendig werden: 4

1. Wie aus Abs 2 hervorgeht, setzen die Ersatzansprüche der Mutter die **Geburt eines Kindes** voraus (Dölle, II, 438; aber auch Brühl, FamRZ 1965, 241, Fußn 1; s ferner Bem 6), ohne Unterschied, ob das Kind lebend oder tot geboren wird oder während der Geburt stirbt (s Mot 4,911)*). Darüber, ob die Mutter Ersatz der Kosten der Beerdigung des tot geborenen oder während der Geburt verstorbenen Kindes gemäß § 1715 Abs 1 verlangen kann, s unten 34. 5

Umstritten ist die Frage, ob § 1715 auch den Fall der **Fehlgeburt** (des abortus)**) erfaßt***). Der Wortlaut des Gesetzes spricht zwar dagegen, ebenso die rechtspolitische Erwägung, daß die Fälle einer Fehlgeburt nicht begünstigt werden sollten, dh die Befürchtung, mit der Gewährung des Anspruchs auf Ersatz der Entbindungskosten könnten Abtreibungen begünstigt werden. Indessen wäre die Versagung dieses Anspruchs, wie Gernhuber (648) zutreffend hervorhebt, ein untaugliches Mittel bei der Bekämpfung der Abtreibungen. Maßgebend ist vielmehr die Überlegung, daß die ratio legis die Anerkennung der Ansprüche der Mutter fordert, die sich auf die Hilfsbedürftigkeit der Mutter einerseits und die Verantwortlichkeit des Vaters andererseits stützen (Dölle, 6

---

*) Zum Begriff der Lebendgeburt, der Totgeburt und der Fehlgeburt s § 29 der VO zur Ausführung des PStG vom 12. 8. 1957, BGBl I, 1139.

**) Schrifttum: Carstens, Kann die uneheliche Mutter die durch eine Fehlgeburt erlittenen Schäden gegen den Schwängerer im Rahmen des § 1715 BGB geltend machen?, JW 1930, 1569; Glöckner, Hat die uneheliche Mutter einen Ersatzanspruch gegen den Erzeuger auch im Falle einer Fehlgeburt?, NJ 1950, 343; Heuer, Über Entbindungs- und Wochenbettkosten bei Früh-, Fehl- und Totgeburten, Recht 1904, 571.

***) **Bejahend:** Dölle, II, 438; Beitzke, 200; Lehmann, 212; Gernhuber, 648; Bosch, Gutachten, 26 und (de lege ferenda) 111; RGR-Komm, 1, Erman-Hefermehl, 3, Palandt-Lauterbach, 24. Aufl, 1; Achilles-Greiff-Beitzke, 11; Hildeg. Krüger, Die Rechtsstellung des unehelichen Kindes nach dem Grundgesetz, 1960, 53, Anm 36; Carstens, JW 1930, 1564; Glöckner, NJ 1950, 343; Opet, Verwandtschaftsrecht, 405 Note 2; Eck-Leonhard, Vorträge über das BGB, II, 1904, 518; Mantey, Die Rechte der unehelichen Kinder und seiner Mutter ..., 1897, 64; LG Duisburg, MDR 1964, 1005 = FamRZ 1964, 644 Leits;

verneinend: Voraufl, Bem 3, a unter Berufung auf die Mot 4, 911; Planck-Unzner, 8; Opet- v. Blume, 3, a; Dernburg, 293, § 90, III, c; Jastrow, Das Recht der Frau, 177; Kipp, 423; Heuer, Recht 1904, 571; AG Hamburg, DJZ 1905, 872; KG, OLG 38, 256 (1917); LG Essen, MDR 1950, 613; OLG München, NJW 1954, 1768 = FamRZ 1955, 54, Leits.; in jüngerer Zeit noch Brühl, 2. Aufl, 1963, 109; Rosenthal-Bohnenberg (1965), 5;

ohne eigene Stellungnahme: Soergel-Siebert-Lade, 1; s hierzu Gaul, FamRZ 1963, 531, 535, Ziff 7, der in Fußn 11 darauf hinweist, zu den Erwägungen der Motive komme noch die häufige Unkontrollierbarkeit der in ihrer Schutzwürdigkeit mitunter doch recht fragwürdigen Ursachen der Fehlgeburt hinzu.

II, 438; LG Duisburg, MDR 1964, 1005; hiergegen Gernhuber, 647*)). Der Gesichtspunkt, die Feststellung des Schwängerers bereite hier größere Schwierigkeiten, ist nicht zutreffend, da nach dem heutigen Stand der medizinischen Forschung das „Alter" der Leibesfrucht sich im allgemeinen ziemlich genau ermitteln läßt und damit Rückschlüsse auf den Zeitpunkt des Beginns der Schwangerschaft möglich sind (vgl Gernhuber, aaO) — zur Schwangerschaftsunterbrechung s unten 37 —.

7 2. Die in § 1715 geregelten Ansprüche der Mutter richten sich nur gegen den **Vater des unehelichen Kindes.** Wer als „Vater" iS dieser Vorschriften gilt, bestimmt sich nach den Vorschriften der §§ 1717, 1718. Die Ansprüche der Mutter werden daher durch den Nachweis ausgeschlossen, das Kind entstamme offenbar unmöglich einem Verkehr der Kindesmutter mit dem in Anspruch genommenen Manne, oder diese habe während der gesetzlichen Empfängniszeit auch mit anderen Männern Geschlechtsverkehr gepflogen, es sei denn, daß das Kind offenbar unmöglich aus einem Verkehr der Mutter mit einem Dritten hervorgegangen ist oder daß der Mann die Vaterschaft nach der Geburt des Kindes in einer öffentlichen Urkunde gemäß § 1718 anerkannt hat (s Mot 4, 809; ZG 4, 444).

8 Handelt es sich um eine **Fehlgeburt,** so obliegt der Mutter der Beweis, daß der in Anspruch genommene Mann in der fraglichen Zeit (s Bem 6 aE) mit ihr Geschlechtsverkehr gepflogen hat. Im übrigen gelten die Beweisregeln des § 1717; ein Vaterschaftsanerkenntnis iS des § 1718 kommt hier nicht in Betracht (s 5 zu § 1718).

9 § 1715 ist nicht anzuwenden, wenn das Kind von einer **verheirateten Frau** geboren wird und der Ehemann der Mutter nicht der Erzeuger des Kinds ist (§ 1593); das gleiche gilt, wenn das Kind innerhalb von 302 Tagen nach Auflösung oder Nichtigerklärung der Ehe geboren wird (§ 1593) oder wenn die Voraussetzungen des § 1600 Abs 1, 2 vorliegen. Zu der Frage, ob und welche Ersatzansprüche dem Ehemann der Mutter gegen den Dritten nach rechtskräftiger Feststellung der Unehelichkeit des Kindes zustehen, s Bem 75 zu § 1709.

10 3. Darauf, ob der Vater des Kindes bzw der Schwängerer der Kindesmutter (bei späterer Fehlgeburt) die Geburt des Kindes bzw den Abgang der Leibesfrucht erlebt hat, kommt es nicht an. Nach dem Tode des Vaters haftet dessen Erbe.

11 4. Unerheblich ist auch, ob die **Mutter bedürftig** (s auch 19) und ob der **Erzeuger leistungsfähig** ist (ebenso Planck-Unzner, 2; Dernburg, 293, § 90, III, c; Gernhuber, 647).

12 5. Weiterhin ist ohne rechtliche Bedeutung, ob der betreffende Mann zur Zeit des Geschlechtsverkehrs mit der Kindesmutter, aus dem das Kind hervorgegangen ist, **deliktsfähig** oder **geschäftsfähig** war (s auch unten Bem 40).

III. Die Ansprüche im einzelnen.

13 1. a) Unter **Kosten der Entbindung** sind die Aufwendungen zu verstehen, die durch den Geburtsakt für die Betreuung durch Arzt, Hebamme, Pflegepersonal und für Medikamente, Pflege usw erwachsen; hierzu gehören auch die Kosten der Reise zur Entbindungsanstalt (ebenso Brühl, FamRZ 1965, 241, 242), dagegen nicht Kosten, die durch die Schwangerschaft (s dazu Bem 23ff, 27ff) und durch die Erstausstattung des Kindes entstanden sind; letztere sind in den laufenden Unterhalt des Kindes eingerechnet, wie jetzt allgemein anerkannt ist (s Brühl, Unterhaltsrecht, 74; FamRZ 1965, 142, 243; Dölle, II, 438; LG Bielefeld, DAVorm XXVII, 10; LG Hagen, DAVorm XXX, 8; OLG Braunschweig, OLG 38, 257; auch BGHZ 26, 217, 220 = FamRZ 1958, 99 = MDR 1958, 222 = NJW 1958, 544; s aber auch OLG Stettin, JW 1927, 1220, das §§ 683, 679 BGB anwandte; sowie Rosenthal-Bohnenberg, 3).

14 Da heutzutage die **Entbindung in einer Klinik** und dgl weitgehend üblich ist, sind die diesbezüglichen Aufwendungen zur Entbindung und während des „Wochenbetts" — dh der Zeit der Ausheilung, regelmäßig 8—10 Tage — als „gewöhnliche" Kosten iS des § 1715 Abs 1 zu beurteilen (LG Bielefeld, NJW 1960, 2244; Brühl, aaO; Dölle, II, 438; Gernhuber, 647; Soergel-Siebert-Lade, 2a; sowie Rosenthal-Bohnenberg, 1 zu § 1716). Zu berücksichtigen ist zu der Frage, ob die Unterbringung der Mutter in einer gehobenen Verpflegungsklasse der Klinik oder der Anstalt, die Lebensstellung der Mutter oder, wenn die Mutter, zB als Schülerin, Studentin, Lehrmädchen, noch keine eigene Lebensstellung

*) Gernhuber geht davon aus, die Gleichberechtigung der Geschlechter bedinge auch gleiche Verantwortung für sexuelle Beziehungen, die besondere Hilfsbedürftigkeit der Mutter entfalle im typischen Falle durch Leistungen, die ein Arbeitsverhältnis vermittele; er übersieht jedoch, daß die Folgen der sexuellen Beziehungen den weiblichen Partner ungleich schwerer treffen als den männlichen.

gewonnen hat, die Stellung ihrer Eltern (Brühl, aaO; s hierzu auch LG Wiesbaden, FamRZ 1963, 587).

Entbindet die Mutter, nachdem der Vater die Kosten einer Anstaltsentbindung bezahlt hatte, trotzdem zu Hause, so kann dieser nicht die Differenz der Aufwendungen zurückfordern (ebenso Dölle, aaO).

b) Der Mutter steht ein Anspruch auf Ersatz der Kosten des **Unterhalts für die ersten sechs Wochen nach der Entbindung** zu, auch wenn die Mutter schon vor diesem Zeitpunkt wiederhergestellt und arbeitsfähig ist (Brühl, FamRZ 1965, 242). Der Unterhalt umfaßt auch hier den **gesamten Lebensbedarf** (vgl dazu 60 ff zu § 1708, 4 ff zu § 1610). Der Vater des Kindes hat kein Recht, den Unterhalt der Mutter in Natur zu gewähren. 15

Tritt während dieser sechs Wochen ein außergewöhnlicher **Mehrbedarf** ein, zB infolge akuter Erkrankung, die mit der Schwangerschaft und Entbindung nicht in Zusammenhang steht, so fällt dem Verpflichteten nur der „wirkliche Aufwand", der ohne Schwangerschaft und Entbindung nicht entstanden wäre, zur Last (ebenso Brühl, Unterhaltsrecht, 108). 16

Erhält die Mutter von ihren Eltern den Unterhalt weiter, so wird hierdurch die Unterhaltspflicht des unehelichen Vaters gegenüber der Mutter nicht berührt (Brühl, FamRZ 1965, 242). 17

Hält sich die Mutter in der Zeit nach der Entbindung (regelmäßig 8—10 Tage) in der Klinik oder einem Entbindungsheim auf, so kann sie für diese Zeit neben den Kosten dieses Aufenthalts nicht zusätzlich Kosten des Unterhalts verlangen (Brühl, aaO; LG Stettin, JW 1927, 1220).

Über die Berechnung der sechs Wochen s §§ 187 Abs 1, 188 Abs 2.

c) aa) Die Mutter kann Ersatz der **gewöhnlichen Kosten***) der Entbindung und ihres Unterhalts in den ersten sechs Wochen nach der Entbindung **verlangen, ohne daß es eines Nachweises bedarf,** also ohne Rücksicht auf den wirklichen Aufwand (§ 1715 Abs 1 Satz 2). Der Begriff der gewöhnlichen Kosten ist also abstrakt auszulegen (ebenso Dölle, II, 438). 18

Daher sind auf diesen Betrag die **Leistungen der Sozialversicherung** (s § 195 RVO iV mit § 13 MuSchG)**) oder der (Privat-) Krankenkasse oder des Staates auf Grund der Beihilfebestimmungen usw nicht anzurechnen (ganz hM, s Brühl, Unterhaltsrecht, 107, FamRZ 1965, 241, 242; B. Schultz, MDR 1953, 278; Dölle, II, 439 f; Gernhuber, 647 f; Soergel-Siebert-Lade, 3; Erman-Hefermehl, 2; Palandt-Lauterbach, 1, RGR-Komm 2; LG Bochum, NJW 1954, 838; LG Hagen, MDR 1956, 295 = DAVorm XXVIII, 255 = FamRZ 1956, 114 Nr 127. Leits; LG Gießen, DAVorm XXVIII, 200 = FamRZ 1956, 114 Nr 141, Leits; LG Frankfurt/M, DAVorm XXVII, 110; AG Konstanz, FamRZ 1958, 146; 1965, 286; aM LG Karlsruhe, MDR 1953, 43); das gleiche für die Leistungen der Unterhaltsverpflichteten, regelmäßig der Eltern der Kindesmutter (§§ 1601 ff, s Brühl, FamRZ 1965, 242). 19

Gernhuber (648) weist mit Recht darauf hin, daß der Gedanke der **Vorteilsausgleichung** auf Schadensersatzansprüche beschränkt ist (s zur Rechtsnatur der auf § 1715 beruhenden Ansprüche der Mutter Bem 38) und daß kein Anlaß besteht, Leistungen Dritter, die der Mutter auf Grund eines Arbeitsverhältnisses zufließen, dem unehelichen Vater zugute kommen zu lassen (s auch 3 zu § 1716).

Maßgebend ist die **Lebensstellung der Mutter;** es kann also nicht lediglich der notdürftige Unterhalt verlangt werden (vgl auch § 1611). 20

Für die Entbindungskosten und die Aufwendungen der Mutter für die ersten sechs Wochen nach der Entbindung im Jahre 1964 hat das AG Ellwangen (DAVorm XXXVII, 214) jeweils einen Betrag von DM 400,— als angemessen beurteilt.

bb) Geht der tatsächliche Bedarf der Mutter über die gewöhnlichen Kosten hinaus, so hat sie auch Anspruch auf Ersatz dieser Kosten, soweit sie mit der Entbindung zusammenhängen und nicht durch eine Versicherung und dgl gedeckt werden (Brühl, FamRZ 1965, 242; s 23 ff). 21

---

*) Heuer, Über den „gewöhnlichen Betrag" der nach § 1715 Abs 1 Satz 2 BGB der Mutter eines unehelichen Kindes zu ersetzenden Kosten ..., HansGZ 25, 1925, B 293.

**) B. Schultz, Anrechnung der Leistungen auf Grund § 195a RVO und § 13 MuSchG auf die Ansprüche der unehelichen Mutter gemäß § 1715 BGB?, MDR 1953, 278; s auch 2 zu § 1716 mit Fußn *) zum Mutterschutz.

Hat der Unterhaltsverpflichtete die zusätzlichen Kosten gedeckt, so wird in der Regel anzunehmen sein, daß dies nur vorschußweise, dh im Wege der Gewährung eines Darlehens, geschehen ist; § 685 Abs 2 wird hier in der Regel nicht anzuwenden sein, da der uneheliche Vater vorrangig haftet (s Brühl, FamRZ 1965, 242).

22 d) Gewährt der Träger der Sozialhilfe der Mutter gemäß **§ 38 BSHG** Hilfe hinsichtlich der Entbindungskosten (s 3 zu § 1716), so kann er deren Anspruch aus § 1715 gegen den Erzeuger auf sich überleiten (§§ 90 Abs 1 Satz 3, 85 Nr 1, 79 ff BSHG); § 91 BSHG ist hier unanwendbar (s Brühl, FamRZ 1965, 242; zu § 1542 RVO s 3 zu § 1716).

Wird der Mutter vom Träger oder Sozialhilfe während der ersten sechs Wochen nach der Entbindung Hilfe zum Lebensunterhalt gewährt, so kann er den Anspruch der Mutter aus § 1715 ebenfalls auf sich überleiten (§ 90 Abs 1 BSHG, s auch Brühl, aaO).

23 2. Ferner kann die Mutter **weitere** durch die Schwangerschaft oder Entbindung notwendig gewordene **Kosten** ersetzt verlangen (s auch 21), und zwar ohne zeitliche Grenze; es handelt sich um Kosten, die über den Rahmen der Kosten des Geburtsaktes und des Unterhalts der ersten sechs Wochen hinausgehen; der Begriff der weiteren Aufwendungen ist also nicht in zeitlichem Sinne zu verstehen (OLG Braunschweig, OLG 38, 257).

Erforderlich ist ein **ursächlicher Zusammenhang** zwischen der Schwangerschaft oder Entbindung einerseits und den Aufwendungen andererseits.

24 a) In Betracht kommen zB die Aufwendungen für zusätzliche Bekleidungsstücke, etwa ein Umstandskleid, dagegen nicht die Erstausstattung des Kindes, Säuglingswäsche, Kinderwagen usw (s auch Bem 13).

25 b) Kosten, die durch ärztliche Untersuchungen während der Schwangerschaft sowie nach der Entbindung verursacht sind, hat der Erzeuger zu ersetzen, einschließlich der Fahrtkosten (s OLG Braunschweig, OLG 38, 257 zu den Arztkosten während der Schwangerschaft), wobei die Kosten von mindestens 2—3 Untersuchungen während der Schwangerschaft als gewöhnliche Kosten iS des Abs 1 Satz 2 zu beurteilen sind (vgl auch Brühl, FamRZ 1965, 243).

Ebenso sind Kosten, die durch eine Krankheit während der Schwangerschaft oder nach der Entbindung erwachsen sind, zu ersetzen, auch Auslagen für kräftigere Nahrung, Kräftigungsmittel usw (zB Fruchtsäfte und dgl), soweit diese erforderlich sind (etwa bei größerem Blutverlust), für die Einstellung einer Pflegerin (zB Säuglingsschwester; s auch Bem 29 aE), für eine notwendige Kur und dgl (vgl OLG Dresden, SächsArch 2, 1907, 39 = Recht 1907, 253 Nr 470); Voraussetzung ist aber, daß die Krankheit mit der Schwangerschaft oder Entbindung in ursächlichem Zusammenhang steht; die bloße zeitliche Aufeinanderfolge genügt nicht (so mit Recht OLG Karlsruhe, OLG 7, 43; s auch oben Bem 23).

26 Hat die Entbindung außergewöhnlich hohe Kosten verursacht, zB infolge aufgetretener Komplikationen, der Notwendigkeit eines Kaiserschnittes, der Aufnahme in eine höhere Verpflegungsklasse in der Klinik (s zB OLG Stettin, JW 1927, 1220) so hat der Erzeuger auch diese Kosten in dem tatsächlich entstandenen Umfang insoweit zu ersetzen, als sie nicht anderweitig, zB von der Krankenkasse, dem Staat auf Grund eines Beihilfegesuchs usw, übernommen werden (Brühl, Unterhaltsrecht, 108).

27 In Betracht können auch Aufwendungen für eine ärztliche Überwachung oder psychotherapeutische Behandlung kommen, wenn die Kindesmutter psychisch labil ist und sich in ihren Heiratserwartungen getäuscht sieht oder sich von dem Erzeuger sonst im Stich gelassen fühlt (s Brühl, FamRZ 1965, 243 mit weiteren Hinw).

28 c) Weiterhin sind Aufwendungen hierher zu rechnen, die infolge der durch die Schwangerschaft oder Entbindung verursachten **Erwerbsunfähigkeit oder Minderung der Erwerbsfähigkeit** entstanden sind, zB wenn die Mutter eine Stellung mit freier Verpflegung aufgeben, sich anderweitig verpflegen lassen und hierfür aus ihrem Vermögen Zahlungen leisten oder Verbindlichkeiten eingehen mußte (s OLG Stettin, OLG, 4, 353; OLG Braunschweig, OLG 38, 257; LG Dresden, Recht 1901, 73 Nr 260), oder wenn sie infolge der Schwangerschaft aus dem Elternhause gewiesen wurde und sich ein Zimmer mieten mußte (OLG Braunschweig, aaO).

29 § 1715 gewährt zwar keinen Anspruch auf Ersatz des entgangenen Verdienstes (vgl § 843 Abs 1), jedoch hat der Erzeuger den Gehalts- oder Lohnausfall zu ersetzen, soweit die Kindesmutter die Einnahmen aus der Erwerbstätigkeit für ihren angemessenen Lebensbedarf einschließlich notwendiger Anschaffungen benötigt

(Brühl, FamRZ 1965, 243; RGR-Komm, 4; Erman-Hefermehl, 3; Rosenthal-Bohnenberg, 3; Kipp, 422, § 95, XI, Fußn 69; s auch OLG Stettin, JW 1927, 1220; unklar Soergel-Siebert-Lade, 2); dagegen hat der Erzeuger den Teil der Einkünfte, den sich die Mutter hätte ersparen können oder erspart hätte, nicht zu ersetzen (Brühl, FamRZ 1965, 243; LG Lübeck, DAVorm XXVII, 111).

Ist die Kindesmutter freiberuflich tätig oder hat sie einen gewerblichen Betrieb inne, so sind ihr die Kosten einer Stellvertreterin oder Hilfskraft zu ersetzen (Brühl, FamRZ 1965, 243; RGR-Komm, 4; Soergel-Siebert-Lade, 2c).

30 Ein Ersatzanspruch wegen weiterer Aufwendungen steht der unehelichen Mutter zu, wenn sie ihre Erwerbstätigkeit wegen der Schwangerschaft unterbrechen mußte (KG, OLG 10, 274 — allerdings sind heutzutage diese Fälle wegen der Vorschriften der §§ 195a RVO, 13 MuSchG kaum noch von praktischer Bedeutung, s Bem 2 zu § 1716 —), oder

wenn sie infolge der Schwangerschaft oder Entbindung erwerbsunfähig oder beschränkt erwerbsfähig geworden ist (vgl OLG Hamburg, OLG 38, 256; OLG Dresden, SächsArch 2, 1907, 498; OLG Rostock, SeuffA 77, 67 Nr 38; OLG Kiel, SchlHAnz 1929, 134; OLG Stettin, JW 1927, 1220), jedoch kann die Mutter keine Rente wegen Minderung der Erwerbsfähigkeit verlangen (OLG Hamburg, aaO). War ihr Einkommen gering, so daß sie es zu ihrem Unterhalt jeweils verbrauchte, so kann sie Ersatz des Verdienstausfalls infolge ihrer Erwerbsunfähigkeit fordern (vgl dazu OLG Stettin, aaO).

31 Muß sich die Mutter mit einer geringer besoldeten Stellung begnügen, so kann eine Aufwendung iS des § 1715 Abs 1 darin erblickt werden, daß die Mutter genötigt wird, andere ihr zu Gebote stehende Mittel zu ihrem Unterhalt zu verwenden (OLG Dresden, SächsArch 1907, 498).

32 In Betracht kommen ferner auch Aufwendungen für die Erlangung einer neuen Stelle (ebenso Soergel-Siebert-Lade, 2c; Planck-Unzner, 1c) und Ersatzansprüche, die darauf beruhen, daß die Kindesmutter infolge der Schwangerschaft oder Entbindung eine in Aussicht stehende Arbeitsstelle nicht aufnehmen konnte (Brühl, FamRZ 1965, 243), zB weil die nach ihrer Vorbildung oder Berufsausbildung in Betracht kommende Arbeit für eine Schwangere zu anstrengend ist oder weil sie wegen Schwangerschaftsbeschwerden oder einer mit der Entbindung in ursächlichem Zusammenhang stehenden Nachkrankheit arbeitsunfähig ist oder weil sie wegen der durch die vorgeschrittene Schwangerschaft bewirkten körperlichen Veränderungen ihren Beruf nicht mehr ausüben kann (Brühl, aaO).

Hervorzuheben ist, daß der Erzeuger (Schwängerer) nur zum Ersatz bereits entstandener Kosten verpflichtet ist, etwaige künftige Kosten also außer Betracht bleiben, weshalb der Mutter auch keine Rente wegen Minderung der Erwerbsfähigkeit zugesprochen werden kann (OLG Hamburg, OLG 38, 256).

33 d) Ging die Mutter zu Zwecken, die mit der Schwangerschaft oder der Niederkunft zusammenhängen, Verbindlichkeiten ein, so kann sie nach Maßgabe des **§ 257** Befreiung von diesen verlangen.

34 e) Ist das Kind tot geboren oder während der Geburt verstorben, so steht der Mutter ein Anspruch auf Ersatz der Beerdigungskosten als weitere Aufwendungen iS des § 1715 Abs 1 zu, wenn sie diese Kosten getragen hat. Die Vorschriften der §§ 1713 Abs 2 und 1968 sind hier nicht anwendbar, da das Kind mangels Rechtsfähigkeit (§ 1) nicht beerbt werden kann (s auch Planck-Unzner, 8).

35 f) Dagegen kann die Mutter von dem Schwängerer keinen Unterhalt für die Zeit vor der Entbindung, insbesondere für die letzten Wochen vor diesem Zeitpunkt verlangen (Dölle, II, 438; s auch OLG Stettin, JW 1927, 1220).

36 **3. Stirbt die Mutter infolge der Schwangerschaft oder bei der Geburt des Kindes***), so hat der Schwängerer den Erben der Mutter die Beerdigungskosten (§ 1968) zu ersetzen; dies ergibt sich aus einer entsprechenden Anwendung des § 1715 Abs 1 (hM: Dölle, II, 438; Lehmann, 213, § 36, III, 2c; RGR-Komm, 4; Erman-Hefermehl, 3; Soergel-Siebert-Lade, 4; Achilles-Greiff-Beitzke, 7; Palandt-

*) Knodt, Können die Erben der im Wochenbett gestorbenen, außerehelich Geschwängerten von dem Schwängerer die Kosten der Beerdigung als Kosten der Entbindung aus § 1715 BGB ersetzt verlangen?, JW 1911, 383; Mumm, Die Beerdigungskosten der im Wochenbett verstorbenen Mutter eines unehelichen Kindes, Recht 1901, 253; Zwitzers, Die Beerdigungskosten der an den Folgen der Entbindung verstorbenen unehelichen Mutter, Recht 1909, 542.

Lauterbach, 1; Planck-Unzner, 1c; Kipp, 422f, § 95, XI, Fußn 69; **aM** Mot 4, 483; Voraufl, 2c, δ; wohl auch Gernhuber, 648 Fußn 5; Gaul, FamRZ 1963, 531, 535, Ziff 7).

37 4. Bei **legaler Schwangerschaftsunterbrechung** dürften die diesbezüglichen Kosten ebenfalls den Schwängerer treffen (vgl auch Brühl, FamRZ 1965, 243).

IV. Die Rechtsnatur der Ansprüche aus § 1715.

38 1. Die der unehelichen Mutter zustehenden Ansprüche haben weder die rechtliche Natur eines eigentlichen Unterhaltsanspruchs, noch eines Deliktsanspruchs; sie sind vielmehr unmittelbar auf dem Gesetz beruhende, aus Erwägungen der Billigkeit geschaffene **Ersatzansprüche,** Ansprüche **eigener Art** (f Mot 4, 907ff, ZG IV, 443ff; heute wohl allgemeine Meinung, f Dölle, II, 439; Gernhuber, 647; RGR-Komm, 3; Erman-Hefermehl, 1; Soergel-Siebert-Lade, 5; Palandt-Lauterbach, 1; Brühl, FamRZ 1965, 242, Unterhaltsrecht, 107; sowie aus der früheren Literatur Planck-Unzner, 10; weitere Nachweise f 9. Aufl, Bem 5 mit einer Auseinandersetzung mit zT abweichenden Auffassungen der älteren Literatur). Doch darf eine gewisse Ähnlichkeit zu Unterhaltsansprüchen nicht übersehen werden; die Ansprüche der Mutter aus § 1715 betreffen die Deckung des Lebensbedarfs für deine bestimmte Zeit, bzw bestimmter besonderer Bedürfnisse, die über die normalen Lebenshaltungskosten hinausgehen. Die Kindesmutter kann auch die ihr gegenüber unterhaltspflichtigen Verwandten oder den geschiedenen Ehemann wegen mangelnder Bedürftigkeit (§ 1602 BGB, § 58 Abf 1 EheG) insoweit nicht heranziehen, als sie ihre Forderung gegen den Erzeuger zu realisieren vermag (Brühl, FamRZ 1965, 241, 242; f auch Brühl, Unterhaltsrecht, 102). Bemerkenswert ist ferner, daß die Verjährungsfrist die gleiche ist wie für Unterhaltsansprüche (§ 197). Ein wesentlicher Unterschied besteht aber darin, daß der Unterhalt grundsätzlich im voraus zu bezahlen ist, während es sich hier um einen Ersatz aufgewendeter Kosten handelt (f aber auch § 1716 Abf 1 Satz 2).

39 2. Hieraus ergeben sich nachstehende **Folgerungen:**

40 a) Die **Deliktsunfähigkeit** des Schwängerers zur Zeit der Beiwohnung schließt die Ansprüche nicht aus (ebenso Dölle, II, 439).

41 b) Für die auf § 1715 gestützte Klage der Mutter ist nicht der Gerichtsstand der unerlaubten Handlung (§ 32 ZPO) begründet, sondern vielmehr der allgemeine Gerichtsstand des Schwängerers **(§ 13 ZPO).**

42 c) Die Ansprüche sind **aktiv und passiv unbeschränkt vererblich** (Mot 4, 912; Prot 4, 688). Sie sind also nicht höchst persönlich; stirbt die Mutter, so stehen die Ansprüche ihren Erben zu, ohne Rücksicht darauf, ob sie vertraglich anerkannt oder schon rechtshängig sind (vgl dagegen §§ 847 Abf 1 Satz 2, 1300 Abf 2). Der Erbe des Vaters haftet für die Ansprüche der Mutter wie für andere Nachlaßverbindlichkeiten (§§ 1967ff).

43 d) Da es sich um Ersatzansprüche handelt, kann die Mutter die Zahlung der Kosten nicht im voraus verlangen (vgl dagegen für Unterhaltsansprüche die Vorschriften der §§ 1612 Abf 3, 1710 Satz 2); dies gilt auch hinsichtlich der Aufwendungen für den Unterhalt während der ersten sechs Wochen nach der Entbindung (aM Opet-v. Blume, 2b). Soweit die Mutter jedoch nur den gewöhnlichen Betrag der zu ersetzenden Kosten beansprucht, kann sie schon vor der Geburt die Hinterlegung des entsprechenden Betrages verlangen (arg § 1716 Abf 1) oder kann sie eine einstweilige Verfügung auf Zahlung und Hinterlegung des erforderlichen Betrages erwirken (§ 1716, f die Erläuterungen daselbst).

44 e) Nach ganz hM können die der Mutter gemäß § 1715 zustehenden Ansprüche unbeschränkt **gepfändet** und übertragen werden und ist die Aufrechnung ihnen gegenüber zulässig (Voraufl, 5e; Dölle, II, 439; Soergel-Siebert-Lade, 5; Erman-Hefermehl, 1; Palandt-Lauterbach, 1; Planck-Unzner, 9; LG Dresden, Recht 1901, 309 Nr 1148; **aM** Opet, Verwandtschaftsrecht, 411; Zieger, SächfArch 8, 1913, 16, 22; Rosenthal-Bohnenberg, 3). In neuerer Zeit hat jedoch das LG Bonn (NJW 1959, 1044) gegen die hM Bedenken erhoben, die als durchgreifend beurteilt werden müssen (f auch Göppinger, FamRZ 1965, 463). Das Gericht hat mit Recht darauf hingewiesen, daß für die Auslegung dieser Vorschrift die heutigen Rechtsanschauungen unter Berücksichtigung des verfassungsrechtlichen Gebots des Art 6 Abf 5 GG maßgebend sein müssen. Die Schutzwürdigkeit der Mutter und die Zweckgebundenheit der Leistun-

---

*) Zieger (SächfArch 1913, 16, 22) hielt zB den Anspruch auf Ersatz der Entbindungs- und der 6-Wochen-Kosten für einen Unterhaltsanspruch, dagegen den Anspruch auf Ersatz der weiteren Aufwendungen für einen Schadensersatzanspruch.

gen des unehelichen Vaters an die Mutter, der Umstand, daß es sich um unterhaltsähnliche Leistungen handelt (s Bem 38), muß zu der Schlußfolgerung der entsprechenden Anwendung des § 850b Abs 1 Nr 2 ZPO führen. Zu beachten ist auch, daß die etwaigen Ansprüche der Mutter, die ihr gegebenenfalls auf Gewährung der Sozialhilfe (§ 38 BSHG) zustehen, unpfändbar sind (§ 4 Abs 1 Satz 2 BSHG) und weiterhin die Bezüge der Mutter aus Krankenkassen und dgl (zB der von diesen Kassen geleistete Ersatz für Aufwendungen für Entbindungskosten, ärztliche Behandlung) als unpfändbar zu beurteilen sind (vgl im allgemeinen Wieczorek, B IV zu § 850b ZPO, s ferner LG Dortmund, JW 1936, 3204; LG Lübeck, JW 1937, 2611). So wäre es auch wenig verständlich, wenn die Leistungen des unehelichen Vaters der Pfändung unterlägen, während Leistungen, die der Träger der Sozialhilfe und die Krankenkasse usw für die gleichen Aufwendungen der unehelichen Mutter erbringen, nach ausdrücklicher Vorschrift unpfändbar sind.

3. § 1715 Abs 3 enthält eine Abweichung von den allgemeinen Grundsätzen hinsichtlich der **Verjährung** insofern, als die Verjährung nur vier Jahre beträgt (vgl § 195, s auch § 1302 — E I hatte eine zweijährige Verjährungsfrist festgesetzt, s zur Entstehungsgeschichte Mot 4, 917; ZG 4, 448; Prot 5, 689 —) und die Verjährung erst mit dem Ablauf von 6 Wochen nach der Geburt des Kindes bzw der Niederkunft oder Fehlgeburt (s oben 6) beginnt (s dazu Mot 4, 918; vgl § 198). Bemerkenswert ist, daß hier — wie bei Unterhaltsansprüchen (§ 197) — eine vierjährige Verjährungsfrist festgesetzt ist (s auch Bem 38). 45

Über die Berechnung der 6 Wochen und der 4-jährigen Frist s §§ 187 Abs 1, 188 Abs 2.

Über Hemmung und Unterbrechung der Verjährung s §§ 202ff, 208ff.

Ist der Anspruch der Mutter rechtskräftig festgestellt, so verjährt er erst in 30 Jahren (§ 218 Abs 1); § 218 Abs 2 kommt hier nicht in Betracht, da der Mutter keine Rente zugesprochen werden kann (s oben 32 aE).

V. Geltendmachung der Ansprüche durch die Mutter.

1. Die Mutter kann die Ansprüche unter den Voraussetzungen des § 1716 im voraus geltend machen, dh lediglich die gewöhnlichen Kosten der Entbindung und des Unterhalts in den ersten 6 Wochen nach der Entbindung. Weitere Aufwendungen können im voraus nur unter den Voraussetzungen des § 259 ZPO geltend verlangt werden, also wenn den Umständen nach die Besorgnis gerechtfertigt ist, der Schuldner werde sich der rechtzeitigen Leistung entziehen. 46

Für eine vor der Niederkunft der Mutter zu erhebende **Feststellungsklage** (§ 256 ZPO) dürfte im Hinblick auf die Regelung des § 1716 BGB und die durch **§ 259 ZPO** gegebene Möglichkeit regelmäßig das Feststellungsinteresse fehlen (s Dölle, II, 441; aM LG Stade, NdsRpfl 1950, 23 = JR 1951, 155; s auch Erman-Hefermehl, 4 zu § 1715). Eventuell kann eine Feststellungsklage aber in Betracht kommen, wenn der als Erzeuger des Kindes in Anspruch genommene Mann seine Vaterschaft bestreitet (vgl auch Erman-Hefermehl, LG Stade, aaO); allerdings ist zu beachten, daß im Rahmen der auf künftige Leistung gerichteten Klage (§ 259 ZPO) ein Zwischenfeststellungsantrag (§ 280 ZPO) gestellt werden kann. 47

Eine nach der Niederkunft erhobene Feststellungsklage ist zulässig (§ 256 ZPO), soweit die Leistungsklage infolge Unklarheit über die genaue Höhe der Aufwendungen, wenn sie über die gewöhnlichen hinausgehen, noch nicht erhoben werden kann.

2. Die Klage des Kindes auf Unterhalt gemäß § 1708 und die Klage der Mutter auf Ersatz ihrer Aufwendungen iS des § 1715 können miteinander erhoben oder verbunden werden (vgl § 147 ZPO). Jedoch sind Mutter und Kind keine notwendige Streitgenossen iS des § 62 ZPO (ebenso Dölle, II, 441; Erman-Hefermehl, 4, RGR-Komm, 5 je zu § 1715; aM Voraufl, 13), da es sich um verschiedene Ansprüche handelt und eventuell der Anspruch des einen Klägers zuerkannt, der des anderen Klägers aber abgewiesen wird (Dölle, aaO; Stein-Jonas-Schönke-Pohle, 19. Aufl 1964, Anm II, 2; Wieczorek, A IIIb je zu § 62 ZPO; s auch 209 zu § 1708). 48

3. Sachlich zuständig für die Geltendmachung der Ansprüche der Mutter ist das Amtsgericht (§ 23 Nr 2 lit f GVG); zur örtlichen Zuständigkeit s Bem 41. 49

Zu erwähnen ist noch, daß § 23a ZPO hinsichtlich der Geltendmachung der Entbindungskosten nicht anwendbar ist (LG Bremen, DAVorm XXXIX, 50).

4. Im **Konkurs** des Schwängerers können die Ansprüche der Mutter geltend gemacht werden, wenn sie bei Eröffnung des Konkursverfahrens entstanden waren (s Jaeger-Lent, 8. Aufl 1958, Bem 34, 35; Mentzel-Kuhn, 7. Aufl 1962, 41 je zu § 3 KonkO). 50

Ist der Schwängerer verstorben, so kann die Mutter die Ansprüche für die Zukunft im Konkursverfahren des Erben nur geltend machen, soweit dieser gemäß § 1967 BGB haftet (§ 3 Abs 2 KonkO).

VI. **Sonstige Ansprüche der Mutter.**

51 Der Mutter können neben den Ansprüchen aus § 1715 weitere Ersatzansprüche gemäß **§§ 823, 825, 843, 847 Abs 2, 1300 BGB** zustehen; diese weitergehenden etwaigen Ansprüche können also unabhängig von den Ansprüchen aus § 1715 geltend gemacht werden, sie unterliegen auch einer anderen Verjährungsfrist (s § 852 bezüglich des Anspruchs auf Ersatz des aus einer unerlaubten Handlung entstandenen Schadens und § 1302 hinsichtlich des Deflorationsanspruchs).

VII. **Internationales Privatrecht.**

52 Gemäß **Art 21 EGBGB** ist die Verpflichtung des Vaters, der Mutter die Kosten der Schwangerschaft, der Entbindung und des Unterhalts zu ersetzen, nach den Gesetzen des Staates zu beurteilen, dem die Mutter zur Zeit der Niederkunft angehört; doch können nicht weitergehende Ansprüche geltend gemacht werden, als nach den deutschen Gesetzen begründet sind (Näheres s in den Erläuterungen des Art 21 EGBGB).

53 VIII. **Strafschutz***).

Gemäß **§ 170c StGB** wird mit Gefängnis bestraft, wer einer von ihm Geschwängerten gewissenlos die Hilfe versagt, deren sie wegen der Schwangerschaft oder der Niederkunft bedarf, und dadurch Mutter oder Kind gefährdet. Der Begriff der Hilfe iS dieser Vorschrift ist nach der hM nicht mit der Erfüllung der der Mutter gemäß § 1715 BGB zustehenden Ersatzansprüche gleichzusetzen, sondern umfaßt neben der wirtschaftlichen Hilfe auch allgemeinen Beistand jeder Art, insbesondere seelischen Beistand und Zuspruch (so auch gegenüber der [werdenden] unehelichen Mutter BGH St 18, 102 = FamRZ 1963, 83 = JR 1963, 145 mit zustimmender Anm von Schröder = NJW 1963, 214 = MDR 1963, 230; Dölle, II, 440; Schönke-Schröder, 4, Schwarz-Dreher, 2, B; Welzel, 384f; **aM** Maurach, 398; U. H. Lange, FamRZ 1963, 120). Konsequenterweise muß dann § 170c StGB als Schutzgesetz iS des § 823 Abs 2 BGB mit der Folge beurteilt werden, daß der Mutter weitere zivilrechtliche Ansprüche (Schadensersatzansprüche wegen unterlassener Hilfeleistung iS des § 170c StGB), also über die durch § 1715 gewährten Ansprüche hinaus zustünden (vgl OLG Düsseldorf, FamRZ 1962, 310; Boehmer, FamRZ 1960, 481; Schwarz-Dreher, 1 zu § 170c; anders aber Dölle, II, 440). Doch müssen gegen diese Konsequenzen Bedenken erhoben werden, da solche Folgerungen mit dem geltenden Recht (§ 1715) nicht vereinbar sind (s auch oben 27).

Schließlich sei noch darauf hingewiesen, daß § 170c StGB mit der Auslegung, daß er nur die Erfüllung der durch § 1715 BGB gewährten Ansprüche betreffe, keinesfalls überflüssig wäre — wie offenbar Schröder, JR 1963, 146, meint —, da § 170b StGB diese Ansprüche, die keine Unterhaltsansprüche sind (s oben 38), nicht mitumfaßt.

§ 1716**).

Schon vor der Geburt des Kindes kann auf Antrag der Mutter durch einstweilige Verfügung angeordnet werden, daß der Vater den für die ersten drei Monate dem Kinde zu gewährenden Unterhalt alsbald nach der

*) Schrifttum: Boehmer, Zur Frage der zivilrechtlichen Bedeutung des § 170c StGB, FamRZ 1960, 481; Erhard, Nochmals: Zu § 170c StGB, FamRZ 1963, 334; U. H. Lange, Das Verhältnis von Zivil- und Strafrecht im § 170c StGB, FamRZ 1960, 385; ders, Nochmals: Zu § 170c StGB, FamRZ 1961, 161; ders, Ist der außereheliche Erzeuger der von ihm Geschwängerten gegenüber zum „seelischen Beistand" verpflichtet?, FamRZ 1963, 120; ders, Nochmals zu § 170c StGB, FamRZ, 1963, 336; Roth-Stielow, Was ist unter versagter „Hilfe" iS des § 170c StGB zu verstehen?, FamRZ 1960, 482; rechtspolitisch s noch Blei, Der Strafrechtsschutz von Familienordnung und Familienpflichten [zum Strafgesetzentwurf 1960], FamRZ 1961, 137; ferner Kohlhaas, Unsere Jugend 1963, 71.

Aus der neuen strafrechtlichen Literatur sei noch hingewiesen auf: Schönke-Schröder, StGB, 12. Aufl 1965; Schwarz-Dreher, StGB, 27. Aufl 1965; Maurach, Deutsches Strafrecht, Besonderer Teil, 4. Aufl 1964; Welzel, Das deutsche Strafrecht, 9. Aufl 1965.

**) Dölle, FamR, II, 1965, 441, § 104, II, 2; 484ff, § 108, III; Gernhuber, FamR, 1964, 649, § 60, II; Beitzke, FamR, 12. Aufl 1964, 200, § 33, VI; Brühl, Unterhaltsrecht, 2. Aufl 1963.

Alexander, Einstweilige Verfügung gemäß § 1716 BGB gegen den Kindsvater auf Vorauszahlung und Hinterlegung von Entbindungskosten und Unterhalt, SeuffBl 66, 1901, 343; Dahm, Die Rechte der unehelichen Mutter nach §§ 1715, 1716 des BGB, Diss Heidelberg 1911;

Geburt an die Mutter oder an den Vormund zu zahlen und den erforderlichen Betrag angemessene Zeit vor der Geburt zu hinterlegen hat. In gleicher Weise kann auf Antrag der Mutter die Zahlung des gewöhnlichen Betrages der nach § 1715 Abs. 1 zu ersetzenden Kosten an die Mutter und die Hinterlegung des erforderlichen Betrags angeordnet werden.

Zur Erlassung der einstweiligen Verfügung ist nicht erforderlich, daß eine Gefährdung des Anspruchs glaubhaft gemacht wird.

E II, 1603; III, 1692; Mot 4, 893; Prot 4, 685.

Gliederung.

Übersicht (Alphabetisches Stichwortverzeichnis).

Drüen, Zu § 1716, insbesondere Zulässigkeit eines Arrestes, Recht 1911, 157; Gimmerthal, Zur einstweiligen Verfügung des § 1716 BGB, ArchivPr 111, 1914, 271; Seyfart, Die einstweilige Verfügung des § 1716 BGB, ThürBl 61, 1914, 1; Wilke, Zu § 1716 BGB, DJZ 1899, 214.

I. Allgemeines.

1 1. Der Unterhaltsanspruch des Kindes (§ 1708) und die der Mutter gemäß § 1715 zustehenden Ansprüche auf Ersatz der Kosten der Entbindung und des Unterhalts in den ersten sechs Wochen nach der Entbindung entstehen erst mit der Geburt des Kindes (s auch 23 zu § 1708 und 5, 6 zu § 1715). Aus diesem Grunde wurde die Vorschrift des § 1716 — die auf die Vorschläge der II. Kommission zurückgeht (s Prot 4, 690ff; andererseits Mot 4, 893) — geschaffen, in der Erwägung, die Mutter befinde sich mit ihrem Kinde gerade in der Zeit unmittelbar nach der Geburt in einer besonderen Notlage, die Vorschriften der ZPO über die Erlassung eines Arrestes und einer einstweiligen Verfügung reichten nicht aus, da es sich hier nicht um einen bedingten oder betagten, sondern nur um einen möglicherweise entstehenden Anspruch handle (s auch unten 25 sowie 46f zu § 1715).

2 2. Nach dem heutigen Rechtszustand kommt der vorliegenden Vorschrift auf Grund der **Sozialgesetzgebung** nur noch geringe **praktische Bedeutung** zu (vgl auch Gernhuber, 649): Gemäß § 11 MuSchG ist den werdenden Müttern, soweit sie nicht Wochengeld nach § 13 MuSchG beziehen können, im Falle des Beschäftigungsverbots (§§ 3, 4 des Ges) nach näherer Maßgabe das Arbeitsentgelt weiter zu gewähren*). Gemäß § 13 MuSchG erhalten Frauen, die in der gesetzlichen Krankenversicherung pflichtversichert sind, während der Zeit, in der sie vor der Niederkunft nicht beschäftigt werden dürfen, und während der ersten sechs Wochen nach der Entbindung Mutterschaftsgeld (s im einzelnen § 13 Abs 1 und 2). Über sonstige Leistungen der Mutterschaftshilfe (ärztliche Betreuung, Hebammenhilfe, Pflege in Entbindungs- oder Krankenanstalt usw) enthält § 14 nähere Vorschriften. §§ 195ff RVO idF der Gesetze vom 24. 8. 1965, Art 2, und vom 20. 12. 1965, Art 5, BGBl I, 912, 2065, regeln ebenfalls die Mutterschaftshilfe. Gemäß § 38 BSHG**) ist werdenden Müttern und Wöchnerinnen Hilfe zu gewähren, soweit sie die erforderliche Hilfe nicht von anderen, insbesondere Angehörigen oder von Trägern anderer Sozialleistungen erhalten oder sich selbst helfen können (§ 4 Abs 1 BSHG). Als Hilfe sieht § 38 Abs 2 BSHG Hebammenhilfe, ärztliche Behandlung, Versorgung mit Arznei- und Heilmitteln, einen Beitrag zu den Entbindungskosten vor; gemäß § 38 Abs 3 kann auch die Aufnahme in einer Anstalt oder einem Heim in Betracht kommen.

3 Gemäß **§ 90 BSHG** kann der Träger der Sozialhilfe den Anspruch der Mutter gegen den Erzeuger bis zur Höhe der Aufwendungen des Trägers der Sozialhilfe auf sich überleiten (nähere Einzelheiten s § 90 Abs 1—3). Dagegen geht in dem Falle, daß ein Träger der Versicherung der Mutter Leistungen gemäß den Vorschriften der RVO gewährt hat, auf diesen der Anspruch der Mutter nicht über, da § 1542 RVO hier nicht anzuwenden ist (vgl auch § 1542 Abs 1 Satz 2); s dazu OLG Jena, JR 1925 Nr 693; Achilles-Greiff-Beitzke, 10 zu § 1715; Grünebaum, JW 1932, 772, 773.

---

*) Zum Mutterschutz s Hueck in Hueck-Nipperdey, Lehrbuch des Arbeitsrechts, 7. Aufl, I. Band, 1963, 725ff; Nikisch, Arbeitsrecht, I. Band, 3. Aufl, 1961, 635ff, 810ff je mit weiteren Nachweisen; zuletzt Komm von Meisel-Hiersemann, Mutterschutzgesetz, 1965; s auch Bulla, Verlust des Mutterschutzes durch vorzeitige Aufgabe des Arbeitsverhältnisses, Betr 1963, 1151; Hessel, Akkordverbot und Mutterschutzlohn, BB 1964, 226; Neumann, Schutzrechte im Probearbeitsverhältnis, Betr 1964, 918 (919: Mutterschutz).

Das Mutterschutzgesetz wurde durch Gesetz vom 24. 8. 1965 (BGBl I, 912) geändert und dann in der Neufassung vom 9. 11. 1965 bekanntgemacht (BGBl I, 1822); danach wurde es durch das Haushaltssicherungsgesetz vom 20. 12. 1965 (BGBl I, 2065), Art 5, zT wieder geändert. Durch die Neufassung vom 9. 11. 1965 wurde teilweise die bisherige Paragraphenfolge geändert. Zum neuen Recht s Becker, Neuer Mutterschutz in der Bundesrepublik, ZblJugR 1965, 281; Zmarzlik, BB 1965, 1071; Kommentare veröffentlichten 1966 Bulla und Kuntzmann-Auert.

Ferner sei auf folgende Entscheidungen hingewiesen: zur Akkordarbeit BArbG, BB 1964, 555 = Betr 1964, 663; zur Kinderzulage BArbG, MDR 1963, 533; zur Frage der Lohnminderung bei individuellem Beschäftigungsverbot BArbGE 14, 304 = BB 1964, 39 = Betr 1963, 1775 = NJW 1964, 467 = FamRZ 1964, 208 Leitf; zum Durchschnittsverdienst BArbGE 14, 238 = Betr 1963, 1433; LArbG Düsseldorf, BB 1964, 681 (Akkord); zum Probearbeitsverhältnis BArbG, FamRZ 1964, 207 = Betr 1964, 225 = MDR 1964, 355; zum Wochengeld LArbG Bad-Württ, Betr 1963, 1610; zur Wochenhilfe BSozG, BB 1964, 598; zur Kündigung des Arbeitsverhältnisses einer (ledigen) schwangeren Hausgehilfin BArbG, FamRZ 1966, 307.

**) Lit zum BSHG s 11 zu § 1711, Fußn.

II. Voraussetzungen für die Erlassung der einstweiligen Verfügung.

1. a) Die gerichtliche Anordnung kann nur auf **Antrag der Mutter** ergehen; nach ausdrücklicher Vorschrift des § 1716 Abs 1 Satz 1 ist die uneheliche Mutter insoweit auch zur Geltendmachung des künftigen Unterhaltsanspruchs des Kindes legitimiert; die Bestellung eines Pflegers (§ 1912) ist daher nicht erforderlich und demgemäß unzulässig. Ebenso ist zur Stellung des Antrags auf Leistung dieses Unterhalts auch nicht ein gemäß § 43 JWG für die Leibesfrucht bestellter Pfleger befugt (aM Erman-Hefermehl, 1; vgl auch Dölle, II, 485). Vielmehr ist die **Mutter aus eigenem Recht** auch hinsichtlich des Unterhaltsanspruchs des Kindes für die ersten drei Monate antragsberechtigt (ebenso Dölle, II, 485; Beitzke, 200; Soergel-Siebert-Lade, 1); dh mit anderen Worten: die Mutter ist befugt, den künftig mit der Geburt des unehelichen Kindes entstehenden Anspruch des Kindes auf Unterhalt (§ 1708) vor der Geburt geltend zu machen, also die Interessen des noch ungeborenen Kindes wahrzunehmen (vgl RGR-Komm, 5). Die Mutter wird dadurch nicht im eigentlichen Sinne Unterhaltsgläubigerin; sie macht vielmehr im eigenen Namen ein fremdes Recht geltend und ist daher **Prozeßstandschafterin** (so auch Gernhuber, 649; aM LG Aurich DAVorm XXXVI, 1963, 164*). 4

Wird das **Kind während des laufenden Verfahrens geboren**, so wird die Mutter nicht etwa Gesamtgläubigerin (§ 428 BGB) zusammen mit dem durch den Vormund vertretenen Kinde (aM LG Aurich, aaO; s zum weiteren Verfahren Bem 7). 5

Ist die Mutter minderjährig, so wird sie in dem Verfahren von ihrem gesetzlichen Vertreter, dh ihren Eltern oder einem Elternteil (s zB §§ 1671, 1672, 1681) oder Vormund, wenn sie selbst unehelich geboren ist, vertreten. 6

b) Der **Antrag** muß **vor der Niederkunft der Mutter** gestellt werden; dagegen ist nicht erforderlich, daß die Entscheidung vor der Geburt des Kindes ergeht (aM Voraufl, 7; Planck-Unzner, 6). Es kann hier nicht auf den zufälligen Zeitpunkt der gerichtlichen Entscheidung ankommen, dh gegebenenfalls darauf, ob das Gericht den Antrag sofort oder erst nach wenigen Tagen bescheidet oder mündliche Verhandlung anordnet (s auch Bem 15). 7

Die Mutter kann also auch noch nach der Geburt des Kindes das Verfahren weiterbetreiben, wie dem Rechtsgedanken des § 265 ZPO entnommen werden muß, zB im Widerspruchsverfahren (§§ 936, 924 Abs 1 ZPO), wenn die einstweilige Verfügung ohne mündliche Verhandlung (§ 937 Abs 2 ZPO) ergangen war (Dölle, II, 485; LG Aurich, DAVorm XXXVI, 1963, 164) oder im Berufungsverfahren. Hier tritt nicht etwa der Vormund des Kindes als dessen gesetzlicher Vertreter in das Verfahren ein. Auch ändert sich das Rubrum der gerichtlichen Entscheidung nicht: die Mutter bleibt Partei; es wird also nicht etwa das Kind Partei (Antragsteller), gesetzlich vertreten durch die Mutter. Das Gesetz verleiht der Mutter hier kein Recht zur Vertretung des Kindes (s auch Bem 8 f, 65, 72 zu § 1707 zur Vertretung des Kindes bei der Geltendmachung der Unterhaltsforderung), sondern, wie gesagt, ein eigenes Recht zur Geltendmachung des Unterhaltsanspruchs des Kindes.

2. Die von der Mutter erhobenen Ansprüche müssen **glaubhaft gemacht** werden (s §§ 936, 920 Abs 2 ZPO). Dagegen bedarf es der Glaubhaftmachung einer Gefährdung des Anspruchs nicht (Abs 2), da das Gesetz diese Gefährdung hier ohne weiteres unterstellt (s auch §§ 885 Abs 1 Satz 2, 899 Abs 2 Satz 2; andererseits §§ 936, 920 Abs 2 ZPO). 8

Zur Glaubhaftmachung kann sich die Mutter aller Beweismittel bedienen, auch der Versicherung an Eides Statt (§ 294 ZPO); jedoch ist eine Beweisaufnahme, die nicht sofort, dh in der mündlichen Verhandlung (vgl §§ 937 Abs 2, 922 ZPO), erfolgen kann, unzulässig (§ 294 Abs 2 ZPO).

Zur Glaubhaftmachung der von der werdenden Mutter erhobenen Ansprüche ist im einzelnen erforderlich:

Glaubhaftmachung der Schwangerschaft.

Glaubhaftmachung der Vaterschaft des in Anspruch genommenen Mannes; hierbei bedarf es der Glaubhaftmachung, daß dieser Mann der Antragstellerin beigewohnt hat, daß nach dem gegenwärtigen Stande der Schwangerschaft die Niederkunft zu einer bestimmten Zeit zu erwarten ist und daß die Beiwohnung in die sich hiernach berechnende Empfängniszeit (s § 1717) fällt. Dazu ist die Vorlage einer gutachtlichen Äußerung eines Arztes oder einer Hebamme notwendig.

---

*) Sinaniotis, Prozeßstandschaft und Rechtskraft, ZZP 79, 1966, 78.

Darauf, ob die Mutter **bedürftig** ist, kommt es nicht an (s 11, 19 zu § 1715); ebenso nicht, ob die Mutter einer Krankenkasse angehört (so aber Hilse, SeuffBl 70, 348; wie hier Planck-Unzner, 5). Durch den Umstand, daß die Mutter Anspruch auf Wochengeld hat (§ 195a RVO), wird die Zulässigkeit der einstweiligen Verfügung nicht ausgeschlossen (s auch 19 zu § 1715).

9 Der **Antragsgegner** seinerseits kann in diesem Verfahren die Einrede geltend machen, die Antragstellerin habe in dem fraglichen Zeitraum auch mit einem anderen Manne verkehrt oder es sei offenbar unmöglich, daß das Kind aus dem Verkehr der Kindsmutter mit ihm, dem Antragsgegner, hervorgegangen sei (§ 1717 Abs 1) jedoch hat der Antragsgegner diese Behauptungen ebenfalls glaubhaft zu machen (§ 294 ZPO), wenn sie sollen berücksichtigt werden können.

9a Hat ein Dritter das **Vermögen des Erzeugers** vor der Geburt des Kindes **übernommen (§ 419)** — was glaubhaft zu machen ist —, so kann die einstweilige Verfügung auch gegen diesen beantragt werden (vgl auch Bem 23 zu § 1712). Dem Dritten stehen in diesem Verfahren die gleichen Einwände zu wie dem Erzeuger.

III. Inhalt der einstweiligen Verfügung.

10 1. Der als Vater des erwarteten Kindes in Anspruch genommene Mann kann verpflichtet werden,

a) die dem Kinde für die ersten drei Monate zu gewährende **Unterhaltsrente** (§ 1708) an die Mutter oder den Vormund (Amtsvormund, dh das Jugendamt) und den gewöhnlichen Betrag der der Mutter gemäß **§ 1715 Abs 1** zu ersetzenden Kosten an die Mutter alsbald nach der Niederkunft zu zahlen,

b) den hierzu erforderlichen **Betrag** angemessene Zeit vor der Geburt, dh dem voraussichtlichen Zeitpunkt der Geburt (s Bem 8 aE), zu **hinterlegen** und zwar bei dem für den Wohnsitz der Mutter zuständigen Amtsgericht (§ 1 Abs 2 HinterlegO; vgl auch unten Bem 25).

11 2. Das Gericht bestimmt nach seinem Ermessen, ob die für das Kind bestimmte Unterhaltsrente an die Mutter oder an den Vormund auszuzahlen ist sowie wann die erforderlichen Beträge zu hinterlegen sind, ob diese, je nachdem wann die Geburt zu erwarten ist, in Teilbeträgen an die Hinterlegungsstelle einzuzahlen sind.

Hat die Mutter beantragt, die Unterhaltsrente für das Kind solle an sie ausbezahlt werden, so wird das Gericht in der Regel dem entsprechen und nicht die Auszahlung an den Vormund anordnen.

Ist das Kind während des laufenden Verfahrens geboren worden, so entfällt die Anordnung der Hinterlegung mindestens teilweise und kann und muß die sofortige Bezahlung des fälligen Unterhaltsbetrags angeordnet werden (s dazu Bem 12).

Hat das Gericht zunächst die Auszahlung an die Mutter angeordnet, so kann es diese Anordnung im weiteren Verfahren (§§ 936, 924, 511ff ZPO) dahin ändern, daß der Unterhalt an den Vormund zu leisten ist, zB wenn bekannt wird, daß die Mutter das Kind nach der Geburt von Dritten versorgen lassen will oder wenn sie das Kind nach der Geburt bei Dritten zur Pflege untergebracht hat.

12 Im Hinblick auf die Neufassung des **§ 1710 Satz 2** (s dort Bem 1,8) erhebt sich die Frage, ob die Auszahlung des Unterhaltsbetrags für die ersten 3 Monate nach der Geburt zusammen anzuordnen ist oder ob nicht vielmehr angeordnet werden muß, daß der Betrag für den ersten Monat sofort nach der Geburt, der Betrag für den zweiten Monat zu Beginn dieses Monats und dementsprechend dann auch der Betrag für den dritten Monat zu Beginn des letzteren auszuzahlen ist (s auch zur Fälligkeit des Unterhalts 8 zu § 1710). Letzteres dürfte zu bejahen sein. Zu beachten ist hierbei, daß der Vormund des Kindes die Leistung des Unterhalts für dieses auch nur von Monat zu Monat und nicht nach der Geburt des Kindes sofort für das ganze erste Vierteljahr verlangen kann (s § 1710 Satz 2); auch wenn die Mutter und das durch den Vormund vertretene Kind bezüglich des Unterhaltsanspruchs für das erste Vierteljahr nicht Gesamtgläubiger sind (s Bem 5), kann die Fälligkeit des Anspruchs gegenüber Mutter und Vormund nur einheitlich sein, dh unter Zugrundelegung der Vorschrift des § 1710 Satz 2.

13 3. Die Verpflichtung zur Hinterlegung ist nicht als Verpflichtung zur Sicherheitsleistung iS der **§§ 232ff** zu beurteilen, da das Gericht in der einstweiligen Verfügung selbst genaue Anordnungen über die Auszahlung des hinterlegten Betrags zu treffen hat (ebenso im Ergebnis Planck-Unzner, 4; RGR-Komm, 3; Erman-Hefermehl, 2; Palandt-Lauterbach, 3; Soergel-Siebert-Lade, 2).

Ferner sind die Vorschriften der **§§ 372ff** nicht anzuwenden (Planck-Unzner, 4; RGR-Komm, 3; Soergel-Siebert-Lade, 3), ebenso nicht die Bestimmungen der **§§ 108ff, 939, 923, 930—934 ZPO.**

Der der Mutter gemäß § 1716 zustehende Anspruch kann nicht seinerseits wieder durch **Arrest** gesichert werden (RG, RJA 2, 116; BayObLG Z 12, 535; aM Drüen, Recht 1911, 157).

IV. Verfahrensrechtliche Fragen*).

14 1. Sachlich **zuständig** ist das Amtsgericht (§ 23 Nr 2 lit f GVG), örtlich zuständig das Gericht des Wohnsitzes, gegebenenfalls des Aufenthaltsorts des Mannes (§§ 12, 13, 16, 20 ZPO).

Wird die einstweilige Verfügung gegen einen Dritten als Vermögensübernehmer (s Bem 9a) gerichtet, so ist dessen Wohnsitz bzw Aufenthaltsort maßgebend.

15 2. Gemäß **§ 937 Abs 2 ZPO** kann in dringenden Fällen ohne mündliche Verhandlung entschieden werden. Gegen die durch Beschluß angeordnete einstweilige Verfügung (§§ 936, 924 Abs 1 ZPO) findet der Widerspruch statt; wird Widerspruch erhoben, so ist nach mündlicher Verhandlung durch Endurteil zu entscheiden (§§ 936, 925 ZPO); Sicherheitsleistung (§ 925 Abs 2 ZPO) kann hierbei nicht angeordnet werden.

Da § 1716 gegenüber § 938 ZPO lex specialis ist, ist die letztere Vorschrift hier nicht anzuwenden.

16 3. **§ 926 ZPO**, wonach auf Antrag des Antragsgegners dem Antragsteller eine Frist zur Klageerhebung zu setzen ist, findet hier keine Anwendung (Monz, MDR 1961, 106; Dölle, II, 486; Erman-Hefermehl, 1; Brühl, Unterhaltsrecht, 355; Gernhuber, 649; aM H.-J. Schmidt, MDR 1962, 97, der die Ansicht vertritt, es sei eine Frist zur Erhebung einer Feststellungsklage zu setzen). Einem solchen auf § 926 ZPO gestützten Antrag steht der Sinn und Zweck der Vorschrift des § 1716 entgegen.

Ergibt sich jedoch später im Unterhaltsprozeß des unehelichen Kindes, daß der betreffende Mann nicht der Erzeuger des Kindes ist, so ist die Mutter diesem gemäß § 945 ZPO ersatzpflichtig.

17 4. Für die Vollstreckung der einstweiligen Verfügung gelten die allgemeinen Vorschriften über die Zwangsvollstreckung einstweiliger Verfügungen (s dazu Gimmerthal, ArchcivPr 111, 271, 292ff); die Vorschriften der §§ 939, 921 Abs 2 Satz 2, 929 Abs 2 ZPO sind hier nicht anzuwenden (s Gimmerthal, aaO, 305ff).

18 5. Hinsichtlich der Geltendmachung der sich aus §§ 1715, 1716 ergebenden Ansprüche im Konkurs s 50 zu § 1715.

19 6. Unter den Voraussetzungen des **§ 940 ZPO** kann das Gericht (in Ausnahmefällen) auf Antrag des Kindes den Beklagten des Unterhaltsprozesses durch eine **einstweilige Verfügung** zur Unterhaltszahlung bis zur Entscheidung in der Hauptsache verpflichten**). Diese Möglichkeit hat dadurch Bedeutung gewonnen, daß im Unterhaltsprozeß zuweilen **erbbiologische Gutachten** eingeholt werden müssen und diese erst erstattet werden können, wenn das Kind das 3. Lebensjahr vollendet hat (s hierzu 125 zu § 1717; Dölle, II, 486ff; Bedenken äußert dagegen Beitzke, FamR, 12. Aufl, 200).

Die Rechtsprechung hatte schon bisher in besonderen Fällen die Anwendbarkeit des § 940 ZPO in der Richtung bejaht, daß eine vorläufige Verurteilung auf Geldleistungen für zulässig gehalten wurde, wenn sie zur Abwendung wesentlicher Nachteile bezüglich eines Dauerschuldverhältnisses erforderlich erschien (s, Rosenberg, Lehrbuch des Deutschen Zivilprozeßrechts, 9. Aufl 1961, 1104, § 214, I, 2; Stein-Jonas-Schönke-Pohle, 18. Aufl, Vorbem IV, 1 vor § 916 ZPO; Baumbach-Lauterbach, 28. Aufl 1965, 3, A, a, B, Thomas-Putzo, 2. Aufl 1965, 4, Wieczorek, C II a je zu § 940 ZPO; Brühl, Unterhaltsrecht, 352, sowie aus der Rechtsprechung bezüglich der Unterhaltsansprüche unehelicher Kinder LG Aachen, DAVorm XXVII, 90 = FamRZ 1955, 270; LG Memmingen, DAVorm XXXVII, 270 = FamRZ 1955, 147 Leits; LG Göttingen, DAVorm XXVIII, 84 = FamRZ 1955, 332; LG Koblenz, FamRZ 1958, 188 = DAVorm XXXI, 250 = NJW 1958, 69 Leits; LG Itzehoe, DAVorm XXXIV, 183; LG Duisburg, DAVorm XXV, 35; LG Stuttgart, FamRZ 1961,

*) Monz, Die Frage der Anwendbarkeit der §§ 926, 936 ZPO bei der einstweiligen Verfügung nach § 1716 BGB, MDR 1961, 106; H. J. Schmidt, Nochmals: Zur Frage der Anwendbarkeit der §§ 926, 936 ZPO bei der einstweiligen Verfügung nach § 1716 BGB, MDR 1962, 97.

**) Gaul, Einstweilige Unterhaltsregelung zugunsten des unehelichen Kindes während der Aussetzung des Unterhaltsprozesses analog §§ 940 ZPO, 1716 BGB?, FamRZ 1958, 157; s ferner im allgemeinen: Esser, Die Klage auf fortlaufende Geldzahlungen nach voraufgegangener einstweiliger Verfügung (unter Mitberücksichtigung vollstreckungsrechtlicher Fragen), NJW 1953, 1892; Götz, Nochmals: Einstweilige Verfügung und ordentlicher Rechtsstreit in Unterhaltssachen, NJW 1959, 662; Kissel, Einstweilige Verfügung und ordentlicher Rechtsstreit in Unterhaltssachen, NJW 1958, 1717; Schuler, Die auf Leistung lautende einstweilige Verfügung, NJW 1959, 1801; s ferner noch Gotthardt in diesem Kommentar, Vorbem 59 vor § 1601, und zuletzt Oswald, MDR 1966, 567.

82; LG Hechingen, ZblJugR 1962, 56 mit Anm von Niclas; LG Wiesbaden, DAVorm XXXVII, 164; LG Hamburg, DAVorm XXXVIII, 348 = MDR 1966, 147; LG Tübingen, DAVorm XXXIX, 1966, 77 = ZblJugR 1966, 76 mit Anm von Niclas).

20 a) Im einzelnen müssen für die Erlassung der einstweiligen Verfügung folgende **Voraussetzungen** gegeben sein:

21 aa) Der **Unterhaltsanspruch** (§ 1708) muß **glaubhaft gemacht** werden; an diese Glaubhaftmachung sind strenge Anforderungen zu stellen (ebenso Dölle, II, 487). Zwischen diesen und den Nachteilen, die dem durch die einstweilige Verfügung Verpflichteten drohen (vgl §§ 945, 921 Abs 2 ZPO), ist ein innerer Zusammenhang zu sehen (so zutreffend Gaul, FamRZ 1958, 157, 160; Dölle, II, 487f). Denn gemäß §§ 921 Abs 2, 936 ZPO kann das Gericht Sicherheitsleistung durch den Antragsteller der einstweiligen Verfügung anordnen, wenn der Anspruch nicht (genügend) glaubhaft gemacht wird. Eine solche Sicherheitsleistung scheidet hier aber gerade aus.

22 Die Erlassung einer einstweiligen Verfügung kommt hier erst in Betracht, wenn bewiesen ist, daß der Beklagte (Antragsgegner im Verfahren wegen einstweiliger Verfügung) der Kindesmutter während der gesetzlichen Empfängniszeit beigewohnt hat, und die im Unterhaltsrechtsstreit benannten Zeugen vernommen, die erforderlichen Blutgruppengutachten, gegebenenfalls ferner ein Reifegutachten eingeholt sind, also lediglich das erbbiologische Gutachten noch aussteht; so muß es nach der Sachlage und dem bisherigen Verlauf des Unterhaltsrechtsstreits in erheblichem Maße wahrscheinlich sein, daß der Antragsgegner im Verfahren der Hauptsache verurteilt wird (ebenso Dölle, II, 488; Brühl, 354; LG Aachen, aaO; LG Hamburg, aaO; LG Paderborn, DAVorm XXXIX, 38).

Als glaubhaft gemacht kann der Unterhaltsanspruch zB angesehen werden, wenn der Antragsgegner den Verkehr in der Empfängniszeit zugestanden hat (§ 288 ZPO), dessen Verdacht und Vorbringen über einen Mehrverkehr der Kindesmutter durch deren und des betreffenden Zeugen Aussagen nicht bestätigt worden ist und der Antragsgegner durch eine Blutgruppenuntersuchung nicht ausgeschlossen werden konnte (LG Koblenz, FamRZ 1958, 188; Dölle, II, 488).

Dagegen kann der Unterhaltsanspruch als nicht glaubhaft gemacht beurteilt werden, wenn zwar der Verkehr der Antragsgegner während der Empfängniszeit feststeht, jedoch Mehrverkehr der Kindesmutter bewiesen ist und keiner der möglichen Erzeuger durch Blutgruppengutachten ausgeschlossen werden kann (Gaul, FamRZ 1958, 157, 160; Dölle, II, 488).

23 bb) Während gemäß § 1716 Abs 2 die **Gefährdung des Anspruchs** nicht glaubhaft zu werden braucht, ist hier die Glaubhaftmachung erforderlich, daß die einstweilige Regelung zur **Abwendung wesentlicher Nachteile** getroffen werden muß. Diese Voraussetzung ist, da § 1716 als der gesetzliche Ausgangspunkt für die Fortbildung des § 940 ZPO anzusehen ist, im Zusammenhang mit der ratio des § 1716 auszulegen (ebenso Gaul, FamRZ 1958, 157, 161; Dölle, II, 488f). Dies bedeutet, daß eine Notlage des Kindes glaubhaft gemacht werden muß, in der Weise, daß ohne die Erlassung der einstweiligen Verfügung Leben und Gesundheit des Kindes gefährdet wären (Gaul, Dölle, aaO). Eine solche Notlage kann nicht bejaht werden, wenn das Kind von der Mutter oder den mütterlichen Verwandten unterhalten wird oder unterhalten werden kann (Dölle, aaO; LG Stuttgart, FamRZ 1961, 82), wohl aber, wenn das Kind auf die öffentliche Fürsorge angewiesen wäre (Gaul, Dölle, aaO; LG Koblenz, FamRZ 1958, 188; LG Hamburg, DAVorm XXXVIII, 348 = MDR 1966, 147).

24 Ebenso muß die Dauer der Notlage glaubhaft gemacht werden, dh für eine nicht nur kurze Zeit während des weiteren Verlaufs des Verfahrens (s auch 26).

25 Nicht ausreichend ist dagegen die Glaubhaftmachung, die spätere Beitreibung der Rückstände würde wesentlich erschwert, zB angesichts ihrer Höhe und des verhältnismäßig geringen Einkommens des Antragsgegners (s Dölle, II, 489; LG Duisburg, DAVorm XXV, 35; sowie auch LG Stuttgart, FamRZ 1961, 82). Zur Sicherung der späteren Vollstreckung käme vielmehr nur ein **Arrestbefehl** (§ 916 ZPO) in Betracht, wenn zu besorgen wäre, daß ohne Verhängung des Arrestes die Vollstreckung des Urteils vereitelt oder wesentlich erschwert werden würde (§ 917 Abs 1 ZPO). Die Vollziehung des Arrestes

wird durch Pfändung (zB des Arbeitseinkommens) bewirkt (§ 930 Abs 1 ZPO), wobei das gepfändete Geld zu hinterlegen ist (§ 930 Abs 2), also nicht an den Gläubiger ausbezahlt werden darf.

b) Die einstweilige Verfügung darf nur **laufende Zahlungen** von der Antragstellung an, dagegen nicht Rückstände betreffen (Dölle, II, 489; Brühl, 355; Wieczorek, C II a zu § 940 ZPO; LG Duisburg, DAVorm XXV, 35; LG Göttingen, DAVorm XXVIII, 86). 26

Die Anordnung darf auch nur **für die Dauer der Notlage** des Kindes ergehen, längstens bis zur Erlassung des Endurteils (s Dölle, Brühl, LG Göttingen, aaO), da dieses für vorläufig vollstreckbar zu erklären ist (§ 708 Nr 6 ZPO; s auch Bem 24).

Der **Höhe** nach darf nur der Betrag festgesetzt werden, der zur Abwendung der Notlage erforderlich ist (ebenso Dölle, II, 489f), also nicht der volle Unterhaltsbetrag, wie er im Urteil des Hauptprozesses festgesetzt wird (so aber Brühl, 356; Werner, JR 1949, 144, 146; wie hier LG Göttingen, DAVorm XXVIII, 84; Rosenberg, 1104f, § 214, I, 2; Wieczorek, C II a zu § 940). Denn die einstweilige Verfügung darf nur zur Abwendung wesentlicher Nachteile, dh zur Beseitigung der Notlage erlassen werden; aus § 1716 dürfen hier keine anderen Schlüsse gezogen werden, da diese Regelung nur den Unterhalt für drei Monate betrifft. 27

Die einstweilige Verfügung darf ferner nicht lediglich Zahlungen auf ein Sperrkonto anordnen (ebenso Dölle, II, 490; LG Stuttgart, FamRZ 1961, 82); dies widerspräche dem Sinn und Zweck der einstweiligen Verfügung und liefe auf eine unzulässige Sicherstellung der späteren Beitreibung hinaus (s auch 25; sowie LG Hamburg, aaO [Bem 23 aE]; aM LG Aurich, MDR 1965, 142; s auch LG Kleve, DAVorm [Rdbr] XXIII, 29). 28

c) Die einstweilige Verfügung hat nicht zur Folge, daß insoweit das Rechtsschutzinteresse für die Leistungsklage beseitigt würde und das Kind insoweit den Leistungsantrag auf einen Feststellungsantrag (§ 256 ZPO) ändern müßte (ebenso Dölle, II, 490; Brühl, 318; Esser, NJW 1953, 1892; aM Kissel, NJW 1958, 1717). 29

d) Wird die Unterhaltsklage später rechtskräftig abgewiesen und ergibt sich damit, daß die einstweilige Verfügung zu Unrecht ergangen war, so ist das Kind gemäß § 945 ZPO ersatzpflichtig. 30

§ 1717 *).

Als Vater des unehelichen Kindes im Sinne der §§ 1708 bis 1716 gilt, wer der Mutter innerhalb der Empfängniszeit beigewohnt hat, es sei denn, daß auch ein anderer ihr innerhalb dieser Zeit beigewohnt hat. Eine Beiwohnung bleibt jedoch außer Betracht, wenn es den Umständen nach offenbar unmöglich ist, daß die Mutter das Kind aus dieser Beiwohnung empfangen hat.

Als Empfängniszeit gilt die Zeit von dem einhunderteinundachtzigsten bis zu dem dreihundertundzweiten Tage vor dem Tage der Geburt des Kindes, mit Einschluß sowohl des einhunderteinundachtzigsten als des dreihundertundzweiten Tages.

E I 1572, 1577 Abs 2; II, 1604; III, 1693; Mot 4, 883, 908; Prot 4, 672, 861; 6, 302.

*) **Schrifttum:** Dölle, FamR, II, 1965, 448ff, § 106; 495ff, § 109; Gernhuber, FamR, 1964, 627ff, § 58; Beitzke, FamR, 12. Aufl 1964, 196ff, § 33, IV; Kipp in Kipp-Wolff, FamR, 7. Bearb 1931, 414f, § 95, II, 4, III, 1; Brühl, Unterhaltsrecht, 2. Aufl 1963; Köhler, Handbuch des Unterhaltsrechts, 1963; Roquette, Das Recht des unehelichen Kindes, 1943.
Podleschka, Zum Recht des unehelichen Kindes vom Standpunkt des Geburtshelfers, JR 1951, 8.
Literatur zu Einzelfragen, zum „Haftungsgrund der unehelichen Vaterschaft", zu Vaterschaftsgutachten, zur Abstammungsklage usw ist an der betreffenden Stelle angeführt.
Zum Reformschrifttum s Boehmer und Bosch, Gutachten (Vorbem 66 vor § 1705).

Gliederung:

Übersicht.
(Alphabetisches Stichwortverzeichnis).

I. Allgemeines, die Bedeutung des Abs 1.

1. Die Vorschrift des § 1717 steht im Zusammenhang mit der Bestimmung des § 1708; 1
diese legt die **Unterhaltspflicht** des Vaters, dh des wirklichen Vaters (Erzeugers) fest (s dazu 6ff zu § 1708). § 1717 regelt hierzu die Feststellung der Vaterschaft im Unterhaltsprozeß*), dh die Frage, wer als Vater „gilt", und die weiteren Fragen der Verteilung der Beweislast, wenn behauptet wird, die Mutter habe während eines bestimmten Zeitraumes (nämlich der gesetzlichen Empfängniszeit) mit weiteren Männern geschlechtlich verkehrt oder das Kind könne nicht aus einer bestimmten Beiwohnung hervorgegangen sein. Dies ergibt sich aus dem Sinn und Zweck der Vorschrift eindeutig und ist auch in den Motiven zum Ausdruck gebracht (Mot 4, 883)**). Dort heißt es: Da der Entwurf (des BGB) den Unterhaltsanspruch des unehelichen Kindes auf die Vaterschaft gründe, würde nach allgemeinen Grundsätzen dem Kinde der Beweis obliegen, daß der von ihm auf Gewährung des Unterhalts in Anspruch genommene Mann der uneheliche Vater sei, und würde der Richter nach § 259 CPO [seit der Novelle 1898: § 286] unter Berücksichtigung des gesamten Inhalts der Verhandlungen und des Ergebnisses einer etwaigen Beweisaufnahme nach freier Überzeugung zu entscheiden haben, ob die behauptete Vaterschaft erwiesen sei oder nicht. Dieses System der Ermittelung der Vaterschaft sei in seiner Reinheit von keinem der bestehenden Rechte bei dem hier in Frage stehenden Unterhaltsanspruch durchgeführt, es sei auch aus praktischen Gründen nicht zu empfehlen. Die Zahl der Alimentenprozesse sei sehr groß, es erscheine sowohl aus diesem Grunde als auch im Hinblick auf den Zweck des Unterhaltsanspruchs angemessen, diesen, insbesondere auch in seinen Voraussetzungen, so zu gestalten, daß er in möglichst einfacher Weise durchgeführt werden könne, ohne andererseits die Grundlage des Anspruchs aufzugeben und dem Interesse des auf Gewährung des Unterhalts in Anspruch genommenen Mannes zu nahe zu treten. Wollte man, was den Beweis der Vaterschaft betreffe, von jeder besonderen Bestimmung absehen, so würde nicht nur eine große Ungleichmäßigkeit der Beurteilung in der Praxis der Gerichte in den verschiedenen Teilen Deutschlands, sondern auch eine erhebliche Vermehrung der Alimentenprozesse zu besorgen sein. Aus diesen Gründen gehe der Entwurf im Anschluß an das gemeine Recht und die neueren auf dem Boden des gemeinrechtlichen Prinzips stehenden Gesetzgebungen davon aus, zur Begründung des Unterhaltsanspruchs des unehelichen Kindes solle die Behauptung und der Nachweis genügen, der in Anspruch Genommene habe mit der Mutter innerhalb der Empfängniszeit den Beischlaf vollzogen. Indessen könne nicht zweifelhaft sein, daß vom Standpunkt der juristischen Konsequenz aus die Tatsache, innerhalb der Empfängniszeit habe die Mutter mit mehreren Männern den Beischlaf vollzogen, als erheblich erachtet werden müsse (Mot 4, 885); das die Grundlage der Unterhaltspflicht bildende natürliche Verhältnis sei in einem solchen Falle nicht feststellbar und deshalb für das Recht nicht vorhanden. Die Mot (4, 885ff) setzten sich dann eingehend mit der exceptio plurium concumbentium auseinander und legten dar, mit der Einführung dieser Einrede durch das preußische Gesetz vom 24. 4. 1854 (s dazu Vorbem 8 vor § 1705) habe man gute Erfahrungen gemacht (Mot 4, 887).

2. § 1717 Abs 1 hat nur prozessuale Bedeutung. 2

a) Abs 1 Satz 1 ist dahin zu verstehen: Der Mann, der mit der Kindesmutter inner- 3
halb der Empfängniszeit Geschlechtsverkehr gepflogen hat, wird **als Vater vermutet.** Das Wort „gilt" bedeutet also eine **widerlegbare (Tatsachen-) Vermutung** (s zB Rosenberg-Schwab, Beweislast, 5. Aufl 1965, 215), die dem Kinde den ihm obliegenden Beweis der anspruchsbegründenden Tatsache der Erzeugung erleichtern soll (s Dölle, II, 449; Gernhuber, 628; Bosch, NJW 1950, 767; Schwab, ZZP 68, 1955, 121, 125ff; Ziegler, FamRZ 1959, 342; Erman-Hefermehl, 1; RGRKomm, 1; BGHZ 5, 385, 392f [s unten Bem 149]; Z 17, 252, 261 = NJW 1955, 1107, 1108; OLG Stuttgart, FamRZ 1965, 87, 88), und zwar im Hinblick darauf, daß die Feststellung der Vaterschaft Schwierigkeiten bereitete, zur Zeit der Schaffung des BGB in

---

*) Über die Pflicht des Vormunds, Ermittlungen über die Vaterschaft anzustellen, s 71 zu § 1707.

**) Hierzu s auch Schwarz, ArchcivPr 107, 1911, 316 und Roth-Stielow, NJW 1961, 2293.

wesentlich höherem Maße als heute. Der Gesetzgeber mußte daher einen Anknüpfungspunkt suchen; so lag es nahe, an den Nachweis des Geschlechtsverkehrs innerhalb der Empfängniszeit anzuknüpfen (s auch 14).

4 Weiterhin enthält Abs 1 eine **Regelung der Beweislast*)**: Das Kind hat (und braucht zunächst nur) die Beiwohnung innerhalb des erwähnten Zeitraumes zu beweisen; dem in Anspruch Genommenen (Beklagten) obliegt der Beweis, die Mutter habe innerhalb dieser Zeit mit einem oder mehreren Männern verkehrt oder das Kind könne aus seiner Beiwohnung offenbar unmöglich hervorgegangen sein (Einzelheiten hierzu s 12, 21ff, 37ff). Ist der Mehrverkehr der Mutter bewiesen oder nicht bestritten, so obliegt dem Kinde der Beweis dafür, die Mutter könne das Kind aus der Beiwohnung eines oder mehrerer anderer Männer offenbar unmöglich empfangen haben (Abs 1 Satz 2; Einzelheiten hierzu s unten Bem 52ff).

5 b) **)Aus diesen Darlegungen ergibt sich, daß § 1717 Abs 1 **keine materiellrechtliche Bedeutung** hat, dh **keinen selbständigen Haftungsgrund** für die Unterhaltsverpflichtung neben der natürlichen Vaterschaft darstellen kann (s Dölle, Bosch, Ziegler, Schwab, Gernhuber, BGH, aaO [s Bem 3]; Rosenthal-Bohnenberg, 1; Beitzke, FamRZ 1958, 287, 288; Frantz, NJW 1949, 448, 450); § 1717 Abs 1 begründet **keine fiktive oder fingierte Vaterschaft.** Die abweichende Auffassung, die auf Kuttner (JheringsJ 50, 1906, 412ff) zurückgeht und in neuerer Zeit von Roquette (Vaterschaftsklagen, 48ff), Tholen (NJW 1954, 1356) und vor allem Kempf (71ff) vertreten wurde, widerspricht dem Gesetz. Denn die Unterhaltspflicht wird nur durch § 1708 begründet, diese Vorschrift geht davon aus, daß der wirkliche Vater zur Unterhaltsleistung verpflichtet sein soll (s 1, 6f zu § 1708).

6 Die Vermutung und die Fiktion unterscheiden sich voneinander grundlegend: die Vermutung, die nur prozeßrechtliche Bedeutung hat, kann widerlegt werden, es kann der Beweis des Gegenteils geführt werden. Die Fiktion, die materiellrechtliche Bedeutung hat, ist dagegen ein Mittel vereinfachender Gesetzgebungstechnik. Fiktionen sind Rechtssätze, welche die für einen bestimmten Tatbestand festgesetzte Rechtsfolge auf einen anderen Tatbestand dadurch übertragen, daß sie die beiden Tatbestände gleichsetzen (Rosenberg-Schwab, aaO, 211); der Beweis des Gegenteils ist hier ausgeschlossen (Dölle, II, 450; Ziegler, FamRZ 1959, 342, 347).

7 Aus diesen Erwägungen ergibt sich auch, daß es nur eine Vaterschaft geben kann und daß die freilich weit verbreitete **Unterscheidung** von der **„Ist-Vaterschaft" und der „Gilt-Vaterschaft" oder** der **„Zahl-Vaterschaft"** verfehlt ist (s Schwab, ZZP 68, 121, 126; NJW 1956, 649, 650; Ziegler, FamRZ 1959, 342, 347; sowie unten Bem 158f).

Allerdings darf nicht verkannt werden, daß die Beweislastregelung des § 1717 Abs 1 dazu führen kann, daß ein Mann in Anspruch genommen werden kann, der nicht Vater ist oder dessen Vaterschaft nicht mit Sicherheit beweisbar ist (Dölle, II, 450; s auch Schade in „Vaterschaftsgutachten" [Fußn zu Bem 12], 165; sowie unten Bem 187). Dieses Ergebnis ist, wie Dölle, aaO, zutreffend hervor-

---

*) Gemeint ist hiermit die sog subjektive Beweislast (Beweisführungslast), die von der objektiven Beweislast (Feststellungslast)zu unterscheiden ist (s zur letzteren unten Bem 182).

**) Kempf, Der Haftungsgrund der unehelichen Vaterschaft, 1958 (s die Besprechungen von Beitzke, FamRZ 1958, 287; Hübner, ArchcivPr 157, 1958, 410); Ziegler, Doppelte Vaterschaft?, FamRZ 1959, 342; Roth-Stielow, Die Zahl- oder Gilt-Vaterschaft — eine Erfindung der Juristen, NJW 1961, 2293; ders, Die Auflehnung des Richters gegen das Gesetz, 1963, 158.

Aus dem älteren Schrifttum s Kuttner, Die Klagen auf Feststellung des Bestehens oder Nichtbestehens der unehelichen Vaterschaft, JheringsJ 50, 1906, 412; Natter, Uneheliche Vaterschaft, insbesondere Klagen auf Feststellung des Bestehens der unehelichen Vaterschaft, CPO § 644, ArchcivPr 95, 1904, 123; Prestele, Vaterschaft bei unehelichen Kindern, BayZ 1917, 269; Raape, Über den Begriff der Vaterschaft, JheringsJ 51, 1907, 239; Schefold, Das Rechtsverhältnis der unehelichen Vaterschaft, ArchcivPr 99, 1906, 431; ferner s die Dissertationen von H. Neumond, Die Vaterschaftsfrage nach dem BGB für das Deutsche Reich, Erlangen 1897; Pilet, Der Rechtsgrund der Alimentationsverbindlichkeit des außerehelichen Vaters mit besonderer Berücksichtigung der exceptio plurium concumbentium, Freiburg 1900; Max Frauböse, Das Rechtsverhältnis zwischen deu unehelichen Kind und seinem Erzeuger, mit besonderer Berücksichtigung des Rechtsgrundes der Unterhaltspflicht, Greifswald 1916.

Zum österreichischen Recht s Fasching, FamRZ 1962, 134.

hebt, durch die einem praktischen Bedürfnis entspringende Verteilung der Beweislast bedingt und berührt die materielle Grundlage der Unterhaltsverpflichtung nicht.

3. In neuerer Zeit infolge der großen Fortschritte der naturwissenschaftlichen Forschung und der Entwicklung der Vaterschaftsbegutachtung (s unten Bem 105ff) hat die Beweislastregelung des § 1717 Abs 1 an Bedeutung verloren (vgl Dölle, II, 453; Schwoerer, NJW 1963, 11, 13; Büttner, ZZP 71, 1, 9; Boehmer, Gutachten 112; Edlbacher in „Neues Unehelichenrecht in Sicht", 24, 32). 8

4. Daß die Regelung des § 1717 Abs 1 unzweckmäßig und unbefriedigend erscheint und daher **reformbedürftig** ist*), ist fast allgemein anerkannt (s zB Dölle, II, 453; Bosch, Gutachten, 71ff; Boehmer, Gutachten, 114; Beitzke in „Neues Unehelichenrecht in Sicht", 39, 47f; Bernhardt, Das Recht des unehelichen Kindes, 85ff; s ferner Vorbem 15, 17 vor § 1705; andererseits Schwoerer, JR 1962, 456, NJW 1963, 11). Boehmer (Einführung in das Bürgerliche Recht, 2. Aufl 1965, 111f) übte zuletzt wieder scharfe Kritik an der „berüchtigten exceptio plurium" (s auch Bem 27 und 147 aE). 9

Doch kann die Regelung des § 1717 Abs 1 wohl nicht als mit **Art 6 Abs 5 GG** unvereinbar beurteilt werden (s Vorbem 47 vor § 1705; vgl aber auch Schlosser, FamRZ 1963, 601, 628, und Dölle, II, 453, der meinte, es gebe keinen ausreichenden Grund, der die verschiedene Behandlung der ehelichen und der unehelichen Kinder — §§ 1591, 1717 — rechtfertigen könnte). 10

§ 1717 ist **vorkonstitutionelles Recht** (s dazu im allgemeinen Vorbem 46 vor § 1705, Bem 16 zu § 1708, 14 zu § 1709). 11

II. Die Regelung des Abs 1 im einzelnen, die Bedeutung der Festsetzung der Empfängniszeit (Abs 2)).**

1. Bestreitet der Beklagte im Prozeß, der Mutter des Kindes während der gesetzlichen Empfängniszeit (Abs 2, s dazu Bem 17) beigewohnt zu haben, so obliegt dem Kinde der Beweis dafür, daß der Beklagte während dieser Zeit mit der Mutter Geschlechtsverkehr gepflogen hat. 12

Auf den Zeitpunkt des Verkehrs innerhalb dieses Zeitraumes kommt es hierbei (zunächst) nicht an.

Zum Beweis dafür, daß der Beklagte während der Empfängniszeit (Abs 2) der Kindesmutter beigewohnt hat, kann sich das Kind auf deren Zeugnis berufen, eventuell auch auf die Parteivernehmung des Beklagten (§ 445 ZPO), ferner auf die Einholung eines erbbiologischen Gutachtens (s LG Landau, DAVorm XXXVI, 263). Dieser letztere Beweisantrag kann zB in Betracht kommen, wenn die Kindesmutter das Zeugnis verweigert (vgl auch OLG München, DAVorm XXXVIII, 336).

Die Einholung eines erbbiologischen Gutachtens — die freilich die vorherige Erstattung von Blutgruppengutachten voraussetzt (s Bem 126, 128) — kann nicht als unzulässiger Ausforschungsbeweis abgelehnt werden. Das OLG Stuttgart (FamRZ 1965, 87 = Die Justiz 1965, 116 Leits) hat zutreffend ausgesprochen, der Antrag auf Einholung eines erbbiologischen Gutachtens zum Nachweis der Erzeugerschaft des Beklagten könne im Unterhaltsprozeß jedenfalls dann nicht als unzulässiger Ausforschungsbeweis abgelehnt werden, wenn für eine Beiwohnung des Beklagten während der Empfängniszeit ein ernstlicher Anhalt bestehe und andererseits mit der gleichzeitigen Beiwohnung anderer als Erzeuger in Betracht kommender Männer nicht oder nur in übersehbarem Umfange gerechnet werden müsse.

a) Der Begriff der **Beiwohnung** iS des § 1717 deckt sich grundsätzlich mit dem strafrechtlichen Begriff des **Beischlafs** (Brühl, 417; zum letzteren Begriff s Schönke-Schröder, 12. Aufl 1965, 2 zu § 173; Schwarz-Dreher, 27. Aufl 1965, 1 zu § 172 StGB). 13

---

*) Aus dem Reformschrifttum s ua Fürnrohr, BayZ 1916, 350; Gerson, DJZ 1917, 318; Kluckhohn, BayZ 1918, 211; Rabel, DJZ 1921, 538 = Gesammelte Aufsätze, Band I, 1965, 355; Schlegel, DRiZ 1926, 37; Hasper, DRiZ 1928, 112; Josef und Weise, DJZ 1929, 307, 438; v. Owstien, StAZ 1930, 67; Guggumos, Unsere Jugend 1950, 405, 452; Hauck, Unsere Jugend 1950, 256; und die Lit-Angaben Vorbem 70 vor § 1705.

Aus dem ausländischen Schrifttum s Strebel, Schweizerische JZ 1959, 65; Kummer, Zeitschr d Bernischen Juristenvereins, 1962, 71; Capelle, Rezension eines Sammelwerkes zum nordeuropäischen Recht, RabelsZ 1961, 581, 589f.

**) Beitzke, Rechtsfragen der Vaterschaftsbegutachtung in „Vaterschaftsgutachten für die gerichtliche Praxis" von Beitzke, Hosemann, Dahr, Schade, 2. Aufl 1965, 3ff; Boennecke, Beweislast- und Rechtskraftprobleme beim Zahlvaterschafts- und beim Abstammungsrechtsstreit in der gerichtlichen Praxis, NJW 1953, 1085; Haußer, Nochmals: Aktuelle Fragen der Zahlvaterschaft, NJW 1959, 1811; Hiendl, Das Blutgruppen- und erbbiologische Gutachten im

Unter Beiwohnung iS des § 1717 Abs 1 (Geschlechtsverkehr) ist zu verstehen die Vereinigung der Geschlechtsteile der Kindesmutter und des betreffenden Mannes in der Weise, daß der Mann mit seinem Penis wenigstens in den Eingang der Scheide (Vagina) der Kindesmutter eingedrungen ist (Brühl, aaO; Köhler, aaO). Indessen muß auch eine gegenseitige Berührung der Geschlechtsteile ausreichen in der Weise, daß sie nach den Erfahrungen der Wissenschaft zu einer Empfängnis führen kann (Brühl, Köhler, aaO; LG Essen, DAVorm XXV, 1952, 31; LG Braunschweig, DAVorm XXX, 1957/58, 275; AG Blomberg, DAVorm XXXII, 1959/60, 268); so kann eine Beiwohnung bejaht werden, auch wenn das Hymen der Kindesmutter unverletzt geblieben ist, und kann eine Befruchtung eingetreten sein (s das Gutachten des Gynäkologen Thießen, Karlsruhe, DAVorm XXXI, 328; sowie LG Landau, DA Vorm XXXVI, 263).

14 Daß bei dem Geschlechtsverkehr ein Samenerguß stattgefunden hat, braucht das Kind nicht zu behaupten und zu beweisen (Brühl, 418; Köhler, 93), da der Samenerguß die natürliche Begleiterscheinung des Geschlechtsverkehrs ist (s dazu auch Gutachten der Landesfrauenklinik Paderborn, DAVorm XXIV, 1951/52, 100).

Ebenso braucht das Kind nicht zu behaupten und zu beweisen, daß der Verkehr an einem Tage stattfand, an dem im Hinblick auf den Menstruationszyklus eine Befruchtung möglich oder wahrscheinlich war (ebenso Dölle, II, 452; LG Regensburg, FamRZ 1962, 77; s hierzu Brühl, 431f; Hosemann in „Vaterschaftsgutachten", 35ff; aber auch Boennecke, NJW 1953, 1085, 1086; sowie Bem 99).

15 b) Der Beiwohnung gleichzuachten ist eine während der Empfängniszeit vorgenommene **künstliche Samenübertragung** (Insemination)*), wobei es nicht darauf ankommt, ob diese mit dem Einverständnis des Samenspenders geschah (Gernhuber, 631; Brühl, 401; RGRKomm, 2; Beitzke, 196, § 33, IV, 1, und in „Vaterschaftsgutachten", 12 (lit c); wohl auch Erman-Hefermehl, 2a; **aM** Dölle, II, 451, und in Festschrift für Rabel, I, 202). Dölle (aaO) meinte, die Gerechtigkeit gebiete, hier eine Ausnahme von dem Grundsatz der Haftung des Erzeugers zu machen; eine Gleichsetzung mit der Beiwohnung im natürlichen Sinne sei nicht gerechtfertigt, wenn die Zustimmung zur Insemination fehle, weil der Begriff der Beiwohnung ein tätiges Mitwirken des Mannes wesensmäßig voraussetze. Indessen haftet der Mann für den Unterhalt auch dann, wenn er verführt worden ist (s 9 aE zu § 1708) oder wenn er infolge Geistesschwäche von der Bedeutung des Vorgangs der Beiwohnung keine Vorstellung hatte. Weiterhin ist die Mutter gegenüber ihrem Kinde auch dann unterhaltspflichtig, wenn die Empfängnis durch eine Vergewaltigung herbeigeführt worden ist (Gernhuber, 631) oder wenn die Mutter in einem willenlosen oder bewußtlosen Zustande zum Beischlaf mißbraucht worden war (s den Fall des § 176 Abs 1 Nr 2

Alimentenprozeß des unehelichen Kindes, NJW 1963, 1662; Hoff, Aktuelle Fragen der Zahlvaterschaft, NJW 1959, 803; Kießner, Statusklage und Alimentationsprozeß, NJW 1954, 329; Merkert, Nochmals: Das Blutgruppen- und erbbiologische Gutachten im Alimentenprozeß des unehelichen Kindes, NJW 1963, 2361; Roth-Stielow, Die Anforderungen an den Beweis des Mehrverkehrs oder der Blutsvaterschaft im Bereich § 1717 BGB, MDR 1964, 465; Schopp, Die Beweisführung zur Feststellung der Vaterschaft, Rpfleger 1963, 100; Teplitzky, Das Vaterschaftsgutachten in der neueren Rechtsprechung, NJW 1965, 334; ferner s die Lit-Angaben in den Fußnoten zu Bem 28, 36, 41, 46, 49.

Aus der älteren Lit s Bovensiepen, Die Einrede der mehreren Beischläfer, die exceptio plurium concumbentium, Bonn 1920; Gerson, exceptio plurium, DJZ 1917, 318; Hörle, Beiwohnung, Befruchtung und monatliche Reinigung, DRiZ 1913, 819; Joerges, Zur Beweislast bei der exceptio plurium, Recht 1912, 287; Pilot, Der Einwand der Arglist und die exceptio plurium nach dem BGB, Diss Breslau, 1930; A. Schwarz, Der Einwand der Bescholtenheit im Alimentationsprozeß, ArchcivPr 107, 1911, 316; R. Weidlich, Die exceptio plurium concumbentium mit besonderer Berücksichtigung der Beweisfrage, ArchBürgR 21, 1902, 26; s noch die Lit-Angaben in Fußn zu Bem 5.

*) Dölle, Die künstliche Samenübertragung, in Festschrift für Ernst Rabel, Band I, 1954, 187; D. Giesen, Die künstliche Insemination als ethisches und rechtliches Problem, Bielefeld 1962 (s die Besprechung von Bernhard, FamRZ 1963, 593); zu strafrechtlichen Fragen de lege ferenda s Luther, FamRZ 1960, 429; 1961, 160; Blau, FamRZ 1965, 244, 245; Giesen, FamRZ 1965, 248, 249ff; zu Stellungnahmen von ärztlicher Seite s Bickenbach in „Offene Fragen zwischen Ärzten und Juristen", Studien und Berichte der Katholischen Akademie in Bayern, Heft 20, 1963, 85ff (hierzu die Besprechung von Giesen, FamRZ 1964, 331).

StGB). Eine andere Frage ist indessen, welche Ansprüche dem Manne gegen denjenigen zustehen, der die Insemination gegen den Willen des Mannes vorgenommen hatte.

Das Kind hat hier den Beweis zu führen, daß eine Samenübertragung stattgefunden hat, ebenso wie es die Beiwohnung zu beweisen hat (s Brühl, 417f). 16

c) Das Gesetz hat in **Abs 2** die **Empfängniszeit** vom 181.—302. Tage vor dem Tage der Geburt des Kindes, jeweils mit Einschluß des 181. und des 302. Tages, festgelegt*). Eine Tabelle der Empfängniszeiten findet sich in Band IV, Teil 3a, dieses Kommentars, Seite 38. 17

Zwar enthält § 1717 Abs 2 nicht die gleiche Regelung wie § 1592 Abs 2, wonach dann, wenn feststeht, daß das Kind innerhalb eines Zeitraumes empfangen worden ist, der weiter als 302 Tage vor dem Tage der Geburt zurückliegt, zugunsten der Ehelichkeit des Kindes dieser Zeitraum als Empfängniszeit gilt. Indessen hat § 1717 Abs 2, wie heute anerkannt ist, keine ausschließliche Bedeutung in dem Sinne, daß der Beweis ausgeschlossen wäre, daß das Kind vor Beginn oder nach Ende der gesetzlichen Empfängniszeit gezeugt wurde (s Dölle, II, 451 f; Gernhuber, 630; Erman-Hefermehl, 2b; RGRKomm, 2; Rosenthal-Bohnenberg, 5; Soergel-Siebert-Lade, 2; Palandt-Lauterbach, 1; Beitzke in „Vaterschaftsgutachten ...", 11; Bernhardt, Das Recht des unehelichen Kindes, 11; Büttner, ZZP, 71, 1958, 1, 7; H. Krüger, SchlHAnz 1952, 201; Weißer, NJW 1951, 345; Zimmermann, NJW 1954, 624; LG Göttingen, MDR 1951, 614; LG Hamburg, MDR 1952, 616; LG Braunschweig, NJW 1957, 953; LG Aurich, DAVorm XXX, 1957/58, 152; LG Hagen, NJW 1958 1732; **aM** noch Voraufl 2c mit weiteren Hinweisen auf die ältere Lit und Rechtsprechung). 18

Abs 2 ist nur eine Beweisregel (Gernhuber, aaO); das Wort „gilt" begründet wie in Abs 1 eine Vermutung (Gernhuber, aaO), die auf der allgemeinen Erfahrung und den Erkenntnissen der wissenschaftlichen Forschung beruht (s dazu Bem 101 f). Wie Dölle (aaO) mit Recht bemerkt hat, kann eine den Erkenntnissen der modernen Wissenschaft entsprechende Auslegung im Hinblick auf die Tatsache, daß längere Tragzeiten möglich, wenn auch sehr selten sind, dem unehelichen Kinde die Berufung hierauf nicht versagen; dies erfordert ebenfalls die Berücksichtigung der in Art 6 Abs 5 GG enthaltenen Wertentscheidung (s Vorbem 56 vor § 1705; Dölle, II, 452).

Hat die Beiwohnung außerhalb der gesetzlichen Empfängniszeit stattgefunden, so entfällt die Vermutung der Vaterschaft gemäß Abs 1. Das Kind kann aber mit allen zulässigen Beweismitteln den Nachweis führen, daß es aus dieser Beiwohnung abstamme (zB durch Gutachten oder durch den Nachweis, daß die Mutter nur zu dem betreffenden Zeitpunkt Geschlechtsverkehr gepflogen hat, s dazu zB den vom Schweizer Bundesgericht (Band 91, II. Teil, 257 [1966]) entschiedenen Fall, in dem eine Tragezeit von 321 Tagen festgestellt worden war). An den Beweis der Vaterschaft sind in solchen Fällen strenge Anforderungen zu stellen (ebenso Dölle, II, 451, Fußn 14; Erman-Hefermehl, 2b; Soergel-Siebert-Lade, 3; LG Aurich, DAVorm XXX, 1957/58, 152; LG Hagen, NJW 1958, 1732). 19

Zieht sich die nach übermäßig langer Tragezeit erfolgte Geburt infolge Komplikationen außergewöhnlich lange hin, so daß mit dem Zeitpunkt der Vollendung der Geburt (s § 1) der 302. Tag überschritten ist, so wird für die Vermutung des Abs 1 der Tag als Tag der Geburt anzusehen sein, an dem die Geburt bei normalem Verlauf beendet gewesen wäre (ebenso RGRKomm, 2). 20

2. Hat das Kind bewiesen, daß der Beklagte während der gesetzlichen Empfängniszeit der Mutter des Kindes beigewohnt hat, oder hat der Beklagte dies nicht bestritten (s dazu §§ 138 Abs 3, 288 Abs 1 ZPO), so spricht die (widerlegbare) Vermutung dafür, daß der Beklagte der Vater des Kindes ist (vgl § 292 ZPO, s Bem 3). 21

Dem Beklagten obliegt nunmehr **der Beweis** dafür, daß

a) entweder ein anderer Mann oder mehrere Männer der Mutter des Kindes innerhalb der Empfängniszeit beigewohnt haben,

b) oder daß es den Umständen nach offenbar unmöglich ist, daß die Mutter das Kind aus der Beiwohnung des Beklagten empfangen hat.

Das Gericht ist jedoch nicht gehindert, Beweis über die Frage des Mehrverkehrs und die Frage, ob die Vaterschaft des Beklagten offenbar unmöglich ist,

---

*) Zum Einfluß der sog Sommerzeit — wie sie während der beiden Weltkriege bestand — auf die Berechnung der Empfängniszeit s Dosenheimer, DJZ 1918, 313.

auch dann zu erheben, wenn nicht sicher feststeht, daß der Beklagte der Kindesmutter während der Empfängniszeit beigewohnt hat, zB wenn die Mutter dies zwar bekundet, der Beklagte aber entschieden bestritten hat und die Glaubwürdigkeit der Mutter nicht völlig zweifelsfrei ist (s auch Bem 36). In solchen Fällen ist es vielmehr zweckmäßig und geboten, weitere Beweise zu erheben, insbesondere Gutachten einzuholen (s auch Bem 50).

22 **Zu a)** Die Worte **„es sei denn, daß"** in Abs 1 Satz 1 Halbsatz 2 bedeuten, daß dem Beklagten die Behauptungs- und Beweislast obliegt, daß „auch ein anderer" der Mutter des Kindes innerhalb der Empfängniszeit beigewohnt hat. Kann der Beklagte den Beweis des Mehrverkehrs der Mutter nicht führen, so geht dies zu seinen Lasten. Er kann dann die Vermutung des Satzes 1 Halbsatz 1 nur dadurch wiederlegen, daß er den Nachweis erbringt, es sei offenbar unmöglich, daß er das Kind aus seiner Beiwohnung hervorgegangen sei. Andererseits entkräftet der Beweis des Mehrverkehrs der Mutter die Vermutung des Satzes 1, so daß das Kind die Beweislast dafür hat, daß der Geschlechtsverkehr der Mutter mit einem anderen Manne offenbar unmöglich für die Erzeugung des Kindes ursächlich war.

23 **aa)** Diese Erwägungen zeigen, daß das Vorbringen des Beklagten, die Kindesmutter habe während der gesetzlichen Empfängniszeit mit einem anderen Manne Geschlechtsverkehr gepflogen, eine tatsächliche Behauptung, die zur sachlichen Verteidigung gegen die Unterhaltsklage des Kindes dient, und ein Bestreiten des Klagegrundes (Klageleugnen) ist; es handelt sich also um eine **Einwendung iS des Zivilprozeßrechts** (s dazu im allgemeinen Jahr, JuS 1964, 125, 128; Rosenberg, ZPR, 9. Aufl 1961, 499, § 103, II; von einer Einwendung sprachen hier auch Gernhuber, 631, Beitzke in Vaterschaftsgutachten, 12f, Schopp, Rpfleger 1963, 100, 101; sowie von einem klagezerstörenden Einwand Alfred Schwarz, ArchcivPrax 107, 1911, 316, 323, unter Berufung auf die Auffassung der Kommission und des Plenums des Reichstags). Dagegen kann von einer **Einrede iS des BGB nicht** die Rede sein (so auch K. H. Schwab, NJW 1960, 1909, 1910; RGRKomm, 3; s ferner schon Hedemann, DJZ 1907, 217, 218; Gernhuber, aaO, sprach von der sog Einrede).

In der Rechtsprechung und Rechtslehre wird jedoch fast allgemein der Begriff „Einrede" gebraucht (s Voraufl 3b; Dölle, II, 453f — der zum Ausdruck brachte, es handle sich um eine echte Einrede —; Kipp, 415; Planck-Unzner, 3b; Erman-Hefermehl, 3; Palandt-Lauterbach, 1; Rosenthal-Bohnenberg, 3 — doch ist dort auch von der „Einwendung" die Rede —; Brühl, 420ff; Köhler, 96; BGHZ 1, 181, 183 = ZblJugR 1951, 191 = Rpfleger 1951, 607, ua).

Dies ist jedoch unrichtig, denn die Einrede ist ein Recht, ein Gegenrecht (s Jahr, JuS 1964, 126, 293ff; Enneccerus-Nipperdey, Allgemeiner Teil des Bürgerlichen Rechts, 15. Aufl, 2. Halbband, 1960, 1382f, § 226, I; Rosenberg, 499, § 103, I, 2; sowie auch Bem 129, 173 zu § 1708), wobei ausschließende, peremptorische, und aufschiebende, dilatorische Einreden zu unterscheiden sind. Von einer Einrede kann nur gesprochen werden, wenn das Recht, gegen das sie sich richtet, insbesondere ein Anspruch, entstanden ist und an sich noch besteht (Enneccerus-Nipperdey, aaO, 1383). Im vorliegenden Falle handelt es sich nicht um eine Einrede gegen einen bestehenden Unterhaltsanspruch — wie zB im Falle des § 1708 Abs 1 Satz 3 (s dort Bem 129) —; vielmehr entkräftet der Beweis des Mehrverkehrs (also erst der Beweis, nicht schon das Vorbringen des Mehrverkehrs) die tatsächliche Vermutung, die das Gesetz aus dem geschlechtlichen Verkehr eines Mannes mit der Kindesmutter innerhalb der Empfängniszeit herleitet, dh die Vermutung der Vaterschaft (s dazu Bem 1).

24 Eine Einrede ist nur zu berücksichtigen, wenn sie (im Rechtsstreit) von der Partei geltend gemacht wird, der sie zusteht (s Jahr, JuS 1964, 129ff, 303f). Klagt das uneheliche Kind auf Unterhalt, so kann es in der Klage vorbringen — was nicht ganz selten ist —, die Kindsmutter habe zwar mit einem anderen Manne oder mit mehreren anderen Männern verkehrt (zB sei die Klage gegen einen anderen Mann abgewiesen worden), das Kind könne aber offenbar unmöglich aus einem Verkehr der Mutter mit dem anderen Manne oder den anderen Männern stammen; würde in der Klage dies letztere nicht vorgetragen, so wäre die Klage unschlüssig (vgl aber auch Rosenberg-Schwab, Die Beweislast, 5. Aufl 1965, 59).

Weiterhin kann auf die Geltendmachung einer Einrede verzichtet werden (s Jahr, JuS 1964, 126f, 221); läßt dagegen der Beklagte im Unterhaltsprozeß die Behauptung fallen, die Kindesmutter habe innerhalb der Empfängniszeit mit einem anderen Mann geschlechtlich verkehrt, so erhebt sich die Frage, ob hierin ein Geständnis liegt, die Kindesmutter habe allein mit ihm verkehrt, er sei der natürliche Vater des Kindes. Dies dürfte zu bejahen sein, doch hat die Frage wohl keine praktische Bedeutung, da dann (etwa wenn das Beweisergebnis nach Erstattung von Blutgruppengutachten und eines erbbiologischen Gutachtens eindeutig ist, der Beklagte also die Gewißheit erlangt hat, daß er der Vater ist) der Unterhaltsanspruch des Kindes wohl anerkannt wird — womit Kosten erspart werden, s § 25 Abs 1 Nr 3 GKG: die Urteilsgebühr entsteht nur auf Grund streitiger Verhandlung — oder gegebenenfalls der Beklagte die Berufung zurücknimmt — womit die Urteilsgebühr (§§ 25 Abs 1 Nr 3, 34 GKG) entfällt. 25

Aus § 1718 kann nicht hergeleitet werden, das Vorbringen des Beklagten, die Mutter des Kindes habe mit einem anderen Manne während der gesetzlichen Empfängniszeit geschlechtlich verkehrt, sei eine Einrede, wenn freilich die Vorschrift des § 1718 darauf hindeuten könnte. Das Vaterschaftsanerkenntnis (§ 1718) hat vielmehr die Wirkung, daß der Anerkennende mit dem erwähnten Vorbringen ausgeschlossen ist; es bedeutet dagegen nicht den Ausschluß einer Einrede (s dazu 55 zu § 1718). Andererseits steht nach einhelliger Ansicht das Vaterschaftsanerkenntnis dem Nachweis nicht entgegen, daß das Kind offenbar unmöglich aus einem Geschlechtsverkehr der Kindesmutter mit dem Anerkennenden hervorgegangen sei oder daß der Anerkennende der Kindesmutter überhaupt nie oder nicht während der Empfängniszeit beigewohnt habe (s 58 zu § 1718). Im Grunde ist freilich diese Auffassung unlogisch, da die Behauptung, das Kind sei offenbar unmöglich aus einem Geschlechtsverkehr des Anerkennenden mit der Mutter des Kindes entsprossen oder der Anerkennende habe mit dieser nicht geschlechtlich verkehrt, denknotwendig die weitere Behauptung enthält, die Mutter habe mit einem anderen Manne verkehrt. 26

Die Vorschrift des § 1718 hat also insoweit prozessuale Bedeutung, als sie eine Beschränkung des Vorbringens des Beklagten gegenüber der auf das Vaterschaftsanerkenntnis gestützten Unterhaltsklage des Kindes zur Folge hat.

Diese Darlegungen und Überlegungen zeigen übrigens auch, daß der Gesetzgeber mit den Vorschriften der §§ 1717 Abs 1, 1718 keine glückliche Regelung getroffen hat, wobei freilich zu beachten ist, daß die Vorschrift des § 1717 Abs 1 dem Stand der Wissenschaft bezüglich der Vaterschaftsfeststellung um die Zeit der Jahrhundertwende entspricht (s BGHZ 5, 385, 393 = NJW 1952, 780, 781 = JZ 1952, 477, 478) sowie aber auch, daß die gesetzliche Regelung der Feststellung der Vaterschaft außergewöhnliche Schwierigkeiten bereitet (s dazu die rechtsvergleichenden Darlegungen von Dölle, II, 452f, sowie Liebhold [s Vorbem 17 aE vor § 1705]; Schwoerer, NJW 1963, 11, 14). (So erscheint übrigens auch der Vorschlag des Referentenentwurfs des Bundesjustizministeriums — s Vorbem 69 vor § 1705 — zur Änderung des § 1717 Abs 1 recht problematisch; s hierzu Göppinger, FamRZ 1966, 418, 422f hinsichtlich der Fassung des § 1600 q des Entwurfs). 27

bb) Der Beklagte kann sich zum Beweise dafür, die Mutter des Kindes habe während der gesetzlichen Empfängniszeit mit einem anderen Mann geschlechtlich verkehrt, auf dessen Zeugnis oder auf das Zeugnis der Mutter berufen. Gemäß § 384 Nr 2 ZPO hat der betreffende Mann ein Zeugnisverweigerungsrecht, die Mutter ebenfalls gemäß dieser Vorschrift sowie nach § 383 Abs 1 Nr 3 ZPO (s hierzu auch 7a zu § 1705, 11 zu § 1708). 28

Da jedoch intime Beziehungen im geheimen stattzufinden pflegen, ist es dem Beklagten regelmäßig nicht möglich oder sehr erschwert, nähere Einzelheiten über Zeit und Ort eines geschlechtlichen Umgangs der Kindesmutter darzulegen. Die Rechtsprechung und Rechtslehre verlangte bisher, damit die Kindesmutter selbst über die Frage des „Mehrverkehrs" vernommen werden konnte, die Angabe gewisser Anhaltspunkte hierfür; die bloße Behauptung, die Mutter habe während der Empfängniszeit mit einem anderen Manne intime Beziehungen gepflogen, ohne weitere sonstige Angaben oder Anhaltspunkte, wurde als unzulässige **Ausforschung***) behandelt; ein Beweisantritt

*) Büttner, Vaterschaftsprozesse und Ausforschungsbeweis, ZZP 67, 1954, 73; Dunz, Der unzulässige Ausforschungsbeweis, Versuch einer Klärung, NJW 1956, 769; Lang, Der

aufs Geratewohl, der lediglich auf Vermutungen gestützt war, zu dem Zwecke, durch die Beweisaufnahme erst die Grundlage für neue Behauptungen zu gewinnen, wurde als unzulässig beurteilt (s Rosenberg, ZPR, 9. Aufl 1961, 561f, § 115, I, 3d; Blomeyer, ZPR, Erkenntnisverfahren, 1963, 375; Dölle, II, 457f; Gernhuber, 631f; Brühl, 427; Köhler, 96f; Boennecke, NJW 1953, 1085, 1087; Büttner, Lang, Lühr, Niclas, aaO; OLG Freiburg, JZ 1953, 229 = ZZP 65, 288; OLG Karlsruhe, FamRZ 1962, 202 = NJW 1962, 1305 m weiteren Hinweisen; LG Koblenz DAVorm XXXVII, 1964, 67; Dunz, Rothfuß, aaO; Teplitzky, NJW 1965, 334). Dementsprechend wurde der um die Vernehmung der Mutter des Kindes ersuchte Richter (§§ 156ff GVG) für berechtigt erklärt, die Durchführung der Beweisaufnahme in solchen Fällen abzulehnen (s dazu OLG Hamm, JMBl NRW 1961, 110; DAVorm XXXVII, 220; Baumbach-Lauterbach, ZPO, 28. Aufl 1965, Anm 2B, andererseits Wieczorek, Anm B IIIa 2 je zu § 158 GVG), vor allem dann, wenn der Kläger der Durchführung der Vernehmung nicht zustimmte (s OLG Freiburg, NJW 1953, 834; OLG Karlsruhe, FamRZ 1960, 291 = DAVorm XXXIII, 81); in dem Falle, daß die Kindesmutter sich dem betreffenden Manne an dem Tage hingegeben hatte, an dem sie diesen kennen gelernt hatte, hat das OLG Braunschweig (MDR 1956, 306 = FamRZ 1956, 249 Leits) das Ersuchen (§ 157 GVG) für zulässig erklärt.

29 Der BGH hat jedoch nunmehr mit Recht ausgesprochen (Warn 1964, 112 Nr 57 = LM ZPO § 641 Nr 1 = FamRZ 1964, 253 = NJW 1964, 1179 = MDR 1964, 489 = DAVorm XXXVII, 216), bei der Ablehnung eines Beweisantrags mit der Begründung, diesem liege eine jeder tatsächlichen Grundlage entbehrende aus der Luft gegriffene Prozeßbehauptung zugrunde, der Beweisführer stelle haltlose Behauptungen aufs Geratewohl auf, sei größte Zurückhaltung geboten, dies gelte namentlich in Kindschaftssachen; die in erster Linie beweiserhebliche Tatsache eines Mehrverkehrs während der Empfängniszeit sei zwar der Kindesmutter aus eigenem Wissen bekannt, nicht dagegen in aller Regel dem angeblichen Vater; diesem werde der Glaube an die Richtigkeit seiner Behauptungen nur schwer abgesprochen werden können (s zu diesem Urteil des BGH Teplitzky, NJW 1965, 334; Schröder, FamRZ 1965, 178, 181f, 185).

30 Zu beachten ist freilich, daß der Gesichtspunkt, ob der Beklagte von der Richtigkeit seiner Behauptung überzeugt ist, mit der Frage der Ausforschung nichts zu tun hat; vielmehr folgt das Verbot, „aufs Geratewohl" „aus der Luft gegriffene" Behauptungen vorzubringen, wie die Möglichkeit, einen in dieser Weise zu beurteilenden Parteivortrag unbeachtet zu lassen, aus **§ 138 Abs 1 ZPO** (s Schröder, FamRZ 1965, 178, 183; sowie Wieczorek, C Ic; Stein-Jonas-Schönke-Pohle, 18. Aufl, I, 3a je zu § 138; Bernhardt in Festgabe für Rosenberg, 1949, 9, 25ff). Ein Verstoß gegen die Wahrheitspflicht liegt nur vor, wenn die Partei ihrerseits von dem Gegenteil ihrer Behauptungen überzeugt ist oder für die Behauptungen keine Anhaltspunkte, dh keine vernünftigen sinnvollen Gründe hat; dies aber muß der Partei bewiesen werden (§ 286 ZPO, s hierzu Wieczorek, aaO; Bernhardt, aaO, der — Seite 26 — ebenfalls schon darauf hingewiesen hatte, daß bezüglich einer solchen Beurteilung Vorsicht geboten sei).

Ausforschungsbeweis im Unterhaltsprozeß des unehelichen Kindes, DRiZ 1962, 229; Lüderitz, Ausforschungsverbot und Auskunftsanspruch bei Verfolgung privater Rechte, 1966 (Recht und Staat, Heft 319/320); Lühr, Der Ausforschungsbeweis im Unterhaltsprozeß des unehelichen Kindes, ZblJugR 1951, 63, 96; Niclas, Der unzulässige Ausforschungsbeweis im Unterhaltsprozeß des unehelichen Kindes, ZblJugR 1960, 9; E. Riedel, Vom zulässigen und unzulässigen Ausforschungsbeweis, NJW 1956, 6; Rothfuß, Der sogenannte Ausforschungsbeweis im Unterhaltsprozeß des unehelichen Kindes, Unsere Jugend 1956, 356; Schröder, Abstammung und Ausforschung in der höchstrichterlichen Praxis der Schweiz und der Bundesrepublik, FamRZ 1965, 178; Stückrath, Zur Frage des unzulässigen Ausforschungsbeweises, MDR 1950, 30; ferner s die Lit-Angaben in der Fußn zu Bem 49 sowie die Kommentare zur ZPO (§ 282) von Stein-Jonas-Schönke-Pohle, Wieczorek, Thomas-Putzo, Baumbach-Lauterbach.

Zu der Frage, ob der Beklagte unter Umständen üble Nachrede begehen kann, wenn er einen anderen Mann als Mehrverkehrszeugen benennt (§ 186 StGB), sowie zur Frage der Anwendung des § 193 StGB s OLG Celle, NdsRPfl 1960, 255 = NJW 1961, 231 = SJE, E 10, 271, sowie Hiendl, Die Benennung von Mehrverkehrszeugen unter dem Gesichtspunkt des Ehrenschutzes, NJW 1959, 1622.

Eine Abgrenzung ist im vorliegenden Falle äußerst schwierig; nach der erwähnten und zu billigenden Auffassung des BGH ist die Zurückweisung eines Beweisantrags, die Kindsmutter zum Beweise ihres Mehrverkehrs zu vernehmen, auf Ausnahmefälle zu beschränken. In der Praxis wird es zweckmäßig sein, folgendermaßen zu verfahren: Im Unterhaltsprozeß sollte sich das Gericht möglichst frühzeitig, dh im ersten Termin zur mündlichen Verhandlung, darum bemühen zu klären, wann und wie die Kindesmutter den Beklagten kennen gelernt hat, zu welchem Zeitpunkt (nach der Behauptung des Klägers) der (erste) Geschlechtsverkehr zwischen diesen stattfand, wie sich die Beziehungen gestalteten, ob wiederholt sexueller Verkehr gepflogen wurde, gegebenenfalls in welchem Zeitraum, wann die Kindesmutter ihre letzte Periode vor der Schwangerschaft hatte, ob das Kind in einer Klinik, gegebenenfalls in welcher Klinik es geboren wurde, ob die Mutter damit einverstanden ist, daß die Klinik oder Hebamme die damaligen Angaben der Kindesmutter über ihre letzte vorgeburtliche Periode mitteilt. Zu diesem Termin sollte das persönliche Erscheinen des Beklagten (§§ 141, 272b Abs 2 Nr 3 ZPO) angeordnet, sowie die Mutter geladen werden, wenn sich — wie regelmäßig — das klagende Kind zum Beweise für den Verkehr des Beklagten mit der Mutter des Kindes während der Empfängniszeit auf deren Zeugnis berufen hat und wenn der Mutter das Erscheinen vor dem Prozeßgericht im Hinblick auf die etwaige Entfernung ihres Wohnsitzes vom Gerichtsort zugemutet werden kann. Bei der Erörterung der erwähnten Fragen — während der die Öffentlichkeit auszuschließen ist (s 210 zu § 1708) — kann sich das Gericht einen bedeutsamen persönlichen Eindruck von der Kindesmutter und dem Beklagten verschaffen. Beruft sich der Beklagte auf Mehrverkehr oder behauptet er, es sei offenbar unmöglich, daß er der Erzeuger des Kindes sei — was denknotwendig bedeutet, die Mutter habe sich (auch) einem anderen Manne hingegeben —, so wird das Gericht gegebenenfalls den Beklagten befragen können, aus welchen Gründen er Zweifel an seiner Vaterschaft hege, ob und welche Anhaltspunkte er für einen Mehrverkehr der Mutter habe. Im Rahmen der dargelegten Erörterungen wird das Gericht dann auch regelmäßig an die Mutter die Frage richten können, ob sie während der Empfängniszeit mit einem anderen Manne geschlechtlichen Verkehr gepflogen habe. Weiterhin wird es sich empfehlen, die wesentlichen Angaben auch des Beklagten zu protokollieren (zur Protokollierung der Aussagen der als Zeugin vernommenen Mutter s § 160 Abs 2 Nr 3 ZPO). 31

Kann die Mutter wegen weiter Entfernung ihres Wohnsitzes oder Aufenthaltsorts vom Sitz des Gerichtes nicht im Termin erscheinen, so wird es zweckmäßig sein, mit dem Beklagten die erwähnten Fragen bezüglich seiner Beziehungen zu der Kindesmutter zu erörtern, seine Angaben zu protokollieren und dann die Kindesmutter durch den ersuchten Richter (§§ 156ff GVG) vernehmen und ihr die Angaben des Beklagten vorhalten zu lassen.

Die Mutter ist als Zeugin auf ihre Wahrheitspflicht hinzuweisen (§ 395 Abs 1 ZPO); hierbei ist in diesem Falle eine besonders eindringliche Belehrung (zu dem — praktisch selten ausgeübten — Recht der Zeugnisverweigerung s §§ 383 Abs 1 Nr 3, Abs 2, 384 Nr 1 und 2 ZPO), sowie auch ein Hinweis darauf geboten, daß die Angaben der Mutter durch Sachverständigengutachten überprüft werden können (s auch Bem 49). 32

Ebenso sollte auch der Beklagte vor seiner Anhörung (§ 141) auf seine Wahrheitspflicht (s § 138 ZPO) hingewiesen werden.

Wird das Verfahren in der geschilderten Weise gehandhabt, so wird die Frage des zulässigen oder unzulässigen Ausforschungsbeweises wohl kaum je auftauchen*). Bestehen in tatsächlicher Hinsicht Zweifel, so muß das Gericht weitere Ermittlungen anstellen und das Fragerecht (§ 139 ZPO) ausüben. 33

Aus der bisherigen Rechtsprechung ist noch auf folgende Fälle hinzuweisen:

Hat sich ergeben, daß die Mutter des Kindes sich schon nach ganz kurzer Bekanntschaft zur geschlechtlichen Hingabe bereit fand, so kann die Frage nach weiterem Verkehr der Kindesmutter keinesfalls abgeschnitten werden (s zB

---

*) Hinzuzufügen ist noch, daß in der österreichischen und in der schweizerischen Rechtsprechung die Theorie vom Ausforschungsbeweis keine Rolle spielt (s zum österreich Recht Fasching, Komm zu den Zivilprozeßgesetzen, III, Lieferung 14, 1963, 231, Vorbem 17 vor § 266 östZPO, und Das Verfahren zur Feststellung der ehelichen und unehelichen Abstammung, 1955, 122ff; zum schweizerischem Recht s Schröder, FamRZ 1965, 178).

AG Hamburg, DAVorm XXXVIII, 1965, 216; sowie Stückrath, MDR 1950, 30; Riedel, NJW 1956, 6), ebenso wenn die Mutter des Kindes sich auf der Straße hatte ansprechen lassen (AG Hamburg, aaO), oder wenn sie schon ein oder mehrere uneheliche Kinder (von verschiedenen Männern) hatte und sich gegenüber dem Beklagten gerühmt hatte, empfängnisverhütende Mittel zu besitzen und zu verwenden (LG Ellwangen, DAVorm XXXVIII, 188), sowie wenn sie wiederholt Männerbekanntschaften hatte und nach Lage der Sache anzunehmen ist, daß sie sich mehreren Männern hingegeben hatte, dh also wenn Anhaltspunkte dafür gegeben sind, daß die Kindesmutter in geschlechtlicher Hinsicht leicht zugänglich war (s zB OLG Düsseldorf, NJW 1959, 298). So hat der BGH (FamRZ 1960, 399) mit Recht den Umstand als bedeutsamen Verdachtsgrund bewertet, daß die Kindesmutter dem Beklagten erklärt hatte, er brauche keine Angst zu haben, sie bekomme kein Kind von ihm (zustimmend RGR-Komm, 6).

Weiterhin wurde hinsichtlich eines Mehrverkehrs während der Empfängniszeit das Vorliegen von Verdachtsmomenten bejaht, wenn sich die Mutter des Kindes einige Zeit vor der Empfängniszeit als leicht zugänglich erwiesen hat (ebenso RGRKomm, 6; s aber auch Brühl, 428) oder wenn die Kindesmutter sittlich verwahrlost ist (OLG Düsseldorf, NJW 1959, 298) oder in Soldatenkreisen verkehrt (s Lang, DRiZ 1962, 229, 232). Dagegen wurde ein unsittlicher Lebenwandel der Kindesmutter nach der Empfängniszeit (oder nach der Geburt des Kindes) nicht als ausreichendes Verdachtsmoment beurteilt (s Brühl, 428).

34 Der Nachweis des Mehrverkehrs ist als erbracht anzusehen, wenn die Kindesmutter darauf ausgegangen war, wahllos mit Männern geschlechtlich zu verkehren, und gewohnheitsmäßig wie eine Dirne mit mehreren Männern nebeneinander verkehrt hat, ohne daß es darauf ankäme, ob sie aus ihrem unzüchtigen Treiben eine Erwerbsquelle gemacht hat (s dazu LG Wiesbaden, FamRZ 1957, 384; LG München, DAVorm XXXII, 269; LG Nürnberg-Fürth, DAVorm XXVIII, 289 = FamRZ 1956, 114 Nr 147 Leits; LG Bremen, DAVorm XXVIII, 13 = FamRZ 1955, 180 Nr 205 Leits; LG Koblenz, DAVorm XXIX, 93; OLG Darmstadt, JW 1935, 1892; LG Darmstadt, JW 1933, 2663; Dölle, II, 459; Brühl, 482f; Soergel-Siebert-Lade, 5; Bosch, Gutachten, 71 Fußn 205; sowie auch BGH, FamRZ 1964, 251, 252). In diesen Fällen braucht ein Nachweis, daß die Mutter sich mit bestimmten namentlich bekannten Männern eingelassen hat, nicht geführt zu werden. In Rechtsprechung und Literatur wird bezüglich eines solchen Vorbringens des Beklagten häufig der Ausdruck „exceptio plurium generalis" oder **Dirneneinwand** gebraucht.

Das AG Schweinfurt (MDR 1963, 595 = FamRZ 1963, 456 Leits mit Anm der Schriftleitung) nahm im Jahre 1961 an, der Beweis des Mehrverkehrs könne durch die Kombination der geringen mathematischen Wahrscheinlichkeit der Erzeugerschaft des Beklagten mit der geringen Wahrscheinlichkeit, daß ein Mehrverkehr nicht stattgefunden habe, auf Grund des Multiplikationsgesetzes exakt mit nahezu absoluter Sicherheit geführt werden. Die geringe Wahrscheinlichkeit der Vaterschaft folgerte das AG daraus, daß nur ein einmaliger Verkehr einen Tag nach dem Ende der Monatsregel (s dazu Bem 99) und dieser als coitus interruptus (s hierzu Bem 97) stattgefunden habe; das erbbiologische Gutachten hatte keinen Anhaltspunkt erbracht, andere Männer — die Zahl ist in den auszugsweise wiedergegebenen Entscheidungsgründen nicht angegeben — waren ausgeschlossen worden. Gegen dieses Urteil dürften Bedenken bestehen*).

Die Berechtigung des Dirneneinwandes wurde in folgenden Fällen verneint: Die Kindesmutter hatte zwar vier uneheliche Kinder von verschiedenen Männern, jedoch dauerten die Beziehungen der Mutter mit jedem Manne jeweils längere Zeit, wenn sich diese Verhältnisse auch in zeitlicher Hinsicht teilweise überlagerten (LG Karlsruhe, DAVorm XXXII, 270). Die Kindesmutter hatte drei uneheliche Kinder von verschiedenen Männern, wovon einer infolge Angabe eines falschen Namens unbekannt war; sie hatte außer mit dem Beklagten noch mit sieben anderen Männern intime Beziehungen, die sich aber über längere (nicht näher festgestellte) Zeiträume erstreckten, wobei nicht erwiesen war, daß die Kindesmutter mit diesen Zeugen wie eine Dirne nebeneinander verkehrte (LG Frankenthal, DAVorm XXXVI, 73).

---

*) Roth-Stielow, Die Anforderungen an den Beweis des Mehrverkehrs oder der Blutsvaterschaft im Bereich § 1717 BGB, MDR 1964, 465.

Die sog exceptio plurium kann auch auf eine innerhalb der Empfängniszeit vorgenommene **künstliche Samenübertragung** (Insemination) gestützt werden, ohne daß es darauf ankommen kann, ob der Samenspender dieser zugestimmt hat (ebenso Dölle, II, 453 Fußn 20). 35

Zu beachten ist hinsichtlich der Angaben der Mutter des Kindes und des Beklagten, daß die **Aussagen der Mutter***) als Zeugin **nicht ohne weiteres** als **glaubwürdiger** beurteilt werden dürfen als die Angaben des Beklagten (vgl LG Aachen, DAVorm XXXVIII, 335 = NJW 1965, 2015; Habscheid, MDR 1954, 176, 177; Guggumos, NJW 1949, 151, 152; Kießner, NJW 1954, 329, 331; Hoff, NJW 1959, 803; Weißer, ZblJugR 1951, 24; Brühl, 415, 419; sowie OLG Schleswig, NJW 1955, 1881; s aber auch Hiendl, NJW 1963, 1662, 1663, der davon spricht, erscheine die Mutter ausnahmsweise unglaubwürdig . . .); die Mutter ist am Ausgang des Rechtsstreits stark interessiert, dh daran, daß das Kind einen „Zahlvater" erhält; nicht selten vertreten die Mütter als Zeugen die Interessen der Kinder mit einer Hartnäckigkeit, die sie leicht zu falschen Aussagen verleitet (Kießner, aaO) **). Auch der BGH (FamRZ 1956, 147, 149 re Sp unten) wies darauf hin, gegenüber Aussagen von Kindesmüttern sei Zurückhaltung geboten. 36

Andererseits bestehen aber häufig auch gegen die Glaubwürdigkeit der Mehrverkehrszeugen Bedenken (s Brühl, 428f; Dölle, II, 456); vor allem ist deren Glaubwürdigkeit auch oft schwer zu beurteilen (s Brühl, aaO, sowie Beitzke in Vaterschaftsgutachten, 6, und Bem 49). Zu beachten ist, daß die sog Mehrverkehrszeugen möglicherweise Gefahr laufen, selbst in einem weiteren Rechtsstreit als Erzeuger in Anspruch genommen zu werden; auch ist nicht auszuschließen, daß ein Dritter dem Beklagten zuliebe einen Mehrverkehr bekundet, der gar nicht stattgefunden hat. Auf diese Bedenken wies Dölle (II, 456) zutreffend hin.

Eine **eidliche Vernehmung der Kindesmutter** (§ 391 ZPO), insbesondere über die Frage des Mehrverkehrs sollte möglichst erst durchgeführt werden, wenn die erforderlichen Sachverständigengutachten vorliegen; die Vereidigung sollte nur angeordnet werden, wenn sie unbedingt notwendig ist (s § 391 ZPO, vgl dazu Dölle, II, 456; Beitzke in „Vaterschaftsgutachten", 6 mit Fußn; Hülle, DRiZ 1953, 89; andererseits Brühl, 419), dh wenn alle anderen Möglichkeiten der Ermittlungen durch Gutachten erschöpft sind (s Lühr [Fußn zu 56], 157; bedenklich daher LG Lübeck, DAVorm XXXVI, 274). Während Brühl meint, es werde meistens angebracht sein, die Kindesmutter schwören zu lassen, weist Beitzke mit Recht darauf hin, daß Gutachten nicht selten die Aussagen der Kindesmutter widerlegen oder eine eidliche Vernehmung erübrigen (s auch Hülle, aaO, sowie Bem 90). 37

cc) Auf die Behauptung des Mehrverkehrs der Kindesmutter kann sich jeder Beklagte des Unterhaltsprozesses berufen, selbst wenn er sich durch den Geschlechtsverkehr mit der Kindesmutter der Blutschande schuldig gemacht hatte (RG, JW 1931, 1379; RGRKomm, 7), auch zB der Stiefvater, der mit der Tochter seiner Ehefrau verkehrt hatte (s § 173 Abs 2 Satz 2 StGB; Soergel-Siebert-Lade, 5). 38

Hatte aber der Ehemann der Kindesmutter die Ehelichkeit des Kindes mit Erfolg angefochten (§§ 1591 ff BGB, 640 ff ZPO), ist also damit die Unehelichkeit des Kindes rechtskräftig festgestellt (s §§ 1593 BGB, 643 ZPO), so kann der Beklagte des nachfolgenden Unterhaltsprozesses sich nicht darauf berufen, der Ehemann der Mutter habe dieser während der gesetzlichen Empfängniszeit beigewohnt (LG Göttingen, FamRZ 1965, 231 = NdsRpfl 1965, 114; aM LG Augsburg, ZblJugR 1950, 209; RGRKomm 7; Soergel-Siebert-Lade, 5). Denn insoweit ist das Vorbringen des Mehrverkehrs durch § 643 ZPO, die rechtskräftige Feststellung der Unehelichkeit des Kindes, dh die Feststellung, daß das Kind nicht von dem Ehemann der 39

---

*) Feil, Unbeeidigte Zeugenaussagen von Kindesmüttern, ZblJugR 1955, 230; Lünnemann, Wann soll die Kindesmutter im Unterhaltsprozeß vereidigt werden?, ZblJugR 1952, 114; Weißer, Über den Wahrheitsgehalt in Aussagen von Kindesmüttern, ZblJugR 1951, 24; s allgemein auch Hülle, Wie kann der Richter einer falschen Aussage in einem Rechtsstreit oder der Verdächtigung einer solchen vorbeugen?, DRiZ 1953, 89.

**) Vgl auch L Riemann, Beitrag zur Psychologie der Kindesmütter in Vaterschaftsprozessen, Diss Greifswald 1934.

Mutter abstammt, ausgeschlossen. Dagegen steht dieses Urteil der Behauptung nicht entgegen, die Kindesmutter habe mit weiteren Männern geschlechtlich verkehrt.

40 Die Behauptung des Mehrverkehrs der Mutter während der Empfängniszeit kann der Beklagte auch hilfsweise — neben dem Bestreiten seiner Beiwohnung — aufstellen (s Gernhuber, 631 Fußn 2; vgl ferner auch Habscheid, MDR 1954, 176, 177). Das Bestreiten der Beiwohnung enthält ebenfalls schon die Behauptung, das Kind stamme von einem anderen Manne ab.

41 dd) Gegen das Vorbringen des Beklagten, die Mutter des Kindes habe während der Empfängniszeit mit einem anderen Manne verkehrt, kann das Kind nicht den **Einwand der Arglist** (exceptio doli)*) erheben (ebenso Vorausl, 3b, γ; Schwab, NJW 1960, 1909ff; RGRKomm, 4; Palandt-Lauterbach, 1; Gernhuber, 632; Knoll, JR 1960, 403, 404 Fußn 6; anders die überwiegende Meinung: Dölle, II, 455; Soergel-Siebert-Lade, 7; Erman-Hefermehl, 3; Lehmann, FamR, 207f; Kipp, 415; LG Stuttgart, NJW 1960, 1909 = DAVorm XXXIV, 8; OLG München, SeuffA 70, 1915, 143 Nr 82; OLG Frankfurt, JW 1925, 383 mit Anm von Brandis; Josef, JW 1925, 2107).

Die hM geht zu Unrecht davon aus, das Vorbringen des Mehrverkehrs sei eine Einrede (s oben Bem 23), der daher mit dem Einwand der Arglist begegnet werden könne. In Betracht kommen in der Praxis die Fälle, daß mehrere „Liebhaber“ mit der Kindesmutter in Verbindung gestanden und diese nach gemeinschaftlicher Verabredung verführt oder bewogen hatten, sich ihnen hinzugeben, etwa auf Anregung eines Beteiligten, damit dieser Mehrverkehr behaupten könne (s die von den OLGen München und Frankfurt entschiedenen Fälle) oder die Fälle, in denen die Mutter willenlos war, zB infolge Trunkenheit — s den vom LG Stuttgart, NJW 1960, 1909, entschiedenen Fall — oder infolge Bewußtlosigkeit oder Geisteskrankheit, oder die Fälle, in denen die Mutter durch mehrere Männer im Zusammenwirken vergewaltigt und mißbraucht wurde.

42 Indessen kann es keine Rolle spielen, auf welche Weise der Mehrverkehr zustandekam (aM Brühl, 421, der darauf abstellt, ob die Kindesmutter sich bewußt einem anderen Manne hingegeben habe, und den Einwand der Arglist nur dann zuläßt, wenn die Kindesmutter zu der Annahme verführt wurde, sie verkehre mit dem Beklagten; wie hier: Schwab, aaO; RGRKomm, aaO; Palandt-Lauterbach, aaO).

Allerdings haben die dargelegten Fragen heute kaum mehr praktische Bedeutung, da durch die Fortschritte der wissenschaftlichen Forschung mit Hilfe von Blutgruppengutachten und erbbiologischen Gutachten, wenn die betreffenden Männer bekannt sind, festgestellt werden kann, wessen Vaterschaft am wahrscheinlichsten ist; insbesondere können durch Blutgruppengutachten Männer, die der Kindesmutter innerhalb der Empfängniszeit beigewohnt hatten, gegebenenfalls mit an Sicherheit grenzender Wahrscheinlichkeit ausgeschlossen werden (s dazu unten 105); selbst bei Dirnenkindern ist schon der Nachweis der Vaterschaft gelungen (s Bem 135).

43 Ist aber ausnahmsweise der Nachweis nicht möglich, insbesondere wenn nicht alle in Betracht kommenden Männer bekannt sind, die der Kindesmutter beigewohnt hatten, und die bekannt gewordenen durch Gutachten ausgeschlossen werden, oder wenn zB mehrere Brüder den Beischlaf mit der Kindesmutter nacheinander durch Täuschung oder Gewalt vollzogen haben, so kommt ein Schadensersatzanspruch des Kindes gemäß **§ 826** BGB in Betracht, und zwar unter dem Gesichtspunkt, daß sie durch ihre gegen die guten Sitten verstoßenden Handlungen die Feststellung der Vaterschaft vereitelt und damit das Kind daran gehindert haben, den Unterhaltsanspruch gegen den wahren

*) Eichbaum, Uneheliche Vaterschaft und unerlaubte Handlung, JW 1911, 960; Josef, Einwand der Notzucht und der Arglist gegenüber der Einrede mehrerer Zuhälter, SächsArch 1918, 57; ders; Der Unterhaltsanspruch des unehelichen Kindes gegen den Erzeuger aus dem Rechtsgrund des Schadenersatzes, JW 1925, 2107; Pilot, Der Einwand der Arglist und die exceptio plurium nach dem BGB, Diss Breslau, 1930; Rohr, Einrede des Mehrverkehrs auf Verabredung, Unsere Jugend 1955, 409; Schweizer, Exceptio plurium und replica doli, JW 1911, 696, und 1912, 555; Wurzer, Schadensersatzansprüche von Mutter und Kind trotz der begründeten Einrede der mehreren Zuhälter, Recht 1912, 226; s ferner die Anmerkungen von Brandis, JW 1925, 383 (zu OLG Frankfurt); Schwab, NJW 1960, 1909 (zu LG Stuttgart), Sternberg, JW 1923, 425 (zu LG Königsberg).

Erzeuger geltend zu machen (ebenso Schwab, aaO, 1911; s ferner Sternberg, JW 1923, 425; Kipp, 415). Die Argumentation (s Voraufl, 3b, γ; LG Stuttgart, NJW 1960, 1909; vgl auch OLG München, OLG 24, 43), es sei begrifflich ausgeschlossen, das Kind als durch einen Akt geschädigt anzusehen, dem es möglicherweise erst seine Existenz verdanke, ist daher nicht zutreffend (s Schwab, aaO; Knoll, aaO [s Bem 41]; vgl auch BGHZ 8, 243 = JZ 1953, 307 = MDR 1953, 219 = NJW 1953, 417 — zum Schadensersatzanspruch eines Kindes gemäß § 823, das infolge einer Infektion der Mutter mit durch Blutübertragung angeborener Lues zur Welt gekommen war; der BGH hat zutreffend dargelegt, daß es sich hier nicht um den Schaden der Leibesfrucht handele; ferner s OLG Schleswig, SchlHAnz 1949, 368 = NJW 1950, 388, mit zustimmender Anm von Geigel, zum Schadensersatzanspruch eines Kindes, das infolge Ansteckung der Mutter durch deren Ehemann mit angeborener Lues zur Welt gekommen war; s hierzu Schmidt, JZ 1952, 167, 168f)*).

Liegen die Voraussetzungen des § 826 gegenüber mehreren Mittätern vor, so können diese als Gesamtschuldner (§§ 840, 426) zum Schadensersatz verurteilt werden. Die Beweislastregelung des § 1717 hat im Schadensersatzprozeß keine Bedeutung.

Sind die Voraussetzungen des **§ 825** gegeben, so sind hiernach ebenfalls Ersatzansprüche, eventuell gegen mehrere Mittäter (§ 840), vorhanden; die Ansprüche stehen der Mutter zu, wenn sie dem Kinde anstelle des durch die unerlaubte Handlung nicht feststellbaren Erzeugers Unterhalt leistet und leisten muß (s §§ 1705, 1601, 1606 Abs 2; hierzu s auch Schwab, NJW 1960, 1909, 1911). **44**

Zu b) Der Beklagte kann gegen die Vermutung des Abs 1 Satz 1 Halbsatz 1 (s oben Bem 21f) vorbringen, es sei offenbar unmöglich, daß er der Erzeuger des Kindes sei. **45**

aa) Die Bedeutung des Begriffes **„offenbar unmöglich“****) — der ein (unbestimmter) Rechtsbegriff ist — ist umstritten***). ZT wurde die Auffassung vertreten, das Wort „offenbar“ sei inhaltslos und überflüssig (s Büttner, ZZP 71, 1, 6f; Ziegler, FamRZ 1959, 342, 345); Weißer, aaO, 88, definierte die offenbare Unmöglichkeit als die offen zutage tretende, ohne besondere Schwierigkeiten erkennbare Unmöglichkeit; zT wurde angenommen, der Begriff erfordere eine „fast absolute Gewißheit“ (Kempf, 89f). Dölle (II, 49, § 87, II, 1) verlangte eine an Sicherheit grenzende Wahrscheinlichkeit, wies aber daraufhin, daß die Anforderungen an den Beweis der offenbaren Unmöglichkeit nicht überspannt werden dürften, es sei kein höherer als der im allgemeinen für die wirkliche Überzeugungskraft maßgebliche hohe Grad von Wahrscheinlichkeit zu fordern. Einigkeit besteht darin, eine denkgesetzliche oder mathematische Sicherheit oder eine Sicherheit, wie sie die Naturwissenschaft für die Anerkennung eines Naturgesetzes verlange, sei nicht erforderlich (BGH Z 7, 116 = JZ 1952, 628 = MDR 1952, 676 = NJW 1952, 1171; Beitzke in „Vaterschaftsgutachten“, 3, 15; Dölle, aaO; Brühl, 430; Dünnebier, DRiZ 1951, 193, 194f; Lauterbach in diesem Komm, 24—26 zu § 1591). Der BGH (aaO) legte dar, der Ausschluß der Vaterschaft müsse für jeden verständigen Beurteiler als sicher erscheinen; diese Formulierung ist nicht ganz befriedigend, wie Lauterbach, aaO, Bem 26, und Dölle, aaO mit Fußn 18 zutreffend hervorhoben. Maßgebend ist ausschließlich die Beurteilung der Sachlage, auf Grund der eingeholten Gutachten und des gesamten Inhalts der Verhandlungen und der Beweisaufnahme, durch den Richter (§ 286 Abs 1 ZPO): es genügt, ist aber auch erforderlich ein für das praktische Leben brauchbarer Grad von Gewißheit, ein der Gewißheit nahekommender Grad der Wahrscheinlichkeit (Lauterbach, Beitzke, Brühl, aaO); im **46**

---

*) Vgl auch Fabricius, Gedanken zur höchstrichterlichen Rechtsprechung betreffend den nasciturus, FamRZ 1963, 403; Selb, Schädigung des Menschen vor Geburt — ein Problem der Rechtsfähigkeit?, ArchivPr 166, 1966, 76.

**) Weißer, Zum Begriff des „offenbar unmöglich“, ZblJugR 1950, 84.

***) Die Bestimmung des Begriffs „offenbar unmöglich“ bereitet häufig auch den Sachverständigen bei der Erstattung von Vaterschaftsgutachten Schwierigkeiten (s dazu zB Podleschka, Das geburtshilfliche Gutachten im Vaterschaftsprozeß, 1954, 5ff); die Sachverständigen verstehen heute die Formulierung „den Umständen nach offenbar unmöglich“ im Sinne einer außerordentlich großen Unwahrscheinlichkeit, wobei alle erfaßbaren Umstände nach dem neuesten Stand der Erkenntnis kritisch zu berücksichtigen sind (Podleschka, aaO, 11).

Grunde ist jedoch zwischen den Auffassungen des BGH sowie von Dölle, Beitzke, Brühl und Lauterbach kein Unterschied zu machen.

47 Wichtig ist noch, worauf Beitzke, aaO, mit Recht hingewiesen hat, daß die Anwendung des Begriffs der offenbaren Unmöglichkeit je nach dem verwendeten Beweismittel etwas verschieden ist, dh mit anderen Worten, bei einigen Methoden (zB Blutgruppengutachten) ist ein wesentlich höherer Sicherheitsgrad erreichbar als bei anderen, wobei aber von Mindesterfordernissen auszugehen ist (s Brühl, aaO; sowie unten Bem 105ff, 134ff).

48 **bb)** Die Behauptung des Beklagten, seine Vaterschaft sei offenbar unmöglich, ist eine Einwendung iS des Zivilprozeßrechts, ebenso wie die Behauptung, die Kindesmutter habe während der Empfängniszeit mit einem anderen Manne geschlechtlich verkehrt (s zB Schopp, Rpfleger 1963, 100, 101, und oben Bem 23).

49 cc) Im vorliegenden Zusammenhange taucht wieder die Frage auf, ob die Einholung eines Gutachtens auf das Vorbringen des Beklagten, seine Vaterschaft sei offenbar unmöglich, einen unzulässigen **Ausforschungsbeweis***) darstellen würde, wenn der Beklagte an sich keinen Anhaltspunkt für einen Mehrverkehr der Mutter während der Empfängniszeit hat und keine Kenntnis von dem Lebenswandel der Mutter und ihren etwaigen Beziehungen zu Männern hat und haben kann.

Indessen kann entgegen der wohl noch hM**) der Antrag des Beklagten, zum Beweise dafür, daß seine Vaterschaft offenbar unmöglich sei, Gutachten einzuholen, nicht mit der Begründung zurückgewiesen werden, es handle sich um einen unzulässigen Ausforschungsbeweis (Brühl, 402, 438, 443; Esser, Jessen, aaO; Dunz, NJW 1956, 769; Hiendl, NJW 1963, 1662; Teplitzky, NJW 1965, 334; Schröder, FamRZ 1965, 178; 1966, 208, 209; LG Aachen, NJW 1965, 2015; s auch Lüderitz, 37ff), und zwar gilt dies sowohl für Blutgruppengutachten wie für erbbiologische Gutachten (hier teilweise abweichend Lüderitz, aaO).

Diese Gutachten beruhen auf biologischen Gesetzen und Gegebenheiten, die zur Geltung zu kommen verdienen, ohne daß irgendwelche auf Mehrverkehr hindeutende Vorkommnisse aus dem Leben der Kindesmutter bekannt zu sein brauchen (vgl Schweizer Bundesgericht E 91 II 159 = FamRZ 1966, 206 mit Anm von Schröder). Als Grundlage für die Beweisführung genügt die Behauptung des Beklagten, das Kind stamme nicht von ihm ab; einer weiteren Substantiierung bedarf es nicht (so auch Schweizer BG, aaO; dies gilt ebenso für das deutsche Recht, s die oben angeführten Zitate).

Der Beklagte ist auch nicht in der Lage, irgendwelche näheren Behauptungen über die voraussichtlichen Ergebnisse der Untersuchung aufzustellen (s Brühl, 403; Dölle, II, 459; Lüderitz, 37; LG Traunstein, FamRZ 1964, 97). Der Fall, daß ein Mann die Behauptung aufzustellen vermag, das Kind sehe nicht ihm, sondern einem anderen Manne „verblüffend ähnlich" (s BGH, Warn 1964, 112 Nr 57 = LM ZPO § 641 Nr 1 = FamRZ 1964, 253 = NJW 1964, 1179 = MDR 1964, 489 bezüglich einer Ehelichkeitsan-

*) Esser, Kann die Duldung einer Blut- bzw erbbiologischen Untersuchung mit der Begründung, sie sei als Ausforschungsbeweis unzulässig, verweigert werden?, MDR 1952, 537; Hertz-Kleptow, Wann ist im Unterhaltsprozeß des unehelichen Kindes der Antrag, ein erbbiologisches Gutachten einzuholen, als unzulässige Ausforschung abzulehnen?, DRiZ 1953, 103; Jessen, Kann der Antrag auf Einholung eines Blutgruppengutachtens oder eines erbbiologischen Gutachtens im Unterhaltsprozeß des unehelichen Kindes als Ausforschung zurückgewiesen werden?, MDR 1956, 263; ferner s die Lit-Hinweise in den Fußnoten zu Bem 12 und 28.

**) Dölle, II, 459; Beitzke in „Vaterschaftsgutachten", 27 Fußn 126; Hertz-Kleptow, DRiZ 1953, 103; Lang, DRiZ 1962, 229; Hoff, NJW 1959, 803; Erman-Hefermehl, 4, b mit Nachtrag 1964; Rosenthal-Bohnenberg, 4 [Randnote 4597]; Soergel-Siebert-Lade, 5 aE; OLG Karlsruhe, FamRZ 1962, 202 = NJW 1962, 1305; LG Bonn, MDR 1954, 176 mit ablehnender Anm von Habscheid; ZblJugR 1962, 237; LG Hof, DAVorm XXXIV, 121, 300; LG Offenburg, FamRZ 1965, 451; LG Köln, DAVorm XXVII, 295 = FamRZ 1955, 147 Nr 162 Leits; LG Bad Kreuznach, DAVorm XXVIII, 205 = FamRZ 1956, 115 Nr 156 Leits; s auch LG Augsburg, DAVorm XXXVII, 261.

Die OLGe Düsseldorf (JMBlNRW 1954, 102) und Köln (RdJ 1963, 175) vertraten die Ansicht, die Einholung eines erbbiologischen Gutachtens stelle nicht generell einen Ausforschungsbeweis dar. Das LG Hamburg (DAVorm XXXIII, 286) verneinte einen Ausforschungsbeweis in dem Falle, daß feststand, daß zwei Männer mit der Kindesmutter während der Empfängniszeit verkehrt hatten.

fechtungsklage), wird wohl selten vorkommen. Im übrigen sind Behauptungen von Laien über die Ähnlichkeit oder Unähnlichkeit eines Kindes und eines Mannes als wertlos zu beurteilen (ebenso Frantz, NJW 1955, 1020). Der Sachverständige Prof Dr. Lehmann, Kiel (NJW 1955, 1019), hat zB berichtet, er habe immer wieder festgestellt, daß Behauptungen über Ähnlichkeiten oder Unähnlichkeiten sich zu allermeist auf Merkmale erstreckten, die wenig Beweiswert haben, auch die Behauptung, zwischen einem Kinde und einem Manne bestehe eine starke und auffällige Ähnlichkeit, habe sich zumeist als unrichtig herausgestellt.

Da die Blutgruppengutachten und die anthropologisch-erbbiologischen Gutachten als zuverlässige Beweismittel anerkannt sind (s Bem 105ff, 134ff), ist es keinesfalls angebracht, auf sie zu verzichten mit der Begründung, durch Zeugenaussagen, deren Glaubhaftigkeit oft fragwürdig erscheint (s Bem 36), sei ein eindeutiges Ergebnis erzielt (vgl auch schon Habscheid, MDR 1954, 176, und jetzt Schröder, FamRZ 1965, 178). Durch Blutgruppengutachten und erbbiologische Gutachten können Zeugenaussagen widerlegt oder entkräftet werden (s Dölle, II, 461; Beitzke in „Vaterschaftsgutachten", 25; Lühr in „Gegenwartsfragen des Unehelichenschutzes", 157; LG Freiburg, DAVorm XXVIII, 166 = FamRZ 1955, 367 Nr 444 Leits mit Hinw der Schriftleitung; vgl auch LG Kiel, FamRZ 1958, 431). Dagegen können nicht umgekehrt die erwähnten Gutachten durch Zeugenaussagen entkräftet oder widerlegt werden.

Das Gericht ist verpflichtet, auch schon im Unterhaltsprozeß die zur 49a
Wahrheitsfindung erforderlichen Gutachten einzuholen, dh die Beweise so weit wie möglich zu erschöpfen, worauf mit Recht auch RGR-Komm, 6, und Teplitzky, aaO, hinwiesen; auch darf nicht unbeachtet bleiben, daß dann, wenn im Unterhaltsprozeß Beweisanträge, Gutachten einzuholen, abgelehnt werden, häufig später Abstammungsfeststellungsklage erhoben wird (s § 644 ZPO, hierzu Gernhuber, 632, und Bem 169 aE, 181 aE); keinesfalls darf jedoch, wie das LG Bonn, ZblJugR 1962, 237, und das LG Offenburg, FamRZ 1965, 451, gemeint haben, der Beklagte darauf verwiesen werden, später negative Abstammungsklage zu erheben, um gemäß § 644 Abs 1 ZPO gegebenenfalls zu erreichen, daß das Unterhaltsurteil wirkungslos wird (s auch unten Bem 198 sowie zu der Frage, ob gegen den Beklagten eine einstweilige Verfügung gemäß § 940 ZPO erwirkt werden kann, Bem 19ff zu § 1716).

Im übrigen ist noch darauf hinzuweisen, daß das Gericht gemäß § 144 Abs 1 ZPO auch von Amts wegen die Einholung von Sachverständigengutachten anordnen kann (anders wohl Beitzke in „Vaterschaftsgutachten", 26), zB von Zweitgutachten oder Obergutachten oder ergänzenden Gutachten (s 60a, 172). Auch dieser Gesichtspunkt spricht maßgeblich dagegen, in einem Beweisantrag, ein Gutachten einzuholen, eine unzulässige Ausforschung zu erblicken.

Nach den Urteilen des BGH v 13. 11. 1963 (Z 40, 367 = FamRZ 1964, 50
150 = DAVorm XXXVII, 92 — das Urteil erging auf negative Abstammungsfeststellungsklage —) und vom 12. 2. 1964 (FamRZ 1964, 253 [s Bem 29]) sind Gutachten — auch im Unterhaltsprozeß — in folgenden Fällen einzuholen (s hierzu Teplitzky, NJW 1965, 334, 335; sowie auch Schröder, FamRZ 1965, 178; Lüderitz, 43f): wenn der Beklagte bestreitet, mit der Kindesmutter in der Empfängniszeit verkehrt zu haben (s auch Bem 21aE),

wenn der Beklagte sich zum Beweise des Mehrverkehrs der Kindesmutter und der offenbaren Unmöglichkeit seiner Vaterschaft auf die Einholung von Gutachten berufen hat, ohne daß konkrete Mehrverkehrszeugen benannt worden waren und hatten benannt werden können und sonstige Anhaltspunkte für einen Mehrverkehr nicht vorhanden sind (s auch LG Aachen, DAVorm XXXVIII, 335),

wenn Zeugen, die selbst ein Interesse am Ausgang des Rechtsstreits haben, den Mehrverkehr in Abrede gestellt haben und der Beklagte sich auf die Einholung von Gutachten beruft, um die Glaubwürdigkeit der Zeugen zu erschüttern (vgl auch OLG München, DAVorm XXXVIII, 114).

dd) Der Beweis, daß die Vaterschaft eines anderen Mannes als des Beklagten 51
offenbar unmöglich sei, kann nur durch Gutachten geführt werden; die Vernehmung der Kindesmutter vermag diese naturwissenschaftlichen Beweismittel nicht zu ersetzen (vgl auch SchlHOLG, SchlHAnz 1955, 334; NJW 1955, 1881).

52 3. Hat der Beklagte den Beweis des Mehrverkehrs der Mutter des Kindes während der Empfängniszeit erbracht oder ist der Mehrverkehr unbestritten (s auch Bem 4, 24), so obliegt dem Kinde die Behauptungs- und Beweislast dafür, daß es offenbar unmöglich aus einem Verkehr der Mutter mit einem anderen Manne hervorgegangen ist (Abs 1 Satz 2).

53 a) Zum Begriff „offenbar unmöglich" s Bem 46.

54 b) Das erwähnte Vorbringen des Kindes ist eine Einwendung iS des Zivilprozeßrechts (s Bem 23, 48), eine Behauptung zur (weiteren) Begründung der Klage.

55 c) Die Behauptung des Kindes, es sei offenbar unmöglich, daß es einem Verkehr der Mutter mit einem anderen Manne entsprossen sei, darf in keinem Falle als unzulässiger Beweisermittlungsantrag, als Antrag, einen unzulässigen Ausforschungsbeweis zu erheben, beurteilt werden (s auch Bem 12aE; sowie Dölle, II, 460; Niclas, ZblJugR 1960, 9, 11f; Hertz-Kleptow, DRiZ 1953, 103; Lühr, ZblJugR 1951, 96, 99f; aM LG Köln, NJW 1949, 151, 152aE; und die von Lühr, aaO, zitierten Entscheidungen der LGe Krefeld, Köln, Ansbach, Münster). Die gegenteilige, offenbar nur vereinzelt vertretene Auffassung führt zu unerträglichen Ergebnissen und hätte zur Folge, daß das Kind nach abgewiesener Unterhaltsklage eine Klage auf Feststellung der Abstammung (s jetzt § 644 Abs 2 ZPO, sowie zum Armenrecht unten Bem 180) erheben müßte.

Das LG Münster (MDR 1952, 559) hat in einem späteren Urteil die Auffassung vertreten, ein Ausforschungsantrag liege auch dann nicht vor, wenn das Klagevorbringen die offenbare Unmöglichkeit der Vaterschaft eines anderen Mannes nur in geringerem Maße wahrscheinlich mache; anders wäre es nur, wenn bei einer Mehrzahl von „Beiwohnern" die Behauptung, der Beklagte sei der Vater, eine durch keinen Umstand zu begründende Vermutung wäre (vgl auch OLG Stuttgart, FamRZ 1965, 87).

Die Einholung eines erbbiologischen Gutachtens — wenn andere Gutachten kein oder kein klares Ergebnis erbracht haben — kann auch dann nicht als Ausforschungsbeweis abgelehnt werden, wenn die Mutter während der Empfängniszeit sich mehreren unbekannten Männern hingegeben hatte, zB wenn sie mit diesen nur mit Schutzmitteln, dagegen mit dem Beklagten ohne Schutzmittel verkehrt hatte (s — zum Abstammungsfeststellungsprozeß — OLG München, ZblJugR 1964, 55 = RdJ 1964, 201 Leits und unten Bem 135).

III. Beweisanträge, Beweisanordnungen, Vaterschaftsgutachten*).

56 1. a) In heutiger Zeit spielt im Unterhaltsprozeß des unehelichen Kindes — wie auch im Abstammungsfeststellungsprozeß (s Bem 162ff) — die Einholung von Gutachten eine außerordentlich große Rolle; die weit überwiegende Zahl der streitig geführten Unterhaltsprozesse kann nur durch die Erstattung von Gutachten entschieden werden. Die Gutachten führen auch in einem hohen Prozentsatz der Fälle zu einem klaren Ergebnis; sind alle Männer bekannt, die der Mutter während der Empfängniszeit beigewohnt haben, und können alle zu der Erstattung der Gutachten herangezogen werden, so kann nach dem heutigen Stand der wissenschaftlichen Forschung wohl mit an Sicherheit grenzender Wahrscheinlichkeit festgestellt werden, wer der Vater des Kindes ist.

Durch Gutachten können Zeugenaussagen entkräftet und widerlegt werden (s Bem 49).

57 b)**) Bei der Erlassung des Beweisbeschlusses hat das Gericht die Beweislastverteilung des Abs 1 zu beachten (s im allgemeinen Rosenberg-Schwab, Beweislast, 5. Aufl 1965, 72ff, § 6, VI; sowie zum erbbiologischen Gutachten Schade in „Vaterschaftsgutachten" [s Fußn zu Bem 12], 165).

58 Wird die Einholung eines Tragzeitgutachtens (geburtshilflichen Gutachtens — s Bem 101 —) angeordnet, so dürfte es sich empfehlen, die Beweisfrage etwa in der Weise zu formulieren (s Podleschka [Fußn zu 101], 17): es soll Beweis erhoben werden über die bestrittene Behauptung des Klägers (Beklagten), der

*) Lühr, Der prozessuale Standort der naturwissenschaftlichen Vaterschaftsgutachten in „Gegenwartsfragen des Unehelichenschutzes", Schriften des deutschen Instituts für Vormundschaftswesen, Bd 3, 1964, 146ff; s ferner Beitzke in „Vaterschaftsgutachten" (oben Fußn zu Bem 12) sowie die Lit-Hinweise in Fußn zu 96, 101, 105, 125; s auch Fußn zu 78.

**) Zur „Verständigung zwischen naturwissenschaftlichen Sachverständigen und Juristen" s Gotthold Bohne in dem von Ponsold hrsg Lehrbuch der gerichtlichen Medizin, 2. Aufl 1957, 80ff; „Über das Verhältnis des Sachverständigen zum Richter" [im allgemeinen] s Jessnitzer, Der gerichtliche Sachverständige, 1963, 22ff; ferner s „Der Sachverständige im Zivilprozeß" von E. Schneider in Wellmann, Der Sachverständige in der Praxis, 1965, 33ff.

Kläger könne den Umständen nach offenbar unmöglich aus einer Beiwohnung (aus Beiwohnungen) vom .. stammen oder (positiv ausgedrückt) darüber, ob das Kind durch Verkehr am .. erzeugt sein könne.

Bei der Anordnung, Blutgruppengutachten oder erbbiologische Gutachten einzuholen, wird die Beweisfrage etwa in der Weise zu formulieren sein, ob es offenbar unmöglich ist, daß das Kind von dem Beklagten (den Zeugen ..) abstammt, gegebenenfalls — bezüglich der erbbiologischen Gutachten — mit welcher Wahrscheinlichkeit das Kind von dem einen oder anderen Manne abstammen kann. 59

Ordnet das Gericht die Einholung von Blutgruppengutachten an, so wird es sich empfehlen, daß der Sachverständige gegebenenfalls sämtliche jetzt wissenschaftlich anerkannten Untersuchungsmethoden (Blutgruppensysteme, Merkmale, Faktoren, Eiweißgruppensysteme) berücksichtigt. Hier ist es notwendig, dem Sachverständigen in dem erwähnten Umfange freie Hand zu lassen. Ist nämlich zB ein einwandfreier Ausschluß des Beklagten oder eines Mehrverkehrszeugen auf Grund des AB0-Systems oder des MN-Systems möglich, so werden weitere Untersuchungen entbehrlich sein. Umgekehrt kann es je nach Lage des Falles zweckmäßig und erforderlich sein, sämtliche Untersuchungsmethoden anzuwenden. Deshalb ist davon abzuraten, von vornherein anzuordnen, daß die Untersuchung auf bestimmte Merkmale usw beschränkt oder auf alle Merkmale usw ausgedehnt werden soll. Soweit Zweifelsfragen auftreten, sollte der Sachverständige ersucht werden, sich mit dem Gericht in Verbindung zu setzen. 60

Gegebenenfalls kann es erforderlich sein, die Ergänzung von Gutachten oder die Einholung von Zweit- oder Obergutachten anzuordnen (s Bem 66, 68, 128, 137, 172). 60a

c) Zum Sachverständigen bestellt werden kann auch eine Behörde und Körperschaft usw (s **Rosenberg**, ZPR, 9. Aufl 1961, 587, § 120, II, 1; **Tietgen**, Sozialgerichtsbarkeit 1966, 78), zB eine Universitätsklinik oder eine Landesuntersuchungsanstalt. In diesem Falle wird man annehmen müssen, daß der Leiter (dh der amtierende Leiter) der Stelle zum Gutachter bestellt ist. 61

Das Gericht kann aber auch ausdrücklich den Leiter der Klinik usw zum Gutachter bestellen, hiermit ist dann der amtierende Leiter gemeint; dieser ist — ebenso wie wenn der Sachverständige namentlich bestimmt ist — nicht befugt, die Erstattung des Gutachtens einer anderen Person, zB einem Privatdozenten oder Oberarzt oder Assistenzarzt zu überlassen. Vielmehr ist der vom Gericht bestellte Sachverständige im Falle seiner Verhinderung verpflichtet, dies dem Gericht mitzuteilen (s **Tietgen**, aaO, 79).

Andererseits ist der Sachverständige berechtigt, zur Erstattung des Gutachtens Hilfspersonen, zB Oberärzte oder Assistenzärzte, hinzuzuziehen; doch muß aus dem Gutachten hervorgehen, daß der vom Gericht bestellte Sachverständige die Verantwortung für das Gutachten trägt (oder mitträgt).

Der Sachverständige ist verpflichtet, sich genau an das Beweisthema zu halten; bei Zweifeln hat er das Gericht zu fragen, ebenso wenn sich ergeben sollte, daß bestimmte weitere Punkte der Aufklärung bedürfen. Der Sachverständige ist nicht berechtigt, von sich aus den Rahmen des Beweisthemas zu überschreiten. Hält er noch gewisse tatsächliche Punkte für aufklärungsbedürftig, über die Zeugen vernommen werden müssen, so ist der Sachverständige nicht befugt, diese selbst zu befragen; vielmehr hat er das Gericht hierüber zu informieren, zB wenn der Sachverständige ein Tragzeitgutachten erstatten soll (s **Podleschka** [Fußn zu 101], 22f). Sodann ist es Sache des Gerichts, die Beweisaufnahme zu ergänzen. 62

Der Sachverständige ist nicht berechtigt, mit der Beweisfrage nicht zusammenhängende Erklärungen der an der Untersuchung beteiligten Personen entgegenzunehmen und im Gutachten wiederzugeben, zB ein Geständnis der Kindesmutter über einen Mehrverkehr (vgl dazu den in DAVorm XXXVIII, 233 berichteten Fall). Er ist auch nicht zuständig, die Glaubhaftigkeit der Aussagen der im Rechtsstreit vernommenen Personen in seinem Gutachten zu prüfen. Kommt es etwa bei der Erstattung eines geburtshilflichen Gutachtens auf die Glaubhaftigkeit bestimmter sich widersprechender Aussagen an, so kann der Sachverständige dem Gericht lediglich Anhaltspunkte zur Beurteilung der Glaubhaftigkeit der Aussagen geben. Die Beurteilung selbst ist Sache des Gerichts. 63

Der Sachverständige, der ein Blutgruppengutachten oder erbbiologisches Gutachten zu erstatten hat, hat dieses lediglich auf Grund der von ihm erhobenen Befunde abzugeben (s **Schade** in „Vaterschaftsgutachten", 165, bezüglich des erbbiologischen Gutachters), also nicht etwa sich mit den Aussagen der im Prozeß vernommenen Zeugen auseinanderzusetzen. 64

65 Der Sachverständige muß sein Gutachten so begründen, daß das Gericht es zu überprüfen vermag, insbesondere in der Richtung, ob das Gutachten keine Widersprüche oder Verstöße gegen die Denkgesetze enthält.

66 Der Blutgruppengutachter sollte sich bezüglich der erst in jüngerer Zeit entdeckten Merkmale und Systeme usw zweckmäßigerweise darüber äußern, ob der Beweiswert in der Wissenschaft allgemein anerkannt ist oder gegebenenfalls welcher Beweiswert der betreffenden Methode beigemessen wird sowie ob der Sachverständige die Einholung eines Zweitgutachtens als erforderlich oder zweckmäßig beurteilt.

67 **d)** Das Gericht hat das Gutachten insbesondere in der Richtung zu überprüfen, ob es logisch einwandfrei und unmißverständlich begründet ist. Bei Unklarheiten ist der Sachverständige um eine entsprechende Ergänzung oder Klarstellung zu ersuchen.

Die Verwertung des Gutachtens darf das Gericht aber nicht davon abhängig machen, ob es selbst die Richtigkeit der wissenschaftlichen Lehre und deren Anwendung auf den Einzelfall nachzuprüfen in der Lage ist; kann es dies nicht, so ist es berechtigt und verpflichtet, das Gutachten zugrundezulegen (Jeßnitzer, 22ff, 24).

68 Das Gericht darf nicht auf Grund eigener vermeintlicher anthropologischer Sachkunde von einem Gutachten abweichen; vielmehr muß es Zweifel durch Rückfrage beim Sachverständigen klären, eventuell ein Zweitgutachten einholen (bedenklich KG, ZblJugR 1962, 239, hiergegen mit Recht Webler in der Anm; s auch Bem 134f, sowie zum Armenrechtsverfahren Bem 180).

69 **2.** Gemäß **§ 372a Abs 1 ZPO***) hat jede Person, soweit es im Falle des § 1717 oder zur Feststellung der Abstammung des Kindes (s zur Abstammungsfeststellungsklage Bem 162ff) erforderlich ist, **Untersuchungen**, insbesondere die Entnahme von Blutproben zum Zwecke der Blutgruppenuntersuchung, zu **dulden**, soweit die Untersuchung nach den anerkannten Grundsätzen der Wissenschaft eine Aufklärung des Sachverhalts verspricht und dem zu Untersuchenden nach der Art der Untersuchung, nach den Folgen ihres Ergebnisses für ihn oder einen der im § 383 Abs 1 Nr 1 bis 3 ZPO bezeichneten Angehörigen und ohne Nachteil für seine Gesundheit zugemutet werden kann.

§ 372a regelt einen Augenscheinsbeweis, auf Grund dessen der Sachverständige Schlußfolgerungen zu ziehen und ein Gutachten zu erstatten hat.

70 Durch Beschluß vom 25. 5. 1956 hat das BVerfG ausgesprochen, § 372a ZPO (idF vom 12. 9. 1950) sei verfassungsgemäß (s dazu Vorbem 37 vor § 1705).

71 **a)** Die Pflicht, Untersuchungen zu dulden, ist eine Beschränkung des in **Art 2 Abs 2 GG** genannten Grundrechts auf körperliche Unversehrtheit (OLG Stuttgart, FamRZ 1961, 490 mit insoweit zustimmender Anm von Sautter; Weber, NJW 1963, 574)**); in dieses Recht darf nur auf Grund eines Gesetzes eingegriffen werden (Art 2 Abs 2 Satz 3 GG). Im Einzelfall darf die Untersuchung lediglich unter den Voraussetzungen des § 372a Abs 1 angeordnet werden; fehlt

---

*) Bosch, Untersuchungen zur Feststellung der Abstammung, SJZ 1947, 314; ders, Von der richtigen Grenzziehung zwischen Pflicht und Recht, Grundfragen des Verfahrensrechts, entwickelt im Hinblick auf § 372a ZPO 1950, DRiZ 1951, 107; ders, Die Pflicht zur Duldung von Untersuchungen gemäß § 372a ZPO 1950, DRiZ 1951, 137; ders, Grundsatzfragen des Beweisrechts, 1963 (insbes § 4: Untersuchungsduldungspflicht und Untersuchungsverweigerungsrecht des Minderjährigen, Seite 61ff); Esser, Kann die Duldung einer Blut- bzw erbbiologischen Untersuchung mit der Begründung, sie sei als Ausforschungsbeweis unzulässig, verweigert werden?, MDR 1952, 537; E. Heck, Die prozessuale Duldungspflicht gemäß § 372a ZPO (Diss, Bonn 1955); K. E. Meyer, § 372a ZPO und der Abstammungsprozeß, DRiZ 1951, 34; Niemeyer, Die Pflicht zur Duldung von Blutuntersuchungen, MDR 1952, 199; Sautter, Die Pflicht zur Duldung von Körperuntersuchungen nach § 372a ZPO, ArchcivPr 161, 1962, 215; Weber, Körperliche Untersuchung eines Dritten im Abstammungsprozeß, NJW 1963, 574; ferner s Anm (zu Gerichtsentscheidungen) von Dünnebier, JZ 1952, 427, und Beitzke, NJW 1955, 1883, und die Kommentare zur ZPO (§ 372a) von Stein-Jonas-Schönke-Pohle, Wieczorek, Thomas-Putzo, Baumbach-Lauterbach, die Lehrbücher von Rosenberg und Blomeyer sowie Pohle, MDR 1950, 642, 644f, Jescheck, ZZP 65, 1952, 364, 379f.

Zum ausländischen Recht s Bosch, Grundsatzfragen, 62ff.

**) Kommentare (zu Art 2 Abs 2 GG) von Giese-Schunck, 6. Aufl, 1962; Hamann, 2. Aufl, 1961; Leibholz-Rinck, 1966; von Mangoldt-Klein, 2. Aufl 1957; Maunz-Dürig, 1959.

eine Voraussetzung, so ist die Heranziehung der betreffenden Person zur Untersuchung als Grundrechtsverletzung rechtswidrig (ebenso OLG Stuttgart und Sautter, aaO).

Unter den Begriff der **„Untersuchung"** iS des § 372a Abs 1 ZPO fällt auch die anthropologisch-erbbiologische Begutachtung, sowie jede Blutentnahme (Brühl 404), auch wenn sie nur einen „geringfügigen" Eingriff in die körperliche Unversehrtheit bedeutet. 72

Verpflichtet ist **„jede Person"**, ohne Rücksicht darauf, ob sie Partei oder Zeuge ist (s Sautter, ArchcivPr 161, 215, 218f); in Betracht können zB auch die Eltern der Kindesmutter oder des verstorbenen angeblichen Erzeugers oder eines angeblichen „Mehrverkehrers" kommen. 73

In eine erbbiologische Untersuchung kann auch der ursprüngliche Scheinvater des Kindes, der mit Erfolg die Ehelichkeit angefochten hat, als Vergleichsperson einbezogen werden (OLG Düsseldorf, NJW 1958, 265; LG Göttingen, NdsRPfl 1965, 114 = FamRZ 1965, 231). § 643 ZPO steht dem nicht entgegen (LG Göttingen, aaO; s auch oben Bem 39).

Die Untersuchung hat der Verpflichtete lediglich zu **„dulden"**; doch gehört hierzu auch die Pflicht, zum Untersuchungstermin zu erscheinen und für die Durchführung der Untersuchung gegebenenfalls längere Zeit zu opfern, sowie alle in seinem Bereich liegenden Bedingungen zu schaffen, die eine Durchführung der Untersuchung ermöglichen, zB sich auf einen bestimmten, ihm angewiesenen Platz zu setzen, die erforderlichen Körperhaltungen (zB zum Zwecke photographischer Aufnahmen) einzunehmen (so auch Sautter, aaO, 221). Dagegen ist die Person nicht verpflichtet, sich etwa PTC-Geschmacktests (s zu diesen Schade in „Vaterschaftsgutachten", 153) zu unterziehen; diese sind nur bei freiwilliger Bereitschaft der Untersuchungspersonen durchführbar (Sautter, aaO, 222); ebenso läßt sich die Vorlage von Lichtbildern (zB verstorbener Eltern der Kindesmutter, des Beklagten oder eines Zeugen oder aus der Kindheit eines Zeugen oder des Beklagten usw) nicht auf Grund des § 372 a Abs 1 ZPO erzwingen (Brühl, 404; Sautter, aaO, 226 Fußn 63; OLG Schleswig, SchlHA 1953, 207). 74

b) Die Anordnung der Untersuchung ist lediglich zum Zwecke der **Feststellung der Abstammung** zulässig, nicht zu anderen Zwecken; nur dies will der **erste Satzteil**, der erste mit dem Wort „soweit" beginnende Nebensatz, besagen (Sautter, aaO, 222f; OLG München, JZ 1952, 426; OLG Celle, NJW 1955, 1037; s auch OLG Stuttgart, FamRZ 1961, 490 m Anm von Sautter, sowie Dölle, II, 55). 75

Hieraus ergibt sich, daß auf diesen Nebensatz nicht die Auffassung gestützt werden kann, die Anordnung einer Untersuchung, die eine „unzulässige Ausforschung" darstelle, begründe für die zu untersuchenden Personen keine Pflicht, die Untersuchung zu dulden (ebenso Sautter, ArchcivPr 161, 223; aM Bosch, DRiZ 1951, 107, 110; Jessen, MDR 1956, 263, 264).

c) Die zu untersuchende Person hat die Untersuchung zu dulden, soweit die Untersuchung 76

aa) nach den anerkannten Grundsätzen der Wissenschaft eine Aufklärung des Sachverhalts verspricht und (dh = oder)

bb) dem zu Untersuchenden nach der Art der Untersuchung, nach den Folgen ihres Ergebnisses für ihn oder einen Angehörigen, nämlich den Verlobten, den Ehegatten oder die mit dem zu Untersuchenden in gerader Linie verwandten, verschwägerten oder in der Seitenlinie bis zum dritten Grade verwandten oder bis zum zweiten Grade verschwägerten Personen (§ 383 Abs 1 Nr 1—3 ZPO), und ohne Nachteil für seine Gesundheit zugemutet werden kann.

In diesen Vorschriften (dh also in diesem zweiten „soweit"-Nebensatz des Abs 1) sind die Weigerungsgründe der zu untersuchenden Person festgelegt (ebenso Sautter, ArchcivPr 161, 222); nur unter den erwähnten Voraussetzungen brauchen die betreffenden Personen die Untersuchung nicht zu dulden. Die etwaige Weigerung, sich auf die vom Gericht angeordnete Art untersuchen zu lassen, bedeutet keine Anfechtung der Beweisanordnung durch die zu untersuchende Person, sondern lediglich gewissermaßen einen „Widerspruch" gegen die Durchführung der Beweisanordnung. 77

Zu aa) Die Bedeutung der Einschränkung, daß die betreffende Person nur solche Untersuchungen zu dulden braucht, die nach ihrer Art und Methode anerkannten Grundsätzen der Wissenschaft entsprechen, liegt vor allem darin, daß die Person nicht gezwungen werden soll, die Erprobung neuer, noch ungesicherter Methoden über sich ergehen zu lassen (ebenso Sautter, aaO, 78

224f; Lühr, 150f [s Fußn zu Bem 56]). Eine Untersuchungsmethode ist dann als anerkannt in diesem Sinne anzusehen, wenn gegen die zugrundeliegenden Erkenntnisse kein durchschlagender Einwand erhoben werden kann; hierbei ist zu berücksichtigen, daß früher erhobene Gegenstimmen durch die fortschreitenden Erkenntnisse der wissenschaftlichen Forschung als überholt angesehen werden können (Sautter, aaO, 225). Die wissenschaftliche Anerkennung einer Untersuchungsmethode ist in der Gerichtspraxis dann zu verneinen, wenn im Zeitpunkt der Beweisanordnung wesentliche Einwände von Wissenschaftlern, insbesondere namhafter Gutachter, vorliegen (ähnlich Sautter, aaO)*). Gegebenenfalls muß über die Frage der wissenschaftlichen Anerkennung einer Untersuchungsmethode ein Gutachten eingeholt werden (ebenso Lühr, 151 [s Fußn zu Bem 56]). Andererseits ist noch nicht anerkannten Verfahren ein Beweiswert nicht von vornherein oder ohne weiteres abzusprechen (ebenso Sautter, aaO); zB kann ein auf einem solchen Verfahren beruhendes Gutachten zur Unterstützung der Ergebnisse anderer Gutachten in Betracht kommen (s zur Beurteilung des Beweiswerts und zur richterlichen Überzeugungsbildung gemäß § 286 ZPO BGHZ 12, 41 = LM ZPO § 402 Nr 3 mit Anm von Johannsen = NJW 1954, 553 = FamRZ 1954, 41 Leits; OLG Celle, NJW 1954, 1331 — jeweils zum Lönstest —; ferner s zum Lönstest und zum sog Wirbelsäulenvergleich unten Bem 138, 139).

79 Eine Untersuchung verspricht dann keine Aufklärung des Sachverhalts, wenn die Anwendung eines an sich anerkannten Verfahrens im gegebenen Falle nicht zum Ziel führen kann (Sautter, aaO, 226; OLG Stuttgart, NJW 1957, 1405; FamRZ 1961, 490; Baumbach-Lauterbach, 4Ba; Stein-Jonas-Schönke-Pohle, III, 2a je zu § 372a ZPO), sowie wenn die Anordnung sinnwidrig oder willkürlich ist oder wenn der Sachverhalt bereits (durch andere Gutachten) geklärt ist. Die Untersuchung muß also geeignet sein, die Sachaufklärung zu fördern, und muß diesen Erfolg auch versprechen; liegt der Sachverhalt völlig klar, so kann mit dem Grad von Gewißheit, der zur richterlichen Überzeugungsbildung ausreicht (§ 286 ZPO), eine (weitere) Untersuchung keine weitere Klärung bringen, sondern lediglich eine Bestätigung des Bekannten (Sautter, aaO, 229f). Hat zB ein Blutgruppengutachten den eindeutigen Beweis erbracht, daß ein bestimmter Mann als möglicher Erzeuger des Kindes auszuschließen ist, so braucht er sich nicht der erbbiologischen Begutachtung zu unterziehen (s auch Bem 126). Weiterhin braucht eine Person zB die Heranziehung zu dieser Begutachtung nicht zu dulden, wenn nicht zuvor andere Gutachten, insbesondere Blutgruppengutachten, eingeholt sind (ebenso Sautter, aaO, 224).

80 Dagegen ist in anderen Fällen, in denen die Glaubwürdigkeit von Aussagen mitzubeurteilen ist, von der Auffassung des Gerichts auszugehen, das die Beweisanordnung erlassen hat. Ist nach Einholung von Blutgruppengutachten, die noch kein klares Ergebnis erbracht haben, die anthropologisch-erbbiologische Begutachtung angeordnet worden, weil der Richter gegen die Glaubhaftigkeit von Aussagen Bedenken hegt (s auch Bem 50 aE), so kann die Duldung der Untersuchung nicht verweigert werden (zur Frage der Zumutbarkeit s 82ff).

81 Die Duldung der Untersuchung kann ferner nicht mit der Begründung verweigert werden, es liege ein unzulässiger Ausforschungsbeweis vor (OLG Celle, NdsRPfl 1955, 152 = NJW 1955, 1037; Niemeyer, NJW 1952, 199; Jescheck, ZZP 65, 364, 379; s auch Esser, MDR 1952, 537f).

82 **Zu bb**) Von großer praktischer Bedeutung ist die Frage — deren Beantwortung zuweilen auch beträchtliche Schwierigkeiten bereitet —, ob die Untersuchung **zumutbar** ist:

Der Begriff der Zumutbarkeit ist ein unbestimmter Rechtsbegriff; der Gesetzgeber hat hiermit dem Richter aufgegeben, die erkennbar herrschenden Rechts- und Wertvorstellungen, die Wertprinzipien unserer Rechts- und Kulturauffassung, wie sie im GG zum Ausdruck gekommen sind, und alle

*) Zum jetzigen Stand der Wissenschaft s vor allem Beitzke, Hosemann, Dahr, Schade, Vaterschaftsgutachten für die gerichtliche Praxis, 2. Aufl 1965; ergänzend ist darauf hinzuweisen, daß in der von dem Deutschen Institut für Vormundschaftswesen herausgegebenen Zeitschrift „Der Amtsvormund" (DAVorm) laufend Sachverständigengutachten und Äußerungen des Bundesgesundheitsamts veröffentlicht werden, die zum Beweiswert einzelner Untersuchungsmethoden Stellung nehmen, weiterhin auch Gerichtsentscheidungen hierzu.

Umstände des einzelnen Falles zu berücksichtigen (ähnlich Sautter, aaO, 231f; s zur Bedeutung der unbestimmten Rechtsbegriffe auch 29 zu § 1666 und Göppinger, Die Erledigung des Rechtsstreits in der Hauptsache, 1958, 188ff; sowie auch Kellner, DÖV 1962, 572; 1963, 418, 427; Becker, NJW 1966, 644; BVerwG, DÖV 1965, 633 = DVBl 1965, 914; Henke, Die Tatfrage, der unbestimmte Begriff im Zivilrecht und seine Revisibilität, 1966).

Für den normalen Fall des Unterhalts- und Abstammungsrechtsstreits ist davon auszugehen, daß die Untersuchung den betreffenden Personen zugemutet werden kann, sofern auf seiten der zu untersuchenden Personen nur die Interessen auf dem Spiele stehen, die ihrer Art und Intensität nach regelmäßig durch die Duldungspflicht verletzt werden (Sautter, aaO, 232f; Dünnebier, JZ 1952, 427, 429). Die Rechtfertigung dieser Eingriffe ergibt sich aus der Besonderheit der hier in Betracht kommenden Rechtsstreite, angesichts ihrer Bedeutung und der in diesen bestehenden Beweisschwierigkeiten, auch aus einem gewissen öffentlichen Interesse an sachlich richtigen Urteilen, hier an der Aufklärung des Sachverhalts (s Sautter, aaO, 233). Dieses Interesse der Allgemeinheit ist hier als betonter zu beurteilen als in sonstigen Fällen (so auch Sautter, aaO); damit findet das Interesse aller Beteiligten an der Aufklärung des Sachverhalts mittelbar ebenfalls seine Anerkennung (ebenso Sautter, aaO). 83

Aus der Formulierung des § 372a Abs 1 ergibt sich aber, daß in bestimmten Fällen die Rücksichtnahme auf den Betroffenen dem Interesse an der Wahrheitsfindung vorgeht (s Sautter, aaO, 232ff; Dünnebier, JZ 1952, 428). Im Prozeß kommt es demnach nicht nur auf „das Ergebnis der Wahrheit an, sondern auch auf den sittlich zulässigen Weg zur Wahrheit" (Sautter, aaO, 234, unter Berufung auf eine Formulierung von H. Mayer).

Nicht zumutbar ist die Untersuchung, wenn sie nach ihrer Art für die Gesundheit des zu Untersuchenden nachteilig wäre. Die wissenschaftlich anerkannten Verfahren zur Feststellung der Vaterschaft sind jedoch bei normaler Konstitution der zu untersuchenden Person ohne Nachteil für die Gesundheit durchführbar; eine Gesundheitsschädigung kann daher nur in Ausnahmefällen, zB im Falle der Blutentnahme bei einem hochgradigen Bluter, in Betracht kommen (ebenso Sautter, aaO, 234). 84

Wegen Beeinträchtigung der Menschenwürde eines Zeugen ist dessen Untersuchung zur Feststellung der Zeugungsunfähigkeit gegen dessen Willen nicht zumutbar, zB nachdem sich das uneheliche Kind zum Beweis für die offenbare Unmöglichkeit der Vaterschaft eines Mehrverkehrszeugen auf dessen Zeugungsunfähigkeit berufen hatte (vgl Sautter, aaO, 235). 85

Je nach Lage des Falles kann die Heranziehung des ursprünglichen Scheinvaters des Kindes zur erbbiologischen Untersuchung (s Bem 73) im Unterhaltsprozeß des Kindes gegen den Ehebrecher unzumutbar sein, da diese Untersuchung regelmäßig ein stundenlanges Beisammensein der betreffenden Personen erfordert (s Sautter, aaO, 235f); allerdings kann in einem solchen Falle eine getrennte Untersuchung des ursprünglichen Scheinvaters in Betracht kommen (s auch Bem 132). 86

Die Duldung der Untersuchung ist nicht unzumutbar, wenn das Gutachten zu einem für die betreffende Prozeßpartei ungünstigem Ausgang des Rechtsstreits führen kann (OLG Köln, JMBlNRW 1951, 54; OLG Nürnberg, NJW 1953, 1874; FamRZ 1961, 492; OLG Stuttgart, MDR 1957, 553) oder wenn die Unterhaltsklage des Kindes gegen den jetzigen Zeugen abgewiesen worden war und dieser in einem neuen Unterhaltsprozeß gegen einen anderen Mann bei der erbbiologischen Begutachtung herangezogen werden soll (OLG Nürnberg, NJW 1955, 1883), ferner wenn das Kind nach Abweisung der Unterhaltsklage gegen den betreffenden Mann Abstammungsfeststellungsklage erhoben hat (OLG Nürnberg, NJW 1955, 1883, beiläufig), oder wenn der zu untersuchende Mehrverkehrszeuge vermögensrechtliche Nachteile erleiden kann (vgl OLG Karlsruhe, FamRZ 1962, 395), zB weil er im Falle der Abweisung der Unterhaltsklage gegen den Beklagten mit der Geltendmachung von Unterhaltsansprüchen des Kindes gegen ihn selbst rechnen muß. 87

Die Mutter des Kindes kann die Duldung der Untersuchung nicht verweigern, wenn sie es als Zeugin abgelehnt hat, den Erzeuger des Kindes zu benennen, und sich auf die Aussage beschränkt hat, sie habe mit dem Beklag- 88 ten keinen Geschlechtsverkehr gepflogen (OLG Stuttgart, NJW 1957, 1405).

89 Die Behauptung, durch die Duldung der Untersuchung würde der Familienfriede (Ehefriede) zum Nachteil des zu untersuchenden Mannes beeinträchtigt, kann eine Unzumutbarkeit der Untersuchung nicht begründen (OLG Hamburg, NJW 1953, 1873 = MDR 1954, 46; OLG Schleswig, SchlHAnz 1949, 344; LG Flensburg, MDR 1953, 114; LG Stuttgart, MDR 1953, 370; Beitzke, NJW 1955, 1883).

90 Kann eventuell damit gerechnet werden, daß ein Gutachten Aussagen von Zeugen entkräftet oder widerlegt oder daß das Gutachten den Nachweis eines Ehebruches erbringt, so fragt es sich, ob die betreffende Person berechtigt ist, die Duldung der Untersuchung zu verweigern, mit der Begründung, diese könne ihr nicht zugemutet werden wegen der **Gefahr einer Strafverfolgung** (s hierzu im einzelnen Sautter, aaO, 240ff). Die wohl überwiegende Meinung beurteilt diesen Gesichtspunkt als nicht stichhaltig (s Beitzke, NJW 1955, 1883, sowie OLG Hamburg, NJW 1953, 1873 = MDR 1954, 46; OLG Köln, JMBlNRW 1951, 137 = NJW 1952, 149 — betr Ehebruch —; OLG München, JZ 1952, 426 mit teilweise ablehnender Anm von Dünnebier = BayJMBl 1952, 40; OLG Stuttgart, ZZP 65, 157 = DAVorm XXV, 5 — jeweils betr Weigerung des Kindes wegen der Gefahr der Strafverfolgung seiner Mutter —; OLG Hamm, JMBlNRW 1952, 167 = DAVorm XXV, 120 — Weigerung eines Zeugen, der eidlich einen Geschlechtsverkehr mit der Mutter des Kindes während der Empfängniszeit geleugnet hatte —; Jescheck, ZZP 65, 364, 380; aM Bosch, DRiZ 1951, 107, 109; Bedenken erheben auch Habscheid, JR 1958, 361, 366 lk Sp; Sautter, aaO, 240ff). Maßgebendes Kriterium für die Beantwortung der erwähnten Frage muß der Gesichtspunkt sein, ob die für das Strafverfahren entsprechende Vorschrift des § 81a StPO verfassungsgemäß ist, da zwischen diesen Bestimmungen ein enger Zusammenhang besteht: Stünde der zu untersuchenden Person im Strafverfahren das Recht zu, die Duldung der Untersuchung zu verweigern, um sich nicht selbst belasten zu müssen, so müßte konsequenter- und gerechterweise dem zu Untersuchenden dieses Recht auch im Zivilprozeß zugestanden werden (vgl Sautter, aaO, 245f). Indessen hat das BVerfG im Beschluß vom 10. 6. 1963 (E 16, 194 = JZ 1963, 750 = NJW 1963, 1597 = MDR 1963, 735) die Verfassungsmäßigkeit des § 81a StPO — wenn auch mit wenig überzeugenden Gründen (vgl KMR-Komm, 6. Aufl 1966, bearbeitet von Müller und Sax, 1 zu § 81a StPO) — bejaht; das BVerfG hat hierbei ausgesprochen ,zu beachten sei der Grundsatz der Verhältnismäßigkeit zwischen Mittel und Zweck, es müsse auch in Betracht gezogen werden, welches Gewicht die zu ahndende Tat habe; danach richte es sich, ob ein bestimmter Eingriff in die körperliche Unversehrtheit gerechtfertigt sei (in dem konkreten Falle handelte es sich um eine Liquorentnahme zur Prüfung der Zurechnungsfähigkeit in einem Verfahren gemäß § 81a GmbHG). Diesen Gesichtspunkt hat das BVerfG in einem weiteren Beschluß (vom 25. 7. 1963, E 17, 108 = NJW 1963, 2368 = JZ 1963, 751 = MDR 1964, 23) wiederholt (hier ging es um eine hirnelektrische Untersuchung und eine Hirnkammerluftfüllung zur Feststellung der Zurechnungsfähigkeit in einem Strafverfahren wegen Betrugs).

Im vorliegenden Falle handelt es sich demgegenüber mit der Duldung der Blutentnahme zum Zwecke der Blutgruppenuntersuchung und der Duldung der anthropologisch-erbbiologischen Untersuchung um einen geringfügigen Eingriff in die körperliche Unversehrtheit und das Persönlichkeitsrecht.

Aus den erwähnten Entscheidungen des BVerfG ist der Schluß zu ziehen, daß das Gericht im Falle des § 81a StPO die Gefahr der Strafverfolgung allein für nicht ausreichend erachtet, um die Duldung der Untersuchung unzumutbar zu machen. Dies muß nach den dargelegten Erwägungen auch für den vorliegenden Zusammenhang gelten.

Jedenfalls empfiehlt es sich aber für die Praxis dringend, die Mutter des Kindes und Mehrverkehrszeugen nicht vor der Einholung von Blutgruppen- und erbbiologischen Gutachten zu vereidigen (s auch Bem 37).

91 d) Die durch Beweisbeschluß angeordnete Untersuchung ist als dessen Bestandteil an sich nicht anfechtbar (§ 355 Abs 2 ZPO, s hierzu OLG Stuttgart, FamRZ 1961, 490, sowie Bem 130). Mit der Beweisanordnung ist jedoch nicht unanfechtbar festgelegt, daß die Parteien und bestimmte Zeugen verpflichtet sind, die Durchführung der Beweisanordnung zu dulden (s auch Bem 77). Vielmehr ist,

wenn ein Beteiligter sich unter Angabe von Gründen weigert, die Untersuchung zu dulden, über die Rechtmäßigkeit der Weigerung durch Zwischenurteil zu entscheiden (§ 372a Abs 2 iV mit § 387 ZPO; s zum Verfahren Bosch, DRiZ 1951, 137).

Die Gründe, auf welche die Weigerung gestützt wird, sind glaubhaft zu machen (§ 372a Abs 2 iV mit § 386 ZPO). Sie können schriftlich oder zu Protokoll der Geschäftsstelle erklärt werden (s OLG Düsseldorf, JMBlNRW 1964, 30 = DRiZ 1964, B 51 Nr 741). Für das Verfahren besteht kein Anwaltszwang (OLG Düsseldorf, aaO).

Erscheint eine ordnungsmäßig zur Untersuchung geladene Person in dem hierzu angesetzten Termin nicht, so kommt es auf die Umstände des Einzelfalles an, ob das Ausbleiben eine Verweigerung der Untersuchung darstellt (s OLG Karlsruhe, FamRZ 1962, 395 mit weiteren Hinweisen und Anm von Bosch; etwas abweichend OLG Nürnberg, FamRZ 1964, 98 mit Anm von Bosch = MDR 1964, 242 = BayJMBl 1964, 69 Leits = RdJ 1964, 243 Leits, das die Auffassung vertrat, in der Regel sei in dem Verhalten eine Weigerung zu erblicken; s auch SchlHOLG, SchlHAnz 1963, 169). Erscheint eine Person in dem zur Untersuchung bestimmten Termin nicht, so kann sie jedoch dann mit einer Ordnungsstrafe belegt werden, wenn sie nicht erscheint, weil sie die Duldung der Untersuchung — ohne Angabe von Gründen — verweigern will (§ 390 Abs 1, s dazu OLG Düsseldorf, JMBlNRW 1964, 30 = DRiZ 1964, B 51 Nr 741). 92

Bleibt eine Person in dem Untersuchungstermin aus, will sie aber nicht die Duldung der Untersuchung verweigern, so kann sie nicht zu einer Ordnungsstrafe, sondern nur zur Tragung der durch das Ausbleiben verursachten Kosten verurteilt werden, da § 372a Abs 2 die entsprechende Anwendung des § 380 ZPO nicht vorsieht (s OLG Neustadt, NJW 1957, 1155 — betr einen Zeugen —; SchlHOLG, SchlHA 1963, 169; LG Bonn, JMBlNRW 1965, 31 — betr eine Partei). 93

Ist die Kindesmutter oder der Beklagte oder ein Mehrverkehrszeuge noch minderjährig, so können diese Personen, wenn sie die erforderliche Reife erreicht haben, das Recht, die Untersuchung zu verweigern, selbst ausüben, bedürfen also auch in diesem Verfahren (§ 387 ZPO) keiner Mitwirkung des gesetzlichen Vertreters (s hierzu Bosch, Grundsatzfragen des Beweisrechts, 61ff; Hampel, FamRZ 1964, 125; sowie zur Zeugnisverweigerung des Minderjährigen OLG Stuttgart, FamRZ 1965, 515 = Die Justiz 1965, 334 Leits, ferner Schaub, FamRZ 1966, 134). 94

3. Zuweilen macht der Beklagte auf die Unterhaltsklage oder die Abstammungsfeststellungsklage des Kindes oder der Kläger mit der negativen Abstammungsfeststellungsklage geltend, er sei (zur Zeit der Beiwohnung) zeugungsunfähig gewesen; zuweilen wird auch vorgebracht, der Verkehr sei unterbrochen worden oder es seien empfängnisverhütende Mittel verwendet worden; daher sei die Vaterschaft offenbar unmöglich. Weiterhin können auch die Fragen Bedeutung erlangen, ob eine Empfängnis bei einer bestimmten Beiwohnung im Hinblick auf die Zyklusverhältnisse der Mutter des Kindes wahrscheinlich oder unwahrscheinlich ist, sowie ob ein Verkehr stattgefunden hat, nachdem die Kindesmutter bereits schwanger geworden war. 95

a) Eine **Zeugungsunfähigkeit***) ist nur in seltenen Fällen beweisbar (s hierzu Beitzke in Vaterschaftsgutachten, 16; Brühl, 433f; Gutachten der Universitäts-Hautklinik Heidelberg, Prof Dr Schönfeld, DAVorm XXIV, 1951/52, 171, und das danach ergangene Urteil des LG Stuttgart, daselbst 172 — betr Oligozoospermie —, Gutachten der Universitäts-Hautklinik Tübingen, Prof Dr Gottron, DAVorm XXVI, 1953/54, 4, und der Universitäts-Hautklinik Heidelberg, DAVorm XXVII, 172 — betr Normozoospermie und Nekrospermie —; Gutachten des Prof Dr Ponsold, Münster, DAVorm XXIV, 172, und das dann ergangene Urteil des LG Paderborn, daselbst 173 — betr Hodenentzündung —; zur Sterilisierung s LG Stuttgart, DAVorm XXIV, 173; LG Stade, DAVorm XXXV, 31; aus der Rechtsprechung s ferner RG WarnR 1931, 289 Nr 144; BGH LM BGB § 1717 Nr 7 = FamRZ 1956, 147 = NJW 1956, 988 = JZ 1956, 416; LG Essen, DAVorm XXVI, 7; AG Liebenburg, DAVorm XXXI, 1958/59, 148; LG Köln, DAVorm XXXVIII, 1965, 43). 96

*) Lammers, Der Einwand der Zeugungsunfähigkeit, ZblJugR XVIII, 1926/27, 124; aus der medizinischen Literatur s B. Mueller, Gerichtliche Medizin, 1953, 848ff; Alb Ponsold, Lehrbuch der gerichtlichen Medizin, 2. Aufl 1957, 551ff; Podleschka, Das geburtshilfliche Gutachten im Vaterschaftsprozeß, 1954, 129ff.

In Betracht kommt zB der Nachweis, daß die Samenwege vor und nach der Beiwohnung verschlossen waren; hier muß angenommen werden, daß dieser Zustand auch während der Beiwohnung bestanden hat (Beitzke, aaO).

Dagegen kann jahrelange Kinderlosigkeit des betreffenden verheirateten Mannes keinen hinreichenden Beweis für eine Zeugungsunfähigkeit und damit für die offenbare Unmöglichkeit der Abstammung des Kindes von dem Manne begründen (Beitzke und Schade in „Vaterschaftsgutachten", 16, 171).

Regelmäßig bereitet die Beweiserhebung hier beträchtliche Schwierigkeiten. Gegen die Masturbation, die für die Gewinnung des Ejakulats praktisch nur in Betracht kommt, bestehen nicht nur moralische Bedenken (Brühl, 434; Podleschka, 129); oft ist der Proband aus psychischen Gründen zu einer Samengewinnung auf diesem Wege nicht in der Lage (s Brühl, Podleschka, aaO). Jedoch muß auf jeden Fall sichergestellt sein, daß das richtige Sperma untersucht wird; daher muß die Samengewinnung im räumlichen Bereich des Gutachters vorgenommen werden (ebenso Brühl, aaO).

Zu einem nachgewiesenen Täuschungsversuch s ein dem LG Oldenburg erstattetes Gutachten, DAVorm XXXVIII, 1965, 234.

97 b) Die Behauptung, der **Verkehr** sei **unterbrochen** worden (coitus interruptus), ist als unbeachtlich zu beurteilen, da hier keine wirkliche Sicherheit für eine Verhütung der Empfängnis besteht. Denn es ist niemals auszuschließen, daß doch Samen in die Scheide oder den Scheidenvorhof der Frau eingedrungen ist (s Beitzke in „Vaterschaftsgutachten", 16; Brühl, 431; BGHZ 7, 116, 118); auch sind hier die einzelnen Vorgänge so gut wie nie zuverlässig beweisbar (Beitzke, aaO).

98 c) Die Anwendung **antikonzeptioneller Praktiken** ist ebenfalls kein zuverlässiges Mittel zur Verhütung einer Empfängnis (Beitzke in „Vaterschaftsgutachten", 16; Brühl, 430f; AG Karlsruhe, FamRZ 1958, 429; s auch OLG München, ZblJugR 1964, 55; OLG Düsseldorf, ZblJugR 1965, 110 mit kritischer Anm von Webler; hierzu Bem 55). Abgesehen davon, daß die Vorgänge bei dem jeweiligen Verkehr der Kindesmutter (mit vielleicht unbekannten Männern— s die vom AG Karlsruhe, OLG München und OLG Düsseldorf entschiedenen Fälle —) kaum jemals eindeutig feststellbar sind, ist die Möglichkeit nicht auszuschließen, daß das Kondom (Präservativ) undicht geworden oder daß infolge ungeschickter Handhabung Samen in die Scheide eingedrungen ist (s Brühl, aaO; Podleschka [Fußn zu 96], 127; zu der Frage, ob jedoch Anlaß zur Einholung von Blutgruppen- und erbbiologischen Gutachten besteht, s Bem 49ff, 174, 179f).

99 d) Der Zeitpunkt einer Beiwohnung kann insofern von Bedeutung sein, als aus ihm im Hinblick auf die **Zyklusverhältnisse der Kindesmutter** eventuell Schlüsse möglich sind, ob eine Empfängnis wahrscheinlich oder unwahrscheinlich ist. Allerdings sind hierzu nähere Feststellungen der Zyklusverhältnisse über einen längeren Zeitraum, des Zeitpunktes des Beginnes der letzten vorgeburtlichen Menstruation und des Zeitpunktes des Verkehrs erforderlich. Hieran wird es wohl meist fehlen (vgl Beitzke in „Vaterschaftsgutachten", 16 Fußn 51).

Die auf Knaus und Ogino zurückgehende Lehre über die Fruchtbarkeitstage der Frau ist zwar als wissenschaftlich gesichert zu beurteilen; als sicher erwiesen muß es gelten, daß es innerhalb des Zyklus ein allgemeines Konzeptionsoptimum gibt, das gutachtlich verwertet werden kann (Podleschka [Fußn zu 96], 123). Podleschka (aaO) nimmt an, bei einem Verkehr zwischen dem 7. und 17. Zyklustag sei eine Zeugung wahrscheinlich, unwahrscheinlich sei sie bei einem Verkehr zwischen dem 1. und 3. und vom 24. Zyklustage an. Die Wahrscheinlichkeit einer Empfängnis ist also dem Zeitpunkt des Verkehrs nach verschieden groß; bei zwei oder mehr in Betracht kommenden Männern kann der Vergleich der verschiedenen Konzeptionsmöglichkeiten in Verbindung mit anderen Umständen Klarheit bringen (Podleschka, aaO, 123f). Jedoch ist bei völlig irregulären Regelblutungen keinerlei Schlußfolgerung möglich (Podleschka, aaO, 124; s zu den dargelegten Fragen auch Brühl, 431f; sowie unten Bem 102 aE).

Steht fest, daß die Mutter nach dem Verkehr mit einem Manne die normale Regelblutung hatte, so ist damit die Vaterschaft dieses Mannes zu einem später geborenen Kinde als offenbar unmöglich zu beurteilen (vgl auch BGHZ 7, 116, 118; Kräuter, DAVorm XXIV, 100).

100 e) Eine zur Zeit der Beiwohnung **schon bestehende Schwangerschaft** läßt eine Zeugung aus einem späteren Verkehr als ausgeschlossen erscheinen (s Kräuter, DAVorm XXIV, 100; Bickenbach, DAVorm XXXII, 35; Hosemann, DAVorm XXXIII, 196; Brühl, 432f; Beitzke in „Vaterschaftsgutachten",

16f). Die Vaterschaft eines Mannes, welcher der schon schwangeren Kindesmutter beigewohnt hat, ist also als offenbar unmöglich iS des § 1717 Abs 1 zu beurteilen.

Eindeutige Feststellungen über den Beginn der Schwangerschaft sind allerdings zuweilen dadurch erschwert, daß auch während der Schwangerschaft Blutungen eintreten können, die von der normalen Regelblutung nur schwer zu unterscheiden sind (Kräuter, aaO), sowie andererseits, daß Regelstörungen vorkommen, das Ausbleiben der Periode also insofern keinen einwandfreien Beweis einer Schwangerschaft liefern kann. Läßt sich aber anhand glaubhafter Angaben der Kindesmutter über ihre Zyklusverhältnisse einwandfrei feststellen, wann die letzte vorgeburtliche Periode begonnen hatte, so läßt sich auch der Beginn der Schwangerschaft ermitteln (Brühl, 433; OLG München, ZblJugR 1957, 185).

Zur Feststellung der Schwangerschaft durch den sog Krötentest s das Gutachten des Prof Dr Hörmann, Kiel, DAVorm XXXVI, 1963, 93.

In dem Falle, daß eine Frau innerhalb ganz kurzer Zeit mit zwei Männern verkehrt hatte und später zweieiige Zwillinge gebar, ist es vereinzelt vorgekommen, daß das eine Kind den einen Mann, das andere Kind den anderen Mann zum Vater hatte (s Dahr in „Vaterschaftsgutachten“, 123ff; DAVorm XXVI, 4; Martius, DAVorm XXVI, 3; Gutachten der Universitäts-Frauenklinik München, DAVorm XXX, 272). In diesem Falle spricht man von einer Superfecundatio.

Früher als zwei Wochen nach einer Geburt oder Fehlgeburt ist eine neue Empfängnis als ausgeschlossen zu beurteilen (Gutachten der Universitäts-Frauenklinik München, DAVorm XXX, 271).

4. **Tragzeitgutachten** — häufig auch **geburtshilfliche Gutachten** genannt —*) 101
dienen vor allem dem Zweck, offenbar unmöglich kurze oder lange Tragzeiten von der Schwängerung bis zur Geburt des Kindes als sicher zu erkennen und damit eine Vaterschaft auszuschließen; dagegen sind sie nicht geeignet, auf positivem Wege eine Vaterschaft sicherzuestllen (Hosemann, 31).

Zur Einholung des Tragzeitgutachtens sind einwandfreie tatsächliche Feststellungen 102
(durch das Gericht — s Bem 62 —) über die letzte vorgeburtliche Monatsblutung der Mutter, den Zeitpunkt oder die Zeitpunkte des Geschlechtsverkehrs und genaue Angaben über Gewicht, Größe und Kopfumfang des Kindes bei der Geburt**), möglichst auch Angaben über die Regelmäßigkeit und das Tempo der Menstruationsblutungen erforderlich. An diesen Feststellungen wird es häufig fehlen; meist fehlen die langmonatigen Aufzeichnungen der Mutter über ihre Periodenblutungen (Hosemann, 37).

Immerhin kann in manchen Fällen, in denen der Zeitpunkt der Beiwohnung(en) und der Reifegrad des Kindes — zum letzteren s Hosemann, 41ff; Podleschka, 64ff — feststehen, der Gutachter zu dem Ergebnis gelangen, daß das Kind offenbar unmöglich aus einem bestimmten Verkehr der Kindesmutter stammen kann (s Podleschka, 36ff, 124ff; Brühl, 435ff); zB hat Bickenbach in einem Gutachten (DAVorm XXVII 170) ausgeführt, in dem konkreten Falle sei eine Tragzeit von 223 Tagen mit Sicherheit auszuschließen; Hosemann (DAVorm XXXI, 326) hat eine Tragzeit von 231 Tagen angesichts der Reife des Kindes als offenbar unmöglich beurteilt (s auch Lüttge, DAVorm XXXII, 207). Andererseits hat Kirchhoff (DAVorm XXIX, 185) in dem ihm unterbreiteten Falle eine Tragzeit von 237 Tagen als nicht ausgeschlossen angesehen. Die Württ Landeshebammenschule hat eine Tragzeit von 235 Tagen als sehr unwahrscheinlich aber nicht als offenbar unmöglich beurteilt (DAVorm XXIV, 99) und in einem weiteren Gutachten dargelegt (DAVorm XXVI, 202), eine Übertragung über 302 Tage (s Bem 17ff) sei nur anzuerkennen, wenn außer einwandfrei glaubhaften Angaben über den Zeitpunkt der Beiwohnung und über die Zyklusverhältnisse Schwangerschaftsunter-

---

*) Hosemann, Tragzeitgutachten in „Vaterschaftsgutachten“ [s Fußn zu Bem 12], 31ff; Döring, Die Bewertung von Nebenumständen in Tragzeitgutachten, ZblJugR 1958, 189; ders, Das Reifegrad-Tragzeit-Gutachten als Beweismittel in Alimentationsprozessen, NJW 1966, 374 (mit Lit-Angaben); Gärtner-Knörr-Ponsold in Ponsold, Lehrbuch der gerichtlichen Medizin, 2. Aufl 1957, 582ff; B. Mueller, Gerichtliche Medizin, 1953, 1003ff; K. Podleschka, Das geburtshilfliche Gutachten im Vaterschaftsprozeß, 1954; Schulze, Die Bedeutung des Reifegradgutachtens für den Unterhaltsprozeß des unehelichen Kindes, DRiZ 1954, 187; hierzu Webler, DRiZ 1955, 38; Stegmann und Hellwig, Die statistischen Methoden im geburtshilflichen Gutachten in Hummel (Hrsg), Die medizinische Vaterschaftsbegutachtung mit biostatistischem Beweis, 1961, 83ff.

**) Jedoch bestehen keine Bedenken dagegen, daß der Sachverständige dies letztere (nur dies!) bei der betreffenden Entbindungsanstalt, Klinik oder Hebamme ermittelt. Sind aber dazu Erläuterungen nötig — insbesondere wenn die Hebamme die Auskunft erteilt hat —, so hat das Gericht die betr Person hierzu zu vernehmen; dies ist nicht Aufgabe des Sachverständigen. Jedoch ist dessen Anwesenheit bei dieser Vernehmung zweckmäßig.

suchungen und ein erbbiologisches Gutachten vorliegen. Prof Pfleiderer (DAVorm XXIV, 99) hat darauf hingewiesen, Übertragung sei nicht unbedingt mit Überreife verbunden; die Landesfrauenklinik Paderborn (DAVorm XXXIII, 237) hat eine Tragzeit von 306 Tagen als höchst unwahrscheinlich beurteilt.

Wird das Kind in der Zeitspanne zwischen 250 und 290 Tagen nach der Beiwohnung mehrerer Männer geboren und wird es nach dem Reifegradzeugnis des Geburtshelfers als voll ausgetragen angesehen, so kann aus dem Reifegrad mit ausreichender Sicherheit weder auf die Vaterschaft des einen noch des anderen Mannes geschlossen werden (LG Mannheim, Die Justiz 1962, 180 = NJW 1962, 680 = ZblJugR 1962, 82 = DAVorm XXXV, 60 = MDR 1962, 309).

Bemerkenswert ist noch das Gutachten Bickenbachs (DAVorm XXXIII, 147), der die Tragzeit eines reifen Kindes von 258 Tagen zwar nicht für offenbar unmöglich, aber unter Mitberücksichtigung des Konzeptionsoptimums für sehr unwahrscheinlich erklärt hat. Podleschka (126) hat noch die Frage erörtert, inwieweit die Häufigkeit des Verkehrs innerhalb einer gewissen Zeitspanne die Wahrscheinlichkeit der Konzeption beeinflusse, und darauf hingewiesen, häufiger und regelmäßiger Verkehr bringe die höhere Wahrscheinlichkeit mit sich, da er auch das allgemeine Konzeptionsoptimum betroffen und dadurch leichter zur Konzeption geführt habe; die diesbezügliche Wahrscheinlichkeit sei bei vereinzelten Kohabitationen zwar geringer, trotzdem sei eine einzige Kohabitation mit einem Mehrverkehrer, die zufällig im Konzeptionsoptimum stattgefunden habe, wahrscheinlicher für die Empfängnis als mehrere Beiwohnungen, die erst nach Abklingen des Optimums erfolgt seien (s ferner Podleschka, 123f).

Bei Zwillingen ist stets von dem besser entwickelten Kinde auszugehen (Podleschka, 51).

103 Ist das Datum der Beiwohnung des Beklagten streitig, so obliegt diesem der **Beweis** dafür, daß an dem von ihm behaupteten Tage das Kind nicht gezeugt sein kann (LG Regensburg, FamRZ 1962, 77); ebenso hat der Beklagte zu beweisen, daß das Kind nicht an dem Tage gezeugt sein kann, den das Gericht als Zeitpunkt des Verkehrs für erwiesen hält (s hierzu auch Brühl, 435; Boennecke, NJW 1953, 1085, 1086).

104 Es empfiehlt sich, als Sachverständigen den Leiter oder Oberarzt einer großen Frauenklinik, Landeshebammenschule und dgl zu beauftragen, da gewährleistet sein sollte, daß der Sachverständige nicht nur ein praktisch tätiger Gynäkologe ist, sondern auch über den Stand der wissenschaftlichen Forschung und Lehre orientiert ist (s Podleschka, 21).

105 5. a) Von besonders großer praktischer Bedeutung sind heute die **Blutgruppengutachten***); zu deren Erstattung hat das Bundesgesundheitsamt Richtlinien veröffentlicht (s Pettenkofer, 1963, 48ff; sowie zuletzt Schmidt, NJW 1964, 2200, und den Bericht in DAVorm XXXVIII, 2).

Der **Beweiswert** der Blutgruppenuntersuchung ist seit Ende der 20er und Anfang der 30er Jahre anerkannt**). In der Folgezeit hat die wissenschaftliche Forschung außerordentliche Fortschritte gemacht (s zum Beweiswert schon Bem 49 aE).

---

*) Lit: Dahr, Blutgruppengutachten in „Vaterschaftsgutachten" [s Fußn zu 12], 65ff; ders, Technik der Blutgruppen- und Blutfaktorenbestimmung, 6. Aufl 1953; B. Mueller, Gerichtliche Medizin, 1953, 1020ff; Lauer in Ponsold, Lehrbuch der gerichtlichen Medizin, 2. Aufl 1957, 555 (mit Lit-Angaben, 580); Hiendl (s Fußn zu Bem 12); Hoppe, Zum positiven Vaterschaftsbeweis im Rahmen eines Blutgruppengutachtens, ZblJugR 1961, 119; Pettenkofer, Blutgruppen-Serologie, 1961; ders, Die Blutgruppen als Beweismittel im Vaterschaftsprozeß, 1963; Pietrusky, Das Blutgruppengutachten, 2. Aufl 1956 (s die Besprechung von Schwab, NJW 1957, 415); Roth-Stielow (s Fußn zu 12); Schmidt, Neue Richtlinien über die Erstattung von Blutgruppengutachten, NJW 1964, 2200; Teplitzky, Positiver Vaterschaftsbeweis durch Blutgruppengutachten?, NJW 1963, 382; K und A Walcher, Die Blutprobe im Vaterschaftsprozeß, Handbuch für den Vormund, Heft 10b, 1958 (s die Besprechung von K. Böhmer, FamRZ 1959, 78); weitere Lit-Angaben s 34 zu § 1591, Fußn.

Zum Beweiswert der einzelnen Blutgruppen usw s die Zusammenstellung von Göppinger, Die Justiz 1962, 25; sowie Beitzke in „Vaterschaftsgutachten", 19ff; Dünnebier, Der Beweiswert erbbiologischer Vaterschaftsbeweise [und der Blutgruppengutachten], DRiZ 1951, 193; ders in Ponsold, Gerichtliche Medizin, 2. Aufl 1957, 612ff.

Eine Zusammenstellung der Sachverständigen für Blutgruppenuntersuchungen hat das Deutsche Institut für Vormundschaftswesen in DAVorm XXXV, 290, veröffentlicht.

**) K. Meyer, Der Beweiswert der Blutgruppenuntersuchung bei streitiger Vaterschaft, 1928; Hellwig, Die Beweiskraft der Blutgruppenprobe im Strafverfahren, LZ 1929, 898; ders, Die Beweiskraft der Blutgruppenprobe in Vaterschaftsprozessen, JW 1930, 1556; Gorончy, Vergleichende Untersuchungen über den Beweiswert der Blutgruppenbestimmung und der Aussage der Kindesmütter in Vaterschaftsprozessen, DJ 1936, 931; Hellwig, Die

Hervorzuheben ist jedoch, daß es mit den Blutgruppenuntersuchungen grundsätzlich nur möglich ist, die Vaterschaft eines Mannes auszuschließen (s Beitzke und Dahr in Vaterschaftsgutachten, 18ff, 126ff). Nach dem heutigen Stand der Wissenschaft kann man die Aussicht eines Mannes (Beklagten oder Zeugen im Prozeß), der objektiv nicht der Vater, der wirkliche Erzeuger des Kindes ist, bei Anwendung aller als beweiskräftig anerkannten Blutgruppensysteme usw ausgeschlossen zu werden, mit ca 85% bewerten, dh „von 100 tatsächlichen Nichtvätern gelingt es, 85 durch Blutgruppenuntersuchungen auszuschließen" (Dahr, aaO, 127). Dahr (aaO) rechnet damit, bei Verwendung weiterer unabhängig von den bisher angewandten Blutgruppensystemen sich vererbender Blutgruppen erhöhe sich die Aussicht für „tatsächliche Nichtväter", ausgeschlossen zu werden.

Der Beweiswert von Blutgruppengutachten vergrößert sich, wenn ein Ausschluß der Vaterschaft auf Grund mehrerer von einander unabhängiger Merkmale sich ergibt (s die Gutachten Haas, DAVorm XXXVII, 3; Vogel, DAVorm XXXVII, 109; Bundesgesundheitsamt, DAVorm XXXVIII, 257; LG Mannheim, Die Justiz 1962, 180 = ZblJugR 1962, 82 = DAVorm XXXV, 60 = MDR 1962, 309 = NJW 1962, 680; LG Oldenburg, FamRZ 1965, 451 = DAVorm XXXVIII, 338).

Ist ein Beteiligter verstorben (zB die Kindesmutter, der angebliche Erzeuger oder ein Mehrverkehrszeuge), so entstehen für die Begutachtung Schwierigkeiten; hier ist es dann erforderlich, jeweils die Eltern oder auch Geschwister des Verstorbenen heranzuziehen. Doch wird hierdurch die Sicherheit des Ergebnisses beeinträchtigt (s hierzu Dahr, 118ff). 105a

Ein Blutgruppengutachten, das die Vaterschaft ausschließt, kann nicht durch ein erbbiologisches Gutachten widerlegt werden (vgl Lauer, DAVorm XXXIII, 238; OLG Düsseldorf, FamRZ 1964, 448 = DAVorm XXXVIII, 86); vielmehr vermag es umgekehrt ein erbbiologisches Gutachten zu widerlegen (Lauer, aaO; Beitzke in „Vaterschaftsgutachten", 26; OLG Köln, NJW 1966, 405). 106

Kommt der Serologe zu dem Ergebnis, ein bestimmter Mann könne der Vater sein, so bedeutet dies, er könne auf Grund der Blutgruppengutachten nicht ausgeschlossen werden; hat das erbbiologische Gutachten ergeben, zwischen dem Kinde und dem Beklagten liege nur ein mäßiger Ähnlichkeitsgrad vor, die Vaterschaft des Beklagten sei „nur wahrscheinlich", so kann in diesem Falle nicht von einem Widerspruch zwischen dem Blutgruppengutachten und dem erbbiologischen Gutachten gesprochen werden (so zutreffend Webler, ZblJugR 1965, 110 = DAVorm XXXVIII, 290 gegen LG Baden-Baden, daselbst). Hier war die Einholung eines Obergutachtens unerläßlich (ebenso Webler, aaO; s auch Bem Bem 137). 107

Das Blutgruppengutachten kann nur durch den Nachweis entkräftet werden, es sei unter Verstoß gegen die Richtlinien des Bundesgesundheitsamtes erstattet worden, die Blutproben seien nicht ordnungsmäßig entnommen worden, die Identität der betreffenden Personen sei nicht einwandfrei festgestellt worden und dgl (s Beitzke in „Vaterschaftsgutachten", 26; BGHZ 2, 6 = LM BGB § 1591 Nr 1 Leits mit Anm = NJW 1951, 558; BGHSt 6, 70 = NJW 1954, 1336 = JZ 1954, 550 Leits = FamRZ 1954, 258 Leits = LM StPO § 261 Nr 17 mit Anm von Kohlhaas). Hegt der Richter — insbesondere im Hinblick auf Widersprüche zum Ergebnis eines anderen Gutachtens — Zweifel, ob das Gutachten ordnungsmäßig erstattet worden ist, so hat er diese zu klären, eventuell die Wiederholung des Blutgruppengutachtens anzuordnen, wobei Vorsorge dafür zu treffen ist, daß jede Fehlerquelle ausgeschlossen wird (BGH, aaO). 108

Hinzuzufügen ist, daß es in — freilich besonderen — Ausnahmefällen möglich ist, daraus Schlüsse zu ziehen, daß bei dem Kinde und dem Beklagten oder einem Zeugen sehr seltene Merkmale vorhanden sind, welche die Mutter nicht besitzt (s Dahr, aaO, 127f; Webler, ZblJugR 1965, 111; Lühr in Gegenwartsfragen des Unehelichenschutzes, 155f; Gutachten von Krah, Schwarzfischer, Wichmann, Lauer, Baitsch, DAVorm XXXV, 85; XXXVI, 289; XXXVII, 4; XXXVIII, 65, 98; sowie betr das Defektmerkmal Du Gutachten des Prof Spielmann, DAVorm XXXVIII, 133, und das Urteil des AG Frankfurt, daselbst 134, 109

Verwertung der Blutgruppenprobe im Vaterschaftsprozeß, DJ 1936, 1233; ders, Blutuntersuchung als Grundlage der Verurteilung wegen Meineides, DJ 1936, 1258; Trommer, dto, DJ 1936, 1262; s ferner die AV des RJM, DJ 1936, 1221; 1939, 349; zurückhaltend: Webler, Der gegenwärtige Stand des Blutprobeverfahrens als Beweismittel im Vaterschaftsprozeß, JW 1935, 2473.

bezüglich des Defektgen — D — Lauer, DAVorm XXXVI, 219). Doch ist hier große Vorsicht und Zurückhaltung geboten (Dahr, aaO, 130f; sowie unten Bem 122f).

Zur Frage der Auswirkungen einer Blutübertragung s das Gutachten des Prof Dr Krah, DAVorm XXXV, 211.

110 b) Der Beweiswert des AB0-Systems ist heute allgemein anerkannt (Beitzke und Dahr in „Vaterschaftsgutachten", 19, 108f; Lühr in Gegenwartsfragen des Unehelichenschutzes, 153; BGHZ 2, 6 = NJW 1951, 558), dasselbe gilt für die Untergruppen A_1 und A_2 (Dahr, aaO, 110f; Pettenkofer, 1963, 1; BGHZ 12, 22 = NJW 1954, 550 = MDR 1954, 220 = FamRZ 1954, 41 Leits). Zur intermediären A-Form s Dahr, aaO, 111, und Lauer, DAVorm XXXVI, 1963, 92.

111 Gesichert ist heute auch der Beweiswert der Blutgruppenmerkmale M und N (Dahr, 109f; Pettenkofer, 1963, 6f; BGHZ 2, 6 = NJW 1951, 558; BGHSt 6, 70 = NJW 1954, 1336 = MDR 1954, 550). In den neuen Richtlinien des Bundesgesundheitsamtes wird die Einholung eines Zweitgutachtens nicht mehr verlangt (s Pettenkofer, 7).

112 Zusammen mit den Merkmalen M und N werden die Merkmale S und s vererbt (Pettenkofer, 1963, 7); die Möglichkeit des Ausschlusses der Vaterschaft mit dem Merkmal S ist heute als gesichert zu beurteilen (Pettenkofer, 7ff; Bundesgesundheitsamt, DAVorm XXXIV, 114; Dahr, 113; BGH, Warn 1964, 106 Nr 53 = FamRZ 1964, 251; OLG Schleswig, SchlHA 1962, 268 = DAVorm XXXV, 311; OLG Düsseldorf, FamRZ 1964, 448 = DAVorm XXXVIII, 86; OLG Celle, DAVorm XXXVIII, 44). Dagegen bestehen mit dem Testserum Anti-s wenig Erfahrungen; hier ist bei der Beurteilung des Beweiswertes noch eine gewisse Zurückhaltung geboten (s Dahr, 113; DAVorm XXXVII, 275), dagegen hält Prof Dr Elben (DAVorm XXXVIII, 1965, 290) einen SS-ss-Ausschluß für genügend beweiskräftig.

113 Voller Beweiswert kommt weiterhin einem Ausschluß mit dem Kell/Cellano (K/k)-System zu (s Dahr, 113f; Krah, DAVorm XXXIII, 203; XXXV, 85; Pettenkofer, 10, 34f; BGH, Warn 1964, 106 Nr 53 = FamRZ 1964, 251).

114 Vaterschaftsausschlüsse nach dem Blutgruppenmerkmal Duffy (Fy) erlauben zur Zeit noch nicht die Bewertung „Vaterschaft offenbar unmöglich" (Pettenkofer, 36ff; Dahr, 114; Lauer, DAVorm XXXIII, 76; Krah, DAVorm XXXIII, 203; XXXVIII, 4); Krah nahm zuletzt jedoch eine Wahrscheinlichkeit von 99, 734% an. Das LG Wuppertal (NJW 1966, 406) maß dem Merkmal Fy^a für den Ausschluß der Vaterschaft absoluten Beweiswert bei (s auch OLG Köln, NJW 1966, 405, zur Einholung eines Zweitgutachtens).

115 Ebenso ist für Vaterschaftsausschlüsse mit dem Merkmal Lewis der höchste Beweiswert noch nicht zulässig (Dahr, 114).

116 Das Blutgruppensystem P/p gibt wichtige Indizien für einen Ausschluß, aber noch keine volle Sicherheit (s Beitzke und Dahr in „Vaterschaftsgutachten", 20f, 112f; Pettenkofer, 11ff; LG Stuttgart, Die Justiz 1963, 94).

117 Der gleiche Beweiswert wie der des ABO-Systems und der Merkmale MN kommt nach dem heutigen Stand der Forschung auch dem Rhesusfaktorensystem zu mit den sogenannten Untergruppen CDE/cde (s 39 zu § 1591; sowie Dahr, 90ff, 111f; Lauer, DAVorm XXXVII, 274; XXXVIII, 65; Heindl, DAVorm XXXVII, 108; zu den Faktoren C und c s Lauer, Pietrusky, Lauer, JZ 1955, 151, 488, 489; LG Heidelberg, DAVorm XXXVII, 186; Dahr, NJW 1958, 2097). Zu der Rhesusvariante — D — s Lauer und Anthropologisches Institut München, DAVorm XXXVII, 274; zu der Variante C^w, der ebenfalls voller Beweiswert zukommt, s Lauer, DAVorm XXXIII, 238; Krah, DAVorm XXXV, 309; BGH aaO [Bem 113].

118 Anerkannt ist heute auch der Beweiswert der zu den Eiweißgruppensystemen gehörenden **Haptoglobingruppen** — Hp-Gruppen — (Dahr, 114f; Pettenkofer, 14ff; Bundesgesundheitsamt, DAVorm XXXIV, 237; Lauer, DAVorm XXXVII, 274; Lühr [Bem 110], 155; LG Koblenz, NJW 1962, 680 = DAVorm XXXV, 150; OLG Köln, ZblJugR 1963, 140 = DAVorm XXXVI, 167; BGH, aaO). Wie das Bundesgesundheitsamt (DAVorm XXXVIII, 257, 260) in einem Gutachten zuletzt dargelegt hat, ist die Einholung eines Zweitgutachtens nicht mehr erforderlich (s auch OLG Köln, NJW 1966, 405, = DAVorm XXXIX, 165).

Zu den Eiweißgruppensystemen gehören auch die **Gamma-Globulin-Gruppen** (Gm-Gruppen), die in die Untergruppen Gm^a, Gm^b und Gm^x zerfallen (Dahr, 115). Das Gm^a-Merkmal ist bei der Geburt noch nicht ausgebildet, es findet sich häufig erst im 8. Lebensmonat (s Bundesgesundheitsamt, DAVorm XXXVIII, 1965, 163); das Kind sollte bei der Untersuchung das 1. Lebensjahr vollendet haben (Bundesgesundheitsamt, aaO). Nach dem jetzigen Stand der Wissenschaft kann einem Ausschluß der Vaterschaft auf Grund des Merkmals Gm^a die Bewertung „Vaterschaft offenbar unmöglich" zuerkannt werden (Bundesgesundheitsamt, aaO, das jedoch wegen der technischen Schwierigkeiten bei der Untersuchung die Einholung eines Zweitgutachtens für erforderlich hält; s ferner Anthropologisches Institut der Universität Mainz, DAVorm XXXVI, 92). Dagegen sind die Merkmale Gm^b und Gm^x noch nicht genügend erforscht (s Bundesgesundheitsamt aaO; Lauer, DAVorm XXXVIII, 33; ferner s Lauer, DAVorm XXXVII, 274). 119

In jüngster Zeit wurde der **Gamma-Globulin-Polymorphismus „Inv"** entdeckt (s die Gutachten des Prof Dr Baitsch, Freiburg, DAVorm XXXVIII, 98, 235); Baitsch mißt dem Inv-System erheblichen Beweiswert bei, fügt aber hinzu, daß nur wenige Sachverständige über die entsprechenden Testsysteme und die notwendigen Erfahrungen verfügen. 120

Die Gc-Merkmale sind ebenfalls Bestandteile des Serumeiweißes (Bundesgesundheitsamt, DAVorm XXXVI, 58); der Gc-Typ ist vom 6. Lebensmonat an voll ausgeprägt. Nach dem jetzigen Stand der Wissenschaft kommt den Gc-Merkmalen voller Beweiswert zu, können diese also zum Ausschluß der Vaterschaft führen (s Bundesgesundheitsamt, DAVorm XXXVIII, 1965, 257, mit Berichtigung 328 und XXXIX, 64; Baitsch, DAVorm XXXVI, 61; KG, NJW 1964, 2210; SchlHOLG, SchlHAnz 1966, 11; OLG Köln, NJW 1966, 405). 121

c) *) Die Wissenschaft bemühte sich vor allem in der Zeit nach dem Zweiten Weltkrieg darum, Methoden zu finden auf Grund deren ein positiver Vaterschaftsbeweis ermöglicht werden soll (s hierzu Schade in „Vaterschaftsgutachten", 166ff); Bedeutung erlangten vor allem die Essen-Möller-Formel und biostatistische Methoden, die auch in erbbiologischen Gutachten eine Rolle spielen. 122

Die **Essen-Möller-Formel** setzt eine gleichmäßige Verteilung der Merkmale bzw der Erbanlagen in der Bevölkerung voraus; da dieser Ausgangspunkt nicht unzweifelhaft sei, erhob Schade (aaO, 167) gegen die Methode Bedenken (s auch Krah, DAVorm XXXV, 308, 309). Günstiger beurteilte Hummel (NJW 1964, 2191, 2192f) das Essen-Möller-Verfahren.

Biostatistische Methoden wendet in der Praxis vor allem Keiter an; er bewertet die Ähnlichkeit von Merkmalen oder Merkmalskomplexen subjektiv nach einer Skala und führt genormte kritische Werte in die Rechnung ein, die nicht auf zahlenmäßig erfaßbaren Grundlagen beruhen (s Schade, aaO, 169). Schade (aaO) und Vogel (NJW 1965, 1993) erhoben hiergegen Bedenken. Schwarzfischer legte in einem Gutachten dar (DAVorm XXXVIII, 1965, 236), die Verwertung der morphologischen Befunde in einem biostatistischen Gutachten sei umstritten und werde von der Mehrzahl der Gutachter abgelehnt. Hummel (NJW 1964, 2191, 2194) wies darauf hin, die Zahl der mit Hilfe des serologischen und anthropologischen Hinweises ermittelten Ist-Väter werde in Zukunft durch weitere Fortschritte der wissenschaftlichen Forschung ansteigen (s auch oben Bem 105, 109). 123

In der Rechtsprechung fanden die erwähnten Methoden schon zT Berücksichtigung (LG Göttingen, NdsRpfl 1964, 176 = NJW 1965, 351 = FamRZ 1965, 441 Leits; AG Frankfurt, DAVorm XXXVIII, 134; LG Köln, MDR 1962, 309; s auch Bem 109). Das LG Göttingen hat die Auffassung vertreten, ein biostatistisches Gutachten könne die Einholung eines erbbiologischen (Einmann-) Gutachtens überflüssig machen. Das AG Frankfurt hat dargelegt, eine biostatistische Wahrscheinlichkeit von über 99,99% stelle einen absoluten naturwissenschaftlichen Nachweis der Vaterschaft dar (s zu diesen Problemen Teplitzky, NJW 1963, 382; Hummel, NJW 1964, 2191; Vogel, NJW 1965, 1993).

*) Hummel, Die serologische Begutachtung mit biostatistischer Auswertung in Hummel (Hrsg), Die medizinische Vaterschaftsbegutachtung mit biostatistischem Beweis, 1961, 2ff; Ihm, Mathematische Grundlagen vor allem für die statistische Auswertung des serologischen und anthropologischen Gutachtens, daselbst, 128; Hummel und Ihm, Tabellenwerk zur Berechnung der Vaterschaftswahrscheinlichkeit im serologischen Gutachten, daselbst 147ff; Hummel, Zum Problem des positiven Vaterschaftsbeweises, NJW 1964, 2191; Vogel, Der Beweiswert des sog „Essen-Möller"-Verfahrens auf Grund serologischer Merkmale im Rahmen der Vaterschaftsbegutachtung, NJW 1965, 1993; s auch Fußn zu 105 und Keiter (Bem 134).

124 d) Über die Stellung des Gutachters und seine Pflichten s Bem 61, 63—66.

125 6. a) Das **anthropologisch-erbbiologische Gutachten***) (meist nur als erbbiologisches Gutachten bezeichnet), das gegen Ende der zwanziger Jahre eingeführt wurde (Hummel, NJW 1964, 2191) hat in der heutigen gerichtlichen Praxis große Bedeutung erlangt. Die Deutsche Gesellschaft für Anthropologie hat „Richtlinien für die Erstattung anthropologisch-erbbiologischer Abstammungsgutachten in gerichtlichen Verfahren" herausgegeben.

Das Gutachten kann erst erstattet werden, wenn das **Kind** vor der Untersuchung das **dritte Lebensjahr vollendet** hat und zwar nicht nur, weil die Merkmale in den ersten Lebensjahren des Kindes noch nicht genügend entwickelt sind, sondern auch, weil die zu vergleichenden Personen in möglichst ruhiger Haltung längere Zeit hindurch die gleiche Stellung bei der Untersuchung einnehmen müssen; kleinere Kinder sind oft noch unruhig und ungeduldig (Schade in Vaterschaftsgutachten, 133).

Der Umstand, daß das erbbiologische Gutachten erst nach Vollendung des dritten Lebensjahres des Kindes erstattet werden kann, darf keinesfalls dazu führen, die Einholung des Gutachtens abzulehnen (s Bem 49).

126 Das **erbbiologische Gutachten** ist **stets als letztes Gutachten einzuholen,** wenn andere Gutachten kein klares Ergebnis erbracht haben (s Lühr [Fußn zu 56], 157f; Beitzke in „Vaterschaftsgutachten", 25f; Schade daselbst, 171ff; LG Augsburg, DAVorm XXXVII, 261).

127 b) Zur Anordnung der Einholung eines erbbiologischen Gutachtens s Bem 57, 59.

In dem Beweisbeschluß hat das Gericht zu bestimmen, auf welche Personen die Begutachtung zu erstrecken ist. Soweit Mehrverkehrszeugen durch Blutgruppengutachten ausgeschlossen sind, brauchen diese bei einer erbbiologischen Begutachtung nicht herangezogen zu werden (s Schade in „Vaterschaftsgutachten", 173). Doch wurde es in dem Falle, daß die Ehelichkeit eines Kindes mit Erfolg angefochten worden war und das Kind danach gegen den Erzeuger auf Unterhalt oder auf Feststellung der Abstammung klagt, zT für zweckmäßig gehalten, den ursprünglichen Scheinvater als Vergleichsperson heranzuziehen (s Bem 73).

128 Hat das **Kind** das **dritte Lebensjahr noch nicht vollendet,** so sollten die Gerichtsakten dem Gutachter zweckmäßigerweise etwa $^1/_2$ Jahr vor Vollendung des 3. Lebensjahres des Kindes zugeleitet werden, damit der Gutachter die Akten durchzuarbeiten und festzustellen vermag, ob vor der Begutachtung etwa noch ein ergänzendes Blutgruppengutachten oder ein Obergutachten eingeholt werden sollte (s Schade, aaO, 135, sowie Bem 60 a), insbesondere ob die Bestimmung der in den letzten Jahren entdeckten Serumeigenschaften vorgenommen wurde.

129 In der Praxis wird, wenn das Kind bei Anordnung der Einholung des erbbiologischen Gutachtens das 3. Lebensjahr noch nicht vollendet hat**), das **Verfahren** häufig **ausgesetzt,** zT in Analogie zu § 148 ZPO oder zu § 356 ZPO, zT

---

*) Schade, Anthropologisch-erbbiologische Gutachten in „Vaterschaftsgutachten" [s Fußn zu Bem 12], 133ff; ders, Vaterschaftsbegutachtung, Grundlagen und Methoden der anthropologisch-erbbiologischen Begutachtung, 1954; ders, Bemerkungen über Zweit- und Obergutachtung, 1954; ders, Bemerkungen über Zweit- und Obergutachten in der anthropologisch-erbbiologischen Vaterschaftsfeststellung, ZblJugR 1957, 193; Harrasser, Das anthropologisch-erbbiologische Vaterschaftsgutachten, Handbuch für den Vormund, Heft 10a, 1957; ders, Der gegenwärtige Stand des erbbiologischen Vaterschaftsgutachtens, NJW 1962, 659; Baitsch, Mathematisch-statistische Verfahren im anthropologisch-erbbiologischen Gutachten in Hummel (Hrsg), Die medizinische Vaterschaftsbegutachtung mit biostatistischem Beweis, 1961, 53ff; Keiter, Das Beweisgewicht des anthropologisch-erbbiologischen Gutachtens, NJW 1965, 1995; B. Mueller, Gerichtliche Medizin, 1953, 1049; Wichmann, Über statistische Verfahren im erbbiologischen Vaterschaftsnachweis, NJW 1963, 383. Weitere Lit-Angaben s Bem 45 Fußn zu § 1591; aus dem ausländischem Schrifttum s Franz, Über die forensische Anwendbarkeit von Vaterschaftslogarithmen, Bern 1960.

**) Gaul, Ist die Anordnung der erst künftig durchführbaren erbbiologischen Untersuchung mit dem geltenden Verfahrensrecht vereinbar?, FamRZ 1956, 201; ders, FamRZ 1958, 97 Anm (zur gleichen Frage); Niclas, Die Aussetzung des Rechtsstreits zur Einholung eines erbbiologischen Gutachtens, ZblJugR 1961, 202; Schiedermair, Die Anordnung der erst künftig durchführbaren erbbiologischen Untersuchung durch Beweisbeschluß des Prozeßgerichts, FamRZ 1955, 282; Schiedermair und Gaul, FamRZ 1958, 382 Anm (zur Anfechtbarkeit); Theuerkauf, Zur Anfechtbarkeit des Beweisbeschlusses über die Einholung eines erbkundlichen Gutachtens, FamRZ 1963, 222. Oswald, Aussetzung des Vaterschaftsprozesses zwecks Durchführung des Abstammungsnachweises und einstweilige Verfügung auf Unterhalt, MDR 1966, 567.

in ergänzender Rechtsfindung mit einer Anlehnung an die Rechtsgedanken der §§ 372a, 431, 441 Abs 4, 450 Abs 2 ZPO (s hierzu die Nachweise bei Theuerkauf, aaO, 223 Fußn 20—22). Indessen bestehen gegen einen solchen ausdrücklichen Aussetzungsbeschluß Bedenken; aus keiner der erwähnten Vorschriften kann die Zulässigkeit eines Aussetzungsbeschlusses hergeleitet werden. Übrigens wäre ein solcher Beschluß auch durchaus unzweckmäßig (s Bem 128). Zwar geht die ZPO, wie der Vorschrift des § 356 zu entnehmen ist, grundsätzlich davon aus, daß nur präsente Beweismittel zulässig sein sollten (s zB OLG Stuttgart, DAVorm XXXVII, 159). Andererseits kann es als nicht angängig beurteilt werden, auf ein Beweismittel zu verzichten, dessen Verwertung eine Aufklärung des Sachverhalts und damit eine Entscheidung ermöglicht (s Bem 49a). Der letztere Gesichtspunkt ist auch nahezu allgemein anerkannt.

Die hM bejaht die **Anfechtbarkeit** einer solchen Beweisanordnung dann, 130
wenn sie einen Stillstand des Rechtsstreits bis zur Erstattung des Gutachtens nach Vollendung des 3. Lebensjahres des Kindes zur Folge hat, und zwar in (entsprechender) Anwendung des § 252 ZPO (wenn kein ausdrücklicher Aussetzungsbeschluß ergangen ist). Jedoch bestehen gegen diese Auffassung starke Bedenken, denn mit der Beschwerde angegriffen wird nicht der „Stillstand des Rechtsstreits", sondern die Beweisanordnung. Diese ist aber gemäß § 355 Abs 2 ZPO unanfechtbar, mag sie auch auf Verkennung der Rechtslage beruhen; das Beschwerdegericht kann auch im vorliegenden Falle nicht für befugt erachtet werden, in die Beweiserhebungen des Prozeßgerichts einzugreifen und dieses etwa anzuweisen, eine Entscheidung zu treffen, wenn das Prozeßgericht der Auffassung ist, der Rechtsstreit sei noch nicht entscheidungsreif (s Theuerkauf, aaO; sowie schon Göppinger, ZZP 66, 1953, 61; 68, 1955, 140, 154f; ebenso im Ergebnis OLG Frankfurt, DAVorm XXXVII, 263; OLG Hamm, JMBlNRW 1956, 53 = FamRZ 1956, 119 Nr 211 Leits; LG Berlin, JR 1964, 185; LG Stuttgart, DAVorm XXVIII, 315 = FamRZ 1956, 115 Nr 212; ZZP 69, 1956, 46; ZblJugR 1961, 213; vgl auch LG Offenburg, DAVorm XXXVIII, 217; LG Hamburg, MDR 1964, 848; sowie zu dem Fall, daß ein technisches Gutachten erst in etwa 9 Monaten — in casu in der Erntezeit — eingeholt werden konnte, OLG Frankfurt, NJW 1963, 912; **anders** die hM, s die Nachweise von Theuerkauf, sowie Gaul, Schiedermair, Niclas, aaO; Beitzke in „Vaterschaftsgutachten", 29; OLG Stuttgart, DAVorm XXXVII, 159; OLG Hamm, FamRZ 1958, 379; LG Traunstein, FamRZ 1964, 97; LG Bielefeld, DAVorm XXXVIII, 112).

Wie bedenklich die gegenteilige Auffassung ist, zeigt auch die Überlegung, daß 131
keine vernünftige Abgrenzung hinsichtlich der Dauer des „Stillstandes" des Rechtsstreits zu finden ist. Hat das Kind schon das 3. Lebensjahr vollendet, so ist die Beweisanordnung unanfechtbar, auch wenn etwa ein Sachverständiger das Gutachten infolge starker Belastung erst in einem halben Jahr oder in einem Jahr erstatten kann — die letztere Schwierigkeit, daß ein stark belasteter Sachverständiger das Gutachten erst nach geraumer Zeit zu erstatten vermag, entsteht in vielen anderen Rechtsstreiten ebenfalls —. Ist das Kind schon 2½ Jahre alt, können also die Akten bereits dem Sachverständigen zugeleitet werden (s Bem 128), so wäre es wenig sinnvoll, gegen diesen „Stillstand" des Rechtsstreits eine Beschwerde zuzulassen. In der Praxis ist das Kind — wenn die Einholung des erbbiologischen Gutachtens angeordnet wird — selten unter einem Jahr alt, da stets andere Erhebungen durchgeführt und zuvor Blutgruppengutachten eingeholt werden müssen (was Beitzke, aaO, übersieht; s auch Bem 119, 121). Ist es schon zwei Jahre alt, so sollte das eine Jahr, vor dessen Ablauf das erbbiologische Gutachten nicht erstattet werden kann, keine Rolle spielen können. Man bedenke auch, daß viele andere Rechtsstreite infolge umfangreicher Erhebungen oft Jahre anhängig sind oder daß zB infolge Arbeitsüberlastung des BGH über viele Revisionen erst nach geraumer Zeit entschieden werden kann.

Welcher (Mindest-)Zeitraum soll für eine Anfechtbarkeit der Beweisanordnung, des „Stillstandes" des Rechtsstreits maßgebend sein?

Eine Beschwerde wird allenfalls in dem besonderen Ausnahmefall als zulässig erachtet werden können, wenn die Beweisanordnung auf schweren Verfahrensverstößen beruht oder völlig sinnwidrig oder willkürlich wäre (LG Stuttgart, ZblJugR 1961, 213, vgl auch OLG Stuttgart, DAVorm XXXVII, 159), und de lege ferenda Göppinger, FamRZ 1966, 418.

c) Ein wichtiges Erfordernis zur Begutachtung ist, daß die Beteiligten gleichzeitig 132
beim Sachverständigen anwesend sind, da die Begutachtung auf einem Vergleich der Beteiligten beruht (Schade in „Vaterschaftsgutachten", 134). Durch getrennte Untersuchungen entstehen höhere Kosten und Zeitverlust; vor allem kann aber auch

die Sicherheit des Ergebnisses beeinträchtigt werden. Eventuell kann freilich für einen Beteiligten die gleichzeitige Untersuchung mit einem anderen Beteiligten unzumutbar sein (s 85); hier wird es Sache des Gutachters sein, dafür zu sorgen, daß diese Beteiligten in kurzen Zeitabständen nacheinander untersucht werden können.

Ist eine Vergleichsperson verstorben, so ist eine Begutachtung nach (möglichst guten) photographischen Aufnahmen des Verstorbenen durchführbar; die Einbeziehung der Eltern und Geschwister des Verstorbenen in die Begutachtung kann das Ergebnis verbessern (s Schade, 134f).

133 Über die Stellung und Pflichten des Sachverständigen s noch die allgemeinen Ausführungen in Bem 61, 63—65.

Zur Anwendung des § 372a ZPO s Bem 69ff.

134 d) Das Ergebnis der erbbiologischen Begutachtung ist vom Tatrichter frei zu würdigen (**§ 286 ZPO**; s auch 67f, 106); das Gutachten kann vollen **Beweis für** die **offenbare Unmöglichkeit** der Vaterschaft eines Mannes erbringen (Beitzke in „Vaterschaftsgutachten", 21; BGHZ 7, 116 = JZ 1952, 628 = MDR 1952, 676 = NJW 1952, 1171). Indessen hat das Blutgruppengutachten insofern größere Beweiskraft (Beitzke, aaO). Ferner kann mit dem erbbiologischen Gutachten auch der **positive Nachweis der Vaterschaft** erbracht werden (Beitzke, aaO; Schade in „Vaterschaftsgutachten", 173).

Doch kann das erbbiologische Gutachten für das Bestehen oder Nichtbestehen einer Vaterschaft keinen absolut sicheren Beweis erbringen, sondern in der einen wie in der anderen Richtung immer nur einen bald größeren, bald geringeren Grad von Wahrscheinlichkeit feststellen; dies ist durch die Natur des Beweismittels und durch die Eigenart des mit ihm zu beweisenden Sachverhalts bedingt (BGH, LM ZPO § 286, B, Nr 14 = FamRZ 1961, 306 = DRiZ 1961, 257 = JZ 1961, 461 = MDR 1961, 583; s zum Beweiswert auch Schweizer BG E 90, II, 219).

Von Bedeutung ist hierbei, daß in jüngerer Zeit — da Blutgruppengutachten auf eine immer größer werdende Zahl von Merkmalen erstreckt werden können (s 110ff) — der anthropologische Sachverständige bei der Ermittlung der Vaterschaft auch das Ergebnis der Blutgruppengutachten verwertet (s Schade, aaO, 171ff; Vogel, NJW 1965, 1993; Keiter, daselbst 1995; sowie das Gutachten von Keiter, DAVorm XXXV, 52 zum „Vaterschaftslogarithmus"). Dadurch kann sich die Wahrscheinlichkeit für die Vaterschaft eines Mannes erhöhen.

Das OLG Köln (DAVorm XXVII, 162) hat ausgesprochen, werde in einem erbbiologischen Gutachten die Vaterschaft des Beklagten mit sehr großer Wahrscheinlichkeit angenommen, seien die Mehrverkehrszeugen ausgeschlossen worden und liege kein Anhaltspunkt für einen weiteren Mehrverkehr vor, so sei die Vaterschaft festzustellen (vgl auch Bem 183).

Das OLG München (DAVorm XXXVIII, 336) hat ein erbbiologisches Gutachten, das die Vaterschaft mit an Sicherheit grenzender Wahrscheinlichkeit ergeben hatte, für den positiven Nachweis als ausreichend erachtet, obwohl die Mutter des Kindes zur Frage des Mehrverkehrs die Aussage verweigert hatte (s auch LG München I und Lüneburg, DAVorm XXXIII, 187 und 245).

Das LG Essen (DAVorm XXXVIII, 305) hat in dem Falle ebenso den Nachweis der Vaterschaft als erbracht beurteilt, in dem sich aus dem Blutgruppengutachten allein eine Wahrscheinlichkeit für die Vaterschaft von 92—93% und aus dem erbbiologischen Gutachten allein eine sehr große Wahrscheinlichkeit ergeben hatte.

135 Den sog **„Einmann-Gutachten"** — dh Gutachten, bei deren Erstattung nur der Beklagte im Unterhalts- oder Abstammungsprozeß oder nur der Kläger, der die negative Abstammungsfeststellungsklage erhoben hat, also kein sog Mehrverkehrszeuge hinzugezogen werden kann — kommt nur ein begrenzter Beweiswert zu (BGHZ 40, 367 = FamRZ 1964, 150 = MDR 1964, 305 = NJW 1964, 723). Indessen kann in einzelnen Fällen auch das Ergebnis eines solchen Gutachtens die volle richterliche Überzeugung begründen, daß ein bestimmter Mann Vater des Kindes ist (BGHZ 7, 116 [s Bem 133]; BGHSt 5, 34 = NJW 1954, 83; OLG Köln, MDR 1958, 337; Beitzke und Schade in „Vaterschaftsgutachten", 24 und 164), auch wenn sich die Mutter des Kindes während der Empfängniszeit einer größeren Zahl von Männern hingegeben hatte (OLG Hamm, NJW 1962, 679 = RdJ 1962, 302; s auch LG Hamburg, DAVorm XXXIX, 1966, 101) oder wenn sie Prostituierte war (AG Karlsruhe, NJW 1959, 151; DAVorm XXXVII, 222; OLG München, ZblJugR 1964, 55 = RdJ 1964, 201 Leits; LG Essen, DAVorm XXXVII, 161; s aber auch OLG Düsseldorf, ZblJugR 1965, 110 mit kritischer Anm von Webler; KG, ZblJugR

1962, 239 mit Anm von Webler, der mit Recht gegen diese Entscheidung Bedenken geltend machte und hervorhob, daß ein Obergutachten erforderlich gewesen wäre; s auch Bem 180 zum Armenrecht).

Wie Schade (aaO, 164) berichtet, liefern die Befunderhebungen in „Einmannfällen" zu rund 1/3 ein für die gerichtliche Praxis allein ausreichend sicheres Ergebnis, in rund 1/3 der Fälle läßt sich nur ein schwerwiegendes Beweismittel (die Beurteilung sehr wahrscheinlich) und in 1/3 ein als zusätzliches Indiz verwertbares Ergebnis (wahrscheinlich) erzielen.

Dagegen ist in **„Zweimannsachen"** das Verhältnis der erwähnten drei Stufen erheblich günstiger; hier führen die Befunderhebungen in 70% zu einem eindeutigen Ergebnis (Schade, aaO).

War ein Beteiligter verstorben und waren deshalb seine Eltern und Geschwister in die Begutachtung einbezogen worden, so wird hierdurch die Sicherheit des Ergebnisses des Gutachtens beeinträchtigt (s oben Bem 132). 136

Widerspricht das Ergebnis des erbbiologischen Gutachtens anderen Gutachten, so kann es geboten sein, ein Obergutachten einzuholen, in dem die Ergebnisse sämtlicher Gutachten gewürdigt und mit dem eventuell weitere Ermittlungen angestellt werden sollen (s dazu Beitzke-Hosemann-Dahr-Schade, Vaterschaftsgutachten, Schlußbetrachtungen, 175ff, 177; sowie zum Beweiswert oben Bem 134f, 106f). 137

7. a) Die im Jahre 1950 von Löns veröffentlichte Methode zur positiven Vaterschaftsfeststellung **(Lönstest)** hat sich als für die gerichtliche Praxis unbrauchbar erwiesen (s zunächst OLG Celle, NJW 1954, 1331, und dann Dünnebier, JZ 1955, 487) und ist in der gerichtlichen Praxis nicht mehr verwendbar (s zuletzt Beitzke und Dahr in „Vaterschaftsgutachten", 23f, 125f; Lühr [Fußn zu 56], 151). 138

b) Ebenso ist das von **Kühne** ausgearbeitete Verfahren des **„Wirbelsäulenvergleichs"** keine zuverlässige Methode und wird daher in der gerichtlichen Praxis nicht mehr angewandt (s Beitzke und Schade in „Vaterschaftsgutachten", 22, 153f; Lühr [Fußn zu 56], 151). Überdies bestehen gegen die Methode wegen der bei der Untersuchung erforderlichen starken Röntgenbestrahlung erhebliche Bedenken (Schade, aaO; Sautter, ArchcivPr 161, 1962, 215, 234 mit Fußn 112), so daß diese Bestrahlung den Probanden nicht zugemutet werden kann (§ 372a Abs 1 ZPO). 139

c) Die **Speicheluntersuchung** wird wegen der Ungenauigkeit der Methode von den Blutgruppensachverständigen in der Bundesrepublik fast allgemein abgelehnt (s den Hinweis des Deutschen Instituts für Vormundschaftswesen in DAVorm XXXVIII, 97; auch Schade in „Vaterschaftsgutachten", 153) — dagegen übrigens nicht in der sowjetischen Besatzungszone und in Polen (wie das erwähnte Institut, aaO, berichtet). 140

IV. Feststellung der Vaterschaft, der „Gilt-Vaterschaft", die Abstammungsfeststellungsklage, die Regelung des § 644 ZPO nF.

1. In der heutigen Praxis wird von den Jugendämtern als Amtsvormündern (s 8, 39, 72 zu § 1707) regelmäßig beantragt festzustellen, daß der Beklagte als Vater des Kindes gelte (s hierzu Näheres unten 158ff). Das Kind ist ferner berechtigt, auf Feststellung seiner Abstammung zu klagen (s 162ff, 170f). 141

Daher ist es unerläßlich, die Problematik des „Nebeneinander" der Feststellung der „Gilt-Vaterschaft" und der Feststellung der Abstammung zu erörtern. Hierzu bedarf es zunächst einer näheren Darlegung der Entwicklung der Rechtsprechung zur Feststellung der Vaterschaft und der Abstammung.

a) Auszugehen ist von der durch die **Novelle zur ZPO vom 17. 5. 1898** (RGBl 256) geschaffenen Vorschrift des **§ 644** (Bekanntmachung der Neufassung vom 20. 5. 1898, RGBl 410 — mit neuer Paragraphenfolge —): 142

Die Vorschriften der §§ 640—643 gelten nicht für einen Rechtsstreit, der die Feststellung des Bestehens oder Nichtbestehens der unehelichen Vaterschaft zum Gegenstand hat.

In den Mot zum BGB (4, 1007) ist dazu gesagt, da der Entwurf (des BGB) an die uneheliche Vaterschaft weitgehende familienrechtliche Wirkungen nicht knüpfe, so fehle es an einem Bedürfnisse, auch auf den Rechtsstreit, der die erwähnte Feststellung zum Gegenstand habe, die besonderen Vorschriften des Statusprozesses auszudehnen (s zur Entstehungsgeschichte ferner Prot 6, 683ff zu den Kommissionsberatungen über die Formulierung dieser Vorschrift).

In den Materialien zur ZPO-Novelle 1898 ist dargelegt (s Hahn-Mugdan, Die gesamten Materialien zu den Reichsjustizgesetzen, Bd VIII, 1898, 126), das BGB habe an die uneheliche Vaterschaft, abgesehen von der Unterhaltspflicht (§§ 1708ff) noch nach mehrfachen Richtungen Wirkungen geknüpft, nämlich das Eheverbot (§ 1310, Abs 3 — s jetzt § 4 Abs 1 EheG —), sowie die Möglichkeit der Legitimation durch nachfolgende Ehe (§§ 1719ff) und durch Ehelichkeitserklärung (§§ 1723ff); jedoch liege kein Anlaß vor, wegen dieser vereinzelten, an verschiedene Tatbestände geknüpften Rechtsfolgen eine Feststellung des Bestehens oder Nichtbestehens der unehelichen Vaterschaft mit Wirkung für und gegen alle zu ermöglichen (weitere Einzelheiten bei Roth-Stielow, Die Auflehnung des Richters gegen das Gesetz, 1963, 158ff). Seuffert (ZZP 22, 322, 347) meinte bereits im Jahre 1896, die erwähnten Wirkungen dürften immerhin weit genug gehen, um die Frage zu rechtfertigen, ob denn die Gründe, die zur Festlegung der Inquisitionsmaxime in den Statusprozessen führten, bei den Prozessen über die außereheliche Vaterschaft nicht zuträfen.

Die §§ 640—643 regeln das Verfahren in Rechtsstreitigkeiten, welche die Feststellung des Rechtsverhältnisses zwischen Eltern und Kindern zum Gegenstand haben (sog Statusprozesse, in denen das Prinzip gilt, daß das Gericht die Aufnahme von Beweisen von Amts wegen anordnen kann, § 640 Abs 1 iV mit § 622 Abs 1 ZPO — s dazu Bem 170 —, und eine besondere Vorschrift für die Rechtskraftwirkung gilt, § 643).

Der Formulierung des § 644 war zu entnehmen, daß Klagen auf Feststellung der Vaterschaft*) an sich zulässig sind, jedoch lediglich nicht im Statusprozeß (§§ 640ff ZPO) erhoben werden konnten (vgl auch § 1883 Abs 1).

143 Die nach Einführung des § 644 ZPO ergangene Rechtsprechung war, soweit sie bekannt geworden ist, uneinheitlich und in der Formulierung der Tenore der Urteile zT recht bedenklich. Allerdings hatte die Klage auf Feststellung des Bestehens oder Nichtbestehens der unehelichen Vaterschaft bis 1933 offenbar nur geringe praktische Bedeutung.

ZT wurde in Urteilen ausgesprochen, der Beklagte werde für den Vater des Kindes erklärt (s JW 1902, 61; sowie Petzold, JW 1901, 706), teilweise wurde auf Anerkennung der Vaterschaft geklagt (s KG, JW 1902, 485 = OLG 5, 43; hiergegen zB Dittmann, BayZ 1917, 112, 113). Das KG hat in dieser Entscheidung zum Ausdruck gebracht, der Antrag könne selbständige Bedeutung eventuell nichtvermögensrechtlicher Art haben und hat in einer weiteren Entscheidung (OLG 4, 395) ein Vaterschaftsanerkenntnis als nichtvermögensrechtliche Angelegenheit beurteilt (s auch Bem 61 zu § 1718). Dagegen war Götte (Recht 1903, 391) der Auffassung, das Begehren auf Feststellung der Vaterschaft stelle kein selbständiges Klagbegehren dar, die Feststellung habe nur Wert für den Unterhaltsanspruch.

Schon im Jahre 1901 vertrat Petzold (aaO) die Ansicht, der Antrag des Kindes müsse lauten, daß der Beklagte als Vater ... gelte, nicht dagegen, es werde festgestellt, der Beklagte sei der Vater. Ebenso legte das LG Karlsruhe (BadRPr 1910, 27) dar, eine Klage auf Feststellung der wirklichen Abstammung, auch gegenüber Dritten, gebe es nicht. Von einer Feststellung der Vaterschaft iS des § 1717 sprach das OLG München (JW 1916, 975; s hierzu Dittmann, BayZ 1917, 113) als Grundlage für die Verfolgung der dem Kinde zustehenden Unterhaltsansprüche.

144 Während des ersten Weltkrieges wurde das Interesse an der Feststellung der Vaterschaft zT mit der Behauptung begründet, das Kind wolle Kriegsunterstützung (s Vorbem 20 vor § 1705) in Anspruch nehmen (s Dittmann, BayZ 1917, 112, 114; Lersch, daselbst 272; Roquette, Vaterschaftsklagen, 57; LG Augsburg, BayZ 1917, 295).

145 In der 9. Aufl dieses Komm (1926) wurde in Anm 10d, γ zu § 1708 die Auffassung vertreten, zusammen mit der Klage auf Unterhaltsgewährung könne auf Anerkennung der Vaterschaft geklagt werden; damit sei ein nichtvermögensrechtlicher Anspruch mit einem aus ihm hergeleiteten vermögensrechtlichen Anspruch verbunden. Ferner wurde in der 9. Aufl der Standpunkt eingenommen (Anm 4a zu § 1717), die Klage auf Feststellung der unehelichen Vaterschaft könne sowohl in Verbindung mit der Klage auf Gewährung des Unterhalts (§ 1708) als auch selb-

*) Vgl Petzold, Wie ist der Wert des Streitgegenstandes zu berechnen, wenn das uneheliche Kind mit dem Antrag klagt, den Beklagten für seinen Vater zu erklären und zur Zahlung einer bestimmten Geldrente zu verurteilen?, JW 1901, 706; Götte, Wird im Unterhaltsstreite des unehelichen Kindes bei gleichzeitigem Antrag auf Feststellung der Vaterschaft dessen Gegenstand als unschätzbar besonders berücksichtigt?, Recht 1903, 391; s auch Roquette, Vaterschaftsklagen, 1938 (48ff), sowie die Literaturangaben in Fußn zu Bem 5, 2. Abs; und zu Bem 146.
De lege ferenda wurde die Aufhebung des § 644 ZPO schon von Schefold (ArchcivPr 99, 1906, 431) und später zB von Frh von Scheurl (JW 1935, 260) vorgeschlagen.

ständig erhoben werden, und zwar in positiver wie in negativer Form (s hierzu auch Kipp, 414; Warneyer, IV zu § 1717; Stölzel, 4. Aufl 1936, 1 zu § 26 PStG aF; Förster-Kann, 3. Aufl Bd I, 1913, Anm 2a zu § 256, Bd II, 1926, Anm 1 zu § 644 ZPO; Seuffert-Walsmann, 12. Aufl, Bd I, 1932, Anm 2 zu § 20 ZPO; sowie Schefold, ArchcivPr 99, 1906, 431; Hellwig, Anspruch und Klagrecht, 1900, 400 Fußn 4; ders, System des Deutschen Zivilprozeßrechts, II, 1919, 36; zu der Frage, ob eine Feststellungsklage gegen die Erben des verstorbenen Vaters zulässig ist, s 64 zu § 1712).

In der Rechtsprechung hielten das KG (JW 1902, 485 = OLG 5, 43), das BayObLG (Z 7, 109 = BayZ 1906, 228 = SeuffA 61, 244 Nr 138; s auch Recht 1920 Nr 684) und ua das LG Straubing (BayZ 1917, 29; s die Ausführungen aE dieser Bem) eine Klage auf Feststellung der (wirklichen) Vaterschaft gemäß § 256 ZPO für zulässig; das BayObLG und das LG Straubing beriefen sich hierbei auf § 26 PStG und meinten, das Feststellungsinteresse sei immer gegeben. Ebenso erachteten das OLG Frankfurt (JW 1930, 1016) und das OLG Stuttgart (StAZ 1930, 292 = JW 1931, 1386) die Klage auf Feststellung der außerehelichen Vaterschaft allgemein für zulässig; das OLG Stuttgart hob auch das familienrechtliche Interesse des Kindes hervor und meinte, ein Urteil, das feststelle, der Beklagte sei der Vater des klagenden Kindes, diene als Grundlage für einen entsprechenden Vermerk im Geburtsregister (§ 26 PStG aF — vgl jetzt § 30 PStG nF —), auch wenn es ein Versäumnisurteil sei (ebenso OLG München, JW 1937, 964 = ZAkDR 1937, 217; s hierzu auch RG, JW 1937, 2610; sowie Stölzel, 4. Aufl 1936, Anm 1 zu § 26 PStG).

Dagegen brachte das KG im Jahre 1903 (KGJ 26 A 39) zum Ausdruck, wer nur auf Grund des § 1717 für den Vater des Kindes iS der §§ 1708ff erklärt worden sei, könne als unehelicher Vater nicht im Personenstandsregister eingetragen werden. Das gleiche nahmen das BayObLG (aaO), das LG Karlsruhe (BadRPr 1910, 27) und das OLG Karlsruhe (BadRPr 1912, 164) hinsichtlich des Urteils an, der Beklagte gelte als Vater gemäß § 1717.

Bemerkenswerte Entscheidungen erließen das LG Straubing (BayZ 1917, 29) und das LG Frankfurt (JW 1929, 1756 mit Anm von Opet): bei einer Klage auf Feststellung der Vaterschaft trage das Kind die Beweislast für das Bestehen der Vaterschaft, § 1717 Abs 1 sei hier nicht anzuwenden (s auch Dittmann, BayZ 1917, 112, 113). Das LG Straubing hat den Feststellungsantrag mangels Beweises abgewiesen, dagegen dem Antrag auf Verurteilung zur Unterhaltszahlung stattgegeben. Das LG Frankfurt, das die Auffassung vertrat, das Feststellungsinteresse sei nicht generell zu bejahen, und den Feststellungsantrag als unzulässig abwies, fügte hinzu, es könne — was freilich unbefriedigend sei — vorkommen, daß der Feststellungsantrag mangels Beweises abgewiesen, gleichwohl aber der Unterhaltsanspruch zuerkannt würde.

b) Nach der nationalsozialistischen „Machtergreifung" wurde die Rechtsprechung über die Feststellung der Abstammung durch die nationasozialistische „Rassenlehre" und Rassengesetzgebung beeinflußt (s zB OLG Kassel, HRR 1936, Nr 1043; KG, JW 1937, 2229)*). Das KG (aaO) hatte noch angenommen, für die Klage auf Feststellung, der Beklagte sei der Erzeuger des Kindes, sei die Zuständigkeit des Amtsgerichts gegeben; Bedenken gegen die Anwendung des § 23 GVG könnten nicht daraus hergeleitet werden, daß solche Klagen erst durch die Rassengesetzgebung Bedeutung erlangt hätten. Das RG entschied dann in zwei Urteilen vom 14. 10. 1937 (ZAkDR 1937, 724 mit Anm von Bernhardt = JW 1938, 245 mit Anm von Roquette; ZAkDR 1937, 727 = JW 1937, 3041; s hierzu Junker, JW 1938, 1224; Specht, JW 1938, 1869; Weber, DGWR 1939, 74; Roquette, Vaterschaftsklagen, 50ff), die uneheliche Vaterschaft sei ein Rechtsverhältnis iS des § 256 ZPO; in der ersteren Entscheidung hat es die §§ 640ff ZPO für nicht anwendbar erklärt und hinzugefügt, die Klage auf Feststellung der blutsmäßigen Abstammung sei als ein Notbehelf anzusehen; die Zulassung sei aber geboten, um im Interesse des Kindes eine Lücke auszufüllen, die so lange bestehen werde, bis der Gesetzgeber sie durch eine Neuregelung schließe. In dem letztgenannten Urteil sprach das RG ausdrücklich aus, zuständig sei das LG, nicht das AG. 146

*) Aus der damaligen Zeit s Bull, Die Klage auf Feststellung der unehelichen Vaterschaft, DJZ 1935, 1288; Frh von Scheurl und Henneberg, Die Feststellung der unehelichen Vaterschaft nach dem Tode des Erzeugers, JW 1935, 260, 1834; Peter (Rassenpolitisches Amt der NSDAP, Reichsleitung), Zur Klage auf Feststellung der blutsmäßigen Vaterschaft, JW 1938, 1293; Roquette, Vaterschaftsklagen, 1938; J. F. Meyer, Anerkennung und Vaterschaftsklage bei unehelichen Kindern, Diss Hamburg 1935; Ursula Lade, Die Feststellung der außerehelichen Vaterschaft, 1939.

147 Durch Urteil vom 15. 6. 1939 bejahte das RG (Z 160, 293 = DJ 1939, 1179 mit Anm von Maßfeller = DRW 1939, 1258 mit Anm von Weh) für die Abstammungsfeststellungsklage die Anwendbarkeit der §§ 640ff ZPO (s auch Vorbem 19 aE vor § 1705), ferner erachtete es das Feststellungsinteresse grundsätzlich für gegeben (s hierzu auch Stein-Jonas-Pohle, 16. Aufl, Nachträge zum Zweiten Bande, Mai 1941; anders noch RGZ 159, 58 für die negative Abstammungsfeststellungsklage)*). Durch Beschluß des Großen Zivilsenats vom 7. 5. 1942 (RGZ 169, 129 = DJ 1942, 461 = DR 1942, 1019) wurde dem Statusurteil eine „gewisse rechtsgestaltende Wirkung" zugesprochen in dem Sinn, daß es einem im Unterhaltsprozeß ergangenen Urteil vorgehe und dessen Rechtskraft „außer Kraft treten" lasse**). Wie Frantz später berichtete (NJW 1949, 448, 449f), kam es dem RG entscheidend auf diese rechtsgestaltende Wirkung an, und zwar im Hinblick auf die Beweislastregelung des § 1717 Abs 1, deren Schaffung auf eine Zeit zurückging, die noch keine Blutgruppen- und erbbiologische Gutachten kannte (s zur Würdigung der Rechtsprechung des RG auch Boehmer, Grundlagen der bürgerlichen Rechtsordnung, Band I, 1950, 127ff; Band II, 2, 1952, 138ff).

148 c) Nach dem Zusammenbruch der nationalsozialistischen Gewaltherrschaft wurde in der Rechtsprechung zunächst angenommen, die Abstammung, die uneheliche Vaterschaft begründe kein Rechtsverhältnis iS des § 256 ZPO (OGHZ 2, 123 = SJZ 1949, 632 mit Anm von Münzel = NJW 1949, 751 mit Anm von Guggumos = MDR 1949, 552 Leits = ZblJugR 1950, 37; s hierzu Pritsch, NJW 1949, 729, 731; OLG Celle, DRZ 1946, 92 = SJZ 1946, 154; KG, DRZ 1947, 31; OLG Frankfurt, SJZ 1947, 94; OLG München, NJW 1947, 68; OLG Koblenz, DRZ 1948, 312; Schönke, DRZ 1949, 458, 461)***). In der Literatur traten Bosch, DRZ 1947, 177; NJW 1950, 767 mit weiteren Hinweisen; Guggumos, NJW 1947, 59; Schilling, SJZ 1948, 78, 86; Lent, SJZ 1948, 520, mit Recht für die Zulässigkeit der Feststellungsklage ein (anders aber — gegen die Anwendung der §§ 640ff ZPO — Bruns, ZZP 64, 108).

149 Der BGH hat sodann in dem grundlegenden Urteil vom 28. 4. 1952 (Z 5, 385 = JZ 1952, 477 mit Anm von Rosenberg = MDR 1952, 484 = NJW 1952, 780) ausgesprochen, durch die **blutmäßige Abstammung** eines außerehelich geborenen Kindes von einem Manne werde zwischen diesen Personen das Rechtsverhältnis (Statusverhältnis) der unehelichen Vaterschaft begründet†), dieses Verhältnis, das die Quelle aller im bürgerlichen Recht geordneten Rechtsbeziehungen zwischen diesen Personen sei, könne Gegenstand einer urteilsmäßigen Feststellung sein, die Klage auf Feststellung der blutsmäßigen Abstammung sei eine **Statusklage iS der §§ 640ff ZPO.** Der BGH hat die Vorschrift des § 644 ZPO einschränkend dahin ausgelegt, daß durch sie nur klargestellt werden sollte, auf eine Klage, welche die Feststellung der unehelichen Zahlvaterschaft zum Gegenstand habe, seien die Vorschriften über das Statusverfahren nicht anzuwenden (BGHZ 5, 399). Das BVerfG hat aus verfassungsrechtlicher Sicht in dem Beschluß vom

---

*) Hierzu s aus der Sicht der damaligen Zeit Küchler, Der Wandel der Rechtsprechung in der Frage der blutsmäßigen Abstammung, DR 1939, 1562; Weber, Entwicklung und Auswirkung der vom Reichsgericht zugelassenen Statusklage unehelicher Kinder, DR 1939, 1612.

**) Dazu s Bosch, Der Zwiespalt zwischen Unterhalts- und Abstammungsurteil, ZAkDR 1942, 296, 306; 1943, 75; Boehmer, Prozessuale und sachliche Grenzen der Abstammungsklage, ZAkDR 1943, 202; Dölle, Gestaltung und Feststellung, zugleich ein Beitrag zum Problem der Rechtskraftkollision, DR 1943, 825; Günther, Der Zwiespalt zwischen Unterhalts- und Abstammungsurteil, ZAkDR 1943, 26; Schönfeld, Die Wirkungsgrenzen der Abstammungsurteile, 1943; ferner s noch Feuchter, Verwandtschaft und blutmäßige Abstammung, Berlin 1942; Leiß, Großdeutsches Abstammungsrecht, 1943.

***) Bosch, Die Feststellung der tatsächlichen Vaterschaft (Zum Problem der „Abstammungsklage"), DRZ 1947, 177; ders, Zum Streit um die Vaterschaftsfeststellungsklage des unehelichen Kindes, NJW 1950, 767; Bruns, Abstammungsfeststellungsklage, ZZP 64, 1951, 108; Guggumos, Die Abstammungsklage des unehelichen Kindes, NJW 1947, 59; Kötter, Nochmals: Die Klage auf Feststellung der „blutmäßigen" Abstammung eines unehelichen Kindes, JR 1951, 395; Lent, Die Klage auf Feststellung der unehelichen blutmäßigen Abstammung und die Bedeutung schon ergangener Abstammungsurteile, SJZ 1948, 520; Neumann-Duesberg, Die Abstammungs-Feststellungsklage, NJW 1950, 14; Potthoff, Zur Abstammungsklage, JR 1950, 237; s ferner noch Jescheck, Die Entwicklung der Zivilprozeßpraxis seit 1945, ZZP 65, 1952, 364 (377ff zur Abstammungsfeststellungsklage).

†) Neumann-Duesberg, Das Rechtsverhältnis bei der Abstammungsfeststellungsklage, NJW 1955, 578.

23. 10. 1958 (s Vorbem 38 vor § 1705) diese einschränkende Interpretation des § 644 ZPO (aF) gebilligt und hinzugefügt, die Wertauffassung des Art 6 Abs 5 sei hier mitzuberücksichtigen.

Die Begründung des BGH war freilich nicht widerspruchsfrei, da die Unterhaltspflicht — wie er auch selbst darlegte — auf der wirklichen Vaterschaft beruht (s Bem 5); deshalb kann nicht die Feststellung der Zahlvaterschaft und der wirklichen Vaterschaft unterschieden werden (s dazu auch Bem 141) und konnte die Anwendung des § 644 aF nicht auf „vermögensrechtliche Ansprüche beschränkt" werden (vgl Reinicke, MDR 1957, 193, 196f; s auch Roth-Stielow, Die Auflehnung des Richters gegen das Gesetz, 1963, 158ff). Das Ergebnis, zu dem der BGH gelangte, hätte allenfalls mit der Erwägung gerechtfertigt werden können, § 644 (aF) sei durch die Rechtsentwicklung „überholt" und gegenstandslos geworden — was freilich wiederum insofern bedenklich gewesen wäre, als der Gesetzgeber diese Vorschrift im Jahre 1950 bestätigt hatte (dazu, daß die ZPO in der Fassung von 1950 nachkonstitutionelles Recht darstellt, s Vorbem 38 vor § 1705)! Dennoch war das Urreil des BGH im Ergebnis zu begrüßen (s auch 151).

Die Oberlandesgerichte sind dann der Rechtsprechung des BGH gefolgt (s OLG Celle, ZblJugR 1954, 86; OLG Hamburg, MDR 1954, 424 mit Anm der Schriftleitung: Hinweis auf eine Entscheidung des OLG Braunschweig; SchlHOLG, SchlHA 1955, 19; anders aber zunächst OLG München, FamRZ 1955, 148 = NJW 1955, 910; KG, NJW 1954, 1811 = FamRZ 1955, 54 Leits mit Anm; OLG Bremen, ZZP 69, 215 — aufgehoben durch BGH, FamRZ 1956, 313 —).

150 Der BGH ist in dem Urteil vom 5. 6. 1952 zutreffend davon ausgegangen, jedes uneheliche **Kind** habe stets ein rechtliches **Interesse an der Feststellung** seiner Abstammung, unabhängig von Unterhaltsansprüchen (JZ 1952, 479 = MDR 1952, 486 mit Anm von Neumann-Duesberg = ZZP 65, 488 mit Anm von Rosenberg = NJW 1952, 935 mit Anm von Lewald; LM ZPO § 640 Nr 14; s ferner BVerfG, Vorbem 38 vor § 1705; sowie OLG Oldenburg, JR 1956, 267 = NJW 1956, 677; OLG Köln, FamRZ 1955, 366; 1956, 115; ZZP 71, 252; OLG Hamburg, MDR 1954, 424; FamRZ 1956, 114; OLG Braunschweig, MDR 1954, 557; OLG Celle, FamRZ 1955, 114).

Andererseits hat der BGH das Feststellungsinteresse des zur Unterhaltszahlung verurteilten Mannes in der Regel verneint und stets besondere Gründe für die Zulassung der **negativen Feststellungsklage** *) gefordert (BGHZ 5, 385 [s oben Bem 149]; LM ZPO § 640 Nr 4 = NJW 1953, 1545; LM BGB § 1717 Nr 4 = ZZP 67, 375 mit ablehnender Anm von Schwab; LM ZPO § 640 Nr 6 = FamRZ 1954, 170; NJW 1956, 668; Z 17, 252 = NJW 1955, 1107 = JZ 1955, 611; LM ZPO § 1717 Nr 7 = FamRZ 1956, 147 mit Anm von Bosch = NJW 1956, 988 mit ablehnender Anm von Schwab = ZZP 69, 203; FamRZ 1958, 455; 1960, 269; s ferner OLG Braunschweig, NJW 1961, 883, für den Fall, daß der Unterhaltsrechtsstreit noch abhängig war).

In dem Urteil vom 28. 4. 1952 hatte der BGH (Z 5, 385) das Feststellungsinteresse des Klägers zur Erhebung der negativen Abstammungsfeststellungsklage bejaht, weil das Kind sich berühmt hatte, vom Kläger abzustammen, und ihn auf Unterhaltszahlungen in Anspruch genommen hatte.

Die Oberlandesgerichte sind dieser Rechtsprechung des BGH zT nicht gefolgt (OLG Schleswig, NJW 1955, 591; KG, FamRZ 1955, 271; OLG Stuttgart, FamRZ 1955, 271 Leits; NJW 1956, 1442; OLG Hamburg, DAVorm XXXII, 249). Auch im Schrifttum ist die Auffassung des BGH hinsichtlich des Feststellungsinteresses bei der negativen Feststellungsklage auf berechtigte Kritik gestoßen (s Schwab, aaO).

151 Die — an sich im Hinblick auf Art 2 Abs 1 GG, das Persönlichkeitsrecht des unehelichen Kindes, und die Wertentscheidung des Art 6 Abs 5 GG (s dazu Vorbem 56 vor § 1705) notwendige — Zulassung der Abstammungsfeststellungsklage im Statusprozeß hatte aber dann andererseits die Folge — wie schon während des Zweiten Weltkrieges —, daß **ein im Unterhaltsprozeß ergangenes rechtskräftiges Urteil einem im Abstammungsfeststellungsprozeß erlassenen rechtskräftigen**

---

*) Schwab, Das rechtliche Interesse bei Erhebung der Abstammungsklage im Statusprozeß, FamRZ 1954, 166; Krohn, Das Feststellungsinteresse des Mannes im Abstammungsprozeß, SchlHAnz 1955, 123; Lewaldt, Abstammungsklage und Gleichheit vor dem Gesetz, FamRZ 1956, 338; ferner s Frantz, Das Abstammungsurteil des BGH vom 1. 2. 1956 [FamRZ 1956, 147], DRiZ 1956, 146.

Urteil widersprechen konnte*). Hierdurch entstand eine beträchtliche Rechtsunsicherheit. Die vom RG (Z 169, 129) vertretene Rechtsauffassung (s oben 147) wurde vom BGH (Z 5, 385, 401) abgelehnt (ebenso zB Rosenberg, ZPR, 9. Aufl, 825), wie ja auch gegen die Entscheidung des RG Bedenken erhoben worden waren (s vor allem Bosch, ZAkDR 1942, 296, 306; 1943, 75; hierzu vgl jetzt noch Schlosser, Gestaltungsklagen und Gestaltungsurteile, 1966, 256f).

Ebenso lehnte der BGH eine (entsprechende) Anwendung des **§ 580 Nr 7 ZPO**, also ein auf das Abstammungsurteil oder ein Gutachten gestütztes Wiederaufnahmeverfahren**), ab (LM ZPO § 256 Nr 11 = NJW 1952, 935 = MDR 1952, 486 = JZ 1952, 479; LM ZPO § 640 Nr 4 = NJW 1953, 1545; s ferner FamRZ 1954, 42 = ZZP 67, 375 = JZ 1954, 369 = NJW 1954, 838 [Blut- bzw Erbmerkmale keine urkundenähnliche Faktoren]; hierzu Schwab, ZZP 68, 121; vgl auch BGHZ 34, 77 = FamRZ 1961, 173 = JZ 1961, 327 = MDR 1961, 304 = NJW 1961, 877; sowie FamRZ 1963, 350 mit Anm von Bosch). In der Rechtsprechung wurde die analoge Anwendbarkeit des § 580 Nr 7 ZPO ferner verneint von den Landgerichten Verden (FamRZ 1955, 181), Stade (FamRZ 1955, 217), Deggendorf (FamRZ 1957, 178), Hannover (FamRZ 1957, 181), Braunschweig (FamRZ 1954, 248 Nr 144), dagegen bejaht von OLG Saarbrücken (FamRZ 1958, 340); LG Köln (NJW 1952, 941), LG Verden (FamRZ 1954, 174), LG Offenburg, (DAVorm XXVIII, 114 = FamRZ 1955, 299), vgl auch OLG Köln, FamRZ 1955, 52, sowie in der Literatur von Mahn, DR 1940, 1041; Schönke, DR 1942, 858; Deisenhofer, EJF 1954, 6; FamRZ 1955, 33.

152 Die Gerichte vertraten zT die Ansicht, infolge der materiellen Rechtskraft des die Unterhaltsklage abweisenden Urteils stehe dem Kinde auch nach rechtskräftiger Feststellung der Vaterschaft im Statusprozeß kein Unterhalt zu (!): LG Dortmund, NJW 1956, 1159 = FamRZ 1957, 181 Leits; LG Hannover, FamRZ 1957, 181; LG Regensburg, DAVorm XXXI, 1958/1959, 206; LG Berlin, FamRZ 1960, 369.

Das LG Bamberg (MDR 1958, 850 = DAVorm XXXI, 243) meinte, der ursprünglich verlangte Betrag bleibe rechtskräftig abgewiesen, nunmehr könne nur der darüber hinausgehende Betrag von DM 15,— (!) im Hinblick auf die in der Zwischenzeit gesteigerten Lebenshaltungskosten geltend gemacht werden.

Dagegen haben manche Gerichte dem Kinde Unterhalt von der Rechtskraft des Statusurteils an zugebilligt: LG Deggendorf, NJW 1956, 265 = DAVorm XXVIII, 252 = FamRZ 1956, 160 Leits — in (bedenklicher) Anwendung des § 826 BGB —; FamRZ 1957, 178 mit Anm von Bosch = DAVorm XXX, 73; AG Lübeck, FamRZ 1957, 181; LG Hagen, DAVorm XXXII, 247; LG Wiesbaden, DAVorm XXX, 188; LG Bamberg, DAVorm XXXII, 276; LG Aschaffenburg, DAVorm XXXI, 37; AG Bocholt, DAVorm XXXI, 42; LG Heidelberg, FamRZ 1960, 292 Leits mit Hinw der Schriftleitung; LG Stuttgart, DAVorm XXXI, 204 = NJW 1959, 296; LG Mannheim, DAVorm XXXI, 148; OLG Hamm, DAVorm XXXI, 332; Jauernig,

---

*) Beese, Zahlvaterschaft und Abstammungsfeststellungsklage, SchlHA 1955, 149; Boehmer, Abstammungsklage und Unterhaltsurteil, NJW 1955, 575; Böhm, Nochmals: Unterhaltsurteil, Statusklage und § 826 BGB, NJW 1957, 1390; Boennecke, Zum Zwiespalt zwischen Unterhaltsurteil und Abstammungsurteil, MDR 1957, 327; Büttner, Zur unehelichen Vaterschaft, ZZP 71, 1958, 1; Deisenhofer, Restitutionsklage bei Zwiespalt von Unterhaltsurteil und Abstammungsfeststellung, FamRZ 1955, 33; Finkler, Unterhaltsurteil und Statusklage, NJW 1956, 1665; Frantz, Zur Abstammungs-Feststellungsklage, DRiZ 1955, 282; Gaul, Der Zwiespalt zwischen Unterhalts- und Abstammungsurteil als rechtstheoretisches, rechtspraktisches und legislatorisches Problem, FamRZ 1959, 334, 431; Jauernig, Unterhaltsurteil, Statusklage und § 826 BGB, NJW 1957, 403, 1391; Kießner, Uneheliches Kind und Statusklage, SchlHAnz 1954, 341; ders, Statusklage und Alimentationsprozeß, NJW 1954, 329; Krohn, Uneheliches Kind und Statusklage, SchlHA 1954, 169; Schwab, Der Zwiespalt zwischen Unterhalts- und Abstammungsurteil, JZ 1954, 273; ders, Probleme der Abstammungsklage, ZZP 68, 1955, 121; ders, Die neueste Rechtsprechung des Bundesgerichtshofs zur Abstammungsklage, NJW 1956, 649; Tholen, Der Einfluß des rechtskräftigen Statusurteils auf die nachfolgende Unterhaltsklage des unehelichen Kindes, NJW 1954, 1356; ferner s noch Roth-Stielow, Die Auflehnung des Richters gegen das Gesetz, 1963, 158ff; Fasching [Fußn zu Bem 162], 47ff; Gaul, Die Grundlagen des Wiederaufnahmerechts und die Ausdehnung der Wiederaufnahmegründe, 1956, 169ff.

**) Zur Systematik des Wiederaufnahmeverfahrens s zuletzt Gilles, ZZP 78, 1965, 466; zur entsprechenden Anwendung des § 580 Nr 7 ZPO s Gaul [vorige Fußn aE], 154ff.

NJW 1957, 1391; s auch OLG Stuttgart, NJW 1960, 2204 = FamRZ 1961, 180; offengelassen von LG Landau, DAVorm XXXIII, 117.

Das LG Ansbach (DAVorm XXXII, 213) sprach den Unterhalt rückwirkend vom Tage der Geburt an zu (anders LG Landau, DAVorm XXXIII, 117).

In dem umgekehrten Falle, daß ein Mann zur Unterhaltszahlung verurteilt worden war und danach die rechskräftige Feststellung im Statusprozeß erwirkt hat, daß er nicht der Vater des Kindes ist, vertrat Schwab (JZ 1954, 273, 275) die — zutreffende — Auffassung, gegen das Unterhaltsurteil sei die **Vollstreckungsabwehrklage** gegeben (ebenso Rosenberg, 9. Aufl 1961, 825, § 162, I, 1d; offengelassen von BGH, ZZP 67, 375, 378 mit Anm von Schwab = LM BGB § 1717 Nr 4; s zu dieser Klage allgemein Bem 138 zu § 1708). Das BayObLG (Z 1957, 130 = FamRZ 1957, 266) meinte, das Unterhaltsurteil gegen den unehelichen „Vater" werde nicht hinfällig, wenn auf die Statusklage die blutsmäßige Abstammung des Kindes von diesem Manne eindeutig verneint werde; der Verzicht des Kindes auf die Rechte aus dem Unterhaltsurteil könne im Interesse des Kindes vormundschaftsgerichtlich genehmigt werden, wenn die Vollstreckung aus dem Urteil gegen die guten Sitten verstoße; hierbei sei zu erwägen, ob es ein Vormund bei gewissenhafter Führung der Vormundschaft (§ 1789) auf einen weiteren Rechtsstreit, nämlich auf eine Klage aus § 826 BGB, ankommen ließe, unter Umständen könne das Mündelinteresse die Vermeidung eines unsicheren Prozesses verlangen (der Beschluß ist auch abgedruckt in EJF, A I g Nr 3 mit kritischer Anm von Schwoerer; DAVorm XXX, 117*). 153

d) Im Hinblick auf diese in der Rechtsprechung entstandenen Schwierigkeiten und die große Rechtsunsicherheit war eine **gesetzliche Regelung** dringend geboten (s zB Schwab, ZZP 68, 121, 139; NJW 1956, 649, 652). Im übrigen zeigte es sich hier auch, daß die Rechtsprechung in manchen Fällen von Gesetzeslücken nicht in der Lage ist, diese durch „Richterrecht" zu schließen. 154

In dem Entwurf eines Familienrechtsänderungsgesetzes schlug die Bundesregierung vor (s BT-Drucks III/530), § 644 ZPO dahingehend zu ändern, daß nach der Feststellung (§ 640 ZPO), ein Kind stamme nicht von einem bestimmten Manne ab, aus einem Urteil nicht mehr vollstreckt werden dürfe, durch das der Mann zur Unterhaltszahlung verurteilt sei, sowie daß nach Feststellung der Abstammung des Kindes von einem bestimmten Manne das Kind von der Rechtshängigkeit dieses Verfahrens an auch dann Unterhaltsansprüche geltend machen könne, wenn eine Unterhaltsklage des Kindes gegen diesen Mann früher abgewiesen worden sei. In der Begründung des Entwurfs (Seite 76f; s hierzu Finke, FamRZ 1958, 353, 358) wurde auf die Unzuträglichkeiten hingewiesen, die in der Praxis durch den Zwiespalt zwischen Unterhaltsurteil und Abstammungsfeststellungsurteil entstanden waren, sowie auf die groben Unbilligkeiten, wenn ein Mann weiterhin Unterhalt an ein Kind leisten müsse, obwohl festgestellt ist, daß er nicht der Vater ist, sowie wenn umgekehrt das Kind nach Feststellung der Vaterschaft seinen Vater auch für die Zukunft nicht in Anspruch nehmen könnte; ein Abstammungsurteil müsse einem im Unterhaltsprozeß ergangenen Urteil vorgehen, die Rechtskraft dürfe aber nur insoweit angetastet werden, als es erforderlich sei, um grob unbillige Ergebnisse zu vermeiden. Es könne nicht als grobe Unbilligkeit angesehen werden, daß die bereits bewirkten Leistungen des „Vaters" nicht zurückgefordert werden könnten sowie daß dem Kinde der Unterhaltsanspruch nicht für die ganze zurückliegende Zeit zugebilligt werde; im letzteren Falle würde es eine für den Erzeuger des Kindes nicht tragbare Härte bedeuten, wenn er den Unterhalt für mehrere Jahre nachzahlen müßte.

---

*) In dem Falle, daß die sachliche Unrichtigkeit eines rechtskräftigen Anerkenntnisurteils, das zur Unterhaltszahlung verpflichtete, unstreitig war und der angebliche uneheliche Vater zu dem Anerkenntnis durch eine bewußt unwahre Aussage der Kindesmutter veranlaßt worden war, hat das LG Stuttgart (FamRZ 1957, 28 mit zustimmender Anm von Frantz) die auf § 826 BGB gestützte Klage auf Herausgabe des Vollstreckungstitels für begründet erachtet; ebenso hat das LG Dortmund (DAVorm XXXV, 246) die Anwendbarkeit des § 826 BGB in dem Falle bejaht, daß der betr Mann auf Grund einer unwahren eidlichen Aussage der Kindesmutter zur Unterhaltszahlung verpflichtet worden war und die Kindesmutter später wegen Meineids verurteilt wurde (s zur Anwendung des § 826, zur mißbräuchlichen Ausnutzung unrichtiger rechtskräftiger Entscheidungen, Boehmer, Grundlagen der bürgerlichen Rechtsordnung, II, 2, 1952, 125ff; Thumm, Die Klage aus § 826 BGB gegen rechtskräftige Urteile ..., 1959 [s die Besprechung von Göppinger, ArchcivPr 158, 553]; Rosenberg, ZPR, 9. Aufl, 785ff; Blomeyer, ZPR, 606ff; Gaul (s Fußn zu 151), 99ff; sowie BGH, FamRZ 1960, 269 = DAVorm XXXIII, 156; OLG Düsseldorf, FamRZ 1957, 220, 222 mit Anm von Bosch).

Der Unterausschuß „Familienrechtsänderungsgesetz" des Bundestages schlug eine geänderte Fassung des § 644 vor, die dann später Gesetz geworden ist; hervorzuheben ist die Änderung des Abs 1, daß das (Unterhalts-)Urteil vom Zeitpunkt der Rechtskraft des Feststellungsurteils an seine Wirkung verliere; diesen Vorschlag übernahm der Rechtsausschuß (s BT-Drucks III/2812). In der Begründung dazu (zu Drucksache 2812, Seite 10) ist dargelegt, die jetzt gewählte Lösung verdiene gegenüber der von der Bundesregierung vorgeschlagenen „vollstreckungsrechtlichen" Lösung den Vorzug, weil sie vom Zeitpunkt der Rechtskraft des Statusurteils an auch eine Aufrechnung gegenüber dem Scheinvater ausschließe, die nach der Regierungsvorlage möglich gewesen wäre. Im Ausschuß habe Einigkeit darüber geherrscht, daß die beschlossene Regelung (des § 644 ZPO) nur eine Notlösung darstellen könne. Der Ausschuß habe eine grundsätzliche Neuregelung dieser Frage im Rahmen der Reform des Rechts der unehelichen Kinder für notwendig gehalten.

155 In der Literatur waren schon gegen den Entwurf — mit Recht — Bedenken erhoben worden (Gaul, FamRZ 1959, 431, 434ff; Ziegler, FamRZ 1959, 441) und war darauf hingewiesen worden, daß eine Lösung nur in der Einführung eines neuen Restitutionsgrundes gefunden werden könne (s ferner Blomeyer bei der Tagung der Zivilprozeßrechtslehrer 1955, JZ 1955, 397; sowie JZ 1955, 605; Schwab, ZZP 68, 121). Der Unterausschuß hatte zwar in der Sitzung vom 2. 3. 1961 die von Gaul (FamRZ 1959, 434ff) erhobenen Bedenken erörtert; der Vertreter des Bundesjustizministeriums hatte bemerkt, man habe von einem Wiederaufnahmeverfahren bewußt absehen wollen, weil die Rechtsprechung das Problem über eine Wiederaufnahme des Verfahrens nicht gelöst habe — notabene nach geltendem Recht — (s Gaul, FamRZ 1963, 208, 214); hierauf hatte keine weitere Behandlung dieser Frage mehr stattgefunden. Indessen war fraglich, ob nach geltendem Recht eine ausdehnende oder analoge Anwendung des § 580 Nr 7 ZPO zur Lösung des dargelegten Problems möglich war (und ist); doch konnte daraus, daß die Rechtsprechung diesen Weg nicht für gangbar hielt, kein Schluß auf die Notwendigkeit und Zweckmäßigkeit gezogen werden, de lege ferenda die Lösung mit einer Ergänzung der Wiederaufnahmegründe zu suchen.

156 Die am **1. 1. 1962 in Kraft getretene Neuregelung des § 644 ZPO***) besagt:

(1) Wird in einem Verfahren nach § 640 festgestellt, daß ein uneheliches Kind von einem bestimmten Manne nicht abstammt, so verliert ein Urteil, durch das der Mann zur Zahlung von Unterhalt an das Kind verurteilt ist, vom Zeitpunkt der Rechtskraft des Feststellungsurteils an seine Wirkung. Dies gilt für andere Schuldtitel entsprechend.

(2) Wird in einem Verfahren nach § 640 festgestellt, daß ein uneheliches Kind von einem bestimmten Manne abstammt, so kann das Kind Unterhaltsansprüche gegen den Mann für die Zeit von der Rechtshängigkeit dieser Streitsache an auch dann geltend machen, wenn eine Unterhaltsklage des Kindes rechtskräftig abgewiesen ist. Ist ein anderer Mann zur Zahlung von Unterhalt verurteilt, so verliert dieses Urteil vom Zeitpunkt der Rechtskraft des Feststellungsurteils an seine Wirkung; dies gilt für andere Schuldtitel entsprechend.

157 Die Neuregelung hatte — wie zu befürchten und zu erwarten war (s Gaul, FamRZ 1959, 435; Bosch, FamRZ 1958, 456; 1961, 462; auch Ziegler, FamRZ 1959, 444) — zur Folge, daß negative Abstammungsfeststellungsklagen, insbesondere dann, wenn im Unterhaltsprozeß nicht alle Beweise erschöpft werden, geradezu provoziert werden (s auch Bosch, FamRZ 1962, 162; 1965, 524; Gaul, FamRZ 1963, 208, 214). Weiterhin hat die Neuregelung, da sie nicht genügend durchdacht ist, in der Praxis beträchtliche Schwierigkeiten und neue Streitfragen hervorgerufen, ua auch wegen der fehlenden Übergangsregelung (s im einzelnen zur Auslegung und Anwendung des § 644 ZPO unten 192ff).

*) Lit zur Neufassung des § 644 ZPO: Gaul, Das künftige Verfahren zur Feststellung der unehelichen Vaterschaft und seine Wiederaufnahme mit Bemerkungen zu materiellrechtlichen Vorfragen und zum geltenden Verfahrensrecht, insbesondere zu § 644 ZPO nF, FamRZ 1963, 208; s ferner Bosch, FamRZ 1961, 457, 458; Dunz, NJW 1961, 2137, 2140; Maßfeller, StAZ 1961, 249, 250, und in Juristen-Jahrbuch, 3. Band, 1962/1963, 149, 164; Schwarzhaupt, FamRZ 1962, 49, 51; sowie C. Böhmer, DRiZ 1961, 375, 378; Meyer-Stolte, Rpfleger 1961, 427, 428.

Zu Einzelfragen s Fußn zu Bem 169, 214.

2. Feststellung der „Gilt"-Vaterschaft*).

a) Im Unterhaltsprozeß wird in der Regel — und zwar formularmäßig — der Antrag gestellt, festzustellen, daß der Beklagte als Vater (iS der §§ 1708—1716) gelte, und von den Gerichten auch für zulässig gehalten (s LG Paderborn, DAVorm XXV, 104; LG Amberg, DAVorm XXV, 48; LG Aurich, DAVorm XXXIII, 246; LG Wuppertal, FamRZ 1956, 91; LG Arnsberg, NJW 1961, 1822 = MDR 1961, 857; LG Köln, DAVorm XXXIV, 17; LG Mannheim, NJW 1963, 255; LG Deggendorf, FamRZ 1963, 145; LG Hamburg, DAVorm XXXVIII, 99; Freitag, ZblJugR 1954, 16; Roquette, Vaterschaftsklagen, 53 ff). 158

ZT wurde der Feststellungsantrag als Zwischenfeststellungsantrag iS des § 280 ZPO für zulässig gehalten (LG Oldenburg, DAVorm XXIX, 222; LG Wiesbaden, FamRZ 1957, 384; vgl auch Bosch, FamRZ 1956, 92; 1962, 137 Fußn 4; Ziegler, aaO).

In der Literatur wurden gegen die Feststellung der „Gilt"-Vaterschaft zuweilen Bedenken erhoben; Ziegler (FamRZ 1959, 342, 346) und Gaul (FamRZ 1963, 531, 535 Ziff 4) wiesen darauf hin, in Wahrheit gebe es ein besonderes Rechtsverhältnis der sog Zahlvaterschaft bzw „Gilt"-Vaterschaft nicht (vgl andererseits aber auch BGHZ 5, 385, 387 [s Bem 149]; OLG Bremen, ZZP 69, 215 und dazu BGH, FamRZ 1956, 313; sowie BVerfG, Vorbem 38 vor § 1705), was gemeinhin als Feststellung der sog Zahl- oder Gilt-Vaterschaft bezeichnet werde, sei nichts anderes als die Feststellung der Unterhaltspflicht dem Grunde nach (s hierzu auch Brühl, 383).

Die Feststellung der „Gilt"-Vaterschaft ist deshalb als unzulässig zu beurteilen, weil mit der Aufhebung des § 644 aF einer solchen Feststellungsklage — beim AG! — der Boden entzogen ist; gemäß § 644 nF ist nur noch die Feststellung der blutmäßigen Abstammung — im Statusprozeß vor dem LG! — zulässig. Dieser wesentliche Gesichtspunkt wird gemeinhin übersehen. Die frühere Rechtsprechung und Literatur aus der Zeit vor dem 1. 1. 1962 ist heute als überholt zu beurteilen. Im übrigen stellt die sog Gilt-Vaterschaft kein Rechtsverhältnis iS des § 256 ZPO dar (Schwab, ZZP 68, 121, 129; anders früher Ziegler, FamRZ 1956, 337, und die hM). Ein Rechtsverhältnis ist vielmehr die Unterhaltspflicht sowie die wirkliche Vaterschaft, die Abstammung. Aus § 644 nF ergibt sich eindeutig, daß für die Unterhaltspflicht ausschließlich die wirkliche Vaterschaft, die blutmäßige Abstammung, maßgebend sein soll (vgl auch Gaul, FamRZ 1963, 208). Damit im Zusammenhang steht der Vorrang des Abstammungsurteils vor dem Unterhaltsurteil (s Bem 192). § 1717 Abs 1 Satz 1 begründet keine fingierte oder fiktive Vaterschaft und stellt keinen selbständigen Haftungsgrund für Unterhaltsleistungen dar (s oben Bem 5—7). 159

Soll die Feststellung der Pflicht zu weiteren über den „normalen" Lebensbedarf hinausgehenden Unterhaltsleistungen erwirkt werden, so muß ein diesbezüglicher Antrag gestellt werden (s 87 ff zu § 1708).

b) Wird jedoch die Feststellung der **„Gilt"-Vaterschaft** für zulässig erachtet, so kommt ihr die **Bedeutung** zu, daß der Unterhaltsanspruch dem Grunde nach festgestellt wird, insbesondere im dem Sinne, daß in einem weiteren Prozeß, in dem erhöhte Bedürfnisse (s 87 ff zu § 1708) oder der außerordentliche Unterhaltsanspruch (§ 1708 Abs 2) geltend gemacht werden (s LG Arnsberg, NJW 1961, 1822 = MDR 1961, 857), der Grund des Anspruchs nicht mehr bestritten werden kann (vgl auch BGHZ 17, 252, 261). 160

Die Rechtskraft dieser Feststellung wirkt lediglich zwischen den Parteien, gegebenenfalls den Rechtsnachfolgern (§ 325 ZPO), also nicht für und gegen alle (vgl dagegen für das Abstammungsfeststellungsurteil Bem 188).

Hieraus ergibt sich, daß das Urteil über die Feststellung der „Gilt"-Vaterschaft an sich weder einer Unterhaltsklage gegen einen anderen Mann (vgl LG Deggendorf, FamRZ 1963, 145) noch einem Vaterschaftsanerkenntnis durch einen anderen Mann entgegensteht.

Ebenso ist das Feststellungsurteil für eine Legitimation oder Ehelichkeitserklärung ohne Bedeutung (s 8 zu § 1719, 9 zu § 1723; aM LG Nürnberg-Fürth, NJW 1962, 2016). Das Kind kann durch die Eheschließung der Mutter mit einem anderen Manne legitimiert und kann auf Antrag eines anderen Mannes (§ 1726) für ehelich erklärt werden.

*) Freitag, Klage auf Feststellung der „Gilt"-Vaterschaft im Alimentenprozeß, ZblJugR 1954, 16; Ziegler, Die Feststellung der „Gilt"-Vaterschaft im Unterhaltsprozeß, FamRZ 1956, 337; s noch Bläsing, Wohin führt die Rechtsprechung zur Vaterschaftsfeststellung?, ZblJugR 1954, 168; sowie Fußn zu Bem 5.

Weiterhin ermöglicht die Feststellung der „Gilt"-Vaterschaft nicht die Eintragung eines Randvermerks im Geburtenbuch (§ 30 Abs 1 PStG; vgl Feneberg-Simader, 1b zu § 30 PStG; sowie auch oben Bem 145); dies gilt ebenfalls, wenn die Feststellung der „Gilt-Vaterschaft" anerkannt wurde und ein diesbezügliches Anerkenntnisurteil (§ 307 ZPO) erging. Dieses Anerkenntnis steht einem Vaterschaftsanerkenntnis nicht gleich (s 29 zu § 1718).

161 c) Die Frage, ob dem Antrag auf Feststellung der „Gilt"-Vaterschaft ein besonderer **Streitwert***) zukommt, ist umstritten: ZT wird dies verneint, wenn der Antrag — wie regelmäßig — mit der Unterhaltsklage verbunden wird (s LG Oldenburg, NJW 1964, 551 = Rpfleger 1964, 91; LG Freiburg, Rpfleger 1964, 90; LG Bielefeld, Rpfleger 1964, 92); zT wurde $^1/_{10}$ des Jahresbetrages des Unterhalts angenommen (LG Regensburg, NJW 1963, 399 = Rpfleger 1963, 168), zT $^1/_6$ (so LG Mannheim, Rpfleger 1963, 167 = NJW 1963, 255; LG Kiel, SchlHA 1966, 16), zT die Hälfte des Jahresbetrages (LG Mainz, AnwBl 1965, 182), zT DM 1500 (LG Nürnberg-Fürth, NJW 1962, 2016 — in Anwendung des § 14 GKG [?] —).

3. Die Abstammungsfeststellungsklage).**

162 a) Anzuwenden sind die Vorschriften der **§§ 640 ff ZPO.**

Zuständig für die Klage ist das LG (§ 71 GVG). Die örtliche Zuständigkeit bestimmt sich nach §§ 12, 13, 15, 16, 642 Abs 1 ZPO.

Der Rechtsstreit betrifft stets eine nichtvermögensrechtliche Streitigkeit, auch iS des § 14 GKG. Als Streitwert wird bei einfachen Vermögens- und Einkommensverhältnissen und bei durchschnittlichem Umfang und durchschnittlicher Schwierigkeit der Betrag von DM 2000 anzunehmen sein (aM OLG Köln, NJW 1960, 2197 = DAVorm XXXIII, 264 = JMBlNRW 1961, 23: regelmäßig DM 3000; vgl. auch OLG Celle, Rpfleger 1964, 230; zur Ehelichkeitsanfechtung: OLGe Hamm, Nürnberg, Frankfurt, AnwBl 1964, 53; 1966, 102, 231).

163 Ist der Beklagte in dem Rechtsstreit, in dem Anwaltszwang besteht (§ 78 ZPO), nicht vertreten, so kann gegen ihn kein Versäumnisurteil erlassen werden (§ 640 Abs 1 iV mit § 618 Abs 4 ZPO); ebenso ist ein Anerkenntnisurteil unzulässig (§ 640 iV mit § 617). Gegen den Kläger darf ein Versäumnisurteil nur mit dem Inhalt ergehen, daß die Klage als zurückgenommen gelte (§ 640 iV mit § 635).

164 Nach Auffassung des BGH (LM ZPO § 640 Nr 13 = FamRZ 1956, 315 = NJW 1956, 1441 = JZ 1956, 722) ist in Kindschaftssachen (dh also auch Abstammungsfeststellungsprozessen) die **Öffentlichkeit** nicht ausgeschlossen, § 170 GVG also nicht, auch nicht entsprechend, anwendbar. Indessen bestehen hiergegen starke Bedenken (s Göppinger, FamRZ 1962, 507; sowie auch Bem 210 zu § 1708 und Lent-Jauernig, ZPR 12. Aufl 1965, 258).

165 Mit der Klage kann eine Klage anderer Art, also insbesondere eine Unterhaltsklage nicht verbunden werden (§ 640 Abs 2 Satz 1 ZPO). Eine Widerklage mit dem gleichen Begehren kommt hier nicht in Betracht (vgl dagegen zum Verfahren betr Anfechtung der Ehelichkeit zB OLG Oldenburg, FamRZ 1964, 633 mit Hinw***). Eine Widerklage mit dem gegenteiligen Begehren wäre mangels Feststellungsinteresses unzulässig, das Interesse könnte nicht mit der Erwägung begründet werden, es solle die volle Kostenlast (§ 91 ZPO) abgewendet werden.

---

*) Mümmler, Der Streitwert des mit einer Unterhaltsklage verbundenen Antrags auf Feststellung der Gilt-Vaterschaft, JVBl 1963, 89; Stöber, daselbst 170; Wiesen, Der Streitwert der Klage auf Feststellung der Gilt-Vaterschaft, MDR 1965, 97; s ferner Stöber, Rpfleger 1963, 169 Anm; Schindler, Rpfleger 1964, 91 Anm; Hillach, Handbuch des Streitwerts, 2. Aufl 1954, 238 ff; Gerold, Streitwert, 1959, 108 ff; sowie oben Fußn zu 142.

**) R. Langheim, Die prozessuale Feststellung des Rechtsverhältnisses der unehelichen Vaterschaft, Diss Tübingen 1960; M. Uellner, Die Bedeutung des Persönlichkeitsrechts für die Klagen auf Feststellung des Bestehens oder Nichtbestehens der unehelichen Vaterschaft, Diss Tübingen 1962; weitere Literatur-Angaben zur Frage der Feststellung der Vaterschaft s Fußn zu Bem 5, 142, 146—151, 156.

Zum österreichischen Recht s Fasching, Das Verfahren zur Feststellung der ehelichen und unehelichen Abstammung, Wien 1955 (s die Besprechung von Piegler, FamRZ 1956, 74); Steininger, Rechtsfragen der außerehelichen Vaterschaft, Graz 1961 (s die Besprechung von Fasching, FamRZ 1962, 134).

***) Dazu s Künkel, FamRZ 1966, 176; Seiler, ZblJugR 1965, 161; sowie noch OLG Celle, FamRZ 1966, 360.

b) Auf Grund der Neufassung des § 644 ZPO ist das für die Klage erforderliche **Feststellungsinteresse** allgemein zu bejahen. Für das klagende Kind war dies schon nach früherem Recht angenommen worden (s Bem 150 und jetzt OLG Stuttgart, FamRZ 1965, 285, 522); das Feststellungsinteresse ist auch dann zu bejahen, wenn das Kind ein Unterhaltsurteil gegen den Mann erwirkt hatte, dieser aber die Vaterschaft bestreitet (OLG Stuttgart, MDR 1965, 388 = FamRZ 1965, 452 Leits = Die Justiz 1965, 174 Leits; aM OLG Hamburg, ZblJugR 1963, 208). 166

Das Kind kann die Feststellung seiner Abstammung auch schon **vor Erhebung der Unterhaltsklage** beantragen (Beitzke, FamRZ 1958, 287, und in „Vaterschaftsgutachten" [s Fußn zu Bem 12], 9; Dölle, II, 500; Lent, SJZ 1948, 520, 526; RGRKomm 11; Erman-Hefermehl, Anhang zu § 1717, Bem 4a; aM OLG Oldenburg, FamRZ 1958, 286; OLG Köln, RdJ 1963, 175), sowie auch **nach Erhebung der Unterhaltsklage** vor der Entscheidung über diese (OLG Köln, FamRZ 1955, 366; aM LG Bielefeld, JMBlNRW 1956, 33 = FamRZ 1956, 115 Nr 155 Leits), zB wegen Beweisschwierigkeiten. Hier ist zu beachten, daß dem Kinde nicht zugemutet werden kann, zunächst mit der Unterhaltsklage abgewiesen zu werden; denn hierdurch verliert es, auch wenn später die Abstammungsfeststellungsklage Erfolg hat, den Unterhaltsanspruch für die Zeit bis zur Erhebung der Statusklage (§ 644 Abs 2 ZPO; s hierzu Bem 205 sowie zum Armenrechtsverfahren Bem 179f). 167

Gegebenenfalls ist, wenn eine Unterhaltsklage und eine Abstammungsfeststellungsklage anhängig sind, zweckmäßigerweise der Unterhaltsprozeß gemäß § 148 ZPO auszusetzen (s Lent, aaO). Dagegen ist § 154 Abs 2 ZPO hier nicht anzuwenden (s Bem 38 aE zu § 1705). 168

Während nach früherem Recht das Feststellungsinteresse für die **negative Abstammungsfeststellungsklage***) überwiegend, insbesondere vom BGH, verneint wurde (s 150), wird es nunmehr in der Rechtsprechung, soweit ersichtlich, grundsätzlich bejaht (BGHZ 40, 367 = FamRZ 1964, 150 = NJW 1964, 723 = LM ZPO § 644 Nr 7 Anm von Johannsen; OLG Nürnberg, FamRZ 1962, 162 = NJW 1962, 746 = RdJ 1962, 301; OLG Karlsruhe, FamRZ 1962, 202 = NJW 1962, 1305 = DAVorm XXXV, 177; Die Justiz 1965, 236 = NJW 1965, 1537 = FamRZ 1965, 579 Leits; OLGZ 1965, 42 = FamRZ 1965, 577 = DAVorm XXXIX, 131; OLG Stuttgart, FamRZ 1964, 314, 376; OLG Frankfurt, DAVorm XXXV 85; OLG Celle, DAVorm XXXV, 176; OLG Hamburg, MDR 1963, 141; OLG Bamberg, DAVorm XXXVI, 308; aus der Lit s Blomeyer, 693; von Hülsen, FamRZ 1964, 280; Baumbach-Lauterbach, 28. Aufl, 2 zu § 644 ZPO; RGRKomm, 9; Palandt-Lauterbach, 25. Aufl, 2; Rosenthal-Bohnenberg, 2 je zu § 1717; Erman-Hefermehl, Anhang zu § 1717, Bem 4c; s auch Dunz, NJW 1961, 2137, 2140; **aM** Messer, FamRZ 1962, 419; Baur, FamRZ 1962, 508, 512; Urbach, ZblJugR 1963, 209; LG Lüneburg, DAVorm XXXV, 116). 169

Das Feststellungsinteresse ist auch dann zu bejahen, wenn der Kläger im Unterhaltsprozeß ein Versäumnisurteil gegen sich hatte ergehen lassen (aM LG Berlin, DAVorm XXXVI, 131) oder wenn er früher die Vaterschaft zum beklagten Kinde anerkannt hatte (OLG Karlsruhe, OLGZ 1965, 42 = FamRZ 1965, 577 = DAVorm XXXIX, 131; Die Justiz 1965, 236 = NJW 1965, 1537 = FamRZ 1965, 579 Leits; LG Gießen, DAVorm XXXV, 310) oder wenn er im Unterhaltsprozeß den Unterhaltsanspruch des Kindes anerkannt hatte (SchlHOLG, FamRZ 1965, 88). In dem besonderen Fall, daß der betr Mann die Vaterschaft anerkannt hatte und dann nach 7 Jahren negative Abstammungsfeststellungsklage erhob, ohne in der Zwischenzeit einen ernst zu nehmenden Versuch unternommen zu haben, das Anerkenntnis anzufechten, hat das OLG Köln (DAVorm XXXVIII, 1965, 49) in der Klageerhebung einen Verstoß gegen Treu und Glauben, rechtsmißbräuchliches Handeln erblickt.

Das OLG Celle (NdsRPfl 1966, 108) hat in dem Falle, daß der betr Mann die Vaterschaft im Hinblick auf die beabsichtigte Eheschließung mit der Kindesmutter wider besseres Wissen anerkannt, diese Absicht aber später aufgegeben hatte, das Feststellungsinteresse mit Recht bejaht. Das OLG Nürnberg (FamRZ 1964, 95) hat zutreffend die Möglichkeit der Einführung eines gesetzlichen Erbrechts für ein uneheliches Kind als nicht ausreichend beurteilt (hier war das un-

*) Messer, Das rechtliche Interesse an der leugnenden Abstammungsklage, wenn der Kläger bereits rechtskräftig zur Zahlung von Unterhalt verurteilt ist, FamRZ 1962, 419; s ferner Baur, FamRZ 1962, 508, 512.

eheliche Kind schon 33 Jahre alt, der Kläger hatte einige Jahre nach der Geburt des Kindes die Vaterschaft anerkannt).

Erhebt der Beklagte des Unterhaltsprozesses während dieses Rechtsstreits negative Abstammungsfeststellungsklage, so dürfte in der Regel das Feststellungsinteresse zu verneinen sein (s OLG Braunschweig, NJW 1961, 883 = DAVorm XXXIV, 209). Werden im Unterhaltsprozeß die notwendigen Ermittlungen angestellt (s auch Bem 49, 49a), so wird eine solche negative Abstammungsfeststellungsklage kaum praktische Bedeutung haben.

170 c) Im Statusprozeß sind die erforderlichen **Ermittlungen von Amts wegen** vorzunehmen; die Vorschriften über die Folgen einer unterbliebenen oder verweigerten Erklärung (§ 138 Abs 3) sowie über die Wirkung eines gerichtlichen Geständnisses (§ 288) sind hier nicht anzuwenden (§ 640 iV mit § 617). Vielmehr sind das Nichtbestreiten von Behauptungen, Geständnisse und ihr Widerruf vom Gericht frei zu würdigen (§ 286 ZPO). Das Gericht kann — nach Anhörung der Parteien — auch solche tatsächlichen Umstände berücksichtigen, die von den Parteien nicht vorgebracht sind (§ 640 Abs 1 iV mit § 622 Abs 1). Das Gericht kann — auch ohne Antrag — die Mutter des Kindes über etwaigen Mehrverkehr innerhalb der Empfängniszeit vernehmen und kann Blutgruppengutachten und erbbiologische Gutachten usw einholen, auch ohne Antrag und ohne tatsächliche Anhaltspunkte für einen Mehrverkehr der Mutter (BGHZ 40, 367 = FamRZ 1964, 150 = NJW 1964, 723 = MDR 1964, 305; vgl ferner OLG Stuttgart, FamRZ 1965, 285; und Bem 49; aM OLG Karlsruhe, FamRZ 1962, 202 = NJW 1962, 1305 = DAVorm XXXV, 177; OLGZ 1965, 42 = FamRZ 1965, 577; SchlHOLG, FamRZ 1965, 88). Eine unzulässige Ausforschung kommt hier so wenig in Betracht wie im Verfahren der freiwilligen Gerichtsbarkeit (§ 12 FGG) oder im Strafprozeß (§ 244 Abs 2 StPO).

171 Die Mutter des Kindes hat im Statusprozeß ebenso das Recht, die Aussage zu verweigern, wie im Unterhaltsprozeß (RGZ 169, 48; s auch oben 32 sowie 7a zu § 1705).

172 Macht der als Erzeuger in Anspruch genommene Mann geltend, ein früher erstattetes Blutgruppengutachten, auf Grund dessen er nicht habe ausgeschlossen werden können, habe bestimmte in den letzten Jahren entdeckte oder wissenschaftlich anerkannte Blutgruppensysteme noch nicht berücksichtigt, so darf der Antrag auf Ergänzung des früheren Gutachtens nicht zurückgewiesen werden; zumindest muß die Stellungnahme eines Sachverständigen (oder des früheren Sachverständigen) zu der Frage eingeholt werden, ob ein Ausschluß auf Grund anderer als der in dem früheren Gutachten berücksichtigten Blutmerkmale möglich ist (BGH, Warn 1964, 106 Nr 53 = LM ZPO § 402 Nr 18 = FamRZ 1964, 251 = MDR 1964, 490 = NJW 1964, 1184 = DAVorm XXXVII, 160 = ZblJugR 1964, 274).

173 Hatte der die negative Abstammungsfeststellungsklage erhebende Kläger früher die Vaterschaft zu dem beklagten Kinde anerkannt, so schafft dies keine im Statusprozeß zu beachtende Vermutung dafür, daß der Kläger während der gesetzlichen Empfängniszeit der Mutter des Kindes beigewohnt hat (s 61 aE zu § 1718).

174 Klagt das Kind auf Feststellung seiner Abstammung und beruft es sich zum Beweise seiner Abstammung von dem Beklagten auf Blutgruppen- und erbbiologische Gutachten, so können diese Beweisanträge nicht abgelehnt werden (OLG Stuttgart, FamRZ 1965, 285; s ferner Bem 49ff).

175 Der BGH (Z 40, 367) hat zutreffend dargelegt, die Ablehnung einer an sich zulässigen Zeugen- oder Parteivernehmung sei nur dann gerechtfertigt, wenn das Gericht entweder die unter Beweis gestellte Tatsache als wahr unterstellt oder das angebotene Beweismittel für völlig ungeeignet hält, den Beweis für die behauptete Tatsache zu erbringen; hierbei ist die Vorauswürdigung einer unterstellten Bekundung des Zeugen oder der Partei unzulässig, dh eine vorweggenommene Beweiswürdigung verboten. Der BGH hat ferner ausgeführt (aaO), bestreite der Mann, mit der Kindesmutter in der Empfängniszeit geschlechtlich verkehrt zu haben, so sei es ihm nicht verwehrt, sich gegenbeweislich auf ein (Blutgruppengutachten und) erbbiologisches Gutachten zu berufen.

176 Hatte der die negative Abstammungsfeststellungsklage erhebende Kläger früher die Vaterschaft zu dem Kinde anerkannt, so steht dies dem Vorbringen des Mehrverkehrs im Statusprozeß nicht entgegen (OLG Karlsruhe, Die Justiz 1965, 236 = NJW 1965, 1537 = FamRZ 1965, 579 Nr 331 Leits; s ferner Bem 61 aE zu § 1718).

d) Das Gericht kann **nicht** auf negative Abstammungsfeststellungsklage die **Vollstreckung** aus dem gegen den Kläger ergangenen Unterhaltsurteil oder aus einer vollstreckbaren Verpflichtungsurkunde (§§ 794 Abs 1 Nr 5, 801 ZPO, § 49 Abs 3 JWG) oder einem Prozeßvergleich (§ 794 Abs 1 Nr 1 ZPO) **einstweilen einstellen** (OLG Nürnberg, DAVorm XXXV, 32; OLG Celle, FamRZ 1962, 162 = NJW 1962, 747 = DAVorm XXXV, 117 = RdJ 1962, 201; LG Köln, MDR 1963, 596 = FamRZ 1963, 456 Nr 226 Leits = DAVorm XXXVII, 239 Leits). 177

e) Nach dem Tode des Kindes oder des angeblichen Vaters ist die Abstammungsfeststellungsklage nicht mehr zulässig (s 65 zu § 1712); stirbt eine Partei während des Rechtsstreits, so ist damit der Rechtsstreit in der Hauptsache gemäß § 628 ZPO erledigt (s 65 zu § 1712). 178

f) Beantragt das uneheliche Kind für die Durchführung des Statusprozesses das **Armenrecht**, so bedarf es in entsprechender Anwendung des § 118 Abs 2 Satz 2 ZPO ebenfalls keiner Vorlage eines Armutszeugnisses. Hat das Kind lediglich ein Sparguthaben in geringer Höhe (in concreto: DM 520), so ist es als arm zu beurteilen (OLG Stuttgart, DAVorm XXXVIII, 245). 179

Von Bedeutung ist weiterhin die Frage, ob die Erhebung der Klage als mutwillig behandelt werden muß (§ 114 Abs 1 ZPO), wenn anzunehmen ist, daß eine nicht das Armenrecht beanspruchende Partei von einer Prozeßführung absehen würde. Das OLG Köln (RdJ 1963, 175) und OLG Stuttgart (FamRZ 1965, 87 = Die Justiz 1965, 116 Leits) haben angenommen, die Rechtsverfolgung könne nach den Umständen als mutwillig erscheinen, wenn eine Klärung der Abstammung nicht zunächst im Wege der ohnedies gebotenen Unterhaltsklage versucht worden sei (s ferner SchlHOLG, SchlHAnz 1955, 19 = FamRZ 1955, 114 Nr 105 Leits, das darauf hinwies, der Unterhaltsprozeß solle dem Abstammungsrechtsstreit vorangehen, falls dies im Einzelfall nicht unzumutbar sei). Jedenfalls kann die Rechtsverfolgung nicht als mutwillig beurteilt werden, wenn feststeht, daß die Kindesmutter mit einer größeren Zahl von Männern geschlechtlichen Umgang gepflogen hatte (Dölle, II, 500; OLG München, ZblJugR 1964, 55; anders OLG Schleswig, NJW 1955, 1881). Auf das Alter des Kindes kommt es hierbei nicht an (aM OLG Düsseldorf, JMBlNRW 1963, 228 = FamRZ 1964, 96 = RdJ 1964, 16 Leits: das Kind war hier erst 6 Monate alt; OLG Köln, FamRZ 1957, 265 m Anm von Bosch).

Ist der Unterhaltsrechtsstreit nach Einholung von Gutachten entscheidungsreif und hat das erbbiologische Gutachten ein klares Ergebnis zugunsten des klagenden Kindes erbracht, so wird eine Abstammungsfeststellungsklage des Kindes in der Regel als mutwillig beurteilt werden müssen (vgl LG München I, DAVorm XXXIII, 187); bestreitet der Beklagte jedoch weiterhin die Vaterschaft, so kann das Feststellungsinteresse bejaht werden; in diesem Falle muß das Armenrecht gewährt werden (OLG Stuttgart, MDR 1965, 388 = FamRZ 1965, 452 Leits = Die Justiz 1965, 174 Leits; anders LG München I, aaO).

Beruft sich das Kind im Armenrechtsverfahren zum Beweis der Vaterschaft des Beklagten (Antragsgegners) auf ein erbbiologisches Gutachten — da nach der Aussage der Mutter des Kindes mehrere nicht mehr zu ermittelnde Männer als Erzeuger des Kindes in Betracht kommen können —, so braucht das Kind nicht glaubhaft zu machen, daß es selbst und der Beklagte (Antragsgegner) bestimmte gleiche Merkmale aufweisen würden; denn solche Merkmale sind ohne erbbiologische Fachkenntnisse nicht festzustellen (OLG Köln, JR 1958, 261 mit Anm von Beitzke = MDR 1958, 337). Auch das Gericht kann nicht die nötige Sachkunde besitzen, um selbst eine entsprechende Vorprüfung vornehmen zu können (Beitzke, aaO; Lehmann und Frantz, NJW 1955, 1019, 1020 gegen Preiser, NJW 1955, 331). Daher ist in solchen Fällen das Armenrecht zu gewähren (OLG Köln, aaO). 180

Das Armenrecht kann auch dann nicht versagt werden, wenn das Verfahren lediglich zu dem Zwecke durchgeführt werden soll, damit das Kind „in den Besitz eines erbbiologischen Gutachtens gelangt" (aM OLG Hamburg, ZblJugR 1963, 208; hiergegen mit Recht Urbach in der Anm; s Bem 166).

Dagegen muß das Armenrechtsgesuch wegen Aussichtslosigkeit der beabsichtigten Rechtsverfolgung abgelehnt werden, wenn der betreffende Mann, der als Vater bezeichnet wird, bereits im Unterhaltsprozeß durch Gutachten (in casu: Blutgruppengutachten — Hp-Gruppen [s Bem 118] —, Tragzeitgutachten und erbbiologisches Gutachten) ausgeschlossen worden war (OLG Stuttgart, DAVorm XXXVI, 1963, 43).

Das OLG Karlsruhe (FamRZ 1962, 202 = NJW 1962, 1305 — in DAVorm XXXV, 177, nicht mitabgedruckt — und ihm folgend das OLG Ham- 181 burg (DAVorm XXXV, 243; MDR 1963, 141) vertraten die Auffassung, für die Erhebung einer negativen Feststellungsklage sei das Armenrecht zu versagen, wenn es an ernsthaften Anhaltspunkten für die „Nichtvaterschaft des Klägers" oder auch nur für einen Mehrverkehr der Mutter des Kindes fehle; lägen aber solche Anhaltspunkte vor, so sei das Armenrecht zu bewilligen, ohne Einholung eines Gutachtens im Armenrechtsverfahren. Indessen dürfen nicht zu strenge Anforderungen an die Voraussetzungen des § 114 ZPO gestellt werden (vgl aber auch OLG Hamburg, MDR 1963, 141, das davon sprach, es müßten strenge Anforderungen gestellt werden). Die dargelegte Auffassung des OLG Karlsruhe hängt mit der von ihm vertretenen, zu weitgehenden These zusammen, in welchen Fällen eine unzulässige Ausforschung vorliege (s Bem 49). Zu berücksichtigen ist auch, welche Erhebungen im früheren Rechtsstreit durchgeführt worden waren, ob in diesem etwa Beweisanträge auf Einholung von Gutachten zu Unrecht als unzulässige Ausforschung abgelehnt worden waren; hatten im früheren Unterhaltsprozeß die inzwischen entdeckten Blutmerkmale und Faktoren (s Bem 110ff) noch nicht berücksichtigt werden können, so kann durchaus Anlaß bestehen, diese weiteren Erhebungen in einem neuen Rechtsstreit vorzunehmen (s auch Bem 60a, 172 zur Frage der Ergänzung von Blutgruppengutachten, sowie Bem 128 aE).

g) **Beweislast und Rechtskraft-Wirkung** (Feststellungswirkung).

182 aa) Im Abstammungsfeststellungsprozeß trägt stets der Kläger die (objektive) **Beweislast** (Feststellungslast)*); dh zu seinen Lasten geht es in diesem der Untersuchungsmaxime (s Bem 170) unterliegenden Verfahren, wenn der Richter nicht die volle Überzeugung von der Wahrheit der betreffenden tatsächlichen Behauptungen (vgl § 286 ZPO) zu gewinnen vermag (s dazu im allgemeinen Rosenberg-Schwab, Beweislast, 5. Aufl 1965, 11, 16ff; Blomeyer, ZPR, 341; sowie Pohle, ArchcivPr 155, 1956, 165, 167; Habscheid, NJW 1966, 768; (zum österreichischen Recht) Fasching, Komm [s Fußn zu Bem 33], 233f, Vorbem 19 vor § 266 ZPO; zur objektiven Beweislast im Verfahren der freiwilligen Gerichtsbarkeit Bem 144 zu § 1707).

So trägt das Kind auf seine positive Abstammungsfeststellungsklage die Beweislast dafür, daß der Beklagte sein natürlicher Vater, sein Erzeuger ist; ebenso obliegt dem Manne auf die negative Abstammungsfeststellungsklage der Beweis dafür, daß er nicht der natürliche Vater des Kindes ist. In beiden Fällen darf der Klage nur stattgegeben werden, wenn der Richter jeweils die volle Überzeugung von dem erwähnten Sachverhalt gewonnen hat (s von Hülsen, aaO; auch Schwab, ZZP 68, 121, 137ff).

183 Der positiven Abstammungsfeststellungsklage des Kindes ist stattzugeben, wenn feststeht, daß der Beklagte mit der Mutter des Kindes in der Empfängniszeit Geschlechtsverkehr gepflogen, Mehrverkehr nicht nachgewiesen werden kann oder Mehrverkehrszeugen ausgeschlossen wurden und der Beklagte selbst durch Blutgruppengutachten und erbbiologische Gutachten nicht ausgeschlossen werden kann, sowie wenn nach dem Zeitpunkt des Verkehrs und dem Reifegrad des Kindes keine Bedenken gegen die Vaterschaft des Beklagten bestehen und diese auch nach den Gutachten hinreichend wahrscheinlich ist (s 134, 135; etwas zu weitgehend OLG Nürnberg, DAVorm XXXV, 115).

184 bb) Daher hat in diesen Verfahren der Fall, daß weder bewiesen werden kann, der betreffende Mann sei der Vater des Kindes, noch, daß er es nicht ist, besondere Bedeutung; diese Frage des „non liquet" hat die Rechtsprechung vor große Schwierigkeiten gestellt (s BGHZ 5, 385 [Bem 149]; 17, 252 [Bem 150]; 40, 367 [Bem 169]).

Wird die positive Feststellungsklage abgewiesen, da die Vaterschaft des Beklagten ungewiß, dh unbewiesen geblieben ist, andererseits aber auch nicht ausgeschlossen werden konnte, so endet der Prozeß ohne Ergebnis, ohne Feststellungswirkung (Blomeyer, 693). Dasselbe gilt, wenn die negative Feststellungsklage mit der Begründung abgewiesen wird, es habe nicht ein-

---

*) Blomeyer, Non liquet, JZ 1955, 605; Brüggemann, Das „non liquet" zur Beiwohnungsfrage im Statusprozeß, FamRZ 1964, 337; v. Hülsen, Das Rechtsschutzinteresse für die negative Abstammungsfeststellungsklage und deren Entscheidung bei „non liquet", FamRZ 1964, 280; s auch Hense, Die Bedeutung der Beweislastverteilung in den Abstammungs- und Unterhaltsprozessen unehelicher Kinder, DJ 1939, 1578.

Die objektive Beweislast ist von der Beweisführungslast — wie sie in dem „normalen" (der Parteiherrschaft unterliegenden) Verfahren besteht (s vor allem Bem 4, 12, 21, 52) — zu unterscheiden.

deutig bewiesen werden können, daß der Kläger nicht der Vater des Kindes sei (RGZ 168, 187; BGHZ 17, 252; Blomeyer, JZ 1955, 605; ZPR, 693; Schwab, ZZP 68, 121, 137; Jauernig, FamRZ 1958, 79; Dölle, II, 507f). Der BGH (aaO) hat hier mit Recht auf die besondere rechtliche Ausgestaltung, die das Verhältnis zwischen dem unehelichen Kinde und seinem Erzeuger erfahren habe, und die Bedeutung der Feststellung hingewiesen, ein bestimmter Mann sei der Vater oder sei es nicht (260ff). Von dem dargelegten Grundsatz, daß auch die negative Abstammungsfeststellungsklage bei Ungewißheit der Abstammung des Kindes abzuweisen sei, hat der BGH (Z 40, 367 = FamRZ 1964, 150 = NJW 1964, 723 = MDR 1964, 305) den Fall ausgenommen, daß schon ein Geschlechtsverkehr des betreffenden Mannes (des Klägers) mit der Mutter des Kindes während der Empfängniszeit nicht bewiesen ist. Dieser Entscheidung kann jedoch nicht beigetreten werden (ebenso Dölle, II, 508; Brüggemann und von Hülsen, aaO). Es ist, auch vom Ergebnis her betrachtet, nicht zu rechtfertigen, in diesem Falle die Möglichkeit abzuschneiden, in einem späteren Prozesse, wenn die wissenschaftliche Forschung hinsichtlich der Vaterschaftsfeststellung (s Bem 105ff) weitere Fortschritte gemacht hat, dementsprechende Ermittlungen anzustellen, während dies in anderen Fällen, in denen die Vaterschaft unaufklärbar geblieben war, möglich wäre (s Bem 186).

Ist die Abstammung unaufklärbar, so ist die Klage nicht etwa als unzulässig abzuweisen (so aber Blomeyer, 693); auch ist nicht im Tenor die Unaufklärbarkeit der Abstammung festzustellen (anders wohl OLG Schleswig, NJW 1955, 591). 185

Das die Klage aus den erwähnten Gründen abweisende Urteil ist kein Prozeßurteil (so aber Blomeyer, 693; JZ 1955, 605; Jauernig, FamRZ 1958, 79; Bosch, FamRZ 1962, 164 Anm; Erman-Hefermehl, Anhang zu § 1717, 5b; s auch BGH, LM BGB § 1717 Nr 7 aE; Beitzke, FamRZ 1958, 288), sondern ein Sachurteil mit eingeschränkter Rechtskraftwirkung (Dölle, II, 509; von Hülsen, FamRZ 1964, 280). Denn das Urteil beruht auf einer sachlichen Prüfung; die Aufklärbarkeit des Sachverhalts ist keine Prozeßvoraussetzung.

Ist die (positive oder negative) Abstammungsfeststellungsklage wegen Unaufklärbarkeit der Vaterschaft abgewiesen worden, so steht dieses Urteil einer späteren Klage nicht entgegen, wenn in der Zwischenzeit etwa neue Untersuchungsmethoden in der Vaterschaftsbegutachtung entdeckt worden sind (ähnlich Erman-Hefermehl, Anhang zu § 1717, 8; vgl auch BGHZ 17, 252, 265). 186

In solchen Fällen kann eine Unterhaltsklage eventuell zufolge der Beweislastregelung des § 1717 Abs 1 erfolgreich sein (s den von Meier, ZblJugR 1960, 116; FamRZ 1962, 294 berichteten, vom LG Karlsruhe entschiedenen Fall; sowie Beitzke, FamRZ 1958, 288; Bosch, FamRZ 1962, 164; Erman-Hefermehl, 7 aE zu § 1717; vgl noch zum früheren Recht Bem 145 aE). 187

cc) Wird der positiven Abstammungsfeststellungsklage stattgegeben oder wird die negative Abstammungsfeststellungsklage mit der Begründung abgewiesen, der Kläger sei der Vater des beklagten Kindes, so ist hierdurch mit Wirkung für und gegen alle **(§ 643 ZPO)** die Vaterschaft festgestellt. Wird umgekehrt der negativen Abstammungsfeststellungsklage stattgegeben oder wird die positive Feststellungsklage abgewiesen jeweils mit der Begründung, der Mann sei als möglicher Vater des Kindes auszuschließen, so ist mit Wirkung für und gegen alle festgestellt, daß der betreffende Mann nicht der Vater des Kindes ist. 188

An diese Feststellungen sind auch alle anderen Gerichte, zB Strafgerichte und Sozialgerichte, gebunden (vgl aber auch bezüglich des Strafverfahrens BGH, LM ZPO § 640 Nr 6)*).

Wird die Vaterschaft eines Mannes festgestellt, so ist im Geburtenbuch ein Randvermerk (zum Geburtseintrag) einzutragen (§ 30 Abs 1 PStG, s auch Vorbem 19, 30 vor § 1705; sowie Maßfeller, DJ 1939, 1591 Anm)**). 189

*) Schwab, Bindung des Strafrichters an rechtskräftige Zivilurteile?, NJW 1960, 2169 [2173 zur Bindung an Abstammungsfeststellungsurteile].

**) Völker, Feststellung des Bestehens oder Nichtbestehens der unehelichen Vaterschaft, StAZ 1953, 211 [betr Eintragungen des Standesbeamten in Personenstandsregister].

190 Wird umgekehrt festgestellt, daß ein Mann nicht der Vater des Kindes ist, so kann der ein Vaterschaftsanerkenntnis betreffende Randvermerk im Geburtenbuch auf Anordnung des Gerichts gemäß §§ 47, 50 PStG berichtigt werden (s 79 zu § 1718).

191 h) **Internationales Privatrecht** *).

Besitzt eine der beiden Parteien des Abstammungsfeststellungsprozesses nicht die deutsche Staatsangehörigkeit, so fragt es sich, welches Recht für die Feststellung der Abstammung, dh der blutmäßigen Vaterschaft, als eines materiellrechtlichen Rechtsverhältnisses anzuwenden ist.

Das EGBGB enthält hierzu keine Vorschriften; Art 21 regelt nur die Frage der Anwendung des die Unterhaltspflicht betreffenden Rechts (s 261 zu § 1708). In der Rechtsprechung und Literatur**) wurde überwiegend die Auffassung vertreten, anzuknüpfen sei an das Heimatrecht des angeblichen Erzeugers, und zwar in Analogie zu Art 18 und 19 EGBGB. Die erwähnten Entscheidungen der OLGe Stuttgart und Karlsruhe betrafen folgende Fälle:

In dem vom OLG Stuttgart entschiedenen Fall war die Unterhaltsklage des unehelichen Kindes gegen einen griechischen Staatsangehörigen (unter Anwendung des deutschen Rechts gemäß Art 21 EGBGB) abgewiesen worden; das Kind klagte sodann auf Feststellung, der Mann sei sein Vater, um vor allem die Wirkungen des § 644 Abs 2 Satz 1 ZPO zu erzielen. Das OLG Stuttgart ging davon aus, das nach der erwähnten Auffassung maßgebende griechische Recht kenne ein dem deutschen Recht entsprechendes Rechtsverhältnis nicht, das auf der blutmäßigen Abstammung des unehelichen Kindes von seinem Erzeuger beruhe, und bestätigte daher die vom LG ausgesprochene Abweisung der Klage.

Das Urteil des OLG Karlsruhe betraf den umgekehrten Fall: Ein Deutscher hatte die Vaterschaft und die Unterhaltsverpflichtung gegenüber dem unehelichen Kinde einer Spanierin anerkannt; später klagte er auf Feststellung, daß er nicht der Vater des Kindes sei; das OLG Karlsruhe wandte deutsches Recht an und erklärte die Klage für zulässig. Der Kläger bezweckte hier mit der Klage, die Unterhaltsverpflichtung zu beseitigen.

Bosch (FamRZ 1966, 31) wies zu diesen Fällen zutreffend auf das unbefriedigende Ergebnis hin, daß dem Kinde deutscher Staatsangehörigkeit die Feststellungsklage versagt bleibt, wenn das Heimatrecht des angeblichen unehelichen Vaters ausländischer Staatsangehörigkeit das materiellrechtliche Rechtsverhältnis der blutmäßigen Vaterschaft (Abstammung) nicht kenne, während umgekehrt der betreffende Mann deutscher Staatsangehörigkeit gegen ein Kind ausländischer Staatsangehörigkeit negative Abstammungsfeststellungsklage erheben könne.

Im Hinblick auf das Verfassungsgebot des Art 6 Abs 5 GG kann indessen dem Kinde deutscher Staatsangehörigkeit keinesfalls die Abstammungsfeststellungsklage gegen einen Ausländer abgeschnitten werden (Bosch, FamRZ 1965, 524; s zu Art 6 Abs 5 GG Vorbem 38, 56 vor § 1705). Daher bleibt im Hinblick auf die Vorschriften des § 644 ZPO nur die Wahl, in beiden erwähnten Fällen die Feststellungsklage unter Anwendung deutschen Rechts zuzulassen, wobei jedoch die Rechtswirkungen des Urteils auf das deutsche Rechtsgebiet beschränkt bleiben, soweit das ausländische Recht das Urteil nicht anerkennt.

---

*) Müller-Freienfels, Zur kollisionsrechtlichen Behandlung der Abstammungsklage, FamRZ 1957, 147; P. H. Neuhaus, Die Verpflichtungen des unehelichen Vaters im deutschen internationalen Privatrecht, 1953; K. H. Neumayer, Ist das deutsche internationale Kindschaftsrecht revisionsbedürftig?, ArchivPr 152, 1952/1953, 335; ferner s die Vorschläge des Deutschen Rats für internationales Privatrecht zur unehelichen Kindschaft in Materialien zum ausländischen und internationalen Privatrecht, Bd 7: Vorschläge und Gutachten zur Reform des deutschen internationalen Kindschafts-, Vormundschafts- und Pflegschaftsrechts, 1966, 18ff (mit Begründung), und Müller-Freienfels, daselbst 92ff: Zur Reform des deutschen internationalen Unehelichenrechts (Gutachten).

**) LG und OLG Düsseldorf, FamRZ 1957, 182; sowie auch nach der Neufassung des § 644 ZPO; OLG Stuttgart, FamRZ 1965, 522 mit ablehnender Anm von Bosch — das Armenrecht für die Revision gegen dieses Urteil hat der BGH, FamRZ 1966, 31 mit Anm von Bosch, versagt —; OLG Karlsruhe, Die Justiz 1965, 236 = (gekürzt) NJW 1965, 1537 = FamRZ 1965, 579 Leits; Kegel, Internationales Privatrecht, 2. Aufl 1964, 327; Palandt-Lauterbach, 25. Aufl 1966, 3a zu Art 21 EGBGB; aM Müller-Freienfels, aaO.

4. Die Regelung des § 644 ZPO*), das Problem der Ausgleichsansprüche.

a) Mit der Vorschrift des § 644 nF — deren Zweck es ist, eine Regelung des **Problems der Rechtskraftkollision** (wenn auch nur als Notlösung [s Bem 154 aE]) zu treffen — ist der **Vorrang des Abstammungsurteils** hinsichtlich der Feststellung, daß ein bestimmter Mann der Vater des Kindes ist oder nicht ist, gegenüber den diesbezüglichen Feststellungen des Unterhaltsurteils über den Grund des Unterhaltsanspruchs eindeutig festgelegt. Dies ist — zumal im Hinblick auf die Vorschrift des § 643 ZPO — auch sachlich gerechtfertigt. Insoweit bedeutet § 644 nF einen wichtigen und erfreulichen Fortschritt gegenüber der seitherigen Rechtslage. Indessen bestehen gegen die Neuregelung andererseits schwerwiegende Bedenken: Die Vorschrift ist systemwidrig und widerspricht der Dogmatik des Zivilprozeßrechts (s schon Gaul, FamRZ 1959, 431, 434ff; Ziegler, FamRZ 1969, 441ff; sowie Bosch, FamRZ 1961, 457, 458; Gaul, FamRZ 1963, 208, 214ff). So ist diese Regelung auch vorwiegend kritisch aufgenommen worden (s weiterhin Dunz, NJW 1961, 2137, 2140; Beitzke in „Neues Unehelichenrecht in Sicht", 1961, 39, 40ff; Wägenbaur, FamRZ 1962, 129, 130; Roth-Stielow, FamRZ 1962, 96; Müller-Freienfels, Ehe und Recht, 1963, 311 mit Fußn 3; Dölle, II, 511; vgl auch Deisenhofer, Unsere Jugend 1962, 73, 74f). 192

Sie hat zur Folge, daß ein **Urteil** durch eine Entscheidung in einem anderen Verfahren seine **Wirkung verliert**, im Falle des Abs 2 Satz 2 sogar ohne Beteiligung der einen früheren Prozeßpartei. Mit der Rechtskraft des im Abstammungsfeststellungsprozeß ergangenen Urteils (s Bem 188) verliert das im Unterhaltsprozeß erlassene Urteil, wenn es bezüglich des Grundes des Unterhaltsanspruchs, dh der Vaterschaft, andere Feststellungen getroffen hatte, seine Wirkung, nämlich die **Rechtskraftwirkung** und in den Fällen des Abs 1 und Abs 2 Satz 2 die **Vollstreckbarkeit.** Das frühere Urteil wird also nicht etwa aufgehoben (vgl dazu §§ 539, 564, 578, 590 ZPO), vielmehr bleibt es an sich bestehen. Insoweit stellt diese Neuregelung des § 644 ZPO im Prozeßrecht ein völliges Novum dar. Der frühere Rechtsstreit bleibt beendet, die Rechtshängigkeit des früheren Prozesses lebt nicht wieder auf. 193

Weiterhin hat § 644 nF die verhängnisvolle Zweigleisigkeit des Verfahrens — Unterhaltsprozeß vor dem Amtsgericht, Abstammungsprozeß vor dem Landgericht, Unzulässigkeit der Verbindung beider Verfahren (§ 640 Abs 2 Satz 1) — vorläufig bestätigt und fast verstärkt, jedenfalls insofern, als die Neuregelung die Abstammungsprozesse geradezu provoziert, wenn eine Partei sich — etwa nach ungenügenden Ermittlungen im Unterhaltsprozeß — mit dem früheren Urteil nicht zufrieden geben will. 194

Ferner bringt § 644 keine unmittelbare Lösung des Falles, daß die Unterhaltsklage des unehelichen Kindes zunächst gegen den Mann X, dann die weitere Klage gegen den Mann Y abgewiesen wird, letztere mit der Begründung, die nunmehr angestellten Ermittlungen hätten ergeben, daß X doch der Vater sei (s Gaul, FamRZ 1959, 431, 438f; LG Verden, FamRZ 1954, 174; 1955, 181; LG Mainz, FamRZ 1955, 298 = NJW 1955, 1363; LG Deggendorf, FamRZ 1957, 178; LG Hannover, FamRZ 1957, 181; OLG Saarbrücken, FamRZ 1958, 340; LG Stuttgart, NJW 1959, 296). In diesen Fällen besteht nur die Möglichkeit, daß das Kind einen Statusprozeß führt, um das erste die Unterhaltsklage abweisende Urteil zu „beseitigen", und danach einen neuen Unterhaltsprozeß anstrengt, in dem es den Unterhaltsanspruch vom Zeitpunkt der Rechtshängigkeit des Statusprozesses geltend machen kann (§ 644 Abs 2 Satz 1; s hierzu auch Gaul, FamRZ 1963, 208, 215 reSp)**). 195

Unbefriedigend ist die Neuregelung auch insofern, als das Kind erst vom Zeitpunkt der Rechtshängigkeit der Statussache an Unterhalt verlangen und der uneheliche „Scheinvater" (der an sich zunächst objektiv zu Unrecht zur Unterhaltszahlung verurteilt worden war) noch bis zum Zeitpunkt der Rechtskraft des Statusurteils Unterhalt leisten muß, so daß das Kind nach dem Wortlaut des Gesetzes von zwei „Vätern" für die Zeit von der Rechtshängigkeit bis zur Rechtskraft des Statusprozesses Unterhalt verlangen kann, woraus sich für diesen Zeitraum das Problem eines Ausgleichsanspruchs ergibt (s 207ff). Andererseits ist 196

---

*) Text s 156; Lit-Angaben s dortige Fußn.

**) Zu dem umgekehrten Falle, daß zwei Männer die Vaterschaft und die Unterhaltsverpflichtung anerkennen, s Bem 210 und Bem 59 zu § 1718, zu dem Falle, daß gegen zwei Männer Unterhaltsurteile ergehen, s 211 zu § 1708.

diese Regelung nicht als so ungerecht und unbillig zu beurteilen, daß sie als verfassungswidrig beurteilt werden müßte (LG Stuttgart, FamRZ 1966, 264).

197 Schließlich weist die Neuregelung noch insofern Mängel auf, als keine Übergangsvorschriften erlassen worden sind (s unten 214ff) und Fragen des internationalen Privatrechts ungeklärt geblieben sind, die mit der Neufassung des § 644 ZPO zusammenhängen (s Bem 191).

198 b) Wird im Statusprozeß rechtskräftig festgestellt, daß der Mann, gegen den das Kind ein Unterhaltsurteil erwirkt hatte, nicht der leibliche Vater des Kindes ist, so verliert das Unterhaltsurteil gemäß **§ 644 Abs 1** seine Wirkung, dh die Rechtskraftwirkung und die Vollstreckbarkeit (s zB Schlosser, Gestaltungsklagen und Gestaltungsurteile, 1966, 257). Das Kind kann aus dem früheren Unterhaltsurteil keine Rechte mehr herleiten, also keinen Unterhalt mehr begehren. Etwaige Rückstände können nicht mehr gefordert, insbesondere nicht mehr beigetrieben werden (ebenso Dölle, II, 513; Baumbach-Lauterbach, 28. Aufl, 2 zu § 644 ZPO; Erman-Hefermehl, Anhang zu § 1717, Anm 6caa; LG Hannover, DAVorm XXXV, 67; LG Stuttgart, FamRZ 1966, 264 — beiläufig —; aM LG Köln, MDR 1963, 597 = FamRZ 1963, 456 Leits; wohl auch Bosch, FamRZ 1962, 163 Anm). Wird die Vollstreckung (weiter) betrieben, so kann der Schuldner Erinnerung einlegen (§ 766 ZPO) und die Einstellung der Vollstreckung analog § 775 Nr 1 ZPO erwirken (ebenso Dölle, Baumbach-Lauterbach, Erman-Hefermehl, aaO).

An dem — freilich unerfreulichen — Ergebnis, daß damit der säumige, nicht zahlungsfähige oder unpfändbare Schuldner gegenüber dem Schuldner, der die Unterhaltspflicht entsprechend dem Urteil erfüllt hatte, im Vorteil ist, läßt sich nach dem klaren Wortlaut des Gesetzes nichts ändern.

199 Hatte die Mutter oder ein mütterlicher Verwandter (Großelternteil) dem Kinde Unterhalt geleistet und waren deshalb an sich die Unterhaltsansprüche des Kindes auf diese übergegangen (§ 1709 Abs 2), so können die Rückstände von diesen Personen ebenfalls nicht mehr gegen den „Scheinvater" geltend gemacht werden. Ebenso verliert die Überleitung des Unterhaltsanspruchs durch den Träger der Sozialhilfe auf sich (§§ 90, 91 BSHG) und die Umschreibung des Titels (§ 727 ZPO) ihre Wirkung.

200 Hatte der Mann sich in vollstreckbarer Urkunde oder in einem Prozeßvergleich zur Unterhaltszahlung verpflichtet (§§ 794 Abs 1 Nr 1, 5, 801 ZPO, 49 Abs 3 JWG), so verliert diese Urkunde mit der Rechtskraft des Statusurteils ebenfalls ihre Wirkung (§ 644 Abs 1 Satz 2).

201 Die vorliegende Regelung bedeutet andererseits, daß das frühere Unterhaltsurteil seine Wirkung bis zum Zeitpunkt der Rechtskraft des Statusurteils behält: daher hat der Mann keinen Anspruch auf Rückzahlung der Unterhaltsleistungen (ebenso Dölle, II, 513; Erman-Hefermehl, Anhang zu § 1717, Anm 6caa; Baumbach-Lauterbach, 2 zu § 644 ZPO); diese Zahlungen wurden nicht ohne rechtlichen Grund geleistet (s § 812 Abs 1 BGB), Ansprüche aus ungerechtfertigter Bereicherung kommen somit nicht in Betracht (s auch zur Frage des Ausgleichs zwischen dem „Scheinvater" und dem wirklichen Vater Bem 209f).

202 Zu beachten ist, daß das frühere Unterhaltsurteil nur dann seine Wirkung in dem dargelegten Sinne verliert, wenn das Statusurteil feststellt, daß der Mann nicht der Vater ist; dh mit anderen Worten das Unterhaltsurteil behält seine Wirkung, wenn die Statusklage mit der Begründung abgewiesen wird, die Abstammung sei nicht aufklärbar (s Bem 184, 186f).

203 § 644 Abs 1 ist nur anzuwenden, wenn das zugunsten des Kindes ergangene Unterhaltsurteil vor dem Zeitpunkt des Eintritts der Rechtskraft des negativen Abstammungsfeststellungsurteils rechtskräftig geworden war (s Bem 192), also nicht, wenn der betreffende Mann gegen das Unterhaltsurteil des Amtsgerichts Berufung eingelegt hat und während des Berufungsverfahrens (s Bem 168 zur Aussetzung des Unterhaltsprozesses) rechtskräftig festgestellt wird, daß der in Anspruch genommene Mann nicht der Vater des Kindes ist (s Bem 188). In diesem Falle ist auf die Berufung die Unterhaltsklage abzuweisen, wenn sie nicht zurückgenommen wird (§ 271 ZPO) oder wenn nicht — was für zulässig zu halten ist — der Rechtsstreit in der Hauptsache für erledigt erklärt wird. Hier hat der Mann (Beklagter des Unterhaltsprozesses) Anspruch auf Rückzahlung der auf Grund des vorläufig vollstreckbaren Urteils des Amtsgerichts geleisteten oder beigetriebenen Unterhaltsbeträge (s § 717 Abs 2 ZPO sowie auch § 812 BGB, ebenso RGRKomm, 14 zu § 1717).

§ 1709 Abs 2 kann auf den vorliegenden Fall nicht mit der Wirkung analog angewandt werden, daß der Unterhaltsanspruch des Kindes gegen den leiblichen Vater auf den im Unterhaltsprozeß vom AG (zu Unrecht) verurteilten Mann übergegangen wäre.

Ist das Kind — wie regelmäßig — zur Rückzahlung nicht in der Lage, so muß es für zulässig gehalten werden, daß der Mann den Unterhaltsanspruch des Kindes gegen den wirklichen Vater (vgl § 1711) für den Zeitraum, während dessen er Unterhalt geleistet hat, pfändet, etwa den von dem Kinde später erwirkten Unterhaltstitel. Liegt gegen den wirklichen Vater noch kein Titel vor, so kann gegebenenfalls gemäß § 841 ZPO gegen diesen Klage erhoben werden, wobei die Beweislastregelung des § 1717 Abs 1 zu berücksichtigen ist — falls gegen den wirklichen Vater kein Statusurteil ergangen ist.

In dem vorliegenden Sonderfall kann die Vorschrift des § 850b Abs 1 Nr 2 ZPO nicht angewendet werden, die dem Schutze des Kindes dienen soll. Dieser Gesichtspunkt kommt hier nicht in Betracht, da das Kind gerechterweise nicht für den gleichen Zeitraum von zwei Männern Unterhalt verlangen kann (s aber zB für den Fall der Vermögensübernahme Bem 23 zu § 1712).

Der vorliegende Fall ist ebenso zu behandeln wie die vom BGH (GSZ) entschiedenen Fälle, in denen unpfändbare Unfallrentenansprüche ausnahmsweise für abtretbar gehalten wurden und § 400 BGB für nicht anwendbar erklärt wurde (BGHZ 4, 153 = LM BGB § 400 Nr 1 Leits mit Anm von Pagendarm = JZ 1952, 225 = NJW 1952, 337 = VRS 4, 170 = BB 1952, 170 = DAR 1952, 105 = VersR 1952, 166 Leits; Z 13, 360 = LM BGB § 400 Nr 3 Leits mit Anm von Krille = NJW 1954, 1153 = JZ 1954, 545 = BB 1954, 629 = VersR 1954, 389).

c) Erwirkt das Kind ein Feststellungsurteil, daß ein bestimmter Mann sein blutmäßiger Vater sei, so kann es gemäß **Abs 2 Satz 1** gegen diesen Unterhaltsansprüche für die Zeit von der Rechtshängigkeit des Statusprozesses an auch dann geltend machen, wenn eine frühere Unterhaltsklage des Kindes gegen diesen Mann rechtskräftig abgewiesen worden war. Hierdurch wird zur Lösung des oben (Bem 151 ff) dargestellten „Zwiespalts zwischen Unterhalts- und Abstammungsurteil" die Rechtskraft des früheren Urteils durchbrochen. 204

Der Vater braucht jedoch bis zum Zeitpunkt der Rechtshängigkeit des Statusprozesses keinen Unterhalt zu leisten. Die Vorschrift des § 644 Abs 2 Satz 1 hat in gewissem Sinne eine Parallele in der Bestimmung des § 323 Abs 3 ZPO, in der ebenso eine „Änderung" für die Zeit nach Erhebung der Klage vorgesehen ist (s 238 zu § 1708). Indessen wird auch im vorliegenden Falle anzunehmen sein, daß in Analogie des § 261b Abs 3 ZPO die Wirkung der Rechtshängigkeit auf den Zeitpunkt der Klageeinreichung zurückbezogen wird, wenn die Klage demnächst zugestellt wird (s zur Abänderungsklage 238 mit 136 zu § 1708). 205

§ 644 Abs 2 Satz 1 ist dahin zu verstehen, daß die Rechtskraftwirkung des früheren die Unterhaltsklage abweisenden Urteils bis zu dem erwähnten Zeitpunkt bestehen bleibt. Daher kann auch die Mutter oder ein mütterlicher Verwandter (Großelternteil), der für das Kind in der Zeit zuvor Unterhalt geleistet hat, von dem Vater keinen Ersatz verlangen (§ 1709 Abs 2), ebenso nicht der Sozialhilfeträger, der den Unterhaltsanspruch des Kindes auf sich übergeleitet hat (§§ 90, 91 BSHG). 206

Mit der Rechtskraft des Statusurteils verliert ein Urteil oder ein sonstiger Schuldtitel (s Bem 200), durch den ein anderer Mann zum Unterhalt gegenüber dem Kinde verpflichtet war, seine Wirkung (§ 644 Abs 2 Satz 2 ZPO). Doch entsteht hier die Frage, ob das Kind nunmehr von dem wirklichen Vater rückwirkend von der Geburt an Unterhalt verlangen kann (so Gaul, FamRZ 1963, 208, 215) oder erst vom Zeitpunkt der Rechtshängigkeit des Statusprozesses (so Dölle, II, 513f; Beitzke, 199f; Baumbach-Lauterbach, 3c zu § 644 ZPO). Gaul nennt die von ihm gezogene Schlußfolgerung selbst eine „kuriose Ungereimtheit". Indessen muß Satz 2 des Abs 2 im Zusammenhang mit Satz 1 gelesen werden, wenn hier auch keine Rechtskraftkollision vorliegt, da die Parteien des früheren Unterhaltsrechtsstreits und des Statusprozesses nicht die gleichen waren. Zu berücksichtigen sind ferner die Erwägungen des Gesetzgebers (s Bem 154), Härten zu vermeiden, die durch die Verpflichtung entstünden, Unterhalt für viele Jahre nachzahlen zu müssen. Weiterhin hatte der Mann, der auf Grund des früheren Urteils Unterhalt geleistet hatte, diese Verpflichtung nicht ohne rechtlichen Grund erfüllt, so daß ihm keine Bereicherungsansprüche (§ 812 BGB) zustehen. 207

Aus diesen Erwägungen ergibt sich die allein sachgerechte Lösung, daß auch in dem vorliegenden Falle die Verpflichtung zur Unterhaltsleistung erst mit dem Zeitpunkt der Rechtshängigkeit des Statusprozesses (s auch Bem 205) beginnt.

Das Kind hat hier, da das Bestehen des Unterhaltsanspruchs nicht von der Bedürftigkeit des Kindes abhängt (s 2, 33 zu § 1708), an sich vom Zeitpunkt der Rechtshängigkeit des Statusprozesses an einen Unterhaltsanspruch gegen den Mann, der in der erwähnten Weise zur Unterhaltsgewährung verpflichtet ist, sowie rückwirkend vom gleichen Zeitpunkt an auch gegen den wirklichen Vater (s 196; Beitzke, 199; aM Gernhuber, 629, der annimmt, zwischen den beiden Männern bestehe ein Gesamtschuldverhältnis, die Leistung des Scheinvaters befreie den Erzeuger). Diese wohl merkwürdige Konsequenz des Gesetzes führt zu Schwierigkeiten, die auf folgende Weise gelöst werden können:

208 Hat der „Scheinvater" die Unterhaltspflicht bis zur Rechtskraft des Statusurteils nicht erfüllt, so ist der wirkliche Vater des Kindes insoweit allein unterhaltspflichtig. Rückstände können nicht mehr beigetrieben werden (s 198).

209 Soweit der „Scheinvater" seiner Unterhaltspflicht bis zur Rechtskraft des Statusurteils nachgekommen ist, stehen ihm gegen das Kind weder Ansprüche aus ungerechtfertigter Bereicherung (§ 812 BGB) zu, da er die Unterhaltsleistungen nicht ohne rechtlichen Grund erbracht hat, noch Ansprüche aus Geschäftsführung ohne Auftrag (§ 677), da nicht angenommen werden kann, er habe ein fremdes Geschäft (nämlich für den — damals noch nicht feststehenden — wirklichen Vater) führen wollen (s auch Dölle, II, 513f; Beitzke, 199f; Gernhuber, 629). Eine sachgerechte und befriedigende Lösung läßt sich hier nur durch eine analoge Anwendung des § 1709 Abs 2 erzielen, in der Weise, daß der Unterhaltsanspruch des Kindes gegen den wirklichen Vater für die Zeit von der Rechtshängigkeit des Statusprozesses (s Bem 205) bis zur Rechtskraft des Statusurteils insoweit auf den „Scheinvater" übergegangen ist, als dieser Unterhalt geleistet ist. Daraus folgt, daß das Kind insoweit den Unterhaltsanspruch gegen den wirklichen Vater nicht mehr geltend machen kann (s Dölle, Beitzke, aaO; Erman-Hefermehl, 6cbb; vgl auch Merkert, NJW 1963, 2361, 2362, und Gaul, FamRZ 1963, 535).

Für den Zeitraum vor Beginn der Rechtshängigkeit des Statusprozesses kann die analoge Anwendung des § 1709 Abs 2 nicht bejaht werden; dh mit anderen Worten, für diesen Zeitraum kann der uneheliche „Scheinvater" von dem wirklichen Vater keinen Ersatz der von ihm geleisteten Unterhaltsbeträge verlangen (anders Gernhuber, 629).

210 Die analoge Anwendung des § 1709 Abs 2 kommt auch in folgendem Falle nicht in Betracht: Ein Mann hatte die Vaterschaft und die Unterhaltsverpflichtung anerkannt (s Bem 81 ff zu § 1718), danach aber ein rechtskräftiges Statusurteil mit der Feststellung erwirkt, er sei nicht der Vater; später erkannte ein anderer Mann die Vaterschaft und die Unterhaltsverpflichtung an. Hier kann der erstere Mann weder analog § 1709 Abs 2 noch gemäß §§ 683, 812 Ersatz der Unterhaltsbeträge von dem letzteren Manne verlangen (OLG Bamberg, FamRZ 1965, 392 mit Anm von Bosch = ZblJugR 1965, 305; anders wohl Gernhuber, aaO).

Ebenso kann der uneheliche „Scheinvater", wenn er dem Kinde als dem Beklagten im Verfahren der negativen Abstammungsfeststellungsklage einen Prozeßkostenvorschuß geleistet hatte (s 95 zu § 1708), nicht von dem wirklichen Vater des Kindes Ersatz dieser Aufwendungen verlangen.

211 Ist der Unterhaltsanspruch des Kindes auf den unehelichen Scheinvater analog § 1709 Abs 2 übergegangen, so kann dieser daneben keine Bereicherungsansprüche gegen den wirklichen Vater geltend machen (ebenso Dölle, II, 514).

212 Leistet der wirkliche Vater bereits von der Rechtshängigkeit des Statusprozesses an Unterhalt, so steht dem „Scheinvater", wenn das Kind auch ihm gegenüber Unterhalt aus dem Titel begehrt, jedenfalls die Einrede der Arglist zu (ebenso Dölle, aaO).

213 d) Zu Schwierigkeiten führte § 644 hinsichtlich der Frage, ob das Statusurteil, das einem im früheren Unterhaltsprozeß ergangenen Urteil widerspricht, sich auch auf die Kostenentscheidung des früheren Urteils erstreckt, ob diese ebenfalls wirkungslos wird. Das LG Stuttgart (FamRZ 1966, 264) vertrat die Ansicht, nach Rechtskraft des Statusurteils könne ein Kostenerstattungsanspruch aus dem früheren Unterhaltsrechtsstreit nicht mehr geltend gemacht werden, insbesondere könne mit diesem Kostenerstattungsanspruch nicht gegen den der anderen Partei auf Grund des Statusurteils zustehenden Kostenerstattungsanspruch aufgerechnet werden. Ähnlich meinte das LG Memmingen (KostRspr GKG § 102 Nr 2),

verliere ein im Unterhaltsprozeß ergangenes Urteil infolge des Statusurteils seine Wirkung, so stehe das dem Erlöschen der Zahlungspflicht hinsichtlich der Gerichtskosten iS des § 102 Satz 1 GKG gleich. Im letzteren Falle würde diese Auffassung zur Folge haben, daß die für den Unterhaltsprozeß bereits bezahlten Kosten zurückerstattet werden müßten (§ 102 Satz 2 GKG).

Indessen hat § 644 ZPO den Zweck, die Rechtskraftkollision zwischen einem im früheren Unterhaltsrechtsstreit ergangenen Urteil und dem späteren Statusurteil zu klären (s Bem 192), dh den Widerspruch zwischen zwei zur Hauptsache ergangenen Urteilen, nämlich über das Bestehen oder Nichtbestehen der Vaterschaft, die der Klagegrund des Unterhaltsrechtsstreits ist, zu regeln. An dieser Rechtskraftkollision nimmt die Kostenentscheidung des früheren Urteils nicht teil, da diese nicht in materielle Rechtskraft erwächst (s Göppinger, Die Erledigung des Rechtsstreits in der Hauptsache, 1958, 35) und nicht Teil der Entscheidung über den Streitgegenstand ist (Göppinger, aaO). Das frühere Urteil wird durch das im Statusprozeß ergehende Urteil auch nicht aufgehoben (s 193). Aus diesen Gründen kann die Wirkung des Statusurteils nicht die Kostenentscheidung des früheren Urteils erfassen.

e) Da zu § 644 ZPO nF, die am 1. 1. 1962 in Kraft getreten ist, **keine Übergangsvorschriften** erlassen worden sind, wurde die Praxis vor schwierige Fragen gestellt*): 214

Waren der Unterhaltsprozeß und der spätere Abstammungsfeststellungsprozeß vor dem 1. 1. 1962 abgeschlossen worden, so erhebt sich die Frage, ob § 644 auch in diesem Falle anzuwenden ist. Die Frage wird soweit ersichtlich, einhellig bejaht (Dölle, II, 514; Beitzke, 194; Gaul, FamRZ 1963, 208, 214f; C. Böhmer, DRiZ 1961, 375, 378). In Einzelheiten bestehen jedoch Meinungsverschiedenheiten: 215

War vor dem 1. 1. 1962 ein negatives Abstammungsfeststellungsurteil ergangen, so fällt auf jeden Fall für die Zeit vom 1. 1. 1962 an die in einem früheren Unterhaltsurteil festgelegte Unterhaltspflicht gemäß § 644 Abs 1 weg. Für die Zwischenzeit bis zum 1. 1. 1962 konnte der Wegfall der Unterhaltspflicht auf Grund des Statusurteils nur mit der Vollstreckungsabwehrklage (eventuell auch gestützt auf § 826 BGB) geltend gemacht werden (s Bem 153). 216

Der praktisch wichtigste Fall ist jedoch der, daß das Kind, dessen Unterhaltsklage rechtskräftig abgewiesen worden war, später (vor dem 1. 1. 1962) gegen den betreffenden Mann ein positives Abstammungsfeststellungsurteil erwirkte: Hier wird man annehmen müssen, daß das Kind den Unterhaltsanspruch mit Wirkung vom 1. 1. 1962 geltend machen kann (so auch Dölle, II, 514; Beitzke, 200; LG Rottweil, FamRZ 1962, 529 = NJW 1962, 2305 = DAVorm XXXVI, 13; LG Stuttgart, NJW 1962, 2066 = DAVorm XXXVI, 12; LG Stade, NJW 1963, 1062; OLG Schleswig, SchlHAnz 1964, 197 = DAVorm XXXVII, 225 = FamRZ 1964, 580 Leits; LG Hannover, DAVorm XXXVII, 226 = MDR 1964, 848 = FamRZ 1964, 579f Leits; ebenso der Bundesminister für Familien- und Jugendfragen in einem Rundschreiben vom 24. 11. 1961, DAVorm XXXV, 50; RdJ 1962, 58). Das LG Stade (NJW 1962, 2065 = DAVorm XXXV, 244), Roth-Stielow (FamRZ 1962, 96) und Erman-Hefermehl (Anhang zu § 1717, Bem 6d) vertraten dagegen die Auffassung, das Kind könne rückwirkend vom Zeitpunkt der Rechtshängigkeit des früheren Statusprozesses, also auch für die Zeit vor dem 1. 1. 1962, Unterhalt verlangen (hiergegen mit Recht Dölle, II, 515). 217

Hatte das Kind nach Abweisung der Unterhaltsklage ein positives Abstammungsfeststellungsurteil erwirkt, war aber danach (vor dem 1. 1. 1962) die neue Unterhaltsklage aus prozessualen Gründen rechtskräftig abgewiesen worden (Beispiele s Bem 152), so fragt es sich, ob in diesem Falle das zuletzt genannte Urteil der erneuten Geltendmachung des Unterhaltsanspruchs für die Zeit vom 1. 1. 1962 entgegensteht (s hierzu Gaul, FamRZ 1963, 208, 214; Roth-Stielow, FamRZ 1962, 96). Diese Frage dürfte zu verneinen sein (aM Gaul, aaO; Erman-Hefermehl, Nachtrag zu 6d); andernfalls müßte wohl eine erneute Statusklage für zulässig erachtet werden, um die Wirkung des früheren den Unterhaltsanspruch abweisenden Urteils zu beseitigen (vgl auch Dölle, II, 514). 218

---

*) Gaul (Fußn zu 156); Roth-Stielow, Zum Zwiespalt zwischen Unterhalts- und Abstammungsurteil, die Rückwirkung des § 644 Abs II 1 ZPO nF über den 1. Januar 1962 hinaus, FamRZ 1962, 96.

219 Hat das Kind die später erfolgreiche positive Abstammungsfeststellungsklage vor dem 1. 1. 1962 erhoben, so kann der Unterhaltsanspruch erst mit Inkrafttreten des § 644 Abs 2 Satz 1 ZPO nF, also für die Zeit vom 1. 1. 1962, an geltend gemacht werden.

220 War vor dem 1. 1. 1962 ein Statusurteil ergangen, durch das die Vaterschaft eines bestimmten Mannes festgestellt worden war und war in einem früheren Rechtsstreit ein anderer Mann zur Unterhaltsleistung verurteilt worden, so verliert das Unterhaltsurteil auf jeden Fall seine Wirkung am 1. 1. 1962; für die Zeit von der Rechtskraft des Statusurteils an konnte der (zu Unrecht) zur Unterhaltszahlung verurteilte Mann sich gegen etwaige weitere Vollstreckungsversuche mit der Vollstreckungsabwehrklage zur Wehr setzen (§ 153). In diesem Falle wird man annehmen müssen, daß der wirkliche Vater des Kindes vom Zeitpunkt der Rechtskraft des Statusurteils an zur Unterhaltsleistung verpflichtet ist; hier kommt keine Rechtskraftkollision zwischen Unterhaltsurteil und Statusurteil in Betracht, da in den beiden Prozessen die Parteien nicht die gleichen waren.

§ 1718*).

Wer seine Vaterschaft nach der Geburt des Kindes in einer öffentlichen Urkunde anerkennt, kann sich nicht darauf berufen, daß ein anderer der Mutter innerhalb der Empfängniszeit beigewohnt habe.

E II, 1605; III, 1694; Mot 4, 892; Prot 4, 678, 702; 6, 303.

Gliederung.

---

*) **Lit.:** Dölle, FamR, Band II, 1965, 462ff, § 107; Gernhuber, FamR, 1964, 633ff, § 58, II, 6—10; Beitzke, FamR, 12. Aufl 1964, 197f, § 33, IV, 3; Lehmann, FamR, 3. Aufl 1960, 208f, § 36, II, 1, b; Kipp in Kipp-Wolff, FamR, 6. Bearbeitung 1931, 415ff, § 95, III,2; Brühl, Unterhaltsrecht, 2. Aufl 1963, 422ff; Köhler, Handbuch des Unterhaltsrechts, 1963, 98ff; Roquette, Das Recht des unehelichen Kindes, 1943, 35ff; Lux, Schulung für die juristische Praxis, 5. Aufl 1961, Dritte Abt Freiwillige Gerichtsbarkeit, bearb von P. Jansen, 497ff; Firsching, FamR (Handbuch der amtsgerichtlichen Praxis, Bd V), 2. Aufl 1962; Brand-Hensel, Die Vormundschafts-, Familienrechts- und Fürsorgeerziehungssachen in der gerichtlichen Praxis, 2. Aufl 1963, 161ff; Kommentare zum PStG von Stölzel, 4. Aufl 1936 (zu § 25 aF); Brandis-Maßfeller, 1938 (zu § 29 PStG 1937); Feneberg-Simader, 1958 und Pfeiffer-Strickert, 1961 (zu § 29 PStG 1957).

Aufsätze und Dissertationen: Beitzke, Das Vaterschaftsanerkenntnis, StAZ 1961, 329; Breidenbach, Das Vaterschaftsanerkenntnis, StAZ 1958, 302; Dispeker, Die Anerkennung der Vaterschaft nach § 1718 BGB, SeuffBl 69, 1904, 169; Eisenbarth, Rechtsnatur und Behandlung der Anerkennung der unehelichen Vaterschaft, Diss Marburg 1936; Francke, Die Lehre von der Anerkennung der unehelichen Vaterschaft nach geltendem Recht, Diss Leipzig 1931; Frese, Feststellung der Abstammung, Veränderung der Standesrechte, Anerkennung der Vaterschaft, ZBlFG 8, 1908, 459; Haimerl, Die Anerkennung der unehelichen Vaterschaft gemäß § 1718 BGB und ihre Anfechtung, Diss Würzburg 1936; Heinsheimer, Anerkennung unehelicher Kinder, BadRPr 1903, 70; Jakubezky, Die rechtliche Stellung des Kindes bei der Vaterschaftsanerkennung, Recht 1903, 325; Kornicker, Die rechtliche Behandlung der Anerkennung der unehelichen Vaterschaft nach BGB, Diss Breslau 1916; Müller, Anerkennung der Vaterschaft, DJZ 1907, 1372; Pfeiffer, Einiges über das Anerkenntnis der Vaterschaft StAZ 1954, 230; Prestele, Die Anerkennung der unehelichen Vaterschaft. Ihre Anfechtung, BayZ 1920, 71; Reinsch, Anerkennung der Vaterschaft, DJZ 1907, 963; F. Schmid, Zur Auslegung des § 1718 BGB und dessen Anwendung in der Praxis, ZBlFG 4, 1904, 317; Schnitzerling, Vaterschaftsanerkenntnis — Legitimation durch nachfolgende Ehe — Anfechtung der Ehelichkeit, RdJ 1960, 318; Schubert, Die Rechtsnatur der Vaterschaftsanerkennung im Familienrecht, Diss Marburg, 1932; Steinharter, Die Protokolle des Vormundschaftsgerichts über die Anerkennung der Vaterschaft durch den unehelichen Vater und die Verträge über die Zahlung des Unterhalts, BayZ 1908, 202; ferner s Münzer, Die Anerkennung des unehelichen Kindes nach dem BGB, Diss Heidelberg, 1931; sowie Eberhard und Crasemann, ZBlFG 13, 1913, 381 und 760 (s Lit-Übersicht zu § 1708).
Weitere Literatur zu Einzelfragen ist an der betreffenden Stelle aufgeführt.

2. Anfechtung wegen Willensmängel 97
   a) § 119 98—99
   b) Anfechtung wegen Drohung (§ 123) 100
   c) Anfechtung wegen arglistiger Täuschung 101
      aa) Täuschung durch die Kindesmutter 102—112
      bb) Täuschung durch den Vormund 113—114
      cc) Feststellung, daß Anfechtender nicht Erzeuger des Kindes ist? 115
      dd) Anfechtung auch des Anerkenntnisses der Unterhaltsverpflichtung 115a
   d) Anfechtungsgegner 116—117
   e) Anfechtungsfrist 118

3. Geltendmachung der Nichtigkeit, Anfechtung und Unrichtigkeit des Anerkenntnisses der Vaterschaft und der Unterhaltsverpflichtung, Anwendung der §§ 812, 814 BGB, Feststellungs- und Vollstreckungsabwehrklage
   a) Geltendmachung der Anfechtung des Vaterschaftsanerkenntnisses im Unterhaltsprozeß 119—120
   b) § 47 PStG, Feststellungsklage 121
   c) Statusprozeß, § 644 Abs 1 ZPO 122
   d) Anfechtung des Vaterschaftsanerkenntnisses, Vollstreckungsabwehrklage gegen Unterhaltstitel 123
   e) Kondiktion der Unterhaltsverpflichtungserklärung, Vollstreckungsabwehrklage 124—125
   f) Wahrheitswidriges Vaterschaftsanerkenntnis 126—128
   g) Sachliche Zuständigkeit des Prozeßgerichts 129—131
   h) Fragen des Streitwerts und Geschäftswerts 132—135

VII. **Internationales Privatrecht** 136

Übersicht (Alphabetisches Stichwortverzeichnis).

I. Allgemeines.

1 1. a) § 1718 gilt wie § 1717 nur für die uneheliche Vaterschaft iS der §§ 1708—1716 und dient der Ergänzung der Vorschrift des § 1717, steht also im Zusammenhang mit der dort enthaltenen Beweislastregelung. § 1717 Abs 1 Satz 1 gibt dem in Anspruch Genommenen die „Einrede" des Mehrverkehrs; greift diese durch, so obliegt dem Kinde der Beweis, daß die Beiwohnung des anderen Mannes außer Betracht bleibt (§ 1717 Abs 1 Satz 2). Das Vaterschaftsanerkenntnis hat dagegen die Folge, daß der Anerkennende sich nicht mehr darauf berufen kann, ein anderer Mann habe der Mutter innerhalb der gesetzlichen Empfängniszeit beigewohnt (s zur Rechtsnatur des Vaterschaftsanerkenntnisses und zu seiner weiteren Bedeutung gemäß § 29 PStG unten Bem 44, 61ff).

2 b) Die Regelung des geltenden Rechts ist unbefriedigend (ebenso Bosch, Gutachten, 31), gerade da das Anerkenntnis eine Folge hat, die in der Regel der Fälle nicht gewollt ist (den Ausschluß der „Mehrverkehrseinrede", s Bem 55ff) und da es zwar im Personenstandsregister eingetragen wird (§ 29 PStG), aber einerseits kein Statusakt ist und vor der Eintragung nicht — etwa vom Vormundschaftsgericht — nachgeprüft wird, andererseits durch den Nachweis der Unrichtigkeit (wenn es zB wahrheitswidrig abgegeben ist) oder der offenbaren Unmöglichkeit entkräftet werden kann und weiterhin mehrere Männer die „Vaterschaft" anerkennen können (s 30, 59, 72).

Die Vorschrift ist daher dringend reformbedürftig (vgl Bosch, Gutachten [Vorbem 66 vor § 1705], 31; eine völlige Neugestaltung der Anerkennung der Vaterschaft sieht der Referentenentwurf des Bundesjustizministeriums [s Vorbem 69 vor § 1705] vor; dazu s Knöpfel, FamRZ 1966, 273, 281; Göppinger, FamRZ 1966, 418, 419ff).

3 2. a) Im gemeinen Recht war bestritten, ob die Anerkennung der Vaterschaft eines unehelichen Kindes den Charakter eines Beweismittels oder einen rechtsgeschäftlichen Charakter habe oder haben könne (Mot 4, 893; s auch Windscheid, Pandekten, 7. Aufl 1891, 834, § 522 aE mit N 7).

4 b) Die Vorschrift des § 1718 beruht auf den Vorschlägen der zweiten Kommission (s Prot 4, 678—680). Der Entwurf (E I) hatte keine entsprechende Bestimmung vorgesehen; die Mot (4, 893) führten hierzu aus, daraus (daß das Vaterschaftsanerkenntnis nicht ausdrücklich geregelt sei) sei der Schluß zu ziehen, daß die Anerkennung der Vaterschaft als solche keinen konstitutiven Charakter, sondern nur die Natur eines Beweismittels habe, da die Verwandschaft, soweit nicht das Gesetz ausdrücklich etwas anderes bestimme, der Privatdisposition entzogen sei. Ein Bedürfnis, in der hier fraglichen Beziehung die allgemeinen Grundsätze durch eine positive Bestimmung zu durchbrechen, sei nicht vorhanden; soweit die (in Verbindung mit der Anerkennung der Vaterschaft oder gesondert erfolgende) Anerkennung der Unterhaltsansprüche als Schuldversprechen oder Schuldanerkenntnis erscheine, seien hierfür die diesbezüglichen Vorschriften (jetzt §§ 780, 781 BGB) maßgebend.

Die Kommission legte zu der von ihr eingefügten Vorschrift (§ 1718 des Gesetzes) dar, das Anerkenntnis der Vaterschaft solle als Verzicht auf die exceptio plurium concumbentium angesehen werden, wenn es in der bestimmten Form abgegeben sei; da hierbei die durch den Beischlaf bewiesene Vaterschaft die rechtliche Grundlage des Unterhaltsanspruches sei, so sei die spätere Geltendmachung eines Irrtums nicht ausgeschlossen

(679f). In der Diskussion war auch darauf hingewiesen worden, in der Praxis werde ein Anerkenntnis der Vaterschaft kaum anders als in Verbindung mit einem Anerkenntnis der Unterhaltspflicht abgegeben (680). Die Kommission ist davon ausgegangen, das Anerkenntnis der Vaterschaft habe keine konstitutive Wirkung (679); eine Regelung dahingehend, daß das Anerkenntnis der Vaterschaft gegenüber dem Vormund oder der Mutter, eventuell auch noch gegenüber dem Vormundschaftsgericht oder einer Behörde abgegeben werden müsse, wurde von der Mehrheit der Kommission ausdrücklich abgelehnt (680).

II. Voraussetzungen.

1. Die Vaterschaft des unehelichen Kindes kann erst **nach** dessen **Geburt** anerkannt werden, wie das Gesetz ausdrücklich sagt (vgl aber auch Roquette, 37). 5

Wurde das Kind tot geboren oder ist es während der Geburt gestorben (s auch Bem 11) oder handelte es sich um eine Fehlgeburt, so kommt ein Vaterschaftsanerkenntnis nicht in Betracht (s auch 8 zu § 1715)*). Einem vor der Geburt des Kindes abgegebenen Anerkenntnis kommt lediglich die Bedeutung eines Beweismittels für die Behauptung zu, der Anerkennende habe innerhalb der gesetzlichen Empfängniszeit der Kindesmutter beigewohnt (ebenso RGR-Komm, 1; Erman-Hefermehl, 1; Soergel-Siebert-Lade, 5; Warneyer, Anm bei Fußn 2; Brühl, 422); das gleiche gilt, wenn das Vaterschaftsanerkenntnis in einer letztwilligen Verfügung enthalten ist und der Erblasser vor der Geburt des Kindes stirbt.

Der Beweiswert der Erklärung ist von den gesamten Umständen des einzelnen Falles abhängig (vgl für den Zivilprozeß § 286 ZPO, s RGRKomm, aaO). Dem Anerkennenden stehen im Rechtsstreit alle Einreden zu, auch die des Mehrverkehrs; ebenso hindert die Erklärung das Bestreiten des Geschlechtsverkehrs mit der Kindesmutter innerhalb der Empfängniszeit nicht (s auch Fußn zu 48).

Ein solches vor der Geburt des Kindes abgegebenes Vaterschaftsanerkenntnis könnte im Verfahren des § 1716 als Beweismittel dienen, dh als Mittel zur Glaubhaftmachung der Beiwohnung.

2. Anerkannt werden kann nur die Vaterschaft eines **unehelichen Kindes** (zum letzteren Begriff s 1, 2 zu § 1705). 6

a) Ist die **Ehelichkeit des Kindes nicht angefochten** (§§ 1593 ff), so ist das Anerkenntnis unwirksam**) (ebenso Erman-Hefermehl, 1 und Nachtrag zu 1; RGRKomm, 1; Dölle, II, 463; Trautenbach, Rpfleger 1951, 197, 200; BayObLG, JW 1932, 2295; vgl auch Schwoerer, JZ 1962, 443; Boehmer, JZ 1962, 731; **aM** Achilles-Greiff-Beitzke, 2; Feneberg-Simader, 3a und Pfeiffer-Strickert, 4, 13 je zu § 29 PStG; Keidel, 15 zu § 167 FGG; Firsching, 203; Breidenbach, StAZ 1958, 304; Guggumos, StAZ 1950, 62; NJW 1964, 21; LG Göttingen, NdsRpfl 1950, 22; KG, JR 1949, 383). 7

Dasselbe gilt, wenn das die Unehelichkeit feststellende Urteil noch nicht rechtskräftig ist (hier aM Dölle, aaO, der darlegt, sei die Anfechtung der Ehelichkeit eingeleitet, so könnte das Vaterschaftsanerkenntnis „vorläufig protokolliert und zu den Sammelakten des Standesbeamten genommen" werden, was allerdings in der Praxis üblich zu sein scheint, s Dienstanweisung für die Standesbeamten, § 209). 8

Die dargelegte Auffassung ergibt sich zwingend aus § 1593 BGB (s Lauterbach in diesem Komm, 15 zu § 1593; Palandt-Lauterbach, 25. Aufl, 1966, 1 zu § 1593). Diese Vorschrift verbietet jede Geltendmachung der Unehelichkeit eines Kindes, das gemäß § 1591 ehelich ist, mag es auch evident sein, daß der Ehemann der Kindesmutter es nicht gezeugt haben kann — es sei denn, die Unehelichkeit wäre rechtskräftig festgestellt —***). § 1593 verbietet also damit die Behauptung, das Kind stamme nicht vom Ehemann der Mutter ab (vgl auch BSozG, FamRZ 1960, 438, 440) — abgesehen gerade vom Ehelichkeitsanfechtungsprozeß —. 9

---

*) Mühlbauer, Vaterschaftsanerkenntnis vor der Geburt des Kindes, StAZ 1953, 140.

**) Guggumos, Zur Anerkennung der unehelichen Vaterschaft vor rechtskräftiger Anfechtung der Ehelichkeit des Kindes, StAZ 1950, 62; ders, Die Zulässigkeit der Anerkennung der unehelichen Vaterschaft vor rechtskräftiger Feststellung der Unehelichkeit, NJW 1964, 21; Trautenbach, Vaterschaftsanerkenntnis und Unterhaltspflicht bei Kindern, die als ehelich gelten, RPfleger 1951, 197; ferner Danner, Vaterschaftsanerkennung und Geburtsurkunde für ein scheineheliches Kind, StAZ 1958, 187; s auch einen von Maßfeller, StAZ 1963, 197 erörterten Fall.

***) Eine Ausnahme stellen freilich § 4 Abs 1 EheG und § 173 Abs 1 StGB dar; s auch Bem 33, 39 zu § 1705.

Es kann auch nicht als zulässig erachtet werden, daß die Vaterschaft unter dem Vorbehalt der erfolgreichen Anfechtung der Ehelichkeit — wenn die Klage noch zulässig ist — anerkannt wird (so aber OLG Hamm, JMBlNRW 1952, 87 = DAVorm XXIV, 174 = EJF 1951/1952, 90 mit ablehnender Anm von K. E. Meyer — gegen OLG Hamm auch Dölle, II, 464 —; LG Göttingen, NdsRpfl 1950, 22; Guggumos, StAZ 1950, 62; Stölzel, 4. Aufl 1936, 1 zu § 25 PStG aF; Brandis-Maßfeller, A 4 zu § 29 PStG; Firsching, 203; Brühl, 422f; s auch LG Stuttgart, DAVorm XXV, 150; anders und zutreffend Lauterbach in diesem Komm, 15 zu § 1593; Palandt-Lauterbach, 25. Aufl, 1 zu § 1583; Trautenbach, Rpfleger 1951, 200). Zu diesem Fall hat Schwoerer (FZ 1962, 443, 444 sub III) gemeint, eine Ausnahme (von der Anwendung des 1593) könnte hier mit der Begründung gerechtfertigt werden, der natürliche Vater mache die Unehelichkeit mit seiner fürsorglichen Anerkennung nicht iS des § 1593 geltend; ein praktisches Bedürfnis für die Möglichkeit einer solchen Anerkennung sei nicht abzuleugnen.

In einem solchen Falle darf die Urkundsperson nicht tätig werden, etwa um mit der öffentlichen Urkunde ein Beweismittel zu schaffen (s auch Fußn zu 20); auch ein Randvermerk beim Geburtseintrag wäre unzulässig (worauf Meyer, aaO, 91, mit Recht hinweist). Die Urkundsperson ist verpflichtet, den Mann, der die Vaterschaft anerkennen will, zu belehren (s zB bezüglich des Notars § 26 Satz 2 BNotO) und gegebenenfalls zu klären, ob etwa ein die Unehelichkeit feststellendes Urteil rechtskräftig geworden ist, oder gegebenenfalls etwa, auf welchen Zeitpunkt der Ehemann der Kindesmutter für tot erklärt worden ist.

10 Der Erwägung von Guggumos (StAZ 1950, 62), die Urkundsperson könne die Anerkenntnisurkunde verwahren, bis die Ehelichkeit erfolgreich angefochten sei, ist entschieden zu widersprechen; hiermit würde der Urkundsperson eine Belastung und Verantwortung aufgebürdet, die ihr keinesfalls zugemutet werden kann (vgl Meyer, EJF 1951/1952, 91)*).

11 b) Die Vaterschaft des unehelichen Kindes kann auch noch **nach** dessen **Tode** anerkannt werden (ebenso Dölle, II, 465; RGR-Komm, 5; Brühl, 422; Jacubezky, Recht 1903, 325, 326; **aM** Feneberg-Simader, 3a zu § 29 PStG), es sei denn, daß das Kind tot geboren wurde.

12 c) Ist das Anerkenntnis iS des § § 1718 nach dem Dargelegten unwirksam, so kann die Erklärung jedoch als **Beweismittel** verwendet werden (s Bem 5 aE).

13 3. Das Anerkenntnis der Vaterschaft ist in persönlicher Erklärung abzugeben; es handelt sich um eine **höchstpersönliche Erklärung.** Dies folgt aus der Rechtsnatur des Anerkenntnisses (s Bem 44ff), aus der Natur der Sache.

14 a) Auf die Abgabe des Vaterschaftsanerkenntnisses hat weder die Mutter noch das Kind einen Rechtsanspruch (OLG Hamburg, HansGZ 33, 1912, B 312; Haas, Recht 1912, 488; Kipp, 416, Fußn 28 aE; Dölle, II, 467; Warneyer bei Fußn 4; Soergel-Siebert-Lade, 5; unklar Firsching, 200); vielmehr steht die Erklärung des Vaterschaftsanerkenntnisses im Belieben des betreffenden Mannes (RGZ 58, 348, 354), sie ist eine freiwillige nicht erzwingbare Handlung (Planck-Unzner, 8; Lersch, BayZ 1917, 272, 273). **Wird sie verweigert,** so kann nicht etwa ein Urteil des Inhalts erwirkt werden, daß der betreffende Mann verurteilt werde, die Vaterschaft anzuerkennen (vgl auch 143 zu § 1717). **Vielmehr kann das Kind nur auf Unterhaltsleistungen und auf Feststellung der Vaterschaft klagen** (s 198 zu § 1708 und zum letzteren 159, 162ff zu § 1717).

15 b) aa) Entgegen der herrschenden Meinung**) kann es **nicht für zulässig** erachtet werden, daß ein **Vertreter** namens des betreffenden Mannes die Erklärung des Anerkenntnisses abgibt***), auch nicht lediglich als Vertreter in der Erklärung mit genau bestimmter Vollmacht (so aber Beitzke in Achilles-Greiff, 5; ZblJugR 1961, 294, 296; FamR, 12. Aufl, 197, § 33, IV ,3, b; Dölle, II, 473).

---

*) Hierzu s auch Bem 8 aE.

) Voraufl 4, b mit weiteren Hinweisen aus der älteren Lit; Planck-Unzner, 4 b; Warneyer bei Fußn 7; RGRKomm 4; Erman-Hefermehl, 2; Soergel-Siebert-Lade, 1; Brühl, 422; LG Berlin, DAVorm XXVIII, 330; **wie hier im Ergebnis: Opet, Verwandtschaftsrecht, 374; Opet-v. Blume, 3 b γ; Gernhuber, 634; s ferner Reichel, Höchstpersönliche Rechtsgeschäfte, 1931, 60f; Eisenberg, DFG 1936, 168, 169f; Dörken, ebenda 173; Roquette, 39.

***) Beitzke, Vaterschaftsanerkenntnis und Stellvertretung, ZblJugR 1961, 294 (s auch die Lit-Angaben in Fußn zu Bem 18).

Die hM beruft sich zu Unrecht darauf, das Gesetz habe hier nicht (ausdrücklich) — wie in § 1728 Abs 1, s dort Bem 1 ff — eine Vertretung ausgeschlossen. Im Falle des § 1720 Abs 2 (s dort Bem 21) kommt dem Sinn der Sache nach eine Vertretung ebenfalls nicht in Betracht — auch praktisch nicht —, so wenig wie die Eheschließung, durch welche die Legitimation herbeigeführt wird (§ 1719), durch Vertreter erfolgen kann (§ 13 Abs 1 EheG). Der Antrag auf Ehelichkeitserklärung des unehelichen Kindes (§ 1728 Abs 1) muß das Anerkenntnis der Vaterschaft enthalten (§ 1725); hierbei genügt zwar auch die Bezugnahme auf ein gerichtlich oder notariell beurkundetes Anerkenntnis der Vaterschaft (§ 1730, s Bem 37 zu § 1718, 9 zu § 1725); aus §§ 1728, 1725 ist aber der Schluß zu ziehen, daß das Vaterschaftsanerkenntnis, das zur Ehelichkeitserklärung des Kindes erforderlich ist, nicht durch einen Vertreter abgegeben werden kann. Somit wäre es wenig sinnvoll, bei der Abgabe des Anerkenntnisses gemäß § 1718 eine Vertretung zuzulassen, während sie in den anderen genannten Fällen unzulässig ist, sodaß im Falle der Legitimation und der Ehelichkeitserklärung das Anerkenntnis gegebenenfalls wiederholt werden müßte.

Weiterhin besteht auch kein sinnvoller Grund und kein praktisches Bedürfnis, eine Vertretung in der Erklärung bezüglich des Vaterschaftsanerkenntnisses zuzulassen. Hieraus könnten sich nur Schwierigkeiten in der Praxis ergeben: die Urkundsperson müßte die Wirksamkeit und den Inhalt der Vollmacht genau prüfen, die gemäß § 167 Abs 2 nicht der Form des Rechtsgeschäfts bedürfte. Ferner müßte der Vertreter durch die Urkundsperson über die Voraussetzungen und die Bedeutung des Anerkenntnisses belehrt werden (s zur Belehrung Bem 42); indessen kann eine solche Belehrung des Vertreters ihren eigentlichen Zweck nicht erfüllen, da der Vertreter Einzelheiten der Vorgänge, die hier von Bedeutung sein können, nicht wissen kann; so könnte dem Vertreter dann doch die letzte Entscheidung über die Abgabe des Anerkenntnisses und die Verantwortung für dieses zufallen — ein Ergebnis, das unannehmbar ist.

Ebenso kann zB ein **Abwesenheitspfleger** (§ 1911) nicht für befugt erachtet werden, namens des Abwesenden die Vaterschaft eines Kindes anzuerkennen (Beitzke, ZblJugR 1961, 294, 296; Dölle, II, 474; Soergel-Siebert-Germer, 6 zu § 1911; Gernhuber, 634, Fußn 5; anders und unhaltbar LG Freiburg, Rpfleger 1949, 614; diesem folgend Brühl, 422; RGR-Komm, 5; Schnitzerling, ZblJugR 1961, 235, 236; auch Soergel-Siebert-Lade, 1). Im übrigen dient die Pflegschaft für Abwesende nur der Besorgung der Vermögensangelegenheiten (§ 1911); die Abgabe des Vaterschaftsanerkenntnisses geht aber, worauf Beitzke (aaO) zutreffend hingewiesen hat, über die Befugnisse des Abwesenheitspflegers hinaus. Daher widersprechen sich Soergel-Siebert-Lade (1) und RGRKomm (4), wenn sie andererseits den Standpunkt einnehmen, es müsse der für die Angelegenheiten der Personensorge zuständige Vertreter handeln. 16

Unzulässig ist weiterhin die Abgabe eines Anerkenntnisses der Vaterschaft eines Verstorbenen durch dessen **Erben** (KG, JFG 22, 227 = DFG 1941, 75 = HRR 1941 Nr 967 = StAZ 1941, 116; LG Münster, DRW 1942, 1165 = StAZ 1942, 149; Lersch, BayZ 1917, 272, 274; Brühl, 422; RGR-Komm, 5)*) oder den seitherigen gesetzlichen Vertreter (Feneberg-Simader, 3, b zu § 29 PStG) oder einen Bevollmächtigten (vgl auch Dölle, II, 473; Brühl, 422; LG Berlin, DAVorm XXVIII, 330 = FamRZ 1957, 56 Leits mit Anm von Bosch). 17

bb) **) Nun ist die Frage zu erörtern, ob der **gesetzliche Vertreter** des beschränkt geschäftsfähigen oder geschäftsunfähigen Erzeugers in dessen Namen die 18

*) AM Boehmer in diesem Komm, 154 zu § 1922. Das OLG München, DRW 1940, 119, hat ohne dieses Problem zu erkennen und zu behandeln, ein solches Vaterschaftsanerkenntnis an sich für gültig erachtet, jedoch in dem konkreten Falle auf Grund einer auf § 123 gestützten Anfechtung für nichtig erklärt (s Bem 108).

) **Lit: Bachmann, Vaterschaftsanerkenntnis durch einen gesetzlichen Vertreter ohne Mitwirkung des Minderjährigen oder sonst in der Geschäftsfähigkeit beschränkten Kindesvaters, StAZ 1961, 179; Danner, Ist eine Vaterschaftsanerkennung im Geburtenbuch einzutragen, wenn sie nur vor dem gesetzlichen Vertreter des minderjährigen Kindesvaters abgegeben wurde? StAZ 1958, 221; Henne, Die Einwilligung zum Vaterschaftsanerkenntnis eines unter 21 Jahre alten Erzeugers, Gleichberechtigungsgrundsatz und sowjetzonale Gesetzgebung, StAZ 1954, 183; Josef, Die Vaterschaftsanerkennung minderjähriger Erzeuger, Recht 1911, 512; ders, Noch-

Vaterschaft anerkennen kann, ob er es allein tun kann, ob für die Erklärung des Minderjährigen (beschränkt Geschäftsfähigen) die Zustimmung des gesetzlichen Vertreters erforderlich ist.

19 a) Ist der **Anerkennende beschränkt geschäftsfähig** (§ 106), so bedarf er, da das Anerkenntnis ein einseitiges Rechtsgeschäft ist (s Bem 45), der Einwilligung, der vorherigen Zustimmung, des gesetzlichen Vertreters (§ 183). Die Einwilligung des gesetzlichen Vertreters — beider Eltern des ehelichen Kindes (s LG Limburg, DAVorm XXVIII, 41 = FamRZ 1955, 211 Leits; LG Kiel, StAZ 1957, 195; Brühl, 423; im allgemeinen s Donau in diesem Komm, 8 zu § 1629) —, des Vormunds des unehelichen Kindes (s 66 zu § 1707), der unehelichen Mutter, wenn dieser die elterliche Gewalt übertragen ist (§ 1707 Abs 2, s Bem 165 zu § 1707) — muß also im Zeitpunkt der Erklärung (Beurkundung) des Anerkenntnisses vorliegen (s hierzu Bachmann, Peters, StAZ 1961, 179, 180; Gugumos, StAZ 1950, 250; Josef, Recht 1911, 512; ZBlFG 12, 1912, 340; Dörken, DFG 1936, 173; Schnitzerling, ZblJugR 1961, 235; Beitzke, ZblJugR 1961, 296; Erman-Hefermehl, 2, RGR-Komm, 4; Warneyer bei Fußn 8; Kipp, 416; Feneberg-Simader, 3, b zu § 29 PStG; **aM** Eisenberg, DFG 1936, 169; Reichel, Höchstpersönliche Rechtsgeschäfte, 1931, 60f, die eine Einwilligung für entbehrlich halten; s auch unten 21f).

Die Einwilligung des gesetzlichen Vertreters bedarf nicht der Form des Rechtsgeschäfts, dh der Aufnahme in eine öffentliche Urkunde (§ 182 Abs 2). Indessen ergibt sich hier die Notwendigkeit einer Form praktisch daraus, daß bei Errichtung der öffentlichen Urkunde über das Vaterschaftsanerkenntnis (s 35ff, 40ff) die Einwilligung irgendwie erkennbar sein muß; fehlt die Einwilligung, so darf die Urkunde nicht errichtet werden (s 43) und darf das Vaterschaftsanerkenntnis nicht zum Geburtseintrag beigeschrieben werden (s 65, 69).

20 Die Urkundsperson muß bei der Entgegennahme der Anerkenntniserklärung sich über das Alter des Anerkennenden (vgl auch § 29 Abs 4 BNotO bezüglich der Notare, s ferner Bem 42) und im Falle seiner Minderjährigkeit darüber vergewissern, ob der gesetzliche Vertreter eingewilligt hat (RGZ 84, 317; 87, 426 = JW 1916, 429 mit Anm v Kaufnitz); fehlt die erforderliche Einwilligung, so ist die Aufnahme des Anerkenntnisses abzulehnen (RGZ 84, 317; vgl auch §§ 28 Abs 2, 31 BNotO für die Notare; aM bezüglich der Standesbeamten BayObLG Z 2, 549 = OLG 3, 397 = RJA 2, 158 = KGJ 23, D 12)*).

Doch können Notare und Gerichte tatsächliche Angaben über die Abstammung des Kindes (also insbesondere über die Zeitpunkte des außerehelichen Verkehrs) beurkunden — soweit die Zuständigkeit der Gerichte nicht landesrechtlich ausgeschlossen ist — (s zB RGZ 84, 317; 87, 426 = JW 1916, 429; s auch 40a zur Rechtshilfe).

---

mals minderjährige Erzeuger, ZBlFG 12, 1912, 340; Rößler, Vaterschaftsanerkenntnis und Unterhaltsverpflichtung des minderjährigen Erzeugers, Rpfleger 1955, 122; Peters, Vaterschaftsanerkenntnis eines Minderjährigen durch seine Eltern, StAZ 1961, 180; Pfeiffer, Zwei Fragen aus dem Vormundschaftsrecht, ZBlFG 12, 1912, 229; Schnitzerling, Das Vaterschaftsanerkenntnis durch den Minderjährigen, ZblJugR 1961, 235; Thias, Seltener Fall des Vaterschaftsanerkenntnisses durch Minderjährige, StAZ 1955, 146; Winter, Die Anerkennung der Vaterschaft durch Minderjährige, DJZ 1908, 1166; s auch Fußn zu 15 sowie Josef, Zur Bestimmung des Umfangs der Vertretungsbefugnis des Vormundes, ArchcivPr 114, 1916, 382 (399ff: Vertretung bei rechtsgeschäftlichen Beurkundungen, insbesondere bei der Vaterschaftsanerkennung).

*) In der Dienstanweisung für die Standesbeamten und ihre Aufsichtsbehörden ist in § 220 ua folgendes gesagt: „... wenn die Einwilligung fehlt ... oder wenn sonstige Bedenken der endgültigen Eintragung entgegenstehen, hat der Standesbeamte vorläufig das Anerkenntnis der Vaterschaft alsbald zu beurkunden, weil es die Rücksicht auf das Kind erfordert, daß unter keinen Umständen die einmal abgegebene Erklärung unbeurkundet bleibt. In solchen Fällen können die Bedenken erwähnt und die Zweifel durch ein ‚angeblich' angedeutet werden".

Der Standesbeamte ist also hiernach gehalten, ein unwirksames Vaterschaftsanerkenntnis zu beurkunden, um ein Beweismittel zu schaffen, da er die rein tatsächlichen Angaben über die Abstammung, insbesondere den Zeitpunkt des Geschlechtsverkehrs des betreffenden Mannes mit der Kindesmutter mangels einer gesetzlichen Vorschrift nicht beurkunden kann.

Eine **nachträgliche Zustimmung** (Genehmigung) des gesetzlichen Ver- 21
treters ist unzulässig, dh unwirksam (RGZ 84, 317; 87, 426; KG, KGJ 46, A 60, und die Genannten; aM AG Essen-Werden, JMBlNRW 1956, 124 = FamRZ 1957, 56 Leits). Die Unwirksamkeit wird also nicht durch die Genehmigung geheilt. Dies ergibt sich aus § 111. Die Vorschrift des § 108 ist hier nicht entsprechend anwendbar (s 5 zu § 111; aM Rößler, Rpfleger 1955, 122; s auch im allgemeinen Oertmann, 1b zu § 111). Daher empfiehlt es sich, das Vaterschaftsanerkenntnis zu wiederholen.

Fehlt die Einwilligung, so ist das Anerkenntnis nichtig (s zB F. Schmid, ZBlFG 4, 1904, 317, 319; Josef, Recht 1911, 512; ZBlFG 12, 341; RGR-Komm, 4; RGZ 84, 317; 87, 426).

Bei der Abgabe des Anerkenntnisses muß der Minder- 22
jährige (beschränkt Geschäftsfähige) mitwirken; es kann **nicht** für zulässig erachtet werden, daß der **gesetzliche Vertreter allein** handelt (anders die hM*); insbesondere aber ist es unzulässig, daß der gesetzliche Vertreter die Vaterschaft namens des Vertretenen gegen dessen Willen anerkennt (Beitzke in Achilles-Greiff, 5; **aM** Josef, ZBlFG 12, 341), zB wenn der Vertretene die Erzeugerschaft bestreitet.

Erwähnt sei hierzu noch ein bemerkenswerter Fall aus der Praxis: Während des zweiten Weltkrieges gab der Vater eines Minderjährigen, der als Soldat im Felde stand, in dessen Namen aber ohne dessen Wissen, die Erklärung ab, er anerkenne die Vaterschaft seines Sohnes zu dem betreffenden unehelichen Kinde; später stellte sich heraus, daß der Vater des Minderjährigen selbst mit der Kindesmutter Geschlechtsverkehr gepflogen hatte und der Erzeuger des Kindes war.

Erforderlich ist die **Einwilligung des gesetzlichen Vertreters in An-** 23
gelegenheiten der Personensorge und der Vermögenssorge**). Dies ergibt sich aus der Rechtsnatur und den Wirkungen des Anerkenntnisses:

Das Anerkenntnis hat eine **Änderung der Beweislastverteilung des** 24
§ 1717 Abs 1 (s dort 22, 26) zur Folge. § 1717 Abs 1 regelt die Beweislast hinsichtlich der tatsächlichen Umstände, die für oder gegen die Vaterschaft des betreffenden Mannes sprechen. Aus dieser Vorschrift wiederum ergibt sich der Zusammenhang mit etwaigen vermögensrechtlichen Ansprüchen des Kindes (und der Mutter) gemäß §§ 1708ff gegen den, der als Vater iS des § 1717 gilt. Aus diesen Erwägungen geht hervor, daß das Anerkenntnis der Vaterschaft vermögensrechtliche Auswirkungen hat. Daher muß die Einwilligung dessen für erforderlich gehalten werden, der gesetzlicher Vertreter des Minderjährigen in Angelegenheiten der Vermögenssorge ist (s auch zum Anerkenntnis der Unterhaltsverpflichtung Bem 81, 84), zB ein Vormund oder Pfleger oder ein Elternteil, dem gemäß §§ 1671 Abs 4, 1672 Satz 1 die Vermögenssorge übertragen ist (s zum letzteren auch § 1626 Abs 2 Halbsatz 2).

Andererseits geht die Wirkung des Vaterschaftsanerkenntnisses über 25
diese vermögensrechtlichen Angelegenheiten hinaus; das Anerkenntnis hat auch, wie § 29 PStG zeigt, **personenrechtliche Wirkungen** (s Bem 51, 61, 65ff). Auch müssen dem unehelichen Vater schon nach geltendem Recht in gewissem Umfange Anhörungs- und Beschwerderechte eingeräumt werden (s 46, 47 zu § 1705).

Aus diesen Überlegungen ergibt sich, daß auch die Einwilligung des gesetzlichen Vertreters des Minderjährigen in Angelegenheiten der Personensorge als erforderlich beurteilt werden muß.

---

*) Voraufl, 2, 4b; Planck-Unzner, 4b; Feneberg-Simader, 3b zu § 29 PStG; Kipp, 416; Danner, StAZ 1958, 221; Thias, StAZ 1955, 146; Brühl, 423; **wie hier:** Dölle, II, 473f; Beitzke, ZblJugR 1961, 295; Palandt-Lauterbach, 25. Aufl, 1; Roquette, 40; s auch RGR-Komm, 4 aE.

**) Ebenso Planck-Unzner, 4 a; Reichel, Höchstpersönliche Rechtsgeschäfte, 1931, 60; Eisenberg, DFG 1936, 169; Dörken, DFG 1936, 173; Brand-Hensel, 162; Dölle, II, 474.

Dagegen halten die Einwilligung des für Angelegenheiten der Personensorge zuständigen gesetzlichen Vertreters für erforderlich: Donau in diesem Komm, 46, Ziff 10 zu § 1626; Erman-Hefermehl, 2; RGR-Komm, 4; Soergel-Siebert-Lade, 1; Gernhuber, 634, Fußn 5.

Zur gesetzlichen Vertretung in Angelegenheiten der Vermögenssorge rechnen die Einwilligung: RGR-Komm, 9. Aufl, 2; Opet-v. Blume, 3, b, α; Warneyer bei Fußn 9; Breit, SeuffBl 1908, 885; Schmid, ZBlFG 4, 317; Firsching, 204.

26 Dagegen ist eine **vormundschaftsgerichtliche Genehmigung** zur Abgabe des Vaterschaftsanerkenntnisses **nicht** vorgeschrieben (s OLG Hamm, OLG 4, 220; BayObLG Z 2, 549 = OLG 3, 397; KG, KGJ 46, A 51; LG Berlin, DAVorm XXX, 239; Warneyer bei Fußn 10; RGR-Komm, 4; Soergel-Siebert-Lade 1; Erman-Hefermehl, 2; Dölle, II, 474f; Kipp, 416; Beitzke, 197, § 33, IV, 3,a; Brühl, 423; vgl aber auch OLG Hamm, ZblJugR 1961, 130; s ferner Bem 84 zum Anerkenntnis der Unterhaltsverpflichtung).

27 *β*) Die Anerkennung der Vaterschaft durch einen geschäftsunfähigen oder wegen Geisteskrankheit entmündigten Mann*) ist nichtig (§ 105, s zB F. Schmid, ZBlJG 4, 317; Dölle, II, 471).

28 Der **gesetzliche Vertreter des Geschäftsunfähigen** (Vormund) kann nicht für befugt erachtet werden, namens des Vertretenen (Mündels) zu dessen Lasten das Vaterschaftsanerkenntnis abzugeben**). Dies ergibt sich aus der Rechtsnatur der Erklärung als höchstpersönlicher Erklärung (s Bem 13, 46). Der Geschäftsunfähige kann nicht, wie der beschränkt Geschäftsfähige, bei der Aufnahme des Anerkenntnisses mitwirken. Er vermag auch den gesetzlichen Vertreter, der von den zugrundeliegenden (intimen) Vorgängen keine Kenntnis aus eigener Anschauung oder eigenem Miterleben haben kann, nicht zuverlässig zu informieren. Daher ist es auch sachlich gerechtfertigt, eine Vertretung des Geschäftsunfähigen hier auszuschließen.

29 4. a) Das Anerkenntnis muß die **Erklärung** des betreffenden Mannes enthalten, daß er **ein von einer bestimmten Frau (unehelich) geborenes Kind als von ihm erzeugt** betrachte und auch von anderen Personen betrachtet wissen wolle (Pfeiffer-Strickert, 8; Brandis-Maßfeller, I je zu § 29 PStG).

Erforderlich ist daher die **Anerkennung der „Ist-Vaterschaft"** (s auch Bem 61); nicht genügend ist somit die Erklärung, es werde lediglich die bloße „Giltvaterschaft" iS des § 1717 anerkannt (OLG München, JFG 18, 302 = JW 1938, 375 = StAZ 1938, 7; Pfeiffer-Strickert, 2, 8 zu § 29 PStG; Lersch, BayZ 1917, 272, 274; unklar Soergel-Siebert-Lade, 15; vgl auch LG Mannheim, StAZ 1956, 87). (Zur Klarstellung ist hinzuzufügen, daß es sich aber um keine Feststellung einer blutmäßigen Abstammung handelt und daß das Anerkenntnis der Vaterschaft eine bindende Wirkung, insbesondere gegenüber Dritten, nicht hat — s auch Bem 59 —).

30 Das Anerkenntnis der Vaterschaft durch einen Mann steht einem weiteren Anerkenntnis durch einen anderen Mann — mag dieser von jener Erklärung Kenntnis haben oder nicht — nicht entgegen, er sei der Vater des Kindes (s auch Bem 59, sowie Dölle, II, 469; Planck-Unzner, 3; Achilles-Greiff-Beitzke, 2; RGR-Komm, 8; Soergel-Siebert-Lade, 14; Breidenbach, StAZ 1958, 303; BayObLG Z 10, 44, 47 = ZBlFG 9, 674, 675; OLG Bamberg, FamRZ 1965, 392).

31 b) Das Anerkenntnis muß **unbedingt** und **ohne Zeitbestimmung** abgegeben werden. Diese Auffassung entspricht der ganz hM***) und ergibt sich auch aus der Natur der Sache, da solche Vorbehalte hier unerträglich wären. So kann der Anerkennende nicht zB bestimmen, daß das Anerkenntnis gegenstandslos sein soll, wenn ein anderer Mann die Vaterschaft anerkennt (s auch Bem 59, 72). Hinsichtlich der Ehelichkeitserklärung ist in § 1724 die Unzulässigkeit einer Bedingung oder Zeitbestimmung ausdrücklich vorgeschrieben (s dort Bem 2,3).

32 c) An sich kann das Anerkenntnis der Vaterschaft auch **stillschweigend** erklärt werden, nämlich etwa in einem gerichtlich oder notariell beurkundeten Testament oder in einem Abfindungsvertrag (§ 1714 Abs 1) auf die Weise, daß der betreffende Mann das Kind als sein Kind bezeichnet (vgl BayObLG, RJA 3, 115; Planck-Unzner, 7; Warneyer bei Fußn 11); doch hat dies im Hinblick auf die Formvorschrift keine praktische Bedeutung (ebenso schon Planck-Unzner, aaO).

33 d) Das Vaterschaftsanerkenntnis kann **nicht widerrufen** werden (allg Meinung, s zB Dölle, II, 471; Planck-Unzner, 4, d; Erman-Hefermehl, 3); doch kann es unter den Voraussetzungen der §§ 119, 123 Abs 1 angefochten werden (s Bem

---

*) Thias, Unwirksamkeit der von einem Entmündigten ohne Einwilligung seines gesetzlichen Vertreters erklärten Anerkennung der Vaterschaft, StandesA 1922, 279.

) Ebenso Dölle, II, 473; Roquette, 40; Reichel, Höchstpersönliche Rechtsgeschäfte, 1931, 60f; Eisenberg, DFG 1936, 169; Dörken, DFG 1936, 173; **anders die hM: Vorausl, 4 b; Brühl, 423; Firsching, 204.

***) Dölle, II, 470; Opet-v. Blume, 3,b,*β*; Opet, Verwandtschaftsrecht, 374; Meyer, EJF 1951/1952, 92; aM: Planck-Unzner, 4 c (s auch Bem 9 aE).

97 ff); zur Nichtigkeit s Bem 92 ff, zur Klage auf Feststellung, daß der Anerkennende nicht der Vater des Kindes sei, s Bem 122.

e) Ein (zB wegen Formmangels oder gemäß § 134 BGB iV mit § 169 StGB) nichtiges Vaterschaftsanerkenntnis kann nicht in eine Einbenennungserklärung (§ 1706 Abs 2 Satz 2) umgedeutet werden (s auch unten Bem 98, sowie 48 zu § 1706 und Soergel-Siebert-Hefermehl, 11 zu § 140 BGB). 33a

5. Das Vaterschaftsanerkenntnis ist in **öffentlicher Urkunde** abzugeben. Der Begriff der öffentlichen Urkunde ist gegenüber dem Begriff der gerichtlichen oder notariellen Beurkundung der weitere; hinsichtlich der Aufnahme eines Rechtsgeschäfts in öffentlicher Urkunde ist der Begriff der öffentlichen Urkunde im BGB nur in den §§ 1718, 1720 Abs 2 enthalten (während die öffentliche Urkunde iS des § 2356 Abs 1 tatsächliche Vorgänge bezeugt). In sonstigen Vorschriften des BGB ist von der gerichtlichen oder notariellen Beurkundung die Rede (s dazu 6 zu § 128, ferner Guggumos, StAZ 1950, 250, sowie zB zur Ehelichkeitserklärung § 1730 und zur Adoption § 1748 Abs 3 und hinsichtlich des Abschlusses des Vertrags §§ 1750, 1770). 34

Mit des Aufnahme in einer öffentlichen Urkunde wird das Vaterschaftsanerkenntnis — sofern die sonstigen Voraussetzungen vorliegen (s Bem 5 ff) — wirksam, da es nicht empfangsbedürftig ist (s Bem 45, 54).

a) Der Begriff der öffentlichen Urkunde ist iS des **§ 415 ZPO** zu verstehen; hiernach ist eine öffentliche Urkunde eine solche, die von einer öffentlichen Behörde innerhalb der Grenzen ihrer Amtsbefugnisse oder von einer mit öffentlichem Glauben versehenen Person innerhalb des ihr zugewiesenen Geschäftskreises in der vorgeschriebenen Form aufgenommen ist. Die öffentliche Urkunde begründet vollen Beweis über die vor der Behörde oder der Urkundsperson abgegebene Erklärung. 35

aa) Die Urkunde muß in der **vorgeschriebenen Form** aufgenommen sein, dh allen wesentlichen Formvorschriften genügen. Hierbei sind die Vorschriften der **§§ 174 ff FGG** anzuwenden (s auch § 49 Abs 3 JWG); hervorzuheben ist, daß die Erklärung eigenhändig unterschrieben werden muß (§ 177 FGG). Zu dem Falle, daß der das Vaterschaftsanerkenntnis (mit dem Anerkenntnis der Unterhaltsverpflichtung) aufnehmende Richter — jetzt Rechtspfleger (s Bem 40, 41) — seine Unterschrift erst unter die am Schlusse der Urkunde hinzugefügte Verfügung (der Übermittlung einer Ausfertigung an das Standesamt) gesetzt hat, s OLG München, DRW 1940, 119 = HRR 1940 Nr 145. 36

Die Beglaubigung der Unterschrift des Anerkennenden unter der Erklärung genügt dagegen nicht; statt der Aufnahme einer öffentlichen Urkunde kann das Vaterschaftsanerkenntnis aber **gerichtlich oder notariell beurkundet** werden (s zum letzteren § 20 BNotO). Diese Form stellt die stärkste Form im Beurkundungswesen dar.

Die in der öffentlichen Urkunde iS des § 1718 aufgenommene Anerkennung der Vaterschaft ist auch als Vaterschaftsanerkenntnis iS des § 1720 Abs 2 ausreichend. Dagegen muß das zur Ehelichkeitserklärung erforderliche Vaterschaftsanerkenntnis (§ 1725) gerichtlich oder notariell beurkundet werden (§ 1730; s dazu Bem 1,2 zu § 1730); dh mit anderen Worten: die vom Standesbeamten oder Beamten oder Angestellten des Jugendamtes aufgenommene öffentliche Urkunde iS des § 1718 erfüllt die formelle Voraussetzung des § 1730 nicht. 37

bb) Das Vaterschaftsanerkenntnis kann auch in einem **Prozeßvergleich** (s Dölle, II, 469; Planck-Unzner, 6, d) **oder während eines Rechtsstreits zu gerichtlichem Protokoll** erklärt werden*) (vgl §§ 137 Abs 4, 141 ZPO), wobei auch im letzteren Falle erforderlich ist, daß das Protokoll vorgelesen und genehmigt wird (vgl §§ 160 Abs 2 Nr 1, 162 ZPO; s hierzu Hoffmann, Breidenbach, StAZ 1958, 136, 302; Guggumos, StAZ 1950, 250). Hervorzuheben ist aber, daß das Anerkenntnis — auch bei Abschluß des Prozeßvergleichs — von dem betreffenden Mann persönlich erklärt werden muß. Im Anwaltsprozeß müssen der Mann und sein Prozeßbevollmächtigter beim Abschluß des Vergleichs zusammenwirken (vgl zB — zu dem im Rahmen eines Prozeßvergleichs im Anwaltsprozeß geschlossenen Erbverzichtsvertrag, den der Erblasser nur persönlich schließen kann, § 2347 Abs 2 Satz 1 Halbsatz 1 — BayObLGZ 1965, 86, 89 = NJW 1965, 1276 = MDR 1965, 666). Der Prozeßbevollmächtigte kann also die Erklärung nicht allein abgeben (s Bem 15); ebenso kann die nicht postulationsfähige Partei den Ver- 38

*) **Lit:** Guggumos, Die Anerkennung der unehelichen Vaterschaft im Prozeß, StAZ 1950, 250; Hoffmann, Beischreibung eines prozessualen Vaterschaftsanerkenntnisses im Geburtenbuch gemäß § 29 PStG, StAZ 1958, 136.

gleich nicht ohne Mitwirkung eines Anwalts schließen (Stein-Jonas-Schönke-Pohle, 19. Aufl 1964, Anm IV, 4 zu § 78 ZPO m Fußn 30; OLG Stuttgart, Die Justiz 1965, 86; aM OLG Neustadt, NJW 1964, 1329 je mit weiteren Hinweisen), es sei denn vor einem beauftragten oder ersuchten Richter gemäß § 296 ZPO (s auch Bem 87).

Zu beachten ist aber, daß das Anerkenntnis des Unterhaltsanspruchs kein Vaterschaftsanerkenntnis darstellt (s dazu Dölle, II, 469).

39 cc) Ferner kann das Anerkenntnis der Vaterschaft in einer gerichtlich oder notariell beurkundeten **letztwilligen Verfügung** (s §§ 2231 Nr 1, 2249) oder in einem Erbvertrag (§ 2276) enthalten sein (Dölle, II, 466; Planck-Unzner, 6, c; RGR-Komm, 3; Achilles-Greiff-Beitzke, 4; Jacubezky, Recht 1903, 326; s auch 16 zu § 1720); doch ist das Anerkenntnis unwirksam, wenn die letztwillige Verfügung oder der Erbvertrag unwirksam ist oder unwirksam wird (Dölle, Planck-Unzner, Achilles-Greiff-Beitzke, aaO).

40 b) aa) Zuständig zur Aufnahme des Vaterschaftsanerkenntnisses sind nach Bundesrecht die **Notare** (§ 20 Abs 1 BNotO), die **Standesbeamten** (§ 29 Abs 2 Satz 1 PStG) — und zwar sämtliche Standesbeamten —, die **Amtsgerichte** (§ 167 Abs 2 Satz 2 FGG), nämlich die **Rechtspfleger** (§ 23 Nr 3 RPflG). Die Zuständigkeit der Amtsgerichte kann hier nicht durch Landesrecht ausgeschlossen werden (s Jansen, 7, Keidel, 19 je zu § 167 FGG). Weiterhin sind die von den Landesjugendämtern ermächtigten **Beamten und Angestellten der Jugendämter** (§ 49 Abs 1 JWG)* zuständig — auch für Vaterschaftsanerkenntnisse nach ausländischem Recht**) —. Ist der betreffende Beamte oder Angestellte zugleich mit der Wahrnehmung der vormundschaftlichen Obliegenheiten gemäß § 37 Satz 2 JWG beauftragt, dh gesetzlicher Vertreter des Kindes, so ist er als Urkundsperson ausgeschlossen (s 60 zu § 1706). Zu dem die Vorschrift des § 49 JWG ergänzenden Landesrecht s die Angaben bei Riedel, Jugendwohlfahrtsrecht, 6. Aufl 1965, Anm, Seite 108, und Riedel, JWG, 4. Aufl 1965, Bem 14 zu § 49; zu §§ 37 Satz 2, 49 JWG s auch unten 87, 89.

Im Ausland können Vaterschaftsanerkenntnisse von deutschen **Konsuln** aufgenommen werden (s §§ 16, 37a KonsularG — abgedruckt bei Jansen, FGG, Anhang XIII, S 683ff, Keidel, FGG, Anhang 3, S 1185ff —). Ist das Vaterschaftsanerkenntnis vor einer **ausländischen Behörde*****) abgegeben worden, so wird es nach den allgemeinen Grundsätzen für die Anerkennung ausländischer Urkunden anerkannt, soweit diese Behörden als den zuständigen deutschen Behörden gleichwertig zu erachten oder nach dem Ortsrecht (s Art 11 EGBGB) zuständig sind (Dölle, II, 466f; Soergel-Siebert-Kegel, 25 zu Art 11 EGBGB; s auch AG Eggenfelden, DAVorm XXXII, 1959, 229, das im Ergebnis zutreffend die Beurkundung durch einen notary public [USA, New York] als rechtswirksam beurteilte).

Zur Herbeiführung einer Erklärung des vom Vormund benannten unehelichen Vaters über ein etwaiges Vaterschaftsanerkenntnis kann das Vor-

---

*) Feil, Beurkundung und Beglaubigung im Jugendamt, Handbuch für den Vormund, Heft 12, 1959.

**) Hierzu s auch Beitzke, Vaterschaftsanerkenntnisse von Ausländern vor dem Jugendamt, ZblJugR 1962, 177; sowie Bachmann, Vaterschaftsanerkenntniserklärung von Besatzungsangehörigen, StAZ 1955, 22, und unten Bem 136.

Durch Gesetz vom 15. 1. 1965 (BGBl II, 17 — abgedruckt in StAZ 1965, 37, s auch 66; Unsere Jugend 1965, 179 —) wurde ein Übereinkommen über die Erweiterung der Zuständigkeit der Behörden, vor denen nichteheliche Kinder anerkannt werden können, ratifiziert; das Übereinkommen gilt im Verhältnis zu Frankreich, den Niederlanden, der Schweiz und der Türkei seit 24. 7. 1965 (s BGBl II, 1162; StAZ 1965, 322; ZblJugR 1965, 273). Zu dem Übereinkommen hat der Bundesminister des Innern im Benehmen mit dem Auswärtigen Amt, dem Bundesminister der Justiz und dem Bundesminister für Familie und Jugend Richtlinien herausgegeben, die den Innenministerien der Länder mit der Empfehlung übermittelt wurden, daß die Standesbeamten und ihre Aufsichtsbehörden danach verfahren (s hierzu GABl [Bad-Württ] 1966, 2; StAZ 1966, 68, 135, 137, 167 sowie Reichard, Anerkennung der Vaterschaft mit und ohne Standesfolge, StAZ 1966, 175).

***) Peters, Dürfen Vaterschaftsanerkennungen, die bei einem österreichischen Jugendamt beurkundet sind, am Rand eines deutschen Geburtseintrags vermerkt werden?, StAZ 1956, 252; Thias, Beurkundung des Vaterschaftsanerkenntnisses durch einen ausländischen Konsul, StAZ 1952, 239; ders, Genügt die Mitteilung eines ausländischeu Standesbeamten über die Anerkennung eines unehelichen Kindes als Grundlage für die Beischreibung zum Geburtseintrag?, StAZ 1953, 140.

mundschaftsgericht diesen vorladen und hören (s RGZ 67, 416; OLG Hamm, DRiZ 1925, Rspr Nr 286 Sp 111; JMBlNRW 1959, 194).

Auch kann das Vormundschaftsgericht durch das Jugendamt um Amtshilfe (Rechtshilfe) gemäß **§ 10 JWG** ersucht werden; das Vormundschaftsgericht ist ebenfalls „Behörde" iS dieser Vorschrift (s hierzu Gräber, 8, A, Riedel, 14 je zu § 10 JWG; sowie Friedeberg-Polligkeit, 5b zu § 5 aF; s auch 12a, 71 zu § 1707 sowie 8a zu § 1714).

Das Vormundschaftsgericht kann gegebenenfalls ein auswärtiges für den Wohnsitz oder Aufenthalt des Erzeugers zuständiges Gericht um **Rechtshilfe** ersuchen. Ist der **Vater** jedoch **minderjährig**, so kann das Gericht ohne vorherige Zustimmung des gesetzlichen Vertreters des Vaters ein Vaterschaftsanerkenntnis nicht beurkunden, wohl aber rein tatsächliche Angaben über die Abstammung des Kindes (s zum letzteren RGZ 84, 317; 87, 426 = JW 1916, 429 mit Anm v Rausnitz; RG, WarnR 1917, 42 Nr 31 = LZ 1917, 333; Josef, AcP 114, 1916, 399; ferner s 20 sowie Bem 8a zu § 1714). 40a

Zur **gleichzeitigen Beurkundung der Anerkennung der Unterhaltsverpflichtung** sind zuständig nach Bundesrecht die Notare (§ 20 Abs 1 BNotO) die Beamten oder Angestellten des Jugendamtes (§ 49 Abs 1 JWG), auch die Rechtspfleger des Amtsgerichts (§ 23 Nr 3 RPflG — diese sind hierzu nach hM*) trotz des unvollkommenen Gesetzeswortlautes zuständig —), die deutschen Konsuln, eventuell ausländische Behörden (s Bem 40), dagegen nicht die Standesbeamten (vgl § 29 Abs 2 Satz 1 PStG). 41

bb) Die Person, welche die Erklärung des Anerkenntnisses aufnimmt, ist verpflichtet, die genauen Personalien des Mannes (ua auch den Geburtstag) festzustellen, dh sich Gewißheit über die Person des Erklärenden zu verschaffen (vgl §§ 27, 29 Abs 4 BNotO, § 176 Abs 3 FGG, § 49 Abs 3 JWG) und diesen über die Voraussetzungen und die Bedeutung des Anerkenntnisses zu belehren (s bezüglich des Notars § 26 BNotO, hinsichtlich der Standesbeamten vgl § 210 Abs 3 der Dienstanweisung), zB gegebenenfalls über die Notwendigkeit der Einwilligung des gesetzlichen Vertreters (s Bem 18 ff), darüber, daß er kraft Gesetzes weder zur Abgabe des Vaterschaftsanerkenntnisses (s Bem 14) noch gegebenenfalls zur Ausstellung der vollstreckbaren Urkunde der Unterhaltsverpflichtung, sondern lediglich — seine Vaterschaft vorausgesetzt — zur Zahlung des Unterhalts verpflichtet ist (s Lux-Jansen, 497 f), über die Rechtswirkungen des Vaterschaftsanerkenntnisses (den Verlust der Einrede des Mehrverkehrs), sowie auch gegebenenfalls über den Unterschied der Einbenennungserklärung (§ 1706 Abs 2 Satz 2) und des Vaterschaftsanerkenntnisses (s 19 zu § 1706) und — bei Aufnahme einer vollstreckbaren Urkunde — darüber, daß aus dieser die sofortige Zwangsvollstreckung gegen ihn ohne Klage und gerichtliches Verfahren stattfinden kann (s Bem 87 f**). 42

Ergibt sich, daß das Vaterschaftsanerkenntnis bewußt **wahrheitswidrig** ist***) oder daß die erforderliche Einwilligung des gesetzlichen Vertreters fehlt, so darf die Urkunde nicht aufgenommen werden (s bezüglich des Notars § 29 Abs 2, 4 BNotO), ebenso, wenn sich ergibt, daß das Kind gemäß § 1593 rechtlich als eheliches zu behandeln ist. Im letzteren Falle kann aber der Notar die tatsächlichen Angaben über die Beiwohnung in einem bestimmten Zeitraum oder zu bestimmten Zeitpunkten in einer Urkunde festhalten (§ 20 Abs 1 BNotO), ebenso das Gericht (s Bem 20, 40a aE), dagegen nicht das Standesamt (s auch Fußn zu 20) und das Jugendamt. 43

Ferner muß die Urkundsperson die Beurkundung ablehnen, wenn der Erklärende offensichtlich geschäftsunfähig, die Erklärung also offenbar nichtig ist (s § 28 Abs 2 BNotO, Art 36 Abs 2 NdsFGG, Art 51 Abs 2 HessFGG).

Erklärt der Mann, er sei nicht der Vater, wolle aber die Kindsmutter heiraten und deshalb die Vaterschaft anerkennen, so handelt die Urkundsperson, zB der Jugendamtsbeamte (s den Fall RG, DJ 1938, 832 = JW 1938, 1264), mit der Antwort oder dem Hinweis pflichtwidrig, dann könne er ja ruhig anerkennen. Vielmehr ist der betreffende Mann darüber zu belehren, daß ein wahrheitswidriges Vaterschaftsanerkenntnis gemäß § 169 StGB strafbar und nach § 134 BGB nichtig ist und daß es auch nicht die Grundlage

*) Jansen, 8 zu § 167 FGG; Arndt, 37 zu § 23 RPflG.

**) Zur Beratung durch die Urkundsperson s auch Reithmann, Deutscher Notartag 1965, 86.

***) Schrifttum: Drischler, Das unrichtige Vaterschaftsanerkenntnis, Hamburger Dissertation, 1961; Zeiler, Wirklichkeitswidrige Vaterschaftsanerkennungen, ZBlFG 15, 1915, 17.

für eine Legitimation des Kindes (§ 1719) bilden kann, sondern daß in einem solchen Falle nur die Möglichkeit der Adoption des Kindes nach der Eheschließung besteht (§§ 1741 ff, 1757 Abs 2, zweite Alternative), womit das Kind gemeinschaftliches eheliches Kind wird, die Mutter also auch nicht mehr uneheliche Mutter ist (s Dölle, II, 390; Boehmer, Einführung in das Bürgerliche Recht, 2. Aufl 1965, Seite 100, Fußn 15; LG Hildesheim, NdsRPfl 1965, 174 = NJW 1965, 2063 = ZblJugR 1965, 226 = FamRZ 1965, 580 Leits; OLG Hamm, FamRZ 1958, 340).

43a cc) Die Beurkundung des Vaterschaftsanerkenntnisses (und gegebenenfalls auch der Unterhaltsverpflichtung) durch das Jugendamt ist **gebührenfrei** (§ 49 Abs 3 Satz 2 JWG), ebenso ist die Beurkundung des Vaterschaftsanerkenntnisses durch das Standesamt gebührenfrei (s §§ 67, 68 der VO z Ausf des PStG vom 12. 8. 1957, BGBl I, 1139).

Beurkundet der **Notar** oder das **Gericht** das Anerkenntnis der Vaterschaft, so verfällt eine volle Gebühr **(§ 36 Abs 1 KostO)**. Der Geschäftswert bestimmt sich nach § 30 Abs 3 KostO; im allgemeinen wird bei durchschnittlichen Verhältnissen im Hinblick auf § 24 Abs 4 KostO ein Wert von DM 1000 anzunehmen sein (s Rohs-Wedewer, IV, Korintenberg-Wenz-Ackermann, 6. Aufl 1965, III je zu § 30 KostO; BayObLG Z 1961, 250 = DNotZ 1962, 328 = Rpfleger 1962, 194 = MDR 1962, 63; aM Beushausen-Kersten-Küntzel-Bühling, 5. Aufl 1964, 5 zu § 30 KostO; LG Gießen, DNotZ 1964, 504: Wert regelmäßig DM 3000).

Werden Vaterschaftsanerkenntnis und Unterhaltsverpflichtung (als einseitige Verpflichtungserklärung) beurkundet, so liegen gebührenrechtlich verschiedene Geschäfte vor (§ 44 Abs 2 KostO, s Beushausen-Kersten-Küntzel-Bühling, aaO; Rohs-Wedewer, III B 20 zu § 44); die Gebühren (§ 36 Abs 1) sind nach § 44 Abs 2 lit a KostO zu berechnen: die Werte (§ 30 Abs 3 und § 24 Abs 4) sind zusammenzurechnen (Korintenberg-Wenz-Ackermann, II, 3, b zu § 44; Beushausen-Kersten-Küntzel-Bühling, aaO).

III. Die Rechtsnatur des Vaterschaftsanerkenntnisses.

44 1. Die Rechtsnatur des Anerkenntnisses ist umstritten. Die hM spricht von einem einseitigen nicht empfangsbedürftigen Rechtsgeschäft*) oder von einer einseitigen nicht empfangsbedürftigen Willenserklärung**); zT wird auch gesagt, es sei eine einseitige Rechtshandlung, eine geschäftsähnliche Handlung***), auf die dann die Vorschriften über Willenserklärungen entsprechend angewendet werden. Dieser Auffassung nahe kommt die Ansicht Dölles (II, 470), das Anerkenntnis der Vaterschaft sei eine einseitige Erklärung, keine Willenserklärung im technischen Sinne; die förmliche Abgabe der Erklärung stelle einen Willensakt dar und entfalte Rechtswirkungen, die regelmäßig dem Willen des Erklärenden entsprächen. Weiterhin wird die Meinung vertreten, das Anerkenntnis sei nur eine Wissenserklärung, ein außergerichtliches Geständnis, eine Meinungsäußerung, die Wiedergabe der Überzeugung des betreffenden Mannes, er sei Vater des Kindes+).

---

*) Planck-Unzner, 4; Soergel-Siebert-Lade, 1; Rosenthal-Bohnenberg, 15. Aufl, I; Brand-Hensel, 161; Enneccerus-Nipperdey, Allgemeiner Teil, 2. Halbband, 1960, 933, § 151, II, 1 f; Brühl, 422, 425 f; Josef, Recht 1911, 512; Guggumos, StAZ 1950, 250; Eisenberg, DFG 1936, 168, 169; Dörken, ebenda 173; Rößler, Rpfleger 1955, 122; F. Schmid, ZBlFG 4, 1904, 317, 318; Reichel, 60 f; Pikart-Henn, Lehrbuch der freiwilligen Gerichtsbarkeit, 403; RGZ 58, 348, 353 = JW 1904, 489 = Recht 1904, 503 Nr 2117, 2118 = DJZ 1904, 866; RGZ 84, 317, 319; RGZ 135, 219 = Auswahlsammlung FamR, Bd 2, 210 = JW 1932, 1353; BGHZ 1, 181, 183 = ZblJugR 1951, 191 = Rpfleger 1951, 607; KG, KGJ 46, A 51; BayObLGZ 2, 549 = OLG 3, 397 = RJA 2, 158; BayObLGZ 10, 44; OLG Stuttgart, OLG 24, 55; OLG München, JW 1917, 744; vgl auch schon Prot 6, 304, und zum früheren Recht RGZ 5, 370, 372; 12, 368; 24, 155, 157.

Bernhardt (JW 1938, 1047) meinte, die Begriffe Rechtsgeschäft und Willenserklärung seien hier gleichbedeutend.

**) RGR-Komm, 6; Erman-Hefermehl, 2; Warneyer bei Fußn 5; Palandt-Lauterbach, 25. Aufl, 1; Kipp, 416 mit Fußn 32; Feneberg-Simader, 2; Pfeiffer-Strickert, 7 je zu § 29 PStG; Schopp, Rpfleger 1959, 212, 213; Roquette, 35; OLG München, HRR 1942 Nr 469; SeuffA 80, 355 Nr 192; OLG Stuttgart, WürttZ 1937, Spruchbeilage 69; wohl auch Lehmann, 208.

***) Beitzke in Achilles-Greiff, 5; FamR, 197 f, § 33, IV, 3; ZblJugR 1961, 294, 295; StAZ 1961, 329; Dölle, II, 470; Gernhuber, 633, § 58, II, 6.

+) Opet-v. Blume, 1; v. Tuhr, Allgemeiner Teil, II, 1 (1914), 113 f mit Fußn 68, 268, Fußn 190; Walsmann, Der Verzicht, 1912, 291; Palandt-Lauterbach, 23. Aufl, 1.

Zu dem von der hM eingenommenen Standpunkt ist darauf hinzuweisen, daß die Begriffe „Willenserklärung" und „Rechtsgeschäft" nicht identisch sind und daß es nicht richtig ist, von einem nicht empfangsbedürftigen Rechtsgeschäft und von einer einseitigen Willenserklärung zu sprechen (s 80 zu § 1706).

2. Die Auffassung, das Anerkenntnis sei (nur) Willenserklärung bzw Rechtsgeschäft, 45
erkennt die Bedeutung des Anerkenntnisses nicht in vollem Umfange. Vielmehr ist das **Anerkenntnis der Vaterschaft als Wissenserklärung und als einseitiges Rechtsgeschäft mit nicht empfangsbedürftiger Willenserklärung zu beurteilen***). Dies bedarf noch näherer Erläuterung:

a) Die Erklärung des Anerkenntnisses, Vater (Erzeuger) eines unehelichen Kindes zu 46
sein, beruht auf der Kenntnis von intimen Vorgängen, nämlich intimer Beziehungen mit der Kindesmutter zu einem bestimmten Zeitpunkt oder in einem bestimmten Zeitraum, und auf einer Schlußfolgerung, der Überzeugung, auf Grund des mit der Kindesmutter gepflogenen Geschlechtsverkehrs Erzeuger des Kindes zu sein (s auch Bem 13, 15, 18, 22).

Im Falle der späteren Eheschließung des Mannes mit der Kindesmutter begründet das Anerkenntnis die Vermutung, daß der Ehemann der Mutter des Kindes innerhalb der Empfängniszeit beigewohnt hat (§ 1720 Abs 2 — s zur Bedeutung dieser Vermutung, auch im Vergleich zu der in § 1591 Abs 2 Satz 1 enthaltenen Vermutung, Bem 13ff zu § 1720).

b) Das Anerkenntnis hat aber auch rechtsgeschäftlichen Charakter, weil es Rechts- 47
wirkungen hervorruft und nach dem Willen des Anerkennenden auch hervorrufen soll. Es bedeutet eine vom Anerkennenden gewollte Besserstellung des Kindes und hat auch gewisse feststellende Wirkung (mit Einschränkungen), worauf noch zurückzukommen ist.

Unrichtig ist es, von einem Verzicht auf die Einrede**) zu sprechen, ein 48
anderer habe der Mutter innerhalb der Empfängniszeit beigewohnt, worauf zB schon Walsmann, Der Verzicht, 1912, 291, hingewiesen hat (s ferner Dölle, II, 470; andererseits aber Prot 4, 679 [s Bem 4]; RGZ 135, 219, 221; BGHZ 1, 181, 183). Der Ausschluß dieser Einrede ist die Folge des Anerkenntnisses. Ein Verzicht setzt einen Verzichtswillen voraus; dieser ist aber kaum jemals gewollt. War der Mann, der die Vaterschaft anerkennen will, über die Wirkungen, insbesondere den Inhalt der Vorschrift des § 1718 belehrt worden — wozu die Urkundsperson als verpflichtet zu betrachten ist (s Bem 42f) — und weiß er demgemäß, daß er diese Einrede des Mehrverkehrs (§ 1718 iV mit § 1717 Abs 1 Satz 1) verliert (s auch oben Bem 1, 24), so muß nach der Lebenserfahrung davon ausgegangen werden, daß er nicht deshalb anerkennt, weil er sich diese Einrede abschneiden will (s Walsmann, aaO), sondern weil er der Überzeugung ist, der Vater zu sein — von den Fällen freilich abgesehen, in denen das Anerkenntnis wider besseres Wissen abgegeben wird (s dazu Bem 95), etwa weil der Mann mit der Kindesmutter die Ehe eingehen und dem Kinde gegenüber die Stellung eines Vaters einnehmen will —. So kann kaum jemals davon gesprochen werden, der Anerkennende wolle auf die erwähnte Einrede verzichten (vgl Beitzke, ZblJugR 1961, 295; Gernhuber, 633; s auch Bosch, Gutachten, 68).

Die Folge, daß die Einrede des Mehrverkehrs (exceptio plurium concumbentium) ausgeschlossen wird, tritt ein, ob sie gewollt ist oder nicht, ob der Anerkennende von ihr Kenntnis hat oder nicht. Daher kann nicht mit der Begründung die rechtsgeschäftliche Natur des Anerkenntnisses — wie häufig — bejaht werden, der Anerkennende verzichte auf die Einrede.

Die rechtsgeschäftliche Natur des Anerkenntnisses ergibt sich vielmehr daraus, 49
daß der Anerkennende eine rechtliche Besserstellung des Kindes bezwecken will, mag auch nicht allgemein gesagt werden können, welche Wirkungen im Einzelfall gewollt sind, welche Vorstellung der betreffende Mann über die rechtliche Bedeutung des Anerkenntnisses hat. Indessen ist es bei der Abgabe einer Willenserklärung nicht erforderlich, daß der Erklärende alle Folgen und Wirkungen, die das (hier einseitige) Rechtsgeschäft sodann hervorruft, in seinen Willen aufge-

*) Häufig wird das Anerkenntnis als Wissenserklärung und Rechtsgeschäft bzw Willenserklärung aufgefaßt: s zB Palandt-Lauterbach, 25. Aufl, 1; Guggumos, StAZ 1950, 250; BayObLGZ 2, 549; Roquette, 35f; zT als Wissenserklärung und geschäftsähnliche Handlung: Beitzke, aaO, wohl auch Dölle, II, 470.

**) Zu beachten ist freilich, daß es sich um keine echte Einrede iS des BGB handelt, sondern um eine Einwendung iS des Prozeßrechts (s 23 zu § 1717). Da der (freilich mißverständliche) Ausdruck „Einrede des Mehrverkehrs" gebräuchlich ist, ist er im vorliegenden Zusammenhang der Einfachheit halber beibehalten.

nommen hat. Der Anerkennende stellt sich aber — dies kann mit Sicherheit behauptet werden — immer Auswirkungen auf die Unterhaltsverpflichtung vor (vgl auch Gernhuber, 633, der zu Unrecht meinte, das Anerkenntnis werde fälschlich mit der Unterhaltspflicht in Verbindung gebracht, und damit übersah, daß § 1718 in Zusammenhang mit den Bestimmungen der §§ 1717, 1708 steht. Freilich begründet das Anerkenntnis die Unterhaltsverpflichtung (§ 1708) nicht, vielmehr beruht diese auf der Vaterschaft (s dazu 6 zu § 1708, 1ff zu § 1717); indessen erleichtert das Anerkenntnis die Geltendmachung der Unterhaltsansprüche des Kindes (und auch der Ansprüche der Mutter gemäß § 1715) — dazu, daß in der Praxis fast stets das Anerkenntnis der Vaterschaft mit der Festlegung der Unterhaltspflicht verbunden ist, s Bem 81.

50 Das Vaterschaftsanerkenntnis ist also nicht gleichbedeutend mit der Anerkennung der Unterhaltspflicht; mit dem Verlust der Mehrverkehrseinrede ergibt sich auch nicht automatisch die Unterhaltsverpflichtung des Anerkennenden (so auch Dölle, II, 468; s aber zB andererseits Breidenbach, StAZ 1958, 303).

51 Weiterhin hat das Anerkenntnis die Wirkung, daß es gemäß **§ 29 Abs 1 PStG** auf Antrag eines Beteiligten am Rande des Geburtseintrags vom Standesbeamten einzutragen ist (s Bem 65ff), während ein Urteil, das nur die sog Zahlvaterschaft oder Gilt-Vaterschaft iS des § 1717 feststellt (s dort Bem 160) zur Beischreibung eines Randvermerks nicht ausreicht, auch nicht, wenn es ein Anerkenntnisurteil ist (s 160 zu § 1717). Aus dieser Wirkung des Anerkenntnisses geht hervor, daß es personenrechtliche und personenstandsrechtliche Bedeutung hat (s Bem 61).

52 Festzuhalten und zu betonen ist danach, daß das Anerkenntnis zwar **keine konstitutive Wirkung***), wohl aber in gewissem Umfange feststellende (deklaratorische) Bedeutung hat. Dies zeigt sich auch in den Vorschriften der §§ 1720 Abs 2, 1725 — soweit es im letzteren Falle der Formvorschrift des § 1730 genügt (s Bem 37, sowie Bem 1 zu § 1730) —, wenn auch im Falle der Legitimation gemäß § 31 PStG und im Falle der Ehelichkeitserklärung das Vormundschaftsgericht von Amts wegen (§ 12 FGG) Ermittlungen über die Richtigkeit des Vaterschaftsanerkenntnisses anstellen muß (soweit dazu Veranlassung besteht — s 32 zu § 1719, 27 zu § 1723). Jedoch ist das Anerkenntnis in allen diesen Fällen inhaltlich das gleiche, woran der Umstand nichts ändert, daß in den Fällen der Legitimation und der Ehelichkeitserklärung die Einrede des Mehrverkehrs ausgeschlossen ist (11 zu § 1720, 9ff zu § 1725).

53 Beitzke (s Bem 44 mit Fußn **), Dölle (II, 470) und Gernhuber (633) verneinen die Charakterisierung des Anerkenntnisses als Rechtsgeschäft, Beitzke deshalb, weil nicht nachgewiesen werden könne, daß die im Gesetz unmittelbar vorgeschriebene Folge des Ausschlusses der Einrede des Mehrverkehrs von dem Anerkennenden jeweils gewollt sei; letzteres ist zwar richtig, indessen dürfen die sonstigen Wirkungen des Anerkenntnisses nicht außer Acht gelassen werden. Dölle (aaO) bejaht die entsprechende Anwendung der Vorschriften über Willenserklärungen. Gernhuber (aaO) legt dar, die Charakterisierung des Anerkenntnisses als geschäftsähnliche Handlung entspreche allein dem typischen Geschehen; diese Begründung kann jedoch nicht als ausreichend beurteilt werden.

Im übrigen ist zu beachten, daß es sich bei der Frage, ob das Anerkenntnis ein Rechtsgeschäft oder eine geschäftsähnliche Handlung ist, praktisch nur um eine Frage der Terminologie handelt, da Beitzke und Gernhuber die für die Willenserklärung geltenden Normen ebenfalls analog anwenden.

54 c) Die dem Anerkenntnis zugrundeliegende Willenserklärung ist nach fast einhelliger Meinung und ständiger Rechtsprechung **nicht empfangsbedürftig****). Hiervon ist auch der Gesetzgeber ausgegangen (s Bem 4 aE), der bewußt nicht vorgeschrieben hat, daß die Erklärung einem anderen gegenüber abzugeben sei (vgl auch die Formulierung in § 130 Abs 1). Das Anerkenntnis wird wirksam mit der Aufnahme „in einer öffentlichen Urkunde" (s dazu Bem 34ff), sofern die sonstigen Voraussetzungen vorliegen. Eines Zuganges der Erklärung beim gesetzlichen Vertreter

*) Wohl allgemeine Meinung; s Dölle, II, 467; Achilles-Greiff-Beitzke, 1; Planck-Unzner, 2; Opet, Verwandtschaftsrecht, 373; OLG München, BayZ 1919, 345; BayObLGZ 21, A 286; Z 1958, 7, 9 = EJF, A I g 5 = StAZ 1958, 205; OLG Stuttgart, WürttZ 1924, 78; sowie schon die Darlegungen über die Entstehungsgeschichte des § 1718 in Bem 4.

**) Hierzu s Coing in diesem Komm, Vorbem 11 vor § 116; 23 i zu § 123, Band I, S 591, 682; Dölle, II, 470; Roquette, 36; Jacubezky, Recht 1903, 325; sowie die Hinweise in Fußnoten zu Bem 44.

des Kindes (oder bei der Mutter — im Hinblick auf die Vorschriften des § 1715) — bedarf es nicht. Die Regelung des § 1718 hat damit eine Vereinfachung zur Folge, da ein Nachweis des Zugangs nicht erforderlich ist (vgl auch Bem 62).

Gernhuber meint dagegen (633): „Zumindest zweifelhaft, aber nach Jahrzehnten gleichen Urteilens schwerlich mehr zu korrigieren, ist die ... Charakterisierung [des Anerkenntnisses] als nicht empfangsbedürftiger Akt, in der die Wirkungen des Anerkenntnisses für die rechtliche Position des Kindes gering eingeschätzt werden". Er übersieht hierbei den eindeutigen Willen des historischen Gesetzgebers, dem die Rechtsprechung in der Beurteilung der Rechtsnatur des Anerkenntnisses sich angeschlossen hat. Im übrigen kann davon, daß die Rechtsstellung des Kindes mit der Schaffung des § 1718 vom Gesetzgeber gering eingeschätzt worden sei, nicht die Rede sein. Schließlich ist noch darauf hinzuweisen, daß, wenn das Anerkenntnis ein Rechtsgeschäft mit empfangsbedürftiger Willenserklärung wäre, eine Anfechtung des Anerkenntnisses wegen einer von der Kindesmutter verübten arglistigen Täuschung (§ 123) praktisch fast ausgeschlossen wäre, weil der gesetzliche Vertreter (der Vormund) die Täuschung kaum je kennt oder kennen muß (vgl §§ 123 Abs 2, 166 Abs 1) — ein Ergebnis, das als befremdlich zu bezeichnen wäre (s zur Anfechtung wegen arglistiger Täuschung Bem 101ff).

IV. Wirkungen des Anerkenntnisses der Vaterschaft.

1. a) Das Anerkenntnis der Vaterschaft hat die Folge, daß der Anerkennende sich nicht darauf berufen kann, ein anderer habe der Mutter innerhalb der Empfängniszeit beigewohnt; diese Wirkung tritt ein, gleichgültig, ob der Anerkennende diese Folge gewollt hat oder nicht, ob er von ihr Kenntnis hatte oder nicht (s Bem 48 sowie auch 98 aE). 55

Diese Wirkung ist von Bedeutung, wenn nicht gleichzeitig mit dem Anerkenntnis der Vaterschaft die Unterhaltsverpflichtung in vollstreckbarer Form beurkundet wurde (s dazu Bem 40f zur Zuständigkeit des Standesbeamten und Bem 41, 82 zur Beurkundung der Unterhaltsverpflichtung) oder wenn später das Vaterschaftsanerkenntnis angefochten wird (s Bem 97ff).

Das Vaterschaftsanerkenntnis bedeutet nicht schon die Anerkennung der Unterhaltsverpflichtung (s Bem 50).

In prozessualer Hinsicht kommt dem Vaterschaftsanerkenntnis insofern Beweiswert zu, als es das Geständnis der Beiwohnung enthält (Dölle, II, 469; Brüggemann, FamRZ 1964, 337, 339: Vermutung der Beiwohnung; s auch Bem 5 aE, 9, 12, 20). Wird das Anerkenntnis im Unterhaltsrechtsstreit abgegeben (s auch Bem 38), so sind die Vorschriften der §§ 288ff ZPO anzuwenden. Dagegen hat ein außergerichtliches, zB mündliches oder briefliches, Vaterschaftsanerkenntnis die Wirkungen eines Geständnisses nicht (s Dölle, aaO). Vielmehr ist die Erklärung gemäß § 286 ZPO frei zu würdigen. 56

Im Verfahren der Feststellung der Legitimation (§ 31 PStG, s dazu 23ff zu § 1719) und der Ehelichkeitserklärung (§§ 1723ff) ist der Ausschluß der Einrede des Mehrverkehrs ohne Bedeutung; im Falle der späteren Anfechtung der Ehelichkeit gelten die Sonderregeln der §§ 1721 Satz 2, 1735a Abs 1 Satz 2. 57

b) Das Anerkenntnis der Vaterschaft schließt nach einhelliger Meinung weder den Nachweis aus, daß das Kind offenbar unmöglich aus einem Geschlechtsverkehr der Kindsmutter mit dem Anerkennenden hervorgegangen ist (§ 1717)*), noch den Nachweis, daß der Anerkennende der Kindsmutter überhaupt nie oder während der Empfängniszeit nicht beigewohnt hat**) (s auch 26 zu § 1717). 58

Ist der eine oder der andere Nachweis erbracht, so ist das Vaterschaftsanerkenntnis hinfällig (zum Falle der Abgabe des Vaterschaftsanerkenntnisses wider besseres Wissen s Bem 95, zur Frage der Berichtigung des Randvermerks

---

*) Planck-Unzner, 1; RGR-Komm, 7; Erman-Hefermehl, 1; Soergel-Siebert-Lade, 4; Rosenthal-Bohnenberg, II; Palandt-Lauterbach, 1; Warneyer bei Fußn 1; Opet-v. Blume, 1; Kipp, 416; Dölle, II, 467; Beitzke, 198, § 33, 3d; Gernhuber, 633; Brühl, 422; Lux-Jansen, 501; Brandis, JW 1931, 1358; RGZ 161, 277; RG WarnR 1930, 223 Nr 111 = JW 1931, 1358 = Recht 1930, 302 Nr 1052; JW 1936, 2456; OLG München, LZ 1919, 1151; KG, JW 1936, 888; SchlHOLG, JR 1950, 275; OLG Karlsruhe (Freiburg), NJW 1953, 1553; OLG Köln, DAVorm XXIX, 40.

**) Planck-Unzner, 1; Opet-v. Blume, 1; RGR-Komm, 7; Rosenthal-Bohnenberg, II; Erman-Hefermehl, 1; Soergel-Siebert-Lade, 4; Warneyer bei Fußn 1; Kipp, 416; Gernhuber, 633; Dölle, II, 467; Brühl, 422, 424; Lux-Jansen, 501; RGZ 135, 219 = JW 1932, 1353, 2154 m Anm von Kitzinger.

des Geburtsregisters s Bem 75ff, zur Frage der Zulässigkeit der Vollstreckungsabwehrklage bei gleichzeitigem Anerkenntnis der Unterhaltsverpflichtung in vollstreckbarer Form s Bem 123, zu der Frage, ob das Vaterschaftsanerkenntnis mit der Unterhaltsverpflichtung kondiziert werden kann, s Bem 124f).

59 c) Das Anerkenntnis hat **keine Wirkung gegen Dritte** (s Dölle, II, 469; Planck-Unzner, 3; Rosenthal-Bohnenberg, 15. Aufl, II); daher steht es weder der Abgabe eines Vaterschaftsanerkenntnisses durch einen anderen Mann*) (s Bem 30, 72) noch der Geltendmachung von Unterhaltsansprüchen gegen einen anderen Mann entgegen als den, welcher die Vaterschaft anerkannt hat (Dölle, II, 469; Rosenthal-Bohnenberg, aaO; LG Hildesheim, DAVorm XXVII, 243 = FamRZ 1955, 147 Leits; vgl auch RGZ 165, 186 zum österreichischen Recht).

Liegen zwei einander widersprechende Anerkenntnisse der Vaterschaft mit dem Anerkenntnis der Unterhaltsverpflichtung vor, so haften die beiden Männer nicht als Gesamtschuldner (s 211 zu § 1708). Fraglich ist, ob das Kind von dem Manne, der die Vaterschaft als zweiter anerkannt hat, vom Tage der Geburt an Unterhalt verlangen kann (vgl Bosch, FamRZ 1965, 393). Hat sich der Mann, der als erster die Vaterschaft und die Unterhaltsverpflichtung anerkannt hatte, der sofortigen Zwangsvollstreckung unterworfen, so wird er sich nunmehr gegen Vollstreckungen, jedenfalls wohl für die Zeit nach dem zweiten Anerkenntnis, mit der Vollstreckungsabwehrklage (§ 767 ZPO) wenden können.

60 d) Wird das Kind durch nachfolgende Ehe seiner Eltern **legitimiert** (§ 1719), so begründet das Anerkenntnis die Vermutung, daß der Mann der Mutter innerhalb der Empfängniszeit beigewohnt habe (§ 1720 Abs 2; Näheres s 13ff zu § 1720).

61 2. Das Vaterschaftsanerkenntnis hat **gewisse personen- und personenstandsrechtliche Bedeutung** (s Jansen, EJF, A I g Nr 5 Anm, und FGG, Kommentar, 230f, Anm 3 zu §§ 46—47 PStG; Stölzel, 4. Aufl, 1, 5 zu § 25 PStG aF; **aM** Schmid, ZBlFG 4, 317, 318), wie sich darin zeigt, daß das Anerkenntnis im Geburtsregister beigeschrieben werden kann (s Bem 65ff). Die Beischreibung erfolgt nicht wegen der personenstandsrechtlich gleichgültigen Tatsache der Abgabe des Vaterschaftsanerkenntnisses und wegen der vermögensrechtlichen Auswirkungen, sondern deswegen, weil sich aus der Anerkennung ein gewichtiger tatsächlicher Anhaltspunkt für die Vaterschaft des Anerkennenden ergibt; die wahrscheinlich gemachte Abstammung, nicht die Erklärung als solche ist es, die den Grund für die Eintragung bildet (Jansen, EJF, A I g Nr 5 Anm; OLG München, JFG 17, 1; JW 1938, 375; s ferner BayObLGZ 1958, 7 = StAZ 1958, 205 = EJF, A I g Nr 5).

Die Richtigkeit dieser Auffassung wird bestätigt durch die in ständiger Rechtsprechung und in der Literatur einhellig vertretene Auffassung, daß das bewußt wahrheitswidrige Vaterschaftsanerkenntnis eine Personenstandsfälschung darstellt (s Bem 95). Diese Ansicht wirkt sich dann bei der Beantwortung der Frage aus, unter welchen Voraussetzungen die Eintragung des Vaterschaftsanerkenntnisses im Geburtsregister berichtigt werden kann (§ 47 PStG, s dazu Bem 75ff, 121).

Das Vaterschaftsanerkenntnis hat also keine konstitutive Wirkung (s Bem 52) und beweist nicht positiv die Vaterschaft (ebenso zB Soergel-Siebert-Lade, 4; Dölle, II, 467, 475), insbesondere nicht iS des § 30 PStG. Auch schafft es keine im Statusprozeß (s Bem 162ff zu § 1717) zu beachtende Vermutung dafür, daß der Anerkennende das Kind erzeugt hat (BGHZ 17, 252, 265 = FamRZ 1955, 249 Leits = JZ 1955, 611 = NJW 1955, 1107; anders wohl Gernhuber, 635).

62 3. Wird das Vaterschaftsanerkenntnis nicht vor dem Standesbeamten abgegeben, der die Geburt des Kindes beurkundet hat, so hat die Urkundsperson oder Behörde, welche die öffentliche Urkunde über das Vaterschaftsanerkenntnis aufgenommen oder dieses beurkundet hat, dem Standesbeamten, der das Geburtsregister führt, eine beglaubigte Abschrift des Anerkenntnisses zu **übersenden (§ 29 Abs 2 Satz 2 PStG).**

63 Das Vaterschaftsanerkenntnis ist auch dann dem Standesbeamten zu übersenden, wenn es in „geheimer Urkunde" von einem Notar aufgenommen worden ist**), dh wenn der Anerkennende seine Erklärung geheim halten will (vgl dazu auch Bem 92, 135 zu § 1707). Der Notar kann sich hierbei nicht auf seine Verschwiegenheitspflicht (§ 18 BNotO) berufen (s dazu OLG Stuttgart, Die Justiz 1964, 122 = FamRZ 1964,

---

*) Peters, Mehrere Vaterschaftsanerkenntnisse, StAZ 1951, 46.

**) Schwarze, Vaterschaftsanerkenntnis in geheimer Urkunde, ZblJugR 1954, 230; Maßfeller, Die Anerkennung der Vaterschaft in „geheimer Urkunde", StAZ 1961, 125; Bauer, § 29 Abs 2 Satz 2 PStG und die Schweigepflicht des Notars, DNotZ 1963, 341; Becker, Reform des Unehelichenrechts unter Berücksichtigung des „anonymen Vaters", RdJ 1964, 51.

379 Leits*); aM Weber, Deutscher Notartag 1965, 118f). Weigert sich der Notar, dem Standesamt eine beglaubigte Abschrift des Anerkenntnisses zu übermitteln, so kann er hierzu im Wege der Dienstaufsicht (§§ 92ff BNotO) angehalten werden (OLG Stuttgart, aaO; aM Bauer, DNotZ 1963, 341; Weber, aaO). Der Notar war verpflichtet, vor Errichtung der Urkunde den Erzeuger auf die Vorschrift des § 29 Abs 2 Satz 2 PStG hinzuweisen, wonach eine Ausfertigung der Urkunde dem Standesbeamten übersandt werden muß.

Der Notar kann in einem solchen Falle der Beurkundung des Vaterschaftsanerkenntnisses in „geheimer Urkunde" diese in verschlossenem oder versiegeltem Umschlag an das Standesamt versenden und auf dem Umschlag vermerken, daß es sich um die Anerkennung der Vaterschaft für das Kind ... handelt (s hierzu Maßfeller, StAZ 1961, 125; Kersten-Bühling, Formularbuch und Praxis der freiwilligen Gerichtsbarkeit, 12. Aufl 1963, 749; sowie einen Beschluß der Arbeitsgemeinschaft der Innenministerien der Bundesländer im Einvernehmen mit dem Bundesministerium des Innern, DNotZ 1961, 452, und den Erlaß des bad-württ Innenministeriums vom 14. 11. 1961, Gemeinsames Amtsblatt 640; ferner die Notiz in DNotZ 1962, 171; vgl auch schon Roquette, 19; s noch Bem 67).

64 In der Praxis ist es, soweit ersichtlich, üblich, daß das Standesamt dem Jugendamt als Amtsvormund von dem Vaterschaftsanerkenntnis Mitteilung macht, wenn nicht das Jugendamt selbst (§ 49 Abs 1 JWG) die Urkunde aufgenommen hat; eine diesbezügliche Dienstanweisung liegt allerdings (bisher noch) nicht vor, ist aber in der geplanten — und dringend erforderlichen — Neufassung der (durch die Rechtsentwicklung in vielen Punkten unrichtig gewordenen) Dienstanweisung für die Standesbeamten und ihre Aufsichtsbehörden vorgesehen. Eine solche Mitteilung empfiehlt sich indessen dringend.

65 4. a) Auf Antrag eines der Beteiligten (dh des Vaters, des Kindes — vertreten durch den Vormund, eventuell gemäß § 1707 Abs 2 durch die Mutter — und der Mutter) ist das **Anerkenntnis am Rande des Geburtseintrags zu vermerken (§ 29 Abs 1 PStG)****). Der Randvermerk kann also nach geltendem Recht — anders als nach früherem Recht (§ 29 Abs 1 PStG 1937) — nur auf Antrag eingetragen werden (s auch § 71 FGG).

Zwar besteht wegen der personen- und personenstandsrechtlichen Bedeutung des Vaterschaftsanerkenntnisses (s Bem 61) ein gewisses öffentliches Interesse an der Beischreibung, jedoch hat der Gesetzgeber des Jahres 1957 hier mit Recht — und in Abweichung von der Regelung des § 30 PStG — das öffentliche Interesse nicht als so schwerwiegend beurteilt, daß die Beischreibung hätte zwingend vorgeschrieben werden müssen (Dölle, II, 475).

66 aa) Das Jugendamt beantragt als Amtsvormund regelmäßig, soweit ersichtlich, die Beischreibung, was sich auch empfiehlt, es sei denn, daß es sich um ein

---

*) Im Verfahren der sofortigen Beschwerde (§ 111 Abs 4 BNotO) hat der BGH (Z 42, 390 = Die Justiz 1965, 87 = DNotZ 1965, 243) den Beschluß des OLG Stuttgart zwar aufgehoben, aber aus formellen Gründen — wegen Versäumung der Frist des § 111 Abs 2 BNotO — nicht sachlich entschieden.

**) Zur Beischreibung des Randvermerks s die Kommentare zum PStG (§ 29) von Feneberg-Simader (1958) und Pfeiffer-Strickert (1961) sowie auch Brandis-Maßfeller (1938).

Abhandlungen: Danner, Ist eine Vaterschaftsanerkennung im Geburtenbuch einzutragen, wenn sie nur von dem gesetzlichen Vertreter des minderjährigen Kindesvaters abgegeben ist?, StAZ 1958, 221; ders, Muß aus dem Randvermerk im Geburtenbuch über ein Vaterschaftsanerkenntnis ersichtlich sein, daß er auf Antrag eines Beteiligten eingetragen wurde?, StAZ 1959, 248; Delcker, Die Eintragung und deren Berichtigung im deutschen Standesregister bei bewußt unwahrer Vaterschaftsanerkennung deutscher unehelicher Kinder, StAZ 1937, 82, 278; Eimann, Könnte auf die Beischreibung von Vaterschaftsanerkenntnissen bei den Geburtseinträgen verzichtet werden?, StAZ 1961, 314; Ferid, Beischreibung der unehelichen Vaterschaft nach § 30 PStG auf Grund ausländischer Urteile?, StAZ 1953, 50; Fischer, Randvermerk über das Anerkenntnis der Vaterschaft durch den Ehemann gemäß § 29 PStG nach Anfechtung der Ehelichkeit des Kindes?, StAZ 1951, 139; Meischner, Beischreibung des Vaterschaftsanerkenntnisses zum Geburtenbuch bei einem in Blutschande gezeugten Kind, StAZ 1956, 230; Peters, Vaterschaftsanerkenntnis nach Blutschande, StAZ 1950, 262; ders, Mitwirkung des gesetzlichen Vertreters eines minderjährigen Anerkennenden bei Beantragung der Beischreibung des Vater- oder Mutterschaftsanerkenntnisses am Rande des Geburtseintrags, StAZ 1960, 83; Thias, Genügt die Mitteilung eines ausländischen Standesbeamten über die Anerkennung eines unehelichen Kindes als Grundlage für die Beischreibung zum Geburtseintrag?, StAZ 1953, 140.

Kind aus einer blutschänderischen Verbindung handelt oder eventuell auch, wenn das Kind aus ehebrecherischen Beziehungen hervorgegangen ist (s Dölle, II, 476; Peters, StAZ 1950, 262; Meischner, StAZ 1956, 230).

ZT ist es üblich oder wird es den Standesbeamten zur Pflicht gemacht, die Beteiligten anzuregen, die Beischreibung des Vaterschaftsanerkenntnisses zu beantragen (s zB Entschl des BayStMdJ, StAZ 1959, 174; Dölle, II, 476).

67 bb) War das Vaterschaftsanerkenntnis von einem Notar in „geheimer Urkunde" aufgenommen worden, so hat der Standesbeamte den (regelmäßig verschlossenen) Umschlag (s Bem 63 aE) zu öffnen, wenn die Beischreibung des Randvermerks beantragt wird, und dann die Eintragung im Geburtsregister vorzunehmen (s Bem 69 ff).

Ist auf die dargelegte Weise die Beischreibung des Vaterschaftsanerkenntnisses möglich und enthält die „geheime Urkunde" zugleich ein Anerkenntnis der Unterhaltsverpflichtung in vollstreckbarer Form, so wird für eine vom Vormund zu erhebende Unterhaltsklage regelmäßig das Rechtsschutzinteresse fehlen (vgl aber auch AG Hilpoltstein, DAVorm XXXVIII, 146), es sei denn, daß der Vormund keine vollstreckbare Ausfertigung der Urkunde zu erlangen vermag oder daß in der Urkunde nicht das Kind, sondern die Mutter als Gläubiger aufgeführt ist, es sich also um einen Vertrag zugunsten eines Dritten (des Kindes) handelt (s 23 zu § 1714). Ist das Kind Gläubiger, so kann dessen gesetzlicher Vertreter die Erteilung einer Ausfertigung verlangen. Gegebenenfalls kann der Notar von der (nach Landesrecht) zuständigen Stelle angewiesen werden, die Ausfertigung zu erteilen (s hierzu Seybold-Hornig-Weber-Reithmann-Schippel, 23—25 zu § 15 BNotO, sowie oben Bem 63 zu der Frage, ob der Notar angewiesen werden kann, die „geheime Urkunde" dem Standesbeamten zu übersenden; s auch Bem 89 aE).

68 cc) Ist der die Beischreibung Beantragende (der Mann, der die Vaterschaft anerkannt hat, oder die Mutter) **minderjährig**, so ist die Mitwirkung des gesetzlichen Vertreters erforderlich (ebenso Peters, StAZ 1960, 83; Dölle, II, 476 f). Die Zustimmung des gesetzlichen Vertreters zum Vaterschaftsanerkenntnis umfaßt nicht ohne weiteres auch die Zustimmung zum Antrag, das Anerkenntnis beizuschreiben.

69 b) Die **Eintragung des Randvermerks setzt** ein vorschriftsgemäßes **wirksames Vaterschaftsanerkenntnis voraus.** Daher hat der Standesbeamte zu prüfen: die Identität der Beteiligten, die Formgültigkeit der Urkunde sowie gegebenenfalls das Vorliegen der etwa erforderlichen Einwilligung des gesetzlichen Vertreters des Anerkennenden (s Dölle, II, 476, sowie 26 zu § 1720).

Der Widerspruch eines anderen Beteiligten gegen die Eintragung des Randvermerks ist unbeachtlich (s Breidenbach, StAZ 1958, 303; Pfeiffer-Strickert, 10 zu § 29 PStG).

70 Nicht ausreichend ist zur Eintragung zB ein Anerkenntnis des Unterhaltsanspruchs oder ein Anerkenntnisurteil, das die „Gilt-Vaterschaft" feststellt und den betreffenden Mann zur Unterhaltszahlung verpflichtet (s Bem 38, 51).

71 Nicht eingetragen werden darf ein Randvermerk, wenn die Urkunde vor der Geburt des Kindes aufgenommen ist (s Bem 5) oder wenn zur Zeit der Errichtung der öffentlichen Urkunde die Unehelichkeit des Kindes (noch) nicht rechtskräftig festgestellt war (s Bem 7 ff) oder wenn es offensichtlich ist, daß das Anerkenntnis inhaltlich unrichtig ist (s Bem 43), ferner wenn bereits die Legitimation des Kindes eingetragen ist (§ 31 Abs 5 Satz 2 PStG; s 42 zu § 1719).

72 Im übrigen hat der Standesbeamte die inhaltliche Richtigkeit des Vaterschaftsanerkenntnisses nicht zu prüfen. Daher können auf Antrag auch mehrere Vaterschaftsanerkenntnisse beigeschrieben werden (Dölle, II, 476; Pfeiffer-Strickert, 14; Feneberg-Simader, 5, c; s auch LG Mannheim, StAZ 1956, 87, sowie oben Bem 59). Über die Richtigkeit der Anerkenntnisse hat nicht der Standesbeamte, sondern im Streitfalle das Prozeßgericht (auf Feststellungsklage) zu entscheiden. Wird sodann im Statusprozeß die Vaterschaft eines der betreffenden Männer festgestellt, so kann gemäß § 47 PStG die Berichtigung der übrigen Randvermerke angeordnet werden (s auch Bem 79).

73 c) Der **Randvermerk** ist **nur im Geburtenbuch** einzutragen, dagegen nicht im Familienbuch des Vaters oder der Mutter; auch in der Geburtsurkunde wird das Vaterschaftsanerkenntnis nicht aufgenommen (vgl § 62 PStG; Danner, StAZ 1959, 248).

Zu erwähnen ist noch, daß hinsichtlich der Einsicht in das Geburtenbuch (§ 61 Abs 1 PStG) auf Antrag des Jugendamtes oder des gesetzlichen Vertreters des Kindes ein Sperrvermerk betr die Eintragung der unehelichen Geburt eingetragen werden kann (§ 61 Abs 2 PStG).

Zum rechtlichen Interesse des unehelichen Vaters an der Einsicht in das Geburtenbuch s AG Mannheim, StAZ 1964, 274.

d) Durch die Beischreibung des Vaterschaftsanerkenntnisses im Geburtenbuch wird der Status des unehelichen Kindes nicht verändert, da das Anerkenntnis (als solches) kein Verwandschaftsverhältnis zwischen dem unehelichen Kinde und dem Anerkennenden schafft (Dölle, II, 475), also keine konstitutive Wirkung hat (s oben Bem 61). Die Beischreibung beweist also nur die Abgabe des Vaterschaftsanerkenntnisses, nicht dessen Wirksamkeit und nicht die Vaterschaft des Anerkennenden; jedoch wird diese wahrscheinlich gemacht (s Bem 61). 74

Die Beischreibung bedeutet insbesondere keine „Feststellung der Abstammung" iS des § 30 PStG; eine solche Feststellung kann nur im Statusprozeß getroffen werden (§ 640 ZPO). Zum internationalen Privatrecht s 136.

e) Ergibt sich nachträglich, daß der Randvermerk unrichtig ist, so ist der Standesbeamte nicht befugt, von sich aus das Geburtenbuch zu **berichtigen;** vielmehr ist hierzu eine gerichtliche Anordnung erforderlich **(§ 47 PStG)***). 75

aa) Diese Anordnung kann ergehen, wenn das Vaterschaftsanerkenntnis wegen Verstoßes gegen **§ 169 StGB** gemäß **§ 134 BGB** nichtig ist (Jansen, FGG, Kommentar, 231, Anm 3 zu § 47 PStG; aM OLG München, JFG 17, 1 = JW 1938, 964). 76

Das gleiche gilt, wenn der betreffende Mann nicht die Vaterschaft zu dem Kinde anerkennen, sondern diesem gemäß § 1706 Abs 2 Satz 2 seinen Namen erteilen wollte (s hierzu Bem 98). 77

Ist das Vaterschaftsanerkenntnis **wegen arglistiger Täuschung mit Erfolg angefochten,** so hat das Gericht die Berichtigung des Randvermerks im Geburtsregister anzuordnen (Jansen, EJF, A I g Nr 5 Anm; FGG, Kommentar, 231, Anm 3 zu § 47 PStG; Keidel, FGG, Anm 16 zu dem [aufgehobenen] § 69; Pfeiffer-Strickert, Anm 9, o, zu § 47 PStG; BayObLGZ 1958, 7 = StAZ 1958, 205 = EJF, A I g Nr 5); erforderlich ist hier nur, daß die Anfechtung durchgreift, ohne Rücksicht darauf, ob der betreffende Mann, der die Vaterschaft anerkannt hatte, Vater ist (vgl auch Bem 115; anders wohl Jansen, EJF aaO). Wird dann aber die Vaterschaft dieses Mannes im Statusprozeß mit allgemein bindender Wirkung festgestellt, so ist ein Randvermerk im Geburtsregister gemäß § 30 PStG einzutragen (s hierzu auch 189 zu § 1717). 78

Weiterhin ist die Berichtigung des Randvermerks des § 29 Abs 1 auch immer dann anzuordnen, wenn sich die **inhaltliche Unrichtigkeit dieses Vermerks** ergibt (ebenso Jansen, FGG, Kommentar, 231, Anm 3 zu § 47 PStG; EJF, A I g Nr 5 Anm; Palandt-Lauterbach, 1; Erman-Hefermehl, 4; Haberling, HessRspr 1917, 236; Maßfeller, StAZ 1942, 134; früher KG, KGJ 22, A 255 = RJA 2, 153 = OLG 3, 399; OLG 7, 121; beiläufig auch BGHZ 5, 385, 400 = NJW 1952, 780, 782 — in MDR 1952, 484, 485 und JZ 1952, 477, 479 nicht mitabgedruckt —; BGHZ 17, 252, 255f = NJW 1955, 1107; vgl ferner LG Mannheim, StAZ 1956, 87). 79

Die abweichende Auffassung (Voraufl, 6; RGZ 68, 60 = RJA 9, 143; RG, RJA 12, 195; KG, JFG 13, 385 = JW 1936, 2463; StAZ 1943, 93; BayObLGZ 21, 284 = JFG 1, 132 = OLG 42, 100; Z 1958, 7; s ferner Pfeiffer-Strickert, Anm 9, o zu § 47 PStG; Soergel-Siebert-Lade, 15) beruft sich zu Unrecht darauf, der Nachweis der inhaltlichen Unrichtigkeit des Anerkenntnisses reiche nicht aus, weil die Richtigkeit der Tatsache der Abgabe des Anerkenntnisses selbst dadurch nicht berührt würde. Der Hinweis auf § 415 ZPO ist dafür kein Argument; maßgebend ist vielmehr die personen- und

*) **Lit:** Kommentare zu § 47 PStG von Brandis-Maßfeller (1938), Feneberg-Simader (1958) und Pfeiffer-Strickert (1961), ferner: Delcker, Die Eintragung und deren Berichtigung im deutschen Standesregister bei bewußt unwahrer Vaterschaftsanerkennung deutscher unehelicher Kinder, StAZ 1937, 82, 278; Drischler, Das unrichtige Vaterschaftsanerkenntnis, Diss Hamburg, 1961; Firsching, FamR, 333ff; Maßfeller, Das unrichtige Vaterschaftsanerkenntnis, StAZ 1942, 133; Zeiler, Wirklichkeitswidrige Vaterschaftsanerkennungen im Standesregister, ZBlFG 15, 1915, 17; sowie zur Berichtigung der Personenstandsbücher (allgemein) Simader, StAZ 1965, 313.

personenstandsrechtliche Wirkung des Anerkenntnisses (s Bem 61; unklar Soergel-Siebert-Lade, aaO). Nur die dargelegte Auffassung entspricht modernen Rechtsanschauungen über die Rechtsstellung des unehelichen Kindes.

Somit ist zB die Berichtigung des Randvermerks (§ 29 Abs 1 PStG) anzuordnen (§ 47 PStG), wenn festgestellt wird, daß der Anerkennende offenbar unmöglich Erzeuger des Kindes ist, oder wenn im Statusprozeß festgestellt wird, daß der Anerkennende nicht der natürliche Vater des Kindes ist (s hierzu auch 190 zu § 1717) oder wenn mehrere Vaterschaftsanerkenntnisse beigeschrieben waren und hinsichtlich eines Anerkennenden oder eines anderen Mannes die Vaterschaft im Statusprozeß festgestellt wird. Denn wenn gemäß § 30 Abs 1 PStG ein Randvermerk eingetragen wird, nachdem die Abstammung des Kindes mit allgemein bindender Wirkung festgestellt worden war, kann ein diesem Randvermerk widersprechender Randvermerk über ein Vaterschaftsanerkenntnis nicht bestehen bleiben.

Die Anordnung einer Berichtigung muß auch für zulässig erachtet werden, wenn mehrere Vaterschaftsanerkenntnisse beigeschrieben waren und nach einem Berichtigungsantrag eines der betreffenden Männer auf Grund der angestellten Ermittlungen sich ergibt, daß dessen Anerkenntnis unrichtig ist (vgl auch LG Mannheim, StAZ 1956, 87; aM Dölle, II, 476 Fußn 84).

80 bb) Die **Zuständigkeit des Amtsgerichts** ergibt sich aus **§ 50 PStG.**

V. Das mit dem Vaterschaftsanerkenntnis verbundene Anerkenntnis der Unterhaltsverpflichtung*).

81 1. Sehr häufig wird in der Praxis mit dem Vaterschaftsanerkenntnis die Unterhaltsverpflichtung in vollstreckbarer Form (s §§ 794 Abs 1 Nr 5, 801 ZPO, § 49 JWG) verbunden (s schon Prot 4, 680 — oben Bem 4 —, die von Firsching, 201, Lux-Jansen, 497f, Kersten-Bühling, 751, wiedergegebenen Muster der Urkunden sowie die im Folgenden erwähnten praktischen Fälle), sofern nicht der Standesbeamte das Vaterschaftsanerkenntnis aufgenommen hat (§ 29 Abs 2 Satz 1 PStG; s dazu Bem 40). Nehmen Gerichte, Notare oder Beamte oder Angestellte der Jugendämter das Vaterschaftsanerkenntnis auf, so wird damit wohl fast stets die Unterhaltsverpflichtung (§ 1708) in vollstreckbarer Form mitbeurkundet (s auch zum Vaterschaftsanerkenntnis in „geheimer Urkunde" Bem 63, 67).

82 2. a) Wird außer dem Vaterschaftsanerkenntnis die Verpflichtung zur Unterhaltsleistung in vollstreckbarer Form beurkundet**), so stellt die Unterhaltsverpflichtung in der Regel **kein selbständiges Schuldversprechen oder Schuldanerkenntnis** (§§ 780, 781) dar (BGHZ 1, 181, 183, 185 = ZblJugR 1951, 191 = Rpfleger 1951, 607; BGHZ 17, 252, 256 = NJW 1955, 1107; Lux-Jansen, 498f).

Regelmäßig ist anzunehmen, daß das Vaterschaftsanerkenntnis und die Übernahme einer Unterhaltsverpflichtung ein einheitliches Rechtsgeschäft ist, und sind keine Anhaltspunkte dafür vorhanden, daß der die Vaterschaft Anerkennende eine vom Schuldgrund unabhängige selbständige Verpflichtung eingehen will (Erman-Hefermehl, 6; RGRKomm, 14; Roquette, 44ff).

Hier kann von einem deklaratorischen Anerkenntnis gesprochen werden, das sich darin erschöpft, die ohnehin bestehende Unterhaltsverpflichtung zu „bestärken" (Brühl, 288; s ferner BGH, aaO), also nur Beweiswert hat (s auch RG, HRR 1930 Nr 288); es hat keine schuldbegründende Bedeutung.

---

*) Schrifttum: Berner, Die vollstreckbare Unterhaltsverpflichtung unehelicher Väter vor dem Jugendamt auf bundesrechtlicher Grundlage, Rpfleger 1963, 97; Crasemann, Die Verpflichtungsurkunde des außerehelichen Vaters und die vormundschaftsgerichtliche Genehmigung, ZblVorm IV, 1 (1912); Firsching, FamR, 2. Aufl 1962, 200ff; Kahl, Einseitige Unterhaltsverpflichtungen der Kindsväter, Blätter für Armenpflege und soziale Versicherung, 1920, 145; Kersten-Bühling, Formularbuch und Praxis der freiwilligen Gerichtsbarkeit, 12. Aufl 1963, 749; Lux-Jansen (s Fußn zu § 1718), 497; Martini, Anerkenntnis der unehelichen Vaterschaft und Alimentenversprechen in vormundschaftsgerichtlicher vollstreckbarer Urkunde, Diss Heidelberg 1909; Nößler, Vaterschaftsanerkenntnis und Unterhaltsverpflichtung des minderjährigen Erzeugers, Rpfleger 1955, 122; Weitpert, Einseitige Unterhaltsverpflichtungen der Kindsväter, Blätter für Armenpflege und soziale Versicherung, 1920, 85; s auch Lit-Angaben zu § 1714.

**) Zur Belehrungspflicht der Urkundsperson s Bem 42. Der Beamte oder Angestellte des Jugendamtes ist verpflichtet, den Kindesvater auf die Rechtsprechung der zuständigen Gerichte zur Höhe der Unterhaltsrente hinzuweisen, insbesondere wenn dieser Satz niedriger ist als die vom Jugendwohlfahrtsausschuß festgelegte Höhe des Unterhalts (s LG Wuppertal, DAVorm XXXVII, 1964, 228). Dagegen ist der Beamte oder Angestellte des Jugendamts nicht verpflichtet, auf die Verjährung eines Teils der Forderung hinzuweisen (LG Duisburg, DAVorm XXXVI, 312); dasselbe gilt für den Notar.

Dieses Anerkenntnis der Unterhaltsverpflichtung ist als eine **einseitige Erklärung** zu beurteilen (Dölle, II, 433; Lux-Jansen, aaO; Brühl, 287ff; Kipp, 421 Fußn 62; Gernhuber, 635; Soergel-Siebert-Lade, 3 zu § 1714; OLG Dresden, OLG 23, 210 [1910]; 43, 363; KG, DJZ 1920, 237; LG Berlin, NJW 1951, 202; LG Kempten, DAVorm XXIX, 220; OLG Karlsruhe, ZblJugR 1953, 217 = NJW 1953, 1553; Bohlen, KGBl 1912, 13; Crasemann, ZblVorm IV, 1), und zwar als eine empfangsbedürftige Erklärung (s auch Bem 115a). Hier handelt es sich — was bisher nicht genügend erkannt wurde — um eine Rechtsfortbildung des § 305 bezüglich des Unterhaltsrechts. Zur Klarstellung ist hinzuzufügen, daß die Unterwerfung unter die Zwangsvollstreckung eine zusätzliche (ebenfalls einseitige) Erklärung darstellt, die von der Erklärung des Mannes, er verpflichte sich zur Unterhaltszahlung, zu unterscheiden ist; die Unterwerfung unter die Zwangsvollstreckung hat nur vollstreckungsrechtliche Bedeutung.

Die Aufnahme einer einseitigen Verpflichtungserklärung mit Unterwerfung unter die Zwangsvollstreckung gestattet es dem Vormund, sich zunächst mit Teilbeträgen des wirklich dem Stande der Mutter entsprechenden Unterhalts (§ 1708 Abs 1 Satz 1) zu begnügen, und gibt dadurch seinem Vorgehen die wünschenswerte Elastizität (Lux-Jansen, aaO); dies ist besonders wichtig gegenüber Vätern aus einfacheren Verhältnissen, da erfahrungsgemäß die Schuldner durch allzu scharfes Vorgehen veranlaßt werden, die Arbeitsstelle öfters zu wechseln, so daß die Beitreibung sehr erschwert wird (ähnlich Lux-Jansen, aaO).

Diese einseitige Verpflichtungserklärung des Vaters ist offenbar seit der Inflation weitgehend in Übung gekommen (vgl OLG München, BayZ 1932, 329, das freilich diese Erklärung nur dann als rechtswirksame Verpflichtung beurteilt hat, wenn sie später vom Vormund angenommen und vom Vormundschaftsgericht genehmigt worden war; s auch OLG Braunschweig, JFG 4, 51).

Der Vater kann sich — was sich stets empfiehlt — in der Urkunde vorbehalten, das Kind nach Vollendung seines 16. Lebensjahres gemäß § 1708 Abs 1 Satz 3 auf sein eigenes Einkommen zu verweisen, soweit dies der Billigkeit entspricht (s Firsching, 201; Arnold, FamRZ 1962, 496). Über diese Möglichkeit hat die Urkundsperson den Schuldner zu belehren. 82a

Umgekehrt können (auf Veranlassung oder Anregung des gesetzlichen Vertreters des Kindes) in der Urkunde auch Vorbehalte bezüglich der Kosten der Berufsausbildung des Kindes oder eines etwaigen Sonderbedarfs gemacht werden (s auch 87ff zu § 1708).

b) Teilweise wird das Anerkenntnis der Unterhaltsverpflichtung als Angebot zum Abschluß eines **schuldbestätigenden Vertrages** über den Grund und die Höhe der Unterhaltszahlungen angesehen in der Weise, daß Einwendungen für die Zukunft ausgeschlossen werden, die der Schuldner zur Zeit der Abgabe der Erklärung kannte und die Annahme des Vertragsangebots vom Vormund dem Vater gegenüber nicht ausdrücklich erklärt zu werden braucht, da dieser im allgemeinen nicht damit rechnet (Firsching, 203; vgl auch OLG Karlsruhe, NJW 1953, 1553 = ZblJugR 1953, 217; sowie KG, RJA 15, 97; OLG Königsberg, HRR 1937, Nr 81). 83

Ferner kann eine Vereinbarung iS des § 1714 und zugleich ein Vergleich (§ 779) vorliegen (s OLG Dresden, OLG 43, 363; KG OLG 4, 395; sowie 21 zu § 1714).

Zuweilen, insbesondere in der älteren Rechtsprechung, wurde angenommen, das Anerkenntnis der Unterhaltsverpflichtung sei gemäß §§ 780, 781 als abstraktes Schuldversprechen und Schuldanerkenntnis anzusehen (s KG, KGJ 46, A 51; KGJ 52, A 30 = RJA 16, 198; vgl hierzu auch RGZ 135, 219 = JW 1932, 1353; KG, DJ 1938, 832 = JW 1938, 1264; KG, JW 1936, 888; SchlHOLG, SchlHAnz 1951, 139; s noch LG Berlin, DAVorm XXVIII, 332 = FamRZ 1957, 56 Leits). Dies wird jetzt aber nur noch in seltenen Ausnahmefällen in Betracht kommen. Hier liegt dann kein einheitliches Rechtsgeschäft vor (s 82).

c) Wird die **Unterhaltsverpflichtung** durch einseitige Erklärung oder durch eine vertragliche Vereinbarung begründet, so ist die betreffende Erklärung des unehelichen Vaters **keine höchstpersönliche Erklärung**; sie kann daher durch einen Bevollmächtigten (der also nicht lediglich Vertreter in der Erklärung ist — s hierzu auch Bem 15 —) oder durch den gesetzlichen Vertreter des minderjährigen unehelichen Vaters (in Angelegenheiten der Vermögenssorge) ohne dessen Mitwirkung abgegeben werden (vgl dagegen zum Vaterschaftsanerkenntnis Bem 22). 84

85 d) Ist der uneheliche Vater **minderjährig**, so bedarf dessen gesetzlicher Vertreter zur Eingehung einer solchen vertraglichen Verpflichtung (§§ 779—781, 1714) der **vormundschaftsgerichtlichen Genehmigung** (§§ 1643, 1822 Nr 5; s dazu zB LG Berlin, DAVorm XXVIII, 332 = FamRZ 1957, 56 Leits). Das Erfordernis der vormundschaftlichen Genehmigung ist in analoger Anwendung der erwähnten Vorschriften nach deren Sinn und Zweck, das minderjährige Kind zu schützen, auch dann zu bejahen, wenn es sich „nur" um eine einseitige Verpflichtungserklärung handelt. Hierzu ist zu beachten, daß dieses Institut erst im Laufe der Zeit, insbesondere nach der Inflation, herausgebildet wurde (s 82).

Dagegen ist auf seiten des unehelichen Kindes die vormundschaftsgerichtliche Genehmigung nur erforderlich, wenn eine vertragliche Vereinbarung iS des § 779 (s § 1822 Nr 12) oder des § 1714 vorliegt (s zum letzteren Falle Bem 3ff, 21 zu § 1714).

86 In dem vormundschaftsgerichtlichen Verfahren betr Erteilung der Genehmigung des Anerkenntnisses der Unterhaltsverpflichtung hat das Gericht zu prüfen, ob die Genehmigung dem **Wohle des Minderjährigen** dient, dh ob es zweckmäßiger ist, es auf einen Rechtsstreit ankommen zu lassen, oder ob die Rechtsverteidigung in diesem als aussichtslos zu beurteilen wäre (vgl hierzu OLG Hamm, ZblJugR 1961, 130). Hierzu darf das Vormundschaftsgericht auch die ihm erforderlich erscheinenden Ermittlungen anstellen (§ 12 FGG); ob es zweckmäßig und sinnvoll ist, die Kindsmutter zu vernehmen oder im Wege der Rechtshilfe vernehmen zu lassen, ist fraglich, keinesfalls darf aber eine eidliche Vernehmung der Kindsmutter über ihren Lebenswandel während der Empfängniszeit angeordnet werden (s OLG Hamm, aaO; vgl auch RG, WarnR 1917, 42 Nr 31). Das Vormundschaftsgericht darf nicht die Ermittlungen des Unterhaltsrechtsstreits vorwegnehmen (s auch 40, 40a).

87 e) Das Anerkenntnis der Unterhaltsverpflichtung ist an sich **formfrei**; jedoch ergibt sich praktisch die Notwendigkeit der **Schriftform** dann, wenn eine vormundschaftsgerichtliche Genehmigung erforderlich ist (s 7 zu § 1714).

Enthält das Anerkenntnis der Unterhaltsverpflichtung, wie in der Praxis häufig, die Unterwerfung unter die Zwangsvollstreckung, so ist **gerichtliche oder notarielle Beurkundung** vonnöten (§§ 794 Abs 1 Nr 5, 801 ZPO); doch kann die Beurkundung auch ein dazu ermächtigter Beamter oder Angestellter des Jugendamtes vornehmen (§ 49 JWG, s Bem 41).

Zu beachten ist aber, daß ein Beamter oder Angestellter des Jugendamtes, dem gemäß § 37 Satz 2 JWG die vormundschaftlichen Obliegenheiten übertragen sind, nicht gleichzeitig gemäß § 49 JWG als Urkundsperson für „sein" Mündel tätig werden kann (s auch Bem 40 sowie Bem 60 zu § 1706; aM Riedel, 4. Aufl 1965, 12 zu § 49, 542; Jans-Happe, 7 B zu § 49 JWG, aber mit dem Hinweis, es sei davon abzuraten, daß dieser Bedienstete des Jugendamtes beurkunde, um den Anschein einer Parteilichkeit zu vermeiden, s auch Bem 89).

Die Unterhaltsverpflichtung kann auch in einem Prozeßvergleich (§ 794 Abs 1 Nr 1 ZPO) festgelegt werden, zusammen mit dem Vaterschaftsanerkenntnis (s oben Bem 38). Ein solcher Prozeßvergleich ist aber nicht dadurch zustandegekommen, daß die Parteien schriftsätzlich einen in einem Gerichtsbeschluß enthaltenen Vergleichsvorschlag annehmen; ein derartiger „Vergleich" ist nicht ordnungsmäßig beurkundet und stellt auch keinen Vollstreckungstitel dar (zum letzteren anders und unhaltbar OLG Celle, NJW 1965, 1970).

88 Bei der Beurkundung ist die Urkundsperson verpflichtet, den betreffenden Mann über die Bedeutung der Klausel der Unterwerfung unter die Zwangsvollstreckung zu **belehren** (s Bem 42 und 82 mit Fußn).

89 f) Über die Erteilung der **vollstreckbaren Ausfertigung** s §§ 797 Abs 1 und 2 ZPO, 49 Abs 2 JWG.

Der Beamte oder Angestellte des Jugendamtes, dem gemäß § 37 Satz 2 die vormundschaftlichen Obliegenheiten übertragen sind, kann nicht für sein Mündel die vollstreckbare Ausfertigung erteilen, also praktisch für sich selbst als dessen gesetzlicher Vertreter (ebenso im Ergebnis Jans-Happe, 6, A zu § 49; aM Riedel, 4. Aufl, 12 zu § 49 JWG; s auch Bem 87).

Die vollstreckbare Ausfertigung darf nur erteilt werden, wenn der Anspruch, wegen dessen sich der Schuldner der Zwangsvollstreckung unterworfen hat, aus dem Inhalt der Urkunde heraus genau bestimmt ist und berechnet werden kann; es genügt nicht, daß er erst unter Berücksichtigung sonstiger Umstände bestimmbar ist (BGHZ 22, 54 = NJW 1957, 23; LG Aachen, JMBlNRW 1966, 114).

Wurde die ursprünglich errichtete Urkunde wegen der inzwischen gestiegenen Lebenshaltungskosten in einer neuen Urkunde ergänzt oder geändert, so darf von der später errichteten Urkunde eine vollstreckbare Ausfertigung erteilt werden, wenn sich der Schuldner auch in dieser wegen der weiteren Ansprüche des Gläubigers der Zwangsvollstreckung unterworfen hat (LG Aachen, aaO).

Zur Rechtslage bei Weigerung des Notars, eine vollstreckbare Ausfertigung zu erteilen, s Schneider und Jansen, DNotZ 1966, 16 und 267 sowie Bem 67 aE.

g) Die Beurkundung des Anerkenntnisses der Vaterschaft und der Unterhaltsverpflichtung durch das Jugendamt ist **gebührenfrei** (§ 49 Abs 3 Satz 2 JWG; s Bem 43a). 90

3. Hat der Vater des unehelichen Kindes sich in einem Vergleich oder in einer einseitigen Erklärung jeweils in vollstreckbarer Form zur Zahlung des Unterhalts des Kindes verpflichtet, so ist eine **Erhöhung der Unterhaltsrente** im Prozeßwege nur unter den Voraussetzungen des § 323 Abs 4 ZPO möglich, also nicht auf eine sog Zusatzklage (s 87 zu § 1708, sowie Vorbem 54, 56 vor § 1601). 91

VI. Nichtigkeit und Anfechtung des Anerkenntnisses der Vaterschaft und der Unterhaltsverpflichtung*).

1. a) Das Anerkenntnis ist **nichtig,** wenn es von einem Geschäftsunfähigen (§ 105) oder einem beschränkt Geschäftsfähigen ohne vorherige Zustimmung (Einwilligung) des gesetzlichen Vertreters (s dazu Bem 21) oder nicht in öffentlicher Urkunde (§ 125 Satz 1) abgegeben ist (s Bem 34ff sowie 182a zu § 1708). 92

Hatte in der Zeit vom 1. 7. 1958 — dem Zeitpunkt des Inkrafttretens des GleichberG — bis zum 29. 7. 1959 — dem Zeitpunkt der Entscheidung des BVerfG über die Nichtigkeit des § 1629 Abs 1 — der Vater allein als gesetzlicher Vertreter des Minderjährigen die Einwilligung zum Vaterschaftsanerkenntnis erteilt (s den Fall LG Koblenz, DAVorm XXXIII, 266), so ist das Vaterschaftsanerkenntnis ebenfalls nichtig (s hierzu im allgemeinen Donau in diesem Komm, 87 zu § 1629; Göppinger, FamRZ 1960, 346, lit n; 1961, 109 mit Fußn 11a; BGHZ 39, 45 = FamRZ 1963, 134 = NJW 1963, 759 = MDR 1963, 399 = BB 1963, 367). 93

Weiterhin ist auch das von einem Abwesenheitspfleger (s Bem 16) oder einem Bevollmächtigten (s Bem 15) oder dem gesetzlichen Vertreter des minderjährigen ohne dessen Mitwirkung oder gegen dessen Willen abgegebene Vaterschaftsanerkenntnis (s Bem 22) unwirksam, dh nichtig. 94

b) **Nichtig** ist ferner das **bewußt wahrheitswidrige Vaterschaftsanerkenntnis**),** und zwar wegen Verstoßes gegen ein gesetzliches Verbot **(§ 134 BGB iV mit § 169 StGB).** Dies entspricht der einhelligen Meinung der Rechtsprechung und Literatur (s RGR-Komm, 14; Erman-Hefermehl, 5, 6; Soergel-Siebert-Lade, 7; Rosenthal-Bohnenberg, III; Palandt-Lauterbach, 1; Brühl, 424; Firsching, 203; Dölle, II, 471, § 107, III, 3; Gernhuber, 633; BGHZ 1, 181 = ZblJugR 1951, 191 = Rpfleger 1951, 607 = NJW 1951, 354 = LM BGB § 1718 Nr 1 m Anm von Raske; RGZ 135, 219 = JW 1932, 1353, 2154 m Anm von Kitzinger; RG, JW 1938, 1047 m Anm von Bernhardt = HRR 1938 Nr 517; RG, DJ 1938, 832 = JW 1938, 1264; SchlHOLG, SchlHA 1951, 139; OLG Stuttgart [Karlsruhe], JZ 1951, 120 = NJW 1951, 361, 433; KG, JR 1951, 630; OLG Köln, JMBlNRW 1950, 139; OLG Kiel, JW 1935, 1446; OLG München, JFG 17, 1 = JW 1938, 964; s ferner OLG Oldenburg, NdsRpfl 1949, 215; sowie aus der strafgerichtlichen Rechtsprechung RGSt 41, 301; 70, 237; RG, DJ 1936, 1237). 95

c) Schließlich kann ein Vaterschaftsanerkenntnis auch wegen Verstoßes gegen die guten Sitten nichtig sein (§ 138), zB wenn es verabredermaßen zum Zwecke der Täuschung abgegeben wird (Dölle, II, 471). 96

---

*) Schrifttum: Drischler, Das unrichtige Vaterschaftsanerkenntnis, Diss Hamburg, 1961; Haimerl, Die Anerkennung der unehelichen Vaterschaft gemäß § 1718 BGB und ihre Anfechtung, Diss Würzburg, 1936; Hellmann, Zur Kritik des § 123 BGB, Recht 1909, 589; Josef, Willensmängel bei der Vaterschaftsanerkennung durch den unehelichen Erzeuger, ArchBürgR 34, 1910, 282; Keil, Die Anfechtung der Anerkennung der Vaterschaft, Diss Köln, 1931; Lohmer, Die Beseitigung der Anerkennung der unehelichen Vaterschaft rechtlich und rechtspolitisch betrachtet, Diss Köln, 1935; Mitteis, Zur Kritik des § 123 BGB, LZ 1909, 634; ders, Zur Kritik des § 123 BGB, Recht 1909, 667; Prestele, Die Anerkennung der unehelichen Vaterschaft, Ihre Anfechtung, BayZ 1920, 71; Weimar, Für den juristischen Nachwuchs: Die Anfechtung wegen arglistiger Täuschung, MDR 1961, 204; Zeiler, Wirklichkeitswidrige Vaterschaftsanerkennungen im Standesregister, ZBlFG 15, 1915, 17; ferner s Güldner, Die durch arglistige Täuschung bewirkte Anerkennung der unehelichen Vaterschaft, Diss Marburg, 1934.

**) Hierzu s auch die Lit-Angaben zu Bem 43.

97 2. Das Vaterschaftsanerkenntnis ist **wegen Willensmängel anfechtbar** (§§ 119, 123) und, wenn die Anfechtung begründet ist, gemäß § 142 Abs 1 nichtig.

Hat sich der Anerkennende insgeheim vorbehalten, das Erklärte nicht zu wollen, so ist das Anerkenntnis gleichwohl gültig **(§ 116 Satz 1)**; da das Anerkenntnis ein Rechtsgeschäft mit nicht empfangsbedürftiger Willenserklärung ist, kommt die Vorschrift des § 116 Satz 2 nicht in Betracht. Aus dem gleichen Grunde ist auch **§ 117 Abs 1** hier nicht anzuwenden; doch ist zu prüfen, ob das Anerkenntnis gemäß § 134 iV mit § 169 StGB nichtig ist (s Bem 95).

98 a) Hat der Anerkennende — mangels ausreichender Belehrung (s auch Bem 42) — kein Anerkenntnis der Vaterschaft abgeben, sondern dem Kinde seinen Namen erteilen wollen (§ 1706 Abs 2 Satz 2)*), so unterliegt das Anerkenntnis der Anfechtung gemäß **§ 119** Abs 1, 2. Alternative (s aus der Rechtsprechung: KG, KGJ 42, A 81; OLG 42, 101; OLG Colmar, KGJ 51, A 319 = RJA 15, 271 = ElsLothrZ 40, 351; sowie aus der Literatur: Stölzel, 4. Aufl 1936, Anm 1 aE zu § 25 PStG; Brühl, 424; RGR-Komm, 11; Soergel-Siebert-Lade, 10; Erman-Hefermehl, 3).

Zu beachten ist aber, daß diesen Fragen heute nicht mehr die gleiche Bedeutung zukommt, wie früher, und zwar auf Grund der Neuregelung des § 1721 BGB und des § 31 PStG (s zum Legitimationsfeststellungsverfahren 23ff zu § 1719). Die Anfechtung wegen Irrtums muß heute im Rahmen des Rechtsstreits wegen Anfechtung der Ehelichkeit (§ 1721) geltend gemacht werden (s zur grundsätzlichen Bedeutung des § 1720 Abs 2 heute Bem 2 zu § 1720).

Ein Irrtum des Anerkennenden über die Rechtsfolge des Anerkenntnisses, den Ausschluß der „Mehrverkehrseinrede" (s Bem 55), ist unbeachtlich (LG Hamburg, DAVorm XXXVII, 1964, 315; s auch im allgemeinen Coing in diesem Komm, Bem 43—45 zu § 119).

98a Die Anfechtung des Vaterschaftsanerkenntnisses kann begründet sein, wenn der Mann, der mit der Kindesmutter erst nach dem Ende der Empfängniszeit Verkehr gepflogen hat, wegen seines jugendlichen Alters und mangelnder geistiger Reife die Bedeutung des Vaterschaftsanerkenntnisses nicht erkannt hat (vgl dazu OLG Hamburg, FamRZ 1959, 26).

99 Dagegen greift die Anfechtung nicht durch, wenn der Anerkennende irrtümlicherweise angenommen hat, er allein habe in der Empfängniszeit mit der Kindesmutter verkehrt, da es sich hierbei um einen unbeachtlichen **Motivirrtum** handelt (s RGZ 135, 219, 221 = JW 1932, 1353; OLG München, JW 1917, 744; KG, JR 1949, 383; OLG Bamberg, FamRZ 1965, 392; LG Bayreuth, FamRZ 1955, 150; LG Kassel, DAVorm XXXI, 1958, 302; LG Siegen, DAVorm XXVII, 1954, 86; Brühl, 424; Planck-Unzner, 4e; Warneyer bei Fußn 13; RGR-Komm, 11; Soergel-Siebert-Lade, 10; Erman-Hefermehl, 3; Achilles-Greiff-Beitzke, 6).

Ebenso liegt ein Motivirrtum vor und ist die Anfechtung unbegründet, wenn der Anerkennende sich hinsichtlich des Zeitpunktes des Verkehrs geirrt zu haben meint und nachträglich behauptet, der Verkehr habe nicht innerhalb der Empfängniszeit stattgefunden (Dölle, II, 472; Planck-Unzner, 4e; LG Braunschweig DAVorm XXIV, 21; wohl auch Brühl, 424; **aM** Voraufl, 4e, β; RGR-Komm, 11; Soergel-Siebert-Lade, 10; Warneyer bei Fußn 14; Opet, Verwandtschaftsrecht, 375 Fußn 22; Dispeker, SeuffBl 69, 1904, 169; s auch OLG Colmar, RJA 15, 271 = KGJ 51, A 319 = ElsLothrZ 40, 1915, 351).

Zu dem Falle der arglistigen Täuschung durch die Kindesmutter s Bem 102ff, zu der Frage, ob das Vaterschaftsanerkenntnis gemäß § 812 kondiziert werden kann, wenn festgestellt wird, daß der Anerkennende offenbar unmöglich Erzeuger des Kindes ist, s Bem 123, 124.

100 b) Die Anfechtung kann weiterhin auf widerrechtliche Drohung gestützt werden (§ 123 Abs 1; vgl RG, HRR 1938 Nr 517 = JW 1938, 1047; zum Begriff der Drohung s 4ff zu § 123); wichtig ist hierzu aber der Nachweis, daß das Anerkenntnis infolge der Drohung abgegeben wurde, dh daß zwischen der widerrechtlichen Drohung und der Abgabe des Anerkenntnisses ein Kausalzusammenhang besteht. Zur Widerrechtlichkeit der Drohung s BGHZ 25, 217 = NJW 1957, 1796 = JZ 1958, 568 = BB 1958, 497; LM BGB § 123 Nr 32 = MDR 1965, 818 = JZ 1965, 537 = BB 1965, 926.

---

*) Schrifttum: Grohmann, Verwechslung von Vaterschaftsanerkennung und Namenserteilung; Form der Berichtigung des Fehlers, SächsArch 1909, 129; Haberling, Verwechselung von Namenserteilung mit Vaterschaftsanerkennung, Heilung des Fehlers, HessRspr 17, 1917, 236; s auch Müller, StAZ 1952, 89.

c) Praktisch wichtig ist jedoch die Anfechtung des Anerkenntnisses der Vaterschaft 101
wegen **arglistiger Täuschung (§ 123 Abs 1).** Die Vorschrift des § 123 Abs 2 kommt hier nicht in Betracht, da die Erklärung des Vaterschaftsanerkenntnisses nicht einem anderen (nämlich vor allem dem Kinde bzw dessen gesetzlichem Vertreter) gegenüber abzugeben ist (s dazu auch Bem 54).

aa) α) Eine **arglistige Täuschung der Kindesmutter** hatte das RG (Z 58, 348 = 102
JW 1904, 489 = DJZ 1904, 866) ursprünglich verneint, wenn diese auf Vorhalt des betreffenden Mannes unter (wiederholten) Beteuerungen wahrheitswidrig gegen besseres Wissen anderweitigen Geschlechtsverkehr während der Empfängniszeit geleugnet hatte, ebenso in dem Falle, daß die Kindesmutter sich zur Eidesleistung erboten hatte (RGWarnR 1914, 293 Nr 207 = SeuffA 69, 257 Nr 138 = GruchB 58, 888); in der letzteren Entscheidung erwog das RG, daß eine arglistige Täuschung vorliegen könnte, wenn mit dem unwahren Bestreiten eines anderweitigen Verkehrs eigene selbständige Gegenbehauptungen aufgestellt würden oder wenn unwahre Erklärungen durch falsche Beweismittel glaubhaft gemacht werden sollten.

Diese Rechtsprechung des RG rief heftige Kritik hervor (Hellwig, JW 1908, 666 — der die Begründung des Urteils des RG (Z 58, 348) beklagenswert nannte —; Neumann, JW 1908, 668; Josef, ArchBürgR 34, 1910, 288); mehrere Oberlandesgerichte wichen von der Rechtsprechung des RG ab (OLG Bamberg, BayZ 1915, 202 = SeuffA 70, 233 Nr 128; OLG Stuttgart, OLG 24, 55 (1911); OLG München, JW 1917, 744; BayZ 1919, 345 = LZ 1919, 1151; sowie gegen RG, WarnR 1914, 293, jedoch RGZ 58, 348 billigend: OLG 40, 91; vgl aber auch OLG Jena, JW 1923, 616 m Anm von v. Blume). Das RG gab dann in dem Urteil vom 7. 5. 1923 (RGZ 107, 175 = JW 1924, 290 = Auswahlsammlung, FamR, 2, 196) die bisherige Auffassung auf und legte dar: eine arglistige Täuschung könne auch begehen, wer eine unwahre Tatsache behaupte, ohne daß er zur Abgabe einer Erklärung über diese Tatsache rechtlich verpflichtet sei; zum Begriff der Arglist iS des § 123 BGB werde nicht mehr gefordert, als daß der Täuschende vorsätzlich durch Hervorrufung oder Benutzung eines Irrtums die Willensentschließung eines anderen beeinflusse; daß der Mann sich nicht darauf hätte verlassen dürfen, schon die Versicherung der Kindesmutter mit dem Eideserbieten, sie habe in der Empfängniszeit mit ihm allein geschlechtlich verkehrt, erbringe den Beweis der Unrichtigkeit seiner Annahme über ihren anderweitigen Geschlechtsverkehr, könne nicht entscheidend sein; denn er sei nicht gehindert gewesen, ihrer Antwort eine solche Beweiskraft trotzdem beizulegen; wenn gleichwohl die bloße Versicherung der Kindesmutter, in der Empfängniszeit nicht mit anderen Männern verkehrt zu haben, die Anfechtung wegen arglistiger Täuschung nur ausnahmsweise begründen werde, so seien hierfür in der Regel Erwägungen tatsächlicher Art maßgebend; zum inneren Tatbestand des § 123 BGB werde gefordert, daß der Getäuschte durch das arglistige Verhalten des anderen (hier: der Kindesmutter) zur Abgabe seiner Willenserklärung bestimmt worden sei und daß der Täuschende sich dessen bewußt gewesen sei oder doch mit einer solchen Möglichkeit gerechnet habe; in dieser Richtung bedürfe es hier stets einer besonders eingehenden Würdigung der Umstände des Einzelfalles; liege nichts weiter vor, als daß die Kindesmutter die erwähnte Versicherung mehr oder minder nachdrücklich abgegeben habe, so werde der Beweis des ursächlichen Zusammenhangs vom Anfechtungskläger nicht leicht zu erbringen sein; denn mit der Ableugnung anderweitigen Verkehrs müsse er im Regelfalle schon deshalb rechnen, weil eine wahrheitsgemäße Antwort der Kindesmutter zur Unehre gereichen und ihr und dem Kinde Nachteile bringen werde; träten aber zu dem bloßen Ableugnen noch weitere Umstände hinzu, etwa wenn sie bestimmte unwahre Einzelbehauptungen aufgestellt oder durch falsche Beweismittel glaubhaft gemacht, sich also hinterlistiger Täuschungsmittel bedient, oder wenn die dem Manne sonst als wahrheitsliebend bekannte Kindesmutter die Richtigkeit ihrer Versicherung in besonders eindringlicher Weise beteuert oder wenn sie sich zum Eid über ihre unwahre Behauptung erboten habe, so lasse sich die Möglichkeit einer gerade dadurch hervorgerufenen Täuschung nicht von der Hand weisen, da der Mann damit rechnen müsse, daß er in einem Rechtsstreit auf Grund einer beeideten Zeugenaussage der Mutter unterliegen würde.

Diese Auffassung hat das RG in der Folgezeit aufrechterhalten (WarnR 1936, 182 Nr 92 = JW 1936, 2456; RGZ 160, 157 = DRW 1939,

1156 m Anm v. Bach). Sie ist im Grundsätzlichen auch nun als hM anzusehen (f dazu Dölle, II, 472; Warneyer bei Fußn 15, 16; Kipp, 417, Fußn 37; RGRKomm, 13; Soergel-Siebert-Lade, 10; Erman-Hefermehl, 3; Palandt-Lauterbach, 1; Lehmann, 209, § 36, II, 1b; Roquette, 40ff; Brühl, 424f; sowie aus der Rechtsprechung die im Folgenden dargelegten Fälle).

103 Hatte der von der Kindesmutter als Erzeuger in Anspruch genommene Mann einen wichtigen Anhaltspunkt für anderweitige Beziehungen der Kindesmutter, hatte er zB eine verdächtige Postkarte eines anderen Mannes gefunden und gibt die Kindesmutter auf Vorhalt hierzu eine unverfängliche oder unwahre Erklärung, so kann hierin eine arglistige Täuschung liegen (vgl RGZ 107, 175, 179, gegen RGZ 58, 348).

104 Das gleiche gilt, wenn die Kindesmutter gegenüber dem Manne behauptet hatte, das Kind sei eine Frühgeburt, obgleich sie wußte, daß es normal ausgetragen war (f OLG München, BayZ 1919, 345 = LZ 1919, 1151; KG, JW 1936, 888; vgl auch den Fall OLG München, OLG 40, 91) oder wenn sie verschwiegen hat, daß das Kind eine Frühgeburt war, da es sonst offenkundig gewesen wäre, daß das Kind nicht von dem betreffenden Manne abstammen konnte, und Mehrverkehr bewußt wahrheitswidrig geleugnet hat (OLG München, HRR 1936, 587).

105 Eine arglistige Täuschung hat das OLG Stuttgart (OLG 24, 55) mit Recht in dem Falle bejaht, daß die Kindesmutter dem Manne unter Tränen versichert hatte, sie habe innerhalb der Empfängniszeit nur mit ihm Geschlechtsverkehr gepflogen, obwohl sie sich mit 5 anderen Männern eingelassen hatte.

106 Hat der Mann der Kindesmutter vorgehalten, er wisse „einen, mit dem sie es gehabt habe", und hat hierauf die Kindesmutter erwidert, dann möge er diesen fragen, so liegt dagegen keine arglistige Täuschung vor (OLG München, SeuffA 80, 355 Nr 192).

107 **Schweigen der Kindesmutter** auf Vorhaltungen des Mannes kann ebenfalls nicht als arglistige Täuschung beurteilt werden (wohl einhellige Meinung, f RGR-Komm, 13; Erman-Hefermehl, 3; Soergel-Siebert-Lade, 10; Brühl, 424f; OLG München, JW 1917, 744; OLG Köln, DAVorm XXIX, 40; OLG Bamberg, FamRZ 1965, 392; LG Aurich, DAVorm XXIV, 21; LG Hagen, DAVorm XXIX, 278; LG Siegen, DAVorm XXVII, 86; LG Marburg, DAVorm XXX, 62; LG Bielefeld, DAVorm XXX, 216; LG Stuttgart, DAVorm XXVIII, 26; OLG Celle, DAVorm XXVI, 11; f auch BayObLGZ 1958, 7, 12).

108 Einer Erörterung bedarf noch die vom RG (Z 107, 175; f Bem 102) aufgeworfene (und bejahte) Frage, ob es erforderlich ist, daß die Kindesmutter durch **Beteuerungen** und dgl anderweitigen Geschlechtsverkehr geleugnet hat (ebenso OLG München, HRR 1936 Nr 587; 1940, 145 = DR 1940, 119; HRR 1942 Nr 469; OLG Celle, DAVorm XXIV, 175; XXVI, 11; OLG Köln, XXIX, 40; LG Siegen, DAVorm XXVII, 86; LG Bielefeld, DAVorm XXX, 216; Brühl, 425; Dölle, II, 472; f auch Lux-Jansen, 500f). Das OLG München (HRR 1940 Nr 145 = DRW 1940, 119) hat im Anschluß an RG (aaO) noch darauf hingewiesen, zwar sei durch diese Rechtsauffassung der Gewandte und Vorsichtige, der besondere Beteuerungen fordere, gegenüber Vertrauensseligen begünstigt, indessen sei dies — möge eine solche Folge auch unerwünscht sein — auch sonst im Rechtsverkehr nicht selten.

Dagegen gingen das OLG Bamberg (BayZ 1915, 202 = SeuffA 70, 233 Nr 128) und das OLG München (DR 1940, 119 = HRR 1940 Nr 145) davon aus, die Mutter dürfe, wenn sie antworte, keine wissentlich falsche Auskunft geben, auch ein einfaches Ableugnen könne eine arglistige Täuschung begründen (ebenso Coing in diesem Komm, 23i zu § 123; Enneccerus-Nipperdey, Allgemeiner Teil, 15. Aufl, Bd II, 1960, 1067, § 174, Fußn 6). Dieser Auffassung ist beizutreten. Größere oder geringere Nachdrücklichkeit einer unwahren Behauptung ist kein geeignetes Unterscheidungsmerkmal zwischen einem erlaubten und einem unerlaubten (arglistigen) Verhalten — worauf das RG (WarnR 1914, 293 Nr 207) in dieser im übrigen bedenklichen Entscheidung mit Recht hingewiesen hatte —.

β) Weitere Voraussetzung, die sorgfältiger Prüfung bedarf, ist, daß der Mann **durch die Täuschungshandlung** der Kindesmutter **in** einen **Irrtum versetzt** und hierdurch veranlaßt wurde, das Vaterschaftsanerkenntnis abzugeben. Die Mutter muß also „gelogen haben", um den angeblichen Vater des Kindes zum Anerkenntnis zu bewegen (v. Blume, JW 1923, 616). Hierbei kommt es nicht darauf an, ob dieser der Erklärung der Mutter glauben durfte, sondern darauf, ob er ihr — wenn auch leichtfertig oder infolge mangelnder Kritikfähigkeit oder Verstandsreife — geglaubt hat (s Coing in Bem 23i zu § 123). Doch dürfen bei dieser Beurteilung nicht zu geringe Anforderungen gestellt werden. Vielmehr sind stets die Umstände des Einzelfalles zu berücksichtigen, zB ob zwischen der Kindesmutter und dem Manne längere Zeit währende Beziehungen bestanden (s den Fall BayObLGZ 1958, 7 = StAZ 1958, 205), ob der Mann die Kindesmutter sonst als wahrheitsliebend kennen gelernt hatte (s zB RGZ 107, 175, 179), oder ob der Geschlechtsverkehr schon nach flüchtiger Bekanntschaft stattgefunden hatte, welche sonstigen Charaktereigenschaften der Kindesmutter dem Manne bekannt geworden waren, eventuell auch, in welchen beruflichen und wirtschaftlichen Verhältnissen die Kindesmutter sich befindet. 109

An einem **Kausalzusammenhang** zwischen einer Täuschungshandlung der Kindesmutter und der Abgabe des Vaterschaftsanerkenntnisses fehlt es zB, wenn der Mann die Vaterschaft aus Zuneigung zu dem Kinde anerkannt hat (vgl RGZ 160, 157 = DRW 1939, 1156). 110

Ebenso kann von einem Irrtum des Mannes nicht gesprochen werden, wenn er zur Zeit der Abgabe des Vaterschaftsanerkenntnisses schon damit gerechnet hat, das Kind stamme von einem anderen Manne ab (OLG Hamm, DAVorm XXXI, 47; Brühl, 424).

Hat sich aber der Mann infolge von Zweifeln zunächst geweigert, das Vaterschaftsanerkenntnis zu unterschreiben, und hat ihm sodann die Kindesmutter versichert, sie habe sich mit keinem anderen Manne abgegeben, er könne ruhig unterschreiben, so wird die Anfechtung als begründet zu beurteilen sein, wenn sich später herausstellt, daß die Mutter dies bewußt wahrheitswidrig erklärt hat (LG Stuttgart, DAVorm XXVIII, 26; s auch Brühl, 425). Das LG Kassel (DAVorm XXXI, 302) hat angenommen, einfache Beteuerungen genügten nicht, wenn der Mann Zweifel gehegt habe, vielmehr sei es dann seine Sache, Ermittlungen anzustellen. 111

γ) Schließlich ist Voraussetzung, daß die Kindesmutter **gewollt** hat oder **bewußt in Kauf genommen** oder wenigstens mit der Möglichkeit gerechnet hat, der Mann werde auf Grund ihrer unwahren Äußerung die Vaterschaft anerkennen (s RGZ 107, 175, 179 — oben Bem 102 —). Die Kindesmutter muß also arglistig gehandelt haben (s zur Bedeutung dieses Begriffs 22 zu § 123). 112

bb) Die Täuschung des Anerkennenden kann auch vom **Vormund** ausgehen (RG, WarnR 1930, 223 Nr 111 = Recht 1930, 302 Nr 1052 = JW 1931, 1358 m Anm von Brandis; OLG Stuttgart, WürttZ 1937, Spruchbeilage, 69 Nr 22 = Recht 1937, 531 Nr 5214, Leits) oder von einem sonstigen Dritten. Den Vormund trifft keine Offenbarungspflicht; Schweigen des Vormunds stellt keine arglistige Täuschung dar (RG, aaO; s auch bezüglich der Mutter Bem 107). Doch handelt der Vormund — hier das Jugendamt als Amtsvormund — arglistig, wenn er ein Vaterschaftsanerkenntnis (nebst Anerkenntnis einer Unterhaltsverpflichtung) herbeiführt, indem er dem angeblichen unehelichen Vater die auf sein Verlangen von der Kindesmutter abgegebene, gegen seine Vaterschaft sprechende Erklärung vorenthält (OLG Stuttgart, aaO). 113

Wichtig ist auch hier stets die sorgfältiger Prüfung bedürfende Frage, ob eine Erklärung des Vormundes für die Abgabe des Anerkenntnisses **ursächlich** war (s hierzu auch Brandis, aaO). Weiterhin muß der Vormund gewußt oder mit der Möglichkeit gerechnet haben, daß der Mann auf Grund der unwahren Angaben die Vaterschaft anerkennt (s oben Bem 112). 114

cc) Die Anfechtung des Vaterschaftsanerkenntnisses greift durch, wenn feststeht, daß der Anerkennende arglistig getäuscht worden war und deshalb das Anerkenntnis erklärt hatte, und führt zur Nichtigkeit des Anerkenntnisses (§ 142). Dagegen ist die Feststellung, daß er nicht der Vater, der Erzeuger des Kindes ist, hier nicht erforderlich (ebenso Brühl, 425; Dölle, II, 472; wohl auch BayObLGZ 1958, 7, 11f; aM OLG Celle, DAVorm XXVI, 11). Denn die erfolgreiche Anfechtung des Vaterschaftsanerkenntnisses 115 hat die Wirkung, daß dem betreffenden Manne die **Einrede (§ 1717)** wieder zusteht, der Kindesmutter habe während der Empfängniszeit ein anderer Mann beigewohnt (s Dölle, aaO, sowie Fußn zu 48).

115a dd) Ist mit dem Anerkenntnis der Vaterschaft das Anerkenntnis der Unterhaltsverpflichtung verbunden und ist, wie regelmäßig, anzunehmen, daß es sich um ein einheitliches Rechtsgeschäft handelt (s 82), so ist, wenn die Anfechtung begründet ist, das ganze Rechtsgeschäft nichtig (§§ 139, 142). Ist ausnahmsweise kein einheitliches Rechtsgeschäft anzunehmen, so greift die Anfechtung der Unterhaltsverpflichtung wegen arglistiger Täuschung des Anerkennenden durch einen Dritten (die Mutter, die nicht gesetzliche Vertreterin des Kindes ist) nur durch, wenn der gesetzliche Vertreter des Kindes (Vormund) die Täuschung kannte oder kennen mußte (§§ 123 Abs 2 Satz 1, 166 Abs 1; s auch Bem 82).

116 d) Die Anfechtung ist eine **empfangsbedürftige Willenserklärung**; Anfechtungsgegner ist das Kind, dh dessen gesetzlicher Vertreter (**§ 143** Abs 4 Satz 1), ausnahmsweise, wenn ein Vormund nicht bestellt oder an der Erfüllung seiner Pflichten verhindert ist (§ 1846), das Vormundschaftsgericht (OLG Colmar, RJA 15, 271; KG, DFG 1938, 14; Achilles-Greiff-Beitzke, 6; aM Brühl, 426). Dagegen kann die Urkundsperson, die das Vaterschaftsanerkenntnis aufgenommen hatte, niemals Anfechtungsgegner sein.

117 Ist das Kind verstorben, so können nicht die Erben Anfechtungsgegner sein (aM Brühl, 426). Vielmehr ist in einem solchen Falle die Anfechtung des Vaterschaftsanerkenntnisses nicht mehr möglich. Dem Anerkennenden bleibt gegenüber dem Erben des Kindes (wenn er die Zahlung der bis zum Tode des Kindes aufgelaufenen Unterhaltsrückstände verweigert) nur der Nachweis übrig, daß er nicht der Erzeuger des Kindes war oder daß das Vaterschaftsanerkenntnis nichtig ist (zur Geltendmachung dieser Einwände s Bem 92ff, 119ff).

Zu der umgekehrten Frage, ob die Erben des Mannes, der die Vaterschaft anerkannt hatte, dieses Anerkenntnis anfechten können, s 11, 66 zu § 1712.

118 e) Im Falle des § 119 ist die Anfechtung ohne schuldhaftes Zögern (unverzüglich) zu erklären, nachdem der Anfechtungsberechtigte von dem Anfechtungsgrunde Kenntnis erlangt hat **(§ 121)**. Im Falle der auf § 123 gestützten Anfechtung beträgt die Anfechtungsfrist ein Jahr **(§ 124)**. Diese Jahresfrist beginnt mit dem Zeitpunkt, in welchem der Anfechtungsberechtigte die Täuschung entdeckt (§ 124 Abs 2, s hierzu BayObLGZ 1958, 7, 12 = StAZ 1958, 205 = EJF A I g Nr 5).

Ist die Anfechtung nicht fristgerecht erklärt, so ist sie unbeachtlich (s hierzu und zur Fristberechnung LG Köln, DAVorm XXXVIII, 1965, 43 und 45).

Wird die Anfechtung des Vaterschaftsanerkenntnisses mit der Klage geltend gemacht, so genügt die fristgerechte Einreichung der Klage, sofern die Klage demnächst zugestellt wird (§ 261b Abs 3 ZPO).

War das Vaterschaftsanerkenntnis zum Zwecke der Legitimation (§§ 1719ff) oder der Ehelichkeitserklärung des Kindes (§§ 1723ff) abgegeben worden, so sind für die Anfechtung die Vorschriften der §§ 1721, 1735a maßgebend (s die dortigen Erläuterungen).

3. Geltendmachung der Nichtigkeit, Anfechtung und Unrichtigkeit des Anerkenntnisses der Vaterschaft und der Unterhaltsverpflichtung, Anwendung der §§ 812, 814 BGB, Feststellungs- und Vollstreckungsabwehrklage.

119 a) War das Vaterschaftsanerkenntnis vom Standesbeamten aufgenommen (s Bem 40) oder ohne Anerkenntnis der Unterhaltsverpflichtung von einer sonstigen Urkundsperson beurkundet worden (s Bem 40) und beruft sich dann im **Unterhaltsprozeß** das klagende Kind auf das Vaterschaftsanerkenntnis, so kann die Anfechtung dieses Anerkenntnisses — soweit die Anfechtungsfrist (s Bem 118) noch nicht abgelaufen ist — in dem Prozeß geltend gemacht oder kann auf eine früher erklärte Anfechtung (s Bem 116) Bezug genommen werden. Hierauf kann und muß in diesem Verfahren darüber entschieden werden, ob die Anfechtung durchgreift, eventuell durch Zwischenfeststellungsurteil (§ 280 ZPO, s OLG Karlsruhe, ZblJugR 1953, 217 = NJW 1953, 1553). Greift die Anfechtung durch, so ist im Prozeß wiederum die Beweislastregelung des § 1717 maßgebend.

120 Vermag der Beklagte des Unterhaltsprozesses zu beweisen, daß er innerhalb der Empfängniszeit der Kindesmutter nicht beigewohnt hat oder daß er offenbar unmöglich Erzeuger des Kindes ist (s § 1717 Abs 1), so ist das Vaterschaftsanerkenntnis hinfällig (ebenso Dölle, II, 467; Brühl, 426; Gernhuber, 635), ohne daß es einer Entscheidung über eine Anfechtung des Vaterschaftsanerkenntnisses bedarf. Ist das Vaterschaftsanerkenntnis somit hinfällig, so kommt eine Zurück-

forderung iS des § 812 Abs 1 nicht in Betracht, da es rechtlich ein Nichts ist. Für die Geltendmachung des Anspruchs auf Herausgabe der das Vaterschaftsanerkenntnis enthaltenden Urkunde wird regelmäßig das Rechtsschutzinteresse fehlen (anders wohl Gernhuber, 635).

b) Die Nichtigkeit des Vaterschaftsanerkenntnisses gemäß §§ 134, 138, 142 BGB kann auch, wenn dieses im Geburtsregister beigeschrieben ist (§ 29 PStG, s Bem 65 ff). im **Berichtigungsverfahren** (§ 47 PStG) geltend gemacht werden (s Bem 75 ff), ferner mit der **Feststellungsklage**, soweit ein Feststellungsinteresse besteht (§ 256 ZPO). 121

c) Hat der betreffende Mann die Vaterschaft und in vollstreckbarer Urkunde auch die Unterhaltsverpflichtung anerkannt, so kann er die Nichtigkeit oder Anfechtung dieser Anerkenntnisse mit der im **Statusprozeß** erhobenen Klage (§ 640 ZPO) geltend machen, er sei nicht der blutmäßige Vater des Kindes (s hierzu OLG Karlsruhe, Die Justiz 1965, 236 = NJW 1965, 1537; RGZ 161, 277; Achilles-Greiff-Beitzke, 3d; aber auch BGHZ 17, 252 = NJW 1955, 1107 = JZ 1955, 611 = FamRZ 1955, 249 Leits, 327; Dölle, II, 503; s zur Abstammungsfeststellungsklage Näheres Bem 162 ff zu § 1717). Nach der Neufassung des **§ 644 ZPO** ist das Feststellungsinteresse hier ohne weiteres zu bejahen (OLG Karlsruhe, aaO); die erwähnte Entscheidung des BGH ist daher als überholt zu beurteilen. Wird dieser Klage stattgegeben, so kann der Mann die Herausgabe der vollstreckbaren Urkunde über die Unterhaltsverpflichtung verlangen; ein Ausspruch des Gerichts, die Vollstreckung aus der Urkunde werde für unzulässig erklärt, scheidet aus. Denn nunmehr ist anzunehmen, daß gemäß der Vorschrift des § 644 Abs 1 Satz 2 ZPO die die Unterhaltsverpflichtung enthaltende vollstreckbare Urkunde mit der Rechtskraft des Feststellungsurteils, daß das Kind nicht von dem Manne abstammt, ihre Wirkung verliert (ebenso Baumbach-Lauterbach, 4 zu § 644 ZPO). Da nach der neuen Rechtsprechung des BGH (Z 40, 367 = FamRZ 1964, 150 = MDR 1964, 305 = NJW 1964, 723 = LM ZPO § 644 Nr 7) das Feststellungsinteresse des unterhaltspflichtigen Mannes für die Erhebung der negativen Abstammungsfeststellungsklage grundsätzlich zu bejahen ist, ist hiermit nach dem jetzigen Rechtszustand ein Weg eröffnet, ein materiell unrichtiges Anerkenntnis der Vaterschaft und der Unterhaltsverpflichtung zu beseitigen (s auch 198, 200 zu § 1717. 122

d) Hatte der betreffende Mann die Vaterschaft und in vollstreckbarer Urkunde die (einseitig erklärte) Unterhaltsverpflichtung anerkannt (s Bem 82), so sind gegenüber dem in der Urkunde anerkannten Anspruch sämtliche sachlichrechtlichen Einwendungen zulässig (§ 797 Abs 4 ZPO). So kann der Mann mit der **Vollstreckungsabwehrklage** (§ 767 ZPO) die **Anfechtung** des Vaterschaftsanerkenntnisses erklären oder sich auf eine früher (fristgerecht) erklärte Anfechtung des Anerkenntnisses berufen und geltend machen, es sei offenbar unmöglich, daß er der Erzeuger des Kindes sei (s OLG Karlsruhe, ZblJugR 1953, 217 = NJW 1953, 1553; vgl auch BGHZ 17, 252, 257; RGZ 135, 219); die sich aus § 767 ZPO ergebende Formulierung des Klageantrags, die Vollstreckung aus der ... Urkunde für unzulässig zu erklären, ist der Formulierung vorzuziehen, dem Kinde zu verbieten, aus der ... Urkunde zu vollstrecken (vgl den Fall OLG Jena, JW 1936, 3404). Gelingt der Beweis, daß der Mann offenbar unmöglich der Erzeuger des Kindes ist, so bedarf es einer Entscheidung über die Anfechtung nicht. 123

e) Ist die mit dem Vaterschaftsanerkenntnis verbundene Erklärung der Unterhaltsverpflichtung als einseitige Erklärung (s Bem 82) oder als vertragliches, aber nur schuldbestätigendes, also nicht abstraktes Anerkenntnis (s Bem 83) abgegeben worden und wird nachgewiesen, daß der die Vaterschaft Anerkennende offenbar unmöglich Erzeuger des Kindes ist, so kann die Erklärung der Unterhaltsverpflichtung — ohne daß diese angefochten zu werden braucht — gemäß **§ 812 BGB** zurückgefordert werden (vgl OLG Naumburg, HRR 1936 Nr 1281; RG, JW 1936, 888 mit Anm von Mößmer; OLG München, HRR 1937 Nr 587; OLG Jena, JW 1936, 3404; Brühl, 288; Brandis, JW 1931, 1358; vgl auch RGZ 160, 157 = DRW 1939, 1156; RGZ 161, 277) es sei denn, daß der Anerkennende gewußt hat, daß er nicht zur Leistung des Unterhalts verpflichtet ist **(§ 814 BGB).** Hierbei genügt es nicht, daß er dies hätte wissen müssen; doch können große Zweifel des Mannes an der Vaterschaft je nach Lage des Falles schon die Anwendung des § 814 BGB rechtfertigen (vgl OLG Hamm, DAVorm XXXI, 47). Kann aber zB nicht bewiesen werden, daß der Mann von seiner Zeugungsunfähigkeit Kenntnis hatte, so ist § 814 nicht anzuwenden (OLG Königsberg, HRR 1937 Nr 81). 124

Das OLG Karlsruhe (ZblJugR 1953, 217 = NJW 1953, 1553) hat dagegen die Auffassung vertreten, handle es sich um ein einseitiges Schuldanerkenntnis, so werde dieses mit dem Beweis der offenbaren Unmöglichkeit der Vaterschaft ohne weiteres entkräftet, der Kondiktion (§ 812) bedürfe es hier nicht. Indessen wird hiermit übersehen, daß die Erklärung der Unterwerfung unter die Zwangsvollstreckung eine formale Rechtsstellung schafft, die das Kind ohne rechtlichen Grund erlangt hat und die gemäß § 812 zurückgefordert werden kann (s BGHZ 1, 181 = ZblJugR 1951, 191 = Rpfleger 1951, 607 = NJW 1951, 354; vgl aber auch Gernhuber, 635).

In diesen Fällen empfiehlt es sich, den Antrag zu stellen, die Zwangsvollstreckung für unzulässig zu erklären.

125 Ist dagegen die Unterhaltsverpflichtung (ausnahmsweise) als **selbständiges abstraktes Schuldanerkenntnis** oder Schuldversprechen (§§ 780, 781) zu beurteilen, so kann es nicht gemäß § 812 zurückgefordert werden, auch wenn das Vaterschaftsanerkenntnis unrichtig ist (BGHZ 1, 181).

Die Nichtigkeit des Vaterschaftsanerkenntnisses hat auch nicht ohne weiteres die Nichtigkeit eines **Abfindungsvertrags** zur Folge (OLG München, DRW 1940, 119 = HRR 1940 Nr 145).

126 f) Einer besonderen Erörterung bedarf noch der Fall, daß das **Vaterschaftsanerkenntnis wahrheitswidrig** abgegeben worden war. Dieses ist zwar nichtig (s Bem 95); ebenso sind an sich die in einem inneren Zusammenhang mit diesem stehende Unterhaltsverpflichtung (wenn sie eine einseitige Erklärung oder ein schuldbestätigendes, nicht abstraktes Anerkenntnis darstellt) und die Erklärung, sich der sofortigen Zwangsvollstreckung zu unterwerfen, auch als nichtig zu beurteilen (§ 139), da ein einheitliches Rechtsgeschäft anzunehmen ist (s Bem 82). Dennoch kann sich der Anerkennende nicht darauf berufen, daß das von ihm abgegebene Anerkenntnis seiner Unterhaltspflicht und die Unterwerfung unter die Zwangsvollstreckung an der Nichtigkeit des Vaterschaftsanerkenntnisses gemäß § 139 teilhaben (BGHZ 1, 181, 184 = Zbl JugR 1951, 191 = Rpfleger 1951, 607); denn ihm waren bei Abgabe der Erklärungen alle Umstände bekannt, aus denen die Nichtigkeit des Vaterschaftsanerkenntnisses folgt; dadurch, daß er trotzdem die weiteren Erklärungen im Zusammenhang mit der Anerkennung der Vaterschaft abgab, erweckte er bei dem Vormund des Kindes den Eindruck, es handle sich um gültige Erklärungen; soweit die Erklärungen rechtlichen Bestand auch ohne ein vorangegangenes Vaterschaftsanerkenntnis haben können, würde der betreffende Mann gegen Treu und Glauben verstoßen, wenn er sich in diesem Zusammenhang auf die von ihm ausdrücklich herbeigeführte Verbindung mit einer ihm als nichtig bekannten Erklärung beruft (BGH, aaO; Soergel-Siebert-Schräder, 31 zu § 826). Daher kann er die vollstreckbare Urkunde gemäß § 814 BGB nicht herausverlangen (BGHZ 1, 181, 185 = ZblJugR 1951, 191 = Rpfleger 1951, 607; s ferner auch RG, DJ 1938, 832 = JW 1938, 1264; RGZ 135, 219 = JW 1932, 1353, 2154 mit Anm von Kitzinger; OLG Oldenburg, NdsRpfl 1949, 215; OLG Köln, JMBlNRW 1950, 139; SchlHOLG, SchlHAnz 1951, 139; OLG München, DAVorm XXIX, 41; Brühl, 288f; Firsching, 203; RGRKomm, 14; Erman-Hefermehl, 6; aM OLG Stuttgart [Karlsruhe], NJW 1951, 361 = JZ 1951, 120; Soergel-Siebert-Lade, 12). Die Vorschrift des § 817 Satz 2 BGB ist hier aber, entgegen der Auffassung des BGH (Z 1, 186), nicht anzuwenden (ebenso auch Beitzke, 198).

127 Andererseits würde das Kind (bzw sein gesetzlicher Vertreter) sich eines arglistigen Verhaltens schuldig machen, wenn die Urkunde noch zu Zwangsvollstreckungen benutzt würde; damit würde eine formale Rechtsstellung ausgenutzt zur Durchsetzung eines Anspruchs, der dem Kinde in Wirklichkeit nicht zusteht; das Kind kann sich nicht darauf berufen, sein gesetzlicher Vertreter, der Amtsvormund, habe nur zur Wahrung seiner, des Kindes, Interessen und gemäß den ihm erteilten (allgemeinen) Dienstanweisungen gehandelt; aus der Tatsache, daß sich der Anerkennende leichtsinig und unverantwortlich verhalten und mit den von ihm abgegebenen Erklärungen verwerfliche Zwecke — in dem konkreten Falle die Ehefrau zur Ehescheidungsklage zu veranlassen — verfolgt und sich gemäß § 169 StGB strafbar gemacht hat, kann das Kind für sich keine Rechte herleiten (BGHZ 1, 181, 185, 187 = Rpfleger 1951, 607, 610f).

Jedoch kann das Ausnutzen einer formalen Rechtsstellung dann nicht als Verstoß gegen die guten Sitten iS des § 826 BGB beurteilt werden, wenn über die formale Rechtsstellung hinaus sachliche Gründe das Vorgehen rechtfertigen (BGHZ 1, 181, 186; RG, DJ 1938, 832 = JW 1938, 1264; RGRKomm, 14), zB wenn das Kind (dh sein gesetzlicher Vertreter) auf die Erklärung des Anerkennenden vertraut und dadurch unterlassen hatte, Ermittlungen über den wirklichen Erzeuger anzustellen, und gegen diesen dann hätte Ansprüche geltend machen können (BGH, aaO; RGR-Komm, aaO; vgl aber auch LG Stuttgart, FamRZ 1957, 28 sowie 153 zu § 1717).

§ 814 BGB ist in dem Falle nicht anzuwenden, daß auf den Anerkennenden zur Abgabe der Erklärungen Druck ausgeübt worden war (s RG, JW 1938, 1047 = HRR 1938 Nr 517). 128

Ist das Anerkenntnis der Unterhaltsverpflichtung als abstraktes Schuldversprechen oder Schuldanerkenntnis (§§ 780, 781 BGB) zu beurteilen und ist die Vaterschaft bewußt wahrheitswidrig anerkannt worden, so steht der Rückforderung der Unterhaltsverpflichtung § 814 BGB entgegen (s BGHZ 1, 181, 186; RGZ 135, 219; RG, DJ 1938, 832 = JW 1938, 1264).

g) **Zuständig** für die Klage auf Feststellung der Nichtigkeit des Vaterschaftsanerkenntnisses, ist das Landgericht (§§ 71, 23 Nr 1 GVG); die Vorschrift des § 23 Abs 2 lit f GVG ist hier nicht anzuwenden (OLG München, BayZ 1926, 94; 1934, 286; NJW 1952, 149; Baumbach-Lauterbach, ZPO, 28. Aufl 1965, 10; Wieczorek, B IIIf je zu § 23 GVG; **aM** Rosenberg, ZPR, 9. Aufl 1961, 129; § 31, III, 2f; SchlHOLG, SchlHAnz 1950, 16). Vielmehr handelt es sich im Hinblick auf die personen- und personenstandsrechtliche Bedeutung des Vaterschaftsanerkenntnisses (s Bem 61 ff) um eine nichtvermögensrechtliche Streitigkeit (s auch Bem 132). 129

Wird gleichzeitig auf Feststellung der Nichtigkeit des Vaterschaftsanerkenntnisses und der Unterhaltsverpflichtung geklagt, so dürfte ebenfalls das LG zuständig sein; ebenso für die Klage auf Feststellung der Nichtigkeit des Anerkenntnisses der Vaterschaft und auf Herausgabe der Ausfertigung der die Unterhaltsverpflichtung enthaltenden Urkunde oder darauf, die Zwangsvollstreckung aus dieser Urkunde für unzulässig zu erklären (zum letzteren aM SchlHOLG, SchlHAnz 1950, 16). 130

War in einem Prozeßvergleich die Vaterschaft und die Unterhaltsverpflichtung oder nur die letztere anerkannt worden, so bestimmt sich die sachliche Zuständigkeit des Gerichts für die **Vollstreckungsabwehrklage** (§ 767 Abs 1 ZPO) gemäß §§ 795, 797 Abs 4, 5 ZPO; zuständig ist also regelmäßig das Amtsgericht. 131

Richtet sich die Vollstreckungsabwehrklage (s §§ 767, 795, 797 Abs 4, 5 ZPO) gegen die von einem Notar oder Jugendamt oder Gericht in vollstreckbarer Form beurkundete Unterhaltsverpflichtung, so ist das Amtsgericht sachlich zuständig (§ 23 Abs 2 lit f GVG, s dazu — bezüglich der vom Jugendamt aufgenommenen Urkunde — KG, JW 1936, 2820; OLG Darmstadt, HRR 1941 Nr 393; SchlHOLG, SchlHAnz 1950, 16).

h) Der **Streitwert** der Klage auf Feststellung der Nichtigkeit des Vaterschaftsanerkenntnisses ist gemäß § 14 Abs 1 GKG festzusetzen, da die Klage im wesentlichen sich auf die Feststellung eines personen- bzw personenstandsrechtlichen Verhältnisses bezieht (s Bem 129 aE), wenn sie auch vermögensrechtliche Wirkungen mitbezweckt (im Ergebnis ebenso Gerold, Streitwert, 111, III, Nr 30 A 13; Lauterbach, Kostengesetze, Anm 2B zu § 14 GKG; Soergel-Siebert-Lade, 13 zu § 1718; OLG Frankfurt, NJW 1952, 550; **aM** OLG München, NJW 1953, 631; OLG Frankfurt, MDR 1955, 304); in der Regel wird bei durchschnittlichen wirtschaftlichen Verhältnissen ein Wert von DM 1500 anzunehmen sein, dh nicht geringer, als der Wert des innerhalb eines Jahres zu zahlenden Unterhaltsbetrags (vgl § 13 Abs 1 GKG). Dagegen ist die Auffassung nicht zutreffend, der Streitwert der Klage auf Feststellung der Nichtigkeit des Vaterschaftsanerkenntnisses sei gleich dem Wert der mit dem Anerkenntnis verbundenen Unterhaltsverpflichtung (so aber OLG Frankfurt, MDR 1955, 304; zur Bedeutung des Vaterschaftsanerkenntnisses und seinen Wirkungen s oben Bem 55 ff). 132

Wird gleichzeitig auf Feststellung der Nichtigkeit des Vaterschaftsanerkenntnisses und der Unterhaltsverpflichtung oder darauf geklagt, die Zwangsvollstreckung aus der vollstreckbaren Urkunde für unzulässig zu erklären, so ist § 14 Abs 2 GKG anzuwenden. Regelmäßig wird daher dem weiteren Antrag kein besonderer Streitwert zukommen. 133

Der Streitwert der Klage, die **Zwangsvollstreckung** aus der vollstreckbaren Urkunde **für unzulässig zu erklären,** ist gemäß § 3 ZPO festzusetzen; hierbei ist regelmäßig der Jahresbetrag des Unterhalts zugrundezulegen, sofern es sich nicht lediglich um einen geringeren Betrag handelt, wie zB Unterhaltsrückstände. 134

Der Geschäftswert des Verfahrens betr Berichtigung des Geburtenbuchs (s 75 ff, 121) ist gemäß § 30 Abs 3 KostO festzusetzen, regelmäßig sind bei durchschnittlichen wirtschaftlichen Verhältnissen DM 1500 anzunehmen. 135

VII. **Internationales Privatrecht***).

136 Hierzu sei auf die Erläuterungen des **Art 21 EGBGB** verwiesen, sowie zB bezüglich des Unterhaltsanspruchs eines deutschen unehelichen Kindes, dessen ausländischer Erzeuger die Vaterschaft anerkannt hat, auf Soergel-Siebert-Kegel, 18f zu Art 21, ferner zur Frage der Anfechtung und Kondiktion des Vaterschaftsanerkenntnisses Soergel-Siebert-Kegel, 14 aaO; zum Anerkennungsprinzip in ausländischen Rechten s Dölle, II, 442ff; Kegel, Internationales Privatrecht, 2. Aufl 1964, 327f, 331f, sowie auch Vorbem 14 vor § 1705.

Zur Beurkundung eines Vaterschaftsanerkenntnisses durch ausländische Behörden und des Vaterschaftsanerkenntnisses eines Ausländers im Inland s oben Bem 40 aE mit weiteren Hinweisen; ferner s zum Vaterschaftsanerkenntnis durch Franzosen in Deutschland nach BGB Fischer-Dieskau, RabelsZ 1962/1963, 674, 687; zu der Frage, Einbenennung oder Adoption oder Anerkennung eines deutschen unehelichen Kindes durch einen italienischen Ehemann der Mutter, der das Kind nicht gezeugt hat?, s Peters, StAZ 1964, 282.

Ein Vaterschaftsanerkenntnis eines Ausländers darf im Geburtenbuch zum Geburtseintrag eines deutschen unehelichen Kindes auch dann beigeschrieben werden, wenn das Anerkenntnis nach dem Heimatrecht des Anerkennenden materiell unwirksam ist — hier: Vaterschaftsanerkenntnis eines verheirateten Italieners — (OLG Düsseldorf, FamRZ 1966, 369; aM LG Darmstadt, StAZ 1964, 329 = FamRZ 1965, 95 Leits).

Zu der Frage, wie das Vaterschaftsanerkenntnis eines heimatlosen Ausländers zu beurteilen ist, der nach dem Anerkenntnis die Bundesrepublik wieder verlassen hat, s Ellgaard, StAZ 1957, 22.

Siebenter Titel.

Legitimation unehelicher Kinder**).

Erläutert von Dr. Erhard Bökelmann.

(Abgeschlossen am 1. Juni 1966).

Vorbemerkungen.

I. **Übersicht.**

1 Die §§ 1719—1740 regeln die Legitimation unehelicher Kinder, dh die nachträgliche Gleichstellung solcher Kinder mit ehelichen. Der Titel gliedert sich in zwei Untertitel: Legitimation durch nachfolgende Ehe (§§ 1719—1722) und Ehelichkeitserklärung (§§ 1723—1740). Im umfangreicheren zweiten Untertitel handeln die §§ 1723—1734 von den Voraussetzungen, die §§ 1735, 1735a von den Mängeln, die §§ 1736—1740 von den Wirkungen der Ehelichkeitserklärung.

II. **Frühere und ausländische Rechte.**

2 1. Das **ältere deutsche Recht** kannte keine Legitimation, was wohl damit zu erklären ist, daß die unehelichen Kinder im ganzen nicht ungünstig gestellt waren. Erst im Mittelalter, als sich die Rechtsstellung der unehelichen Kinder unter dem Einfluß der Kirche immer mehr verschlechterte, kam der Brauch auf, ein uneheliches Kind bei der Eheschließung unter den Mantel oder Gürtel zu nehmen (Mantelkind), um ihm damit die Rechtsstellung eines ehelichen zu verschaffen. Diese Wahlkindschaft war keine eigentliche Legitimation. Vgl Conrad, Deutsche Rechtsgeschichte, Bd I, 2. Aufl, 1962, 39, 158, 409; Planitz-Eckhardt, Deutsche Rechtsgeschichte, 2. Aufl, 1961, 56, 202; Schröder-v. Künßberg, Lehrbuch der deutschen Rechtsgeschichte, 7. Aufl, 1932, 818; Mitteis-Lieberich, Deutsches Privatrecht, 4. Aufl, 1963, 63.

---

*) Beitzke, Vaterschafts- und Mutterschaftsanerkenntnisse sowie Legitimation nach ausländischem Recht, StAZ 1962, 237.

De lege ferenda zum internationalen Kindschaftsrecht s die Vorschläge des Deutschen Rats für internationales Privatrecht (Fußn zu 191 zu § 1717).

**) Schrifttum von allgemeinerer Bedeutung ist in Fußnoten zu den beiden Untertiteln (bei § 1719 und bei § 1723) angegeben, Schrifttum zu Einzelfragen an Ort und Stelle. Vgl ferner das allgemeine familienrechtliche Schrifttum, das zu Beginn des vierten Buches (Einl 184ff vor § 1297) zusammengestellt ist, außerdem die inzwischen erschienenen Lehrbücher zum Familienrecht von Dölle, Bd II, 1965, §§ 110, 111, und Gernhuber, 1964, § 61, sowie zu Reformfragen die Schrifttumshinweise vor § 1705 (17ff, 65ff).

2. Auch dem **römischen Recht** der älteren Zeit war eine Legitimation fremd. Erst in der nachklassischen Zeit konnten Konkubinenkinder — nicht auch andere uneheliche Kinder — dadurch die Stellung ehelicher Kinder erlangen, daß der Vater die Mutter heiratete (legitimatio per subsequens matrimonium); war dem Vater die Eheschließung mit der Konkubine nicht möglich oder nicht zuzumuten, so war unter bestimmten Voraussetzungen eine Legitimation durch kaiserlichen Gnadenakt zulässig (legitimatio per rescriptum principis). Daneben gab es als dritte Legitimationsart die Legitimation durch Übertragung des Dekurionats (legitimatio per oblationem curiae). Hierbei mußte der Erzeuger dem unehelichen Sohn sein Vermögen mit der Bestimmung zuwenden, daß dieser Gemeinderat (decurio) wurde; dieses unbeliebte Amt sollte dadurch schmackhafter gemacht werden. Vgl Jörs-Kunkel, Römisches Privatrecht, 3. Aufl. 1949, 282f; Kaser, Das Römische Privatrecht, Bd 1, 1955, 298f; Bd 2, 1959, 156f; derselbe, Römisches Privatrecht, Studienbuch, 4. Aufl, 1965, 234. 3

Das **kanonische Recht** ließ die legitimatio per subsequens matrimonium und die legitimatio per rescriptum principis (die ursprünglich neben dem Papst nur dem Kaiser zustand, der sein Recht auf die Pfalzgrafen delegierte) bei allen unehelichen Kindern außer bei solchen ex damnato coitu (Ehebruch, Blutschande) zu. Die **gemeinrechtliche Praxis** beseitigte auch diese Ausnahme. Umstritten war, ob die durch Reskript legitimierten Kinder in erbrechtlicher Hinsicht ehelichen Kindern gleichstanden, wenn zur Zeit der Legitimation eheliche Kinder vorhanden waren. Keine eigentliche Legitimation war die sogenannte legitimatio minus plena, die lediglich den Zweck verfolgte, den Makel der unehelichen Geburt zu tilgen. Vgl Conrad, Die Stellung der unehelichen Kinder in der neuzeitlichen Privatrechtsentwicklung Deutschlands, Frankreichs, Österreichs und der Schweiz, FamRZ 1962, 322 (327); Dernburg, Pandekten, Bd 3, § 29; Windscheid-Kipp, Pandekten, Bd 3, § 522. 4

3. Die Regelung in den **Partikularrechten** knüpfte an gemeinrechtliches Gedankengut an, war aber im einzelnen sehr unterschiedlich: 5

Nach dem **PreußALR** (Tl II Tit 2 §§ 592ff) konnte ein uneheliches Kind durch richterlichen Ausspruch, durch Heirat der Eltern und durch obrigkeitliche Deklaration legitimiert werden; die erstere Form der Legitimation wurde durch § 22 des Gesetzes vom 24. 4. 1854 (GS 193) beseitigt. Die Legitimation durch Heirat der Eltern verschaffte dem Kind von der Eheschließung an alle Rechte und Pflichten eines ehelichen Kindes. Bei der Legitimation durch obrigkeitliche Deklaration erhielt das Kind zwar den Stand des Vaters und, in Ansehung seiner, alle Rechte und Pflichten eines ehelichen Kindes, es trat aber mangels eines besonderen Familienvertrags nicht in die Familie des Vaters ein; auch zwischen dem legitimierten Kind und den Verwandten seiner Mutter wurde durch eine ohne deren ausdrückliche Einwilligung erfolgende Legitimation kein anderes Familienverhältnis begründet, als es aus der unehelichen Geburt selbst schon entstanden war; die ehelichen Kinder des Legitimierenden und das legitimierte Kind galten als eheliche Halbgeschwister. Daneben kannte das ALR auch noch eine Legitimation „zum bloßen Behufe des besseren Fortkommens" (Tl II Tit 2 §§ 663ff). 6

Das **BayLR** (Tl I cap 5 §§ 8, 9; Tl III cap 3 § 13, § 14 Ziff 2; cap 12 § 2 Ziff 10, 11; § 3 Ziff 7, 8; § 4 Ziff 10) unterschied Legitimation durch nachfolgende Ehe und Legitimation durch landesherrliche Verordnung. Die erstere erforderte Einwilligung des Kindes, die aber bis zum Beweise des Gegenteils vermutet wurde, und war bei Kindern ex damnato coitu nicht möglich; sie bewirkte völlige Gleichstellung des Kindes mit einem ehelichen Kind. Die Legitimation durch landesherrliche Verordnung war auch bei Kindern ex damnato coitu zulässig; sie bewirkte Tilgung des Mangels der unehelichen Geburt, verlieh aber nur dann die väterliche Gewalt, wenn der Vater selbst um die Legitimation nachsuchte, daneben kein eheliches Kind hatte, sich mit der Mutter auch nicht mehr verheiraten konnte, weil diese schon tot war oder der Ehe rechtliche Hindernisse entgegenstanden, und wenn das Kind zustimmte, was wiederum vermutet wurde. In erbrechtlicher Hinsicht standen die durch landesherrliche Verordnung legitimierten Kinder im allgemeinen den nicht legitimierten unehelichen Kindern gleich. 7

Nach **SächsBGB** (§§ 1780ff, 1841, 2023) erwarben außereheliche Kinder durch nachfolgende Ehe ihrer Eltern von der Eingehung der Ehe an alle Rechte ehelicher Kinder. Die hierdurch begründete Verwandtschaft erstreckte sich auf die eheliche Nachkommenschaft, bei einer außerehelichen Tochter auch auf die außereheliche Nachkommenschaft. Außerdem konnten außerehelichen Kindern auf Ansuchen ihres Vaters die Rechte ehelicher Kinder durch Ehelichsprechung vom Landesherrn verliehen werden. Im Ehebruch erzeugte Kinder konnten, wenn die Ehefrau des Ehebrechers mit diesem noch in der Ehe lebte, nur mit Einwilligung der Ehefrau ehelich gesprochen 8 werden. Bei ehelich gesprochenen Kindern traf die Unterhaltspflicht die Voreltern von väterlicher Seite nicht; auch hatten solche Kinder gegenüber den Voreltern und den Seitenverwandten des Vaters kein gesetzliches Erbrecht, es sei denn, diese Personen hatten der Ehelichsprechung zugestimmt.

9 Der **code civil** (art 331 ff) und das **BadLR** (LRS 331 ff) kannten nur die Legitimation durch nachfolgende Ehe und schlossen von ihr die in Blutschande oder im Ehebruch erzeugten Kinder aus. Die durch nachfolgende Ehe legitimierten Kinder hatten dieselben Rechte, wie wenn sie in der Ehe geboren wären.

10 Über andere Rechte vor Inkrafttreten des BGB s Mot 4, 919 ff.

11 4. Auch die meisten **ausländischen Rechte** kennen die Legitimation unehelicher Kinder. Überflüssig geworden ist sie in einigen Staaten des Ostblocks, die eine völlige Gleichstellung der unehelichen Kinder mit den ehelichen durchgeführt haben (zB Polen, die Tschechoslowakei und Ungarn). Keine Legitimation durch Staatsakt kennen Frankreich und eine Anzahl weiterer Länder des romanischen Rechtskreises (zB Belgien und Portugal). Im einzelnen ist die rechtliche Ausgestaltung sehr unterschiedlich, vor allem hinsichtlich der Voraussetzungen der Legitimation. Hier ergeben sich Unterschiede ua daraus, daß ein Teil der Rechtsordnungen dem Abstammungssystem folgt, ein anderer Teil dem Anerkennungssystem (s dazu 14 vor § 1705).

Einen eingehenderen rechtsvergleichenden Überblick nach dem letzten Stand der Rechtsentwicklung gibt Dölle, § 110 II und § 111 I 2. Vgl im übrigen Bergmann, Internationales Ehe- und Kindschaftsrecht, 3. Aufl, 1957 ff; Boschan, Europäisches Familienrecht, 3. Aufl, 1963; ferner — zT veraltet — Rexroth, Uneheliche Kinder, IV. Legitimation, in Rechtsvergleichendes Handwörterbuch für das Zivil- und Handelsrecht des In- und Auslandes, 6, 1938, 669 ff.

III. Grundsätzliche Regelung nach dem BGB.

12 1. Das BGB unterscheidet zwei Arten der Legitimation, die Legitimation durch nachfolgende Ehe (§§ 1719—1722) und die Legitimation durch Ehelichkeitserklärung (§§ 1723—1740). Beide sind gegenüber allen unehelichen Kindern zulässig, selbst wenn sie im Ehebruch oder in Blutschande erzeugt sind. Ursprünglich war jedoch nach § 1732 (aufgehoben durch § 22 des FamRÄndG vom 12. 4. 1938) die Ehelichkeitserklärung solcher Kinder ausgeschlossen, deren Eltern zur Zeit der Erzeugung des Kindes wegen Verwandtschaft oder Schwägerschaft nicht hätten heiraten können; heute ist im Einzelfall nach § 1734 zu entscheiden, ob ein Kind trotz Verwandtschaft oder Schwägerschaft seiner Eltern für ehelich zu erklären ist (s 17 zu § 1734).

13 Die beiden Arten der Legitimation unterscheiden sich nicht nur in den Voraussetzungen, sondern zum Teil auch in den Wirkungen. Die Legitimation durch nachfolgende Ehe erfolgt ohne, ja sogar gegen den Willen des Kindes und seiner Eltern und tritt mit der Eheschließung der Eltern kraft Gesetzes ein (§ 1719). Die Ehelichkeitserklärung wird — seit dem FamRÄndG vom 11. 8. 1961 (s unten 14) — vom Vormundschaftsgericht ausgesprochen, erfordert einen Antrag des Vaters, ein Vaterschaftsanerkenntnis, die Einwilligung des Kindes, der Ehefrau des Vaters und — bis zum 21. Lebensjahr des Kindes — auch der Mutter und soll nur erfolgen, wenn sie dem Wohl des Kindes entspricht und ihr keine triftigen Gründe entgegenstehen (§§ 1723, 1725, 1726, 1734). Beide Legitimationsarten verschaffen dem Kind zwar grundsätzlich die Stellung eines ehelichen Kindes (§§ 1719, 1736); eine volle Gleichstellung wird jedoch nur bei der Legitimation durch nachfolgende Ehe erreicht; die Ehelichkeitserklärung erstreckt ihre Wirkungen nicht auf die Verwandten des Vaters, die Ehefrau des Vaters und den Ehegatten des Kindes (§ 1737).

14 2. Das FamRÄndG vom 11. 8. 1961 (BGBl I 1221) hat im Legitimationsrecht einige bedeutsame Änderungen gebracht. Vor allem sind durch Neufassung der §§ 1721 und 1735a die Vorschriften über die Anfechtung der Ehelichkeit ehelich geborener Kinder im wesentlichen auf beide Arten legitimierter Kinder ausgedehnt worden. § 1593 gilt jetzt für sie entsprechend; das bedeutet, daß auch sie ihre Rechtsstellung nur durch erfolgreiche Anfechtung verlieren können und daß vorher jede Geltendmachung ihrer Unehelichkeit unzulässig ist. Bei den durch nachfolgende Ehe legitimierten Kindern wird dabei allerdings vorausgesetzt, daß das Vormundschaftsgericht die Legitimaton im Verfahren nach § 31 PStG rechtskräftig festgestellt hat. Änderungen der §§ 1723, 1734 haben der Ehelichkeitserklärung den Charakter einer Gnadensache genommen. Über den Antrag auf Ehelichkeitserklärung entscheidet nicht mehr — wie nach der ursprünglichen Fassung des § 1723 — die Justizverwaltung, sondern das Vormundschaftsgericht; dessen Entscheidung ist, wie sich aus § 1734 ergibt, keine Ermessensentscheidung mehr.

IV. Rechtszustand in der SBZ.

Siehe hierüber 44 zu § 1719 und 37 zu § 1723. **15**

V. Internationales und interlokales Privatrecht.

Gemäß Art 22 Abs 1 EGBGB bestimmt sich die Legitimation eines unehelichen Kindes, wenn der Vater zur Zeit der Legitimation Deutscher ist, nach den deutschen Gesetzen; dieser einseitigen Kollisionsnorm ist der Grundsatz zu entnehmen, daß sich die Legitimation eines unehelichen Kindes nach dem Recht des Staates richtet, dem der Vater zur Zeit der Legitimation angehört. Auf die Staatsangehörigkeit des Kindes kommt es regelmäßig nicht an. Eine Schutzvorschrift zugunsten deutscher Kinder enthält jedoch Art 22 Abs 2 EGBGB. Danach ist bei ausländischem Heimatrecht des Vaters die Legitimation unwirksam, wenn die nach den deutschen Gesetzen erforderliche Einwilligung des Kindes oder eines Dritten, zu dem das Kind in einem familienrechtlichen Verhältnis steht (vgl §§ 1726 Abs 1 Satz 1, Abs 3, 1727, 1728, 1729 Abs 2, 3), nicht erfolgt ist. **16**

Im interlokalen Recht sind die Regeln des Art 22 Abs 1 und 2 entsprechend anzuwenden. Anknüpfungspunkt ist hier statt der Staatsangehörigkeit der gewöhnliche Aufenthalt.

Im einzelnen ist auf die Erläuterungen zu Art 22 EGBGB zu verweisen. Vgl ferner, je zu Art 22 EGBGB, die Komm von Erman-Marquordt, Palandt-Lauterbach und Soergel-Kegel; außerdem Beitzke, Internationale Zuständigkeit in Legitimationssachen, Festschrift für Kraus, 1954, 20; Raape, Internationales Privatrecht, 5. Aufl, 1961, § 34; Schmitt-Peters, Die Eintragungen in deutsche Personenstandsbücher in Fällen mit Auslandsberührung, 1960, 135ff.

VI. Vorbehalte; Übergangsrecht.

1. Die Vorbehalte zugunsten der Landesherren, der Mitglieder der landesherrlichen Familien und des hohen Adels in Art 57, 58 EGBGB sind gegenstandslos; s Bem zu Art 57, 58 EGBGB. **17**

2. Übergangsrechtlich bestimmt Art 209 EGBGB, daß sich die Wirkungen einer vor dem 1. 1. 1900 erfolgten Legitimation nach früherem Recht beurteilen; s Bem zu Art 209 EGBGB. **18**

I. Legitimation durch nachfolgende Ehe*).

§ 1719.

Ein uneheliches Kind wird ehelich, wenn sich der Vater mit der Mutter verheiratet; dies gilt auch, wenn die Ehe für nichtig erklärt wird.

E I 1579; II 1606; III 1695; Mot 4, 919ff; Prot 4, 698. Geändert durch Art 1 Nr 11 des FamRÄndG vom 11. 8. 1961.

Inhaltsübersicht.

*) Schrifttum — zT durch die Rechtsentwicklung überholt —: Boehmer, Zur Rechtsstellung der durch nachfolgende Ehe legitimierten Kinder, NJW 1949, 52; Emmelmann, Zweifelsfragen im Legitimationsfeststellungsverfahren nach § 31 PStG, StAZ 1940, 280; Knitschky, Das Rechtsverhältnis zwischen Eltern und Kindern nach dem BGB, 1899, 32ff; Maßfeller, Die Legitimation eines unehelichen Kindes durch nachfolgende Ehe der Eltern, DJ 1938, 1381 = StAZ 1939, 37, 54, 80; Müller, Legitimations- und Adoptionswirkungen nach BGB, StAZ 1956, 294; derselbe, Zum Legitimationsfeststellungsbeschluß nach § 31 PStG, Die Justiz 1956, 291; Müllich, Legitimationsfeststellung durch das Amtsgericht, StAZ 1963, 169; Opet, Das Verwandtschaftsrecht des BGB, 1899, 36ff; Schnitzerling, Die Legitimation unehelicher Kinder im Wandel von Gesetzgebung und Rechtsprechung, StAZ 1963, 174; Schopp, Die Feststellung der Legitimation unehelicher Kinder durch nachfolgende Ehe bei unrichtigem Vaterschaftsanerkenntnis, Rpfleger 1959, 212; Schwoerer, Die Feststellung der Legitimation unehelicher Kinder nach § 31 PStG, § 22 der 1. AusfVO zum PStG, DFG 1939, 185; ders, Anm zu den Entscheidungen: OLG Stuttgart FamRZ 1954, 228; BGH NJW 1957, 1067; OLG Koblenz FamRZ 1961, 488; Spahn, Verwandtschaft und Vormundschaft nach dem BGB, 1900, 23ff.

I. Allgemeines; Entstehungsgeschichte.

1 1. § 1719 handelt von den Voraussetzungen und Wirkungen der Legitimation durch nachfolgende Ehe. Über die grundsätzliche Regelung nach dem BGB und die Unterschiede zwischen der Legitimation durch nachfolgende Ehe und der Ehelichkeitserklärung s Vorbem 12, 13.

2 2. Die geltende Fassung des § 1719 beruht auf Art 1 Nr 11 des FamRÄndG vom 11. 8. 1961 Ursprünglich lautete die Vorschrift wie folgt:

> Ein uneheliches Kind erlangt dadurch, daß sich der Vater mit der Mutter verheiratet, mit der Eheschließung die rechtliche Stellung eines ehelichen Kindes.

Die Neuerung besteht hauptsächlich in der Einbeziehung des früheren § 1721, der den Sonderfall der nichtigen Ehe regelte (s 1 zu § 1721). Außerdem ist der Wortlaut geändert worden („wird ehelich" statt bisher „erlangt ... die rechtliche Stellung eines ehelichen Kindes"). Die Begründung des Regierungsentwurfs (BT-Drucksache III/530 S 18) führt dafür „sprachliche Gründe" an. Die jetzige Fassung bringt deutlicher als die frühere zum Ausdruck, daß die durch nachfolgende Ehe legitimierten Kinder den ehelich geborenen gleichstehen*). Eine sachliche Änderung bedeutet die Neufassung des § 1719 nicht.

II. Voraussetzungen.

3 1. Nach § 1719 müssen zwei Voraussetzungen zusammentreffen, damit Legitimation durch nachfolgende Ehe eintritt: Unehelichkeit des Kindes und Eheschließung seiner Eltern.

4 a) Ob ein **Kind unehelich** ist, bemißt sich nach den Bestimmungen der §§ 1591—1600 (s 16 zu 1589, 1 ff zu § 1705).

5 aa) Ist ein Kind nach den Vorschriften über die eheliche Abstammung als ein ehelich geborenes zu behandeln, so kann es nicht legitimiert werden, selbst wenn es in Wahrheit der Ehe nicht entstammt. Wenn zB eine verheiratete Frau ein Kind im Ehebruch empfängt und nach dem Tode ihres Ehemannes den Erzeuger heiratet, so wird das Kind gemäß § 1719 nur dann legitimiert, wenn seine Ehelichkeit mit Erfolg angefochten ist (Mot 4, 921; RGZ 123, 257 [264] = JW 1929, 1879).

Auf ein Kind, das vor der Eheschließung erzeugt, aber nach Eingehung der Ehe geboren wird, findet § 1719 keine Anwendung, da ein solches Kind gemäß § 1591 ehelich ist (s 6 zu § 1591).

6 bb) Die Legitimation durch nachfolgende Ehe wird nicht dadurch ausgeschlossen, daß das Kind vor der Heirat seiner Eltern auf Antrag seines Vaters für ehelich erklärt oder von diesem oder der Mutter an Kindes Statt

---

*) Angesichts des § 1719 aF wurde früher zT angenommen, daß das Kind trotz der nachfolgenden Ehe der Eltern unehelich bleibe und nur die Rechtsstellung eines ehelichen Kindes erlange (vgl zB Opet-v. Blume 1 vor § 1705, 3 zu § 1719; ähnlich auch Engelmann in der Vorauflage 5 vor § 1705). Einer solchen verfehlten Argumentation beugt der Gesetzeswortlaut jetzt vor.

angenommen worden ist. Denn es hat hierdurch nicht in vollem Umfang die rechtliche Stellung eines ehelichen Kindes erlangt. Die Wirkungen der Ehelichkeitserklärung und der Annahme an Kindes Statt sind beschränktere als die der Legitimation durch nachfolgende Ehe (vgl §§ 1737, 1763); deshalb bleibt bei der Eheschließung der Eltern Raum für die Rechtsfolgen des § 1719 (Mot 4, 921; Süßheim GruchBeitr 43, 585; KG JFG 9, 62 = JW 1933, 176 = HRR 1932 Nr 2253).

Ebensowenig wird die Legitimation durch nachfolgende Ehe dadurch ausgeschlossen, daß das Kind vor der Eheschließung seiner Eltern von einem Dritten an Kindes Statt angenommen worden ist (OLG Rostock SeuffA 66 Nr 126). In diesem Fall können allerdings die Wirkungen der Legitimation nur unter Aufrechterhaltung des durch die Adoption begründeten Rechtsverhältnisses eintreten (Mot aaO; Süßheim aaO; KG aaO; AG Marburg FamRZ 1956, 389; Opet-v. Blume 2a; Planck-Unzner 3; Scheffler in RGR-Komm 1; Erman-Hefermehl 1a; Palandt-Lauterbach 2a; Gernhuber § 61 I 3; Dölle § 110 IV 1a). Das Kind verbleibt also unter der elterlichen Gewalt des Annehmenden und behält auch dessen Familiennamen. Dagegen erhält das Kind den Familiennamen des Vaters, wenn nur die uneheliche Mutter unter Erstreckung der Wirkungen auf das Kind nach § 1762 Satz 2 von einem Dritten an Kindes Statt angenommen war; eine nur mittelbare Adoption, wie sie in der Erstreckung der Adoptionswirkungen auf den Abkömmling liegt, kann den Eintritt der vollen Legitimationswirkung nicht hindern (BayObLGZ 1962, 224 = NJW 1962, 2060 = MDR 1962, 905 = FamRZ 1962, 438; zustimmend Gernhuber § 61 I 3 Anm 1)*). 7

cc) Daß ein Dritter die Vaterschaft in öffentlicher Urkunde anerkannt hat (§ 1718) oder als Zahlvater rechtskräftig zur Unterhaltsleistung verurteilt worden ist, steht der Legitimation des Kindes durch Eheschließung der Mutter mit dem wirklichen Vater ebenfalls nicht entgegen. Denn die Anerkennung der Vaterschaft hat keine konstitutive Wirkung (s 4, 52 zu § 1718) und das Unterhaltsurteil wirkt nicht für und gegen alle, auch wenn in ihm zugleich die sogenannte Giltvaterschaft festgestellt ist (s 160 zu § 1717)**). 8

Ob in einem solchen Fall die Unterhaltspflicht des Dritten fortdauert, ist nach allgemeinen Grundsätzen zu entscheiden (Mot 4, 922, 879). Früher wurde die Frage überwiegend bejaht (s zB Bem 3 Abs 5 in der Vorauflage; Opet-v. Blume 2a Abs 4; Planck-Unzner 9 zu § 1708; aM Stark Recht 1924, 10). Heute ist sie im Hinblick auf die Rechtsänderung, die das FamRÄndG 1961 gebracht hat, im Ergebnis zu verneinen. Will das Kind nach seiner Legitimation den Dritten als Zahlvater (weiterhin) in Anspruch nehmen, so muß es seine Unehelichkeit geltend machen. Das ist jedoch nach rechtskräftiger Legitimationsfeststellung durch die Bestimmung des § 1721 nF iV mit § 1593 ausgeschlossen. Der drohenden weiteren Vollstreckung aus einem bereits vorliegenden Titel kann der Dritte mit der Klage aus § 767 ZPO begegnen (ebenso Dölle § 110 IV 2b). 9

dd) Die Legitimation durch nachfolgende Ehe scheidet dagegen aus, wenn das Kind vorher auf Antrag eines Dritten für ehelich erklärt worden ist. Das Kind muß hier als eheliches behandelt werden, solange nicht seine Ehelichkeit mit Erfolg angefochten ist (§ 1735a iV mit § 1593). 10

Aus dem gleichen Grunde kann ein durch nachfolgende Ehe bereits legitimiertes Kind, dessen Legitimation vom Vormundschaftsgericht rechtskräftig festgestellt ist, nicht einfach dadurch erneut legitimiert werden, daß die Mutter nach Auflösung der ersten Ehe einen anderen Mann heiratet, der ebenfalls gemäß § 1720 als Vater des Kindes gilt. Auch hier bedarf es zuvor der Ehelichkeitsanfechtung (§ 1721 iV mit § 1593). 11

b) **Der Vater** des unehelichen Kindes muß die **Mutter heiraten.** 12

---

*) Die volle Legitimationswirkung tritt selbstverständlich auch ein, wenn die Eltern des unehelichen Kindes nach Abschluß und vormundschaftsgerichtlicher Genehmigung des Kindesannahmevertrags, aber vor dessen gerichtlicher Bestätigung heiraten; denn die Annahme an Kindes Statt tritt nach § 1754 Abs 1 Satz 1 erst mit der gerichtlichen Bestätigung in Kraft (vgl OLG Celle DAVorm XXXVIII [1965], 272 = ZBlJR 1965, 138).

**) Anders, wenn die Abstammung von einem Dritten durch ein für und gegen alle wirkendes Statusurteil rechtskräftig festgestellt ist; s hierüber 12 zu § 1720.

13 aa) Nur wenn der **wirkliche Vater** die Mutter heiratet, wird das Kind legitimiert*). Die Feststellung des wirklichen Vaters erleichtert § 1720. Danach gilt als Vater der Ehemann der Mutter, wenn er ihr innerhalb der im § 1717 Abs 2 bestimmten Empfängniszeit beigewohnt hat. Daß dies der Fall ist, wird vermutet, wenn er seine Vaterschaft nach der Geburt des Kindes in einer öffentlichen Urkunde anerkannt hat. Eine Beiwohnung bleibt jedoch außer Betracht wenn es den Umständen nach offenbar unmöglich ist, daß die Mutter das Kind aus ihr empfangen hat. Über die Bedeutung dieser zugunsten der Ehelichkeit des Kindes sprechenden Vermutungen und ihre Widerlegung s Bem zu § 1720.

Anerkennung der Vaterschaft durch den Ehemann der Mutter ist **nicht Voraussetzung** der Legitimation durch nachfolgende Ehe (anders bei der Ehelichkeitserklärung, vgl § 1725).

14 bb) Die **wirkliche Mutter** muß sich mit dem Vater verheiraten. Daran fehlt es, wenn das Kind verwechselt oder unterschoben worden ist. Ein solches Kind wird durch die Heirat nicht ehelich.

15 cc) Die Legitimation setzt schließlich eine **gültige Eheschließung** voraus. Auch eine nichtige Ehe ist, solange sie nicht rechtskräftig für nichtig erklärt ist, als gültige Ehe anzusehen (§ 23 EheG); nach § 1719 Halbsatz 2 bleiben die Legitimationswirkungen auch nach Nichtigerklärung der Ehe bestehen.

Nicht zu Legitimation führt dagegen eine **Nichtehe** (vgl § 11 EheG).

16 Als Nichtehe ist auch eine auf Grund des nicht veröffentlichten „Führererlasses" vom 6. 11. 1941 und des vertraulichen Runderlasses des Reichsministers des Innern vom 15. 6. 1943 angeordnete nachträgliche Eheschließung von Frauen mit gefallenen oder im Felde verstorbenen Wehrmachtsangehörigen. (sogenannte **postmortale Eheschließung**) anzusehen. Ein von dem Mann stammendes Kind der Frau hat jedoch nach § 1 Abs 1 Nr 3 des Gesetzes über die Rechtswirkungen des Ausspruchs einer nachträglichen Eheschließung vom 29. 3. 1951 (BGBl I 215; mit allen Materialien abgedruckt bei **Maßfeller**, Das gesamte Familienrecht, 2. Aufl, Bd 1, 1962, 544 ff) die rechtliche Stellung eines ehelichen Kindes erlangt. Legitimation durch postmortale Eheschließung ist in Wahrheit eine Art Legitimation durch Staatsakt (**Dölle** § 110 IV 1 b Note 69); dennoch sind auf ein vor dem festgesetzten Eheschließungstag geborenes Kind auf Grund des genannten Gesetzes die §§ 1719 ff anzuwenden (s dazu **Dölle** JZ 1951, 291 [293]; **Maßfeller** StAZ 1951, 83 [86]), insbesondere also auch § 1721 nF (**Erman-Hefermehl**, 3 zu § 1 dieses Gesetzes, Anh § 13 EheG).

17 2. Liegen die Voraussetzungen des § 1719 vor, dann treten die Legitimationswirkungen (s dazu unten 18 ff) mit dem Zeitpunkt der Eheschließung **kraft Gesetzes** ein. **Erforderlich ist weder die Einwilligung der Eltern noch die des Kindes.** Auch der Widerspruch der Beteiligten oder eines von ihnen kann die Legitimation nicht verhindern. Auf das Alter des Kindes kommt es dabei nicht an; selbst das volljährige Kind wird legitimiert, ob es dies will oder nicht.

III. Wirkungen.

18 1. Die Wirkung der Legitimation besteht nach § 1719 darin, daß das Kind „**ehelich wird**", dh die volle Rechtsstellung eines ehelichen Kindes erhält. Diese Wirkung erstreckt sich nicht nur auf die Abkömmlinge des Kindes (und zwar nach § 1722 auch dann, wenn das Kind vor der Heirat der Eltern gestorben ist), sondern, anders als bei der Ehelichkeitserklärung (vgl § 1737 Abs 1 Satz 1), auch auf die Verwandten des Vaters. Die spätere Ehefrau des Vaters wird mit dem Kind und dessen Abkömmlingen, der Ehegatte des Kindes mit dem Vater verschwägert (vgl dagegen § 1737 Abs 1 Satz 2).

Auf das durch nachfolgende Ehe legitimierte Kind finden daher die Vorschriften der §§ 1616—1698 b Anwendung. Es erhält insbesondere den Familiennamen des Vaters (§ 1616), tritt, sofern es minderjährig ist, unter die elterliche Gewalt des Vaters und der Mutter (§§ 1626 ff), deren Wohnsitz es unter der gleichen Voraussetzung teilt (§ 11), und genießt die Verjährungsvergünstigung des § 204. Auch unterhalts- und erbrechtlich

*) Daß § 1719 den **wirklichen** Vater meint, dürfte heute allgemeiner Überzeugung entsprechen (vgl zB **Dölle** § 110 IV 1 c; **Gernhuber** § 61 I 4; **Beitzke** § 31 I 1; **Scheffler** in RGRKomm 2; **Erman-Hefermehl** 1 b; **Soergel-Siebert-Lade** 5). Früher wurde verschiedentlich angenommen, § 1720 Abs 1 bestimme abschließend, wer Vater sei; Vaterschaft im Sinne des § 1719 bedeute nichts anderes als die bloße Möglichkeit der Abstammung (so **Natter** ArchZivPr 95 [1904], 134 ff; **Raape** JherJb 51 [1907], 249). Hiervon wiederum abweichend lehrte **Kuttner** (JherJb 50 [1906], 457 ff), die Legitimation durch nachfolgende Ehe trete bei bloßer Möglichkeit der Vaterschaft und bei wirklicher Vaterschaft ein.

ist es nach der Heirat der Eltern in jeder Hinsicht so gestellt wie ein ehelich geborenes Kind. Über weitere Folgen des Ehelichwerdens s Einl 4 ff vor § 1616.

Maßgebend für die künftige Staatsangehörigkeit des Kindes ist — vom Standpunkt des deutschen Staatsangehörigkeitsrechts aus — grundsätzlich die des Vaters. Das durch einen Deutschen legitimierte Kind erwirbt nach § 3 Nr 2, § 5 RuStAG die deutsche Staatsangehörigkeit. Umgekehrt geht die deutsche Staatsangehörigkeit für ein uneheliches Kind, das von einem Ausländer legitimiert wird, nach § 17 Nr 5 RuStAG verloren. Dabei ist jedoch Art 16 Abs 1 Satz 2 GG zu beachten. Danach darf der Verlust der deutschen Staatsangehörigkeit gegen den Willen des Betroffenen nur dann eintreten, wenn der Betroffene dadurch nicht staatenlos wird. Würde also das Kind durch die Legitimation staatenlos werden, so kann der Verlust der deutschen Staatsangehörigkeit nur mit seinem Einverständnis eintreten*). 19

2. Die gesetzlichen Wirkungen der Legitimation durch nachfolgende Ehe können durch Rechtsgeschäft, insbesondere durch Vereinbarung der Eltern, nicht abgeändert werden (s oben 17). Selbstverständlich kann aber durch Privatdisposition (zB in einem Stiftungsgeschäft) die Gleichstellung der durch nachfolgende Ehe legitimierten Kinder mit ehelich geborenen Kindern ausgeschlossen werden (Mot 4, 923); mangels besonderer Anhaltspunkte wird indessen bei der Auslegung rechtsgeschäftlicher Bestimmungen regelmäßig davon auszugehen sein, daß unter „ehelichen Kindern" auch die durch nachfolgende Ehe legitimierten Kinder zu verstehen sind (vgl KG OLG 4, 135). 20

3. Ehelich wird das Kind erst vom Zeitpunkt der Eheschließung an; die Legitimation durch nachfolgende Ehe hat keine rückwirkende Kraft (Mot 4, 923; s auch OLG Stuttgart Recht 1914 Nr 493). Das Kind beerbt also nicht Verwandte des Vaters, die vor diesem Zeitpunkt gestorben sind. Soll ein Rechtserwerb vom Alter der ehelichen Kinder abhängen, dann gilt aus dem gleichen Grunde das vor der Legitimation ehelich geborene Kind des einen oder anderen Elternteils als das ältere, auch wenn es nach Lebensjahren jünger ist als das legitimierte, es sei denn, daß eine andere Auslegung der rechtsgeschäftlichen Bestimmung geboten ist (Mot 4, 923 ff). 21

4. Obwohl Vater und Mutter mit der Eheschließung die elterliche Gewalt über das legitimierte Kind erlangen (s oben 18), endigt damit die bis dahin über das Kind geführte Vormundschaft nicht von selbst. Sie endigt vielmehr erst dann, wenn die Vaterschaft des Ehemannes durch ein zwischen ihm und dem Kind ergangenes Statusurteil rechtskräftig festgestellt ist oder die Aufhebung der Vormundschaft vom Vormundschaftsgericht angeordnet wird **(§ 1883 Abs 1)**. Das Vormundschaftsgericht soll zunächst die Rechtskraft des Legitimationsfeststellungsbeschlusses (s dazu unten 23 ff) abwarten (§ 31 Abs 4 Satz 1 PStG); erst danach hat es die Aufhebung der Vormundschaft anzuordnen **(§ 1883 Abs 2)**. Bis zu diesem Zeitpunkt kann das Kind sowohl durch den Vormund als auch durch die Eltern vertreten werden. Das Gesetz will vermeiden, daß das Kind in Fällen zweifelhafter Vaterschaft des Mannes in der Zwischenzeit schutzlos ist, und hat daher die doppelte Vertretungsmacht in Kauf genommen (Mot 4, 925). Bei einem Widerstreit zwischen den von beiden Teilen getroffenen Verfügungen hat die frühere Verfügung den Vorrang vor der späteren (Scheffler in RGRKomm 1 zu § 1883; Palandt-Lauterbach 2 zu § 1883; Erman-Hefermehl 6; Lehmann § 31 III 1; Dölle § 110 IV 2 c; Gernhuber § 61 I 12). 22

IV. Feststellung der Legitimation.

1. Ist ein uneheliches Kind durch die Eheschließung seiner Eltern ehelich geworden, so ist Eintragungsgrundlage für die erforderliche Verlautbarung in den Personenstandsbüchern ein Beschluß des Vormundschaftsgerichts, der im Feststellungsverfahren nach **§ 31 PStG** ergeht**); über die materiellrechtliche Wirkung der rechtskräftigen Feststellung s § 1721 und Bem dort. Damit ein solches Verfahren eingeleitet werden kann, hat der Standesbeamte, vor dem die Ehe geschlossen ist, dem Vormundschaftsgericht das Vorhandensein eines gemeinsamen unehelichen Kindes mitzuteilen (§ 17 Abs 1 AVO PStG). 23

---

*) § 423 a der Dienstanweisung für die Standesbeamten und ihre Aufsichtsbehörden sieht vor, daß der Standesbeamte vor der Eheschließung hierüber eine Erklärung des Kindes entgegenzunehmen hat.

**) Zum Legitimationsfeststellungsverfahren vgl auch Brand-Hensel, Die Vormundschafts-, Familienrechts- und Fürsorgeerziehungssachen in der gerichtlichen Praxis, 2. Aufl, 1963, 273 ff, 291 ff; Firsching, Handbuch der amtsgerichtlichen Praxis, Bd 5, Familienrecht, 2. Aufl, 1962, 214 ff (mit Mustern); Keidel, Freiwillige Gerichtsbarkeit, 8. Aufl, 1963, Bem zu §§ 69, 70 FGG; Pikart-Henn, Lehrbuch der freiwilligen Gerichtsbarkeit, 1963, 237 ff; ferner die Komm zum PStG 1937 von Brandis-Maßfeller, 1938, und Stölzel, 5. Aufl, 1939, sowie zum PStG 1957 von Feneberg-Simader, 1958, und Pfeiffer-Strickert, 1961; je zu § 31 PStG.

24 Bei Inkrafttreten des BGB war ein Legitimationsfeststellungsbeschluß des Vormundschaftsgerichts noch nicht vorgesehen*). Maßgebend für die Eintragung der Legitimation im standesamtlichen Geburtsregister war § 26 Abs 1 des PStG vom 6. 2. 1875 (RGBl 23), wonach eine Veränderung der Standesrechte, sofern sie durch öffentliche Urkunden nachgewiesen wurde, auf Antrag eines Beteiligten am Rand der über den Geburtsfall vorgenommenen Eintragung zu vermerken war. Dem Nachweis der Legitimation diente hauptsächlich das Vaterschaftsanerkenntnis; waren das Vaterschaftsanerkenntnis und die Heirat der Eltern dem Geburtseintrag beigeschrieben, dann galt das Kind im Hinblick auf die §§ 1719, 1720 ohne weiters als ehelich.

Durch die Novelle vom 11. 6. 1920 (RGBl 1209) wurde dem § 26 des alten PStG ein Abs 2 beigefügt, der die Möglichkeit einer Legitimationsfeststellung durch das Vormundschaftsgericht als Grundlage für die Beischreibung vorsah. Vorbild dieser Vorschrift war die VO über die Eintragung der Legitimation unehelicher Kinder von Kriegsteilnehmern vom 18. 1. 1917 (RGBl 57). Das Gesetz vom 11. 6. 1920 dehnte die in dieser VO enthaltene Sonderregelung auf alle unehelichen Kinder aus und gestaltete das dort vorgesehene Antragsverfahren zu einem amtswegigen Verfahren um. Zu einer amtswegigen Legitimationsfeststellung auf Grund dieses § 26 Abs 2 kam es jedoch in der Praxis nur selten. Der Abs 1 des § 26 wurde nämlich durch die Beifügung des Abs 2 nicht berührt. Die Beteiligten waren daher, wenn die Legitimation durch öffentliche Urkunden nachgewiesen werden konnte, weiterhin in der Lage, die Eintragung des Legitimationsvermerks wie früher durch Antrag bei dem zuständigen Standesbeamten gemäß § 26 Abs 1 herbeizuführen. Nur wenn ein solcher Antrag nicht gestellt wurde oder der Nachweis durch öffentliche Urkunden nicht geführt werden konnte, verfuhr das Vormundschaftsgericht nach § 26 Abs 2. Das vormundschaftsgerichtliche Verfahren kam beispielsweise in Betracht, wenn der Vater gestorben war, ohne das Kind anerkannt zu haben.

25 Eine Verpflichtung des Vormundschaftsgerichts, in jedem Fall einer Legitimation durch nachfolgende Ehe von Amts wegen eine besondere Feststellung zu treffen, führte erst § 31 des PStG vom 3. 11. 1937 (RGBl I 1146) ein; erst seit dessen Inkrafttreten am 1. 7. 1938 bildet der rechtskräftige Legitimationsfeststellungsbeschluß auch die alleinige Grundlage für die personenstandsrechtliche Verlautbarung der Legitimation**). In der Fassung des PStG vom 8. 8. 1957 (BGBl I 1125) ist § 31 nur unwesentlich geändert. Die Neuerung besteht ua darin, daß in § 31 Abs 2—4 die Grundsätze für das Verfahren des Vormundschaftsgerichts übernommen wurden, die früher in § 22 der 1. AVO z PStG vom 19. 5. 1938 (RGBl I 533) enthalten waren.

26 2. Das Feststellungsverfahren muß durchgeführt werden, falls die Geburt des Kindes im Geburtenbuch beurkundet oder das Kind infolge der Legitimation in ein Familienbuch (nach § 15 Abs 1 Nr 2 PStG) einzutragen ist (§ 31 Abs 1 Satz 1 PStG). In anderen Fällen, dh wenn eine Verlautbarung in einem deutschen Geburtenbuch oder Familienbuch nicht in Betracht kommt (zB auch bei Legitimationsfällen aus der Zeit der Kirchenbücher, vgl LG Göttingen StAZ 1959, 122 [123]), kann die Feststellung getroffen werden, falls zur Zeit der Legitimation der Vater oder das Kind Deutscher war (§ 31 Abs 1 Satz 2 PStG); der Feststellungsbeschluß dient hier nicht als Eintragungsgrundlage, sondern ermöglicht dem Kind den urkundlichen Nachweis seiner Ehelichkeit.

27 3. Sachlich zuständig für das Feststellungsverfahren ist das **Vormundschaftsgericht**, also das Amtsgericht (§ 35 FGG). Auch im württembergischen Rechtsgebiet wird nicht das ordentliche Vormundschaftsgericht, dessen Geschäfte der Bezirksnotar besorgt, sondern das Amtsgericht tätig (Art 68 Nr 17b Württ AGBGB id Fassung des Gesetzes vom 19. 12. 1961 — GesBl 371 —).

Die Legitimationsfeststellung ist dem Richter vorbehalten (§ 12 Nr 20 RPflG). Der Vorbehalt bezieht sich auf das gesamte Feststellungsverfahren; demgemäß darf auch ein Rechtshilfeersuchen um richterliche Anhörung der Beteiligten nicht durch den Rechtspfleger erledigt werden (OLG Hamm JMBl NRW 1963, 44; OLG Celle NdsRpfl 1964, 41).

---

*) Zur Geschichte des Legitimationsfeststellungsverfahrens vgl RGZ 123, 257 = JW 1929, 1879; Maßfeller DJ 1938, 1381 = StAZ 1939, 37, 54, 80; Schwoerer DFG 1939, 185; ders FamRZ 1961, 489; Schopp Rpfleger 1959, 212 (213).

**) Sind dem Geburtseintrag eines unehelichen Kindes im Geburtenbuch vor dem 1. 7. 1938 Randvermerke über ein Vaterschaftsanerkenntnis und die Heirat des Anerkennenden mit der Mutter des Kindes beigeschrieben, so kann der Standesbeamte für dieses Kind auch weiterhin — ohne vorherige Durchführung eines Legitimationsfeststellungsverfahrens — Geburtsurkunden wie für ein eheliches Kind ausstellen; in einem derartigen Fall kann aber auch jederzeit nachträglich ein Legitimationsfeststellungsverfahren durchgeführt werden (BayObLGZ 1960, 143 = StAZ 1960, 146). Über die Behandlung noch nicht verlautbarter Legitimationsfälle aus der Zeit vor dem 1. 7. 1938 s Schwoerer, § 31 PStG und alte Legitimationsfälle, WürttZ 1940, 153.

28 Die örtliche Zuständigkeit des Vormundschaftsgerichts bestimmt sich nach den allgemeinen Vorschriften (§§ 36, 43 FGG). Steht also das Kind, wie wohl meist, unter Vormundschaft — mit der Eheschließung endigt diese nicht (s oben 22) —, so ist das Vormundschaftsgericht zuständig, bei dem die Vormundschaft anhängig ist (§ 43 Abs 2 FGG). Andernfalls kommt es auf den Wohnsitz oder in Ermanglung eines inländischen Wohnsitzes auf den Aufenthalt des Kindes an (§ 43 Abs 1 iV mit § 36 Abs 1 FGG). Hilfsweise ist für ein deutsches Kind das Amtsgericht Schöneberg in Berlin-Schöneberg zuständig, das jedoch die Sache aus wichtigen Gründen an ein anderes Gericht abgeben kann (§ 43 Abs 1 iV mit § 36 Abs 2 FGG).

29 Der Umfang der internationalen Zuständigkeit ergibt sich aus § 31 Abs 1 PStG (s oben 26). Ein deutsches Vormundschaftsgericht ist daher ua auch hinsichtlich eines im Inland geborenen Ausländers, für den kein inländischer Wohnsitz oder Aufenthalt besteht, zur Durchführung des Legitimationsfeststellungsverfahrens berufen; in einem solchen Fall ist in entsprechender Anwendung der §§ 37 Abs 2, 44 FGG das Gericht örtlich zuständig, in dessen Bezirk die Geburt des Kindes beurkundet ist (OLG Hamm StAZ 1949, 126; OLG Frankfurt NJW 1958, 636 = StAZ 1958, 289; BayObLG NJW 1966, 356; aM Raape IPR § 34: analoge Anwendung der §§ 43 Abs 1, 36 Abs 2 auf Ausländer).

Zur Frage, ob deutsches oder ausländisches materielles Recht anzuwenden ist, s Vorbem 16 und Bem zu Art 22 EGBGB.

30 Für die interlokale Zuständigkeit ist bedeutsam, daß in der SBZ ein Legitimationsfeststellungsverfahren nicht mehr durchgeführt wird (s unten 44). Um die Beischreibung der Legitimation im Geltungsbereich des PStG zu ermöglichen, muß daher ein Vormundschaftsgericht der Bundesrepublik die Feststellung treffen. Hat das Kind hier weder Wohnsitz noch Aufenthalt und ist hier auch keine Vormundschaft mehr anhängig, so ist unter dem Gesichtspunkt des Fürsorgebedürfnisses in entsprechender Anwendung der §§ 37 Abs 2, 44 FGG das Gericht örtlich zuständig, in dessen Bezirk die Geburt des Kindes beurkundet ist und demzufolge auch die Beischreibung des Legitimationsrandvermerks (s unten 42) erfolgen muß (Soergel-Kegel 29 zu Art 22 EGBGB; LG Berlin NJW 1958, 308 = StAZ 1959, 70; AG Schöneberg FamRZ 1966, 113 = DAVorm XXXVIII [1965], 318 = ZBlJR 1966, 50; **aM** — für örtliche Zuständigkeit des Amtsgerichts Schöneberg in Berlin-Schöneberg nach dem aus §§ 43 Abs 1, 36 Abs 2 FGG zu entnehmenden Grundsatz — Schier StAZ 1959, 191; OLG Celle FamRZ 1966, 115 = DAVorm XXXIX [1966], 116).

31 **4.** Auf das **Verfahren** sind die Vorschriften des FGG anzuwenden (§ 31 Abs 2 Satz 1 PStG). Es ist kein Antragsverfahren, sondern wird von Amts wegen eingeleitet, in der Praxis regelmäßig auf Grund der Mitteilung des Standesbeamten (s oben 23). Aber auch die Ehegatten und dritte Personen können die Einleitung des Verfahrens anregen. Das Gericht ist nicht an die Mitteilung des Standesbeamten gebunden; es muß stets ein Legitimationsfeststellungsverfahren einleiten und durchführen, wenn es, gleichgültig auf welche Weise, von der Verheiratung des natürlichen Vaters mit der Mutter des unehelichen Kindes Kenntnis erlangt (Müllich StAZ 1963, 169 [170]; vgl auch BayObLGZ 1960, 143 [147] = StAZ 1960, 146 [147]).

32 Das Verfahren wird vom Amtsermittlungsgrundsatz beherrscht (§ 12 FGG). Das Gericht hat also von Amts wegen zu prüfen, ob das Kind durch nachfolgende Ehe der Eltern ehelich geworden ist. Die beiden in § 1720 aufgestellten Vermutungen (s 3ff, 13ff zu § 1720) gelten auch im Legitimationsfeststellungsverfahren; wieweit das Vormundschaftsgericht diesen Vermutungen gegenüber bei seiner Ermittlungstätigkeit gehen will, steht im Einzelfall in seinem pflichtgemäßen Ermessen (Maßfeller in Anm zu LG Münster DRW 1940, 731; OLG München JFG 22, 229; KG JFG 22, 292 = HRR 1941 Nr 968; RGZ 169, 158 [160]; Schopp Rpfleger 1959, 212 [214]; BayObLGZ 1960, 88 [91] = MDR 1960, 683 = StAZ 1961, 132 mit Anm Schwoerer; LG Mannheim ZBlJR 1961, 330). Ohne besondere Anhaltspunkte wird regelmäßig kein Anlaß zur näheren Erforschung der blutsmäßigen Abstammung des Kindes bestehen (LG Münster DR 1940, 730; LG Göttingen FamRZ 1955, 152 = StAZ 1956, 33; LG Mannheim aaO). Im Hinblick auf die weittragende Bedeutung des Feststellungsbeschlusses seit der Neufassung des § 1721 (s 4 zu § 1721) darf das Vormundschaftsgericht andererseits seine Aufgabe nicht zu leicht nehmen. Allen etwaigen Zweifeln an der Vaterschaft des Mannes muß das Gericht nachgehen*). Solche Zweifel können beispielsweise begründet sein, wenn der Mann die Vaterschaft bestreitet, insbesondere wenn er die Einholung eines Blutgruppengutachtens anregt (BayObLGZ 1960, 88 [91] = MDR

*) Gegen eine uneingeschränkte Nachprüfung selbst bei Zweifeln an der Richtigkeit der Legitimationsvermutung und für eine großzügige Handhabung der Legitimationsfeststellung im Interesse des Familienfriedens hatte sich früher — vor der Neufassung des § 1721 — vor allem Schwoerer ausgesprochen (DFG 1939, 185 [188]; ferner DRZ 1947, 121).

1960, 683 = StAZ 1961, 132), oder wenn die Mutter Mehrverkehr einräumt. Im Legitimationsrecht reicht zwar Mehrverkehr der Mutter für sich allein zum Nachweis der offenbaren Unmöglichkeit der Vaterschaft nicht aus (s 11 zu § 1720); unter der Herrschaft des Amtsermittlungsgrundsatzes liegt damit aber jedenfalls ein Umstand vor, der näherer Aufklärung bedarf (OLG München aaO; KG aaO; RG aaO; LG Göttingen aaO; vgl dazu auch den vom LG Hamburg FamRZ 1954, 224 entschiedenen Fall: Gewerbsunzucht der Kindesmutter während der Empfängniszeit). Die Vermutung der Empfängnis kann im Verfahren vor dem Vormundschaftsgericht nicht nur dadurch entkräftet werden, daß der Ehemann der Mutter sie widerlegt, sondern auch dadurch, daß das Gericht durch seine amtswegigen Ermittlungen zu der Überzeugung gelangt, daß der Ehemann der Mutter nicht der Vater des Kindes ist (*Maßfeller* aaO). Als Beweismittel kommen namentlich eine Blutgruppenuntersuchung und ein erbbiologisches Gutachten in Betracht (RG aaO; BayObLGZ 1960, 143 [148] = StAZ 1960, 146 [148]).

33 *Beteiligte* des Verfahrens sind der Mann, die Frau und das Kind. Das Kind wird in der Regel durch seinen Vormund vertreten. Ist die Mutter Vormund des Kindes oder ist die Vormundschaft aufgehoben, so ist dem geschäftsunfähigen oder in der Geschäftsfähigkeit beschränkten Kind für das Verfahren ein Pfleger zu bestellen (§ 31 Abs 4 Satz 2 PStG).

Von einer *persönlichen Anhörung* der Beteiligten hat die Praxis bisher bei vorliegendem Vaterschaftsanerkenntnis und bei sonstiger klarer Sachlage meist abgesehen. Im Hinblick auf die verstärkte Wirkung, die dem rechtskräftigen Feststellungsbeschluß seit der Neufassung des § 1721 zukommt (s unten 37), dürfte sich jedoch in Zukunft die persönliche Anhörung häufiger empfehlen (vgl *Müllich* StAZ 1963, 169 [171]; *Firsching*, Familienrecht, 216).

34 5. Die **Entscheidung** des Vormundschaftsgerichts ergeht durch *Beschluß*, der entweder feststellt, daß das Kind durch die Eheschließung seiner Eltern ehelich geworden ist, oder aber diese Feststellung ablehnt; daß das uneheliche Kind durch die Eheschließung seiner Eltern nicht die Rechtsstellung eines ehelichen Kindes habe, kann das Vormundschaftsgericht im Verfahren nach § 31 PStG nicht förmlich feststellen (BayObLGZ 1960, 143 [147] = StAZ 1960, 146 [147]). Der ablehnende Beschluß wird mit der Bekanntmachung wirksam (§ 16 FGG), der stattgebende erst mit der Rechtskraft (§ 31 Abs 3 Satz 1 PStG).

35 Als **Rechtsmittel** gegen den ablehnenden Beschluß ist die einfache Beschwerde gegeben (§ 19 FGG). Gegen den Feststellungsbeschluß findet die sofortige Beschwerde statt (§ 31 Abs 3 Satz 1 PStG, §§ 22, 60 Abs 1 Nr 6 FGG). Beschwerdeberechtigt sind nur der Ehemann, die Mutter des Kindes und das Kind (§ 31 Abs 2 Satz 2 PStG). Ein über 14 Jahre altes Kind kann sein Beschwerderecht selbst ausüben (§ 31 Abs 4 Satz 3 PStG, § 59 FGG). Der höheren Verwaltungsbehörde, die früher nach § 22 Abs 5 der 1. AVO z PStG vom 19. 5. 1938 beschwerdeberechtigt war, steht ein Beschwerderecht nicht mehr zu; § 31 PStG bestimmt heute den Kreis der beschwerdeberechtigten Personen abschließend (BGHZ 31, 92 = StAZ 1960, 97). Das Beschwerderecht geht für denjenigen verloren, der sich gegenüber dem Vormundschaftsgericht mit der Legitimationsfeststellung einverstanden erklärt; ihm wird auch der Beschluß nur dann bekanntgemacht, wenn er dies besonders beantragt (§ 31 Abs 3 Satz 2 PStG). Haben sich alle Beschwerdeberechtigten mit der Feststellung der Legitimation einverstanden erklärt, so ist auszusprechen, daß der Beschluß rechtskräftig ist (§ 31 Abs 3 Satz 3 PStG).

36 6. Vor Inkrafttreten des FamRÄndG vom 11. 8. 1961 wurde allgemein die **Abänderung** (Aufhebung) des formell rechtskräftigen Legitimationsfeststellungsbeschlusses für zulässig gehalten, wenn sich nachträglich herausstellte, daß der Beschluß der wahren Sachlage nicht entsprach, insbesondere der Mann nicht der Vater des Kindes war. Man nahm an, § 18 Abs 2 FGG schließe lediglich die Abänderung des formell noch nicht rechtskräftigen Beschlusses in ein und demselben Verfahren aus, beziehe sich dagegen nicht auf die Abänderung formell rechtskräftiger Entscheidungen; die erneute Überprüfung scheitere auch nicht an der materiellen Rechtskraft, denn eine solche sei dem Legitimationsfeststellungsbeschluß, dem nur für das standesamtliche Urkundswesen Bedeutung zukomme, nicht zuzuerkennen (vgl KG JFG 23, 360 = DFG 1942, 133; BayObLG HEZ 2, 194; BGH NJW 1957, 1067 mit Anm *Schwoerer* = FamRZ 1957, 170 mit Anm *Bosch* = JZ 1957, 510 = EJF AIb Nr 1 mit Anm *Guggumos*; BayObLGZ 1958, 204 = FamRZ 1958, 384 mit Anm *Schwoerer*; OLG Frankfurt FamRZ 1960, 77 mit weiteren Nachweisen)*).

---

*) Umstritten war das *Rechtsschutzbedürfnis* an einer *negativen Statusfeststellungsklage*, wenn der Kläger die Möglichkeit hatte, beim Vormundschaftsgericht die Aufhebung des Feststellungsbeschlusses anzuregen. Vom BGH (aaO) wurde das Interesse verneint; bejaht wurde es mit überzeugender Begründung von *Schwoerer* in der Anm NJW 1957, 1067.

Seit der Neufassung des § 1721 durch das FamRÄndG vom 11. 8. 1961 (s 2, 4 zu § 1721) kommt dem Legitimationsfeststellungsbeschluß eine stärkere Wirkung zu; seine Bedeutung beschränkt sich nicht mehr auf das standesamtliche Urkundswesen. Auf ein Kind, dessen Legitimation durch nachfolgende Ehe vom Vormundschaftsgericht im Verfahren nach § 31 PStG rechtskräftig festgestellt ist, finden nunmehr die §§ 1593 bis 1599 entsprechende Anwendung. Die Unehelichkeit eines solchen Kindes kann ebenso wie die eines während der Ehe geborenen Kindes nur noch geltend gemacht werden, wenn die Ehelichkeit angefochten und die Unehelichkeit rechtskräftig festgestellt worden ist (§ 1721 Satz 1 iV mit § 1593). Da die Ehelichkeitsanfechtung der einzige im Gesetz vorgesehene Weg zur Beseitigung der Scheinehelichkeit des Kindes ist, kann auch das Vormundschaftsgericht den rechtskräftigen Legitimationsfeststellungsbeschluß nicht mehr aufheben, wenn sich nachträglich herausstellt, daß der Ehemann der Mutter nicht der Vater des Kindes ist (allgemeine Meinung; vgl Schwoerer FamRZ 1961, 489; Baur FamRZ 1962, 512; Boehmer, Die Teilreform des Familienrechts, 1962, 57; Scheffler in RGR-Komm 2 zu § 1721; Erman-Hefermehl 2a zu § 1721; Gernhuber § 61 I 7; Dölle § 110 VI 2; Keidel 12 zu § 70 FGG; Beitzke ZBlJR 1961, 321; BayObLGZ 1962, 101 [103] = StAZ 1962, 332 = FamRZ 1962, 205; OLG Hamm OLGZ 1965, 372 = FamRZ 1965, 621 = NJW 1965, 2307 = DAVorm XXXIX [1966], 6 = StAZ 1966, 50). 37

Zu beachten ist jedoch, daß § 1721 Satz 1 die entsprechende Anwendung der §§ 1593 bis 1599 nur für den Fall vorsieht, daß die Nichtabstammung des Kindes vom Mann geltend gemacht werden soll (s 9 zu § 1721). Fehlt es an einer anderen Legitimationsvoraussetzung, etwa an der gültigen Eheschließung oder an der Mutterschaft der als Mutter bezeichneten Person, so gilt das Verbot der Abänderung nicht (Erman-Hefermehl 2a zu § 1721; Scheffler in RGRKomm 2 zu § 1721; Gernhuber § 61 I 7 Anm 4; Dölle § 110 VI 2 Note 163; Keidel 12 zu § 70 FGG; Beitzke ZBlJR 1961, 321). 38

Abänderbar ist ferner ein die Legitimationsfeststellung ablehnender Beschluß*).

7. Der Feststellungsbeschluß erlangt auch nach dem Inkrafttreten des FamRÄndG vom 11. 8. 1961 **keine materielle Rechtskraft** (Schwoerer FamRZ 1961, 489; 1964, 327; aM Dölle § 110 VI 2; Pikart-Henn 240). Wenn das Vormundschaftsgericht die bereits positiv beantwortete Frage des Legitimationseintritts nicht erneut zum Gegenstand eines Verfahrens nach § 31 PStG machen darf, so beruht dies allein auf § 1721, also einer Norm des materiellen Rechts. Zwar trifft es zu, daß diese Norm des materiellen Rechts insofern mit dem Verfahrensrecht in Wechselwirkung steht, als sie in ihrem Tatbestand an den rechtskräftigen Feststellungsbeschluß anknüpft (Dölle, aaO). Aber eine derartige Erscheinung ist gerade nicht Kennzeichen der materiellen Rechtskraft, sondern stellt nichts anderes dar als eine Tatbestands- oder Nebenwirkung der richterlichen Entscheidung (vgl — für den Zivilprozeß — Rosenberg, § 146 II 3; Stein-Jonas-Schönke-Pohle II zu § 322 ZPO; Lent-Jauernig § 61 V; eingehend Kuttner, Die privatrechtlichen Nebenwirkungen der Zivilurteile, 1908). Diese Unterscheidung hat nicht nur theoretische Bedeutung. Die Wirkungen der materiellen Rechtskraft sind in verschiedener Hinsicht andere als die des § 1721 iV mit §§ 1593 ff (vgl die Beispiele bei Pikart-Henn aaO). 39

Auch eine konstitutive Wirkung ist dem formell rechtskräftigen Legitimationsfeststellungsbeschluß nicht schlechthin beizumessen (so aber Palandt-Lauterbach 1 zu § 1721; Baumbach-Lauterbach 1 zu § 641 ZPO; hiergegen Dölle § 110 VI 2 Note 168). Ehelich wird das Kind, wenn die Voraussetzungen des § 1719 vorliegen, mit der Eheschließung der Eltern kraft Gesetzes (s oben 17, 21). Der Beschluß des Vormundschaftsgerichts stellt die bereits eingetretene Legitimation fest, wirkt also in der Regel deklaratorisch. Konstitutiv wirkt er nur ausnahmsweise, nämlich wenn er die wirkliche Abstammung verfehlt (Gernhuber § 61 I 7), und auch dann nur insofern, als er dem Kind einen Rechtsschein der Ehelichkeit verschafft, der allein durch Ehelichkeitsanfechtung wieder beseitigt werden kann**).

8. Mitteilungspflicht: Eine Ausfertigung des rechtskräftigen Beschlusses, durch den die Legitimation festgestellt ist, hat das Vormundschaftsgericht dem Standesbeamten zu übersenden, in dessen Geburtenbuch die Geburt des Kindes beurkundet ist (§ 17 Abs 3 AVO PStG; s dazu im einzelnen §§ 17 Abs 4, 23, 27, 71, 72 Abs 3 AVO PStG). 40

---

*) Der ablehnende Beschluß hat auch für die Beteiligten keinerlei bindende Wirkung; vgl dazu Boehmer NJW 1949, 52; Gernhuber § 61 I 11.

**) Dem Feststellungsbeschluß nach früherem Recht — vor Inkrafttreten des FamRÄndG 1961 — war nach ganz herrschender Meinung eine konstitutive Wirkung ebensowenig zuzuerkennen wie eine materielle Rechtskraft (vgl oben 36 mit Nachweisen).

41 9. Kosten: Im Verfahren nach § 31 PStG werden Gerichtsgebühren grundsätzlich nicht erhoben (§ 91 KostO); Ausnahmen ergeben sich für das Beschwerdeverfahren aus § 131 KostO.

V. **Eintragungen im Geburtenbuch und im Familienbuch.**

42 1. Auf Grund der ihm übersandten Ausfertigung des rechtskräftigen Feststellungsbeschlusses (s oben 40) nimmt der Standesbeamte die erforderlichen Eintragungen im Geburtenbuch und im Familienbuch vor (§ 31 Abs 5 Satz 1 PStG). Im Geburtenbuch wird am Rande des Geburtseintrags des Kindes ein Vermerk über die Legitimation des Kindes beigeschrieben (§ 30 Abs 1 PStG); im Familienbuch der Eltern wird das Kind wie ein eheliches eingetragen (§ 15 Abs 1 Nr 2 PStG). Werden Geburtenbuch und Familienbuch von verschiedenen Standesbeamten geführt, so muß der Standesbeamte des Geburtenbuchs, wenn er den Randvermerk zum Geburtseingang des Kindes eingetragen hat, den Standesbeamten des Familienbuchs benachrichtigen (§ 35 AVO PStG), damit dieser seinerseits tätig werden kann. Nach Beischreibung der Legitimation des Kindes im Geburtenbuch ist ein Randvermerk über das Anerkenntnis der Vaterschaft (s 26 zu § 1720) nicht mehr einzutragen (§ 31 Abs 5 Satz 2 PStG). Aus einer Geburtsurkunde, die nach der Beischreibung ausgestellt wird, darf die uneheliche Geburt des Kindes nicht mehr zu ersehen sein (§§ 62, 65 Satz 2 PStG).

43 2. An die Legitimationsfeststellung ist der Standesbeamte gebunden; er ist grundsätzlich nicht berechtigt, in eine nochmalige Prüfung der Sach- und Rechtslage einzutreten (Feneberg-Simader 4a zu § 31 PStG; Keidel 23 zu § 69 FGG; BGH StAZ 1957, 78; AG Bielefeld StAZ 1963, 304; aM LG Kleve StAZ 1963, 191 [192]: keine Bindung). Einer besonderen Beischreibungsanordnung des Vormundschaftsgerichts — wie sie noch in § 31 Abs 1 PStG 1937 vorgesehen war — bedarf es nicht mehr; die Verpflichtung des Standesbeamten, die rechtskräftige Legitimationsfeststellung seinem weiteren Tätigwerden zugrundezulegen, ergibt sich heute unmittelbar aus § 31 Abs 5 Satz 1 PStG. In Zweifelsfällen wird man die Vorlegung an das Amtsgericht nach § 45 Abs 2 PStG für zulässig halten müssen, freilich nicht allgemein (wie offenbar Pfeiffer-Strickert 3b zu § 45 PStG annehmen), sondern nur im Hinblick auf offensichtliche Fehler in den Voraussetzungen, deren Geltendmachung nicht durch § 1721 abgeschnitten ist (vgl AG Bielefeld aaO).

44 VI. **Rechtszustand in der SBZ***).

In der SBZ waren die §§ 1719—1722 zunächst bestehen geblieben. § 1721 in der Fassung der amtlichen Textausgabe, herausgegeben vom Ministerium der Justiz, 1956, verwies zwar nicht mehr auf Bestimmungen des EheG, sondern auf § 7 der VO über Eheschließung und Eheauflösung vom 24. 11. 1955 (GBl I 849); sachlich hatte sich dadurch aber nichts geändert. Der Rechtszustand war noch derselbe wie in der Bundesrepublik vor Inkrafttreten des FamRÄndG vom 11. 8. 1961. Dies galt bis 31. 3. 1966.

Das Familiengesetzbuch vom 20. 12. 1965 (GBl I 1966, 1; s dazu 85ff vor § 1705), in Kraft seit 1. 4. 1966, bestimmt jetzt in § 54 Abs 4 nur noch folgendes: „Heiraten die Eltern eines vor der Eheschließung geborenen Kindes, so erlangt es mit der Eheschließung die Rechtsstellung eines während der Ehe geborenen Kindes." Das vierte Buch des BGB ist durch § 27 Nr 1 des Einführungsgesetzes zum Familiengesetzbuch vom 20. 12. 1965 (GBl I 1966, 19) aufgehoben worden.

Schon länger beseitigt ist die Legitimationsfeststellung nach § 31 PStG 1937, die zuletzt nach § 17 der VO über die Übertragung der Angelegenheiten der freiwilligen Gerichtsbarkeit vom 15. 10. 1952 (GBl 1057) dem Referat Personenstandswesen beim Rat des Kreises oblag. Das am 1. 3. 1957 in Kraft getretene Gesetz über das Personenstandswesen vom 16. 11. 1956 (GBl I 1283, abgedruckt in StAZ 1957, 43) sieht keine derartige Feststellung mehr vor. Nach § 6 Abs 1, 3 der Ersten Durchführungsbestimmung vom 7. 1. 1957 (GBl I 77, abgedruckt in StAZ 1957, 121) erfolgt die Beischreibung der Legitimation im Geburtenbuch, wenn die Feststellung der Vaterschaft und die Eheschließung der Eltern durch Urkunden nachgewiesen sind; damit kommt dem Vaterschaftsanerkenntnis wieder die gleiche Bedeutung zu wie vor dem 1. 7. 1938 (s oben 24, 25). Wegen der Folgerungen, die aus dieser Rechtsverschiedenheit für die interlokale Zuständigkeit im Verfahren nach § 31 PStG zu ziehen sind, s oben 30.

Eine weitere Rechtsverschiedenheit ergibt sich aus der obergerichtlichen Rechtsprechung: Die Unehelichkeit eines durch nachfolgende Ehe legitimierten Kindes, dessen Legitimation durch Beschluß festgestellt ist, kann danach nur durch Erhebung einer Ehelichkeitsanfechtungsklage geltend gemacht werden (KG NJ 1952, 38 mit Anm Nathan; OG NJ 1959, 284 = OGZ 6, 286); dasselbe wird jetzt für den Fall zu gelten haben, daß

*) Vgl Boschan, Europäisches Familienrecht, 3. Aufl, 1963, 83ff; Wassermeyer, Die Entwicklung des Kindschaftsrechts in Mitteldeutschland, 1965, 31ff.

anstatt der Feststellung der Legitimation die Legitimation lediglich auf Grund eines durch öffentliche Urkunden geführten Nachweises standesamtlich vermerkt wurde (so ausdrücklich für alte Legitimationsfälle — aus der Zeit vor Einführung der amtswegigen Legitimationsfeststellung — Nathan aaO).

VII. **Internationales und interlokales Privatrecht.** 45

Siehe hierüber 16 vor § 1719 und Bem zu Art 22 EGBGB.

§ 1720*).

Der Ehemann der Mutter gilt als Vater des Kindes, wenn er ihr innerhalb der im § 1717 Abs 2 bestimmten Empfängniszeit beigewohnt hat, es sei denn, daß es den Umständen nach offenbar unmöglich ist, daß die Mutter das Kind aus dieser Beiwohnung empfangen hat.

Erkennt der Ehemann seine Vaterschaft nach der Geburt des Kindes in einer öffentlichen Urkunde an, so wird vermutet, daß er der Mutter innerhalb der Empfängniszeit beigewohnt habe.

E I 1580; II 1607; II 1696; Mot 4, 925; Prot 4, 698; 6, 304.

I. **Allgemeines.**

1. Eine der Voraussetzungen der Legitimation durch nachfolgende Ehe ist, daß sich der wirkliche Vater des unehelichen Kindes mit dessen Mutter verheiratet (s 13 zu § 1719). Der Beweis der wirklichen Vaterschaft ist in der Regel jedoch unmöglich. Deshalb stellt § 1720 im Interesse des Kindes und zur Sicherung seines Familienstandes zwei Vermutungen auf, die zusammen den gleichen Zweck erfüllen wie die beiden Vermutungen des § 1591 (s 1 ff zu § 1591). 1

2. Die praktische Bedeutung dieser beiden Vermutungen ist heute eine andere als vor der Neufassung des § 1721 durch das FamRÄndG vom 11. 8. 1961 (s 2, 4 zu § 1721). Früher konnte die Ehelichkeit des Kindes grundsätzlich jederzeit von jedermann in jedem beliebigen Verfahren bestritten werden (s 3 zu § 1721); zugunsten der Ehelichkeit des Kindes sprachen dann diese beiden Vermutungen, die von dem zu entkräften waren, der die Unehelichkeit geltend machte. Heute kann die Unehelichkeit des Kindes, sobald das Vormundschaftsgericht die Legitimation rechtskräftig festgestellt hat, nur noch geltend gemacht werden, wenn die Ehelichkeit mit Erfolg angefochten ist (§ 1721 iV mit § 1593). Die Bedeutung der beiden den Familienstand des Kindes sichernden Vermutungen des § 1720 hat sich daher auf das Ehelichkeitsanfechtungsverfahren verlagert; es obliegt dem Anfechtenden, sie zu widerlegen. Sie sind aber auch schon — trotz des Amtsermittlungsgrundsatzes — im Legitimationsfeststellungsverfahren nach § 31 PStG zu beachten (s 32 zu § 1719). 2

II. **Die Vermutung der Empfängnis (Abs 1).**

1. Zur Ausschaltung der Ungewißheit, ob das Kind aus dem Geschlechtsverkehr der Mutter mit ihrem Ehemann stammt, stellt § 1720 Abs 1 eine ähnliche Vermutung der Empfängnis auf wie § 1591 Abs 1: der Ehemann der Mutter gilt als Vater des vorehelich geborenen Kindes, wenn er der Mutter innerhalb der Empfängniszeit beigewohnt hat. 3

a) Als Empfängniszeit gilt die in § 1717 Abs 2 bestimmte Zeit vom 181. bis zum 302. Tage vor dem Tage der Geburt des Kindes (einschließlich dieser beiden Tage). Über den Begriff der Empfängniszeit s 1 zu § 1591, 1 zu § 1592; wegen ihrer Berechnung s 2, 3 zu § 1592 sowie die Tabelle auf S 38 in Bd IV Teil 3. 4

b) Da das Gesetz auf § 1717 Abs 2 und nicht auf § 1592 verweist, bleibt ungeregelt, ob zugunsten der Ehelichkeit des Kindes die Vermutung der Empfängnis auch dann gilt, wenn feststeht, daß das Kind früher als 302 Tage vor der Geburt empfangen und der Mann der Mutter in der Zeit vor dem 302. Tage beigewohnt hat. Die Bestimmung des § 1592 Abs 2 ist in einem derartigen Fall entsprechend anzuwenden (hM; vgl Beitzke § 31 I Fall 44; Dölle § 110 IV 1c; Gernhuber § 61 I 6; Palandt-Lauterbach 2; Soergel-Siebert-Lade 1; BayObLGZ 1962, 101 = StAZ 1962, 332 = FamRZ 1962, 206; aM Engelmann, in der Vorauflage Bem 1a mit Nachweisen zum älteren Schrifttum; abweichend Planck-Unzner 2b: die Vermutung des § 1720 Abs 1 gelte nicht, das Kind sei aber beim Nachweis, daß es aus einer solchen Beiwohnung stamme, 5

*) Schrifttum zum Vaterschaftsanerkenntnis s Fußn zu § 1718.

als legitimiert zu erachten; ähnlich Erman-Hefermehl 3). Für die Heranziehung des § 1592 Abs 2 spricht schon, daß § 1720 mehr dem § 1591 als dem § 1717 nachgebildet ist. Sie liegt aber auch in der Linie des FamRÄndG vom 11. 8. 1961, das durch Änderung des § 1721 die Rechtsstellung des legitimierten Kindes der des ehelich geborenen Kindes noch mehr angeglichen hat (hierauf weist Dölle aaO mit Recht hin). Aus der Zulassung der längeren Empfängniszeit folgt, daß nur diese und die Beiwohnung, nicht aber die Abstammung aus der Beiwohnung zu beweisen sind, da insoweit die Vermutung des § 1720 Abs 1 hilft.

6 Die Vermutung des § 1720 Abs 1 greift dagegen nicht ein, wenn zwischen dem Empfängnistag und der Geburt weniger als 180 Tage liegen; für eine ausdehnende Anwendung des § 1592 Abs 2 auf eine außergewöhnlich kurze Schwangerschaftsdauer ist kein Raum (s 12 zu § 1592; aM Gernhuber, § 61 I 6).

7 c) Daß der Mann der Mutter innerhalb der Empfängniszeit beigewohnt hat, muß nach allgemeinen Regeln bewiesen werden. Nur die Ursächlichkeit des Geschlechtsverkehrs wird gemäß § 1720 Abs 1 vermutet, nicht der Geschlechtsverkehr selbst. Der Erleichterung des Beweises, daß Geschlechtsverkehr stattgefunden hat, dient die in § 1720 Abs 2 für den Fall der Anerkennung der Vaterschaft aufgestellte zweite Vermutung (Vermutung der Beiwohnung, s dazu unten 13ff).

8 d) Steht fest, daß der Mann der Mutter innerhalb der Empfängniszeit beigewohnt hat, so gilt er als Vater des Kindes ohne Rücksicht darauf, ob er seine Vaterschaft anerkannt hat oder nicht (s unten 13).

9 2. Die Vermutung, daß die Mutter das Kind von ihrem Ehemann empfangen hat, wenn er ihr innerhalb der Empfängniszeit beigewohnt hat, ist **widerlegbar** (§ 292 ZPO); § 1720 Abs 1 fordert für ihre Entkräftung in Anlehnung an § 1591 den Beweis, daß die Empfängnis vom Mann den Umständen nach offenbar unmöglich ist.

10 a) Über die Bedeutung der Worte „offenbar unmöglich" und über die in Betracht kommenden Beweismittel s 24ff, 34ff zu § 1591 sowie 46ff zu § 1717.

11 b) Nicht ohne weiteres offenbar unmöglich ist die Vaterschaft bei Mehrverkehr der Mutter. Die Einrede des Mehrverkehrs ist im Legitimationsrecht ausgeschlossen (Mot 4, 927ff; vgl auch KG JFG 22, 292 = HRR 1941 Nr 968; RGZ 169, 158 [160]; LG Göttingen FamRZ 1955, 152 = StAZ 1956, 33). Insoweit gilt dasselbe wie im Recht der ehelichen Abstammung (s 32 zu § 1591). Die Vermutung des § 1720 Abs 1 wird also niemals schon durch den Nachweis ausgeräumt, daß die Mutter in der Empfängniszeit auch mit anderen Männern geschlechtlich verkehrt hat. Doch werden im Verfahren nach § 31 PStG bei Mehrverkehr der Mutter regelmäßig weitere Ermittlungen über die Abstammung des Kindes geboten sein (s 32 zu § 1719).

12 c) Widerlegt ist die Vermutung der Empfängnis, wenn durch ein im Statusverfahren nach §§ 640ff ZPO ergangenes Urteil rechtskräftig festgestellt ist, daß das Kind von einem Dritten abstammt. Dabei ist freilich zu beachten, daß ein solches Urteil, mag es auch sonst für und gegen alle wirken (§ 643 Satz 1 ZPO), gegenüber dem Ehemann der Mutter nach § 643 Satz 2 ZPO dann nicht gilt, wenn er am Rechtsstreit nicht beteiligt war und nunmehr für sich in Anspruch nimmt, der wirkliche Vater zu sein (s dazu Stein-Jonas-Schönke-Pohle II zu § 643 ZPO; Rosenberg § 162 II 4; Dölle § 110 IV 1aff).

III. Die Vermutung der Beiwohnung (Abs 2).

13 1. Die **Anerkennung der Vaterschaft** durch den Ehemann der Mutter ist nicht Voraussetzung der Legitimation durch nachfolgende Ehe (s 13 zu § 1719). Erkennt aber der Mann die Vaterschaft nach der Geburt des Kindes in einer öffentlichen Urkunde an, so hat dies nach § 1720 Abs 2 die Rechtswirkung, daß das Stattfinden geschlechtlichen Verkehrs zwischen ihm und der Mutter während der Empfängniszeit vermutet wird. Damit wird der Nachweis derjenigen Voraussetzung erleichtert, von welcher wiederum § 1720 Abs 1 die Vermutung der Empfängnis abhängig macht (s oben 7). Die beiden Vermutungen des § 1720 stehen also im gleichen Verhältnis zueinander wie die des § 1591 (vgl 2 zu § 1591); der Unterschied besteht nur darin, daß die Beiwohnungsvermutung in dem einen Fall aus der Ehe, in dem anderen aus der Vaterschaftsanerkennung entnommen wird.

§ 1720 Abs 2 ist ebenso wie § 1718 erst von der zweiten Kommission in das BGB eingefügt worden (Prot 4, 702ff; s auch 4 zu § 1718).

14 a) Die Vermutung der Beiwohnung tritt nur dann ein, wenn der Mann das Anerkenntnis nach der Geburt des Kindes (s 5 zu § 1718) und in einer öffentlichen Urkunde (s 34ff zu § 1718) erklärt. Inwieweit einem vor der Geburt

des Kindes erklärten Anerkenntnis oder einem Anerkenntnis, das nicht der vorgeschriebenen Form entspricht, die Bedeutung eines Beweismittels für die Beiwohnung während der Empfängniszeit zukommt, bemißt sich nach allgemeinen Grundsätzen (s 5, 12 zu § 1718).

b) Gleichgültig ist, ob der Mann die Vaterschaft vor, bei oder nach der Eheschließung anerkennt. In der zweiten Lesung der zweiten Kommission wurde zwar erwogen, in das Gesetz die Worte „bei oder nach der Eheschließung" einzufügen; die Kommission entschied sich jedoch dafür, die Anerkennung müsse auch schon vor der Eheschließung erklärt werden können (Prot 6, 304). 15

c) Die Anerkennung der Vaterschaft kann auch in einer Verfügung von Todes wegen erfolgen, wenn diese sich als öffentliche Urkunde darstellt (§§ 2231 Nr 1, 2249, 2276; BayObLGZ 3, 578 = RJA 3, 115 = KGJ 25 A 327 = DJZ 1903, 131; vgl auch 39 zu § 1718). 16

d) Hinsichtlich der **Zuständigkeit** zur Aufnahme der nach § 1720 Abs 2 erforderlichen öffentlichen Urkunde gilt das gleiche wie im Fall des § 1718 (s 40 zu § 1718). Zuständig sind also insbesondere die Notare nach § 20 Abs 1 BNotO, die Standesbeamten nach § 29 Abs 2 Satz 1 PStG, die Amtsgerichte (Rechtspfleger) nach § 167 Abs 2 Satz 2 FGG, § 23 Nr 3 RPflG und die von den Landesjugendämtern nach § 49 Abs 1 JWG ermächtigten Beamten und Angestellten der Jugendämter. 17

2. Die Vermutung der Beiwohnung ist **widerlegbar** (§ 292 ZPO). Der Ehemann der Mutter kann daher, auch wenn er die Vaterschaft nach Maßgabe des § 1720 Abs 2 wirksam anerkannt hat, mit allen Beweismitteln den Beweis erbringen, daß er mit der Mutter überhaupt nicht oder nicht innerhalb der Empfängniszeit geschlechtlich verkehrt hat; die Anerkennung der Vaterschaft hat keine konstitutive Wirkung (vgl RG DJZ 1902, 384; RGZ 68, 60 [63]; OLG Hamburg OLG 38, 258 = Recht 1919 Nr 770; KG JW 1936, 3562; s auch 4, 52 zu § 1718). 18

3. Die Anerkennung der Vaterschaft durch den Ehemann der Mutter hat die gleiche **Rechtsnatur** wie die Anerkennung der unehelichen Vaterschaft; sie ist wie diese nicht nur Wissenserklärung, sondern zugleich einseitiges Rechtsgeschäft mit nicht empfangsbedürftiger Willenserklärung (s dazu näher 44ff zu § 1718). Dagegen wollen Soergel-Siebert-Lade (6 zu § 1718, 4 zu § 1720) zwei Anerkenntnisse unterscheiden; im Fall des § 1718 wollen sie ein Rechtsgeschäft bejahen, dem Anerkenntnis nach § 1720 Abs 2 jedoch nur prozessuale Bedeutung beimessen. Dieser Ansicht kann nicht gefolgt werden. Sie verkennt, daß das Anerkenntnis in beiden Fällen inhaltlich das gleiche ist und daß beide Fälle, je nachdem, wann anerkannt wird, ineinander übergehen können. 19

Im einzelnen ist zur Willenserklärung des Anerkennenden folgendes zu bemerken:

a) Unzulässig ist die Anerkennung der Vaterschaft unter einer Bedingung oder einer Zeitbestimmung. Dies ist zwar, anders als beim Vaterschaftsanerkenntnis zum Zweck der Ehelichkeitserklärung (vgl § 1724), nicht ausdrücklich vorgeschrieben, ergibt sich aber aus der besonderen Bedeutung der Erklärung (hM; vgl zB Opet-v. Blume 3bβ zu § 1718; Dölle § 107 III 1; Erman-Hefermehl 2 zu § 1718; s auch 31 zu § 1718; aM Planck-Unzner 5). 20

b) Die Anerkennung der Vaterschaft ist ein höchstpersönliches Rechtsgeschäft. Eine auf Gesetz oder Vollmacht beruhende Stellvertretung bei der Abgabe der Erklärung (einschließlich einer sogenannten Vertretung in der Erklärung) kann entgegen der hM (vgl zB Erman-Hefermehl 2 zu § 1718; Soergel-Siebert-Lade 1 zu § 1718; Scheffler in RGRKomm 4 zu § 1718) nicht für zulässig erachtet werden; das Gesetz schließt zwar beim Vaterschaftsanerkenntnis nach § 1720 Abs 2, anders als beim Vaterschaftsanerkenntnis zum Zweck der Ehelichkeitserklärung (vgl §§ 1725, 1728) die Vertretung nicht ausdrücklich aus, doch besteht kein Grund und kein Bedürfnis, die beiden Fälle unterschiedlich zu behandeln (s 15ff zu § 1718 mit weiteren Nachweisen; s ferner 2 zu § 1728). 21

Ist der Anerkennende beschränkt geschäftsfähig, so bedarf er der Einwilligung des gesetzlichen Vertreters in Angelegenheiten der Personensorge und der Vermögenssorge (s 19, 23 zu § 1718).

c) Widerruf ist hier ebenso ausgeschlossen wie bei der Anerkennung der unehelichen Vaterschaft nach § 1718 (s 33 zu § 1718). 22

d) Hinsichtlich der Nichtigkeit und Anfechtbarkeit sind die allgemeinen Bestimmungen über Willenserklärungen maßgebend (s 92ff zu § 1718). Nichtig ist die Erklärung insbesondere, wenn der Anerkennende beschränkt geschäftsfähig ist und die nach § 111 erforderliche Einwilligung des gesetzlichen Vertreters fehlt (s oben 21, ferner 19, 21, 92, 93 zu § 1718). Anfechtung des Anerkenntnisses kommt gemäß §§ 119, 123 wegen Irrtums, arglistiger Täuschung und widerrechtlicher Drohung in Betracht (Näheres s 97ff zu § 1718). 23

24 4. Wird die Vaterschaft anerkannt, ohne daß es zur Eheschließung kommt, so kann das Anerkenntnis später als Grundlage für eine Ehelichkeitserklärung des Kindes dienen, sofern es gerichtlich oder notariell beurkundet ist (§§ 1725, 1730; f 10 zu § 1725).

25 5. Die bewußt wahrheitswidrige Anerkennung der Vaterschaft ist nach § 169 StGB strafbar, deshalb auch nach § 134 nichtig (f 95 zu § 1718) und somit nicht geeignet, die Vermutung der Beiwohnung auszulösen.

IV. Eintragung im Geburtenbuch.

26 1. Das Vaterschaftsanerkenntnis ist auf Antrag eines Beteiligten am Rande des Geburtseintrags zu vermerken (§ 29 Abf 1 PStG). Damit eine Grundlage für die gegebenenfalls vorzunehmende Beischreibung vorhanden ist, muß dem Standesbeamten, der die Geburt des Kindes beurkundet hat, eine beglaubigte Abschrift des Anerkenntnisses übersandt werden, sofern das Anerkenntnis nicht vor ihm selbst abgegeben wurde; diese Mitteilung hat von Amts wegen zu erfolgen, also ohne Rücksicht darauf, ob ein Beischreibungsantrag schon gestellt ist oder nicht (§ 29 Abf 2 Satz 2 PStG).

Ein Anerkennungsvermerk darf nicht mehr eingetragen werden, wenn bereits die vormundschaftsgerichtliche Legitimationsfeststellung (f 23ff zu § 1719) am Rande des Geburtseintrags vermerkt ist (§ 31 Abf 5 Satz 2 PStG; f 42 zu § 1719). Daraus folgt umgekehrt, daß die Eintragung des Anerkennungsvermerks die spätere Beischreibung des Legitimationsvermerks nicht ausschließt (Maßfeller-Brandis V zu § 31 PStG; Pfeiffer-Strickert 4 zu § 29 PStG).

27 2. Durch die Beischreibung wird lediglich die Abgabe des Anerkenntnisses registriert (f 74 zu § 1718); die Legitimation wird dadurch nach geltendem Recht — anders als nach früherem (im Zusammenhang mit der Eheschließung) — nicht dargetan (f 24, 25 zu § 1719).

§ 1721*).

Hat das Vormundschaftsgericht rechtskräftig festgestellt, daß ein uneheliches Kind durch die Eheschließung seiner Eltern ehelich geworden ist, und ist der Mann nicht der Vater des Kindes, so sind die §§ 1593 bis 1599 entsprechend anzuwenden. Der Mann kann die Ehelichkeit des Kindes nur anfechten, wenn er erst nach der Eheschließung Kenntnis von den Umständen erlangt, die für die Unehelichkeit des Kindes sprechen. Bei Anwendung des § 1594 Abs. 4 und des § 1595a Abs. 2, 3 ist statt des Zeitpunktes der Geburt des Kindes der Zeitpunkt der Eheschließung der Mutter maßgebend.

Neugefaßt durch Art 1 Nr 12 des FamRÄndG vom 11. 8. 1961.

I. Allgemeines; Rechtsentwicklung.

1 1. § 1721 handelte ursprünglich von der Legitimation durch nachfolgende nichtige Ehe; die Vorschrift lautete in der Fassung des BGB wie folgt:

> Ist die Ehe der Eltern nichtig, so finden die Vorschriften der §§ 1699 bis 1704 entsprechende Anwendung.

Diese alte Fassung des § 1721 wurde durch § 24 der 1. DurchfVO zum EheG 1938 dahin geändert, daß an die Stelle der Verweisung auf die §§ 1699 bis 1704 die Verweisung auf die §§ 29 und 30 EheG trat. Den §§ 29 und 30 entsprach im EheG 1946 die Bestimmung des § 25. § 1721 wurde nicht förmlich angepaßt, sondern war entsprechend zu lesen.

2 Das FamRÄndG vom 11. 8. 1961 hat die bisherigen Vorschriften der §§ 1719, 1721 im § 1719 zusammengefaßt (durch Art 1 Nr 11; f 2 zu § 1719) und zugleich dem § 1721 die geltende Fassung gegeben (durch Art 1 Nr 12), die etwas völlig anderes bezweckt als

*) Schrifttum: Baur, Zivilprozessuale Fragen zum Gleichberechtigungs- und Familienrechtsänderungsgesetz 1961, FamRZ 1962, 508 (511ff); Beitzke, Die Neuregelung der Ehelichkeitsanfechtung, ZBlJR 1961, 314; JR 1962, 85; Christof Böhmer, Das Familienrechtsänderungsgesetz vom 11. 8. 1961, DRiZ 1961, 375; Brühl, Die Anfechtung der Ehelichkeit ab 1. 1. 1962, FamRZ 1962, 8; Deisenhofer, Das Familienrechtsänderungsgesetz vom 11. 8. 1961, UJ 1962, 20, 73 (75); Dunz, Das neue Familienrechtsänderungsgesetz, NJW 1961, 2137 (2138ff); Heinrich Lange, Kritisches zur Anfechtung der Ehelichkeit, NJW 1962, 1697; Maßfeller, Das Familienrechtsänderungsgesetz, StAZ 1961, 241 (246); Meyer-Stolte, Neuordnung im Familienrecht, Rpfleger 1961, 387 (388ff); Schwarzhaupt, Das Familienrechtsänderungsgesetz von 1961, FamRZ 1961, 329.

die frühere: § 1721 nF will das legitimierte Kind davor schützen, daß seine Ehelichkeit nachträglich bestritten wird.

2. Die Frage, wie nachträglich geltend gemacht werden kann, daß das Kind durch die Eheschließung nicht legitimiert sei, weil der Ehemann der Mutter es nicht erzeugt habe, war ursprünglich im Gesetz nicht besonders geregelt. Vor der Einführung des amtswegigen Legitimationsfeststellungsverfahrens stand nichts im Wege, jedermann jederzeit als befugt anzusehen, den Eintritt der Legitimation zu bestreiten und die Unehelichkeit nachzuweisen, solange nicht ein im Verfahren nach §§ 640 ff ZPO ergangenes, für und gegen alle wirkendes rechtskräftiges Urteil vorlag, das das Bestehen eines Eltern- und Kindesverhältnisses bejahte (vgl Planck-Unzner 6, 7 zu § 1720; Opet-v. Blume 4 zu § 1720; Engelmann in der Vorauflage 10 zu § 1719). Aber auch nach dem Inkrafttreten des PStG vom 3. 11. 1937, dessen § 31 dem Vormundschaftsgericht erstmals ein amtswegiges Feststellungsverfahren zur Pflicht machte (über dieses Verfahren und seine Entstehungsgeschichte s 23 ff zu § 1719), wurde ganz überwiegend angenommen, daß die Ehelichkeit des Kindes trotz des vormundschaftsgerichtlichen Beschlusses grundsätzlich jederzeit von jedermann angegriffen werden könne (vgl statt aller Boehmer NJW 1949, 52 [54]; OLG Stuttgart FamRZ 1954, 226 mit Anm Schwoerer; BGH NJW 1957, 1067 mit Anm Schwoerer = FamRZ 1957, 170 mit Anm Bosch = JZ 1957, 510 = EJF A I h Nr 1 mit Anm Guggumos; je mit weiteren Nachweisen; aM Stein-Jonas-Schönke-Pohle I 2a zu § 640: Ehelichkeitsanfechtung erforderlich). 3

3. Das FamRÄndG vom 11. 8. 1961 hat die Rechtslage durch die Neufassung des § 1721 grundlegend umgestaltet. Nunmehr sind die Vorschriften der §§ 1593—1599 entsprechend anzuwenden, wenn das Vormundschaftsgericht die Legitimation durch nachfolgende Ehe rechtskräftig festgestellt hat. Die Wirkung des vormundschaftsgerichtlichen Beschlusses ist dadurch erheblich verstärkt worden; er verschafft dem Kind jetzt denselben Rechtsschein der Ehelichkeit, der dem ehelich geborenen Kind ohne weiteres zukommt. Damit hat das Gesetz die Rechtsstellung des durch nachfolgende Ehe legitimierten Kindes weitgehend der des ehelich geborenen Kindes angeglichen. Nach rechtskräftiger Legitimationsfeststellung kann die Unehelichkeit des Kindes ebenso wie bei einem ehelich geborenen Kind nicht mehr von jedermann in jedem beliebigen Verfahren geltend gemacht werden; es bedarf vielmehr der Ehelichkeitsanfechtung (§ 1721 Satz 1 iV mit §§ 1593 ff; über den Anwendungsbereich des § 1721 s unten 7 ff, über die Wirkung des § 1593 im besonderen s 13 ff zu § 1593). 4

Die Fassung des § 1721 Satz 1 bringt dies freilich nicht mit der wünschenswerten Klarheit zum Ausdruck. Von einer Untersuchung, ob der Mann der Vater des Kindes „ist" oder „nicht ist", hängt die Anwendbarkeit der §§ 1593 ff nicht ab. Das Gesetz will die Nachprüfung dieser Frage gerade verbieten. Das Kind soll wie ein in der Ehe geborenes schlechthin davor geschützt werden, daß seine Ehelichkeit in Zweifel gezogen wird. Deshalb hätten die Worte „ist der Mann nicht der Vater des Kindes" in Anpassung an den sonstigen Sprachgebrauch des Gesetzes (vgl §§ 1593, 1600) durch die Wendung „soll geltend gemacht werden, daß der Mann nicht der Vater des Kindes ist" ersetzt werden sollen. Ein dahingehender Änderungsvorschlag ist in der Stellungnahme des Bundesrats zum Regierungsentwurf enthalten (BT-Drucksache III/530 Anlage 2), leider aber im weiteren Gesetzgebungsverfahren nicht beachtet worden, obwohl ihm die Bundesregierung zugestimmt hatte (aaO Anlage 3). 5

4. Zur Frage der Abänderbarkeit und der materiellen Rechtskraft des Legitimationsfeststellungsbeschlusses nach früherem und nach geltendem Recht s 36—39 zu § 1719. 6

II. Anwendungsbereich.

1. Der sich aus der Heranziehung der §§ 1593 ff ergebende verstärkte Schutz kommt dem durch nachfolgende Ehe legitimierten Kind gemäß § 1721 nur und erst dann zugute, wenn das Vormundschaftsgericht die Legitimation im Verfahren nach § 31 PStG rechtskräftig festgestellt hat (über den Zeitpunkt des Eintritts der Rechtskraft s 35 zu § 1719). Die Eheschließung allein hilft dem Kind in dieser Hinsicht nichts. Solange ein Legitimationsfeststellungsbeschluß entweder überhaupt noch nicht ergangen ist — zB bei Geburt des Kindes vor dem 1. 7. 1938 (s 25 zu § 1719) — oder zwar ergangen, aber noch nicht rechtskräftig geworden ist, kann die Ehelichkeit des Kindes grundsätzlich von jedermann in jedem beliebigen Verfahren geltend gemacht werden, so wie dies vor der Neufassung des § 1721 ganz allgemein zulässig war (s oben 3). 7

Auch einer Statusklage auf Feststellung des Nichteintritts der Legitimation steht nichts im Wege, solange ein rechtskräftiger Feststellungsbeschluß des Vormundschaftsgerichts nicht vorliegt (vgl den vom OLG Koblenz FamRZ 1961, 487 entschiedenen Fall und dazu Schwoerer in der Anm unter 4; im Ergebnis wie hier Gernhuber § 61 I 10; s auch Scheffler in RGRKomm 4). Abzulehnen ist die von Beitzke (§ 31 I 2 aE) und 8

Dölle (§ 110 VI 2a) vertretene Auffassung, dem vormundschaftsgerichtlichen Verfahren gebühre der Vorrang vor der Klage. Aus dem Gesetz ist dafür nichts zu entnehmen; erst wenn das Vormundschaftsgericht die Legitimation rechtskräftig festgestellt hat, treten nach § 1721 bestimmte Sperrwirkungen ein, vorher nicht. Für die Klage fehlt es auch nicht am Rechtsschutzbedürfnis (wie Beitzke aaO annimmt), denn der Kläger kann die erstrebte Feststellung der Unehelichkeit des Kindes im Verfahren nach § 31 PStG gerade nicht erreichen (s 34 zu § 1719).

9 **2.** Nach rechtskräftiger Legitimationsfeststellung sind die §§ 1593—1599 gemäß § 1721 nur dann entsprechend anzuwenden, wenn es um die Frage geht, ob der Mann der Vater des Kindes ist. Wird das Fehlen einer anderen Legitimationsvoraussetzung gerügt, so steht § 1721 nicht entgegen. Ist also etwa die als Mutter bezeichnete Person in Wahrheit nicht die Mutter des Kindes oder ist eine Ehe im Rechtssinne nicht zustande gekommen, so kann die Unehelichkeit des Kindes trotz des rechtskräftigen Feststellungsbeschlusses ohne weiteres geltend gemacht werden (vgl Begründung zum Regierungsentwurf BT-Drucksache III/530, S 19; Beitzke ZBlJR 1961, 321; Erman-Hefermehl 2 aE; Scheffler in RGRKomm 2; Dölle § 110 VI 2e); über die Aufhebbarkeit des Feststellungsbeschlusses in diesen Fällen s 38 zu § 1719.

III. Anfechtungsberechtigte; Anfechtungsfristen.

10 **1.** Anfechtungsberechtigt sind nach § 1721 Satz 1 iV mit §§ 1594—1598 (s auch Bem dort) der Mann sowie in beschränktem Umfang außerdem die Eltern des Mannes und das Kind.

11 a) Dem **Mann** steht jedoch ein Anfechtungsrecht nur dann zu, wenn er von den Umständen, die für die Unehelichkeit des Kindes sprechen, erst nach der Eheschließung Kenntnis erlangt **(§ 1721 Satz 2).** Dieser Einschränkung liegt der Gedanke einer Bindung an das eigene frühere Verhalten zugrunde. Läßt der Mann den Feststellungsbeschluß des Vormundschaftsgerichts rechtskräftig werden, obwohl er die dagegen sprechenden Tatsachen bereits bei der Heirat kannte, so muß er sich für alle Zukunft daran festhalten lassen (vgl Bericht des BT-Rechtsausschusses zu Drucksache III/2812 S 6); die selbstgewählte Vaterschaft soll nicht abgeschüttelt werden dürfen (Boehmer, Teilreform des Familienrechts, 58; Gernhuber § 61 I 8). Erfährt allerdings der Mann von den für die Unehelichkeit sprechenden Umständen nach der Heirat und vor der Rechtskraft des vormundschaftsgerichtlichen Beschlusses, so kann er die Ehelichkeit anfechten; in diesem Fall wird ihm nicht angelastet, daß er sich im Verfahren vor dem Vormundschaftsgericht nicht gerührt hat. Hierin liegt eine gewisse Unfolgerichtigkeit des Gesetzes (vgl Soergel-Siebert-Lade 3; Dölle § 110 VI 2b aE), die indessen nicht dazu berechtigt, § 1721 Satz 2 entgegen seinem eindeutigen Wortlaut dahin auszulegen, daß nur die ab Rechtskraft des Feststellungsbeschlusses bekannt werdenden Umstände ein Anfechtungsrecht eröffnen (so aber Pikart-Henn 250).

12 Ist die Anfechtung wegen § 1721 Satz 2 ausgeschlossen, so ist selbstverständlich auch eine negative Abstammungsklage unzulässig (vgl LG Hamburg DAVorm XXXVI [1963], 310).

13 b) Nach dem Tode des Mannes sind die **Eltern des Mannes** (oder, falls einer von ihnen verstorben ist, der überlebende Elternteil) nach Maßgabe des § 1595a (s im einzelnen Bem dort) anfechtungsberechtigt. Stand jedoch dem Mann auf Grund des § 1721 Satz 2 kein Anfechtungsrecht zu, so können auch die Eltern, deren Anfechtungsrecht ein nur abgeleitetes ist (s 5 zu § 1595a), nicht anfechten (Maßfeller StAZ 1961, 247).

14 c) Das durch nachfolgende Ehe legitimierte **Kind** kann seine Ehelichkeit, anders als das für ehelich erklärte Kind (vgl § 1735a Abs 2), nur unter den eng begrenzten Voraussetzungen des § 1596 (s Bem dort) anfechten. War das Anfechtungsrecht des Mannes auf Grund des § 1721 Satz 2 ausgeschlossen, so kann auch das Kind nicht gemäß § 1596 Abs 1 Nr 1, sondern nur gemäß § 1596 Abs 1 Nr 2—5 anfechten (Maßfeller aaO).

15 **2.** Die **Anfechtungsfristen** sind grundsätzlich die gleichen wie bei der Ehelichkeitsanfechtung nach ehelicher Geburt des Kindes (vgl §§ 1594—1596, 1598 und Bem dort). Eine Abweichung ergibt sich jedoch aus **§ 1721 Satz 3:** Soweit die Frist mit der Geburt des Kindes beginnt (§§ 1594 Abs 4, 1595a Abs 2, 3), ist beim legitimierten Kind statt dessen der Zeitpunkt der Eheschließung der Mutter maßgebend. Daher kann es — in seltenen Fällen — vorkommen, daß die Frist schon vor Rechtskraft des Legitimationsfeststellungsbeschlusses verstrichen ist. Für eine entsprechende Anwendung des § 203 ist hier kein Raum (so zutreffend Pikart-Henn 251; aM Maßfeller StAZ 1961, 246).

IV. **Anfechtungsverfahren.**

1. Die Anfechtung erfolgt nach § 1721 Satz 1 iV mit § 1599 Abs 1 grundsätzlich durch Klageerhebung (§ 641 ZPO). Der Mann und die Eltern des Mannes klagen gegen das Kind; das Kind klagt gegen den Mann. Ist der Anfechtungsgegner (das Kind oder der Mann) gestorben, so ist nach § 1721 Satz 1 iV mit § 1599 Abs 2 ausnahmsweise durch Antrag beim Vormundschaftsgericht anzufechten. 16

Wegen der Einzelheiten s 2ff zu § 1599.

2. Der Antrag hat in beiden Verfahrensarten entsprechend dem Wortlaut des § 1593 auf Feststellung der Unehelichkeit des Kindes zu lauten; insoweit gilt nichts anderes als bei der Anfechtung der Ehelichkeit eines während der Ehe geborenen Kindes (s 2 zu § 1599). 17

3. Besonderheiten des Verfahrens können sich hinsichtlich der Behauptungs- und Beweislast daraus ergeben, daß nicht, wie bei einem während der Ehe geborenen Kind, die Vermutungen des § 1591, sondern die des § 1720 gelten (s 3ff, 13ff zu § 1720). 18

V. **Folgen der Anfechtung.**

1. Wird auf die Anfechtungsklage hin durch Urteil rechtskräftig die Unehelichkeit des Kindes festgestellt, so wirkt diese Entscheidung für und gegen alle (§ 643 ZPO); dasselbe gilt für den entsprechenden Beschluß im Anfechtungsverfahren vor dem Vormundschaftsgericht (s 12, 33 zu § 1599; Brühl FamRZ 1962, 13). Jedermann kann nunmehr die Unehelichkeit des Kindes geltend machen. Der Legitimationsfeststellungsbeschluß hat die ihm nach § 1721 iV mit § 1593 zukommende Sperrwirkung verloren. Er ist aufhebbar geworden (vgl LG Aschaffenburg StAZ 1962, 251; Dölle § 110 IV 2 Note 167). Meist wird es sich der Klarstellung halber empfehlen, ihn aufzuheben; nötig ist das aber nicht, da sich die Statusentscheidung ihm gegenüber ohnehin durchsetzt. 19

2. Eine beglaubigte Abschrift der rechtskräftigen Entscheidung, die die Unehelichkeit des Kindes feststellt, ist dem Standesbeamten zu übersenden, der die Geburt des Kindes beurkundet hat (§ 30 Abs 2 PStG; s dazu im einzelnen §§ 27, 71, 72 Abs 3 AVO PStG). Dieser trägt zu dem Legitimationsvermerk im Geburtenbuch des Kindes (s 42 zu § 1719) einen weiteren Randvermerk ein, aus dem sich die Unehelichkeit des Kindes auf Grund der im Anfechtungsverfahren ergangenen Entscheidung ergibt (§ 30 Abs 1 PStG). Für die Eltern ist ein neues Familienbuch ohne Angabe des Kindes anzulegen (§ 15 Abs 3 Satz 1 PStG); werden Geburtenbuch und Familienbuch von verschiedenen Standesbeamten geführt, so ist der Standesbeamte des Familienbuches vom Standesbeamten des Geburtenbuchs entsprechend zu benachrichtigen (§ 36 AVO PStG). 20

VI. **Übergangsrecht.**

1. § 1721 nF gilt für alle rechtskräftigen Legitimationsfeststellungsbeschlüsse, also auch für solche, die vor dem 1. 1. 1962, dem Zeitpunkt des Inkrafttretens des FamRÄndG vom 11. 8. 1961, rechtskräftig geworden sind (LG Aschaffenburg StAZ 1962, 251; OLG Hamm OLGZ 1965, 372 = FamRZ 1965, 621 = NJW 1965, 2307 = DAVorm XXXIX [1966], 6 = StAZ 1966, 50). Das ist zwar nicht ausdrücklich vorgeschrieben, folgt aber aus der Übergangsregelung in Art 9 II Nr 1 Abs 1 Satz 1 des Gesetzes. 21

2. Eine im Zusammenhang mit § 1721 zu beachtende Übergangsregelung ist ferner in Art 9 II Nr 1 Abs 2 des FamRÄndG vom 11. 8. 1961 für die Anfechtungsfrist getroffen worden. Danach endete die Frist für die Anfechtung der Ehelichkeit frühestens ein Jahr nach dem Inkrafttreten des Gesetzes, also am 1. 1. 1963, es sei denn, daß sie bei Anwendung des § 1721 nF bereits vor der Verkündung des Gesetzes, dh vor dem 18. 8. 1961, abgelaufen wäre. 22

§ 1722.

Die Eheschließung zwischen den Eltern hat für die Abkömmlinge des unehelichen Kindes die Wirkungen der Legitimation auch dann, wenn das Kind vor der Eheschließung gestorben ist.

E I 1582; II 1609; III 1698; Mot 4, 929; Prot 4, 704; 6, 315.

I. **Allgemeines.**

Die Legitimation durch nachfolgende Ehe wirkt ebensowenig auf die Geburt des Kindes zurück wie die Ehelichkeitserklärung; in beiden Fällen erhält das Kind die Stellung eines ehelichen nur ex nunc und nicht ex tunc (s 21 zu § 1719, 11 zu § 1736). Ein bereits gestorbenes Kind kann daher weder durch nachfolgende Ehe noch durch Ehelichkeitserklärung legitimiert werden. § 1722 läßt aber die Legitimationswirkungen wenigstens für die Abkömmlinge des vor der Eheschließung der Eltern verstorbenen 1 unehelichen Kindes eintreten. Hierin liegt eine Abweichung von der für die Ehelichkeitserklärung getroffenen Regelung; nach § 1733 Abs 1 ist die Ehelichkeitserklärung schlechthin ausgeschlossen, wenn das uneheliche Kind nicht mehr lebt.

Daß sich im Regelfall, in dem das Kind die Eheschließung der Eltern erlebt, die Wirkungen der Legitimation auf die Abkömmlinge erstrecken, ergibt sich schon aus § 1719 (s 18 zu § 1719).

II. Einzelheiten.

2 1. Unter „Abkömmlingen" sind die ehelichen und die durch nachfolgende Ehe legitimierten Kinder des unehelichen Kindes sowie die unehelichen Kinder einer unehelichen Tochter (§ 1705), nicht aber die unehelichen Kinder eines unehelichen Sohnes (§ 1589 Abs 2) zu verstehen. § 1722 bezieht sich wegen §§ 1737 Abs 1 Satz 1, 1763 Satz 1 nicht auf Kinder, die nur für ehelich erklärt oder an Kindes Statt angenommen sind (Planck-Unzner 1).

3 2. Die Wirkungen der Legitimation bestehen ua darin, daß die Eltern und die Abkömmlinge des unehelichen Kindes gegenseitig unterhaltspflichtig (§§ 1601 ff) und erb- und pflichtteilsberechtigt (§§ 1924 ff, 2303 ff) werden, wie wenn das verstorbene Kind ehelich gewesen wäre; auch erhalten die Abkömmlinge des unehelichen Kindes mit der Eheschließung der Eltern den Familiennamen des Kindesvaters (s 23a zu § 1616). Über weitere Wirkungen der Legitimation s 18, 19 zu § 1719.

4 3. Diese Wirkungen treten mit der Eheschließung kraft Gesetzes ein. Eine gegenteilige Vereinbarung der Beteiligten vermag daran nichts zu ändern.

II. Ehelichkeitserklärung*).

§ 1723.

Ein uneheliches Kind kann auf Antrag seines Vaters vom Vormundschaftsgericht für ehelich erklärt werden.

E I 1583 Abs 1, 1584; II 1610 Abs 1; III 1699; Mot 4, 930; Prot 4, 704. Geändert durch Art 1 Nr 13 des FamRÄndG vom 11. 8. 1961.

Inhaltsübersicht.

---

*) Schrifttum — zT durch die Rechtsentwicklung überholt —: Ammann, Ehelichkeitserklärung, UJ 1951, 56; Fenner, Ehelichkeitserklärung von Kindern ausländischer Staatsangehörigkeit, JR 1948, 2; Göppinger, Irrungen und Wirrungen im Unehelichenrecht, FamRZ 1962, 449; ders, Die Voraussetzungen der Ehelichkeitserklärung gemäß § 1734 idF des FamRÄndG vom 11. 8. 1961 (BGBl I 1221), FamRZ 1963, 272; Hansen, Die Ehelichkeitserklärung, StAZ 1951, 183; Knitschky, Das Rechtsverhältnis zwischen Eltern und Kindern nach dem BGB, 1899, 42 ff; Maßfeller, Ehelichkeitserklärung eines scheinehelichen Kindes, StAZ 1963, 197; Müller, Legitimations- und Adoptionswirkungen nach BGB, StAZ 1956, 294; Müllich, Legitimationsfeststellung durch das Amtsgericht, StAZ 1963, 169 (172 ff); Opet, Das Verwandtschaftsrecht des BGB, 1899, 43 ff; Ritter, Ehelichkeitserklärung und Adoption im deutschen internationalen Privatrechte, NiemeyersZ 14 (1904) 434 ff; Schnitzerling, Kindschaft durch Ehelichkeitserklärung — Mitwirkung des Jugendamts — Einwilligung der Mutter, RdJ 1962, 91; ders, Die Legitimation unehelicher Kinder im Wandel von Gesetzgebung und Rechtsprechung, StAZ 1963, 174 (176 ff); Freifrau v. Schorlemer, Die Ehelichkeitserklärung, eine rechtsvergleichende Darstellung, Diss Bonn 1964; Schumacher, Zur Ehelichkeitserklärung von Kindern aus Rentenkonkubinaten, FamRZ 1960, 13; Spahn, Verwandtschaft und Vormundschaft nach dem BGB, 1900, 27 ff; Sternberg, Die behördliche Mitwirkung bei der Ehelichkeitserklärung und der Annahme an Kindes Statt im deutschen internationalen Privatrechte, JW 1913, 567.

I. Allgemeines.

1. Die Ehelichkeitserklärung ist dazu bestimmt, dem unehelichen Kind im Verhältnis zum Vater (und auf dessen Antrag hin) die Rechtsstellung eines ehelichen Kindes zu verschaffen. Über die grundsätzlichen Unterschiede zwischen der Ehelichkeitserklärung und der Legitimation durch nachfolgende Ehe s 13 vor § 1719. 1

Die **praktische Bedeutung** der Legitimation durch Ehelichkeitserklärung zeigt sich vorwiegend in den Fällen, in denen die Eheschließung des Vaters mit der Mutter des unehelichen Kindes nicht möglich ist (zB weil sie verstorben oder geisteskrank ist) oder dem Vater nicht zugemutet werden kann (zB weil sie schwer krank ist oder einen schlechten Lebenswandel führt). Doch hat das BGB die Ehelichkeitserklärung nicht auf solche Fälle beschränkt. Ebensowenig kommt es nach dem BGB darauf an, ob eheliche Abkömmlinge vorhanden sind oder nicht (Mot 4, 930ff; anders in beiden Beziehungen das BayLR, s 7 vor § 1719).

2. Eine Ehelichkeitserklärung des unehelichen Kindes im Verhältnis zur Mutter ist dem BGB unbekannt (Mot 4, 932). Auch im Hinblick auf Art 3 Abs 2 GG kann der Mutter nicht das Recht zugebilligt werden, die Ehelichkeitserklärung ihres Kindes zu beantragen (hM; vgl LG Verden MDR 1953, 430 = NdsRpfl 1953, 86; Präsident OLG Hamburg JZ 1955, 245; Firsching FamRZ 1956, 302; Palandt-Lauterbach Einl 3 vor § 1719; Soergel-Siebert-Lade 1; Jansen 2a zu § 56a FGG; Gernhuber § 61 II 4; Dölle § 111 I 4; **aM** Krüger-Breetzke-Nowack, GleichberG, E 174; während der Reformdiskussion im Zusammenhang mit dem GleichberG haben ferner ein Antragsrecht der Mutter befürwortet: Finke NJW 1953, 613; Dölle, JZ 1953, 362; Bosch Rpfleger 1954, 74; FamRZ 1957, 190; 1958, 428). Die Anwendung des Gleichberechtigungsgrundsatzes verbietet sich nach geltendem Recht schon wegen der ungleichen Ausgangslage. Die Mutter ist von vornherein mit ihrem unehelichen Kind verwandt (§ 1705); dagegen gilt der Vater als mit dem Kind nicht verwandt (§ 1589 Abs 2). Eine Ehelichkeitserklärung auf Antrag der Mutter würde dem Vater die Möglichkeit verbauen, seinerseits das Kind für ehelich erklären zu lassen und dadurch die bestehenden natürlichen Verwandschaftsbeziehungen in ein rechtliches Verwandtschaftsverhältnis umzuwandeln; die Zulassung einer Ehelichkeitserklärung im Verhältnis zur Mutter würde also nur eine neue schwerwiegende Ungleichheit schaffen (so zutreffend Präsident OLG Hamburg aaO; hiergegen Gernhuber § 61 II 4 Anm 2, der eine Ehelichkeitserklärung zugunsten der Mutter de lege lata nur deshalb nicht anerkennen will, weil die Ehelichkeitserklärung Bestandteil des Unehelichenrechts sei). Der Gesetzgeber hat daher bei der Neufassung des § 1723 durch das FamRÄndG vom 11. 8. 1961 (s dazu unten 20) mit Recht davon abgesehen, der Mutter neben dem Vater ein Antragsrecht einzuräumen. In gewissem Umfang sorgt der neue § 1707 Abs 2 für einen Ausgleich. 2

Eine andere Frage ist, ob nicht das künftige Recht eine Ehelichkeitserklärung auf Antrag der Mutter (oder des Kindes) wenigstens für die Fälle vorsehen sollte, in denen eine beabsichtigte Eheschließung infolge Todes, nachträglicher Eheunfähigkeit oder Verlöbnisbruchs des Vaters gescheitert ist; in Fällen dieser Art berücksichtigt das geltende Recht das Kindesinteresse zu wenig (zum Problem der „Brautkinder“ eingehend Boehmer NJW 1963, 1945). 3

II. Voraussetzungen und Wirkungen.

1. Die Ehelichkeitserklärung ist unter folgenden **Voraussetzungen** zulässig: 4

a) Das **Kind** muß **unehelich** sein. Ob ein Kind unehelich ist, bemißt sich nach den Vorschriften der §§ 1591—1600 (s 16 zu § 1589, 1ff zu § 1705). 5

aa) Ist ein Kind nach den Vorschriften über die eheliche Abstammung als ein ehelich geborenes zu behandeln, so darf es nicht für ehelich erklärt werden, 6 auch wenn es in Wahrheit von demjenigen abstammt, der die Ehelichkeitserklärung beantragt; denn § 1593 verbietet die Geltendmachung der Unehelichkeit, solange nicht die Ehelichkeit mit Erfolg angefochten ist.

7 bb) Hat das Kind infolge Legitimation durch nachfolgende Ehe (festgestellt durch das Vormundschaftsgericht) oder Ehelichkeitserklärung bereits die rechtliche Stellung eines ehelichen Kindes im Verhältnis zu einem Mann erlangt, so darf es nicht auf Antrag eines anderen Mannes für ehelich erklärt werden; auch in diesen Fällen verbietet sich auf Grund der §§ 1721, 1735a, die auf § 1593 verweisen, die Geltendmachung der Unehelichkeit.

8 cc) Dagegen steht der Ehelichkeitserklärung grundsätzlich nicht der Umstand entgegen, daß das Kind bereits von seinem Vater oder von einem Dritten an Kindes Statt angenommen worden ist (streitig; wie hier Planck-Unzner 1; Opet-v. Blume 2; Scheffler in RGRKomm 2; Soergel-Siebert-Lade 2a; Erman-Hefermehl 2a; Jansen 4 zu § 56a FGG; Pikart-Henn 242; **aM** Palandt-Lauterbach 2a; Gernhuber § 61 II 5; Dölle § 111 II 1). Jedoch treten dann die Wirkungen der Ehelichkeitserklärung (§§ 1736—1740) nur insoweit ein, als sie mit dem Grundsatz vereinbar sind, daß das Kind die rechtliche Stellung eines ehelichen Kindes des Annehmenden erlangt hat; insoweit gilt das gleiche wie bei späterer Legitimation durch nachfolgende Ehe (s 7 zu § 1719). Durch Ehelichkeitserklärung nach vorausgegangener Adoption werden allerdings die Personenstandsverhältnisse in der Regel kompliziert und unübersichtlich; das kann dem nach § 1734 zu berücksichtigenden Wohl des Kindes abträglich sein (vgl OLG Schleswig-Holstein SchlHAnz 1965, 213).

9 dd) Ohne Belang ist, ob bereits ein Dritter die Vaterschaft in öffentlicher Urkunde anerkannt hat (§ 1718) oder als Zahlvater rechtskräftig zur Unterhaltsleistung verurteilt worden ist. Denn die Anerkennung der Vaterschaft hat keine konstitutive Wirkung (s 4, 52 zu § 1718) und das Unterhaltsurteil wirkt nicht für und gegen alle, auch wenn in ihm zugleich die sogenannte Giltvaterschaft festgestellt ist (s 160 zu § 1717)*).

Über das Verhältnis des Kindes zu seinem wirklichen unehelichen Vater nach der Ehelichkeitserklärung s 10 zu § 1736.

10 b) Der **Vater,** dh der Erzeuger des Kindes (Mot 4, 930), muß die Ehelichkeitserklärung **beantragen** und die **Vaterschaft anerkennen,** § 1725.

Diese Erklärungen bedürfen der gerichtlichen oder notariellen Beurkundung, § 1730. Sie sind höchstpersönlicher Natur; deshalb gilt hinsichtlich der Handlungsfähigkeit und der Vertretung die Sonderregelung der §§ 1728, 1729.

11 c) Erforderlich ist außerdem die **Einwilligung** bestimmter interessierter Personen, nämlich des Kindes und, wenn es noch nicht 21 Jahre ist, seiner Mutter sowie der etwaigen Ehefrau des Vaters, § 1726 Abs 1; über Ausnahmen s §§ 1726 Abs 3, 1727.

Hinsichtlich der Form der Erklärung, der Handlungsfähigkeit und der Vertretung sind die Vorschriften der §§ 1728, 1729, 1730 zu beachten.

12 d) Die Ehelichkeitserklärung muß schließlich dem **Wohl des Kindes** entsprechen und es dürfen ihr keine triftigen Gründe entgegenstehen, § 1734.

13 2. Liegen alle diese Voraussetzungen vor, so muß das Kind antragsgemäß für ehelich erklärt werden. Die Entscheidung des Vormundschaftsgerichts ist — anders als der entsprechende Justizverwaltungsakt nach früherem Recht (s unten 16—19; 1 zu § 1734) — **keine Ermessensentscheidung.** Aus dem Wort „kann" in § 1723 läßt sich nichts anderes herleiten; damit wird nur ausgedrückt, daß das Vormundschaftsgericht befugt ist, die Ehelichkeitserklärung auszusprechen. Auch § 1734 eröffnet keinen Ermessensspielraum; bei den in § 1734 verwendeten Ausdrücken „Wohl des Kindes" und „triftige Gründe" handelt es sich um unbestimmte Rechtsbegriffe (s 22 zu § 1734).

14 3. Fehlt es an einem gesetzlichen Erfordernis, so ist die Ehelichkeitserklärung abzulehnen. Ergeht die Ehelichkeitserklärung trotz Fehlens eines gesetzlichen Erfordernisses (infolge unbewußten Übersehens), so wird das Kind gleichwohl legitimiert; denn nach § 1735 ist es auf die Wirksamkeit der Ehelichkeitserklärung ohne Einfluß, wenn mit Unrecht angenommen wird, daß ihre gesetzlichen Voraussetzungen vorliegen. Grundsätzlich tritt also **Heilung des Mangels** ein. Ausnahmen ergeben sich aus den §§ 1724, 1733: nichtig ist die Ehelichkeitserklärung, wenn ihr eine Bedingung oder Zeitbestimmung hinzugefügt wird oder wenn einer der beiden Hauptbeteiligten — Vater oder Kind — bereits

*) Über den Fall, daß die Abstammung von einem Dritten durch ein für und gegen alle wirkendes Statusurteil rechtskräftig festgestellt ist, s unten 27.

verstorben ist; beim Vater gilt dies jedoch nicht, wenn er noch zu Lebzeiten die erforderlichen Schritte unternommen hatte (s 2 zu § 1724; 3, 5—9 zu § 1733). Besteht der Mangel der Ehelichkeitserklärung darin, daß der Antragsteller nicht der Vater ist, so gilt die Sondervorschrift des § 1735a.

4. Die **Wirkungen** der Ehelichkeitserklärung sind stärker als die der Annahme an Kindes Statt, aber schwächer als die der Legitimation durch nachfolgende Ehe; s im einzelnen §§ 1736—1740 und Bem dort. 15

Die Ehelichkeitserklärung wirkt ebensowenig auf die Geburt des Kindes zurück wie die Legitimation durch nachfolgende Ehe (s 21 zu § 1719, 11 zu § 1736).

III. Verfahren.

A. Früheres Recht (bis 31. 12. 1961).

1. Die Ehelichkeitserklärung erfolgte früher durch **Justizverwaltungsakt.** § 1723 lautete in der ursprünglichen Fassung: 16

> Ein uneheliches Kind kann auf Antrag seines Vaters durch eine Verfügung der Staatsgewalt für ehelich erklärt werden.
>
> Die Ehelichkeitserklärung steht dem Bundesstaate zu, dem der Vater angehört; ist der Vater ein Deutscher, der keinem Bundesstaat angehört, so steht sie dem Reichskanzler zu.
>
> Über die Erteilung der einem Bundesstaate zustehenden Ehelichkeitserklärung hat die Landesregierung zu bestimmen.

Wegen der Zuständigkeitsverteilung in den früheren deutschen Ländern s Bem 2e in der 9. Aufl dieses Komm sowie die Aufstellungen in den AV des PrJM vom 8. 10. 1922 (PrJMBl 424) und vom 13. 6. 1928 (PrJMBl 295).

2. Die Abs 2 und 3 des § 1723 aF wurden später ersetzt durch §§ 10, 13 der VO zur Vereinheitlichung der Zuständigkeit in Familien- und Nachlaßsachen vom 31. 5. 1934 (RGBl I 472) sowie Nr 7 der DurchfBest vom 27. 7. 1934 (RGBl I 738) iV mit Art 1 der VO zur weiteren Vereinheitlichung der Zuständigkeit in Familiensachen vom 17. 5. 1935 (RGBl I 682). 17

Danach entschied über den Antrag auf Ehelichkeitserklärung regelmäßig der Landgerichtspräsident, in dessen Bezirk der Vater des unehelichen Kindes seinen Wohnsitz oder in Ermangelung eines solchen seinen Aufenthalt hatte, hilfsweise der Landgerichtspräsident in Berlin. Der Oberlandesgerichtspräsident entschied, wenn nur der Vater oder nur das Kind die deutsche Reichsangehörigkeit besaß. Der Reichsminister der Justiz konnte in Fällen bestimmter Art selbst entscheiden oder im Einzelfall die Entscheidung an sich ziehen. Gegen die ablehnende Entscheidung des Landgerichtspräsidenten war im Aufsichtswege Beschwerde an den Oberlandesgerichtspräsidenten gegeben, gegen dessen Entscheidung Beschwerde an den Reichsminister der Justiz. Die Vorbereitung der Entscheidung oblag dem Amtsgericht, in dessen Bezirk der Vater wohnte oder sich aufhielt, hilfsweise dem Amtsgericht Berlin.

Nach Nr 7 der DurchfBest (s dazu Maßfeller JW 1934, 2114) waren bei der Entscheidung über die Ehelichkeitserklärung die gesamten Verhältnisse der Beteiligten zu berücksichtigen. Das Gesuch war abzulehnen, wenn im öffentlichen Interesse oder vom Standpunkt der Familie des Vaters wichtige Gründe gegen die Herstellung eines Familienbandes zwischen den Beteiligten sprachen.

3. Nach 1945 wurde diese Regelung mit der Maßgabe weiter angewandt, daß an die Stelle des Reichsministers der Justiz die jeweilige Landesjustizverwaltung trat. 18

Vor Inkrafttreten der VwGO wurde der Verwaltungsrechtsweg für zulässig erachtet; jedoch konnte lediglich eine nicht im Sinne des Gesetzes liegende Ermessensanwendung gerügt werden (VGH Stuttgart JZ 1951, 305 = MDR 1951, 316; vgl. ferner BVerwG NJW 1964, 1432 = DAVorm XXXVII [1964], 233).

Seit dem 1. 4. 1960 war im Verfahren nach den §§ 23ff EGGVG idF des § 179 VwGO das Oberlandesgericht anzurufen; dies galt bis 31. 12. 1961. 19

B. Geltendes Recht (seit 1. 1. 1962*).

1. Durch Art 1 Nr 13 des am 1. 1. 1962 in Kraft getretenen FamRÄndG vom 11. 8. 1961 (BGBl I 1221) ist § 1723 neu gefaßt und die Ehelichkeitserklärung zu einer **richterlichen Entscheidung** umgestaltet worden. 20

---

*) Zum Verfahren der Ehelichkeitserklärung nach geltendem Recht vgl auch Brand-Hensel, Die Vormundschafts-, Familienrechts- und Fürsorgeerziehungssachen in der gerichtlichen Praxis, 2. Aufl, 1963, 281ff; Firsching, Handbuch der amtgerichtlichen Praxis, Bd 5, Familienrecht, 2. Aufl, 1962, 219ff (mit Mustern); Pikart-Henn, Lehrbuch der freiwilligen Gerichtsbarkeit, 1963, 240ff; ferner die Bem zu §§ 43a, 56a FGG in den Komm von Jansen, Ergänzung 1962, und Keidel, 8. Aufl, 1963.

Die amtliche Begründung (BT-Drucksache III/530 S 19) bemerkt dazu: Wenn man die bisherige Regelung beibehalte, sei es möglich, daß über Anträge auf Ehelichkeitserklärung nach Ablehnung durch die Justizverwaltungsbehörden die Verwaltungsgerichte entscheiden müßten. Das sei unzweckmäßig. Außerdem entspreche es den veränderten staatsrechtlichen Verhältnissen mehr, die Entscheidung über derartige Anträge von vornherein in die Hand des Richters zu legen. Der erstgenannte Grund war indessen bereits entfallen, als die Beratungen des Unterausschusses „Familienrechtsänderungsgesetz" des BT-Rechtsausschusses begannen. Denn inzwischen waren die Bestimmungen der §§ 23ff EGGVG in Kraft getreten, die die Entscheidung über die Rechtmäßigkeit von Justizverwaltungsakten auf dem Gebiet des bürgerlichen Rechts einem Zivilsenat des Oberlandesgerichts zuweisen (s oben 19). Die Rechtswegfrage ist seitdem zugunsten der ordentlichen Zivilgerichtsbarkeit geklärt. Einer Umgestaltung des § 1723 hätte es dazu nicht bedurft. Übrig bleibt allein der Hinweis auf die „veränderten staatsrechtlichen Verhältnisse". Damit ist wenig anzufangen. Nicht erwähnt wird in der amtlichen Begründung, daß schon der Regierungsentwurf 1925/1929 die Ehelichkeitserklärung ihrer bisherigen Eigenschaft eines behördlichen Gnadenakts entkleiden und dem Vormundschaftsgericht übertragen wollte, womit „zahlreichen und lebhaften Wünschen der Praxis" entsprochen und zugleich das Verfahren „beschleunigt und vereinfacht" werden sollte (RT-Drucksache IV/733 [1928/29] S 44; s dazu auch Ammann UJ 1951, 56 [57f]).

21 Die Entscheidung obliegt nunmehr dem **Vormundschaftsgericht**, also dem Amtsgericht (§ 35 FGG). Auch im württembergischen Rechtsgebiet wird nicht das ordentliche Vormundschaftsgericht, dessen Geschäfte der Bezirksnotar besorgt, sondern das Amtsgericht tätig (Art 68 Nr 18 Württ AGBGB idF des Gesetzes vom 19. 12. 1961 — GesBl 371 —).

Zuständig ist der Richter, nicht der Rechtspfleger (§§ 3 Abs 2, 12 Nr 3 RPflG).

22 **2.** Die örtliche Zuständigkeit regelt § 43a FGG, eingefügt durch Art 4 Nr 2 des FamRÄndG vom 11. 8. 1961. Maßgeblich sind, wie bei der Bestätigung des Kindesannahmevertrags, nicht die Verhältnisse des Kindes, sondern die des Vaters. Nach § 43a Abs 1 FGG ist grundsätzlich das Gericht zuständig, in dessen Bezirk der Vater seinen Wohnsitz oder, falls ein solcher im Inland fehlt, seinen Aufenthalt hat; maßgebend ist der Wohnsitz oder Aufenthalt in dem Zeitpunkt, in dem der Antrag eingereicht oder im Fall des § 1733 Abs 2 das Gericht oder der Notar mit der Einreichung betraut wird. Für deutsche Väter, die im Inland weder Wohnsitz noch Aufenthalt haben, ist nach § 43a Abs 2 FGG das Amtsgericht Schöneberg in Berlin-Schöneberg zentral zuständig; dieses kann die Sache aus wichtigen Gründen mit bindender Wirkung an ein anderes Gericht abgeben.

23 § 43a FGG gilt nur für die eigentliche Ehelichkeitserklärung. Für die Verrichtungen des Vormundschaftsgerichts nach den §§ 1727, 1728 Abs 2, 1729 Abs 1, 2 verbleibt es bei den allgemeinen Vorschriften (amtliche Begründung BT-Drucksache III/530, 28).

24 Der internationale Zuständigkeit des deutschen Vormundschaftsgerichts ist im Hinblick auf § 43a FGG und Art 22 EGBGB (s dazu 16 vor § 1719) ohne Rücksicht auf die Staatsangehörigkeit des Kindes gegeben, wenn der Vater Deutscher ist; ist er staatenlos oder Ausländer und hält er sich im Inland auf, so ist das deutsche Vormundschaftsgericht jedenfalls dann zuständig, wenn deutsches Recht anzuwenden ist (Jansen 8 zu § 43a; Keidel 13 zu § 43a). Umstritten ist die deutsche internationale Zuständigkeit, wenn der ausländische Vater zwar seinen Aufenthalt im Inland hat, das Gericht aber nach Art 22 Abs 1 EGBGB ausländisches Recht anwenden muß (dazu näher Jansen 8c cc zu zu § 43a; vgl ferner Soergel-Kegel 32 zu Art 22 EGBGB; Kegel IPR § 20 X 3; Beitzke, Internationale Zuständigkeit in Legitimationssachen, Festschrift für Kraus, 1954, 20 [25]).

25 Für die interlokale Zuständigkeit ist statt an die Staatsangehörigkeit an den gewöhnlichen Aufenthalt des Vaters anzuknüpfen. Beantragt ein in der SBZ lebender deutscher Vater die Ehelichkeitserklärung seines im Bundesgebiet lebenden unehelichen Kindes, so ist für die Entscheidung über diesen Antrag nicht das Amtsgericht Schöneberg in Berlin-Schöneberg (entsprechend dem inhaltlich mit § 36 Abs 2 FGG übereinstimmenden § 43a FGG) örtlich zuständig (so aber OLG Celle NdsRpfl 1965, 105 = DAVorm XXXVIII [1965], 316 = ZBlJR 1966, 49), sondern in entsprechender Anwendung der §§ 37 Abs 2, 44 FGG das Gericht, in dessen Bezirk das Fürsorgebedürfnis hervortritt (vgl — zum Fall der Legitimationsfeststellung — 30 zu § 1719 mit weiteren Nachweisen). Zu beachten ist dabei, daß das Recht der SBZ eine Ehelichkeitserklärung neuerdings nicht mehr kennt (s unten 37).

26 **3.** Das Verfahren des Vormundschaftsgerichts bestimmt sich nach den Vorschriften des FGG. Da die Ehelichkeitserklärung nur auf Antrag des Vaters erfolgen darf, gelten dieselben Grundsätze wie in jedem sonstigen **Antragsverfahren** der freiwilligen Gerichtsbarkeit; daß der Antrag auf Ehelichkeitserklärung zugleich materiellrechtlichen Charakter hat (über seine Doppelnatur s 2ff zu § 1725), ist in diesem Zusammenhang ohne Bedeutung.

Der Antrag ist notwendige Verfahrensvoraussetzung. Antragsberechtigt ist allein der Vater. Das Vorliegen eines gültigen Antrags ist in jeder Lage des Verfahrens, also auch vom Rechtsbeschwerdegericht, von Amts wegen zu prüfen. Der Vater kann den Antrag jederzeit ohne weiteres zurücknehmen, solange das Kind nicht wirksam für ehelich erklärt oder der Antrag rechtskräftig abgelehnt ist (über Wirksamwerden und Anfechtbarkeit der Entscheidung s unten 30—32). Die Zurücknahme beendet das Verfahren in der Hauptsache. Sie unterliegt keiner besonderen Form; doch sind die Vorschriften der §§ 1728, 1729 zu beachten (s 5 zu § 1731).

Hinsichtlich der zugrundezulegenden Tatsachen ist das Vormundschaftsgericht an das Vorbringen des Antragstellers und der übrigen Beteiligten nicht gebunden. Es gilt der **Amtsermittlungsgrundsatz** (§ 12 FGG). Das Vormundschaftsgericht hat also insbesondere von Amts wegen zu prüfen, ob der Antragsteller der wirkliche Vater des Kindes ist (s oben 10) und ob die Ehelichkeitserklärung dem Wohl des Kindes entspricht (§ 1734; s im einzelnen die Erläuterungen dort). Zum Beweise dafür, daß der Antragsteller der Vater des Kindes ist, wird in der Regel das Vaterschaftsanerkenntnis dienen können. Andererseits gelten die Vermutungen der §§ 1718, 1720 Abs 2 im Verfahren der Ehelichkeitserklärung nicht (s 11 zu § 1725). Wohl aber ist ein für und gegen alle wirkendes Statusurteil über das Bestehen oder Nichtbestehen eines Eltern-Kind-Verhältnisses auch für das Vormundschaftsgericht maßgebend. Im übrigen hat das Gericht allen etwaigen Zweifeln an der Vaterschaft des Antragstellers von sich aus nachzugehen. 27

Beteiligte des Verfahrens sind der Vater, die Mutter, das Kind und, wenn der Vater verheiratet ist, seine Ehefrau. Die Beteiligten sind zu hören, uU nach allgemeinen Grundsätzen (§ 1847) auch sonstige Verwandte und Verschwägerte des Kindes. Hat ein Beteiligter bereits vor Einleitung des Verfahrens in gehöriger Form in die Ehelichkeitserklärung eingewilligt, so kann es trotzdem geboten sein, ihm nochmals Gelegenheit zur Stellungnahme zu geben, etwa weil inzwischen längere Zeit verstrichen ist. Der Vater sollte auf jeden Fall persönlich gehört werden. 28

Eine Anhörung des Jugendamts sieht § 48 Abs 1 Satz 2 JWG nur für das Genehmigungsverfahren nach §§ 1728 Abs 2, 1729 Abs 2 vor, nicht aber für das eigentliche Ehelichkeitserklärungsverfahren. In Betracht kommt jedoch eine Einschaltung des Jugendamts im Wege der Vormundschaftsgerichtshilfe nach § 48 Abs 1 Satz 1 JWG, vor allem dann, wenn das genehmigende Vormundschaftsgericht nicht zugleich für die Ehelichkeitserklärung zuständig ist (s oben 23). 29

4. Die **Entscheidung** des Vormundschaftsgerichts ergeht durch Beschluß, der entweder die Ehelichkeitserklärung ausspricht oder den Antrag ablehnt. Die Entscheidung ist den Beteiligten bekanntzumachen (§ 16 FGG). Über Wirksamwerden, Anfechtbarkeit und Abänderbarkeit der Entscheidung enthält § 56a FGG (eingefügt durch Art 4 Nr 5 des FamRÄndG vom 11. 8. 1961) Sondervorschriften. 30

Die stattgebende Entscheidung wird mit der Bekanntmachung an den Vater oder, soweit die Ehelichkeitserklärung nach dem Tode des Vaters zulässig ist (§ 1733 Abs 2), mit der Bekanntmachung an das Kind wirksam (§ 56a Abs 1 Satz 1 FGG; über die Rückwirkung nach dem Tode des Vaters s 8 zu § 1733). Der Beschluß ist unanfechtbar und unabänderbar (§ 56a Abs 1 Satz 2 FGG); die Rechtsstellung des Kindes soll nach dem Willen des Gesetzgebers nicht dadurch gefährdet werden, daß das Vormundschaftsgericht seine Entscheidung später ändern kann (amtliche Begründung BT-Drucksache III/530, 28). 31

Die ablehnende Entscheidung wird, da § 56a FGG insoweit keine Sonderregelung trifft, nach Maßgabe des § 16 FGG wirksam. Sie kann vom Vater als Antragsteller (§ 20 Abs 2 FGG) mit der einfachen Beschwerde angefochten werden. Ist der Vater verstorben, so steht die Beschwerde dem Kind zu (§ 56a Abs 2 FGG); hat dieses das 14. Lebensjahr vollendet, so kann es das Beschwerderecht ohne Mitwirkung seines gesetzlichen Vertreters ausüben (§ 59 FGG). Daneben steht ein Beschwerderecht nach § 57 Abs 1 Nr 9 FGG jedem zu, der ein berechtigtes Interesse hat, für das Wohl des Kindes einzutreten (Jansen 10 zu § 56a; Keidel 19 zu § 56a). Auf Antrag des Vaters kann die ablehnende Entscheidung vom Vormundschaftsgericht geändert werden (§ 18 Abs 1 Halbsatz 2 FGG). 32

5. Mitteilungspflicht: Eine beglaubigte Abschrift des Beschlusses, der die Ehelichkeitserklärung ausspricht, hat das Vormundschaftsgericht dem Standesbeamten zu übersenden, der das Geburtenbuch des Kindes führt (§ 30 Abs 2 PStG; s dazu im einzelnen §§ 27, 71, 72 Abs 3 AVO PStG). 33

6. Kosten: Im Ehelichkeitserklärungsverfahren werden Gerichtsgebühren grundsätzlich nicht erhoben (§ 91 KostO); Ausnahmen ergeben sich für das Beschwerdeverfahren aus § 131 KostO. 34

IV. **Personenstandsrecht.**

35 **1.** Auf Grund der ihm übermittelten beglaubigten Abschrift des die Ehelichkeitserklärung aussprechenden Beschlusses (s oben 33) trägt der Standesbeamte des Geburtenbuchs einen Randvermerk zum Geburtseintrag des Kindes ein, weil der Personenstand des Kindes durch die Ehelichkeitserklärung geändert wird (§ 30 Abs 1 PStG). In dem Randvermerk ist auf den Geburtseintrag des Vaters hinzuweisen (§ 39 AVO PStG). Eine Mitteilung an den Standesbeamten, der das Geburtenbuch des Vaters führt, unterbleibt jedoch; das Kind wird weder beim Geburtseintrag des Vaters noch beim Geburtseintrag der Mutter vermerkt. Auch in das Familienbuch des Vaters wird es nicht eingetragen (vgl § 15 Abs 1 PStG).

Weitere Eintragungen sind erforderlich, wenn durch die Ehelichkeitserklärung noch andere Personen in der Weise betroffen werden, daß sich ihr Name ändert (vgl dazu Pfeiffer-Strickert 6 zu § 30 PStG).

36 **2.** In der Geburtsurkunde wird das für ehelich erklärte Kind künftig mit dem Familiennamen des Vaters bezeichnet (§ 65 Satz 1 PStG). Die Ehelichkeitserklärung ist am Schluß anzugeben (§ 65 Satz 3 PStG). Die Tatsache der unehelichen Geburt ist also, anders als bei der Legitimation durch nachfolgende Ehe (vgl 42 zu § 1719), aus der Geburtsurkunde zu ersehen.

V. **Rechtszustand in der SBZ*).**

37 In der SBZ waren die §§ 1723—1740 bisher nicht geändert worden. Sie galten bis zum 31. 3. 1966 noch in derselben Fassung wie in der Bundesrepublik vor Inkrafttreten des FamRÄndG vom 11. 8. 1961. Eine Ausnahme bildete § 1735a; in der amtlichen Textausgabe des BGB, herausgegeben vom Ministerium der Justiz, 1956, fand sich zu dieser Vorschrift die Anmerkung, sie sei „infolge ihres nazistischen Charakters nicht mehr anwendbar".

Nach § 12 Nr 2 der VO über die Übertragung der Angelegenheiten der freiwilligen Gerichtsbarkeit vom 15. 10. 1952 (GBl 1057) entschied über den Antrag auf Ehelichkeitserklärung der Rat des Kreises, Abteilung Gesundheitswesen, Referat Mutter und Kind. Seit dem 15. 6. 1953 war nach §§ 1, 2 der VO über die Neuordnung der Zuständigkeit für das Aufgabengebiet der Jugendhilfe vom 28. 5. 1953 (GBl 798) die Abteilung Volksbildung, Referat Jugendhilfe und Heimerziehung, des Rates des Kreises zuständig.

Das Familiengesetzbuch vom 20. 12. 1965 (GBl I 1966, 1; s dazu 85ff vor § 1705), in Kraft seit 1. 4. 1966, sieht eine Ehelichkeitserklärung nicht mehr vor. Das vierte Buch des BGB ist durch § 27 Nr 1 des Einführungsgesetzes zum Familiengesetzbuch vom 20. 12. 1965 (GBl I 1966, 19) aufgehoben worden. Ein uneheliches Kind kann demnach jetzt nur noch durch Eheschließung seiner Eltern legitimiert werden (s hierüber 44 zu § 1719).

VI. **Internationales und interlokales Privatrecht.**

38 Siehe hierüber 16 vor § 1719 und Bem zu Art 22 EGBGB.

§ 1724.

Die Ehelichkeitserklärung kann nicht unter einer Bedingung oder einer Zeitbestimmung erfolgen.

E I 1594; II 1618 Abs 2; III 1700; Mot 4, 946; Prot 4, 711.

1 **1.** Durch die Ehelichkeitserklärung wird ein familienrechtliches Verhältnis gestaltet. Dieser Bedeutung entsprechend sind Bedingungen und Zeitbestimmungen nicht zugelassen (Mot 4, 946). § 1724 steht mit anderen Vorschriften im Einklang, die vergleichbare Verhältnisse betreffen (vgl zB § 13 Abs 2 EheG, §§ 1742, 1768 Abs 1 Satz 2).

2 **2.** Wird dem Beschluß, der die Ehelichkeitserklärung ausspricht, entgegen § 1724 eine Bedingung oder Zeitbestimmung beigefügt, so ist er nichtig; die gewollten Wirkungen (§§ 1736ff) treten demgemäß nicht ein. Nach dem eindeutigen Gesetzeswortlaut („kann nicht") vermag auch § 1735 diesen Mangel nicht zu heilen.

3 **3.** Da die Ehelichkeitserklärung selbst keine Bedingung oder Zeitbestimmung enthalten darf, muß das gleiche für den darauf gerichteten Antrag, das Vaterschaftsanerkenntnis (§ 1725) und die erforderlichen Einwilligungserklärungen (§ 1726) gelten (s 8 zu § 1725, 10 zu § 1726). Wird ein Mangel dieser Art bei der Ehelichkeitserklärung übersehen, so gilt § 1735.

---

*) Vgl Boschan, Europäisches Familienrecht, 3. Aufl, 1963, 83ff; Wassermeyer, Die Entwicklung des Kindschaftsrechts in Mitteldeutschland, 1965, 34f.

§ 1725*).

Der Antrag muß die Erklärung des Vaters enthalten, daß er das Kind als das seinige anerkenne.

E I 1585; II, 1611; III, 1701; Mot 4, 937; Prot 4, 705.

I. Allgemeines.

Die Ehelichkeitserklärung erfordert zwar, anders als die Annahme an Kindes Statt, keinen Vertrag zwischen dem Vater und dem Kind. Dennoch steht sie (im modernen Recht) der Annahme an Kindes Statt sehr nahe. In beiden Fällen kommt das Verwandtschaftsverhältnis nicht ohne ein darauf gerichtetes rechtsgeschäftliches Handeln der Hauptbeteiligten zustande. Deshalb ist es durchaus vertretbar, mit Mitteis (Familienrecht, 4. Aufl, 1949, 149) in Ehelichkeitserklärung und Adoption zwei verschiedene Arten der Herstellung eines Verwandtschaftsverhältnisses kraft Rechtsgeschäfts zu sehen. Daß die Ehelichkeitserklärung bei Vorliegen der erforderlichen Willenserklärungen letztlich durch Staatsakt erfolgt, zwingt zu keiner anderen Beurteilung; es kommt im Recht auch sonst vor, daß der rechtsgeschäftliche Erfolg erst nach einem mehraktigen Vorgang eintritt. Keinesfalls ist der Beschluß des Vormundschaftsgerichts für sich allein Rechtsgrund für die Legitimation des Kindes; vielmehr bilden der Antrag des Vaters und die Einwilligung des Kindes den „tragenden privatrechtlichen Teil der Ehelichkeitserklärung" (so treffend Gernhuber § 61 II 7). 1

Die §§ 1725, 1726 handeln von diesen Erklärungen der beiden Hauptbeteiligten. § 1726 bestimmt außerdem, welche weiteren interessierten Personen einwilligen müssen.

§ 1725 betrifft den Vater: Der Vater muß, wie schon § 1723 vorsieht, die Ehelichkeitserklärung beantragen; darüber hinaus muß er die Vaterschaft anerkennen.

Über die Folgen des Fehlens eines gesetzlichen Erfordernisses der Ehelichkeitserklärung s 14 zu § 1723 und Bem zu § 1735.

II. Der Antrag.

1. Der Antrag ist Verfahrenshandlung und Rechtsgeschäft zugleich; er hat eine **Doppelnatur** (vgl Göppinger FamRZ 1962, 542; Pikart-Henn 241; Gernhuber § 61 II 7). Wenn er gelegentlich auch heute noch als bloßes „Rechtsgeschäft" bezeichnet wird (vgl zB Palandt-Lauterbach 1 [bis zur 24. Aufl, unklar in der 25. Aufl]; Erman-Hefermehl 1), so wird dabei die seit dem FamRÄndG vom 11. 8. 1961 eingetretene Rechtsänderung verkannt (s 20ff zu § 1723). 2

a) Der Antrag ist Verfahrenshandlung, weil die Ehelichkeitserklärung nur auf Antrag ausgesprochen wird, § 1723, und das Verfahren der Ehelichkeitserklärung daher zu den Antragsverfahren der freiwilligen Gerichtsbarkeit gehört. Antragsberechtigt ist nur der Vater, nicht die Mutter (s zu 2 § 1723). Das Vorliegen eines gültigen Antrags ist in jeder Lage des Verfahrens von Amts wegen zu prüfen. Mit dem Antrag steht und fällt das Verfahren. Der Vater kann ihn — als Verfahrensakt — zurücknehmen (s 26 zu § 1723). 3

b) Der Antrag enthält aber auch die Erklärung des Willens, dem Kind die rechtliche Stellung eines ehelichen Kindes einräumen zu wollen, und ist daher zugleich Rechtsgeschäft, und zwar einseitiges Rechtsgeschäft mit amtsempfangsbedürftiger Willenserklärung**). In dieser Eigenschaft bildet der Antrag zusammen mit der Einwilligung des Kindes die eigentliche Grundlage für die Ehelichkeitserklärung (s oben 1). Er unterliegt insoweit — als Akt des materiellen Rechts — den allgemeinen Bestimmungen über Nichtigkeit und Anfechtbarkeit von Willenserklärungen. Insbesondere kann er wegen Irrtums, arglistiger Täuschung und Drohung (§§ 119, 123) angefochten werden. Praktische Bedeutung kommt dem aber kaum zu, denn vor Abschluß des Verfahrens bietet sich die Zurücknahme (s oben 3) als der einfachere Weg an und mit dem Wirksamwerden der Ehelichkeitserklärung gelten die §§ 1735, 1735a (s 3 zu § 1731). 4

2. **Weitere Besonderheiten** des Antrags: 5

a) Er bedarf der gerichtlichen oder notariellen Beurkundung (§ 1730); hierin liegt eine Abweichung von § 11 FGG.

---

*) Schrifttum zum Vaterschaftsanerkenntnis — mit besonderer Berücksichtigung der Wirkungen nach §§ 1718, 1720 Abs 2 — s Fußn zu § 1718.

**) Zur Begriffsbestimmung vgl 80 zu § 1706.

6 b) Hat der Vater den Antrag beim Vormundschaftsgericht eingereicht oder bei oder nach der gerichtlichen oder notariellen Beurkundung das Gericht oder den Notar mit der Einreichung betraut, so steht sein späteres Ableben der Ehelichkeitserklärung nicht im Wege (§ 1733 Abs 2).

Über die Bedeutung nachträglich eintretender Geschäftsunfähigkeit oder Geschäftsbeschränktheit des Vaters s 12, 13 zu § 1733.

7 c) Gesetzliche oder gewillkürte Stellvertretung ist beim Antrag auf Ehelichkeitserklärung ausgeschlossen (§ 1728 Abs 1). Ist der Vater in der Geschäftsfähigkeit beschränkt, so stellt er den Antrag selbst, bedarf dazu aber außer der Zustimmung seines gesetzlichen Vertreters auch der Genehmigung des Vormundschaftsgerichts (§ 1729 Abs 1). Ist der Vater geschäftsunfähig, so ist die Ehelichkeitserklärung unmöglich, weil ein Antrag wirksam nicht gestellt werden kann (s 3 zu § 1728).

8 d) Ein Antrag unter einer Bedingung oder Zeitbestimmung ist unzulässig (s 3 zu § 1724).

III. Das Vaterschaftsanerkenntnis.

9 1. Der Antrag muß die Erklärung des Vaters enthalten, daß er das Kind als das seinige anerkenne. Das bedeutet, daß Antrag und Vaterschaftsanerkenntnis regelmäßig zusammen in einer der Formvorschrift des § 1730 entsprechenden Urkunde aufgenommen werden müssen. Hat jedoch der Antragsteller die Vaterschaft bereits früher in einer anderen Urkunde anerkannt, so genügt es, wenn er hierauf Bezug nimmt (vgl Planck-Unzner 1; Erman-Hefermehl 2; Brand-Hensel 281; Gernhuber § 61 II 14 Anm 4; Dölle § 111 II 2; **aM** Pikart-Henn 241). Ebenso ist es als ausreichend zu erachten, wenn jemand, der zunächst nur den Antrag gestellt hat, nachträglich das noch fehlende Vaterschaftsanerkenntnis besonders erklärt (vgl — je aaO — Planck-Unzner und Dölle). Aus dem Zusammenhang des Gesetzes folgt indessen, daß auch ein solches vorheriges oder nachträgliches Vaterschaftsanerkenntnis den gleichen Vorschriften unterliegt wie ein mit dem Antrag verbundenes, dh daß es insbesondere gerichtlich oder notariell beurkundet sein muß (§§ 1725, 1730).

10 Da der Begriff der gerichtlichen oder notariellen Beurkundung enger ist als der der öffentlichen Urkunde in den §§ 1718, 1720 Abs 2 (s 34 zu § 1718), genügt ein nach den §§ 1718, 1720 Abs 2 abgegebenes Anerkenntnis nicht immer als Voraussetzung für die Ehelichkeitserklärung. Umgekehrt entspricht aber ein zum Zweck der Ehelichkeitserklärung abgegebenes Anerkenntnis stets auch den Anforderungen der §§ 1718, 1720 Abs 2. Das kann von Bedeutung sein, wenn das Vormundschaftsgericht die Ehelichkeitserklärung ablehnt und der Antragsteller später auf Unterhalt in Anspruch genommen wird oder die Mutter doch noch heiratet.

11 2. Das Vaterschaftsanerkenntnis dient im Verfahren der Ehelichkeitserklärung als Beweis dafür, daß der Antragsteller der Vater des Kindes ist. Da die Vaterschaft des Antragstellers Voraussetzung für die Ehelichkeitserklärung ist (s 10 zu § 1723), muß der Antrag abgelehnt werden, wenn der Antragsteller durch seine Erklärung das Gericht nicht von seiner Vaterschaft zu überzeugen vermag. Das Gericht prüft die Richtigkeit des Anerkenntnisses selbständig und ohne Bindung an die Vermutungen der §§ 1718, 1720; erforderlichenfalls hat es gemäß § 12 FGG von Amts wegen Ermittlungen anzustellen (s 27 zu § 1723).

12 3. Die Erklärung des Vaters, er erkenne das Kind als das seinige an, ist keine bloße Wissenserklärung. Sie ist eng verknüpft mit dem Antrag in seiner Eigenschaft als Rechtsgeschäft (s oben 4). Durch Antrag und Vaterschaftsanerkenntnis gibt der Vater seinen Willensentschluß kund, die bestehende natürliche Verwandtschaft in eine Verwandtschaft im Rechtssinn umzuwandeln und dem Kind die Stellung eines ehelichen zu verschaffen; Antrag und Vaterschaftsanerkenntnis bilden zusammen mit der Einwilligung des Kindes die eigentliche Grundlage für die Ehelichkeitserklärung (s oben 1). Deshalb wird man das Vaterschaftsanerkenntnis mit der seit jeher herrschenden Meinung zugleich als **einseitiges Rechtsgeschäft** mit empfangsbedürftiger Willenserklärung*) ansehen müssen (vgl Planck-Unzner 3; Palandt-Lauterbach 2; Soergel-Siebert-Lade 2; Scheffler in RGRKomm 2; s auch 44 zu § 1718 mit weiteren Nachweisen; **aM** Opet-vBlume 2: lediglich Bedeutung eines Geständnisses; Kipp-Wolff § 90 II 2: kein echtes Rechtsgeschäft; abweichend ferner Beitzke ZBlJR 1961, 294 und StAZ 1961, 329, der das Anerkenntnis nach § 1718 — und wohl auch das für die Ehelichkeitserklärung erforderliche — als Rechtshandlung bezeichnet, auf diese aber doch die Regeln über die Willenserklärungen entsprechend anwenden will; ähnlich Dölle § 111 II 2).

---

*) Nicht empfangsbedürftig ist dagegen das Anerkenntnis nach §§ 1718, 1720 Abs 2 (s 45, 54 zu § 1718; 19 zu § 1720).

Erklärungsempfänger ist das Vormundschaftsgericht. Eine Anfechtung des Anerkenntnisses wegen Irrtums, arglistiger Täuschung und Drohung ist nach allgemeinen Vorschriften (§§ 119, 123) möglich (s 97ff zu § 1718, 23 zu § 1720), aber kaum praktisch, weil eine Antragsrücknahme (s oben 3) vor Abschluß des Verfahrens auf einfachere Weise zum Ziele führt und eine Anfechtung nach der Ehelichkeitserklärung wegen § 1735 (oder § 1735a) an der rechtlichen Stellung, die das Kind erlangt hat, nichts mehr ändern kann (s 3 zu § 1731). 13

4. Dem Vaterschaftsanerkenntnis darf ebensowenig eine Bedingung oder Zeitbestimmung hinzugefügt werden wie dem Antrag (s oben 8 und 3 zu § 1724). 14

5. Ein bewußt wahrheitswidriges Vaterschaftsanerkenntnis ist nach § 169 StGB strafbar, deshalb nach § 134 nichtig und somit auch im Verfahren der Ehelichkeitserklärung unbeachtlich (s 95 zu § 1718, 25 zu § 1720). 15

§ 1726.

Zur Ehelichkeitserklärung ist die Einwilligung des Kindes und, wenn das Kind nicht das einundzwanzigste Lebensjahr vollendet hat, die Einwilligung der Mutter erforderlich. Ist der Vater verheiratet, so bedarf er auch der Einwilligung seiner Frau.

Die Einwilligung ist dem Vater oder dem Vormundschaftsgericht gegenüber zu erklären; sie ist unwiderruflich.

Die Einwilligung der Mutter ist nicht erforderlich, wenn die Mutter zur Abgabe einer Erklärung dauernd außerstande oder ihr Aufenthalt dauernd unbekannt ist. Das gleiche gilt von der Einwilligung der Frau des Vaters.

E I, 1587, 1591 Satz 2; II, 1613 Abs 1 und 3, 1616 Satz 2; III, 1702; Mot 4, 940, 944; Prot 4, 708. Abs 2 geändert durch Art 1 Nr 14 des FamRÄndG vom 11. 8. 1961 (redaktionelle Anpassung an § 1723 nF).

I. Allgemeines.

§ 1726 handelt von den Einwilligungserklärungen, die neben dem Antrag des Vaters Voraussetzung der Ehelichkeitserklärung sind. 1

Über den engen Zusammenhang zwischen der Einwilligung des Kindes und dem Antrag des Vaters s 1 zu § 1725.

Hinsichtlich der Einwilligung der Mutter wird § 1726 durch § 1727 ergänzt.

Über die Folgen des Fehlens eines gesetzlichen Erfordernisses der Ehelichkeitserklärung s 14 zu § 1723 und Bem zu § 1735.

II. Die erforderlichen Einwilligungen.

1. Die Ehelichkeitserklärung erfordert nach § 1726 Abs 1 die Einwilligung des Kindes, ferner, wenn dieses noch nicht 21 Jahre alt ist, die Einwilligung der Mutter und außerdem, wenn der Vater verheiratet ist, auch die Einwilligung seiner Ehefrau. 2

a) Das **Kind** muß stets einwilligen. Seine Einwilligung ist nie entbehrlich und nie ersetzbar. 3

Ist das Kind mehr als 14 Jahre alt, so gibt es die erforderliche Erklärung persönlich ab, bedarf dazu aber, wenn es noch minderjährig oder aus anderen Gründen in der Geschäftsfähigkeit beschränkt ist, außer der Zustimmung seines gesetzlichen Vertreters der Genehmigung des Vormundschaftsgerichts (§§ 1728, 1729 Abs 2). Für das geschäftsunfähige Kind handelt der gesetzliche Vertreter mit Genehmigung des Vormundschaftsgerichts (§ 1728 Abs 2). Im Alter zwischen 7 und 14 Jahren wird das Kind entweder mit Genehmigung des Vormundschaftsgerichts von seinem gesetzlichen Vertreter vertreten oder erklärt mit dessen Zustimmung und mit Genehmigung des Vormundschaftsgerichts die Einwilligung selbst (§§ 1728 Abs 2, 1729 Abs 2; s 5, 7 zu § 1728 und 6 zu § 1729).

b) Die Einwilligung der **Mutter des Kindes** wurde im E I noch nicht verlangt, weil man dafür kein Bedürfnis sah (Mot 4, 941f); die zweite Kommission war jedoch der Meinung, das große Opfer, welches die Mutter dadurch bringe, daß sie sich von ihrem Kind trenne (vgl § 1738), dürfe ihr nicht gegen ihren Willen aufgedrängt werden (Prot 4, 708). 4

Da das Gesetz nicht auf die Volljährigkeit des Kindes abstellt, sondern auf sein Alter (Vollendung des 21. Lebensjahrs), ist die Einwilligung der Mutter nicht entbehrlich, wenn das Kind für volljährig erklärt ist. 5

6 Ist die Mutter in der Geschäfsfähigkeit beschränkt, so erklärt sie die Einwilligung selbst; die Zustimmung ihres gesetzlichen Vertreters ist nicht erforderlich (§ 1729 Abs 3). Über den Fall ihrer Geschäftsunfähigkeit s unten 13 und 3 zu § 1728.

Das Erfordernis der Einwilligung der Mutter entfällt, wenn die Voraussetzungen des § 1726 Abs 3 vorliegen; s dazu unten 13. Außerdem kann ihre Einwilligung unter den Voraussetzungen des § 1727 durch das Vormundschaftsgericht ersetzt werden; s hierüber die Erläuterungen zu § 1727.

7 Mit dem Tode der Mutter geht ihr Widerspruchsrecht nicht etwa auf andere Verwandte über; es erlischt vielmehr (vgl VGH Stuttgart JZ 1951, 305 = MDR 1951, 316).

8 c) Die **Ehefrau des Vaters** muß einwilligen, auch wenn die Ehegatten getrennt leben. Das Erfordernis ihrer Einwilligung entfällt erst, wenn die Ehe aufgelöst ist.

Die in der Geschäftsfähigkeit beschränkte Ehefrau bedarf nicht der Zustimmung ihres gesetzlichen Vertreters (§ 1729 Abs 3). Über den Fall ihrer Geschäftsunfähigkeit s unten 13 und 3 zu § 1728.

9 Die Einwilligung der Ehefrau ist nicht erforderlich, wenn die Voraussetzungen des § 1726 Abs 3 vorliegen; s dazu unten 13. Ihre Einwilligung kann aber, anders als die der Mutter, nicht ersetzt werden; eine entsprechende Anwendung des § 1727 scheidet aus. Nur das Einwilligungsrecht der Mutter ist durch § 1727 eingeschränkt; die Ehefrau des Vaters kann dagegen ihre eigenen Interessen rückhaltlos zur Geltung bringen (OLG Hamm FamRZ 1965, 231 = NJW 1965, 1281 = MDR 1965, 664 = DAVorm XXXVIII [1965], 212 = ZBlJR 1965, 171). Die Ehelichkeitserklärung scheitert also, wenn die Ehefrau des Antragstellers widerspricht.

10 2. Die Einwilligungen sind **einseitige Rechtsgeschäfte** mit empfangsbedürftigen Willenserklärungen*), denen keine Bedingung oder Zeitbestimmung hinzugefügt werden darf (s 3 zu § 1724). Sie sind nach § 1726 **Abs 2 Halbsatz 1** entweder gegenüber dem Vater oder gegenüber dem für die Ehelichkeitserklärung zuständigen Vormundschaftsgericht abzugeben und müssen gerichtlich oder notariell beurkundet sein (§ 1730). Sie brauchen bei Antragstellung noch nicht vorzuliegen, sondern können im Laufe des Verfahrens nachgebracht werden.

11 Anders als der Antrag des Vaters, der zurückgenommen werden kann (s 3 zu § 1725), sind die Einwilligungen mit ihrem Wirksamwerden unwiderruflich, § 1726 **Abs 2 Halbsatz** 2. Soweit sie vormundschaftsgerichtlicher Genehmigung bedürfen, muß diese wegen § 1831 vor dem Zugehen erteilt sein; nur die mit vormundschaftsgerichtlicher Genehmigung erklärte Einwilligung ist unwiderruflich (s 14 zu § 1728).

Eine Anfechtung wegen Irrtums, arglistiger Täuschung oder Drohung ist nach allgemeinen Regeln möglich, jedoch im Hinblick auf § 1735 (oder § 1735a) nur bis zum Wirksamwerden der Ehelichkeitserklärung von praktischer Bedeutung (s 4 zu § 1731).

Die §§ 182ff finden auf die Einwilligungen keine Anwendung (s 2 zu § 182).

12 3. Die Einwilligungen können **nicht durch einen Vertreter** erklärt werden (§ 1728 Abs 1); Ausnahmen gelten nur für das Kind, wenn es geschäftsunfähig oder noch nicht 14 Jahre alt ist (§ 1728 Abs 2). Das Vertretungsverbot erstreckt sich auf gesetzliche und gewillkürte Vertretung, auf Vertretung im Willen und in der Erklärung (s 2 zu § 1728).

III. Die Ausnahmen nach Abs 3.

13 1. Während das Kind unter allen Umständen einwilligen muß, ist die Einwilligung der Mutter des Kindes und der Ehefrau des Vaters in den Fällen des Abs 3 nicht erforderlich. Die Ausnahmen rechtfertigen sich durch die Rücksicht auf das Wohl des Kindes. Voraussetzung ist, daß Mutter oder Ehefrau zur Abgabe einer Erklärung dauernd außerstande sind oder daß ihr Aufenthalt dauernd unbekannt ist.

Praktische Bedeutung hat diese Ausnahmebestimmung hauptsächlich bei Geschäftsunfähigkeit der Mutter oder Ehefrau. Die Geschäftsunfähigkeit muß aller Voraussicht nach eine dauernde sein. Ist ihr Ende abzusehen (etwa weil die Aufhebung der Entmündigung in Aussicht steht), so ist § 1726 Abs 3 nicht anwendbar. Es genügt nicht, daß das Abwarten des Wegfalls eines Hindernisses die Ehelichkeitserklärung ungebührlich verzögert (ebenso Scheffler in RGRKomm 2; Erman-Hefermehl 1; Gernhuber § 61 II 8 Anm 2; **aM** Palandt-Lauterbach 3).

14 2. Die Entscheidung des Vormundschaftsgerichts darüber, ob eine Person zur Abgabe einer Erklärung dauernd außerstande oder ihr Aufenthalt dauernd unbekannt ist, ist **keine Ermessensentscheidung**; es handelt sich hier um eine Tat- und Rechtsfrage (Göppinger Fam RZ 1960, 346; 1962, 542; Scheffler in RGRomm 2; **aM** Erman-Hefermehl 1).

*) Zur Begriffsbestimmung vgl 80 zu § 1706.

§ 1727.

Wird die Einwilligung von der Mutter verweigert, so kann sie auf Antrag des Kindes durch das Vormundschaftsgericht ersetzt werden, wenn das Unterbleiben der Ehelichkeitserklärung dem Kinde zu unverhältnismäßigem Nachteile gereichen würde.

E II, 1613 Abs 2; III, 1703; Prot 4, 708.

I. Allgemeines.

§ 1727 ergänzt § 1726 hinsichtlich der mütterlichen Einwilligung. Nach § 1726 Abs 1 Satz 1, Abs 3 Satz 1 muß die Mutter, wenn das Kind noch nicht 21 Jahre alt ist, in die Ehelichkeitserklärung einwilligen, es sei denn, daß sie zur Abgabe einer Erklärung dauernd außerstande oder ihr Aufenthalt dauernd unbekannt ist. § 1727 sieht vor, daß die erforderliche, von ihr verweigerte Einwilligung vom Vormundschaftsgericht unter bestimmten Voraussetzungen ersetzt werden kann. 1

Die Bestimmung ist erst von der zweiten Kommission geschaffen worden; nach dem E I wurde die Einwilligung der Mutter in die Ehelichkeitserklärung noch nicht verlangt (s 4 zu § 1726).

Die Einwilligung der Ehefrau des Vaters kann nicht ersetzt werden; eine entsprechende Anwendung des § 1727 auf diesen Fall kommt nicht in Betracht (s 9 zu § 1726).

Über die Erklärungen, die die Mutter des Kindes uU außerdem nach § 1728 Abs 2 oder § 1729 Abs 2 abgeben muß, s 9 zu § 1728 und 10 zu § 1729.

II. Verfassungsmäßigkeit.

Die Vorschrift ist nicht verfassungswidrig; sie verstößt insbesondere nicht gegen Art 6 Abs 2, 3 GG (vgl Gernhuber § 61 II 11; Schnitzerling RdJ 1962, 93; StAZ 1963, 177). Die Verfechter der gegenteiligen Auffassung (Krüger-Breetzke-Nowack, GleichberG, E 174, 206; Krüger, Die Rechtsstellung des unehelichen Kindes nach dem Grundgesetz, 1960, 42; Göppinger FamRZ 1959, 402 Anm 63; 1962, 449; ferner in diesem Komm, 31 vor § 1666; Donau in diesem Komm, 10 zu § 1626; Rüfner FamRZ 1963, 156; Dunz NJW 1963, 1969; Jansen 4 zu § 53 und 2d zu § 56a FGG; Scheffler in RGRKomm 1; mit Einschränkung auch Dölle § 111 II 4) beachten nicht genügend, daß es sich bei der Ehelichkeitserklärung, anders als bei der Adoption, nur um die rechtliche Anerkennug einer bereits bestehenden natürlichen Verwandtschaft handelt. Von einem „staatlichen Elterntausch (Krüger aaO) sollte man deshalb hier nicht sprechen. Die Verhältnisse nach dem Wirksamwerden der Ehelichkeitserklärung ähneln vielmehr denen nach geschiedener Ehe (hierauf weist Schnitzerling aaO mit Recht hin). Es sind zwei Elternteile vorhanden, ohne daß eine eheliche Gemeinschaft besteht. Damit fehlt nach der Ehelichkeitserklärung ebenso wie nach der Scheidung die tatsächliche Grundlage für eine gemeinsame Ausübung der elterlichen Gewalt. Hier wie dort muß geregelt werden, wem die elterliche Gewalt künftig zustehen soll. Im Fall der Scheidung bestimmt dies (heute) das Vormundschaftsgericht nach Maßgabe des § 1671 (über den früheren Schematismus nach § 1635 aF s 3 zu § 1671), im Fall der Ehelichkeitserklärung ergibt sich die Regelung umittelbar aus dem Gesetz (§ 1738). Der praktische Unterschied ist gering. Denn beidemale ist das Wohl des Kindes Richtschnur, bei der Zuteilung der elterlichen Gewalt nach der Scheidung ebenso wie bei der Ehelichkeitserklärung selbst (§ 1734). § 1671 läßt die Übertragung der elterlichen Gewalt auf einen Elternteil gegen den Willen des anderen Elternteils zu; ein Verstoß gegen das Grundgesetz ist hierin nicht zu sehen (s 42 zu § 1671). Für § 1727 kann angesichts der Ähnlichkeit der Fälle nichts anderes gelten. 2

III. Voraussetzungen der Ersetzung.

1. Die von der Mutter des Kindes verweigerte Einwilligung kann vom Vormundschaftsgericht nur ersetzt werden, wenn zwei Voraussetzungen vorliegen: 3

a) Das Kind muß die Ersetzung beantragen. Von Amts wegen wird das Vormundschaftsgericht nicht tätig.

Eine besondere Form — wie für die Einwilligung selbst nach § 1730 — ist für den Antrag nicht vorgeschrieben. Auch unter § 1728 Abs 1 fällt der Ersetzungsantrag nicht; daher ist Vertretung zulässig.

Ist das Kind geschäftsunfähig, so muß der Antrag von seinem gesetzlichen Vertreter gestellt werden. Ist das Kind in der Geschäftsfähigkeit beschränkt, so kann der Antrag entweder vom gesetzlichen Vertreter oder vom Kind selbst mit Einwilligung des gesetzlichen Vertreters gestellt werden. Dies gilt auch dann, wenn das Kind das 14. Lebensjahr vollendet hat; § 59 FGG ist nicht anwendbar, da es sich nicht um eine Beschwerde handelt.

4 b) Das Unterbleiben der Ehelichkeitserklärung muß dem Kind zu unverhältnismäßigem Nachteil gereichen. Das wird nur angenommen werden können, wenn schwerwiegende Gründe für die Ehelichkeitserklärung sprechen. Dabei ist zu berücksichtigen, daß das Erfordernis der Einwilligung zugunsten der Mutter aufgestellt ist und ihre berechtigten Belange schützen soll (vgl Prot 4, 709). Sie verliert durch die Ehelichkeitserklärung das Recht und die Pflicht, für die Person des Kindes zu sorgen (§ 1738), neuerdings auch die ihr etwa übertragene elterliche Gewalt (ſ 3 zu § 1738); gegen ihren Willen soll dies nach dem Grundgedanken des § 1727 nur unter außergewöhnlichen Umständen möglich sein. Ihr Interesse soll dem Interesse des Kindes nur dann weichen, wenn die dem Kind durch die Ehelichkeitserklärung erwachsenden Vorteile erheblich größer sind als die Nachteile, die sie selbst erleidet (vgl KG DRW 1939, 2078 = JFG 20, 322; OLG Celle ZBlJR 1959, 235; OLG Hamm JR 1950, 274).

5 Ein die Ersetzung rechtfertigender unverhältnismäßiger Nachteil im Sinne des § 1727 ist bei geordneten Lebensverhältnissen der Mutter nicht schon dann gegeben, wenn für das Kind infolge Unterbleibens der Ehelichkeitserklärung diejenigen Rechtswirkungen entfallen, die nach dem Willen des Gesetzgebers mit einer solchen notwendig oder regelmäßig verbunden sind, zB die Erlangung der Stellung eines ehelichen Kindes und eine nicht außergewöhnliche Besserstellung in vermögensrechtlicher Hinsicht (KG DRW 1939, 2078 = JFG 20, 322; OLG Neustadt FamRZ 1964, 459 = ZBlJR 1965, 108).

6 Dagegen kann eine sehr naheliegende erhebliche Gefährdung des Kindeswohls einen unverhältnismäßigen Nachteil im Sinne des § 1727 bilden; eine solche Gefährdung ist uU dann anzunehmen, wenn das Kind sich schon seit zartestem Alter beim Vater befindet und bei Unterbleiben der Ehelichkeitserklärung durch die Rückkehr zu der im Ausand lebenden Mutter in eine völlig fremde, vor allem auch anderssprachige Umwelt versetzt werden würde (OLG Celle ZBlJR 1959, 235).

7 Nach OLG Stuttgart JW 1934, 922, 1372 (= JFG 11, 56) soll der Antrag auf Ersetzung nicht darauf gestützt werden können, daß das Kind bei der Mutter in leiblicher und sittlicher Hinsicht gefährdet sei, da solchen Gefahren auf dem Weg des § 1666 abgeholfen werden könne. Dieser Auffassung kann nicht gefolgt werden (hiergegen auch Palandt-Lauterbach 2; Scheffler in RGR-Komm 2; zustimmend aber Soergel-Siebert-Lade 1). Die Möglichkeit, das Kind durch Maßnahmen nach § 1666 vor Nachteilen zu schützen, schließt die Ersetzung der mütterlichen Einwilligung nach § 1727 nicht aus; beide Wege sind unabhängig voneinander gangbar. Indessen bestanden in dem der Entscheidung zugrundeliegenden Fall berechtigte Zweifel, ob die Ehelichkeitserklärung dem Kind dienlich gewesen wäre; der Vater hatte nämlich keinerlei persönliches Interesse an dem Kind bekundet, und es hatte ständiger Zahlungsaufforderungen und mehrfacher Drohungen mit strafrechtlichen Maßnahmen bedurft, um von ihm Unterhaltszahlungen zu erlangen. Es war daher jedenfalls im Ergebnis gerechtfertigt, das Vorliegen eines unverhältnismäßigen Nachteils im Sinne des § 1727 zu verneinen.

8 2. Liegen diese Voraussetzungen vor, so muß die Einwilligung der Mutter ersetzt werden. Die Entscheidung darüber, ob das Unterbleiben der Ehelichkeitserklärung dem Kind zu unverhältnismäßigem Nachteil gereichen würde, ist **keine Ermessensentscheidung** (so aber Erman-Hefermehl 1); es gilt insoweit das gleiche wie für die Entscheidung über die Ehelichkeitserklärung selbst (ſ 22 zu § 1734).

IV. Verfahren.

9 1. Die Zuständigkeit des Vormundschaftsgerichts richtet sich nach den allgemeinen Vorschriften (§§ 36, 43 FGG; ſ 23 zu § 1723). Die Entscheidung ist dem Richter vorbehalten (§ 12 Nr 3 RPflG). Auch im württembergischen Rechtsgebiet wird nicht das ordentliche Vormundschaftsgericht, dessen Geschäfte der Bezirksnotar besorgt, sondern das Amtsgericht tätig (Art 68 Nr 18 WürttAGBGB idF des Gesetzes vom 19. 12. 1961 — GesBl 371 —).

Das Vormundschaftsgericht hat die erforderlichen Ermittlungen von Amts wegen anzustellen (§ 12 FGG). Vor der Entscheidung über den Antrag hat es die Mutter zu hören (§§ 1695 Abs 1, 1707), außerdem das Jugendamt (§ 48 Abs 1 Satz 2 JWG).

10 2. Die Verfügung, welche die Zustimmung zur Ehelichkeitserklärung ersetzt, wird erst mit der Rechtskraft wirksam (§ 53 Abs 1 Satz 2 FGG). Sie kann, wenn die Ehelichkeitserklärung erfolgt ist, nicht mehr geändert werden (§ 55 Abs 2 FGG), auch nicht durch das Beschwerdegericht (§§ 62, 63 FGG).

Gegen die stattgebende Entscheidung steht der Mutter die sofortige Beschwerde zu (§§ 20 Abs 1, 53 Abs 1 Satz 2, 60 Abs 1 Nr 6 FGG), gegen die ablehnende dem Kind die einfache (§ 20 Abs 2 FGG).

3. Kosten: Für die Ersetzung der Einwilligung der Mutter wurde früher nach § 94 Abs 1 Nr 7 KostO eine volle Gebühr erhoben. Die Vorschrift ist durch Art 6 Nr 1a des FamRÄndG vom 11. 8. 1961 geändert worden; seitdem ist die Ersetzung ebenso gebührenfrei wie die Ehelichkeitserklärung selbst (amtliche Begründung BT-Drucksache III/530 S 30). Für die Beschwerde gilt § 131 KostO. 11

§ 1728.

Der Antrag auf Ehelichkeitserklärung sowie die Einwilligung der im § 1726 bezeichneten Personen kann nicht durch einen Vertreter erfolgen.

Ist das Kind geschäftsunfähig oder hat es nicht das vierzehnte Lebensjahr vollendet, so kann sein gesetzlicher Vertreter die Einwilligung mit Genehmigung des Vormundschaftsgerichts erteilen.

E I, 1588, 1589 Abs 2 Satz 2; II, 1614; III, 1704; Mot 4, 942; Prot 4, 710.

I. Allgemeines.

Die in den §§ 1725, 1726 vorgesehenen Erklärungen der Beteiligten sind höchstpersönlicher Natur. § 1728 Abs 1 bestimmt deshalb, daß sie grundsätzlich nicht durch einen Vertreter abgegeben werden können. 1

Hiervon macht § 1728 Abs 2 Ausnahmen zugunsten der Einwilligung des Kindes.

Nicht unter § 1728 fällt der Antrag des Kindes, die Einwilligung der Mutter nach § 1727 zu ersetzen (s 3 zu § 1727).

II. Der Grundsatz des Abs 1.

1. Ausgeschlossen ist durch § 1728 Abs 1 jede auf Gesetz oder Vollmacht beruhende Stellvertretung bei der Abgabe der Erklärung. Verboten ist nicht nur die Vertretung im Willen, sondern auch die Vertretung in der Erklärung (zu dieser Rechtsfigur s Vorbem 34ff vor § 164 [Coing]; ferner Boehmer JZ 1960, 4). Es besteht kein Bedürfnis, im Verfahren der Ehelichkeitserklärung contra legem eine Vertretung in der Erklärung zuzulassen (so mit Recht Jansen 2a zu § 56a FGG; **aM** Engelmann in der Vorauflage dieses Komm, Bem 1; Planck-Unzner 1; Beitzke in Achilles-Greiff 2; Soergel-Siebert-Lade 1). Zulässig ist dagegen die Übermittlung des beurkundeten Antrags oder der beurkundeten Einwilligung durch einen anderen, etwa durch den beurkundenden Notar (vgl § 1733 Abs 2) oder durch einen Rechtsanwalt (vgl Opet-Blume 1; Göppinger FamRZ 1962, 542); der Übermittler ist nicht Vetreter, sondern nur Bote. 2

2. Deshalb scheidet die Ehelichkeitserklärung aus, wenn der Vater **geschäftsunfähig** ist (§ 104); denn weder er selbst noch sein gesetzlicher Vertreter kann wirksam den erforderlichen Antrag stellen. Bei Geschäftsunfähigkeit des Vaters ist demzufolge eine Legitimation des Kindes überhaupt nicht möglich, da der Vater die Mutter auch nicht heiraten kann (§ 2 EheG). Bei Geschäftsunfähigkeit der Mutter des Kindes oder der Ehefrau des Vaters ist die Ehelichkeitserklärung nur dann unmöglich, wenn nicht die Vorschrift des § 1726 Abs 3 eingreift (s 13 zu § 1726). Für das geschäftsunfähige Kind enthält § 1728 Abs 2 eine Sonderregelung (s unten 7ff). 3

Nicht schlechthin ausgeschlossen ist die Ehelichkeitserklärung, wenn der Vater erst nach Antragstellung geschäftsunfähig wird; s darüber näher 12 zu § 1733. Im Falle nachträglicher Geschäftsunfähigkeit des Kindes, der Mutter des Kindes oder der Ehefrau des Vaters ergibt sich die Weiterwirkung der abgegebenen Einwilligungserklärung aus den allgemeinen Vorschriften des § 130 Abs 2 und 3 (vgl hinsichtlich des Kindes 11 zu § 1733). 4

3. **Beschränkte Geschäftsfähigkeit** der Beteiligten (§§ 106, 114) hindert die Ehelichkeitserklärung grundsätzlich nicht. Ist der Vater in der Geschäftsfähigkeit beschränkt, so gibt er die erforderlichen Erklärungen selbst ab, bedarf dazu allerdings der Zustimmung seines gesetzlichen Vertreters und der Genehmigung des Vormundschaftsgerichts (§ 1729 Abs 1). Das gleiche gilt für das Kind (§ 1729 Abs 2), wobei jedoch die Sonderregelung des § 1728 Abs 2 zu beachten ist; über die sich daraus für das Kind ergebenden Fallgruppen s 5ff zu § 1729. Die in der Geschäftsfähigkeit beschränkte Mutter des Kindes oder Ehefrau des Vaters handelt überhaupt nur persönlich; eine Zustimmung ihres gesetzlichen Vertreters ist nicht erforderlich (§ 1729 Abs 3). 5

6 Nachträglich eintretende beschränkte Geschäftsfähigkeit der Beteiligten schließt die Ehelichkeitserklärung ebensowenig aus wie nachträglich eintretende Geschäftsunfähigkeit (s oben 4; ferner 13 zu § 1733).

III. Die Ausnahmen nach Abs 2.

7 1. Von dem Grundsatz des § 1728 Abs 1 macht Abs 2 wichtige Ausnahmen hinsichtlich der nach § 1726 Abs 1 Satz 1 erforderlichen Einwilligung des Kindes. Das Vertretungsverbot gilt nicht, wenn das Kind geschäftsunfähig ist oder wenn es das 14. Lebensjahr noch nicht vollendet hat. In diesen Fällen kann der **gesetzliche Vertreter,** und zwar derjenige, dem die Vertretung in persönlichen Angelegenheiten zusteht (s 46 zu § 1626), mit Genehmigung des Vormundschaftsgerichts die Einwilligung namens des Kindes erklären. Die Erklärung des gesetzlichen Vertreters kann nicht durch das Vormundschaftsgericht ersetzt werden; es kommt — beim Vormund — höchstens Entlassung nach § 1886 in Betracht (vgl 9 zu § 1729). Nach der Regel des § 1728 Abs 1 ist Vertretung unzulässig, wenn das Kind das 14. Lebensjahr vollendet hat, aber noch minderjährig oder aus anderen Gründen in der Geschäftsfähigkeit beschränkt ist; hier gilt § 1729 Abs 2 (s 7 zu § 1729).

8 Die Einwilligung des gesetzlichen Vertreters nach § 1728 Abs 2 bedarf — anders als die Zustimmung nach § 1729 Abs 2 (s 8 zu § 1729) — der Form des § 1730, da die Erklärung für das Kind abgegeben wird.

9 Steht der unehelichen Mutter die gesetzliche Vertretung des Kindes zu (als Vormund oder als Inhaberin der elterlichen Gewalt nach § 1707 Abs 2), so ist die — unersetzbare — Erklärung, die sie nach § 1728 Abs 2 für das Kind abgibt, von ihrer eigenen — nach § 1727 ersetzbaren — Einwilligung als Mutter zu unterscheiden. An sich ist die Mutter nicht gehindert, das Kind bei der Durchführung der Ehelichkeitserklärung zu vertreten (vgl §§ 1629 Abs 2, 1795), also beide Erklärungen abzugeben. Besteht jedoch Interessenkollision, so kann für das Kind gemäß §§ 1629 Abs 2 Satz 2, 1796, 1909 ein Pfleger bestellt werden (vgl den in RGZ 122, 24 entschiedenen Fall).

10 2. Die **Genehmigung** zur Abgabe der Einwilligungserklärung wird durch das nach §§ 36, 43 FGG zuständige Vormundschaftsgericht erteilt; § 43a FGG greift hier nicht ein (s 23 zu § 1723). Die Entscheidung ist dem Richter vorbehalten (§ 12 Nr 3 RPflG). Auch im württembergischen Rechtsgebiet wird nicht das ordentliche Vormundschaftsgericht, dessen Geschäfte der Bezirksnotar besorgt, sondern das Amtsgericht tätig (Art 68 Nr 18 Württ AGBGB idF des Gesetzes vom 19. 12. 1961 — GesBl 371—).

Vor der Entscheidung über die Genehmigung ist das zuständige Jugendamt zu hören (§ 48 Abs 1 Satz 2 JWG); die Unterlassung der Anhörung macht die Genehmigung jedoch nicht unwirksam (vgl — zum früheren § 43 RJWG und zur Genehmigung eines Kindesannahmevertrags — BayObLG HRR 1929 Nr 1051).

11 3. Maßgebend für die Entscheidung des Vormundschaftsgerichts im Genehmigungsverfahren nach § 1728 Abs 2 ist das **Wohl des Kindes.** Entspricht die Ehelichkeitserklärung dem Wohl des Kindes, so ist die Genehmigung zu erteilen; andernfalls ist sie zu verweigern. Die gleiche Frage hat das für die Ehelichkeitserklärung zuständige Vormundschaftsgericht im Rahmen des § 1734 zu prüfen; sie wird deshalb in den Erläuterungen zu § 1734 (3ff) näher behandelt (s dort auch Rechtsprechung und Schrifttum).

12 4. Die **Verfügung** des Vormundschaftsgerichts im Genehmigungsverfahren wird mit der Bekanntmachung an den gesetzlichen Vertreter wirksam (§§ 1828, 1915, 1643 Abs 3, § 16 Abs 1 FGG). Sie unterliegt der einfachen Beschwerde (§§ 19ff FGG). Das Kind kann sein Beschwerderecht immer nur durch seinen gesetzlichen Vertreter ausüben, da § 59 Abs 2 FGG die gleiche Abgrenzung vornimmt wie § 1728 Abs 2. Dem Vater steht gegen die Versagung der Genehmigung kein eigenes Beschwerderecht zu; er ist nicht im Sinne des § 20 FGG in seinem Recht beeinträchtigt und kann sich auch nicht auf § 57 Abs 1 Nr 9 FGG stützen (OLG Schleswig-Holstein SchlHAnz 1958, 176 = DAVorm XXX [1957], 89).

Das Vormundschaftsgericht kann die Verfügung, durch die es die Genehmigung erteilt hat, nicht mehr ändern, sobald der gesetzliche Vertreter die Einwilligungserklärung abgegeben hat (§ 55 Abs 1 FGG); das Änderungsverbot besteht auch für das Beschwerdegericht und das Gericht der weiteren Beschwerde (§§ 62, 63 FGG).

13 5. Kosten: Steht das Kind unter Vormundschaft, so wird die Tätigkeit des Vormundschaftsgerichts im Genehmigungsverfahren durch die Gebühr nach § 92 KostO abgegolten. Steht das Kind unter elterlicher Gewalt (gemäß § 1707 Abs 2), so ist — unter Beachtung der Freigrenze des § 96 KostO — eine volle Gebühr nach § 95 Abs 1 Nr 3 KostO zu erheben (vgl — zum Parallelfall bei der Adoption — Korintenberg-Wenz-Ackermann 3 zu § 98 KostO; Rohs-Wedewer IV zu § 98 KostO). Bei Pflegschaft gilt § 93 KostO, für die Beschwerde § 131 KostO.

14 6. Fehlt die nach § 1728 Abs 2 erforderliche Genehmigung des Vormundschaftsgerichts so ist die Einwilligung des gesetzlichen Vertreters des Kindes nach **§ 1831** un-

wirksam (vgl KG OLG 43, 375 Anm 1; aM Gernhuber, § 61 II 10, der die Anwendung des § 1831 für sinnwidrig hält). Nicht erforderlich ist aber, daß die Genehmigung des Vormundschaftsgerichts schon in dem Zeitpunkt vorliegt, in dem die Einwilligungserklärung beurkundet wird. Sie kann nachgeholt werden, solange die Einwilligungserklärung dem Erklärungsempfänger (Vater oder Vormundschaftsgericht, § 1726 Abs 2) nicht zugegangen ist (OLG Darmstadt DJZ 1916, 544; KG JFG 6, 108 = HRR 1929 Nr 1648; LG Aachen DAVorm XXVIII [1956], 282). Bis zur Genehmigung durch das Vormundschaftsgericht kann der gesetzliche Vertreter seine Erklärung widerrufen; denn erst die rechtswirksame Einwilligung ist nach § 1726 Abs 2 unwiderruflich (KG aaO).

Wird das Kind trotz Fehlens der erforderlichen Genehmigung des Vormundschaftsgerichts für ehelich erklärt, so gilt § 1735.

§ 1729.

Ist der Vater in der Geschäftsfähigkeit beschränkt, so bedarf er zu dem Antrag, außer der Zustimmung seines gesetzlichen Vertreters, der Genehmigung des Vormundschaftsgerichts.

Ist das Kind in der Geschäftsfähigkeit beschränkt, so gilt das gleiche für die Erteilung seiner Einwilligung.

Ist die Mutter des Kindes oder die Frau des Vaters in der Geschäftsfähigkeit beschränkt, so ist zur Erteilung ihrer Einwilligung die Zustimmung des gesetzlichen Vertreters nicht erforderlich.

E I, 1589, 1590; II, 1615; III, 1705; Mot 4, 943; Prot 4, 710.

I. Allgemeines.

1 § 1729 regelt, wie bei beschränkter Geschäfsfähigkeit der Beteiligten (§§ 106, 114) hinsichtlich der von ihnen abzugebenden Erklärungen (§§ 1725, 1726) zu verfahren ist. Während Geschäftsunfähigkeit des Vaters, unter Umständen auch Geschäftsunfähigkeit der Mutter des Kindes und der Ehefrau des Vaters, die Ehelichkeitserklärung nach § 1728 Abs 1 hindert (s 3 zu § 1728), steht der Umstand, daß eine dieser Personen in der Geschäftsfähigkeit beschränkt ist, der Ehelichkeitserklärung grundsätzlich nicht entgegen. Auf seiten des Kindes ist beschränkte Geschäftsfähigkeit ebensowenig ein Hinderungsgrund wie Geschäftsunfähigkeit, vgl § 1728 Abs 2.

2 Das Gesetz mißt den Erklärungen, die die Mutter und die Ehefrau abgeben müssen, geringere Bedeutung bei als denen des Vaters und des Kindes. Vater und Kind bedürfen bei beschränkter Geschäftsfähigkeit der Zustimmung ihres gesetzlichen Vertreters und der Genehmigung des Vormundschaftsgerichts (§ 1729 Abs 1 und 2). Mutter und Ehefrau dagegen handeln in gleicher Lage selbständig; die Einschaltung ihres gesetzlichen Vertreters hat man nicht für erforderlich gehalten (§ 1729 Abs 3). Hier bestätigt sich, daß der Antrag des Vaters und die Einwilligung des Kindes die eigentliche Grundlage für die Ehelichkeitserklärung bilden (s 1 zu § 1725).

II. Vater und Kind.

3 1. § 1729 **Abs 1** betrifft den Vater. Ist der Vater in der Geschäftsfähigkeit beschränkt, so stellt er selbst den Antrag auf Ehelichkeitserklärung und erklärt auch das Vaterschaftsanerkenntnis selbst (§ 1725), bedarf aber zu beiden Erklärungen der Zustimmung seines gesetzlichen Vertreters und der Genehmigung des Vormundschaftsgerichts.

4 2. § 1729 **Abs 2** dehnt diese Regelung auf die Einwilligung des in der Geschäftsfähigkeit beschränkten Kindes aus. Dabei ist jedoch § 1728 Abs 2 zu beachten, wonach für das noch nicht 14 Jahre alte Kind an dessen Stelle auch der gesetzliche Vertreter mit Genehmigung des Vormundschaftsgerichts die Einwilligung erteilen kann (s 7 ff zu § 1728). Demnach sind **beim Kind folgende Fallgruppen** zu unterscheiden:

5 a) Es hat das 7. Lebensjahr noch nicht vollendet oder ist zwar älter, aber aus anderen Gründen geschäftsunfähig: Die Einwilligung ist stets vom gesetzlichen Vertreter mit Genehmigung des Vormundschaftsgerichts zu erteilen (§ 1728 Abs 2).

6 b) Es hat das 7., aber noch nicht das 14. Lebensjahr vollendet: Hier wird es entweder mit Genehmigung des Vormundschaftsgerichts von seinem gesetzlichen Vertreter **vertreten** (§ 1728 Abs 2) **oder** erklärt mit dessen Zustimmung und mit Genehmigung des Vormundschaftsgerichts die Einwilligung selbst (§ 1729 Abs 2).

7 c) Es hat das 14. Lebensjahr vollendet, ist aber noch minderjährig oder aus anderen Gründen in der Geschäftsfähigkeit beschränkt: In dieser Stufe kann es die Einwilligungserklärung mit Zustimmung des gesetzlichen Vertreters und mit Genehmigung des Vormundschaftsgerichts nur selbst abgeben (§§ 1728 Abs 1 und 2, 1729 Abs 2).

8 3. Die nach § 1729 Abs 1 und 2 erforderliche **Zustimmung** des gesetzlichen Vertreters (in persönlichen Angelegenheiten, vgl 7 zu § 1728) bedarf — anders als die Einwilligung namens des Kindes nach § 1728 Abs 2 (s 8 zu § 1728) — nicht der Form des § 1730 (Mot 4, 945; § 182 Abs 2).

9 Die Zustimmung des gesetzlichen Vertreters kann nicht ersetzt werden; bei pflichtwidriger Verweigerung durch den Vormund kommt aber Entlassung nach § 1886 in Betracht (vgl KG JFG 7, 79 = SchlHAnz 1930, 80).

10 Ist die uneheliche Mutter gesetzliche Vertreterin des Kindes, so ist sie nicht gehindert, die Zustimmung nach § 1729 Abs 2 neben der nach § 1726 Abs 1 Satz 1 erforderlichen Einwilligung als Mutter zu erklären; doch kann bei Interessenkollision für das Kind ein Pfleger bestellt werden (s 9 zu § 1728).

11 4. Zur Zustimmung des gesetzlichen Vertreters muß in den Fällen des § 1729 Abs 1 und 2 die **vormundschaftsgerichtliche Genehmigung** hinzutreten. Hinsichtlich der Zuständigkeit und des Verfahrens gelten die Bem 10 ff zu § 1728 entsprechend. Anhörung des Jugendamts ist jedoch nur im Falle des § 1729 Abs 2 vorgeschrieben (§ 48 Abs 1 Satz 2 JWG). Ebenso ist nur im Falle des § 1729 Abs 2 das Wohl des Kindes Richtschnur für die Entscheidung (s darüber 11 zu § 1728, 3 ff zu § 1734). Dagegen ist bei der Entscheidung über die Genehmigung der Antragstellung durch den beschränkt geschäftsfähigen Vater nach § 1729 Abs 1 lediglich zu prüfen, ob der Antrag im Interesse des Vaters und seiner Familie liegt; es ist nicht in eine Gesamtwürdigung der für die Ehelichkeitserklärung maßgebenden Umstände einzutreten (Erman-Hefermehl 1).

12 Wegen des Zeitpunktes, in dem die Genehmigung des Vormundschaftsgerichts vorliegen muß, s 14 zu § 1728.

13 5. Fehlt es an einer der in § 1729 Abs 1 und 2 aufgestellten Voraussetzungen für die Ehelichkeitserklärung, so darf dem Antrag des Vaters nicht stattgegeben werden. Wird die Ehelichkeitserklärung trotzdem ausgesprochen, so gilt § 1735.

III. Mutter und Ehefrau.

14 § 1729 **Abs 3** sieht Erleichterungen für die Mutter des Kindes und die Ehefrau des Vaters vor (über den Grund dieser Regelung s oben 2). Beide können, wenn sie in der Geschäftsfähigkeit beschränkt sind, die erforderliche Einwilligung ohne Zustimmung ihres gesetzlichen Vertreters selbst erklären. Selbstverständlich bedürfen sie auch nicht der Genehmigung des Vormundschaftsgerichts.

Über Ausnahmen vom Erfordernis ihrer Einwilligung s §§ 1726 Abs 3, 1727.

§ 1730.

Der Antrag sowie die Einwilligungserklärung der im § 1726 bezeichneten Personen bedarf der gerichtlichen oder notariellen Beurkundung.

E I, 1591 Satz 1; II, 1616 Satz 1; III, 1706; Mot 4, 944; Prot 4, 711.

I. Allgemeines.

1 Mit Rücksicht auf die hohe Bedeutung der Ehelichkeitserklärung in rechtlicher und sozialer Beziehung stellt § 1730 nicht nur für den Antrag (§ 1725), sondern auch für die Einwilligungserklärungen (§ 1726) das Erfordernis gerichtlicher oder notarieller Beurkundung auf.

Die Vorschrift gilt selbstverständlich auch für die Einwilligungserklärung des gesetzlichen Vertreters des geschäftsunfähigen oder noch nicht 14 Jahre alten Kindes (§ 1728 Abs 2), denn dessen Erklärung ist die des § 1726. Dagegen fällt die Zustimmung des gesetzlichen Vertreters zum Antrag des in der Geschäftsfähigkeit beschränkten Vaters und zur Einwilligung des in der Geschäftsfähigkeit beschränkten Kindes (§ 1729 Abs 1, 2) nicht unter § 1730 (Mot 4, 945; § 182 Abs 2). Der Beurkundung bedarf ferner nicht der Antrag des Kindes auf Ersetzung der mütterlichen Einwilligung (s 3 zu § 1727).

II. Verfahren.

2 1. Wegen der Zuständigkeit für die Beurkundung vgl 7 ff zu § 128 sowie § 20 Abs 1 BNotO. Für die Beurkundung des Antrags auf Ehelichkeitserklärung und der Ein-

willigungen der Mutter des Kindes und der Ehefrau des Antragstellers ist nach § 23 Nr 4 RPflG anstelle des Richters der Rechtspfleger zuständig; dagegen ist die Beurkundung der Einwilligung des Kindes oder seines gesetzlichen Vertreters dem Richter vorbehalten. Landesrechtlich ausgeschlossen ist die Beurkundungszuständigkeit der Gerichte auf Grund des Art 141 EGBGB in Bayern, Bremen und Hamburg (Art 10 Abs 2 BayAGGVG, § 6 BremAGBGB, § 9 HambFGG). Im badischen Rechtsgebiet, in dem sonst ebenfalls die Notare für Beurkundungen ausschließlich zuständig sind, sind für Beurkundungen nach § 1730 ausnahmsweise die Amtsgerichte neben den Notaren zuständig (§ 23 BadLFGG).

2. Kosten: Für die Beurkundung des Antrags auf Ehelichkeitserklärung verfällt 3
nach §§ 36 Abs 1, 141 KostO eine volle Gebühr, für die Beurkundung einer jeden Einwilligungserklärung nach §§ 38 Abs 3, 141 KostO eine Gebühr in Höhe eines Viertels der vollen Gebühr, wenn die Einwilligungserklärungen getrennt beurkundet werden; werden mehrere von ihnen zusammen beurkundet oder werden sie zusammen mit dem Antrag beurkundet, so liegt jeweils derselbe Geschäftsgegenstand vor (§ 44 Abs 1 Satz 1 KostO). Der Geschäftswert bestimmt sich nach § 30 Abs 3 KostO.

III. Folgen der Nichtbeachtung.

Erklärungen nach den §§ 1725, 1726, die der Form des § 1730 nicht entsprechen, sind 4
nichtig (§ 125) und daher für das Verfahren der Ehelichkeitserklärung unbeachtlich. Erfolgt die Ehelichkeitserklärung dennoch, so gilt § 1735.

§ 1731.

Ist der Antrag oder die Einwilligung einer der im § 1726 bezeichneten Personen anfechtbar, so gelten für die Anfechtung und für die Bestätigung der anfechtbaren Erklärung die Vorschriften der §§ 1728, 1729.

E I, 1600; II, 1617; III, 1707; Mot 4, 950; Prot 4, 718.

I. Allgemeines.

Die in den §§ 1725, 1726 vorgesehenen Erklärungen der Beteiligten unterliegen als 1
privatrechtliche Willenserklärungen den Vorschriften des allgemeinen Teils (über die Doppelnatur des Antrags s 2, 3 zu § 1725, über seine Zurücknahme unten 5). Sie können daher gegebenenfalls nach Maßgabe der §§ 119 ff angefochten werden (s 4, 13 zu § 1725, 11 zu § 1726), allerdings — wegen ihrer höchstpersönlichen Natur — nur vom Erklärenden selbst, nicht von seinen Erben.

§ 1731 bestimmt in Abweichung von den allgemeinen Grundsätzen über Anfechtung und Bestätigung von Willenserklärungen (vgl 8 zu § 144) und mit Rücksicht auf die höchstpersönliche Natur und die Wichtigkeit der Angelegenheit (Mot 4, 950), daß für die Anfechtung und für die Bestätigung einer anfechtbaren Erklärung die Vorschriften der §§ 1728, 1729 gelten. Demgemäß ist auch hier, vom Ausnahmefall des § 1728 Abs 2 abgesehen, Vertretung ausgeschlossen und das Handeln des geschäftsbeschränkten Vaters oder Kindes von der Zustimmung des gesetzlichen Vertreters und der Genehmigung des Vormundschaftsgerichts abhängig.

II. Die **praktische Bedeutung der Vorschrift** ist heute erheblich geringer als früher. 2

1. Nach früherem Recht (vor Inkrafttreten des FamRÄndG vom 12. 4. 1938) war die Ehelichkeitserklärung wegen Fehlens eines gesetzlichen Erfordernisses als von Anfang an nichtig anzusehen, wenn nachträglich auch nur eine der zugrundeliegenden Erklärungen der Beteiligten (etwa das Vaterschaftsanerkenntnis) wegen Irrtums, arglistiger Täuschung oder Drohung angefochten wurde; § 1735 aF schloß diese Möglichkeit nicht aus, sondern ließ sie erkennbar zu (s 1 zu § 1735, 2 zu § 1735a).

2. Das FamRÄndG vom 12. 4. 1938 hat durch Neufassung des § 1735 hierin einen 3
Wandel geschaffen; der Ehelichkeitserklärung kommt heute eine umfassende heilende Kraft zu (s 3 zu § 1735). Das mindert zwangsläufig auch die Bedeutung des § 1731.

a) Der Mann kann den **Antrag** und das **Vaterschaftsanerkenntnis** zwar nach wie vor nach allgemeinen Vorschriften anfechten. Dies hat auch wie früher die rückwirkende Vernichtung der betreffenden Erklärung zur Folge (§ 142 Abs 1). Jedoch ist heute ein solches Vorgehen nach dem Wirksamwerden der Ehelichkeitserklärung wegen § 1735 (oder, wenn die Nichtabstammung geltend gemacht werden soll, wegen § 1735a in der Fassung des FamRÄndG vom 11. 8. 1961) ohne praktischen Wert und vor dem Abschluß des Verfahrens zu umständlich. Seitdem das Verfahren der Ehelichkeitserklärung zu einem Antragsverfahren der freiwilligen Gerichtsbarkeit umgestaltet ist (durch das FamRÄndG vom 11. 8. 1961, s 20, 21 zu § 1723), kann der Mann auf einfachere und nachhaltigere

Weise die Ehelichkeitserklärung dadurch abwenden, daß er den Antrag zurücknimmt (s unten 5). Danach ist für ihn die Anfechtung des Vaterschaftsanerkenntnisses allenfalls wegen der Wirkungen nach §§ 1718, 1720 Abs 2 (s 10 zu § 1725) noch von Interesse.

4 b) Hinsichtlich der **Einwilligungserklärungen** des Kindes, der Mutter des Kindes und der Ehefrau des Vaters gilt nach dem Wirksamwerden der Ehelichkeitserklärung das gleiche: die Anfechtung ist zwar möglich, aber wegen § 1735 (oder § 1735a) wertlos. Vorher aber ist die Anfechtung für diese Beteiligten der einzige Weg, um die Ehelichkeitserklärung zu verhindern, da der Widerruf ihrer Erklärungen nach § 1726 Abs 2 Halbsatz 2 ausgeschlossen ist. Das kann eine Rolle spielen, wenn einem Beteiligten, der bereits eingewilligt hat, im Laufe des Verfahrens Umstände bekannt werden, die ihn zu einer Sinnesänderung veranlassen; ficht er dann rechtzeitig an, so darf die Ehelichkeitserklärung nicht mehr erfolgen.

III. Zurücknahme des Antrags.

5 § 1731 handelt von der Anfechtung und Bestätigung einer anfechtbaren Erklärung der Beteiligten nach §§ 1725, 1726, betrifft also nur die privatrechtliche Seite dieser Erklärungen. Der Antrag des Vaters hat indessen eine Doppelnatur; er leitet ein Antragsverfahren der freiwilligen Gerichtsbarkeit ein und ist deshalb zugleich Verfahrenshandlung (s 2, 3 zu § 1725). Er kann infolgedessen auch zurückgenommen werden. Es ist nicht anzunehmen, daß der Gesetzgeber des FamRÄndG vom 11. 8. 1961 diese Möglichkeit ausschließen wollte.

Die Frage der Handlungsfähigkeit und Vertretung bei der Zurücknahme des Antrags auf Ehelichkeitserklärung ist zwar im Gesetz nicht ausdrücklich geregelt. Doch ist die entsprechende Anwendung der §§ 1728, 1729 auch hier geboten (vgl Pikart-Henn 241). Antragstellung und Antragsrücknahme sind im Antragsverfahren der freiwilligen Gerichtsbarkeit gleichwertige Dispositionsakte; es geht nicht an, sie unterschiedlichen Regeln zu unterstellen. Das Vertretungsverbot (§ 1728 Abs 1) gilt daher nicht nur für den Antrag, sondern auch für die Zurücknahme des Antrags (im Ergebnis ebenso Erman-Hefermehl 1; Beitzke § 31 II 1c; Scheffler in RGRKomm 1); der geschäftsbeschränkte Antragsteller erklärt die Zurücknahme selbst, bedarf dazu aber der Zustimmung des gesetzlichen Vertreters und der Genehmigung des Vormundschaftsgerichts (§ 1729 Abs 1).

§ 1732.

(aufgehoben).

§ 1732 schloß die Ehelichkeitserklärung aus, wenn zur Zeit der Erzeugung des Kindes die Ehe zwischen den Eltern nach § 1310 Abs 1 — dem Vorläufer des heutigen § 4 Abs 1 EheG — wegen Verwandtschaft oder Schwägerschaft verboten war. Dem Eheverbot sollte dadurch mehr Nachdruck verliehen werden. Das FamRÄndG vom 12. 4. 1938 (RGBl I 380) führte die Möglichkeit der Befreiung vom Ehehindernis der Schwägerschaft ein (durch § 1) und hob zugleich § 1732 auf (durch § 22). Eine dem § 1732 entsprechende, jedoch auf die Fälle der Verwandtschaft beschränkte Sollvorschrift enthielt § 9 der DurchfVO vom 23. 4. 1938 (RGBl I 417). Diese Bestimmung ist durch Art 9 I Abs 2 Nr 10 des FamÄndRG vom 11. 8. 1961 (BGBl I 1221) aufgehoben worden.

Im Einzelfall ist heute nach § 1734 zu entscheiden, ob die Ehelichkeitserklärung wegen Verwandtschaft oder Schwägerschaft der Eltern zu versagen ist (s 17 zu § 1734).

§ 1733.

Die Ehelichkeitserklärung kann nicht nach dem Tode des Kindes erfolgen.

Nach dem Tode des Vaters ist die Ehelichkeitserklärung nur zulässig, wenn der Vater den Antrag beim Vormundschaftsgericht eingereicht oder bei oder nach der Beurkundung des Antrags das Gericht oder den Notar mit der Einreichung betraut hat.

Die nach dem Tode des Vaters erfolgte Ehelichkeitserklärung hat die gleiche Wirkung, wie wenn sie vor dem Tode des Vaters erfolgt wäre.

E I, 1595; II, 1619; III, 1709; Mot 4, 946; Prot 4, 706, 711. Abs 2 geändert durch Art 1 Nr 15 des FamRÄndG vom 11. 8. 1961 (mit Rücksicht auf die Änderung des § 1723).

I. Allgemeines.

§ 1733 regelt, welchen Einfluß der Tod des Kindes oder des Vaters auf die Zulässigkeit der Ehelichkeitserklärung hat. 1

Grundgedanke der Vorschrift ist, daß der Tod eines der beiden Hauptbeteiligten der Ehelichkeitserklärung entgegensteht, weil die Begründung des beabsichtigten persönlichen Verhältnisses wegen Fehlens des erforderlichen Subjekts nicht mehr möglich und eine Rückwirkung der Legitimation vom Gesetz nicht vorgesehen ist (Mot 4, 946). Dieser Grundgedanke ist hinsichtlich des Kindes in § 1733 Abs 1 voll verwirklicht; der Tod des Kindes hindert die Ehelichkeitserklärung immer. Hinsichtlich des Vaters werden jedoch in § 1733 Abs 2 und 3 Einschränkungen gemacht; trotz seines Todes ist die Ehelichkeitserklärung — ausnahmsweise mit rückwirkender Kraft — dann zulässig, wenn noch zu seinen Lebzeiten bestimmte Schritte unternommen wurden.

Der Tod der Mutter des Kindes oder der Ehefrau des Vaters hindert die Ehelichkeitserklärung nie.

II. Tod des Kindes.

1. Das Kind muß nicht nur in die Ehelichkeitserklärung einwilligen (§ 1726 Abs 1), sondern es muß nach § 1733 **Abs 1** auch den Zeitpunkt, in dem die Ehelichkeitserklärung wirksam wird, noch erleben; nach seinem Tode kann die Ehelichkeitserklärung nicht mehr erfolgen, auch nicht zugunsten seiner Abkömmlinge. Hierin liegt eine Abweichung von der Regelung, die für die Legitimation durch nachfolgende Ehe getroffen ist; § 1722 sieht vor, daß die Legitimationswirkungen wenigstens für die Abkömmlinge des Kindes eintreten, wenn das Kind vor der Eheschließung gestorben ist (s 1 zu § 1722). Gegen diese Abweichung lassen sich durchgreifende Bedenken nicht erheben. Sie hat durchaus einen Sinn, wenn man die andersartigen, stärker personenbezogenen Wirkungen der Ehelichkeitserklärung berücksichtigt (im Ergebnis wie hier Gernhuber § 61 II 12; aM Beitzke § 31 II 2, der diese Regelung für wenig folgerichtig hält; ähnlich Erman-Hefermehl 1). 2

Über den Zeitpunkt, in dem die Ehelichkeitserklärung wirksam wird, s 31 zu § 1723.

2. Stirbt das Kind während des Verfahrens, so erledigt sich dieses in der Hauptsache (Keidel 11 zu § 56a FGG; Jansen 2a zu § 56a FGG). 3

3. Eine entgegen § 1733 Abs 1 ausgesprochene Ehelichkeitserklärung ist unwirksam (ebenso Palandt-Lauterbach 1; Scheffler in RGRKomm 1; Soergel-Siebert-Lade 2; Gernhuber § 61 II 12; Dölle § 111 IV 1). Zum Teil wird angenommen, daß hier § 1735 anzuwenden sei (so Beitzke § 31 II 3; Erman-Hefermehl 1; Pikart-Henn 243). Dieser Auffassung kann angesichts des eindeutigen Gesetzeswortlauts („kann nicht" wie in § 1724) nicht beigepflichtet werden. Sie wird auch dem Grundgedanken der Vorschrift nicht gerecht (s oben 1). 4

III. Tod des Vaters.

1. Nach dem E I sollte die Ehelichkeitserklärung nach dem Tode des Vaters ebenso ausgeschlossen sein wie nach dem Tode des Kindes (Mot 4, 938, 946). Abweichend hiervon läßt § 1733 **Abs 2**, der auf einem Beschluß der zweiten Kommission beruht (das FamRÄndG vom 11. 8. 1961 hat ihn lediglich redaktionell an § 1723 nF angepaßt), die Ehelichkeitserklärung nach dem Tode des Vaters unter der Voraussetzung zu, daß der Vater entweder den Antrag auf Ehelichkeitserklärung (§ 1725) beim Vormundschaftsgericht eingereicht oder bei oder nach der Beurkundung des Antrags (§ 1730) das Gericht oder den Notar mit der Einreichung betraut hat. Für die zweite Kommission war die Überlegung maßgebend, daß mit der Ehelichkeitserklärung regelmäßig der Zweck verfolgt werde, dem Kind den Makel der unehelichen Geburt zu nehmen und ihm das Recht beizulegen, den Namen des Vaters zu führen, und daß es für diesen Zweck gleichgültig sei, ob der Vater die beantragte Ehelichkeitserklärung noch erlebe (Prot 4, 707). 5

2. Die Beurkundung des Antrags allein genügt für die Zulässigkeit der Ehelichkeitserklärung noch nicht. Der Vater muß vielmehr bereits einen der in § 1733 Abs 2 genannten weiteren Schritte unternommen haben. Das Beurkundungsgericht oder der Notar brauchen allerdings nicht ausdrücklich mit der Einreichung betraut zu sein; es genügt wie auch sonst im Rechtsleben schlüssiges Verhalten (vgl Jansen 6 zu § 43a FGG; aM Planck-Unzner 2). Unschädlich ist die Einreichung beim unzuständigen Vormundschaftsgericht. 6

Alle übrigen zur Ehelichkeitserklärung erforderlichen Erklärungen (§ 1726 Abs 1) können unter der Voraussetzung des § 1733 Abs 2 nach dem Tode des Vaters nachgeholt werden. Da der Vater als Erklärungsempfänger weggefallen ist und seine Erben wegen der höchstpersönlichen Natur der Angelegenheit nicht an seine Stelle treten, sind die Einwilligungen dem Vormundschaftsgericht gegenüber zu erklären (§ 1726 Abs 2). Die Einwilligung der Mutter kann noch nach § 1727 ersetzt werden. 7

Nicht nachholbar sind freilich bei beschränkter Geschäftsfähigkeit des Vaters die Zustimmung des gesetzlichen Vertreters und die Genehmigung des Vormundschaftsgerichts (§ 1729 Abs 1), weil das Vertretungsverhältnis mit dem Tode erloschen ist (vgl § 1882). Hier scheitert die Ehelichkeitserklärung.

8 3. Liegen die Voraussetzungen des § 1733 Abs 2 vor, so hat die nach dem Tode des Vaters ausgesprochene Ehelichkeitserklärung gemäß § 1733 **Abs 3** die gleiche Wirkung, wie wenn sie vor dem Tode des Vaters erfolgt wäre. Die Legitimation wirkt in diesem besonderen Fall ausnahmsweise zurück (vgl 21 zu § 1719, 11 zu § 1736). Dadurch wird erreicht, daß das Kind den Vater beerben kann. Im Zusammenhang hiermit steht die Vorschrift des § 2043 Abs 2, die das Recht der Miterben, die Auseinandersetzung zu verlangen, einschränkt, solange die Entscheidung über die beantragte Ehelichkeitserklärung noch aussteht (s 6 zu § 2043).

9 4. Wird die Ehelichkeitserklärung nach dem Tode des Vaters ausgesprochen, obwohl es an den Voraussetzungen des § 1733 Abs 2 fehlt, so ist sie unwirksam. Der Fall kann nach Wortlaut und Grundgedanken des § 1733 (s dazu oben 1) nicht anders behandelt werden als der des Todes des Kindes (s oben 4).

IV. Verlust oder Beschränkung der Geschäftsfähigkeit.

10 1. Über den Einfluß nachträglich eintretender Geschäftsunfähigkeit des Vaters oder des Kindes auf die Zulässigkeit der Ehelichkeitserklärung enthält das Gesetz keine besonderen Bestimmungen. Der Grundgedanke des § 1733, daß es nicht am erforderlichen Subjekt fehlen dürfe, trifft hier nicht zu.

11 a) Deshalb steht der Ehelichkeitserklärung sicher nichts im Wege, wenn das **Kind** seine Geschäftsfähigkeit verliert. Die Weiterwirkung der vom Kind abgegebenen Erklärung ergibt sich hier aus den allgemeinen Vorschriften des § 130 Abs 2 und 3.

12 b) Eine etwas andere Beurteilung ist bei nachträglicher Geschäftsunfähigkeit des **Vaters** geboten. Sein Antrag ist nicht nur Rechtsgeschäft, sondern auch Verfahrenshandlung (s 2, 3 zu § 1725); das Vorliegen eines gültigen Antrags ist im Antragsverfahren der freiwilligen Gerichtsbarkeit notwendige Verfahrensvoraussetzung und jederzeit von Amts wegen zu prüfen (s 26 zu § 1723). Verliert der Antragsteller seine Geschäftsfähigkeit, so entzieht dieser Umstand ebenso wie sein Tod dem Antragsverfahren jedenfalls dann die Grundlage, wenn es sich, wie bei der Ehelichkeitserklärung, um eine höchstpersönliche Angelegenheit handelt, die weder Rechtsnachfolge noch Vertretung zuläßt (vgl § 1728 Abs 1). Die materiellrechtlichen Vorschriften des § 130 Abs 2 und 3 helfen hier nicht; Verfahrenshandlungen unterliegen hinsichtlich ihrer Wirksamkeit ausschließlich dem Verfahrensrecht (s 25 zu § 130 [Coing]; Soergel-Hefermehl 3 zu § 130). Das Kind könnte also nach allgemeinen Verfahrensgrundsätzen nicht mehr für ehelich erklärt werden, wenn es nicht die Sonderregelung des § 1733 Abs 2 gäbe, die (heute) auch verfahrensrechtlich eine lex specialis darstellt. § 1733 Abs 2 handelt zwar nur vom Einfluß des Todes auf die Zulässigkeit der Ehelichkeitserklärung. Doch ist der Gesetzgeber des BGB davon ausgegangen, daß der Eintritt der Geschäftsunfähigkeit ohnehin auf die Ehelichkeitserklärung keinen Einfluß habe und daher nicht besonders zu regeln sei (Mot 4, 946). Das spricht dafür, auch heute (nach Umgestaltung der Ehelichkeitserklärung zu einem Akt der freiwilligen Gerichtsbarkeit) die Fälle des Todes und der nachträglichen Geschäftsunfähigkeit des Vaters durch ausdehnende Anwendung des § 1733 Abs 2 grundsätzlich gleich zu behandeln (für entsprechende Anwendung des § 1733 Abs 2 schon nach früherem Recht Beitzke in Achilles-Greiff 2; ganz überwiegend wird dagegen — mit gleichem Ergebnis — auch heute noch ohne Rücksicht auf die veränderte Rechtsnatur des Antrags § 130 Abs 2 und 3 für anwendbar gehalten; vgl Palandt-Lauterbach 4; Soergel-Siebert-Lade 3; Erman-Hefermehl 2; Scheffler in RGRKomm 4; Jansen 2a zu § 56a FGG; Pikart-Henn 241; Dölle § 111 IV 2). Eine andere Frage ist, ob die Ehelichkeitserklärung bei Geschäftsunfähigkeit des Vaters dem Wohl des Kindes entspricht; das dürfte selten der Fall sein (s 8 zu § 1734).

13 2. Entsprechendes wird zu gelten haben, wenn Vater oder Kind nachträglich beschränkt geschäftsfähig werden. Der gesetzliche Vertreter braucht daher der bereits abgegebenen Erklärung nicht zuzustimmen, das Vormundschaftsgericht braucht sie nicht zu genehmigen.

14 3. Bei ursprünglicher Geschäftsunfähigkeit oder ursprünglicher beschränkter Geschäftsfähigkeit gelten die §§ 1728, 1729 (s Bem dort).

V. Keine Bindung des Vaters.

15 Aus § 1733 Abs 2 ist nicht etwa zu entnehmen, daß der Vater nach Einreichung des Antrags oder Beauftragung der beurkundenden Stelle an seinen Antrag gebunden wäre. Er kann seinen Antrag wie in jedem anderen Antragsverfahren der freiwilligen Gerichtsbarkeit jederzeit zurücknehmen, solange die Ehelichkeitserklärung nicht wirksam ist (s 26 zu § 1723). Dies gilt jedoch nur für ihn selbst; seinen Erben steht ein solches Recht mit Rücksicht auf die höchstpersönliche Natur des Antrags nicht zu.

Stets unwiderruflich sind dagegen nach § 1726 Abs 2 die Einwilligungserklärungen der in § 1726 Abs 1 genannten Personen.

§ 1734.

Ein Kind soll nur für ehelich erklärt werden, wenn die Ehelichkeitserklärung dem Wohle des Kindes entspricht und ihr keine triftigen Gründe entgegenstehen.

Neugefaßt durch Art 1 Nr 16 des FamRÄndG vom 11. 8. 1961 (aF: E I 1592; II 1618 Abs 1; III 1710; Mot 4, 945; Prot 4, 711).

Inhaltsübersicht.

I. Allgemeines; Rechtsentwicklung.

1 1. Die Ehelichkeitserklärung stand früher, als sie noch der Justizverwaltung zugewiesen war (s 16—19 zu § 1723), im Ermessen der Staatsgewalt. § 1734 lautete in der ursprünglichen Fassung:

> Die Ehelichkeitserklärung kann versagt werden, auch wenn ihr ein gesetzliches Hindernis nicht entgegensteht.

Hierdurch kam zum Ausdruck, daß auch beim Vorliegen aller gesetzlichen Erfordernisse keiner der Beteiligten einen Anspruch darauf hatte, daß dem Antrag auf Ehelichkeitserklärung stattgegeben wurde (Mot 4, 946). Die Ehelichkeitserklärung war ein familienrechtlicher Gnadenakt.

2 2. Das FamRÄndG vom 11. 8. 1961 (BGBl I 1221) hat die Entscheidung über den Antrag auf Ehelichkeitserklärung dem Vormundschaftsrichter übertragen (s 20 zu § 1723) und im Zusammenhang damit auch § 1734 neugefaßt (durch Art 1 Nr 16).

Die Neufassung des § 1734 hat der Ehelichkeitserklärung den Charakter einer Gnadensache genommen. Die Entscheidung über den Antrag auf Ehelichkeitserklärung ist jetzt keine Ermessensentscheidung mehr (s unten 22).

Den bereits in den §§ 1723—1730 und 1733 aufgestellten Voraussetzungen der Ehelichkeitserklärung fügt § 1734 nF zwei weitere hinzu: verlangt wird zusätzlich, daß die Ehelichkeitserklärung dem Wohl des Kindes entspricht und daß ihr keine triftigen Gründe entgegenstehen.

II. Wohl des Kindes.

3 1. Das Vormundschaftsgericht muß zunächst die erste der beiden in § 1734 genannten Voraussetzungen prüfen, nämlich ob die Ehelichkeitserklärung dem Wohl des Kindes entspricht. Das erfordert stets eine **verständige Würdigung aller Umstände des Einzelfalles.** Die Prüfung deckt sich insoweit mit der, die das für die Genehmigung nach §§ 1728 Abs 2, 1729 Abs 2 zuständige Vormundschaftsgericht vorzunehmen hat (s 11 zu § 1728).

Nicht zu verlangen ist, daß die Ehelichkeitserklärung dem Wohl des Kindes mehr dient als die Unterlassung dieser Anordnung (wie Göppinger FamRZ 1963, 272 [273] meint). So eng ist § 1734 nicht auszulegen. Erforderlich und genügend ist, daß die stattgebende Entscheidung dem Kind jedenfalls nicht weniger nützt als die ablehnende (ähnlich wohl Scheffler in RGRKomm 2). Den Ausschlag gibt der auf die Herstellung eines Verwandtschaftsverhältnisses gerichtete rechtsgeschäftliche Wille der Beteiligten (s 1 zu § 1725).

4 **2.** Die Ehelichkeitserklärung wird für das uneheliche Kind meist insofern günstig sein, als es dadurch grundsätzlich in die Stellung eines ehelichen Kindes einrückt und insbesondere gegenüber dem Vater weitergehende Rechte erhält als bisher (§ 1736). Diese Erwägung reicht jedoch regelmäßig nicht für die Schlußfolgerung aus, daß die Ehelichkeitserklärung dem Wohl des Kindes entspricht. Die rechtliche Besserstellung allein ist vor allem dann nicht entscheidend, wenn es sich — wie wohl meist — um ein noch **minderjähriges Kind** handelt. Hier muß vielmehr die Überlegung im Vordergrund stehen, daß die Mutter die Personensorge verliert (§ 1738 Satz 1) und daß künftig allein der Vater für die Betreuung und Erziehung des Kindes verantwortlich ist.

5 Deshalb sind vor der Ehelichkeitserklärung eines minderjährigen Kindes die gesamten Lebensverhältnisse des Vaters besonders sorgfältig zu untersuchen. Er muß willens und in der Lage sein, das Kind seinem Alter entsprechend zu versorgen. Das wird, wenn er alleinstehend und das Kind noch klein ist, in der Regel nur in der Weise möglich sein, daß er Verwandte (zB die Mutter oder die Schwester) mit der Pflege betraut; dann sind auch die häuslichen Verhältnisse dieser Personen in die Prüfung einzubeziehen. Ist der Vater verheiratet, so kommt es wesentlich auch auf die Person der Ehefrau an; sie muß die Gewähr dafür bieten, daß das Kind einwandfrei betreut und erzogen wird.

6 Will der Vater das Kind in einem Heim unterbringen, so braucht dies der Ehelichkeitserklärung dann nicht entgegenstehen, wenn das Kind auch schon bisher in einem Heim untergebracht war und wenn angenommen werden kann, daß der Vater sich sonst um das Kind kümmern wird, zB durch regelmäßige Besuche (vgl Göppinger aaO).

7 Daß eine ordnungsgemäße Erziehung nicht gewährleistet ist, wenn der Vater einen schlechten Lebenswandel führt oder an Charaktermängeln leidet, dürfte selbstverständlich sein. Für etwaige Charaktermängel kann auch das bisherige Verhalten des Vaters gegenüber Mutter und Kind aufschlußreich sein.

8 Ist der Vater geisteskrank oder wegen Geisteskrankheit entmündigt, so ist die Ehelichkeitserklärung schon deshalb ausgeschlossen, weil es an einer Verfahrensvoraussetzung, nämlich an einem wirksamen Antrag fehlt (s 26 zu § 1723, 3 zu § 1728, über den Fall nachträglicher Geschäftsunfähigkeit s dagegen 12 zu § 1733). Überdies würde hier die Ehelichkeitserklärung kaum je dem Wohl des Kindes entsprechen.

9 **3.** Von großer praktischer Bedeutung ist die Frage, ob die Ehelichkeitserklärung dem Wohl des minderjährigen Kindes entspricht, wenn Vater und Mutter in wilder Ehe („Onkelehe"), vor allem in einem **„Rentenkonkubinat"** zusammenleben (dazu eingehend — nach früherem Recht — Schumacher FamRZ 1960, 13; vgl ferner Präsident OLG Nürnberg FamRZ 1958, 428; 1961, 36 je mit Anm Bosch; LG Regensburg FamRZ 1959, 30; LG Itzehoe FamRZ 1959, 17 mit Anm Bosch; Präsident OLG Schleswig-Holstein FamRZ 1961, 540; LG Darmstadt NJW 1963, 161 = FamRZ 1963, 311; hierzu kritisch Göppinger FamRZ 1963, 272; OLG Schleswig-Holstein SchlHAnz 1965, 213).

10 Leben die Eltern in eheähnlicher Gemeinschaft zusammen, dann wird zwar die Betreuung des Kindes nach der Ehelichkeitserklärung in der Regel — zunächst — dieselbe bleiben wie vorher. Dies rechtfertigt aber noch nicht die Annahme, daß das Wohl des Kindes nicht betroffen werde (wie Scheffler in RGRKomm 2 meint; ähnlich LG Itzehoe aaO: das Zusammenleben der Eltern könne [für die vormundschaftsgerichtliche Genehmigung nach § 1728 Abs 2] keine Rolle spielen; die Entscheidung wird im Ergebnis offenbar gebilligt von Palandt-Lauterbach 1). Wenn auch nach der Ehelichkeitserklärung äußerlich alles beim alten bleiben mag, so wird doch rechtlich eine völlig andere Lage geschaffen. Alleiniger elterlicher Gewalthaber wird nunmehr der Vater, während die Mutter nach der unabdingbaren Regel des § 1738 Satz 1 das Recht und die Pflicht verliert, für die Person des Kindes zu sorgen. Sie muß sich also künftig in allem den Anordnungen des Vaters fügen. Sie hat weniger Rechte als eine eheliche Mutter vor Eintritt der Gleichberechtigung, ist dafür aber zusätzlich mit der Ungewißheit belastet, ob und wie lange die illegitime Verbindung Bestand hat; endet diese, dann endet auch ihr Zusammensein mit dem Kind. Das alles kann für das Kind nicht günstig sein. Daraus können sich Konfliktsituationen ergeben, die das Wohl des Kindes erheblich gefährden (dies hebt mit Recht Göppinger aaO [274] hervor).

Das Institut der Ehelichkeitserklärung paßt eben seiner ganzen Ausgestaltung nach nicht für Fälle dieser Art. Die Ehelichkeitserklärung soll eine Legitimation ermöglichen, wenn es zwischen Vater und Mutter nicht zu einer Lebensgemeinschaft kommt. Kommt es doch zu einer solchen, dann ist die Legitimation durch nachfolgende Ehe (§ 1719) der von der Rechtsordnung vorgesehene Weg, dem Kind die Stellung eines ehelichen Kindes zu verschaffen; dieser Weg dient auch dem Wohl des Kindes — vor allem seinem sittlichen Wohl — am besten. Die Ehelichkeitserklärung führt rechtlich zu einem schiefen, von den Beteiligten überdies meist nicht genügend bedachten Ergebnis und damit zu Unklarheiten und Unsicherheiten. Für das in der Entwicklung befindliche Kind kann es aber nicht förderlich sein, wenn es in unklaren und unsicheren Verhältnissen lebt. Deshalb entspricht eine Ehelichkeitserklärung regelmäßig nicht dem Wohl des Kindes, wenn Vater und Mutter in eheähnlicher Gemeinschaft zusammenleben (im Ergebnis wie hier — zT allerdings mit abweichender Begründung —: Bosch FamRZ 1958, 428; 1959, 170; 1961, 37; Schumacher aaO; Göppinger aaO; Jansen 5 zu § 56a FGG; LG Regensburg FamRZ 1959, 30; Präsident OLG Schleswig-Holstein FamRZ 1961, 540).

Ausnahmen sind jedoch denkbar, etwa bei schwerer, lebensgefährlicher Erkrankung des Vaters oder der Mutter (vgl Präsident OLG Nürnberg FamRZ 1958, 428). 11

III. Entgegenstehende triftige Gründe.

1. Entspricht die Ehelichkeitserklärung dem Wohl des Kindes, so ist sie trotzdem zu versagen, wenn ihr triftige Gründe entgegenstehen. Beide Voraussetzungen, das Wohl des Kindes und das Nichtentgegenstehen triftiger Gründe, sind selbständig nebeneinander von Bedeutung. Das Wohl des Kindes darf nach Wortlaut und Sinn des § 1734 niemals allein maßgebend sein. Insoweit geht die nach § 1734 erforderliche Prüfung über die des nach §§ 1728 Abs 2, 1729 Abs 2 genehmigenden Vormundschaftsgerichts hinaus (vgl 11 zu § 1728 und oben 3). 12

Abzulehnen ist die von Lüke (NJW 1962, 2180 Anm 32) vertretene Auffassung, es gebe keinen anderen triftigen Grund als den, daß die Ehelichkeitserklärung dem Wohl des Kindes nicht entspreche. Lüke unterstellt die aktuelle Bedeutung des Art 6 Abs 5 GG; nach richtiger Auffassung ist Art 6 Abs 5 GG indessen noch kein geltendes Recht (s 45 ff vor § 1705). Selbst wenn dies aber zuträfe, wäre die Vorschrift des § 1734 unverändert in der Fassung anzuwenden, die sie durch das FamRÄndG 1961 erhalten hat. Ein Abstellen allein auf das Wohl des Kindes würde zu einer zu großen Erleichterung der Ehelichkeitserklärung und damit letztlich zu einer Benachteiligung der unehelichen Mutter führen (so zutreffend Göppinger aaO [274]). Auch könnten die berechtigten Interessen anderer Personen, etwa der Verwandten des Vaters, nicht zuletzt aber auch öffentliche Interessen beeinträchtigt werden. Dies alles soll die in § 1734 vorgesehene Prüfung der gesamten Verhältnisse vermeiden. Art 6 Abs 5 GG zwingt nicht dazu, einseitig nur auf das Kindesinteresse abzustellen. 13

2. Triftige Gründe gegen die Ehelichkeitserklärung können sich nur aus Umständen ergeben, die nicht bereits als dem Wohl des Kindes dienend und für die Ehelichkeitserklärung sprechend erachtet wurden; ein und derselbe Umstand kann nicht einmal positiv und einmal negativ bewertet werden. Praktisch brauchbar ist die Begriffsbestimmung, die Göppinger (aaO) gibt: triftige Gründe im Sinne des § 1734 sind danach „solche Gesichtspunkte, die nicht oder nicht unmittelbar das Wohl des Kindes betreffen oder berühren, sondern sich aus Erwägungen ergeben, die aus anderen Vorschriften des Grundgesetzes oder sonstigen Grundsätzen der Rechtsordnung oder aus der allgemeinen Sittenordnung herzuleiten sind". 14

Daraus, daß im Gesetz die Mehrzahl gebraucht wird („Gründe"), folgt nicht etwa, daß mehrere triftige Gründe vorliegen müßten; es genügt, wenn ein triftiger Grund gegen die Ehelichkeitserklärung spricht (vgl Göppinger aaO Anm 27).

Erforderlich ist aber ein „triftiger" Grund; es genügt also nicht jeder Grund. Der Regierungsentwurf 1925/1929 hatte vorgesehen, § 1734 dahin abzuändern, daß die Ehelichkeitserklärung bei Vorliegen eines „wichtigen" Grundes versagt werden könne. Sachlich besteht zwischen diesen beiden Ausdrücken kein Unterschied (vgl BGHZ 21, 340 [345] zu dem Verhältnis zwischen dem „wichtigen Grund" im früheren § 1308 Abs 1 und den „triftigen Gründen" in § 3 Abs 3 EheG).

3. Die Frage, wann in diesem Sinne ein triftiger Grund vorliegt, läßt sich, ähnlich wie die Frage nach dem Wohl des Kindes, immer nur unter **Berücksichtigung aller Umstände des Einzelfalles** entscheiden. Die folgenden Bemerkungen können nur Anhaltspunkte geben. 15

a) Triftige Gründe können im Einzelfall gegen die Ehelichkeitserklärung sprechen, wenn der Vater bereits eheliche Kinder hat und diese in unzumutbarer Weise 16 benachteiligt würden (vgl in diesem Zusammenhang 10 zu § 1737) oder wenn nach Lage der Verhältnisse erhebliche Familienzwistigkeiten zu befürchten wären (Göppinger aaO [275]).

17 b) Ferner können triftige Gründe im Sinne des § 1734 vorliegen, wenn die Eheschließung zwischen Vater und Mutter wegen Verwandtschaft oder Schwägerschaft verboten ist. Der frühere § 1732 hatte die Ehelichkeitserklärung in diesen Fällen allgemein für unzulässig erklärt. § 1732 ist durch § 22 des FamRÄndG vom 12. 4. 1938 (RGBl I 380) aufgehoben worden. Eine ihm entsprechende, aber auf die Fälle der Verwandtschaft beschränkte Sollvorschrift enthielt § 9 der DurchfVO vom 23. 4. 1938 (RGBl I 417). Diese Bestimmung ist durch Art 9 I Abs 2 Nr 10 des FamRÄndG vom 11. 8. 1961 (BGBl I 1221) ersatzlos aufgehoben worden. Der Regierungsentwurf 1955 eines Gesetzes zur Vereinheitlichung und Änderung familienrechtlicher Vorschriften (BT-Drucksache II/1586) hatte noch vorgesehen, § 1734 dahin zu ergänzen, daß ein Kind nicht für ehelich erklärt werden solle, wenn die Eheschließung seiner Eltern wegen Verwandtschaft verboten sei. Das FamRÄndG vom 11. 8. 1961 hat diese Regelung jedoch nicht übernommen. In der Begründung zum Regierungsentwurf (BT-Drucksache III/530 S 19) wird bemerkt, es bestehe kein zwingender Grund, einer Gruppe von unehelichen Kindern schlechthin die Möglichkeit zu nehmen, durch Ehelichkeitserklärung die Rechtsstellung eines ehelichen Kindes zu erlangen; es könne der Prüfung des Einzelfalles überlassen bleiben, ob ein triftiger Grund zur Versagung der Ehelichkeitserklärung vorliege.

Es wird von den gesamten Lebensverhältnissen, aber auch vom Grad der Verwandtschaft (im Sinne des § 4 Abs 1 EheG) abhängen, ob die Ehelichkeitserklärung zu versagen ist. Schwägerschaft wird mit Rücksicht auf die jetzt bestehende Möglichkeit der Befreiung vom Ehehindernis (§ 4 Abs 3 EheG) seltener als triftiger Grund gegen die Ehelichkeitserklärung anzusehen sein.

18 c) Ob den Eltern die Heirat zugemutet werden kann, ist nicht entscheidend. Die Ehelichkeitserklärung darf nicht mit der Begründung abgelehnt werden, daß die Eltern die Ehe eingehen und das Kind gemäß § 1719 legitimieren könnten. Auf die Eltern darf kein Zwang, auch kein mittelbarer Zwang, ausgeübt werden, die Ehe einzugehen (vgl 7 zu § 1297; Göppinger aaO [274]; Palandt-Lauterbach 1; anders freilich die Begründung zum Regierungsentwurf des FamRÄndG 1961 [BT-Drucksache III/530 S 19], die als Beispiel für entgegenstehende triftige Gründe gerade den Fall anführt, daß die Eltern die Eheschließung ohne beachtenswerte Gründe unterlassen; ebenso Schwarzhaupt FamRZ 1961, 331).

19 d) Deshalb verbietet es sich in der Regel auch, die Fälle, in denen die Eltern zwar heiraten könnten, aber — aus welchen Erwägungen auch immer — das Konkubinat vorziehen, unter dem Gesichtspunkt der entgegenstehenden triftigen Gründe zu betrachten. Ob die Ehelichkeitserklärung dem Wohl des Kindes entspricht, wenn die Eltern in wilder Ehe leben, ist eine andere Frage (s hierüber oben 10). Ist diese Frage ausnahmsweise zu bejahen (s oben 11), so darf die Ehelichkeitserklärung jedenfalls nicht daran scheitern, daß man den Eltern das Konkubinat zum Vorwurf macht und sie auf § 1719 verweist. Das wäre ein unzulässiges Druckmittel, um sie zur Eheschließung zu zwingen (Lüke NJW 1962, 2180 Anm 32; Gernhuber § 61 II 6; Dölle § 111 II 7; aM Maßfeller StAZ 1961, 247).

20 e) Davon zu unterscheiden sind die Fälle, in denen Vater und Mutter im Konkubinat leben und nicht heiraten können (zB weil einer von ihnen schon verheiratet ist). Dient hier die Ehelichkeitserklärung — ausnahmsweise (s oben 11) — dem Wohl des Kindes, dann ist es nicht unzulässig, den Antrag mit Rücksicht auf die Anstößigkeit des Konkubinats abzulehnen; in die Entschlußfreiheit der Eltern wird hier nicht eingegriffen.

21 f) Unerheblich ist, ob der Vater das Kind adoptieren könnte. Das Gesetz schreibt kein Verhältnis der Spezialität oder Subsidiarität vor, sondern stellt dem Vater zur Wahl, ob er die Ehelichkeitserklärung beantragen oder einen Kindesannahmevertrag abschließen will (Göppinger aaO [275]; Gernhuber § 61 II 6; aM Bosch FamRZ 1958, 428; Erman-Hefermehl 1).

IV. Die Entscheidung des Vormundschaftsgerichts.

22 1. § 1734 gibt dem Vormundschaftsgericht keine Richtlinien für die Entscheidung (so aber Erman-Hefermehl 1; Palandt-Lauterbach 1), sondern stellt sachliche Voraussetzungen der Ehelichkeitserklärung auf (s oben 2). Bei den Ausdrücken „Wohl des Kindes" und „triftige Gründe" handelt es sich um unbestimmte Rechtsbegriffe; ob die Voraussetzungen des § 1734 erfüllt sind, ist mithin Tat- und Rechtsfrage (Göppinger

aaO [273]). Es liegt **nicht im Ermessen des Vormundschaftsgerichts**, dem Antrag stattzugeben oder nicht (ebenso Scheffler in RGRKomm 1; Göppinger aaO [273]; aM Erman-Hefermehl 1).

Etwas anderes läßt sich auch aus § 1723 nicht herleiten. Das Wort „kann" in § 1723 drückt nur aus, daß das Vormundschaftsgericht befugt ist, die Ehelichkeitserklärung auszusprechen, stellt aber die Entscheidung nicht in das Ermessen des Gerichts. Sind alle Erfordernisse gegeben, dann muß das Kind antragsgemäß für ehelich erklärt werden.

2. Um beurteilen zu können, ob die Voraussetzungen des § 1734 vorliegen, hat das Vormundschaftsgericht die erforderlichen **Ermittlungen von Amts wegen** vorzunehmen (§ 12 FGG; s im einzelnen 27 ff zu § 1723). 23

Bleiben nach Vornahme der Ermittlungen Zweifel, ob die Ehelichkeitserklärung dem Wohl des Kindes entspricht, so ist der Antrag abzulehnen. Dagegen ist ihm stattzugeben, wenn feststeht, daß die Ehelichkeitserklärung dem Wohl des Kindes dient, und nur zweifelhaft geblieben ist, ob triftige Gründe entgegenstehen (Göppinger aaO [275]); dies folgt aus dem Ausnahmecharakter der zweiten Voraussetzung des § 1734.

3. Wird die Ehelichkeitserklärung ausgesprochen, obwohl die Voraussetzungen des § 1734 nicht vorliegen, so gilt § 1735. 24

§ 1735.

Auf die Wirksamkeit der Ehelichkeitserklärung ist es ohne Einfluß, wenn mit Unrecht angenommen worden ist, daß ihre gesetzlichen Voraussetzungen vorlagen.

E I, 1593; II, 1620 Satz 2; III, 1711; Mot 4, 946; Prot 4, 711. Neugefaßt durch § 23 des FamRÄndG vom 12. 4. 1938.

I. Allgemeines; Entstehungsgeschichte.

1. Die **ursprüngliche Fassung** des § 1735 lautete: 1

> Auf die Wirksamkeit der Ehelichkeitserklärung ist es ohne Einfluß, wenn der Antragsteller nicht der Vater des Kindes ist oder wenn mit Unrecht angenommen worden ist, daß die Mutter des Kindes oder die Frau des Vaters zur Abgabe einer Erklärung dauernd außerstande oder ihr Aufenthalt dauernd unbekannt sei.

Die Verfasser des BGB hatten sich von der Erwägung leiten lassen, daß die Ehelichkeitserklärung unwirksam sei, wenn ein gesetzliches Erfordernis fehle. Im E I und E II war dies noch ausdrücklich ausgesprochen worden. In der endgültigen Gesetzesfassung kam der Gedanke wenigstens mittelbar zum Ausdruck. Es war erkennbarer Sinn des § 1735 aF, daß die fehlerhaft ausgesprochene Ehelichkeitserklärung nur in den im Gesetz angeführten zwei Fällen wirksam sein sollte, nämlich wenn der Antragsteller nicht der Vater des Kindes war oder wenn die Behörde von der Einwilligung der Mutter des Kindes oder der Ehefrau des Vaters auf Grund des § 1726 Abs 3 irrtümlicherweise abgesehen hatte. In allen anderen Fällen, also beispielsweise beim Fehlen des Vaterschaftsanerkenntnisses (oder seinem Wegfall infolge nachträglicher Irrtumsanfechtung, s 2 zu § 1735a), sollte die Ehelichkeitserklärung als nicht erfolgt angesehen werden.

Einhellig wurde angenommen, die Nichtigkeit der Ehelichkeitserklärung wegen Fehlens eines gesetzlichen Erfordernisses könne unbeschränkt jederzeit von jedermann geltend gemacht werden (vgl Engelmann in der Vorauflage Bem 3; Opet-v. Blume 4; Planck-Unzner 4 vor § 1723; RGZ 122, 24). 2

2. Die **geltende Fassung** hat § 1735 durch § 23 des FamRÄndG vom 12. 4. 1938 (RGBl I 380) erhalten. 3

Nach der amtlichen Begründung (DJ 1938, 619 [621, 623]) beruht die Neufassung auf den gleichen Erwägungen, die für die Änderung des — inzwischen durch das FamRÄndG vom 11. 8. 1961 erneut geänderten — § 1756 maßgebend waren. Man empfand den bisherigen Rechtszustand als unbefriedigend, der es gestattete, durch Aufdecken eines Unwirksamkeitsgrundes gewaltsam in ein Lebensverhältnis einzugreifen, das durch den Ausspruch eines staatlichen Organs geschaffen worden war und auf dessen Bestand alle Beteiligten vertraut hatten; besonders das Kind, so wurde betont, werde durch das unerwartete Hervortreten eines solchen Fehlers schmerzlichen Erschütterungen ausgesetzt. Die Ehelichkeitserklärung sollte künftig — weitergehend als die Bestätigung des Kindesannahmevertrags — die Kraft haben, nicht nur einen Mangel formeller Art, sondern überhaupt jeden Mangel, der bei ihrer Vollziehung nicht beachtet worden war, zu heilen. Die amtliche Begründung (aaO) bemerkt dazu: „Die Vorschrift hat hauptsächlich Bedeutung für die Fälle, in denen das Fehlen eines gesetzlichen Erfordernisses irrtümlich übersehen ist. Die weitgehende heilende Wirkung der Ehelichkeitserklärung rechtfertigt sich aus der besonderen Natur dieses staatlichen Hoheitsaktes. Es handelt sich um einen Gnadenerweis, dessen Kraft aus ihm selbst entspringt und dessen Wirkung, sobald er endgültig ist, nicht mehr dadurch beeinträchtigt werden kann, daß das Vorhandensein einer seiner Voraussetzungen zu Unrecht angenommen worden ist."

Über den Zusammenhang mit § 1735a aF, der gleichzeitig durch das FamRÄndG 1938 eingefügt wurde, s 3 zu § 1735a.

4 Übergangsrechtlich bestimmt § 31 Abs 1 des FamRÄndG vom 12. 4. 1938, daß ein Mangel auch dann als geheilt gelten soll, wenn das Kind vor dem Inkrafttreten des Gesetzes (14. 4. 1938) für ehelich erklärt ist, obwohl die gesetzlichen Voraussetzungen hierfür nicht vorlagen.

5 **3.** Das FamRÄndG vom 11. 8. 1961 hat zwar ua § 1735a geändert, nicht aber § 1735. Über die Auswirkung der Neufassung des § 1735a auf den Anwendungsbereich des § 1735 s unten 7; über die Auswirkung der Änderung des § 1723 s unten 8, 9.

II. Anwendungsbereich; heutige Bedeutung.

6 **1.** Ausnahmen von dem Grundsatz, daß Mängel der Ehelichkeitserklärung geheilt werden, ergeben sich aus den **§§ 1724, 1733.** Danach ist die Ehelichkeitserklärung unwirksam, wenn ihr eine Bedingung oder Zeitbestimmung hinzugefügt wird (s 2 zu § 1724) oder wenn einer der beiden Hauptbeteiligten (Vater und Kind) bereits verstorben ist (s 4, 9 zu § 1733); beim Vater gilt dies jedoch nicht, wenn er noch zu Lebzeiten bestimmte Schritte unternommen hatte (§ 1733 Abs 2; s 5ff zu § 1733).

7 **2.** Seit der Neufassung des **§ 1735a** durch das FamRÄndG vom 11. 8. 1961 (s darüber 6, 7 zu § 1735a) fällt auch der Mangel der natürlichen Verwandtschaft zwischen Mann und Kind nicht mehr unter § 1735. Die Vaterschaft des Antragstellers ist zwar nach wie vor eine „gesetzliche Voraussetzung der Ehelichkeitserklärung" (s 10 zu § 1723, 11 zu § 1725). Das Fehlen dieser Voraussetzung wird aber durch § 1735a besonders geregelt. Auch nach dieser Vorschrift tritt eine heilende Wirkung ein; diese reicht jedoch nicht so weit, wie wenn § 1735 anwendbar wäre. Die Ehelichkeitserklärung trotz fehlender Vaterschaft begründet nach § 1735a nicht ein für allemal und unbezweifelbar ein Eltern-Kind-Verhältnis zum Vater, sondern verleiht nur denselben Rechtsschein der Ehelichkeit, der einem ehelich geborenen Kind gemäß § 1593 zukommt; diese Rechtsscheinwirkung kann durch Ehelichkeitsanfechtung angegriffen und beseitigt werden. § 1735a ist demnach heute lex specialis gegenüber § 1735.

8 **3.** Auf die Bedeutung des § 1735 wirkt sich ferner aus, daß das FamRÄndG vom 11. 8. 1961 die Ehelichkeitserklärung ihrer bisherigen Eigenschaft eines Gnadenakts der Justizverwaltung entkleidet und — durch Änderung des **§ 1723** — zu einer richterlichen Entscheidung umgestaltet hat (s 20 zu § 1723). Fehlerhafte Gerichtsentscheidungen sind grundsätzlich nicht unwirksam, sondern allenfalls anfechtbar. Das ist für den Bereich des Zivilprozesses vornehmlich der Regelung der §§ 578ff ZPO zu entnehmen. Für die freiwillige Gerichtsbarkeit kann — trotz Fehlens entsprechender Vorschriften — nach moderner Auffassung nichts anderes gelten (vgl Lent-Habscheid, Freiwillige Gerichtsbarkeit, § 25 IV, V). Folgt man dieser „Gültigkeitstheorie", dann erscheint das, was § 1735 ausspricht, weitgehend als selbstverständlich. Insoweit dient die Vorschrift heute hauptsächlich noch der Klarstellung.

9 Unverändert ist jedoch die Bedeutung des § 1735 hinsichtlich des vom Gesetzgeber mittelbar zum Ausdruck Gebrachten. Erkennbarer Sinn des § 1735 in der ursprünglichen Fassung war es, aus dem Kreis der möglichen Unwirksamkeitsgründe nur bestimmte Gründe auszuscheiden. Im übrigen sollte die Ehelichkeitserklärung, wie dies im E I und E II noch ausdrücklich gesagt war, bei Fehlen eines gesetzlichen Erfordernisses unwirksam sein (s oben 1). Von dieser Grundvorstellung ging man offensichtlich auch bei der Neufassung des § 1735 aus. Eine Heilung der Mängel sollte nicht schlechthin eintreten, sondern nur in Fällen unbewußten Übersehens. Das ergibt sich aus dem Gesetzeswortlaut („mit Unrecht angenommen"), ebenso wie aus der amtlichen Begründung („irrtümlich übersehen", s oben 3). Deshalb muß die Vorschrift nach wie vor dahin verstanden werden, daß in den von ihr nicht erfaßten Fällen die Ehelichkeitserklärung bei Fehlen eines gesetzlichen Erfordernisses unwirksam sein soll.

Nach Wortlaut und Entstehungsgeschichte des § 1735 ist die Ehelichkeitserklärung mithin unwirksam, wenn sich das Vormundschaftsgericht bewußt über gesetzliche Voraussetzungen hinwegsetzt. Ein Beispiel dafür bietet der in BGH LM Art 7 EGBGB Nr 7 entschiedene Fall: Es fehlte die vom Vormund des Kindes nach den §§ 1726, 1729, 1730 zu erteilende Einwilligung; trotzdem wurde das Kind (nach damaligem Recht durch

Justizverwaltungsakt und offensichtlich in Kenntnis des Mangels) für ehelich erklärt. Die Rechtswirksamkeit der Ehelichkeitserklärung wird in der Entscheidung zutreffend verneint.

Der BGH führt noch den Gesichtspunkt an, daß eine Behörde niemals berechtigt sei, in ihrer Entschließung willkürlich zu verfahren, und daß Willkürakte Rechtswirkungen nicht erzeugen könnten. Angesichts der Regelung des § 1735 hätte es dieser Hilfsbegründung nicht bedurft. Ob sie heute (nach Umgestaltung der Ehelichkeitserklärung zu einer richterlichen Entscheidung) noch zutrifft, ist zudem fraglich.

4. Besondere Probleme können sich ergeben, wenn es an der **Unehelichkeit des Kindes** fehlt. Nach Maßfeller (StAZ 1963, 197) und dem OLG Hamburg (MDR 1964, 507 = DAVorm XXXVII [1964], 256) soll die Ehelichkeitserklärung gegenstandslos sein, wenn das Kind — mag es auch vom Antragsteller abstammen — gemäß § 1593 als eheliches Kind eines anderen Mannes gilt. Bei einem ehelichen oder scheinehelichen Kind fehle es am geeigneten Objekt für das Verfahren; ein Kind könne nur im Verhältnis zu einem Mann die rechtliche Stellung eines ehelichen Kindes haben (zustimmend Palandt-Lauterbach 1; Gernhuber § 61 II 13; zweifelnd Dölle § 111 III 3a). 10

Diese Auffassung wird dem Sinn und Zweck des § 1735 nicht gerecht. Wenn gesagt wird, bei Scheinehelichkeit des Kindes fehle es am geeigneten Objekt, so wird damit nur umschrieben, daß eine gesetzliche Voraussetzung fehlt. Die Unehelichkeit des Kindes ist eine von mehreren Voraussetzungen der Ehelichkeitserklärung (s 4ff zu § 1723); es ist nicht einzusehen, weshalb für sie etwas anderes gelten soll als für die übrigen Voraussetzungen, etwa den Antrag des Vaters oder die Einwilligung des Kindes; aus der Entstehungsgeschichte des § 1735 (s oben 3) läßt sich dafür jedenfalls nichts entnehmen. Daß ein Kind nur im Verhältnis zu einem Mann die rechtliche Stellung eines ehelichen Kindes haben könne, ist in dieser Verallgemeinerung nicht richtig. Eine „doppelte Ehelichkeit" ist im Grundsatz so wenig ausgeschlossen wie eine Doppelehe (vgl §§ 20, 23 EheG). Den Fall, daß von einer Frau, die in Doppelehe lebt, ein Kind geboren wird, regelt heute § 1600 id Fassung des FamRÄndG vom 11. 8. 1961. Die Vorschrift nimmt dem Kind einen der beiden ehelichen Väter (vgl Maßfeller StAZ 1961, 248). Die doppelte Ehelichkeit ist nach dem Gesetz also nicht schlechthin undenkbar; andernfalls wäre § 1600 überflüssig. Die Ehelichkeitserklärung eines scheinehelichen Kindes fällt nicht unter § 1600. Deshalb erwirbt ein solches Kind nach § 1735, vorbehaltlich der Ehelichkeitsanfechtung, ein zweites Mal die Rechtsstellung eines ehelichen Kindes. Soll geltend gemacht werden, daß es nicht vom Antragsteller abstammt, so gilt nicht § 1735, sondern § 1735a (s oben 7).

Gegen die Auffassung, daß die Ehelichkeitserklärung eines scheinehelichen Kindes „ins Leere" treffe (Maßfeller StAZ 1963, 199), sprechen auch praktische Erwägungen. Der Status der Unehelichkeit steht nämlich nicht immer unverrückbar fest. Verschiebungen können sich noch nach Jahr und Tag ergeben. Man denke etwa an die Fälle, in denen ein Scheidungsurteil im Wiederaufnahmeverfahren aufgehoben wird oder ein für tot Erklärter zurückkehrt. Es wäre in hohem Maße unbefriedigend, wenn das in der Zwischenzeit geborene, auf Antrag seines Erzeugers für ehelich erklärte Kind die erlangte Rechtsstellung ohne weiteres wieder verlieren würde. Gerade vor solchen Unsicherheiten will § 1735 schützen.

§ 1735a*).

Ist ein Kind für ehelich erklärt worden und ist der Mann nicht der Vater des Kindes, so sind die §§ 1593 bis 1595a, § 1597 Abs. 1, 2 und 4 und § 1599 entsprechend anzuwenden. Der Mann kann die Ehelichkeit des Kindes nur anfechten, wenn er erst nach der Ehelichkeitserklärung des Kindes von den Umständen erfährt, die dafür sprechen, daß das Kind

---

*) Schrifttum: Baur, Zivilprozessuale Fragen zum Gleichberechtigungs- und Familienrechtsänderungsgesetz 1961, FamRZ 1962, 508 (511); Beitzke, Die Neuregelung der Ehelichkeitsanfechtung, ZBlJR 1961, 314; JR 1962, 85; Chr. Böhmer, Das Familienrechtsänderungsgesetz vom 11. 8. 1961, DRiZ 1961, 375; Brühl, Die Anfechtung der Ehelichkeit ab 1. 1. 1962, FamRZ 1962, 8; Deisenhofer, Das Familienrechtsänderungsgesetz vom 11. 8. 1961, UJ 1962, 20, 73 (77); Dunz, Das neue Familienrechtsänderungsgesetz, NJW 1961, 2137 (2138); Heinrich Lange, Kritisches zur Anfechtung der Ehelichkeit, NJW 1962, 1697; Maßfeller, Das Familienrechtsänderungsgesetz, StAZ 1961, 241 (247); Meyer-Stolte, Neuordnung im Familienrecht, Rpfleger 1961, 387 (388); Schwarzhaupt, Das Familienrechtsänderungsgesetz von 1961, FamRZ 1961, 329.

nicht von ihm abstammt. Bei Anwendung des § 1594 Abs. 4 und des § 1595a Abs. 2, 3 ist statt des Zeitpunktes der Geburt des Kindes der Zeitpunkt der Ehelichkeitserklärung maßgebend.

Das Kind kann seine Ehelichkeit binnen zwei Jahren anfechten, nachdem es Kenntnis von den Umständen erlangt hat, die dafür sprechen, daß es nicht von dem Mann abstammt; die für die Verjährung geltenden Vorschriften der §§ 203, 206 sind entsprechend anzuwenden. Hat der gesetzliche Vertreter eines minderjährigen Kindes die Ehelichkeit nicht rechtzeitig angefochten, so kann das Kind, sobald es volljährig geworden ist, seine Ehelichkeit selbst anfechten; die Anfechtung ist nicht mehr zulässig, wenn seit dem Eintritt der Volljährigkeit zwei Jahre verstrichen sind. Liegen die Voraussetzungen des § 1596 Abs. 1 Nr 4 oder 5 vor, so ist die Anfechtung auch nach Ablauf der in den Sätzen 1 und 2 bezeichneten Fristen zulässig.

Neugefaßt durch Art 1 Nr 17 des FamRÄndG vom 11. 8. 1961 (aF eingefügt durch § 24 des FamRÄndG vom 12. 4. 1938).

I. Allgemeines; Entstehungsgeschichte.

1 **1.** Die Frage, wie geltend gemacht werden kann, daß die bei der Ehelichkeitserklärung angenommene natürliche Verwandtschaft zwischen Mann und Kind nicht besteht, war ursprünglich im Gesetz nicht besonders geregelt. Der Gesetzgeber des BGB hatte geglaubt, hierauf verzichten zu können, weil — nach dem damaligen Stand der Wissenschaft — der Beweis, daß das Kind nicht vom Mann abstamme, nur „in den seltensten Fällen" gelingen werde und auf eine „so entfernte Möglichkeit" entscheidendes Gewicht nicht gelegt werden könne (Mot 4, 939). § 1735 aF bestimmte deshalb, daß das Fehlen der Vaterschaft keinen Einfluß auf die Wirksamkeit der Ehelichkeitserklärung haben sollte (s 1 zu § 1735).

2 Dadurch wurde freilich die Anwendung der allgemeinen Bestimmungen über die Anfechtbarkeit von Willenserklärungen nicht ausgeschlossen. Der Mann konnte seinen Antrag (oder das damit verbundene Vaterschaftsanerkenntnis), das Kind seine Einwilligung wegen Irrtums oder arglistiger Täuschung anfechten, wenn die Vaterschaft des Mannes zu Unrecht angenommen worden war. Nach wirksamer Anfechtung war gemäß § 142 die betreffende Erklärung und damit wegen Mangels eines gesetzlichen Erfordernisses auch die Ehelichkeitserklärung selbst als von Anfang an nichtig anzusehen (vgl Engelmann in der früheren Auflage, Bem 1c zu § 1731; Opet-v. Blume 2 zu § 1735; Planck-Unzner 2a zu § 1735). Eine solche — äußerlich nicht erkennbare — Nichtigkeit der Ehelichkeitserklärung konnte jederzeit von jedermann geltend gemacht werden (s 2 zu § 1735). Dieser Rechtszustand war unbefriedigend.

3 **2.** Durch § 24 des FamRÄndG vom 12. 4. 1938 (RGBl I 380) wurde im Zusammenhang mit der Neufassung des § 1735 (s 3 zu § 1735) ein § 1735a in das BGB eingefügt, der eine Zurücknahme der Ehelichkeitserklärung für den Fall fehlender Vaterschaft des Antragstellers vorsah. Die Vorschrift brachte den notwendigen Ausgleich gegenüber der umfassenden heilenden Kraft des neuen § 1735 (amtliche Begründung DJ 1938, 619 [624]). Sie ermöglichte die Wiederauflösung eines der blutsmäßigen Abstammung nicht entsprechenden Kindesverhältnisses ohne Rücksicht auf Willensmängel der Beteiligten — deren Geltendmachung durch den neuen § 1735 praktisch abgeschnitten wurde — und eine Nachprüfung unabhängig von einem Antrag, ja selbst gegen den Willen der Beteiligten. Durch die Zurücknahme der Ehelichkeitserklärung verlor das Kind für die Zukunft die rechtliche Stellung eines ehelichen Kindes. Dieser § 1735a **alter Fassung** hatte folgenden Wortlaut:

> Die Verfügung, durch die ein Kind für ehelich erklärt worden ist, kann zurückgenommen werden, wenn der Antragsteller nicht der Vater des Kindes ist. Über die Zurücknahme entscheidet der Reichsminister der Justiz.
>
> Die Zurücknahme der Ehelichkeitserklärung erstreckt sich auf die Abkömmlinge des Kindes.
>
> Mit der Zurücknahme verliert das Kind die rechtliche Stellung eines ehelichen Kindes. Die elterliche Gewalt des Antragstellers endigt. Das Kind und seine Abkömmlinge verlieren das Recht, den Familiennamen des Antragstellers zu führen; sie erlangen den

früheren Familiennamen des Kindes. Zur Verheiratung vor Vollendung des einundzwanzigsten Lebensjahres bedarf das Kind nicht der Einwilligung der Mutter.

Die Zurücknahme ist unzulässig, wenn das Kind ohne Hinterlassung von Abkömmlingen gestorben ist.

Die Bestimmung des Abs 3 Satz 3 entsprach der des § 1305 Abs 1 Satz 3, wonach ein für ehelich erklärtes Kind der Einwilligung der Mutter zur Eingehung einer Ehe auch dann nicht bedurfte, wenn der Vater gestorben war; sie war seit Aufhebung des § 1305 durch § 84 des EheG vom 6. 7. 1938 (RGBl I 807) als überholt anzusehen.

Ergänzende Bestimmungen über das Verfahren enthielten die §§ 10—13 der DurchfVO vom 23. 4. 1938 (RGBl I 417). Danach oblag die Vorbereitung der Entscheidung über die Zurücknahme der Ehelichkeitserklärung dem Amtsgericht, in dessen Bezirk der Mann seinen Wohnsitz oder ständigen Aufenthalt hatte oder zuletzt gehabt hatte, notfalls dem Amtsgericht Berlin. Dem geschäftsunfähigen oder beschränkt geschäftsfähigen Kind war ein Pfleger zu bestellen, soweit dies zur Wahrnehmung seiner Rechte erforderlich erschien. Das Amtsgericht hatte festzustellen, auf welche Personen sich die Wirkungen der Zurücknahme erstrecken würden. Zu hören waren der Mann, das Kind, über 14 Jahre alte Abkömmlinge des Kindes, die Mutter, der etwa bestellte gesetzliche Vertreter des Kindes und die Ehegatten des Kindes und der Abkömmlinge, es sei denn, daß die Anhörung untunlich war. Die Zurücknahme der Ehelichkeitserklärung wurde in dem Zeitpunkt wirksam, der in der Verfügung über die Zurücknahme bestimmt war. 4

Nach 1945 entschied anstelle des Reichsministers der Justiz die jeweilige Landesjustizverwaltung. 5

3. Durch Art 1 Nr 17 des FamRÄndG vom 11. 8. 1961 (BGBl I 1221) hat § 1735 a eine gänzlich **neue Fassung** erhalten. Nunmehr ist der Verlust der Rechtsstellung, den das Kind durch die Ehelichkeitserklärung erlangt hat, an dieselben Voraussetzungen geknüpft wie bei anderen scheinehelichen Kindern. Das Kind verliert seine Rechtsstellung, wenn seine Ehelichkeit angefochten und die Unehelichkeit rechtskräftig festgestellt worden ist. Allein auf diesem Wege kann geltend gemacht werden, daß das Kind nicht vom Antragsteller abstammt. Eine Zurücknahme der Ehelichkeitserklärung ist nicht mehr vorgesehen. Die amtliche Begründung rechtfertigt die Umgestaltung des § 1735 a damit, daß es zu weit gehe, wenn die Ehelichkeitserklärung auch von Amts wegen zurückgenommen werden könne: „Wenn der Vater und das Kind an dem Verhältnis festhalten wollen, soll der Staat nicht eingreifen" (BT-Drucksache III/530, 20). 6

Die Fassung des § 1735 a Abs 1 Satz 1 kann freilich ebensowenig als geglückt bezeichnet werden wie die des § 1721 Satz 1 (s 5 zu § 1721). Von einer Untersuchung, ob der Mann der Vater des Kindes „ist" oder „nicht ist", hängt die Anwendbarkeit der §§ 1593 ff nicht ab. Das Gesetz will die Nachprüfung dieser Frage gerade verbieten und nur im Anfechtungsverfahren zulassen, dort aber die Begründetheit der Klage nicht zur Voraussetzung ihrer Zulässigkeit machen. Deshalb hätten auch hier die Worte „ist der Mann nicht der Vater des Kindes" in Anpassung an den sonstigen Sprachgebrauch des Gesetzes durch die Wendung „soll geltend gemacht werden, daß der Mann nicht der Vater des Kindes ist" ersetzt werden sollen. 7

4. Über die Anfechtbarkeit der von den Beteiligten abgegebenen Erklärungen (§§ 1725, 1726) nach allgemeinen Vorschriften (§§ 119 ff) und die heutige Bedeutung des § 1731 s 3—5 zu § 1731. 8

Über das Verhältnis des § 1735 a zu § 1735 s 7 zu § 1735.

II. Anfechtung durch den Mann und seine Eltern.

1. Der **Mann** kann die Ehelichkeit des für ehelich erklärten Kindes (nach §§ 1594, 1595) nur dann anfechten, wenn er erst nach der Ehelichkeitserklärung von den Umständen erfährt, die dafür sprechen, daß das Kind nicht von ihm abstammt (§ 1735 a Abs 1 Satz 2). Erfahren bedeutet hier dasselbe wie Kenntniserlangen im Sinne des § 1594 (s darüber näher 10 zu § 1594). Hatte der Mann die Kenntnis schon bei Antragstellung, so steht ihm ein Anfechtungsrecht nicht zu. Das gleiche gilt, wenn er die Kenntnis zwar nach diesem Zeitpunkt, aber vor dem stattgebenden Beschluß des Vormundschaftsgerichts erlangt hat; in diesem Fall wird ihm angelastet, daß er die Ehelichkeitserklärung nicht durch Zurücknahme des Antrags verhindert hat. Die Bestimmung des § 1735 a Abs 1 Satz 2 entspricht der des § 1721 Satz 2. Sie verfolgt den gleichen Zweck: der Mann soll an sein früheres Verhalten gebunden sein (s 11 zu § 1721). Maßgeblicher Zeitpunkt ist hier das Wirksamwerden der Ehelichkeitserklärung; s darüber 31 zu § 1723. 9

2. Die **Eltern des Mannes** haben ein Anfechtungsrecht nach § 1735 a Abs 1 Satz 1 und 3 iV mit § 1595 a (ohne dessen Abs 1 Satz 1, der nicht in Betracht kommt). Voraussetzung ist, daß der Mann innerhalb von zwei Jahren seit der Ehelichkeitserklärung gestor- 10

ben ist, ohne die Ehelichkeit des Kindes angefochten zu haben (§ 1595a Abs 2 Satz 1). Das Anfechtungsrecht der Eltern ist jedoch ausgeschlossen, wenn der Mann die Ehelichkeit des Kindes nicht anfechten wollte (§ 1595a Abs 2 Satz 2). Sie können ferner nicht anfechten, wenn der Mann auf Grund des § 1735a Abs 1 Satz 2 (s oben 9) selbst nicht anfechten konnte; denn ihr Anfechtungsrecht ist nur ein abgeleitetes (s 5 zu § 1595a). Nach dem Tode eines Elternteils steht das Anfechtungsrecht dem überlebenden Elternteil zu (§ 1595a Abs 1 Satz 2).

11 3. Die **Anfechtungsfrist** für die Anfechtung durch den Mann und seine Eltern ist die gleiche wie im Fall ehelicher Geburt des Kindes. Sie beträgt für den Mann zwei Jahre und beginnt mit dem Zeitpunkt, in dem er von den Umständen Kenntnis erlangt, die für die Nichtabstammung sprechen (§ 1735a Abs 1 Satz 1 iV mit § 1594 Abs 1, Abs 2 Satz 1). Für die Eltern des Mannes beträgt die Frist sechs Monate, seitdem ein Elternteil vom Tode des Mannes und von der Ehelichkeitserklärung Kenntnis erlangt hat (§ 1735a Abs 1 Satz 1 und 3 iV mit § 1595a Abs 1 Satz 3). Auf den Lauf dieser Fristen sind die für die Verjährung geltenden Vorschriften der §§ 203, 206 entsprechend anzuwenden (§ 1735a Abs 1 Satz 1 iV mit §§ 1594 Abs 3, 1595a Abs 1 Satz 5).

Nach Ablauf einer Ausschlußfrist von zehn Jahren seit der Ehelichkeitserklärung ist die Anfechtung durch den Mann und seine Eltern nicht mehr zulässig (§ 1735a Abs 1 Satz 1 und 3 iV mit §§ 1594 Abs 4, 1595a Abs 3).

III. Anfechtung durch das Kind.

12 1. Das für ehelich erklärte Kind ist hinsichtlich seines Anfechtungsrechts **freier gestellt** als das ehelich geborene und das durch nachfolgende Ehe legitimierte Kind. Es ist nicht auf bestimmte Anfechtungstatbestände beschränkt und kann insbesondere unabhängig vom Mann anfechten; ob dem Mann ein Anfechtungsrecht noch zusteht oder je zugestanden hat, ist ohne Belang. Da das für ehelich erklärte Kind nicht in der ehelichen Gemeinschaft von Vater und Mutter lebt, hat der Gesetzgeber hier eine andere Wertung vorgenommen als bei sonstigen scheinehelichen Kindern (Maßfeller StAZ 1961, 248). Gesetzestechnisch kommt der Unterschied dadurch zum Ausdruck, daß § 1596 in § 1735a Abs 1 Satz 1 nicht mit aufgeführt ist und § 1735a Abs 2 die Voraussetzungen für die Anfechtung durch das Kind besonders regelt.

Eine weitere Besonderheit besteht darin, daß § 1735a Abs 1 Satz 1 zwar auf § 1597 Abs 1, 2 und 4, nicht aber auf § 1597 Abs 3 verweist. Es bedarf daher hier nie der Einwilligung der Mutter, wenn ein Vormund oder Pfleger des Kindes die Ehelichkeit anfechten will. Diese Abweichung beruht auf der Erwägung, daß die Gründe, die zur Regelung des § 1597 Abs 3 geführt haben, bei dem für ehelich erklärten Kind (wegen der nach § 1738 fehlenden mütterlichen Personensorge) nicht vorliegen (amtliche Begründung BT-Drucksache III/530, 20).

13 2. Die **Anfechtungsfrist** für die Anfechtung durch das Kind beträgt regelmäßig zwei Jahre, seitdem es Kenntnis von den für die Nichtabstammung sprechenden Umständen erlangt hat; dabei sind die für die Verjährung geltenden Vorschriften der §§ 203, 206 auch hier entsprechend anzuwenden (§ 1735a Abs 2 Satz 1). Bei Minderjährigkeit des Kindes kommt es auf die Kenntnis des gesetzlichen Vertreters an (§ 166 Abs 1). Hat dieser die Frist versäumt, so kann das Kind, sobald es volljährig geworden ist, binnen zwei Jahren seit Eintritt der Volljährigkeit selbst anfechten (§ 1735a Abs 2 Satz 2; vgl § 1598). Ist einer der Tatbestände des § 1596 Abs 1 Nr 4 oder 5 gegeben (ehrloser oder unsittlicher Lebenswandel des Mannes, schwere Verfehlung des Mannes gegenüber dem Kind, schwere Erbkrankheit des Mannes) und ist deshalb die Anfechtung sittlich gerechtfertigt, so läuft entsprechend der Regelung für sonstige scheineheliche Kinder überhaupt keine Frist (§ 1735a Abs 2 Satz 3; vgl § 1596 Abs 2).

Eine Begrenzung der Anfechtungsmöglichkeit auf zehn Jahre ist für das für ehelich erklärte Kind ebensowenig vorgesehen wie für das ehelich geborene Kind (s 14 zu § 1596).

IV. Anfechtungsverfahren.

14 1. Die Anfechtung erfolgt wie bei einem während der Ehe geborenen oder durch nachfolgende Ehe legitimierten Kind (vgl 16, 17 zu § 1721) durch Klageerhebung, ausnahmsweise durch Antrag beim Vormundschaftsgericht (§ 1735a Abs 1 Satz 1 iV mit § 1599). Wegen der Einzelheiten s 2ff zu § 1599.

Für das Kind wird nach §§ 1629 Abs 2, 1795, 1909 regelmäßig ein Pfleger bestellt werden müssen.

15 2. Im Anfechtungsverfahren können sich Besonderheiten daraus ergeben, daß weder die Vermutungen des § 1591 noch die des § 1720 gelten; das kann für die Beweislast von Bedeutung sein (s dazu Brühl FamRZ 1962, 14).

V. Folgen der Anfechtung.

1. Das stattgebende rechtskräftige Urteil im Anfechtungsprozeß wirkt — sofern es zu Lebzeiten der Parteien rechtskräftig geworden ist — für und gegen alle (§ 643 ZPO); dieselbe Wirkung hat der entsprechende Beschluß im Anfechtungsverfahren vor dem Vormundschaftsgericht (s 12, 33 zu § 1599; Brühl FamRZ 1962, 13). Mit Rechtskraft der Entscheidung steht fest, daß das Kind durch die Ehelichkeitserklärung die Rechtsstellung eines ehelichen Kindes des Mannes nie erlangt hat. Die — unabänderliche — Verfügung des Vormundschaftsgerichts, durch die das Kind für ehelich erklärt wurde, wird gegenstandslos (Erman-Hefermehl 3; Keidel 18 zu § 56a FGG). 16

Die weiteren Folgen für das Kind bestimmen sich nach den für uneheliche Kinder allgemein geltenden Vorschriften (insbesondere § 40 JWG, § 1707); s auch 16 zu § 1593.

2. Eine beglaubigte Abschrift der rechtskräftigen Entscheidung, die die Unehelichkeit des Kindes feststellt, ist dem Standesbeamten zu übersenden, der das Geburtenbuch des Kindes führt (§ 30 Abs 2 PStG; s dazu im einzelnen §§ 27, 71, 72 Abs 3 AVO PStG). Dieser trägt zu dem Vermerk über die Ehelichkeitserklärung (s 35 zu § 1723) einen weiteren Randvermerk ein, aus dem sich die Unehelichkeit des Kindes auf Grund der im Anfechtungsverfahren ergangenen Entscheidung ergibt (§ 30 Abs 1 PStG; s dazu Maßfeller StAZ 1961, 248). 17

VI. Übergangsrecht.

1. Die Vorschriften über die Zurücknahme der Ehelichkeitserklärung, die **§ 1735a aF** enthielt, fanden nach § 31 Abs 2 des FamRÄndG vom 12. 4. 1938 auch auf Ehelichkeitserklärungen Anwendung, die vor dem Inkrafttreten dieses Gesetzes (14. 4. 1938) ausgesprochen worden waren. 18

2. Ebenso ist **§ 1735a nF** auf alle für ehelich erklärten Kinder anzuwenden, auch auf solche, die vor dem 1. 1. 1962, dem Inkrafttreten des FamRÄndG vom 11. 8. 1961, für ehelich erklärt wurden. Das ist zwar nicht ausdrücklich geregelt, folgt aber aus Art 9 II Nr 1 Abs 1 Satz 1 des Gesetzes. 19

Eine im Zusammenhang mit § 1735a nF zu beachtende Übergangsregelung enthält außerdem Art 9 II Nr 1 Abs 2 des FamRÄndG vom 11. 8. 1961 für die Anfechtungsfrist. Danach endet die Frist für die Anfechtung der Ehelichkeit frühestens ein Jahr nach dem Inkrafttreten des Gesetzes, also am 1. 1. 1963, es sei denn, daß sie auch bei Anwendung des § 1735a nF bereits vor der Verkündung des Gesetzes, dh **vor dem** 18. 8. 1961, abgelaufen wäre.

§ 1736.

Durch die Ehelichkeitserklärung erlangt das Kind die rechtliche Stellung eines ehelichen Kindes.

E I 1583 Abs 2; II 1610 Abs 2; III 1712; Mot 4, 934; Prot 4, 704; 5, 445.

I. Allgemeines.

1. Die §§ 1736—1740 handeln von den Wirkungen der Ehelichkeitserklärung. 1

§ 1736 deckt sich inhaltlich anscheinend mit § 1719. Aus dem Zusammenhang der §§ 1736, 1737 ergibt sich jedoch, daß die rechtlichen Wirkungen der Ehelichkeitserklärung beschränktere sind als die der Legitimation durch nachfolgende Ehe. Während durch die Heirat der Eltern das Kind in jeder Beziehung einem ehelichen gleichgestellt wird (s 18 zu § 1719), begründet die Ehelichkeitserklärung nur ein Verwandtschaftsverhältnis zwischen dem Vater einerseits und dem unehelichen Kind und dessen Abkömmlingen andererseits.

2. Die rechtlichen Wirkungen der Ehelichkeitserklärung sind durch das Gesetz festgelegt. Sie können weder durch Vertrag unter den Beteiligten noch durch Verfügung des Vormundschaftsgerichts erweitert oder eingeschränkt werden. Würde beispielsweise eine Ehelichkeitserklärung mit der Maßgabe ausgesprochen, daß sie sich nicht auf die Abkömmlinge des Kindes bezieht, so wäre dieser einschränkende Zusatz unbeachtlich. 2

Selbstverständlich können aber die durch Elelichkeitserklärung legitimierten Kinder durch Privatdisposition (zB in einem Stiftungsgeschäft) von einem Rechtserwerb ausgeschlossen werden (vgl 20 zu § 1719). 3

II. Wirkungen im Verhältnis zum Vater.

1. Dem Vater gegenüber erlangt das Kind die volle Rechtsstellung eines ehelichen Kindes. Insoweit finden daher die §§ 1616—1698b Anwendung. Das Kind erhält insbesondere den Familiennamen des Vaters (§ 1616), tritt, sofern es minderjährig ist, unter die elterliche Gewalt des Vaters (§§ 1626 ff) und teilt unter der gleichen Voraussetzung seinen Wohnsitz (§ 11). Auch erb- und unterhaltsrechtlich gilt künftig im Verhältnis zwischen Vater und Kind dasselbe, wie wenn das Kind ehelich geboren wäre; dabei geht nach § 1739 (s Bem dort) die Unterhaltspflicht des Vaters derjenigen der Mutter und der 4

mütterlichen Verwandten vor. Die Verjährung von Ansprüchen zwischen Vater und Kind ist während der Minderjährigkeit des Kindes nach § 204 Satz 2 gehemmt. Über weitere Folgen des Umstands, daß das Kind die rechtliche Stellung eines ehelichen Kindes erlangt, s Einl 4ff vor § 1616.

5 Nach § 6 Abs 2 Satz 3 der im Gebiet der früheren britischen Zone geltenden Höfeordnung gingen für ehelich erklärte Kinder ehelichen Kindern der gleichen Ordnung nach. Diese Bestimmung ist durch § 1 Nr 2 des Ersten Gesetzes zur Änderung der Höfeordnung vom 24. 8. 1964 (BGBl I 693) aufgehoben worden.

6 **2.** Auf die Staatsangehörigkeit des Kindes wirkt sich die Ehelichkeitserklärung in gleicher Weise aus wie die Legitimation durch nachfolgende Ehe (s 19 zu § 1719). Das Kind erwirbt die deutsche Staatsangehörigkeit, wenn es auf Antrag eines Deutschen für ehelich erklärt wird (§ 3 Nr 2, § 5 RuStAG). Es verliert die deutsche Staatsangehörigkeit, wenn der Antragsteller Ausländer ist (§ 17 Nr 5 RuStAG); doch darf es dabei nicht staatenlos werden (Art 16 Abs 1 Satz 2 GG)*).

III. Weitere Wirkungen.

7 **1.** Nach § 1737 Abs 1 Satz 1 Halbsatz 1 erstrecken sich die Wirkungen der Ehelichkeitserklärung auf die Abkömmlinge des Kindes, dh sowohl auf solche, die später geboren werden, als auch — abweichend von § 1762 — auf solche, die bei der Ehelichkeitserklärung bereits vorhanden sind (s 2, 3 zu § 1737).

8 **2.** Auf die Verwandten des Vaters erstrecken sich die Wirkungen der Ehelichkeitserklärung dagegen nicht, § 1737 Abs 1 Satz 1 Halbsatz 2 (s 5 zu § 1737).

Auch ein Schwägerschaftsverhältnis wird weder zwischen der Frau des Vaters und dem Kind noch zwischen dem Ehegatten des Kindes und dem Vater begründet, § 1737 Abs 1 Satz 2 (s 6 zu § 1737).

Die Rechte und Pflichten des Kindes gegenüber der Mutter und den sonstigen Verwandten mütterlicherseits werden durch die Ehelichkeitserklärung ebenfalls nicht berührt, soweit nicht das Gesetz — in den §§ 1738, 1739 — ein anderes vorschreibt, § 1737 Abs 2 (s 7—9 zu § 1737).

Über tatsächliche Auswirkungen der Ehelichkeitserklärung auf die Interessen der genannten Personengruppen s 10 zu § 1737.

9 **3.** Da der Vater des Kindes durch die Ehelichkeitserklärung die elterliche Gewalt erhält (s oben 4), endigt in dem Zeitpunkt, in dem die Ehelichkeitserklärung wirksam wird (s unten 11), eine bis dahin über das Kind geführte Amts- oder Einzelvormundschaft, **§ 1882**; eine Sondervorschrift, wie sie § 1883 für die Legitimation durch nachfolgende Ehe enthält (s 22 zu § 1719), ist für die Ehelichkeitserklärung nicht getroffen. Über den Fall, daß das Kind nicht unter Vormundschaft stand, weil der Mutter gemäß § 1707 Abs 2 die elterliche Gewalt übertragen war, s 3 zu § 1738.

10 **4.** Das Verhältnis des Kindes zu seinem **wirklichen unehelichen Vater** wird an sich nicht dadurch berührt, daß das Kind auf Antrag eines Mannes, der in Wahrheit nicht sein Erzeuger ist, für ehelich erklärt wird (s auch 9 zu § 1723). Der Unterhaltsanspruch des Kindes gegen seinen wirklichen Vater ist, wie jede andere Forderung, ein Bestandteil des Kindesvermögens; daran ändert sich auch durch die Ehelichkeitserklärung nichts. Die entscheidende Frage ist freilich, ob das Kind einen ihm gegen den Dritten zustehenden Unterhaltsanspruch nach der Ehelichkeitserklärung weiterhin geltend machen kann. Um ihn geltend zu machen, müßte sich das Kind auf seine Unehelichkeit berufen. Dem stehen aber, solange nicht die Ehelichkeit mit Erfolg angefochten ist, die Bestimmungen der §§ 1735a, 1593 entgegen. Im Ergebnis ist also die (weitere) Inanspruchnahme des Dritten regelmäßig ausgeschlossen (wie hier Scheffler in RGRKomm 3 zu § 1737; aM anscheinend — wohl in Verkennung des neuen § 1735a — Erman-Hefermehl 3 zu § 1737; Palandt-Lauterbach 1 zu § 1737; Soergel-Siebert-Lade 2 zu § 1737). Der drohenden weiteren Vollstreckung aus einem bereits vorliegenden Titel kann der Dritte mit der Klage aus § 767 ZPO begegnen (vgl auch 9 zu § 1719).

IV. Beginn der Wirkungen.

11 Der Ehelichkeitserklärung kommt nach dem Gesetz grundsätzlich keine rückwirkende Kraft zu. An der unehelichen Geburt vermag sie nichts zu ändern. Ehelich wird das Kind regelmäßig erst von dem Zeitpunkt an, in dem der Beschluß des Vormundschaftsgerichts wirksam wird, dh mit der Bekanntmachung an den Vater (§ 56a Abs 1 FGG; s 31 zu § 1723). Ausnahmsweise tritt eine gewisse Rückwirkung dann ein, wenn das Kind unter den Voraussetzungen des § 1733 Abs 2 nach dem Tode des Vaters für ehelich erklärt wird; hier hat die Ehelichkeitserklärung nach § 1733 Abs 3 die gleiche Wirkung, wie wenn sie vor dem Tode des Vaters erfolgt wäre (s 8 zu § 1733).

*) Über die sich daraus ergebenden Belehrungs- und Mitteilungspflichten des Vormundschaftsgerichts s Firsching, Familienrecht, 220, und Müllich StAZ 1963, 169 (173).

§ 1737.

Die Wirkungen der Ehelichkeitserklärung erstrecken sich auf die Abkömmlinge des Kindes; sie erstrecken sich nicht auf die Verwandten des Vaters. Die Frau des Vaters wird nicht mit dem Kinde, der Ehegatte des Kindes wird nicht mit dem Vater verschwägert.

Die Rechte und Pflichten, die sich aus dem Verwandtschaftsverhältnisse zwischen dem Kinde und seinen Verwandten ergeben, bleiben unberührt, soweit nicht das Gesetz ein anderes vorschreibt.

E I 1596; II 1621; III 1713; Mot 4, 947; Prot 4, 713.

I. Allgemeines.

1 § 1737 umschreibt die Verwandtschafts- und Schwägerschaftsverhältnisse des für ehelich erklärten Kindes näher. Die Bestimmung des § 1736, die sich inhaltlich anscheinend mit der des § 1719 deckt, wird dadurch ergänzt und eingeschränkt (s 1 zu § 1736).

Über das Verhältnis des Kindes zu seinem wirklichen unehelichen Vater (der nach § 1589 Abs 2 als mit dem Kind nicht verwandt gilt und daher nicht unter § 1737 fällt) s 10 zu § 1736.

II. Abkömmlinge des Kindes und Verwandte des Vaters (Abs 1 Satz 1).

2 **1.** Im Gegensatz zur Annahme an Kindes Statt (vgl § 1762 Satz 2) erstreckt die Ehelichkeitserklärung ihre Wirkungen nach § 1737 Abs 1 Satz 1 **Halbsatz 1** ohne weiteres auf alle **Abkömmlinge des Kindes**, sowohl auf solche, die später geboren werden, als auch auf solche, die zur Zeit der Ehelichkeitserklärung schon vorhanden sind; es bedarf keiner Einwilligung der schon vorhandenen Abkömmlinge.

Unter Abkömmlingen sind nur die ehelichen und die diesen rechtlich gleichstehenden Kinder des Kindes, also auch die unehelichen Kinder einer Tochter, nicht aber die unehelichen Kinder eines Sohnes zu verstehen, da die letzteren im Verhältnis zu ihrem Vater nicht als verwandt gelten (§§ 1705, 1589 Abs 2).

3 Zwischen dem Vater und den Abkömmlingen des Kindes besteht auf Grund der Ehelichkeitserklärung eine gegenseitige Unterhaltspflicht wie bei ehelichen Verwandten (§§ 1601ff) und ein gegenseitiges Erb- und Pflichtteilsrecht nach Maßgabe der §§ 1924ff, 2303ff. Soll ein Vormund für einen Abkömmling des legitimierten Kindes bestellt werden, so ist der Vater als Verwandter nach § 1779 Abs 2 Satz 3 zunächst zu berücksichtigen. Soweit die Abkömmlinge des Kindes den Namen des Kindes zu führen haben, erlangen sie, wie das Kind selbst (s 4 zu § 1736), kraft Gesetzes den Familiennamen des Vaters. Über weitere Rechtsfolgen des Umstandes, daß der Vater mit den Abkömmlingen des Kindes verwandt ist, s 32—52 zu § 1589.

4 Zwischen dem Vater und den anderweitigen Verwandten des Kindes wird kein Verwandtschaftsverhältnis begründet. Das ergibt sich schon aus dem Begriff der Verwandtschaft (§ 1589 Abs 1); durch die Ehelichkeitserklärung wird ein gemeinschaftlicher Stammvater des Vaters und der Verwandten des Kindes nicht geschaffen (Mot 4, 947).

5 **2.** § 1737 Abs 1 Satz 1 **Halbsatz 2** schränkt die Wirkungen der Ehelichkeitserklärung in gleicher Weise ein wie § 1763 Satz 1 die Wirkungen der Adoption gegenüber Verwandten des Annehmenden: zwischen den **Verwandten des Vaters** einerseits und dem Kind und seinen Abkömmlingen andererseits wird kein Verwandtschaftsverhältnis begründet. Die Eltern des Vaters werden nicht Großeltern des Kindes und nicht Urgroßeltern der Abkömmlinge des Kindes; zwischen diesen Personen bestehen weder Unterhaltspflichten noch Erb- und Pflichtteilsrechte. Die anderen Kinder des Vaters werden nicht Geschwister des für ehelich erklärten Kindes, es sei denn, daß sie von derselben Mutter abstammen. Mehrere für ehelich erklärte Kinder des Vaters, die von verschiedenen Müttern abstammen, werden nicht Halbgeschwister.

In der zweiten Kommission war der Antrag gestellt worden, ein Verwandtschaftsverhältnis wenigstens zwischen dem für ehelich erklärten Kind und den Abkömmlingen des Vaters anzuerkennen; dieser Antrag wurde jedoch abgelehnt (Prot 4, 713ff).

Das auf der Blutverwandschaft beruhende Eheverbot des § 4 EheG wird durch § 1737 Abs 1 Satz 1 Halbsatz 2 nicht berührt.

III. Frau des Vaters und Ehegatte des Kindes (Abs 1 Satz 2).

6 Nach § 1737 Abs 1 Satz 2 erstrecken sich die Wirkungen der Ehelichkeitserklärung nicht auf die Frau des Vaters und den Ehegatten des für ehelich erklärten Kindes; auch insoweit gilt das gleiche wie bei der Annahme an Kindes Statt (vgl § 1763 Satz 2). Die

Frau des Vaters wird demnach nicht Stiefmutter des Kindes, der Ehegatte des Kindes nicht Schwiegersohn oder Schwiegertochter des Vaters. Soweit das Gesetz an die Schwägerschaft rechtliche Folgen knüpft (s 15ff zu § 1590), treten sie im Verhältnis der erwähnten Personen zueinander nicht ein. Selbstverständlich wird demzufolge auch zwischen dem Ehegatten eines Abkömmlings des Kindes und dem Vater sowie zwischen der Frau des Vaters und den Abkömmlingen des Kindes kein Schwägerschaftsverhältnis begründet.

IV. Bisherige Verwandte des Kindes (Abs 2).

7 **1.** § 1737 Abs 2 stellt klar, daß die zwischen dem unehelichen Kind und seinen bisherigen Verwandten bestehenden Rechte und Pflichten durch die Ehelichkeitserklärung grundsätzlich nicht berührt werden (vgl die entsprechende Bestimmung für die Adoption in § 1764). Es verbleibt also insbesondere bei der gegenseitigen Unterhaltspflicht und beim gegenseitigen Erbrecht.

8 **2.** Von diesem Grundsatz bestehen jedoch, abgesehen von den tatsächlichen Auswirkungen der Ehelichkeitserklärung auf die Interessen der mütterlichen Verwandten (dazu unten 10), folgende **Ausnahmen:**

a) Die der unehelichen Mutter nach § 1707 Abs 1 zustehende tatsächliche Sorge für die Person des Kindes fällt mit der Ehelichkeitserklärung weg, **§ 1738 Satz 1;** das gleiche gilt für die der Mutter etwa nach § 1707 Abs 2 übertragene elterliche Gewalt (s 3 zu § 1738).

9 **b)** Der Vater ist dem für ehelich erklärten Kind und dessen Abkömmlingen vor der Mutter und den mütterlichen Verwandten unterhaltspflichtig, **§ 1739.**

V. Tatsächliche Wirkungen.

10 Wenn auch die Verwandten des Vaters durch die Ehelichkeitserklärung rechtlich nicht berührt werden, so kann sich doch der Umstand, daß nunmehr Vater und Kind miteinander verwandt sind, tatsächlich auf ihre Interessen auswirken. Das gilt vor allem in erbrechtlicher Hinsicht. Die Existenz des Kindes schmälert künftig Erb- und Pflichtteilsrechte der väterlichen Verwandten. Ebenso kann die Konkurrenz des Vaters die Interessen der mütterlichen Verwandten beeinträchtigen.

Der Gesetzgeber hat es nicht für erforderlich erachtet, die Interessen dieser Personengruppen besonders zu schützen. Maßgebend dafür war hauptsächlich die Überlegung, daß die fragliche Beeinträchtigung nicht die Natur einer Rechtsverletzung habe, da den beeinträchtigten Personen kein Anspruch auf einen der bisherigen Sachlage entsprechenden Erb- oder Pflichtteil zustehe; die Möglichkeit, daß eine Ehelichkeitserklärung dazu mißbraucht werden könnte, um Veränderungen in den Voraussetzungen der Erbfolge herbeizuführen, hielt man für ausgeschlossen, da die Ehelichkeitserklärung eine vom Ermessen der Staatsgewalt abhängige Gnadensache war (Mot 4, 936). Seit Inkrafttreten des FamRÄndG vom 11. 8. 1961 sind die Interessen der genannten Personengruppen vom Vormundschaftsgericht — das keine Ermessensentscheidung mehr trifft (s 13 zu § 1723) — nötigenfalls im Rahmen des § 1734 zu berücksichtigen (s 16 zu § 1734).

§ 1738.

Mit der Ehelichkeitserklärung verliert die Mutter das Recht und die Pflicht, für die Person des Kindes zu sorgen. Hat sie dem Kinde Unterhalt zu gewähren, so treten Recht und Pflicht wieder ein, wenn die elterliche Gewalt des Vaters endigt oder wenn sie wegen Geschäftsunfähigkeit des Vaters oder nach § 1674 ruht.

E I 1597; II 1622; II 1714; Mot 4, 948; Prot 4, 714. Satz 2 geändert durch Art 1 Nr 23 GleichberG („§ 1674" statt bisher „§ 1677").

Inhaltsübersicht.

I. Allgemeines.

Die Ehelichkeitserklärung dient dazu, dem unehelichen Kind im Verhältnis zum Vater die Rechtsstellung eines ehelichen Kindes in den Fällen zu verschaffen, in denen dieser die Mutter nicht heiraten kann oder heiraten will (f 1 zu § 1723). Am Verhältnis des Kindes zur Mutter ändert sich durch die Ehelichkeitserklärung grundsätzlich nichts (§ 1737 Abf 2); ihr gegenüber hat das Kind ohnehin weitgehend die Stellung eines ehelichen (§ 1705). Wenn jedoch Vater und Mutter nicht in ehelicher Gemeinschaft leben, können ihre elterlichen Rechte und Pflichten, solange das **Kind minderjährig** ist, nicht gleichrangig sein. Die Rechte und Pflichten, die der Mutter nach § 1707 zustehen, vertragen sich schlecht mit der elterlichen Gewalt, die dem Vater mit der Ehelichkeitserklärung zufällt. Das Wohl des Kindes gebietet, daß einer von beiden Elternteilen zurücksteht. Nach dem Sinn und Zweck der Ehelichkeitserklärung kann das nur die Mutter sein; deshalb bedarf der Grundsatz des § 1737 Abf 2 insoweit einer Einschränkung. 1

Diese Erwägungen liegen der Regel des § 1738 Satz 1 zugrunde.

§ 1738 Satz 2 bestimmt, unter welchen Voraussetzungen die Mutter die frühere Rechtsstellung ausnahmsweise wieder zurückerhält.

II. Die Regel des § 1738 Satz 1.

1. Abweichend von § 1737 Abf 2 erlöschen nach § 1738 Satz 1 das Recht und die Pflicht der unehelichen Mutter, für die Person des Kindes zu sorgen **(§ 1707 Abf 1)**, wenn das Kind für ehelich erklärt wird und damit unter die elterliche Gewalt des Vaters tritt (f 4 zu § 1736). 2

Über den Zeitpunkt, in dem die Ehelichkeitserklärung wirksam wird und demnach die Rechtsfolge des § 1738 Satz 1 eintritt, f 11 zu § 1736.

2. § 1738 Satz 1 läßt die Frage offen, ob die uneheliche Mutter auch dann nur das Sorgerecht verliert, wenn ihr nach der neuen Bestimmung des **§ 1707 Abf 2** die volle elterliche Gewalt übertragen war. Man wird in dieser Hinsicht nicht am Wortlaut haften bleiben dürfen. Bei den Gesetzgebungsarbeiten am FamRÄndG 1961, das dem § 1707 aF den Abf 2 hinzufügte, unterblieb zwar — unabsichtlich — die erforderliche Angleichung des § 1738 Satz 1, obwohl die Entwürfe der Reichsregierung von 1925 und 1929, auf deren § 1707b der jetzige § 1707 Abf 2 zurückgeht, einen Zusatz zu § 1738 Satz 1 vorgesehen hatten, wonach die Mutter, falls ihr die elterliche Gewalt übertragen war, auch diese verlieren sollte. Dennoch wird man § 1738 Satz 1 heute so auslegen müssen, als sei er um den in den Entwürfen 1925/29 enthaltenen, im Entwurf der Bundesregierung übersehenen Zusatz ergänzt. Eine andere Lösung verstieße gegen Sinn und Zweck der Ehelichkeitserklärung und hätte bei Meinungsverschiedenheiten zwischen Vater und Mutter völlig unannehmbare Konsequenzen (so mit Recht Göppinger FamRZ 1962, 449; Wegfall der nach § 1707 Abf 2 übertragenen elterlichen Gewalt nehmen ferner an: Scheffler in RGRKomm 2; Erman-Hefermehl 1; Beitzke § 31 II 4; Jansen 1 zu § 56a FGG; Palandt-Lauterbach 1; Gernhuber § 61 II 16). 3

3. Die der Mutter **verbleibende Rechtsstellung** ergibt sich aus § 1705: das Kind ist weiterhin mit ihr verwandt. Daher richten sich die gegenseitigen Unterhaltsansprüche nach den §§ 1601ff, wobei allerdings die Unterhaltspflicht der Mutter gegenüber dem Kind hinter die des Vaters zurücktritt (§ 1739). Auch die gegenseitigen Erb- und Pflichtteilsrechte bleiben unberührt (f 7 zu § 1737). Soll das Kind später an Kindes Statt angenommen werden, so bedarf es nach wie vor der Einwilligung der Mutter (§ 1747 Abf 1), weil das Erfordernis ihrer Einwilligung auf dem natürlichen Mutter-Kind-Verhältnis beruht (f 9 zu § 1705). Der Mutter steht auch in allen die Sorge für die Person betreffenden Angelegenheiten ein Beschwerderecht nach § 57 Abf 1 Nr 9 FGG zu (LG und OLG Stuttgart FamRZ 1962, 207 mit Anm Blittersdorff). 4

4. Das **Recht auf persönlichen Verkehr** mit dem Kind ist nicht Ausfluß der elterlichen Gewalt, sondern der Verwandtschaft (f 4, 35 zu § 1634) und verbleibt daher der Mutter auch nach der Ehelichkeitserklärung des Kindes. Die Frage war früher streitig (für Verkehrsrecht zB Engelmann in der Vorauflage dieses Komm, Bem 1; Planck-Unzner 3; Opet-v. Blume 2; dagegen vor allem Kipp-Wolff § 90 Anm 18), sollte aber heute angesichts des neuen § 1634 und seiner Stellung im Gesetz (f 1 zu § 1634) nicht mehr zweifelhaft sein (wie hier Scheffler in RGRKomm 7; Erman-Hefermehl 1; Lehmann § 32 IV 2a; Palandt-Lauterbach 1; Soergel-Lange 6 zu § 1634; Gernhuber § 61 II 16; **aM** Dölle § 111 V 5a, der die rechtliche Befugnis der Mutter zum persönlichen Verkehr mit dem Kinde verneint, ihr aber einen sittlichen Anspruch darauf geben will, daß ihr der Verkehr nicht unmöglich gemacht wird). 5

Einigen sich Vater und Mutter über Art und Umfang der Ausübung des Verkehrsrechts nicht, so entscheidet nach § 1634 Abf 2 das Vormundschaftsgericht.

Die Großeltern haben keinen Rechtsanspruch auf persönlichen Verkehr mit dem Kind (f 21, 23 zu § 1634).

6 5. Der Mutter verbleibt nach der Ehelichkeitserklärung eine Rechtsstellung, die es rechtfertigt, sie als Elternteil im Sinne des **§ 1632 Abs 2** anzusehen; es entscheidet daher das Vormundschaftsgericht, wenn der Vater die **Herausgabe des Kindes** von der Mutter verlangt (BGHZ 40, 1 = NJW 1963, 2219 = FamRZ 1963, 560 = Rpfleger 1964, 16 mit Anm Keidel). Zwar läßt sich nicht verkennen, daß die Einfügung des § 1632 Abs 2 durch das GleichberG in engem Zusammenhang mit der dem Vormundschaftsgericht in den §§ 1671, 1672 zugewiesenen Aufgabe steht, also zunächst für die Fälle gedacht ist, daß geschiedene oder getrennt lebende Ehegatten sich um ihr Kind streiten; gleichwohl besteht kein Grund, die Bestimmung des § 1632 Abs 2 nicht auch auf den Fall der Ehelichkeitserklärung anzuwenden; daß der Vormundschaftsrichter über den Herausgabeanspruch entscheidet, ist auch für zweckmäßig zu erachten, weil sich die Frage stellen kann, ob das Herausgabeverlangen einen Mißbrauch des Sorgerechts im Sinne des § 1666 Abs 1 darstellt (BGH aaO; s auch 31, 31a zu § 1632).

III. Die Ausnahme nach Satz 2.

7 1. Nach der ursprünglichen Fassung des § 1738 im E I sollten das Recht und die Pflicht der Mutter, für die Person des Kindes zu sorgen, auch bei Beendigung oder Beschränkung der elterlichen Gewalt des Vaters nicht wieder eintreten; eine andere Gestaltung hielt man nicht für angemessen (Mot 4, 949: „Da das Kind in vielen Fällen der Mutter völlig entfremdet wird und in sozialer Beziehung häufig eine ganz andere Lebensstellung als die Mutter einnimmt, so entspricht es der Sachlage und dem Interesse des Kindes, daß durch die Ehelichkeitserklärung die Pflicht und das Recht der Mutter, für die Person des Kindes zu sorgen, dauernd aufgehoben wird ..."). Die zweite Kommission auf deren Beschluß die endgültige Gesetzesfassung beruht — das GleichberG hat später lediglich eine Verweisungsänderung vorgenommen —, war demgegenüber der Meinung, es gehe zu weit, dieses Recht der Mutter unter allen Umständen auszuschließen; wenn die elterliche Gewalt des Vaters fortgefallen sei, werde sich in vielen Fällen die tatsächliche Lebensstellung des Kindes doch wieder ändern und deshalb sei es nur natürlich, wenn das Gesetz in solchem Fall das Recht der Mutter unter gewissen Voraussetzungen wieder aufleben lasse (Prot 4, 715).

8 Die zweite Kommission hat nicht verkannt, daß die in Satz 2 aufgestellten Voraussetzungen an einer „gewissen Unbestimmtheit" leiden. Eine Rückübertragung der Personensorge durch das Vormundschaftsgericht wurde erwogen, von der Kommission jedoch abgelehnt. Man hielt eine derartige Einmischung des Gerichts nicht für wünschenswert und vertraute darauf, daß die Automatik des Gesetzes in den meisten Fällen zu einem richtigen Ergebnis führen werde (Prot aaO). Diese Lösung ist keine sehr glückliche. Unserer heutigen Auffassung von den Aufgaben des Vormundschaftsgerichts und unserem heutigen System der §§ 1634, 1671, 1672, 1696 entspräche es besser, wenn dem Vormundschaftsgericht die Entscheidung übertragen wäre. Eine dahingehende Änderung des § 1738 Satz 2 sollte man bei nächster Gelegenheit ins Auge fassen.

9 2. Der Mutter stehen die infolge der Ehelichkeitserklärung verlorengegangenen Rechte und Pflichten wieder zu, wenn **zwei Voraussetzungen** zusammentreffen:

10 a) Die elterliche Gewalt des Vaters muß endigen oder wegen Geschäftsunfähigkeit oder nach § 1674 ruhen.

aa) Als Gründe für die **Beendigung** der elterlichen Gewalt kommen in Betracht: Tod (im Gesetz nicht ausdrücklich geregelt, aber selbstverständlich, s 2 zu § 1677), Todeserklärung (§ 1677), Verwirkung (§ 1676), Entziehung durch das Vormundschaftsgericht (§ 1666). Nach Göppinger (FamRZ 1962, 450) sollen die beiden letztgenannten Fälle im Rahmen des § 1738 Satz 2 außer Betracht bleiben, weil für den Vater nur ein Verbot der Ausübung elterlicher Gewalt bestehe; dem kann nicht gefolgt werden (wie hier Erman-Hefermehl 2a; Gernhuber § 61 II 16; vgl auch Donau in diesem Komm, 8 und 21 zu § 1626; 16 zu § 1676).

11 bb) Die elterliche Gewalt des Vaters **ruht** nach § 1674, wenn das Vormundschaftsgericht feststellt, daß er sie auf längere Zeit tatsächlich nicht ausüben kann. Daneben fällt nur Ruhen der elterlichen Gewalt bei Geschäftsunfähigkeit des Vaters (§ 1673 Abs 1) unter § 1738 Satz 2.

Ruht dagegen die elterliche Gewalt des Vaters, weil er in der Geschäftsfähigkeit beschränkt ist oder nach § 1910 Abs 1 einen Pfleger für seine Person und sein Vermögen erhalten hat (§ 1673 Abs 2 Satz 1), so bleibt er nach § 1673 Abs 2 Satz 2 neben dem gesetzlichen Vertreter des Kindes sorgeberechtigt; in diesem Fall hat der Gesetzgeber keinen Anlaß gesehen, der Mutter ihre früheren Rechte und Pflichten wieder einzuräumen (Prot 4, 714ff).

b) Die **Mutter** muß dem Kind **Unterhalt** zu gewähren haben. Streitig ist, ob schon das bloße Eintreten der Unterhaltspflicht der Mutter (nach Wegfall der vorrangigen Unterhaltspflicht des Vaters, § 1739) die Rechte der Mutter wieder aufleben läßt (so Soergel-Siebert-Lade 2; Scheffler in RGRKomm 5; Gernhuber § 61 II 17; offen lassend RGZ 105, 164 = JW 1923, 76) oder ob die tatsächliche Unterhaltsgewährung hinzukommen muß (so Palandt-Lauterbach 2; Erman-Hefermehl 2b; v. Blume JW 1923, 76). Die letztere Auffassung verdient im Hinblick auf den Zweck der Bestimmung den Vorzug. Solange die Mutter nichts für das Kind leistet, liegt kein Grund vor, ihr das Sorgerecht zurückzugeben (vgl v. Blume aaO). Das Kind muß freilich im Sinne des § 1602 unterhaltsbedürftig sein; daran kann es fehlen, wenn das Kind von einem Dritten, wenn auch ohne Rechtspflicht, unterhalten wird (RG aaO; hiergegen Scheffler in RGRKomm 6 mit der Begründung, das elterliche Sorgerecht dürfe nicht dem Willen eines Dritten ausgeliefert werden). 12

3. Sind diese beiden Voraussetzungen des § 1738 Satz 2 gegeben, so erlangt die Mutter ihre frühere Rechtsstellung ohne weiteres **kraft Gesetzes** wieder. 13

Stand der Mutter vor der Ehelichkeitserklärung nur die tatsächliche Personensorge zu (§ 1707 Abs 1), so tritt nur dieser Zustand wieder ein. Zusätzlich ist nach § 1773 Abs 1 (erste oder zweite Alternative) ein Vormund zu bestellen. Einem Antrag der Mutter, ihr die volle elterliche Gewalt zu übertragen (§ 1707 Abs 2), dürfte nichts im Wege stehen (**aM** für den Fall des Ruhens der elterlichen Gewalt des Vaters Göppinger aaO); wird diesem Antrag stattgegeben, dann endigt die Vormundschaft (§ 1882).

War der Mutter vor der Ehelichkeitserklärung die elterliche Gewalt nach § 1707 Abs 2 übertragen und teilt man die hier vertretene Ansicht, daß diese Rechtsstellung bei Wirksamwerden der Ehelichkeitserklärung verlorenging (s oben 3), dann wird man folgerichtig annehmen müssen, daß der frühere Zustand unter den Voraussetzungen des § 1738 Satz 2 ohne weiteres wieder eintritt, die Mutter also wieder elterliche Gewalthaberin wird und sich nicht auf ein erneutes Verfahren nach § 1707 Abs 2 verweisen zu lassen braucht (ebenso Scheffler in RGRKomm 2; **aM** — Bestellung eines Vormunds für das Kind bis zu einem neuen Verfahren nach § 1707 Abs 2 — Göppinger aaO, der indessen selbst einräumt, daß diese Lösung nicht vollauf befriedigt; Dölle § 111 V 5c). 14

Zu beachten ist bei alledem, daß § 1738 nur einen Ausschnitt aus dem Eltern-Kind-Verhältnis regelt und daß dieses Verhältnis im übrigen so, wie es durch die Ehelichkeitserklärung begründet wurde, unverändert bestehen bleibt, das Kind also die Rechtsstellung eines ehelichen Kindes im Verhältnis zum Vater ohne Rücksicht darauf behält, was aus dessen elterlicher Gewalt wird. Deshalb ist im Grunde die Frage müßig, wessen **Namen** das Kind trägt, wenn die Mutter gemäß § 1738 Satz 2 die Rechte und Pflichten, die ihr mit der Ehelichkeitserklärung verlorengingen, wieder erlangt (Göppinger aaO erwägt, ob das Kind automatisch wieder den Namen der Mutter erhält; hiergegen Scheffler in RGRKomm 2). Das Kind führt gemäß §§ 1736, 1616 den Familiennamen des Vaters (s 15b zu § 1616, 4 zu § 1736), und zwar nicht nur für die Zeit der Minderjährigkeit, auf die sich die Regelung des § 1738 beschränkt, sondern — falls nicht die Ehelichkeit angefochten wird — für immer. 15

4. § 1738 Satz 2 ist als Ausnahmeregelung **eng auszulegen.** In die Rechtsstellung, die vor der Ehelichkeitserklärung bestand, rückt die Mutter nur unter den in § 1738 Satz 2 genannten Voraussetzungen wieder ein. Liegen diese Voraussetzungen nicht vor, so muß es bei der Regel des § 1738 Satz 1 verbleiben. Dem Vormundschaftsgericht ist es verwehrt, der Mutter in entsprechender Anwendung des § 1707 Abs 2 die elterliche Gewalt zurückzuübertragen (**aM** AG Bremen FamRZ 1964, 220; kritisch dazu Bökelmann in der Anm FamRZ 1964, 529). 16

5. Der Ausnahmezustand nach § 1738 Satz 2 braucht nicht während der gesamten Dauer der Minderjährigkeit des Kindes bestehen zu bleiben. Erlangt der Vater die elterliche Gewalt wieder oder lebt seine elterliche Gewalt wieder auf, so fallen Recht und Pflicht der Mutter, für die Person des Kindes zu sorgen, wieder fort, desgleichen die ihr etwa nach § 1707 Abs 2 übertragene elterliche Gewalt. Das folgt aus dem Grundgedanken des § 1738. Dagegen kann nicht angenommen werden, daß das Sorgerecht in den Händen der Mutter nur so lange bleibt, wie sie unterhaltspflichtig ist (ebenso Scheffler in RGRKomm 4; **aM** — Wegfall des Sorgerechts bei Wegfall der Unterhaltspflicht — Opet-v. Blume 4; Engelmann in der Vorauflage dieses Komm, Bem 3; Dölle § 111 V 5c). Es muß genügen, wenn die Mutter in dem Zeitpunkt unterhaltspflichtig war, in dem die Verhinderung des Vaters eintrat, und wenn sie daraufhin tatsächlich Unterhalt gewährt hat (s oben 12); ein fortwährender Wechsel je nach der wirtschaftlichen Lage von Mutter und Kind entspricht weder dem Wohl des Kindes noch dem Sinn und Zweck des § 1738 Satz 2. 17

§ 1739.

Der Vater ist dem Kinde und dessen Abkömmlingen vor der Mutter und den mütterlichen Verwandten zur Gewährung des Unterhalts verpflichtet.

E I 1598; II 1623; III 1715; Mot 4, 949; Prot 4, 716.

I. Allgemeines.

1 § 1739 bildet ebenso wie § 1738 eine Ausnahme vom Grundsatz des § 1737 Abs 2, wonach die Rechte und Pflichten, die sich aus dem Verwandtschaftsverhältnis zwischen dem Kind und seinen bisherigen Verwandten ergeben, unberührt bleiben (s 9 zu § 1737). Während aber die Bestimmungen über die Personensorge, die § 1738 trifft, nur für die Zeit der Minderjährigkeit des Kindes von Bedeutung sind (s 1 zu § 1738), legt § 1739 die Reihenfolge der Unterhaltspflichtigen ohne jede zeitliche Beschränkung fest.

Da ohne § 1739 Vater und Mutter dem Kind nach § 1606 Abs 3 entsprechend ihren Erwerbs- und Vermögensverhältnissen und den Abkömmlingen des Kindes nach § 1606 Abs 2 zu gleichen Teilen unterhaltspflichtig wären, enthält § 1739 eine Abweichung von den allgemeinen Vorschriften über die Unterhaltspflicht unter Verwandten; die Abweichung ist heute noch größer als früher, da das GleichberG § 1606 geändert hat (s unten 2).

Die Vorschrift des § 1739 entspricht der des § 1766 Abs 1 Satz 1 für die Adoption.

II. Reihenfolge der Unterhaltspflichtigen.

2 1. Auf Grund der §§ 1705, 1736 steht das für ehelich erklärte Kind hinsichtlich seines Unterhaltsanspruchs sowohl gegenüber dem Vater als auch gegenüber der Mutter und den mütterlichen Verwandten einem ehelichen Kind gleich. Früher haftete der Vater daher schon nach allgemeinen Bestimmungen vor der Mutter und den mütterlichen Verwandten, soweit das Kind selbst zu unterhalten war (§ 1606 Abs 2 Satz 2 aF). § 1739 wiederholte in dieser Hinsicht lediglich, was ohnehin galt. Nur bezüglich der Unterhaltspflicht des Vaters und der Mutter gegenüber den Abkömmlingen des für ehelich erklärten Kindes bedeutete § 1739 eine Durchbrechung der Regel, weil nämlich Großeltern sonst nach § 1606 Abs 2 Satz 1 aF (= § 1606 Abs 2 nF) zu gleichen Teilen hafteten.

Seitdem das GleichberG den Haftungsvorrang des ehelichen Vaters, den § 1606 Abs 2 Satz 2 aF vorsah, beseitigt hat, kommt der Bestimmung des § 1739 zwangsläufig eine verstärkte Bedeutung zu. Unterhaltsrechtlich ist heute auch die Stellung des für ehelich erklärten Kindes selbst — nicht nur die seiner Abkömmlinge — eine andere als die des ehelich geborenen Kindes.

3 Diese Verschiedenheit findet eine hinreichende Rechtfertigung darin, daß die Ehelichkeitserklärung, ihrem Sinn und Zweck entsprechend, besonders enge Beziehungen zwischen dem Vater und dem Kind begründet, während die Mutter zurückstehen muß (vgl 1 zu § 1738). Gegen Art 3 Abs 2 GG verstößt § 1739 daher nicht (Scheffler in RGR-Komm 1; Erman-Hefermehl 1; Palandt-Lauterbach 1; Soergel-Siebert-Lade 1).

4 2. Der Vater haftet selbstverständlich nur unter der Voraussetzung der Bedürftigkeit des Kindes und seiner eigenen Leistungsfähigkeit (§§ 1602 Abs 1, 1603 Abs 1; s aber auch §§ 1602 Abs 2, 1603 Abs 2). Folge des Vorrangs seiner Haftung ist, daß die Mutter und die nach ihr haftenden mütterlichen Aszendenten (§ 1606 Abs 2) dem Kind und seinen Abkömmlingen erst dann Unterhalt zu gewähren haben, wenn er selbst leistungsunfähig ist oder die Rechtsverfolgung gegen ihn im Inland ausgeschlossen oder erheblich erschwert ist (§§ 1603, 1607).

Gegenüber den Aszendenten des Vaters haben das für ehelich erklärte Kind und seine Abkömmlinge keinen Anspruch auf Unterhalt (§ 1737 Abs 1 Satz 1; s 5 zu § 1737).

5 3. Im umgekehrten Verhältnis zwischen Vater und Mutter einerseits und dem Kind andererseits verbleibt es bei den allgemeinen Bestimmungen. Der Unterhaltsanspruch beider Elternteile gegen das für ehelich erklärte Kind und seine Abkömmlinge richtet sich also ohne Einschränkung nach den §§ 1601 ff. Unterschiede gegenüber einem ehelich geborenen Kind ergeben sich insoweit nicht. Vater und Mutter stehen auf gleicher Linie. Sind sie beide bedürftig, so sind die zur Verfügung stehenden Mittel, wie sonst bei Gleichrangigkeit mehrerer Unterhaltsberechtigter, gleichmäßig unter ihnen zu verteilen (s 11 zu § 1609).

Gegenüber den Aszendenten des Vaters sind das Kind und seine Abkömmlinge nicht unterhaltspflichtig (§ 1737 Abs 1 Satz 1; s 5 zu § 1737).

6 4. Über das Verhältnis der Unterhaltspflicht des wirklichen unehelichen Vaters zur Unterhaltspflicht desjenigen, auf dessen Antrag das Kind für ehelich erklärt ist, s 10 zu § 1736.

§ 1740.

Will der Vater eine Ehe eingehen, während er die elterliche Gewalt über das Kind hat, so finden die Vorschriften der §§ 1683, 1684, 1696 Anwendung.

E I 1599; II 1624; III 1716; Mot 4, 949; Prot 4, 716; 6, 299. Geändert durch Art 1 Nr 24 GleichberG.

I. Allgemeines.

1. Die Vorschrift regelt die Inventarisierungspflicht des Vaters im Falle der Heirat. Das GleichberG hat die ursprüngliche Verweisung auf die §§ 1669—1671 durch die Verweisung auf die §§ 1683, 1684, 1696 ersetzt. Eine sachliche Änderung liegt darin nicht. 1

2. Dem Vater des für ehelich erklärten Kindes ist im Gegensatz zu dem Annehmenden (§ 1760) keine unbedingte Inventarisierungspflicht auferlegt, weil es sich bei der Ehelichkeitserklärung nur um die rechtliche Anerkennung eines bereits bestehenden natürlichen Verhältnisses handelt (Mot 4, 949). 2

II. Anwendungsbereich.

1. Daß auf den Vater eines für ehelich erklärten Kindes, der eine zweite Ehe eingehen will, die Vorschriften der §§ 1683, 1684, 1696 Anwendung finden, folgt schon aus dem Grundsatz des § 1736 (s 4 zu § 1736). Mit Rücksicht auf die Analogie der Verhältnisse legt aber das Gesetz die Verpflichtungen, die dem Gewalthaber bei Eingehung einer neuen Ehe obliegen, dem Vater des für ehelich erklärten Kindes auch für den Fall auf, daß er überhaupt eine Ehe eingehen will, da die Ehelichkeitserklärung als Ersatz der Legitimation durch nachfolgende Ehe in dieser Beziehung einer früheren Ehe gleichsteht (Mot 4, 949; Prot 4, 716ff). § 1740 hat also im Grunde nur Bedeutung, wenn der Vater eines für ehelich erklärten Kindes noch unverheiratet ist und nach der Ehelichkeitserklärung erstmals heiratet. 3

Heiratet der Vater die Mutter des Kindes nach der Ehelichkeitserklärung, so wird man darin entsprechend dem Zweck der §§ 1683, 1740 nicht die Eingehung einer neuen Ehe sehen dürfen (Opet-v. Blume 1). 4

2. Dem Vater des für ehelich erklärten Kindes obliegen die in § 1683 erwähnten Verpflichtungen auch dann, wenn er zwar nicht die elterliche Gewalt innehat — zB weil das Kind bereits volljährig ist —, er aber zum Vormund bestellt ist (§ 1845 und Bem dort). 5

III. Inhalt der Verpflichtung; Sicherung.

1. Wie sich aus der Verweisung auf § 1683 ergibt, hat der Vater eines für ehelich erklärten Kindes, der heiraten will, während ihm die elterliche Gewalt — oder die Vormundschaft (s oben 5) — über das Kind zusteht und er das Kindesvermögen verwaltet, diese Absicht dem Vormundschaftsgericht anzuzeigen, auf seine Kosten ein Verzeichnis des Kindesvermögens einzureichen und, soweit eine Vermögensgemeinschaft zwischen ihm und dem Kind besteht, die Auseinandersetzung herbeizuführen, es sei denn, daß das Vormundschaftsgericht den Aufschub der Auseinandersetzung gestattet (s Bem zu § 1683). 6

2. Erfüllt der Vater die ihm nach § 1683 obliegenden Verpflichtungen nicht, so kann ihm das Vormundschaftsgericht die Vermögensverwaltung entziehen, diese Anordnung jedoch jederzeit ändern, wenn es dies im Interesse des Kindes für angezeigt hält (§§ 1684, 1696). 7

3. Gesichert wird die Erfüllung der durch § 1740 auferlegten Verpflichtung durch § 9 EheG, wonach jemand, der ein minderjähriges — oder unter seiner Vormundschaft stehendes — eheliches Kind hat, zur Eheschließung eines Auseinandersetzungszeugnisses des Vormundschaftsgerichts bedarf. Wird diese Vorschrift außer Acht gelassen, so stellt dies jedoch weder einen Ehenichtigkeits- noch einen Eheaufhebungsgrund dar; das Eheverbot des § 9 EheG hat vielmehr nur aufschiebenden Charakter (s Bem zu § 9 EheG). 8

Kolibri 360 GmbH
Ferdinand-Jühlke-Straße 7
99095 Erfurt, Deutschland
produktsicherheit@kolibri360.de